Ansicht vom Rathausplatz (Westen)

Figuren von unten nach oben

10 Theophanu (um 959–991);
B: Elisabeth Baumeister-Bühler
11 Heinrich IV. (1050–1106); Altfigur,
vollständig erhalten
12 Heinrich II. von England (1133–1189);
B: Dennis Thies
13 Otto IV. (1177–1218); B: Olaf Höhnen
14 Innocenz III. (1160/61–1216);
B: Karl Matthäus Winter
15 Friedrich II. (1194–1250); B: Karl Matthäus Winter
20 Hildebold (vor 787/88–818); B: Adem Yilmaz
21 Ida (gest. 1060); Altfigur, Rest.: Serban Rusu
22 Rupert von Deutz (zwischen 1060 u. 1070–1129);
B: Stefan Kaiser
23 Reinald von Dassel (1118/20–1167); B: Ernst Thewis
24 Nikolaus von Verdun (vor 1150–1205); Altfigur,
Rest.: Serban Rusu
25 Sela Jude (ca. 1180–nach 1230); B: Petra Astrid Kroll
26 Gerhard Unmaze (gest. um 1198); B: Rainer Walk
27 Konrad von Hochstaden (um 1205–1261);
B: Rainer Walk
51 Joost van den Vondel (1587–1679);
B: Paul de Swaaf
52 Ägidius Gelenius (1595–1656); B: Paul de Swaaf
53 Melchior von Reidt (vor 1590–nach 1624);
B: Marlene Dammin
54 Katharina Henot (gest. 1627); B: Marianne Lüdicke
55 Friedrich Spee von Lengenfeld (1591–1635);
B: Marianne Lüdicke
56 Anna Maria de Heers (um 1610–1666);
B: Paul Nagel
57 Anna Maria van Schurman (1607–1678);
B: Elisabeth Perger
58 Nikolaus Gülich (1644–1686); B: Jürgen Schreiber
84 Hermann Josef Stübben (1845–1936);
B: Karl Matthäus Winter
85 Mathilde von Mevissen (1848–1924);
B: Sepp Hürten
86 Karl Trimborn (1854–1924); B: Sepp Hürten
87 Wilhelm Marx (1863–1946); B: Karl-Josef Dierkes
119 Bruno der Kartäuser (um 1027/30–1101);
B: Andreas Rosenkranz
120 Engelbert I. von Berg (1185/86–1225);
B: Titus Reinarz
121 Albertus Magnus (um 1193–1280); B: Titus Reinarz
122 Johannes Duns Scotus (um 1265–1308);
B: Andreas Dilthey

Köln:
Der Ratsturm

Stadtspuren –
Denkmäler in Köln
Herausgegeben von der Stadt Köln

Der Oberstadtdirektor/Stadtkonservator
Redaktion: Ulrich Krings

Band 21

Wir danken den Förderern:

Ministerium für Stadtentwicklung, Kultur und Sport des Landes Nordrhein-Westfalen

Stadtsparkasse Köln

Kreissparkasse Köln

AGFA Gevaert AG Leverkusen

Hiltrud Kier · Bernd Ernsting · Ulrich Krings (Hrsg.)

Köln: Der Ratsturm

Seine Geschichte und sein Figurenprogramm

Mit Beiträgen von

Vera Bachmann, Bernd Dreher, Bernd Ernsting, Walter Geis, Hiltrud Kier, Alexander Kierdorf, Ulrich Krings, Thomas Lehmkuhl, Petra Leser, Ulrike Surmann, Claudia Valder-Knechtges, Thomas Wüstefeld

Mit historischen Fotos und Neuaufnahmen von

Dorothea Heiermann und Celia Körber-Leupold

J. P. Bachem Verlag Köln

Einband-Titelbild:

Der Ratsturm mit seinem neuen Figurenschmuck, Foto: C. Körber-Leupold, 1995

Einband-Rückseite:

Ansicht des Rathauses zu Köln, Gemälde von Georg Osterwald, 1842

Vorderer Vorsatz:

Ansicht von Alter Markt und Dom

Hinterer Vorsatz:

Ansicht von Rathausplatz und Gürzenich

Turmansichten von K. D. Meier-Pauken, Köln 1995

Die Deutsche Bibliothek – CIP-Einheitsaufnahme
Stadtspuren – Denkmäler in Köln /
hrsg. von der Stadt Köln,
Der Oberstadtdirektor, Stadtkonservator. Red.: Ulrich Krings. –
Köln : Bachem.
Teilw. mit Nebent.: Stadtspuren. – Teilw. Red. von Hiltrud Kier
NE: Kier, Hiltrud [Red.]; Krings, Ulrich [Red.]; Köln /
Stadtkonservator; NT
Bd. 21. Köln: Der Ratsturm.
– 1. Aufl. – Köln : Bachem, 1996

Köln: Der Ratsturm: seine Geschichte und sein
Figurenprogramm / Hiltrud Kier (Hrsg.). Mit Beitr. von
Vera Bachmann ... Mit historischen Fotos und Neuaufnahmen
von Dorothea Heiermann und Celia Körber-Leupold.
– 1. Aufl. – Köln : Bachem, 1996
(Stadtspuren – Denkmäler in Köln ; Bd. 21)

ISBN 3-7616-1156-0

NE: Kier, Hiltrud [Hrsg.]; Bachmann, Vera; Heiermann,
Dorothea [Ill.]

Erste Auflage · 1996

Redaktion dieses Bandes: Bernd Dreher
Layout: Bernd Dreher
Umschlagentwurf: Kathrin Johannisson
im Auftrag Presse + Informationsamt der Stadt Köln
Satz und Druck: Druckerei J. P. Bachem GmbH & Co. KG Köln
Reproduktionen: Willy Kühl, Köln
Einband: Hunke & Schröder, Iserlohn
Printed in Germany
ISBN 3-7616-1156-0

Inhalt

Grußwort des Oberbürgermeisters

Als ich am 6. Mai 1995 auf dem Rathausplatz symbolisch den Ratsturm enthüllen konnte, als die geladenen Gäste, die Stifterinnen und Stifter der Figuren, die Bildhauerinnen und Bildhauer und zahlreiche Kölnerinnen und Kölner den Turm mit seinem vollendeten Figurenschmuck erleben konnten, fand eine Unternehmung ihren Abschluß, die von Anfang an zu begleiten und mitzugestalten für mich zugleich Ehre und Vergnügen war.

Als mir die damalige Stadtkonservatorin Prof. Dr. Hiltrud Kier ihren Plan mitteilte, den leeren Konsolen des wiederaufgebauten Ratsturmes ihren angestammten Schmuck zukommen zu lassen, wurde mir klar, welche Aufgabe hier zu leisten sein würde. Darin lag die Chance, in Köln einem alt-neuen städtischen Monument höchsten Ranges seinen ihm gebührenden Platz in der Mitte der Stadt wiederzugeben. Darin lag auch die Chance, zwischen den Bürgerinnen und Bürgern und ihrem Rathaus (das ja ursprünglich »Haus der Bürger« hieß) eine neue Identität zu begründen und zu festigen sowie nicht zuletzt Kölner Geschichte und Welthistorie zu veranschaulichen.

Ich räume ein, daß mir zu Anfang nicht so deutlich vor Augen schwebte, welch enormen Zeitaufwand dieses ambitionierte Projekt tatsächlich erfordern sollte: die Modellvorstellungen, die Übergabefeiern der fertigen Figuren (119 neue wurden es ja schließlich), die zahlreichen Gespräche mit den Stifterinnen und Stiftern, den Bildhauerinnen und Bildhauern, dem künstlerischen Leiter des Figurenprogramms, Herrn Bernd Ernsting und seiner Frau Vera Bachmann, zahlreichen Journalisten und nicht zuletzt vielen anderen Unterstützerinnen und Unterstützern aus Politik und Verwaltung.

Rückblickend kann ich sagen: Diese vielen Begegnungen und Gespräche, die Erfahrung über das Engagement auf allen Ebenen und bei allen Beteiligten haben diesen Einsatz gelohnt.

Ich danke jenen, die zu dem großen Werk beigetragen haben – vor allem den Stifterinnen und Stiftern der Figuren sowie den Künstlerinnen und Künstlern, die sie schufen.

Dem großen Werk an den Fassaden des Turms folgt die Dokumentation seiner Entstehungs- und Realisierungsgeschichte auf den Seiten dieses Buches. Ich bin sicher, daß der vorliegenden Band 21 der Reihe des städtischen Konservators »Stadtspuren – Denkmäler in Köln« eine weite Verbreitung und eine interessierte Leserschaft findet. Das künstlerische Werk, das am 6. Mai 1995 der Öffentlichkeit übergeben wurde, findet hier eine umfassende Würdigung durch Autorinnen und Autoren, die an seiner Entstehung und seiner Gestaltung maßgeblich beteiligt waren.

Der Ratsturm in der Realität und der Ratsturm auf den Seiten dieses Buches: Sie gehören untrennbar zusammen.

Köln, im Frühjahr 1996

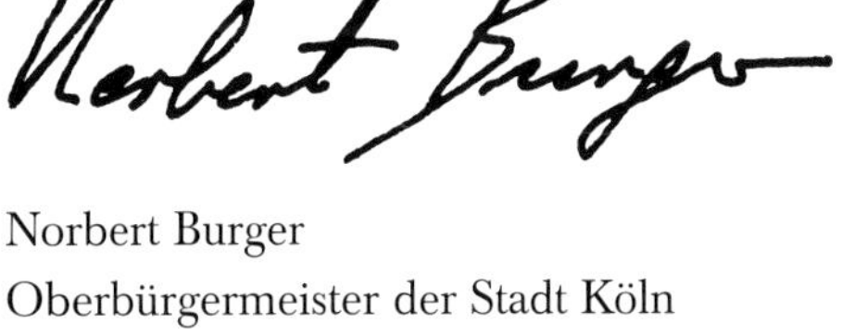

Norbert Burger

Oberbürgermeister der Stadt Köln

Zu Beginn – Stadtspuren im Umfeld des Kölner Ratsturmes

Ulrich Krings

Mit der festlichen Inbesitznahme des figurengeschmückten Ratsturmes am 6. Mai 1995 haben die Kölner Bürger unter Beweis gestellt, daß für sie die Pflege des baulichen Erbes ihrer Heimatstadt nicht bürokratische Pflichtübung ist, sondern eine Herzensangelegenheit. Das nach dem Zweiten Weltkrieg unter großen Anstrengungen bis 1975 wiederhergestellte gotische Turmbauwerk, einzigartiges Zeugnis mittelalterlicher Profanbaukunst, hatte nun, nach weiteren 20 Jahren, seinen fehlenden, »angestammten« Figurenschmuck in erneuerter Gestalt wiedererhalten, war jetzt nicht mehr nur als reine, zugleich aber auch seltsam »nackt« erscheinende Architektur, sondern als künstlerisch gestalteter, vielseitiger Bildträger wieder im Stadtbild präsent.
Vorausgegangen waren viele Jahre des Planens, der Konzept- und Programmentwicklung, der Öffentlichkeitsarbeit, des Werbens um Spenden für die insgesamt 119 neuen Figuren, Gespräche mit Stiftern und Bildhauern, Jahre des Ringens um die »richtige« Formgebung der Figuren wie auch um die Finanzierung der notwendig gewordenen Restaurierung des Turmbauwerks.
Alle diese Aspekte des nunmehr vollendeten Gemeinschaftswerks sind auf den Seiten des hier vorliegenden Buches nachzulesen. In Text und Bild stellen Konservatoren, Restauratoren, Kunstwissenschaftler und Historiker die Geschichte des Turmes im besonderen und des Kölnischen Rathauses im allgemeinen dar, stets mit besonderer Betonung der hochbedeutenden Bildprogramme aus Historie und Gegenwart. Es ist so nicht nur eine besondere, neue Kunstgeschichte des Rathauses zu Köln entstanden, sondern auch eine Geschichte seiner Denkmalpflege im 19. und 20. Jahrhundert sowie eine Geschichte der programmatischen Wiedereinsetzung des Ratsturmes in seine angestammte Funktion als vornehmstes profanes Gesamt-Denkmal dieser Stadt (Beiträge von Hiltrud Kier, Ulrich Krings, Petra Leser, Thomas Wüstefeld und Thomas Lehmkuhl). Die Lektüre besonders der Beiträge von Hiltrud Kier und Bernd Ernsting macht zugleich deutlich, daß das Wissen um diese Funktion fast verloren gegangen wäre, daß es großer Anstrengungen bedurfte, diese Tradition zu bewahren und zugleich neu zu beleben.
Bis zum gegenwärtigen Zeitpunkt war das neue Figurenprogramm nur unter inhaltlichen Aspekten Gegenstand öffentlicher Diskussionen; die Frage seiner bildkünstlerischen Umsetzung sowie das Zusammenspiel von Skulptur und Architektur am heutigen Turmbau ist erstaunlicherweise bisher nicht weiter erörtert worden. Bernd Ernstings Ausführungen hierzu sowie die hier erstmals veröffentlichten Aufnahmen aller Skulpturen sowie der Turmansichten liefern vielleicht die bisher fehlende »Munition« für einen öffentlichen Disput...
Neben den 124 Groß-Figuren, deren Viten von Bernd Dreher und Claudia Valder-Knechtges dargestellt werden, sind die Figuren des Ratsturmportals, die zahlreichen Konsolen und Wasserspeier Gegenstand ausführlicher Dokumentation und Interpretation aus der Feder von Walter Geis, der hier viele neue Erkenntnisse erstmals zusammenträgt. Ulrike Surmann und Alexander Kierdorf stellen die Bildprogramme und Bildwerke des Hansasaales, der Renaissance-Laube und des Senatssaales in den Mittelpunkt ihrer Betrachtungen, »Orte« sinnreicher Inszenierungen reichsstädtischen Selbstbewußtseins über Jahrhunderte. Vera Bachmann erarbeitete die Dokumentation über die Künstler, die Bildhauer sowie die Stifter. Bernd Dreher gilt der Dank der Herausgeber für die mühevolle Redaktionsarbeit des Bandes.
1608 konnte der Reisende Thomas Coryate notieren: »Das Rathaus von Köln ist von erhabener Höhe, von weither sichtbar, aus erlesenstem Stein erbaut und mit einer Menge steinerner Bildwerke geschmückt. Die sorgfältig ausgeführten Steinmetzarbeiten der Fialen und manch anderer sinnvoller Zierrate machen es im Verein mit dem eleganten Helm des Turmes zu einem pompösen Schaustück« (zitiert nach: E. Danner, Köln in alten und neuen Reisebeschreibungen, 1990, S. 34).
Heute, nach Abschluß des von Stifterinnen und Stiftern, von Bildhauerinnen und Bildhauern, von Restauratoren, Bauhandwerkern, Denkmalpflegern, Kunstwissenschaftlern und Historikern gemeinsam geschaffenen Werks des Wiederaufbaus des Turmes, der Erneuerung seines Figuren- und des übrigen Bildschmucks sowie der Dokumentation aller dieser Aktivitäten, heute also ist vieles aus dem obigen Zitat scheinbar wieder Wirklichkeit geworden.
Das erneuerte, wiedergewonnene »pompöse Schaustück« von einst ist heute allerdings ein unverzichtbares Element historischer und ästhetischer Selbstbehauptung einer Stadt, die ihr ehemals reiches architektonisches Erbe vor nunmehr 50 Jahren beinahe vollständig verlor und heute, trotz »Wiederaufbau« ihrer wichtigsten Monumente, in weitem Umfang ein neues Gesicht zeigt.

Köln, am 6. Januar 1996

Der Ratsturm in historischen Ansichten vom Ende des 15. bis zum frühen 20. Jahrhundert

Das Kölner Rathaus ist von einer außerordentlichen Höhe, die es von weither sichtbar macht, dazu das ganze aus sehr schönem Stein erbaut und aufs herrlichste geschmückt mit einer großen Menge feiner Figuren. Auch das seltsame Zierwerk aus Stein, die Fialen und anderer erlesener Schmuck zusammen mit dem feinen weißen oberen Ende bieten einen prächtigen Anblick.

Thomas Coryat, Coryat's Crudities (1611)

Abb. 1: Martyrium der Hl. Ursula, Köln 1490–1510, Meister der Ursula-Legende, Victoria & Albert-Museum, Inventar Nr. 5938 (Ausschnitt)

Abb. 2: Ankunft der Hl. Ursula und ihr Martyrium, Köln, um 1450/60, WRM 721 (Ausschnitt)

Abb. 3: Ansicht von Köln von Westen (Ausschnitt), Holzschnitt aus der Koelhoffschen Chronik, 1499, Bl. XLIX recto

Abb. 4: Großer Kölnprospekt von A. Woensam, 1531, Ausschnitt mit Ratsturm und Groß St. Martin

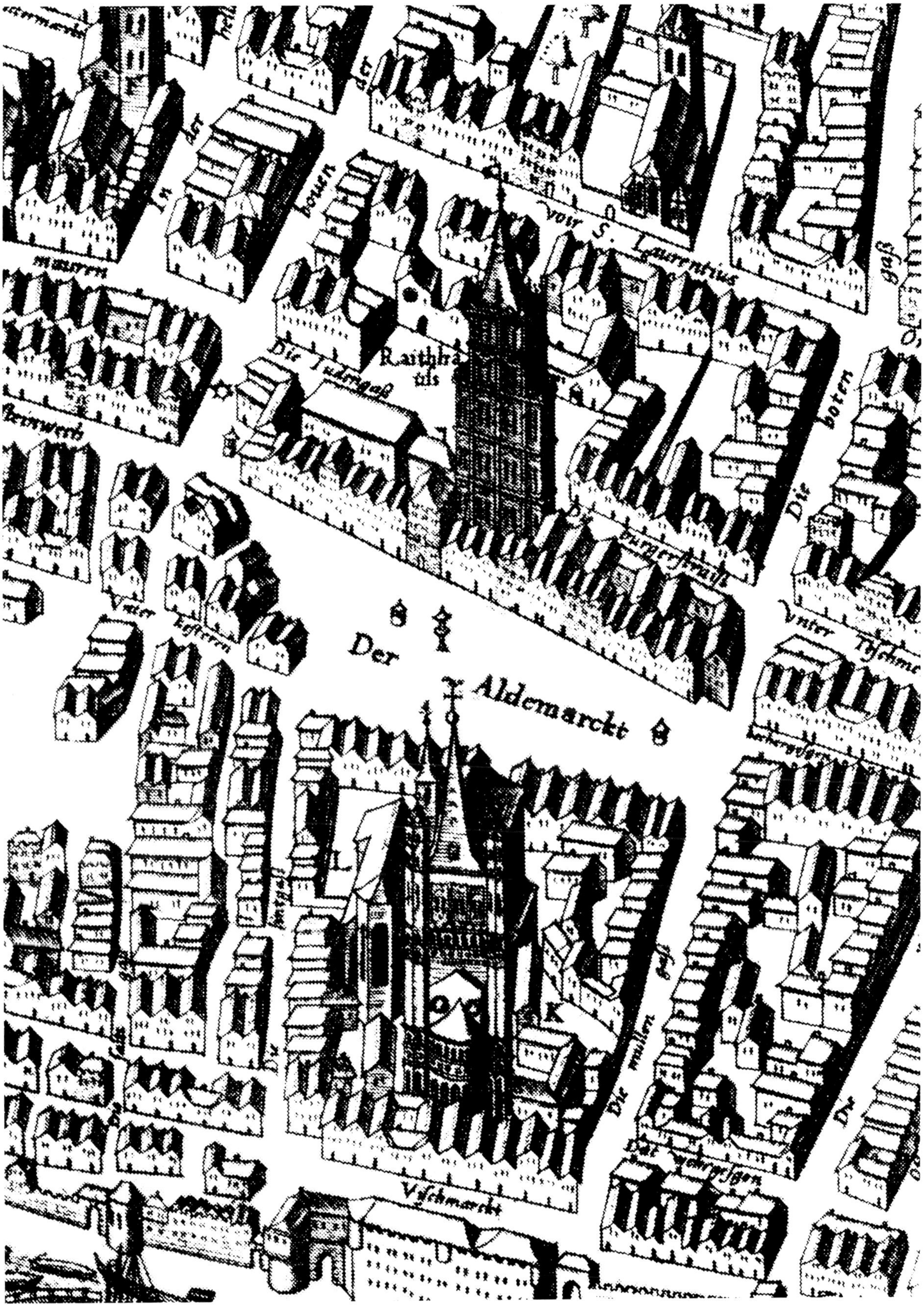

Abb. 5: Ansicht aus der Vogelschau, Ausschnitt mit Ratsturm und Groß St. Martin, Arnold Mercator, 1570/71

Abb. 6: Stadtansicht mit Ratsturm, Holzschnitt von Hans Rudolf Manuel Deutsch (Ausschnitt), 1548

Abb. 7: Stadtansicht mit Ratsturm, Ausschnitt aus: Empfang der Braut des Herzogs Johann Wilhelm von Jülich-Berg, Antonia von Lothringen, Augustin Braun, 1599

Abb. 8: Turnier auf dem Altermarkt Ao. 1486 zu Ehren Kaiser Maximilians I., farbige Federzeichnung, Augustin Braun, 1619, KSM Graphische Sammlung KH Feste

Abb. 9: Große Stadtansicht vom Bayenturm bis zur Kunibertstorburg (Ausschnitt), Michel L. Birboum, um 1610 (?), KSM A I 2/28

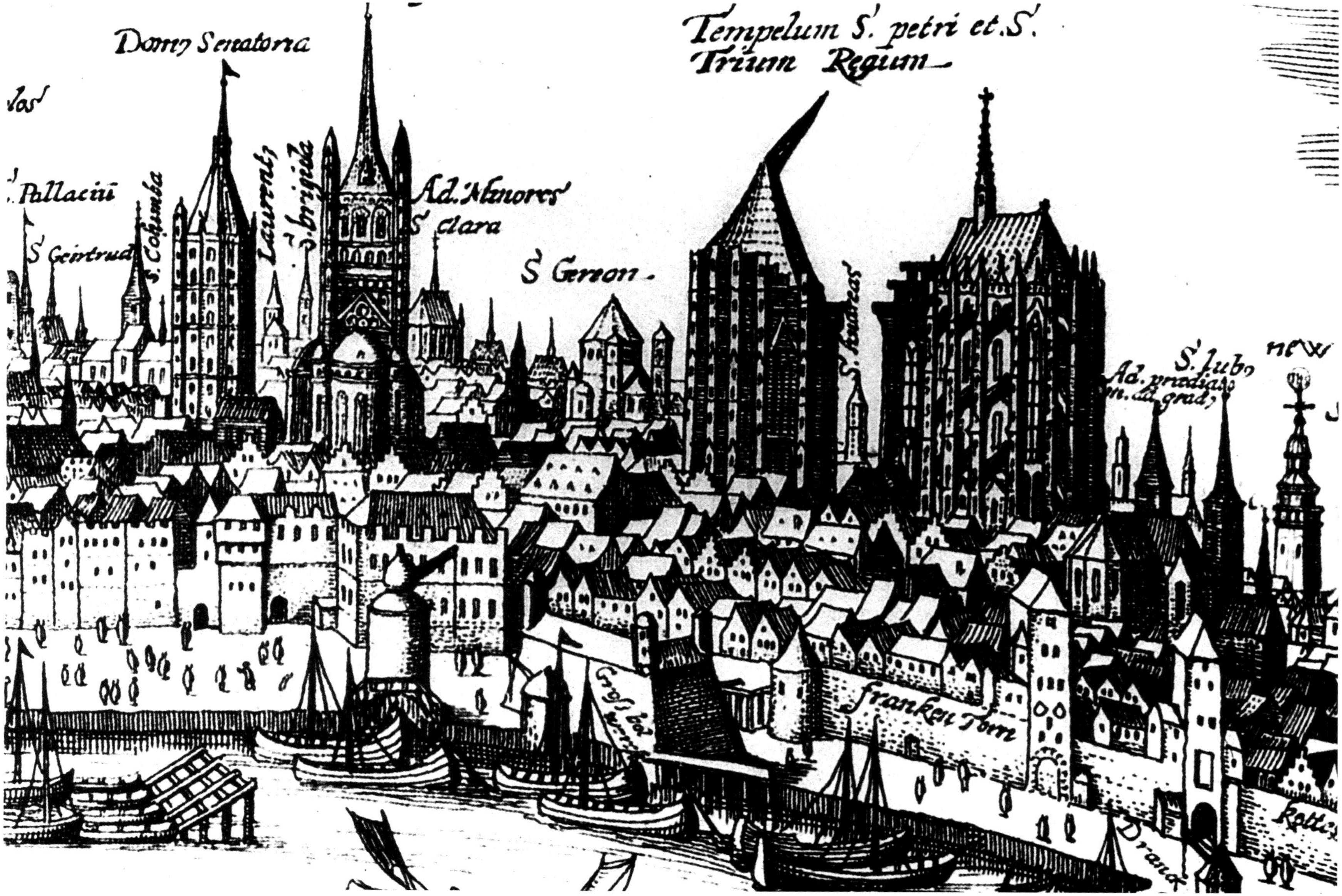

Abb. 10: Ansicht von Deutz aus, Ausschnitt mit Ratsturm, Matthäus Merian, 1620, KSM A I 2/35

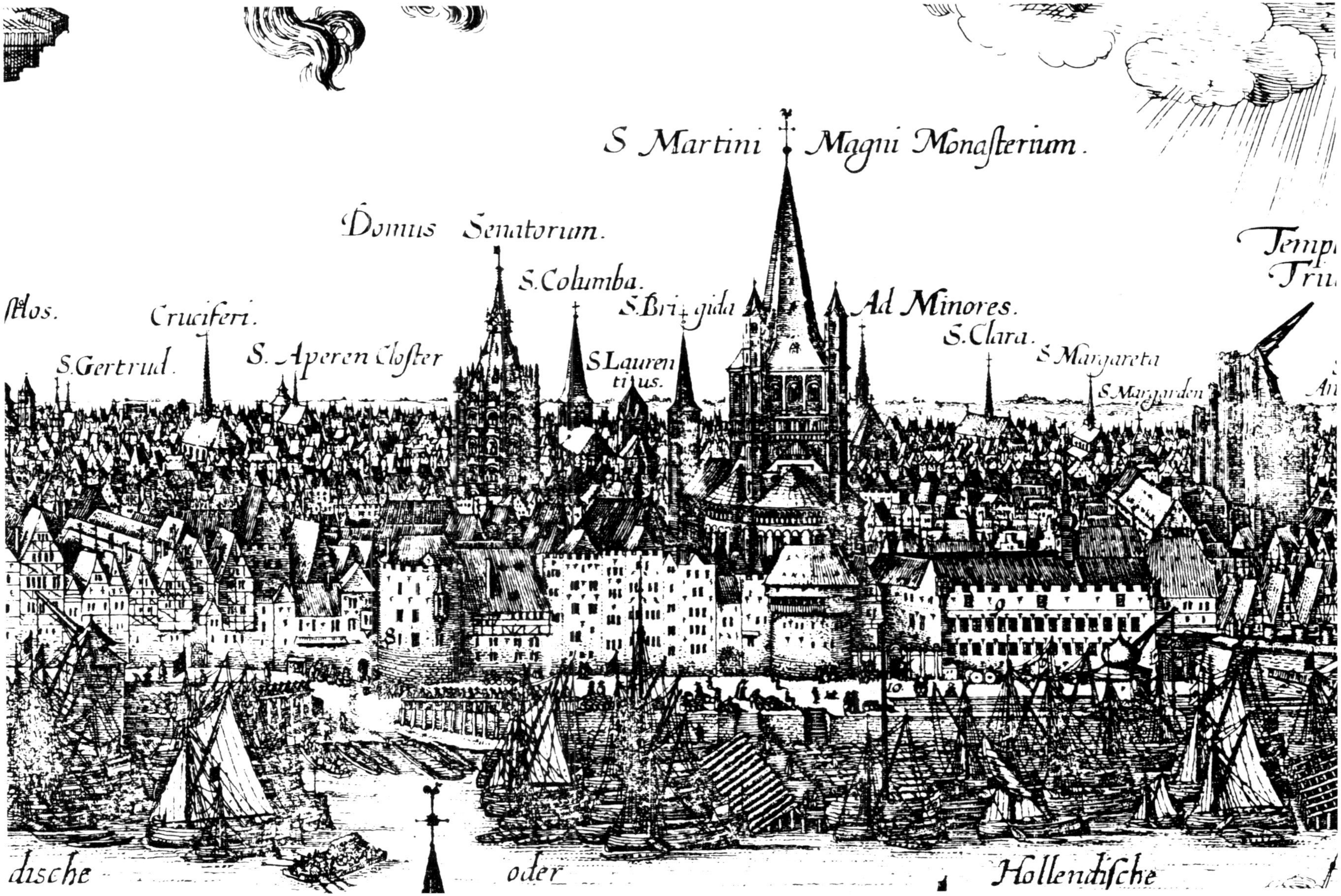

Abb. 11: Große Ansicht der Stadt Köln (Ausschnitt), von Wenzel Hollar, 1635

Abb. 12: Altermarkt mit Rathaus und Ratsturm, Johann Toussyn/Abraham Aubry, 1650

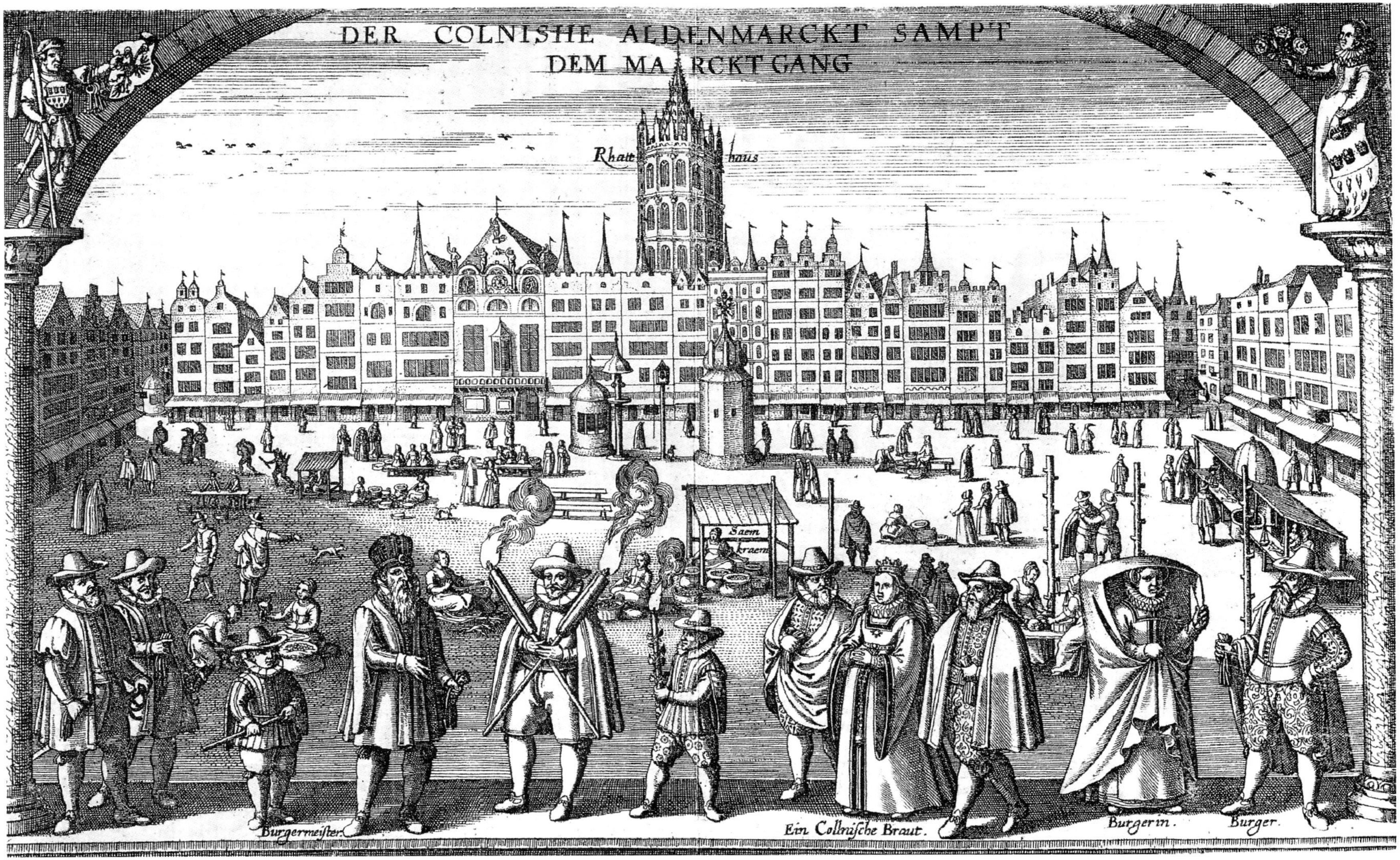

Abb. 13: Altermarkt mit Rathaus und Ratsturm, Toussyn/Aubry, um 1655

Abb. 14: Altermarkt mit Rathaus und Ratsturm, Zeichnung mit Einklebungen von Toussyn, um 1655

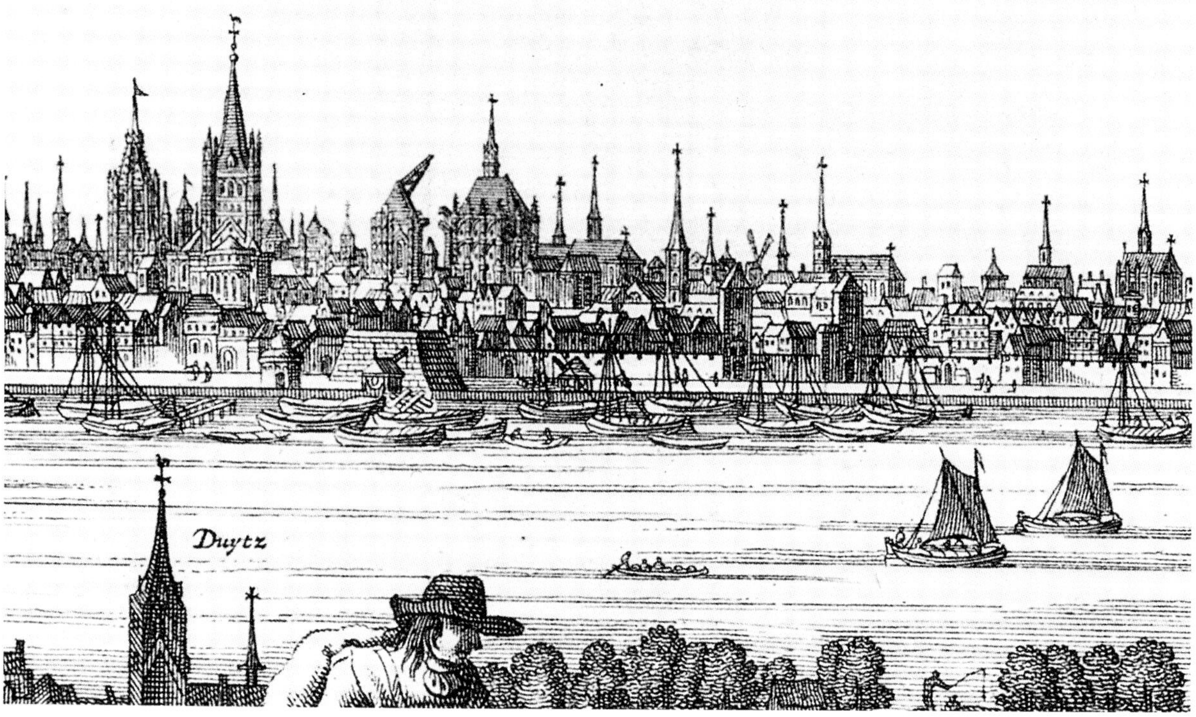

Abb. 15: Ansicht von Köln (Ausschnitt) von P. Schut, 1600–1680, KSM A I 2/81

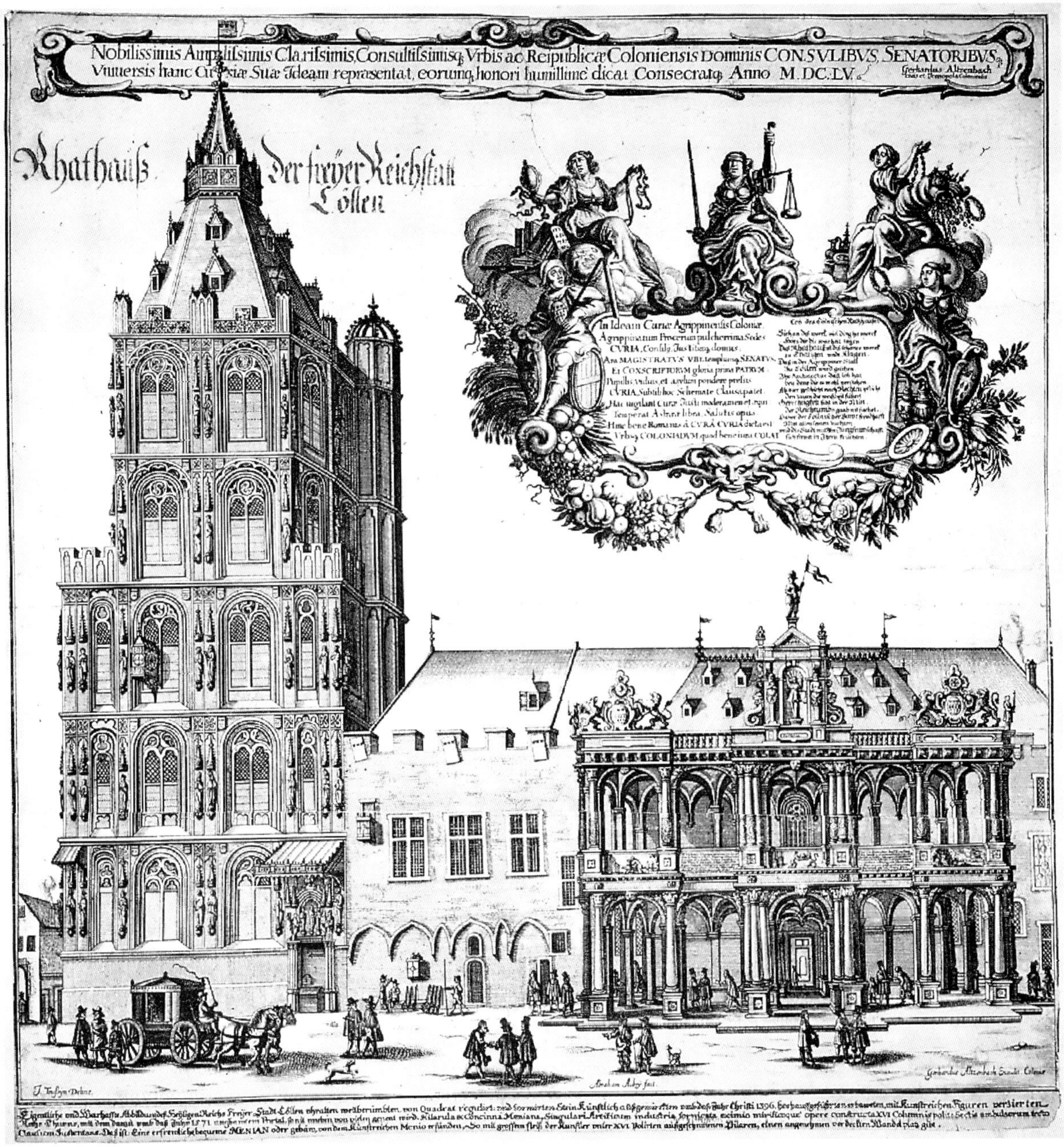

Abb. 16: Rathaus und Ratsturm von Köln, Toussyn/Aubry, 1655

Abb. 17: Rathausplatz mit Ratsturm und Rathaus, bisher datiert ins 18. Jahrhundert; wahrscheinlich aber spätes 19. Jahrhundert im Stil der »idealen« Domansichten, KSM HM 1952/27

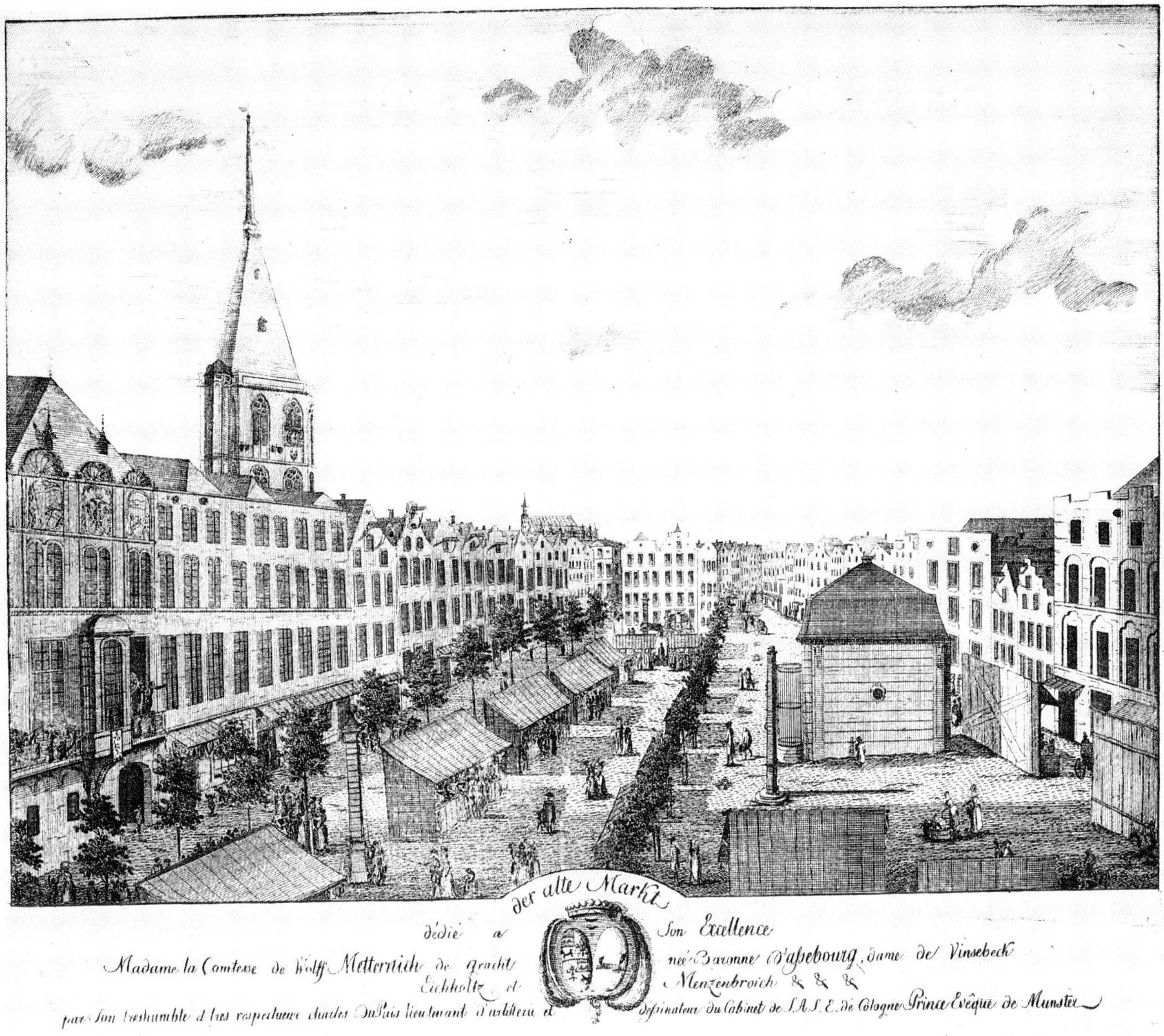

Abb. 18: Altermarkt mit Ratsturm, Charles Dupuis, um 1790

Abb. 19: Ratsturm, Rathaus und Laube, von Laporterie, vor 1794

Abb. 20: Rathausmodell, Zustand vor 1800, KSM

Abb. 21: Altermarkt mit Ratsturm, H. Odenthal, um 1830

Abb. 22: Rathausturm und Ratsturm vom Altermarkt aus, L. Lange und M. Knauth, um 1840

Abb. 23: Ansicht von Köln (Ausschnitt) von Kaspar Karsen, 1837

Abb. 24: Rathausplatz mit Laube und Ratsturm von Benoit, um 1840

Abb. 25: Altermarkt mit Rathaus und Ratsturm, Ludwig Lange und Josef Maximilian Kolb, 1842

Abb. 26: Altermarkt mit Rathaus und Ratsturm, 1842

Abb. 27: Altermarkt mit Rathaus und Ratsturm, um 1850

Abb. 28: Ratsturmportal, Aquarell vor 1868

Abb. 29: Altermarkt mit Ratsturm, Roland Anheisser, 1903

Abb. 30 a: Ratsturm, Rathaus und Laube und Architekturdetails aus dem Skizzenbuch Nr. 6 von K. H. Lang, 1902

Abb. 30 b: Ratsturm, Rathaus und Laube und Architekturdetails aus dem Skizzenbuch Nr. 6 von K. H. Lang, 1902

Abb. 30c: Ratsturm, Rathaus und Laube und Architekturdetails aus dem Skizzenbuch Nr. 6 von K. H. Lang, 1902

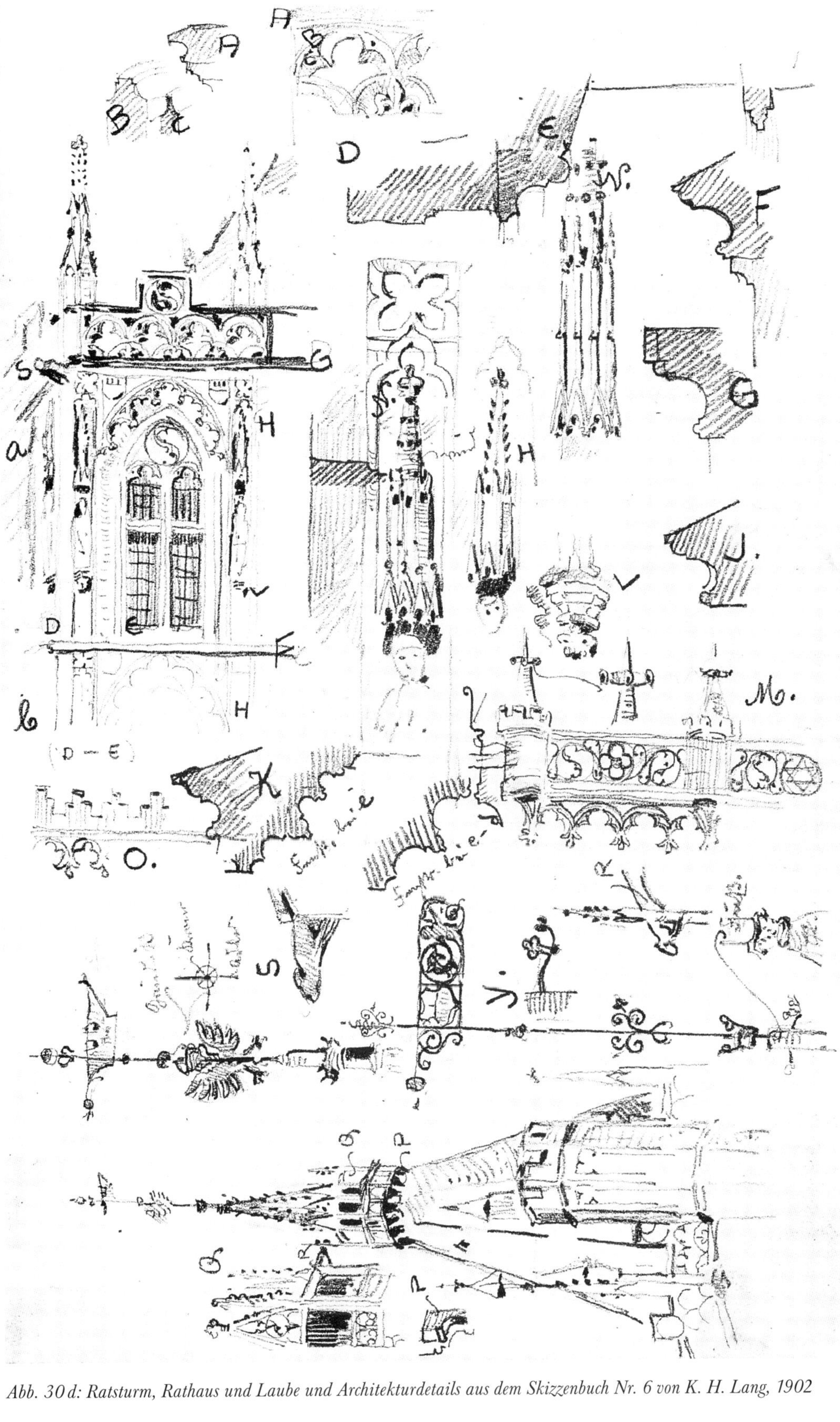

Abb. 30 d: Ratsturm, Rathaus und Laube und Architekturdetails aus dem Skizzenbuch Nr. 6 von K. H. Lang, 1902

Das Rathaus zu Köln

Hiltrud Kier

Einführung

Die Beschäftigung mit dem Kölner Rathaus und seinen Bauten gehörte seit jeher zu den zentralen Aufgaben der städtischen Konservatoren in Köln. Beginnend mit den Bauräten Friedrich Carl Heimann und Hans Verbeek, die zu Ende des 19. und Beginn des 20. Jahrhunderts noch aktiv an Renovierung und Umgestaltung der Rathausbauten beteiligt waren, ist es vor allem Hans Vogts gewesen, der die ersten auch heute noch grundlegenden wissenschaftlichen Bearbeitungen vorgelegt hat, die durch die Renovierungsberichte von Hanna Adenauer und insbesondere durch die Forschung von Fried Mühlberg ergänzt werden. In den folgenden Ausführungen kann ich für die älteren Bauteile des Rathauses uneingeschränkt auf deren Arbeiten zurückgreifen.[1] Seit den bis in die letzten Kriegsjahre andauernden Forschungen von Hans Vogts hat sich die Quellenlage zum Kölner Rathaus massiv verschlechtert. In den letzten Kriegsmonaten verbrannten hier die Bauakten der bestehenden Gebäude – und damit sämtliche Unterlagen für den bis zum Zweiten Weltkrieg im wesentlichen erhaltenen Rathauskomplex des 19. Jahrhunderts. Diese Akten waren von Hans Vogts in seinem 1930 erschienenen Inventarwerk in der Hauptsache nur insoweit durchgesehen worden, als aus ihnen Rückschlüsse auf die Vorgängerbauten gezogen werden konnten oder die Erwähnung der Bauphasen des 19. Jahrhunderts zum Gesamtverständnis erforderlich war. Den Bauteilen dieser Epoche galt 1930 kein kunsthistorisches Interesse. Trotzdem muß man besonders bei Hans Vogts betonen, daß gerade er nicht ohne Gespür für die Eigenwerte der Kunst des 19. Jahrhunderts war und dies auch gelegentlich vorsichtig durchblicken ließ.

Die Bomben des Zweiten Weltkrieges zerstörten die Kölner Rathausbauten weitgehend, der Wiederaufbau kehrte die letzten erhaltenen Krümel der Bauteile des 19. Jahrhunderts auf den Schutt. Das überlieferte Fotomaterial ist spärlich, und die zeitgenössischen oder späteren Beschreibungen meist pauschal. Einigen Aufschluß geben die gedruckten Ratsprotokolle[2], aus denen gelegentlich auch das herauszulesen ist, was nicht gedruckt wurde. Aus diesem insgesamt miserablen Quellenstand ist heute das Kölner Rathaus des 19. Jahrhunderts nur noch als fragmentarisches Puzzle zusammenzusetzen. Trotzdem ist die stellenweise sehr mühsame wenigstens geistige Exhumierung dieser Bautengruppe außerordentlich wichtig für das Verständnis der Baugeschichte der 2. Hälfte des 19. Jahrhunderts in Köln, wie auch in der Gesamtdiskussion entscheidend als die neben dem Weiterbau des Kölner Domes wichtigste Grundlage der Denkmalpflege in dieser Stadt.

Das romanische Bürgerhaus

Die Geschichte des Kölner Rathauses beginnt in der 1. Hälfte des 12. Jahrhunderts. Es ist nicht genau festzustellen, wann das 1135–1152 erstmals genannte *Haus, in dem die Bürger zusammenkommen* (domus in quam cives conveniunt) gebaut wurde, das 1149 ausdrücklich ins Judenviertel (domus civium inter iudeos sita) lokalisiert wird. Sicher ist das Jahr 1106, das den Bürgern die vom Kaiser Heinrich IV. verliehene Wehrhoheit und die erste größere mittelalterliche Stadtbefestigung nach dem Anschluß der Vororte im Süden (Oversburg oder Airsbach), Norden (Niederich) und Westen (um das Stift St. Aposteln) gebracht hatte, als ein terminus post quem anzusehen, wenn man nicht überhaupt Mühlbergs Gedanken, daß derselbe Kaiser gleichzeitig mit der Erteilung der Wehrhoheit ein Grundstück für das *Bürgerhaus* zur Verfügung stellte, als sehr wahrscheinlich aufgreift. Denn auf jeden Fall ist das Entstehen eines eigenen Hauses für die Bürger dieser Stadt als ein entscheidender Emanzipationsschritt vom Stadtherrn, dem Erzbischof, anzusehen – ein Schritt, der durchaus in die Politik des Kaisers paßte und daher der Unterstützung wert war. Die Lage dieses ersten öffentlichen Verwaltungsbaus ausgerechnet im Judenviertel erstaunt, da man es eigentlich am Marktplatz der Stadt, am Altermarkt, erwarten würde. Dies hat immer zu verschiedenen Auslegungen Anlaß gegeben. Es war sicher nicht ohne Bedeutung, daß der Bauplatz ziemlich im Mittelpunkt des damaligen Stadtgebietes lag und dazu noch innerhalb der Römerstadt, an deren Stadtmauer sich das Bürgerhaus anlehnte. Auch mag die Version, daß die *domus civium* im Judenviertel quasi exterritorial von den miteinander konkurrierenden Pfarrgemeinden läge, etwas für sich haben.

Die Ausgrabungen nach dem Zweiten Weltkrieg haben aber die von Hans Vogts schon vorher zitierte alte

Überlieferung bestätigt, daß hier in römischer und fränkischer Zeit ein Verwaltungszentrum der Stadt bestand: Das Praetorium, der Regierungssitz der römischen Statthalter von Niedergermanien, wurde von den fränkischen und karolingischen Herrschern als Residenz bzw. Königshof weiterbenutzt und erst 881 durch die Normannen zerstört. Man kann annehmen, daß der Kaiser aus seinem hier befindlichen Besitz, den seine Vorgänger im übrigen zum größten Teil den direkt der »kaiserlichen Vormundschaft« unterstellten Juden zur Verfügung gestellt hatten, ein Grundstück für die *domus civium,* das Haus der Kölner Bürger, bereitstellte – wobei der Gedanke einer bewußten Kontinuität zentraler Verwaltungsbauten an dieser Stelle äußerst reizvoll ist.

Dieses romanische Bürgerhaus der 1. Hälfte des 12. Jahrhunderts ist das älteste bekannte deutsche Rathaus und hatte dieselben Ausmaße wie der uns überlieferte Rathausbau des 14. Jahrhunderts (Abb. 31): Ein langgestreckter zweigeschossiger Bau, dessen Rückwand auf der römischen Stadtmauer gründete und dessen Hauptseite mit dem Eingang zur schmalen Judengasse lag, die wohl im Zusammenhang mit dem Bürgerhausbau dann zum Teil Bürgerstraße genannt wurde. Dieser Bau hat etwa 200 Jahre gestanden. In seine Zeit fiel das wichtigste Ereignis der Kölner Geschichte: Die Schlacht von Worringen (1288), in der sich die Kölner endgültig von der weltlichen Herrschaft der Erzbischöfe lösten – ein Freiheitskampf, der sich in der Sage des Löwenkampfes von Bürgermeister Grin personifiziert hat, die ich in einer Version der Mitte des 19. Jahrhunderts[3] wiedergebe:

Als sich nämlich zu jener Zeit die gesamte Bürgerschaft der Stadt mit ihrem Bürgermeister an der Spitze in Opposition mit dem damaligen Erzbischofe befand, wurde Gryn mit erheuchelter Freundlichkeit eines Tages zur erzbischöflichen Tafel geladen. Nach Aufhebung derselben führten ihn einige Domherren in dem Palais umher, um ihm unter anderm auch den gezähmten Löwen des Erzbischofs zu zeigen. Der Zwinger des schon seit einigen Tagen hungernden Thieres wurde geöffnet, und der Bürgermeister von seinen Begleitern meuchlings hinein gestoßen. Im Nu seine ganze Geistesgegenwart zusammenraffend, schlang er seinen Mantel um den linken Arm, damit dem blutdürstigen Gegner tief in den Rachen fahrend, während seine Rechte mit dem rasch gezogenen Schwerte dem heißhungrigen Thiere den Todesstoß gab. Durch diese Geistesgegenwart und Klugheit dem beinahe unfehlbaren Tode entronnen, fand er sich genöthigt, zur Beruhigung der empörten Bürgerschaft auf irgend welche Weise eine Rache zu üben, und ließ er drei seiner geistlichen Feinde an der Pfaffenpforte erhängen, wovon auch nach einer Version der Name dieses ehemaligen Stadtthores stammt.

Die Darstellung dieser für das bürgerliche Selbstverständnis der dann Freien Reichsstadt Köln so wichtigen Sage, deren Motiv der antiken Herkules- bzw. der alttestamentarischen Samsongeschichte entlehnt ist, blieb eines der zentralen bildnerischen Themen am Rathaus.

Abb. 31: Köln, Rathaus, Erdgeschoßgrundriß vor Umbau des 19. Jahrhunderts (aus: Vogts, Das Kölner Rathaus)

Abb. 32: Köln, Rathausplatz nach Norden, Ende 18. Jahrhundert. Kupferstich von J. Beyer: La Maison commune de Cologne

Das gotische Rathaus und der Turm

1328/30 ist das nächste wichtige überlieferte Datum für das Rathaus. Zu dieser Zeit erteilte der nördliche jüdische Nachbar, Anselm von Osnabrück, die Erlaubnis, den Unterzug der Balkenlage in seine Hauswand zu legen. Nach begründeter Meinung von Fried Mühlberg ist das ein Zeichen für umfangreiche Bauarbeiten, mit denen er die Errichtung des zweigeschossigen Rathausbaues mit dem Hansasaal im Obergeschoß in Verbindung bringt und diese These durch stilistische Einordnung der Ausstattung in die gleichzeitige hochgotische Domarchitektur erhärtet. Im Erdgeschoß dieses Neubaus richtete man für den Stadtschreiber eine Wohnung ein, die er 1341 bezog. Das Obergeschoß nahm der sogenannte »Lange Saal« ein, der erst seit dem 18. Jahrhundert als »Hanseatischer Saal« und später kurz als Hansasaal bezeichnet wurde – da der Überlieferung nach hier im Jahre 1367 die Hansestädte getagt und die Kölnische Konföderation mit der Kriegsansage gegen den dänischen König Waldemar Attertag beschlossen hatten. Dieser 29 m lange und 7,25 m breite Saal ist in seiner ursprünglichen Raumkonzeption trotz zahlreicher Renovierungen noch vorhanden. Beherrschendes Gliederungselement des spitztonnengewölbten Raumes sind die beiden reich geschmückten Giebelwände: Die Nordwand mit der überaus reichen Maßwerkverzierung, von Mühlberg in Entwurf und Ausführung der Dombauhütte des frühen 14. Jahrhunderts zugeschrieben, und die Südwand mit ihrem ikonographisch überaus interessanten mittelalterlichen Figurenprogramm (Abb. 35).

In Fialennischen stehen die 1,85 m großen Standbilder der Neun Guten Helden, schon von Hermann Beenken und neuerdings auch von Fried Mühlberg um 1330 datiert; in der Giebelspitze in drei Nischen eine Kaiserfigur, nach Mühlberg Ludwig der Bayer, begleitet von den Personifizierungen des Stapel- und des Befestigungsrechts. Die mit Maßwerk gegliederten Längswände des Saales sind auf beiden Seiten von Spitzbogenfenstern durchbrochen. Im Nordosten schloß sich an den Langen Saal die gleichzeitige »Goldene Kammer« an, unter der sich wahrscheinlich die Schöffenkammer befand.

Das Pestjahr 1349 hatte die Austreibung der Juden und einen Brand ihres Viertels zur Folge. Dabei wurde auch das Rathaus beschädigt, wie alte Brandspuren an den oberen Giebelpartien zeigten. Die Holztonne wurde erneuert und außerdem um 1370 der Saal mit Wandmalereien geschmückt, die zunächst dem Meister Wilhelm zugeschrieben und deren Reste 1859 zum Teil abgenommen wurden und sich im Wallraf-Richartz-Museum befinden. Das Judenpogrom von

1349 brachte aber vor allem die Möglichkeit einer Erweiterung des Bereiches vor dem Rathaus: In diese Zeit fällt die Anlage des Rathausplatzes (Abb. 32 und 33) auf den eingeebneten Grundstücken jüdischer Häuser. Dieser Stadthaus- oder Rathausplatz, in Köln oft einfach der »Platz« genannt, war die Voraussetzung für den Bau der ersten Rathauslaube als Eingangshalle und Schmuck der bis dahin relativ schlichten Außenerscheinung des Rathauses. Diese 1404 erwähnte *halle vor der burger Huyss* war eine offene Pfeilerhalle mit hölzernem Obergeschoß und flachem Bleidach. Die fünf Erdgeschoßpfeiler trugen Reliefs mit der hier erstmals verbürgten Darstellung der schon erwähnten Sage des Löwenkampfes von Bürgermeister Grin und der verwandten Begebenheiten aus der Geschichte Samsons, Davids und Herzog Heinrichs des Löwen. Beim Bau der Laube, die vor allem die Funktion einer zweiläufigen Treppenanlage als nun repräsentativen Zugang zum Langen Saal hatte, wurden unter anderem zwei jüdische Grabsteine benutzt, deren Verwendung eine Datierung dieser Laube bald nach dem Judenpogrom von 1349 nahelegt.

Um 1400 erweiterte sich der Rathausbereich durch den Erwerb dreier Häuser in der Judengasse nach Süden: Es waren dies die Häuser »zur Hoesen« oder »Beyenburg«, »zur kleinen Hoese« und »Berke«. Sie wurden vor allem als Kanzlei und Archiv eingerichtet, wobei selbst bei Erneuerung der Bausubstanz im 16. Jahrhundert der Bürgerhaus-Charakter dieser Rathausteile erhalten blieb. 1396 erhält die Freie Reichsstadt Köln mit dem Verbundbrief ein Grundgesetz, das für die folgenden vier Jahrhunderte, bis zum Einzug der französischen Revolutionstruppen, Bestand hat. Diese Verfassung, die mit dem Sieg über die Patrizier erkämpft war, feierten die Bürger mit einem Architekturdenkmal ersten Ranges: Der Ratsturm entstand in nur siebenjähriger Bauzeit nach dem Entwurf des Steinmetzen und Ratsherrn Jakob vom Aldenmart nördlich des Rathauses, von diesem getrennt durch das Grundstück, das 1328/30 im Besitz des Juden Anselm von Osnabrück war und offensichtlich auch nach dem Pogrom von 1349 noch nicht in städtischen Besitz gelangt war.

Der fünfgeschossige gotische Riesenbau von 61 m Höhe auf quadratischem Grundriß von 13,20 m Seitenlänge (ca. 40 Fuß), der sich ab dem 4. Obergeschoß achteckig verjüngt und über einer fialengeschmückten Maßwerkbrüstung von einem steil aufragenden Zeltdach gekrönt und durch einen kuppelgekrönten Treppenturm in der Mitte der Südseite erschlossen wird,

Abb. 33: Köln, Rathausplatz nach Süden, Lithographie von Wünsch nach Zeichnung von J. P. Weyer, 1823/27

sollte laut Ratsbuch als Weinkeller, Ratskammer, Archiv und Zeughaus dienen. Im Helm war die Stube des Turmbläsers und Brandwächters. Die Fassaden des mit Drachenfelser Trachyt verkleideten Baus schmückte an allen Seiten ein reiches Figurenprogramm von baldachinbekrönten Standbildern und reichfigurierten Konsolen, dessen Inhalt leider nicht bekannt ist. Seine Hauptfassade war die nach Westen zum Rathausplatz gerichtete Schauseite, an der auch der einem Kirchenportal nachgebildete reichgeschmückte Eingang lag. Nach Osten, zum Altermarkt hin, waren nur die oberen achteckigen Geschosse mit dem Dach sichtbar, die über die geschlossene westliche Platzwand dieses Marktplatzes hinausragten und ihn beherrschten. Bereits mit diesem Zeichen städtischer Hoheit war das Rathaus zumindest optisch zum »Hauptplatz« der Stadt vorgedrungen. Dem Altermarkt zugewandt war auch ein Zifferblatt der Rathausuhr mit dem »Platzjabbeck«, einem riesigen Groteskkopf, der beim Stundenschlag das Maul aufsperrte und zum Platz jappte (die herausschnellende Zunge wurde erst bei der Erneuerung 1913 zugefügt). 1406 wurde außerdem am Altermarkt ein Haus für den Ratskellermeister erworben und dadurch ein marktseitiger Zugang zum Ratskeller im Turm geschaffen.

Die Ratskapelle und der Altar der Stadtpatrone

Das Judenpogrom von 1349 hatte zwar zu einer Beeinträchtigung der jüdischen Siedlungsfläche geführt, wie man aus der Anlage eines Rathausplatzes anstelle jüdischer Häuser sehen kann, aber keineswegs eine endgültige Vertreibung der jüdischen Bevölkerung zur Folge gehabt, denn 1372 wurde eine neue jüdische Ansiedlung im alten Viertel gestattet. Das Jahr 1424 aber brachte das Ende: Die Juden wurden *up ewige tzyden* aus der Stadt verbannt. Auf den Grundmauern der Synagoge errichteten die christlichen Kölner die Ratskapelle. Seit dem frühen 14. Jahrhundert wissen wir von Gottesdiensten des Rates, die dieser entweder in der nahe gelegenen Michaelskapelle auf der Marktpforte (Marspforte) oder in einem Raum des Rathauses (in der Goldenen Kammer?) abhielt. Letzteres geschah insbesondere während der Zeit erzbischöflicher Interdicte oder Bannsprüche, die bekanntermaßen nicht immer nur aus rein kirchlichen Gründen gegen die aus Sicht der Erzbischöfe unbotmäßige Kölner Bürgerschaft verhängt wurden, sondern mit deren Hilfe der Erzbischof handfeste politische Ziele verfolgte. Mit päpstlicher Erlaubnis konnte allerdings der Rat in solchen Zeiten im Rathaus bei verschlossenen Türen und ohne Glockenklang Messen lesen lassen.[4] Für die Zeit kurz vor 1400 ist die Aufstellung eines Tragaltars im Rathaus (in der Goldenen Kammer?) bezeugt. Auf Ersuchen des Kölner Stadtrates erhielt dieser 1394 vom Papst die Zustimmung zur Errichtung einer eigenen Ratskapelle mit einer damit verbundenen Pfründe. Das nächste Judenpogrom war damit wohl vorprogrammiert und auf diese Weise die letzten jüdischen Grundstücke zur Verfügung des Kölner Rathauses. Nachdem also die christlichen Kölner die jüdische Synagoge zerstört hatten, errichteten sie auf deren Grundmauern die Ratskapelle und weihten sie am 8. September 1426 der Gottesmutter, wobei sie das äußerst seltene Patrozinium St. Maria in Jerusalem wählten. Dies geschah wohl kaum, um die Erinnerung an das jüdische Kultzentrum im positiven Sinne wachzuhalten, wohl eher, um auch mit diesem Namen, wie schon mit der Einrichtung der christlichen Ratskapelle gerade an dieser Stelle, die Endgültigkeit der Judenvertreibung zu demonstrieren. Der Geistliche an der Ratskapelle führte den Namen »Patriarch in Jerusalem«. War die Ratskapelle also bereits in zweifacher Hinsicht ein politischer Bau (als jederzeit, auch bei erzbischöflichem Interdict und Bann, nutzbarer Gottesdienstraum und als Denkmal der Judenvertreibung), so wurde sie es in einem noch weiteren Sinn durch die Anschaffung ihres wichtigsten Ausstattungsstückes, des Altars der Stadtpatrone (Farbtafel 1). Dieser große Flügelaltar mit der Darstellung der thronenden Maria mit Christuskind und Anbetung der Heiligen Drei Könige in der Mitteltafel und den Heiligen Ursula und Gereon mit ihren Gefährten sowie der Verkündigungsszene mit Maria und dem Erzengel Gabriel ist das um 1440–1445 entstandene Hauptwerk von Stefan Lochner, der bereits um 1435 für das Kölner Rathaus die große Tafel mit dem Weltgericht gemalt hatte, wie F. G. Zehnder überzeugend dargelegt hat. Damit stellt sich natürlich die Frage, wo das Weltgericht als Gerechtigkeitsbild im Kölner Rathaus gehangen hat? Im Langen Saal (Hansa-Saal) oder im neuen Rats-Saal (Senatssaal) im 1. Obergeschoß des Ratsturmes von 1407–1414 oder in der Goldenen Kammer oder in der 1426 geweihten Ratskapelle? Zu einem unbekannten späteren Zeitpunkt kam das Weltgericht in die für das Rathaus zuständige Pfarrkirche St. Laurenzius.

Das inhaltliche Programm von Lochners Altar für die Ratskapelle, die Darstellung der Kölner Stadtpatrone um Maria mit dem Christuskind, ist als politische Aussage zu werten. Die Kölner hatten durch ihre siegreiche Teilnahme an der Schlacht von Worringen im Jahr 1288 und nach ihrer Meinung mit Hilfe ihrer Stadtpatrone erfolgreich die weltliche Herrschaft des Erzbischofs abgeschüttelt, so daß er seit dieser Zeit nicht mehr in Köln residieren konnte. Der Rat der Stadt Köln mußte allerdings sorgsam darüber wachen, daß Erzbischof und Domkapitel nicht die Reliquien der Heiligen Drei Könige, den kostbarsten Besitz von Köln, aus der Stadt entfernten. Im Jahre 1372 erreichten die Kölner sogar eine Bulle des Papstes Gregor XI., die unter Androhung der Exkommunikation verbot, die

Gebeine der Heiligen Drei Könige zu verkaufen oder sonstwie aus der Stadt zu entfernen. Auf diesem Hintergrund ist der Inhalt des Altares für die Ratskapelle politisches Programm und Legitimation. Die die Freiheit der Kölner Bürger garantierenden Stadtpatrone waren an zentraler Stelle gegenwärtig mit diesem Altar, an dem die Ratsherren vor ihren Sitzungen einer Messe zum Heiligen Geist beiwohnten. Hier wurden auch die städtischen Beamten vereidigt.
Der Ruhm des Altares blieb auch in den nachfolgenden Jahrhunderten groß. Der m. E. zurecht auf diesen Altar bezogenen Tagebuchnotiz von Albrecht Dürer aus dem Oktober 1520 folgen weitere bewundernde Erwähnungen u. a. in den Jahren 1572 (Georg Braun), 1609 (Mathias Quad von Kinkelbach), 1645 (Aegidius Gelenius). Dürers Tagebucheintragung *item hab 2 weißpfennig geben von der Taffel auff zusperren, die maister Steffan zu Cöln gemacht hat,* die seit dem 19. Jahrhundert als Schlüssel der Identifizierung mit Stefan Lochner gilt, wird neuerdings als Beleg dafür angezweifelt, da nicht ausdrücklich die Ratskapelle oder der Inhalt des geöffneten Altares bzw. der Darstellung auf den geschlossenen Flügeln genannt sei.[5] Es fragt sich allerdings, warum gegebenenfalls ein Altar im Oktober geschlossen gewesen sein soll, oder welcher Kirchenraum mit einer berühmten, Dürer besonders interessierenden »Taffel« in Köln sonst zu dieser Zeit abgeschlossen war? Für die Ratskapelle kann man dies annehmen, da sie wohl in erster Linie für die Gottesdienste der Ratsherren diente. Als Bau war die Ratskapelle sehr schlicht. Der rechteckige Saalbau von 14,50 – 9,20 m Größe hatte als äußeren Hauptschmuck einen vierseitigen, übereck gestellten zierlichen Dachreiter. Im Norden wurde 1474 eine kleine Sakristei (die sogenannte »Gerkammer«) auf fast quadratischem Grundriß mit kunstvollem spätgotischem Sterngewölbe angefügt. Ein nördlich davon gelegenes Zugangspförtchen mit figurengeschmücktem Tympanon bildete den Zugang zum Kapellenhof und schloß den Kapellenbereich ab. Die gerade geschlossene Ostseite (am Rathausplatz) der Kapelle wurde im frühen 17. Jahrhundert mit einem Stufengiebel geschmückt. Im Norden schloß an die Kapelle das 1439 erbaute Schöffenschreinshaus, im Südosten das Aldenbruck'

Abb. 34: Köln, Rathaus, Außenansicht, Laube, rechts Plasmannsches Haus, links Prophetenkammer, vor 1914 (?)

sche Haus von 1417, ein dreigeschossiger Bau mit Zinnenkranz an. Insgesamt blieb die Erscheinungsform des Rathausplatzes im südwestlichen Bereich bis ins spätere 19. Jahrhundert so, wie es die Lithographie von Wünsch nach einer Zeichnung von Joh. Peter Weyer aus dem Jahre 1827 zeigt (Abb. 33).

Prophetenkammer und Löwenhof

Wohl erst nach der Verbannung der Juden im Jahre 1424 war auch die Möglichkeit gegeben, zwischen dem Hauptbau des Rathauses, dem Saalbau, und dem Ratsturm eine Verbindung zu schaffen: Es entstand ein zweigeschossiger Bau gleicher Höhe und Geschoßeinteilung wie der Saalbau, dessen Außenerscheinung er durch dasselbe Satteldach und den Zinnenkranz angeglichen wurde. Im 1. Obergeschoß enthielt er die 1448 erstmals erwähnte *camera prophetarum,* die Prophetenkammer, während das Erdgeschoß als Wacht- und Arrestlokal benutzt wurde. Die Prophetenkammer erhielt ihren Namen nach den acht hölzernen, knapp 1,20 m großen Prophetenstatuen, die darin aufgestellt waren (sie befinden sich heute im Nordgiebel des Hansasaales). Hauptzweck des Raumes war, die Verbindung zwischen dem für die Ratssitzungen benutzten Senatssaal im 1. Obergeschoß des Ratsturmes und dem Langen Saal (Hansasaal) herzustellen. Mit diesem Bau wurde auch die Ostseite des Rathausplatzes in ihren Grundzügen abgeschlossen und blieb so bis ins 19. Jahrhundert, wie es das Gemälde eines unbekannten Niederländers aus dem 18. Jahrhundert zeigt: In der Mitte der zweigeschossige Saalbau der 1. Hälfte des 14. Jahrhunderts mit der gleich noch zu besprechenden zweiten Laube anstelle der kleineren und flach gedeckten ersten Laube aus der 2. Hälfte des 14. Jahrhunderts. Nördlich anschließend der angepaßte Bau des zweiten Viertels des 15. Jahrhunderts mit der Prophetenkammer als Verbindung zum mächtigen Ratsturm des frühen 15. Jahrhunderts, der die Nordostecke des Rathausplatzes beherrscht. Südlich an den Saalbau anschließend die für Verwaltungszwecke benutzten Bürgerhäuser. Im Laufe des 16. Jahrhunderts dehnte sich der Rathauskomplex zunächst weiter nach Osten aus. Hinter dem Bau mit der Prophetenkammer entstand 1540/41 der Löwenhof als Werk des Stadtsteinmetzes und Domwerkmeisters Laurenz von Kronenberg (Abb. 36). Er war zunächst ein nur dreiseitiger, nach Osten offener Laubenhof nach Vorbildern der italienischen Renaissance, der erst 1594 mit der gleichartigen Schließung des Ostflügels seine volle Wirkung entfalten konnte. Die Brüstungsreliefs der zierlichen Obergeschoßarkaden waren mit *Byldwerk up antyx* geschmückt, u. a. ist auch hier der Löwenkampf des Bürgermeisters Grin dargestellt. Im Volksmund hieß dieser Hof auch »die Löwengrube«, und man war der Meinung, daß die Reliefs römisch seien: *Ob die … Löwengrube, die rundum mit römischen und anderen alten Wappen umgeben, jemals ein Exemplar von dem Geschlechte der Thierkönige beherbergt habe, mag um so eher zweifelhaft erscheinen, als die factische Unterhaltung eines solchen Geschöpfes an diesem Orte weder nothwendig, noch nützlich, noch angenehm erscheinen dürfte. Die Sage, daß hier derselbe Löwe, mit dem Bürgermeister Gryn den vorhin erwähnten Todeskampf bestanden, gezähmt und später dem Bischofe geschenkt worden sei, scheint wohl allein zur Ableitung des Namens dieser Grube erfunden worden zu sein*[6], und mit leicht resignierendem Ton schreibt der Historiker Leonard Ennen: *Vor wie nach werden die Fremdenführer dieses Bauwerk des 16. Jahrhunderts in die Römerzeit versetzen und ihm ein sechzehnhundertjähriges Alter vindicieren. An dem hier an der Westseite ausgehauenen Bilde des Bürgermeisters Grin wird der Volksglaube fortdauernd willkommenen Halt haben, um an diesen »Löwenzwinger« den fabelhaften, unhistorischen Kampf des Bürgermeisters Grin mit dem Löwen zu knüpfen.*[7]

Abb. 35: Köln, Hansasaal nach Süden, Foto: RBA (um 1900)

Der Altermarkt-Trakt

1548–1554 wurde das seit 1355 städtische Leinen- und Tuchkaufhaus am Altermarkt durch Umbauten in die Rathausnutzung miteinbezogen. Während das gewölbte Untergeschoß bis ins 19. Jahrhundert als Kaufhalle und Platz der städtischen Waage benutzt wurde, erhielt das Obergeschoß bei dem Umbau einen großen Empfangssaal, *weil auf oder an dem Rathaus kein Gemach war, wo man einiger fremder Herrn Botschaft und Fürsten Handel anhören oder verhandeln möchte und man stets in Klöster laufen mußte* (aus dem Ratsprotokoll vom 19. Oktober 1548). Gleichzeitig erhielt die Fassade eine Umgestaltung in Frührenaissanceformen und wurde ein neues Dach *uffgeschrauft* (Ratsprotokoll vom 28. August 1551). Besondere Schmuckelemente der Fassade waren der Erker und die zu seinen Seiten über die ganze Breite des Baus gezogenen Balkone mit prächtiger Balustrade.

1570 und 1593 wurden auch die beiden südlich und nördlich anschließenden Häuser erworben und für Verwaltungszwecke neu gebaut. Sie behielten aber, ähnlich wie die am Rathausplatz südlich des Saalbaus herangezogenen Bauten, ihren Bürgerhauscharakter. Das Rathaus war zwar mit diesen Umbauten an den Hauptmarkt der Stadt, an den Altermarkt vorgedrungen, seine Bauten ordneten sich aber der geschlossenen Platzwand unter und fügten sich homogen in den bestehenden Charakter des von bürgerlichen Wohnhäusern gesäumten Platzes ein.

Abb. 36: Köln, Rathaus, Löwenhof, Vorkriegszustand

Die Rathauslaube

Die Rathauslaube des 14. Jahrhunderts war im Laufe des 16. Jahrhunderts baufällig geworden und bedurfte der Erneuerung. Seit 1557 holte der Rat Entwürfe für einen Neubau von namhaften niederländischen Architekten wie Cornelis Floris de Vriend aus Antwerpen, Lambert Susterman aus Lüttich und Henrik van Hasselt ein, beauftragte aber mit der Ausführung Wilhelm Vernukken, der die neue Eingangshalle und repräsentative Schauseite des Rathauses von 1569 bis 1573 ausführte (Abb. 32 und 33). Der zweischiffige, fünfjochige Bau, ursprünglich nur im Erdgeschoß gewölbt, erhielt seine mittlere Betonung durch die über das Gesims aufragende Ädikula mit einer Figur der Justitia, bekrönt über dem Giebel vom freistehenden Standbild des Kölner Bauern. In den Brüstungsreliefs wird auch beim Neubau das Motiv des Löwenkampfes von Bürgermeister Grin an zentraler Stelle wiederaufgenommen, flankiert von den analogen Begebenheiten aus der Geschichte Samsons und Davids. 1617/18 wölbte man auch das obere Geschoß und brachte die von Greifen und Löwen gehaltenen Wappenschilde über den Seitenrisaliten an. Ein leicht geschwungenes Dach schließt den Bau nach oben ab. Die Erneuerung der Laube in dieser Größe und mit der prächtigen Ausbildung bedeutet im 16. Jahrhundert praktisch die Neuschaffung einer repräsentativen Fassade des Rathauses.

Ihre Verschiebung aus der Achse des Saalbaus nach Norden geschah unter bewußter Bezugnahme auf den Rathausplatz und die auf sie einmündende Portalsgasse. Für das Ergebnis dieses Meisterwerks der Renaissance-Architektur maßgebend war und ist der frontale, zunächst durch die schmale Portalsgasse eingeengte Blickwinkel. Die Proportionen der Laubenarkaden sind so sehr in absolutem Bezug zum dahinter aufsteigenden Saalbaudach entwickelt, daß beim Blick durch die schmale Gasse der Eindruck eines wesentlich größeren, sich nach beiden Seiten fortsetzenden Renaissancebaues entsteht. Erst beim Betreten des Rathausplatzes ist das volle Erfassen dieses architektonischen Schmuckstückes möglich und seine maßstäbliche Einbindung in die Proportionen des seit dem 14. Jahrhundert unveränderten Platzes verständlich. Dem formalen Bezug zwischen Laube und Platz entsprach ein ebenso gewichtiger inhaltlicher: Von ihrem Obergeschoß aus verkündete der ältere Bürgermeister in Anwesenheit der Ratsherren die Ratsbeschlüsse in der sogenannten »Morgensprache« dem auf dem Platz versammelten Volk – ein Geschehen, das vom sakralen Bereich abgeleitet ist, wie Mühlberg treffend erläutert: *Stätte der Lesungen, Predigt und Bekanntmachungen war in den Kirchen der Stifts- und Ordensbaukunst der Lettner zwischen Klerikerchor und Laienraum, nach der Doxologie, dem Lobpreis des Herrn, auch Doxale oder Doxal genannt. Im übertragenen Sinn hieß auch die*

Kölner Rathauslaube, das Verbindungsglied zwischen Ratsherrensaal und Versammlungsplatz der Bürger, bis ins 18. Jahrhundert vielfach Doxal. Wie schon aus der gegenseitigen Abhängigkeit der Maßstäblichkeit von Laube und Platz erhellt besonders durch diesen inhaltlichen Bezug die unauflösliche Verbindung von Laube und Platz: Die Laube als Raum des die Beschlüsse verkündenden Rates und der Platz als Raum der anhörenden Bürger. Wie zum Lettner der davor liegende Kirchenraum für die Gemeinde aus ästhetischen und inhaltlichen Gründen gehört, so ist der geschlossene Rathausplatz für den »Lettner« des Rathauses, für dieses weltliche Doxal, eine städtebauliche und demokratische »conditio sine qua non«. In seiner Form blieb dieser Platz daher durch alle folgenden Jahrhunderte im wesentlichen unverändert, auch wenn sich die Platzwände durch Erneuerung der Bauten in ihrer Erscheinungsform veränderten.

Der Spanische Bau

Zu Beginn des 17. Jahrhunderts erhielt die Nord-West-Seite des Platzes ihre endgültige Gestalt: Anstelle eines 1513 erbauten sogenannten »Zeichenhauses« des Rates zur Aufbewahrung der Schreinsbücher und Ratszeichen entstand 1608–1615 ein neuer, zweigeschossiger Verwaltungsbau, vermutlich nach dem Entwurf des Steinmetzmeisters Mathias von Gleen. Der vor allem für Versammlungen und Empfänge errichtete Komplex wurde als »Neuer Bau« oder »Freitagsrentkammer« bezeichnet und erhielt erst im 19. Jahrhundert den Namen »Spanischer Bau« nach den 1623 hier stattgehabten Sitzungen des Kompositionstages der Spanischen Liga (Abb. 32 und 33). Der zweigeschossige Backsteinbau, der aus einem längeren Flügel an der Westseite des Platzes und einem kürzeren an seiner Nordseite bestand, war im Erdgeschoß mit einer kräftigen Rustizierung aus Werksteinen gegliedert und von einem mächtigen Volutengiebel gekrönt. Die fünf großen Rundbögen des Erdgeschosses waren offen und gaben vom Platz aus den Blick frei in die zweischiffige, gewölbte Halle, über der im Obergeschoß der große Saal lag, dessen Proportion an der Fassade in dem mittleren Fensterband zu erkennen war. Gleichzeitig mit der Errichtung des Spanischen Baus und in denselben Stilformen wird der Platz durch Rundbogenportale geschlossen, die an den Einmündungen der Portalsgasse, der Bürgerstraße und der Judengasse die Zugänge zum Rathausplatz aus Sicherheitsgründen und als Vorsichtsmaßnahme gegen einen Überfall auf das Rathaus abriegelten. Diese Baumaßnahme erfolgte zwar primär auf militärischen Vorschlag, trug aber in der Ausführung zu einer außerordentlich glücklichen städtebaulichen Lösung bei. Der Rathausplatz war damit zum städtischen Innenraum par excellence geworden, für die Kölner hieß er ja sowieso schlicht und einfach »der Platz«. Aber selbst eine so kleine Baumaßnahme wie die Ausführung dieser Tore geschah nicht, ohne Rücksicht zu nehmen auf den primären architektonischen Bezugspunkt des Rathauses: die Laube. So wurde der Standort für das nördliche Portal, das in besonders reich ausgebildeter Form den Abschluß zur Bürgerstraße herstellte, so angeordnet, daß der optimale axiale Durchblick auf den Renaissancebau möglich war. Mit diesen Bauten des frühen 17. Jahrhunderts hatte der Rathausplatz eine für zweieinhalb Jahrhunderte gültige Form erhalten, wie sie ein Modell im Kölnischen Stadtmuseum überliefert. Die folgenden Jahrhunderte haben nur an der Ausschmückung der Innenräume gewirkt. Bereits 1597–1602 war der Senatssaal mit einem herrlichen Intarsiengestühl geschmückt worden. 1720–1723 erhielt die Prophetenkammer eine neue Inneneinrichtung, und 1750–1752 wurde der Saal am Altermarkt mit einer reichen Rocaille-Stuckierung zum danach benannten Muschelsaal umgestaltet.

Die Erneuerung im 19. Jahrhundert

Das 19. Jahrhundert brachte mit der Industrialisierung und der Anlage der Eisenbahnen einen enormen wirtschaftlichen Aufschwung auch für Köln, das mit den Rheinlanden seit 1815 zu Preußen gehörte. Allein die Bevölkerungszahl verdreifachte sich innerhalb des ersten halben Jahrhunderts. All dies brachte einen enormen Anstieg der Bautätigkeiten und eine kaum vorstellbare bauliche Veränderung von Köln, dessen Stadtgebiet noch bis 1881 an der mittelalterlichen Stadtmauer endete. Der Zustand der Rathausbauten war zu jener Zeit bereits bedenklich. Der Figurenschmuck des Ratsturmes war schon lange bis auf wenige Reste verwittert und herabgefallen. Der Löwenhof wurde 1839 von Victor Hugo als ganz verkommen bezeichnet, und der Hansasaal mußte 1856 wegen Baufälligkeit polizeilich gesperrt werden. Er diente allerdings schon seit Jahrhunderten nicht mehr als Ratssaal, da diese Funktion vom Senatssaal im Turm und seit der französischen Zeit vom Muschelsaal im Altermarkttrakt des Rathauskomplexes übernommen worden war. Seit 1848 tagte die Stadtverordneten-Versammlung, deren Sitzungen nun öffentlich sein mußten, im großen Saal des Spanischen Baus. Bereits 1854 aber kehrten die Stadträte wieder in den Muschelsaal zurück, da der Ratssaal im Spanischen Bau von den *Executoren des Boisserée'schen Testaments* zwar *als würdig und angemessen* für die Aufstellung der Sammlung Boisserée angesehen wurde, sie aber gleichzeitig ausdrücklich erklärten, *daß die Gemeinderaths-Sitzungen in dem Local, wo die Sammlung aufgestellt sei, nicht stattfinden dürften.* Die Kölner Ratsherren murrten zwar darüber, zogen aber doch in den Muschelsaal zurück, um die Aushändigung der Kunstsammlung nicht zu gefährden.[8]

Nachdem bereits in den Ratssitzungen vom 1. Dezember 1853 und 30. April 1857 ganz allgemein über den schlechten baulichen Zustand des Rathauses geklagt worden war, das nicht zur Bedeutung der Stadt passe, ja *es werde sogar deren Würde durch den Besitz eines solchen Stadthauses verletzt,* wird der Beigeordnete Rennen aufgrund des Berichts des Stadtbaumeisters Raschdorff in der Sitzung vom 10. März 1859 zur Situation der Rathausbauten ganz konkret: *Die Decke des großen Saales*[9] *ist zu schwer belastet und gerissen, die über demselben liegenden Räume seien zum Theil unzugänglich, zum Theil durch Regen beschädigt; der Hansesaal verfallen, dem Einsturze nahe, zur Vorbereitung der Herstellung überall aufgebrochen; das Portal verwittert; die südlich neben dem Rathause liegenden Häuser dumpf, dunkel, seit Jahrzehenden einer Herstellung bedürftig; die gegenüber auf der Ecke der Judengasse liegenden Häuser für geschäftliche Zwecke ganz unbrauchbar.*

Rennen stellt dann gleichermaßen wertfrei die beiden Möglichkeiten gegenüber: *Entweder verlange man einen gänzlichen Neubau oder das Bestehende sollte möglichst erhalten und verbessert werden. Für die erstere Ansicht könne mit Recht angeführt werden, daß die Beibehaltung theils des verwickelten Grundplanes, theils unter sich verschiedenartiger Gebäudetheile sowohl der Ausführung eines den jetzigen Bedürfnissen entsprechenden Gebäudes, als der für das Rathhaus einer Stadt, wie Köln, wünschenswerthen Einfachheit und Uebereinstimmung entgegenstehe, und daß bei allen Flickereien doch nichts Rechtes herauskomme. Für die Verbesserung des Bestehenden spreche dagegen nicht allein die große Schwierigkeit der Ausführung sowohl in Beschaffung der Mittel, als bei den Vorbereitungen zur Unterbringung der Amtszimmer, sondern in noch höherem Grade die geschichtliche und künstlerische Berechtigung zur Fortdauer, welche einzelnen Theilen unseres alten Rathhauses nicht abgesprochen werden könne.* In der anschließenden lebhaften

Abb. 37: Köln, Plasmannsches Haus, Relief von Chr. Mohr. Foto: Hildegard Willach, 1951

und kontroversen Diskussion, die am 24. März 1859 weitergeführt wurde, stehen sich Befürworter eines Neubaus und die der Erhaltung mit den auch heute noch vertrauten und geläufigen Argumenten gegenüber. Für die Neubau-Anhänger war klar, daß das morsche und verfallene Gebäude keine Reparatur mehr lohne, die erfahrungsgemäß *weit kostspieliger sei, als ein Neubau; und was werde man mit diesen bedeutenden Ausgaben erreichen? Es werde stets ein Flickwerk bleiben, ein Chaos von verschiedenen Stilen, wie ja fast jede Verwaltung, in deren Besitz sich im Laufe der Jahrhunderte das Rathaus befunden, nach ihrem Bedürfnisse und ihrem Geschmack Bauten in demselben vorgenommen. Das schöne Terrain mit den ausgedehnten Fronten nach dem Rathausplatze sowohl als nach dem Altermarkte mache es möglich, ein der Stadt Köln würdiges Rathaus zu errichten, etwa mit der Hauptfronte nach dem Markt, mit einer schönen Freitreppe daselbst und einem Durchgange nach dem Rathausplatze usw.* Es setzten sich aber mehrheitlich die Befürworter der Erhaltung *der kunsthistorisch sehr merkwürdigen Gebäudetheile* durch, da man sich nicht nachsagen lassen wollte, *daß die Stadtverordneten-Versammlung sich des Vandalismus schuldig machen wolle* und es ihr *zur ewigen Schande gereichen werde, wenn sie sie ohne Noth beseitigen lasse.* Es wird außerdem betont: *Die besondere Eigenthümlichkeit des hiesigen Rathhauses bestehe darin, daß es ein Conglomerat vieler durchaus verschiedener Gebäude, ein In- und Durcheinandergehen von einzelnen in verschiedenen Zeitperioden entstandenen Räumlichkeiten sei. Dieses eigenthümliche Interesse dürfe dem kölnischen Rathhause nicht verlorengehen.* Am Ende der langen Debatte wird mit 22 zu 6 Stimmen beschlossen: *Das Rathhaus soll in seinen wesentlichen Theilen erhalten und hergestellt ... werden,* wobei den Ratsmitgliedern klar ist, daß bei dem schlechten baulichen Zustand der Rathausbauten, die erhaltende Restaurierung sehr weitgehend sein würde. So erfolgte in den Jahre 1861–1890 jene nahezu komplette Erneuerung des Rathauses, deren oberstes Ziel es war, die mittelalterlich strukturierten Bauten des Rathauskomplexes in ihrer formalen Erscheinungsform zu belassen, zu rekonstruieren oder ähnlich zu erneuern, im Inneren aber die Räumlichkeiten zu schaffen für die sprunghaft gestiegene Verwaltung der auch flächenmäßig inzwischen weit über die mittelalterliche Altstadt hinausgewachsenen Großstadt. Dies letztendlich erreicht zu haben, war das Verdienst der Stadtbaumeister Julius Raschdorff, Hermann Weyer und Friedrich Carl Heimann.

Der Umbau begann 1861 an der Südostecke des Rathausplatzes mit dem 1863 vollendeten Neubau des sog. Plasmann'schen Hauses[10], dessen Entwurf von Stadtbaumeister Raschdorff auf ausdrücklichen Wunsch der Stadtverordneten *als dem Baustil gemäß zum Rathaus gehörig* angefertigt wurde (Abb. 34). Der dreigeschossige, fünfachsige Verwaltungsbau mit glatter Tuffsteinverkleidung erhält seinen Hauptschmuck durch die hohen dreiteiligen Spitzbogenfenster des 1. Obergeschosses und das Spitzbogenportal. Eine von Raschdorff im Entwurf vorgesehene Söllerlücke mit Fahnenstange wurde aus Sparsamkeit nicht genehmigt, während zunächst die Ausführung von figürlichen Medaillons in den fünf Spitzbogenfenstern vorgesehen war. Als allerdings in der Ratssitzung vom 24. Juli 1862 die vom Stadtbaumeister Raschdorff nach Besprechung mit dem städtischen Archivar vorgeschlagenen fünf historischen Personen genannt wurden, gab es eine lebhafte Diskussion darüber. Es handelte sich um:

1. *Agrippa, als Gründer der Stadt;*
2. *Constantin, unter dem das Christentum eingeführt wurde;*
3. *Karl der Große, völlige Umgestaltung der politischen Verhältnisse;*
4. *Maximilian I., Ende des Mittelalters, Beginn der neueren Epoche;*
5. *Friedrich Wilhelm III., unter dem die Stadt an Deutschland zurückgelangt sei.*

Zunächst wird von den Ratsherren zurückhaltend erklärt, daß die Köpfe in den Medaillons so klein sein würden, daß man sie von unten gar nicht erkennen könne. Daher solle man auf die *ganz zwecklose Decoration* verzichten. *Es sei komisch, große Männer in so winzigen Dimensionen an einem öffentlichen Gebäude anzubringen.* Dann wird man bereits deutlicher, indem man erklärt, *daß für ein städtisches Gebäude nur solche Persönlichkeiten gewählt werden sollten, die sich um die Stadt ein directes Verdienst erworben, und würde deßhalb die Bildnisse von Overstolz, Wallraf, Richartz u.s.f. für passender erachten, als die von Karl dem Großen und Kaiser Maximilian.* Nachdem die Stadtverordneten noch während der Ratssitzung eine Besichtigung der Fassade vorgenommen und übereinstimmend festgestellt hatten, daß sich die Fassade *am schönsten mache, wenn jeder überflüssige Schmuck vermieden werde,* erklärte sich die Versammlung *hierauf einstimmig gegen die Anbringung der in Vorschlag gebrachten Medaillons.* Diese Diskussion und der Beschluß wären nicht weiter erstaunlich, wenn nicht wenige Jahre später (1869–1872) beim Bau der neuen Altermarktfassade wesentlich höher, nämlich über den Fenstern des 2. Obergeschosses, ein Band mit keineswegs größeren Medaillons angebracht worden wäre, mit der Darstellung von fünfzehn für Köln besonders bedeutsamen Kaisern, unter denen ganz selbstverständlich Karl der Große war. Maximilian I. erscheint auf dieser Fassade sogar als Standfigur und wird von einer zeitgenössischen Beschreibung als einer der Kölner Lieblingskaiser bezeichnet. Friedrich Wilhelm III. oder ein anderer preußischer Herrscher tauchen dagegen in dem ikonographisch geschlossenen, zeitlich mit Joseph II. endenden Programm der Raschdorff'schen Altermarktfassade zunächst nicht auf (siehe unten). 1863 wird beim Portal des Plasmann'schen Hauses das Giebelfeld mit der reliefierten Darstellung des Kölnischen Bauern von Christian Mohr geschmückt (Abb. 37). Als dann in der Ratssitzung vom 10. September 1863 einer der Stadtverordneten sich danach erkundigt, auf welchem Beschluß das beruhe, weil er die Ausführung lieber öffentlich ausgeschrieben gesehen hätte, wird ihm am 24. September 1863 vom Oberbürgermeister (als damaligem Chef der Verwaltung) geantwortet, daß die Stadtverordneten seinerzeit nur die Medaillons, nicht aber dieses Relief gestrichen hätten. Die Medaillons waren seinerzeit mit 400 Thalern veranschlagt, das Portalrelief mit 200 Thalern. Da die Medaillons nicht ausgeführt wurden, habe man das Relief für 300 Thaler in Bestellung gegeben. Mit dieser Spitzfindigkeit ist die Sache erledigt, denn inhaltlich paßt die Darstellung des Kölnischen Bauern als Symbol der Reichstreue der ehemals Freien Reichsstadt Köln vollkommen in das stillschweigend übergeordnete Konzept, mit dem das Kölner Rathaus erneuert wurde: Beschwörung der großen Vergangenheit von Köln als unabhängige Bürgerstadt in reichsstädtischer Zeit.

Die Fertigstellung des Plasmann'schen Hauses war die Voraussetzung für den Beginn der Restaurierungsarbeiten am Hansasaaltrakt (Abb. 34), aus dessen Erdgeschoß Verwaltungsabteilungen in den Neubau übersiedeln mußten. In dem seit 1856 nicht mehr benutzbaren Hansasaal selbst hatten die vorbereitenden Arbeiten bereits früher begonnen und 1859 zur Auffindung der mittelalterlichen Wandmalereien geführt, deren Entdeckung als kunsthistorische Sensation gefeiert wurde. Am Anfang des Jahres 1863 beginnt im Rat die Diskussion der Umbaupläne von Stadtbaumeister Raschdorff.[11] Kernstück dieser Pläne ist die Einfügung eines östlich des Hansasaales angelegten Treppenhauses, dem u. a. die im 1. Obergeschoß gelegene Goldene Kammer zum Opfer fallen mußte. Durch die Anlage dieses Treppenhauses erschienen Raschdorff auch die Treppenaufgänge in der Rathauslaube überflüssig, weswegen er bereits 1862 ihre Entfernung beantragt hatte (siehe unten). Der Plan des neuen Treppenhauses führte zu langen Diskussionen und zahlreichen Vertagungen, da einige Stadtverordnete ein wesentlich größeres, repräsentiveres Treppenhaus wünschten, das die ganze Tiefe zwischen Hansasaaltrakt und Altermarkttrakt einnehmen sollte, zur besseren Erschließung der einzelnen Räume beitragen würde und vor allem beim Großen Rathaussaal (= Muschelsaal) einen Eingang in der Mitte statt wie bisher in der Ecke ermöglichen könnte. Stadtbaumeister Raschdorff und der Beigeordnete Rennen, die absolut gegen diesen Plan eines überdimensionierten Treppenhauses sind, der außerdem den Verlust der sog. Goldenen Kammer im Erdgeschoß (Mittwochsrentkammer) (Abb. 31) mit sich bringen würde, errechnen Mehrkosten von 3000 Thalern und verstehen es geschickt, die Frage offenzuhalten, wo in Zukunft die Ratssitzungen stattfinden sollen: Weiterhin im Muschelsaal oder im Hansasaal, denn für die Sitzungen im Muschelsaal ist die sog. Goldene Kammer im Erdgeschoß als direkt anschließendes Beratungszimmer unentbehrlich. Die Mehrheit stimmt schließlich für den Plan des Stadtbaumeisters mit dem kleineren Treppenhaus. Eingehend diskutiert werden von den Stadtverordneten auch die Formen der von Raschdorff vorgeschlagenen Fenster und vor allem die völlig neu hinzugekommenen Eckwarten als Begrenzung und besondere Betonung des Hansasaaltraktes. Es wird eingewandt, daß Eckwarten nur an den Ecken von freistehenden Gebäuden sinnvoll seien und daß die von Raschdorff entworfenen reine Dekoration darstellten, da sie zu klein seien, um in sie hineintreten zu können. Die Mehrheit entschließt sich aber auch in diesen Punkten für Raschdorffs Entwürfe, wie ja wohl auch die Öffentlichkeit, die vor der Beratung im Stadtverordneten-Collegium die Möglichkeit hatte, die im Museum ausgestellten Pläne zu diskutieren und abweichende Meinungen kundzutun, nichts daran auszusetzen hatte.[12] Bedauerlicherweise sind diese Pläne nicht mehr vorhanden. Sie scheinen aber lediglich Aussagen zur Fassadengestaltung enthalten zu haben, die im Falle des Hansasaaltraktes außer den historisch verbürgten Wappen zwischen den Zinnen keinerlei weiteren Schmuck vorsah. Über die innere Ausstattung der Räume war wohl damals noch nichts ausgesagt, insbesondere, da für den Hansasaal noch keine endgültige Nutzung vorgesehen war. 1863–65 erfolgte zunächst die vorgesehene bauliche Erneuerung, die wegen des schlechten Zustandes die Abtragung und Neuerrichtung der West-, Nord- und Ostwand zur Folge hatte. Nur die Südwand mit dem reichen figürlichen Schmuck des Hansasaales wurde durch eine äußerst schwierige Abstützung erhalten. Von den übrigen Wänden, insbesondere der Nordwand, wurden die brauchbaren Maßwerkteile zur Wiederverwendung geborgen. Nicht zu retten waren die Wandmalereien im Hansasaal, von denen nur einige Partien abgelöst und ins Wallraf-Richartz-Museum gebracht wurden. Der größte Teil war nicht zu erhalten und konnte nur durch Pausen und Nachzeichnungen überliefert werden.

Nach langen Diskussionen entschlossen sich die Stadtverordneten schließlich am 5. April 1866, den Hansasaal zum neuen Sitzungssaal zu machen und ihn der besseren Proportion wegen im Norden mit einer Holzwand abzutrennen. Im Verwaltungsbericht des Jahres 1866 liest man, daß Raschdorff für die innere Ausgestaltung des Hansasaales ein Dekorations- und Bildprogramm vorschlug, das sich an das überlieferte und an der Südwand erhaltene anlehnen sollte:

Es erscheint nun notwendig, daß die Malereien, soweit sie noch vorhanden sind, hergestellt werden, daß sie da, wo sie fehlen, im Geiste der alten Malerei erneuert werden; endlich, daß die neue Holzdecke des Saales in entsprechender Weise neu ausgemalt werde … Es dürfte sich empfehlen, in den gro-

ßen Bildflächen berühmte Männer aus der Geschichte Kölns abzubilden, für die kleinen Bildflächen dagegen Darstellungen heiteren Inhalts zu bringen und hierzu den Stoff in der localen Chronik der Stadt Köln zu suchen. Die Ausführung der Malereien dürfte, ähnlich wie dies im Gürzenich geschehen, auf mehrere Jahre zu verteilen sein.

Raschdorff wünschte für die Herstellung der *historischen Bildwerke* den Einsatz eines hervorragenden Künstlers, während die *decorativen Theile* der Malereien durchaus unter seiner Leitung hergestellt werden könnten. Außerdem schlägt er farbige Fensterverglasung nach Vorbild einiger erhaltener mittelalterlicher Glasfenster aus der ehemaligen Goldenen Kammer des 1. Obergeschosses für den Hansasaal vor. Die Ausgestaltung des Hansasaales erfolgte dann allerdings nur zum Teil in der von Raschdorff vorgeschlagenen Form (Abb. 35). Insbesondere die vorgesehenen figürlichen Darstellungen wurden durch Wappen ersetzt, deren ikonographisches Programm allerdings wohlüberlegt war, wie eine zeitgenössische Schilderung beweist:

Der hanseatische Saal macht auf den Eintretenden in seiner jetzigen Pracht und Schönheit einen überwältigenden Eindruck. Die Originalität des ganzen Saalbaues, das richtige Verhältnis in allen Details, die Großartigkeit der südlichen Figurenwand, die Farbenpracht des ganzen dekorativen Schmuckes, die Schönheit der Teppichmuster auf den Wandflächen, der magische Eindruck der in altem Stil ausgeführten Glasmalereien, alles dies vereinigt sich, um eine ergreifende, bezaubernde Wirkung auszuüben. Nur ist zu bedauern, daß diese Wirkung jetzt dadurch beeinträchtigt wird, daß man sich aus reinen Zweckmäßigkeitsgründen veranlaßt gesehen hat, den Saal durch eine Holzwand in zwei Säle zu scheiden. Was den Grundgedanken anbelangt, welcher bei der malerischen Ausschmückung dieses Saales maßgebend gewesen ist, so sollten durch die hier angebrachten Wappen, wie schon gesagt, die inneren Beziehungen der Stadt Köln veranschaulicht werden. Die in den einzelnen Feldern angebrachten Wappenschilder in gebranntem Glase sollen an die Staaten, Fürstenhäuser und Fürsten erinnern, welche auf die Entwicklung der städtischen Verhältnisse von entscheidendem Einflusse gewesen sind und die Stadt mit besonderen Privilegien und Freiheiten begabt haben. Es soll durch diese Wappenschilder an den ganzen Verlauf der Kölner Geschichte während fast zweier Jahrtausende erinnert werden. Die Wandflächen zeigen die Wappen der alten fünfundvierzig Geschlechter, welche vor der Revolution von 1396 ein Anrecht auf die Besetzung der Stühle des im hanseatischen Saale sitzenden engen Rathes hatten und bis tief in das fünfzehnte Jahrhundert hinein die Schöffenstühle aus ihrer Mitte

Abb. 38: Köln, Rathaus, Treppenhaus mit linker Eingangstür zum Hansasaal nach der Raschdorffschen Erneuerung

Abb. 39: Dito Treppenhaus

besetzten. Die Holzdecke des Saales zeigt in den unteren Reihen die Wappen aller Geschlechter, welche von dem Jahre 1396 an bis zum Zusammenbruch des deutschen Reiches der Stadt Köln regierende Bürgermeister gegeben haben. In den oberen Reihen zeigen sich die Wappen der zweiundzwanzig Zünfte, welche durch den sogenannten Verbundbrief mit zur Regierung der Stadt berufen wurden und bis 1794 den größten Theil der Ratsherren aus ihrer Mitte auf das Bürgerhaus entsendeten.[13]

Ergänzend dazu sei aus einer anderen zeitgenössischen Beschreibung erwähnt, daß der Hansasaal *damals neue gothische Möbel und schöne, nach den alten Vorbildern im Friedenssaal zu Münster i. W. von Schmiedeeisen hergestellte Gaskronleuchter* erhielt.[14] Die Details der Einrichtung waren in der Stadtverordneten-Sitzung vom 11. April 1867 ausführlich diskutiert worden, wobei einer der Ratsherren darum bat, *an Stühlen und Tischen nur ja nicht zu viele Kunststücke zu machen und den Styl nicht auf Kosten der Bequemlichkeit vorzugsweise zu berücksichtigen.* Die erste Sitzung des Rates im Hansasaal fand am 10. Juni 1868 statt, wobei der Oberbürgermeister in seiner Eröffnungsansprache die ruhmvolle Geschichte der Stadt beschwor. Eine Erwähnung des preußischen Landesherrn fand dabei nicht statt, wie auch eine Darstellung der preußischen Könige oder deren Wappen nicht im Hansasaal auftauchte, da die historische Grenze für die Ausstattung wohl bewußt 1794 gezogen worden war. In dem Ratsprotokoll vom 13. Dezember 1888 lesen wir dann noch lapidar: *Die Versammlung nimmt von der Aufstellung von Kaiserbüsten oder Anbringung von Kaiserbildern im Hansasaale mit Rücksicht auf die architektonische Beschaffenheit und Ausstattung des letzteren Abstand.* Man kann annehmen, daß es sich im Dreikaiserjahr 1888 um die Hohenzollern-Kaiser handelte, deren Anbringung von irgend jemandem beantragt worden war. Wenn man weiß, mit welcher Ausführlichkeit die kleinsten Einzelheiten der Ausstattung im Hansasaal und im gesamten Rathaus meist diskutiert wurden, so erstaunt die Kürze dieses Beschlusses. Sicher fanden die zugehörigen Beratungen nicht in der öffentlichen Stadtverordneten-Sitzung statt. Der Hansasaal blieb jedenfalls in seiner 1866/67 einheitlich erstellten Ausstattung, für die das Ratsprotokoll vom 10. Juni 1868 neben dem Stadtbaumeister Raschdorff als ausführende Künstler die Herren Rahms, Hansmann, Melchior und Schüller nennt, fast unverändert bis zur Renovierung kurz vor dem Zweiten Weltkrieg erhalten. 1876 war auch die Trennwand wieder entfernt worden.[15] Gleichzeitig mit der Innenausstattung des Hansasaales erfolgte die des neuen Treppenhauses (Abb. 38 u. 39), das im oberen Teil den Raum der Goldenen Kammer des 1. Obergeschosses einnahm und von dieser an der Süd- und Nordwand je zwei reiche Maßwerkfenster beibehalten hatte. In diesen (von Raschdorff erneuerten) Fenstern waren *16 Köpfe von alten Glasmalereien aus dem Rathause, die aus dem 15. Jahrhundert zu stammen scheinen, teilweise aber stark übermalt und erneuert sind.*[16] Leider wissen wir nichts über den Inhalt dieser Glasmalereien, während eine zeitgenössische Beschreibung uns ein detailliertes Bild der übrigen Ausstattung insbesondere in ihrer Beziehung zum Hansasaal vermittelt:

Es schien zweckmäßig, bei der Frage über die Art der Dekorierung des Hansasaales wie auch des Treppenhauses sich nicht lediglich auf bloßes Ornament zu beschränken, sondern auch die geschichtliche Bedeutung des Rathauses mit in Rücksicht zu nehmen. Man entschloß sich, diesen Rücksichten durch Anbringung einer Reihe von Wappen Rechnung zu tragen. Im Treppenhause sollten vornehmlich die äußern und im Hauptsaale die innern Beziehungen der Stadt Köln zum Ausspruch kommen. In Bezug auf ihre äußeren Verhältnisse ließ die Stadt Köln durchgehend Rücksichten auf ihre Handelsinteressen maßgebend sein: darum schien es geboten, neben dem Wappen der Stadt selbst das Wappen des hanseatischen Bundes, auf welchem die Hauptbedeutung des Kölner Handels ruhte, an bevorzugter Stelle anzubringen. Der Gesammtbund der Hansa besaß kein Wappen, darum wurde das Wappen des Kontors von Brügge, wo die Kölner fast unumschränkte Herren waren, genommen. Die andern Wappen, die sich in einem unmittelbar unter der Decke hergehenden Fries angebracht finden, sind die Wappen solcher Fürstenthümer und Städte, mit welchen Köln entweder in Landfriedensbündnis zum Schutz des Handels standen, oder mit welchen es besondere Schutz- und Handelsverträge geschlossen hatte, oder welche mit ihm zu dem Kölnisch-Hanseatischen Drittel gehörten. Die acht Propheten, welche auf ihren Konsolen die Wandflächen des Treppenhauses schmücken, haben zwar keine Beziehung zum Handel und zu den äußeren Verhältnissen der Stadt; aber sie hatten früher Beziehung zu dem eigentlichen Rathssaale, zu welchem das Treppenhaus führt. Diese Propheten nämlich standen, wie schon gesagt, in der reichsstädtischen Zeit in dem Vorsaale vor der Rathskammer auf der Treppe, welche zum Sitzungssaale führte. Die einzelnen Ratsherren waren verpflichtet, beim Eintritt in den Rathssaal die auf die zur Leitung von öffentlichen Angelegenheiten nöthigen Tugenden und Eigenschaften bezüglichen Sprüche zu lesen und zu beherzigen, welche sich auf den von diesen Propheten getragenen Spruchbändern befanden.[17]

Als bei der Neugestaltung der Prophetenkammer 1893 diese Figuren wieder in ihren ursprünglichen Raum zurückkehrten, wurden auf die Konsolen im Treppenhaus die Standbilder berühmter Kölner Bürgermeister gestellt, die bis zur Renovierung vor dem Zweiten Weltkrieg erhalten blieben.[18] 1898 erhalten die beiden Eingangstüren zum Hansasaal in ihren Giebelfeldern Reliefgruppen, die folgende wichtige Begebenheiten aus der Geschichte der Stadt zum Gegenstand haben:

1. Schiedspruch zwischen der Stadt und Konrad von Hochstaden (1258);
2. Verleihung bzw. Bestätigung des Stapelrechtes durch Karl IV. (1349).

Abb. 40: Köln, Rathaus, Altermarktfassade, Foto um 1872

Diese Reliefs, deren Künstler nicht genannt wird, wurden im Jahre 1900 noch polychromiert, damit sie besser ins Treppenhaus passen. Wir kennen nur eines davon in einer schwachen Abbildung, die die Darstellung des Schiedspruches des Albertus Magnus zwischen der Stadt Köln und Erzbischof Konrad von Hochstaden erkennen läßt (Abb. 38).[19]

Zusammenfassend läßt sich über diesen ersten großen Bauabschnitt des Kölner Rathauses sagen, daß es sich dabei, trotz der immerwährenden Versicherung der Beteiligten, eine Renovierung des alten Rathauses zu betreiben, um einen fast vollständigen Neubau handelte, dessen Ausstattung ebenfalls (zum Beispiel im Hansasaal) nicht die überlieferten Darstellungen erneuert, sondern ein neues geschlossenes ikonographisches Programm verwirklicht, das eindeutig die Verherrlichung der stadtkölnischen Geschichte als Freie Reichsstadt zum einzigen Gegenstand hat.

Pläne für die Umgestaltung des Altermarkttraktes wurden bereits gleichzeitig mit denen des Hansasaaltraktes 1863 vorgelegt, aber bis auf die Frage der Zahl der Rundbogen im Erdgeschoß nicht diskutiert. Die Detailplanung scheint erst später erfolgt zu sein. Im Verwaltungsbericht des Jahres 1866 wird zunächst in gebührender Weise der schlechte Bauzustand dieses Traktes geschildert. Wenn man weiß, daß in seinem Hauptsaal (Muschelsaal) noch die Ratssitzungen stattfinden, dann hat der diesbezügliche Bericht des Stadtbaumeisters Raschdorff sicher die gebührende Realitätsbezogenheit, wenn er feststellen muß, daß es durch das Dach regnet, die Köpfe der Dach- und Deckenbalken daher faul seien und die Standfestigkeit des Mittelbaues so in Frage gestellt sei, daß *der Stadtbaumeister eine Verantwortlichkeit für den Fall eines Unglücks durch theilweisen Zusammensturz nicht ferner übernehmen (kann).* Trotz dieser dramatischen Schilderung wurden die Detailpläne für den Umbau erst am 30. April 1866 den Ratsherren vorgelegt und von diesen genehmigt. Diese sahen vor allem die Erhöhung um ein Stockwerk und die Einrichtung einer Feuerwache im Erdgeschoß vor, um dem Rathaus im Notfall einen sofortigen Einsatz der Feuerwehr zu verschaffen. Man muß annehmen, daß die damals vorgelegten Pläne auch das Figurenprogramm der Fassade enthielten. Es wurde allerdings keiner Diskussion unterzogen.

Der Umbau des Altermarkttraktes war ebenso wie der des Hansasaaltraktes ein vollständiger Neubau unter Erhaltung des gewölbten Erdgeschosses im Mittelbau und des darüberliegenden, als historisch wertvoll anerkannten barocken Muschelsaales mit der reichen Stuckdecke. Es ist ohne Zweifel eines der frühesten Beispiele der denkmalpflegerischen Wertschätzung eines Barockraumes und um so erstaunlicher, als zur gleichen Zeit die Barockausstattungen der mittelalterlichen Kölner Kirchen ausnahmslos entfernt wurden. Sicher wurde vorrangig die Tatsache gesehen, daß er mit der Unterbrechung 1848–1854 der Sitzungssaal des Kölner Rates seit französischer Zeit war. Der Entschluß zur technisch übrigens äußerst schwierigen und teuren Beibehaltung dieses Saales mit seiner Stuckdecke und dem dahinterliegenden Erdgeschoß machte es aber erst möglich, auch in diesem Teil des Rathausbaus von einem »Umbau« statt »Neubau« zu sprechen (Abb. 40). Unter Einbeziehung der beiden Nachbargrundstücke entstand 1869–1872 ein viergeschossiger Bau mit hohem traufständigem Satteldach, in das ein doppelgeschossiger Mittelgiebel und zwei seitliche Giebel als drei Achsen eingestellt sind. Die aus Taverner und Dissenbodenberger Stein gearbeitete Fassade erhält in den beiden unteren Geschossen mit der glatten Wand, in die die Rundbogen des Erdgeschosses und die Korbbogen des 1. Obergeschosses eingeschnitten und der zierliche Erker inmitten eines breiten Balkons angebracht sind, die sparsame Gestaltung der Renaissancefassade des 16. Jahrhunderts, die lediglich in der Mitte des 18. Jahrhunderts durch das schmiedeeiserne Balkongitter eine Bereicherung erfuhr. Die darüberliegenden Geschosse erhalten eine reiche Reliefierung, die durch zwei Nischen mit baldachingeschmückten Standfiguren und Großreliefs in den seitlichen Giebeln gesteigert wird: Diese insgesamt reich geschmückt wirkende Fassade, die für die Zeitgenossen *mancherlei Anlehnung an französische Motive von Blois etc. zeigt*[20], brachte das bisher reichste Figurenprogramm der Rathausneuge-

Abb. 41: Köln, Rathaus, Altermarktfassade, Erker im 1. Obergeschoß, Foto: RBA, nach 1888

staltung des 19. Jahrhunderts, das uns leider nur in Gesamtansichten und einer detaillierten Beschreibung überliefert ist:

In der oberen Etage zieht sich durch die ganze Frontlänge ein vier Fuß hoher Medaillon-Fries, der mit fünfzehn Kaiserköpfen verziert ist. Bei der Auswahl der Kaiser hat man vornehmlich den Umstand entscheidend sein lassen, daß vor allem diejenigen Kaiser in diesem Fries zur Darstellung kommen sollten, welche die Stadt Köln mit wichtigen Privilegien bedacht haben. So wurden Karl der Große, Heinrich IV., Friedrich I., Otto IV., Friedrich II., Rudolf von Habsburg, Adolf von Nassau, Ludwig der Baier, Karl IV., Ruprecht von der Pfalz, Sigismund, Friedrich IV., Karl V., Karl VII. und Joseph II. gewählt. Von den meisten dieser Kaiser ruhen die Original-Privilegienbriefe, einzelne mit goldener Bulle, noch im städtischen Archiv. Diese Medaillons sind theilweise vom Bildhauer Hansmann, teilweise vom Bildhauer Fuchs angefertigt. In den Hauptfensterpfeilern der ersten Etage sind in besonderen Nischen unter schmucken Baldachinen die sieben Fuß hohen, von der Meisterhand des Professors Mohr ausgeführten Standbilder der Kaiser Otto I. und Maximilian I. angebracht. Die beiden Standbilder in ihrer edlen Haltung, genialen Auffassung und hohen künstlerischen Vollendung, bekunden aufs Neue die hervorragende Befähigung des ausführenden Meisters. Kaiser Otto I. hat die Grundlage für die spätere Größe Kölns gelegt, und der Gedanke, sein Andenken durch ein Standbild am Rathhaus zu ehren, muß in vollem

Maße gebilligt werden. Auch die Person des Kaisers Maximilian I., der wiederholt der Stadt seinen Besuch machte, sich die Beilegung der Streitigkeiten zwischen der Bürgerschaft und dem Erzbischof angelegen sein ließ und den Hackeney'schen Hof am Neumarkt zu erbauen befohlen, mußte als in hohem Grade für das zweite Standbild geeignet erscheinen. In der Fortsetzung der Fensterpfeiler, auf denen diese Standbilder angebracht sind, sowie auf den anderen freien Flächen befinden sich äußerst anmutige und geschmackvolle Ornamentationen; einen angenehmen Eindruck machen die kleinen Engel, welche die mit Jahreszahlen versehenen Schilder tragen. In den Fronten der beiden obern Giebelfenster zeigen sich in Basrelief die Kölnischen Wappenhalter in voller Rüstung mit dem städtischen Banner; an den Seiten dieser Giebel stehen zierliche Karyatiden. Diese verschiedenen Skulpturen sind von Hansmann, Evers, Gartzen und Rahms angefertigt. Die Marktfacade des Kölner Rathauses gehört zu den schönsten Facaden, welche in der Architektur der Renaissance erbaut worden sind, es wird schwer halten, einen Bau zu finden, dessen Hauptfronth mit der Marktseite unseres Rathhauses rivalisieren könnte.[21]

Dieses überaus positive Urteil des Zeitgenossen wird in modifizierter Form auch 1928 noch von Hans Vogts geteilt, wenn er schreibt:

Sie (die Fassade) war eine der ersten bewußten Anlehnungen an die Formenwelt der deutschen und französischen Renaissance, ein reicher Aufbau, dessen sorgfältige Ausgestaltung um so mehr bewundert werden kann, als der Bau größtenteils in die Zeit des großen Krieges fiel, und doch ist sie uns keine Entschädigung für den Verlust der alten, so viel wirkungsvoller in die Platzwand eingefügten, soviel besser zum Turm abgestimmten Fassade des 16. Jahrhunderts.[22]

Es war Raschdorffs ausdrückliches Bemühen gewesen, die Verbindung zu dieser älteren Fassade herzustellen. Dies beweist nicht nur das Jahreszahlen-Paar 1549–1869 in den Schildern der Relief-Engel an den Wandflächen zwischen den mittleren Fenstern des 2. Obergeschosses, sondern auch die Relieffelder mit den Wappenhaltern in den seitlichen Giebeln, die denen der Vorgängerfassade ziemlich getreu nachgebildet waren. Vorsichtig wertend muß man allerdings feststellen, daß diese vorgegebene oder selbstgewählte Beschränkung dem Gesamtbild der Altermarktfassade des Rathauses nicht gutgetan hat. Sie zerfällt allzu sichtbar in die beiden klar zu trennenden und stilistisch unterschiedlichen Teile und erreicht dadurch nicht die Ausgewogenheit, die Raschdorffs andere Profanbauten im Stile der deutschen und französischen Renaissance in Köln aufweisen.[23]

Das Figurenprogramm auch dieses Rathausteiles ist in seiner ikonographischen Geschlossenheit vollkommen auf die reichsstädtische große Zeit von Köln beschränkt. Nur an den drei mittleren Brüstungsfeldern des fünfseitigen Erkers im 1. Obergeschoß (Abb. 41) wurden zu unbekannter Zeit das lorbeerumkränzte Profilporträt Kaiser Wilhelms I., begleitet vom Kölner Stadtwappen (rechts) und dem Reichsadler (links), angebracht.[24]

Es gibt keinerlei schriftlichen Hinweis auf diese Relieffelder, die nach Fotovergleichen nach 1888 angebracht wurden.[25] Sie tauchen in keiner Beschreibung auf, und es gibt keinerlei Ratsbeschluß dafür, was besonders erstaunlich ist, da sonst jede Kleinigkeit am Rathaus besprochen und beschlossen wird. Möglicherweise sind sie im Zusammenhang mit der kurzen Beschluß-Notiz der Ratssitzung vom 13. Dezember 1888 zu sehen, als die Versammlung von der *Aufstellung von Kaiserbüsten oder Anbringung von Kaiserbildern im Hansasaale mit Rücksicht auf die architektonische Beschaffenheit und Ausstattung des letzteren Abstand* nahm.

Das Innere des Altermarktflügels diente im Erdgeschoß der Feuerwehr, im 1. Obergeschoß mit dem erhaltenen Muschelsaal und den anschließenden Räumen dem *Civilstandsbüro* (Standesamt), in den beiden darüber gelegenen Geschossen den Bürgermeistern und anderen Zweigen der Verwaltung. Die Innenausstattung war daher im großen Saal mit der barocken Ausstattung festgelegt, in den anderen Räumen wohl verhältnismäßig einfach. Nur im mittleren kleineren Saal des 2. Obergeschosses (Raum Nr. 29) wurde durch das Zusammentragen vorhandener Ausstattungsstücke ein weiterer festlicher Raum geschaffen: Hier fanden die restaurierten Ledertapeten der ehem. Goldenen Kammer des Erdgeschosses (auch Mittwochsrentkammer genannt) und ein Intarsienportal des Melchior von Reidt von 1601 aus dem Zeughaus neue Verwendung. Die Wände schmückten außerdem die Bildnisse von vier Kölner Oberbürgermeistern der 2. Hälfte des 19. Jahrhunderts.[26]

Die Renovierung des Ratsturmes war bei der allgemeinen Diskussion um die erhaltende Erneuerung des Rathauses eine völlige Selbstverständlichkeit, die durch den Grundsatzbeschluß vom 24. März 1859 vorausgesetzt wurde und die keiner weiteren Pläne und keines weiteren Beschlusses mehr bedurfte. Seit 1862 wurde daher an seiner Wiederherstellung gearbeitet, die bei der starken Verwitterung des Gesteins einer praktischen Erneuerung der Außenhaut gleichkam. Es wurde an der West- und Südseite begonnen, seit 1866 auch an der Ostseite gearbeitet und schließlich 1881 (nach Abbruch des nördlich anschließenden Gefängnisses, der sog. »Violine«) auch an der Nordseite. Bereits 1868 aber war die Maßwerkbrüstung mit den Fialen, die seit dem Ende des 18. Jahrhunderts fehlten, fertiggestellt und am 1. Februar 1869 die goldene Turmbekrönung wieder aufgebracht worden. Parallel zur Erneuerung der Steinquader wurden auch die figürlichen *(hin und wieder etwas obscönen)* Konsolen und Wasserspeier gearbeitet, die Anfertigung der ebenfalls seit dem Ende des 18. Jahrhunderts fehlenden Standbilder aber wegen der ungeheuren Kosten der Turmsicherung verschoben.[27]

Nur die verwitterten Figuren des Turmportals wurden bereits 1867/68 von Chr. Mohr neu geschaffen (Abb. 42), wobei das überlieferte Programm, Christus mit Petrus und Paulus im Giebelfeld und je drei seitlichen Propheten, bei der weitgehend originalgetreuen Erneuerung wiederholt wurde. Den Bleibaldachin über dem Portal schuf der Klempner Tellenbach nach einem alten Stich neu.[28] Erst im Jahre 1891, unter Stadtbaurat Friedrich Carl Heimann, wird die allmähliche Schaffung des Figurenzyklus am Ratsturm ins Auge gefaßt und dafür jährlich 4000 Mark in den Etat aufgenommen. Eine Kommission aus dem Beigeordneten Thewald, dem Archivdirektor Hansen und dem Baurat Heimann erarbeitet zusammen mit dem unvermeidlichen Reichensperger und dem Architekten Wiethase ein neues Figurenprogramm, da unbekannt ist, welchen Inhalt die einst berühmten Standbilder des Turmes hatten. Dieses neue Programm sieht die Verherrlichung der reichsstädtischen Zeit von Köln vor. Ich zitiere auch hier am besten die Stimme eines Zeitgenossen, wie sie am 6. August 1892 in der Kölnischen Volkszeitung steht:

Da der Thurm im Jahre 1407, zu Ehren der Stadt und zu gemeinem Besten von unseren Vorfahren erbaut wurde, so ist wohl anzunehmen, daß die in den Steinfiguren zur Darstellung gebrachten Persönlichkeiten solche waren, welche der ereignisvollen Geschichte der Stadt Köln angehören, oder der Zahl der Heiligen entnommen gewesen sind, welche besondere Verehrung hier genossen. In dieser Hinsicht würde der Figurenschmuck des Thurmes auch jetzt wieder gegenwärtigen und zukünftigen Geschlechtern die glänzende Vergangenheit der alten Colonia vor Augen zu führen haben, welche als freie Reichsstadt wie als bürgerliches Gemeinwesen während des Mittelalters allen übrigen deutschen Städten voranstand, und in deren Mauern Kunst und Wissenschaft in hervorragendster Weise der Pflege sich zu erfreuen hatten. Nach dem von den Herren Stadt-Archivar Dr. Hansen und Stadt-Baurath Heimann aufstellten Gesammtplan für die bildnerische Ausstattung des Rathhaus-Thurmes soll die römische Zeit der vaterstädtischen Geschichte hier nicht berücksichtigt werden, weil dies in den Sculpturen und Inschriften des nahegelegenen Portals (gemeint ist die Rathauslaube) *bereits erschöpfend geschehen. Dagegen wird die Reihe der Figuren das Wachsen der Stadt bis zur Erlangung ihrer Unabhängigkeit von den Erzbischöfen, die Zeiten der Herrschaft der Geschlechter und der Zünfte bis zum Ausgang des Mittelalters zur Darstellung bringen. Dementsprechend werden uns in den Standbildern des Erdgeschosses weltliche und geistliche Würdenträger vorgeführt, welche durch Verleihung von Privilegien und Rechten das Emporwachsen der Stadt Köln förderten. Das erste und zweite Stockwerk enthält die Vertreter der ritterlichen Geschlechter und Zünfte. Das dritte Geschoß weist auf das künstlerische und wissenschaftliche Leben in der Stadt hin, und unter den Baldachinen des obersten Geschosses werden die Standbilder ihrer Schutzpatrone sowie jener Heiligen, die in ihr gelebt und gewirkt haben, Platz finden.*

Abb. 42: Köln, Ratsturm, Portal, Foto: RBA, um 1900

Dieses *wohlgegliederte Lehrbuch der städtischen Geschichte, eine Art kölnischen Pantheons,* wie es Hans Vogts 1928 so treffend nennt, wird 1892 für die 10 Figuren des Erdgeschosses mit einem Wettbewerb begonnen, an dem sich ausschließlich kölnische Künstler beteiligen durften. Die darzustellenden Figuren sind vorgegeben. Es handelt sich um die Erzbischöfe Bruno I., Philipp von Heinsberg, die deutschen Kaiser Heinrich IV., Friedrich Barbarossa, Philipp von Schwaben und Otto von Braunschweig, den König Wilhelm von Holland und den englischen König Johann gen. Ohneland, sowie die Päpste Innozenz III. und Innozenz IV., deren teilweise weit hergeholte Beziehungen zu Köln in der Tagespresse eifrig diskutiert werden.[29] Das Wettbewerbsergebnis bringt den Kölner Bildhauern J. Degen, A. Iven, P. Kürten und H. Schmitz den Auftrag zur sofortigen Ausführung, während z. B. W. Faßbinder wegen seiner Idee, den Kaiser Barbarossa mit den gekrönten Schädeln der Heiligen Drei Könige im Arm darzustellen, durchfällt. Nahezu ein Jahrzehnt lang wird aus unbekannten Gründen nicht mehr weiter am Figurenschmuck des Ratsturmes gearbeitet, bis in der Ratssitzung vom 18. Oktober 1900 beschlossen wird, die restlichen Figuren von der Kölner Bildhauer-Vereinigung unter Vorsitz von Wilhelm Albermann anfertigen zu lassen. Grundlage

Abb. 43: Köln, Ratsturm, 1. Obergeschoß, Foto: RBA (um 1900)

bleibt das 1891 beschlossene Programm, dessen Details nicht mehr diskutiert werden, da die vorgesehenen Figuren sich vollinhaltlich dem bekannten ikonographischen Programm einfügen. Im 1. Stockwerk werden als Vertreter der Kölner Geschlechter dargestellt (Abb. 43): Matthias Overstolz, Heinrich Kleingedank, Gerhard Scherffgin, Franco von Horne, Costin von Aducht, Gerhard Quattermarkt, Matthias Spiegel, Daniel Jude und Bruno Hardefust. Dazu kommen die Kaiser Rudolf I. von Habsburg und Adolf von Nassau sowie Erzbischof Wicbold von Holte. Das 2. Stockwerk wird umgeben von den Vertretern der Zünfte: Wollenweber, Leinwandwirker, Schmiede und Metzger, der Ritterzünfte Eisenmarkt und Windeck. Diesen schließen sich an die Bürgermeister Constantin von Lyskirchen, Heinrich von Aussem und Arnold von Siegen, Syndikus Dr. Suderman, Gerhard von Hauwe, der Verfasser des Verbundbriefes, Rentmeister Roland Odendorp, Johann von Bonn, der Zimmermeister des Turms, Kaiser Sigismund, der ihn einst bestiegen hat, schließlich der in der Dichtung des Rudolf von Ems verherrlichte Gute Gerhard, das Vorbild eines gerechten Kölner Kaufmanns. Das künstlerische und wissenschaftliche Leben der Stadt wird im 3. Obergeschoß vertreten durch: Albertus Magnus aus dem Kölner Dominikanerkloster, den Scholastiker Thomas von Aquin, die Mystiker Meister Eckhart und Heinrich Suso, den Benediktinerabt Rupert von Deutz, den Legendensammler Cäsarius von Heisterbach, den in der Minoritenkirche begrabenen Franziskaner Johannes Duns Scotus, die Jesuiten Johannes Gropper und Petrus Canisius, den Mathematiker Ragimboldt, den Humanisten Cäsarius, die ersten Rektoren der Kölner Universität Hartlieb von der Mark und Jordan von Cleve, die Chronisten Heinrich von Beeck und Hermann von Weinsberg, die Buchdrucker Quentell und Koelhoff, die Maler Meister von St. Severin, Bartholomäus Bruyn, Geldorp Gortzius, Anton Woensam, den Erbauer der Rathausvorhalle Wilhelm Vernukken. Dem Himmel am nächsten stehen auf dem obersten 4. Stockwerk die Schutzpatrone der Stadt: Maria, die Hl. Drei Könige, Michael, Gereon, Ursula, Cordula, die Brüder Ewaldi, Gregorius, Maurinus, Reinhold, Bonifatius im Verein mit den Kirchenfürsten Maternus, Severinus, Evergislus, Agilolphus, Kunibert, Heribert, Anno II. und Engelbert I.

Hans Vogts nennt im Kunstdenkmälerband 1930 als ausführende Bildhauer neben Albermann die Herren Degen, Rohte und Barutzki, Schreiner, Steinbach, Kürten, Morgenstern, Stockmann und Dorrenbach, Altmann, Faßbinder und Iven. Die Baldachine fertigte Peter Kribben. Bereits 1925 waren die Erdgeschoßfiguren so stark verwittert, daß ihre (inhaltlich gleiche) Erneuerung nach einem Wettbewerb durch die Bildhauer Erwin Haller, Karl von Mering, Eduard Schmitz jun., Joh. Bapt. Schreiner, Brandts-Sobieski und Peter Sperling nötig war.[30]

Der wichtigste Innenraum des Turmes ist der im 1. Obergeschoß gelegene Senatssaal, dessen Ausstattung vom Ende des 16. Jahrhunderts 1879 durchgreifend restauriert wird. Dabei erhält das kostbare Intarsiengestühl des Melchior von Reidt eine zusätzliche vierte Seitenwand mit der Darstellung des Kölner Bauern, dem Reichswappen und Allegorien von Dampfkraft und Elektrizität.[31] Der Verbindungsbau zwischen Turm und Hansasaal, die sog. Prophetenkammer, wird 1864–1866 unter Raschdorff von Grund auf neu erbaut (Abb. 34), wobei die originale unregelmäßige Fensterteilung nicht wiederaufgenommen wird, sondern zugunsten einer stilistischen Angleichung des Baus an den Neubau des Plasmann'schen Hauses vereinheitlicht wird. Auch das Innere wird völlig neu gestaltet. Anstelle der Prophetenkammer teilt Raschdorff das 1. Obergeschoß in mehrere Räume für die Verwaltung auf. Erst 1890–1893 unter F. C. Heimann erhält dieses Geschoß wieder seine ursprüngliche Dimension (Abb. 44 und 45). Die Prophetenkammer entsteht wieder mit neuer Innentreppe zum Senatssaal und Rückführung der namengebenden Prophetenfiguren aus dem Raschdorff'schen Treppenhaus (siehe oben).

Die Ausschmückung ist spätgotisch; die Decke wird von 8 durchbrochenen Maßwerk-Konsolen getragen. Mit reichem Schnitzwerk sind die Füllungen und Schlagleisten der Schränke sowie der Wandtäfelchen ausgestattet; in letzeren sind die 4 Kardinal-Tugenden figürlich dargestellt. In den Schränken ist das städtische Verwaltungsarchiv (und das Ratssilber) untergebracht; die 11 Fenster haben Bleiverglasung aus Antikglas mit ornamentalen Borden erhalten; in den 4 unteren befinden sich die Bilder von Marsilius, Agrippa, Gryn und Agrippina. Zum Senatssaal führt eine 2,5 m breite Treppe in 14 Stufen; die Eingangsthür zeigt reiche Umrahmung in gothischem Stile, gekrönt mit dem Kölner Wappen, gehalten von Bauer und Jungfrau.[32]

Außerdem erhielt der Raum Wand- und Deckenmalereien, wobei sich der Maler A. Bardenheuer nach Hans Vogts (1930) bei der Wandmalerei an erhaltene Reste aus dem Plasmann'schen Hause als Vorbild hielt, bei der Deckenmalerei an die Überlieferung der Bemalung der Hansasaaldecke mit Reichsadlern. Das Foto läßt eine Rankenmalerei an den Wänden mit eingefügten Halbfiguren und Spruchbändern (Propheten?), an der Decke auf den Schwingen des Reichsadlers und in anderen Feldern zahlreiche Wappen erkennen. Diese Ausstattung, deren ikonographisches Konzept dem bereits bekannten des Kölner Rathausumbaus des 19. Jahrhunderts voll entsprach, wurde kurz vor dem Zweiten Weltkrieg weitgehend entfernt.

Der östlich an die Prophetenkammer anschließende Löwenhof (Abb. 36) war bereits 1872/73 instandgesetzt worden, wobei sämtliche Brüstungsreliefs durch die Bildhauer Imhoff und Hansmann originalgetreu ersetzt wurden. Dasselbe gilt weitgehend für die Restaurierung der Rathauslaube (auch Portal oder Vorhalle genannt), die 1879–1881 als letzter Bauabschnitt des zentralen Rathauskomplexes in Angriff genommen wird (Abb. 34), nachdem bereits während der Raschdorff'schen Erneuerung des Hansasaaltraktes die Treppen 1863 entfernt worden waren, da sie wegen des neuen Treppenhauses im Innern ihre Funktion vollends verloren und Raschdorff außerdem ästhetische Gesichtspunkte verfolgte, als er in der Ratssitzung vom 13. November 1862 für ihren Abbruch plädierte: *Die Vorhalle ist vielleicht das schönste Denkmal deutscher Renaissance, die Treppenanlage ein störendes Beiwerk. Ist letzteres beseitigt, so erhält die Halle ihre Vollendung.* Diese subjektive Sicht Raschdorffs blieb auch zu seiner Zeit nicht ohne Kritik, wie z. B. 1863 im Heft 20 des Organs für christliche Kunst anläßlich einer Buchbesprechung der »Architektonischen Reiseskizzen« durchaus auch heute noch vergnüglich zu lesen:

Sofern nicht das allgemeine Interesse sich den monumentalen Hervorbringungen zuwendet, kann man nicht einmal die der Vorzeit gegen Zerstörung oder Verunstaltung für gesichert erachten; eine bloße amtliche Fürsorge reicht dazu, wie die Erfahrung nur allzu sehr darthut, keineswegs aus. Überhaupt ist es schlimm um die Kunst bestellt, so lange sie Staats-Uniform trägt; ebensowenig, wie die Freiheit, lässt sie sich von oben herab octroyiren. Sie muss von unten aufwachsen aus dem Herzen des Volkes, um wahrhaft lebenskräftig zu sein. Hätte das Auge unseres Volkes stets über den Denkmälern seiner Geschichte gewacht, so wäre nicht eine Unzahl derselben dem Vandalismus als Opfer gefallen … vielleicht sogar hätte man … den Plan zur theilweisen Zerstörung des prächtigen Rathhaus-Porticus vor unserer Rathhaus-Fassade nicht genehmigt, wenn der im Allgemeinen wieder so rege gewordene Sinn der Kölner Bürgerschaft für die monumentale Bedeutung ihrer Stadt stets die gleiche Spannkraft besässe. Doch, der Zusammenhang unserer Bemerkung mit den 'Architektonischen Reiseskizzen' beginnt allzu lose zu werden, und dürfte es um so räthlicher sein, zu schliessen, da das Terrain, auf welches wir uns begeben haben, ein etwas schlüpfriges ist.

Dem ist auch heute nichts mehr hinzuzufügen! In der Ratssitzung vom 29. März 1878 gibt der Beigeordnete Rennen den endgültigen Anstoß zur Renovierung der

Abb. 44: Köln, Rathaus, Prophetenkammer nach Norden, Foto: RBA (um 1900)

Vorhalle mit einer Argumentation, die an Deutlichkeit nichts zu wünschen übrig läßt, wenn er sagt, das ruinenhafte Portal am renovierten Rathaus *gewähre ein ähnliches Bild, als wenn sich in einem edlen Angesicht eine Nase voll Pocken und Geschwüren befände.* Dieser wenig appetitliche Vergleich bringt aber den notwendigen Beschluß für die Renovierung, die von Stadtbaumeister Hermann Weyer durchgeführt wird und u. a. die originalgetreue Erneuerung der Reliefs durch Wilhelm Albermann zur Folge hat. Diese Reliefs waren übrigens schon 1838/39 von Wilh. Josef Imhoff ersetzt worden – ein Beispiel also von Steinzerfall innerhalb von 40 Jahren bereits im 19. Jahrhundert! Die originalgetreue Renovierung der Laube, die sogar die beiden seitlichen, lange nicht mehr vorhandenen Wappenaufsätze wiederherstellt, läßt aber trotzdem Raum für eine aktuelle Inschrifttafel. Am mittleren Türsturz wird eine Marmortafel mit folgender Inschrift eingefügt: *Imperatore Wilhelmo Anno Post Restitutum Imperium Germanicum Undecimo Propagatis Plus Quam Altero Tanto*

Urbis Finibus Coloniensis Porticum Hanc In Pristinum Splendorem Reficiendam Curaverunt (Unter Kaiser Wilhelm, im elften Jahre nach Wiederherstellung des Deutschen Reiches und zur Zeit, als das Gebiet der Stadt um mehr als das Doppelte erweitert worden, ließen die Kölner diese Halle in dem früheren Glanze wieder herstellen).[33] Diese 1881 eingefügte Tafel nennt zwar mit den größten Buchstaben den Namen Kaiser Wilhelms, bringt aber gleichzeitig das Kölner Ereignis dieses Jahres damit in Verbindung, das insgesamt nicht ein Ruhmesblatt der preußischen Obrigkeit ist: Nach mehr als zwanzigjährigem Ringen mit dem preußischen Militärfiskus erreichten die Kölner im Mai 1881 endlich die Entfestigung der Altstadt und die teilweise Aufhebung des Bauverbots im Rayon. Der Bau der Neustadt konnte beginnen, die besonders wichtige Voraussetzung für die Weiterentwicklung der Stadt.[34]

Parallel zur Wiederherstellung der zentralen Rathausbauten zwischen Rathausplatz und Altermarkt geht die Erneuerung der westlichen und nördlichen Verwaltungsbauten am Rathausplatz. Seine Grundform als Innenhof des Kölner Rathauskomplexes wird nie in Frage gestellt, auch wenn die aus Verkehrsgründen erfolgte Entfernung der Portale an der Judengasse 1861, an der Portalsgasse 1873 und an der Bürgerstraße 1875 erfolgt sowie die Portalsgasse bei der Errichtung der nördlich daran stoßenden Bibliothek (1875–77) (Abb. 46) verbreitert und das im Süden gelegene sog. Aldenbruck'sche Haus 1862 ersatzlos abgebrochen und so eine geringfügige Vergrößerung des Platzes an dieser Stelle vorgenommen wird. Der Bau der Bibliothek geschieht nach dem Entwurf von Stadtbaumeister Hermann Weyer im Stil der Renaissance, der sich im Erdgeschoß dem Spanischen Bau anschließt, in dem Obergeschoß und dem ausgebauten Dachgeschoß aber eine *stylvollere Entwicklung anstrebt.*[35] Der streng architektonisch gegliederte Bau weist nur in den beiden oberen Fensterbrüstungen der Risalite je ein Porträtmedaillon des Humanisten Hermann von Neuenahr und des Rechtsgelehrten Andreas von Gail auf. Den Spanischen Bau (Abb. 47), der beim Bau der Bibliothek um eine Fensterachse verkürzt wurde, renoviert Hermann Weyer 1885/86 grundlegend unter Bewahrung der originalen Fassadenform, die nur im Obergeschoß eine neue Ziegelverblendung erhält.[36] Nördlich anschließend zieht er in einem neuen Verwaltungsbau die Stilformen des Spanischen Baus um die Ecke (Abb. 48), ergänzt durch einen *zierlichen* Eckerker an der Bürgerstraße.[37] 1888–1890 wird der neue Verwaltungsbau an der Südseite der Portalsgasse (Abb. 49) errichtet, auf dem Grundstück des mittelalterlichen Schöffenschreinshauses, das bereits vor 1876 abgebrochen wurde. Die am 11. August 1887 im Rat geführte Diskussion um die eventuelle Offenhaltung dieses Grundstückes zwischen Kapelle und Bibliothek bringt von seiten des Oberbürgermeisters all' jene schönen Argumente, die für dieselbe Stelle die städtische Denkmalpflege gerade heute pausenlos bemüht ist, zu verdeutlichen:

Gleichzeitig erhalte der Rathausplatz durch den Neubau einen würdigen Abschluß, während derselbe bei seiner jetzigen Bebauung, wenigstens auf ihn, wie auch auf alle Besucher, welche aus der ganzen Welt hierhin kämen, um das Rathaus zu besichtigen, den Eindruck des Unfertigen gemacht habe und mache ... zweitens sei das Bibliotheksgebäude so nahe an die Portalsgasse gestellt, daß, um die Gleichmäßigkeit herzustellen, auch die andere Seite bebaut werden müsse. Auch die geschichtliche Entwicklung spreche dafür. Außerdem werde der Reiz des Rathausplatzes erst dadurch zum vollen Ausdruck kommen, wenn hier ein hübscher Abschluß geschaffen werde.

1887 setzte der Oberbürgermeister als damaliger Chef der Verwaltung diese fundamental richtige Grundansicht durch. Der von Hermann Weyer entworfene Verwaltungsbau nimmt die Stilformen des Spanischen Baus auf und ordnet sich den vorhandenen Bauten klar unter. 1889/90 erhält die Ratskapelle (Abb. 49) nach einem Entwurf von Hermann Weyer eine neue östliche Giebelwand, nachdem diese 1863–64 von Raschdorff (nach langwierigen Diskussionen im Rat unter Zuziehung des Dombaumeisters Voigtel sowie des Diözesanbaumeisters Statz) offensichtlich mit Kompromissen widerwillig und mißglückt erneuert worden war. Davon gibt es leider keine Abbildung. Interessant dabei ist insbesondere die Ratsdiskussion vom 18. Juni 1863 um die geistig-künstlerische Freiheit des Stadtbaumeisters, nachdem dieser das vom Rat geforderte Rosettenfenster an der Ostwand der Kapelle als stilwidrig abgelehnt hatte. Auf die pikierte Frage eines Ratsmitgliedes, daß es ihm auffallend scheine, *daß der Stadtbaumeister eine Idee, wofür die Versammlung sich ausgesprochen habe, schlechthin für unschön erklären könne,* antwortete ein anderes Ratsmitglied sogleich dezidiert: *Hierauf müsse er doch erwidern, daß, wenn der Stadtbaumeister dieselbe für stylwidrig erkenne, er sie nach seiner Auffassung gar nicht ausführen dürfe.* Mit der Neufassung der Ratskapelle ist 1890 die bauliche Umgestaltung der Rathausbauten nach 30jähriger Bauzeit abgeschlossen (Abb. 50)[38], nach dem 1859 formulierten Konzept, das neue Rathaus ein Dokument der geschichtlichen Größe Kölns werden zu lassen. Diese geschichtliche Größe verband sich nach übereinstimmender Auffassung der Kölner mit der Erringung der bürgerlichen Freiheit gegen den Erzbischof und der jahrhundertelangen Stellung als Freie Reichsstadt bis zur französischen Besetzung 1794. Der objektiv festzustellende ungeheure wirtschaftliche Aufschwung der Stadt im 19. Jahrhundert, seit der Eingliederung in Preußen 1815, blieb dagegen bei der ikonographischen Ausstattung des Rathauses erstaunlicherweise ohne Belang.

Abb. 45: Köln, Rathaus, Prophetenkammer nach Süden, Foto: RBA (um 1900)

Abb. 46: Köln, Rathaus, Spanischer Bau, Bibliothek ▷

Das 20. Jahrhundert: Zerstörung, Wiederaufbau und Ausblick

Die kritische Auseinandersetzung mit der Kunst des Historismus hatte überall zu Beginn des 20. Jahrhunderts eingesetzt und war vor allem nach dem Ersten Weltkrieg ausschlaggebend für die Entwicklung der Moderne, die einherging mit einer militanten Ablehnung aller historistischen Kunstformen. Dies galt auch für die Denkmalpflege, die sich nun die Entfernung möglichst aller Ausstattungen und Ergänzungen des 19. Jahrhunderts insbesondere an mittelalterlichen Bauten zum Ziel setzte. Beim Kölner Rathaus führte dies 1937/38 durch den Architekten Heinrich Bartmann in enger Zusammenarbeit mit dem Konservator Hans Vogts zur purifizierenden Umgestaltung der Innenräume, in denen die *Gestaltungskräfte unserer Zeit Ausdruck finden und sich gegenüber denen der Vergangenheit behaupten sollten.*[39]

Vor allem die Prophetenkammer erhielt eine völlige Veränderung (Abb. 51), deren Ergebnis Hans Vogts allerdings zu der wehmütigen Feststellung brachte: *Daß die sauber gezeichnete und handwerklich gut gearbeitete Schreinerarbeit der Heimann'schen Ausstattung so radikal entfernt wurde, wird wohl einmal bedauert werden. Wenigstens die Umrahmung der Türe zum Senatssaal hätte beibehalten werden können und sich auch in das neue Raumbild eingefügt.*[40] Erhalten blieben im Depot des Konservators nur die 1890–93 neugeschaffenen Konsolen der mittelalterlichen Prophetenfiguren. Im Erdgeschoß

des Turmzimmers wurden die raumfüllenden Tresore entfernt und das gotische Gewölbe freigelegt, um diesen Raum als Trauzimmer einzurichten (Abb. 52), da die politisch aufgewerteten Ziviltrauungen einen festlichen Rahmen benötigten.

Die Bomben des Zweiten Weltkrieges hatten das Rathaus fast völlig zerstört. Wie durch ein Wunder war die Laube erhalten geblieben, hinter der die ausgeglühten Mauern des dachlosen Hansasaales aufragten. Der Turm war zwar nur mehr ein Stumpf, an seiner Südwestseite aber waren die Figuren weitgehend erhalten geblieben. Ein Trümmerhaufen war übriggeblieben, dessen erhaltene Bausubstanz unter wirtschaftlichen Gesichtspunkten keinen Wiederaufbau erlaubt hätte. Erhalten geblieben aber war die Idee, der geistige Gehalt, die nicht zerstörbare Aussagekraft von Architektur als geistiger Mittelpunkt der Stadt. Das war der Grund, warum der Wiederaufbau des Kölner Rathauses an der alten Stelle in den überkommenen Proportionen begonnen wurde, wobei sich im Baugeschehen das Stilempfinden der kurz vor dem Zweiten Weltkrieg erfolgten Restaurierungen nahtlos fortsetzte, d. h. Entfernung möglichst aller Spuren des 19. Jahrhunderts. Aus diesem Grunde war auch die zunächst erhalten gebliebene Raschdorff'sche Fassade am Altermarkt nicht abgestützt worden, weswegen sie nachträglich einstürzte.

Bereits in den ersten Jahren nach Kriegsende waren dagegen Sicherungsmaßnahmen für den Ratsturm und den Hansasaal ergriffen worden. 1954–1956 entstand als erster Neubau am Platz ein neuer Spanischer Bau in der Form und in den Proportionen des Vorgängerbaus, vergrößert durch Hinzunahme der Fläche des alten Bibliotheksgebäudes an der Portalsgasse und anderer Bauten u. a. an der Bürgerstraße. Die Begrenzung des Rathausplatzes aber entsprach bewußt der alten überlieferten Form. Auch der 1959 ernsthaft beginnende Wiederaufbau des zentralen Rathauskomplexes mit dem Hansasaal ging von dieser Form des Rathausplatzes aus, den damals wohl noch jeder als den zentralen Bürgerplatz von Köln im Kopf und auch im Herzen hatte. Hansasaal, Laube und Turm erstanden wieder in ihrer alten Form. Auch der Verbindungsbau zwischen Saal und Turm, der Prophetenkammer-Trakt, wurde in der Proportion, wenn auch nicht in der Fensterteilung, wiederhergestellt. Der Löwenhof erstand in der alten Proportion, allerdings zunächst ohne Einbau der Brüstungsreliefs des 19. Jahrhunderts, obwohl man davon während des Krieges Abgüsse gemacht hatte. Ebenso schmählich wurden die erhaltenen Turmfiguren behandelt, die im oberen Turmgeschoß und im Depot des Konservators mehr verwahrt als geschützt wurden. Beim Altermarkt wurde bewußt von der ehemals geschlossenen Platzfront abgewichen und ein Solitärbau errichtet mit eigener kräftiger Formensprache, der außerdem massiv aus der ebenfalls bewußt in der alten Form wiederhergestellten Bürgerhausreihe vorspringt. Mit diesem Bau des 20. Jahrhunderts setzt das Kölner Rathaus auf dem Altermarkt erstmals jenen Akzent, den Rathäuser in anderen Städten im Mittelalter oder spätestens im 19. Jahrhundert zu erreichen pflegten. Es ist wohl nur ein von Psychologen zu ergründender Widerspruch, daß dieselbe Generation, die den Altermarkt-Umbau des Rathauses von 1869–1872 als protzig und prahlerisch empfand und verurteilte, selbst einen Neubau auf dem Marktplatz plante, genehmigte und baute, der alle bisherigen städtebaulichen Maßstäbe an dieser Stelle sprengt. Trotzdem blieb der Haupteingang des Rathauses am Rathausplatz, dessen nördlicher Teil durch die 1972 abgeschlossenen und feierlich eingeweihten Bauten in der originalen Form wiederherge-

Abb. 47: Köln, Rathaus, Zustand vor Erneuerung der Fassade, Spanischer Bau, Foto: RBA

Abb. 48: Köln, Rathaus, Spanischer Bau mit nördlich anschließendem Verwaltungsbau

stellt war. Auch im südlichen Bereich war die damals noch als Selbstverständlichkeit angesehene originale Schließung des Platzes vorbereitet. Entlang der Judengasse war ein Verwaltungsbau entstanden, dessen architektonische Aussage bewußt bescheiden blieb im Hinblick auf die bevorstehende Schließung dieser ehemals schmalen Gasse im Zuge der Vervollständigung des Rathausplatzes auch im südlichen Bereich.

Der größte Teil des alten Kölner Rathauses ist aus den Trümmern neu erstanden. Der Ratsturm wurde wiederhergestellt und hat nun auch wieder das Figurenprogramm; die Laube, die dem Platz den Maßstab gibt, wurde sorgfältig renoviert und dabei auch die Inschrift mit dem Hinweis auf Kaiser Wilhelm nachgezogen; der Löwenhof erfuhr eine rekonstruierende Auferstehung und erhielt in den achtziger Jahren sogar die Reliefbrüstungen, deren Abgüsse erhalten waren; der Hansasaal als Repräsentationsraum ist wieder erstanden; für feierliche Anlässe gibt es außerdem einen neuen Muschelsaal und einen Weißen Saal; die Stadtverordneten haben wieder einen geräumigen Sitzungssaal bekommen, und die Stadtspitze ist angemessen untergebracht.

Nur die Bürger der Stadt warten auf ihren Platz, den Innenhof des alten, neuen Rathauses (Abb. 31 und 50), dessen Schließung auf unbestimmte Zeit verschoben ist. Dabei sind die Argumente für seine Schließung immer noch dieselben, wie die oben zitierten aus dem Jahre 1887: Ohne den fehlenden Abschluß im Südosten besteht der Eindruck des Unfertigen, denn der Reiz des Rathausplatzes liegt in seiner Geschlossenheit.

Einer wieder städtebaulich empfindenden Generation in Köln wird allerdings die Unvollständigkeit des Rathauses wieder schmerzlich bewußt werden und die bauliche Schließung des Platzes mit der nur dadurch

Abb. 49: Köln, Ratskapelle (Ostansicht nach Umbau durch H. Weyer) und Verwaltungsbau an der Südseite der Portalsgasse, 1889/90

Abb. 50: Köln, Rathausplatz, Foto: RBA (Vorkriegszustand)

gegebenen maßstäblichen Einbindung der Renaissance-Laube städtebauliche Selbstverständlichkeit sein. Diskutiert werden muß ohne Zweifel aber über die vorzusehende Nutzung dieses Rathausteiles. Da sich unter dem Gelände interessante archäologische Befunde verbergen, die bei Ausgrabungen vor allem das ehemalige Judenviertel in seinen Grundmauern zutage bringen werden, kann für den Kellerbereich ein ähnlich spannender Ausgrabungsraum vorgesehen werden, wie er bereits unter dem Spanischen Bau mit den monumentalen Resten des römischen Prätorium vorhanden ist. Der Bau darüber könnte ein Museum oder ein Institut der jüdischen Kunst und Geistesgeschichte beherbergen, denn Köln besitzt eine der größten Judaica-Sammlungen von Deutschland. Man könnte aber bei den Nutzungsüberlegungen dieses Rathaus-Baublocks auch die Wiedererrichtung der Ratskapelle ins Auge fassen und dabei vor allem noch einmal über das Urteil vom 23. Dezember 1857 sorgfältig nachdenken, als die Kölner Bürgerschaft im Prozeß mit der Hohen Domkirche um die Herausgabe von Stefan Lochners Altar der Stadtpatrone zunächst unterlegen war.[41] Das Gericht hatte damals der Stadt das Bild verwehrt, weil sie es letztlich nur für das Museum haben wollte, während es 1809/1810 in Ermangelung einer gottesdienstlich genutzten eigenen Ratskapelle von den Vertretern der Stadt zur religiösen Verehrung in den Dom gegeben worden war. Was wäre aber, wenn die Stadt Köln ihre Ratskapelle wieder einrichtete und den Altar der Stadtpatrone für seinen ureigensten gottesdienstlichen Gebrauch vom Domkapitel nicht in einem juristischen Prozeß zurückfordern, sondern aus seelsorgerischen Gründen zurückerbitten würde? Schwerlich könnten sich die christlichen Seelsorger an der Hohen Domkirche diesem Wunsch entziehen!

Die Vorstellung, Lochners Altar der Stadtpatrone wäre dann wieder in seiner ihm zugehörigen schlichten Raumhülle mit der originalen Beleuchtung von beiden Seiten, ist überwältigend – mehr aber noch die Gewißheit, daß die Ratsmitglieder dann vor ihren Sitzungen, Diskussionen und Beschlüssen den traditionellen gemeinsamen Gottesdienst zum Heiligen Geist feiern und anschließend über den wieder geschlossenen Rathausplatz in den Ratssaal wandeln.

Anmerkungen

1 Hans Vogts, Das Kölner Rathaus, in: Jahrbuch des kölnischen Geschichts-Vereins 2, 1913, I ff.; ders., Rathaus zu Köln, Augsburg/Köln 1928; ders., Kunstdenkmäler der Rheinprovinz, Die profanen Denkmäler der Stadt Köln, Düsseldorf 1930; ders., in: Deutsche Kunst und Denkmalpflege 14, 1940/41, 130 ff.; Hanna Adenauer, Das Schicksal des Kölner Rathauses vor, während und nach dem 2. Weltkrieg, in: Das Rathaus zu Köln, hg. v. P. Fuchs, Köln 1973; Fried Mühlberg, Bau- und Kunstgeschichte des alten Rathauses zu Köln, in: Das Rathaus zu Köln, hg. v. P. Fuchs, Köln 1973; ders., Der Hansasaal des Kölner Rathauses, in: Wallraf-Richartz-Jahrbuch 36, 1974; Hiltrud Kier, Das Kölner Rathaus im 19. Jahrhundert, in: Das Rathaus im Kaiserreich, hg. v. E. Mai, J. Paul und St. Waetzoldt, Berlin 1982, S. 359 ff.

2 Verhandlungen der Stadtverordneten-Versammlung zu Köln 1849 ff. – Ich danke Monika Zimmermann, die während eines Praktikums bei der städtischen Denkmalpflege die entsprechenden Protokolle zum Rathausumbau heraussuchte.

3 Ph. M. Klein, Der Wanderer durch Cöln, Cöln (1863), S. 231 f.

4 Hiltrud Kier, Die Kölner Ratskapelle und Stefan Lochners Altar der Stadtpatrone, in: Baukunst des Mittelalters in Europa. Festschrift Hans Erich Kubach, hg. Franz J. Much, Stuttgart 1988, S. 757–778; F. G. Zehnder (Hg.), Stefan Lochner, Meister zu Köln, Katalog der Ausstellung Köln 1993; ders. Katalog der Altkölner Malerei (Kataloge des Wallraf-Richartz-Museums XI), Köln 1990; ders., Gotische Malerei in Köln. Altkölner Bilder von 1300 bis 1550, Köln 1993 (Wallraf-Richartz-Museum Köln, Bildhefte zur Sammlung 3). – Vgl. im Katalog der Lochner-Ausstellung 1993 auch den Aufsatz von Helma Baudin, die sich mit Schreiben vom 19. 2. 1991 bei mir für die Übersendung meines o. g. Aufsatzes zur Ratskapelle sehr bedankte und ihn auch für die von mir vermittelte Drucklegung ihrer Ausführungen im Lochner-Katalog benutzte, aber nicht zitierte.

5 Michael Wolfson, in: F. G. Zehnder (Hg.) Stefan Lochner, Meister zu Köln, Katalog der Ausstellung, Köln 1993, S. 97 ff.

6 Ph. M. Klein (s. Anm. 3), S. 235.

7 Kölnische Zeitung 11. Sept. 1864 Nr. 253: Das Kölner Rathaus und seine Restauration.

8 Verhandlungen der Stadtverordneten 22. Juni 1854.

9 Gemeint ist der Muschelsaal. Die Bezeichnungen der einzelnen Räume wechselten immer wieder.

10 Verhandlungen der Stadtverordneten 25. August 1859, 24. und 31. Mai 1860, 31. Januar, 23. Mai und 6. Juni 1861, 6. Februar und 24. Juli 1862, 12. Februar, 10. und 24. September 1863.

11 Verhandlungen der Stadtverordneten 15. Januar, 3. Februar, 5. Februar, 12. Februar, 30. Juli 1863. – Siehe auch Verwaltungsbericht 1863 und 1864.

12 Vgl. auch (L. Ennen), Das Kölner Rathaus, in: Köln. Ztg. 11. Sept. 1864 Nr. 253.

13 L. Ennen, Die Restauration des Kölner Rathauses, in: Zeitschrift für bildende Kunst 7, 1872, S. 238 f.

14 Köln und seine Bauten, hg. v. Arch. und Ing. Verein Köln 1888, S. 498.

15 H. Vogts, Bauliche Neuordnungen und Wiederherstellungen im Kölner Rathaus, in: Deutsche Kunst und Denkmalpflege 14, 1940/41, S. 132 ff.; Verh. der Stadtverordneten 12. April und 24. Mai 1876.

16 H. Vogts, Kunstdenkmäler der Stadt Köln. Die profanen Denkmäler, Düsseldorf 1930, S. 226.

17 L. Ennen, 1872, S. 238.

18 H. G. Lempertz, Das Kölner Rathaus, Wiesbaden 1925, S. 28 (Rheinische Kunstbücher 3); H. Vogts, 1940/41. S. 138 f.

19 Verh. der Stadtverordneten 2. Juni 1898 und 11. April 1900.

20 Köln und seine Bauten, 1888, S. 500.

21 L. Ennen, 1872, S. 240; vgl. auch Köln und seine Bauten, 1888, S. 499, wo Otto I. und Maximilian als die kölnischen Lieblingskaiser bezeichnet werden.

22 H. Vogts, Rathaus zu Köln, Augsburg/Köln 1928, S. 36; vgl. auch H. Vogts, 1930, S. 198, 210 f.

23 Vgl. H. Kier, Wohnhäuser in Köln in der zweiten Hälfte des 19. Jahrhunderts, in: Kunst des 19. Jahrhunderts im Rheinland, hg. v. Ed. Trier und W. Weyres, Band 2, Düsseldorf 1980, S. 444 f. und Abb. 37.

24 Ich danke Herrn Dr. Thomas Parent für die Identifizierung des Porträts. – Vgl. seine Dissertation: Passiver Widerstand im preußischen Verfassungskonflikt, Köln 1979, veröffentlicht 1982.

25 Die Abb. 40 muß kurz nach Fertigstellung der Fassade 1872 entstanden sein, wie die noch provisorischen Türen im Erdgeschoß zeigen. In dem Buch Köln und seine Bauten, 1888, Abb. 100, sind die zugehörigen Türen dagegen vorhanden. Beide Abbildungen zeigen den Erker ohne diese Reliefbilder.

26 Verhandl. d. Stadtverordneten 15. Juni 1871; H. G. Lempertz, 1925, S. 33; H. Vogts, 1928, S. 31; ders., Kunstdenkmäler 1930, S. 242 f.; ders., 1940/41, S. 139.

27 Verhandl. d. Stadtverordneten 18. Juni 1863, 11. August 1864, 17. August 1865, 2. August 1866, 29. März 1878, 12. Mai 1881, sowie Verwaltungsberichte von 1864 ff.; H. Vogts, Kunstdenkmäler 1930, S. 196 f; L. Ennen, 1872, S. 239.

28 Verhandl. d. Stadtverordneten 18. Juni 1863, 1. August 1867; F. C. Heimann, Die Eingangspforte des Kölner Rathausturmes, in: JbKGV I, 1912, S. 106, H. Vogts, Kunstdenkmäler 1930, S. 196 f.

29 Stadt-Anzeiger der Kölnischen Zeitung Nr. 271 vom 19. Juni 1892; Kölnische Volkszeitung vom 6. August 1892; Kölner Tageblatt Nr. 185 vom 13. Aug. 1892.

30 H. Vogts, Kunstdenkmäler 1930, S. 199. – Ich danke Herrn Dr. Erhard Schlieter für den Hinweis auf das komplett publizierte Figurenprogramm des Ratsturmes, in: H. Wieger (Hg.), Handbuch von Köln, Köln 1925, S. 246 f.

31 H. Vogts, Kunstdenkmäler 1930, S. 232.

32 Joh. Ludw. Algermissen, Neuester Kölner Führer, Köln 1896, S. 49 f., vgl. auch H. Vogts, Kunstdenkmäler 1930, S. 196, 199, 205 f., 227 ff.; H. Vogts 1928, S. 22 f.; H. Vogts, 1940/41, S. 135 f.; Verhandl. d. Stadtverordneten 12. Februar 1863, 28. März 1865, 8. Juni 1865, 5. April 1866, 11. Dezember 1890, Verwaltungsbericht von 1864 und 1865.

33 Zitiert nach: Kölner Stadt-Anzeiger Nr. 315 vom 13. November 1881; H. Vogts, Kunstdenkmäler 1930, S. 195, 198, 201 ff.

34 Hiltrud Kier, Die Kölner Neustadt, 2 Bände, Düsseldorf 1978 (Beiträge zu den Bau- und Kunstdenkmälern im Rheinland 23).

35 Der Neubau der Stadtbibliothek zu Köln, in: Wochenblatt für Architekten und Ingenieure 16. Dezember 1881; Köln und seine Bauten 1888, S. 464 ff.

36 Verhandl. d. Stadtverordneten 9. April 1885, 17. Februar und 12. Mai 1887.

37 Verhandl. d. Stadtverordneten 16. Febr. und 5. Oktober 1882.

38 Der Vollständigkeit halber sei erwähnt, daß 1873/74 beim Neubau des Leven'schen Hauses, Judengasse 5, dieses eine zum Rathausplatz gerichtete reiche Fassade erhielt, die bis zur Zerstörung im letzten Krieg die Südwand des Platzes darstellte und damit der einzige Privatbau am Rathausplatz war, da die Stadt ihr Grundstück hier unbebaut ließ. Vgl. Verhandl. d. Stadtverordneten 30. Januar 1873.

39 Zentralblatt der Bauverwaltung 1939, S. 477–487.

40 Hans Vogts 1940/41 (s. Anm. 1).

41 Vgl. Anm. 4.

Abb. 51: Köln, Rathaus, Prophetenkammer nach Restaurierung, 1939

Abb. 52: Köln, Rathaus, Trauzimmer nach Restaurierung, 1939

Der Ratsturm nach dem Zweiten Weltkrieg

Ulrich Krings

(Abbildungen siehe S. 79–111)

1. 1945–1975

Neben den Akten und neben dem Planarchiv des Stadtkonservators stellt der Bericht Hanna Adenauers über *Das Schicksal des Kölner Rathauses vor, während und nach dem Zweiten Weltkrieg* heute die wichtigste zeitgenössische Quelle dar, um den Grad der Zerstörung, aber auch die Leistung des Aufbaus während der Nachkriegszeit richtig einschätzen zu können[1].

Seit April 1948 war Hanna Adenauer in der Nachfolge von Hans Vogts zunächst kommissarische Stadtkonservatorin und als solche für die Denkmalpflege am kriegszerstörten Rathaus zuständig. Seit 1953 offiziell in diesem Amt tätig, sollte sie speziell für den Turmbau auch über den Zeitpunkt ihrer Pensionierung (1. Dezember 1969) hinaus noch bis zum Abschluß der Arbeiten am Turm im Jahre 1975 die volle Verantwortung für dieses Bauwerk tragen. Ihr Nachfolger im Amt des Konservators, Fried Mühlberg, leitete ab 1969 die übrigen denkmalpflegerischen Arbeiten beim Wiederaufbau des Rathauses, der Turm blieb die Domäne seiner Vorgängerin[2].

Der großartigste gotische Profanbau der Stadt, der einschließlich seines »Kellergeschosses«, das zum Altermarkt hin, also nach Osten, ein Vollgeschoß bildet, besitzt sechs Stockwerke. Er ist mit Fried Mühlberg als *erstes Kölner Hochhaus*[3] anzusprechen. Dieses in Europa einzigartige Bauwerk aus dem Spätmittelalter war 1945 eine in hohem Maße einsturzgefährdete Ruine. Besonders seine nördliche Hälfte war bis in den Fundamentbereich getroffen und aufgerissen worden; stehengeblieben waren jedoch größere Partien der südlichen Hälfte, wohl dank der stabilisierenden Funktion des hier angefügten Treppenturmes. Nach umfangreichen Sicherungsmaßnahmen begann der eigentliche »Wiederaufbau« 1950: Zu diesem Zeitpunkt gründete das *Kölner Handwerk unter Leitung seines rührigen Präsidenten Bernhard Günther ... den Wiederaufbauverein Bauhütte Rathausturm e.V.*[4]. Am 26. Mai 1950 erfolgte die Grundsteinlegung. Zunächst wurde ein Betonskelett zur statischen Sicherung der Turmruine errichtet, welches den Baukörper besonders in seiner nördlichen Hälfte in gleichsam abstrakter Weise »nachbildete«. 1952 nahm der Verein Bauhütte den Regierungsbaumeister Wilhelm Hartmann (1893–1976) unter Vertrag, die Wiederaufbauarbeiten als Architekt zu leiten. Sein Mitarbeiter war von 1950 bis 1960 Heinz Becker (geb. 1926). Hartmanns ab Mai 1952 zu datierende und zu verfolgende Aufbaupläne geben den Turm zwar generell in den historischen Formen einschließlich Fassaden- und Fenstermaßwerk, Figurenkonsolen und Wasserspeiern wieder, zeigen aber an vielen Stellen Vereinfachungen und Neuformulierungen, die sie für den heutigen Betrachter als sehr zeittypisch ausweisen: Die »Vorhangbögen« und die Zinnen am Übergang vom rechteckigen »Sockelbau« zum Achteck fehlen; die Traufbalustrade erscheint wie der obere Abschluß des Treppenturms in modernen, nicht-gotisierenden Formen. Generell kann gesagt werden, daß alle neugotischen Elemente, die aus der 1862 begonnenen Restaurierungskampagne von Julius Raschdorff resultiert hatten, nicht mehr wiederholt wurden. Der nach diesen Plänen bis 1954 ausgeführte Turmhelm mit seiner neuen Laterne, die später das Glockenspiel aufnehmen sollte, verließ das überlieferte regelmäßige Achteck seines Grundrisses und folgte jetzt dem »unregelmäßigen« Grundmuster, welches aus dem Wechsel von breiten und schmalen Fassadenteilen der beiden Achteckgeschosse des Ratsturms resultiert. Neben zeitbedingten, ästhetischen Überlegungen mag auch die bessere statische Fundierung des Helms (direkte Übertragung der Kräfte der Bindersparren auf das Turmtragwerk aus Beton) zur Wahl dieser neuen, historisch nicht legitimierten Form geführt haben. Konsequent verzichtete Hartmann dann auch auf alle ebenfalls neugotischen Details dieser Helmpyramide wie die mehrfarbige, gemusterte Dacheindeckung, die Gaupenanordnung und -detaillierung sowie die schmuckreiche Gestaltung der Laterne samt ihrer zierlichen Bekrönung.

Stattdessen öffneten sich jetzt einfache Dreieckgaupen in den kleinteilig und in altdeutscher Weise verschieferten Dachflächen, während die neue Laterne als einfaches, ornamentfreies Ständerfachwerk gestaltet wurde. Hanna Adenauer sah hier als Vorbild die Darstellung des Turmes auf dem Aquarell von F. Stroobant von 1854[5], eine Aussage, die zwar für die schmucklose Detailgestaltung des Helmes, nicht allerdings für die jetzt gewählte neue Grundform gelten kann. Diese bis heute das Erscheinungsbild des Bauwerks stark bestimmende Grundgestalt besitzt keinerlei historische »Legitimation«; es gibt dafür keine Bildbelege mit Ausnahme des Kupferstichs von Christian Du Puis, datiert um 1790, der m. E. in diesem Punkt nicht präzise die Realität wiedergibt. Generell kann also hinsichtlich der Pläne von Wilhelm Hartmann, datierend ab Mai 1952, von einer purifiziert historisierenden Baugestalt des Turmes gesprochen werden. Mit Ausnahme des 1954 vollendeten Helmes sollte später jedoch, als Folge der veränderten denkmalpflegerischen Grundanschauungen zum Zeitpunkt ihrer Realisierung (ab 1971), die tatsächliche Ausführung zu einem anderen Ergebnis kommen, welches weiter unten dargestellt wird.

Dem Bericht Hanna Adenauers folgend, bestand 1952/53 zunächst die Absicht, dem offenen Betonskelett und der erhaltenen südlichen Hälfte des Turmes sogleich die Helmpyramide nach dem Entwurf Hartmanns aufzusetzen, um die Ruine *vor eindringender Nässe zu schützen*[6]. Der entsprechende Beschluß des Hauptausschusses des Rates der Stadt vom 16. Juni 1953 empfahl zusätzlich, den zukünftigen Einbau eines Glockenspiels zu berücksichtigen. Die schon beschriebene Form der Laterne fand hier ihre funktionale Begründung als Glockenstuhl.

Entgegen diesen Absichten ergaben dann jedoch statische Untersuchungen die Notwendigkeit, zunächst die offenen Felder des Betonskeletts mit Ziegelsteinen auszumauern und erst dann den Turmhelm aufzuführen. Im Frühjahr 1954 wurde damit begonnen: Der auf dem Werkplatz der Firma Heidrich vorgefertigte Dachstuhl wurde auf dem Turmkörper montiert, die von Elmar Hillebrand entworfene Wetterfahne konnte am 1. August 1954 aufgesetzt werden, und am 30. September 1954 war Richtfest. Hanna Adenauer: *Der Ratsturm zählte wieder im Stadtbild*[7].

Interessant ist die Lektüre der damaligen Reflexionen der Stadtkonservatorin zur Frage von Erhalt, Wiederbeziehungsweise Neuaufbau des Turmes selbst wie auch zu gleichzeitigen Unternehmungen an anderen Denkmalbauten: *Von der in Beton und Ziegelsteinen ergänzten Turmruine mit dem endgültigen Helm ging ein eigentümlicher Reiz aus. Es war die Zeit der architektonischen Kombinationen von Resten zerstörter Bauten mit zeitgenössischen Bauteilen und Elementen, wie z. B. Liebfrauen in Köln-Mülheim von Rudolf Schwarz und Herz-Jesu »am Zülpicher Platz« von Weyres/Hartmann u. a. m.* (zu ergänzen wären hier die Einfügungen von Ziegelarkaden in die Zwerggalerien der Dreikonchenchöre von Groß St. Martin und St. Aposteln, U. K.) *und es nimmt nicht Wunder, daß sich Diskussionen unter Architekten und in der Öffentlichkeit an dem Zusammenspiel des Provisoriums und der historischen Reste am Rathausturm entzündeten*[8].

Im Januar 1955 *bestätigte und bekräftigte jedoch der Denkmalausschuß in Anwesenheit von Oberbürgermeister (Theo Burauen) und Oberstadtdirektor Dr. (Max) Adenauer den Beschluß von 1953, den Turm im historischen Sinne zu ergänzen und wiederaufzubauen*[9]. Als Begründung wurde angefügt, daß bei diesem so bedeutenden Profanbauwerk *genügend historische Substanz erhalten (sei), um den Wiederaufbau in diesem Sinne zu rechtfertigen. Außerdem habe Köln im Kriege so viele historische Bauten eingebüßt.* Doch gab es laut Hanna Adenauer eine Einschränkung: *Die Erneuerung und teilweise Ergänzung des Figurenprogramms sollte einer späteren Zeit vorbehalten bleiben, nicht aber die Restaurierung und Ergänzung der mit dem Bau hochzuziehenden figürlichen Konsolen und die Erneuerung des verbrannten Platzjabbecks*[10].

Diese Position, die *im Januar 1955 im Rat zum Beschluß erhoben* wurde[11], ist erklärlich aufgrund der Tatsache, daß zu diesem Zeitpunkt immer noch zahlreiche Figuren an den erhalten gebliebenen Partien des Turmes, also an seiner südlichen Hälfte, auf ihren angestammten Konsolen standen. Die Denkmalpflege ging damals noch davon aus, daß diese Teile zwar geringfügig ausgebessert werden mußten, doch im wesentlichen in ihrer überlieferten Originalsubstanz zu bewahren sein würden. Die erneuerten Wandpartien sollten somit den erhalten gebliebenen bis hin zum Konsolenschmuck – als »Platzhalter« gleichsam für ein später zu realisierendes Figurenprogramm – angeglichen werden.

Schon 1954 hatte die Stadt selbst die »Bauhütte« sowohl *in der Verantwortung wie finanziell* übernommen. Wilhelm Hartmann blieb weiterhin der verantwortliche Architekt[12]. Die Kölner Handwerkerschaft engagierte sich allerdings in den folgenden Jahren noch einmal, indem sie die Initiative zur Schaffung eines neuen Glockenspiels ergriff (ein erstes Glockenspiel war 1913 in den Turm gelangt). Zahlreiche Spenden sowie eine Tombola ermöglichten Guß und Installation: Im Mai 1958 trafen die im niederländischen Asten von der Firma Eysbouts gegossenen 48 Glocken ein, deren Klang seither die Kölner und ihre Gäste erfreut[13].

1955 wurde zur denkmalpflegerischen Herstellung der Werksteinteile für das Innere des Turmes (Turmkeller und Rentkammer) sowie für den Außenbau die »Arbeitsgemeinschaft der Steinmetzbetriebe Schmitz-Mittler« gebildet[14], deren Führung bis zu seinem Tod im Jahre 1965 bei dem Bildhauer Eduard Schmitz jr. lag. *Aus dieser Arbeitsgemeinschaft entstand im Laufe der Zeit eine Art Hüttenbetrieb mit zeitweilig über 20 Steinmetzen*[15]. Auch der Hansasaal mit seinen kostbaren Wandgliederungen wurde von dieser Bauhütte betreut. 1972 stellte die Firma Schmitz ihren Betrieb ein. Nachfolgerin für die abschließenden Arbeiten bis zum Februar 1975 wurde die Firma Karl Günther Eich aus Köln, der auch die Restaurierung der Turmfassaden in den Jahren 1994/95 übertragen werden sollte (s. u.).

Das damalige denkmalpflegerische Konzept lautete nach Hanna Adenauer: *Architektur und Detail historisch getreu in der Werktechnik der Zeit, freie Hand bei figürlichen Ergänzungen, wie z. B. bei den Konsolen, bei Beachtung der Kubatur und des Maßstabs der figürlichen Darstellung. In diesem Sinne wurde soweit als möglich der noch vorhandene*

Bestand in situ erhalten oder ggf. sorgfältig abgenommen und neu versetzt. Alle mittelalterlichen Konsolen wurden, soweit sie nicht bereits durch Verwitterung gefährdet waren, am Turm belassen – einschließlich derjenigen der Restaurierung des 19. Jahrhunderts, auch sie als Zeugnis ihrer Zeit. Besonders gefährdete mittelalterliche Konsolen wurden museal geborgen und, soweit es sich um besonders charakteristische Stücke handelte, durch Kopien ersetzt. Sonst wurde wie bereits angegeben verfahren und der künstlerischen Phantasie der Bildhauer und Steinmetzen in Abstimmung mit Architekt und Konservator freie Hand gelassen. Die Motive der neuen Konsolen sind der Sage, aber auch dem zeitgenössischen Geschehen entnommen.[16] Neben skurrilen Fabelwesen, zeittypischen Bildfindungen wie »Banjospieler«, »Rock'n'Roll-Tanzpaar«, oder Deftigem wie dem bekannten »Kölner Spiegel« (Kopien nach mittelalterlichen Originalen) finden sich an den Konsolen Portraits der damals »regierenden« und »handelnden« Personen: beispielsweise von Theo Burauen, Max Adenauer, Hanna Adenauer, Wilhelm Hartmann und vielen anderen. Die Zusammenstellung aller dieser und der 1994/95 neu geschaffenen Konsolen-Motive sowie die Namen der Bildhauer und Steinmetzen sind in den entsprechenden Beiträgen von Walter Geis, S. 276–301, und Bernd Ernsting, S. 302–345 nachzulesen.

Diskussionen gab es nach dem Beginn der eigentlichen denkmalpflegerischen Aufbauarbeiten ab 1955 vor allem um die Frage der Ausbildung der Architekturformen, besonders derjenigen der Traufbalustrade und des Fialenkranzes (die beide damals als historisierende Schöpfungen des 19. Jahrhunderts – Julius Raschdorffs – als nicht wiederherstellungswürdig galten) sowie um die Frage der Steinbeschaffung und -behandlung.

Die schon erwähnten Steinmetzen aus der Arbeitsgemeinschaft Schmitz-Mittler wurden eigens, vergleichbar dem Ausbildungsgang der Dombauhütte, die ja damals vor den gleichen Problemen stand, in den alten handwerklichen Techniken geschult. *Als Vorbild dienten die noch in situ stehenden Bauteile. (...) Die architektonische Rekonstruktion bot keine allzu großen Schwierigkeiten, handelte es sich doch um einen streng geometrischen Aufbau. Alle dekorativen Details waren an irgendeiner Stelle der Ruine noch vorhanden und konnten dort abgenommen werden*[17].

Da man die neugotische Abschlußbrüstung Julius Raschdorffs letztlich nicht kopieren, d. h. wiederholen wollte, suchte man nach einem stilistisch passenden Vorbild. Aus dem Jahre 1971 sind eine Reihe von Planskizzen erhalten, die verschiedene gotisierende Formexperimente dokumentieren. Die endgültige Wahl wurde von Hanna Adenauer folgendermaßen begründet: *Als richtungweisend zeigte sich der benachbarte niederländische Raum mit seinen zahlreichen fialengeschmückten Abschlußgalerien an Türmen und Kirchenschiffen etwa der gleichen Zeit. Besonders Brabant erwies sich als fruchtbar. Die älteren wechselseitigen, nie aufhörenden Beziehungen zwischen diesen Gebieten sind allseitig bekannt. (...) In s'Hertogenbosch fanden wir am Obergaden der Kathedrale, in Verbindung mit den gleichen Blendmaßwerkformen wie am Kölner Turm, eine Brüstung mit in einem sphärischen Dreieck einbeschriebenen Dreipässen über geschweiften Spitzbogen, Elemente, die sich, mit Ausnahme des Brüstungsfußes, an den Obergeschossen des Turmes wiederfinden. Von ihnen ließen wir uns für die neue Brüstung anregen*[18]. Welche Probleme durch dieses »Auswahlverfahren« ausgelöst wurden, soll weiter unten ausgeführt werden.

Hanna Adenauer betont in ihrem Text immer wieder, für wie wichtig sie einerseits die Steinbehandlung und andererseits das verwendete Baumaterial für das Erscheinungsbild eines Bauwerks, erst recht eines Denkmalbaus wie des Ratsturmes mit seinen historischen Detailformen, erachtete[19]. Das Fassadenmauerwerk des mittelalterlichen Turmes bestand in seinen unteren Stockwerken weitgehend aus Drachenfelstrachyt, der schon seit der Mitte des 19. Jahrhunderts nicht mehr als abbaufähiges Material zur Verfügung gestanden hatte. Die Obergeschosse hatten offenbar stets eine Tuffverkleidung besessen (vgl. hierzu den Beitrag von Thomas Wüstefeld, S. 346–349). Beim rekonstruierenden Wiederaufbau galt es zunächst, *an der Ostseite des Untergeschosses zerstörte oder gerissene Quadern auszuwechseln oder, soweit möglich, durch Einsetzungen von Vierungen instandzusetzen. Als Material diente aus Trümmern im ganzen Stadtgebiet geborgener Trachyt*[20]. Dieses Verfahren konnte bei den übrigen Fassadenpartien wegen des dortigen Zerstörungsgrades und des umfangreichen Steinbedarfs verständlicherweise keine Fortsetzung finden. Man mußte auf die Suche gehen nach einem sowohl geologisch als auch verarbeitungstechnisch und letztendlich auch optisch mit dem ursprünglichen Trachyt (und Tuff) verwandten Gestein. Das Siebengebirge blieb für die Steingewinnung weiterhin tabu[21]. Geologisch verwandtes Trachytgestein aus dem Westerwald, zunächst aus Selters, später aus Weidenhahn, wurde erprobt, doch letztlich wieder verworfen. *Das Material erwies sich abgesehen von der fehlenden Wetterbeständigkeit als zu grobkörnig und damit auch zu lohnintensiv, so daß nach wie vor für die Ergänzung der zerstörten reichen Maßwerkprofile altes, aus dem Schutt geborgenes, Material herangezogen werden mußte*[22]. Auch der zur gleichen Zeit am Dom verwendete Basalt aus Londorf (Vogelsberg), *ein sehr stumpfes Material,* kam *für den Rathausturm mit seinen erheblich größeren geschlossenen Flächen nicht in Frage*[23]. Allerdings sollte dieses Gestein später bei der Bekrönung des Treppenturmes doch noch Verwendung finden.

Hanna Adenauer und ihre Mitarbeiter suchten jetzt, in Verbindung mit dem Mineralogischen Institut der Universität zu Köln, nach geeigneten Trachytvorkommen in der Eifel. 1958 wurde man in Reimerath, Kreis Mayen, fündig. Nach eingehenden Untersuchungen wurde hier ein neuer Bruch erschlossen, der nach längeren Vorbereitungsfristen ab 1962/63 in großem Umfang zügig ausgebeutet werden konnte. *Von nun an war die Lieferung in Umfang, Größe und Qualität gesichert. Nach Steinliste wurde das zweiseitig parallel gesägte Material in Köln eingeliefert und hier von der auf mehr als 20 Steinmetzen angewachsenen Steinmetzhütte bearbeitet und versetzt*[24].

Schon 1956 und 1957 hatte sich die Notwendigkeit ergeben, den im Zweiten Weltkrieg erhalten gebliebenen Nordostpfeiler der drei »Sockelgeschosse« abzutragen und neu aufzuführen. Bei der Fortsetzung der Aufbauarbeiten mußten dann die 1950/51 entstandenen Betondecken des Aussteifungsskeletts mit dem neuen aufgehenden Mauerwerk kraftschlüssig verbunden werden, d.h., es mußten spezifische Auflager u.ä. geschaffen werden. Hierzu war es notwendig, daß *die Armierungen freigelegt, angeschweißt und die Betonierung bis zur Auflage im Mauerwerk herangeführt* wurden. *In allen Geschossen oberhalb des Senatssaales waren überdies Zuganker mit Spannschlössern und zusätzlich Betonringanker erforderlich*[25].

Hatte man seit Beginn der Aufbauarbeiten gehofft, daß die Südhälfte des Turmes einschließlich Konsolen, Figuren und Baldachinen erhalten bleiben könnte, so mußte es die Denkmalpflege 1969 hinnehmen, daß auf Verlangen der Statiker die bis dahin erhaltenen vier südlichen Turmseiten (H. Adenauer zählt die Südseite rechts und links des Treppenturmes gleichsam doppelt) *der beiden Oktogongeschosse abgebrochen und völlig neu hochgezogen werden (mußten), da hier in den hochliegenden Geschossen nach Abnahme der durch den Bombensog gelösten Verblendung ein zerrütteter Mauerkern zu Tage trat. Das intakte Innenmauerwerk hatte getäuscht. (...) Der Arbeitsablauf beim Wiederaufbau war durch das Vorhandensein des rund 22 Meter hohen Turmhelmes vorgezeichnet, mußte doch zunächst für den Helm ein tragfähiger Unterbau geschaffen werden, ehe die Auswechslung des zerrütteten Mauerwerks erfolgen konnte. Aus wettertechnischen Gründen sind im Bereich des Oktogons die Fugen in allen empfindlichen Bereichen, wie am Scheitel der Profile und den Fensterbänken mit Blei ausgegossen. Die Werksteine sind mit Bronzedübel verbunden. Als Mörtel wurde ausschließlich Traß und Kalk verwandt*[26].

Die Fertigstellung des Turmes mit seiner wohl endgültig in den Jahren 1971/72 neu »komponierten« Brüstung im Traufbereich, den ebenfalls neu entworfenen Fialen, dem historisierenden Zifferblatt der Uhr zur Altermarktseite (Ostfassade; auf das entsprechende, vor dem Krieg nach Südwesten gerichtete Zifferblatt wurde verzichtet) mit dem erneuerten »Platzjabbeck« wurde im Laufe des Jahres 1975 erreicht, die Gerüste konnten danach sukzessive abgebaut werden. Noch Hanna Adenauer, die am 14. Juli 1978 mit 73 Jahren starb, sodann ihre Nachfolger im Amt des Konservators, Fried Mühlberg (bis 1978), Hiltrud Kier (1978–1990) und Ulrich Krings (ab 1. Dezember 1990) mußten es erleben, daß sich das mit so großen Hoffnungen 1958 erschlossene, seit 1962 abgebaute und verwendete »neue« Baumaterial, der farblich so vorteilhaft wirkende Trachyt aus Reimerath, als nicht witterungsbeständig erwies. Schon Ende der 70er Jahre mußten erste Sicherungen im Bereich der Fialen vorgenommen werden, und bis 1993/94 gehörten die sorgenvolle Beobachtung und die daraus resultierende Konzeptdiskussion einer erneuten durchgreifenden Restaurierung zum Alltagsgeschäft der genannten Konservatoren und aller ihrer Mitarbeiterinnen und Mitarbeiter.

2. 1981–1995

2.1. Konzeptentwicklung, Stiftungen, künstlerische Ausführung

Das von Hiltrud Kier Anfang der 80er Jahre initiierte, von einer Historikerkommission konzipierte, 1988 vom Rat beschlossene und bis Ende 1994 von insgesamt 57 Bildhauern, darunter 9 weiblichen, verwirklichte neue, 124teilige Ratsturm-Figurenprogramm (mit einer durch Privat-Stiftungen »bewegten« Investitionssumme von ca. 2,5 Millionen DM) wurde schließlich zum Motor der Konzeptentwicklung für die immer dringlicher werdende Restaurierung und führte letztendlich auch zu deren »Startschuß«, nachdem die Finanzierung (d.h. die Ansparung) der zufälligerweise gleich hohen Bau-Summe von ca. 2,5 Millionen DM aus dem Etat des Konservators inclusive einer Landesbeihilfe von 200.000.– DM im Jahre 1993 aufgrund entsprechender Ratsbeschlüsse endgültig als gesichert galt.

Neben den programmatischen und akquisitorischen Aspekten des neuen Figurenzyklus, der von Hiltrud Kier auf den Seiten 264–275 vorgestellt wird, und neben dem künstlerischen Aspekt seiner dreidimensionalen »Umsetzung«, den Bernd Ernsting auf den Seiten 276–301 erläutert, war die hier unter bautechnisch-chronologischem Blickwinkel interessierende Frage nach dem geeigneten Steinmaterial seit Mitte der 80er Jahre Gegenstand ausführlicher Diskussionen. Hiltrud Kier, Mitarbeiter Josef Breuer sowie Bernd Ernsting konsultierten u.a. Dombaumeister Arnold Wolff sowie die Fachleute der Kölner Dombauhütte. Die Wahl fiel schließlich auf Weiberner Tuff, der den Bildhauern und Künstlern verbindlich vorgeschrieben wurde. Zur Sicherung der Figuren vor schädlichen Umwelteinflüssen wurde nach eingehender Prüfung aller damals zur Verfügung stehenden Konservierungsmethoden festgelegt, sie nach dem sog. Ibach-Verfahren in Acrylharz zu tränken. Zwischen 1989 und Anfang 1995 wurden die jeweils gestifteten, fertig skulptierten, von Oberbürgermeister Norbert Burger, Bürgermeisterin Renate Canisius oder Bürgermeister Johannes Jakob Blum »entgegengenommenen« Figuren gruppenweise nach Bischberg bei Bamberg transportiert und auf dem Gelände der Firma Ibach in einem etwa zwei Monate dauernden Verfahren entsprechend präpariert. Anschließend kamen sie, mit Ausnahme der letzten Serie von 1994, in ein Depot des Konservators. Lediglich die zwei schon 1987 gleichsam »probeweise« am Turm aufgestellten Figuren des Albertus Magnus (Nr. 121) und Adolf Kolping (Nr. 123) erhielten eine Härtung in Kieselsäureester mit anschließender Siliconimprägnierung. Somit sind beide Verfahren am Turm vertreten und lassen sich in Zukunft hinsichtlich ihrer Wirkungen überprüfen.

War man zunächst davon ausgegangen, daß von den 124 Figuren des am 28. Januar 1988 vom Rat der Stadt verabschiedeten Zyklus 106 Figuren neu zu schaffen, hingegen 18 gerettete »Altfiguren« aus den Jahren 1893 bis 1925 wieder an den Turm zu versetzen waren, freilich z. T. unter Änderung ihrer Identität, d. h. unter Umbenennung analog ihrer Wiederverwendungsfähigkeit im neuen Programm, so wurde nach nochmaliger Erörterung aller Aspekte im Sommer 1993 endgültig beschlossen, insgesamt 119 neue Figuren und nur noch 5 alte an den Turm zu bringen. Die Gründe dieser von Bernd Ernsting schon 1986 vorgeschlagenen, von Walter Geis vehement befürworteten, von Ulrich Krings schließlich auf den Weg gebrachten Neudisposition lagen im konservatorischen, konzeptionellen und im ästhetischen Bereich. Ausschlaggebend für den schließlichen Verbleib der fünf Altfiguren war, daß für die Restaurierung von vieren zu diesem Zeitpunkt bereits Stiftergelder geflossen waren; zudem war eine Skulptur, und zwar die von Heinrich IV. (Nr. 11), so gut erhalten und hatte zudem ihre Identität wie ihren historischen Standort als einzige bewahren sollen, daß ihre Wiederaufstellung problemlos zu bewältigen war.

Die erneute öffentliche Werbung für die Stiftung dieser jetzt 13 zusätzlichen Neufiguren führte in wenigen Monaten zum Erfolg: Zur Jahresmitte 1994 war die Summe von jeweils 20.000.– DM Stiftungsgelder eingegangen, die Künstler konnten unter der bewährten Betreuung durch Bernd Ernsting an die Arbeit gehen, und kurz vor Weihnachten 1994 nahm Oberbürgermeister Norbert Burger die letzten Figuren in der Piazzetta des Rathauses entgegen.

Frühere Ideen von Bernd Ernsting und Hiltrud Kier aufgreifend, reifte jetzt auch der Plan, alle Altfiguren, die zahlreichen erhaltenen Altkonsolen, die Reste der Baldachine und sonstige Architekturteile des Turmes im obersten Achteckgeschoß in einem ansprechend gestalteten Lapidarium dauerhaft museal aufzustellen. Walter Geis und Ulrich Krings übernahmen die Entwicklung des Konzepts, die öffentliche Werbung um Spenden für die Einrichtung hatte schon bis März 1995 Erfolg, so daß die Gestaltung und Einrichtung dieses Skulpturen-Museums nach Plänen der Architektin Ingrid Bussenius / Köln voraussichtlich im Sommer 1996 erfolgen kann.

Die denkmalgerechte Restaurierung des Turmes, seiner Fassaden, seiner Dächer und Fenster begann mit der Aufstellung des Gerüstes im Februar 1994. Nun konnte aus der Nahsicht das ganze Schadensbild erfaßt werden. Die »Fahrpläne« aller beteiligten Gewerke, betreffend die Logistik von Reinigung, Restaurierung, Ergänzung, Skulpturen- und Konsolenplazierung, aber auch die sich nun ergebende Möglichkeit zu bauhistorischen Untersuchungen, alles das wurde in den Wochen des Frühjahrs 1994 erneut diskutiert. Das Schadensbild modifizierte sich in einigen Punkten gegenüber den ursprünglichen Annahmen, die seit 1988 in die verschiedenen Leistungsverzeichnisse des Städtischen Hochbauamtes, Abteilung Bauunterhaltung, auf der Grundlage von Fernbeobachtungen und Hubsteiger-Befahrungen, Eingang gefunden hatten.

Generell wurden alle Arbeiten stets von oben nach unten fortlaufend ausgeführt. Mit Beginn der Figureninstallation am obersten Achteckgeschoß ab Mitte Oktober 1994 wurde das Gerüst sukzessive verändert und etagenweise abgebaut; nur so war der komplizierte Vorgang der jeweiligen Figurensetzung, ihrer Verankerung und der Herstellung der Inschriften unterhalb der Konsolen zu bewältigen. An dieser logistischen Grundproblematik (fortlaufender Gerüst-Abbau parallel zur Figuren-Plazierung) scheiterte sowohl das Konzept des städtischen Presse- und Informationsamtes einer allseitigen Ratsturm-Verhüllung mit einer architekturmotivisch bedruckten Plane, finanziert durch Sponsoren, denen hier gleichzeitig Werbemöglichkeiten eingeräumt werden sollten – nur die Ostfassade zum Altermarkt präsentierte sich von Ende Juli bis Ende Oktober 1994 auf diese Weise – es scheiterte auch das Konzept von Oberbürgermeister und Konservator, die gesamte Restaurierung und die Figurenplazierung gleichsam hinter einem verhüllenden (Gerüst-)Schleier ausführen und anschließend die Enthüllung gleichsam in einem Zug geschehen zu lassen. Das abschließende Ratsturm-Bürgerfest hätte so mit einem einzigen »Paukenschlag« folgen können …

Weihnachten 1994 waren die beiden Achteckgeschosse komplett gerüstfrei: Die Heiligen des *kölschen Himmels* wie auch die turmwürdigen Persönlichkeiten des 19. und 20. Jahrhunderts blickten auf »ihre« Stadt. Zum ersten Male war auch für alle Beteiligten und für die Öffentlichkeit – die Medien berichteten ausführlich – die neue architektonisch-skulpturale Qualität des Ratsturmes erlebbar.

Die unteren Geschosse der Turmfassaden wurden bis Ende April 1995 in der unten beschriebenen Weise restauriert, die hierher gehörigen Figuren und Konsolen wurden gleichfalls bis Ende April 1995 an ihrem jeweiligen Ort plaziert. Das *Kölner Ratsturm-Bürgerfest* konnte am 6. Mai 1995 mit großer öffentlicher Resonanz gefeiert werden, sinnvoll eingebettet in die weltweit begangenen Gedenktage anläßlich des 50. Jahrestages der Beendigung des von Deutschland angezettelten Zweiten Weltkrieges.

2.2. Die Arbeiten 1994/95

Nach der schonenden Reinigung der Fassaden teils im Heißwasserverfahren, teils im Naßmehlverfahren nach »Joos«, wurden durch Mitarbeiter der Firma Karl Günther Eich / Köln alle Fugen geöffnet, gesäubert und mit Traßkalk-Mörtel wieder geschlossen. Die Fugen aller auskragenden, wasserabführenden Gesimse erhielten wie zuvor einen Bleiverguß (flüssiges Hüttenweichblei). Je nach Schadensbild wurden die steinernen Abdeckplatten, besonders im Bereich der Brüstungen, komplett ausgewechselt. Andere Schäden wurden durch Vierungen behoben. Abplatzungen und lockere Gefüge wurden abgetragen und beigearbeitet; größere Fehlstellen im Bereich des Reimerather Trachyts, beispielsweise im Bereich der zuvor aufgearbeiteten Tongallen, wurden durch Vierungen oder mit farblich angeglichenem Restaurierungsmörtel geschlossen. Eine besondere Sicherung erhielten die Brüstungs-Fialen; sie wurden z. T. abgetragen und wieder neu versetzt, Krabben und Kreuzblumen wurden gefestigt oder erneuert und dauerhaft verankert.

Behutsam behandelte man die Trachytpartien in den unteren Geschossen; der Bestand mittelalterlicher Steine mit Steinmetzzeichen erwies sich als weit umfangreicher, als zuvor angenommen (vgl. Thomas Wüstefeld auf S. 346–349). Hier wurde um den Erhalt jedes Steins gerungen, Auswechslungen auf das Nötigste beschränkt.

Jede Konsole wurde auf ihre Festigkeit und ihre Erhaltungsmöglichkeit am Turm selbst überprüft. Auch hier stellte sich heraus, daß mehr mittelalterliche Konsolen und solche aus dem 19. Jahrhundert vorhanden waren, als zuvor vermutet. Die gleichsam distanzlose, direkte Begegnung auch mit den Konsolen der Wiederaufbaujahre spornte das Forschungsinteresse von Walter Geis an, so daß nunmehr erstmals eine lückenlose Dokumentation vorliegt (vgl. S. 219–263).

Die künstlerische Konzeption und die Betreuung der 13 neu zu schaffenden Konsolen mit figürlichem Programm übernahm auch jetzt wieder Bernd Ernsting; entwerfender und ausführender Künstler war hier Heribert Calleen / Köln. Näheres hierzu und zu den übrigen neu geschaffenen Konsolen ist den Beiträgen von Bernd Ernsting und Walter Geis zu entnehmen. Die vorhandenen, noch lesbaren Inschriften des historistischen Figurenprogramms wurden gesichert, dokumentiert und blieben an Ort und Stelle erhalten – eine besondere Initiative des Rheinischen Amtes für Denkmalpflege, dessen Gebietsreferent für Köln, Thomas Goege, alle Arbeiten am Turm stets mit Sachverstand und Engagement begleitete. Neugefertigte Trachytplatten sind den alten Inschriften reversibel vorgeblendet worden; sie nehmen die Namenszüge der Gestalten des neuen Zyklus' auf.

Die 124 Figuren (119 neue, 5 alte) wurden auf Tragplatten aus Edelstahl (V4A), die im Turmmauerwerk verankert sind, und entsprechenden vertikalen Dorndübeln montiert. Ein Wanddübel und eine Haken-Öse-Konstruktion jeweils in Schulterhöhe der Figuren verhindert deren Abscheren und nimmt die gesamte Last auf. Die Steinkonsolen leisten demnach ihren Dienst nur »optisch«, nicht tatsächlich.

Ausführende Fachfirma, zuständig auch für den Transport der Figuren innerhalb Kölns sowie von und nach Bamberg, für die Montage, die Anpassungsarbeiten und für die Beschriftung, war die Firma E. Dunkel und Söhne GmbH aus Köln mit zahlreichen Mitarbeitern. Die Auftragsvergabe erfolgte durch die Firma Karl Günther Eich als Vertragspartnerin der Stadt Köln.

Die kostbare, in großen Teilen aus alter Substanz bestehende Architektur des Westportals des Turmes wurde von Spezialisten der Restaurierungsfirma Thomas Lehmkuhl / Münster untersucht, gereinigt, gefestigt und behutsam restauriert. Neben einer exakten petrographischen Kartierung wurde die Erforschung des ursprünglichen Farbbilds und seine Kartierung geleistet (vgl. hierzu den Beitrag von Thomas Lehmkuhl, S. 350–355).

Die neun Skulpturen dieses Portals wurden von dem Bildhauer Matthias Moritz / Köln geschaffen; es sind Kopien des überlieferten Bestandes des 19. Jahrhunderts, bzw. eng am dokumentierten Vorbild orientierte Nachschöpfungen (vgl. hierzu den Beitrag von Walter Geis, S. 302–345).

Der Ratsturm in seiner physischen Präsenz, aus der vom Gerüst ermöglichten Nähe in allen seinen Facetten ständig erlebbar, hat während der Jahre 1994/95 alle Beteiligten – den Kollegenkreis des Konservators und des Römisch-Germanischen Museums der Stadt Köln, denjenigen des Städtischen Hochbauamtes, Abteilung Bauunterhaltung, sowie die Handwerker, Bildhauer, Restauratoren der einzelnen Firmen – um viele Erfahrungen und Erkenntnisse reicher gemacht (eine umfassende Auflistung aller Beteiligten erfolgt am Schluß dieses Beitrags). Vor Ort mußten oftmals Teile des Konzeptes geändert, von der prospektiven Theorie gewissermaßen in eine ad-hoc-Praxis überführt werden. Das Bauwerk selbst hat letztlich das Programm diktiert und die Beteiligten zunehmend motiviert. Es gab angeregte Diskussionen, teilweise kontrovers geführt, es gab »Zitterpartien«, aber es gab

Einmütigkeit hinsichtlich des Ziels, gemeinsam ein Werk zu tun und es zu einem guten Abschluß zu bringen. Eine gute Erfahrung!

3. Kunsthistorische Schlußbetrachtung 1995

Nicht nur die oben beschriebene neue Gestalt des Turmhelms, die 1952 von Wilhelm Hartmann entworfen wurde und seit 1954 im Stadtbild Kölns wieder mitsprechen konnte, nicht nur diese Neu-Erfindung ist aus der Sicht des Jahres 1995 ein zeittypisches Element der »50er Jahre« am wiederaufgebauten Turm, welches das Vorbild des zwischen 1942 und 1945 zugrunde gegangenen Originals verließ, auch die im Gegensatz zur übrigen, allerdings Plan-Papier gebliebenen Detaillierung des Turmes durch Hartmann wesentlich »mittelalterlicher« ausgefallenen, bis 1975 steinmetzmäßig hergestellten Partien des Bauwerks haben in wesentlichen Teilen nicht mehr auf das überlieferte Erscheinungsbild des kriegszerstörten Vorgängers zurückgegriffen. Hierzu gehören: Die Gestalt von Traufbalustrade und Fialenkranz, die Bekrönung des Treppentürmchens, zahlreiche Details der übrigen Fassaden. Raschdorffs historisierende Neugotik wurde, wie beim Turmhelm, auch hier nicht wiederholt. Die Fialen hatten zuvor in zweiteilig gestuften, krabbenbesetzten Pyramiden geendet; die neuen sind nur noch einstufig und wirken daher im Ganzen kompakter und, im Gegensatz zur zugehörigen Balustrade, »kräftiger«. Diese nach langem Experimentieren im brabantischen s'Hertogenbosch an der dortigen Kathedrale Sint Jan »gefundene« Maßwerkgliederung der Traufbalustrade erscheint hier in Köln kleinteiliger als Raschdorffs neugotische Vorgängerin. War diese, bezogen auf die Achsen auch der breiteren Fassadenteile, zwischen die Fialen gleichsam jeweils »eingespannt«, bestehend jeweils aus vier genasten Kleeblattbögen oberhalb einer Bogenreihe mit Lilienmotiven, so läuft die neue Brüstung nunmehr vor den mittig gesetzten Fialen der breiteren Fassadenteile scheinbar ohne Zäsur durch und bildet ein engmaschig wirkendes Muster. Das von Raschdorff hingegen übernommene und von zahlreichen historischen Abbildungen (z. B. Woensam 1531) bekannte Motiv des jeweils mittig gesetzten Balustraden-»Auszugs« mit dem kreisumschlossenen, rotierenden Schneuß (Fischblasenornament) wirkt jetzt m. E. oberhalb der »neo-brabantisch« engmaschigen Maßwerkreihe eigenartig unorganisch und disproportioniert.

Waren vor dem Krieg diese Schneuße in ihrem Schwung jeweils paarig einander zugeordnet gewesen – eine feinsinnige Komposition, die mit den gleichen Motiven im Blendcouronnement des Fensterkranzes des obersten Achteckgeschosses korrespondierte – so sind sie nunmehr an den sieben ungestörten, normalen (d. h. nicht vom Treppenturm unterbrochenen) Turmfassaden und in deren jeweiligen Achsen in stets gleicher Schwungrichtung ausgebildet, was infolge dieses Verzichts auf die typisch spätgotische Variationsfreude einen gleichförmigen Eindruck hervorruft. Der Wechsel von »Raschdorff 1862« zu »s'Hertogenbosch«, vorgenommen in dem Wunsch, »Neugotik« durch »Originalgotik« zu ersetzen, erweist sich aus heutiger Kenntnis der Bau- und Restaurierungsgeschichte der dortigen Kathedrale möglicherweise als Fehlentscheidung. Die dortigen Bauteile, an denen sich die in Köln nunmehr zitierte Maßwerkbrüstung findet, stammen auf jeden Fall erst aus dem Ende des 15. Jahrhunderts. Die Maßwerkbalustrade selbst ist höchstwahrscheinlich, nach Auswertung der neueren Literatur[27], ebenfalls eine »Erfindung« der neugotischen Restaurierungskampagne, die gerade dieses nordbrabantische Bauwerk umfassend überformt hat.

Aber auch die scheinbar »originalgetreu« ergänzten, ausgetauschten oder nach 1969 neu aufgeführten übrigen Fassadenteile zeigen starke Veränderungen an wichtigen Details. Zwar wurden die charakteristischen »Vorhangbögen« vor den Fenstern der beiden Achteckgeschosse schließlich ebenso wieder ausgeführt wie auch die zinnenartigen Mauern am Übergang des Vierkantbaus zum Achteck – abweichend von dem hier »sparsameren«, sachlicheren Entwurf Hartmanns von 1952. Veränderungen wurden aber vorgenommen sowohl am rahmenden Blendmaßwerk der Fassadenteile der beiden Achteckgeschosse wie auch im Bereich fast aller Blendmaßwerke der Couronnementzonen der großen Kreuzstockfenster. Zu ersterem: Hier wurden die zuvor plastisch ausgeführten Drei-Kronen-Schilde der Kölnischen Wappen nur noch als einfache Zwei-Zonen-Schilde ohne Kronen erneuert. Zu letzterem: Hatten die Blend-Couronnements der Fenster des obersten Achteckgeschosses seit Raschdorffs Restaurierung und nach Aussage der früheren bildlichen Überlieferungen alle den »rotierenden Schneuß« gezeigt, und zwar stets in Korrespondenz zur »Schwungrichtung« der Balustraden-Auszüge, so findet sich diese Form jetzt nur noch an den schmalen, diagonal gestellten Achteckseiten, während an den doppelachsigen »Hauptseiten« jetzt generell die Formation des »gegenständigen Schneußes« erscheint, was der historischen Überlieferung widerspricht. In den übrigen Turmgeschossen wich man hinsichtlich der »Verteilung« von rotierenden und gegenständigen Schneußen ohne ersichtliche Notwendigkeit vom Vorkriegsbestand ab, was ein Vergleich der Turmfassaden-Abbildungen von »einst« und »jetzt« belegt. Hiermit verglichen stellt das Aufgeben einer großen Zahl von Blendfenstern besonders an der Ostseite des Turmes zugunsten von nunmehr vollständig verglasten Fensterpartien eine kaum mehr ins Auge fallende Veränderung dar. Die schließlich in Londorfer Basalt ausgeführte, im Wortsinne als solche zu bezeichnende »Bekrönung« des Treppenturmes an der Südseite des Ratsturmes folgte im Hauptmotiv »Krone« zwar nach erstem Augenschein den überlieferten Ansichten aus der Zeit vor der barocken Umgestaltung, als dessen spätester Beleg wohl der Kupferstich von J. Toussyn/Altzenbach von 1655 angesprochen werden kann. In Wirklichkeit wurde aber zugleich Raschdorffs Zinnenkranz wiederholt, die »Krone« wurde ihm gleichsam übergestülpt. Also auch hier keine exakte Übernahme des vorbarocken Zustandes.

Der 1975 erstmals nach fast 20jähriger Gerüstverhüllung seine architektonisch-städtebauliche Wirkung entfaltende Ratsturm erweist sich in seiner damaligen Gestalt aus heutiger Sicht als ein historisierender Neuaufbau, der die Gestalt seines kriegszerstörten Vorgängers in ihren Hauptmerkmalen und in den Grundmaßen wiederholt, in zahlreichen Details jedoch von ihr abweicht. Hierzu gehören: Helmpyramide, Laterne, Fialenkranz, Maßwerkbrüstung und Maßwerke der Fenster-Couronnements. Der bei Hanna Adenauer immer als »vorläufig« bezeichnete Verzicht auf die Wiederanbringung der Figuren (die Konsolen wurden restauriert bzw. in großer Zahl neugeschaffen, was die Intention ihrer zukünftigen »Wiederbesetzung« unterstreicht), sowie der damals offenbar nicht diskutierte – endgültige (?) – Verzicht auf die Wiederanbringung von Baldachinen, die nach heutiger Beschlußlage auch (vorerst?) nicht mehr zu erwarten sind, auch diese Veränderungen trugen dazu bei, daß bezüglich des 1975 vollendeten Turmbaus von einem neuen, gegenüber dem Vorkriegszustand »verfremdeten« Bauwerk gesprochen werden konnte und auch heute noch gesprochen werden kann. Die 1994/95 erfolgte Neubesetzung der Konsolen mit dem 124teiligen neuen Figurenzyklus dürfte an diesem Befund nichts wesentliches ändern; allerdings erfuhr die »Gestaltungsgeschichte« dieses prominenten Bauwerks eine Erweiterung um ein neues Kapitel …

Bei der wieder- bzw. neuerrichteten Gestalt des Ratsturms von 1975 gilt es, ebenso wie bei den übrigen Teilen des Historischen Rathauses, beim Spanischen Bau oder auch wie bei den großen Sakralbauten Kölns, etwa den sog. »Romanischen Kirchen«, das Bewußtsein dafür zu schärfen, daß durch den Krieg Verlorenes letztlich nicht zurückgewonnen werden kann; daß lediglich »Erinnerungsbilder« geschaffen werden können, die möglicherweise als Ersatz, als Stellvertretung für das Verlorene rezipiert und akzeptiert werden, die ihren Platz im realen städtebaulichen Umfeld einnehmen und denen vielleicht selbst einmal wieder so etwas wie Denkmalqualität zuwachsen kann.

Der bis 1975 fertiggestellte Ratsturm zu Köln kann somit schon jetzt als Denkmal der Nachkriegsepoche angesprochen werden, welches ähnlich wie große Teile der Kölner »Romanischen Kirchen« Elemente des jeweiligen mittelalterlichen Vorgängers auch materiell bewahrt hat und seine architektonische Grundidee zu transportieren vermochte. Mit seinem nun installierten neuen 124teiligen Figurenzyklus wird er zum Demonstrationsbeispiel einer weiteren Epoche denkmalpflegerischen Umgangs mit historischen Bauwerken in Köln avancieren, mit Sicherheit Objekt einer erneuten kritischen Betrachtung und Würdigung durch die jetzt lebende und durch nachfolgende Generationen.

Diese, vielleicht einigen Leserinnen und Lesern als zu kritisch erscheinenden Bemerkungen bedeuten nicht, daß der Autor dieser Zeilen die Leistung der Nachkriegsgeneration oder auch die seiner Vorgängerinnen und Vorgänger herabwürdigen möchte. Er hält ihre jeweiligen Entscheidungen prinzipiell für richtig, versucht sie historisch ein- und zuzuordnen und nimmt die Ergebnisse heute als historische Fakten hin. Denn eines ist wohl unbestritten: Ohne den hier beschriebenen Aufbau, der mit hohem ideellen und materiellen Einsatz vonstatten ging, wäre dieses für Köln, für den nordwestdeutschen und den niederländischen Kulturkreis so wichtige profane Bauwerk der Spätgotik wohl aus dem Bewußtsein der nachfolgenden Generationen weitgehend entschwunden. Das Schicksal des bedeutenden Rathauses zu Wesel, welches nach dem Zweiten Weltkrieg nicht wiederaufgebaut wurde, ist hierfür ein sprechendes – oder vielmehr: schweigendes – Beispiel.

Seitdem der schrittweise Abbau der Gerüste die restaurierten Fassaden des Turmes freistellte, seitdem die dort jeweils plazierten Figuren zusammen mit den nunmehr ihre Tragefunktion – zum mindesten optisch – wieder erfüllenden, köstlich und phantasiereich gestalteten Konsolen ihre plastische Wirkung entfalten konnten, seitdem deutlich wurde, daß die Unterschiede der künstlerischen Handschriften einerseits erhalten blieben, andererseits aber durch die Integration der Skulpturen in das architektonische Grundgerüst des Bauwerks im Sinne einer »höheren« Gesamtwirkung des Ensembles sich gleichzeitig relativierten, seitdem wuchs bei dem Verfasser dieser Zeilen das ästhetische Vergnügen an diesem alten Bauwerk mit seinem neuen »Schmuck«, wuchs auch das Gefühl der Freude wie der Genugtuung darüber, daß es ihm vergönnt war, das zuvor Erdachte und Begonnene aufnehmen und bei seiner Gestaltwerdung mitwirken zu können.

Anmerkungen

1 Hanna Adenauer, Das Schicksal des Kölner Rathauses vor, während und nach dem Zweiten Weltkrieg, in: Peter Fuchs (Hg.), Das Rathaus zu Köln. Köln 1973, S. 133–162; Köln ²1994, S. 125–147.

2 Das Verhältnis beider Persönlichkeiten war keineswegs konfliktfrei – nicht nur bei dieser denkmalpflegerischen Aufgabe (frdl. Mitteilung Fried Mühlbergs vom 10. März 1995).

3 Fried Mühlberg, Bau- und Kunstgeschichte des alten Rathauses zu Köln, in: P. Fuchs, 1973, S. 77–106, hier S. 81; 1994, S. 71–100, hier S. 75.

[4] H. Adenauer, 1973, S. 144; 1994, S. 135.
[5] H. Adenauer, 1973, S. 144; 1994, S. 135.
[6] H. Adenauer, 1973, S. 144; 1994, S. 135.
[7] H. Adenauer, 1973, S. 145; 1994, S. 136.
[8] H. Adenauer, 1973, S. 145; 1994, S. 136.
[9] H. Adenauer, 1973, S. 145; 1994, S. 136.
[10] H. Adenauer, 1973, S. 145; 1994, S. 136.
[11] H. Adenauer, 1973, S. 145; 1994, S. 136.
[12] H. Adenauer, 1973, S. 144/145; 1994, S. 135.
[13] Vgl. hierzu Peter Fuchs, Das Glockenspiel auf dem Ratsturm, in: P. Fuchs, a. a. O., 1994, S. 244/245
[14] H. Adenauer, 1973, S. 146; 1994, S. 137.
[15] H. Adenauer, 1973, S. 146; 1994, S. 137.
[16] H. Adenauer, 1973, S. 146; 1994, S. 137.
[17] H. Adenauer, 1973, S. 146; 1994, S. 137.
[18] H. Adenauer, 1973, S. 146; 1994, S. 137.
[19] H. Adenauer, 1973, S. 145; 1994, S. 136.
[20] H. Adenauer, 1973, S. 145; 1994, S. 136.
[21] H. Adenauer, 1973, S. 147; 1994, S. 137.
[22] H. Adenauer, 1973, S. 147; 1994, S. 138.
[23] H. Adenauer, 1973, S. 147; 1994, S. 138.
[24] H. Adenauer, 1973, S. 147; 1994, S. 138.
[25] H. Adenauer, 1973, S. 147; 1994, S. 138; Konstruktionszeichnungen aus dem Büro W. Hartmann/H. Becker im Planarchiv des Stadtkonservators. Herr Dipl.-Ing. Heinz Becker übergab im Februar 1995 ein Konvolut Planzeichnungen sowie ein kleines Fotoalbum von der Montage des Turmhelm-Dachstuhls dem Konservator; ihm sei an dieser Stelle noch einmal herzlich gedankt.
[26] H. Adenauer, 1973, S. 148; 1994, S. 138/139.
[27] Literatur zu Sint Jan in s'Hertogenbosch:
Jan van Oudhensden/Ernst von Mackelenbergh, De Sint Jan van s'Hertogenbosch, s'Hertogenbosch/Zwolle 1988 (3. Auflage)
Kees Peeters, Die Kathedrale von Herzogenbusch. Wiederherstellung einer neugotischen Restaurierung. In: Michael Brix und Monika Steinhauser (Hg.), Geschichte allein ist zeitgemäß. Historismus in Deutschland. Gießen 1978, S. 179–195.

Anhang

Figurenprogramm/Turmrestaurierung (1981–1995)

Beteiligte Personen, Firmen, Dienststellen

Stadt Köln Konservator

Stadtkonservatorin Prof. Dr. Hiltrud Kier (bis 30. 11. 1990)
Stadtkonservator Dr. Ulrich Krings (ab 1. 12. 1990)
Freier Mitarbeiter des Konservators Dr. Bernd Ernsting
Freie Mitarbeiterin des Konservators Vera Bachmann
Mitarbeiter des Konservators (Angestellte bzw. Beamte der Stadt Köln):
Jörg Borning, Josef Breuer, Bernd Dreher, Dr. Walter Geis, Dr. Marion Grams-Thieme, Dorothea Heiermann, Martin Hennes, Celia Körber-Leupold, Joachim Rudersdorf

Stadt Köln Amt für Bodendenkmalpflege/ Römisch Germanisches Museum

Dr. Thomas Wüstefeld

Landschaftsverband Rheinland/Rheinisches Amt für Denkmalpflege

Gebietsreferent Dr. Thomas Goege

Stadt Köln Hochbauamt/Abteilung Bauunterhaltung

Amtsleiter Ulrich Schweizer
Abteilungsleiter Jürgen Opladen
Projektleiter Christmut Pütz
Bauleiter Hans Schäfer

Beteiligte Firmen

Steinmetzgeschäft	Karl-Günther Eich GmbH von-Hünefeld-Str. 1 50829 Köln *Mitarbeiter:* Sicherheitspolier Werner Nett Steinmetzmeister Jürgen Aurich Steinmetzmeister Josef Minwegen Gesellen: Roman Müller, Heinz Schäfer, Markus Schürmeyer, Rainer Geisen
Steinmetzgeschäft	E. Dunkel und Söhne GmbH Venloer Str. 1061–63 50829 Köln *Mitarbeiter:* 1. Ausführung der Doppelkonsole am Eingangsportal: Oliver Doppke 2. Ausführung von weiteren Konsolen: Georg Krautkrämer, Burkhard Hoppe, Axel Haagen
Restaurator	Thomas Lehmkuhl Mariendorfer Str. 49 48155 Münster *Mitarbeiter:* Stefanie Weinsberg, Karin Krimmel, Annette Otto, Sonja Molinski, Barbara Haug
Bildhauer	Matthias Moritz Große Witschgasse 46 50676 Köln
Steinkonservierung	Ibach Steinkonservierung GmbH & KG Tannenstr. 8 96120 Bischberg bei Bamberg
Gerüstbau	GBG – Gesellschaft für Bausanierung und Gerüstbau mbH Grühlingstr. 105 66280 Sulzbach/Saar
Dachdecker	K.-Heinz Basseng GmbH Günther-Plüschow-Str. 3 50829 Köln
Tischler	Siegfried Schönbrunn Hugo-Junkers-Str. 64–66 50739 Köln
Anstrich	Oswald Riede Heinrich-Zille-Str. 13 50765 Köln

Abb. 53: Renaissance-Laube und Ratsturm von Südwesten. Aquarell von F. Stroobant, 1854

Abb. 54: Der Rathausplatz vor 1891. Der Turm nach der Restaurierung durch J. Raschdorff, ohne Figuren

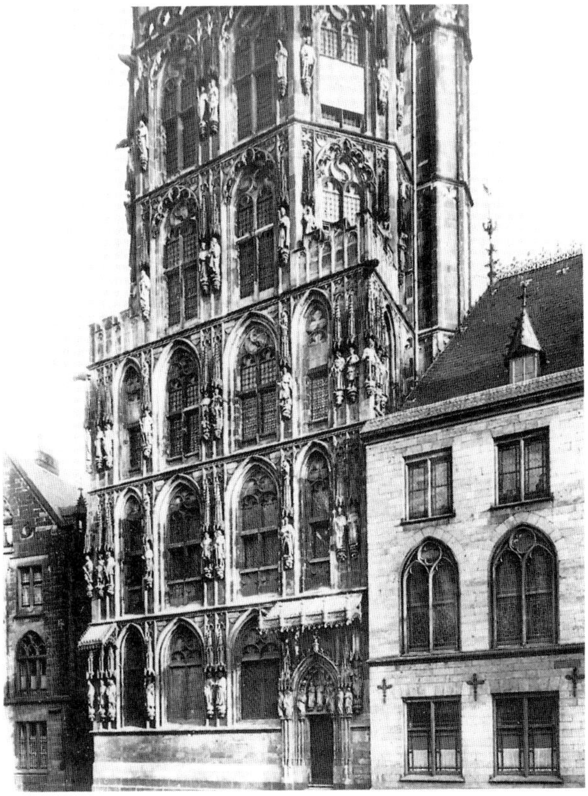

Abb. 55: Die unteren Turmgeschosse mit dem Figurenschmuck des Historismus, nach 1912

Abb. 56: Der Rathausplatz, um 1935

Abb. 57: Der Rathausplatz, 1943

Abb. 58: Der Ratsturm nach dem Einsturz seiner Nordhälfte, 1946 (Krall)

Abb. 59: Der Turm mit dem aussteifenden Betonskelett, 1951 (H. Willach)

Abb. 60: Abbau des Turmhelm-Gerüstes, August 1954

Abb. 61: Der 1975 fertiggestellte Turm mit den vorläufig wieder installierten »Altfiguren« im Bereich der drei unteren Geschosse, etwa 1980 (RBA)

Abb. 62: Die Westfassade nach Abnahme der »Altfiguren« und nach Installation von zwei neuen Figuren im 4. Obergeschoß im Jahre 1988/89

Abb. 63: Auswahl »neuer« Turmfiguren kombiniert mit Porträts der Mitarbeiter und Mitarbeiterinnen des Stadtkonservators. Fotomontage 1990 von C. Körber-Leupold

Abb. 64: Das vollständige Figurenprogramm, Juni 1995 (C. Körber-Leupold)

Abb. 65: Altermarkttrakt, Häuserzeile und Turm vor der Restaurierung und vor dem Umbau durch J. Raschdorff, vor 1861

Abb. 66: Altermarkttrakt und Turm nach der historistischen Erneuerung und Erweiterung durch J. Raschdorff, der Turm noch ohne Figuren, um 1890

Abb. 67: Der Altermarkttrakt von K. Band/E. Weiler; der Turm mit dem neuen Figurenschmuck, Juni 1995 (C. Körber-Leupold)

Abb. 68: Der Altermarkttrakt von K. Band/E. Weiler; der Turm mit dem neuen Figurenschmuck, Juni 1995 (C. Körber-Leupold)

Abb. 69: Altermarkttrakt und Turm nach der historistischen Erneuerung und Erweiterung durch J. Raschdorff, der Turm noch ohne Figuren, um 1890

Abb. 70: Erste Zerstörungen, 1943/44

Abb. 71: Der zerstörte Hansasaal und der teilweise eingestürzte Turm, 1946

Abb. 72: Sicherung der Turmruine durch das Betonskelett, im Vordergrund das Jan-von-Werth-Denkmal auf dem Altermarkt, 1951/52

Abb. 73: Richtfest am 24. Mai 1954 (A. Mann)

Abb. 74: Der 1975 fertiggestellte Turm ohne Figurenschmuck, um 1980 (RBA)

Abb. 75: Die Restaurierungsarbeiten von 1994/95 hinter der künstlerisch gestalteten Plane, September 1994 (D. Heiermann)

Abb. 76: Der Turm mit dem neuen Figurenschmuck, Juni 1995 (C. Körber-Leupold)

Abb. 77: Turmperspektive aus der Bürgerstraße, vor 1939 (A. Sander)

Abb. 78: Die eingestürzte Nordhälfte, 1946

Abb. 79: Das aussteifende Betonskelett, September 1951 (Piel)

Abb. 80: Die Nordwestecke des Turmes, 21. Dezember 1955

Abb. 81: Der neue Turmhelm. Im Vordergrund die Baustelle des neuen Spanischen Baus, 20. August 1954

Abb. 82: Blick aus der Bürgerstraße; im 4. Obergeschoß die beiden »Probefiguren« von 1988, 1989 (C. Körber-Leupold)

Abb. 83: Blick aus der Bürgerstraße, Juni 1995 (C. Körber-Leupold)

Abb. 84: Die Obergeschosse mit dem neuen Figurenschmuck, Juni 1995 (C. Körber-Leupold)

Abb. 85: Vom Altermarkt bis zum Dom . . ., 1946

Abb. 86: Montagearbeiten am neuen Turmhelm, 12. Mai 1954

Abb. 87: Der neue Turmhelm: Marsplatz, 19. September 1956

Abb. 88: Ratsturm und Domtürme, März 1995 (C. Körber-Leupold)

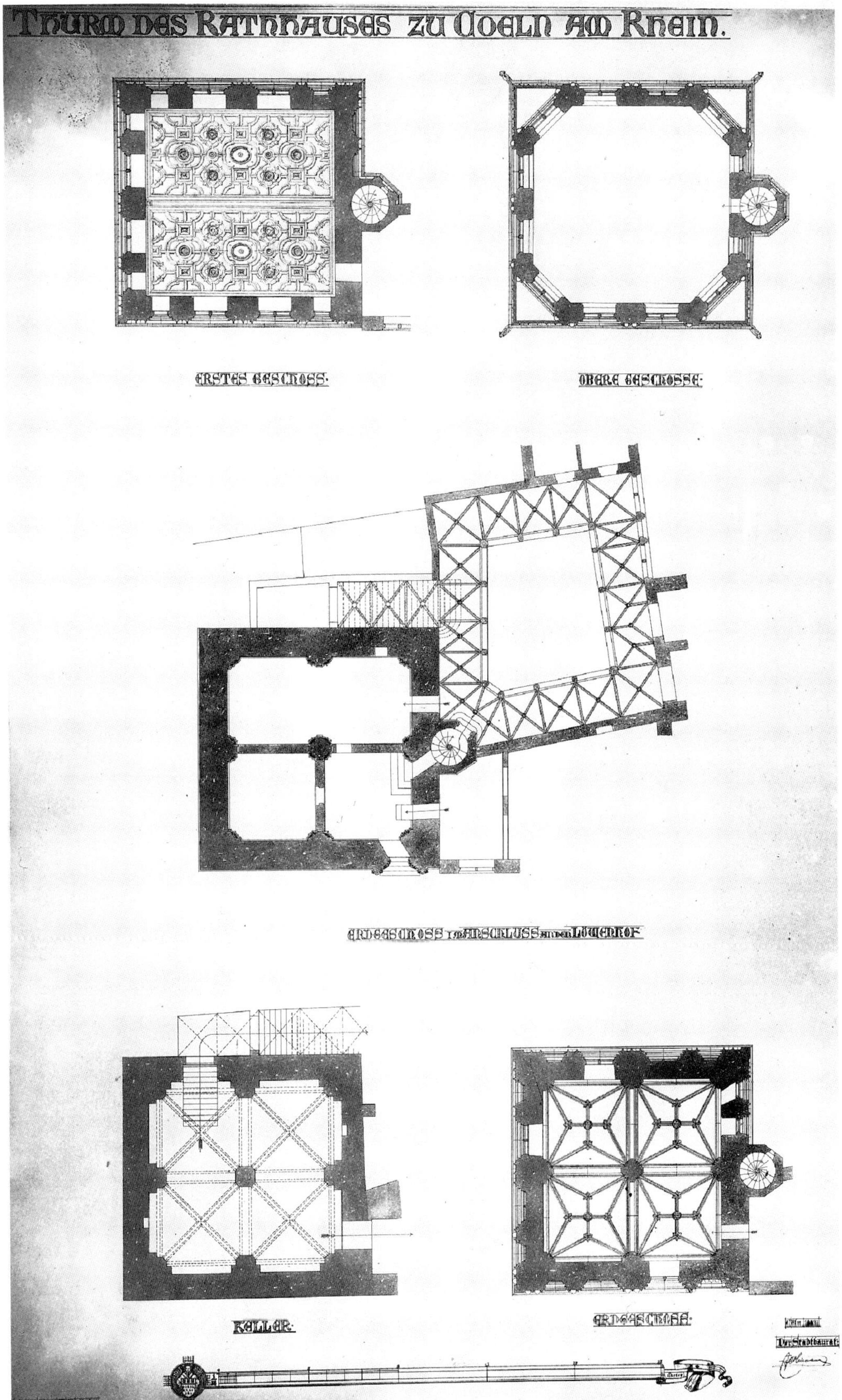

Abb. 89: Turmquerschnitte. F. C. Heimann, 1903

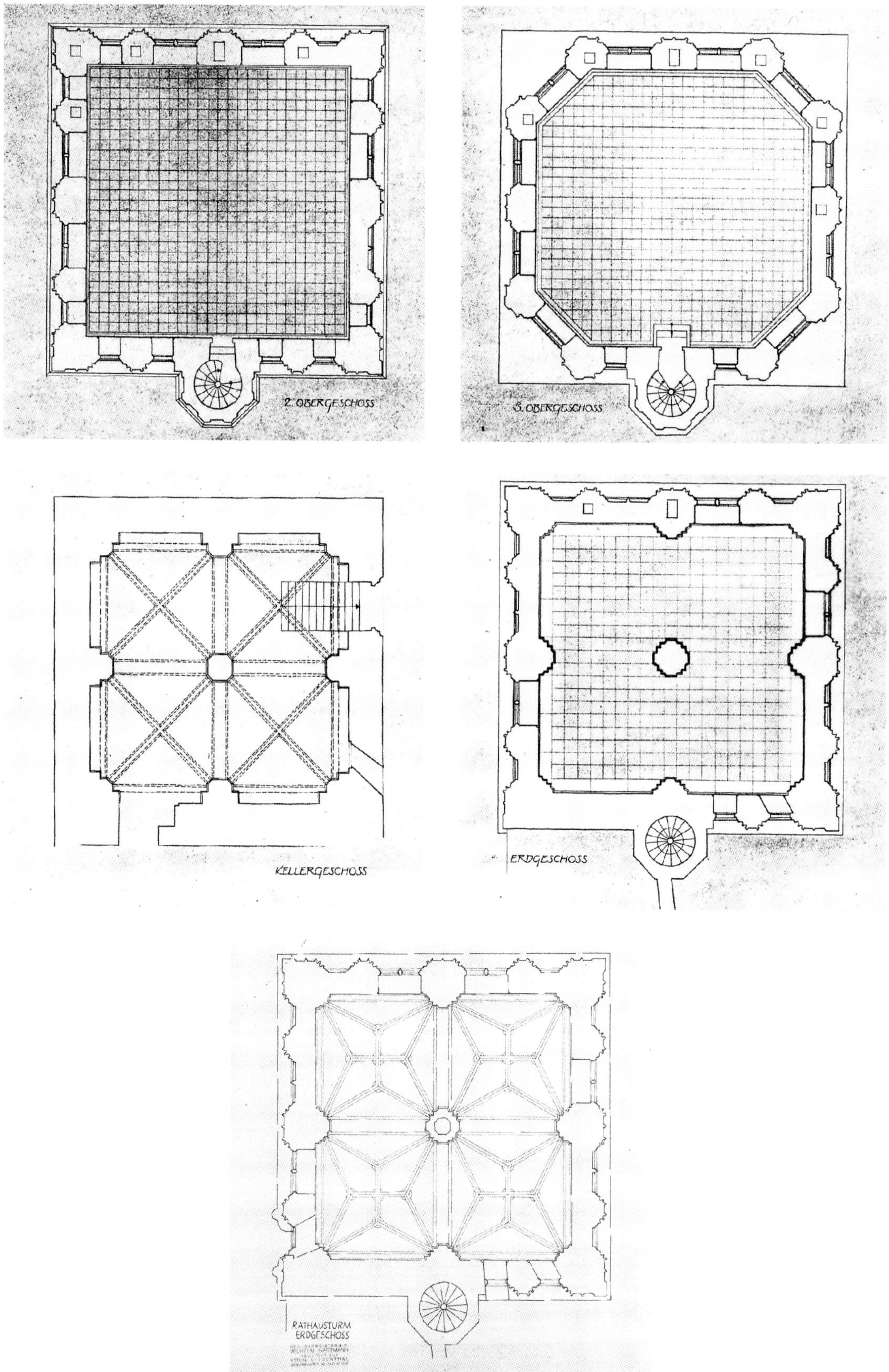

Abb. 90: Turmquerschnitte. W. Hartmann und H. Becker, 1951.

Abb. 91: Vertikalschnitt durch den Turm, Blick nach Norden. F. C. Heimann, 1903

Abb. 92: Das Kellergeschoß, November 1994 (C. Körber-Leupold)

Abb. 93: Die Rentkammer im Erdgeschoß mit ersten Bombenschäden, 1943

Abb. 94: Die Rentkammer im Erdgeschoß während des Wiederaufbaus, 4. August 1955

Abb. 95: Die Rentkammer im Erdgeschoß, November 1994 (C. Körber-Leupold)

Abb. 96: Die Rentkammer im Erdgeschoß, November 1994 (C. Körber-Leupold)

Abb. 97: Das 3. und 4. Obergeschoß im Mai 1944

Abb. 98: Das 4. Obergeschoß im Februar 1995 (C. Körber-Leupold). Hier wird das Lapidarium zur Aufnahme der Turmskulpturen eingerichtet

Abb. 99: Ecklösung im 2. Obergeschoß, November 1994 (C. Körber-Leupold)

Abb. 100: Trompen über einer Ecke im 2. Obergeschoß, November 1994 (C. Körber-Leupold)

Abb. 101: Wiederaufbauarbeiten am Turm, späte 60er Jahre (RBA)

Abb. 102: Wiederaufbau des Turmes, erneuerte Uhr mit Platzjabbeck. Foto während des Gerüstabbaus im Februar 1975 (RBA)

Abb. 103: Wiederaufbauarbeiten am Turm, 2. Obergeschoß, späte 60er Jahre (RBA)

Abb. 104: 3. Obergeschoß, beschädigtes Maßwerk, 14. Juli 1968 (RBA)

Abb. 105: 3. Obergeschoß, restauriertes Maßwerk, 24. Juli 1968 (RBA)

DER KÖLNER RATSTURM

Abb. 106: Die Westseite des Turmes. F. C. Heimann, 1903

Abb. 107: Die Westseite des Turmes. K. D. Meier-Pauken, 1995

Abb. 108 a, b: Die Süd- und Ostseite des Turmes. Nicht realisierte Planungsvariante von W. Hartmann, Mai 1952

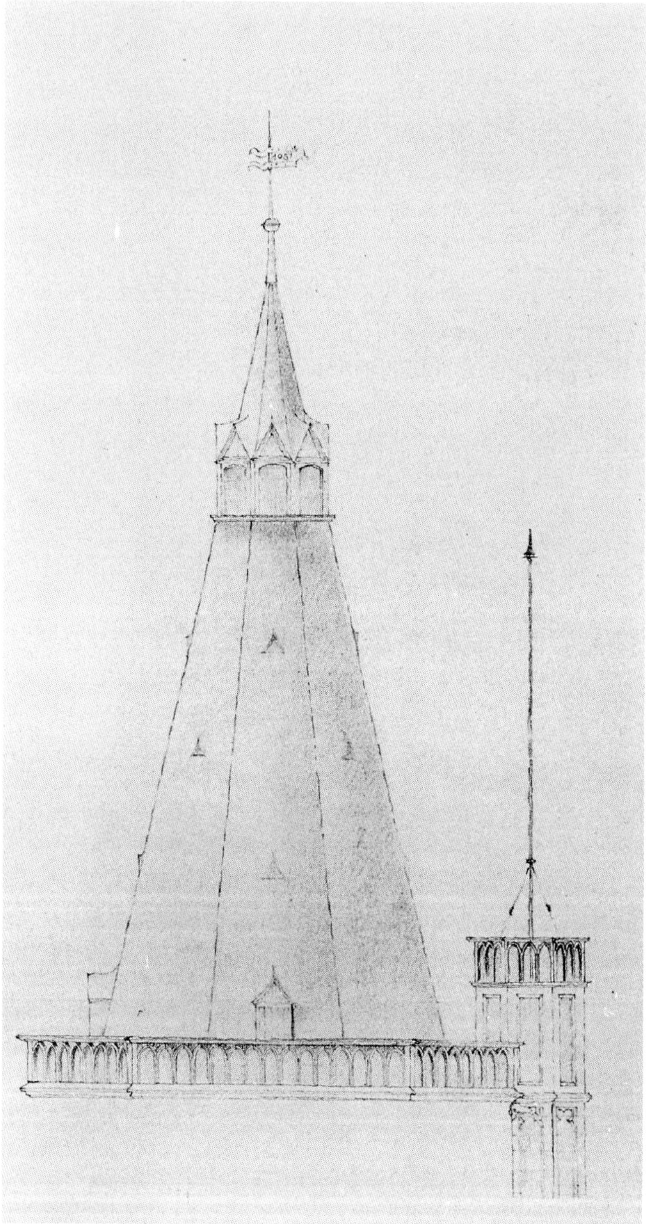

Abb. 109: Turmhelmstudie, W. Hartmann und H. Becker, Januar 1952

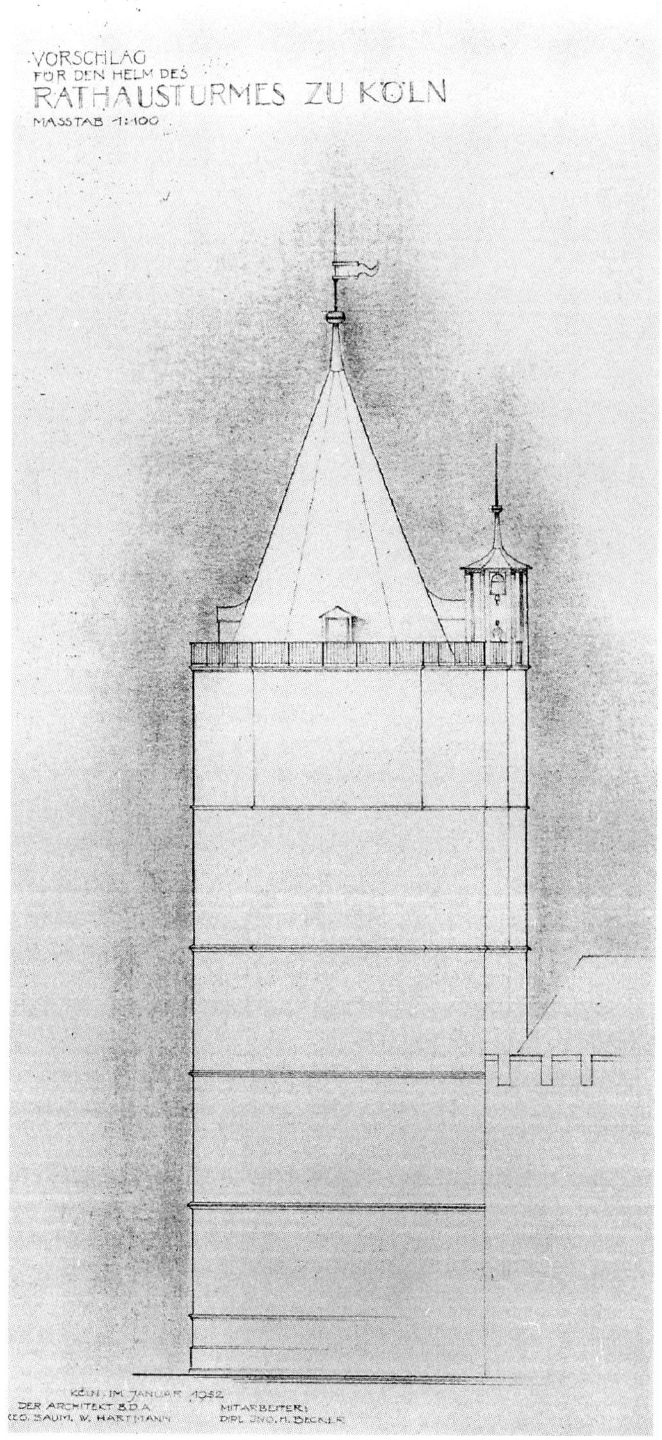

Abb. 110: Turmhelmstudie, W. Hartmann und H. Becker, Januar 1952 ▷

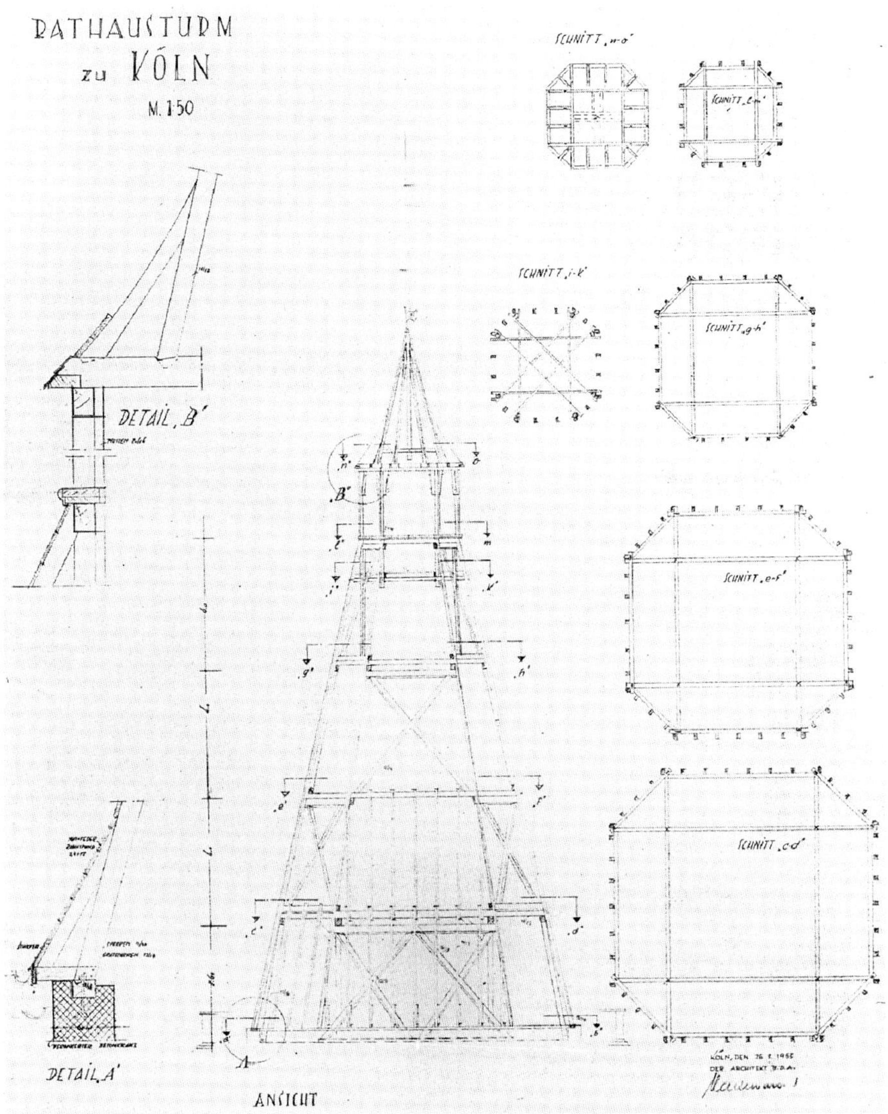

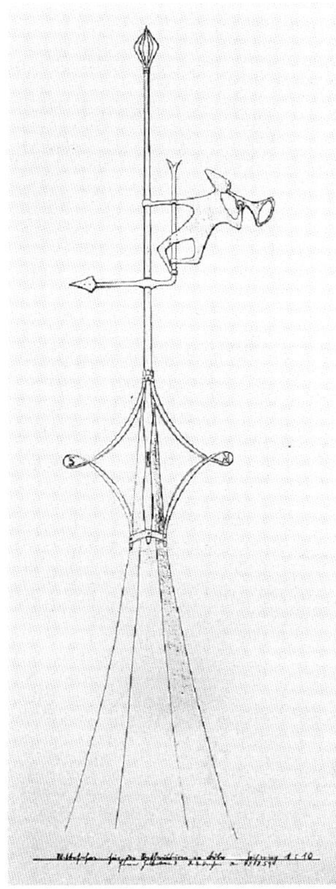

Abb. 112: *Entwurfszeichnung für die Wetterfahne, E. Hillebrand, 8. Juli 1954*

Abb. 111: *Der endgültige Turmhelm, W. Hartmann, 26. März 1953*

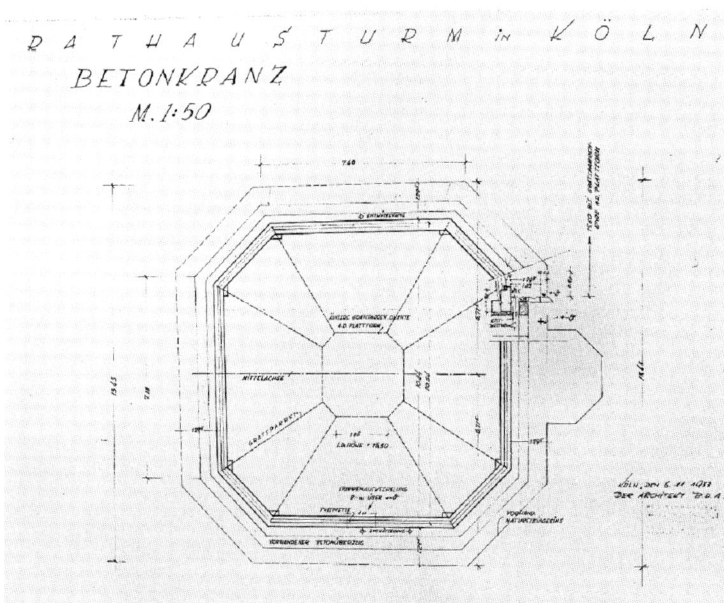

Abb. 113: *Der endgültige Turmhelm, W. Hartmann, 6. November 1953*

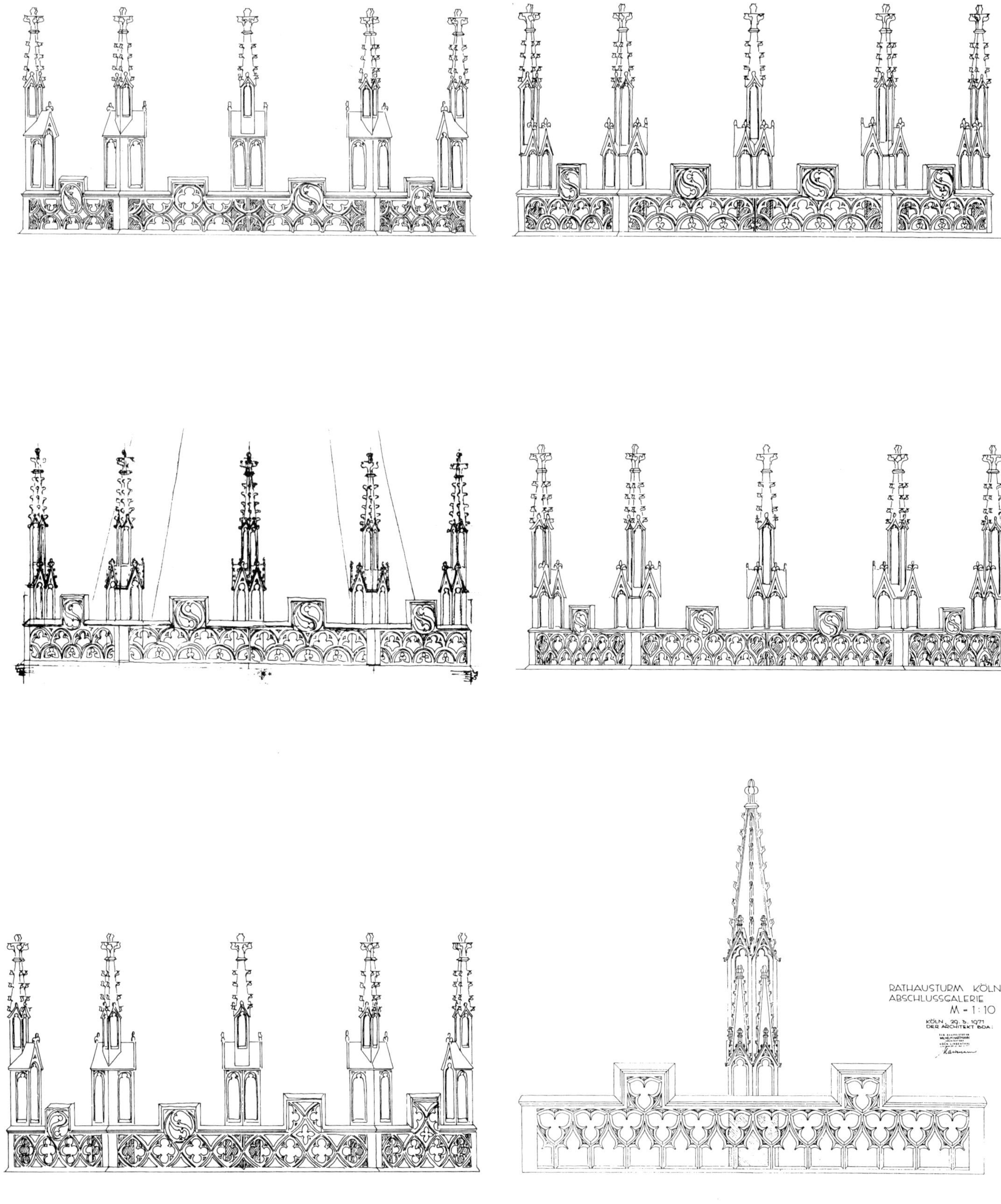

Abb. 114 a–f: Balustraden-Entwürfe von W. Hartmann, 1971

Abb. 115: Die 1972 ausgeführte Traufbalustrade mit dem Fialenkranz, Juli 1995 (C. Körber-Leupold)

Abb. 116: Das Vorbild für Köln: Die Traufbalustrade am Langhaus-Obergaden der Kathedrale »Sint Jan« in s'Hertogenbosch

Abb. 117: Das Vorbild für Köln: Die Kathedrale »Sint Jan« in s'Hertogenbosch.

Abb. 118: Die Obergeschosse des Ratsturms, Juli 1995 (C. Körber-Leupold)

Abb. 119a, b und 119c, d: Der Ratsturm mit Figurenschmuck 1995. Aufrißzeichnungen von K. D. Meier-Pauken

Abb. 119 a: Westseite (Rathausplatz)

Abb. 119 b: Ostseite (Altermarkt)

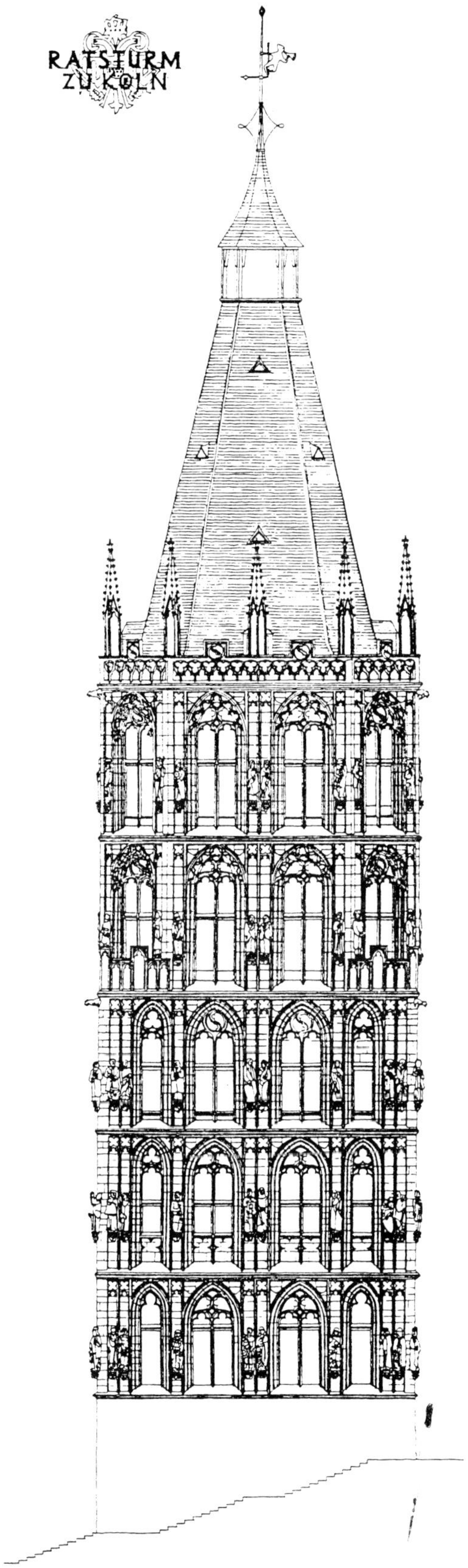

Abb. 119 c: Nordseite

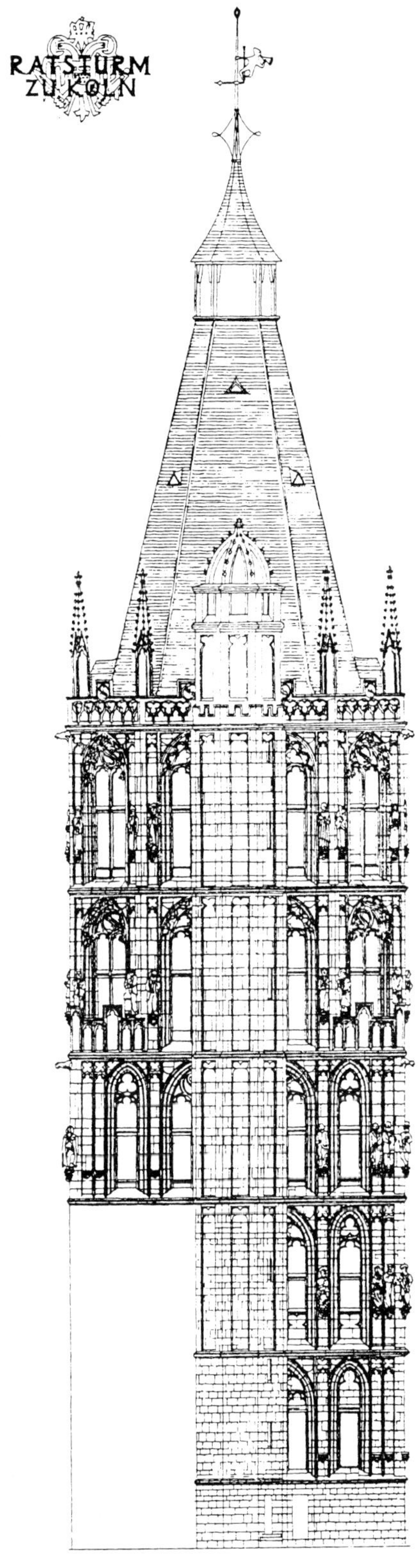

Abb. 119 d: Südseite

Abb. 120a–f: Restaurierungsarbeiten 1994

Abb. 120 a: Schadensbilder: Traufbalustrade

Abb. 120 b: Restaurierung: Traufbalustrade

Abb. 120 c: Restaurierung: Fialen

Abb. 120 d: Schadensbild

Abb. 120 e: Schadensbild: Brüstung am 3. Obergeschoß

Abb. 120 f: Schadensbild: 2. Obergeschoß Westseite

Abb. 120 g: Schadensbild: 2. Obergeschoß Westseite

Abb. 120 h: Schadensbild

Abb. 120 i: Schadensbild

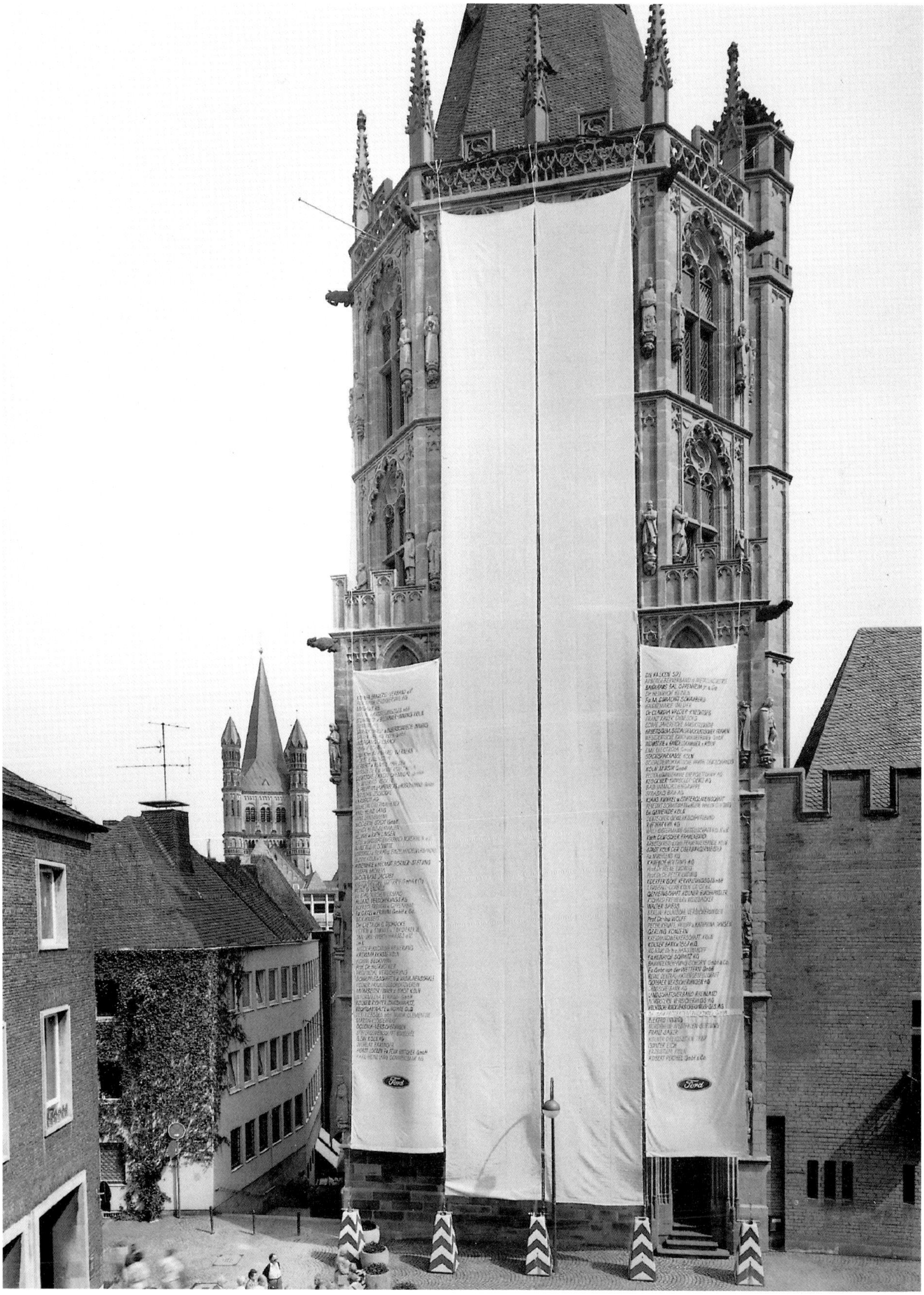

Abb. 121: Die »Verhüllung« der Westseite in der Woche vor dem 6. Mai 1995 mit einer »Hommage« an die Stifter der Figuren und die Sponsoren des »Kölner Ratsturm-Bürgerfestes«, Mai 1995 (C. Körber-Leupold)

Aspekte zum Kölner Ratsturm im Rahmen der europäischen Baugeschichte

Petra Leser

Eine Übersicht über die architekturgeschichtliche Forschung zum Kölner Ratsturm läßt erkennen, daß hinsichtlich seiner baugeschichtlichen Stellung Unklarheit herrscht. Die Abhängigkeit dieses mächtigen, mit reichen spätgotischen Bauformen errichteten Turmbaus wird immer wieder in Verbindung zu niederländischen Belfrieden (Beffroi) und den flämisch-burgundischen Rathausbauten gebracht und diese als Vorbilder für den Kölner Bau geltend gemacht. Eine nähere Bestimmung, ja eine lokale Eingrenzung und eventuell sogar nachweisbare Rezeption einzelner Architekturmotive bleibt aber ein Desiderat der architekturgeschichtlichen Forschung. Im Folgenden wird eine zeitliche und topographische Einordnung dieses Bautypus innerhalb der benachbarten Kunstlandschaften vorgenommen, die Bedeutung des Ratsturmes in seiner Stellung innerhalb der Stadt Köln betrachtet und seine architektonische Bau- und Detailform untersucht werden. Eine genaue architekturgeschichtliche Einordnung des spätgotischen Formenapparats bleibt hingegen der weiteren Forschung überlassen.

In einem Zeitraum von annähernd 100 Jahren hatten sich die Kölner Bürger sowohl von der Herrschaft des Stadtherren, dem Erzbischof, als auch von der Geschlechterherrschaft befreit. Ende des 14. Jahrhunderts (1396) gelang es den Zünften endgültig, die alteingesessenen Patriziergeschlechter aus ihrer Vormachtstellung zu verdrängen und die alte Gesellschaftsordnung zu stürzen. Sie stellten nun selbst den Rat der Stadt und beschlossen eine »demokratische« Verfassung, die vier Jahrhunderte lang Gültigkeit behielt, den Verbundbrief. Diesem errungenen Sieg der städtischen Selbstverwaltung durch die Zünfte und Gaffeln zum Zeichen, errichteten sie in den Jahren 1407 bis 1414 den Ratsturm. Der Ratsturm oder Rathausturm[1], wie er auch genannt wird, war das bauliche Symbol der neuen Macht der Zünfte[2].

In der Koelhoffschen Chronik wird berichtet, daß der Ratsturm von den Zünften als Denkmal ihres Sieges über die Geschlechter mit von diesen eingezogenen Geldern errichtet wurde[3]. Wolfgang Herborn wies in seinem Beitrag zur Finanzierung des Ratsturmes überzeugend nach, daß es sich bei dieser immer wieder zitierten Behauptung, die auf einer Fehlinterpretation der Quellen beruht, um einen Irrtum handelt. Beide Vorlagen, die Kölner Jahrbücher von 1407 und 1399, speziell die Rezension D der Jahrbücher bis 1407, auf die die Koelhoffsche Chronik zurückgeht, sprechen nicht davon, daß der Neubau des Ratsturmes mit Geldern der vertriebenen Patrizier finanziert wurde[4]. Mit welchen Mitteln der Ratsturm letztendlich finanziert wurde, läßt sich nicht eindeutig feststellen. Herborn ist allerdings der Ansicht, daß sich mit Gewißheit sagen läßt, daß das Geld für dieses Bauprojekt von den neuen Machthabern selbst aufgebracht worden war. Daraus resultiert schließlich, daß die finanziellen Verhältnisse der Stadt zu Beginn des 15. Jahrhunderts um 1405/06 äußerst gesund gewesen sein müssen[5].

Der Beschluß zur Erbauung eines Ratsturmes wurde 1406 vom Rat der Stadt gefaßt und ein Grundstück neben dem Rathaus erworben. Im Jahre 1407 wurde mit dem Bau des 61 Meter hohen Turmes begonnen, der 1414 fertiggestellt war. Die Anregung und Initiative zum Ratsturm soll auf Betreiben des Rentmeisters Roland von Odendorp erfolgt sein[6]. Der Name des Baumeisters wird nur vermutet. Fried Mühlberg bezieht sich auf Hans Vogts, wenn er schreibt, der Entwurf stamme von dem Steinmetz und Ratsherren Jakob von Aldenmart (gestorben 1424), auf den Vogts schon 1928 als möglichen Urheber des Planes hinwies[7]. Nach Vogts soll Jakob von Aldenmart im Jahre 1415 auch als Sachverständiger zum Rathausbau nach Frankfurt a. M. berufen worden sein[8]. Da der ehemalige Kölner Stadtkonservator Vogts allerdings keine Quellen für seine Zuweisung nennt, läßt sich diese nicht verifizieren. Aber auch wenn der Baumeister des Kölner Baus aufgrund fehlender Quellen nicht präzise ermittelt werden kann, muß doch davon ausgegangen werden, daß es sich um einen geschulten und kenntnisreichen Baufachmann handelte, der sowohl mit dem Formenapparat der Kölner Dombauhütte als auch mit den Bauschöpfungen der benachbarten Kunstlandschaften Burgund, Flandern-Brabant, der Niederlande und des Niederrheins vertraut war.

Zu den geschichtlich ältesten Verwaltungsbauten zählt das Rat- oder Stadthaus als Sitz der städtischen Verwaltung (vgl. Florenz, Palazzo Vecchio als Sitz der Signoria, 1299–1304, mit einem 1314 errichteten Turm; Florenz, Palazzo Bargello, 13./14. Jahrhundert, als Sitz des Bürgermeisters; das Rathaus von Siena mit dem höchsten und schlanksten Rathausturm Italiens, dem »Torre del Mangio« (1338–1348 erweitert) (Abb. 122, 123). In Deutschland entstand das Rathaus als Bauform in der Zeit des Investiturstreits (beendet mit dem Wormser Konkordat 1122) mit einem erwachenden politischen Selbst- und Machtbewußtsein der Bürger gegen den Bischof als Landesherren. Die Rathäuser freier Städte dienten neben dem reinen Verwaltungszweck auch der städtischen Repräsentation. Als Wahrzeichen der erstarkten städtischen Macht des Bürgertums entwickelten sie sich zu stattlichen Bauanlagen, die meist am Marktplatz errichtet wurden und ihn städtebaulich beherrschten. Zwischen 1370 und 1414 entstanden im nordwestlichen Deutschland die Rathäuser von Aachen (um 1370) (Abb. 124 a–c), Bremen (1405) (Abb. 125), Wesel (um 1400) (Abb. 126) und der Kölner Ratsturm neben den bereits um 1330 errichteten Teilen des bereits im 12. Jahrhundert erwähnten Rathauses. Im benachbarten Flandern sind das Brügger Rathaus (1376–1377) (Abb. 127) und das Brüsseler Rathaus (ab 1402) (Abb. 128) zu nennen. Der Gebrauch aber, dem Rathaus einen Turm als stolzes Symbol der Bürgerschaft zuzufügen, ist in Deutschland sehr selten. Im Westen ist einzig der Kölner Ratsturm zu nennen. Im Deutschordensland finden sich in den Städten Danzig (Abb. 129) und Thorn (Abb. 130), des weiteren in schlesischen Städten eine Verbindung von Stadtturm und Rathaus. So in Breslau (Abb. 131), Hirschberg (Abb. 132) und Görlitz. Im Süddeutschen läßt sich der Rathauskomplex in Regensburg (Abb. 133) nennen, zu dem ein Turm zählt. Hohe Stadttürme, die als Träger der Stadtuhren benutzt wurden, finden sich zum Teil in unabhängiger Lage vom Rathaus.

Am mittelalterlichen deutschen Rathaus wurden zwar häufig Dachreiter, Giebel- oder Trauftürme zur Aufnahme einer Sturmglocke angebracht, es wurden auch Schatzkammer oder Archiv in einem turmartigen Ausbau eingerichtet, aber die Verbindung von Rathausbau mit einem hoch aufragenden Turmkörper mit einzelnen funktionstüchtigen, nach feststehendem Bauplan angelegten Geschossen, der zugleich als Symbol der bürgerlichen Repräsentanz anzusehen ist, so wie es in Köln der Fall ist, findet sich im Mittelalter nicht auf deutschem Gebiet. Diese Bauform tritt hingegen vereinzelt in Italien, Frankreich und im benachbarten Flandern-Brabant auf.

Am Kölner Ratsturm verschmelzen verschiedene Elemente zu einer charakteristischen Ausbildung, die den Bau zu seiner Entstehungszeit auf bestimmte Weise exemplarisch erscheinen lassen; diese gilt es näher zu bestimmen.

Der ursprünglich mit Drachenfelstrachyt verblendete Kölner Ratsturm besteht aus fünf Geschossen und hat eine Höhe von 61 Metern. Die drei unteren Geschosse

Abb. 122: Florenz, Palazzo Vecchio

Abb. 123: Siena, Palazzo Publico

besitzen einen quadratischen Grundriß mit einer äußeren Seitenlänge von 13,20 Metern. Die beiden oberen Geschosse haben einen achteckigen Grundriß. Ein achtseitiger Helm mit Laterne bekrönt den Turm, wobei eine von Fialen unterbrochene Maßwerkbrüstung vom oberen Geschoß zum Helm überleitet. Dem Turm ist mittig an der Südseite ein sparsam gegliederter, polygonaler Treppenturm vorgelagert, der mit einer durchbrochenen, aus acht mit Krabben besetzten Rippen gebildeten Kuppelbekrönung abgeschlossen wurde.

Die einzelnen Turmgeschosse sind durch kräftige Gesimsprofile deutlich in der Horizontalen voneinander abgesetzt. In der Vertikalen ist der Turmbau in vier Achsen gegliedert, in welche fast geschoßhohe Kreuzstockfenster eingelassen sind. Jede Seite des dreigeschossigen, vierseitigen Unterbaus ist vierachsig und zeigt in jedem Geschoß in der Mitte zwei breite, zweibahnige Fenster mit Dreipaß- und Fischblasenmaßwerk im Couronnement, während die äußeren Fenster einbahnig angelegt sind. Die beiden polygonalen Obergeschosse weisen zweibahnige Fenster, ebenfalls mit Fischblasenmaßwerk, auf. Im Gegensatz zur Gewändelaibung in den drei unteren Geschossen ist die Laibung der Fenster hier einfacher gestaltet, aber durch reiche, gezackte Vorhangbögen ausgezeichnet. Die Fensteröffnungen werden seitlich von Figuren flankiert, die in der Achse und den Außenseiten des Baukörpers jeweils paarweise angeordnet sind. Diese Figuren stehen auf reich figurierten Konsolen und werden von Baldachinen mit krabbenbesetzten Fialaufsätzen abgeschlossen. Die Feldereinteilung der Fenster ist ähnlich der des Hansasaales durch Stabwerk in rechteckigen und spitzbogigen Maßwerkblenden angelegt. Hier zeigt sich, als eines der frühesten Beispiele am Niederrhein, das spätgotische Fischblasenmotiv, das um 1400 in der Kölner Dombauhütte ausgebildet und im frühen 15. Jahrhundert am Niederrhein und in Westfalen weit verbreitet war. In Köln hat der Ratsturm gegenständige wie auch rotierende Schneuße aufgenommen. Der ungefähr gleichzeitig entstandene Bau des Westturmes von St. Severin in Köln (1393–1411)[9] (Abb. 134), angeregt durch Türme der nördlichen Niederlande, zeigt ebenfalls das Fischblasenmotiv. Der 1414 begonnene Chor von St. Andreas in Köln übernahm im Couronnement der zweibahnigen Fenster die rotierende Fischblase in dreifacher Anordnung[10] (Abb. 135). Auch das den Dachansatz verdeckende Maßwerk am Chor der Lambertikirche in Münster (beg. 1375) (Abb. 136) weist Fischblasen in rotierenden Kreisen auf. Die westfälische Lambertikirche muß in Ausbildung dieses spätgotischen Formmotivs mitberücksichtigt werden. Die am Chor von St. Lamberti auftretenden Formmotive (Kielbogenaufsätze und kielbogenförmige Blendgiebelchen an den Strebepfeilern) werden in der älteren Forschung auf südniederländischen Einfluß zurückgeführt[11], in neueren Untersuchungen hingegen sowohl in Verbindung zum Westturm des Kölner Domes als auch zur Parlerarchitektur gesehen[12].

Die reich gestalteten Kölner Turmfassaden werden durch die alternierende Gestaltung von Kreuzstockfenstern mit Maßwerk und Figuren auf Konsolen mit Baldachinabschlüssen, die dem Mauerwerk vorgesetzt sind, bestimmt. Die gesamte Fassade wird durch diese Gliederungselemente bis zum Turmansatz in ihrer horizontalen Ausrichtung betont. Im 15. Jahrhundert gehört das Baldachinmotiv zur üblichen Ausstattung der flandrischen und niederländischen Rathausfassaden (Löwen, Gent, Brüssel, Middelburg). Norbert Nußbaum bewertet die Übernahme der von den Portalflanken an gotischen Kathedralen her bekannten Fialenpaare in die Fensterzone als eine am neuen Ort ihren Wert behaltende Hoheitsform[13].

Das Charakteristikum des Kölner Ratsturmes ist die paarweise Gruppierung der Figuren in einem Rhythmus von Einer- und Zweiergruppen, die entsprechend der Verjüngung des Baukörpers gewählt wurde. Die Art der Figurenanordnung erinnert entfernt an die Südwand des Hansasaales mit den »Neun Guten Helden« (Abb. 178 a–d) aus den dreißiger Jahren des 14. Jahrhunderts. Die bildhafte »Fassade« dieses hochgotischen Versammlungs- und Repräsentationsraumes, die die Legitimation und auch das Selbstbewußtsein des Kölner Rates ausdrückt, scheint für die Figurenanordnung am Ratsturm ebenso anregend gewesen zu sein wie die Gestaltung des Petersportals am Kölner Dom. Die paarweise Gruppierung der Figuren zwischen den Fenstern hingegen findet sich in einer dem Kölner Ratsturm verwandten Weise auch am neuen Rathaus in Aachen (um 1370) und am Rathaus von Brügge (1384 vollendet). Als zweiter Baumeister des Aachener Rathausneubaus gilt ein »Magister Johannes« als wahrscheinlich[14], der offensichtlich enge Beziehungen zu den Niederlanden unterhielt[15]. Dieser wird auch als Schöpfer des Entwurfs für die Chorhalle des Aachener Domes vermutet. Aufgrund verwandter Detailformen am Westbau des Kölner Domes und der Aachener Chorhalle wird angenommen, daß Johannes durch die Schulung der Kölner Dombauhütte gegangen ist[16].

Den Eingang zum Ratsturm bildet an der zum Rathausplatz hin orientierten Westseite ein reich geschmücktes Portal (Abb. 137), das in einem Feld des Erdgeschosses angelegt ist. Heimann nannte es eines der schönsten Werke profaner Bildhauerkunst des 14. Jahrhunderts in Köln[17]. Die Gestaltung weist deutlich auf die Übernahme sakraler Vorbilder, d. h. auf die Anlage gotischer Kirchenportale hin. Das Tympanonfeld wurde durch die Figur des Salvators, seitlich begleitet von Petrus und Paulus, hervorgehoben. Diese wiederum wurden von sechs Propheten an den Portalgewänden flankiert[18]. Die Gestaltung des Portals muß in Zusammenhang mit den Arbeiten am Pe-

Abb. 124 a: Aachen, Rathaus, um 1611

Abb. 124 b: Aachen, Rathaus, 1647

Abb. 124 c: Aachen, Rathaus, Vorkriegszustand

tersportal des Kölner Domes (um 1370/80) gesehen werden[19], das um 1375 seinen reichen Figurenschmuck erhielt.

Wie bekannt, war die Kölner Dombauhütte im Mittelalter ein Zentrum des Baugeschehens und renommierte Ausbildungsstätte für den Berufszweig des Bauhandwerks, wie das Beispiel des oben erwähnten »Magister Johannes« verdeutlichen mag. Durch den Einsatz der Baufachspezialisten bei anderen bedeutenden Bauvorhaben, wurde das entwickelte Formengut rasch überregional verbreitet und auch weiterentwickelt[20]. Das an der Dombauhütte entwickelte Formengut konnte durch die Wanderung der Bauspezialisten also auch in das westliche Nachbargebiet gelangen, dort rezipiert und schließlich, z. B. durch einen flandrischen Baumeister oder Steinmetz, am Ursprungsort wiederum angewendet werden.

Der Ratsturm, ein spätgotischer Repräsentationsbau der Stadt Köln, nahm den Raum für Ratssitzungen, die Rentkammer und den Ratskeller auf; wichtige Verwaltungsfunktionen waren hier zentral in einem Bauwerk zusammengefaßt. Nach dem Ratsbuch stand fest, welches Raumprogramm gefordert war: ein Ratskeller mit einem kleinen Haus zum Altermarkt als Wohnung des Kellerverwalters und als ein weiterer Zugang vom Altermarkt aus, ein Archiv für alle städtischen Urkunden, ein Ratssaal und eine städtische Rüstkammer. Im spätgotischen Helm hing die Ratsglocke St. Michael, die um 1430 von dem Glockengießer Christian Duisterwald gegossen wurde[21].

Im Kellerraum mit seinem vierteiligen Kreuzgewölbe, das auf einem mittleren Pfeiler ruht, wurden die städtischen Weine gelagert. Im Erdgeschoß, dessen Mittelsäule die Rippen von vier Sterngewölben trägt, waren das Archiv und die Freitagsrentkammer, die für die Finanzverwaltung zuständig war, untergebracht. Der Ratssaal mit einer Seitenlänge von 10,60 Metern lag im ersten, flach überdeckten Obergeschoß; darüber befand sich ein weiterer flachgedeckter Saal mit entsprechender Grundfläche. In den beiden achteckigen Stockwerken war die Waffenkammer der Stadt untergebracht[22].

Bei der geläufigen Annahme, daß brabantisch-flandrische Rathausbauten Vorbildfunktion für das Formengut und den Bautyp des Kölner Ratsturmes besaßen, muß ein wichtiger Aspekt bedacht werden: die Datierung des Kölner Ratsturmes. Durch die nachweisliche frühe Datierung des Kölner Turmes von 1407 bis 1414 können die meisten flandrisch-brabantischen Rathausbauten weder unmittelbar für den Bautyp des Turmes noch für das Formenvokabular als Vorbilder für den Kölner Bau herangezogen werden, da ihre Turmschöpfungen etwa im gleichen Zeitraum wie der Kölner entstanden. Das prominente Brüsseler Rathaus mit dem 110 Meter hohen Glockenturm (Abb. 128) wurde 1401 begonnen. Der Turm des Leidener Rathauses ist auf 1411/13 datiert; das Rathaus in Middelburg (Abb. 138) entstand in mehreren Bauabschnitten zwischen 1412 bis 1599. Die bekannten Bauten in Löwen (nach 1445) (Abb. 139) oder Ypern (Abb. 140) waren ohne Turmbauten angelegt. Das Löwener Rathaus, dessen Charakteristikum der Fassadenreichtum von Maßwerk und Figurennischen ist, wurde zwischen 1447 und 1463 geschaffen. Ebenso wie am früher datierten Kölner Ratsturm waren hier Figuren mit reichen Fialenbaldachinen geplant, die

Abb. 125: Bremen, Rathaus, nach Zeichnung von K. Gildemeister, 1602

die Fassade in vertikaler Ausrichtung betonen sollten. Der Löwener Bau erhielt seinen Figurenschmuck allerdings erst in späterer Zeit (19. Jahrhundert). Hier findet sich als Überleitung zwischen dem Baukörper und dem Dachaufsatz eine Maßwerkbrüstung mit aufstrebenden Fialen, die die Achsen der Figurennischen des Unterbaus fortsetzten, ebenso wie dies am Kölner Turm ausgebildet war. Das Genter Rathaus (Abb. 141) schließlich wurde erst in spätgotischer Zeit (1518-1535) erbaut.

Einzig der Bau des Brügger Rathauses (vollendet 1384) und des Aachener Rathauses (um 1379) sind also früher datiert als der Kölner Ratsturm, während das Weseler Rathaus etwa zeitgleich mit ihm um 1400 bis 1414 zu datieren ist. Die Fassadengestaltung in Brügge ist durch die hohen, zweibahnigen Maßwerkfenster und die zwischen diese gesetzten, paarweise angeordneten Figuren auf Konsolen mit Baldachinen und krabbenbesetzten Fialenaufsätzen bestimmt. Es bestehen deutliche Übereinstimmungen in der Gestaltung der Detailformen des Brügger Rathauses und des Kölner Ratsturmes. Der Brügger Bau aber ist im Un-

Abb. 127: Brügge, Rathaus, um 1900

Abb. 128: Brüssel, Rathaus, um 1900

◁ *Abb. 126: Wesel, Rathaus, Vorkriegszustand, nach Kriegszerstörung nicht wieder aufgebaut*

Abb. 129: Danzig, Rathaus, Vorkriegszustand

terschied zum Kölner der Typus des gotischen Stadthauses, dessen Zweigeschossigkeit an der Fassade ebenso ablesbar ist wie dies am Aachener Rathaus der Fall ist. Das Aachener Rathaus weist in der stilistischen Ausbildung der Figurenbaldachine zudem eine deutliche Übereinstimmung mit dem Brügger Bau auf. Inwiefern hier eine gemeinsame Entwicklung vorliegt, bleibt ein Desiderat der Forschung[23]. Die Fassaden der Rathäuser von Brügge und Aachen werden aber trotz der erkennbaren Zweigeschossigkeit durch eine dominante vertikale Ausrichtung bestimmt. Diese steht im Gegensatz zu den später entstandenen Rathäusern von Brüssel, Löwen, Gent und auch zum Kölner Ratsturm. Hier wird die Mehrgeschossigkeit durch kräftige Gesimse und Profile an den Fassaden erkennbar und stellt ein markantes Gestaltungselement in Wechselwirkung mit den vertikal ausgerichteten, spätgotischen Gliederungsmitteln dar.

Zur formalen Einordnung des Kölner Ratsturmes müssen in diesem Zusammenhang neben den flandrisch-brabantischen Rathausgebäuden auch die sich im 14. Jahrhundert hier ausbildenden bedeutenden Tuchhallen herangezogen werden. Dieser Bautypus diente einerseits bestimmten Handelszwecken, zum anderen waren die Hallen auch der Gemeindeverwaltung als Schöffenhaus nutzbar. Jene prächtigen Tuchhallenbauten standen oft neben den Kathedralbauten der Stadt, und ihre als »Belfried«[24] bezeichneten

Abb. 130: Thorn, Rathaus, erbaut 1393ff., Vorkriegszustand

Abb. 131: Breslau, Rathaus, Vorkriegszustand

Turmaufbauten demonstrierten schon von weitem den Reichtum und die daraus resultierende Bedeutung und Macht des Bürgertums gegenüber den kirchlichen Landesherren. Der Turm der Tuchhallen ist das Wahrzeichen einer freien Kommune, die Verkörperung ihrer vom Landesherren verliehenen Privilegien. Beide Türme, der Kirchturm und der der Halle, prägen in vielen flandrisch-brabantischen Städten das Stadtbild.

Obwohl der mächtige Turm einer Tuchhalle nicht untrennbar zu dieser gehört, verschmelzen die bedeutendsten von ihnen in Ypern, Brügge, Gent und Courtrai (Abb. 142–144) zu einer untrennbaren Einheit mit dem Hallenbau. Eine der eindrucksvollsten Tuchhallen steht – als Rekonstruktion des zwanziger Jahre des 20. Jahrhunderts – in Ypern. In der zweiten Hälfte des 13. Jahrhunderts entstanden, ist sie eine der prominentesten Anlagen ihrer Art im nördlichen Westeuropa. Ihr 70 m hoher Turm ist der Typ des kommunalen Stadtturmes. Seine drei Etagen enthalten je einen großen Raum für bestimmte Funktionen: die Schatzkammer, das kommunale Arsenal, die Stadtglocken und ein Glockenspiel. Von der dritten Etage führte ein enger Zugang unter das Turmdach, wo sich eine Art Wachstube befand[25]. Der 80 m hohe Turmbau der Brügger Tuchhalle, der dem Yperner zeitlich nahesteht, besitzt einen rechteckigen Grundriß, der in einen achteckigen Oberbau übergeleitet wird. Der untere Bauteil wurde um 1246 begonnen, die achteckige Bekrönung erst im frühen 15. Jahrhundert aufgesetzt. Der Belfried der Stadt Gent ist nicht mit der dortigen Tuchhalle in baulicher Verbindung. Zwischen 1185

Abb. 133: Regensburg, Altes Rathaus, Ausschnitt aus Merian-Stich, 1644

Abb. 132: Hirschberg (Schlesien), Rathaus, Vorkriegszustand

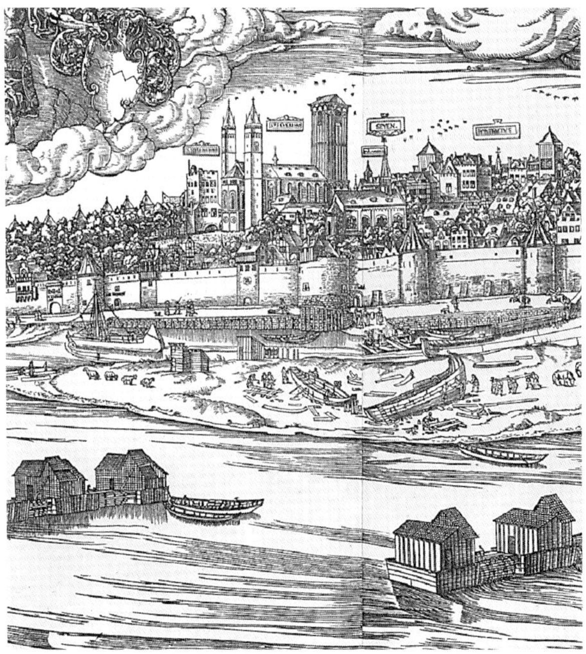

Abb. 134: St. Severin, Köln, Westturm, Ausschnitt Stadtansicht Woensam, 1531

bis 1339 wurde er bis zum Obergeschoß errichtet. Im 19. Jahrhundert setzte man ein weiteres Geschoß und den polygonalen Aufbau hinzu. Der Belfried enthielt drei Geschosse, von denen jedes einen Raum aufnahm. Im zweiten Stockwerk wurden die Stadtprivilegien und -urkunden aufbewahrt[26].

Aber noch ein weiterer Aspekt dürfte im Zusammenhang mit den genannten Tuchhallen und ihren dominierenden Turmbauten für den Kölner Rat bei der Auftragsvergabe für die Errichtung des Kölner Ratsturmes wichtig erschienen sein. Die Türme der großen Hallen Flandern-Brabants waren im Stadtbild durch ihre häufig unmittelbare Nähe zu den Türmen der Kathedralen das profane Gegenstück zu diesen. Beide Türme, der sakrale und der profane, bestimmten die Stadtansicht schon von weitem. Dies war sicherlich auch ein entscheidender Aspekt für die Kölner Auftraggeber. Der Kölner Ratsturm, der fast 10 Meter höher war als der Stumpf des Domturmes und in unmittelbarer Nähe zu Groß St. Martin hoch aufragte, nahm in der Stadtsilhouette einen wichtigen Platz ein. Im Stadtprospekt von Anton Woensam (1531) ist erkennbar, daß dieser profane spätgotische Bau eine markante Komponente im Stadtbild darstellte (Abb. 4). Zur Erbauungszeit des Ratsturmes besaß Groß St. Martin zudem noch nicht das achtseitige Pyramidendach des Vierungsturms. Beide Bauwerke besaßen also bis zur Mitte des 15. Jahrhunderts annähernd die selbe Höhe. Insofern dominierten zur Erbauungszeit des Kölner Ratsturmes der sakrale Vierungsturm von Groß St. Martin und der profane Turm des Kölner Rates nicht nur die unmittelbare Umgebung (Altermarkt und Fischmarkt), sondern prägten ebenso die Stadtsilhouette. Zusammen mit dem nur wenige Jahre vor dem Ratsturm errichteten 45 Meter hohen Westturm von St. Severin (1393–1411) als südlicher Akzent des Stadtpanoramas, stellte er in zweifacher Hinsicht einen sehr bedeutenden Bau dar. Zum einen handelte es sich dabei um einen dominanten Akzent in dem von Chorflankentürmen geprägten Kölner Stadtbild, zum anderen war bedeutsam, daß es sich nicht um einen sakralen Turm, sondern um ein weithin sichtbares bauliches Symbol der sich von Bevormundung befreienden Gaffeln und Zünfte handelte. Wie die Stadtprospekte von Wenzel Hollar, P. Bertius und Matthäus Merian (Abb. 10, 11) und vieler anderer zeigen, blieb diese städtebauliche Situation in den nachfolgenden Jahrhunderten weitgehend bestehen[27].

Den Kölner Ratsturm zeichnet also die Übernahme und Verschmelzung verschiedener Formmotive aus. Seine Bauform, für die es im deutschen Gebiet dieser Zeit keine Parallele gibt, muß einerseits im Zusammenhang mit den benachbarten Turmbauten der großen flandrischen-brabantischen Tuchhallen betrach-

Abb. 135: Köln, St. Andreas

Abb. 136: Münster, St. Lamberti

tet werden, andererseits ist seine Fassadengestaltung und vor allem die Figurengruppierung an den Rathäusern von Brügge und Aachen vorgebildet gewesen. Am Kölner Bau wurden schließlich die genannten Motive zu einer Bauform verschmolzen. Daß die Einflüsse und Vorbilder in den benachbarten westlichen Ländern liegen, ist aufgrund der vielfältigen wirtschaftlichen und künstlerischen Verflechtungen naheliegend. Unter dieser Prämisse ist der Kölner Ratsturm auch als bauliches Symbol für die engen Beziehungen der Stadt zu ihren Nachbarländern zu werten.

Um das Jahr 1373 wurde der Kölner Stadtbaumeister vom Kölner Rat nach Flandern gesandt, um diese Hallen zu besichtigen[28]. Man darf voraussetzen, daß neben der reinen Bau- und Konstruktionsform auch die Funktion und die implizierte Bedeutung der Tuchhallen für den Kölner Stadtbaumeister als auch für seine Kölner Auftraggeber ein wichtiger Aspekt zum Studium darstellte. Damit ist die bauliche Demonstration von Macht und Reichtum gemeint, die 23 Jahre später bestimmend für den Bau des Kölner Ratsturmes war. Der neu konstituierte Kölner Rat ließ sich mit dem Ratsturm, dem Turm des Rates, ein ebenso zu deutendes Bauwerk als sichtbares Zeichen seiner neuen Macht errichten.

Besonders die prunkvollen Rathäuser Flandern-Brabants, und im speziellen Fall wohl das Brügger Rathaus, haben aufgrund der Handelsbeziehungen zu Köln als Vorbild für den Kölner Bau angeregt[29]. Die gemeinsamen künstlerischen Beziehungen und Entwicklungen im Mittelalter, die das Gebiet zwischen Rhein, Maas und Schelde als eine Kunstlandschaft mit wechselvollen Bezügen charakterisiert, müssen in diesem Zusammenhang bedacht werden. Die Bande zwischen dem Rheinland und dem Maasgebiet fügen sich in eine sehr alte Tradition[30]. Der Kontakt zwischen der Stadt Köln und Flandern-Brabant im 14. Jahrhundert beruhte nicht nur auf kaufmännischen Verbindungen, sondern erstreckte sich auch auf die Gebiete des Kunst- und Bauwesens. Die wirtschaftliche Entwicklung und zahlreiche gemeinsame Bestrebungen, vor allem der Wunsch, den Handel und Verkehr auf den niederrheinischen Flüssen und Landstraßen zu sichern, führten zwischen dem Erzbistum Köln und Flandern-Brabant zu Schutz- und Tributbündnissen, in die auch Städte wie Köln und Aachen aufgenommen wurden. Solche Bündnisse wurden 1222 erstmals unter Teilnahme der stadtkölnischen Bürger geschlossen[31].

Neben den Handelsbeziehungen zwischen Köln, Brügge und Gent, später Löwen, Brüssel, Antwerpen und Mechelen, lassen sich vielfältige künstlerische Beziehungen nachweisen. Brügge exportierte beispielsweise seit dem 14. Jahrhundert einen Teil seiner künstlerischen Produktion auch in den Norden Deutschlands sowie ins Rheinland[32]. Aber nicht nur Exporte künstlerischer Erzeugnisse gelangten in das rheini-

Abb. 137: Köln, Ratsturmportal, Tympanon

Abb. 138: Middelburg, Rathaus, vor 1920

Abb. 139: Löwen, Rathaus, um 1900

Abb. 140: Ypern, Tuchhalle/Rathaus/Belfried, nach 1900

sche Gebiet, sondern ebenso wurden auch Aufträge direkt an Künstler aus den genannten Regionen vergeben. Wilhelm von Gennep (gest. 1362), Erzbischof von Köln, wandte sich z. B. an Gilles von Lüttich, um seine eigene Grabfigur und die seines Vorgängers, Walram von Jülich (gest. 1349), schaffen zu lassen (Köln, Dom, Kreuz- und Michaelskapelle kurz nach 1349) und dies, obwohl es in Köln selbst eine bemerkenswerte Aktivität im Bereich der Bildhauerkunst gab, besonders wenn man an die Kölner Dombauhütte denkt. Auch der Kölner Erzbischof Friedrich von Saarwerden (gest. 1414) berief einen auswärtigen Künstler, nämlich Elogius von Lüttich, um seine Grabfigur arbeiten zu lassen (Köln, Dom, Marienkapelle). Umgekehrt übertrugen auch rheinische, speziell Kölnische Einflüsse die böhmische Kunstströmung (Parlerkunst) u. a. ins maasländische Gebiet. Hans de Cologne beispielsweise wirkte 1424 in Tournai; der Kölner Peter Wolfgang wurde 1510 Freimeister in Antwerpen; er war als einer der besten Goldschmiede der Niederlande berühmt. Für Brügge ist 1433/34 Jehan de Couloigne als Goldschmied bezeugt[33].

Wie bereits erwähnt, wurde um das Jahr 1373 der Kölner Stadtbaumeister nach Brüssel und Löwen gesandt, um die dortigen Tuchhallen zu besichtigen[34]. In diesen Zeitraum fällt in Köln auch der Bau einer Halle, die für Kölner Tuch eingerichtet und »Kölnische Halle« oder »gewanthuis« genannt wurde[35]. Die 1566 begründete Kölner Börse auf dem Heumarkt soll nach dem Vorbild der Antwerpener Börse entstanden sein[36]. Für mancherlei städtische Arbeiten holte man in Köln Fachkräfte aus Flandern-Brabant. Es kann als gesichert angesehen werden, daß die Bau- und Kunstschöpfungen der Nachbarländer zahlreichen Kölner Kaufleuten, die teilweise auch Ratsherren waren, ebenso wie den Steinmetzen und Bauhandwerkern bekannt gewesen sind.

In diesem Zusammenhang sollte auch die Parallele erwähnt werden, die zwischen dem Kölner Verbundbrief, das heißt der Verfassungsurkunde von 1396, und der zeitlich früheren Lütticher Verfassung festgestellt wurde[37]. Auch dies spricht für die engen Verbindungen der Stadt Köln mit ihren westlichen Nachbarn, woher vielfältige Anregungen bezogen wurden. Letztlich kann festgestellt werden, daß die hier nur knapp skizzierten Beziehungen der Stadt Köln zu Flandern-Brabant und dem maasländischen Gebiet zu einem intensiven Austausch und zu Wechselwirkungen führten, die auch die gesamte Kunstproduktion betrafen. Unter dieser Prämisse muß auch die Entstehung und Formschöpfung des Kölner Ratsturmes betrachtet werden.

Die spezifische Ausprägung des Kölner Ratsturmes, der über einem dreigeschossigen, rechteckigen Unterbau zurückspringt und ins Achteck übergeleitet ist, muß aber keineswegs auf die genannten Vorbilder zu-

Abb. 141: Gent, spätgotisches Rathaus mit Anbau vom Beginn des 17. Jahrhunderts

rückgehen. Diese Bauform findet sich im sakralen Bereich an Einturmanlagen niederrheinischer Kirchtürme, die wiederum auf niederländischen Einfluß zurückgeführt werden[38], sie kann aber ebenso auf eine Rezeption städtischer Bauformen, wie sie z. B. beim Bayenturm (Abb. 145) vorgegeben war, zurückgehen. Der obere, achtseitige Aufbau dieses Bollwerks ist nach Clemen vermutlich um die Wende des 14.–15. Jahrhunderts anstelle eines älteren rechteckigen Aufsatzes entstanden[39]. Auch die Bauform des Kölner Bayenturmes könnte auf den Entwurf des Ratsturmes Einfluß ausgeübt haben. Hier war ebenso das Zinnenmotiv als Abschluß des unteren Baukörpers vorgebildet, wie es in ähnlicher Ausformung auch am Ratsturm oberhalb des dritten Geschosses den Übergang zum Achteck markiert. Die grobe Datierung beider Bauwerke um 1400 ließe auf eine gemeinsame Anregung oder Rezeption schließen.

Der Kölner Ratsturm stellt insgesamt eine reiche, spätgotische Bauschöpfung um die Wende vom 14. zum 15. Jahrhundert dar, in dem verschiedene stilistische und inhaltliche Motive an einem Baukörper verschmolzen werden, der letztendlich eine Sonderstellung innerhalb der Rathausbauten seiner Zeit einnimmt. Verschiedene Kunstmotive wurden aus dem benachbarten Kulturraum Flandern-Brabant aufgegriffen. Gleichzeitig finden sich Formen, die an der Dombauhütte entwickelt und von dem Meister des Ratsturmes rezipiert wurden. Eine detaillierte Unter-

Abb. 142: Brügge, Tuchhalle und Belfried, mit Turmaufsatz

suchung könnte allerdings erst Klarheit darüber erbringen, inwiefern dieses Formengut verändert wurde. Der Aspekt, daß der unmittelbar im gleichen Zeitraum entstandene Bayenturm eine ähnliche Ausbildung erfährt, eröffnet neuen Raum für Spekulationen, denen hier nicht nachgegangen werden soll. Auch wenn über den Baumeister Unklarheit herrscht, handelte es sich mit Gewißheit um einen Baumeister, der die Einflüsse der westlichen Kunstzentren gekannt und verarbeitet hat, mit dem Formenapparat der Spätgotik um 1400 vertraut war und einen für das Kölner Stadtpanorama bedeutsamen Turmbau schuf.

Abb. 143: Gent, Tuchhalle

Abb. 144: Courtrai, Tuchhalle, um 1900

Anmerkungen

1 Die Bezeichnung Rathausturm findet sich u. a. bei Fuchs 1973; Dehio 1966; Wolf 1978; Binding, Kahle 1983. Hans Vogts verwendet im Inventarband der Kunstdenkmäler der Stadt Köln (1930) den Terminus Ratsturm; Vogts spricht in seinem 1928 veröffentlichten Buch über das Kölner Rathaus von Ratsturm in Analogie zu Ratssaal und Ratskeller.

2 Vgl. Vogts 1928, S. 24. In Vogts Veröffentlichung findet sich neben einer genauen Beschreibung des gesamten Rathauskomplexes u. a. auch der den Rathausturm betreffende Vorgang des Grundstückskaufs.

3 Nach Wolfgang Herborn, Der Ratsturm wurde nicht aus eingezogenenem Vermögen der vertriebenen Patrizier finanziert, in: Peter Fuchs (Hg.), Das Rathaus zu Köln. Köln 1973, S. 63–66.

4 Vgl. Herborn 1973, S. 66.

5 Vgl. Herborn 1973, S. 66.

6 Vgl. Vogts 1928, S. 24; Mühlberg 1973, S. 80.

7 Nach Vogts 1928; Vogts nennt allerdings keine Quelle für seine Zuschreibung an Jacob von Aldenmart. Vgl. Mühlberg 1973, S. 80.

8 Vgl. Vogts 1928, S. 24.

9 G.Wolff datiert die Vollendung des Westturmes von St. Severin erst nach 1500. Wolff beruft sich auf die Koelhoffsche Chronik von 1499. Bis 1414 war nach Wolff lediglich das steinerne Untergeschoß errichtet gewesen. Vgl. Gerta Wolff, St.Severin, in: Köln. Die romanischen Kirchen. Von den Anfängen bis zum Zweiten Weltkrieg. Bd. 1, hg. v. Hiltrud Kier u. Ulrich Krings (Stadtspuren Bd. 1), Köln 1984, S. 497–500. In der Neubearbeitung von Albert Verbeeks »Kölner Kirchen« wird die Datierung des Westturmes zwischen 1393–1414 beibehalten; vgl. Verbeek-Binding/Stolz, Kölner Kirchen, 3., überarbeitete Aufl. Köln 1987, S. 60.

10 Vgl. Binding 1989, S. 33, 334.

11 Paatz 1967, S. 81; zitiert in Nußbaum 1985, S. 353 Anm. 467.

12 Hans Josef Böker, Prag oder Köln? Das architekturgeschichtliche Beziehungsfeld der südniederländischen Stadtpfarrkirchen zu Beginn der Spätgotik, in: Niederdeutsche Beiträge zur Kunstgeschichte 22, 1983, S. 9–27, hier 22; zitiert in: Nußbaum, 1985, S. 337, Anm. 258. Nußbaum wertet dieses Formmotiv hingegen als ein sicheres Indiz auf eine Verbindung zur Parlerarchitektur. Vgl. Nußbaum, 1985, S. 208.

13 Nußbaum 1985, S. 347, Anm. 386.

14 Vgl. Legner (Hg.) 1978, S. 121.

15 Nußbaum 1985, S. 168, Anm. 350.

16 Vgl. Legner (Hg.) 1978, S. 121.

17 Heimann 1914, S. 106.

18 Vgl. Mühlberg 1973, S. 81.

19 Arnold Wolff glaubt, daß das Formengut des Kölner Rathausturmes kaum noch von dem des Kölner Domes abhängig ist, mit Ausnahme des Rathausportals, das nach Wolff »ganz wie ein Kirchenportal gestaltet ist«. Vgl. Wolff 1978, in: Legner (Hg.), 1978, S. 153.

[20] Vgl. Binding 1993; in der Darstellung des Baubetriebs im Mittelalter wird die Wirkungsstätte von Baumeistern und die mittelalterliche »Bauhütte« betrachtet. Durch ein gut organisiertes Bauwesen, das durch große technische Neuerungen um 1220 zustande kommen konnte, erlangte der leitende Werkmeister eine größere Beweglichkeit. Er konnte, durch vertragliche Regelungen bestätigt, mehrere Bauaufgaben an verschiedenen Orten gleichzeitig leiten. Dies erklärt u. a. auch die überregionale Verbreitung von Formengut in einer kurzen Zeitspanne.

[21] Vgl. Vogts 1928, S. 24, 25. Zum allgemeinen Raumprogramm deutscher Rathäuser vgl. Gruber 1953, S. 21–26.

[22] Da alle Geschosse für bestimmte Nutzungen vorgesehen waren, sprach Fried Mühlberg in diesem Zusammenhang von einem mittelalterlichen »Hochhaus«. Vgl. Mühlberg 1973, S. 81.

[23] Der Neubau des Aachener Rathauses verdeutlicht, daß hier der flandrische Einfluß offenbar früher als in Köln baulich faßbar wurde; gleichzeitig könnte aber durchaus auch ein Einfluß von der Formensprache des Aachener Baus auf flämische Bauten stattgefunden haben. Wenn die bei Legner geäußerte Vermutung zutrifft, daß der Aachener Baumeister durch die Schulung der Kölner Dombauhütte gegangen wäre, wäre dies ein weiterer Hinweis für den Einfluß der Formensprache der Kölner Dombauhütte auf westliche Kulturzentren; vgl. Legner (Hg.) 1978, S. 121.

[24] Der Terminus Belfried (franz. beffroi) bezeichnet in den flandrischen Städten den städtischen Glockenturm (Tournai, Thiel) oder den mit Rathaus oder Tuchhalle verbundenen Turm (Gent, Brügge, Ypern). Es wird angenommen, daß der Belfried aus den donjonartigen Wohntürmen der flandrischen Grafen hervorging. Als Stadtturm verkörpert er die Macht der bürgerlichen Selbstverwaltung. Vgl. Lexikon der Kunst. Bd. I. Leipzig 1968, S. 244.

[25] Vgl. Schröder, Fritz: Die gotischen Handelshallen in Belgien und Holland. München, Leipzig 1914, S. 14, 15.

[26] Vgl. Schröder 1914, S. 42.

[27] In diesem Zusammenhang sollte auch erwähnt werden, daß vermutlich die karthographischen Aufnahmen niederländischer Städte vorbildlich für den Kölner Stadtplan des in Löwen geborenen Arnold Mercator (1571) waren; vgl. Joseph Hansen, Mitteilungen des Kölner Stadtarchivs 28, S. 142, zitiert in: Wrede 1920, S. 64, Anm. 228.

[28] Vgl. Die Kölner Stadtrechnungen des Mittelalters, bearb. von Richard Knipping, 2 Bde. Bonn 1897, 1898, Bd. II, S. 107; Lau, Entwicklung der kommunalen Verwaltung und Verfassung, S. 312, Anm. 5, zitiert in, Wrede 1920, S. 63, Anm. 220.

[29] Vgl. Wrede 1920.

[30] Vgl. Robert Didier, Flandern und Brabant, in: Legner (Hg.) 1978, S. 78.

[31] Vgl. Wrede 1920, S. 11.

[32] Vgl. Didier, S. 78, wie Anm. 11. Vgl. zum Export von geschnitzten Retabeln aus Flandern-Brabant um 1400: Paatz, 1967, S. 38, 39. In diesem Zusammenhang kann als Beispiel auch das Kölner Dreikönigsretabel von Rogier van der Weyden, ehemals in St. Columba Köln, heute Alte Pinakothek München, erwähnt werden; siehe hierzu: Frank Günter Zehnder (Hg.), Stefan Lochner Meister zu Köln. Kat. zur Ausstellung des Wallraf-Richartz-Museums. Köln 1993, dort speziell: Dagmar Regina Täube, Zwischen Tradition und Fortschritt: Stefan Lochner und die Niederlande, S. 55–67. Auch der von der Kölner Familie Hackeney gestiftete Lettner der Kölner Stiftskirche St. Maria im Kapitol entstammte einer Mechelner (Brabant) Werkstatt.

[33] Vgl. Paatz 1967, S. 9, 10, 97; Paatz nennt vier verschiedene Formen, die die Verflechtungen der spätgotischen Kunst zwischen den deutschen Ländern längs der Rheinlinie von Kleve bis Konstanz und den Ländern Frankreich, Lothringen, Burgund, Savoyen und den beiden Niederlanden kennzeichnen. Vgl. im Register die zahlreichen Hinweise auf in Köln tätige oder aus Köln stammende Künstler der Malerei, Steinmetz- und Bildhauerkunst, Goldschmiede, Baumeister, Gobelin-Händler und Terrakotta-Werkstätten.

[34] Vgl. Anm. 27.

[35] Nach Keussen 1910, Topographie I, S. 74.

[36] Vgl. Das Buch Weinsberg II, S. 143, zitiert in: Wrede 1920, S. 63, Anm. 223.

[37] Vgl. v. Below, in: Vierteljahresschrift für Social- und Wirtschaftsgeschichte 1909. Bd. VII, S. 434–435, 437 Anm., zitiert in: Wrede 1920, S. 63, Anm. 218 a.

[38] Vgl. Paatz 1967, S. 82.

[39] Clemen 1930, S. 128.

Abb. 145: Köln, Bayenturm (18. Jh.)

Gedanken zum mittelalterlichen Skulpturenprogramm des Ratsturmes

Walter Geis

Urkunden und Chroniken aus der Zeit der Fertigstellung des Turmes überliefern die Gründe, die zum Turmbau geführt haben, den genauen Baubeginn, die feierliche Besteigung durch den König Sigismund und das Phänomen, daß die Skulpturen für den Betrachter alle gleich groß erschienen, obwohl sie unterschiedlich weit von ihm entfernt angebracht waren. Tafelbilder mit Kölner Stadtansichten zeigen zwar oft den Skulpturenschmuck, sie erlauben jedoch keine Identifizierung einzelner Bauplastiken, geschweige denn des ganzen Bildprogramms. Auch die auf den ersten Blick recht genau erscheinende Ansicht Johann Toussyns von 1655 (Abb. 146) gibt den Bestand sehr unzuverlässig wieder. Darauf zeigt zum Beispiel das Portal lediglich sieben Figuren, obwohl es neun waren. Zusätzlich sah Toussyn rechts und links je eine große Statue vor, obwohl sich tatsächlich nur südlich eine befunden haben kann. Die Konsolen gibt er alle summarisch als Kugeln mit Knäufen wieder. Die Skulpturen zeichnete er aus der Phantasie, was besonders im Vergleich mit der einzigen Aufnahme vor der Restaurierung des Turmes in der Mitte der 1860er Jahre nachvollziehbar ist.

Die aus der Erbauungszeit erhaltenen Bauplastiken am Turm und im Ratsturmlapidarium erscheinen als Quellen geeigneter als grafische und malerische Ansichten. Hinzu kommt das Foto vom Portal aus der Zeit vor der Turmrestaurierung im 19. Jahrhundert und wenige Zeichnungen von Bauplastiken, die die Restaurierungen und den Zweiten Weltkrieg nicht überdauert haben. Vergleiche zu Bildprogrammen des 15. Jahrhunderts an Rathäusern im mitteleuropäischen Raum sollen die Thesen erhärten und zeigen, daß die vom ursprünglichen Programm gewonnenen Vorstellungen im Rahmen des Üblichen oder Möglichen lagen, besonders wenn die offenbar dargestellten Themen Bezug zur stadtkölnischen Geschichte nehmen. Die mittelalterlichen Bauplastiken am Kölner Ratsturm erlitten das gleiche Schicksal wie an zahlreichen anderen Rathäusern. Die Losung *Freiheit, Gleichheit, Brüderlichkeit* stellte die Symbole obrigkeitlichen Denkens in Frage. Figuren und Wappen an öffentlichen Gebäuden wurden nach der Besetzung durch die französischen Revolutionstruppen als Ausdruck der überwundenen Ordnung entfernt. 1792 verloren zum Beispiel die Rathäuser in Brügge und Brüssel ihren Skulpturenschmuck[1]. 1794 oder wenig später wurden die noch in Resten erhaltenen Figuren an der Nordwestecke des Erdgeschosses am Kölner Ratsturm von ihren Sockeln entfernt[2]. Über den Figuren der Ost- und Westseite wurden die Kölner Wappen der bis dahin freien Reichsstadt ihrer Embleme beraubt. Die stets wiederkehrenden drei Kronen wurden offenbar von oben mit Eisenstangen abgeschlagen. Dabei brachen die ausgezogenen Spitzen fast glatt ab, während der untere Kronenreif meist einen kleinen Teil der Wappenoberfläche mitriß. Die unregelmäßigen Löcher in der oberen Wappenhälfte belegen den rohen Eingriff. Der Stadtbaumeister Julius Carl Raschdorff (1823–1914), interpretierte die Vertiefungen als Löcher für Verankerungen, die nötig gewesen wären, um Kronen aus Metall als Wappenembleme zu befestigen[3]. Die vielfache Wiederholung des Wappens muß der französischen Verwaltung ein Dorn im Auge gewesen sein. Kronen als Wappensymbole galten ihr als Zeichen der Fürstenherrschaft, die sie zu überwinden trachtete. Wie in Brüssel und Brügge blieben die Konsolen verschont. Es wird weniger die Mühe gewesen sein, die man scheute, als die als harmlos empfundene Thematik. In Brüssel und Brügge waren es Themen aus der Bibel, aus dem Alltagsleben und der mittelalterlichen Literatur, in Köln unter anderem Tiere, Fabelwesen und Kämpfende. In Brüssel und in Köln überdauerte zudem teilweise der Skulpturenschmuck an den Turmportalen. Die dargestellten Personen aus der Bibel empfand man wohl als harmlos, während die dem gleichen Themenbereich zugehörenden Statuen der Propheten am Brügger Rathaus wie die übrigen Figuren der Fassade zerstört wurden. Die Statuen der Grafen von Flandern und die burgundischen und habsburgischen Herrscher fanden keine Gnade. Immerhin gelang es, die Figuren kurz vor ihrer Entfernung in Gouachen zu dokumentieren[4].

Für die Deutung der den Konsolen zugrundeliegenden Thematik war die Arbeit zum Chorgestühl im Kölner Dom besonders anregend. Bergmann schließt aus den bisherigen Kenntnissen zu drolatischen Darstellungen, daß sie sich einer genauen ikonographischen Deutung entziehen, sie träten jedoch an immer den gleichen Stellen der Kirchengebäude, Handschriften und Mobilien in vergleichbaren Formationen und Gestaltungen auf. Vor allem ihre Anbringung an den Randzonen der genannten Gattungen führte zu ihrer Deutung als Vertreter einer absurden und triebhaften Welt. Die vielfältigen Themen am Chorgestühl des Kölner Domes vom Anfang des 14. Jahrhunderts

Abb. 146: Rhathauß der freyer Reichsstatt Cöllen, Kupferstich von Toussyn/Aubry, um 1655

spiegeln darüber hinaus das von der Scholastik geprägte Denken. Neben den Drolerien finden sich dort Darstellungen aus der Bibel, von Tugenden und Lastern, christliche Symbolfiguren wie die Jungfrau mit dem Einhorn, Abrahams Schoß, Pelikan und Phönix sowie Gaukler und Spielleute. Literaten und Enzyklopädisten machten die Werke und Erkenntnisse der Scholastiker gebildeten Kreisen zugänglich. Die Enzyklopädien waren ausdrücklich für den Lehrbetrieb an den Universitäten und die Predigten in der Kirche geeignet. Sie faßten das damalige Wissen antiker und frühmittelalterlicher Autoren zusammen. Bergmann weist nach, daß der verbreitete »Speculum majus« des Vinzenz von Beauvais (um 1190–1264) zu den Universalgeschichten gehörte, die sich bei der Themenauswahl am Chorgestühl auswirkten. Darüber hinaus führt sie Darstellungen der Tugenden und Laster auf Beichtspiegel und andere moraltheologische Handbücher zurück[5]. Das Überwiegen von symbolischen Lasterdarstellungen spiegelt dabei vielleicht die Vorliebe der Prediger, mit negativen Beispielen, die Zuhörer vor sündhaftem Verhalten warnen zu müssen. Die Vermutung liegt nahe, daß die untergeordneten Bauplastiken am Ratsturm aus den gleichen Quellen schöpfen. Mit Sicherheit darf man jedoch annehmen, daß das bis zum Beginn des 15. Jahrhunderts erworbene Wissen und die damals geschätzte Literatur zusätzlich ihren Niederschlag fanden, wenn zu entsprechenden oder vergleichbaren Themen, wie sie am Chorgestühl vorkommen, sich unbekannte Themen hinzugesellen, die ihrerseits das Denken zur Entstehungszeit des Ratsturmes reflektieren.

Das Westportal

Am 18. Juni 1863 vor dem Beginn der Ratsturmrestaurierung verlas der Oberbürgermeister Alexander Friedrich Wilhelm Bachem (1806–1878) einen Bericht, der einen Eindruck vom damaligen Zustand des Turmes gibt (Abb. 147 a, b). Zum Portal heißt es dort, *es sei bisher mit 9 Steinfiguren geschmückt gewesen.* Sieben Figuren, *welche der Pforte zunächst und über derselben aufgestellt, seien der biblischen Geschichte* entlehnt gewesen. *Die Mittelfigur sei Christus, ihm zu Seiten die Apostel Petrus und Paulus, und dann je 2 Propheten auf jeder Seite mit Spruchbändern*[6]. Der 1864 im *Organ für christliche Kunst* erschienene Artikel über den *Thurm des Rathhauses zu Köln* bestätigt diesen Befund: *In der Mitte im Tympanon stand Christus, zu seinen Seiten die Apostel Petrus und Paulus.* Anders als ein Jahr zuvor macht der Autor zu den Gewändefiguren jedoch keine Aussage, weil sie sehr verwittert waren[7]. Der Stadtkonservator Hans Vogts (1883–1972) teilt mit, die Figur eines der beiden Apostel von 80 cm Höhe wäre in das Wallraf-Richartz-Museum übertragen worden. Sie befände sich dort zusammen mit einem weiteren 83 cm hohen, ebenfalls wahrscheinlich vom Portal stammenden Torso, der 1930 im Rheinischen Museum aufbewahrt wurde[8] (Abb. 148). Die Apostelfigur gelangte nach dem Zweiten Weltkrieg in das Lapidarium des Schnütgen-Museums. Zusammen mit einer Aufnahme der 1860er Jahre gibt sie eine Vorstellung von den ursprünglichen Portalplastiken. Auf dem Foto und an dem Figurenfragment sind Reste von Attributen zu erkennen, die eine Identifizierung der Tympanonfiguren als Christus zwischen Petrus und Paulus bestätigen. Die Art der Gewanddrapierung und die Haltung der Hände machen diese Deutung zusätzlich wahrscheinlich, die maßgeblich für die erste und zweite Erneuerung der Figuren durch Christian Mohr bzw. Matthias Moritz wurde. Das in Resten erkennbare Attribut in der Linken der Apostelfigur wurde bei der neugotischen wie bei der 1994 angefertigten Kopie entsprechend dem auf dem Foto der 1860er Jahre nachvollziehbaren Befund als Buch ergänzt. Unterhalb der großen Schüsselfalte über dem Bauch nimmt man auf der genannten Aufnahme den Rest einer Öse wahr, die als Teil eines weitgehend freigearbeiteten Schlüssels erkannt wurde. Die Reste eines in Stein gehauenen Buches und einer Klinge legten nahe, daß mit der zweiten Statuette, unmittelbar südlich neben Christus, Paulus gemeint war, auch wenn z. B. die entsprechende Heiligenfigur im Kölner Domchor das Schwert in der anderen Hand hält und die Figur des Paulus am

Abb. 147a: Ratsturmportal, Foto von 1867

Klarenaltar ebendort das Schwert schultert. Eine vergleichbare Haltung zeigt aber zum Beispiel das Tafelbild mit dem gekreuzigten Christus zwischen den Aposteln des Meisters der Hl. Veronika der Zeit um 1415[9].

Christus, Petrus und Paulus vertreten die höchste Autorität, auf die sich das Christentum beruft. Das Thema läßt sich in die frühchristliche Zeit zurückverfolgen und mit dem Begriff der »Traditio legis«, der Übergabe des von Christus gelebten Gesetzes an seine Nachfolger auf Erden in Verbindung bringen. Die Heiligen Petrus und Paulus bezeugten die Wundertaten Christi und sorgten für die Verbreitung der Heils-

Abb. 147b: Ratsturmportal mit den 1995 aufgestellten neuen Figuren, Foto: D. Heiermann 1995

botschaft und deren Umsetzung in ein gelebtes Christentum. Bei den seit der Mitte des 4. Jahrhunderts überlieferten Darstellungen überreicht Christus dem zu seiner Linken stehenden Paulus ein teilweise entrolltes Schriftband, während sich Petrus von rechts nähert[10]. Das wohl um 1160 entstandene Relief über dem Portal der Erzabteikirche St. Peter in Salzburg greift die spätantike Darstellung der Traditio Legis auf. In der Mitte thront Christus zwischen den knienden Apostelfürsten mit Schlüssel und Schriftband als Attributen. Die um das Relief verlaufende Inschrift gibt einen Anhaltspunkt zum Verständnis. Sie lautet übersetzt: »Ich bin des Lebens Pforte, kommt ihr Heilsbedürftigen alle, geht durch mich ein. Es führt kein anderer Weg zum Leben«[11]. Die als Beau-Dieu bezeichneten Christusfiguren an den Mittelpfeilern früh- und hochgotischer Portale transportieren den Gedanken der Tür als Symbol für Christus nach dem Evangelium des Johannes (10, 9). Sie ersetzen das Reliefbild des Christus im Tympanon durch eine Rundplastik in einer dem Menschen nähere Zone[12]. Die Plazierung des Christus als rundplastische Figur im Bogenfeld rückt ihn über den Betrachter, als ob dieser genötigt werden sollte, seine Blicke zu erheben und sich als Untergebener zu empfinden. Auf dem Foto des Portals der 1860er Jahre sind die aus dem Block vortretenden Handgelenke zu sehen. Vergleiche zu Christusstatuen des 14. und 15. Jahrhunderts legen nahe, daß die rechte Hand zum Segen erhoben war und die linke eine Kugel als Symbol für die Welt hielt[13]. Geste und Attribut machen Christus, gemäß dem überlieferten Verständnis, zum Heilsboten und Herrscher, für den die Apostel Zeugen und Vermittler seiner Worte und Taten waren.

Abb. 148: Apostel Paulus, Torso einer Statuette aus dem Ratsturmportaltympanon, Foto: D. Heiermann, 1994

Bei zwei der etwas niedriger stehenden und bildlich überlieferten mittelalterlichen Figuren im nördlichen Gewände und auf der Südseite der südlichen Fiale läßt sich ein Schriftband wahrnehmen. Reste langer Bärte, Haare und stoffreicher, bodenlanger Gewänder erkennt man bei ihnen wie bei den übrigen drei Figuren auf dem Foto der 1860er Jahre. Alle genannten Merkmale sind charakteristisch für Prophetenfiguren. Die Diagonalen, sich spannenden Faltenbahnen der beiden Gewändepropheten verweisen auf die Gruppe im Tympanon, als ob der Bildhauer einen optischen Bezug zwischen den höheren Figuren des Neuen und den tieferstehenden des Alten Testamentes herstellen wollte. Die Darstellung im Portal verdeutlich das typologische Denken des Mittelalters, das im Alten Testament das Geschehen im Neuen Testament vorgebildet sah. Mit den Texten der Propheten waren die Gesetze vorweggenommen, die durch Christus auf eine neue Basis gestellt und von den Aposteln und ihren Nachfolgern tradiert wurden. Das Programm hatte die Aufgabe, Gesetzgeber und Gesetzausleger an die Tradition zu erinnern, in deren Geist Gesetze formuliert und Recht gesprochen wurde. Allein in diesem Sinn sollte Leben in der Stadt nach dem Willen der herrschenden Zünfte geregelt werden. An Weltgerichtsportalen galten die Propheten als *Herolde Gottes* (Augustinus), die auf himmlische und irdische Gerechtigkeit hinweisen[14]. Als Ermahner zu gerechtem Handeln erschienen sie geeignet, an und in Rathäusern dargestellt zu werden, wie an denjenigen in Brüssel 1405, Bremen 1405/09 und im Hansasaal des Kölner Rathauses um 1420[15]. Sie verkörpern das Streben der Bürger nach Gerechtigkeit, die sie vom König und Kaiser als höchsten weltlichen Richtern erwarten.

Wichtiger als die Ikonographie des Portales empfanden die Betrachter seit dem 19. Jahrhundert den Stil der Skulpturen. Obwohl der Stadtarchivar Leonard Ennen (1820–1880) die Reste der mittelalterlichen Bauplastik am Ratsturm kannte, fragte er nicht nach den dargestellten Themen, sondern er bewunderte die *tüchtige Meisterhand,* die bei der Arbeit tätig gewesen sei. Er glaubte, die Figuren seien *ungefähr gleichzeitig mit dem bildnerischen Schmuck an dem Portal des Südthurmes* am Dom ausgeführt worden[16]. In den Versammlungen der Stadtverordneten vom 18. Juni 1863 und vom 11. April 1867 wurden sie als *außerordentlich schön*

Abb. 149: Prophet, Statue aus der Sainte-Chapelle in Bourges (?)

Abb. 150: Apostel Paulus, Statuette in der ehemaligen Stiftskirche in Kleve, Foto um 1960

gedacht und behandelt bezeichnet. Man zählte sie zu den *besten mittelalterlichen Sculpturen*[17]. Die Aufnahme der 1860er Jahre bestätigt die hohe Meinung, obwohl sie nur eine vorsichtige Beurteilung des Figurenstiles zuläßt. Man kann jedoch erkennen, daß der Bildhauer bei francoflämischen Meistern gelernt haben dürfte. Besonders vergleichbar sind zwei Prophetenfiguren des 1401/02 verstorbenen André Beauneveu (Abb. 149). Wie die nach 1392 wahrscheinlich für die Sainte-Chapelle in Bourges geschaffenen Statuen zeigen die genannten Figuren am Ratsturmportal eine dynamisch elegante Drapierung der Mäntel[18]. Die sehr ähnliche Auffassung der Paulusstatuette zur entsprechenden Holzfigur aus dem Apostelzyklus in der Pfarrkirche St. Mariä Himmelfahrt in Kleve[19] (Abb. 150) vom Ende des 14. Jahrhunderts bestätigt für die Tympanonfiguren die Entstehung zur Erbauungszeit des Ratsturmes.

Das Ostportal

1406 erwarb die Stadt ein Haus zum Alter Markt, in dem der Ratskellermeister eine Wohnung erhielt[20]. Vor diesem Gebäude unmittelbar zum Alter Markt standen noch die Häuser Zur Duven, Zum Kreuz und Zum Regenbogen. Erst der Kauf des Hauses Zum Regenbogen 1409 ermöglichte den Zugang vom Alter Markt zum Weinkeller im Ratsturm[21]. Die überwölbte Treppe zum Löwenhof ersetzt seit 1541 den ursprünglichen Zugang zum Weinkeller. Um 1870 war sie entfernt und nach dem Zweiten Weltkrieg wieder rekonstruiert worden[22]. Durch die Lage des Rathauses zwischen dem höhergelegenen Judenviertel und dem tiefergelegenen Kaufmannsviertel war es möglich, das Kellergeschoß ebenerdig zu erreichen und den Eingang zum Ratsweinkeller repräsentativ zu gestalten, aber mit bescheidenerem Aufwand auch die untergeordnete Bedeutung sinnfällig zu machen. Wie beim Westportal wird die rechteckige Öffnung von einem spitzbogigen Gewände eingefaßt, dessen Profil allerdings auf Wulst, Plättchen und Kehle beschränkt bleibt. Wie beim Westportal gliedert ein mit Nasen besetzter Dreipaß das Tympanon. Flankierende Fialen, Krabbenzier und Statuenschmuck fehlen. An der Stelle der Salvatorfigur scheint dem Betrachter die Darstellung eines Drachen mit geöffnetem Maul und seitlichen Tatzen entgegenzuspringen (Abb. 151).

Abb. 151: Grinkopf, Skulptur über dem Eingang zum Ratsweinkeller, Foto nach 1945

Die Skulptur gehört zur Gruppe der Grinköpfe, um die sich eine in Variationen überlieferte Sage rankt. Ernst Weyden (1805–1869) berichtet in seinem Buch *Kölns Legenden, Sagen, Geschichten*[23] über das Leben des Hl. Anno, der nach einer in Köln damals verbreiteten Sage die Gring- oder Greinköpfe anbringen ließ. Diese galten als Beispiele der unerbittlichen Strenge des Erzbischofs, der mit den Skulpturen die Kölner vor ungerechtem Urteil warnte. Der Sage nach hatten sich die Schöffen Kölns *mancherlei Unrecht zu Schulden kommen lassen, und als nun ein armes Weib beim Erzbischofe klagend einkam, daß die Scheffen ihr kein Recht sprechen wollten, wie sehr sie auch darum gefleht, hielt der Erzbischof selbst Untersuchung, und da er der Scheffen Unrecht fand, ließ er ein strenges Gericht über die Schuldigen ergehen. Sechs der Scheffen wurden geblendet und dem siebenten ein Auge gelassen, daß er die anderen führen konnte. Zu aller Warnung ließ er an den Häusern der Geblendeten steinerne Köpfe ohne Augen anbringen.* Eine Variante der Sage hat der Dombildhauer Christian Mohr (1823–1888) in seinem 1885 erschienenen Buch *Köln in seiner Glanzzeit* aufgenommen[24], danach waren es sieben falsche Richter, *welche das Kindsteil hülfloser Waisen auf strafbare Art verthan hatten. Dies erfuhr der Landesherr auf dem Bischofsstuhl zu Köln, der h. Anno, ein rechtschaffener, aber unbeugsamer Herr. Er ließ die sieben falschen Männer nach Siegburg auf sein Schloß vor sich laden und, da ihre Schuld erwiesen, blenden, einen ausgenommen, der einäugig davonkam, um die anderen nach Köln zu geleiten. Aber noch nicht zufrieden damit, befahl der Bischof ferner, daß über der Hausthüre eines jeden dieser Richter, anderen zur Abschrekkung, ein Kopf von Stein mit ausgestochenen Augen angebracht werden sollte. Dies geschah, und diese Köpfe nennt man heutzutage noch Gringköpfe.* Mohr erkannte, daß diese sagenhafte Erklärung erst entstanden sein konnte, als die ursprüngliche Funktion der Grinköpfe in Vergessenheit geraten war. Er wußte, daß sie *früher die ganze Stadt bevölkerten*[25] und befürchtete, daß sie *in einigen Jahren wohl gänzlich verschwunden sein werden.* Er beschäftigte sich deshalb mit ihnen und lieferte eine plausible Erklärung ihrer Funktion. Er schrieb, daß sie *meistens dadurch praktisch verwertet* wurden, *daß der hohle Rachen des Kopfes dazu diente, das Ausgleiten von Schrotleitern beim Herablassen von Fässern in die Keller zu verhindern.* Heinrich Wiethase (1833–1893) beschrieb *die Gringköpfe als Bestandteil der Kaufmannshäuser, über deren mit Oberlicht versehenen Thor – oder Thüröffnung zum Einbringen der Waaren* der Grinkopf *mit zwei eisernen Zähnen zum Festhalten des angelehnten Baumes mit dem Rade für das Faßseil* angebracht war[26]. Die Benutzung von Schrotbäumen zum Herablassen von Weinfässern war zu Beginn des 20. Jahrhunderts bei Weinhandlungen in Köln noch üblich. Entsprechend glaubte Anton Korn, daß auch die mittelalterlichen Grinköpfe vor allem bei der Bestückung der Weinkeller eine Funktion hatten, was angesichts der vielen bis ins 18. Jahrhundert bestellten Weingärten innerhalb der mittelalterlichen Stadtmauern wahrscheinlich ist.

Der Autor erinnerte sich, daß die Schrotbäume fast senkrecht zwischen Straßenpflaster und Grinkopf eingeklemmt wurden und so einen sicheren Halt für die Gleitseile boten, mit denen das Faß in den Keller gelassen wurde[27]. August von Essenwein (1831–1892) meinte dazu im Handbuch der Architektur, daß die Keller im Mittelalter allgemein nicht *vom Inneren des Hauses, sondern von der Straße zugänglich* waren, von wo eine steile Treppe hinabführte[28]. Auch beim Ratsweinkeller führen einige Stufen bis zum Boden, so daß die Fässer beim Herabgleiten auf Balken von oben mit Hilfe des in den Grinkopf geschobenen Schrotbaumes gesichert werden mußten.

Mit der Erklärung der Funktion der Grinköpfe ist allerdings deren Form noch nicht gedeutet, schließlich hätte auch ein vorkragender Stein mit einer unterseitigen Vertiefung genügt, um diese Aufgabe zu übernehmen. Da der Klemmschuh für einen Schrotbaum als Drache gestaltet ist, erlaubt er eine Deutung, die über die Funktion hinausgeht. Ein von einem Pfosten aufgehaltenes Drachenmaul findet sich auf einer Illustration mit der Geschichte von Belial aus dem Jahre 1472 [29] (Abb. 152). Sie zeigt die Darstellung eines Teufels, der zum Höllentor schreitet und dort seinen im Rachen wartenden Kollegen einen Schiedsspruch vorliest. Das Urteil bestätigt, daß am Tage des jüngsten Gerichtes die Gerechten in den Himmel aufgenommen, die Ungerechten aber in die Hölle verstoßen werden sollen. Der Holzschnitt illustriert die deutsche Übersetzung des 1382 verfaßten Buches mit dem Titel *litigatio Christi cum Belial sive Consolatio Peccatorum* (die Prozeßführung Christi mit Belial oder der Trost der Sünder), das zu den im 15. Jahrhundert am meisten verbreiteten rechtswissenschaftlichen Texten gehörte[30]. Der Inhalt sei hier kurz zusammengefaßt: Christus befreit die seit dem Sündenfall verdammten biblischen Urahnen der Menschheit Adam und Eva sowie die alttestamentlichen Vorväter aus der Hölle. Die Teufel erheben daraufhin Anklage vor Gott. Sie empfinden diese Tat als Raub. Es kommt zu mehreren

Abb. 152: Belial überbringt den Schiedsspruch der Hölle; Holzschnitt in: Jacobus (de Theramo) [Palladini], Belial (deutsch), Augsburg 1472, fol. 80v.

Verhandlungen, deren letzte Instanz mit einem Schiedsspruch endet. Die Teufel sind mit dem Urteil zufrieden, weil es ihnen alle Seelen zuspricht, die als Lebende ihrer Bosheit gefolgt waren. Die Entscheidung, wer ihnen zugesprochen wird, trifft Gott am Jüngsten Tag. Das Buch endet mit einer Moralpredigt an die *hirten meins volcks*. Der Autor verlieh seinen Ansichten höchste Autorität, indem er Gott sprechen und ihnen vorwerfen ließ, sie seien untreu gewesen und hätten Kirchengut vereinnahmt. Er ließ Gott als zornigen Richter fragen, ob er auch täglich zur selben Zeit gelobt worden sei. Er erkundigt sich, ob der Kirchenbesitz so verwaltet worden sei, daß er auch armen Leuten zugute käme. Er wirft den Hirten des Volkes vor, das Gut nicht zu seinem Lob und Ehr verwendet, sondern es mit Weibern und Hofiererei vertan zu haben. Sie wären der Unkeuschheit verfallen und seien darin erstunken, wie ein *Visch in dem mischt*. Nach der Meinung des Autors waren sie es nicht wert, seinen Leib und sein Blut in ihren *vermaligotten mund* zu nehmen. Er läßt Gott den Faulenzern vorwerfen, sie hätten ihre Zeit mit Weintrinken vergeudet und hätten nach der verwerflichen Meinung gelebt, daß man feiern solle, weil es noch weit sei bis zum Tod und ihnen niemand gesagt habe, was sie dann erwarten würde. Schließlich wies der Autor mit Nachdruck daraufhin, daß die als ungerecht Erkannten von Gott ins ewige Feuer verbannt würden, während die Gerechten in sein ewiges Reich einkehren werden. Nicht nur die Kleriker sondern jeder Mensch sollte sich mit dieser Belehrung angesprochen fühlen. Selbstverständlich auch die Ratsherren, die ihren Keller mit Wein füllen ließen, um zum Beispiel Vertragsabschlüsse damit zu begießen.

Romanische und gotische Portalskulpturen zeigen, daß sich die Menschen das ewige Feuer als Drachenmaul vorstellten. Die Relieffragmente aus der Kirche St. Yved in Braine der Zeit um 1200 (heute im Musée Municipal in Soissons) zeigen einen feuerspeienden Drachenkopf und einen zweiten menschenverschlingenden Teufelskopf. Auch am mittleren Südportal der Kathedrale in Chartres aus dem frühen 13. Jahrhundert[31] und am Westportaltympanon der sogenannten Kapellenkirche in Rottweil der Zeit um 1340/50[32] gibt es weitere Beispiele von menschenfressenden Drachenköpfen innerhalb von Darstellungen des jüngsten Gerichtes. Die acht in der Zeitschrift »Alt-Köln 1909-10« zeichnerisch dokumentierten Grinköpfe belegen ihre Verbreitung in Köln. Sie befanden sich an den Häusern Bolzengasse 2, Lintgasse 14, Sandbahn 4, Unter Taschenmacher 17 und Wehrgasse 2 sowie am Faßbinder-Zunfthaus, am Stapelhaus, und im Brigittengäßchen[33]. Heute findet man Grinköpfe als Spolien an den nach dem Zweiten Weltkrieg wiederaufgebauten Häusern Georgstraße 10, Große Neugasse 34, Kunibertsklostergasse 3, Salzgasse 2 und Schwalbengasse 1–3[34]. Lediglich der Grinkopf am Haus Kunibertsklostergasse 3 hat wie der Grinkopf über dem Ratsweinkellerportal seinen ursprünglichen Platz behalten.

Von allen erhaltenen und überlieferten ist derjenige am Ratsturm der älteste. Im Gegensatz zu den jüngeren besitzt er einen Unterkiefer, aber keine Eisenstifte als Eckzähne bzw. als Sicherung des Schrotbaumes. Die Gestaltung des Kopfes steht in der Tradition von Maskendarstellungen wie sie zum Beispiel unter den Miserikordien des Kölner Domchorgestühls vom Anfang des 14. Jahrhunderts zu sehen sind[35]. Um 1400 gibt es ähnliche Maskenköpfe an Konsolen, die mit Künstlern der parlerischen Bauhütte in Prag in Verbindung gebracht werden. Sie befinden sich in der Pfarrkirche in Hajdina bei Ptuj und der Klosterkirche von Kranj in Slowenien, das zum Machtbereich des Salzburger Erzbischofs gehörte. Sie entstanden wahrscheinlich vor 1398 bzw. vor 1413 der jeweiligen Weihe der Kirche[36]. Mit diesen Konsolen hat der Kölner Grinkopf die wulstigen Lippen und Augenbrauenbögen sowie die aufgeworfenen Nüstern gemeinsam, die sie zugleich von flächiger gearbeiteten Maskenköpfen unter den Miserikordien des Domchorgestühls unterscheiden. Während jedoch in Hajdina die Konsolenoberfläche, in feine gewellte Haarsträhnen aufgelöst erscheint, so daß die Köpfe zum fließenden Ornament werden, sind beim Grinkopf des Kölner Ratsturms die einzelnen Teile des Gesichtes stärker voneinander abgesetzt. Die ab dem 16. Jahrhundert entstandenen Grinköpfe befinden sich auf den Schlußsteinen von Türstürzen. Sie beziehen die Türöffnung in die Gestaltung mit ein, als ob sie ein erweitertes Maul wäre. Die manieristische Architektur beeinflußte offenbar diese Auffassung wie die Vergleiche zu den Fenstereinfassungen am Palazzo Zuccari in Rom der Zeit um 1600, ein Kamin im Palazzo Tiene in Vicenza von 1553 oder die Grottenarchitektur im Park von Bomarzo nördlich von Rom der Zeit um 1550/80 belegen[37].

Zusammenfassend läßt sich festhalten, daß die beiden Ratsturmportale offenbar ein thematisches Gegensatzpaar bilden sollten. Das Ostportal verwies auf die ewige Verdammnis in der Hölle, die nach dem christlichen Glauben den Ungerechten, den Verschwender und Faulenzer erwartet. Das Westportal machte den Betrachter dagegen auf die verheißene Glückseligkeit im Paradies aufmerksam, in dem die Seele des Menschen Aufnahme finden wird, wenn gerechtes Urteilen und Handeln zu seinen Tugenden gehörte. Die gegensätzlichen Bildmotive Paradiespforte und Höllenschlund sind in der Tafelmalerei verbreitet, wie z. B. die Weltgerichtsbilder von Stefan Lochner und Hans Memling belegen.

Die Turmstatuen

Auch über die einzige außerhalb des Portales erhaltene Figur wurde im Zusammenhang mit der Planung der Restaurierung 1863 und 1867 berichtet. Man glaubte, die Figur stelle einen »Krieger oder Ritter mit Schild und Lanze« dar[38]. An dieser Deutung wurde festgehalten[39], obwohl das bereits mehrfach zur Hilfe genommene Foto eine genauere Festlegung der Thematik erlaubt. Wie die Portalskulpturen hatte die Statue allerdings den Kopf, Teile des Attributes in ihrer rechten Hand sowie die linke Hand verloren. Auch wenn das Attribut vor ihrem linken Bein erheblich beschädigt war und die Beine unterhalb der Waden auf dem Foto kaum zu erkennen sind, lassen sich noch Aussagen über ihre Bedeutung machen. Ihre Gestaltung weicht erheblich von den benachbarten Portalskulpturen ab. Anstelle eines eleganten, stoffreichen Mantels, der die Füße verdeckt, trägt sie einen wadenlangen Rock, dessen vertikal verlaufende Falten das Standmotiv verunklären und die statuarisch gerade und strenge Haltung unterstreichen. Der Gürtel trägt ebenfalls zur Geradheit und Strenge bei. Während bei den Portalskulpturen die Hände fast in der Mantelfülle zu verschwinden scheinen, besitzt der Überwurf Ärmel, die zumindest über dem linken Ellenbogen zurückgeschoben sind und von dort in langen Bahnen herabfallen. Ein zweiter knapper Überwurf bedeckt Schultern und Brust. Er endet in einem halbrunden Saum und staut sich im angewinkelten rechten Arm, dessen Hand einen Stab umschließt, der über der Hand abgebrochen und unterhalb zumindest bis zum Oberschenkel reichte. Das Attribut vor dem linken Bein stellt ein Wappenschild dar, dessen unterer und oberer Abschluß erhebliche Ausbrüche aufweist. Denkt man sich den Stab zu einer Lanze ergänzt, wie vorgeschlagen wurde, dann könnte man die Statue wirklich für das Abbild eines Kriegers halten wie sie zum Beispiel als Grabplastiken seit dem 13. Jahrhundert entstanden. Genannt sei die Liegefigur Diethers III. Graf von Katzenellenbogen (gest. 1276) im Museum der Sammlung Nassauische Altertümer in Wiesbaden. Wie eine Standfigur hält er sein Wappen vor sich, trägt einen knöchellangen allerdings nicht gegürteten Rock und einen Umhang. Lanze und zweiter Überwurf fehlen. Die gleiche Tracht jedoch mit Gürtel über der Taille weist die Grabfigur eines Grafen von Solms aus der Zeit um 1270/80 in der Stiftskirche in Altenberg an der Lahn auf[40]. Bei dieser Figur hält ein zweiter, diagonal geführter Gürtel das Schwert als wesentliches Zeichen seiner Ritterwürde. Um 1270 wird die Holzstatue eines Heiligen Mauritius in Ebsdorf im ehemaligen Fürstentum Lüneburg datiert[41].

Bei dieser Figur sind allerdings Schild und Lanze verlorengegangen. Die Kostüme der Neun Guten Helden im Hansasaal des Kölner Rathauses sind charakteristisch für die erste Hälfte des 14. Jahrhunderts. Der schräge Gürtel mit dem Schwert gehört zu jeder Figur, der bei der angeblichen Ritterfigur des Ratsturmes fehlt. Außerdem besitzt keine der neun Figuren wie die vorher genannten Ritter einen zweiten vor der Brust halbrund endenden zweiten Überwurf. Die Statue des Hl. Wenzel in der nach ihm benannten Kapelle im Prager Veitsdom vertritt den bis 1400 verbreiteten Typus des Ritterheiligen. Lanze und Schwert sind jedoch die einzig vergleichbaren Motive der sonst mit einem tiefgegürteten Lentner und Beinpanzern ausgestatteten Statue. Um 1427 bis 1430 schuf Hans Multscher (um 1400–1467) die Statuen für das Prunkfenster des Ulmer Rathauses. Die beiden Standbilder der Könige von Ungarn und Böhmen sind gemäß der damaligen Gepflogenheiten als Ritter mit gewölbten Brustpanzern, Schwertern und Schilden gerüstet[42].

Die geteilten, lang herabhängenden Ärmel der Überwürfe und die Form der Schilde sind an der Statue des

Kölner Ratsturmportales vergleichbar gestaltet. Von den drei durch Beispiele belegten Bewaffnungsarten kommt die erstgenannte des späten 13. Jahrhunderts dem Kostüm der sogenannten Ritterfigur neben dem Ratsturmportal am nächsten. Lediglich die gebogene Form des Schildes mit der möglichen Aussparung zur besseren Halterung der Lanze mochte mehr der Form entsprochen haben, wie sie durch die Statuen in Ulm überliefert ist. Der zweite knappe Überwurf und der Gürtel unterscheiden die Figur jedoch von den Genannten. Ihre Deutung als Kölner Schutzpatron, etwa als Ritterheiliger Gereon oder Mauritius, scheidet aus, weil deren Erkennungsmerkmale fehlen. Für den Hl. Gereon sind die Kreuze auf Schild und Brust charakteristisch, wie sie zum Beispiel die Figur des Heiligen am Chorgestühl von St. Gereon der Zeit um 1310–20 zeigte[43] oder an der Figur auf der Rückseite eines Reliquienaltars aus Köln der Zeit um 1320[44] sowie auf den Tafelbildern des Meisters der Verherrlichung Mariä[45] zu sehen war. Die Darstellung des Hl. Mauritius auf einer Tafel eines Kölner Meisters um 1460 besitzt keine Attribute, weder Leibgurt noch den knappen Überwurf[46]. Interpretiert man diesen als Schulterkragen eines Capes, dann wäre er Trachtbestandteil der bäuerlichen Bevölkerung, wie sie die Darstellung mit der Verkündigung an die Hirten auf dem Klarenaltar im Kölner Dom zeigt[47]. Auf dem um 1400 entstandenen Tafelbild erkennt man einen Dudelsack spielenden Hirten, dessen Rock wie bei der Figur neben dem Ratsturmportal bis zu den Waden reicht. Am Strick um den Laib hängt eine Flasche. Der Schulterkragen ist Teil der kapuzenartigen Kopfbedeckung, die als Gugel bezeichnet wird. Seit dem zweiten Drittel des 15. Jahrhunderts setzten sich bei der bäuerlichen Bevölkerung kurze Röcke durch. Auf einem Tafelbild mit der Anbetung des Kindes in der Alten Pinakothek in München ist im Hintergrund die Verkündigung an die Hirten zu erkennen. Stefan Lochner malte um 1445 im Hintergrund Hirten mit knielangen Röcken und Gugeln[48]. Deutet man das ursprüngliche Standbild neben dem Ratsturmportal entsprechend als Bauern oder Hirten, dann liegt es nahe, daß es sich bei der Figur um den sogenannten »Kölner Bauern« handeln kann. Der Vergleich mit den Darstellungen in der »Agrippina« genannten Chronik der Stadt Köln des Heinrich von Beeck[49] untermauert diese Bestimmung. Die beiden Bauernfiguren darin sind mit knielangen gegürteten Röcken und Gugeln bekleidet.

Sie halten Sense und Dreschflegel als Attribute in den Händen. Entsprechend müßte man sich die Ratsturmfigur ergänzt denken. Anstelle eines der beiden Attribute trat jedoch bei der Statue ein Wappenschild, der in der »Agrippina« auf einem der beiden Flügel des hinter dem Bauern befindlichen Reichsadlers dargestellt ist. Die Ratsturmfigur spiegelt das gleiche Selbstbewußtsein der Stadt wider wie die beiden Darstellungen in der »Agrippina«. Wenn die Statue 1868 noch an ihrem ursprünglichen Aufstellungsort stand, dann wäre sie sicher als Schlüsselfigur des Skulpturenprogramms zu werten, aber auch wenn sie später dorthin versetzt worden ist, verrät dieser Umstand, daß man ihr eine hohe Bedeutung beimaß. Die besondere Stellung des Bauern wollte Heinrich von Beeck durch die Darstellungen in der »Agrippina« (Farbtafel 2) ebenfalls verdeutlichen. Die beiden Bauern sind dort umgeben von einem Strahlenkranz, wie er auf Darstellungen der Mutter Gottes im 15. Jahrhundert häufig zu finden ist. Die Bauernfiguren befinden sich an zentraler Stelle, dort wo man das Herz der Adler vermuten würde. Dadurch sollte offenbar bewußt gemacht werden, wie wichtig die Kölner nach der Vorstellung des Heinrich von Beeck sich genommen wissen wollten. Die Symbolfigur des Bauern wurde mit der Stadt gleich gesetzt, wie die Beischrift *die stat von koln ist ain bur* des Conrad Grünenberg in seinem Wappenbuch 1483 versichert[50]. Die beiden Autoren verwiesen mit der Symbolfigur auf die Zugehörigkeit der Stadt zu den konstituierenden Ständen innerhalb des Heiligen Römischen Reiches Deutscher Nation. Die Figur des Bauern war Teil des sogenannten Quaternionensystems, das die Stände meist in Vierergruppen zusammenfaßte. Köln, Regensburg, Konstanz und Salzburg wurden in diesem System als Bauern bezeichnet und durch entsprechende Figuren vertreten. Personifikationen der Herzogtümer, der Mark-, Land-, Burg- und Grafschaften sowie der Freiherrlichkeiten, der Rittertümer, der Städte und der Dörfer bildeten weitere Vierergruppen. Seit 1356 war das Quaternionensystem in der »Goldenen Bulle« genannten Gesetzessammlung verankert. Bei den Hoftagen in Nürnberg und Metz 1355 und 1356 waren die Gesetze verhandelt, beschlossen und verkündet worden. Die Vertreter der Stadt Köln hatten sich bei der Gelegenheit in Nürnberg ihre Privilegien bestätigen lassen, die Karl IV. (reg. 1346–1378, seit 1355 Kaiser) bis auf wenige jedoch vier Wochen später widerrief. Die Stadt kümmerte das wenig und nahm die Privilegien weiter in Anspruch. Die städtischen Richter walteten z. B. weiter ihres Amtes. 1396 übernahmen die Zünfte das Stadtregiment, nachdem sie die Geschlechter vertrieben hatten. Seit 1397 entsandte die Stadt wieder Vertreter zu den Fürsten- und Städtetagen, wo sie als reichsfreie Stadt genannt wurde. Als 1398 König Wenzel das Privileg der Unverpfändbarkeit zusicherte, besaß sie alle wesentlichen Rechte einer freien Reichsstadt[51]. In einem Schreiben an die Stadt Aachen bezeichnete sich Köln im Jahre 1400 selbst als Reichsstadt. 1401 wurde Ruprecht von der Pfalz auf Bitten der Kölner Bürgerschaft im Dom zu Köln gekrönt.

Der neue König bestätigte darauf der Stadt ihre Privilegien. Nach der Fertigstellung des Ratsturmes bestieg König Sigismund (1368, reg. 1410–1437, seit 1433 Kaiser) 1414 den Ratsturm und bestätigte wiederum die Vorrechte, denen er ein weiteres hinzufügte, wonach

Kölner Bürger sich nur in Köln vor dem Reichsgericht verantworten mußten[52]. Es liegt nahe, daß zumindest die Bestätigung der Privilegien in der Urkundenkammer des Ratsturmes stattfand und mit einer Zeremonie verbunden war. Die Turmbesteigung durch den König sollte als symbolische Handlung verstanden werden. Sie machte bewußt, daß der König als höchste Autorität im Reich von der Stadt Köln anerkannt wurde und daß die Stadt die Machtstellung zu tragen und mit zu fördern bereit war. Sigismund betrat den Turm durch das Westportal. Die Stadtväter nötigten den König, unter den Statuetten des Salvator und der Apostelfürsten hinwegzuschreiten. Damit machten sie deutlich, daß der König die himmlischen Herrscher als über ihm stehende Autorität anerkennen muß. Mit der Statue des Bauern demonstrierten sie ihm die Zugehörigkeit der Stadt zum Reich und ihren Status, de facto reichsunmittelbar zu sein, auch wenn dieser Status de jure erst ab 1475 Gültigkeit hatte. Die Bürger versicherten dem König ihre Loyalität und demonstrierten ihren Willen, auch in Zukunft unabhängig vom Erzbischof und Kurköln bestehen zu wollen. Die Bezeugung gegenseitiger Loyalität müssen die Bürger um so notwendiger empfunden haben, als der am 24. April 1414 gewählte Erzbischof Dietrich II. von Moers in Köln machtvoll aufgetreten war[53].

Andere freie Reichsstädte wie Frankfurt am Main erkannten den errungenen Status Kölns an. Die Frankfurter hatten 1405 bis 1408 die beiden Häuser »Römer« und »Goldener Schwan« als Rathaus umbauen lassen. 1415 wurde der später Kaisersaal genannte Raum ausgemalt. Thema war das Quaternionensystem. Je vier Personifikationen der Herrschaftsgebiete als ganze Figur mit Wappen waren dargestellt. Lediglich die Freiherren, die Ritter, die Städte und Dörfer waren nur durch Wappen vertreten. Auf diese Weise demonstrierte die Stadt Frankfurt den Anspruch, auf den Reichstagen ihre Rechte selbst vertreten zu wollen. Die Malereien im Frankfurter Römer wurden 1477 übermalt. Hans Fetters Wappenbuch von 1583 im Stadtarchiv Frankfurt am Main überliefert das Aussehen der im gleichen Jahr mit Steinfarbe überstrichenen Wände im Rathaussaal[54]. Im ursprünglichen Bildprogramm des Römers war Köln mit seinem Wappen als Vertreter der Bauern einbezogen[55]. Sigismund hatte Köln am 21. November 1414 verlassen und sich auf den Weg nach Frankfurt am Main gemacht. In seinem Gefolge befand sich Jakob von Aldenmart, der in Köln an der Errichtung des Ratsturmes beteiligt gewesen war und in Frankfurt als Sachverständiger beim Bau des Römers hinzugezogen werden sollte[56]. In Frankfurt sprach Sigismund am 13. Dezember 1414 über die Notstände des Reiches. Er verurteilte zur Genugtuung des Stadtrates die Zollpolitik der vielen Potentaten, was den Warenumschlag in den Städten erschwerte, und meinte, allein die Städte seien ganz auf seiner Seite. Nicht nur der Rat der Stadt Frankfurt durfte in Sigismund einen König gesehen haben, der ihren Wünschen entsprach. Ziehen glaubt deshalb, die Freude über den König habe dazu beigetragen, die obere Ratsstube mit dem Quaternionensystem, vertreten durch Herolde und Wappen, auszumalen[57]. Es wäre denkbar, daß Jakob von Aldenmart dazu die Anregung gegeben hat. Der sogenannte Spruch vom Römischen Reich, ein Gedicht aus dem Jahre 1422, bietet ein weiteres Beispiel, in dem die Stadt Köln unter dem Sinnbild des Bauern innerhalb des Quaternionensystems genannt wird[58]. Schließlich sei noch der Rathaussaal in Überlingen von 1493 erwähnt, in dem die Stadt Köln mit der Statuette eines Bauern in einem vollständig erhaltenen Quaternionenzyklus vertreten ist[59].

Konsolen mit Blattmotiven

Die Konsolen am Portal (Abb. 153 a–c) und am Erdgeschoß waren mit Blattranken geschmückt. Die drei am Portalsturz sind aus der Erbauungszeit des Turmes erhalten. Die übrigen am Portal und zwei weitere sind fotografisch überliefert. Vogts teilte mit, daß 1865 einige Konsolen überarbeitet und 41 »nach den alten Mustern« ausgetauscht worden seien[60]. Die damals am Portal erneuerten Konsolen wurden aus Sandstein ausgeführt, alle übrigen am Turmerdgeschoß aus Trachyt. Eine der damals ausgetauschten bzw. nach der Zerstörung im Zweiten Weltkrieg geborgenen mittelalterlichen Trachytkonsolen war bis vor wenigen Jahren im Depot des Stadtkonservators erhalten.

Lediglich die Portalkonsole, auf der die Statuette des Christus steht, zeigt botanisch eindeutig bestimmbares Laubwerk. Die Früchte lassen keinen Zweifel, daß es sich bei ihnen um Eicheln handelt. Die Eiche steht in inhaltlichem Bezug zu der auf der Konsole stehenden Figur des Salvators. Sie zählt zu den heiligen Bäumen und war Zeus bei den Griechen, Jupiter bei den Römern und Donar bei den Germanen zugeordnet[61]. Zugleich war die Eiche ein Symbol für den Märtyrertod Christi, da sie als der Baum galt, aus dem das Holz für das Kreuz geschlagen worden sein soll[62]. Die Konsole unter der Apostelfigur des Paulus trägt Laubwerk, das am ehesten der Form gleicht, die an anderen Kapitellen als Hahnenfuß oder Ahorn identifiziert wurde. Auch die aus dem Ast herauswachsende Spaltfrucht erinnert an diejenigen des Feldahorn, wobei die beiden Flügel der Frucht am Kapitell jedoch einen Halbkreis bilden. Vergleichbare Pflanzenmotive finden sich am Chortriforium des Kölner Domes[63]. Ein vergleichbarer Typ mit handförmig, fünflappigem Umriß jedoch ohne Früchte findet sich an der Konsole unter der Figur des Paulus an einem der Domchorpfeiler. Ähnliche Kapitelle gibt es auch am Altenberger Dom[64]. Ein inhaltlicher Bezug zur Figur läßt sich nicht nachvollziehen. Die dritte Konsole am Türsturz trägt

Abb. 153a: Laubwerkkonsole auf dem Ratsturmportalsturz, Foto: D. Heiermann, 1994

Abb. 153b: Laubwerkkonsole auf dem Ratsturmportalsturz, Foto: D. Heiermann, 1994

Abb. 153c: Laubwerkkonsole vom Ratsturmportalsturz, Foto: D. Heiermann, 1994

Abb. 154: Laubwerkkonsole am Ratsturm (verschollen), Foto um 1957

phantasievolle Laubformen, die im Xantener Dom mehrfach vertreten sind und zu den Bauteilen des 15. Jahrhunderts gehören[65]. Die übrigen mittelalterlichen und 1865 ausgetauschten Kapitelle am Portal und die Konsole unter der als Kölner Bauer identifizierten Statue sind zwar auf der Fotografie der 1860er Jahre zu erkennen, eine Beschreibung oder Bestimmung des Laubes ist jedoch kaum möglich. Sie dürften aber stilistisch nur wenig von den erhaltenen abgewichen sein.

Die Kapitelle im Gewände und das an der südlichen Fiale anschließende zeigen die gleichen geometrischen Grundformen, tiefe Ausbuchtungen und Buckel, die den Mittelgrad und die Finger betonen. Bei der größeren Konsole unter der Statue erkennt man eine Blüte am Knauf und hinterbohrte Blattrippen. Die zweite erwähnte und ebenfalls lediglich fotografisch überlieferte Konsole trägt am Knauf eine Maske (Abb. 154). Vergleichbare Darstellungen sind im 13. und frühen 14. Jahrhundert verbreitet. Am Kölner Dom finden sie sich unter anderem an dem Wimpergen des Chorobergadens (um 1300), am Chorgestühl (Anfang 14. Jahrhundert), am Klarenaltar (um 1350) und am Grabmal des Erzbischofs Engelbert III. von der Mark (1348–1368). Für Konrad von Megenberg war die Natur die Negation des Reiches Gottes und der Gnade. Entsprechend interpretierte Dieckhoff die Darstellungen der Laubgesichter am Dom als Symbole der Verstrickung des Menschen in der Welt. Diese wird durch die wuchernde Natur versinnbildlicht, die von den Dämonen belebt wird. *Die Pfadlosigkeit der Wälder machte den Wald zum Bild der Verwirrung,* schrieb Dieckhoff und zitierte Hrabanus Maurus, der erklärte: *Der Wald ist die Welt,* und Augustinus, der von einer *silva daemonum* sprach. Die unmittelbar aus den Gesichtern herauswachsenden Blätter erkannte er zu Recht als Illustration des Hesekielverses (8:17) *Schau nur wie sie die Ranken an die Nase halten.* Hrabanus Maurus verstand dieses Bibelwort als Hinweis auf die Fleischeslust. Hiob (15:30) sah den Frevler in Bezug zum Wald, als er schrieb, daß er der Finsternis nicht entgehe und die Flamme seine Zweige verglühe. Dieckhoff bezog die Darstellungen am Chorgestühl auf die *erbärmliche Menschlichkeit* der Domherren[66]. Von den Ratsherren sollten die entsprechenden Darstellungen auf Ratsturmkonsolen ebenfalls als Mahnung verstanden werden.

Abb. 155: Sau, Konsole am ursprünglichen Anbringungsort, heute am Ratsturm durch ergänzte Kopie, Foto: W. Geis, 1994

Konsolen mit Tierdarstellungen

Eine Vielfalt von Tieren, Fabelwesen und zähnefletschenden, das Maul verziehenden Masken scheinen den Betrachter ängstigen zu wollen. Eine Tierkonsole ist am Turm erhalten, weitere im Ratsturmlapidarium und eine lediglich auf einer Zeichnung. Von den Fabelwesenkonsolen sind zwei am Ratsturm erhalten, mehrere weitere ebenfalls im Ratsturmlapidarium, und wiederum eine ist durch eine Zeichnung bekannt. Von den Maskenkonsolen befinden sich noch zwei am Turm, und eine ist durch eine Zeichnung überliefert[67]. Grundlage für die Darstellung von Tieren und angeblich existierenden Lebewesen war der Physiologus, der zwischen dem 2. und 4. Jahrhundert nach Christus in Syrien oder Ägypten in griechischer Sprache verfaßt worden war und später unter anderem ins Lateinische übersetzt wurde. Auf den Physiologus gehen die mittelalterlichen Bestiarien zurück, die ihrerseits die Enzyklopädisten als Quelle heranzogen[68]. Die zoologischen Kenntnisse von den Tieren waren dabei nicht von Interesse. Die in den Texten vorgestellten realen und phantastischen Wesen verwiesen mit ihrem Verhalten auf eine über sie hinausweisende Bedeutung. Vergleichbar den Fabeln boten sie Exempel für gutes und schlechtes Verhalten, wobei ein Lebewesen unterschiedliche positive und negative Bedeutungen haben konnte.

Die Sau (Abb. 155) war Symbol für die Laster Unsauberkeit, Unmäßigkeit und Schlemmerei[69]. Unter der Darstellung dieses Tieres zeigt die Konsole ein Blatt und weitere Reste, die der Bildhauer an der kopierten Konsole als Eicheln interpretierte. Möglicherweise handelte es sich aber auch um Frischlinge, die an den deutlich erkennbaren Zitzen saugten. Eine vergleichbare Darstellung findet sich an einem Kapitell in St. Severin (heute als Leihgabe im Kölnischen Stadtmuseum) aus dem 12. Jahrhundert. Das zum Bestand des Schnütgen-Museums gehörende Kapitell wurde als *Symbol des Sünders schlechthin* interpretiert[70]. Wird die Sau mit an ihren Zitzen saugenden Menschen dargestellt, gilt sie als Symbol des Judentums. Mehrere Figuren dieses Themas befinden sich am und im Kölner Dom. Ein Wasserspeier an der mittleren Chorkapelle aus dem 13. Jahrhundert hat das Aussehen einer Sau, an deren Zitzen ein Mensch saugt, der aufgrund seiner Kopfbedeckung als Jude verstanden werden sollte[71]. Im Zusammenhang mit einer szenischen Darstellung findet sich die als sogenannte Judensau bezeichnete Darstellung auch am Chorgestühl des Domes vom

Anfang des 14. Jahrhunderts. Auf einer der hölzernen Wangen sieht man in einem Vierpaß drei Juden mit einer Sau. Einer hält sie hoch, der zweite füttert sie und der dritte trinkt an ihren Zitzen. Im zweiten Vierpaß daneben erkennt man einen Juden, der einen Korb mit Frischlingen ausschüttet, ein zweiter führt ein Christenkind heran. Die zuletzt genannte Darstellung sollte an die den Juden vorgeworfenen angeblichen Ritualmorde an Christen erinnern[72]. Die Stadt Frankfurt markierte den Zugang zum Judenviertel mit dem Schandbild der Judensau[73]. In Köln befand sich das Judenviertel zur Erbauungszeit des Ratsturmes unmittelbar nördlich und westlich vor dem Rathaus, so daß ein Bezug der Konsolfigur zum benachbarten Viertel gegeben war. Die Konsole verweist damit auf die Geschichte der Juden in dem Viertel, in dem sie zur Erbauungszeit des Turmes lediglich geduldet waren und aus dem sie 1424 für immer ausgewiesen wurden. Die Sau als Symbol der unmäßigen Schlemmereiblieb in der Folgezeit ein häufig verwendetes Motiv.

Pieter Bruegel d. Ä. zeichnete 1556/58 eine Folge mit Darstellungen zu den Todsünden. Das 1557 entstandene Blatt mit der Allegorie der Unmäßigkeit (Gula) zeigt im Vordergrund die Sau, auf der eine beleibte Frau sitzt und einen Krug leert, der ihr von einem schweineartigen Fabelwesen gereicht wird. Das vielfach kopierte Tafelbild Bruegels mit den flämischen Sprichwörtern von 1559 zeigt das Tier wie es den Zapfen aus einem Faß zieht. Das entsprechende Sprichwort spielt auf den unmäßigen Alkoholgenuß an. David Teniers schuf um 1640 ein Gemälde mit der Versuchung des Hl. Antonius. Zu den Lastern gehört auch die Unmäßigkeit in Gestalt einer Sau, auf der ein dicker Mann mit Krug und Weinglas reitet und den Eremiten in einer Höhle bedrängt[74].

Eine völlig andere Bedeutung als die Sau hatte der Eber, dessen Kopf auf einer Konsole über dem inneren Zugang zum Treppenturm im dritten Obergeschoß erhalten ist (Abb. 156). Nach Hrabanus Maurus verweist der Wildeber auf die ungestüme Angriffslust der Fürsten dieser Welt. Er wird im Psalm 79 als das Waldtier geschildert, das den Weinberg des Herrn verwüstet. Für Thomas von Cantimpré ist der Eber Symbol des gewalttätigen Weltmenschen, der keinerlei Unterweisung in guten Werken annimmt. Das Tier ist aber nicht nur Symbol der Gewalt, sondern auch Ermahnung, gegen einen Feind gemeinsam anzutreten und Streitigkeiten zu begraben. Albertus Magnus beschrieb den Eber als ein Tier, das mit Artgenossen kämpft, die Keilerei aber sofort abbricht, wenn sich ihnen ein gemeinsamer Feind nähert. Im 13. Jahrhundert galt er darüber hinaus als Symbol der Bereitschaft bis zum Tod für die Gerechtigkeit zu kämpfen[75]. Die Konsole spielt auf die Nutzung des Raumes als städtische Rüstkammer an. Die Nutzung eines Raumes als Waffenarsenal ist für den Ratsturm überliefert[76].

Die Eule auf einer nur zeichnerisch überlieferten Konsole (Abb. 157) gehört ebenfalls zu den negativ zu interpretierenden Darstellungen, da sie als Nachtvogel mit dem Dunklen verbunden wurde. Nach altem und weit verbreitetem Glauben galt die Eule als dämoni-

Abb. 156: Eber, Konsole über dem Treppenhauszugang im 3. OG des Ratsturmes, Foto: C. Körber-Leupold, 1995

sches Tier. Waldgeister und andere Dämonen sollten in ihr stecken. Bekannt war die Eule als Hexenvogel. Man meinte, ihr Schrei künde den Tod an. Nach Thomas von Aquin trinkt der Uhu das Öl aus den Kirchenlampen, nach Plinius soll er mit dem Schwanz zuerst schlüpfen, was jedoch Albertus Magnus bezweifelt[77]. In der bildenden Kunst erfuhr sie unterschiedliche Sinngebungen aufgrund der moralischen Schlüsse, die Alexander Neckam, Hrabanus Maurus und Thomas von Aquin überliefern. Eine Eule mit Kneifer im Chorgestühl der ehemaligen Stiftskirche St. Andreas in Köln der Zeit um 1430 wird als Parodie auf die heidnische Wissenschaft verstanden[78]. Am Chorgestühl des Domes gibt es eine Reliefdarstellung einer Eule, die auf einem Reh reitet und einen Geldsack in der Hand hält. Sie spielt auf den Geizigen an, dessen Tod im Vierpaß darüber dargestellt ist[79]. Wie die Sau verstand man die Eule aber auch als Sinnbild der Juden, weil sie nach der Meinung der Christen im Mittelalter angeblich in Blindheit lebten und nicht den Messias als Bringer des Heils zu erkennen vermochten. Sie brachten Christus mit dem Licht und die Eule bzw. das

Abb. 157: Grinkopf, Fabelwesen, Eule, Zeichnung nach Konsolen, vor 1930

Judentum mit der Finsternis in Verbindung. Das Kreuzigungsbild Antonellos da Messina im Museum für schöne Künste in Antwerpen von 1475 wurde entsprechend gedeutet. Die Eule im Vordergrund sieht den Christus hinter ihr nicht. Diese »Blindheit« wurde als Symbol für die Juden gesehen, weil sie den Erlöser nicht erkannten[80].

Auf einer Konsole sind drei Affen (Abb. 158) zu erkennen, die auf zwei Pauken trommeln. Seit Ennius galt der Affe als negatives Symbol. Der Dichter beschrieb ihn als das häßlichste Tier und hielt ihn für sittlich verkommen. Die Christen sahen in ihm den leibhaftigen Teufel. Eine Beischrift auf dem Bild mit dem Engelsturz des Grabower Altars von Meister Bertram in der Hamburger Kunsthalle aus dem Jahr 1379 besagt, der Teufel in Affengestalt sei die Folge seines Hochmuts, sich für Gott ähnlich zu halten. Er erinnert an den Sündenfall, weil er sich für gottähnlich hielt wie Adam und Eva vor dem Baum der Erkenntnis (1. Mose 3:5). Entsprechend verstand man den Affen auf dem Kupferstich *Maria mit der Meerkatze* von Albrecht Dürer im Berliner Kupferstichkabinett von 1497/98 als Symbol der Erbsünde[81]. Auch die Darstellung der Pauken schlagenden Affen auf der Ratsturmkonsole hat eine negative Bedeutung. Das Traktieren ihrer Instrumente muß ähnlich aufgefaßt werden wie auf dem Weltgerichtsbild Lochners im Wallraf-Richartz-Museum[82]. Dort schlägt ein Teufel vor der brennenden Stadt zwei Pauken. In der Art wie Affen versuchen Menschen nachzuahmen, wird die Lächerlichkeit und Anmaßung ihres Tuns bewußt. Am Chorgestühl des Kölner Domes parodiert ein Affe die Ärzte, in dem er ihr Tun nachahmt. Er legt die Pfote auf die Brust einer Eule und hält ein Phiole[83]. Die als Bärenführer interpretierte und entsprechend ergänzt kopierte Konsole (siehe Konsole lfd. Nr. 30) zeigt zwei Meerkatzen (Abb. 159) oder Affen mit Schlingen um die Handgelenke. Der eine von beiden ist zusätzlich mit einem Mantel bekleidet, was darauf verweist, daß der Affe ein Symbol des Menschen ist. Die Schlingen stehen für die Sünde, aus denen er sich nicht zu befreien vermag[84]. Eine andere Bedeutung haben die beiden Affendarstellungen am Berner Rathaus. An der Freitreppe der Erdgeschoßhalle halten sie dem Betrachter einen Spiegel entgegen[85] als wollten sie ihn vor dem Hochmut warnen.

Abb. 158: Affen als Pauker, Konsole ursprünglich am Ratsturm, heute im Lapidarium, Foto: D. Heiermann, 1995

Die Konsole mit dem Bären an einer Kette (Abb. 160) hat sich am Ratsturm am urspünglichen Ort erhalten. In der christlichen Ikonographie erfährt der Bär positive und negative Sinngebungen. Nach der Vorstellung des Plinius wird das Bärenjunge unfertig geboren und erst durch das Ablecken der Mutter zum Leben geformt. Im Spätmittelalter wurde dieses Thema als Sinnbild für die jungfräuliche Geburt Christi verstanden. Entsprechend zeigt eine Marientafel aus Ottobeuren der Mitte des 15. Jahrhunderts eine Bärin, die ihr Junges beleckt. Der Bär kann im Rahmen von Lasterdarstellungen als Symbol der Trägheit gedeutet werden. Basilius meint, daß Tier sei von Natur aus faul *(pigra est ursae natura)*. Im Zusammenhang mit weiteren Motiven und Tieren wird er auch als Symbol für die Wollust gesehen, weil er den Honig schätzt, sowie für die Unkeuschheit, wenn er als Reittier dient, und für die Unreinheit, wenn er von Affen geritten wird[86]. Zum anderen gilt er als Sinnbild von Zorn und Brutalität. Am Kölner Domchorgestühl findet sich eine entsprechende Darstellung in einem der Vierpässe[87]. In dem bereits erwähnten Zyklus mit den Allegorien der Todsünden von Bruegel führt der Bär auf dem Blatt mit der Darstellung des Zorns (Ira) das wilde Heer an und beißt in das Bein eines Raufboldes, der über einen zweiten herfällt[88]. Wie der Bildhauer der Bärenfigur am Ratsturm gab Bruegel das Tier parallel zur Bildfläche mit geneigtem Kopf und Halsband mit Kettenglied. Die formale Übereinstimmung mag als Indiz für die Deutung des Bären als Symbol des Zorns gewertet werden. Diese dem Bären im Mittelalter zugewiesene Bedeutung war auch noch im 19. Jahrhundert geläufig. Die Karikatur aus dem Berliner Satireblatt Kladderadatsch Nr. 19 vom 13. Mai 1849 zeigt das auf die Aristokraten einschlagende Berliner Wappentier als Symbol für die nach Demokratie strebende Bevölkerung und den angeketteten, schlafenden Bären, auf dem die Soldaten herumklettern[89], die zur Abwehr der Demokraten eingesetzt waren.

Mehrere Darstellungen von Hundeköpfen auf Konsolen sind negativ zu interpretieren (Abb. 161). Der Hund gilt als Symbol des Menschen, der aus seinen Fehlern nicht lernt. Die Bibel prägte dieses Verständnis, da nach dem Spruch Salomons ein Narr, der seine Narrheiten wiederholt, dem Hund gleicht, der sich seinem eigenen Kot zuwendet (Spr. 26,11). Auf diesen Spruch spielt eine Konsole von 1496/97 im Heiligenkreuzmünster in Rottweil an. Auf ihr ist die Darstellung eines dudelsackspielenden Narren zu sehen, dem ein Hund folgt. Darüber hinaus galt der Hund als Symbol des Neides (Invidia). Auf einem Holzschnitt der zweiten Hälfte des 15. Jahrhunderts in der Albertina in Wien sind die sieben Todsünden als weibliche Personifikationen dargestellt. Die Personifikation des Neides reitet auf einem Hund (Abb. 162). Sie stellt sich mit den Worten vor: *Ich pyn der schnode neyde. Dem helle ist gar verheytte* (verheißen). Das zuletzt genannte Blatt

Abb. 159: Meerkatzen, Konsole im Ratsturmlapidarium, Foto: D. Heiermann, 1995

Abb. 160: Bär, Konsole am ursprünglichen Anbringungsort am Ratsturm, Foto: D. Heiermann, 1994

Abb. 161: Hund, Konsole im Ratsturmlapidarium, Foto: D. Heiermann, 1995

ist zugleich der Schlüssel für die Lasterikonographie an den Ratsturmkonsolen. Es bestätigt die Deutung des Bären als Symbol für den Zorn und die Sau als Symbol für die Völlerei. Auf dem ersten Bild mit den Personifikationen der sieben Todsünden ist der Teufel dargestellt. Er entsteigt dem Höllenrachen, spielt Einhandflöte und Trommel und wendet sich den weiblichen Lasterdarstellungen mit den Worten zu: *Ich pauck vnd pfeyff euch allen herein / Mitten in dye helle meyn*[90]. Damit wird zugleich deutlich, in welchem Zusammenhang die sog. Grinköpfe auf den Konsolen gesehen werden müssen. Sie sind, anders als der Grinkopf über dem Eingang zum Ratsweinkeller, die direkten Begleiter der Lasterdarstellungen und sind als moralische Anspielung zu verstehen. Sie sollten dem Betrachter vor Augen halten, daß er entsprechend den mittelalterlichen Vorstellungen seine Sünden in der Hölle büßen muß, wenn er auch nur jeweils einem der dargestellten Laster nachfolgt.

Neben Konsolen mit realen Tieren gibt es solche, die phantastische Lebewesen darstellen. Zu diesen gehört eine Konsole mit einem Kentaur (Abb. 163), eine weitere mit einem zweibeinigen Paarhufer und menschlichem Kopf und schließlich Konsolen mit Mischwesen und Masken, die sich einer genauen Benennung entziehen. Im Mittelalter glaubte man an die Existenz dieser und vergleichbarer phantastischer Wesen, da sie in der literarischen Überlieferung seit der Antike beschrieben wurden. Hohe Bedeutung für die Kenntnis dieser Tiere genossen die alexandrinischen Berichte über die Wunder Indiens sowie die Historia naturalis des Plinius und der Physiologus. Sie vermitteln die Kenntnisse, auf die im Mittelalter zurückgegriffen wurde. In Enzyklopädien, naturkundlichen und geographischen Werken wurden die Fabelwesen wie wirklich existierende Tiere vorgestellt[91]. Tierdarstellungen in den Klosterdichtungen und die Übersetzungen von Tierfabeln antiker Schriftsteller beeinflußten die Bedeutung der Fabelwesen als Symbole für bestimmte Tugenden und Laster[92]. Nach Vergil wurden die Kentauren unterhalb der Verdammten, Dämonen und Teufel in den untersten Regionen der Hölle angesiedelt. Auf diese Vorstellungen griffen Dante und die Verfasser der Bestiarien des 13. Jahrhunderts zurück. Nach Thomas von Cantimpré sind sie die Ehebrecher, die sich zu Tieren erniedrigt haben. Positive Deutung erfährt der Kentaur unter anderem in den Enzyklopädien. Er wurde als Wächter auf dem Weg ins Paradies, als Scheu und trotz seiner Sprachunfähigkeit als hilfreich beschrieben. Der mit einer Keule bewaffnete Kentaur steht für das Laster der Gewalttätigkeit[93]. Die Ratsturmkonsole mit dem keulenschwingenden Kentaur muß entsprechend interpretiert werden. Ovid schilderte die Kämpfe zwischen den Kentauren und Lapithen. Die Fabelwesen aus Pferde- oder Eselunterleib und menschlichem Oberkörper hatten sich betrunken über die Frauen der Lapithen hergemacht[94]. Ein dem Israhel van Meckenem zugeschriebener Kupferstich zeigt die zum eigenen Untergang führende Gewalttätigkeit: Zwei Lapithen fallen mit Äxten über einen von Pfeilen vielfach durchbohrten Kentauren her, der sich mit einer Keule vergeblich wehrt[95]. Die weit fortgeschrittene Verwitterung erschwert bei einigen Konsolen mit Darstellungen von Fabelwesen die Deutung. Hierzu gehören zwei Konsolen mit Fabelwesen, deren Unterleiber in Schweifen enden. Sie gehören zur Gruppe der Sirenen, die nach der Überlieferung im Physiologus wie die Kentauren den Häretikern gleichen, die unter dem Schein von Glauben und Frömmigkeit sich in die Kirche einschleichen und die Einfältigen betrügen[96].

Abb. 162: Der Teufel und die Sieben Todsünden, Holzschnitt, 2. Hälfte des 15. Jh.

Abb. 163: Kentaur, Konsole am ursprünglichen Anbringungsort des Ratsturmes, Foto: D. Heiermann, 1994

Abb. 164: Raufbolde, Konsole vom Ratsturm als städtische Leihgabe in Privathaus, Foto: W. Geis, 1993

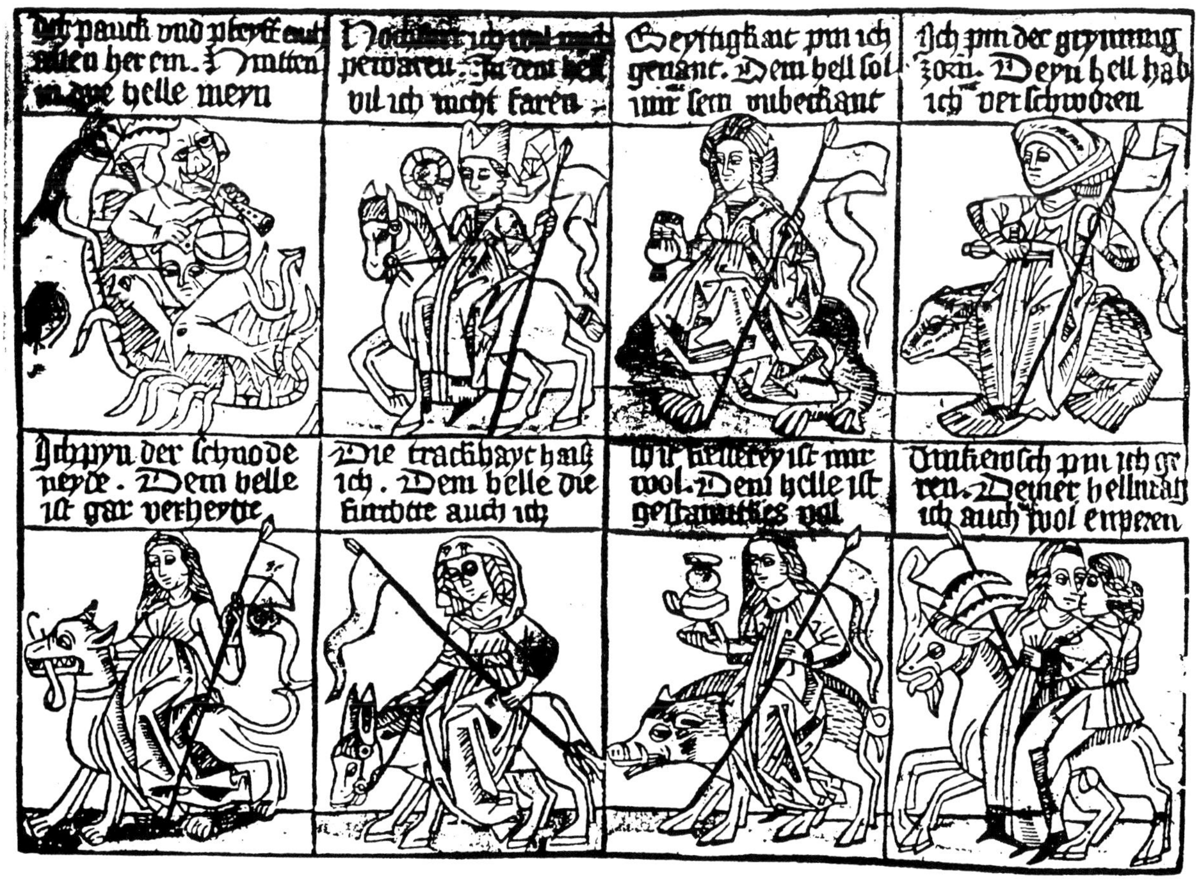

Konsolen mit Darstellungen von Menschen

Zu dieser Gruppe gehören die Konsolen mit Gewalttätigen, Spöttern sowie mit Vertretern von Berufen bzw. Ständen. Ein Kapitell mit zwei Raufbolden (Abb. 164) steht in der Tradition der romanischen Kunst, in der dieses Thema vorweg genommen wurde. Um 1200 wurden besonders häufig sich in den Haaren liegende Sirenenpaare auf Kapitellen dargestellt. Dieses Thema ist aus St. Aposteln in Köln bekannt und befindet sich unter anderem in der Abteikirche in Maria Laach, im Diözesanmuseum in Köln und in Kölner Privatbesitz. Das Thema gilt als rheinische Erfindung. In der Nachfolge sollen entsprechende Darstellungen am Taufbecken im Dom zu Limburg und an den Chorschranken der Liebfrauenkirche in Halberstadt wie auch von St. Michael in Hildesheim stehen. Die kämpfenden Drachensirenen wurden negativ gedeutet und mit Lasterhaftigkeit und Sünde verbunden[97]. Darstellungen von Ringern gibt es im 13. und 14. Jahrhundert auch an Chorgestühlen und als Randverzierungen von Handschriften. Am Chorgestühl des Kölner Domes versuchen sich zwei Männer mit gewundenen Tüchern gegenseitig zu erwürgen. Vergleichbare Darstellungen finden sich unter anderem auch an den Chorgestühlen der Kathedralen von Lausanne, Wells und Hereford. Das Thema wird als Symbol der Zwietracht gedeutet. Entsprechend wurde auch die Darstellung eines Paares verstanden. Der Knauf am

Abb. 166: Kölner Spiegel, Konsole vom Ratsturm als Leihgabe des Kölnischen Stadtmuseums im Lapidarium (Foto nach 1945)

Abb. 165a: Kallendresser, Konsolen vom Ratsturm, die linke verschollen, die rechte im Lapidarium (Foto nach 1945)

Abb. 165 b: Konsolen vom Ratsturm, Foto von »Haake, Zeichner in der Römischen Abteilung zu Köln« aus den 60er Jahren des 19. Jahrhunderts, vor der Restaurierung

Domchorgestühl zeigt einen Mann, der eine Frau von oben am Kopf hält, während sie sein Kinn drückt[98]. Die beiden mit Rock und Gugel bekeideten Männer an der Ratsturmkonsole greifen sich an den Kragen. Als Zwietracht gedeutet, gehören sie in die Reihe der Lasterdarstellungen.

Mehrere Konsolen stellen Männer dar, die ihre Beinkleider herabgelassen, ihre Röcke hochgezogen haben und ihre Hinterbacken dem Betrachter frech entgegen recken (Abb. 165, 166). In der Literatur werden sie als *Kallendresser* und *Kölner Spiegel* bezeichnet. Zwei von ihnen sind nach erhaltenen mittelalterlichen Vorbildern vor 1964 erneuert worden. Der Dritte ist eine 1994 angefertigte Wiederholung nach einer Konsole des 19. Jahrhunderts, die ihrerseits eine verlorene mittelalterliche Bauplastik dieses Themas wiederholt. Neben den drei am Turm in Kopien erhaltenen Männerdarstellungen befinden sich zwei weitere mittelalterliche Originale im Ratsturmlapidarium und eine im Kölnischen Stadtmuseum, so daß am Turm mindestens fünf Konsolen dieses Themas vorhanden gewesen sein müssen und damit eine wesentliche Komponente im ursprünglichen Skulpturenprogramm bildeten. Die erhaltenen Fragmente vertreten zwei unterschiedliche Typen. Vier von ihnen sind hockend im Profil dargestellt, einer kehrt dem Betrachter den Rükken zu und steckt den Kopf zwischen die Beine. Der im Volksmund gebräuchliche Begriff *Kallendresser*[99] wurde mit einem Relief in Verbindung gebracht, das bis zur Zerstörung im Zweiten Weltkrieg ein Haus des 18. Jahrhunderts am Alter Markt zierte. Es stellte einen Mann in hockender Stellung dar, der seine Notdurft in den Wasserabfluß des Daches, *in de Kall,* verrichtete. Mit der Darstellung werden drei Sagen verknüpft. Nach der ersten ließen empörte Kölner das Relief am Haus anbringen, um ihren Unmut zu zeigen. Grund war die Auslieferung eines Kölner Bürgers an die städtischen Büttel. Ein Bürger war in die Stiftsimmunität von Groß St. Martin geflüchtet und vom Abt der Stadt ausgeliefert worden, wodurch sich die Kölner Bürger durch das Kloster in ihren Freiheitsrechten geschmälert fühlten. Nach der zweiten Sage wohnte in der Wohnung, an deren Fassade das Relief angebracht wurde, ein Schneider, den der darunter wohnende Trompeter ständig mit seinem Blasinstrument störte. Statt auf dessen Wunsch nach Ruhe einzugehen, ärgerte er seinen Nachbarn, in dem er beim Trompeten das Fenster öffnete, wogegen sich der Schneider mit einem gezielten »Dreß« gerächt haben soll. Auf die gute Nachbarschaft war ihm in dem Moment *nen Dreß an je läje*[100]. Nach der dritten Sage soll der Kallendresser auf einen Dachdecker zurückgehen, der die von Zeit zu Zeit notwendige Entleerung in die Regenrinne vornahm. Die Geruchsbelästigung soll zu Beschwerden aus der Nachbarschaft geführt haben[101]. Die Darstellung würde dann auf unflätiges Gebaren anspielen, das mit dem Ausruf: *su nen Dreßkäl* quittiert wird[102]. Ewald Mataré entschied sich bei der von ihm 1963/64 neu geschaffenen Figur für das Haus em Hanen für die erste Deutung, wobei er den unrasierten und stoppelhaarigen Verbrecher als Spottfigur verstanden wissen wollte[103]. Für den Stadtkonservator Hans Vogts waren die Kallendresser und Spiegel Bildhauer- oder Handwerkerscherze, die zu allen Jahrhunderten und vielerorts beliebt waren und zum Genre *Kölsche Krätzcher* zu rechnen sind[104]. Schäfke ergänzt, daß das Zeigen und Hinweisen auf das entblößte Gesäß nicht nur eine rheinische Gewohnheit gewesen sei, weiß aber nicht sicher, ob der mittelalterliche Steinmetz einen Scherz getrieben hat oder die Einstellung des Bauherrn wiedergibt[105]. Da es keine schriftliche Überlieferung über die Motivation zur Darstellung der Kallendresser am Ratsturm gibt, die ins Mittelalter zurückreicht, bedarf es der Untersuchung vergleichbarer Darstellungen des Motivs. Kröll hat einige der von ihr als Blecker bezeichneten Darstellungen in der mittelalterlichen Kunst und Literatur untersucht. Sie bietet mehrere Deutungsmöglichkeiten an und unterscheidet einen christlich moralisierenden von einem körperbejahenden Sinn. Dabei läuft der christliche Sinn auf eine Verhöhnung derjenigen hinaus, die gegen das christliche Ethos verstoßen. Rupert von Deutz und Albertus Magnus glaubten aus den Prophetentexten lesen zu können, es wäre möglich, an entblößten Gesäßen und Genitalien Hochmut- und Verschwendungssucht des Menschen zu erkennen. Hrabanus Maurus versteht die Entblößung als Ausdruck der Verachtung des christlichen Ethos durch frevelhaftes und unzüchtiges Verhalten. Der körperbejahende Sinn persifliert, nach Kröll, das Ideal der platonischen Liebe, wie es in der ritterlichen Minne sublimiert war, und polemisiert gegen die körperfeindlichen kirchlichen Grundsätze.

Er hat seinen Ursprung in unterschiedlichen literarischen Neuschöpfungen seit dem 12. Jahrhundert. In elegischen Komödien, in Pastourellen, in der Goliardendichtung, in den Fabliaux und Mären wird der unbefangene Genuß der Freuden des »amor carnalis« thematisiert. Selbst in geistlichen Texten etwa des Rupert von Deutz war die Gottesliebe in Bildern artikuliert, die dem Intimbereich zugehören. Das Fabliaux vom *Chevalier qui faisait parler les con et les culs* läßt sich als Parodie auf die Vorstellung der Kirche verstehen, besagte Körperteile könnten sprechen und somit Zeugnis von einem, nach kirchlicher Vorstellung, sündhaften Leben zeugen. Das deutsche Spruchgedicht *Salomon und Markolf* des St. Galler Mönches Notker Labeo (952–1022) ist im Zusammenhang mit den männlichen Bleckern des Ratsturmes von besonderem Interesse. Es geht auf einen mittellateinischen Text zurück und wurde Ende des 14. Jahrhunderts aufgeschrieben. In diesem Gedicht ist die männliche Gebärde des Bleckens mit der Gestalt des Markolf verbunden, der aus den intimen Körperregionen sein Weltwissen bezieht, mit dem er die Weisheiten des

Abb. 167: „Wie künig salomon selber zu dem loch kam", Holzschnitt aus „Frag und Antwort Salomonis und Marcolfi", Druck von Marcus Ayrer, 1487

Königs und Propheten Salomo übertrumpft. In einer illuminierten Handschrift der Zeit vor 1450[106] steht Markolf mit heruntergelassenen Beinkleidern vor dem Thron Salomons. Der Holzschnitt *Wie künig Salomon selber zu dem loch kam* in *Frag und antwort Salomonis und Marcolfi* von 1487 (Abb. 167) bietet einen drastischen und unmittelbaren Vergleich zu den Bleckern am Kölner Ratsturm. Markolf steckt seinen Kopf in eine Hohle und streckt Salomo sein Gesäß entgegen. Die Darstellung gilt als Illustration des Textes, nach dem Salomo sich von Markolf beleidigt fühlt und ihm mitteilt, er wünsche sein Gesicht nicht mehr zu sehen. Darauf kriecht Markolf in einen Ofen und reagiert mit der Geste des Bleckens.

Zumindest eine Bleckerkonsole erlaubt eine genauere Deutung. Sie trägt eine Gugel mit Zipfeln, wobei der linke Zipfel zwar stark bestoßen ist, dafür jedoch Reste einer Schelle zeigt. Schellen galten als Symbol des Lasters der Schwatzhaftigkeit. Hrabanus Maurus schrieb: *Cymbulum est vitium Loquacitatis* und deutete sie gemäß der Bibelstelle, wonach der Liebe bedarf, der überzeugen will, damit das, was vermittelt werden soll nicht wie tönendes Erz oder eine klingende Schelle wirkungsloses Geschwätz bleibt (1. Kor. 13,1). Im *Hortus deliciarum* der Herrad von Landsberg aus dem letzten Viertel des 12. Jahrhunderts lassen die gemalten Personifikationen der Laster von Übermut (Petulantia) und Albernheit (Jocus) ihre Glöckchen fallen, sobald die Eitelkeit (Luxuria) mit ihrem Wagen von der Mäßigung (Temperantia) gestürzt wird und unter das Schicksalsrad kommt. Aufgrund der negativen Bedeutung der Glöckchen oder Schellen wurden sie zur Kennzeichnung der Narren verwendet.

Seit dem 14. Jahrhundert zeigen Handschriften Darstellungen von Narren, die eine Gugel tragen, deren Zipfel in Schellen enden. Der Narr gilt als Person, der fäkale und geschlechtliche Dinge unverblümt zur Sprache bringt. Die Analyse von Fasnachtsspieltexten hat ergeben, daß entsprechende Textstellen nicht als harmloser Ausdruck der Unbefangenheit spätmittelalterlicher Menschen verstanden werden sollten, sondern als bewußter Kontrast zum Sittenkodex der eigenen Zeit. Möglicherweise sind auch die dem Meister E. S. zugeschriebenen Kupferstiche mit aus Figuren bestehenden Buchstaben im Zusammenhang mit entsprechend drastischen Texten entstanden. Drei von sechs Figuren des Buchstabens »N« (Abb. 168) sind durch die Schellen an ihren Ärmeln als Narren zu erkennen, drei sind als Blecker dargestellt. Spielkarten aus der Werkstatt Hans Forters in Wien und des Jeronymus aus dem frühen 16. Jahrhundert zeigen Narren mit dem Rücken zum Betrachter, die sich ihres Stuhlganges entledigen. Eine Nürnberger Kalendervignette des 16. Jahrhunderts mit einem Narren, der seinen Kopf zwischen seine entblößten Schenkel streckt, ist Ausdruck närrischer Weltsicht. Sie wollen die Welt auf dem Kopf sehen, in dem sie das Unterste nach oben drehen und das Verborgene entblößen[107]. Wie Markolf vor Salomon stellt der Narr damit nicht die bestehende Ordnung in Frage, sondern er bestätigt lediglich den erlaubten Freiraum innerhalb dieser Ordnung.

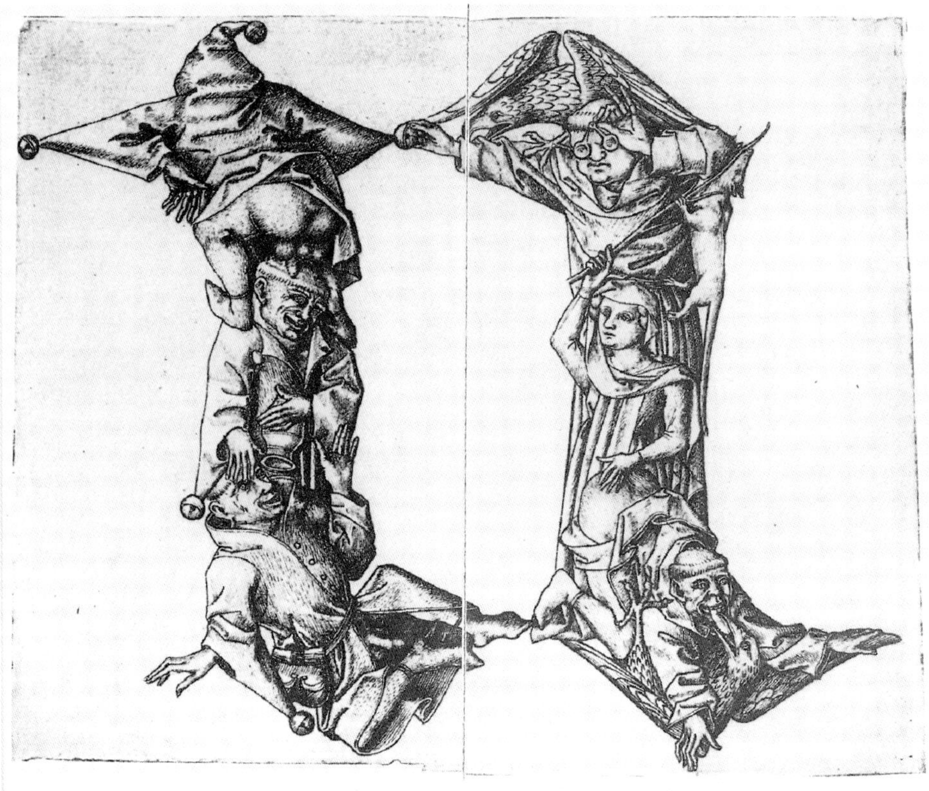

Abb. 168: Buchstabe »N«, Kupferstich 1466/67

Er ist die notwendige Negativfigur mit dem Zweck, die Regeln menschlichen Zusammenlebens als positives System zu bestätigen, so daß selbst der Herrscher und die hohe Geistlichkeit das Schalksgebaren gouttieren konnten, ohne sich in Frage gestellt zu sehen. Der Vergleich zu den Darstellungen auf Spielkarten belegt darüber hinaus, daß die Formulierung *auf etwas oder jemanden scheißen* im Spätmittelalter ebenfalls verbreitet war und als Ausdruck von Spott und Verachtung galt. Sicher greift der als »Stippeföttchen« bezeichnete verharmloste Gestus des gegenseitigen Poanstupsens innerhalb des Kölner Funkentanzes die Gebärde der Blecker auf, um dem Spott gegenüber dem preußischen Militär stummen Ausdruck zu verleihen. In Den Haag wird eine niederländische Fastnachtshandschrift der Mitte des 16. Jahrhunderts aufbewahrt. Sie zeigt kolorierte Wappen der Städte und Territorien eines fastnächtlichen Reiches, das von einer Narrenkappen Gnaden regiert wird. Das Wappen von Druckingen zeigt zwei Narren, deren Haltung beim Funkentanz übernommen wurde. Sie hocken Rücken an Rücken und drücken ihren Darm leer[108]. Im Vergleich zu dieser Darstellung wird die gesellschaftsfähig gemachte Choreographie des Funkentanzes deutlich, aber auch die Tradition, in der er steht.

Zumindest auf zwei gleichzeitig entstandene Konsolen mit Bleckern sei hingewiesen. Sie befinden sich in der Erdgeschoßhalle des Berner Rathauses. Sie entsprechen dem Profiltyp und entstanden um 1410 bis 1414. Nach Hofer verhöhnen sie mit ihrer Haltung den Spruch des Richters, der zwischen zwei Bleckern auf einer Konsole dargestellt sein soll[109]. Mit der mittleren, als Richter interpretierten Figur, dürfte Salomon gemeint sein. Nach Prophetenart trägt er einen weichen, bodenlangen Mantel und hält ein Spruchband vor sich. Die Blecker tragen zerlumpte Hosen, grobe Strümpfe, Holzpantinen, Gugel und Rock. Sie besitzen eine an Drolerien erinnernde, häßliche Physiognomie, die sie als Bauern kennzeichnen soll. Salomon als Sinnbild der Weisheit wird mit der Garstigkeit des Bauern als Symbol für Schläue und Gewitztheit konfrontiert, als ob die in der Berner Rathaushalle tagenden Richter schmunzelnd belehrt werden sollten, daß die sprichwörtliche salomonische Weisheit ihre Grenzen findet, wenn sie auf die ebenso sprichwörtliche Bauernschläue trifft. Am Kölner Ratsturm bilden die obszönen Narrenfiguren einen Gegensatz zu den durch Schriftbänder und lange Bärte als weise gekennzeichneten Propheten. Als Blecker stellen sie die Bücherweisheit in Frage. Aus dem Anblick der Blecker konnten die im Senatssaal des Turmes sich versammelnden Ratsherren eine entsprechend humorvolle Belehrung ziehen. Die Bezeichnung »Kölner Spiegel« verweist auf eine weitere Deutungsmöglichkeit. Der Spiegel ist Ausdruck für die Aufforderung, selbst mit gutem Beispiel voranzugehen, bevor man beginnt, andere zu maßregeln. Wer dies dennoch nicht lassen kann, wird in Köln gefragt: *Häste hück allt en Aap jesin?* Auf die Antwort *Enä* kommt dann sogleich *Dann süch ens en der Spejel*[110]. Oder er wird gefragt: *Wosse en rechtigen Iesel senn, dann kik en en Spejel*[111]. Gegen den Hochmut der Herrscher richtete sich das Blecken der Wiener Bürger während der Unruhen von 1462, als sie der Kaiserin Eleonora ihre nackten Hinterteile entgegen reckten und riefen, *du Kaiserin und ir iuncfrawn! ir solt in dise spiegel schauen!*[112].

Die Blecker bleiben als moralische Anspielung und als Symbol der Gesellschaftskritik in der bildenden Kunst der folgenden Epoche lebendig. Pieter Bruegels erwähnte Folge mit dem Thema der Todsünden zeigt auf fast allen Zeichnungen Blecker. Auf dem Blatt mit dem Thema Hochmut (Superbia) sieht man neben einer aufgeputzten Frau mit Spiegel ein nacktes Männchen, das sein Gesäß der Personifikation der Hochmut entgegenhält und es in einem Spiegel betrachtet. Auf dem Blatt mit der Darstellung des Neides (Invidia) sieht man einen Blecker, der seinen Anus beschnüffelt, auf demjenigen mit dem Thema Verschwendung (Luxuria) entmannt sich ein Blecker mit langem Messer und schließlich entleert sich einer in ein Boot, wobei die Ruderer vergeblich versuchen, dem Unheil auszuweichen. Auf Bruegels Tafelbild mit den flämischen Sprichwörtern illustrieren die Blecker die Sprichworte *Er scheißt auf die ganze Welt* und *Sie scheißen durch das gleiche Loch.* Dargestellt ist ein Mann, der sich durch ein Fenster auf eine Weltkugel entleert bzw. zwei Menschen, die ihr Gesäß aus dem Toilettenerker einer Burg heraushängen[113]. Als Verunglimpfung der bestehenden Herrschaftsverhältnisse ist die Darstellung eines nackten Mannes zu verstehen, der mit seinem sichtbar gemachten Gesäßwind der Fürsten Wort vernebelt. Das anonyme Flugblatt entstand als Kritik gegen die Willkürherrschaft der Fürsten nach der Julirevolution von 1830 im Jahre 1832[114].

Eine Variante der Blecker sind die sog. Dukatenmännchen. Als Beispiel seien dasjenige auf der Miserikordie des Chorgestühls in der Oude Kerk in Amsterdam[115] und das am Gildehaus der Gewandschneider (Kaiserworth) in Goslar von 1494 genannt[116]. Beide Figuren sind in hockender Stellung dargestellt und entleeren ihren Darm, wobei anstelle des Stuhlgangs Münzen zu Boden fallen. Der Amsterdamer Dukatenscheißer gehört in einen Zyklus von Darstellungen zu Sprichwörtern und Spruchweisheiten; die Figur in Goslar steht zusammen mit sechs Statuen von Kaisern und Personifikationen der Fülle und Herkules als Symbol der Stärke an der Fassade des Gebäudes. Das Figurenprogramm bringt zum Ausdruck, daß Wohlstand und Stärke der Städte sowie Wohlwollen und Macht des Reiches voneinander abhängig sind. In der Tradition der Dukatenscheißer steht die Statuette des Nathan Meyer Rothschild, die Jean-Pierre Dantan 1833 schuf. Mit geldgierig aufgerissenem Maul hockt der Dargestellte auf dem Berg aus Geldsäcken und Wertpapieren und streckt dem Betrachter sein schlabberig modelliertes Gesäß entgegen[117]. Die Darstellung soll hier nicht wie im späten Mittelalter menschliches Fehlverhalten karikieren, sondern den vermeintlichen Charakter einer Person bloßstellen.

Auf einer Konsole bückt sich ein Steinmetz über einen Quader und bearbeitet dessen Oberfläche (Abb. 169). Bei dem im Ratsturm aufbewahrten Fragment ist der Oberkörper des Steinmetzen abgebrochen. Da Tuff für die Konsole verwendet wurde, liegt es nahe, die Arbeit ins 19. Jahrhundert zu datieren, weil im frühen 15. Jahrhundert Trachyt für die Bauplastik benutzt wurde. Sie mag aber auch schon im Zusammenhang mit der Errichtung des Bauwerks entstanden sein, weil der obere Teil des Turmes ebenfalls aus Tuff gefügt worden war. Außerdem könnte sie zu einer der 41 Konsolen gehören, die 1865 nach einem mittelalterlichen Original kopiert wurde. Die strenge Anordnung der Figur parallel zur Wand läßt die Komposition

Abb. 169: Steinmetz, Konsole vom Ratsturm, Foto: D. Heiermann, 1995

ähnlich streng erscheinen wie bei den mit Sicherheit mittelalterlichen Bärenkonsolen. Die Figur ist im Profil dargestellt und trägt einen gegürteten Rock mit parallelen Falten. Die Gestaltung steht in der Tradition von Handwerkerdarstellungen, die im 12. Jahrhundert aufkamen. Genannt seien diejenigen in den Kathedralen von Lodi und Piacenza[118]. Nach 1263 entstand die Konsole mit der Bildhauerdarstellung unter der Statue des Apostels Philippus im Chor des Xantener Domes[119], bei der die Figur elegant in das Blattwerk hineinkomponiert ist. Im Dom zu Piacenza gehen die Reliefs mit den Handwerkerdarstellungen auf Stiftungen der genossenschaftlich vereinigten Handwerker oder einzelner Zunftmitglieder zurück[120]. Auch wenn ein vergleichbares Vorgehen am Kölner Ratsturm nicht überliefert ist, erscheint die Konsole dennoch als Ausdruck von Selbstbewußtsein des an die Macht gekommenen Handwerkerstandes.

Zur Gattung des Autorenbildnisses gehört eine im Ratsturmlapidarium erhaltene Konsole, die am Turm durch eine Kopie ersetzt ist (siehe Konsole lfd. Nr. 28) (Abb. 170). Die Darstellung des auf einem Klappstuhl vor einem Pult mit geöffnetem Buch sitzenden Schriftkundigen steht in der Tradition spätantiker und frühmittelalterlicher Vorbilder. Als Beispiele seien karolingische Handschriften mit schreibenden Evangelisten wie das Ebbo Evangeliar der Zeit zwischen 816 und 835 in der Stadtbibliothek in Epernay[121] oder die Elfenbeintafel mit dem Hl. Gregor im Kunsthistorischen Museum in Wien der Zeit um 1000 genannt[122]. Kutte und Kapuze kennzeichnen den Dargestellten als Mönch, der durch die sehr gebeugte Haltung, die schräg gestellte Brille und das weich modellierte Gesicht karikiert wirkt. Die Deutung als lesender Professor der 1388 gegründeten städtischen Universität bleibt zunächst genauso ungewiß wie eine Interpretation als Stadtschreiber oder Schreibernarr, wie er von Albrecht Dürer 1494 für Sebastian Brants Narrenschiff in Holz geschnitten wurde[123].

Die Darstellung eines Sackpfeifers (siehe Konsole lfd. Nr. 52) (Abb. 171) verweist auf Vorstellungen, die im späten Mittelalter und in der frühen Neuzeit eine Rolle spielten. Der Dudelsack gehört zu den Instrumenten, die meist eine negative Deutung erfuhren. Nach dem Volksglauben erklingt der Dudelsack beim Hexentanz[124]. Auf einem Holzschnitt des späten 15. Jahrhunderts spielt ein Teufel mit seinem trommelnden Kumpan zur Hochzeit eines weiteren auf[125]. Auf Tafelbildern wird er Hirten, Bauern und Narren zugeordnet[126]. Wird er von einem Esel gespielt, galt er als Symbol für die Narrheit und den Unverstand der Menschen. Im Zusammenhang mit den Bleckerkon-

Abb. 170: Schreiber, Konsole vom Ratsturm, Foto: D. Heiermann, 1995

Abb. 171: Dudelsackspieler, Konsole vom Ratsturm, Foto: D. Heiermann, 1995

solen ist die Erzählung erwähnenswert, nach der ein Edelmann bei Sackpfeifenmusik sein Wasser nicht zurückhalten konnte[127].

Abb. 172: Grins Kampf mit dem Löwen, Zeichnung der Ratsturmkonsole, vor 1865

Die Darstellung auf einer zeichnerisch überlieferten Konsole (Abb. 172) wird zu Recht mit dem Kampf des Bürgermeisters Grin mit dem Löwen in Verbindung gebracht. Sie zeigt einen Mann, der auf das rechte Knie gesunken mit dem Ende seines Mantels in das aufgerissene Maul eines Löwen greift. Hinter dem Löwen symbolisiert ein Architekturmotiv den Ort, an dem der Kampf stattgefunden haben soll. Als literarische Vorlage gilt eine in den Kölner Jahrbüchern vom Ende des 14. Jahrhunderts überlieferte Legende. Danach besaß Erzbischof Engelbert einen Löwen, der von zwei Pfaffen gehalten wurde. Diese hetzten nach der Sage im Jahre 1262 das Raubtier auf Hermann Grin, der den Löwen erstach[128]. Die Koelhoffsche Chronik von 1499 malt die Legende aus. Sie beschreibt u. a. die Kammer, in der das Ereignis stattgefunden, die Art, wie Grin mit seinem um die Faust geschlungenen Mantel dem Löwen ins Maul gefahren und ihn mit seiner Rechten erstochen haben soll. In der Chronik heißt es, daß eine Darstellung Hermann Grins bereits an der gotischen Rathausvorhalle angebracht war. Die 1569 durch die Renaissancelaube ersetzte Architektur wurde 1404 erstmals urkundlich erwähnt[129], so daß sich die ältere Darstellung zum Zeitpunkt des Turmbaues dort schon befand. Ihr Aussehen ist jedoch genausowenig bekannt wie das von drei weiteren Figuren, die nach der Koelhoffschen Chronik Samson, König David und Heinrich den Löwen dargestellt haben sollen.

Der Bürgermeister Grin war der Held, mit dem die Stadt die Befreiung von der erzbischöflichen Herrschaft dokumentierte. Die ihm an der Vorhalle zur Seite gestellten Figuren waren die notwendigen typologischen Ergänzungen. Sie verwiesen darauf, daß der legendäre Kampf Grins eine weit in die Vergangenheit zurückgehende Tradition besaß, durch die die Vertreibung des Erzbischofs aus der Stadt legitimiert werden sollte. Als Vorbild diente die Darstellung des Herkules im Kampf mit dem nemäischen Löwen. Dieses aus der Antike entlehnte Thema zur Versinnbildlichung des Befreiungskampfes mußte als besonders geeignet erscheinen, weil die Kölner Patrizier sich mit dem römischen Reich und Italien verbunden fühlten.

Der römische Feldherr Agrippa galt als Gründer der Stadt und wurde um 1440 am Gürzenich mit einer Statue geehrt, die herrschenden Familien rechtfertigten ihren politischen Machtanspruch, indem sie ihre Herkunft auf römische Familien aus senatorischem Adel zurückführten, und schließlich stammten ihre wichtigsten Reliquien aus Italien. In Gestalt der Kronen fanden die aus Mailand geraubten Gebeine der Heiligen Drei Könige sogar in ihrem Stadtwappen Eingang. Einige oberitalienische Städte waren lange vor Köln selbständige Kommunen und hatten Monumente ihrer Stadtheroen aufgestellt. Cremona in der Lombardei hatte seit dem Ende des 11. Jahrhunderts den Status einer freien Stadt. Mit der Figur des Giovanni Baldesio am Rathaus und an der Kathedrale ehrten die Bürger im 12. Jahrhundert den Helden, der in einem Zweikampf gesiegt und dadurch die Stadt von der Tributzahlung in Form von drei Kugeln befreit hat. Die Figur erregte zu Anfang des 15. Jahrhunderts besonderes Interesse. 1417 identifizierte man sie als Herkules, dem mythischen Stadtgründer. Sie wurde aber auch als Giovanni Baldesio gedeutet, auf den zwischen 1426 und 1431 ein Gedicht verfaßt wurde. Mailand war bis zur Übernahme des Stadtregiments durch die Visconti unabhängig. Ab 1277 setzten sich jedoch Mitglieder dieser Familie durch, die ab 1395 als Herzöge regierten. Aus der Epoche der städtischen Freiheit stammt der *Broletto* genannte Palazzo Communale mit der Reiterfigur des Oldrado da Tresseno, der die als Ketzer bezeichneten Feinde besiegt hatte. Mantua war im 12. Jahrhundert ebenfalls freie Kommune, die jedoch im 13. Jahrhundert unter die Herrschaft der Bonacolsi und ab 1328 der Gonzaga geriet, die die

Stadt zur Herzogresidenz ausbauten. Ab 1227 hatten die Bürger den ebenfalls als *Broletto* bezeichneten Kommunalpalast erbauen lassen. Wenn dort der Stadtrat Beschlüsse bekanntgab, berief er sich auf Vergil. Die Statue des römischen Dichters wurde als Identifikationsfigur der Kommune und als Gegenbild zum offiziellen Herrscherbild angerufen[130].
Auch in den zahlreichen Städten nördlich der Alpen hatten die Bürger Monumente errichten lassen, mit denen sie ihr Selbstbewußtsein dokumentierten. Hingewiesen sei auf die Rolandstatuen, die als Symbole der von Karl dem Großen entwickelten Reichsordnung und des christlichen Missionierungsanspruchs gelten, darüber hinaus auch als Zeichen eines königlichen Patronats über die Kirche am Rand von Slawen besiedelter Gebiete. Nach der Christianisierung der Slawen sollen sie als Ausdruck der von den Nachfolgern Karls des Großen an die Städte verliehenen Rechte und Privilegien errichtet worden sein[131]. Die Darstellung des Hermann Grin ist im Zusammenhang mit den italienischen Stadtheroen zu sehen, mit denen der Anspruch auf Unabhängigkeit demonstriert wurde, während Städte wie Bremen, Brandenburg oder Halberstadt ihre Verbundenheit mit dem Reich hervorhoben, das ihnen in der als feindlich empfundenen Nachbarschaft slawischer Siedlungen den gewünschten Rückhalt bieten sollte.

Abb. 173: Keulenschwinger, Konsole in der Rentkammer über dem Portal des Ratsturmes, beim Wiederaufbau durch modifizierte Figur ersetzt, Foto von 1944

Unmittelbar hinter dem Türblatt des Westportals schwingt knapp über Kopfhöhe ein Männchen eine Keule (Abb. 173). Die Konsolfigur wiederholt den Typus der hier ursprünglich angebrachten Figur des Keulenschwingers aus der Erbauungszeit des Turmes. Ein Foto überliefert das Aussehen und belegt die für die Zeit um 1400 typische Gestaltung, wie sie z. B. auch bei den Archivoltenfiguren der Propheten im Portal des Brüsseler Rathauses der Zeit um 1405 zu finden ist und hier wie dort durch üppige, stoffreiche und weich gefaltete Gewänder geprägt ist[132]. Das Keulenmännchen symbolisiert die städtische Obrigkeit. Grimm berichtet von Städten, an deren Toren Keulen aufgehängt waren, die als Zeichen der Obrigkeit galten und auf die deutsche Rechtssprechung bezogen wurden. Ein seit dem 13. Jahrhundert literarisch überlieferter Spruch bezeugt, daß, wer den Steuerbehörden seine Habe vollständig überläßt, sich gegenüber der Obrigkeit verdächtig macht. Er lautet: *Wer den Kindern gibt das Brot und selber dabei leidet Not, den soll man schlagen mit dieser Keule tot*[133]. Diese Deutung paßt zur Funktion des Raumes, der die städtische Finanzverwaltung aufnahm und als Mittwochsrentkammer bezeichnet wurde. Ein vergleichbares Keulenmännchen befindet sich am Gewölbeansatz im Durchgang des Brüsseler Rathausturmes.

Wertung

Huizinga erkannte das Standesbewußtsein des Menschen im späten Mittelalter als wesentliches Merkmal seines Selbstverständnisses. Die Vorstellung einer in Stände gegliederten Gesellschaft prägte das theologische und politische Denken. Die Stände galten als Ausdruck einer von Gott gewollten Ordnung. Alle Berufe, Beziehungsverhältnisse (Jungfern-, Ehe-, Witwenstand), reale und phantastische Lebewesen (Fabelwesen, Engel, Teufel), Organisationen (Staaten, Orden), selbst Tugenden und Laster hatten ihren festen Platz in einer hierarchisch gegliederten Welt, in der jeder Stand und Zustand – auch der Stand der Sünde – seine Funktion hatte[134]. Die wenigen erhaltenen und überlieferten Darstellungen vom Kölner Ratsturm sind Ausdruck dieser Ordnung. In der Literatur des 14. und 15. Jahrhunderts richtete sich Gesellschaftskritik gegen einzelne Stände. Sie bestätigte aber die Ordnung, in der auch dem Sünder ein Platz zugewiesen wurde. Bergenthal stellte fest, daß z. B. der Klerus offenbar die an ihm geübte Kritik genießen konnte, denn sonst hätte er die satirischen Darstellungen z. B. an Chorgestühlen nicht geduldet. Das Ständesystem erlaubte, heterogene Elemente und scheinbare Widersprüche in einer großen Synthese zusammenzufassen[135]. Die Autoren des 15. Jahrhunderts bejammerten die Lasterhaftigkeit des Klerus, die Verwahrlosung des Volkes, die Ungleichheit unter den Menschen, ohne jedoch das System in Frage zu stellen und gar Widerspruch oder Umsturz als Lösung vorzuschlagen. Bauern und Narren galten den übrigen Ständen als grobe und ungehobelte Menschen. Als solche ließen die Kölner Bürger sie darstellen, wenn sie ihnen die Gestalt von Bleckern gaben. Gleichzeitig verstanden sie sich selbst als Bauern und suchten diesen Stand aufzuwerten, indem sie sie innerhalb des Ständesystems der Quaternionen als *bouherren* des Reiches interpretierten[136]. Die am Turm verehrten Heiligen bestärkten das Ständesystem. In den von Geistlichen notierten Legenden werden sie als Benachteiligte der Gesellschaft geschildert, die ihr Schicksal in Gottes Hand gelegt haben und die bereit sind, selbst ihr Leben zu opfern. Als Könige, Königinnen, Bischöfe und Geistliche schienen sie den Benachteiligten der spätmittelalterlichen Gesellschaft vorzuleben, was es nach der Vorstellung der im Dienst der Mächtigen stehenden hieß, sich in eine von ihnen gutgeheißene Welt zu fügen. Im Interesse der Mächtigen erhob der Klerus die Heiligen zum Vorbild, dem die niederen Stände nachstreben sollten, auch wenn sie selbst weit von dem durch die Heiligen vorgelebten Ideal entfernt blieben[137]. Das Bildprogramm des Ratsturmes bezeugt, wie sehr die Bürger dieses Ständesystem verinnerlicht hatten. Sie waren Gewerbetreibende, gehörten einer Zunft an, hatten mit der Gestalt des Bauern ihre Identifikationsfigur im Reich gefunden, kannten alle Laster und waren sich bewußt, bis zum Tag des Weltgerichts im Fegefeuer schmoren zu müssen. Am Jüngsten Tag würden sie sich dem Urteil Gottes stellen, das darüber entscheidet, ob sie in das Paradies aufgenommen oder der ewigen Verdammnis anheimfallen. Jeder Kölner Bürger nahm innerhalb des Ständesystems einen festen Platz ein. Das Bürgertum dokumentierte mit dem Bildprogramm, daß sie die Ständegesellschaft mit Gott, dem Papst und dem Kaiser an der Spitze anerkannten, von diesen aber die gleichen Tugenden verlangten, die ihnen als erstrebenswert vorgestellt wurden. Sie wünschten Gerechtigkeit und im Umkehrschluß zu den dargestellten Lastern Neid, Völlerei, Zorn, Gewalttätigkeit und Hochmut die Tugenden Großzügigkeit, Mäßigung, Gnade, Milde und Bescheidenheit. Der moralische Anspruch lebte in der Malerei und der Graphik fort. Ein Beispiel ist der Kupferstich mit der Darstellung des Weltgerichts Alart Du Haamels nach Hieronymus Bosch[138] (Abb. 174). Unter dem thronenden Christus auf dem Regenbogen vollzieht sich die Teilung der Menschen in Gute und Böse. Die Guten ziehen in dichtem Gefolge durch eine felsige Landschaft ins Gebirge. Im Vordergrund und

Abb. 174: Weltgericht, Kupferstich um 1500

am seitlichen Höllentor tummeln sich Fabelwesen und Teufelchen in bleckender Haltung. Sie verspotten die Sünder, letztlich auch den Betrachter, und zerren die Verdammten in die Unterwelt. Stefan Lochner führte auf seinem Kölner Weltgerichtsbild der Zeit um 1435 alle Stände vor (Farbtafel 3). Im Zug der Erlösten wie im Zug der Verdammten finden sich jeweils ein Papst, ein Bischof, ein König sowie Kleriker und Bürger, die an ihren Kopfbedeckungen oder der Haartracht zu erkennen sind. Der Stand der Unschuld ist genauso vertreten wie die verschiedenen Stände der Sünde. Anders als am Ratsturm stellte Lochner z. B. Geiz und Spielsucht als Menschen dar, die er anhand der Attribute Geldsack und Würfel charakterisierte.

Der Mann mit dem Geldsack wurde darüber hinaus aufgrund seines kahl geschorenen Kopfes als Jude identifiziert. Im Hintergrund sind Juden, Heiden und Moslems durch ihre Hüte gekennzeichnet. Teufel fassen sie im Hintergrund mit einer Kette zusammen. Lochner verdeutlicht damit die Vorstellung der Kölner Bürger, für die die Nichtchristen außerhalb der Gesellschaft standen und grundsätzlich zu den Verdammten gehörten. Troescher hat die Bedeutung der Weltgerichtsbilder für die Rathäuser im mitteleuropäischen Raum erarbeitet. Sie gelten seitdem als Beleg für ein ausgeprägtes Rechtsempfinden der Bürger, das sie mit der Darstellung des Weltgerichtes in ihren Rathäusern zur Schau stellten. Die ältesten Weltgerichtsbilder befanden sich in den Hansestädten Hamburg (vor 1340), Rostock (1358?) und Dortmund (um 1406). Ihnen folgen die Weltgerichtsbilder in München (1427), Diest (um 1430) im Musée Royaux des Beaux-Arts in Brüssel und Stefan Lochners Tafelbild (um 1435)[139], dessen Aufstellung im Rathaus allerdings bis heute nicht mit Sicherheit nachgewiesen werden konnte.

Es ist nicht auszuschließen, daß die am Kölner Ratsturm ablesbare Weltgerichtsikonographie unmittelbar nach der Fertigstellung des Turmes die Funktion des Weltgerichtsbildes übernahm. Der Gedanke ist schon deshalb nicht abwegig, weil das Tafelbild keineswegs die einzige mögliche Gattung war, das Thema vor Augen zu führen. Im Bürgersaal des Alten Rathauses in Esslingen der Zeit um 1430 findet sich das Weltgerichtsthema im Balkenwerk in reduzierter Form, vertreten durch die geschnitzten Figuren des Kaisers, der Kurfürsten, des Weltenrichters und des Hl. Michael, wobei der Kaiser und die Kurfürsten auf die mittelalterliche Reichsverfassung und das Ständesystem verweisen und die tiefer angesiedelten Stände im Bürgersaal durch reale Personen vertreten waren, während die geschnitzten Figuren für die nicht Anwesenden standen[140]. Im 1490 bis 1494 entstandenen Überlinger Rathaussaal wird das Programm der Reichsstände durch Christus als Weltenrichter zwischen Fürbittern ergänzt. Der Hl. Michael als Seelenwäger hat im Weltgericht ebenfalls eine Funktion, während der Hl. Nikolaus von Myra die Gemeinde vertritt, deren Patron er ist[141]. Schließlich sei noch einmal auf die Kragsteine im Berner Rathaus der Zeit um 1410 bis 1414 verwiesen[142]. Dort findet sich nicht nur das Gerichtsthema, sondern auch mehrere Lasterdarstellungen wieder. Zwei Affen mit Spiegel symbolisieren u. a. die Lächerlichkeit unreflektierten Nachahmens, das in dem Wort »nachäffen« fortlebt, Mönch und junge Frau dürften auf die Wollust verweisen und zwei Narrenköpfe auf törichtes Verhalten schlechthin. Die Deutung der mittelalterlichen Skulpturenfragmente des Kölner Ratsturmes als Reste eines Weltgerichts- und Ständeprogramms wird auch durch die Wasserspeier bestärkt. Diese waren als Fabelwesen oder als hockende Menschen gestaltet. Mit aufgerissenen Augen und Mündern sowie die Hand am Hals schienen sie sich vom Turm zu stürzen. Sie sollten dem Betrachter bewußt machen, daß er sich spätestens am Jüngsten Tag für seine Verfehlungen verantworten müsse. Das Bild des Seelenwägers Michael war für ihn das Symbol des unbestechlichen Urteils, dem er sich stellen zu müssen glaubte. Dieser Vorstellung entsprechend war es konsequent, die Glocke in dem *Kure* genannten Glockenstuhl dem Erzengel Michael zu weihen[143]. Mit ihrem Klang erinnerte sie den Hörer daran, daß er sich dereinst dem gerechten Urteil Gottes beugen muß und, solange er lebt, Treu und Redlichkeit üben soll.

Der Platzjabbeck

Die Bezeichnung *Platzjabbeck* setzt sich aus drei Silben zusammen. Platz bezieht sich auf den Anbringungsort der 115 cm hohen Holzfigur. Mit *Platz* bezeichneten die Kölner den freien Raum vor dem Rathaus, auf dem sich die Bürgerschaft versammelte, wenn die Bürgermeister Erlasse oder Urkunden verlasen. 1476 wurde er als *platz vur dem raithuyse* erwähnt und später durch Gittertore in den anschließenden Gassen begrenzt. Auch der Rathausbau konnte damit gemeint sein, wenn die Leute *nohm Platz jon, om Platz hierode* (heiraten) oder aufs Amt gehen, wo *de Häre vum Platz schrieve* (schreiben)[144]. *Gappen* umschreibt die Bewegung des Unterkiefers. Das Gappen wurde im rheinischen Dialekt für gähnen oder gaffen verwendet. Es umschreibt dort auch das gierige Verlangen nach aufgestellten Speisen. Diese Bedeutung scheint einen Bezug zum Alter Markt herzustellen, auf den der Kopf ausgerichtet ist. Die dort zum Verkauf anstehenden Waren mochten das Gappen gerechtfertigt haben. Von Jemandem, von dem man sagte: *de gapp nit mih lang,* glaubte man, er läge im Sterben[145]. *Beck* steht für Schnabel, Mund oder Maul (lat.: beccum) und wurde besonders im 16. und 17. Jahrhundert statt »Maul« gebraucht. Die Silbe bezieht sich damit ebenfalls auf den beweglichen Teil der Figur[146].

Die Herkunft der Silben reicht nicht, um die Bedeutung des Kopfes zu erklären. Weitere Fakten müssen hinzugezogen werden. Nach Cramer wurde der Platzjabbeck 1445 am Ratsturm angebracht. Leider verwies er nicht auf die Quelle, die die Entstehung in dieses Jahr belegen soll. 1502 oder 1504 ließ die Stadt die Uhr im Turm einbauen. Es ist anzunehmen, daß der Kopf damals bereits unter der Uhr angebracht war, da sich bei der näheren Beschäftigung herausstellte, daß Kopf und Uhr inhaltlich aufeinander Bezug nehmen. Wenn sich erweisen sollte, daß der Kopf tatsächlich 1445 am Ratsturm angebracht worden ist, dann dürfte damals auch die erste Uhr vorhanden gewesen sein. Aus der Rathausansicht mit dem Alter Markt von 1655 stellte Johann Toussyn das hölzerne Gesicht unter dem Zifferblatt dar. Eine Urkunde bezeugt, daß 1697 die Mechanik des Kopfes wieder gangbar gemacht wurde[147]. Bis 1890 veranlaßte der Platzjabbeck an Weiberfastnacht um 12.00 Uhr die Gemüsehändlerinnen auf dem Alter Markt, sich gegenseitig die Mütze vom Kopf zu ziehen[148]. 1913 wurde der Kopf wiederhergestellt und dabei die beim Stundenschlag herausschnellende Zunge hinzugefügt. 1943 verbrannte er, 1975 wurde er nach historischen Fotos nachgeschnitzt[149]. Im Zusammenhang mit der 1995 abgeschlossenen Ratsturmsanierung erhielt der Platzjabbeck eine neue Farbfassung.

Abb. 175: Ratsturmuhr mit Platzjabbeck, Foto von 1913

Bisher gibt es wenigstens vier verschiedene Vorstellungen zur Bedeutung des Kopfes (Abb. 175 und Farbtafel 4). Er gilt als Zeichen städtischer Freiheit[150], vielleicht war er auch eine Spottmaske gegen die Obrigkeit[151], Repräsentant der bürgerlichen Stände, die 1396 sich ihren Anteil am Stadtregiment erkämpft hatten[152] oder auch Hausgeist, der zur Geisterstunde die Dämonen vertreiben sollte[153]. Der durch Fotos bekannte frühere Platzjabbeck war wie der heutige aus Holz geschnitzt, auf der rückwärtigen Seite abgeflacht oder wahrscheinlich ausgehöhlt. Der mittlere Teil des Kiefers mit dem Kinnbart war beweglich. Eingefallene Wangen, buschige Augenbrauen, hängende Orbitalbögen, Stirnfalten und Glatze kennzeichneten ihn als Typus des alten Mannes, wie er seit dem frühen 14. Jahrhundert verbreitet war. Als Beispiele benenne ich das Tafelbild mit der Darbringung im Tempel aus der Zeit um 1300 im Wallraf-Richartz-Museum. Dort flankieren Josef und der hohe Priester Simeon Maria mit dem Kind vor dem Altartisch. Überlange, gewellte Bärte, Stirn- und diagonale Wangenfalten kennzeichnen die beiden Männer als Greise. Weiße Haare, Glatze, tiefliegende Augen und eingefallene Backen charakterisieren Josef darüber hinaus als besonders alt[154]. Die wohl gegen Ende des 14. Jahrhunderts entstandene Figur eines wilden Mannes von einer Chorstuhlwange (Abb. 176) war für Dieckhoff Ausdruck der negativen Seite der Natur, die von Leiden und Todverfallenheit weis. Zotteliger, aber ornamental gewellter Bart, hohle Wangen, markante lange Nase,

Abb. 176: Wilder Mann, Holzfigur von einem Chorgestühl im Kölner Schnütgenmuseum, Foto um 1975

vortretende Augäpfel und gefurchte Stirn wurden zu Recht als vergrämte Physignomie interpretiert[155]. Die Bezeichnung *vergrämter Alter* paßt auf den Platzjabbeck. Auch der Kopf auf dem Siegel der Gaffel Eisenmarkt der Zeit um 1400 ist mit gedrehten Bartzotteln, eingefallenen und wulstig begrenzten Wangen und Augen sowie knorriger, markanter Nase als Greis charakterisiert[156]. Im Zusammhang mit der Uhr erscheint das als vergrämtes Greisenhaupt gedeutete Gesicht als Memento mori. Der Blick auf die Uhr und der Glokkenschlag machten dem Betrachter bewußt, daß die Zeit vergeht und mit ihr die Jugend. Das Öffnen des Mundes steigerte diese Wirkung. Wenn der Kopf zunächst ohne die Uhr am Turm angebracht war, diente allein der Glockenschlag als Zeitangabe. Für den Betrachter mußte der Zusammenhang von Greisenkopf und Glocke bewußt werden, wenn der Kopf seinen Mund beim Glockenschlag öffnete. Der Memento-mori-Gedanke erweiterte das mittelalterliche Programm des Ratsturmes, zu dessen Weltgerichts-, Stände- und Lasterthematik er paßt. Der Gedanke, vergänglich zu sein, Macht, Ehre und Genuß aufgeben, verfallen und sterben zu müssen, die Hoffnung beim Jüngsten Tag von Christus zu den Gerechten gezählt zu werden und als gerettete Seele die leibliche Wiederauferstehung zu erleben, prägten das mittelalterliche Weltbild. Die Menschen waren sich bewußt, daß der Tod alle Unterschiede zwischen ihnen aufheben werde. In den Darstellungen des Totentanzes veranschaulichten sie den Gedanken. Um 1440/50 erfuhren die gemalten Darstellungen der sogenannten Totentänze ihre für lange Zeit gültige Prägung[157]. Dabei trat der Tod in Gestalt eines musizierenden Leichnams nacheinander allen Vertretern der Stände entgegen. Als am Ende des 15. Jahrhunderts die Narrenthematik höchste Aktualität besaß, lag es für die Stadtväter von Jena nahe, das Memento-mori-Thema mit dem Kopf eines alten Narren zu vereinen, als sie die Büste des Schnapphans für das Rathaus in Auftrag gaben (Abb. 177 a). Grumbt deutete überzeugend den Kopf als Haintz-Narr-Typus, wie er 1494 in Sebastian Brants Narrenschiff mit einem Holzschnitt dargestellt wurde[158]. Auf dem Blatt wird der Narr als einer vorgestellt, der aus seinen Fehlern nichts lernt und weiter sündigt, obwohl er deutlich sichtbar mit einem Bein im Grab steht und das Schindmesser im Hintern hat. Die mit dem Narren verbundene Lasterhaftigkeit machte sie zum Symbol der Vergänglichkeit. Nach der Bibel hatte das erste Menschenpaar die göttlichen Gebote überschritten und damit das Paradies und die Unsterblichkeit verloren. Im Römerbrief (Römer 6, 23) verwies der Apostel Paulus auf den Zusammenhang von Sünde und Tod, mit dem Hinweis: *Der Sünde Sold ist der Tod,* der von dem Kirchenvater Augustinus noch präzisiert wurde, in dem er die Erbsünde Adams und Evas für die Sterblichkeit der Menschen verantwortlich machte[159]. Wie der Narr so muß der Greis als Symbol der Sünden gegolten haben, für die der Mensch mit seinem Tod büßen muß. Das als Gähnen oder Heischen zu interpretierende Öffnen des Mundes muß mit dieser Bedeutung in Beziehung gesetzt werden. Am Jenaer Ratsturm schnappte der jetzt im städtischen Museum aufbewahrte Kopf nach einer goldenen Kugel, die ihm die Figur eines aus Holz geschnitzten Pilgers an einer Stange entgegenhielt. Durch diese Hinzufügung wurde die Schnapphansbüste Teil einer Vanitas-Allegorie, die auf die Sinnlosigkeit der Jagd des Menschen nach irdischen Gütern verweisen sollte. Die ebenfalls hinzugefügte Figur eines Glocke schwingenden Engels sollte den Betrachter ermahnen, daß auch ihm eines Tages die letzte Stunde schlagen wird. Grumbt glaubte, daß die Figuren zu verschiedenen Zeiten in unterschiedlichen Werkstätten entstanden sind. Aufgrund der Betrachtung der mir zur Verfügung gestellten Fotos scheinen die Figuren alle in der Zeit um 1500 ausgeführt worden zu sein. Der Stil der Figuren differiert nicht genügend, um von mehreren Werkstätten ausgehen zu können. Blechern knitternde Wülste umgeben die Spielbeine der beiden Assistenzfiguren und zeugen vom gleichen Gestaltungswillen wie er um 1500 z.B.

Abb. 177a: Schnapphans, hölzerner Kopf vom Rathausturm Jena, Städt. Museum Jena, Foto 1923

von dem Bildhauer der Figur des Erzengels Michael aus der Stadtkirche in Jena (heute: Erfurt, Angermuseum) vertreten wird. Aber auch ohne die beiden Assistenzfiguren dürfte mit dem Öffnen des Mundes das menschliche Verlangen nach irdischen Gütern gemeint sein, dessen Sinnlosigkeit angesichts des als Narren gekennzeichneten Greises und des Glockenschlages dem Menschen im Spätmittelalter bewußt gemacht werden sollte. Analog zum Jenaer Schnapphans wäre der Kölner Platzjabbeck zu verstehen. Das Heischen verwies die Betrachter auf die Todsünde der Habsucht, von der sich kaum ein Mensch freifühlen durfte. Dieses Verständnis mußte die Kölner Kaufleute in Gewissenskonflikte führen, da sie ihren Reichtum im wesentlichen auf den Handel zurückführten. Handel war und ist nur möglich, wenn Gewinn damit verbunden ist. Der Händler trug und trägt auch heute noch nicht zum Wert der Ware bei. Nach mittelalterlichem Verständnis fügte er vielmehr dem Käufer einen finanziellen Schaden zu, wenn er mehr für die Ware verlangte als er selbst bezahlt hat. Nach Tertullian war der Handel meist mit Betrug verbunden und schickte sich deshalb nicht für den Diener Gottes. In einem Matthäuskommentar des 5. Jahrhunderts heißt es, daß kaum ein Kaufmann gottgefällig sein kann. Die Kirche verurteilte Spekulationsgeschäfte, die Obrigkeit legte die Preise besonders von Lebensmitteln fest, wenn es galt, bei Mißernten das gesellschaftliche Wohl der Menschen zu gewährleisten[160]. Die Mitglieder der Gaffel Eisenmarkt dürften dieses Dilemma gespürt haben. Nur so ist zu erklären, warum sie für ihren Siegelstempel ein mit Rosen umkränztes Greisenhaupt als Motiv verwendeten. Sie beteuerten damit, frei von Habgier zu sein, da dieses Laster angesichts der Vergänglichkeit und der Unmöglichkeit, für ewige Zeiten an irdischem Gut festhalten zu können, als sinnlos galt. Die drei Knospen sind auf dem Siegel wie ein gleichseitiges Dreieck angeordnet. Sie verweisen damit auf die göttliche Trinität und auf die Kardinaltugenden Glaube, Liebe und Hoffnung. Die auf die Zwischenräume gleichmäßig verteilten sechs Blüten stehen für die sechs Taten der Barmherzigkeit, die die Kaufleute als gute Vorsätze und als Motto ihres Gewerbes betrachtet wissen wollten[161] (Abb. 177b).

Als Memento mori und als Symbol der Habgier verstanden, bildet der Platzjabbeck ein negativ zu verstehendes Gegenbild zum Zifferblatt über ihm. In dem um 1400 entstanden Roman *L'Épître d'Othéa* vergleicht Christine de Pisan die Menschen mit einer Uhr. Der Mensch sei wie die Uhr wertlos, wenn ihm das Maßhalten fehle. 1338/40 hatte Ambrogio Lorenzetti die Allegorie der Temperantia mit einer Sanduhr in der Sala della Pace im Palazzo Publico in Siena gemalt[162]. Die Verknüpfung von Zeitmessern und der Tugend der Temperantia war also unabhängig von der mechanischen Uhr. Der Glockenschlag im Ratsturm muß demnach genügt haben, um die Bevölkerung auf die Zeit zu verweisen und mit der moralischen Andeutung auf den Gegensatz der Tugend der Mäßigung (Temperantia) zum Laster der Habsucht (Aviditas) aufmerksam zu machen.

Mehrere Figurenuhren an Rathäusern bestätigen die Deutung des Platzjabbeck. Bereits 1380 bestand die 1410 und 1490 erweiterte Uhr am Rathaus der Prager Altstadt. Im zweigeschossigen Aufbau mit jeweils mehreren Zifferblättern und Figuren der zwölf Apostel greift die Figur eines Totengerippes den Gedanken des Memento mori auf. Sie läutet beim Umgang der Apostel, dreht zugleich eine Sanduhr um und winkt der Figur eines Türken, der durch seine Bewegung des Kopfes andeutet, daß er nicht bereit ist, den Aposteln als Christ zu folgen. Neben den Figuren eines Engels und weiterer Lasterpersonifikationen gibt es eine bewegliche Figur eines Geizhalses mit Geldbeutel und Spiegel. Er verweist auf die Laster Habgier und Verschwendung[163]. Am Uhrtürmchen des 1488 errichteten Rathauses in Ochsenfurt symbolisiert unter den Zifferblättern ein Japper die Habgier, indem er bei jedem Stundenschlag den Mund öffnet. Darüber erinnert ein Totengerippe mit Sanduhr und Pfeil an die Vergänglichkeit des Lebens. Während des letzten der 4/4 Schläge nickt das Gerippe mit dem Kopf, hebt den Pfeil als Zepter seiner Macht, Menschenleben zu beenden, und wendet die Sanduhr. Aus zwei Fensterchen rechts und links der Todesdarstellung lugen gleichzeitig zwei Köpfe hervor, die dem Betrachter das bewußte Lauschen vormachen. Im Sockel des Turmes verneigt sich die sogenannte Ratsjungfrau, die vielleicht als Personifikation der Tugenden zu verstehen ist, der sich alle Bürger und im Besonderen der Rat verpflichtet fühlen sollen[164]. Die 1404 am Hildesheimer Rathaus angebrachte Uhr besitzt über dem Zifferblatt die Maske eines schnappenden Kopfes, der als Symbol der Habgier verstanden werden muß. Die Plastik wurde, wie im 19. Jahrhundert üblich, mit einer Legende verbunden. Danach sollte der Kopf an einen Bewohner erinnern, der die Stadt verraten haben soll, und zur Strafe für sein mißlungenes Vorhaben im Rathaus eingekerkert wurde, wo er verhungerte. Am 1617 erbauten Rathaus in Benfeld am Oberrhein steht am Türmchen neben dem Zifferblatt ein gepanzerter Krieger, der mit einem Hammer die Viertelstunden auf einem Glöckchen anschlägt. Ihm gegenüber hält ein Skelett Sense und Sanduhr, die sich nach jeder Stunde umdreht. Im Dachfenster darüber bewegt der sogenannte Stubenhansel als Symbol der Habgier den Mund und hebt bei jedem Stundenschlag mit den Händen Stock und Geldbörse[165]. Am Rathaus in Würzburg-Heidingsfeld mag die den Mund öffnende Männerbüste in Paradeuniform die Gier nach Ruhm und Ehre bedeutet haben[166]. Auch andere städtische Gebäude besaßen vergleichbare Uhren mit Köpfen. Das Kauf- und Tanzhaus in Koblenz aus dem frühen 15. Jahrhundert zeigte unter der Uhr einen Kopf, der bei jeder vollen Stunde die Zunge herausstreckte und die Augen rollte[167]. Entsprechend mögen die in zwei verschiedene Richtungen blickenden Augen beim Kölner Platzjabbeck als bewegt zu verstehen sein. Ihr kugeliges Hervortreten deutet möglicherweise darauf hin, daß sie im Kopf beweglich ausgeführt werden sollten. Die Bewegung der Augen verweist auf das Laster Habgier, denn wer ständig nach allen Seiten Ausschau hält, um etwas zu erhaschen, kann unmöglich den Weg der Tugend sehen.

Die 1913 in den Platzjabbeck eingebaute mechanische Zunge sollte die Bewegung des Unterkiefers für den Betrachter auf dem Alter Markt deutlicher sichtbar machen. Hinsichtlich der ursprünglichen Bedeutung erscheint diese Veränderung zwar nicht angemessen, sie ist aber bereits Teil der Geschichte des Ratsturmes geworden, durch die der Platzjabbeck eine zusätzliche Bedeutung erhielt. Das »Rathausgiermaul« läßt sich seitdem auch als Spottfigur interpretieren, wie sie an öffentlichen Gebäuden mittelalterlicher Städte den Betrachter angrinsten. Ihm kommt seitdem eine ähnliche Bedeutung zu wie z.B. dem 1658 erstmals erwähnten Basler Lällenkönig. Diese Maske befand sich am Rheintor, das den Zugang der Rheinbrücke auf der Großbasler Seite schützte. Der Lällenkönig bewegte Zunge und Augen, die von einem Uhrwerk angetrieben wurden. Die 31 cm hohe in Kupfer getriebene und bemalte Figur wird heute im historischen Museum der Stadt Basel aufbewahrt[168]. Der wohl gegen Ende des 17. Jahrhunderts entstandene Kopf des sogenannten Anreischke vom ehemaligen Steintor in Duderstadt stand ebenfalls mit einer Uhr in Verbindung, mit deren Hilfe er sich verneigte. Die hängende Unterlippe, die mächtige Nase und die schräggestellten Augen machen ihn zur Karikatur, die aufgrund ihres muschelförmigen Hutzierats als Spottfigur gegen Pilger interpretiert wurde[169]. Der Japper am altstädtischen Rathaus in Königsberg hat die Zerstörung des Zweiten Weltkrieges möglicherweise überdauert. Er soll noch in der Hochmeisterzeit, als Folge des im 13jährigen Krieg (1454 bis 1466) aufgespeicherten Hasses von den Altstädtern zur Verhöhnung der Kneiphöfer an ihrem Rathaus angebracht worden sein. Der Kopf streckte beim Uhrschlag die Zunge heraus. Als 1528 ein neues Rathaus gebaut wurde, trug der Turm eine freischwebende Glocke und einen die Zunge herausstreckenden gekrönten, bärtigen Kopf. 1774 wurde dieser Kopf am 1754 bis 1765 neu erbauten Rathausturm wieder angebracht. 1832 wurde der Japper durch einen vergoldeten Löwenkopf ersetzt[170]. Der Janup in Osnabrück streckte den Passanten zum Mittagsschlag die Zunge heraus[171]. Auch in den Niederlanden fanden sich vergleichbare Spottfiguren. Sogenannte »Gaper« an Drogerien und Apotheken streckten die Zunge heraus. Eine bemalte Holzbüste dieses Typs aus dem 18. Jahrhundert befindet sich im amsterdams historisch museum.

Abb. 177b: Typar der Gaffel Eisermarckt, Köln

Katalog der mittelalterlichen Skulpturenfragmente des Ratsturmes im Lapidarium

Alle Objekte entstanden um 1410. Das Material gibt einen Hinweis zum ursprünglichen Anbringungsort. Die unteren drei Geschosse bestanden aus Trachyt, entsprechend dürfte für die Konsolen das gleiche Material verwendet worden sein. Die Oktogongeschosse waren aus Tuff errichtet worden, so daß angenommen werden darf, daß Konsolen aus diesem Material an den oberen beiden Geschossen angebracht waren. Mit Ausnahme der Bezeichnungen für das erste und das letzte Objekt beziehen sich alle übrigen auf Darstellungen an Konsolen. Alle Objekte haben im Ratsturmlapidarium einen angemessenen Aufstellungsort gefunden, wenn nicht anders vermerkt.

Katalog Nr. 1:

Name der Figur: Heiliger Paulus
Entstehungsjahr: um 1410
Maße: 78 cm hoch, 32 cm breit, 21 cm tief
Savonnière Kalkstein (?) mit stark verwitterter Oberfläche; Kopf und rechter Oberarm sind abgebrochen.

Das einzig erhaltene Fragment einer Figur der Erbauungszeit war 1868 gegen eine ergänzte Kopie ausgetauscht worden (siehe Beitrag zum Skulpturenprogramm des 19. Jahrhunderts, Katalog Nr. 3). Es befand sich um 1930 im Rheinischen Museum in Köln-Deutz, das im Zweiten Weltkrieg zerstört wurde. Nach 1945 gelangte es in das Steinmagazin des Schnütgen-Museum. Die Figur hatte ursprünglich ihren Platz zur linken einer als Weltenrichter gekennzeichneten Christus Statuette im Tympanon des Ratsturmportales. Zur rechten der Christusfigur hatte der Apostelfürst Petrus seinen Platz. Im Gewände und an den Fialen befanden sich sechs Statuetten von Propheten mit Spruchbändern. Eine Aufnahme vor 1868 überliefert das Ausssehen des Portales vor der ersten Erneuerung der Figuren. 1994/95 kopierte der Bildhauer Matthias Moritz die Fragmente des 19. Jahrhunderts und ergänzte sie mit Hilfe historischer Abbildungen, die die Figuren des 19. Jahrhunderts vor ihrer Zerstörung zeigen.

Literatur: Vogts, 1930, S. 207

Katalog Nr. 2:

Name der Konsole: Kölner Spiegel
Maße: 39 cm hoch, 33 cm breit, 39 cm tief (Tiefe mit Quader)
Drachenfelstrachyt, stark verwittert und bestoßen, ein Teil des Quaders ist abgesägt:

Während die Kallendresser ihr Gesäß zur Seite drehen, demonstriert der sogenannte »Kölner Spiegel« Gesäß und Geschlechtsteile in frontaler Ansicht. Das Männchen ist so dargestellt, daß aus seiner Sicht die Welt auf den Kopf gedreht erscheint. Es sieht so aus, als ob es auf die ihm verkehrt erscheinende Welt »scheißt«. Der Gestus des Bleckens hatte im Mittelalter vielerlei Bedeutungen. Er sollte unter anderem den damit Konfrontierten darauf verweisen, daß zuerst sich selbst verbessern möge, wer andere kritisiert. Der Begriff »Spiegel« tradiert diese Bedeutung, die bis heute nichts an Aktualität verloren hat, wie z. B. das von Michael Jackson gesungende Lied »I'm starting with the man in the mirror« von 1987 belegt.

Literatur: Werner Schäfke, Dä Kallendresser vum Aldermaat. In: Le Musée sentimental de Cologne. Katalog, Köln, 1979, S. 100; Der Name der Freiheit 1288–1988. Aspekte Kölner Geschichte von Worringen bis Heute. Handbuch zur Ausstellung des Kölnischen Stadtmuseums in der Josef-Haubrich-Kunsthalle Köln, Hg. von Werner Schäfke. Köln, 1988, Kat. Nr. 3.16, S. 357, Abb. S. 356

Katalog Nr. 3:

Name der Konsole: Narr
Maße: 21 cm hoch, 33 cm breit, ca. 21 cm tief (ohne Quader, Wulst und Abakus)
Tuff mit stark bestoßener Oberfläche und abgebrochenem Quader, Teile der Kapuze fehlen.

Die Konsole gelangte nach der Zerstörung des Ratsturmes und vermutlicher Zwischenlagerung im Depot des Stadtkonservators in das Restaurant im Gürzenich, wo es Ulrich Krings entdeckte. Der Narr reckt dem Betrachter sein entblößtes Hinterteil entgegen und stellt damit die Welt in Frage. Der bleckende Narr stand im Zusammenhang mit Lasterdarstellungen, die durch Tiere am Turm vertreten waren. Darstellungen dieses Typus werden als Kallendresser bezeichnet. Es gab zumindest fünf Variationen davon am Ratsturm.

Katalog Nr. 4:

Name der Konsole: Narr
Maße: 38 cm hoch, 35 cm breit, 22 cm tief (Quader); 38 cm hoch, 33 cm breit, 21 cm tief (Figur)
Sandstein mit verwitterter und teilweise stark bestoßener Oberfläche.

Narren wurden im Spätmittelalter mit besonders modischer Tracht dargestellt. In der Malerei sind sie unter anderem durch hellfarbige geteilte Kostüme (mi-parti) gekennzeichnet. Gefälteter Kragen und geschlitzte, knielange gezattelte Ärmel machen den Dargestellten zum Modegecken. Das entblößte Hinterteil kennzeichnet ihn als Kallendresser. Als Blecker und Modegeck gehört er zugleich zur Gruppe der Konsolen mit Lasterdarstellungen. Als solche verweist er auf die Sünden Eitelkeit und Überheblichkeit (Hoffart). Gerd Haas kopierte vor 1964 die Konsole mit einigen Modifikationen (siehe Konsole mit der lfd. Nr. 37).

Katalog Nr. 5:

Name der Konsole: Steinmetz
Maße: 38 cm hoch, 37 cm breit, 21 cm tief (Quader); 35 cm hoch, 33 cm breit, 28 cm tief (Figur)
Tuff, stark verwittert, Teile des Oberkörpers mit Kopf und Gliedmaßen fehlen.
Dargestellt ist ein Mann mit gegürtetem Rock, der ursprünglich einen vor ihm liegenden Stein zu bearbeiten schien. Die Darstellung des Handwerks zeugt vom Selbstbewußtsein der Steinmetzzunft. Das Thema steht in der Tradition romanischer Bauplastik. Die Konsole wurde vor 1964 von Gerd Haas ergänzend kopiert (siehe Konsole mit der lfd. Nr. 25).

Katalog Nr. 6:

Name der Konsole: Schreiber
Maße: 39 cm hoch, ca. 30 cm breit, ca. 32 cm tief (Quader); 37 cm hoch, ca. 32 cm breit, ca. 22 cm tief (Figur)
Drachenfelstrachyt mit verwitterter Oberfläche und starken Bestoßungen.
Kutte mit Kapuze kennzeichnen den Schreiber als Mönch. Die schräggestellte Brille, der geöffnete Mund und die vollen Backen geben ihm einen einfältigen Ausdruck. Die Darstellung steht in der Tradition frühmittelalterlicher Autorenbildnisse. Als Schreibernarr interpretiert, läßt sich die Konsole den übrigen Narren- und Lasterdarstellungen zuordnen.

Katalog Nr. 7:

Name der Konsole: Sackpfeifer
Maße: 38 cm hoch, 32 cm breit, 28 cm tief
Drachenfelstrachyt mit verwitterter Oberfläche, der ursprünglich in der Wand verankerte Quader, Teile des Kopfes, der Gliedmaßen, des Instrumentes, des Abakus und des Wulstes sind abgebrochen.
Die Sackpfeife, auch Dudelsack genannt, ist im Zusammenhang mit den Narren- und Lasterdarstellungen als negativ zu beurteilendes Attribut zu verstehen. Herbert Rausch kopierte die Konsole vor 1964 (siehe Konsole mit der lfd. Nr. 52).

Katalog Nr. 8:

Name der Konsole: Raufbolde
Maße: 38 cm hoch, 33 cm breit, 27 cm tief (ohne Quader)
Drachenfelstrachyt mit leicht verwitterter und bestoßener Oberfläche, Teile des Wulstes abgebrochen.
Vor 1964 wurde die Konsole von Gerd Haas ergänzend kopiert (siehe Konsole mit der lfd. Nr. 29). Im Zusammenhang mit den Lasterdarstellungen sind die Raufbolde als Symbol der Zwietracht zu interpretieren. Die Konsole befindet sich zur Zeit als Leihgabe in Privatbesitz.

Katalog Nr. 9:

Name der Konsole: Kentaur
Maße: 38 cm hoch, 32 cm breit, 28 cm tief (ohne Quader)
Drachenfelstrachyt mit verwitterter und bestoßener Oberfläche, der rechte Arm fehlt.
Kentauern sind Fabelwesen mit menschlichem Oberkörper und Pferde- oder Eselunterlaib. Im Zusammenhang mit den Lasterdarstellungen sind sie als Symbole der Gewalttätigkeit zu interpretieren. Eine zweite Konsole mit Kentaur hat sich am Ratsturm erhalten (siehe Konsole mit der lfd. Nr. 34). Vielleicht ist der fehlende Arm, wie dort, zu ergänzen. Wie Kat.Nr. 8 als Leihgabe in Privatbesitz.

Katalog Nr. 10:

Name der Konsole: Sau
Maße: 38 cm hoch, 38 cm breit, 28 cm tief (Quader); 18 cm hoch, 33 cm breit, 23 cm tief; 20 cm hoch, 38 cm breit, 43 cm tief (nachträglich ergänzter Wulst und Abakus mit Quader)
Drachenfelstrachyt mit stark verwitterter und bestoßener Oberfläche (figürliche Darstellung), die vor 1964 ergänzten Wulst und Abakus gut erhalten.
Die Konsole wurde 1994 ausgebaut und durch eine ergänzte Kopie von Georg Krautkrämer ersetzt (siehe Konsole mit der lfd. Nr. 35). Das Motiv unter der Tierdarstellung ließ sich aufgrund der Eicheln als Eichenlaub deuten. Die Konsole gehört zur Gruppe der Lasterdarstellungen. Die Sau galt unter anderem als Symbol der Völlerei.

Katalog Nr. 11:

Name der Konsole: Herkules (?)
Maße: 24 cm hoch, 33 cm breit, 14 cm tief (Quader); 24 cm hoch, 16 cm breit, 26 cm tief (Rest der figürlichen Darstellung)
Drachenfelstrachyt bis auf geringe Reste verwittert, der Abakus war vor 1964 erneuert worden.
1994 wurde die Konsole ausgebaut und am Turm durch eine ergänzte Kopie von Burkhard Hoppe ersetzt (siehe Konsole mit der lfd. Nr. 21). Eine historische Aufnahme diente als Hilfsmittel für die Rekonstruktion.

Katalog Nr. 12:

Name der Konsole: Beifuß (?)
Maße: 37 cm hoch, 28 cm breit, 33 cm tief (Quader); 37 cm hoch, 28 cm breit, 36 cm tief (Laub)
Drachenfelstrachyt, dessen unterer Teil zur Hälfte abgewittert ist und bei dem lediglich drei Blätter fast vollständig erhalten sind.
1995 wurde die Konsole ausgebaut und am Turm durch eine ergänzte Kopie von Georg Krautkrämer ersetzt (siehe Konsole mit der lfd. Nr. 11). Eine historische Aufnahme diente als Hilfsmittel für die Rekonstruktion. Am Knauf befindet sich eine Maske.

Katalog Nr. 13:

Name der Konsole: Meerkatzen
Maße: 39 cm hoch, 34 cm breit, 37 cm tief (Quader); 38 cm hoch, 37 cm breit, 27 cm tief (Figur)
Drachenfelstrachyt mit leicht verwitterter Oberfläche aber größeren Abbrüchen an Oberkörper, Wulst und Abakus.
Die als Bärenführer interpretierten und bei der Kopie von Gerd Haas entsprechend ergänzten Figuren (siehe lfd. Nr. 30) stellen zwei Affen oder Meerkatzen mit Schlingen um die Handgelenke dar. Die gefesselten Tiere sind Symbol für den Menschen, der sich nicht aus den Fesseln eines sündhaften Lebens zu befreien vermag.

Katalog Nr. 14:

Name der Konsole: Affen als Paukenschläger
Maße: 39 cm hoch, 37 cm breit, 40 cm tief (Quader); 39 cm hoch, 33 cm breit, 30 cm tief (Figur)
Drachenfelstrachyt mit teilweise verwitterter Oberfläche, der Oberkörper eines Affen weitgehend abgebrochen.

Der Versuch der Affen mit ihren Instrumenten Musik zu machen, sollte die Lächerlichkeit anmaßenden Verhaltens bewußt machen. Vor 1964 kopierte Herbert Rausch die Konsole und ergänzte dabei die fehlenden Teile (siehe lfd. Nr. 26).

Katalog Nr. 15:

Name der Konsole: Hundekopf
Maße: 38 cm hoch, 32 cm breit, 33 cm tief (Quader); 38 cm hoch, 31 cm breit, 26 cm tief (Figur)
Drachenfelstrachyt mit verkrusteter, verwitterter Oberfläche und größeren Abbrüchen.
Die Hundeköpfe gehören zu den Lasterdarstellungen. Sie verweisen auf den Neid und die Menschen, die aus ihren Fehlern nichts lernen.

Katalog Nr. 16:

Name der Konsole: Hundekopf
Maße: 37 cm hoch, 33 cm breit, 30 cm tief (Figur ohne Quader)
Drachenfelstrachyt mit leicht verwitterter Oberfläche sowie abgebrochenem Quader mit Unterkiefer und Pfoten rechts und links des Kopfes.
Beide Hundeköpfe sind so dargestellt, als wollten sie aus der Fassade herausspringen und den Betrachter erschrecken. Die Art der Darstellung ist vergleichbar den Grinköpfen. Sie belegt, daß die Hunde negativ und nicht etwa als Symbol der Treue interpretiert werden müssen.

Katalog Nr. 17:

Name der Konsole: Sirene
Maße: 38 cm hoch, 34 cm breit, 15 cm tief (Quader); 37 cm hoch, 31 cm breit, 31 cm tief (Figur)
Tuff stark verwittert und absandend.
Die Sirenen gehören zur Gruppe der Laster. Sie stehen für die Versuchungen, denen der Mensch ausgesetzt ist.

Katalog Nr. 18:

Name der Konsole: Sirene
Maße: 40 cm hoch, 39 cm breit, 20 cm tief (Quader); 35 cm hoch, 31 cm breit, 21 cm tief (Figur)
Tuff stark verwittert und absandend, der Oberkörper fehlt, größere Abbrüche an Quader, Wulst und Abakus.
Die Figur ist wie die vorhergehende Darstellung als Sirene zu ergänzen und entsprechend zu interpretieren.

Katalog Nr. 19:

Name der Konsole: Vogel
Maße: 39 cm hoch, 32 cm breit, 36 cm tief (Quader); 39 cm hoch, 33 cm breit, 25 cm tief (Figur)
Drachenfelstrachyt mit stark verwitterter und bestoßener Oberfläche.
Die Reste von Klauen und ein älteres Foto der Konsole erlauben das Fragment als Vogeldarstellung zu interpretieren.

Katalog Nr. 20:

Konsolenfragment
Maße: 38 cm hoch, 33 cm breit, 35 cm tief (Quader); 33 cm hoch, 32 cm breit, 26 cm tief (Figur)
Drachenfelstrachyt mit verwitterter und stark bestoßener Oberfläche.
Das stark beschädigte Teil erlaubt keine Deutung der Darstellung.

Anmerkungen

1 Alin Janssens de Bistoven, Het Beeldhouwwerk van het Brugsche Stadhuis. In: Gentsche Bijdragen tot de Kunstgeschiedenis. Deel X 1944, Gent 1945, S. 7–9, 16. Martine Calonne-Beginne, Illustrated Catalogue of the Town-Hall, o. O. u. J. (Brüssel, um 1990).

2 Vogts 1928, S. 26; Ders. 1930, S. 195, 206, 208. Kurz vor Umbruch des Bandes erhielt ich dankenswerterweise von Herrn Dr. Huiskes vom HASt Köln den Hinweis auf die Hanse-Chronik des Johann Angelius von Werdenhagen, De republicis Hanseaticis Tractatus, cum urbium earum iconismis, descriptionibus, tabulis geographicis, et nauticis, nec non inductione generali Rom(ani) Imper(ii) Germ(anici), Bd.II.2, Leiden 1631, S.778–779 [UB Köln BIII7/100, 2,2], 2. Aufl.: (novitu auctus et revisus): Frankfurt-Main: Matthäus Merian [1641]. [UB Köln: S.B.918]: –...Curia et aedes Praetoriae ita mirifice sunt extructae, ut non sine magna oblectatione adspici queant. Etenim inter caetera praecelsam et rari operis ex quadratis et ad regulam formatis saxis venuste erectam ostentat *turrim, quae artificiosissimis statuarum ac caesarum regumque imaginibus undique et undique decoratur,* quarum summo in loco positae supremae proportioni tam affabre respondent, ut omnes eiusdem appareant magnitudinis...» [»...Turm, der über und über mit höchst kunstvollen Bildern von Figuren von Kaisern und Königen geschmückt ist...«] Obwohl das Werk Werdenhagens im Nachlaß Ferdinand Franz Wallrafs vorhanden gewesen ist und sich auf den Seiten 763–838 mit der Stadt Köln befaßt, wurde es in den Kunstdenkmäler-Inventaren nicht berücksichtigt. Der zitierte Textausschnitt ist – mit Vorbehalt – die einzige bekannte Quelle zum mittelalterlichen Figurenprogramm des Ratsturmes, da der Autor diesen erst über 200 Jahre nach seiner Fertigstellung gesehen haben kann.

3 Verhandlungen der Stadtverordneten-Versammlung zu Köln vom 18.06.1863, S. 251; auch am Tympanon der Ratskapelle wurden die Vertiefungen am Wappen entsprechend gedeutet, vgl. dazu: Christian Mohr, Köln in seiner Glanzzeit. Neue Forschungen. Köln 1885, S. 240; Vogts 1930, S. 268.

4 Siehe Anm. 1, Janssens de Bistoven, S. 78, 79, Dokument Nr. LXI (Brüssel, Stadtbibliothek Nr. 448, Folio 59).

5 Ulrike Bergmann, Das Chorgestühl des Kölner Domes (= Rheinischer Verein für Denkmalpflege und Landschaftsschutz Jahrbuch 1986/1987). Bd. 1, Neuss, 1987, S. 88–110.

6 Verhandlungen der Stadtverordneten-Versammlung zu Köln vom 18.06.1863, S. 251.

7 R (August Reichensperger ?), Der Thurm des Rathhauses zu Köln. In: Organ für christliche Kunst 14. Jg. 1864, S. 225.

8 Vogts 1930, S. 207.

9 Frank Günter Zehnder, Katalog der Altkölner Malerei (Kataloge des Wallraf-Richartz-Museums XI). Köln 1990, S. 327–329, Abb. 209.

10 Walter N. Schumacher, Traditio Legis. In: Lexikon der christlichen Ikonographie, hg. v. Engelbert Kirschbaum, 4. Bd. Rom, Freiburg, Basel, Wien 1972, Sp. 347–351.

11 P. Friedrich Hermann OSB, Erzabtei St. Peter. Salzburg (Christliche Kunststätten Österreichs Nr. 1), Salzburg [15]1982, S. 3.

12 Wilhelm Schlink, Der Beau-Dieu von Amiens, Frankfurt 1991, S. 38–40.

13 Der angewinkelte linke Arm legt nahe, daß die Statuette ein Attribut hielt. Wäre ein Buch zu ergänzen gewesen, hätten Reste davon an der linken Schulter auf dem Foto der 1860er Jahre sichtbar sein müssen. Am Nordquerhausportal der Kathedrale in Reims (um 1220), im Kreis der Apostel und Mariens an einem der Chorpfeiler im Kölner Dom (um 1300) oder ehem. am Südportal des Xantener Domes (um 1500) finden sich bekannte Beispiele für den Bildtypus des stehenden Christus mit Segensgruß und Weltkugel.

14 Peter Bloch, Nachwirkungen des Alten Bundes in der christlichen Kunst. In: Monumenta Judaica. 2000 Jahre Geschichte und Kultur der Juden am Rhein. Handbuch Köln 1963, S. 38.

15 Robert Didier und John Steyaert, Propheten vom Brüsseler Rathaus, in: Die Parler und der Schöne Stil 1350–1400. Europäische Kunst unter den Luxemburgern, Ausst. Köln 1978, Bd. 1, S. 88; Max Hasse, Der Kaiser und die sieben Kurfürsten vom Rathaus in Bremen, in: Dass., Bd. 2, S.530–532; zu den Kölner Hansasaalpropheten vgl. den Beitrag von U. Surmann.

[16] Leonard Ennen, Geschichte der Stadt Köln. Bd. 3 Köln, Neuß, Düsseldorf 1867, S. 1031.
[17] Siehe Anm. 6; Dies. vom 11.04.1867, S. 65.
[18] Françoise Baron, Sculptures. In: Les fastes du Gothique. Le siècle de Charles V. Katalog. Paris 1981 Nr.: 104 c, S. 153–154, Abb. S. 154; Reiner Dieckhoff, Die Engelkapelle und die Marienkapelle in der Kölner Kartause. In: Die Kölner Kartause um 1500. Aufsatzband. Hg. von Werner Schäfke. Ausst. Köln, 1991, Abb. 186 S. 465. Herrn Dr. Dieckhoff im Kölnischen Stadtmuseum sei an dieser Stelle für die vielen Anregungen und Hinweise gedankt.
[19] Hans Peter Hilger, Kleve (Die Denkmäler des Rheinlandes. Im Auftrage des Landschaftsverbandes Rheinland hg. v. Rudolf Wesenberg und Albert Verbeek. Kreis Kleve 4), Düsseldorf 1967, S. 61, Abb. 155.
[20] Vogts, 1930, S. 187, 233.
[21] Vogts, 1930, S. 212.
[22] Vogts 1930, S. 233; Hanna Adenauer, Das Schicksal des Kölner Rathauses vor, während und nach dem Zweiten Weltkrieg. In: Das Rathaus zu Köln. Geschichte, Gebäude, Gestalten, hg. von Peter Fuchs. Köln 1994 (2. erw. Aufl.) S. 133, 141.
[23] Kölns Legenden, Sagen, Geschichten nebst Volksliedern, Schwänken, Anekdoten, Sprichwörtern etc. Unter Mitwirkung Mehrerer hg. von Ernst Weyden. Köln 1840, S. 112.
[24] Siehe Anm. 3, Mohr, 1885, S. 271–272.
[25] Siehe Anm. 3, Mohr, 1885, S. 274.
[26] Heinrich Wiethase, Baugeschichtliche Entwicklung. In: Köln und seine Bauten. Festschrift zur VIII. Wanderversammlung des Verbandes deutscher Architekten- und Ingenieur-Vereine in Köln. Köln 1888, S. 116–117.
[27] Anton Korn, »Gringköpp«. In: Alt-Köln. Zeitschrift zur Erhaltung Kölnischer Eigenart und Pflege Kölnischer Geschichte 2. Jg. Nr. 5, 1909/10, S. 3–4.
[28] August von Essenwein, Der Wohnbau (Handbuch der Architektur II, Die romanische und die gothische Baukunst, 4, II). Darmstadt 1892, S. 85.
[29] Himmel Hölle Fegefeuer. Das Jenseits im Mittelalter. Ausst. Zürich und Köln 1994 (2. durchgesehene Auflage). Kat. Nr. 150, S. 364.
[30] Jeannette Rüdisühli und Ueli Suter, Handschriften und Inkunabeln erzählen die Geschichte von Belial in vielen Bildern. In: siehe Anm. 29 Kat. Nr. 151, S. 365–367.
[31] Abb. vgl. z. B. in: Brigitte Kaelble, Untersuchungen zur großfigurigen Plastik des Samsonmeisters (Beiträge zu den Bau- und Kunstdenkmälern im Rheinland Bd. 27). Düsseldorf 1981, Abb. 88, 92.
[32] Robert Suckale, Die Hofkunst Kaiser Ludwigs des Bayern. München 1993, S. 121–123, Abb. 102–104, S. 121–123.
[33] Siehe Anm. 27, Hans Vogts, Das Kölner Wohnhaus bis zur Mitte des 19. Jahrhunderts (Rheinischer Verein für Denkmalpflege und Heimatschutz, Jb. 1964–65), Bd. 1, Neuss 1966, S. 149–151; Abb. 90–92, S. 148, 151, dort neben dem Grinkopf in der Wehrgasse 2 zwei weitere abgebildet, die sich am Steinweg 5 und an Obenmarspforten 21 befanden.
[34] Inventarisiert in: Köln–Altstadt bearb. von Hiltrud Kier unter Mitwirkung von Fried Mühlberg (Landeskonservator Rheinland, Denkmälerverzeichnis 12.1). Köln 1979 S. 62, 66, 70, 86, 92, 108, 112.
[35] Siehe Anm. 5, Bergmann, Bd. 2, Abb. 12, S.109, Abb. 192, S. 182, Abb. 220, S. 194, Abb. 238, S. 203, Abb. 307 S. 234.
[36] Emilijan Cevc, Maskenkonsole, Hajdina, Pfarrkirche; In: Die Parler und der Schöne Stil 1350–1400. Europäische Kunst unter den Luxemburgern. Ausst. Köln 1978, Bd. 2, S. 441–442, Abb. S. 441, Ders., Maskenkonsole, Kranj, Pfarrkirche. In: ebendort Kat. S. 442, Abb. S. 442.
[37] John Shearman, Mannerism. Harmondsworth 1967, S. 121–125, Abb. 65, S. 122. Herrn Stadtkonservator Dr. Krings sei für den freundlichen Hinweis auf die Beziehung zum Manierismus gedankt.
[38] Verhandlungen der Stadtverordneten–Versammlung zu Köln vom 18.06.1863, S. 251 und vom 11.04.1867, S. 65
[39] Vogts 1928, S. 26; Ders. 1930, S. 208.
[40] Rainer Kahsnitz, Die Gründer von Laach und Sayn. Fürstenbildnisse des 13. Jahrhunderts. Ausst. Nürnberg, 1992, S. 182, Abb. 143, S. 183; S. 84, Abb. 58, S. 83.
[41] Kerstin Hengevoss-Dürkop, Skulptur und Frauenkloster. Studien zu Bildwerken der Zeit um 1300 aus Frauenklöstern des ehemaligen Fürstentums Lüneburg (Artefact Bd. 7 hg. von Tilmann Buddensieg, Fritz Neumeyer, Martin Warnke). Berlin, 1994, S. 29, 31, Abb. 26–28 S. 20.
[42] Manfred Tripps, Hans Multscher. Meister der Spätgotik. Sein Werk, seine Schule, seine Zeit. Ausst. Leutkirch im Allgäu 1993, S. 55 Abb. 54, 55, S. 55, 56.
[43] Hugo Rahtgens, Die Kirchlichen Denkmäler der Stadt Köln. St. Gereon – St. Johann Baptist – Die Marienkirchen – Groß St. Martin (Die Kunstdenkmäler der Rheinprovinz, hg. von Paul Clemen Bd. VII, 1). Düsseldorf 1911, S. 68, Abb. 52, S. 70.
[44] Rolf Wallrath, Reliquienaltar. In: Vor Stefan Lochner. Die Kölner Maler von 1300 bis 1430. Ausst. Köln 1974, Kat. Nr. 8 S. 75, Abb. S. 75.
[45] Dagmar R. Täube, Meister der Verherrlichung Mariae. Zwei Seiten einer Altartafel. In: Stefan Lochner. Meister zu Köln, hg. von Frank Günter Zehnder. Ausst. Köln 1993, Kat. Nr. 69, S. 378–379, Abb. S. 379.
[46] Dagmar R. Täube, Meister der Verherrlichung Mariae. Zwei Altarflügel. In: Stefan Lochner. Meister zu Köln, hg. von Frank Günter Zehnder. Ausst. Köln 1993, Kat. Nr. 62, S. 362 – 363.
[47] Frank Günter Zehnder, Klarenaltar. In: Vor Stefan Lochner. Die Kölner Maler von 1300 bis 1430. Ausst. Köln 1974, Kat. Nr. 11, S. 77–80, Abb. S. 79; Ders., Klarenaltar. Köln, um 1360–1370 und um 1400. In: Die Parler und der Schöne Stil 1350–1400. Europäische Kunst unter den Luxemburgern. Ausst. Köln 1978, Bd. 1, S. 206–207.
[48] Gisela Goldberg und Gisela Scheffler, Altdeutsche Gemälde. Köln und Nordwestdeutschland (Bayerische Staatsgemäldesammlungen. Alte Pinakothek/München. Gemäldekataloge, Bd. XIV). München, 1972, Textband S. 205–210, Tafelband Abb. 27.
[49] Beatrix Alexander, Der Kölner Bauer. Ausst. Köln 1987, Tafeln S. 118, 119.
[50] Siehe Anm. 49, Abb. S. 33; Des Conrad Grünenberg, Ritters und Burgers zu Costenz, Wappenbuch, ... 1483, ... Neu hg. von Stillfried – Alcantara und Hildebrandt.
[51] Anna-Dorothee v. den Brincken, Die Stadt Köln zwischen Reich und Kurköln. In: Die Parler und der Schöne Stil 1350–1400. Europäische Kunst unter den Luxemburgern. Ausst. Köln 1978, Bd. 1, S. 141–145.
[52] Köln 1475 des Heiligen Reiches Freie Stadt. Ausst. Köln 1975 Kat. Nr. 28–30, S. 30–31; Christiane Neuhausen, Daten Ende 14. Jahrhundert – 1513. In: Chronik zur Geschichte der Stadt Köln. Bd. 2: Von 1400 bis zur Gegenwart. Hg. Peter Fuchs. Köln 1991, S. 15.
[53] Siehe Anm. 52, Neuhausen, S. 15–16.
[54] Ludwig Volkmann, Der Überlinger Rathaussaal des Jacob Ruß und die Darstellung der Deutschen Reichsstände. Berlin 1934, S. 40–41, Abb. 114–117; siehe Anm. 49, Alexander, S. 35–38.
[55] Paul Hoffmann, Die bildlichen Darstellungen des Kurfürstenkollegiums von den Anfängen bis zum Ende des Hl. Römischen Reiches (13.–18. Jahrhundert). Bonn 1982, S. 54; Eduard und Hertha Ziehen, Das Heilige Römische Reich in seinen Gliedern. Sinnbilder des körperschaftlichen Reichsgedankens 1400–1800. In: Archiv für Frankfurts Geschichte und Kunst 5.F.,48. 1962, S. 22 (dort Köln fälschlich als Vertreter der Städte bezeichnet); siehe Anm. 49, Alexander S. 37, Abb. S. 36.
[56] Hans Vogts, Das Kölner Rathaus. In: Jahrbuch des Kölnischen Geschichtsvereins e. V. 2. Köln 1913 S. 15; Ders. 1930, S. 187.
[57] Siehe Anm. 55, Ziehen, S. 8–9.
[58] Siehe Anm. 55, Ziehen, S. 24–25; Handschrift im British Museum, London, im Anschluß an eine Übersetzung der Goldenen Bulle.
[59] Peter Putzer, Kaiser und Reich. Der Kurfürstenfries des Jakob Russ als Dokument der Verfassungsgeschichte. In: Der Überlinger Rathaussaal. Ein Kunstwerk aus dem Herbst des Mittelalters. Friedrichshafen, 1993, S. 20–35, Abb. 12, S. 34.
[60] Vogts, 1930, S. 207.
[61] W. Heizmann, Eiche, Mythologisches. In: Reallexikon der Germanischen Altertumskunde. Bd. 6. Berlin, New York 1985, S. 533–534.
[62] Hans Martin von Erffa, Eiche und Eichenlaub als Symbole. In: Reallexikon der Deutschen Kunstgeschichte IV. Bd. Stuttgart 1958, Sp. 916.
[63] Hermann Josef Roth, Die bauplastischen Pflanzendarstellungen des Mittelalters im Kölner Dom. Frankfurt, M., Bern, New York 1990, Abb. 21.

64 Hermann Josef Roth, Die Pflanzen in der Bauplastik des Altenberger Domes. Ein Beitrag zur Kunstgeschichte und zur mittelalterlichen Botanik. Bergisch Gladbach 1976, S. 68–69, Abb. 16 A, S. 104.

65 Z. B. an den Kapitellen der Nordseitenschiffpfeiler Nr. 34 und 40.

66 Reiner Dieckhoff, Die mittelalterliche Ausstattung des Kölner Domes. In: Arnold Wolff (Hg.), Der gotische Dom in Köln, Köln 1986, S. 42.

67 Vogts 1930, S. 209.

68 Umberto Eco, Kunst und Schönheit im Mittelalter. München 1993 (2. Aufl.), S. 97.

69 Sigrid Braunfels, Schwein. In: Lexikon der christlichen Ikonographie, siehe Anm. 10, Bd.4, Sp. 135; siehe Anm. 5, Bergmann, Bd. 2, S. 48, Abb. 6, S. 54.

70 Wilfried Schouwink, Der wilde Eber in Gottes Weinberg. Zur Darstellung des Schweins in Literatur und Kunst des Mittelalters. Sigmaringen 1985, Abb. 11; Felicia Broscheit, Romanische Figurenkapitelle in Köln. In: Colonia Romanica. Jahrbuch des Fördervereins Romanische Kirchen Köln e. V. III, Köln 1988, S. 54.

71 Paul Clemen in Verbindung mit Heinrich Neu und Fritz Witte, Der Dom zu Köln (Die Kunstdenkmäler der Rheinprovinz, hg. von Paul Clemen VI, 3). Düsseldorf 2. vermehrte Auflage 1938 S. 89, Abb. 52.1 S. 88.

72 Siehe Anm. 5, Bd. 1 Tafel 56 S. 182; Bd. 2, S. 46; Martin Stankowski, Köln. Der andere Stadtführer. Bd. 1. Köln 1988, S. 154; die Verbreitung der Vorstellungen zu den Ritualmorden fand Eingang in Märchensammlungen und Erzählungen siehe z. B.: Jakob Ludwig Karl Grimm, Deutsche Sagen, hg. von den Brüdern Grimm. Berlin 1816–1818, Nrn. 353, 354; Heinrich Heine, Der Rabbi von Bacharach. In: Heines Werke Bd. 2 (Bibliothek Deutscher Klassiker). Berlin, Weimar [18]1991, S. 163–207.

73 Gunter Schweikhart, Sgraffito – Graffiti: Über Putz und Schmutz auf den Wänden. In: Johannes Stahl (Hrsg.), An der Wand. Graffiti zwischen Anarchie und Galerie. Köln 1989, S. 125; Nachum T. Gidal, Die Juden in Deutschland von der Römerzeit bis zur Weimarer Republik. Gütersloh 1988, S. 159–161; Johann Jacob Schudt, Jüdische Merckwürdigkeiten ..., 2. Teil. So vor Augen leget eine vollständige Franckfurter Juden-Chronick ..., Frankfurt, Leipzig 1714, S. 257–258.

74 A.W.F.M.Meij, Gula – La gourmandise. In.: Bruegel. Une dynastie de peintres. Ausst., Brüssel, 1980, Kat. Nr. 26, S. 89; Margret Klinge, Tentation de saint Antoine. In: Dass., Kat. Nr. 194, S. 262; Jacqueline Folie, Les proverbes flamands. In: Dass. Kat. Nr.: 85, S. 148–149.

75 Siehe Anm. 70, Schouwink, S. 13–16.

76 Vogts 1930, S. 186; Mühlberg, 1973, S. 75.

77 Archer Taylor, Eule. In: Handwörterbuch des deutschen Aberglaubens, hg. unter besonderer Mitwirkung von Eduard Hoffmann-Krayer und Mitarbeit zahlreicher Fachgenossen von Hanns Bächtold-Stäubli. Berlin, Leipzig. Bd. 2, 1930, Sp. 1073-1074; Christian Hünemörder, Greifvögel. In: Lexikon des Mittelalters, Bd. 4, München, Zürich, 1989, Sp. 1698.

78 Klaus Hardering, Das Chorgestühl von St. Andreas. In: Colonia Romanica V, 1990, S. 87, Abb. 19, S. 88.

79 Siehe Anm. 5, Bergmann, Bd. 1, S. 162, T. 54, S. 163; Bd. 2, S. 35; siehe Anm. 77, Hünemörder, Sp. 1698.

80 Donat de Chapeaurouge, Einführung in die Geschichte der christlichen Symbole. Darmstadt, 1984, S. 135.

81 Siehe Anm. 80, de Chapeaurouge, S. 83; Abb. vgl. z. B. Fedja Anzelewsky, Dürer. Werk und Wirkung. Erlangen, 1988, Abb. 56, S. 74; nach dem Volksglauben galten Affen als von Gott verwünschte Menschen, vgl. dazu: E. Stemplinger, Affe. In: Handwörterbuch des deutschen Aberglaubens (siehe Anm. 77). Bd. 1, 1927, Sp. 206.

82 Rainer Budde, Nebensächliches? – Zur Darstellung der Musik auf Stefan Lochners Weltgericht. In: Stefan Lochner. Meister zu Köln, hg. von Frank Günter Zehnder. Ausst. Köln 1993, S. 201, Abb. 3, S. 202; nach dem Volksglauben hatte der Paukenschlag aber auch eine dämonenabwehrende Kraft, andererseits habe sich der Teufel beim Brande Schiltachs mit der Pauke hören lassen, vgl. dazu: Erich Seemann, Pauke. In: Handwörterbuch des deutschen Aberglaubens (siehe Anm. 77). Bd. 6 1935, Sp. 1462; Deutschland scheint ein Zentrum der Paukenkunst gewesen zu sein. 1384 schickte Philipp von Burgund Trommler nach Deutschland, damit sie dort das Paukenspiel erlernen, vgl. Konstantin Restle, Musikinstrumente. In: Lexikon des Mittelalters, Bd. 6, München, Zürich, 1993, Sp. 965. Langes Interpretation der paukeschlagenden Affen als antiislamisches Logos in antisemitischer Umdeutung stützt sich lediglich auf die Tatsache, daß der Ratsturm im damals noch vorhandenen Judenviertel errichtet wurde, vgl. Claudio Lange, Plastischer Kirchenschmuck und Islam. Zur Deutung des Obszönen. In: Gabriele Bartz, Alfred Karnein, Claudio Lange, Liebesfreuden im Mittelalter. Kulturgeschichte der Erotik und Sexualität in Bildern und Dokumenten. Stuttgart, Zürich 1994, S. 107, Abb. S. 107.

83 Siehe Anm. 5, Bergmann, Bd. 2, S. 21, Abb. 106, S. 147.

84 Vgl. Lieselotte Wehrhahn-Stauch, Affe, in: Lexikon der christl. Ikonographie, siehe Anm. 10, Bd. 1, Spalte 76–79.

85 Paul Hofer, Bern, Rathaus, Skulpturenschmuck. Diaspora der letzten Prager Parlerwerkstatt 1410–1414. In: Die Parler und der Schöne Stil, 1350–1400. Europäische Kunst unter den Luxemburgern. Ausst. Köln 1978, Bd. 1, S. 308–309, Abb. S. 310.

86 Liselotte Wehrhahn-Stauch, Bär und Ewald M. Vetter, Defensorium. In: Lexikon der christlichen Ikonographie, (siehe Anm. 10). Bd. 1, Sp. 243, 501, 502; zum Aberglauben hinsichtlich der Geburt des Bären vgl.: Will-Erich Peukert, Bär. In: Handwörterbuch des deutschen Aberglaubens (siehe Anm. 77) Bd. 1, 1927, Sp. 884.

87 Siehe Anm. 5, Bergmann, Bd. 2, S. 69, Abb. 235, dort weitere Vergleichsbeispiele angeführt

88 A. W. F. M. Meij, Ira – La colère, In: Bruegel (siehe Anm. 74). Kat. Nr. 25, S. 88; zugleich war der Bär Attribut der Hl. Kolumba, vgl. Ingeborg Ramseger, Kolumba von Sens. In: Lexikon der christlichen Ikonographie (siehe Anm. 10). Bd. 7, 1974 Sp. 331; Abbildungen mit Kolumba und der Bärin siehe Anm. 9, Zehnder, Abb. 189, 254.

89 Ursula E. Koch, Der Teufel in Berlin. Von der Märzrevolution bis zu Bismarcks Entlassung. Illustrierte politische Witzblätter einer Metropole 1848–1890. Köln 1991, Abb. 189, S. 384.

90 Werner Mezger, Narrenidee und Fastnachtsbrauch. Studien zum Fortleben des Mittelalters in der europäischen Festkultur (Konstanzer Bibliothek Bd. 15). Konstanz 1991, S. 108, 110, 119, 121, Abb. 40 b, 44.

91 Fabelwesen. In: Lexikon der christlichen Ikonographie (siehe Anm. 10), Bd. 2, Sp. 1

92 Ekkart Sauser, Tier IV. In der christl. Kunst. In: Lexikon für Theologie und Kirche. (2. völlig neu bearbeitete Auflage), hg. von Josef Höfer und Karl Rahner. Bd. 10, Freiburg, 1965, Sp. 190–191.

93 Peter Gerlach, Kentaur. In: Lexikon der christlichen Ikonographie (siehe Anm. 10). 2. Bd., Sp. 504–508.

94 Paul Michel, Tiere als Symbol und Ornament. Möglichkeiten und Grenzen der ikonographischen Deutung gezeigt am Beispiel des Zürcher Grossmünster Kreuzgangs. Wiesbaden, 1979, S. 70.

95 Fritz Koreny/Jane C. Hutchison, Israhel von Meckenem, Wenzel von Olmütz and Monogrammists (The illustrated Bartsch 9, formerly Volume 6, Part 2, Early German Artists). New York 1981, S. 255. Zu Kentaurendarstellungen in der Romanik, vgl. auch: Felicia Broscheit, Figürliche Darstellungen in der romanischen Bauornamentik des Rhein-Maas-Gebietes (37 Veröffentlichung der Abteilung Architektur des Kunsthistorischen Instituts der Universität zu Köln, hg. von Günther Binding), Köln, 1990, S. 120–121.

96 Friedrich Lauchert, Geschichte des Physiologus. Straßburg, 1889, Reprint Genf 1974, S. 18.

97 Siehe Anm. 70, Broscheit, S. 59, Abb. 19–20 S. 61; Brigitte Kaelble, Spätromanische Bauornamentik vom ehemaligen Kreuzgang der Prämonstratenser-Abtei Knechtsteden. Katalog, Zons 1988 Abb. 5, 10, S. 14, 25; siehe auch Anm. 95, Broscheit, S. 91–96.

98 Siehe Anm. 5, Bergmann, Bd. 2, S. 32, Abb. 189, S. 181.

99 Felten, Dat Kallemännche am Aldemaat. In: Alt Köln. Heimatblätter für die Stadt Köln. Beilage der Kölnischen Rundschau 7. Jg. 1953 S. 16.

100 Adam Wrede, Neuer Kölnischer Sprachschatz, 1. Bd. Köln 1958 (10. Aufl. 1988), S. 154.

101 Werner Schäfke, Dä Kallendresser vum Aldermaat. In: Le Musée sentimental de Cologne. Katalog, Köln 1979, S. 100; siehe Anm. 100, Wrede, S. 154.

102 Siehe Anm. 100, Wrede, Bd. 1, S. 154.

103 Siehe Anm. 101, Schäfke, S. 100–101; Sabine Maja Schilling, Ewald Mataré. Das plastische Werk. Köln 1987, S. 276; Dies., Biographische Dokumentation. In: Ewald Mataré. Retrospektive. Das plastische Werk. Kat. Köln 1987, S. 54; Karin Schuller-

Procopovici, Künstlerische Ausstattung des Hauses Em Hanen. In: Skulptur in Köln. Köln, 1988, S. 143.

104 Vogts, 1913, S. 14; ders. 1928, S. 27

105 Siehe Anm. 101, Schäfke, S. 100.

106 Katrin Kröll, Der schalkhaft beredsame Leib als Medium verborgener Wahrheit. In: Mein ganzer Körper ist Gesicht. Groteske Darstellungen in der europäischen Kunst und Literatur des Mittelalters (Rombach Wissenschaft – Reihe Litterae, Bd. 26). Freiburg/Br. 1994, S. 239–294; die erwähnte Handschrift befindet sich in München, Bayerische Staatsbibliothek, Cgm 3974 Bl. 213v.

107 Siehe Anm. 90, Mezger S. 171, 174, 181, 238–256, Abb. 78, 80, 81, 85; siehe auch Anm. 82, Lange, S. 107.

108 Siehe Anm. 90, Mezger S. 502, Abb. LXIIg S. 503

109 Siehe Anm. 85; weitere Blecker finden sich im Ratssaal in Damme (Flandern) (15. Jh.), siehe Anm. 106, Kröll, S. 244 und am Rathaus in Noyon, siehe: Jules Champfleury. Histoire de la Caricature au Moyen age. Paris o. J. (1870), Abb. S. 205.

110 Siehe Anm. 100, Wrede, Bd. 3, 1958 ([10]1988), S. 105.

111 Rheinisches Wörterbuch auf Grund der von J. Franck begonnenen, von allen Kreisen des rheinischen Volkes unterstützten Sammlung bearb. von Josef Müller unter Mitarbeit von Matthias Zender und Heinrich Dittmaier, hg. von Karl Meisen 8. Bd. 1958–1964, Sp. 326; vgl. auch: Bieler, Spiegel. In: Handwörterbuch des deutschen Aberglaubens (siehe Anm. 77). Bd. 9, (Nachträge), Berlin 1938/41, Sp. 549–550.

112 Michael Beheim, Buch von den Wienern, hg. von Th. G. v. Karajan. Wien 1867, S. 193, zit. nach Kröll (siehe Anm. 106), S. 240.

113 A.W.F.M. Meij, Superbia-L'orgueil. In: Bruegel (siehe Anm. 74), Kat. Nr. 21, 23, 24, 27 S. 84–90; Jacqueline Folie, Pierre Brueghel le Jeune. In: ebenda Kat. Nr.: 85, S. 148–149.

114 Siehe Anm. 89, Koch, Abb. 9, S. 40.

115 L. Maeterlinck, Le genre satirique, fantastique et licencieux dans la sculpture flammande et walonne. Les misericordes de stalles (Art et Folklore). Paris 1910, Fig. 28, S. 44; J. S. Witsen Elias, Koorbanken, Koorhekken en Kansels (De Schoonheid van ons Land). Amsterdam 1946, S. 27, Abb. 59.

116 Freundlicher Hinweis von Frau Charlotte Schulze, Düsseldorf, der an dieser Stelle für viele Anregungen gedankt sei.

117 Janet Seligman, Figures of Fun. The Caricature-Statuettes of Jean-Pierre Dantan. London 1957, S. 76, 77, Abb. 10; Dantan jeune, Caricatures et portraits de la société romantique. Collections du musée Carnavalet. Paris 1989, S. 80, Nr. 12, freundlicher Hinweis von Herrn Michael Puls, Troisdorf.

118 Andrea von Hülsen-Esch, Romanische Skulptur in Oberitalien als Reflex der kommunalen Entwicklung im 12. Jahrhundert. Untersuchungen zu Mailand und Verona (Artefact Bd. 8, hg. von Tilmann Buddensieg, Fritz Neumeyer, Martin Warnke). Berlin 1994 S. 20–21, Abb. 1. Weitere Darstellungen in der Renaissance vgl. Anm. 95, Broscheit, S. 88–90.

119 Hans Peter Hilger, Der Dom zu Xanten, Königstein im Taunus, 1984, Abb. S. 13.

120 Siehe Anm. 118, von Hülsen-Esch, S. 21.

121 Vgl. z. B. die Abb. in: Karolingische Buchmalerei, Einführung von Florentine Mütherich, Abbildungen und Tafeln erläutert von Joachim E. Gaehde. München 1976, Taf. 14.

122 Adolph Goldschmidt, Die Elfenbeinskulpturen aus der Zeit der karolingischen und sächsischen Kaiser. 8.–11. Jahrhundert, Berlin 1914, Bd. 1, Nr. 122; Ulrike Surmann, Studien zur ottonischen Elfenbeinplastik in Metz und Trier. Nordenfalks Sakramentar- und Evangeliargruppe. Witterschlick/Bonn 1990, S. 116–118, 314 Taf. 3.

123 Albrecht Dürer 1471 bis 1528. Das gesamte graphische Werk, Bd. 2, Druckgraphik. Herrsching, o. J., Abb. 1387.

124 Erich Seemann, Sackpfeife, In: Handwörterbuch des deutschen Aberglaubens (siehe Anm. 77). Bd. 7, 1935/36, Sp. 865.

125 Walter L. Strauss/Carol Schuler, German Book Illustrations Before 1500 (The Illustrated Bartsch 85 Part VI: Anonymus Artists 1484–1486). New York 1983, S. 202.

126 Neben den bereits erwähnten Tafelbildern mit Hirten- und Bauerndarstellungen sei auf das Tafelbild mit der Geburt Christi im Musée des Beaux-Arts in Dijon des Meisters von Flémalle aus der Zeit um 1425 genannt, siehe: Otto Pächt, Van Eyck. Die Begründer der altniederländischen Malerei, hg. von Maria Schmidt-Dengler. München 1993 (2. verb. Aufl.), Taf. 4, S. 72; siehe Anm. 123, Dürer, Bd. 2. Abb. 1937. Siehe u. a. auch die Darstellungen auf Misericordien der Chorgestühle der Liebfrauenkirche in Breda und von St. Lambertus in Nederweert, abgebildet in: J.S. Witsen Elias, Koorbanken, Koorhekken en Kansels (De Schoonheid van ons Land). Amsterdam 1946, S. 37, Abb. 42, 108.

127 Siehe Anm. 124, Seemann, Sp. 865.

128 Reiner Dieckhoff, Grins Kampf mit dem Löwen und seine Bedeutung in der profanen Ikonographie der Stadt Köln. In: Der Name der Freiheit 1288–1988. Aspekte Kölner Geschichte von Worringen bis heute. Kat. Köln 1988, S. 416, dort auch die ältere Literatur und die Quellen angegeben.

129 Vogts, 1930, S. 184.

130 Siehe Anm. 118, von Hülsen-Esch, S. 21–27; den freundlichen Hinweis auf die italienischen Stadtheroen verdanke ich Frau Dr. Ulrike Surmann, Diözesanmuseum Köln.

131 Hans Rempel, Die Rolandstatuen. Herkunft und geschichtliche Wandlung. Darmstadt 1989, S. 96.

132 Robert Didier/John Steyaert, Propheten vom Brüsseler Rathaus. In: Die Parler und der Schöne Stil 1350–1400. Europäische Kunst unter den Luxemburgern. Bd. 1, Köln 1978, S. 88, Abb. S. 88.

133 Artur Haberlandt, Keule. In: Handwörterbuch des deutschen Aberglaubens (siehe Anm. 77). Bd. 4, 1932, Sp. 1289–1291.

134 Johan Huizinga, Herbst des Mittelalters. Studien über Lebens- und Geistesformen des 14. und 15. Jahrhunderts in Frankreich und in den Niederlanden, hg. von Kurt Köster. Stuttgart [11]1975, S. 73–84.

135 Marie-Theres Bergenthal, Elemente der Drolerie und ihre Beziehungen zur Literatur, Phil. Diss. Bonn 1934, S. 25–29.

136 Siehe Anm. 49, Alexander, S. 13–19.

137 vgl.: Aaron J. Gurjewitsch, Das Weltbild des mittelalterlichen Menschen. München [4]1989, S. 232–235.

138 Jane C. Hutchison, Early German Artists (The Illustrated Bartsch 9, Commentary Part 2). New York 1991, S. 235.

139 Georg Troescher, Weltgerichtsbilder in Rathäusern und Gerichtsstätten. In: WRJb 11, 1933, S. 208; den freundlichen Hinweis auf die Weltgerichtsikonographie europäischer Rathäuser verdanke ich Herrn Dr. Clemens Kosch, Förderverein Romanische Kirchen Köln e.V.

140 Siehe Anm. 139, Troescher, S. 170.

141 Guntram Brunner. Zu den Abbildungen. In: Der Überlinger Rathaussaal. Ein Kunstwerk aus dem Herbst des Mittelalters (Kunst am See, Bd. 25). Friedrichshafen 1993, S. 80, 83, Abb. 23, 25, 26, S. 65, 71, 74.

142 Siehe Anm. 85, Hofer, Abb. S. 308.

143 Johann Jacob Merlo, Kölnische Künstler in alter und neuer Zeit, hg. von Eduard Firmenich-Richartz, Düsseldorf 1895, Sp. 202; Vogts, 1930, S. 254. Die Inschrift lautet: »Sanct Michaelis heissen ich /Cristianus Dusterwalt gois mich«.

144 siehe Anm. 100, Wrede, Bd. 2, S. 303.

145 siehe Anm. 111, Rheinisches Wörterbuch, Bd. 2, Sp. 1021.

146 siehe Anm. 100, Wrede, Bd. 1, S. 56.

147 Valmar Cramer, Die Sinndeutung des Platzgabbeck. In: Alt Köln. Heimatblätter für die Stadt Köln. Beilage der Kölnischen Rundschau, 8. Jg., 1954, S. 23.

148 Siehe Anm. 111, Rheinisches Wörterbuch, Bd. 5, 1941, Sp. 145.

149 Peter Fuchs, Zeittafel zum Kölner Rathaus. In: Das Rathaus zu Köln. Geschichte, Gebäude, Gestalten. Herausgegeben von Peter Fuchs, Köln 1994, S. 275.

150 Klaus Goettert, Das Kölnische Rathaus. Mönchen-Gladbach, 1959, o. S.

151 Peter Fuchs, Das Rathaus zu Köln, [13]1990, S. 23.

152 siehe Anm. 147, Cramer, S. 24.

153 Ute Kaltwasser, Köln schlägt die Stunde, Zeitungsartikel abgedruckt in: 25 Jahre Glockenspiel im Rathausturm zu Köln. Herausgeber: Kreishandwerkerschaft Köln, 1983.

154 Farbtafel in: Vor Stephan Lochner. Die Kölner Maler von 1300 bis1430. Katalog, Köln, 1974, S. 149.

155 Reiner Dieckhoff, Wilder Mann, Köln, spätes 14. Jahrhundert. In: Die Parler und der Schöne Stil, 1350–1400. Europäische Kunst unter den Luxemburgern. Katalog Köln, Band 3, 1978, S. 110–111, Abb. S. 111.

156 Toni Diederich, Siegel der Gaffel Eisenmarkt in Köln. In: Die Parler und der Schöne Stil, 1350 – 1400. Europäische Kunst unter den Luxemburgern. Katalog Köln, Bd. 3, 1978, S. 163, Abb. S. 163; Reiner Dieckhoff, Original Stempel der Gaffelsiegel vom Verbundbrief aus dem Jahre 1396. In: Der Name der Freiheit 1288–1988. Aspekte Kölner Geschichte von Worringen

bis heute. Kataloghandbuch Köln, 1988, S. 334–335, Abb. S. 335.

157 Jochen Hesse, Der Tod macht alle gleich. In: Himmel Hölle Fegefeuer. Das Jenseits im Mittelalter. Katalog Zürich 1994 (2. durchgesehene Auflage) S. 253.

158 Dorette Grumbt, Das Jenaer Rathaus. Gestalt und Geschichte. Jena 1971, S. 63–68.

159 Siehe Anm. 90, Mezger, S. 419.

160 Siehe Anm. 137, Gurjewitsch, S. 311–312.

161 zur Zahlensymbolik vergleiche: Gerd Heinz Mohr, Lexikon der Symbole. Bilder und Zeichen der christlichen Kunst. Köln 1971, S. 308, 310.

162 Vgl. Reiner Dieckhoff, antiqui – moderni. Zeitbewußtsein und Naturerfahrung im 14. Jahrhundert. In: Die Parler und der Schöne Stil, 1350–1400. Europäische Kunst unter den Luxemburgern. Ausst. Köln, Bd. 3, 1978, S. 67–93.

163 K. Maurice, Die deutsche Räderuhr. München, 1976, S. 5; Anton Lübke, Das große Uhrenbuch. Tübingen 1977, S. 160–162, Abb. 249, S. 155.

164 Siehe Anm. 163, Lübke, S. 145–147, Abb. 239, S. 147.

165 Siehe Anm. 163, Lübke, S. 145–146, 152–153, Abb. 236, S. 145, Abb. 247, S. 153.

166 Siehe Anm. 163, Lübke, S. 144–145, Abb. 235, S. 145.

167 Fritz Michel, Die Kunstdenkmäler der Stadt Koblenz. Die profanen Denkmäler und die Vororte (= Die Kunstdenkmäler von Rheinland-Pfalz, Bd. hg. von Werner Bornheim gen. Schilling, München, Berlin, 1954, S. 214, Abb. 445, S. 522; siehe Anm. 163, Lübke, S. 144.

168 Historisches Museum Basel. Führer durch die Sammlungen, Basel, 1994, Kat. Nr.: 74, S. 59, freundlicher Hinweis von Herrn Thomas Wüstefeld, Römisch Germanisches Museum, Köln.

169 J. Jaeger, Wie sind die Duderstädter zu dem Spitznamen Anreischken gekommen? In: Heimatland, 1910, S. 60–61; Hans-Heinrich Ebeling, Der Duderstädter Anreischke. In: Die Goldene Mark, 1989, Heft 1/2, 3/4, S. 17–42; Herr Wüstefeld machte mich dankenswerterweise auf den Anreischke aufmerksam, Herr Dr. Ebeling, Stadtarchiv Duderstadt, stellte mir freundlicherweise Kopien der oben zitierten Artikel zur Verfügung.

170 Herbert Meinhard Mühlpfordt, Königsberger Skulpturen und ihre Meister 1255–1945 (Ostdeutsche Beiträge aus dem Göttinger Arbeitskreis, Band XLVI). Würzburg 1970, S. 240.

171 Gerhard Dohrn-van Rossum und Rolf Westerheide, Die Einführung der öffentlichen Uhren und der Übergang zur modernen Stundenrechnung in den spätmittelalterlichen Städten Niedersachsens. In: Stadt im Wandel, Bd. 4, Stuttgart 1985, S. 323, zit. nach siehe Anm. 169, Ebeling, S. 37.

Vom städtischen Umgang mit Bildern. Die Bildprogramme des Kölner Rathauses

Ulrike Surmann

Das Rathaus ist eine im hohen Mittelalter erstmals auftretende Bauaufgabe, *die mit dem Anspruch einer über ihre Zweckerfüllung hinausgehenden symbolhaft-bildhaften Gestalt neben den Kirchenbau tritt.*[1] Als Versammlungsort des Rates diente es nicht nur der Verwaltung, sondern auch der Rechtsprechung, dem Strafvollzug, der Marktkontrolle, der Lagerung von Waren und Waffen sowie der Repräsentation.[2] So spiegeln sich in Bauform und Ausstattung neben den Aufgaben des gewählten Rates auch Selbstverständnis und historische Gebundenheit der in diesem Rat vertretenen Bürgerschaft.

Das Kölner Rathaus – das älteste Deutschlands – ist erstmals in der 1. Hälfte des 12. Jahrhunderts als *domus in quam cives conveniunt* (Haus, in dem die Bürger zusammenkommen), *domus divitum* (Haus der Reichen) und *domus civium* (Haus der Bürger)[3] in den Quellen nachzuweisen.[4] An der rheinseitigen Grenze des Judenviertels gelegen – der Grenze zwischen der römischen Stadt und dem mittelalterlichen Marktviertel – stützte es sich auf römische und fränkische Vorgängerbauten, die hier ein frühes Verwaltungszentrum lokalisierten. Diese funktional schon bestimmte Lage war gleichzeitig zentral, aber auch »exterritorial«, denn das an den Altermarkt angrenzende Judenviertel war dem Zugriff durch den Erzbischof und der direkten Einflußnahme der Kölner Kirchengemeinden entzogen.

Die Form dieses ersten Rathauses ist ebenso wie seine Ausstattung nicht überliefert. Erst mit einem spätestens ab ca. 1328 anzunehmenden, umfassenden Um- bzw. Neubau, der den seit dem 18. Jahrhundert so genannten Hansasaal betroffen haben wird[5], sind Architektur und Bildprogramm für uns faßbar. Hier äußert sich erstmals nach der Vertreibung des Kölner Erzbischofs in der Schlacht von Worringen (1288) das

Abb. 178a: Köln, Hansasaal, Neun gute Helden, Gesamtansicht, Foto: D. Heiermann, 1995

Selbstverständnis der de facto, wenn auch nicht de iure freien Stadt. Der einschiffige, von einem spitzbogigen Tonnengewölbe aus Holz gedeckte »Lange Saal«, der sich von Norden nach Süden erstreckt, wurde durch Fenster in den Langseiten beleuchtet. Die gesamte nördliche Wand überzieht eine großzügige Maßwerkgliederung, die der Formensprache der Kölner Dombauhütte vom Anfang des 14. Jahrhunderts nahesteht.[6] Weder für die Blendbögen der Fensterwand noch für die Nordwand ist in dieser frühen Zeit ein Bildprogramm überliefert. Die erhaltene figürliche Ausstattung beschränkt sich auf die Südwand, der in der Art eines in eine Ebene gebrachten gotischen Portalgewändes die plastischen Gestalten der Neun Helden unter Baldachinen vorgeblendet sind (Abb. 178 a–d). Darüber, in der Spitze der Wand, stehen vor drei Fensteröffnungen die wesentlich kleineren Gestalten Kaiser Ludwigs des Bayern und der Personifikationen von Befestigungs- und Stapelrecht, gekennzeichnet durch Stadttor und Wasserstrom[7] (Abb. 179). Der umlaufende Schildbogen ist mit Blattwerk bestückt, das seitlich in Kämpferhöhe auf zwei Teufelchen ansetzt. Die ursprüngliche Farbigkeit war in Rot, Grün und Blau gehalten, während Waffen, Bärte und Haare in Gold erstrahlten.[8]

Der Eindruck, den die im letzten Krieg stark beschädigten Figuren dem Betrachter vermittelten, dürfte ein sehr lebendiger gewesen sein, vor allem, wenn man die ursprünglich von zwei Seiten erfolgte Durchlichtung des Saales bedenkt. Unterstützt wurde dieser Eindruck nicht zuletzt durch die Bewegtheit der Gestalten, die alle eine andere Pose einnehmen und teilweise auch in einer konkreten Aktion verharren. Dabei wird die Ponderation der Haltung entsprechend fein variiert, der Bewegungszusammenhänge eines Körpers durchaus bewußt. Der immer wieder behauptete Eindruck mangelnder bildhauerischer Qualität scheint revidiert werden zu müssen, wenn man davon ausgeht, daß hier – anders als bei den Gewändefiguren von Kirchenportalen – profane Kriegergestalten, wie sie fast ausschließlich von Grabmälern bekannt waren, in jeweils eigener Aktion dargestellt werden soll-

Abb. 178b: Detailansicht

Abb. 178c: Detailansicht

Abb. 178d: Detailansicht

ten, also eine neue Bildaufgabe zu bewältigen war. Das Figurenprogramm der Neun Helden ist erstmals aus dem französischen Alexanderroman *Les vœux du paon* von Jacques de Longuyon aus dem Jahre 1312 bekannt, das dieser für seinen Dienstherrn Thiebaut de Bar, den Bischof von Lüttich, entwarf.[9] In seiner darin als *jongleur*-Dichtung eingefügten Schilderung der Neun Helden stützt er sich auf verschiedene ältere Quellen des 12. und 13. Jahrhunderts. Als vorbildliche Idealgestalten des Rittertums führt er je drei Personen aus heidnischer Antike, Altem Testament und neutestamentlicher »Gegenwart« an *(Drei Christen kenne ich unter den Lebenden ...)*, entsprechend der augustinischen Dreiteilung der Heilsgeschichte in die Zeit ante legem, sub lege und sub gratia. Die Aufzählung ihrer Taten wird eingestreut in die Geschichte vom Kampf, ja sogar mitten in die Entscheidungsschlacht um die Stadt Epheson, die von dem Inderkönig Clarus belagert wird. Alexander eilt der Burgherrin Fesonas, die eine Ehe mit dem feigen Clarus weiterhin ausschlägt, zu Hilfe und ermöglicht so deren Hochzeit mit dessen tapferem Sohn Porrus, dessen dem glücklichen Ende vorangehendes Leiden dem der Helden als ungleich größer verglichen wird.

Die bildliche Darstellung setzt kurz nach der literarischen mit dem Kölner Hansasaal ein. Dabei wird der höfische Topos für ein städtisches, wenn auch patrizisch verwaltetes Ambiente adaptiert, eine Adaption, die allerdings durch keinerlei Beischriften oder Erläuterungen Hinweise auf Art und Umfang der inhaltlichen Wandlungen vermittelt.

Abb. 179: Hansasaal, Südwand, Kaiser und Personifikationen

Im Hansasaal beginnt die in der Forschung tradierte Reihe auf der rechten Seite mit Alexander dem Großen, es folgen der griechische Held Hektor und Caesar. Die alttestamentlichen Helden mit ihren spitzen »Judenhelmen« sind Judas Maccabäus, König David und Josua. Durch ihren sparsamen Bartwuchs von den übrigen Helden unterschieden schließen sich die Vertreter des Christentums an, Gottfried von Bouillon, König Artus und Karl der Große. Die den Figuren auf ihren Schilden beigegebenen Wappen ermöglichen die Identifizierung, sind aber zum Teil im Vergleich zu den kanonischen Anordnungen der späteren Beispiele vertauscht. Sollte es sich hier wirklich um die früheste Darstellung des Themas handeln bzw. sollte *Les vœux du paon* wirklich die Vorlage gewesen sein, müßte die Herkunft dieser Embleme noch geklärt werden, denn in der Dichtung Jacques' de Longuyon sind sie nicht vorgegeben.

Alexander der Große (Wappenbild: Ochse) ist als heidnischer Krieger durch seinen mit Gorgonenhäuptern besetzten Brustpanzer charakterisiert. Laut Jacques de Longuyon hob sich Alexander durch seinen Sieg über Nikolaus und König Darius sowie durch die Eroberung Babylons hervor.

Hektors (drei Ochsenköpfe) Bedeutung beruht auf seinen Leistungen im trojanischen Krieg, in dem er die Amtsgeschäfte der Stadt führte und in dessen Verlauf er laut Dichtung 19 Könige besiegt und mehr als 100 Feldherren und Grafen getötet haben soll.

Julius Caesar ist mit Krone und Szepter als Herrscher ausgezeichnet. Die drei Glocken auf seinem Schild sollen seinen Sieg verkünden.[10] Ihm werden in der französischen Quelle die Eroberung Englands, Alexandriens, Afrikas, Arabiens, Syriens und Ägyptens sowie der Sieg über Casibilanus und Pompeius als hervorragende Taten angerechnet.

Judas Maccabäus trägt den Basilisken als Emblem der mutigen Seele[11] auf seinem Schild. Er soll Apollonius, Antiochus, Nicanor und weitere Tyrannen getötet und sich damit als vorbildlicher Held qualifiziert haben.

König David (Wappenbild nicht zu erkennen) nimmt das Zentrum der gesamten Figurenreihe ein. Durch seine ungewöhnliche Frontalität und gleichzeitige Aktivität – er hat sein Schwert schon fast vollständig aus der Scheide gezogen – verleiht er der Mitte einen zusätzlichen Akzent. Jacques de Longuyon hebt vor allem den Kampf des *kühnen heidnischen Sünders* gegen Goliath als vorbildliche Tat hervor.

Josua[12] (steigender Löwe mit Menschengesicht) führt ein Emblem im Schild, das eigentlich Judas Maccabäus zusteht und dessen Stärke sowie die Zugehörigkeit zum Stamme Juda symbolisiert[13]. Laut Dichtung teilte er durch frommes Gebet die Fluten des Jordan, ermöglichte so dessen Durchquerung, besiegte 12 Könige und brachte jede Stadt unter seinen Befehl.

Gottfried von Bouillon (wachsender Löwe oberhalb eines gerauteten Bandmusters) ist der zeitlich Jüngste der Helden. Er ist der Sieger über Sultan Suleiman und andere orientalische Herrscher, der Befreier und König Jerusalems. Ohne in der literarischen Vorlage vorgegeben zu sein, kauert zu seinen Füßen ein Hund, der selbstverloren an einem Knochen nagt.

König Artus (drei Kronen)[14] scheint sich ermüdet seiner »Arbeitskleidung« entledigen zu wollen. Als Herrscher Britanniens hat er neben weiteren überheblichen Fürsten auch den Riesen Ruston besiegt, dessen Gewand aus den Bärten bezwungener Könige gewebt war.

Karl der Große[15] (auf der einen Seite den halben Doppeladler des römischen Imperiums, auf der anderen kleine französische Lilien)[16] zeichnete sich durch die Eroberung Frankreichs, Spaniens, des Königreiches Pavia und durch die Unterwerfung der Sarazenen aus. In Jerusalem führte er die heiligen Sakramente wieder ein.

Es fällt schwer, die Schilderungen Jacques' de Longuyon mit den Figuren des Hansasaales in Einklang zu bringen. Einerseits steht für die französische höfische Dichtung das Ritterideal, die sich im »Niedermachen« der Feinde äußernde Tapferkeit, im Vordergrund, das im Zusammenhang des städtischen Ambientes an Prägnanz verliert, andererseits sind die Figuren in ihrer Gestik zu wenig präzise, um daraus einen eigenen Inhalt, eine eigene Geschichte abzuleiten. Lediglich der weit ausholende David, der sich entkleidende Artus und der Hund zu Füßen Gottfrieds entwickeln eine Art von szenischer Grundstimmung, die aber nicht konkret auf die Dichtung rekurriert. Natürlich ist nicht auszuschließen, daß das regierende, nach Adel strebende Patriziat in den Helden seine zur Machtausübung befähigenden Tugendideale personifiziert sah. Doch muß die neue Programmatik der Figuren auch durch den Zusammenhang mit dem Raum, in dem sie sich befinden, und durch die historische Situation, die sie hervorgebracht hat, definiert werden.

Der »Lange Saal« wurde für Ratssitzungen, Gerichtsverhandlungen und Festlichkeiten benutzt[17], war also durchaus multifunktional. Innerhalb dieses Raumes sind sie der möglicherweise einzige Bildschmuck, auf jeden Fall der einzige plastische Schmuck, der noch dazu an einer Schmalseite konzentriert ist. Die Anbringung der Neun Helden an so prominenter Stelle hat daher häufig die Assoziation des Altarbildes oder der Königsgalerie an französischen und englischen Kathedralen heraufbeschworen, damit die Frage nach dem konkreten Umgang mit den Bildwerken aufwerfend.[18]

Die aufwendige architektonische Gliederung der Wand verleiht dem Raum an dieser Seite einen Schwerpunkt, der einer zeremoniellen Ausrichtung nahekommt. Über die alte Bestuhlung des 14. Jahrhunderts ist nichts bekannt. Wenn auch die Praxis in mittelalterlichen Ratssälen wie im Palas der Pfalz das zeremonielle Zentrum eher in der Mitte einer Langseite vorsah[19], so scheint doch in diesem Fall eine Konzentration auf die südliche Schmalseite denkbar, deren Wandfläche im Gegensatz zu den Langseiten nicht durch Fenster blockiert war; die Schöffen oder die Ratsvorsitzenden hätten also mit den in ihrer Farbigkeit lebhaft agierenden, goldbärtigen Helden quasi als Ahnengalerie im Rücken getagt.[20]

In der umfangreichen Literatur zum Hansasaal wird den Neun Helden neben dem aus der ritterlichen Dichtung abgeleiteten Vorbildcharakter vor allem die Rolle von Assistenzfiguren zum Gericht zugewiesen.[21] Dabei kann man sich auf einige wenige, aber wesentlich spätere Darstellungen in Rathäusern beziehen, die allesamt dem Gerichtszusammenhang entstammen.[22] Um 1420 findet sich das Programm der Neun Helden – mit Karl dem Großen in der Mitte – in den Glasfenstern der Lüneburger Gerichtslaube, hier nun mit Beischriften, die einen konkreten Zusammenhang definieren[23] (Abb. 180 a, b). Auf den Sockeln zu ihren Füßen wird in lateinischen, teilweise nur fragmentarisch erhaltenen Distichen ihrer Geschichte gedacht, die ihre Vorbildlichkeit begründete. Dabei weist sich z.B. Caesar als Erbauer Lüneburgs und Sieger über Pompeius aus. Über ihnen halten vier Halbfiguren Schriftbänder, in denen die Richter in moralisierenden Sentenzen dazu ermahnt werden, Gerechtigkeit walten zu lassen, d.h. die Helden stehen als kontrollierende moralische Instanz hinter den Richtern. Sie nehmen so am Geschehen teil, weniger als Assistenz, denn als Aufsicht und Garantie für die Rechtmäßigkeit des Urteils.[24]

Ein solcher Zusammenhang könnte für den Hansasaal über die Analogie der Raumfunktion als wahrscheinlich erschlossen werden. Die Rolle der Helden bei der Gerichtsverhandlung kann jedoch nicht ohne weiteres auf das Geschehen einer Ratsversammlung oder städtischer Festlichkeiten, die ja ebenfalls im »Langen Saal« stattfanden, übertragen werden. Zudem fand die Gestalt des Kaisers, die auch zum Figurenprogramm gehört, noch keine Berücksichtigung.

Die Urkunde in seiner Hand und die Personifikationen sind Ludwig dem Bayern als identifizierende At-

Abb. 180a: Lüneburg, Gerichtslaube, Neun Helden, Gesamtansicht, Bildarchiv Foto Marburg 623.974

Abb. 180b: Lüneburg, Rathaus, Gerichtslaube, Neun Helden, Detail, Niedersächsisches Landesverwaltungsamt Neg.-Nr. 690

tribute beigegeben. Er war ein nicht unumstrittener römischer König, der der Stadt nach seiner Krönung und als Gegenleistung für die in Köln erfolgte Huldigung Privilegien verlieh bzw. bestätigte. Er wurde nicht zuletzt deswegen in das Figurenprogramm aufgenommen, um diese Rechtslage durch seine Attribute und seine Anwesenheit zu dokumentieren, ebenso wie die Stadt Köln damit die Rechtmäßigkeit seines Thronanspruches gegenüber dem in Bonn, der späteren Residenz des Kölner Erzbischofs, gekrönten Gegenkönig Friedrich dem Schönen untermauert. Als rechtmäßiger Herrscher steht Ludwig direkt über König David, dem Prototyp und Ahnherrn jedes Herrschers.[25] In der Tradition der Naumburger Stifterfiguren formuliert das Bildprogramm wie ein geschriebenes Dokument einen juristischen Sachverhalt und macht ihn sichtbar.[26]

Die Reihe der Helden wird damit verlängert um einen Zeitgenossen, der quasi als zehnter Held die Kontinuität von der Antike an bis in die Gegenwart garantiert.[27] Hierin scheint auch die Wahl des noch jungen und in der städtischen Praxis unerprobten Bildprogramms begründet zu liegen. Die etwas unvermittelt mitten in die Entscheidungsschlacht um Epheson als Exkurs hineingeratenen Helden bieten an dieser Stelle einen *summarischen Abriß der Weltgeschichte vom Kampf um Troja bis zur jüngsten Vergangenheit,* letztere vertreten durch den Lothringer Gottfried von Bouillon, dem nicht zuletzt der Lokalpatriotismus Jacques' de Longuyon Eintritt in die Heldenschar verschaffte.[28] In die Tradition dieser durch Tugend geprägten Vergangenheit, die sich *wie in Weltchroniken und Annalen in der Addition von Lebensgeschichten hervorragender Persönlichkeiten als auf Christus hin geordnete Heilsgeschichte darstellt*[29], gliedert sich die soeben dem Joch des geistlichen Stadtoberhauptes entflohene und nun die Reichsunmittelbarkeit anstrebende Bürgerschaft, vertreten durch den Rat der Stadt, ein.[30] Kaiser und Helden garantieren mit ihrer Anwesenheit, durch die Einbettung des Geschehens in eine historische Kontinuität, die Rechtmäßigkeit dieser neuen, vom Erzbischof immer wieder angezweifelten Rechtssituation.

Das anscheinend für den nahen Hof des Lütticher Bischofs entworfene Bildprogramm der Neun Helden wurde also aus einem ganz aktuellen Anlaß heraus gewählt. Es ist auch in seiner inhaltlichen Facettierung nur in Zusammenhang mit dem um rechtliche Verankerung ringenden Patrizierregiment denkbar, das sich von seinen Mitbürgern durch *ständisches Denken adliger Herkunft*[31] absetzte und seine Herrschaft damit legitimierte. Ihren Ursprung führten die Kölner Geschlechter in zu Beginn des 14. Jahrhunderts voll ausgebildeten Abstammungslegenden auf römische Senatoren zurück, die sich um die Christianisierung der Stadt verdient gemacht hatten. Aus dieser historischen Kontinuität leiteten sie Recht und Pflicht der von ihnen ausgeübten Stadtregierung ab.[32] Die dem höfischen Milieu entstammenden Neun Helden sind sinnfälliger Ausdruck dieses auf adeliger Herkunft und geschichtlicher Verankerung beruhenden Selbstverständnisses.

Unabhängig von der stilistischen Diskussion ergäbe sich allein daraus eine Datierung, die nicht weit von der Bestätigung der städtischen Privilegien im Jahre 1314 abgerückt werden darf.[33] Es ist verständlich ohne zusätzliches Figurenpersonal. Die übrigen Wände des Raumes waren also entweder ohne Bildprogramm oder inhaltlich nicht unmittelbar auf die Südwand bezogen. Unverzichtbar scheint allerdings die im Vergleich zu den Helden stilistisch etwas später anzusetzende Kaiserfigur zu sein, die allein die historische Kontinuität garantiert. Offenbar sind hier unterschiedliche Darstellungs- und Schultraditionen wirksam geworden, die aber nicht so weit auseinander liegen, als daß sie nicht gleichzeitig entstanden sein könnten.

1349 fielen dem Brand des Judenviertels nach Beginn einer Pestepidemie und nachfolgenden Judenpogromen auch Teile des Rathauses zum Opfer, so daß 1352 die Ratssitzungen im Rathaus Airsbach stattfinden mußten. Die Versammlung der Hanse im Jahre 1367 soll schon wieder im »Langen Saal« getagt haben, der daher – allerdings erst seit dem 18. Jahrhundert – den Namen Hansasaal trägt. Wiederherstellung bzw. Neubau des Rathauses müßten zu diesem Zeitpunkt zumindest weitestgehend abgeschlossen gewesen sein.[34]

Die Neun Helden scheinen den Brand mehr oder weniger beschädigt überstanden zu haben.[35] Die übrigen Wände wurden nun mit einem gemalten Figurenprogramm überzogen[36] – die Koelhoffsche Chronik von 1499 spricht von *Propheten und natürlichen Meistern*[37] –, wohl weil das alte Skulpturenprogramm als nicht mehr aktuell empfunden wurde. Am 27. November 1370 erhielt ein anonymer Maler die erhebliche Summe von 220 Mark *pro pictura domus civium*.[38] Damit könnte der Abschluß der Malerarbeiten im Hansasaal dokumentiert sein. Spätestens 1378, mit dem Tod des an der Nordwand dargestellten Kaisers Karl IV. müssen die Arbeiten an dem neuen Programm auf jeden Fall vollendet gewesen sein.

Abb. 181 a–f: Hansasaal, Nordseite, Karl IV. und Weise Männer, Gesamtansicht und en detail, Rekonstruktionszeichnungen

Abb. 181c

Abb. 181d

Abb. 181b

Abb. 181e

Abb. 181f

Abb. 181g–h: Nach der Abnahme, vor der Wiederherstellung

Von dieser malerischen Ausstattung haben sich nur wenige Fragmente erhalten, die in die Maßwerkgliederung der Nordwand eingefügt waren (Abb. 181 g–h). Sie wurden 1859 bei der Restaurierung durch Raschdorff aufgedeckt, aus der Wand herausgebrochen und ins Museum überführt.[39] Doch auch die Ost- und vielleicht die Westwand scheinen mit Figuren geschmückt gewesen zu sein. Verschiedene schriftliche Quellen geben darüber Auskunft, sind jedoch alle zu Zeiten entstanden, als der Figurenzyklus schon nachweislich nicht mehr vollständig war.

Die acht Blendbögen der Nordwand waren ursprünglich mit je einer großen Gestalt ausgemalt (Abb. 181 a–f; 182 a, b), die durch die Kopfbedeckungen der vier erhaltenen Fragmente möglicherweise alle als Propheten, sicher aber als weise Männer gedeutet werden können – die Unterscheidung war im Mittelalter fließend; prophetischer Charakter machte auch einen Heiden zum Propheten.[40] In ihren Händen halten sie Spruchbänder, die sich wie Bogenarchitekturen über ihren Köpfen wölben. Wohl nur die mittleren vier Figuren waren im unteren Bereich von einer gemalten Schranke verdeckt, auf der wiederum links Karl IV. und rechts anschließend drei Begleiter auftraten.[41] Der Kaiser wendet sich diesen nicht zu, sondern er blickt nach außen, d.h. in Richtung auf die Eingangstür – vorausgesetzt, der Saal war schon im 14. Jahrhundert über eine Vorhalle zugänglich[42]. Er trägt über einem Untergewand einen Hermelinmantel mit dem Emblem des böhmischen Löwen – seltsamerweise nicht das des kaiserlichen Reichsadlers – und ist dadurch zu identifizieren. Auf einem Schriftband, das sich in seiner rechten Hand entrollt, ist zu lesen:

Ir suelt des ryches noet besinnen, Wael up verlies ind up gewinnen.

Die Inschrift tritt identisch in einer Quelle aus der Zeit um 1600 auf, die drei weitere, wohl auf die drei Begleiter zu verteilende Sprüche nennt.[43] Sie werden darin vier *bischoffen* zugeordnet, die dem Befund entsprechend als Karl IV. und seine drei geistlichen Erzkanzler gedeutet werden müssen.[44]

Meidet gave (Eile) vnd hasset giricheit, Want sei verdriuen gerechtigkeit.

Richtet den armen als den Reichen, So steit das Reich werdentlich.

Liebet Gott vor allen dingen, So mach dem Reich woll gelingen.

Abb. 182a: Hansasaal, Nordwand, Rekonstruktionszeichnung

Abb. 182b: Hansasaal vor der Zerstörung im Zweiten Weltkrieg

Das weitere Figurenprogramm, das sich aufgrund des Umfangs zumindest auch auf der Ost- und möglicherweise zusätzlich auf der Westwand hat ausbreiten müssen, ist durch den Kanonikus Franz Sluyn von Rheinbach überliefert, der dargestellte Personen und zugehörige Tituli im Jahre 1517 notierte.[45] Abgesehen von den erhaltenen Fragmenten sind wir lediglich über drei der Bildfelder noch aus persönlicher Anschauung unterrichtet, die jedoch in der Sluynschen Aufzeichnung keine Erwähnung fanden. So sollen an der Ostwand ein Hl. Georg mit Rüstung und goldenen Handschuhen sowie beidseits der Tür zur Goldenen Kammer die Stadtwappen gemalt gewesen sein.[46] Zum übrigen Figurenprogramm, das keine Heiligen enthält, scheint der Hl. Georg nicht recht zu passen, so daß zu überlegen wäre, ob er nicht späteren Datums war. Bei den übrigen 23 Figuren handelt es sich um *auctoritates* aus Bibel, Antike und mittelalterlicher Geschichte, die auf Spruchbändern ein Programm ethischer Richtlinien entwickeln, deren Befolgung den Ratsherren zum Teil in direkter Anrede nahegelegt wird.

Isaac: Ad mortem certa pro iusticia duce «certa».[47]
Streite bis zum Tode für die sichere Führerin Gerechtigkeit.

Moses: Prudentem cecum nimis facit (bzw. efficit) et necat equum.
Einen klugen Mann macht das »Allzusehr« blind und tötet, was recht und billig ist.

Isaias: Ve legem si quam pro munere condis iniquam.[48]
Wehe, du erläßt ein ungerechtes Gesetz, wenn du es um eines Geschenkes Willen willen erlässest.

Sedecias (?): Delinquens anima morietur et ibit in yma.[49]
Die sündige Seele stirbt und wird in die Hölle eingehen.

Metrista: Cives concordent «ac ?» ad bona publica cor dent.
Möchten die Bürger einig sein, dem öffentlichen Wohl ihr Herz geben.

Daniel: Iudicium certi dant libri mentis aperti.[50]
Ein sicheres Gerichtsurteil geben die offenen Bücher des Geistes.

Cato: Mavult Catho mori quam deroget Urbis honori.
Cato will lieber sterben, als daß er die Ehre der Stadt mindere.

Alexander: Regnum quod pietas solidat non terminat etas.[51]
Eine Herrschaft, welche die Frömmigkeit festigt, beendet die Zeit nicht.

Jeremias: Sit via vestra bona, pieta«ti»s crebra colona.[52]
Euer Weg sei gut (diene dem Guten) und widme sich häufig der Pflege der Frömmigkeit.

Seneca: Dat sceleri lorum virtus, non pena dolorum.[53]
Die Tugend zügelt das Verbrechen, nicht die Strafe der Schmerzen.

Virgilius: Urbes linquentur et opes, sed facta sequentur.[54]
Städte und Reichtümer werden zurückgelassen werden, Heldentaten aber werden nachfolgen.

Micheas: Si peccas, diram domini non effugis iram.[55]
Wenn du sündigst, wirst du dem Zorn des Herrn nicht entfliehen.

Aristoteles: Astris lucidius et gemmis clarius est ius.[56]
Heller als Gestirn und leuchtender als Geschmeide ist das Recht.

Horatius: Omnia fac eque quasi sit lux ultima queque.[57]
Macht' alles billig, als wenn jeder Tag der letzte wäre.

Avianus: Olla valet lutea a cuprea pharisea.[58]
Ein irdener Topf bleibt nur heil, (wenn er) von einem kupfernen getrennt (ist).

Lucanus: Vis ius mensurat nec iura potens homo curat.[59]
Die Macht mißt das Recht, aber ein mächtiger Mann kümmert sich nicht um die Rechte.

Salomo: Quisque gubernator terre sit iuris amator.[60]
Jeder Herrscher auf Erden sei ein Liebhaber des Rechts.

David: Celsior est opere quovis miseratio vere.[61]
Besser als irgendein Werk ist in Wahrheit Erbarmen.

Karolus: Qui populum regitis, mites sibi famine sitis.
Die ihr das Volk regiert, seid milde, wenn ihr zu ihm sprecht.

Roboam: Privor ego verba tribubus «quia fatus» acerba.[62]
Ich werde beraubt, «weil ich» bittere Worte zu den Stämmen «sprach».

Saul: Iussa dei sperno: prosternor et addor Averno.[63]
Gottes Gesetze verachte ich, werde zu Boden geworfen und der Hölle hinzugefügt.

Traianus: Iustus ego baratro gentilis salvor ab atro.[64]
Als gerechter Heide werde ich vor der Hölle (dem finsteren Abgrund) gerettet.

Lodovicus: Malo mori natos quam culpis esse ligatos.[65]
Ich will lieber, daß meine Söhne sterben, als daß sie durch Schuld gebunden seien.

In den Dreipässen des Maßwerks von Nord-, Ost- und vielleicht auch Westwand kamen kleine Bilder in der Art von Drôlerien zur Darstellung[66], wie Spielleute, alltägliche Szenen sowie Sprichwörter und Geschichten aus dem antiken, mittelalterlichen oder biblischen Fabelschatz, die zum Teil die Überlistung des Mannes durch Weiberlist zum Thema haben bzw. *Aspekte der Ratsunfähigkeit* wie Unfreiheit, Unbeherrschtheit und weitere Untugenden als Gegenthese zu den Sprüchen der weisen Männer veranschaulichen.[67] Auch sie sind uns nur mittelbar und keineswegs vollständig in Nachzeichnungen August Martins überliefert, die dieser 1873 auf der Grundlage der bei der Auffindung erstellten Pausen und Farbnotizen anfertigte.[68] Ursprünglich wird auch hier die Bilderfolge wesentlich umfangreicher gewesen sein, so sind z.B. Monatsbilder und Berufsdarstellungen in ähnlichem Kontext belegt.[69]

(1) Simson mit den Stadttoren von Gaza (Abb. 183 a–c).

In falschem Gebrauch der von Gott verliehenen Stärke trägt Simson die Stadttore von Gaza davon und wird damit zu einem Beispiel des Mißbrauchs göttlicher Gnade.[70]

(2) »Der Löwe zerreißt den Esel, der mit ihm auf die Jagd gegangen ist«.[71]

Hier könnte auf die Fabel Aesops angespielt sein, in der der Löwe den Esel bedroht, nachdem dieser ihm bei der Jagd behilflich war.[72] In seinem 1349/50 entstandenen »Buch der Natur« beschreibt Konrad von Megenberg den Esel als lasterhaftes Wesen, das der tugendhafte Löwe zurecht besiegt.[73]

(3) Kurzhornbläser[74], (7) Trommler, (9) Dudelsackbläser[75].

(4) Windmühle mit Sackträger und Eselstreiber.

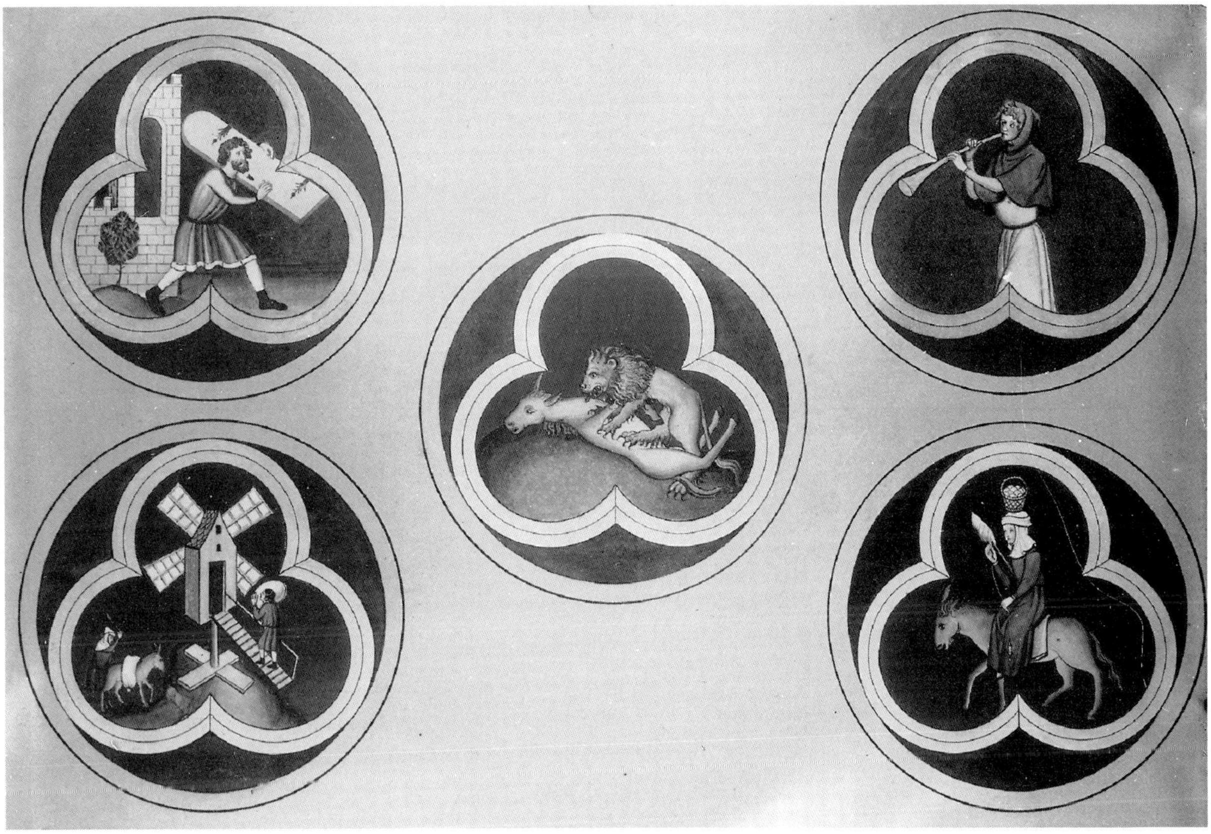

Abb. 183 a–c: Hansasaal, Dreipässe mit Simson, Löwe zerreißt Esel, Kurzhornbläser, Trommler, Dudelsackpfeifer, Windmühle, Sackträger, Esel, Frau reitet auf Esel, Virgils Besuch bei den Frauen, Phyllis reitet auf Aristoteles, Wilder Mann, Frau kämmt sich vor Quelle, 2 Ringkämpfer, Zeichnungen von A.F. Martin, 1878

Abb. 183b

Abb. 183c

Wie die Spielleute gehörte auch der Müller im Mittelalter zu den unfreien und damit nicht ehrlichen Berufen. Eine Mitgliedschaft im Rat war, da sie nicht zunftfähig waren, ausgeschlossen.[76] Möglicherweise ist auch nicht auszuschließen, daß es sich bei dieser Szene um das einzige Relikt eines viel umfangreicheren Zyklus von Berufsbildern handelt.

(5) Eine Frau reitet auf einem Esel, in der Hand hält sie den Spinnrocken, auf dem Kopf balanciert sie einen Korb.[77]

Diese Figur ist als *Metz Unmusse* zu interpretieren, also als Personifikation sinnloser Geschäftigkeit.[78]

(6) Virgils Besuch bei den Frauen

Virgil liebt die Tochter eines vornehmen Römers – nach anderer Version die Tochter des Kaisers Augustus –, doch wird er, als er sie in ihrem hoch gelegenen Gemach aufsuchen will, in dem dazu benutzten Korb auf halber Höhe dem Spott der Menge ausgesetzt.

(8) Phyllis reitet auf Aristoteles

Aristoteles warnt König Alexander »vor der allzu heftigen Liebe« zu Phyllis. Diese rächt sich, indem sie den weisen Philosophen betört und ihn zum Reittier degradiert.[79]

(10) Wilder Mann, der auf einem Hirsch reitet, als typischer Vertreter ungezügelten Lebens[80]

(11) Vor einer Quelle kämmt sich eine junge Frau sich im Spiegel betrachtend die Haare.

Mit der weiblichen Figur könnten Luxuria, die Hure von Babylon oder ein Meerweibchen als Inbegriff der Untugend gemeint sein.[81]

(12) Zwei Ringkämpfer als Bild des Streites [82]

Ein solch umfangreiches Bild- und Spruchprogramm findet sich verschiedentlich auch in anderen Rathäusern.[83] Ungefähr gleichzeitig (1350–1370) mit dem Kölner Hansasaal sind 26 runde Holzschilde mit weisen Männern und die Ratsmitglieder belehrenden Sentenzen moralisch-sittlichen Inhalts aus Freidanks »Bescheidenheit« entstanden, die den Erfurter Rathaussaal schmückten (Abb. 184). Sie wurden ergänzt durch vier weitere Tafeln mit Evangelisten und Propheten, die aber ohne Sprüche blieben, und 12 Monatsbilder.[84] Etwas später ist ein Wandbehang, der sogen. »Prophetenteppich«, in Nürnberg zu datieren (1380–1385), der möglicherweise ebenfalls dem dortigen Rathaus entstammt.[85] (Abb. 185). Er zeigt zwölf weise Männer unter jeweils einer Spruchbandarkade

Abb. 184: Erfurt, Stadtmuseum, Rundschild aus dem Rathaus Bildarchiv Foto Marburg 65.967

im Dialog über die Tugenden des Ratsherrn, als da sind Demut, Verschwiegenheit, Wahrheitsliebe, Bedächtigkeit und Gottesfurcht. Ähnliches fordern auch die Figuren vom Bremer Ratsgestühl aus dem Anfang des 15. Jahrhunderts. Aufgeteilt in Philosophen-, Poeten-, Theologen- und die den Bürgermeistern vorbehaltene Prophetenbank stammen die Sprüche der mit Namen bezeichneten Weisen über Bürgertugenden sowie Gerechtigkeit vor Gott und den Menschen zumindest zum Teil aus dem Alten Testament (Propheten) und wiederum aus den Werken Freidanks. Die Figuren an der Außenfassade sowie die Glasfenster ergänzen das Programm um die auch in Köln auftretenden Repräsentanten des Reiches, hier des Kaisers und der sieben Kurfürsten.[86] Allen gemeinsam ist die inhaltliche Tendenz der Sprüche, in denen ein ethisches, die Ratsherren belehrendes Programm entwickelt wird. Ein solches findet sich auch in den »Ratsgedichten« des städtischen Notars von Eisenach, Johannes Rothe, aus dem letzten Viertel des 14. Jahrhunderts.[87] Tugend, vor allem Klugheit und Weisheit, werden da von dem idealen Ratsmitglied verlangt; Zucht, Ehrsamkeit, Bedächtigkeit, Wahrheitsliebe, Treue, Liebe zur Eintracht, Bescheidenheit und Frömmigkeit sind weitere Tugenden, denen die Mächtigen der Stadt sich verpflichtet fühlen sollten. Unzucht und Sünde dagegen sind nicht angebracht.

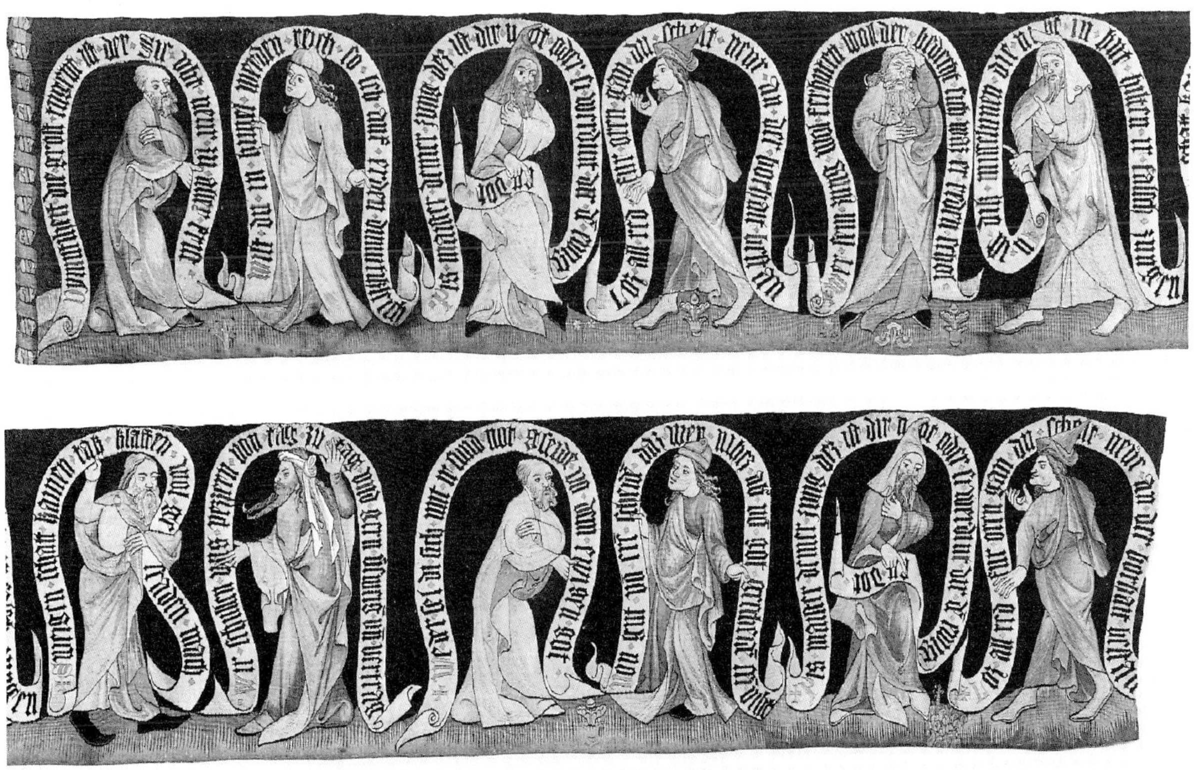

Abb. 185: Nürnberg, Germanisches Nationalmuseum, Prophetenteppich aus dem Nürnberger Rathaus, Gew. 3721 (1380–1385)

Diese an sich nicht bildlich darstellbaren und daher in Sprüchen formulierten Tugenden werden nicht nur im Kölner Rathaus weisen Männern anvertraut, die durch ihre in der Geschichte gewonnene Autorität den Forderungen Nachdruck verleihen sollen. Schon im Sachsenspiegel bezieht man sich auf alte weise Männer, die garantieren sollen, daß keine neue Ethik erfunden, sondern altes Recht erneuert wird.[88] Die Auswahl der Weisen scheint ebenso wie die ihrer Sprüche individuell getroffen worden zu sein.[89] Das Kollegium des Hansasaales setzt sich aus zwei Patriarchen, vier Propheten und fünf Königen des Alten Testamentes, zwei Philosophen, drei Staatsmännern und vier Dichtern der Antike, zwei Königen und einem Dichter aus dem Mittelalter zusammen.[90] Sie wurden nicht nur aufgrund ihrer literarischen Produktion ausgewählt, denn nur knapp die Hälfte halten Worte eigener Provenienz oder mit Bezügen darauf (z.B. Vergil) in Händen; auch ihre Vita bzw. Legende (z.B. Trajan) scheint bei einigen der *auctoritates* ausschlaggebend gewesen zu sein.[91]

Besonderes Gewicht erhalten diese Weisheiten durch die Anciennität suggerierende lateinische Sprache, die gegenüber den »Volgare«-Sprüchen des Kaisers und seiner Begleiter zeitlose Gültigkeit beanspruchen. Während sie ein allgemein gültiges ethisches Programm propagieren, nehmen zumindest drei der Zeitgenossen auf das Reich sowie auf dessen Fortbestand Bezug.[92] Treue, Gottesfurcht und Gerechtigkeit zum Wohl des Reiches werden gefordert. Diese inhaltliche Akzentuierung wurde wohl noch verstärkt durch drei monumentale Reichsadler, die das hölzerne Deckengewölbe des Saales schmückten.[93] Hier scheint eine Reaktion auf das aktuelle Zeitgeschehen, auf die immer wieder gegen den Erzbischof und mit Hilfe des Kaisers angestrebte Reichsunmittelbarkeit, vorzuliegen. Gleichzeitig wird die Herrschaft Karls IV. in das System der Vier Weltreiche eingebunden (Dan. 7, 2–8). Karl IV. ist als böhmischer König dargestellt, während die Kanzler für das Deutsche Reich, Burgund und Italien stehen, deren Königskronen Karl ebenfalls trug.[94] Die Anzahl der Kronen entspricht der der Weltreiche Babylon, Persien, Griechenland und Rom, mit denen ein historischer Abriß skizziert wird, der laut Dan. 7, 17–18 in der Ewigkeit des Gottesreiches enden wird. Auch im Hamburger Rathaus waren sie wohl schon gegen Ende des 14. Jahrhunderts dargestellt, zusammen übrigens mit den neun Helden und den »Vertretern« des fünften und letzten Weltreiches.[95]

Die Weisheiten moralisch-sittlichen Inhalts dienten nicht nur der Belehrung und der ständigen Erinnerung der Ratsherren, es ist vielmehr auch ein legitimierendes Dokument ihres Selbstverständnisses, mit dem das seit der Mitte des Jahrhunderts langsam an Einfluß verlierende Patriziat seine oligarchische Herrschaftsstruktur als gute und gerechte, das *bonum commune* sichernde Regierung definiert. Das *gemeine Beste* galt es um jeden Preis ebenso wie die Einhaltung des Rechtes zu verteidigen, war doch ein Verstoß gegen das eine wie das andere den politischen Gegnern – hier den vom »engen Rat« ausgeschlossenen reichen Bürgern, den Ämtern und Gaffeln – ein ausreichender Anlaß, die Herrschaft des Rates auch vor Kaiser und Reich in Frage zu stellen.[96]

Während im Inneren des Rathauses das Selbstverständnis des Rates formuliert wurde, dokumentierte sich wohl schon im 14., auf jeden Fall aber im 15. Jahrhundert außen an der Vorhalle, von der aus die Ratsbeschlüsse mitgeteilt wurden, in einem quasi weltlich-typologischen Bilderzyklus der Triumph über das ehemalige Stadtoberhaupt, den Kölner Erzbischof.[97] Bild dieses Sieges ist die Geschichte vom Löwenkampf des Kölner Bürgermeisters Grin[98], der als Relief laut Koelhoffscher Chronik zusammen mit den Löwenkämpfen Simsons, Davids und Heinrichs des Löwen die Pfeiler der Vorhalle schmückte. Die Legende spielt wahrscheinlich zur Zeit Erzbischof Engelberts von Falkenburg (1261–1274), der einen Löwen im Wappen führte.[99] Als Folge schwerer Auseinandersetzungen mit der Kölner Bürgerschaft, die in der berühmten Schlacht an der Ulrepforte (1268) zugunsten der Stadt entschieden wurden, war der Erzbischof gezwungen, seine Residenz nach Bonn zu verlegen. Grin entstammte einem der 15 legendären Geschlechter aus »senatorischem Adel«, die Kaiser Trajan nach Köln geschickt haben soll[100] und die aufgrund ihrer Abstammung die Herrschaft über die Stadt beanspruchten. Arnold Buchelius schilderte die Sage im Jahre 1587:[101]

Als einst die Bürger mit dem Klerus über die Herrschaft der Stadt im Streite lagen, war neben andern der Bürgermeister von Köln, Hermann Grin, ein Hauptverteidiger der Freiheit und der städtischen Privilegien. Deshalb stellte man ihm nach. Um ihn leichter aus dem Wege zu räumen, wurde er von zwei Domherren zum Frühstück oder zur Hauptmahlzeit geladen, mit Hinterlist in einem Zimmer allein gelassen, und von einem eigens zu diesem Zweck aufgezogenen Löwen angefallen. Aber mit Gottes Hilfe verteidigte er sich, stopfte den Mantel in das offene Maul des Löwen, tötete dann die Bestie mit einem Dolche oder kleinem Schwert und ging so als Sieger hervor.

Der spätere König David, der zum Schutz der Schafe seines Vaters Löwen und Bären tötete[102], und der von göttlichem Geist beseelte Simson, der auf dem Weg zu seiner zukünftigen Braut einen brüllenden jungen Löwen *zerriß* [103], sind alttestamentliche Vorbilder für die Grinlegende. Über die Identität der Bildformeln wird eine legitimierende Parallelität der Ereignisse geschaffen.

Unklar ist die Rolle des Welfenherzogs Heinrich im Quartett der Löwenkämpfe.[104] In bildlicher Umsetzung des Geschlechternamens führte er wie schon sein Vater den Löwen im Wappen, laut Legende hielt er sich sogar ein solches Tier, das er im Heiligen Land vor einem Drachen gerettet hatte.[105] Die Zuverlässigkeit der chronistischen Beschreibung vorausgesetzt, scheint – möglicherweise ausgehend vom Bildtopos des herkulischen Löwenkampfes – eine die Zeit übergreifende Bilderreihe geschaffen worden zu sein, in die Heinrich als mit sagenhaften Körperkräften begabter Nachfolger des antiken Helden eingefügt wurde. Herman Grin übernimmt darin die Rolle des Stadtheros, der in der Tradition des Herkules die Freiheit der Stadt symbolisch garantiert.[106] Schon dem Mittelalter dürfte die Verwandtschaft der Bildformeln von Herkules und den Löwen bekämpfendem Bürgermeister nicht verborgen geblieben sein, so daß eine bewußte Anknüpfung nicht auszuschließen ist.[107] Der antike Held galt als Träger der virtus (Tugend) schlechthin, als Wohltäter der Menschheit und Heilbringer[108]. Petrarca (1304–1374) nimmt den antiken Helden unter seine *uomini famosi* auf:

Daher ist jener Herkules berühmter als Philosoph, wie einige glauben, während ihn andere als Kriegsmann für unvergleichlich halten und von Kräften, die über menschliches Maß hinausgehen, wennschon andere Beispiele bekannt sind, daß ein einziger Mensch beides vereinen konnte, nämlich hohen Ruf im Kriegshandwerk und Ruhm des Geistes … Seine Körperkräfte haben ihn zum Bezwinger aller Ungeheuer, zum Beschützer vieler Menschen und gleichsam zum allgemeinen Wohltäter des Erdkreises, ja zum Ruf der Göttlichkeit durch die Verkündigung einzigartigen Ruhmes erhoben.[109]

In der italienischen Renaissance wird Herkules zur Leitfigur eines Lebensideals. Die Übertragung der Bildformel auf den Kölner Bürgermeister verleiht dem Idealbild Lokalkolorit.

Die Spannungen innerhalb der Stadt zwischen dem Patrizierregiment und den Gaffeln kulminierten im Jahre 1396 in der Vertreibung der Geschlechter und der Umstrukturierung des Rates, den Militzer als *Austausch der Eliten* bezeichnete.[110] Mit dem Verbundbrief wurde eine Verfassung vorgelegt, die den Gaffeln und Ämtern Einfluß in der Stadtregierung sicherte. Sichtbares Zeichen dieses Sieges war der Ratsturm, der in den Jahren 1407 bis 1414 *zur Ehre der Stadt* und zum *gemeinen Besten* errichtet wurde, wie es im Ratsbeschluß zum Bau des Turmes vom 19. August 1406 hieß.[111] Weinkeller, Archiv, Ratskammer und Zeughaus sollten in einem Gebäude vereint werden. Der Zugang erfolgte vom Rathausplatz aus durch ein spitzbogiges Portal, an dessen Gewände sechs Propheten oder Apostel – vier von ihnen unter Baldachinen – den zwischen Petrus und Paulus stehenden Christus im Tympanon flankierten[112] (Abb. 137). Hinter dem Eingang bewacht noch heute ein mit einer Keule bewaffnetes Kerlchen an einer Konsole die Sicherheit des Hauses, vor allem die der im Mittelalter im Erdgeschoß untergebrachten Stadtkasse und des Archivs (Abb. 173). Der ganze Außenbau war mit einem ca. 130 auf Konsolen stehenden Figuren umfassenden Bildprogramm überzogen, das schon im 18. Jahrhundert nur noch in Fragmenten an der nordwestlichen Ecke und am Portal erhalten war.[113] Ein altes Foto aus der Zeit vor der neugotischen Erneuerung des Rathauses läßt rechts neben dem Eingang noch eine nicht näher zu identifizierende Ritterfigur erkennen, die heute ebenfalls verloren ist. Lediglich eine Reihe von Konsolen hat die Zeiten überlebt.[114] Aus Beschreibungen ist bekannt, daß die Statuen auf Ansicht berechnet waren, d.h. daß sie oben genau so groß wirkten wie unten, sie also mit steigender Geschoßhöhe an Größe zunahmen.[115] Diese Tatsache scheint – zumindest im 16. Jahrhundert – bemerkenswerter gewesen zu sein als das eigentliche Bildprogramm, doch kann man aus diesen kurzen Erwähnungen wenigstens schließen, daß die Figurenbestückung des Ratsturmes abgeschlossen war. Da der Bau nicht nur praktischen Zwecken diente, sondern auch als Monument der neuen politischen Verhältnisse gedacht war, wird das Bildprogramm diesem Umstand Rechnung getragen haben. Wieder ging es um Legitimation neuer Machtstrukturen und damit um die Definition eines Selbstverständnisses der durch die Zerstörung des angestammten – und damit vor Gott und der Welt abgesicherten – Rechtes an die Macht gekommenen Stadtregierung. Gaffeln und Ämter hatten das oligarchische Patriziat abgelöst, das sich für mehr als 100 Jahre als rechtmäßiges Stadtregiment etabliert hatte – eine als solche fest definierte Sünde in den Augen der Zeitgenossen. In einer Stellungnahme, die der Rat 1403 an den König schickte, wird die »Revolution« mit den Untaten des Patriziers Constantin von Lyskirchen und der damit verbundenen Verletzung des alten Rechtes gerechtfertigt. Diesen in theologischen Abhandlungen und Fürstenspiegeln der Zeit als Tyrannei verurteilten Vergehen

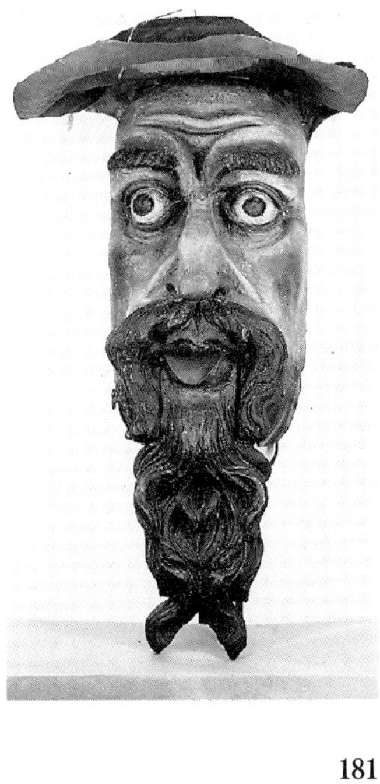

Abb. 186: Köln, Ratsturm, Platzjabbek, Foto 1937

wurde das ebenfalls theologisch als Kennzeichen guter Herrschaft abgesicherte Bemühen um das *gemeine Beste* als Regierungsziel gegenübergestellt.[116]

Grundlage des neuen Stadtregimentes war die im Verbundbrief von 1396 verbindlich formulierte Verfassung, in dem sich die 22 Gaffeln *verbanden,* um dem einen Rat als Garant für *Ehre* und *Freiheit* der Stadt Treue zu schwören. Die Mitgliedschaft in einer dieser sich aus Zünften und Kaufleutegesellschaften konstituierenden Gaffeln war für den Kölner Bürger verpflichtend, so daß sich deren genossenschaftliches, in Statuten festgelegtes Selbstverständnis auf das städtische Leben und die Verfassung übertrug.[117]

Das konkrete Figurenprogramm des Ratsturmes kann damit nicht rekonstruiert werden, doch werden sicherlich einige dieser, das Selbstverständnis der neuen Regierung bestimmenden Grundsätze zum Ausdruck gebracht worden sein. Denkbar ist auch, daß die Hl. Ursula und Gereon und ihre Gefährten als der Legende nach schon beim Kampf an der Ulrepforte hilfreich tätige Stadtheilige im Bildprogramm vertreten waren sowie der Kaiser und die sieben Kurfürsten, nachdem König Wenzel im Gegensatz zu seinem Vorgänger die Reichsunmittelbarkeit de facto anerkannt hatte und Köln seit 1397 auf Fürsten- und Städtetagen vertreten war.[118]

Einziges, allerdings wohl erst später[119] unterhalb der Ziffernscheibe der Uhr montiertes Relikt der Turmbildwerke ist der sog. Platzjabbeck (von jappen) an der Altermarktseite, ein grotesker Kopf, der in Verbindung mit der Turmuhr stehend die volle Stunde durch Aufreißen des Mundes und möglicherweise auch durch Herausstrecken der Zunge anzeigte.[120] (Abb. 186) Solche öffentlichen Uhren bieten seit dem 14. Jahrhundert eine städtische Alternative zur kirchlichen Zeitrechnung, deren Glockengeläut sich an der Folge der Gottesdienste orientiert hatte.[121] Ähnliche Groteskköpfe mit herausschnellender Zunge sind z.B. in Osnabrück, Hannover und Hildesheim an Rathäusern und Stadttoren auch schon im 15. Jahrhundert nachweisbar, wo sie »Janup« (von janen = gähnen) oder »Schnapphans« genannt wurden.[122]

Das Bildprogramm im Inneren des Ratsturmes ist ebenfalls nur in Fragmenten vor allem der Bauplastik überliefert. Von Engeln gehaltene Stadtwappen bilden im Erdgeschoß die Schlußsteine des Gewölbes.[123] In der Ratskammer im ersten Stock ruhte die Decke auf Löwenmasken, während in dem Geschoß darüber Dämonenmasken die das Gebälk tragenden Konsolen zierten.[124]

Vor allem der neue Tagungsort des Rates dürfte reich ausgestattet gewesen sein, wurden doch die Funktionen des Hansasaales nun zum Teil auf ihn übertragen. Der Zugang zu der Ratskammer erfolgte durch einen zwischen Altbau und Ratsturm errichteten Gebäudetrakt, der im Erdgeschoß als Arrestlokal und Wachstube diente, während im oberen Stockwerk ein Vorraum zum Ratssaal eingerichtet war. Seit 1448 wird er als Prophetenkammer bezeichnet, abgeleitet von den acht hölzernen Prophetenfiguren, die heute an der Nordwand des Hansasaales aufgestellt sind.[125] (Abb. 187) Eine Quelle aus der Zeit um 1600 berichtet: *So wanne Bürgermeister vnnd Ratzherren Inn den Ratt sollen ghain die acht versen, die die Propheten sprechen die da saint vff hutzen peileren vff der Treppen Inn der Propheten Chammer alß man Inn die Ratz Chammer will ghain.*[126]

Zu dieser Zeit standen die Figuren also auf Holzpfeilern seitlich der Treppe, die zum Ratssaal führte, und wurden auf diese Weise zu jeder Sitzung von den Ratsherren zur Kenntnis genommen. Da sie jedoch nicht rundansichtig angelegt sind, kann es sich dabei nicht um die ursprüngliche Aufstellung gehandelt haben. Möglicherweise waren sie spätestens seit 1448 seitlich der Tür zur Ratskammer angeordnet[127], auf jeden Fall aber müssen sie so gestanden haben, daß die Sprüche auf ihren ausgerollten Schriftbändern lesbar waren. Abgesehen von den bis heute auf den Rotuli erhaltenen, aber zum Teil durch die verschiedenen aufeinander folgenden Fassungen der Figuren miteinander vertauschten Schriftzügen geben mehrere, von E. Trier zusammengestellte schriftliche Quellen den Wortlaut wieder und kommentieren ihn.[128]

1. Prophet: *Primum querite regnum dei et iustitiam eius.* (Abb. 188a)
Zuerst suchet das Reich Gottes und seine Gerechtigkeit.

Abb. 187: Hansasaal, Nordfassade mit den Propheten, Gesamtansicht nach der Wiederherstellung 1972

Abb. 188a: Hansasaal, 1. Prophet

Abb. 188b: Hansasaal, 2. Prophet

Kommentar: *In dem ersten solt ir suchen das reich gottes vnnd sein gerechtigkeit. Das Reich gottes is die heilige kirche dar Inne godt zu dienen vnnd die gerechtigkeit zu suchen. Dat is, dat man Jederman bey recht halten unnd laissen soll.*[129]

2. Prophet: *Inic(iu)m sapi(enci)e timor dom(in)i.* (Abb. 188b)
Der Beginn der Weisheit liegt in der Gottesfurcht.
Kommentar: *Ein begin der weißheit is die fürchte gotz. Dat is alsus zu verstain. Das In dem begin is gewest die weißheit bei gott vnnd gott is die weißheit. Das man gott Inn allen dingen furchtenn soll.*[130]

3. Prophet: *Oportet operari consiliata velociter consiliare autem tarde.* (Abb. 188c)
Nimm langsam Rath, dann eil' zur Tat.
Kommentar: *Die geraden sachen soll man geringh thun wann idt woll bedacht is, ever man soll langsam raden. Dat is man soll sich woll besprechen vnnd bedenken. Das is als heuirstein. So wanne ein Dingh mit gott vnnde weißheit woll besonnen vnnd bedacht is so soll man dem vort helffen Sonder vertrack.*[131]

4. Prophet: Utilitas publica private est semper preferenda. (Abb. 188d)
Das gemeine Beste ist dem persönlichen immer vorzuziehen.
Kommentar: *Die nutzeheit des gemeinen besten is man allwege vur zu keren In allen sachen. Dat is alsus zu uerstain das ein jeglich Ratzherr der gemein besten vurkeren soll In allen sachenn.*[132]

5. Prophet: *Derogare cupientes vincit integritas rationis.* (Abb. 188e)
Die Unversehrtheit der Vernunft überwindet diejenigen, die (das Gesetz) abzuschaffen wünschen. Kommentar: *Der vollherdich (= entschlossen) is Inn seinen werckenn off in seinen sachen der verwinnet (= überwindet) alles daß Im entgegen is off hinderlich Inn den rechtenn.*[133]

6. Prophet: *Equ(u)um est necis artificem arte perire sua.* (Abb. 188 f)
Es ist billig, daß ein Meister des Todschlags durch sein eigenes Handwerk umkomme.

Kommentar: *Idt is recht das ein Todtschleger der Kunst off ein Meister der schalckeit. Das ist alsus zuuerstain so wer den anderen todt schleit das man den wiederumb toden soll mitt dem Schwert.*[134]

Abb. 188c: Hansasaal, 3. Prophet

Abb. 188d: Hansasaal, 4. Prophet

Abb. 188e: Hansasaal, 5. Prophet

Abb. 188f: Hansasaal, 6. Prophet

Abb. 188g: Hansasaal, 7. Prophet

Abb. 188h: Hansasaal, 8. Prophet

7. Prophet: *Fidum sit reipublice co(n)sistor(ium) sile(n)tique salubritate immun(it)um.* (Abb. 188g)
Es soll keiner aus dem Rat schwatzen.
Kommentar: *Die heimlicheit der Ratz Chammeren die soll man halden mit gezierder stiller hailsamhait Dat is alsus zuuerstain war also vertragen vnnd beschlossen wirt das soll man hailbar halten alß dat geboden wirt biß zu der rechter außtracht.* [135]

8. Prophet: *Qui pro re publica perieru(n)t perpetuo vivere intelliguntur.* (Abb. 188h)
Wer für die Gemeinschaft stirbt, soll ewig leben.
Kommentar: *Der achte Die jene die hie vergencklich seint um des gemeinen besten willen die sollen allwege leben bei gott Inn ewicheit vnnd Inn freuden.*[136]

Die lebhaft agierenden Figuren, deren Schriftbänder prominent als Kompositionsprinzip in die Gestaltung einbezogen sind, werden ähnlich wie die gemalten *auctoritates* des 14. Jahrhunderts durch ihre weichen Mützen als Propheten bzw. weise Männer gekennzeichnet, wenn auch nicht namentlich kenntlich gemacht; es wird bewußt an das ältere Bildprogramm angeknüpft, vielleicht auch in der mit der Gliederung der Hansasaal-Nordwand korrespondierenden Anzahl der Figuren, die von E. Trier als ikonographische Kontinuität gedeutet wird.[137] Es ist jedoch nicht sicher, inwieweit die gemalten Weisen der Nordwand aus dem Programm der übrigen in den Sprüchen überlieferten *auctoritates* herausgelöst werden können.[138]

Möglicherweise sollte das im neuen Tagungsort des Rates nicht mehr abzulesende ethisch-moralische Gedankengut durch die hölzernen Propheten präsent gehalten werden – eine Aufstellung in unmittelbarer Nähe zur oder sogar in der Ratskammer wäre damit zwangsläufig verbunden gewesen. Es ist aber auch denkbar, daß die Sprüche der gemalten Propheten lediglich aktualisiert werden sollten – die Skulptur hätte also die Wandmalerei in situ ersetzt, eher noch ergänzt. Daß man sich dafür der Skulptur, und nicht der Malerei bediente, mag in der größeren Unmittelbarkeit der plastischen Formulierung oder einer schon damals geplanten späteren Versetzung der Figuren begründet liegen.
Vergleicht man die Sprüche der Holzfiguren mit denjenigen der gemalten Propheten, fällt auf, daß sie dort nicht auftretende, konkret auf die neue Verfassung bezogene Themen zur Sprache bringen. So sind zumindest vier der Weisheiten – das gleich zweimal angesprochene *gemeine Beste,* die Verschwiegenheit des Ratsherrn[139] und die Beständigkeit der Gesetze[140] – auch in den Verbundbrief aufgenommen. Ein Lehrgedicht für den guten Ratsherren, das sich in einem Briefbuch der Stadt aus dem Jahre 1398 erhalten hat, schenkt dem *bonum commune* ebenso wie der Frage des Rechtes jeweils gleich dreimal seine Aufmerksamkeit. In unserem Zusammenhang ist besonders interessant, daß die 16 von einem Ratsherren zu beachtenden Kriterien für eine gute Stadtregierung als *Lehren alter, weiser Männer* ausgegeben werden.[141]

Neue Perspektiven für die Datierung der Figuren sind damit eröffnet. Bisher galt die Entstehungszeit des Ratsturmes als historischer Anhaltspunkt, d.h. als Anlaß für die Aufstellung der Propheten. Sie rücken nun von der Intention her in die Nähe des Verbundbriefes von 1396 und nähern sich damit auch dem motivisch eng verwandten Typar der Gaffel Eisenmarkt aus demselben Jahr (Abb. 177b).[142]

Die Anbringung der Figuren in der Prophetenkammer scheint eine Zweitverwendung gewesen zu sein. Waren die Neun Helden noch das Denkmal einer zwar durch Gewalt an die Macht gekommenen, aber dennoch herkömmlich – und damit in Theorie und Praxis abgesichert – patrizischen Regierung, so verlangt die Rechtfertigung des Herrschaftsanspruches in der zweiten Hälfte des 14. Jahrhunderts nach neuen Wegen. Legitimation durch historische Kontinuität wird in den zunehmend nach Unabhängigkeit strebenden Städten durch die Berufung auf verbindliche ethische Grundsätze ersetzt. Wenn Petrarca 1354 die Widmung seiner Schrift *De viris illustribus* an Karl IV. mit Hinweis auf dessen mangelnde moralische Qualifikation verweigert, scheint sich darin die Geisteshaltung der Epoche zu äußern.[143] Bildlich ließ sich dieser Anspruch kaum noch zum Ausdruck bringen. Auf markante Leitsätze konzentriert, wird dieses sich 1396 zu einer Verfassung verdichtende Programm auf Schriftbänder gebannt und allgemein anerkannten Autoritäten an die Hand gegeben. Die passende Bildformel wird in dem bemützten Propheten bzw. den weisen Männern gefunden. Schriftbänder bezeichnen das gesprochene Wort. Man sieht sich also in der Wandmalerei des Hansasaales einem permanent murmelnden Kollegium gegenüber, das dem »Ewigen Gebet« gleich die neuen Grundsätze beschwört. Wurden die Sprüche der gemalten Propheten noch auf flatternden Bändern etwas diffus in den Raum gehaucht, erhalten sie bei den Holzpropheten eine demonstrativ zur Schau gestellte Bestimmtheit.[144] Eine durch Konvention bestimmte Geisteshaltung hat sich zur schriftlich niedergelegten, von den Gaffeln beschworenen Verfassung konkretisiert.

Über die Ausstattung der eigentlichen Ratskammer können nur Vermutungen angestellt werden. Es ist bekannt, daß zu unbekannter Zeit auf den Wänden zwischen den Fenstern der Schriftzug *Audiatur altera pars* angebracht wurde – auf dem Toussyn-Stich des Ratssaales ist er auf der linken Seite deutlich zu erkennen – als Aufforderung an die Ratsherren, auch der anderen Seite Gehör zu schenken.[145] Damit wird unter anderem an die Bestimmung des Verbundbriefes erinnert, in der demjenigen Ratsherren, der ein anderes Ratsmitglied zurechtweist oder in der Rede unterbricht, eine Buße auferlegt wird.[146] (Abb. 189)

Zum kanonischen Inventar eines mittelalterlichen Ratssaales gehörten auch Weltgerichts- oder andere Gerechtigkeitsbilder. In einer Glosse zum sächsischen Weichbildrecht (1330) wird ein solches Bild für jedes Rathaus verlangt: *Wo der Richter richtet an derselben Statt und in derselben Stunde, so sitzet Gott in seinem göttlichen Gerichte über dem Richter und über dem Schöppen. Und darum soll ein jeder Richter in dem Rathause lassen malen das streng Gericht unseres Herrn Jesu Christi. Das ist darum, daß er denken soll an das Gericht, daß es unseres Herren sei, und daß er auch gedenken soll, daß er ein Richter sei des Volks, das Gott erlöst hat mit seinem theuren Blut. Und darum spricht David: Juste iudicate filii hominum. Richtet recht, ihr Menschenkinder.*[147]

Troescher nahm 1939 an, daß Stefan Lochners Weltgerichtstafel aus der Zeit um 1435 als Gerechtigkeitsbild für den Kölner Ratssaal geschaffen wurde.[148] (Farbtafel 3) Dieser Hypothese ist häufig widersprochen worden, ohne daß sie an Aktualität eingebüßt hätte. In einer zentralen Dreieckskomposition überspannen der auf zwei Regenbogen thronende Weltenrichter und die beiden fürbittenden Maria und Johannes der Täufer wie ein Bogen das irdische Endgericht. Eine solche »Deesis« ist auch auf dem Gerechtigkeitsbild des Weseler Rathauses von 1493/94 zu erkennen. (Farbtafel 5) Ein Zeuge steht – zwischen Wahrheit (Engel) und Lüge (Teufel) hin und her gerissen – vor Gericht, um einen Eid zu schwören. Mit den Worten *Bedenket wohl hier, was ihr tut. Schwört falsch nicht auf ein zeitlich Gut. Denn Gott der Herr, der weiß es wohl, im letzten Gericht darüber urteilen soll,* weist der irdische Richter auf den himmlischen des Weltgerichtes.[149] Als typisches Merkmal des Gerechtigkeitsbildes sind keine Altarflügel vorhanden. Sollten also die in den Maßen übereinstimmenden Tafeln mit den Apostelmartyrien und den stehenden Heiligen in Frankfurt/M. und München die Flügel zum Kölner Weltgericht gebildet haben – was nicht sicher, aber möglich ist –, wäre eine Verwendung im Ratssaal auszuschließen.[150]

Aus den städtischen Aktennotizen läßt sich eine Neuausstattung des Ratssaales in den Jahren 1507–1510 erschließen: es ist von zwei gemalten und zwei gewirkten hängenden *Tapyten* die Rede, die von Goddart Kannengießer, Arnt von Straelen (1507/08), Johann

Abb. 189: Köln, Senats- bzw. Ratssaal, Stich von J. Toussyn und A. Aubry, um 1655

Abb. 190 a–c: Gerechtigkeitsbilder aus dem Kölner Rathaus, Öl auf Leinwand, vermutl. Lambert v. Luytge, 1507–1510

Abb. 190a: Fragment, vermutl. Errettung der zu Unrecht des Ehebruchs beschuldigten Susanna durch den Propheten Daniel

Abb. 190b: Die Geschichte vom Kaiser Trajan und der Witwe

Abb. 190c: Die Herkinbald-Legende in drei Szenen

von Aich und Johann von Kerpen (1510) zur Befreiung vom Rittmeisterdienst gestiftet wurden.[151] Wahrscheinlich handelt es sich dabei um die vier zum Teil fragmentarisch erhaltenen Gerechtigkeitsbilder, von denen drei heute in der Halle des Rathauses ihren Platz gefunden haben.[152] Im 15. Jahrhundert sind erstmals in den Niederlanden solche Darstellungen bezeugt, die – ergänzend zum bis dahin üblichen Weltgericht – in Szenen biblischen, historischen oder legendarischen Ursprungs Gerechtigkeit exemplarisch vor Augen führten. Das salomonische Urteil oder die Verleumdung des Appelles seien als Beispiele für viele genannt.[153] Im Kölner Rathaus waren folgende vier Geschichten dargestellt:

Drei junge Männer beanspruchen, Sohn eines verstorbenen Mannes zu sein. In dem in dieser Sache ergehenden Urteil, werden sie aufgefordert, auf die Leiche des in zwei Fällen angeblichen Vaters zu schießen. Der einzige rechtmäßige Sohn weigert sich, dies zu tun.[154] Ein erhaltenes Bruchstück mit der Inschrift *Daniel* läßt vermuten, daß auf einem Bild die Geschichte der Errettung der zu Unrecht des Ehebruchs beschuldigten Susanna durch den Propheten Daniel in drei Szenen dargestellt war[155] (Abb. 190a).

Die in den Lebensbeschreibungen des Papstes Gregor d. Gr. erstmals erzählte Geschichte Kaiser Trajans, der von einer Witwe dazu gedrängt wird, den Tod ihres Sohnes zu rächen, und die mittelalterliche Legende von dem gerechten Herkinbald wurden erstmals 1432–1445 von Rogier van der Weyden für die Schöffenkammer des Brüsseler Rathauses auf Leinwand gemalt.[156] Die heute verlorenen Bildkompositionen sind wahrscheinlich durch einen Wandteppich aus Tournai im Kunsthistorischen Museum zu Bern der Nachwelt erhalten.[157] Die Bilder waren mit Inschriften versehen, die ebenfalls dort überliefert sind. Als Beispiel sei die Geschichte Trajans zitiert:

Als einst der römische Kaiser Trajan, seiner Religion nach ein Heide, sonst aber ein trefflicher Verehrer der Gerechtigkeit, eben zu Pferde gestiegen war, um eilends mit einem großen Heere in den Krieg zu ziehen, umfaßte eine Witwe seinen Fuß und flehte ihn unter Tränen an, er möge sie doch an jemandem rächen, der ihren schuldlosen Sohn getötet habe. Ihr antwortete der Kaiser mit sanfter Miene: »Nach meiner Rückkunft aus dem Kriege werde ich dir Genugtuung verschaffen.« »Wie aber«, sprach sie, »wenn du nicht mehr zurückkehren solltest?« »Dann«, erwiderte Trajan, »wird es derjenige tun, der nach mir regieren wird.« Darauf sie: »Was kann mir dies aber nützen? Dir kommt es zu, mir Recht zu verschaffen, und die Gerechtigkeit eines anderen spricht dich nicht frei. Tue du für dich, was dir heilsam ist; denn besser ist es, daß du den Lohn der Gerechtigkeit davon tragest, als daß du denselben einem anderen überlassest.« Gerührt von dieser Gesinnung stieg nun der Beherrscher des ganzen Erdkreises vom Pferde und hielt sein Heer so lange auf, bis er nach gehöriger und vollständiger Untersuchung der Sache die Witwe durch eine gebührende Genugtuung getröstet hatte. Hierauf reiste Trajan in den Krieg, starb aber an der Ruhr, als er aus Persien zurückkehrte. . .[158]

Eine zweite Inschrift zur Trajanslegende schilderte das ebenfalls von Rogier dargestellte Gebet Papst Gregors d. Großen, in dem er um Erlösung des gerechten Heiden Trajan nachsuchte und sie auch erreichte, so daß Dante dem antiken Kaiser im Fegefeuer begegnen konnte. Das Gemälde des Kölner Rathauses beschränkt sich auf zwei Episoden der Erzählung, die zu beiden Seiten des tot am Boden liegenden Kindes spielen, nämlich die Witwe zu Füßen des reitenden Trajan und die Hinrichtung des Schuldigen (Abb. 190b).

Die Herkinbald-Legende stammt aus dem viel gelesenen *Dialogus miraculorum* (1219–1223) des Caesarius von Heisterbach[159] (Abb. 190c). Graf Herkinbald hat seinen geliebten Neffen zum Tode verurteilt, weil dieser sich an einem Mädchen vergangen hatte. Anfangs von dem Seneschall seines Oheims versteckt, wagt sich der Junge, als er vom schlechten Gesundheitszustand Herkinbalds hört, an dessen Sterbebett. Mit letzter Kraft schneidet ihm sein Onkel die Kehle durch, um zu verhindern, daß die verurteilte Tat nach seinem Tode ungesühnt bleiben könnte. Als der sterbende Graf sich weigert, diese Tat als Sünde zu bereuen, verweigert der herbeigerufene Bischof ihm die letzte Kommunion. Doch Gott selber bestätigt die Gerechtigkeit der Urteilsvollstreckung durch ein Wunder, indem er Herkinbald die Hostie in den Mund legt.[160] Der Maler des Kölner Bildes stellt die dramatische Szene der Hinrichtung des Neffen durch seinen Onkel in den Mittelpunkt. Die Verführung des Mädchens und die Kommunion des Sterbenden sind zu beiden Seiten der Hauptszene in den Hintergrund gerückt.[161]

1426 wurde die Ratskapelle mit dem Patrozinium St. Maria in Jerusalem geweiht, die man nach der endgültigen Vertreibung der Juden im Jahre 1423 auf den Grundmauern der zerstörten Synagoge im südwestlichen Winkel des Rathausplatzes errichtet hatte. Die ursprünglich reiche Ausstattung des ansonsten schlichten, dreijochigen Baus ist heute zum größten Teil verloren. Von dem Tympanon des Portals, das ein von zwei Engeln gehaltenes Stadtwappen mit aufgesetzten Messingkronen enthielt, blieb lediglich ein Engelsköpfchen fragmentarisch erhalten[162] (Abb. 49). Vielgerühmtes Relikt ist jedoch der Altar der Stadtpatrone, heute in der Marienkapelle des Domes, den Stefan Lochner wohl erst 1440/45 für die Kapelle anfertigte (Farbtafel 1). Dort bildete das monumentale Triptychon den dominanten östlichen Abschluß des kleinen Raumes.[163] Der Altar war auf eine Predella montiert, in der – vielleicht hinter einem Maßwerkgitter – Reliquien unter anderem der Ursulanischen Jungfrauen und möglicherweise auch der Thebäischen Legion aufbewahrt wurden. Weitere Reliquienbehältnisse sind für die Kapelle bezeugt, so daß sich der Rat bei seinen vor den Sitzungen stattfindenden Messen und vielleicht auch bei der Vereidigung von städtischen Amtsträgern und Bediensteten der *Gemeinschaft der Heiligen* hat sicher sein können.[164] Während auf den im geschlossenen, d.h. im Normalzustand sichtbaren Außenseiten des Altarschreines die Verkündigung der Geburt Christi an Maria mit monumentalen Figuren in einem realistisch gestalteten Innenraum wie auf einer Bühne inszeniert ist, erscheint auf dem geöffneten Altar vor altertümlichem, unwirklichem Goldgrund die himmlische Versammlung der Stadtpatrone als Gefolge der anbetenden Heiligen Könige. Unberührt von der räumlichen Enge des üppigen Kölner Heiligenhimmels thronen Maria und das Kind majestätisch, umschwebt von kleinen Engeln, im Zentrum des Geschehens. Die Könige kommen nicht, wie sonst meist üblich, von einer Seite auf sie zu, sondern die beiden älteren knien zu beiden Seiten des Thrones, während der jüngste, um die Symmetrie zu wahren, fast wie ein Mitglied des Gefolges in den Hintergrund tritt. Ursula und Gereon wohnen auf den Seitenflügeln zusammen mit ihrem jeweiligen Gefolge der feierlichen Huldigung bei. Der vom Zentrum der Komposition ausgehende, den ganzen Bildraum als einheitlich definierende Windhauch scheint auch sie zu erfassen: Alle Fahnen flattern nach außen. Während die Heiligen auf dem Tafelbild in voller Gestalt, jedoch nur als Abbild erscheinen, sind zumindest die Ursulanischen Jungfrauen in der Predella auch realiter in den wirkkräftigen Reliquien des Urbildes präsent.[165]

Eine ursprünglich narrative Szene, die Anbetung der Könige, wird zu einer Darstellung von repräsentativer Symmetrie umgewandelt – nicht das beschauliche nachweihnachtliche Geschehen in dem verfallenen Stall ist Thema, sondern die Versammlung städtischer Schutzheiliger um die thronende Himmelskönigin als Patronin des Domes und der Ratskapelle. In den kriegerischen Auseinandersetzungen zwischen Bürgerschaft und Erzbischof ergriffen der Legende nach die Heiligen mehrfach die Partei der Stadt: 1265 waren es die Hl. Ursula und ihre Gefährtinnen, die Engelbert II. von Falkenburg dazu bewogen, die Belagerung Kölns abzubrechen; bei der Schlacht an der Ulrepforte (1268) stand der Hl. Gereon samt seiner Thebäischen Legion der Stadt hilfreich zur Seite, während die Hl. Drei Könige mit dem Wechsel in der Stadtregierung die Funktion des alten Stadtpatrons, des Kathedralheiligen Petrus, übernahmen. In der Koelhoffschen Chronik von 1499 wird die 24 Jahre zuvor errungene städtische Freiheit mit der Heiligkeit Kölns legitimiert, die in der großen Anzahl der Reliquien deutlich wird. Sie garantieren die Präsenz der Heiligen als Herren der Stadt. Ihnen widmet sich seit 1482 der Kölnische »Staatskult«, für dessen Messen und Prozessionen der Altar der Stadtpatrone den zentralen Bezugspunkt bildet.[166]

Unklar ist der konkrete Anlaß für die Stiftung des Altars und für die Wahl des Programmes. Sollte es sich um eine private Stiftung gehandelt haben[167], könnte der Anlaß ein eher persönlicher denn ein die Stadtpolitik betreffender gewesen sein. Die Kapelle war mindestens 14 Jahre zuvor, 1426, geweiht worden. Es ist anzunehmen, daß ihre Erstausstattung schon über ein Altarbild verfügte, über das jedoch nichts bekannt ist. Vorher müssen die Ratsmessen an einem anderen Ort stattgefunden haben. 1329 und 1341 ist die Michaelskapelle auf der Marktpforte als Ratskapelle bezeugt.[168] In einem päpstlichen Schreiben vom 19. Mai 1390 war dem Rat gestattet worden, in einer dazu bestimmten Kapelle innerhalb des Rathauses – auch bei unverschuldet verhängtem erzbischöflichem Interdikt – die Messe lesen zu lassen. Dazu benutzte man wohl einen Tragaltar, der nicht erhalten ist.[169] Möglicherweise trug er ein Bildprogramm, doch ist es nicht mehr zu rekonstruieren. Im 19. Jahrhundert vermutete man diese Kapelle in der »Goldenen Kammer« östlich des Hansasaales.[170] An den beiden östlichen Chorpfeilern des Domes wurden nun kürzlich Reste von Wandmalerei entdeckt, die vermuten lassen, daß hier schon 1360/70 ein dem Lochner-Altar identisches Bildprogramm als Stiftung Kölner Patrizier lokalisiert war. Vielleicht darf man dort den Ort der Ratsmessen in der 2. Hälfte des 14. Jahrhunderts lokalisieren.[171] Das Thema der Versammlung der Stadtpatrone wäre also von Stefan Lochner und seinem Auftraggeber lediglich neu formuliert, nicht aber neu geprägt worden. Die wirkliche Präsenz der Stadtpatrone als reale Regenten der Stadt – dokumentiert im Abbild der Malerei und im Urbild der Reliquien – findet jedoch in den monumentalen Figuren Lochners erstmals ihren adäquaten Ausdruck.

Nach der Erlangung der städtischen Freiheit im Jahre 1475 in der Folge des Neusser Krieges gegen Karl den Kühnen von Burgund, in dem Köln auf der Seite des Reiches kämpfte, waren die Finanzen der Stadt erschöpft, so daß keine größeren Baumaßnahmen erfolgten. Erst gegen Mitte des 16. Jahrhunderts führten erhöhter Raumbedarf und zunehmende repräsentative Aufgaben zu einer Reihe von Neubauten.

Die Bautätigkeit setzte im Jahre 1541 mit dem Löwenhof ein, der über eine von Zeitgenossen gerühmte Treppe die Verbindung zwischen Rathaus und Altermarkt herstellte[172] (Abb. 191a). Entwurf und Ausführung wurden dem Domwerkmeister und Stadtstein-

Abb. 191a: Köln, Rathaus, Löwenhof, Gesamtansicht, Vorkriegszustand

Abb. 191b: Köln, Löwenhof, Detail des Arkadenumgangs, Vorkriegszustand

metzen Laurenz von Kronenberg anvertraut, der einen zweigeschossigen Hof errichtete und den auf die Brüstungsplatten beschränkten Bildschmuck *up antyx* ausführen ließ, während die Wasserspeier noch der gotischen Tradition verhaftet waren.[173] Das heute nur noch in Kopien überlieferte Bildprogramm umfaßte nicht näher zu identifizierende Imperatorenköpfe in Lorbeerkränzen, eine als »Meergott« bezeichnete Gestalt[174] und bärtige geflügelte Fabelwesen, die gegen die Fischleiber und Pflanzenstauden, aus denen sie hervorgehen, kämpfen. Es handelt sich um keine kölnspezifischen, sondern eher um dem Antikenideal der Zeit und der römischen Geschichte der Stadt allgemein verpflichtete Motive. Lediglich die von Löwen und Greifen gehaltenen Stadtwappen nahmen speziell auf die Lokalität Bezug. Erst 1594 wurde mit der Schließung der bis dahin noch offenen Ostseite des Hofes das eigentlich namengebende Brüstungsrelief angebracht (Abb. 191b). Zwischen den Wappen der Bürgermeister Suderman und Angelmacher sowie den Stadtwappen entspann sich nun Grins Kampf mit dem Löwen, der dem Volksmund nach hier stattgefunden haben sollte.[175] Trotz der inzwischen erlangten Unabhängigkeit vom ehemaligen Stadtoberhaupt hatte das Thema seine Aktualität nicht eingebüßt.

1548 wurde das Obergeschoß des zur Altermarktseite gelegenen Leinwandhauses in das Raumprogramm des Rathauses einbezogen, *weil auf oder an dem Rathaus kein Platz war, wo man einiger fremder Herren Botschaft und Fürsten Handel anhören oder verhandeln möchte und man stets in Klöster laufen mußte*[176] (Abb. 192). Dieser Saal erfuhr eine reiche Ausstattung – es ist von einer Vertäfelung die Rede –, die jedoch verloren und in ihrem Bildprogramm nicht überliefert ist[177], da der Raum 1749–1754 eine völlig neue Rokokodekoration erhielt. Bezug nehmend auf die der Zeit gemäße Ornamentik wurde er nun »Muschelsaal« genannt. Kriegsszenen und -embleme waren die Thematik der Stuckarbeiten und der älteren Gobelins aus der Zeit um 1720. Die Renaissancefassade des im Untergeschoß immer noch als Kaufhaus und städtische Waage einge-

Abb. 192: Köln, Rathaus Ostseite, ehem. Leinwandhaus, Raschdorffsche Aufnahme vor dem historistischen Umbau, 1860er Jahre

richteten Gebäudes am Altermarkt blieb dagegen bis zur Erneuerung des Rathauses durch Raschdorff im 19. Jahrhundert relativ unverändert erhalten. Während den späteren Muschelsaal ein Erker und ein über die ganze Breite des Hauses sich erstreckender, von einem Gitter mit Imperatorenköpfen aus dem Jahr 1751 gesicherten Balkon betonten, wurde über dem zweiten Stock eine Pilastergliederung unter drei abschließenden Rosetten oder Fenstergauben vorgeblendet, die von vier schon im 19. Jahrhundert verlorenen Statuen flankiert waren.[178] Über den Fenstern waren seitlich zwei Relieffelder mit städtischen, von gerüsteten Kriegern gehaltenen Wappen angebracht. Mühlberg interpretiert sie wohl fälschlich als Stadtgründer Marcus Vipsanius Agrippa und als sagenhaften Befreier der Stadt Marsilius.[179] Die Uhr mit Glocke, die im mittleren Giebelfeld angebracht war [180], ersetzte in späterer Zeit ein weiteres Stadtwappen.[181] Genaue Aussagen über das Bildprogramm sind nicht möglich.

Die letzte der Baumaßnahmen betraf die Vorhalle, für die seit 1557 erste Entwürfe eingingen, bevor 1570-1573 ein *mittelmäßiger,* d.h. ein in maßvollem finanziellem Rahmen zu realisierender Plan ausgeführt wurde[182] (Abb. 193). Die bisher immer vermutete Autorschaft des Steinmetzmeisters Wilhelm Vernukken wird neuerdings angezweifelt.[183] Der zweigeschossige, oben ursprünglich wohl mit geradem Architrav abschließende Bau mußte schon 1617/18 renoviert werden und erfuhr dabei einige Veränderungen, wie z.B. die Einwölbung des Obergeschosses und die Anbringung der seitlichen Wappenaufsätze. Die die Halle bekrönende Aedikula enthält die von zwei Karyatiden flankierte Statue der Justitia; die ursprünglich dem abschließenden Giebel aufgesetzte Figur kann als Kölner Bauer, Symbol der Reichstreue, identifiziert werden.[184] Auf den wie der restliche Bildschmuck ebenfalls nur in Kopien überlieferten Brüstungsfeldern entfaltete sich ein spezifisch auf Köln zugeschnittenes Bild- und Inschriftenprogramm; letzteres wurde von dem Humanisten und Stadtschreiber Johannes Helman entworfen und freundlicherweise von Stefan Neu, Köln, für diese Publikation übersetzt.[185]

C IVLIO CAES
QVOD VBIOR PRINCIPES SENATVM
CIVITATEMQ EOR TRANS
RHENANAM AMPLAM ATQ FLORENTEM
A FINITIMA
SVEVOVM GENTE
LONGE MAXIMA GERMANORVMQ OMNIVM
BELLICOSISSIMA INIVRIIS
BELLIS ET OBSIDIONE PRESSAM
IN AMICITIAM FIDEMQ

S P Q R
RECEPERIT ET EXERCITV ROMANO
PER GEMINATOS
PONTES SVBLICIOS A SE
PERQVAM CELERITER CONFECTOS
EX TREVERIS TRANS
RHENVM IN VBIOS
CN POMPEIO ET M CRASSO
COSS TRADVCTO
LIBERARIT
SENATVS POPVLVSQ VBIOR[186]

Dem Gaius Julius Caesar, weil er die Fürsten, den Senat und das Volk der Ubier, das jenseits des Rheins groß und blühend war und von dem benachbarten Volk der Sueben, dem weitaus größten und kriegerischsten aller Germanen, durch Unrecht, Krieg und Belagerung bedrängt wurde, in die Freundschaft und das Vertrauen des Senates und Volkes der Römer aufgenommen hat, und weil er ein römisches Heer auf einer doppelten Pfahlbrücke, die er aufs schnellste vom Gebiet der Treverer aus über den Rhein zu den Ubiern schlagen ließ in dem Jahr, als Gnaeus Pompeius und Marcus Crassus Consuln waren, hinüberführte und sie (die Ubier) dadurch befreite. (In Dankbarkeit) der Rat und das Volk der Ubier.[187]

C OCTAVII CAES IMP P P AVGVSTI
AETERNEAE MEMORIAE
OB PRINCIPES SENATVM POPVLVMQ
VBIOR EIVS
AVSPICIIS
EX VETERE TRANSRHENANA SEDE
IN HANC CITERIOREM
RHENI RIPAM PER
M AGRIPPAM
GENERVM ORBE TERRA MARIQVE PACATO
FOELICITER
TRADVCTOS
SENATVS POPVLVSQVE VBIOR

Dem ewigen Andenken an Gaius Octavius Caesar, Imperator, Vater des Vaterlandes, Augustus, weil unter seiner Oberhoheit die Fürsten und das Volk der Ubier von ihrem alten Stammsitz jenseits des Rheines auf das diesseitige Rheinufer durch seinen Schwiegersohn Marcus Agrippa glücklich hinübergeführt wurden, nachdem er den Erdkreis zu Lande und zu Wasser befriedet hatte. (In Dankbarkeit) der Rat und das Volk der Ubier.

M VIPSANIO L F AGRIPPAE
QVI OCTAVII IMP AVG GENER EIVS IN
PONTIF AC TRIB POT IMPERIOQ
COLLEGA FACTVS ET SVCESSOR
AB EO DELECTVS
SENATVM POPVLVMQVE VBIOVM
TRANS FL RHENVM IN HANC CITERIOREM
RIPAM TRADVXIT
VRBEMQ HANC
AVSPICATO AC OPPORTVNISSIMO A PRIMIS
FVNDAMENTIS LOCO
CONDIDIT MOENIBVSQ FIRMISSIMIS
CINXIT ATQ VARIIS
PVBLICIS OPERIBVS ET ILLVSTRIB
MONVMENTIS
ORNAVIT COSS S P Q AGRIPPINENSIS POST
TOT SAECVLA FVNDATORI SVO GRATI

Marcus Vipsanius Agrippa, dem Sohn des Lucius, der als Schwiegersohn des Kaisers Octavius, zu dessen Kollege im Amt des Pontifex maximus, des Volkstribuns und des Imperator (siegreichen Feldherrn) berufen und als Nachfolger von ihm ausgewählt, jenem Agrippa, der die Fürsten und das Volk der Ubier über den Rhein auf dieses Ufer herüberführte und diese Stadt an einem Platz mit günstigen Vorzeichen, der vortrefflich dazu geeignet war, von den ersten Fundamenten an gründete, sie mit sehr starken Mauern umfaßte und mit verschiedenen öffentlichen Gebäuden und hervorragenden Denkmälern schmückte, setzen die Bürgermeister, der Rat und das Volk der Agrippinenser nach so vielen Jahrhunderten als ihrem Gründer in Dankbarkeit diese Inschrift.

FL VAL CONSTANTINO MAX AVG P F
CONSTANTII F IMP INVICTO
QOD AD IMMORTALEM IMPERII R
GLORIAM AC LIMITIS
SVMMAM VTILITATEM
ET ORNATVM FACTV DIFFICILEM
LAPIDEVM PONTEM IN
PERPETVVM
EXERCITVI[188] CVM LIBERET
ADVERSVS FRANCOS NE
IN GALLIAM
TRANSIRENT TRADVCENDO IPSE HEIC
VTRAMQ RHENI
RIPAM
AGRIPPINENSEM QVIPPE FRANCICAMQ
CONIVNGENDO
MVNIENS IMPOSITO QVASI FLVMINI
IN HOSTES IVGO CONSTRVXERIT
S P Q AGRIPP

Flavius Constantinus Maximus Augustus Pius Felix, dem Sohn des Constantius, dem unbesiegten Kaiser, weil er zum unsterblichen Ruhm des Römischen Reiches und zum höchsten Nutz und Zier der Grenze eine schwierig herzustellende steinerne Brücke errichten ließ. So hat er persönlich beide Ufer (das agrippinensische und das fränkische) dadurch befestigt, daß er, wenn es beliebte, das Heer hinüberführte gegen

Abb. 193: Köln, Rathauslaube, Gesamtansicht Vorkriegszustand

die Franken, damit sie nicht nach Gallien übersetzten, und so dem Fluß gleichsam ein Joch gegen die Feinde auferlegte. Der Rat und das Volk der Agrippinenser.

IMP CAES F L IVSTINIANO P F AVG
GRATIAE TESTANDAE
QVOD foederatos QViritibVs Agrippinenses
PRAECLARIS olim iVris
Italici propter perpetVam in Rom ImperiVm fidem
benefiCiis
donatos ideM fortissiMVS religiosissimVsq Imp
vniVerso etiam legVm corpore ad ampliorem
iVstitiae reiq pVblicae totiVs orbis
reformandae cVltVm a Se
renoVato conDignarit
S P Q Agripp

Dem Imperator Caesar Flavius Justinianus, dem Sohn des Publius, Augustus, zur Bezeugung des Dankes, weil er die mit den Quiriten (Römern) vertraglich verbundenen Agrippinenser, die einst wegen ihrer andauernden Treue gegen das römische Reich mit den Wohltaten des italischen Rechtes beschenkt worden waren, weil also dieser äußerst tapfere und religiöse Herrscher sie (die Agrippinenser) des gesamten Gesetzeswerkes für würdig hielt, das von ihm erneuert worden war zur größeren Pflege des Rechtes und zur Staatsreform der ganzen Welt. Der Rat und das Volk der Agrippinenser.

IMP CAES MAXIMILIANO AVSTRIO
FERD. F PHILIPI N MAXIMILIANI PRONEP
FRID ABNEP AVG CAROLI V IMP
GENERO CVM OTTO PRIMVS
COGNOMENTO
MAGNVS IMP GERMANIAE
INSIGNIORES CIVITATES AC
COLONIENSEM IMPRIMIS
LIEBERAS REDIDISSET
ET QVI EVM SECVTI SVNT ANTIQVIS
CONSERVANDIS
NOVIS INSVPER
PRIVILEGIIS EAM ORNARINT
AVXERINTQVETV VERO
POTENTISSIME IMP OMNIVM
ANTERIOR CAESAREA AVCTORITATE
PLENISSIEM EA
CONFIRMAVERIS PACEM
PVBLICAMQ QVIETEM PATER PATRIAE
DIFFICILLIMO
RERVM STATV PARAVERIS
EAPROPTER GRATAE MENTIS INSTINCTV
NVMINI
MAIESTATIQ TVAE CVIVS STIRPS
LONGA AMTIQVAQ IMP SERIE CONSVRGIT
ET INVIVTA
VIRTVS SOLA PIETATE
SVPERATA S T O[189] AGRIPP HANC
TABVLAM AERE
PVBLICO DEVOTVS COLLOCARI IVSSIT
MDLXXII

Dem Imperator Caesar Maximilian von Österreich, dem Sohn Ferdinands, dem Enkel Philipps, dem Urenkel Maximilians, dem Ururenkel Friedrichs, dem Schwiegersohn des erhabenen Kaisers Karl V. Während Kaiser Otto I. mit dem Beinamen »der Große« bedeutenderen Städten Deutschlands, darunter besonders Köln, die Freiheit gab und seine Nachfolger die alten Vorrechte erhielten, sie (die Stadt Köln) mit neuen dazu schmückten und vergrößerten, hast Du wahrhaft mächtigster Herrscher voll des kaiserlichen Ansehens aller Vorgänger sie in ihrer Fülle befestigt und öffentlichen Frieden gleichsam als Vater des Vaterlandes unter äußerst schwierigen Bedingungen hergestellt. Deshalb hat der Rat und das Volk der Agrippinenser, veranlaßt von dankbarem Sinn gegenüber Deiner Hoheit und Majestät, dessen Geschlecht lang und in uralter Weise von Herrschern aufsteigt und dessen Tugend nur übertroffen wird von seiner Frömmigkeit, diese Tafel aus öffentlichen Mitteln untertänigst aufstellen lassen. 1572.

Die Geschichte der Stadt wird in einem kurzen Abriß und in Auszügen dargestellt: Julius Caesar eilte den Ubiern in gefährlicher Lage zu Hilfe. Octavianus Augustus siedelte sie um. Vipsanius Agrippa gründete die Stadt und baute sie auf. Konstantin der Große errichtete eine Brücke zum Schutz vor den Franken. Kaiser Justinian schenkte ein verbindliches Recht. Ihnen wird in direkter Anknüpfung an die Antike der zur Erbauungszeit regierende Kaiser Maximilian II. angeschlossen. Sein Stammbaum wird aufgezählt, zurückreichend bis zu Friedrich III., der Köln offiziell den Status der Freien Reichsstadt verliehen hatte – eine Freiheit, die laut Inschrift bis auf Otto I. zurückgeführt werden konnte und von Maximilian II. neue Bestätigung erfuhr. Die historische Abfolge wäre also: Rettung, Umsiedlung, Stadtgründung, Verleihung des Rechtes und Sicherung der Privilegien.

In humanistischer Tradition wird die römisch-antike Geschichte Kölns in den Vordergrund gestellt, wie es auch schon in der Koelhoffschen Chronik von 1499 festzustellen war.[190] Auf dem Architrav unter den Brüstungsplatten sind zusätzlich zwölf kleine Tondi mit Imperatorenköpfen angebracht: Caesar, Augustus, Tiberius, Vitellius, Marcus Agrippa, Constantin d. Gr., Aemilianus, Claudius, Constans, Galba, Otho und Caligula. Interessant ist die Erwähnung des justinianischen Corpus iuris in den Inschriften, das zu einer Zeit, in der die fränkischen Könige schon in Köln regierten, sicherlich keinen Einfluß mehr auf die Stadt gehabt haben dürfte.[191] Möglicherweise wird hier auf das 1242 von Friedrich II. bestätigte *ius de non evocando* – »die Unantastbarkeit des einheimischen Gerichtsstandes«[192] – angespielt, das schon im 13. Jahrhundert

Köln den Status einer freien Stadt sicherte. In der Chronik Heinrichs von Beeck (1469–1472) folgt diesem Privileg dann auch eine Abhandlung über städtische Freiheiten.[193]

Zwischen die Inschriftfelder der Brüstung sind Reliefs eingefügt, die die mittelalterlichen Bildmotive der Vorhalle in Teilen wieder aufnehmen. Der Löwenkampf des Bürgermeisters Grin steht im Mittelpunkt. Er wird flankiert von dem vor der Stadt Gaza mit dem Löwen ringenden Simson und dem neu hinzugekommenen Daniel in der Löwengrube.

Ein Konkurrenzentwurf für die Vorhalle von Lambert Sudermanns aus Lüttich sah Reliefs mit Tugenden, Allegorien und Sinnsprüchen zur Glorifizierung der gerechten Herrschaft vor.[194] Offenbar war in der »Ausschreibung« kein festes Bildprogramm vorgesehen, doch zog man die speziell die Geschichte der Stadt Köln thematisierenden und auch dort entworfenen Bilder und Texte dem allgemeineren Tugendlob vor.

Die Bildprogramme des Kölner Rathauses setzten in einer Zeit ein, in der sich Stadt und Regierung in einer kritischen Phase befanden. Der mehrfache Wechsel in der Herrschaftsstruktur verlangte nach Rechtfertigung, die wiederum auf das Selbstverständnis der neuen Machthaber einwirkte. Architektur und Bild waren die Vehikel, mit Hilfe derer diesem Selbstverständnis sichtbar Ausdruck verliehen wurde. Sie entstanden aus einer, aus der historischen Situation geborenen Notwendigkeit heraus. In ihrer Intention waren sie – zumindest in den Anfängen – juristischen Dokumenten vergleichbar. Als letztes großes städtisches Bildprogramm folgt der Vorhalle die Ausstattung der jetzt Senatssaal genannten Ratskammer durch Melchior von Reidt, der ein eigener Aufsatz gewidmet ist. In Anschluß an den Dreißigjährigen Krieg scheinen die Kräfte der Bildfindung schließlich erschöpft zu sein.

Anmerkungen

1 Stadt im Wandel. Kunst und Kultur der Bürgertums in Norddeutschland 1150–1650. Ausstellungskatalog hg. von Cord Meckseper, Stuttgart – Bad Cannstadt 1985, IV, S. 89.

2 A.a.O.

3 Hans Vogts, Die Kunstdenkmäler der Stadt Köln 2, IV: Die profanen Denkmäler (Die Kunstdenkmäler der Rheinprovinz 7, IV: Die Kunstdenkmäler der Stadt Köln, hg. von Paul Clemen), Düsseldorf 1930, S. 183.

4 Zur Geschichte des Rathauses (in Auswahl): Vogts 1930, S. 183-199 (mit früherer Literatur). Peter Fuchs (Hg. u. Bearb.), Das Rathaus zu Köln. Berichte und Bilder vom Haus der Bürger in Vergangenheit und Gegenwart, Köln 1973. Fried Mühlberg, Der Hansasaal des Kölner Rathauses, in: WRJb 36 (1974), S. 65–98. Hiltrud Kier, Das Kölner Rathaus im 19. Jahrhundert, in: Das Rathaus im Kaiserreich. Kunstpolitische Aspekte einer Bauaufgabe des 19. Jahrhunderts, hg. von Ekkehard Mai u.a., Berlin 1982, S. 359–394. Hiltrud Kier [Beitrag in diesem Band S. 40–69.] Kölnisches Stadtmuseum. Auswahlkatalog, Köln 1984, S. 223–228. Der Name der Freiheit. 1288–1988. Aspekte Kölner Geschichte von Worringen bis heute. Handbuch zur Ausstellung des Kölnischen Stadtmuseums, Köln 1988, S. 355–357.

5 Vogts (1928, S. 9) geht noch von einem nur teilweise ausgeführten Neubau eines romanischen zweischiffigen Saales aus. Mühlberg (1974, S. 80–92) kommt über eine stilkritische Analyse von Maßwerk und Figurenschmuck zu dem Ergebnis, daß der romanische Saal um 1330 völlig neu errichtet worden sein muß. Kier (1982, S. 362–363) schließt sich seiner Argumentation an, daß der »lifbalken« der »rame«, den man laut zeitgenössischer Aktennotiz in der Wand des Nachbarhauses 1328/30 verankern durfte, nur mit einem umfangreicheren Neubau erklärt werden kann. Zudem sind die möglicherweise von dem Brand von 1349 verursachten Brandspuren an den oberen Partien der Südwand ablesbar, die demnach der Zerstörung entgangen wäre. Die Datierung des Skulpturenschmucks im Hansasaal um 1310 (Ulrike Bergmann, Rolf Lauer, Die Domplastik und die Kölner Skulptur, in: Verschwundenes Inventarium. Der Skulpturenfund im Kölner Domchor. Ausstellungskatalog Köln 1984, S. 40–41) stellt die skizzierte Baugeschichte allerdings wieder in Frage.

6 Mühlberg 1974, S. 81–84.

7 Die Identifikation des Herrschers richtet sich nach der Datierung der Figuren. Schon H. Beenken (Bildhauer des 14. Jahrhunderts am Rhein und in Schwaben, Leipzig 1927, S. 100) wies darauf hin, daß die Kostümgeschichte eine Datierung in die 2. Jahrhunderthälfte nicht zulasse. R. Hamann/ K. Wilhelm-Kästner, Die Elisabethkirche zu Marburg und ihre künstlerische Nachfolge II: R. Hamann, Die Plastik, Marburg 1929, S. 256–258) reiht die Figuren in den Zusammenhang der Grabmäler in Marburg, Bielefeld, Cappenberg, Kleve und Münstereifel ein, die U. Bergmann (Das Chorgestühl des Kölner Doms, Neuss 1987, I, S. 142–158) nach 1311 ansetzt. H. Vogts (Köln im Spiegel seiner Kunst, Köln 1950, S. 166) verteidigt noch einmal die späte Entstehungszeit der Hansasaalfiguren, die sich nach der angenommenen Zäsur durch den Brand des Judenviertels 1349 richtet, mit dem Hinweis auf die Herrscherfigur, bei der es sich nur um Karl IV. handeln könne, der 1349 und 1355 Stapel- und Befestigungsrecht bestätigt habe. Die Figuren seien absichtlich altertümlich gebildet, um ihre Ehrwürdigkeit ins rechte Licht zu rücken. Mühlberg (1974, S. 84–92) erkennt jedoch die stilistische Verwandtschaft des Kaisers und der Allegorien zu den Statuetten des Kölner Domhochaltars (um 1320 oder früher) und des Dreikönigenpförtchens (um 1310) sowie die große Ähnlichkeit der Helden mit einer Figur des Hl. Viktor in Xanten (vor 1311) als Hinweise auf die frühe Datierung der Hansasaalstatuen (um 1330). Der Herrscher wäre dann als Ludwig der Bayer zu identifizieren, der in seinem Krönungsjahr 1314 der Stadt Köln alle Privilegien und neue Rechte bestätigte. Bergmann und Lauer (1984, S. 40–41) präzisieren die stilistischen Beziehungen mit dem Hinweis auf die gemeinsamen lothringischen Einflüsse und kommen zu einer sehr frühen Datierung »um 1300 oder etwas nach 1310«, die Bergmann (1987, I, S. 186–187) noch einmal bestätigt. Gleichzeitig weist sie auf die stilistischen Unterschiede zwischen den Neun Helden und den kleineren Gestalten in der Spitze der Wand hin. Insgesamt zeichnet sich dabei die Schwierigkeit ab, die Skulpturen mit der aus den Quellen zu erschließenden Baugeschichte und den historischen Vorgaben (Bestätigung der Privilegien durch Ludwig den Bayern 1314) in Einklang zu bringen. Die Diskussion um die Datierung scheint noch nicht abgeschlossen zu sein. Die angekündigte Bestätigung der frühen Datierung des verwandten Heinsberggrabes um 1300 (Bergmann/Lauer 1984, S. 38–39) z.B. steht noch aus.

8 Mühlberg 1974, S. 76.

9 Zu den Neun Helden: Robert L. Wyss, Die neun Helden. Eine ikonographische Studie, in: Zeitschrift für schweizerische Archäologie und Kunstgeschichte 17 (1957), S. 73–106. Horst Schroeder, Der Topos der Nine Worthies in Literatur und bildender Kunst, Göttingen 1971. Im Folgenden stütze ich mich auf diese beiden Arbeiten. Martina Hansmann, Andrea del Castagnos Zyklus der »uomini famosi« und »donne famose«. Geschichtsverständnis und Tugendideal im florentinischen Frühhumanismus, Münster 1993, S. 37–40. Für die Übersetzung der Neun Helden-Dichtung bin ich Annette Lallemand, Bad Honnef, zu Dank verpflichtet.

10 Schroeder (1971, S. 230) gibt diese Deutung für die Glocken an, die normalerweise den Schild Alexanders zieren. Vgl. z.B. die Glasfenster im Rathaus zu Lüneburg.

11 Schroeder 1971, S. 231. In Lüneburg ist der Basilisk ebenfalls Judas Maccabäus zugeordnet, während er im französischen Bereich eher zu Josua gehört. Vgl. die Tabelle bei Wyss 1957, S. 98-

102. Es wäre zu überlegen, ob die Benennung von Judas Maccabäus und Josua nicht vertauscht werden müßten.

12 Laut Mühlberg (1974, S. 74) ist die rechte Hand falsch ergänzt. Sie könnte im Redegestus erhoben gewesen sein,

13 Schroeder 1971, S. 235. Die Identifizierung der beiden Figuren mit den vertauschten Emblemen beruht wahrscheinlich auf dem Vergleich mit Lüneburg, wo diese Bilder identisch sind. Vgl. die Tabelle bei Wyss 1957, S. 100.

14 Die drei Kronen sind das für Artus auch in Frankreich übliche Wappen. Vgl. die Tabelle bei Wyss 1957, S. 98–102.

15 Die rechte Hand ist wieder falsch ergänzt, der Kopf nach Foto rekonstruiert (Mühlberg 1974, S. 74 und S. 95, Anm. 47).

16 Dabei handelt es sich um das für Karl in Deutschland und Frankreich übliche Wappen. Vgl. Tabelle bei Wyss 1957, S. 98–102.

17 Mühlberg 1974, S. 66.

18 Vogts 1928, S. 17. Mühlberg 1973, S. 79. Ders. 1974, S. 74, 91.

19 Stadt im Wandel 1985, S. 92. Der Thron des Kaisers steht auf dem Stich von Toussyn vom Hansasaal (um 1655) wohl an der östlichen Langseite dem Haupteingang gegenüber (Mühlberg 1974, S. 80).

20 Vgl. die Inszenierung der Sala dei Nove in Siena, wo der Regierung die Tugenden im Rücken saßen. Dazu Randolph Starn-Loren Partridge, Arts of Power. Three Halls of State in Italy, 1300–1600, Berkeley/ Oxford 1992, S. 18.

21 Wyss (1957, S. 87) geht noch von einem Zusammenhang mit der Malerei aus. Mühlberg (1974, S. 74) kommt zu der gleichen Deutung ohne die seiner Meinung nach späteren Wandmalereien einzubeziehen. Schroeder 1971, S. 113. Vogts 1928, S. 17.

22 In Mecheln ruhte seit 1384–1385 das Deckengebälk im Schöffenhaus auf den Neun Helden, die hier um Abraham und Noah erweitert wurden, da 11 Konsolen benötigt wurden (Schroeder 1971, S. 112–113. Juliaan H.A. de Ridder, Gerechtigheidstaferelen voor Schepenhuizen in de zuidelijke Nederlanden in de 14de, 15de en 16de eeuw (AWLSK, Klasse der Schone Kunsten 51, 1989, Nr. 45), Brüssel 1989, S. 14–24, Abb. 1–9). Im Hamburger Rathaussaal repräsentierten evtl. schon gegen Ende des 14. Jahrhunderts neun Holzfiguren die vorbildlichen Helden, ergänzt um die Beherrscher der vier Monarchien und Christus in Begleitung der 12 Apostel (Ebd., S. 115).

23 Texte publiziert bei Schroeder 1971, S. 107.

24 Wyss 1957, S. 87. Schroeder 1971, S. 108.

25 Mühlberg 1974, S. 74.

26 Vgl. dazu Kerstin Hengevoss-Dürkop, Skulptur und Frauenkloster. Studien zu Bildwerken der Zeit um 1300 aus Frauenklöstern des ehemaligen Fürstentums Lüneburg, Berlin 1994, S. 71–97.

27 So konnte auch in der französischen Literatur seit der 2. Hälfte des 14. Jahrhunderts ein zeitgenössischer 10. Held hinzugefügt werden, wie es z.B. Guillaume Machaut und Eustache Deschamps gemacht haben (Pierre de Lusignan, Bertrand de Guesclin). Wyss 1957, S. 75. Schroeder 1971, S. 20–209.

28 Schroeder 1971, S. 49 und S. 66. Hansmann 1993, S. 37.

29 Schroeder (1971, S. 49) bezieht sich auf Karl Josef Höltgen, The »Nine Worthies«, in: Anglia 77 (1959) S. 279.

30 Vgl. auch Hubert Herkomer, Heilsgeschichtliches Programm und Tugendlehre. Ein Beitrag zur Kultur- und Geistesgeschichte der Stadt Nürnberg am Beispiel des Schönen Brunnens und des Tugendbrunnens, in: Mitteilungen des Vereins für die Geschichte der Stadt Nürnberg 63 (1976), S. 203, der auch die Neun Helden am Schönen Brunnen in Nürnberg als Vertreter der Heilsgeschichte interpretiert wissen möchte. »In der Benennung der Figuren, in der Verbindung der Neun guten Helden mit den Sieben Kurfürsten wird der Schöne Brunnen zu einem Monument realer Geschichte.« (ebd., S. 205).

31 Klaus Militzer, Ursachen und Folgen der innerstädtischen Auseinandersetzungen in Köln in der 2. Hälfte des 14. Jahrhunderts, Köln 1980, S. 110.

32 Ebd. S. 110–112.

33 Vgl. Anm. 7.

34 Vogts 1930, S. 184.

35 Laut Mühlberg (1974, S. 90) wurden bei der Wiederherstellung des Rathauses nach 1349 Bruchstücke der Heldenplastik in den Kellerboden einplaniert.

36 Dazu zuletzt: Frank Günter Zehnder, Katalog der Altkölner Malerei (Kataloge des Wallraf-Richartz-Museums XI), Köln 1990, S. 112–116 (mit ausführlichen Literaturangaben).

37 Mühlberg 1974, S. 77.

38 Vogts 1930, S. 184.

39 Leonard Ennen, Die Restauration des Kölner Rathauses, in: Zeitschrift für bildende Kunst 7 (1872), S. 239ff. Wallraf-Richartz-Museum, Inv.nr. Dep. 264–267.

40 Eduard Trier, Die Propheten des Kölner Rathauses, Diss. Bonn 1952 (Ms.), S. 99. Wilhelm Molsdorf, Christliche Symbolik der mittelalterlichen Kunst, Graz 1968, S. 165–166.

41 Diese Rekonstruktion stützt sich auf die Pausen, die Michael Welter vor 1864 hergestellt hat (Paul Clemen, Die gotischen Monumentalmalereien der Rheinlande, Textband, Düsseldorf 1930, S. 241 und Fig. 254) und ist in verschiedenen Rekonstruktionszeichnungen dokumentiert (Clemen a.a.O.). Die heute noch erhaltenen Fragmente lassen eine so genaue Bestimmung nicht mehr zu. Seltsam scheint mir das bekrönende, etwas unvermittelt über das Ende der Balustrade hinausreichende Maßwerk zu sein.

42 S.u.

43 Historisches Archiv der Stadt Köln, Chroniken und Darstellungen V 75a, fol. 24b. Die Quelle entstand um 1600 und stammt aus dem Pantaleonskloster. Zitiert nach Vogts 1930, S. 222 und Trier 1957, S. 196. Es bleibt zu fragen, welche Quelle dieser Text wiederum zitiert, denn um 1600 waren wohl mindestens zwei der vier Figürchen durch den Türdurchbruch zur Prophetenkammer im 15. Jh. schon zerstört. Clemen (1930, S. 244, Anm. 8) dagegen nimmt an, daß sich schon im 14. Jh. hier eine, wenn auch schmale Tür befand, so daß zwei der Figuren angeschnitten gewesen sein könnten. Das Gesims der Brüstung wäre dann genau oberhalb der Tür verlaufen. Wie breit die Tür des 15. Jhs. war, ist nicht bekannt.

44 Mühlberg 1974, S. 76-77. Wenn die Quelle aber schon die Kaiserfigur offensichtlich mit einem Bischof verwechselt, bleibt zu fragen, wie zuverlässig sie überhaupt ist.

45 Stadtarchiv V 33. Vogts 1930, S. 224. Trier 1957, S. 221–224. Norbert Eickermann, Philologische Bemerkungen zu den Tituli der Fresken des Hansasaals im alten Kölner Rathaus, in: Annalen des Hist. Ver. für den Niederrhein 168/169 (1967), S. 48–59. Mühlberg (1974, S. 76–79) vermutet, daß die Liste nicht vollständig ist. Zum Zeitpunkt der Aufzeichnung könne wegen der im 15. Jh. angelegten Tür zur Prophetenkammer die Reihe der gemalten Propheten schon nicht mehr komplett gewesen sein. Doch reicht zumindest heute die Höhe der Tür nur bis zur Brüstung der gemalten Schranke, so daß die Propheten nicht betroffen gewesen wären. Auch der Hl. Georg (s.u.) komme in der Aufzählung nicht vor. Da er aber nicht ins übrige Programm paßt, ist er möglicherweise erst später entstanden. Geht man von der Rekonstruktion der Seitenwände bei Mühlberg (1974, S. 69, Abb. 3) aus, hätten 40 bis 42 Felder zur Bemalung zur Verfügung gestanden.

46 Mühlberg 1974, S. 78. Er bezieht sich auf Carl Aldenhoven, (Geschichte der Kölner Malerschule, Lübeck 1902, S. 43), der allerdings keine Quellen angibt, und auf Vogts (1930, S. 220), der wiederum das Manuskript von Fuchs zum Rathaus im Stadtarchiv zitiert. Danach war die Figur 1819 noch zu erkennen.

47 Vgl. Eccl 4,33 (Eickermann 1967, S. 50). Die Tituli, Übersetzungen, Kommentare und die in den folgenden Anmerkungen zitierten Zuordnungen sind den Aufsätzen von Trier 1957 und vor allen Dingen Eickermann 1967 entnommen.

48 Vgl. Is 10,1: Weh denen, die unheilvolle Gesetze erlassen (Eickermann 1967, S. 51).

49 Vgl. Ez 18,20. Zur Identifikation der Figur vgl. Eickermann 1967, S. 51–52.

50 Vgl. Dan 7, 10 (Eickermann 1967, S. 52)

51 Vgl. Walter von Chatillon, Alexandreis, Vers 1, 342 (Eickermann 1967, S. 53).

52 Jer 7, 3 (Eickermann 1967, S. 53).

53 Vgl. Ps.-Seneca, de mor. 139 (Eickermann 1967, S. 53).

54 Quintessenz der Aeneis. Vgl. auch Apok 14, 13 (Eickermann 1967, S. 54).

55 Vgl. Mich 7, 9 (Eickermann 1967, S. 54).

56 5. Buch der Nicomachischen Ethik (Eickermann 1967, S. 54).

57 Der Spruch stammt nicht von Horaz (Eickermann 1967, S. 54).

58 Vgl. die 11. Fabel Avians, in der mit dem Hinweis auf einen irdenen und einen metallenen Topf, die nebeneinander im reißenden Wasser treiben, dem Schwachen geraten wird, sich vor der Gesellschaft des Starken zu hüten (Eickermann 1967, S. 55). Vgl. Harry G. Schnur (Hg.), Fabeln der Antike, München 1978, S. 153. Die Fabel wird hier Aesop zugeschrieben. Die Quintessenz lautet: »Riskant ist das Leben eines Armen, der nahe einem hohen Herrn wohnt.«

[59] Vgl. Lucanus, Epos vom römischen Bürgerkrieg 1, 175 f (Eickermann 1967, S. 55).
[60] Vgl. Sap 1, 1 (Eickermann 1967, S. 55).
[61] Vgl. Ps 144, 9 (Trier 1957, S. 224).
[62] Vgl. 2. Paral 12, 1 und 10, 13–14. Zur Korrektur dieses falsch kopierten Spruches vgl. Eickermann 1967, S. 56–57.
[63] Vgl. 1. Paral 10, 13 f (Eickermann 1967, S. 57).
[64] Vgl. Dante, Par. XX, 43 ff. und Purg. X, 73 ff. Vgl. Johannes von Salisbury, Policrat. 5, 8 (zitiert bei Eickermann 1967, S. 58).
[65] Vgl. Mahnschreiben Ludwigs des Heiligen an seine Kinder (Eickermann 1967, S. 58).
[66] Historisches Museum. RBA 76 272 – 76 274, 89 003, 89 005, L 324/17, L 324/18. Eine ausführliche Beschreibung bietet Clemen 1930, S. 250–251 und Taf. 58–59.
[67] Cornelia Herrmann, Der »Gerittene Aristoteles«. Das Bildmotiv des »Gerittenen Aristoteles« und seine Bedeutung für die Aufrechterhaltung der gesellschaftlichen Ordnung vom Beginn des 13. Jhs. bis um 1500, Pfaffenweiler 1991, S. 100.
[68] Clemen 1930, S. 250.
[69] Mühlberg 1974, S. 80. Alfred Overmann, Die älteren Kunstdenkmäler der Plastik, der Malerei und des Kunstgewerbes der Stadt Erfurt, Erfurt o.J. (1911), S. 284–285. Berufsdarstellungen finden sich z. B. im Salone von Padua.
[70] Herrmann 1991, S. 99.
[71] Aldenhoven 1902, S. 43.
[72] Schnur 1978, S. 111.
[73] Herrmann 1991, S. 100.
[74] Möglicherweise ist hier ein Narr gemeint, wie er auf einer Wappenscheibe von 1486 in Stuttgart erscheint. Dort ist auf der Beischrift zu lesen: »Die dunt all mir gelich, und sind doch vernunftig, stryck und rich.« (RDK I, 1937, Sp. 1035).
[75] Über ihm erscheint in einer Sonnengloriole ein bärtiger Kopf, so daß nicht ausgeschlossen werden kann, daß es sich bei der Darstellung um eine Anspielung auf eine bestimmte Szene handelt.
[76] Herrmann 1991, S. 100.
[77] »Das Landmädchen reitet auf dem Esel zur Stadt, den Spinnrokken in der Hand und auf dem Kopf den Korb mit Eiern, auf die sie ihre Zukunftspläne baut«. (Aldenhoven 1902, S. 43).
[78] Anna Rapp Buri/Monica Stucky-Schürer, Zahm und wild: Basler und Straßburger Bildteppiche des 15. Jahrhunderts, Mainz 1990, S. 187–190.
[79] RDK I, 1937, Sp. 1028–1029.
[80] Herrmann 1991, S. 100.
[81] A.a.O.
[82] Herrmann 1991, S. 99. Clemen (1930, S. 251) identifiziert sie als Wilde Männer, wohl weil die Gürtel von Blättern umwunden sind.
[83] Dazu vor allem Trier 1957 und Barbara Leisner, Der Bildteppich mit den zwölf weisen Männern in Nürnberg, Diss. München 1975.
[84] Overmann 1911, S. 282–285.
[85] Die Parler und der Schöne Stil I, S. 382–383.
[86] Die Parler und der Schöne Stil II, S. 530–531 (Fassadenskulpturen). Elard Hugo Meyer, Über die Sprüche der Rathaushalle in Bremen, in: Bremisches Jahrbuch 1 (1863), S. 68–93. Leisner 1975, S. 94–95 (Ratsgestühl). Trier 1957, S. 214–216 und 217–218.
[87] Herrmann 1991, S. 99.
[88] Joachim Bumke, Höfische Kultur. Literatur und Gesellschaft im hohen Mittelalter, München 1986, S.34.
[89] Moses, Isaias, David, Salomon, Aristoteles, Seneca, Cato, Virgil und Horaz kommen sowohl in Köln als auch in Bremen vor.
[90] Eickermann 1967, S. 58.
[91] Vgl. Eickermann 1967, S. 59.
[92] Vgl. dazu Trier 1952, S. 168. Ders. 1957, S. 210.
[93] Mühlberg 1974, S. 80.
[94] Vgl. Mühlberg 1974, S. 78 und 95, Anm. 62. LCI IV, Sp. 523-524. Vgl. auch Peter Hilsch, Die Krönungen Karls IV., in: Kaiser Karl IV. Staatsmann und Mäzen, hg. von Ferdinand Seibt, München [2]1978, S. 110: »Die Vorstellung von den drei Kronen war durchaus verbreitet; so maß Innozenz VI. der silbernen (deutschen), eisernen (lombardischen) und goldenen (Kaiser-) Krone für Karls Herrschaft mystische Bedeutung zu.«
[95] Vgl. Anm. 22.
[96] Vgl. Militzer 1980, S. 144–146. »... für die Legitimation in der Stadt und ... für die benachbarten Fürsten und Städte spielten die Rechtfertigungen doch eine Rolle. ... Sie schufen das Selbstverständnis, aus dem heraus der Rat und die an ihm beteiligten Kreise handelten.«
[97] Vogts (1930, S. 201) bezieht sich bei der Rekonstruktion des Programmes auf Klinkenberg, in: Mitteilungen des Rhein. Ver. für Denkmalpflege und Heimatschutz V,1, S. 99 und die Koelhoffsche Chronik von 1499 (Hermann Cardauns, Die Chroniken der deutschen Städte 13 (Köln II), Leipzig 1876, S. 593). Vgl. auch Mühlberg 1974, S. 67, 93 Anm. 27. Es wird allgemein angenommen, daß die Vorhalle nach der Einebnung des Judenviertels in Folge des Brandes angelegt wurde. Die Datierung wird eingegrenzt durch die bei dem Bau verwendeten jüdischen Grabsteine und die Erwähnung der Vorhalle in einer Quelle aus dem Jahr 1404 (Mühlberg 1974, S. 91. Kier 1982, S. 363. Kat. Stadtmuseum 1984, S. 223. Name der Freiheit 1988, S. 356).
[98] Die Legende ist in schriftlicher Form erst gegen Ende des 14. Jahrhunderts nachzuweisen (Name der Freiheit 1988, S. 416). Die Datierung der Reliefs richtet sich lediglich nach den angenommenen Baudaten der Vorhalle.
[99] Reiner Dieckhoff, Grins Kampf mit dem Löwen und seine Bedeutung in der profanen Ikonographie der Stadt Köln, in: Name der Freiheit 1988, S. 416–420. Vogts 1950, S. 165.
[100] Dieckhoff 1988, S. 417.
[101] Hermann Keussen, Die drei Reisen des Utrechter Arnold Buchelius, in: Annalen des Historischen Vereins für den Niederrhein 84 (1907), S. 29.
[102] 1 Sam 17, 34–36.
[103] Ri 14,6. LCI IV, Sp. 31.
[104] In dem Katalog Name der Freiheit (1988, S. 418) wird die Vermutung geäußert, daß es sich bei der Nennung Heinrichs des Löwen um eine Fehlinterpretation des Chronisten handelt, während Vogts (1928, S. 12) den Welfen als Begünstiger städtischer Freiheiten interpretiert.
[105] Reinhard Lebe, War Karl der Kahle wirklich kahl? Historische Beinamen und was dahintersteckt, München 1990, S. 70–73. Klaus Niehr, Die mitteldeutsche Skulptur der ersten Hälfte des 13. Jahrhunderts, Weinheim 1992, S. 177–178 und Anm. 46.
[106] Vgl. Andrea von Hülsen-Esch, Romanische Skulptur in Oberitalien als Reflex der kommunalen Entwicklung im 12. Jahrhundert, Berlin 1994, S.19–29.
[107] Name der Freiheit 1988, S. 416–420.
[108] Zu Herkules: LCI II (1972), Sp. 243–246. Dieter Blume/ Horst Bredekamp, Mythos und Widerspruch, in: Natur und Antike in der Renaissance, Ausst. Frankfurt 1985–1986, S. 130–172, bes. 131–139.
[109] Annegrit Schmitt, Herkules in einer unbekannten Zeichnung Pisanellos. Ein Beitrag zur Ikonographie der Frührenaissance, in: Jahrbuch der Berliner Museen 17 (1975), S. 80.
[110] Militzer 1980, S. 243.
[111] Vogts 1950, S. 174.
[112] Lediglich die Paulusfigur hat die Kriege als Torso überdauert. Heute befindet sie sich im Depot des Schnütgenmuseums. Das identifizierende Schwert in der rechten Hand ist im Ansatz noch zu erkennen. Vor dem Zweiten Weltkrieg muß noch eine weitere Figur fragmentarisch erhalten gewesen sein (Vogts 1930, S. 207. Gernot Fischer, Figurenportale in Deutschland 1350–1530, Frankfurt/M. u.a. 1989, S. 261–262).
[113] Vogts 1930, S. 208.
[114] Die Konsolen haben die Form eines gotischen Kapitells, das an einen vierseitig behauenen Block angefügt ist. Die Unterseite des Kapitells ist mit figürlichem Schmuck versehen. Das Profil des Konsolenkapitells ist folgendermaßen aufgebaut: Kehle, Wulst, Platte, Wulst, Abschlußplatte. Der Querschnitt des Kapitells entspricht dem eines Oktogons. Laut Vogts (1930, S. 207) kamen 20 Originale 1865 ins WRM (Nr. 403–422), anschließend ins Rheinische Museum. Die am Turm verbliebenen Konsolen wurden teils überarbeitet und 41 wurden neu geschaffen. Die durchschnittliche Größe dürfte bei ca. 40 x 40 x 40 cm gelegen haben. Verschiedene Konsolen sind in Abbildungen überliefert. (Vogts 1930, Fig. 134 und 135. Name der Freiheit 1988, Abb. 418). Fotos von Wasserspeiern, Konsolen und Grinköpfen beim Stadtkonservator Köln und beim Rheinischen Bildarchiv.
[115] Vogts 1928, S. 25.
[116] Militzer 1980, S. 144–146 und S. 244.
[117] Militzer 1980, S. 231. Toni Diederich, Bürgermeister und Rat der Stadt Köln vom 12. bis zum 20. Jahrhundert, in: Fuchs 1973, S. 41–62, bes. S. 47. Zum Selbstverständnis der Zünfte vgl. Otto

Gerhard Oexle, Die mittelalterlichen Gilden: Ihre Selbstdeutung und ihr Beitrag zur Formung sozialer Strukturen, in: Albert Zimmermann (Hg.), Soziale Ordnungen im Selbstverständnis des Mittelalters (Miscellanea Mediaevalia 12,1), Bd. 1,1, Berlin/New York 1979, S. 203–226.

118 Die Parler und der Schöne Stil 1350–1400. Europäische Kunst unter den Luxemburgern. Ausst. Köln 1978, Bd. I, S. 141–142.

119 Auf dem Stich vom Altermarkt nach Toussyn von ca. 1650 ist der Kopf zu erkennen. Die zeichnerische Vorlage dazu zeigt ihn allerdings nicht.

120 Die herausgestreckte Zunge wurde wohl erst 1913 angebracht (Vogts 1930, S. 209. Kier 1982, S. 364), doch sind solche Automatenköpfe mit herausgestreckter Zunge schon im Mittelalter mehrfach nachweisbar (Stadt im Wandel 1985, Bd. IV, S. 323). Das Uhrwerk selber wird erst 1502 erstmals erwähnt (Vogts 1928, S. 28). Die genaue Datierung des Kölner Kopfes ist also unsicher.

121 Stadt im Wandel 1985, Bd. III, S. 1062.

122 Stadt im Wandel 1985, Bd. IV, S. 323.

123 Vogts 1930, S. 229.

124 Vogts 1930, S. 232–233 und Fig. 169. Weitere Dämonmasken sind in Photos des Stadtkonservators überliefert (Plattennummer 2640–2641). Weitere Konsolen befinden sich im Weinlokal »Weinkrüger« (freundlicher Hinweis von Walter Geis) und im Keller des Gürzenich (Hans Peter Hilger, Der Skulpturenzyklus im Chor des Aachner Domes. Ein Beitrag zur Kunstgeschichte des Rhein-Maas-Gebietes, Essen 1961, S. 111).

125 Vogts 1930, S. 185. Zu den Prophetenfiguren: Trier 1952. Ders. 1953. Ders. 1957. Das Schnütgenmuseum. Eine Auswahl, Köln 1962, S. 59, Nr. 104–104a. Rhein und Maas 1972, S. 404–405, Nr. Q 7. Name der Freiheit 1988, S. 411–414, Nr. 5.19. Reiner Dieckhoff, Die Engelkapelle und die Marienkapelle der Kölner Kartause, in: Die Kölner Kartause um 1500. Aufsatzbd. hg. von Werner Schäfke, Köln 1991, S. 427–477, bes. 460–461. Marc Steinmann, Das Grabmal des Erzbischofs Friedrich von Saarwerden im Kölner Dom, in: Kölner Domblatt 58 (1993), S. 63–144, bes. S. 90.

126 Trier 1952, S. 159. Ders., 1957, S. 201. Stadtarchiv Köln Ms. V 75a, fol. 23a. Name der Freiheit 1988, S. 412.

127 Trier 1952, S. 161–163.

128 Bibliothek des Priesterseminars 139, fol. 190a (16.Jh.). Stadtarchiv V 55, fol. 140b (um 1517, mit 7 Sprüchen). In Stadtarchiv V 75a (um 1600) und Chroniken und Darstellungen 32, fol. 253b f. (um 1600) finden sich niederdeutsche Kommentare zu den Prophetensprüchen, deren Reihenfolge die von Trier (1952, S. 173) festgelegten Abfolge der Figuren bestimmte. Sprüche, Kommentare, Übersetzungen und Anmerkungen zitiert nach Trier 1957, S. 203–208.

129 Abschrift: Pri(m)um querite regnum dei et iusticiam eius. Vgl. Matth 6, 33 und Lk 12, 31.

130 Laut Abschrift, da das Original nicht erhalten ist. Die Inschrift der Figur in barocker Unziale lautet: Utilitas publica privatae semper est praeferenda. Vgl. 4. Prophet. Vgl. Ps 110, 10.

131 Petri, Der Teutschen Weissheit, Bd. II, Hamburg 1605. Abschrift (an 6. Stelle): Oportet operari co(n)siliata velociter consiliari aut(em) tarde.

132 Vgl. Verbundbrief (s. Name der Freiheit 1988, S. 334, Nr. 3.4). Abschrift (Stadtarchiv V 55): Utilitas publica private est s(em)p(er) p(re)ferenda.

133 Laut Abschrift in V 55, da das Original nicht mehr genau zu entziffern ist. Vgl. 15. Artikel des Verbundbriefes, in dem die Beständigkeit der Gesetze gefordert wird.

134 Kommentar der Chronik: It iss recht dat eyn doitsleger der konst off ein meister schalckeit vergenclich iss in sene Konst, dat iss alsus zu verstain, so eyner den anderen doit sleyt, dat man den widerumb doeden sall myt dem rechten. Vgl. Gen 9, 6, Lev 24, 17 und Sap 11, 17.

135 In Ms V 55 fehlt dieser Spruch, wurde aber von Philipps 1853 gelesen: Fidum sit reipublicae consistorium silentique salubritate immistum.

136 Die Abschrift ist mit dem an der Figur überlieferten Text identisch. Vgl. 9. Artikel des Verbundbriefes.

137 Trier 1957, S. 199.

138 Trier (1952, S. 216) deutet die Anzahl im Sinne der Pythagoräer als Symbol der Himmelsharmonie und Gerechtigkeit. Vgl. auch Peter Bloch, Nachwirkungen des Alten Bundes in der christlichen Kunst, in: Monumenta Judaica. 2000 Jahre Geschichte und Kultur der Juden am Rhein, Handbuch zur Ausstellung Köln 1963, S. 735–781, bes. 772–773.

139 Diederich 1973, S. 48.

140 Vgl. Name der Freiheit 1988, S. 334, Nr. 3.4.

141 Militzer 1980, S. 243. Name der Freiheit 1988, S. 333, Nr. 3.3.

142 Vgl. zuletzt Name der Freiheit 1988, S. 334–335, Nr. 3.5. Stilistisch und motivisch können die Rathauspropheten von Köln aus der franko-flämischen Kunst aus dem Umkreis André Beauneveus abgeleitet werden. Als verwandt gilt der später, um 1425 entstandene Palandter Altar, der jedoch wesentlich »malerischer« angelegt ist (Trier 1953, S. 86–92). Der insgesamt recht kleine Bestand an Kölnischer Skulptur der Zeit macht es schwierig, die Werke in eine Stilentwicklung einzuordnen. Trier (1953, S. 86–90, Abb. 81) erkennt eine undatierte Madonna aus St. Quirin in Neuss als verwandt, die er zwischen Rathauspropheten und Saarwerdengrabmal einordnet. Den Stil der Propheten leitet er aus dem Kölner Lokalstil ab, der im Typar der Gaffel Eisenmarkt greifbar werde (S. 101). Etwas früher seien die nicht unmittelbar verwandten Propheten vom Rathausportal in Brüssel entstanden (S. 97–98). Theodor Müller (Sculpture in the Netherlands, Germany, France and Spain. 1400–1500, Harmondsworth 1966, S. 25) faßt die brabanter Verbindungen und die zu der burgundischen Skulptur in Bourges (Beauneveu) wesentlich enger auf. Dieckhoff (1991, S. 460–461) sieht eine Verbindung zwischen den nach dem Tod des Herzogs von Berry, Jean de France, 1416 aus Burgund auswandernden Künstlern und dem neuen Stil in Köln, der bei den Rathauspropheten kurz vor 1420 besonders deutlich werde. Etwas später sei das Saarwerdengrabmal entstanden. Allerdings erkennt er im Bereich der Kölner Goldschmiedekunst schon vor 1400 franko-flämische Tendenzen, wie z.B. an der Monstranz aus St. Kolumba (Domschatz) und am Typar der Gaffel Eisenmarkt (S. 475, Anm. 151). Steinmann (1993, S. 90) stellt einen stilistischen Unterschied zwischen Rathauspropheten und Saarwerdengrabmal, das er vor dem Tod des Erzbischofs im Jahre 1414 ansetzt, fest und folgert daraus, daß es zu Beginn des 15. Jahrhunderts in Köln unterschiedliche Stiltendenzen gegeben habe. Die Datierung der hölzernen Propheten richtet sich generell nach außerkünstlerischen Kriterien, d.h. nach der Bauzeit des Ratsturmes. Eine frühere Entstehung ist jedoch nicht auszuschließen. Im Kölner Rathaus fanden sich weitere Prophetendarstellungen als Wandmalereien des späten 15. Jahrhunderts in der Ratskanzlei im sogen. Plasmanschen Haus (Vogts 1930, S. 245). Die einzig erhaltene, nun nicht mehr lateinische Inschrift lautet: »Behoet den wyse inde dade goede gesetze.« (Trier 1957, S. 211).

143 Hansmann 1993, S. 49.

144 Vgl. dazu: Karl Clausberg, Spruchbandaussagen zum Stilcharakter. Malende und gemalte Gebärden, direkte und indirekte Rede in den Bildern der Veldeke-Äneide sowie Wernhers Marienliedern, in: Städel-Jahrbuch N.F.13 (1991), S. 81–110.

145 Vogts 1930, S. 232 (mit Quellenangabe). Ders. 1940, S. 138. Vgl. auch den Stich Toussyns vom Ratssaal.

146 Diederich 1973, S. 48.

147 Ursula Lederle, Gerechtigkeitsdarstellungen in deutschen und niederländischen Rathäusern, Diss. Heidelberg, Philippsburg 1937, S. 14. Stadt im Wandel 1985, Bd. V, S. 102.

148 WRM 66. Frank Günter Zehnder, Katalog der Altkölner Malerei (Kataloge des Wallraf-Richartz-Museums XI), Köln 1990, S. 212–223. Georg Troescher, Weltgerichtsbilder in Rathäusern und Gerichtsstätten, in: WRJb 11 (1939), S. 139–214, bes. S. 177–180.

149 Herbst des Mittelalters. Spätgotik in Köln und am Niederrhein, Ausstellung Köln 1970, S. 52–53, Nr. 42.

150 Im Katalog Stefan Lochner, Meister zu Köln. Herkunft – Werke – Wirkung, Ausst. Köln 1993, S. 318 bekräftigt Zehnder die Interpretation des Weltgerichtes als Gerechtigkeitsbild. Diese Interpretation wurde allerdings auch immer wieder angezweifelt (zuletzt Christine Lukatis, Die Weltgerichtsaltäre Stefan Lochners und Rogier van der Weydens, Magisterarbeit Berlin 1987). Auf einem 1994 anläßlich der Kölner Lochner-Ausstellung abgehaltenen Kolloquium erkannte L. Gompf auf der Grundlage der damals viel gelesenen Schriften des Caesarius von Heisterbach eine sich gegen den ungeliebten Erzbischof und das de jure-Stadtoberhaupt Dietrich II. von Moers (1414–1463) wendende Bildpolemik, so daß die Bestimmung des Bildes nicht für eine

Kirche, sondern für das städtische Rathaus wieder an Wahrscheinlichkeit gewinnt. Die Vorträge des Kolloquiums sollen in Kürze als Aufsatzband vorliegen. Neuerdings wird die Aufstellung des Bildes im Ratssaal in Zweifel gezogen und statt dessen die Goldene Kammer des Erdgeschosses, der Sitz der Gewaltrichter, als Alternative erwogen (freundlicher Hinweis von Hiltrud Kier). Im Kölner Rathaus befanden sich noch weitere Weltgerichtsbilder. Troescher (1939, S. 177, Nr. 48, und S. 182–183) nahm an, daß das heute in Fragmenten auf verschiedene Sammlungen verteilte Weltgericht Colijn de Coters aus St. Alban Anfang des 16. Jahrhunderts für den Ratssaal bestimmt gewesen sein könnte. C. Périer-d'Ieteren (Colyn de Coter et la technique picturale des peintres flamands du XVe siècle, Brüssel 1985, S. 101–106) nimmt diesen Gedanken noch einmal auf. Das Fehlen von Flügeln könnte auch darauf hinweisen (Irmgard Hiller/ Horst Vey, Katalog der deutschen und niederländischen Gemälde bis 1550 (mit Ausnahme der Kölner Malerei) im Wallraf-Richartz-Museum und im Kunstgewerbemuseum der Stadt Köln (Kataloge des Wallraf-Richartz-Museums V), Köln 1969, S. 40–42). Die vier in den Aktennotizen erwähnten »Tapyten« von 1507–1510, die Troescher für die Zuschreibung in Anspruch nimmt, sind jedoch wohl auf die vier Gerechtigkeitsbilder zu beziehen (s.u.), zumal das Weltgericht Colijn de Coters auf Holz gemalt ist und die Bezeichnung »Tapyte« eher Leinwandbilder meinen dürfte. Auch im Katalog Himmel – Hölle – Fegefeuer (Das Jenseits im Mittelalter, Ausstellung Zürich 1994, S. 361–362, Nr. 147) wird die Zuordnung zum Kölner Rathaus angezweifelt. Ein weiteres Bild des Jüngsten Gerichtes hing in der Samstagsrentkammer, wo es laut Stadtrechnungen 1488 aufgehängt wurde. Möglicherweise ist es mit dem Tafelbild des Meisters von St. Severin im Wallraf-Richartz-Museum identisch (Troescher 1939, S. 183, Nr. 50/ 51. Zehnder 1990, S. 537–540, Inv.Nr. WRM 183). In der Freitagsrentkammer wurde 1612 ein älteres Weltgerichtsbild wiederhergestellt (Vogts 1930, S. 229. Zehnder 1990, S. 538). Schließlich ist von 1705 bis 1826 ein Jüngstes Gericht J. J. Soentgens von 1695 im Ratssaal bezeugt (Vogts 1930, S. 233 und 248. Troescher 1939, S. 177, Nr. 49).

151 Vogts 1930, S. 188 (mit Quellenangabe) und S. 250.

152 HM 1940/ 235–237. Der Name der Freiheit 1988, S. 415–416, Nr. 5.20 a und b. Die Bilder werden versuchsweise dem Maler Lambert von Luytge zugeschrieben, der gleichzeitig die Goldene Kammer ausmalte (Anna Maria Cetto, Der Berner Traian- und Herkinbald-Teppich, Bern 1966, S. 51, Anm. 76a). Toussyns Darstellung des Senatsaales zeigt über den Bänken der Ratsherren Teppiche mit den Stadtwappen, die demnach spätestens im 17. Jahrhundert die älteren Gemälde ersetzt haben dürften (Vogts 1930, S. 233).

153 Dazu: Ursula Lederle, Gerechtigkeitsdarstellungen in deutschen und niederländischen Rathäusern, Philippsburg 1937. Juliaan H. A. de Ridder, Gerechtigheidstaferelen voor Schepenhuizen in de zuidelijke Nederlanden in de 14de, 15de en 16de eeuw (AWLSK, Klasse der Schone Kunsten 51, 1989, Nr. 45), Brüssel 1989.

154 Die Geschichte gehört zu den apokryphen Salomonischen Urteilen. Das nur fragmentarisch erhaltene Bild läßt heute die Identifikation der Szene nicht mehr zu. Vogts (1930, S. 250) identifiziert dieses Bild nur allgemein als Gerichtsszene. Die Darstellung der Geschichte von den drei Söhnen, die er jedoch anführt, wäre demnach heute ganz verloren. Zur Ikonographie der Szene vgl. W. Stechow, Shooting at Father's Corpse, in: Art Bulletin 24, 1942, S. 213–225.

155 Cetto 1966, S. 173. Vogts (1930, S. 250) erwähnt diese Szene nicht.

156 Cetto (1966, S. 70) entwickelt die Hypothese, daß die Trajanslegende erstmals in der Goldenen Kammer des Kölner Rathauses im 14. Jh. dargestellt war und auf die Illustration der Koelhoffschen Chronik einwirkte.

157 Cetto 1966. De Ridder 1989, S. 38–47.

158 Lederle 1937, S. 53. Cetto 1966, S. 12. Vgl. auch Dante Alighieri, Die Göttliche Komödie, Purgatorio, 10. Gesang.

159 Kap. 9, 38.

160 Lederle 1937, S. 57–58.

161 Dieckhoff (Name der Freiheit 1988, S. 418) interpretiert auch ein Bild mit dem Löwenkampf des Bürgermeisters Grin, das laut Koelhoffscher Chronik in der »clageheren kamer« gehangen haben soll, als Gerechtigkeitsbild.

162 Heute im Schnütgenmuseum. Das Tympanon wird dem Meister des Saarwerden-Grabmals zugeschrieben und in die Bauzeit der Kapelle datiert. Vgl. Karl Schaefer, Der Meister des Saarwerdengrabmals und sein Werk, in: WRJb 5 (1928) S. 1–12. Dieckhoff 1991, S. 461. Steinmann 1993, S. 85–87. Weiter hat sich lediglich die Wange des Chorgestühls aus der Zeit um 1562 erhalten (Name der Freiheit 1988, S. 357, Nr. 3.17). Von der 1474 erbauten Sakristei ist ein Glasfenster überliefert, das heute im Schnütgenmuseum aufbewahrt wird (Brigitte Lymant, Die Glasmalereien des Schnütgenmuseums, Köln 1982, S. 131–133). Zur weiteren Ausstattung der Ratskapelle vgl. Vogts 1930, S. 268–274.

163 Dazu zuletzt: Stefan Lochner, Ausst. Köln 1993/94, S. 324, Nr. 46.

164 Hans-Jürgen Becker, Stadtpatrone und städtische Freiheit. Eine rechtsgeschichtliche Betrachtung des Kölner Dombildes, in: Beiträge zur Rechtsgeschichte. Gedächtnisschrift für Hermann Conrad, hg. von Gerd Kleinheyer und Paul Mikat, Paderborn u.a. 1979, S. 23–45, bes. S. 40. Rolf Lauer/ Christa Schulze-Senger/Wilfried Hansmann, Der Altar der Stadtpatrone im Kölner Dom, in: Kölner Domblatt 52 (1987), S. 9–80, bes. S. 11–12.

165 Lauer 1987, S. 12.

166 Becker 1979, S. 23–45.

167 Dazu: Reiner Dieckhoff, Die mittelalterliche Ausstattung des Kölner Domes, in: Arnold Wolff (Hg.), Der gotische Dom in Köln, Köln 1986, S. 33–65, bes. S. 62–63. Lauer 1987, S. 33.

168 Vogts 1930, S. 186.

169 Leonard Ennen, Geschichte der Stadt Köln, Bd. II., Köln/Neuss 1865, S. 494. Vogts 1930, S. 186. Hiltrud Kier, Die Kölner Ratskapelle und Stefan Lochners Altar der Stadtpatrone, in: Baukunst des Mittelalters in Europa. Hans Erich Kubach zum 75. Geburtstag, hg. von Franz J. Much, Stuttgart 1988, S. 757–778, bes. S. 757.

170 Vogts 1930, S. 185–186.

171 Lauer 1987, S. 30–33.

172 Vogts 1940/1, S. 140.

173 Vogts 1928, S. 32. Mühlberg 1973, S. 83. Kier 1982, S. 365.

174 Vogts 1930, S. 235.

175 Lempertz 1925, S. 14. Kier 1982, S. 365.

176 Ratsprotokoll vom 19. Oktober 1548 (Kier 1982, S. 366).

177 Vogts 1928, S. 35.

178 Auf dem Stich des Altermarktes nach Toussyn ist auf der Dachschräge eine weitere Figur zu erkennen, die die Vorzeichnung allerdings nicht so deutlich wiedergibt.

179 Mühlberg 1973, S. 83.

180 Vogts 1928, S. 34. Vogts 1930, Fig. 265, S. 408.

181 Vgl. die Zeichnung von Raschdorff (Vogts 1930, Fig. 136, S. 211).

182 Michael Kiene, Zur Planungsgeschichte der Kölner Rathausvorhalle, in: WRJb 52 (1991), S. 127–150, bes. S. 133.

183 Ebd. S. 145.

184 Vgl. den Toussynschen Stich aus der Zeit um 1655 (Kiene 1991, Abb. 14).

185 Vogts 1930, S. 191.

186 Ich zitiere die Inschriften in der heutigen Fassung, die sich von der »zeitgenössischen« Quelle des Arnoldus Buchelius (Keussen 1907, S. 30–31) unterscheidet. Siehe auch Stefan Neu, in: Heinrich Abels, Die Altkölner Rathausvorhalle, Köln 1989 (unveröffentlichtes Manuskript in der Bibliothek des Kölner Stadtmuseums).

187 Sinngemäße Inhaltsbeschreibungen finden sich in T.J.J. Lenzen, Aphorismen aus Kölns Geschichte, in: J.P. Weyer (Hg.), Sammlung von Ansichten öffentlicher Plätze, merkwürdiger Gebäude und Denkmäler in Köln, Köln 1827, S. 108–110.

188 Hier liegt offensichtlich ein Schreibfehler vor. Auch die orthographisch korrigierte Lesart »EXERCITUI« ergibt keinen Sinn. Es ist daher anzunehmen, daß ursprünglich »EXERCITU« geschrieben oder gemeint war, da nur so eine sinnvolle Übersetzung möglich ist.

189 Im jetzigen Zustand der Inschrift ist eindeutig STO zu lesen, was keinen Sinn ergibt. Möglicherweise hieß es ursprünglich SPQ. Vgl. Keussen 1907.

190 Köln 1475 des Heiligen Reiches Freie Stadt, hg. von Anna-Dorothee von den Brincken, Ausst. Köln 1975, S. 42.

191 Lenzen 1827, S. 110.

192 Köln 1475, 1975, S. 12.

193 Ebd. S. 15.

194 Kiene 1991, S. 136.

Prunkportal und Gestühl des Melchior von Reidt im alten Ratssaal der Stadt Köln

Alexander Kierdorf

Die Entstehung

Im Jahre 1597 beschloß der Kölner Rat die Neuausstattung seines Sitzungssaales, der sich seit 1414 im erstem Obergeschoß des Ratsturms befand. Von der vorherigen, gotischen Einrichtung ist wenig sicher bekannt und nichts vor Ort erhalten[1]. Ursprünglich als »raits-cammer« bezeichnet, wurde im 19. Jahrhundert meist vom »alten Ratssaale« gesprochen; erst mit dem Kunstdenkmäler-Inventar von 1930 ist das vornehmere und eindeutigere »Senatssaal« die gebräuchliche Namensform[2]. Der Raum ist mit dem durch Auslagerung über den Krieg geretteten Gestühl heute neben dem Hansasaal der einzige in wesentlichen Teilen seiner historischen Form und Ausstattung erhaltene Raum des gesamten Rathauskomplexes. Dies entspricht seiner historischen Bedeutung, denn seit seiner Erbauung bis in die Zeit der französischen Besetzung Ende des 18. Jahrhunderts fanden hier die Sitzungen des Kölner Rates statt. Ein Kupferstich von A. Aubry nach einer Zeichnung von J. Toussyn um 1655 (Abb. 194) bietet das einzige bildliche Zeugnis[3]. Die 49 Ratsherren sitzen in zwei Reihen hintereinander an den Längswänden des Raumes; zwischen ihnen an der Stirnwand die beiden Bürgermeister unter dem Bild des Gekreuzigten von Geldorp Gortzius. In der Mitte des Raumes ein viersitziges Gestühl für Beamte und Schreiber. Vermutlich war auch die nicht sichtbare Eingangswand des Raumes mit Bänken versehen; hier dürften die ehemaligen Amtsträger Platz gefunden haben, die auf dem Bild mit ihrem Gestühl unter der oft fälschlich als Baldachin gedeuteten gotischen Kaminhaube auf der rechten Seite dargestellt sind. Die Gestaltung des Raumes und seine Ausstattung beziehen sich auf das Selbstverständnis der Stadt und ihres Rates. Die Wangen des Gestühls und das Prunkportal, das den Eingang rahmt, stehen dabei im Vordergrund. Bei der Neuausstattung entschied man sich für den zu dieser Zeit herausragenden Kölner Kunsthandwerker und die für Köln in der Spätrenaissance charakteristischen geschnitzten und intarsierten Möbel[4], die seit eben diesem Auftrag mit dem Namen Melchior von Reidt verbunden sind.

Melchior von Reidt[5] war wohl weniger Handwerker als Inhaber und Leiter einer großen kunsthandwerklichen Werkstätte, was zwangsläufig auch zu den überlieferten Auseinandersetzungen mit den Zünften führen mußte. Seine Beteiligung ist auch für die Inneneinrichtung der Achatiuskirche der Jesuiten in der Marzellenstraße (Beichtstühle) und für die Ratskapelle überliefert. Von diesen Arbeiten ist nichts erhalten. Unter den zahlreichen intarsierten und oft auch geschnitzten Kölner Möbeln der Zeit zwischen 1580 und 1630, meist hohen Schränken, Überbauschränken und Truhen, werden einige mit reichen Schnitzereien versehene späte Überbauschränke der Werkstatt des Melchior von Reidt zugeschrieben, so der »Susannenschrank« von 1605/10 im Kölnischen Stadtmuseum (Farbtafel 6), und vor allem das seit dem 19. Jahrhundert im Rathaus befindliche und heute in der Prophetenkammer zwischen Senats- und Hansasaal angebrachte Portal (Farbtafel 7), das zur ersten Ausstattung des 1596–1602 errichteten Zeughauses gehörte. Melchior von Reidt, der vielleicht aus Mainz stammte und schon vor 1590 in Köln Meister war, vertrat 1600 seine Zunft im Gremium der 44, einem von den Gaffeln besetzten Kontrollorgan des Rates. Über die Bezahlung der Arbeiten für den Ratssaal kam es, wie die Protokollbücher des Rates berichten[6], zu heftigen und langwierigen Auseinandersetzungen zwischen dem Meister, seinen Zunftgenossen vom »Schnitzleramt« und dem Rat. Als »Meister Melchior« Nachzahlungen für

Abb. 194: Köln, Ratssaal, Kupferstich von Toussyn/Aubry, um 1655

Abb. 195: Zum Vergleich: Gesamtansicht, Foto von 1981

Des H.R.R. Adler, oben mit der Keis. Kron auf der Brust de Cölnische Raht Sitz auf de flügeln der Stadt vnd 6 Hern wapen. vndr seim gefidter mit der Stadt gezirdt
Keiserliche Kron
Freyen
Stadt
Cölnischer Raht Sitz
Cöllen
am
Rheyn
2. REGIERENDE HERREN pro tempore.
2. RHENTMEISTER. pro tempore.
2. ABGEGANGENE BVRGERMEISTER. pro tempore.
Denen Wol Edlen, Hochweysen Hochgelehrten Ehrenvesten etc. Heern, Burgermeistern Rendtmeistern Abgegangenen Burgermeistern Wie auch dem gantzen Raht des H. Römischen Reichs freyer Statt Cöllen Meinen gnädigen Herren Dedicirt vnderthönig v Gerhardt Altzenbach Burger daselbsten

die Arbeit verlangte, ließ man seine Kollegen den Wert schätzen; der Meister akzeptierte deren Bewertung jedoch nicht. Vielleicht war seine erfolgreiche Werkstatt schon damals so groß, daß sie den Neid der Zunftkollegen weckte, die sich technisch und finanziell unterlegen und von den ehrenvollen öffentlichen Aufträgen ausgeschlossen sahen. 1611 wird er jedenfalls bestraft, weil er zu viele »Knechte« (Gesellen) beschäftigte, 1614 erhält er gar Arbeitsverbot. Um zu einem unabhängigen Urteil über den Wert der Arbeiten zu kommen, werden zwei Meister aus Frankfurt auf Ratskosten gerufen; als deren Urteil offensichtlich zum Vorteil Meister Melchiors ausfällt, werfen ihm seine Berufskollegen vor, den beiden entgegengeritten zu sein und sie bestochen zu haben. Auch andere Aus- und Streitfälle Meister Melchiors nimmt der Rat zur Kenntnis; er starb nach 1624. Melchior von Reidt scheint also ein erfolgreicher Unternehmer, aber auch eine schwierige Persönlichkeit gewesen zu sein; vielleicht spiegelt sein Schicksal den vergeblichen Kampf eines Unternehmers gegen die zunehmende kulturelle und wirtschaftliche Rückständigkeit der stolzen Reichsstadt. Daß er einst als Figur am Ratsturm dargestellt würde, hätten seine Zeitgenossen wohl kaum für möglich gehalten.

Portal und Gestühl

Den Senatssaal erreicht man über eine Freitreppe in der Prophetenkammer, die ihn mit dem Hansasaal verbindet. Das tiefe Türgewände ist reich vertäfelt und intarsiert (Abb. 196–198); zwei Inschriften[7] mahnen die Ratsherren:

INGRESSU AFFECTUS OMNES ANTE OSTIA LINQUE
ET DIC IUDICII LIBERA VOTA TUI

Beim Eintritt laß alle Leidenschaften vor der Tür und gib freie Entscheidungen deines Urteils ab.

EGRESSU EXPEDIAS STUDIO COMMISSA FIDELI
ET QUAE CUNQUE PALAM SUNT NOCITURA TACE

Beim Verlassen vollführe mit treuem Eifer das Übertragene und verschweige alles, was in der Öffentlichkeit Schaden bringen könnte.

Man betritt den Saal durch eine rundbogige Türöffnung, die auf der Innenseite von einem prachtvollen hölzernen Rahmen umgeben ist. Dieses Portal oder »Türgericht«, so die zeitgenössische Fachbezeichnung, bildet eine Ehrenpforte nach. Ehrenpforten, entwickelt aus den antiken Triumphbögen, bildeten in dieser Zeit einen wichtigen Bestandteil eines festlichen Empfangszeremoniells etwa bei Fürstenbesuchen[8]. Nach dem Vorbild eines Triumphbogens tragen Säulen und Pilaster einen reichen Architrav; dazwischen der Türflügel mit vier intarsierten Bildfeldern; seitlich Nischen. Der zweistufige Aufsatz zeigt im Zentrum heute das von Löwe und Greif gehaltene Stadtwappen, flankiert von allegorischen Figuren; darüber eine weitere Bildtafel zwischen Trägern und bekrönt von einem Volutengiebel. Eine Vielzahl in Holz nachgebildeter architektonischer Details wie Säulen und Kapitelle, Gesimse, Architrave und Flächenquaderung verbinden sich mit reicher Intarsie, die als naturalistisches Pflanzen- oder abstraktes Rollwerkornament die Flächen überzieht.

Thema der allegorischen Szenen und Figuren sind, bezogen auf den ehemals die Mitte einnehmenden Reichsadler, die Huldigung an Reich und Kaiser und die Harmonie der Stände[9]. Die vier intarsierten, allegorischen Ständeszenen auf dem Türflügel (Abb. 199) bilden den einzigen geschlossenen Bilderzyklus des Portals. Jedem Bildfeld ist ein lateinischer Zweizeiler als Kommentar beigegeben, jede Szene zeigt passend zur Triumphbogenform des Portals den Wagen eines Fest- oder Triumphzuges. Darauf jeweils eine Standespersonifikation, begleitet von Tugendallegorien; im Hintergrund ein »standesgemäßes« Gebäude.

Auf dem ersten Wagen (Abb. 200a) thront ein barhäuptiger Geistlicher, begleitet von den Allegorien des Glaubens und der Hoffnung, Fides und Spes, gekennzeichnet durch Kelch und Vogel Phoenix. Lamm und Schlange als Verkörperungen des alten und des neuen Bundes ziehen den Wagen. Im Hintergrund ein als sakrales Bauwerk zu verstehender Tholos. Die zugehörige Inschrift lautet:

ORAT SACRA FACIT SAPIENTI ET SIMPLICE DUCTU
ATQUE FIDEM VERAM SEMINAT ORDO SACER

Der Heilige Stand betet unter weiser und einheitlicher Führung und sät den wahren Glauben aus.

Die zweite Szene (Abb. 200b) zeigt einen gekrönten Herrscher mit Szepter, leicht als Kaiser zu verstehen, begleitet von Prudentia, der Klugheit, mit dem Spiegel der Selbsterkenntnis. Die Gerechtigkeit, Justitia mit Schwert und Waage, lenkt das Gefährt, das von zwei edlen und reichgeschmückten Rössern gezogen wird. Im Hintergrund ein prächtiger Saalbau. Die kommentierende Inschrift lautet hier:

PRINCEPS CONSILIO PRUDENTI PUBLICA CURANS
CONFERT DIGNA BONIS PRAEMIA IUSTA MALIS

Der Fürst, mit klugem Rat für die öffentlichen Angelegenheiten sorgend, bringt den Guten angemessene Belohnung, den Schlechten gerechte Strafe.

Abb. 196: Köln, Portal zwischen Prophetenkammer und Hansasaal, M. von Reidt

Abb. 197b–d: Allegorische Nischenfiguren von oben nach unten: Klugheit, Tapferkeit, Mäßigung

Abb. 197a: Portal, Innenseite zum Senatssaal (siehe Farbtafel 7)

Abb. 198a: Portaldurchgang mit Inschriften (linke Seite)

Abb. 198b: Portaldurchgang mit Inschriften (rechte Seite)

Abb. 197e–g:
Allegorische Nischenfiguren
von links nach rechts:
Gerechtigkeit, Liebe, Stärke
Fotos: D. Heiermann 1995

Abb. 199: Köln, Prunkportal mit den vier allegorischen Ständeszenen

Abb. 200a: Köln, Prunkportal, Ständeszene 1

Abb. 200b: Köln, Prunkportal, Ständeszene 2

Abb. 200c: Köln, Prunkportal, Ständeszene 3

Abb. 200d: Köln, Prunkportal, Ständeszene 4

Nach dem Klerus als Erstem und dem Adel als Zweitem Stand als Dritter der Bauernstand (Abb. 200c), verkörpert durch einen Mann mit Schlapphut auf einem Leiterwagen. Neben ihm Constantia, die Beständigkeit, während Temperantia, die Mäßigkeit, die Zügel führt. Vorgespannt sind Esel und Ochse, beladen mit handwerklichem und bäuerlichem Gerät. Im Hintergrund ein kleines Haus mit rauchendem Schornstein. Constantia hält statt der üblichen Säule ein Kreuz umschlungen und erinnert so an Magdalena oder Helena; vielleicht lag hier bei Künstler oder Restaurator ein Mißverständnis vor. Temperantia hält ihr charakteristisches Gefäß. Die Beischrift umschreibt die Pflichten des Dritten Standes:

SUBDITUS IMPERIO PATIENTER PARET UTRIQUE
AC EAQUAE FUERIT MUNIA DOCTUS OBIT

Der Untertan gehorcht beiden geduldig auf ihren Befehl und führt seine Arbeiten aus, in denen er ausgebildet ist.

Höhepunkt des Zyklus ist die vierte Szene (Abb. 200d), die alle drei Verkörperungen der Stände auf einem Wagen vereint zeigt. Über ihnen schwebt Caritas, die Nächstenliebe, und legt mit Hilfe dreier Putten eine Kette um sie. Der Wagen wird diesmal von Spes, der Hoffnung, und Fides, dem Glauben, gezogen; letztere führt einen Vogel mit Jungen, wohl ein Pelikan als Zeichen der göttlichen Liebe und Christussymbol. Die Inschrift beschreibt diesmal die Szene sehr genau:

HAEC DUM QUISQUE FACIT CUNCTOS DILECTIO IUNGIT
QUOS SPES ATQUE FIDES COELICA AD ASTRA FERUNT

Indem jeder dies tut, verbindet die Liebe alle, und Hoffnung und Glaube tragen sie zum Himmel.

Obwohl der Ständebegriff gerade im 16. Jahrhundert eine Vielzahl von unterschiedlichen Auslegungen erlebte (Berufsstände, Ständebücher)[10], bezieht sich dieser Zyklus auf die klassische Dreiteilung Klerus-Adel-Gemeine, die, auf antiken Quellen beruhend, bis weit in die Neuzeit die grundlegende Lehre vom Aufbau der Gesellschaft war. Einige Details sind dennoch sehr interessant: der Adel ist nicht als »Wehrstand«, sondern fast ausschließlich als regierender Herrscherstand gesehen; eine Gewichtung, die wohl im Kaiserbezug des Gesamt-Programms begründet ist. Weiter die Barhäuptigkeit des Geistlichen, wohl aus dem gleichen Grund der Versuch, jede Erinnerung an den als Kur- und Landesfürst mächtigen, aber in der Stadt sehr eingeschränkten Erzbischof zu vermeiden. Überraschend auch die Darstellung des Dritten Standes als Bauer; Bürger und Handwerker, in Köln sicher in der großen Mehrheit, sind nicht berücksichtigt. Das könnte auf die doch sehr stark allegorisch-abstrakte Umsetzung verweisen; wahrscheinlicher scheint aber, daß man in der Figur des Bauern den »Kölsche Boor« erkannte, der wiederum für die Bürgerschaft als Ganzes stehen konnte[11]. Abgeleitet aus dem Quaternionensystem des Heiligen Römischen Reiches Deutscher Nation, tritt der Bauer mit der Jungfrau auch auf einer der Gestühlwangen in Erscheinung (s. u.), wurde im 19. Jahrhundert wieder populär und ist bis heute kölnische Symbolfigur geblieben.

Die Ständethematik ist in diesem Bildprogramm verbunden mit dem weitaus bekannteren Zyklus der Kardinaltugenden. Die theologischen Tugenden Fides und Spes sind hier der Geistlichkeit zugeordnet, dazu Caritas; von den Grundtugenden begleiten Prudentia und Justitia den Herrscher, während die demütig-bescheidenen Constantia und Temperantia dem Dritten Stand zukommen. Der Zyklus dürfte als Ganzes auf eine druckgraphische Vorlage zurückgehen, der jedoch wohl nur die Gruppen im Vordergrund entstammen. Dies geht aus dem Vergleich mit einer Fassung der zweiten Szene, dem Herrscherwagen, hervor, die mindestens zwei Mal als Herdgußplatte mit der Jahreszahl 1616 nachgewiesen ist (Abb. 201)[12]. Sie zeigt im Hintergrund eine Landschaft mit Hinrichtungsszene. Die hier auf Deutsch abgefaßte Beischrift bezieht sich eindeutig auf die lateinische Vorlage:

KUNNIGLICHER MAIESTET REGIERUNG ZU SCHUTZEN DIE
FROMEN UND ZU STRAFFEN DIE BÖSEN.
ANNO 1616

Die gemeinsame Vorlage könnte als Einblattdruck oder als Buchillustration geschaffen worden sein; ihr didaktischer, allgemeiner Charakter läßt einen der zahlreichen Fürstenspiegel oder Ständelehren der Zeit als Quelle vermuten[13]. Das Motiv des Triumphzuges war seit Petrarca wieder beliebt und beschäftigte vor allem auch die niederländischen Maler und Kupferstecher des 16. Jahrhunderts in den unterschiedlichsten Variationen[14]. Es ging auch in die gegenreformatorische Bildpropaganda ein; ein später Zeuge ist die Bildteppichfolge »Triumph der Eucharistie« von Rubens aus den Jahren 1625–1627, von der sich ein Zyklus seit 1688 im Kölner Dom befindet (nur während der Passionszeit aufgehängt)[15]. Durch seine Tätigkeit für die Jesuiten könnte Melchior von Reidt mit solchen gegenreformatorischen Bildprogrammen in Berührung gekommen sein.

Der Ständezyklus ist aber nur ein Teil des gesamten Bildprogramms des Portals. In den Nischen seitlich der Tür stehen weitere, den Ständen zuzuordnende Tugenden (Abb. 197b–g): Caritas zum Klerus, Fortitudo (Tapferkeit), keine der traditionellen Tugenden, in Form eines gerüsteten Kriegers zum Adel. Constantia, diesmal mit Säule, und Temperantia, vorsichtig ihr Gefäß füllend, flankieren den Dritten Stand und wiederholen die bereits in der Szene auftretenden Allegorien. Prudentia und Justitia, in der Szene dem Herr-

Abb. 201: Herdgußplatte v. 1616 Eiserne Ofenplatte a. d. ehem. Rittergut Reinsberg, Stadt- und Bergbaumuseum Freiberg Nr. 4690 VI 5

scher zugeordnet, begleiten nun im unteren Teil des Aufsatzes die Stelle, die ehemals der Reichsadler und damit auch die Verkörperung kaiserlicher Herrschaft einnahm. Die oberste Bildtafel zeigt schließlich das Salomonische Urteil. Diese Szene, Urbild des weisen Urteils, gehört schon seit dem Mittelalter zum Ausstattungsrepertoire europäischer Rathäuser[16]. In dieser Situation dürfte sie aber weniger auf die Ratsherren als auf den Kaiser bezogen sein. Alles bekrönend, symbolisiert der geschnitzte Pelikan noch einmal die Liebe Gottes. Die füllhorntragenden Rahmenfiguren sollen wie der gesamte überbordende Reichtum des Ornaments und der Schnitzereien an Wohlstand und die Fülle der Schöpfung erinnern.

Das Portal verherrlicht also in antiker und christlicher Form und Allegorie den Kaiser und das Reich; es bekräftigt die Reichs- und Kaisertreue des Kölner Rats und sein Festhalten an der traditionellen Ordnung. In einem Satz ließe sich das Programm so formulieren: *Unter der Liebe und Fülle Gottes erfahren wir das weise und gerechte Regiment des Kaisers, unter dem die Pflichttreue und Harmonie der Stände auf Erden Wohlstand, im Himmel ewigen Frieden bringen.* Der Manifestcharakter des Programms wird deutlich. Die besondere Beziehung Kölns als katholische Reichsstadt zum kaiserlichen Patron (zu dieser Zeit der Habsburger Rudolf II., 1576–1612) wird hier bekräftigt. Das dürfte allerdings kaum aktuelle Gründe gehabt haben, sondern ist als allgemeine und dauerhafte Aussage und Versicherung formuliert und in entsprechend klassischen und allgemeinen Formen dargestellt.

Das Gestühl besteht heute, nach mehreren durchgreifenden Umbauten (s.u.), aus drei erhöhten Wandbänken und drei freistehenden Bänken (Abb. 202–204). Die Sitze sind als Kästen gebildet und mit Intarsienfüllungen versehen, ebenso die Rückenlehnen der Wandbänke. Die Füllungsintarsien zeigen entweder abstraktes Rollwerkornament oder lichtes, pflanzliches Rankwerk mit einzelnen Vögeln. Bildliche Darstellungen tragen nur die vier heute freistehenden Wangen; eine davon stammt aus dem 19. Jahrhundert. Sicherlich als Gegenstücke gedacht waren die beiden Darstellungen gerüsteter Krieger (Abb. 205, 206), die nach zeitgenössischen Parallelen (Gürzenich, Domfenster, Woensam-Stadtansicht)[17] unschwer als Agrippa, der Stadtgründer, und Marsilius, römischer

Abb. 202: Köln, Ratsgestühl, Foto von 1981

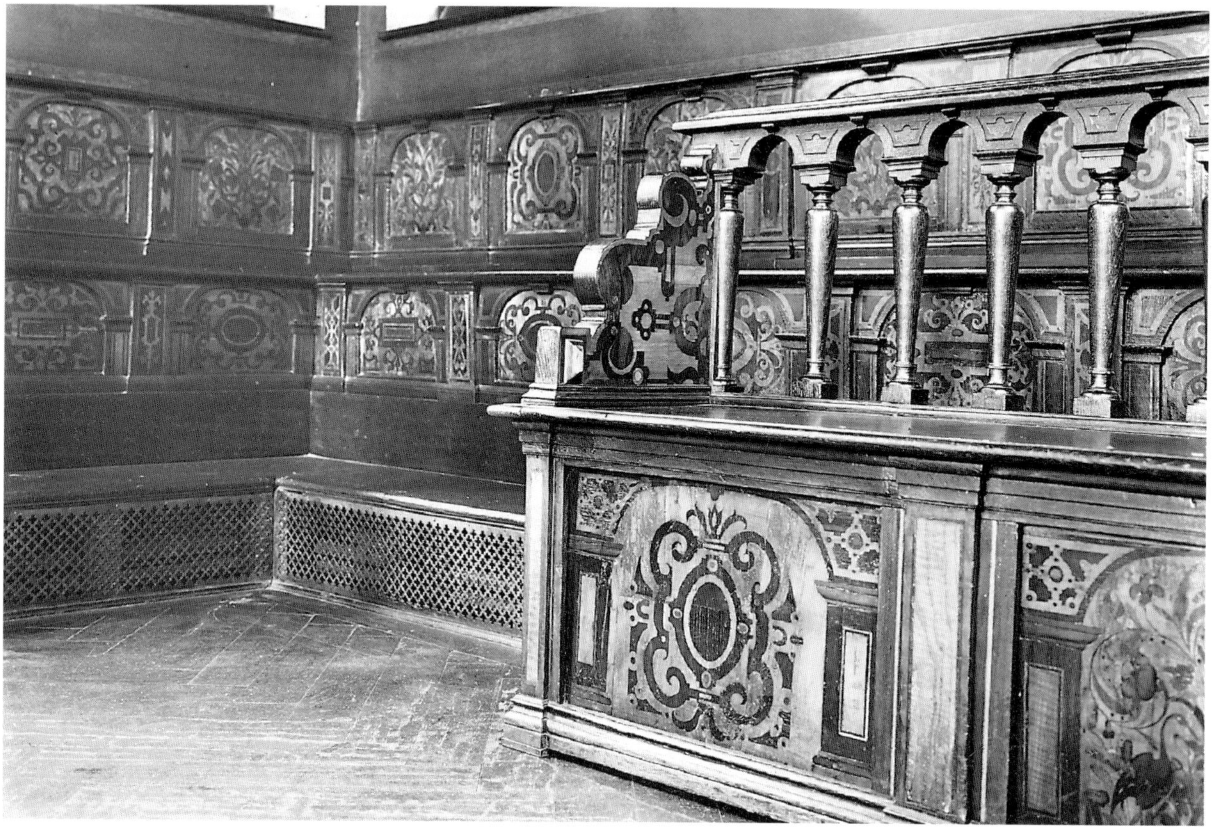

Abb. 203: Köln, Ratsgestühl, freistehende Bank, vor 1938

Abb. 204: ehem. Köln, Ratsgestühl, freistehende Bank (?), jetzt Berg. Museum Schloß Burg

Abb. 205: Köln, Ratsgestühl, alte Wange (Agrippa)

Abb. 206: Köln, Ratsgestühl, alte Wange (Marsilius)

Abb. 207: Köln, Ratsgestühl, alte Wange

Volksheld, identifiziert werden können. Beide tragen ein Kronenbanner, Marsilius einen antiken Brustpanzer, dazu ein kölnisches Wappenschild. Agrippa erscheint dagegen in einer mehr mittelalterlich anmutender Phantasierüstung. Im Hintergrund jeweils Teile einer befestigten, teilweise in Ruinen gefallenen Stadt. Die Bildfelder sind in Rahmen aus ornamentierten Architraven auf Pilastern eingefaßt; die Zwickel füllen je zwei weibliche Allegorien der Elemente. Die beiden römischen Gestalten könnten die Bank der ebenfalls nach römischem Vorbild zu zweit amtierenden Bürgermeister geschmückt haben. Eine dritte ursprüngliche Wange (Abb. 207) zeigt Bauer und Jungfrau, getrennt durch eine von oben in das Bildfeld hineinreichende Kartusche. Der Bauer erscheint in zeitgenössischer Tracht und mit Dreschflegel, gestützt auf das Adlerschild des Reiches. Die Jungfrau trägt ein wehendes Gewand; sie hält Kranz und Kölner Wappenschild. Die beiden den abschließenden Bogen rahmenden Allegorien sind nicht schlüssig zu deuten; es könnte sich bei den gerüsteten Frauengestalten mit Vogel und Spinne und mit Musikinstrumenten und Hirsch um Sinne (Fühlen, Hören) oder um Jahreszeiten (Winter, Frühling) handeln.
Bei späteren Restaurierungen wurden 1878/79 und 1938 zwei weitere Wangen angefertigt. Die ältere (Abb. 208) befindet sich heute noch im Senatssaal und zeigt als Mittelbild wiederum den »Kölsche Boor«, motivisch allerdings in Nachfolge der römischen Figuren gerüstet und mit Kronenbanner versehen. Im Hintergrund die 1869–1872 von Stadtbaumeister Julius Raschdorff entworfene neue Altermarktfront des Rathauses. In den Zwickeln die zeitgemäßen Allegorien der Dampfkraft mit Lokomotive und der Elektrizität mit Blitzbündel. Die Wange trägt außerdem die Jahreszahl 1878 und die unleserliche Signatur einer Heidelberger Werkstatt, ist also eine Gedenktafel für die damals stattgefundene Restaurierung. Die fünfte Bildwange (Abb. 209) entstand wiederum anläßlich einer Restaurierung 1938, vermutlich nach einem Entwurf des Bildhauers Wilhelm Pabst, der gleichzeitig eine ähnliche Intarsienarbeit für das neue Ratsschiff schuf[18]. Sie zeigt eine Karte des »Großdeutschen Reichs« nach Anschluß von Österreich und einen Adler mit Hakenkreuz. In den Zwickeln die Daten der nationalsozialistischen Machtergreifung und der Angliederung von Österreich. Eine Inschrift teilt mit: *Im 5. Jahre Adolf Hitlers / in der Zeit der Vereinigung aller Deutschen zu einem Großdeutschland wurde dieser Saal erneuert.* Das Thema der Wange weist keinerlei Beziehung zu den anderen Darstellungen oder überhaupt zu Köln auf; sie legte an diesem Ort städtischer Selbstdarstellung ein Zeugnis der absoluten Gleichschaltung und Zentralisierung der nationalsozialistischen Herrschaft ab und zeigt, *auf welch infame Weise die Vergangenheit dienstverpflichtet wurde* (Werner Schäfke). Die Wange befindet sich seit 1975 als historisches Dokument im Kölnischen Stadtmuseum[19].

Abb. 208: Köln, Ratsgestühl, Wange von 1878/79

Abb. 209: Köln, Ratsgestühl, Wange von 1938

Wieviele Wangen es ursprünglich gab, und welche Form die Bänke hatten, ist nach den mehrfachen Restaurierungen nicht mehr feststellbar; sicher ist nur, daß sich, wie auf dem Stich von Toussyn/Aubry zu sehen, auf der Ostseite ein gotischer Kamin befand; er wurde Ende des 18. Jahrhunderts entfernt. Die Bank kann also nicht wie heute diese Ecke winkelförmig ausgefüllt haben.

Die alten Wangen des Gestühls beziehen sich im Unterschied zum Portal auf die lokale Geschichte, sie zeigen Gestalten kölnischer Vergangenheit und Identität. Sie betonen auch noch einmal, und diesmal deutlich, die Verbindung Kölns zum Reich. Bezieht man auch die heute rekonstruierten Kaiserportraits an der Decke mit ein, wird hier vor allem die antike Vergangenheit Kölns, seine Verbindung bereits zu den römischen Herrschern, und seine historische Kontinuität betont, die sich bis in die Gegenwart des Heiligen Römischen Reichs Deutscher Nation und seiner obersten Repräsentanten fortsetzt.

Durch die Jahrhunderte

Die ersten größeren Veränderungen, über die wir Nachricht haben, wurden während der Besetzung Kölns durch die Franzosen ab 1794 vorgenommen[20]. Man ersetzte unter anderem den gotischen Kamin durch einen Kachelofen und entfernte die größeren Wappendarstellungen. Eine neue Vertäfelung mit *allegorischen Bildern seichtesten Charakters* des Malers Joseph Hoffmann, dazu »grün angestrichene« Büsten Voltairs, Rousseaus und Robespierres wurden angeschafft. In dieser Zeit könnten auch der überlieferte äußere Rahmen des Portals[21] und das bei Toussyn/Aubry dargestellte Gestühl in der Raummitte entfernt worden sein; von letzterem ist möglicherweise ein Teil im Bergischen Museum Schloß Burg erhalten[22]. Zwischen 1854 und 1878 diente der alte Ratssaal als Ratsbibliothek. Bei der ersten grundlegenden Renovierung des Rathauskomplexes in den 70er Jahre des 19. Jahrhunderts unter Friedrich Carl Heimann bemühte man sich, auch den Senatssaal in der Gestalt des frühen 17. Jahrhunderts wiederherzustellen[23]. Die von der Werkstatt des Schreiners Josef Klein 1878/79 ausgeführten Arbeiten umfaßten u. a. durchgreifende Änderungen an den Sitzbänken; in den Unterbau wurde eine Heizung eingefügt, für die Zirkulationsöffnungen notwendig wurden. Die dadurch verfügbar werdenden vorgeblendeten Intarsienfelder wurden vor die Sitze montiert, während die dort vorher vorhandenen höheren Felder als Rückenlehne neu zusammengefügt wurden. Vorher lehnte man sich unmittelbar an die mit prächtigen Teppichen bekleidete Wand. Zahlreiche intarsierte Füllungen, die beschriebene Wange mit der Darstellung des Kölner Bauern und vermutlich sogar die gesamten freistehenden Bänke wurden neu angefertigt; 1930 waren zwei freistehende Bänke mit geschnitzten, geflügelten Tieren als Armlehnen vorhanden[24].

Bei der erneuten Restaurierung des Rathauses unter Hans Vogts und Heinrich Bartmann 1938/39 wurde ein großer Teil der gründerzeitlichen Ausstattung entfernt[25]. Am Ratsgestühl beseitigte der Schreiner Michael Wirtz vor allem die durch Einbau und Betrieb der Heizungsanlage entstandenen Schäden, wechselte einige Intarsienfelder aus und brachte eine neue Wange an. Nach Kriegsausbruch wurden im Mai 1942 Portal und Gestühl des Senatssaales zerlegt und nach Schloß Alme in Westfalen transportiert. Während der Senatssaal mit dem Ratsturm im März 1945 fast völlig zerstört wurde, blieb die Ausstattung erhalten und gelangte über das Sammeldepot in Schloß Dyck bei Neuss im Jahre 1950 zurück nach Köln, wo sie u. a. im Dombunker, zuletzt im Vingster Hof gelagert wurde. Obwohl die intarsierten Teile in Säcke eingenäht wurden, gingen viele Partikel verloren.

Das historische Rathaus wurde erst 1966–1972 wiederhergestellt. Mit der Restaurierung und der Wiederaufstellung der Ausstattung des Senatssaales befaßte man sich seit 1968/69; 1970 wurde die Decke des Saales rekonstruiert. Gleichzeitig begann die Firma Müller & Krösinger, Bad Münstereifel, mit der Restaurierung des Portals und der Gestühlteile. Neben der Beseitigung der Schäden, der Ergänzung und Wiederzusammenfügung bemühte man sich vor allem darum, die Veränderungen des 19. Jahrhunderts in Teilen rückgängig zu machen. Die Veränderungen im Sockelbereich wurden korrigiert, die Höhe der Rückenlehnen und die Verbreiterung der Sitzflächen zurückgenommen und in ihr ursprüngliches Verhältnis zu den Seitenwangen gebracht.

Schon 1977 wurden erneut Schäden durch die neue Fußbodenheizung des Saales und durch ungeeignete Nutzung festgestellt. Daraufhin wurde das Gestühl in den Jahren 1979–1982 noch einmal gründlich durch die Firma Gebr. Schleiffenbaum, Krefeld, überholt und gesichert[26].

Schon die Wiederherstellung im späten 19. Jahrhundert entfachte eine aus heutiger Sicht sehr aufschlußreiche Debatte um die Beseitigung älterer und jüngerer Schichten des Denkmals und die Art und Weise notwendiger Ergänzungen[27]. Vor allem das Entfernen von mittelalterlichen Sinnsprüchen an den Wänden und die Neuschöpfung von Gestühlteilen und Konsolen des Mittelbalkens, und die gotisierende Wand- und Fenstergestaltung wurden kritisiert, allerdings vor allem im Hinblick auf eine stileinheitliche »Renaissanceatmosphäre«. Die Restaurierung und Neufassung des Saales im Jahre 1938 folgte dazu entgegengesetzten, isolierenden Tendenzen, indem sie die Elemente des 19. Jahrhunderts entfernte, ohne eine überzeugende historische Erscheinung zu erhalten. Nach dem Zweiten Weltkrieg wurde im Grunde diese »puristische« Form wiederhergestellt, auch in der vollkommen nachgeschaffenen Decke, die im Original sicherlich eine Fassung besaß. Jede Zeit schafft sich die Denkmale nach ihrem Bild.

Form und Inhalt des Bildprogramms im alten Ratssaal verweisen also auf die antike Tradition der Stadt und leiten daraus eine besondere Verbundenheit mit Kaiser und Reich her. Diese für ihre Existenz als Freie Reichsstadt lebensnotwendige Loyalität wird in historischen Gestalten wie in allegorischen Beschwörungen und Huldigungen gefeiert und bekräftigt.

Ob es vergleichbare Programme gibt oder gegeben hat, und wo ihre genauen Vorbilder und Anregungen liegen, muß Gegenstand weiterführender Untersuchungen werden, denn ähnlich wie im alten Kölner Ratssaal dürfte noch viel »politische Ikonographie« unerkannt auf Deutung warten.

Anmerkungen

[1] Zur Vermutung, Stephan Lochners »Weltgericht« sei für den Ratssaal bestimmt gewesen: Frank Günther Zehnder, Katalog der Altkölner Malerei im Wallraf-Richartz-Museum, Köln 1990, S. 212–223.

[2] Zum Ratssaal allgemein: Vogts 1930, S. 232; hier die ältere Literatur; Max Leo Schwering, Das Kölner Ratsgestühl im Kölnischen Stadtmuseum, in: Bulletin der Kölner Museen, Jg. 4, 1965, Heft 2, S. 347–350; Fuchs 1973, S. 141/42 u. 151 (Hanna Adenauer); Kier 1982; Köln-Archiv IX. 04048.

[3] Zu den Stichen von Toussyn/Aubry: Reiner Dieckhoff, in: Werner Schäfke, (Hg.), Der Name der Freiheit 1288–1988 (Ausstellungshandbuch), Köln 1988, S. 433–438.

[4] Kölner Intarsienmöbel im weiteren Rahmen: Lieselotte Möller, Der Wrangelschrank und die verwandten süddeutschen Intarsienmöbel des 16. Jahrhunderts, Berlin 1956, S. 147/48; Heinrich Kreisel, Die Kunst des deutschen Möbels, München 1970, Band II, S. 156–159; Franz Windisch-Graetz, Möbel Europas, München 1982, S. 145.

[5] Merlo 1895, Sp. 723–25. Thieme-Becker, Künstlerlexikon, Band 28, Leipzig 1934, S. 222; Max-Leo Schwering, Intarsiertes Mobiliar um 1600. Über das Wirken des Melchior von Rheydt in Köln, in: Kunst und Antiquitäten I/1979, S. 29–38; ders., Handwerk in Köln, Köln 1984, S. 93–104.

[6] Neben den bei Merlo (s. Anm. 5) angeführten Auszügen enthält das Protokollbuch im Historischen Archiv zahlreiche weitere, bisher ungedruckte Erwähnungen.

[7] Die Inschriften sind erstmals wiedergegeben bei: Scheben, Die Inschriften im Rathause zu Köln, Kölnischer Sonntagsanzeiger, ca. 1880 (Universitäts- und Stadtbibliothek, Zeitungsausschnittsammlung, Band II, Nr. 144. Bei Vogts 1930, S. 232/33, sind die meisten Inschriften falsch wiedergegeben; korrekte Lesung erst im Köln-Archiv (siehe Anm. 2), dort auch übersetzt.

[8] Hans Martin von Erffa, Stichwort »Ehrenpforte«, in: Reallexikon zur deutschen Kunstgeschichte, Band 4, 1958, Sp. 1443–1504.

[9] Die Stände-Ikonographie ist ein bisher kaum bearbeitetes Gebiet; siehe: Wolfgang Kemp, Du aber arbeite – die Darstellung der drei Stände im 15. und 16. Jahrhundert, in: Tendenzen Nr. 98, 15. Jg., Nov./Dez. 1974, S. 49–56; zum Ständebegriff allgemein: Robert Herman Lutz, Wer war der gemeine Mann? Der dritte Stand in der Krise des Spätmittelalters, München 1979; die häufigeren religionsgeschichtlichen Untersuchungen zum Ständebegriff geben keine Anhaltspunkte.

[10] Rolf D. Jessewitsch, Das Ständebuch des Jost Amman. Zur Ständepolitischen Ikonographie der Reichsstadt Nürnberg in der deutschen Druckgraphik des 16. Jahrhunderts, Münster 1987.

[11] Beatrix Alexander, Der Kölner Bauer, Köln 1987.

[12] Stadt- und Bergbaumuseum Freiberg/Sachsen; das zweite Exemplar abgebildet bei: Albert Schröder, Deutsche Ofenplatten, Leipzig 1938, S. 25 u. 30.

[13] Hans O. Mühleisen (Hg.), Politische Tugendlehre und Regierungskunst. Studien zu Fürstenspiegeln der frühen Neuzeit, Tübingen 1990.

[14] Das Triumphmotiv taucht schon bei Dürer, »Großer Triumphwagen des Kaisers Maximilian«, 1519, auf; später etwa bei Marten van Heemskerk.

[15] Viktor H. Elbern, Die Rubensteppiche des Kölner Domes ..., in: Kölner Domblatt 10, 1955, S. 43–88; Eberhard Müller-Bochat, Der allegorische Triumphzug. Ein Motiv Petrarcas bei Lope de Vega und Rubens (Schriften des Petrarca-Instituts Köln Nr. 11), Krefeld 1957; Walter Schulten, Triumph der Eucharistie, Köln 1986.

[16] Zu den Gerechtigkeitsbildern: Lederle 1937.

[17] Schäfke, wie Anm. 3, S. 428/29.

[18] Monika Barbknecht, »MS Stadt Köln«, in: Denkmalpflege im Rheinland, Jg. 4, 1987, Heft 4, S. 1–6, S. 3. Eine Fotografie der ausgeführten Intarsienarbeit im Schipperges-Archiv des Museums für angewandte Kunst, Köln.

[19] Kölnisches Stadtmuseum, Auswahlkatalog, Köln 1984, S. 118; Köln-Archiv, VI, K 02090.

[20] Thewalt, in: Kölner Stadtanzeiger vom 28. 1. 1879.

[21] Merlo 1895, Sp. 427: Prot. vom 6. Aug. 1603 »... dat portail in und vor der raits-cammer ...«.

[22] Veröffentlicht in: Romerike Berge 17, 1967/68, Heft 4, S. 174–76 u. Abb. 8 u. 9.

[23] Vogts 1930; Kier 1982.

[24] Vogts 1930, S. 232.

[25] Vogts 1940/41; Kier 1982.

[26] Akten beim Stadtkonservator; Gutachten von Prof. Dr. Brigitte Klesse; Artikel in der Köln. Rundschau v. 1. 3. 1979 u. 28. 6. 1980, im städt. Pressedienst v. 15. 1. 1981 u. in Neues Rheinland, März 1981, S. 23.

[27] Wie Anm. 23.

Die Bildprogramme des 19. Jahrhunderts am Rathaus

Walter Geis

1867 begannen die Stadtväter, die zum großen Teil verlorenen mittelalterlichen Figuren des Turmes durch neue ersetzen zu lassen. Vor 52 Jahren gingen im Bombenkrieg fast alle diese Bildwerke zugrunde. Wenige Fragmente blieben. Meist kopflos, ohne Hände und Attribute sowie ohne ihren ursprünglichen Standort gaben sie dem Betrachter Rätsel auf[1]. Mit wenigen Ausnahmen war nicht bekannt, wo sie gestanden hatten, wen sie darstellten, wann und von wem sie angefertigt worden waren. Alte Fotos ermöglichten bei einem Teil der Fragmente, den ursprünglichen Aufstellungsort zu ermitteln, der meist wieder Aufschluß über die dargestellte Person gab[2]. Wenige Erwähnungen in den gedruckten Verhandlungen der Stadtverordneten und den Verwaltungsberichten[3] sowie in der Literatur und in Zeitungsartikeln erlaubten die Reihenfolge ihrer Entstehung zu rekonstruieren. Archivalien über die Restaurierungsarbeiten am Ratsturm gingen im Zweiten Weltkrieg zugrunde und konnten deshalb nicht zur Lösung der offenen Fragen herangezogen werden[4]. Erschwerend kam hinzu, daß die namentlich überlieferten Bildhauer mit wenigen Ausnahmen bisher wenig Beachtung gefunden haben. Lediglich zu Christian Mohr (1823–1888)[5] liegt eine Dissertation vor. Zu Edmund Renard (1830–1905)[6] und Peter Fuchs (1829–1898)[7] gibt es mehrere Aufsätze. Von den übrigen waren meist keine Werke bekannt. Oft fehlten die Vornamen und die Geburtsdaten. Dennoch konnten viele Fragmente identifiziert und einzelnen Meistern zugeschrieben werden. Die Auseinandersetzung mit der Gestaltung der Figuren erlaubte ihren Stil genauer zu erfassen und zu benennen. Der Vergleich zu möglichen Inspirationsquellen und zeitgenössischen Bildwerken half dabei.

Die Beschäftigung mit den Figuren des 19. und frühen 20. Jahrhunderts am Ratsturm hat mir im besonderen Maße bewußt gemacht, wie notwendig die wissenschaftliche Aufarbeitung der Skulptur dieser Zeit ist. Solange wir zuwenig von den Meistern und ihrem Schaffen wissen, solange können wir auch nicht ihre Werke würdigen. Manches bleibt weiterhin in Kellern und auf Dachböden unentdeckt oder ungeschützt der Verwitterung preisgegeben wie die Denkmäler und Brunnen auf Plätzen und Friedhöfen. Der schlechte Erhaltungszustand der Figuren ließ nur noch die museale Präsentation als gerechtfertigt erscheinen. Lediglich fünf relativ gut erhaltene und mit Hilfe großzügiger Spenden ergänzte Figuren haben wieder einen Platz am Turm bekommen. Im Zusammenhang mit der Aufstellung eines neuen Figurenprogramms erhielten vier von ihnen den Namen einer der vorgesehenen Persönlichkeiten, da man sich nicht vorstellen konnte, daß die ursprüngliche Bedeutung noch zu ermitteln ist. Am Turm vertreten sie die Äbtissin Ida, den Bürgermeister Arnold von Siegen, den Goldschmied Nikolaus von Verdun und den Diplomaten und Historiographen Michael Aitzing. Die Fragmente der drei ersteren konnten als zu den Figuren der Heiligen Ursula, der Zunft Windeck (Kaufleute) und der Schmiedezunft gehörig identifiziert werden. Nur die Figur Heinrichs IV. behielt ihren Namen und steht wieder am ursprünglichen Aufstellungsort als erste Figur links neben dem Ratsturmportal. Sie vermitteln beispielhaft einen Eindruck vom Skulpturenprogramm des späten 19. Jahrhunderts und von dem mit ihm geehrten Personenkreis; sie zeigen, wie man sich um die Jahrhundertwende und 1925 die Gestaltung von Bauplastik vorstellte und offenbaren durch ihren Erhaltungszustand, wie sich Luftverschmutzung und Krieg auf die Baudenkmäler auswirken.

Der Beginn der Restaurierungsarbeiten am Rathaus

In den Verhandlungen der Stadtverordneten kam am 1. Dezember 1853[8] und am 30. April 1857[9] der desolate bauliche Zustand des Rathauses zur Sprache. Die Ratsherren waren der Ansicht, das Rathaus stelle das Prestige der Stadt in Frage, so daß eine Entscheidung, wie mit den Gebäuden zu verfahren wäre, dringend notwendig wurde. Am 10. März 1859 schilderte der Stadtbaumeister Julius Carl Raschdorff (1823–1914) den Zustand und stellte zwei Alternativen zur Diskussion: Abbruch und anschließender Neubau oder Restaurierung des Bestandes. Die Befürworter der Erhaltung der wesentlichen Teile setzten sich am Ende der langen Debatte mit einer Mehrheit von 22 gegen 6 Stimmen durch[10]. Die Argumente waren entscheidend, in denen auf die geschichtliche und kunsthistorische Bedeutung verwiesen wurde. Noch vor 1859 begannen die Arbeiten im seit 1856 nicht mehr benutzbaren Hansasaal und führten dort 1859 zur Entdeckung der Wandmalereien, die zum größten Teil mit dem Abbruch der Nord-, Ost- und Westwand zugrunde gingen und nur durch Pausen und Nachzeichnungen überliefert sind. Lediglich der kleinere Teil konnte abgenommen und dem Wallraf-Richartz-Museum übergeben werden[11].

Der Kölner Bauer am Plasmannschen Haus (1863)

Zur Erweiterung der Nutzfläche wurde 1861/63 an der Südost–Ecke des Rathausplatzes das sog. Plasmannsche Haus errichtet, für das ein Figurenprogramm vorgesehen war[12]. Die Themen der vorgeschlagenen Reliefs hatten am Rathaus Tradition. Mit den Darstellungen sollte der Personenkreis aufgegriffen werden, der schon die Bildprogramme des Hansasaales und der Laube[13] bestimmt hatte, und der alle späteren Figurenprogramme bis heute prägen sollte. Am 24. Juli 1862 hatte Raschdorff auf Anregung von Stadtarchivar Leonard Ennen (1820–1880) vorgeschlagen, man sollte Porträtmedaillons von historischen Persönlichkeiten in den Spitzbogenfenstern anbringen. Vorgesehen waren Agrippa, Konstantin, Karl der Große, Maximilian I. und Friedrich Wilhelm III.[14] Porträtmedaillons mit Agrippa und Konstantin befinden sich auf dem Fries der Laube des Wilhelm Vernukken von 1569/73. Karl der Große hatte als einer der Statuen der Neun Guten Helden der Zeit um 1350 im Hansasaal sein Denkmal gefunden. Die übrigen zwei hätten den Gedanken der Verehrung für die Geschichte bedeutender Herrscher fortgesetzt. Der Rat lehnte den Vorschlag ab, weil die Köpfe in den Medaillons nicht erkennbar sein würden. Auch die daraufhin zur Diskussion gestellten Namen von Kölner Bürgern wurden abgelehnt, weil man davon überzeugt war, daß der Bau am vorteilhaftesten zur Geltung käme, wenn auf jeden überflüssigen Schmuck verzichtet wird[15]. Das Bildprogramm wurde deshalb auf die Relieffigur des Kölner Bauern reduziert (Abb. 210), der geeignet erschien, die Bedeutung der Stadt im Mittelalter zu versinnbildlichen. Christian Mohr erhielt den Auftrag und gestaltete ihn als Halter des Kölner Wappens[16]. Entsprechende Darstellungen aus dem späten 15. und frühen 16. Jahrhundert dienten als Vorbilder[17]. Der Dombildhauer erreichte damit, daß der Stil des Reliefs über dem Eingang im Einklang mit dem Stil der es umgebenden Architektur stand. Die große unter der Kappe herabfallende Helmdecke ergänzte die Darstellung in der Art ritterlicher Wappen des späten Mittelalters. Zugleich vermittelte sie zwischen der halb knienden Figur und dem sie umgebenden spitzbogigen Gewände. Die schwungvoll bewegte Haltung hatte Mohr bereits 1851 bei der Konsolfigur

Abb. 210: Köln, Rathaus, Kölner Bauer, Relief über dem Portal des Plasmannschen Hauses, Foto 1951

des Kölner Bauern am nördlichen Langhausobergaden des Domes verwirklicht[18] (Abb. 211). 1964 erfolgte der Abbruch der Mauerreste und die Entfernung des Eingangsportals, um das Gelände neu bebauen zu können[19].

An der Westwand der Piazzetta, nur wenige Meter vom ursprünglichen Anbringungsort des Reliefs entfernt, steht seit 1986 das knapp vier Meter hohe Relief des Kölner Bauern vom Eigelsteintor. Das 1885 von Mohr geschaffene Relief befand sich bis 1979 an der Stadtseite der Eigelsteintorburg. Es verwitterte dort im Laufe der Zeit so sehr, daß es durch einen ergänzten Abguß ersetzt werden mußte. Das Original wurde im Rathaus aufgestellt[20] und dient hier als Ersatz für das verlorene Relief vom Plasmannschen Haus.

Abb. 211: Köln, Dom, Kölner Bauer, Gipsmodell, Foto: W. Geis, 1981

Das Ratsturmportal (1867/68)

Am 24. März 1859 beschloß der Rat die Restaurierung des Turmes[21]. Seit 1862 wurde an der Wiederherstellung gearbeitet[22]. Am 18. Juni 1863 wurde im Stadtrat auch das Ratsturmportal angesprochen[23]. Christian Mohr sollte die neu anzufertigenden Figuren modellieren. Die Ausführung in Stein war ihm oder zwei seiner früheren Schüler Edmund Renard und Otto Hansmann (1834–1875) zu übertragen. Außerdem empfahl der Stadtbaumeister, das Portal nach alten Farbbefunden zu bemalen. Beide Maßnahmen wurden zunächst zurückgestellt[24]. 1864 erschien im Organ für christliche Kunst ein Artikel über den *Thurm des Rathhauses zu Köln* (nebst artistischer Beilage), der mit »R« unterzeichnet ist. Der Autor war wahrscheinlich August Reichensperger (1808–1895), der sich in zahlreichen Artikeln für die Wiederherstellung gotischer Bauwerke eingesetzt hatte und ständiger Autor der Zeitschrift war. Er wollte offensichtlich die notwendigen Restaurierungsmaßnahmen forcieren, als er den immer noch desolaten Zustand des Turmes beschrieb. In seinem Artikel heißt es: *Das Steinwerk ist, Dank einer Jahrhunderte langen Vernachlässigung, stark verwittert; der ehemalige figürliche Schmuck mit seinen reizvollen feinen Baldachinen ist längst verschwunden, ohne ersetzt zu sein.* Er endete mit dem Wunsch: *Möge es unserem Jahrhunderte, ja dem nächsten Jahrzehend, vorbehalten sein, auch dieses Werk, wie es schon so manches andere hergestellt hat, in seiner alten Pracht wieder erscheinen zu lassen, und so der Metropole der Rheinprovinz einen der schönsten Rathhausthürme wiederzugeben, zumal das Rathhaus selbst ihre Größe und Bedeutung keineswegs würdig repräsentirt.*[25]

Einige Jahre später stellte der Oberbürgermeister Alexander Friedrich Wilhelm Bachem (1806–1878) in der Ratssitzung vom 11. April 1867 aufgrund des Berichtes von Stadtbaumeister Raschdorff fest, daß bevor mit der Erneuerung von Figuren begonnen wird, u. a. noch *die Ausführung einer neuen Thurmpforte und zweier Verdachungen, wie ehedem vorhanden gewesen und zum Schutz der Portalfiguren nothwendig seien.* Es hieß: *Die Figurenbaldachine seien fast vollständig zerstört* (Abb. 212). *Nach den vorhandenen Resten seien Modelle angefertigt, welche der Ausführung zugrunde gelegt werden sollen. Das Portal sei bisher mit neun Steinfiguren geschmückt gewesen. Die Figuren seien außerordentlich verwittert und lassen sich nicht mehr herstellen, müssen vielmehr erneuert werden. Rücksichtlich der Bedeutung derselben bemerke der Stadtbaumeister, daß sieben davon, welche zunächst der Pforte und über derselben aufgestellt gewesen, der biblischen Geschichte entlehnt zu sein scheinen. Die Mittelfigur sei Christus, ihm zu Seiten die Apostel Petrus und Paulus, und dann je zwei Propheten auf jeder Seite mit Spruchbändern. Diese sieben mittleren Figuren seien außerordentlich schön gedacht und behandelt, und zählen zu den besten mittelalterlichen Sculpturen. Die eine noch vorhandene Seitenfigur – ein Krieger mit Schild und Lanze – sei sehr roh und ohne Werth. Das Thurmportal sei ehedem polychromirt gewesen; es haben sich deutliche und reiche Spuren davon gefunden, und werde es sich empfehlen, diese Polychromirung wieder zu erneuern. Der Stadtbaumeister habe zwar auch die Polychromirung der Figuren veranschlagt, doch halte er sie nicht für so nothwendig, als die Profilirungen der Pforte in deren oberen Theilen.* Der Kostenvoranschlag wurde bis auf die Polychromierung von der Ratsversammlung beschlossen[26]. Auf Antrag der Baukommission bewilligte der Rat am 1. August 1867 für die Ausführung der Steinfiguren am Portal die erforderlichen Mehrkosten in Höhe von 12 Talern, 27 Silbergroschen und 9 Pfennigen[27].

Abb. 212: Köln, Ratsturm, ursprüngliche Portalfiguren, Aufnahme von 1868

1869 lobte die Deutsche Bauzeitung die Sanierung des Ratsturmes. Raschdorff habe die größte Gewissenhaftigkeit walten lassen, es sei ihm darauf angekommen, die vorhandenen Bauteile auf das sorgfältigste zu erhalten, die ursprünglichen Motive gewissenhaft anzuwenden und wenn diese nicht mehr deutlich erkennbar *mit dem emsigsten Fleisse danach zu suchen, bis ein verblichenes Bild oder ein alter Stich Auskunft ertheilten. Es wurde Ähnliches studiert, nie Fremdes eingemischt und stets der Charakter des Bauwerks auch durch die Uebereinstimmung in der Materialverwendung zu erhalten gesucht. Jedenfalls hat das durch seine Restaurationsbauten nöthig gewordene eindringliche Studium der rheinischen, zumal der hiesigen Baudenkmale (...) einen entscheidenden Einfluß auf die von ihm jetzt mit Vorliebe vertretene Richtung gehabt.*[28] Für die Restaurierung und Ergänzung der Architektur mochte dieses Urteil zutreffen, bei den Figuren sicher nicht. Von den neun erneuerten Figuren am Portal sind sechs Neuschöpfungen, obwohl damals acht Statuetten aus der Erbauungszeit des Turmes erhalten waren. Ein Foto vor der Restaurierung zeigt, daß die Figuren zwar stark verwittert waren und ihre Köpfe verloren hatten, daß die Reste aber immer noch genügend Anhaltspunkte für eine Rekonstruktion geboten hätten.

Abb. 213: Köln, Ratsturm, erneuerte Statuen am Portal, Foto um 1900

Die drei erneuerten Figuren im Bogenfeld (Abb. 213, 257–259) berücksichtigen am deutlichsten das Aussehen der ursprünglichen Statuetten. Sie ersetzten die Figuren des Salvators und der Apostelfürsten Petrus und Paulus. Standmotive, Armhaltungen und Gewanddrapierungen stimmen weitgehend mit den ursprünglichen Bildwerken überein. Die Unterschiede zu den alten Figuren machen deutlich, daß der vom Klassizismus geprägte Geschmack ebenfalls eine Rolle spielte. Die neuen Figuren, wahrscheinlich nach Modellen von Christian Mohr, sollten einen sicheren Stand, eine klare und stofflich differenzierte Gliederung und eine elegante Silhouette erhalten. Stand- und Spielbein differenzierte der Bildhauer deutlich, indem er die Standbeine stärker zurückversetzt darstellte und mehr verhüllte, sowie die Spielbeine oberhalb des Knies als glatte Wölbung vortreten ließ, die Figuren weniger stark bog und die Faltengebung zur deutlicheren Differenzierung von Unter- und Obergewand nutzte. Die Köpfe und die Hände des Salvators mußte der Bildhauer ergänzen. Dabei folgte er der ikonografischen Tradition[29]. Bei den Figuren des Petrus und Paulus ergab sich die Ergänzung an Händen und Attributen aus den vorhandenen Resten. Der Stil der neu hinzugekommenen Köpfe war charakteristisch für die Kölner Domskulpturen in den sechziger Jahren des 19. Jahrhunderts. Sie zeigten kräftige Backenknochen, aufgeworfene Unterlippen, außen wulstig vortretende Orbitalbögen sowie bei den Apostelfürsten betonte Brauenknochen, die sie fast grimmig erscheinen ließen. Bei den Figuren der Propheten in den anschließenden Gewänden und an den flankierenden Pfeilern war der Stil Christian Mohrs prägend (Abb. 214). Bis auf die im südlichen Gewände stehende Figur (Abb. 260) haben sie einen wuchtigen Körper, betont ponderierte Standmotive und nachdenklich markige Gesichtszüge wie die Figuren in den Seitenportalen der Südquerhausfassade des Domes von 1866 (Abb. 215) und die 1859/60 entstandenen Prophetenfiguren für den Marienaltar ebendort[30] (Abb. 216). Eine ähnliche Faltengebung besaß auch die Statue des Hl. Paulus im Gewände des Portales der Christuskirche in Hannover, die Mohr 1864 geschaffen hatte[31] (Abb. 217). Der ausführende Bildhauer Peter Fuchs paßte sich in der Mitte der 1860er Jahre bei vielen Figuren dem Stil Mohrs an. Als Beleg sei die Statue eines Propheten von 1871 im Giebel über dem mittleren Westportal des Domes genannt[32] (Abb. 218), die einem der beiden, nur fotografisch überlieferten Bildwerke der südlichen Fiale des Ratsturmportales gleicht. Auch der ausführende Bildhauer Edmund Renard, ein Schüler Mohrs, wollte dem Meister offenbar nicht nachstehen, wie seine zu Beginn der 1870er Jahre entstandene Figur (vielleicht ein Prophet) am Grabmal Decker in Köln-Widdersdorf belegt[33] (Abb. 219). Von dem vierten überlieferten ausführenden Bildhauer Otto Hans-

Abb. 214: Köln, Ratsturm, Prophet, Statue im Portal, Detail aus Abb. 213

Abb. 215: Köln, Dom, Hl. Gregor von Spoleto, Gipsmodell einer Statue im Gereonsportal, Foto: W.F. Meier, 1980

Abb. 216: Köln, Dom, Prophet, ehemaliger Marienaltar, Foto: W.F. Meier, 1980

mann sind bisher noch keine vergleichbaren Bildwerke bekannt geworden[34].
Ernst Friedrich Zwirner (1802–1861) und Sulpiz Boisserée (1783–1854) hatten sich mit ihren Ideen von gotischer Architektur und Plastik am Dom gegenüber der ihnen vorgesetzten preußischen Oberbaudeputation, vertreten durch Karl Friedrich Schinkel (1781-1841), durchgesetzt[35]. Die in Köln entstandenen Vorstellungen von der Vollendung des Domes wurden von den kirchlichen und städtischen Behörden bei Restaurierungen und Neubauten übernommen. Als erster Dombildhauer der seit 1842 im Ausbau begriffenen Kathedrale prägte Christian Mohr bis in die 1860er Jahre diesen Stil. Bei seiner 1858 unternommenen Reise nach Berlin hatte er sich von Ernst Rietschels (1804–1861) renaissancistischer Auffassung in dessen Lutherstandbild für das Denkmal in Worms begeistern lassen. Die seitdem von Mohr geschaffenen Skulpturen gerieten bei der katholischen Kirche in Verruf, weil sie an die Reformationszeit erinnerten[36]. Peter Fuchs zog Konsequenzen aus dem Verhalten der Auftraggeber, indem er sich vom Stil Mohrs endgültig löste und sich genauer als sein Vorgänger an die gotische Domskulptur hielt. Er hatte Erfolg und trat die Nachfolge Mohrs als Dombildhauer an. Während Fuchs seitdem zahlreiche Aufträge von der katholischen Kirche erhielt, blieben die Städte die Hauptauftraggeber Mohrs. Seitdem wurden in Köln Skulpturen für Sakral- und Profanbauten unterschiedlich gestaltet. Fuchs' extrem überlängte neugotische Skulpturen der 80er Jahre finden ihre Parallele in der Kunst der Präraffaeliten in England, Mohr führte die Neurenaissance als Skulpturenstil in Köln ein, deren Nachfolge bis in die 80er Jahre des vorigen Jahrhunderts die profane Bauplastik beherrschte. Die Trennung in Profan- und Sakralstil wurde durch die Auseinandersetzungen

Abb. 217: Hannover, evangelische Christuskirche, Hl. Paulus, Statue im Hauptportal, Foto: W. Geis, 1982

Abb. 218: Köln, Dom, Christus, Engel und Propheten, Statue über dem Hauptportal, Foto 1949

Abb. 219: Köln-Widdersdorf, Statue Grabmal Decker, Foto: C. Körber-Leupold, 1993

zwischen Kirche und Staat im Kulturkampf verstärkt. Die Neugotik blieb der Sakralplastik vorbehalten, am Profanbau drückte sie kirchenfreundliche Gesinnung (z.B. Hausmadonnen) aus, während die Neurenaissance zum Stil des selbstbewußten Bürgertums wurde. 1847/48 waren die Skulpturen am Portal des Brüsseler Rathauses erneuert worden. Das Portal in Köln variiert den Typus in Brüssel und zeigte ein ähnliches Skulpturenprogramm (Abb. 220). Wie in Brüssel akzeptierte man in Köln bei der Wiederherstellung das Nebeneinander von zeitgenössisch gestalteter Plastik und »verbesserten« Kopien mittelalterlicher Bildwerke. 1405, zwei Jahre vor dem Baubeginn in Köln, war dort das Portal vollendet und u. a. mit Prophetenfiguren ausgestattet worden[37]. 1843 wurde mit der Wiederherstellung des Baues begonnen und 1847 Charles-Auguste Fraikin (1817–1893) mit der Anfertigung von Bildwerken für das Bogenfeld und die beiden über Eck stehenden Fialen beauftragt[38]. Seine Figuren städtischer Patrone sind unabhängig vom Stil der Architektur romantisch und detailrealistisch gestaltet. Lediglich durch einzelne achsensymmetrisch angeordnete Motive nehmen sie aufeinander Bezug. Sie wirken unabhängig vom Aufstellungsort wie rundplastische Bildwerke. Im gleichen Portal wurden auch die 1404/05 entstandenen Archivoltenfiguren der Propheten durch neue ersetzt, die den üppig weichen Draperiestil der Originalfiguren übernehmen, deren Gesichter jedoch eine muskulöse, markige Gestaltung zeigen. Auch auf die ursprüngliche Farbigkeit wurde bei den Wiederholungen verzichtet. Dennoch gleichen sie den Originalen, heute im städtischen Museum gegenüber dem Rathaus, so daß sie wie die Tympanonfiguren des Kölner Ratsturmportales als neugo-

Abb. 220: Brüssel, Stadthaus, Hauptportal, A.C.L. Brüssel, 1965

tische Nachschöpfungen bezeichnet werden müssen. Die spätmittelalterlichen Figuren vom Kölner Ratsturmportal sind bis auf ein Fragment der Paulusstatue verschollen[39]. Als es um ihre Neuanfertigung ging, stand ein exaktes Kopieren nicht zur Debatte. Das Verständnis der Auftraggeber und ihrer ausführenden Bildhauer von gotischer Kunst hätte ein solches Verfahren auch nicht zugelassen. Mohr verrät in seinen 1885 und 1889 erschienenen Büchern *Köln in seiner Glanzzeit* und *Die Kirchen von Köln,* wovon sein Geschmack geprägt war. Die klassische Antike und die Natur waren maßgeblich, als er bei der Statue des Salvators in der Pfarrkirche St. Ursula in Köln aus dem späten 15. Jahrhundert das in der Antike verbreitete Motiv von Stand- und Spielbein vermißte. Er schrieb: *Sie ruht gar nicht auf dem Standbeine und müßte demnach unzweifelhaft nach vorn ausgleiten und umfallen.*[40] Die uns heute als überheblich erscheinende, unhistorische Betrachtungsweise setzt beim spätgotischen Bildschnitzer das gleiche Kunstwollen wie das des Dombildhauers voraus. Dieses Urteil hat in den Ideen Sulpiz Boisserées (1783–1854) seinen Ursprung, denn dieser hatte verlangt, der Bildhauer solle *auf die altkölnische Kunstschule, nur mit Vermeidung der Zeichnungsfehler derselben, den zu wählenden Styl gründen.*[41] Der Berater des Dombaumeisters empfahl damit die gotische Kunst als Vorbildermaterial, für Haltung, Kostüm und Haartracht von Skulpturen, die im übrigen dem klassizistischen Geschmack entsprechen sollten.

Die Altermarktfassade (1869–1872)

In Frankfurt am Main und in Aachen beschworen die Stadtväter bei der Neugestaltung der Rathäuser die reichsstädtische Vergangenheit und leiteten die Bedeutung von den Herrschern ab, die in ihren Mauern zu deutschen Königen gekrönt worden waren. Denkmäler und Wandmalereien mit Darstellungen der Könige und Kaiser sollten die als Blütezeit empfundene Vergangenheit der Städte vergegenwärtigen. 1838 bis 1852 entstanden die ganzfigurigen Gemälde deutscher Kaiser von Karl dem Großen (748–814) bis zu Franz II. (1768–1835) für den Römer, das Rathaus in Frankfurt, ab 1847 die Karlsfresken für das Rathaus in Aachen[42]. Im gleichen Jahr erwog die Stadt Aachen die Aufstellung von Standbildern deutscher Kaiser im Rathaus. Sulpiz Boisserée berichtete in seinem Tagebuch von einem Besuch im Atelier Christian Mohrs am 5. Mai 1847. Der Dombildhauer war damals davon überzeugt, die Figuren für den Kaisersaal ausführen zu dürfen[43]. Der Plan wurde jedoch erst 35 Jahre später in anderer Form realisiert. Statt des Kaisersaales war jetzt die Fassade zur Aufstellung von Statuen vorgesehen[44]. Die Vorliebe für die Darstellung von Kaisern aus »großer« Vergangenheit wuchs mit der Gründung des Deutschen Reiches im Jahre 1871. Zu den ältesten Beispielen von Rathäusern mit entsprechenden plastischen Darstellungen gehörte die Altermarktfassade des Kölner Rathauses. Stadtbaumeister Raschdorff hatte den im 16. Jahrhundert errichteten Bau um zwei Geschosse aufgestockt und an den Seiten erheblich erweitert. Die im oberen Bereich vollständig durchfensterte Fassade im Stil der Neurenaissance bot für zwei Kaiser-Standbilder Platz. Die Brüstungen zwischen den beiden neuen Stockwerken nahmen 15 Medaillons mit Kaiserporträts auf, die durch Kränze und Schleifen aufgewertet und durch Inschriften wie bei den beiden Standbildern gekennzeichnet wurden. Zwei reliefierte Ziergiebel mit Darstellungen von Herolden mit dem Kölner Wappen vervollständigten das figürliche Programm. Die größeren Flächen zwischen den Fenstern und die drei Giebel nahmen ornamentalen Schmuck auf. Hierzu gehörten die Reliefs mit den Adlerwappen über den Statuenbaldachinen und Kandelaber auf den Feldern rechts und links der Mittelfenster. In die Kandelaber integrierte Putten trugen Tafeln mit den Jahreszahlen der Erbauung des Altermarkttraktes »1549« und seiner Erweiterung »1869«. Der Stadtarchivar Leonard Ennen rechtfertigte in der Zeitschrift für bildende Kunst die Auswahl der Kaiser. Für den Medaillonfries waren die Kaiser ausgesucht worden, *welche die Stadt Köln mit wichtigen Privilegien bedacht haben.* Otto der Große (912–973) und Maximilian I. (1459–1519) sollten mit Standbildern besonders geehrt werden, weil Otto *die Grundlage für die spätere Größe Kölns gelegt,* und Maximilian häufig die Stadt besucht und die *Streitigkeiten zwischen Bürgerschaft und dem Erzbischof beigelegt* habe. Der Bedeutung der Aufgabe entsprechend erhielt der damals prominente Bildhauer Christian Mohr den Auftrag, die Standbilder auszuführen[45] (Abb. 221, 222). Dieser stellte die Herrscher mit den Insignien ihrer Macht dar. Der Orden vom Goldenen Vlies zeichnete Maximilian zusätzlich aus. Albrecht Dürer (1471–1528) und seine Zeitgenossen hatten das Aussehen dieses Herrschers in Gemälden und Graphiken festgehalten. Mohr entschied sich offenbar für den nach 1518 entstandenen Holzschnitt Dürers als Vorlage[46] (Abb. 223) und stellte ihn in bürgerlicher Tracht dar. Maximilian wird heute mit einem Standbild am Erdgeschoß des Ratsturmes (Nr. 19) wieder geehrt. Die Figur des Ottonen Heinrich II. (973–1024), eines Nachfolgers von Otto dem Großen, im Fürstenportal des Bamberger Domes aus der Zeit um 1235/37 diente als Vorbild für das zweite Standbild[47] (Abb. 224). Die Porträtmedaillons zeigten im Hochrelief die Köpfe folgender Kaiser in chronologischer Folge: Karl den Großen (748–814), Heinrich IV. (1050–1106), Friedrich I. (1122–1190), Otto IV. (um 1175 oder 1182–1218), Friedrich II. (1194–1250), Rudolf von Habsburg (1218–1291), Adolph von Nassau (um 1255–1298), Karl IV. (1316–1378), Ruprecht von der Pfalz (1352–1410), Sigismund (1368–1437), Friedrich III.

Abb. 221: Köln, Rathaus, Maximilian I., Statue ehemaliger Altermarktfassade, Detailvergrößerung, Foto 1926

Abb. 222: Köln, Rathaus, Otto I., Statue ehemaliger Altermarktfassade, Detailvergrößerung, Foto 1926

Abb. 224: Bamberg, Dom, Heinrich II., Statue im Adamsportal

(1415–1493), Karl V. (1500–1558), Karl VII. (1697–1745) und Joseph II. (1741–1790). Ein Foto des bis in die 1880er Jahre in Köln-Marienburg befindlichen Ateliers des Dombildhauers Peter Fuchs bestätigt die Überlieferung, wonach dieser die Medaillons bis einschließlich Karl IV. schuf (Abb. 225)[48], während Otto Hansmann die übrigen Medaillons ausführte[49]. Ennen nennt in dem erwähnten Artikel auch die Bildhauer August Evers, Peter Albert Gartzen (geb. 1837) und Johann Rahms[50]. Neben Otto Hansmann sollen sie den übrigen plastischen Schmuck ausgeführt haben. Evers ist lediglich 1870 und 1871 in Kölner Adreßbüchern genannt, Rahms 1863 bis 1873 und Gartzen von 1867 bis 1898. Von letzterem ist das Grabmal Joh. A. Becker auf dem Friedhof Melaten erhalten[51]. Gartzen beteiligte sich 1873 mit einer Reliefkomposition an der Kölner Kunstausstellung[52].

Abb. 223: Maximilian I., Kupferstich um 1519

Abb. 225: Köln-Marienburg, Atelier P. Fuchs, Gipsmodelle in der obersten Reihe für Reliefs ehem. an der Altermarktfassade des Kölner Rathauses, Foto 1880

Nach dem Tod Kaiser Wilhelms I. (1797–1888) konnte sich die Stadt nicht den nationalen Huldigungen an den »Reichsgründer« entziehen und ließ sein Bildnis am Erker des ersten Obergeschosses anbringen[53]. Ein Lorbeerkranz mit Kaiserkrone umgab sein Profil. Reliefs mit den Wappen des Reiches und der Stadt füllten die benachbarten Brüstungen (Abb. 40).

Die Statuen am Erdgeschoß der West- und Nordseite des Turmes (1892)

Im späten 19. Jahrhundert gehörten die Rathäuser in vielen Städten zu den beliebten Objekten kommunaler Selbstdarstellung. Die Stadtväter machten die Bauten zu kollektiven Denkmalsockeln, die die eitle Zurschaustellung von Persönlichkeiten und Tugenden erlaubten. Kommissionen trafen die Auswahl unter den überlieferten historischen Persönlichkeiten, die ihrer Meinung nach zur Bedeutung der Stadt beigetragen hatten und dem Betrachter den Anspruch der Stadtväter in Gegenwart und Zukunft vermitteln sollten. Die Auswahl erstreckte sich meist über solche Personen, die im Mittelalter und in der Neuzeit bis zur jüngsten Vergangenheit gelebt hatten. Ausgewählt wurden weltliche und geistliche Herrscher, die den Städten Privilegien verliehen, neue Rechtsverhältnisse geschaffen und das Erscheinungsbild der Stadt nachhaltig geprägt hatten. Hinzu kamen Politiker, Wissenschaftler, Künstler und Vertreter von Berufsgruppen und Ständen, die ihren Ruhm und Reichtum gemehrt hatten[54].

Neben dem Wunsch, Persönlichkeiten aus der Geschichte der Stadt zu ehren, wurden in der Öffentlichkeit ästhetische Gründe ins Feld geführt, die die skulpturale Ausgestaltung eines Bauwerks rechtfertigen sollten. Unterstützt durch Kölner Industrielle und

Bankiers wie Dagobert Oppenheim, Jean Marie Heimann, Albert Freiherr von Oppenheim, Adolph vom Rath, Ludwig Farina, Robert Schnitzler und andere forderten 1877 Künstler und Kunstfreunde Deutschlands in einer *Denkschrift über die Pflege der Kunst an öffentlichen Bauwerken* die Stadt Köln auf, Gelder zur Verfügung zu stellen. Sie waren der Meinung, daß ein monumentales Bauwerk ohne Plastik und Malerei kaum denkbar wäre. Der plastische Schmuck bewirke, *dass die äusseren Umrisse und die neutralen Flächen des Baues im Contraste zu dem geometrischen Schema, Leben und Bewegung erhalten. Er erhöht vorzugsweise die auf einander folgenden Eindrücke der Betrachtung von verschiedenen Seiten und Standpunkten in unzählig wechselnden Bildern, von welchen ein jedes ein vollständiges sein, welche aber alle nach einer gemeinschaftlichen Dominante streben müssen* (S.11, 12).

Bevor die Stadt für ihr wichtigstes Gebäude die noch immer fehlenden Skulpturen in Auftrag gab, gingen andere Städte Köln mit gutem Beispiel voran. Am etwa 1380 begonnenen Brüsseler Rathaus wurde ab 1843 einer der ersten umfangreichen Skulpturenzyklen wiederhergestellt[55]. Standbilder von merowingischen Hausmeiern, karolingischen Kaisern und ihren Nachfolgern, von Herzögen und Herzoginnen von Brabant, von Kaisern der habsburgischen Dynastie, von Bürgermeistern der Stadt, in Brüssel tätigen Künstlern, Propheten, Stadtpatronen und Personifikationen von Tugenden ersetzten die im frühen 15. Jahrhundert geschaffenen und verlorenen oder verwitterten ursprünglichen Figuren[56] (Abb. 226). Ähnlich komplex, aber weniger umfangreich war das Skulpturenprogramm am Rathaus in Brügge. Der 1376 begonnene Bau erhielt 1852 bis 1862 neue Statuen flandrischer Grafen, von Kaisern des Hl. Römischen Reiches Deutscher Nation, von Propheten und lokalen Heiligen[57] (Abb. 227). Am 1448 bis 1463 errichteten Rathaus in Löwen waren neben Statuen von Herrschern solche von Politikern, Kriegern, Künstlern und Wissenschaftlern vorgesehen. Die anstelle der verlorenen, spätgotischen Figuren aufgestellten 230 neuen Standbilder waren ab 1852 ausgeführt worden[58] (Abb. 228). Das im Zweiten Weltkrieg vernichtete Rathaus in Wesel aus dem 15. Jahrhundert erhielt 1857 Figuren geistlicher und weltlicher Herrscher der Provinzen und Karls des Großen[59] (Abb. 229). Figuren von Bürgern, wie sie in Brüssel und Löwen angebracht worden waren, wurden an deutschen Rathäusern erst im späten 19. Jahrhundert üblich. Eine Ausnahme befand sich im 1828 bis 1831 errichteten ehemaligen Rathaus in Wuppertal-Elberfeld (heute: Von-der-Heydt-Museum). Die dort 1841 bis 1844 geschaffenen Wandbilder zeigten Idealfiguren mittelalterlich gekleideter Kaufleute und Handwerker in ihrer charakteristischen Tätigkeit und verwiesen auf die *materiellen Leistungen* der Vorfahren, die wiederum verpflichtend in der

Abb. 226: Brüssel, Stadthaus, A.C.L. Brüssel, 31490

Abb. 227: Brügge, Stadthaus, Foto um 1915, A.C.L. Brüssel, 137604

Abb. 228: Löwen, Stadthaus, Foto um 1915, A.C.L. Brüssel, 19547

Gegenwart weiterwirken sollten. Die Idee zu dem Programm beruhte auf der Vorstellung, das Bergische Land verdanke die Errungenschaften der Industrialisierung privater Initiative[60].

Am Ende des 19. Jahrhunderts waren Statuen von Vertretern bürgerlicher Berufe und von Bürgertugenden an neu errichteten Rathäusern neben historischen Persönlichkeiten der Oberschicht verbreitet. Am 1867 bis 1874 erbauten älteren Teil des neuen Münchner Rathauses stehen die Figuren von vier Bürgertugenden. Dargestellt sind die Personifikationen von Gewerbefleiß, Häuslichkeit, Bürgertum und Mildtätigkeit[61]. Am 1886 bis 1897 neu erbauten Hamburger Rathaus sieht man die Bürgertugenden durch Statuen der Personifikationen von Tapferkeit, Frömmigkeit, Klugheit und Eintracht an der Fassade zum Rathausmarkt[62]. Vertreter bürgerlicher Berufe wie Handwerker und Ärzte finden sich auch am 1872 bis 1883 erbauten Wiener Rathaus[63]. Für das nach dem Brand von 1883 wiederhergestellte Aachener Rathaus schuf der Bildhauer Karl Krauß (1859–1906) nach dem Programm von 1881 Reliefs mit Personifikationen der Zünfte, Künste und Wissenschaften, die über den Erdgeschoßfenstern der Nordfassade angebracht wurden. Die ab 1882 von Christian Mohr und seinen Schülern Anton Werres (1830–1900) und Edmund Renard begonnenen 56 Kaiserstatuen hatten dort allerdings den größten Anteil am Skulpturenschmuck[64] (Abb. 230).

Zu Beginn der 1890er Jahre war die Restaurierung des Kölner Rathauses mit Ausnahme des Turmes weit fortgeschritten. Angesichts der zahlreichen neuen Skulpturenzyklen an Rathäusern wollte man sich in

Abb. 229: Wesel, Rathaus, Foto um 1900, Bildarchiv Foto Marburg

Köln unabhängig von dessen Zustand über ein Skulpturenprogramm Gedanken machen. Die zu diesem Zweck gebildete Kommission bestand aus dem Beigeordneten und Kunstsammler Karl Ferdinand Thewalt (1833–1902), dem Archivdirektor Joseph Hansen (1862–1943), dem Stadtbaurat und späteren Stadtkonservator Friedrich Carl Heimann (1850–1921), dem Appellationsgerichtsrat und Zentrumspolitiker August Reichensperger und dem Architekten Heinrich Wiethase (1833–1893)[65]. Sie entschieden sich für die Darstellung von 81 Persönlichkeiten[66], die das an Rathäusern gebräuchliche Spektrum vertraten, dabei aber besonders den Ruf rechtfertigen sollten, der mit der Stadt verbunden wurde. Die Auswahl sollte beweisen, daß Köln zurecht als Hort der Heiligen, Gelehrten, gewerbefleißigen Bürger und stolzen Patrizier galt. Dabei beschränkten sie die Auswahl auf die Zeit vom hohen Mittelalter bis in die beginnende Neuzeit.

Die Anbringung von 22 Heiligenfiguren erschien gerechtfertigt, weil ihre Reliquien den Ruhm der Stadt als »heiliges Köln« begründet hatten. Sie wurden wie beim heutigen Programm, das die gleiche Anzahl aufweist, am obersten Stockwerk aufgestellt[67]. Der zweitgrößte Anteil am Skulpturenprogramm wurde den Vertretern der Bürgerschaft zugebilligt, von denen die Kommission annahm, sie hätten wesentlich den Reichtum der Stadt gefördert. Die mit dem Bürgertum des Spätmittelalters verbundene Eigenschaft sollte der damaligen Generation als Ansporn dienen[68]. Sechs Zunftmeister erinnerten daran, daß diese seit 1396 die Geschicke der Stadt mitbestimmten. Hinzu kamen drei Bürgermeister, zwei Buchdrucker, der »Gute Gerhard« als Inbegriff des Kölner Kaufmannssohnes, zwei Juristen und fünf Künstlerpersönlichkeiten, deren Tätigkeit als bürgerliches Handwerk galt[69]. Fünfzehn Vertreter der Wissenschaften sollten daran erinnern, daß in Köln 1388 die erste Universität auf dem Gebiet des Deutsches Reiches gegründet worden war und vorher in den Ordensschulen berühmte Persönlichkeiten wie Albertus Magnus (um 1193–1280) gelehrt hatten[70]. Neun Vertreter des Patriziats teilten sich vor allem im 13. und 14. Jahrhundert mit dem Erzbischof die Macht in der Stadt[71]. Zu den bereits an der Renaissance-Loggia und an der Altermarkt-Fassade vorhandenen Herrscherdarstellungen sollten sich am Turm weitere acht hinzugesellen. Fünf davon waren in unmittelbarer Nähe des Betrachters am Erdgeschoß vorgesehen. Zwei Kaiserstatuen sollten die Reihe der Patrizier am ersten Obergeschoß abschließen[72]. Von den drei ausgewählten Erzbischöfen erfuhren Bruno I. (925–965) und Philipp von Heinsberg (gest. 1191) sowie die Päpste Innocenz III. (1160/61-1216) und Innocenz IV. (gest. 1254)[73] durch die betrachternahe Aufstellung besondere Aufmerksamkeit. Die Kommission beabsichtigte, die Gestaltung der 81 Figuren den Bildhauern zu überlassen. Ein Wettbewerb sollte entscheiden, wer mit der Ausführung zu betrauen sei. Seit 1891 hatten die Stadtverordneten jährlich 4000 Mark im Etat für die Beschaffung der Skulpturen am Ratsturm vorgesehen. Da der schlechte Erhaltungszustand des Turmes die Aufstellung von Figuren an den oberen Geschossen nicht zuließ[74], war es sinnvoll, den Wettbewerb auf die am Erdgeschoß vorgesehenen Standbilder zu beschränken. Fünf Bildhauer nahmen am Wettbewerb teil[75]. Johann Degen (1849–1916), Alexander Iven (1854–1935), Peter Kürten und Heinrich Schmitz wurden laut Kölnischer Volkszeitung mit der Übertragung ihrer Modelle in Stein beauftragt.[76] 1893 wurden zehn Figuren aufgestellt[77] (Abb. 231). Zur Ausführung weiterer Skulpturen kam es zunächst nicht. Vier von den damals angefertigten Statuen sind im gastronomisch genutzten Keller des Hauses Marsplatz 3–5 neben dem Rathaus

Abb. 230: Aachen, Rathaus, Fassade nach historistischer Wiederherstellung, Foto nach 1901

und eine weitere im Depot der Stadt erhalten. Zehn der Figuren waren 1925 sehr verwittert, so daß sie durch widerstandsfähigere aus Muschelkalk ersetzt werden mußten[78]. Die Statue des Hl. Bruno war durch den Baldachin über dem Portal geschützt, gut erhalten und brauchte nicht ausgetauscht zu werden (Abb. 269).

Von den 1892 angefertigten und erhaltenen Standbildern läßt sich diejenige Innocenz III. (Abb. 261) der Hand eines der überlieferten Bildhauer zuweisen. Im Kölner Tageblatt wird das für die nordwestliche Turmecke vorgesehene Bildwerk als Arbeit Johann Degens bezeichnet[79]. Kräftiges Volumen, weiche geglättete Gesichtszüge mit versonnenem Ausdruck sowie sorgfältig gestaltete Kostümdetails mit knittriger Faltengebung kennzeichnen die Figur. Die zur Hälfte erhaltene Statue König Philipps von Schwaben (vor 1178–1208) wirkt sehr ähnlich gestaltet (Abb. 262), so daß man sie der gleichen Hand zuweisen möchte.

Johann Degen gehörte als Bildhauer figürlicher Bauplastik am Ende des 19. Jahrhunderts zu den Vielbeschäftigten seines Fachs. Der Schüler Christian Mohrs war u. a. bekannt durch Skulpturen am Bonner Bahnhof (1885)[80], am Gürzenich (1890)[81] und durch die Kriegerdenkmäler in Düren (1889)[82] und Dortmund (vor 1892)[83]. Degen bewältigte jedes Material und war als an den Bildwerken vergangener Epochen geschulter Historist fähig, die gewünschten Plastiken dem Stil des Aufstellungsortes anzupassen. Bereits 1881 hatte er mit der Kopie des Reliefs über dem Eingang zum Hof der Ratskapelle seine Fähigkeiten unter Beweis gestellt[84] (Abb. 232). Bei den gewünschten Ergänzun-

Abb. 231: Köln, Ratsturm, Erdgeschoß, Statuen (von links): Wilhelm von Holland, Johann von England, Innocenz III., Otto IV., Philipp von Schwaben, Friedrich I. Barbarossa, Wilhelm von Heinsberg, Heinrich IV., Foto 1893

gen gelang es ihm, einfühlsam im Stil der Entstehungszeit des Reliefs um 1426 zu arbeiten[85]. Lediglich die am Wappen zwischen den beiden flankierenden Engelfiguren ergänzten Teile lassen das Relief als Arbeit des 19. Jahrhunderts erkennen. Degen ergänzte den Federbusch auf dem Wappenhelm nicht parallel zum Reliefgrund, was heraldisch richtig gewesen wäre, sondern entsprechend der seitlichen Drehung des Helmes. Die 1794 entfernten, geschmiedeten Kronen[86] auf dem Schild ließ er vielleicht deshalb fort, weil er sie für eine spätere Ergänzung hielt und das Relief wahrscheinlich auf dem Schild gemalte Kronen zeigte.

Obwohl von Alexander Iven viele Arbeiten bekannt geworden sind, war es nicht möglich, eine der erhaltenen oder fotografisch überlieferten Statuen seiner Hand zuzuweisen. An den historischen Fotos läßt sich jedoch nachvollziehen, daß die Bildhauer die sehr allgemein formulierten Forderungen in der damals üblichen Weise umsetzten. Die Figuren sollten monumental wirken, Ernst und Würde ausstrahlen, im mittelalterlichen Stil des Doms gestaltet und mit detailliert ausgearbeiteten Kostümen ausgestattet sein[87]. Bei der Statue Friedrich I. Barbarossas (Abb. 263) dienten offenbar Buchillustrationen des 19. Jahrhunderts als Vorlagen, die dem Anspruch genügten, um die Figur als Darstellung des Kaisers erkennbar zu machen. Als Vorlagenmaterial kommt etwa Johann Philipp Benkards 1854 erschienenes Buch über die im Frankfurter

Abb. 232: Köln, Atelier J. Degen mit Tympanonrelief für die Ratskapelle, Foto um 1881

Römer dargestellten Kaiser in Frage[88]. Illustrationen nach den Gemälden mit den Darstellungen Friedrich I. Barbarossa (1122–1190) und Heinrich II. (973-1024) (Abb. 233, 234) dienten als Inspirationsquellen für die Standbilder Friedrich I. und Heinrich IV. (1050–1106) (Abb. 263, 264). Das Blatt mit Heinrich II. hatte vielleicht auch schon Edmund Renard 1882 bei der Gestaltung der Statue Heinrich IV. für die Fassade des Aachener Rathauses als Vorlage gedient[89] (Abb. 235). Bildhauer wie Maler hatten für die Gestaltung Skulpturen des 13. Jahrhunderts studiert. Als besonders hervorragende Studienobjekte galten die

Standbilder an der Goldenen Pforte in Freiberg, über die Wilhelm Bode 1885 geschrieben hatte, daß man sich daran gewöhnt habe, sie *als die hervorragendsten Leistungen romanischer Plastik zu feiern.*[90]
Das Kölner Tageblatt überliefert die Forderung der Kommission, wonach sich die Figuren dem Aufstellungsort in Komposition und Haltung unterordnen müssen[91]. Tatsächlich wirken die Figuren wie eigenständige, vor der Wand stehende Denkmäler, die auch ohne die sie umgebende Architektur bestehen können, obwohl die Baldachine und Konsolen sie in das Fassadenrelief einbinden und zu plastischen und die Vertikalität steigernden, festen Bestandteilen der Architektur machen. Die Ratsturmfiguren stehen damit im Gegensatz zu den wenig älteren Bauplastiken am Dom, deren mittelalterlicher Stil für die Bildhauer maßgeblich sein sollte. Sie haben mit dem von Peter Fuchs und seinen Schülern vertretenen »mittelalterlichen Stil« wenig gemeinsam. Im Vergleich zu den Ratsturmfiguren wirken die 1877/78 von Peter Fuchs geschaffenen Standbilder im Petersportal[92] wie ein ornamentaler Bestandteil der Architektur. Sie greifen das vertikale Lineament des sie umgebenden Gewändes auf und versetzen es in Schwingung. Dieses Prinzip wird von den Architekten des floralen Jugendstils aufgegriffen. Die Ratsturmfiguren mit ihrer denkmalhaften Gestaltung stehen dazu ganz im Gegensatz, hier wird die realistische Tradition innerhalb der Bauplastik fortgesetzt, wie sie auch die genannten Beispiele in Brüssel, Löwen, Brügge, Wesel und Aachen, aber auch die Skulpturen an den neuerbauten Rathäusern in München und Wien vertreten.

Abb. 233: Frankfurt, Römer, Friedrich Barbarossa, Gemälde im Kaisersaal

Abb. 234: Frankfurt, Römer, Heinrich II., Gemälde im Kaisersaal

Abb. 235: Aachen, Rathaus, Heinrich IV., Statue für die Fassade vor der Aufstellung, Foto 1902

Die Bildwerke in der Prophetenkammer und im Treppenhaus (1895–1898)

Die Ausführung der noch fehlenden Skulpturen für den Ratsturm verzögerte sich, weil die Werksteinfassaden zuerst instand gesetzt werden mußten[93]. Dennoch entstanden für die 1865/66 neu erbaute Prophetenkammer und ihre 1890 von Friedrich Carl Heimann geplante Neuausstattung einige Bildwerke. Mit der Neugestaltung sollte ein stilvoller Rahmen für die spätgotischen Prophetenfiguren geschaffen werden. Architektur, Malerei und Ausstattung sollten mit den acht farbig gefaßten Holzfiguren eine Einheit bilden. Raschdorff hatte sich bei der Architektur vom Hansasaal und anderen gotischen Innenräumen inspirieren lassen. Die 1890 erhaltenen Reste spätmittelalterlicher Wandmalerei im Plasmannschen Haus und im Hansasaal dienten dem Dekorationsmaler Anton Bardenhewer als Vorbild für die Ranken mit Brustbildern von Theologen als Nachfolger der Propheten. Die farbigen Verglasungen zeigten die legendären Persönlichkeiten Marsilius und Grien sowie Agrippa und Agrippina[94]. Hölzerne Statuetten des Kölner Bauern und der Jungfrau flankierten die Giebelbekrönung über dem Portal zum Senatssaal (Abb. 236, 237). Rechts und links dieses und des gegenüber befindlichen Eingangs zum Hansasaal sowie zwischen den Maßwerkfenstern zum Rathausplatz dienten Konsolen als Aufstellungsort der Prophetenfiguren aus der Zeit um 1420. Das damals neu hinzugekommene Standbild des Erzengels Michael auf einer Konsole über dem Eingang zum Hansasaal verwies auf Lohn und Strafe beim Jüngsten Gericht, während die Prophetenfiguren zu Gerechtigkeit, Gleichheit, Milde und Eintracht ermahnten[95]. Die Darstellungen der Theologen stellten die Verbindung von der biblischen Zeit der Propheten zur Kölnischen Geschichte her. Sie vermittelten das Ethos, dem sich die Ratsherren verpflichtet fühlen sollten. In ihrem Sinn sollten die Politiker das Wohl der Bürger im Auge behalten, an die sie

Abb. 236: Köln, Rathaus, Kölner Bauer, Skulptur ehem. Prophetenkammer

Abb. 237: Köln, Rathaus, Jungfrau, Skulptur ehem. Prophetenkammer

beim Betreten der Prophetenkammer durch die Statuetten des Kölner Bauern und der Jungfrau erinnert wurden. Auch die Fabelwesen auf den Konsolen (Abb. 238) paßten in dieses Konzept. Sie vertreten die dunklen Mächte und versuchen, die Propheten mit Höllenlärm zu stören. Nach dem Verständnis der Zeitgenossen gehören sie zu den im Mittelalter gebräuchlichen Themen auf Konsolen.

Richard Moest (1841–1906) schnitzte 1895 die Konsolen und bemalte sie zusammen mit den Prophetenfiguren[96]. Bei der Gestaltung der Konsolen wie des Erzengels Michael (Abb. 239) orientierte er sich an der bildlichen Tradition der Skulptur um 1400. Spätnazarenische Malerei, wie sie von Ernst Deger (1809-1885), Franz Ittenbach (1813–1879) oder Edward von Steinle (1810–1886) vertreten wurde, waren für Moest vorbildlich für die Art der Umsetzung der mittelalterlichen Vorbilder. Steinles Engeldarstellungen seit den 1860er Jahren erscheinen herb, linear und distanziert[97] (Abb. 240). Die von Locken umwallten Köpfe zeigen einen ernsten Ausdruck und wirken im Verhältnis zum Körper fast zu klein. Franz Meynen (1840–1915) hatte 1874/75 für das Mittelportal der Nordquerhausfassade des Domes ebenfalls die Figur des Erzengels gestaltet[98], die den ein Jahr jüngeren Kollegen offenbar sehr beeindruckt hat. Darüber hinaus gehörten Druckgrafiken, wie sie Adolph Schroedter (1805–1875) oder Wilhelm Kaulbach (1804–1874) geschaffen hatten[99], zu den Inspirationsquellen bei der Gestaltung der Konsolen. Hölzerne Bildwerke wie die Maria Magdalena im Dreifaltigkeitsaltar in der Pfarrkirche St. Nikolai in Kalkar[100] (Abb. 241) zeigen im Vergleich zur Figur der Kölner Jungfrau, wie Moest beim Verarbeiten der Vorbilder sein eigenes Menschenbild einbrachte. Er vermied den kokett-sinnlichen Ausdruck und die eitle Überladung mit modischen Accessoires, wie sie Arnt van Trichts um 1530-40 entstandene Bildwerke kennzeichnen. Die Darstellung selbstgefälligen Bürgerstolzes in den Skulpturen des 16. Jahrhunderts paßte nicht in Moests heiles Bild vom alten Köln. Der harmlose Ausdruck der beiden

Abb. 238: Köln, Rathaus, Drolerien, Skulptur ehem. Prophetenkammer

Abb. 239: Köln, Rathaus, Hl. Michael, Statue ehem. Prophetenkammer, Detail Aufnahme um 1900

Abb. 240: Engel, Detail einer Graphik, 1867

1895 entstandenen Statuetten entsprach den damaligen Vorstellungen von den gottgefälligen und rechtschaffenen Einwohnern der Stadt und ihres Umlandes zu Beginn der Neuzeit.

1940 unterzog der Architekt Heinrich Bartmann (1898–1978) die Prophetenkammer einer Purifizierung[101]. Dabei entfernte er die gesamte Ausstattung von 1895. Auf diese Weise entgingen die Figuren der Zerstörung im Zweiten Weltkrieg. Die Statuetten von Bauer und Jungfrau gelangten in das Kölnische Stadtmuseum, wo bisher ihre Herkunft unbekannt war[102]. Die Konsolen lagerten im Büro des Stadtkonservators, wo die Kenntnis über ihre Herkunft, Bedeutung und ihren Schöpfer verlorenging.

Im Zusammenhang mit der Umgestaltung des Hansasaals 1866/67[103] hatte Raschdorff ein neues Treppenhaus entworfen. Es war 1865 ausgeführt worden[104] und sollte einen angemessenen Zugang zum Hansasaal bieten. Die bemalten Wände des neugotisch gestalteten Treppenraumes trugen Laubkonsolen, auf denen zunächst die spätgotischen Prophetenfiguren aufgestellt wurden. Als die Bildwerke 1895 wieder in der Prophetenkammer einen Platz fanden, waren neue Figuren für das Treppenhaus erforderlich. Vorgesehen waren Statuen von Persönlichkeiten, die sich um die Rechte der Bürger untereinander und gegenüber konkurrierenden Mächten verdient gemacht hatten[105]. Hierzu gehörten die ältesten überlieferten Bürgermeister Henricus Flacco (Heinrich Flacho) (Abb. 242) und Theodorus in Mulingazzin (Dietrich von der Mühlengasse), die in einer Urkunde der Zeit um 1185 ihre Zustimmung zu einer Zunftordnung gaben[106]. Andere sind Hilger von der Stesse, der sich 1391 gegen die Schöffen für eine neue Verfassung einsetzte[107] und Johann Frunt, der *als der hervorragendste unter allen kölnischen Kanzleibeamten* galt und von 1442 bis 1464 die Stadt beim Erzbischof, beim Kaiser und im Ausland vertrat[108]. Außerdem waren Statuen vorgesehen, die den im späten 13. Jahrhundert wirkenden Syndicus Johann von Neuenstein und die drei im 16. Jahrhundert lebenden Bürgermeister Arnold von Siegen, Konstantin von Lyskirchen und Johannes Hardenrath darstellten.

Zwei Reliefs in den Bogenfeldern über den Eingangsportalen zum Hansasaal kamen 1898 hinzu (Abb. 243, 244). Das linke Tympanon zeigt den Schiedsspruch des Albertus Magnus zwischen Erzbischof Konrad von Hochstaden und der Stadt Köln im Jahre 1258[109] und das rechte die Bestätigung der Privilegien durch Kaiser Karl IV. in Nürnberg im Jahre 1355[110]. Die von

Johann Degen in Stein geschlagenen Skulpturen entsprachen dem detailrealistischen Stil, der auch die Figur Innocenz III. von 1892 kennzeichnet. Die Reliefs wirkten wie Bühnen mit kulissenhaftem Hintergrund und malerisch gruppierten Figuren mit zurückhaltend lebendiger Mimik. Sie erinnerten an Gemälde und Wandmalereien historischer Ereignisse, wie sie z.B. von Düsseldorfer Malern in der Mitte des 19. Jahrhunderts geschaffen worden waren. Im Verhältnis zu den Tympanon-Reliefs von Peter Fuchs wie das im Bonifatiusportal im Kölner Domes von 1879/80[111] gab Degen die frieshafte Reihung der Figuren auf und setzte eine raumerweiternde Szenerie als Reliefgrund an ihre Stelle.

Die Bildwerke wurden im Jahre 1900 farblich gefaßt, so daß sie eine Einheit mit der farbigen Innenraumgestaltung bildeten. 1925 galten die acht Statuen im Treppenhaus als *schwache Arbeiten im akademisch-bildhauerischen Geist der zweiten Hälfte des 19. Jahrhunderts*[112]. Unter der Leitung Heinrich Bartmanns und seines denkmalpflegerischen Beraters Hans Vogts (1883–1972) wurden die acht als wertlos bezeichneten Figuren um 1938 entfernt[113]. Bis auf die fragmentarisch erhaltene Figur eines behelmten Löwen, der ursprünglich ein Wappen hielt, ist ihr Verbleib unbekannt. Die Figur bildete den Abschluß des steinernen Treppenpfostens und wurde nach dem Krieg aus den Trümmern geborgen. Die beiden Reliefs wurden im Zweiten Weltkrieg beschädigt. Seit dem Wiederaufbau des Rathauses gelten sie als verschollen.

Abb. 241: Kalkar, kathol. Pfarrkirche St. Nikolai, Maria Magdalena

Abb. 242: Köln, Rathaus, Heinrich Flaco (rechts außen) sowie Statue eines weit. Bürgermeisters, ehem. Treppenhaus zum Hansasaal, Detail, Foto um 1904

Abb. 243: Köln, Rathaus, Großer Schied, Gipsmodell zu den Tympanonreliefs über den Hansasaaleingängen, Foto um 1900

Die Statuen an den Obergeschossen des Ratsturmes (1900/01)

1899 wurde die Erneuerung der verwitterten Teile der Turmfassaden in Angriff genommen und an der West- und Nordseite im Bereich des ersten Obergeschosses nahezu vollendet[114]. Am 18. Oktober 1900 stellte der Beigeordnete Bruno Matzerath (1868–1931) in der Stadtverordnetenversammlung fest, es sei sinnvoll, die Anfertigung und Aufstellung der fehlenden Skulpturen und Baldachine vornehmen zu lassen, solange das Gerüst am Turm noch aufgestellt sei. Der Preis der Figuren war nach Aufstellungsort gestaffelt. In den unteren Stockwerken sollten sie 500, darüber 450 bzw. 400 Mark kosten. Das günstigste Angebot sei das der Vereinigung Kölner Bildhauer. Der Rat bewilligte den Betrag für die Maßnahmen. Der Oberbürgermeister Friedrich Wilhelm von Becker (1835–1924) legte dabei den größten Wert auf die zügige Durchführung, da das Gerüst *schon seit einem halben Jahr das schöne Bauwerk verdecke.*[115] Nach Auskunft von Stadtbaumeister Heimann habe der Vorsitzende der Bildhauervereinigung, Wilhelm Albermann (1835–1913), die Ausführung der Figuren auf mehrere Kollegen verteilt. Sie würden während des Winters ausgeführt, so daß die Versetzung im Frühjahr des kommenden Jahres erfolgen würde. Die Baldachine seien ebenfalls zum größten Teil in Auftrag gegeben. Die Versetzung von Figuren und Baldachinen solle von oben nach unten erfolgen, so daß das Gerüst nach und nach abgenommen werden könne[116].

Zunächst mußten jedoch Schäden an der Architektur behoben werden, die erst nach Aufstellung des Gerüstes in vollem Umfang eingeschätzt werden konnten. Die erforderliche form- und materialgetreue Erneuerung aller schadhaften Teile erfolgte bis zum Ende des Jahres 1900[117]. Heimann teilte auch mit, wie bei der Ausführung der Skulpturen vorgegangen werden sollte. Vor der Übertragung in Stein müßten die Bildhauer Skizzen vorlegen, die von der Kommission auf »Schönheit und Costümcorrectheit« begutachtet würden[118]. Der Architekt Hermann Pflaume (1830–1901) ergänzte: *Mit Rücksicht auf die Höhe von 30 bis 35 m, in welcher die Figuren aufgestellt würden, komme es nicht so*

Abb. 244: Köln, Rathaus, Bestätigung des Stapelrechts, Gipsmodell zu den Tympanonreliefs über den Hansasaaleingängen, Foto um 1900

sehr auf die Feinheit der Ausführung an; die Einzelheiten ließen sich mit bloßem Auge nicht mehr erreichen. Sonst würde auch ein Preis von 400 bis 500 Mark für eine Figur nicht genügen. In der Hauptsache handele es sich darum, daß die Figuren in charakteristischer Bewegung und Gewandung dargestellt würden, damit sie auf die Entfernung wirkten. Im übrigen könne er Herrn Heimann nur bestätigen, daß die Leistungen unserer heimischen Bildhauer recht hübsch und anerkennenswert seien.[119]

Der Verwaltungsbericht des Jahres 1901 bestätigt die Ausführungen Heimanns und teilt im folgenden Jahr mit: *Die Wiederherstellungsarbeiten am Rathausturm haben mit der Aufstellung sämtlicher Figuren unter Baldachinen und der Errichtung der Eckzinnen nach der alten Gestaltung ihr Ende erreicht.*[120]

Dreizehn Bildhauer waren mit der Ausführung von 71 Figuren betraut. Lediglich die Leistung von Peter Kribben (1851–1927) wird im Kunstdenkmälerinventar benannt. Er meißelte die fehlenden Baldachine mit ihren Wappenhaltern als Abschluß. Alle übrigen Bildhauer werden alphabetisch aufgelistet: Degen, Rothe und Barutzki, Schreiner, Albermann, Steinbach, Kurten (sic!), Morgenstern, Stockmann und Dorrenbach, Altmann, Faßbinder und Iven[121].

Die wenigen, zum großen Teil fragmentarisch erhaltenen Bildwerke, historische Fotos von den Modellen und vom Ratsturm vor der Kriegszerstörung erlauben die Unterscheidung mehrerer Stilrichtungen. Sie verdeutlichen, daß die Bildhauer verschiedene Möglichkeiten nutzen, Bauplastik zu gestalten. Die Neugotik war vor allem durch zahlreiche, um die Jahrhundertwende entstandene Sakralbauten weiterhin aktuell. Da sich die ausschließlich für die Kirche arbeitenden Bildhauer jedoch nicht der beauftragten Kölner Bildhauervereinigung angeschlossen hatten, wurden entsprechend wenige Standbilder in diesem Stil ausgeführt. Die meisten beteiligten Künstler bevorzugten für ihre Statuen eine detailrealistisch historisierende Gestaltung, die auch die 1892 ausgeführten Standbilder kennzeichnet. Einige dieser Skulpturen im Stil der Neurenaissance zeigen durch ihre bewegte Haltung mit aufgestützten Beinen und angewinkelten Armen, daß sich der Bildhauer mit neubarocker Skulptur auseinandergesetzt hat. Nur ein Bildhauer erlaubte sich eine von den impressionistischen Skulpturen Auguste Rodins (1840–1917) beeinflußte Gestaltung.

Die Fragmente von zwei Figuren sind der Hand eines Bildhauers zuzuweisen. Sie stellen die Heiligen Gereon (Abb. 266) und Ursula dar. Sie gehören zur Reihe der Kölner Schutzpatrone, die dem Himmel am nächsten, am obersten Stockwerk des Turmes aufgestellt waren. Die Modelle der beiden Figuren sind auf einem Foto ihrer Entstehungszeit zu sehen (Abb. 245). Neben der Ursulafigur (Abb. 245, 2. von rechts) erkennt man dort die Heiligen Cordula und Reinhold. Der Stil der Modelle und der ausgeführten Figuren ist neugotisch und steht in der Tradition der Kölner Dombildhauer. Von den am Ratsturm tätigen Bildhauern vertraten Peter Kürten (1851–1935) und Nikolaus Steinbach (1854–1936) auch nach 1900 diesen Stil. Beide waren im Atelier von Peter Fuchs tätig. Zwei von Kürten für das Johannis-Hospital in Bonn 1909 geschaffene Standbilder des Heiligen Karl Borromäus und der Maria[122] sind stilistisch sehr ähnlich, so daß die beiden 1991 ergänzten Ratsturmfiguren aus seiner Hand stammen dürften. Die Ratsturmfiguren der Heiligen Evergislus und Maternus sowie des Wilhelm Vernukken (Abb. 267–269) lassen sich formal mit den Standbildern in Verbindung bringen, die Nikolaus Steinbach kurz nach der Jahrhundertwende für das Ostportal der Kirche St. Agnes in der Kölner Neustadt schuf[123] (Abb. 246). Von Steinbach ist bekannt, daß er im Auftrag von Fuchs Entwürfe zeichnete, modellierte, ausführte und mit dem Namen des Firmeninhabers »Peter Fuchs« signierte[124]. Als Fuchs 1898 starb, führte er die Aufträge in dessen Namen zu Ende. Wie weit dabei sein Anteil an den Arbeiten des Dombildhauers geht, bedarf noch der Untersuchung. In seinem Nachlaß finden sich u. a. Entwürfe zu den Portalen der Mauritiuskirche in Köln und des Bremer Domes. Von seinen Kölner Arbeiten sei die Marienfigur über dem Portal des Klosters Maria Hilf in der Rolandstraße und das Tympanon über dem Portal des Klosters der Benediktinerinnen von der Ewigen Anbetung an der Brühler Straße genannt.

Die renaissancistisch gestaltete und ergänzte Figur eines Händlers als Vertreter der Zunft Windeck steht umgeben von Paketen. Auf dem großen verschnürten Ballen lassen sich die Buchstaben W. A. erkennen, darunter die Zahl 1901. Bei den Buchstaben handelt es sich zweifellos um die Initialen des Bildhauers, in dessen Werkstatt die Figur entstanden sein dürfte. Die Zahl verweist auf das Jahr der Ausführung. Damit hätten wir das einzige, fragmentarisch erhaltene und signierte Bildwerk vom Ratsturm vor uns. Es dürfte von Wilhelm Albermann geschaffen sein. Um 1880 hatte

Abb. 245: Köln, Atelier P. Kürten (?), Gipsmodelle zu Statuen ehem. am Rathaus, Foto um 1900

Abb. 246: Köln, kathol. Pfarrkirche St. Agnes, Statuen im Ostportal: Hl. Bonifatius und Hl. Anno, Foto: G. Eich

Abb. 247: Peter Witte, verkleinerte Bronzefigur n. d. kriegszerstörten Denkmal in Solingen, Skulpturengalerie Berlin, Foto: SMPK

Albermann auf einem Relief am Ständehaus in Düsseldorf in der entsprechenden Weise auf der Darstellung eines verschnürten Ballens mit W. A. (legiert) signiert.[125] Neben diesem Indiz spricht die Gestaltung der Figur für diesen Bildhauer. Etwa gleichzeitig mit den Ratsturmfiguren hatte er die Figur des Peter Witte ausgeführt (Abb. 247). Die Firma Gladenbeck in Berlin vervielfältigte die Figur des Schmiedes von Solingen als sogenannte Ladenbronze[126]. Sie weist sehr viele stilistische Übereinstimmungen mit dem Standbild des Händlers auf, so daß die Zuweisung als gesichert gelten darf. Neben der leicht knittrigen Oberfläche des Gewandes ist die Haltung mit den vom Körper weitgehend getrennten Unterarmen sehr ähnlich gestaltet. Auch einige Motive, wie der spitz zulaufende Kragensaum, der Gürtel mit der langen Riemenzunge und die Form der Schuhe sind ähnlich. Von der gleichen Hand dürfte die Figur des Vertreters der Schmiedezunft sein. Sie weist die gleiche Oberflächenbehandlung auf, hat die Arme vom Körper fast vollständig getrennt und zu den Füßen stehen Attribute, die den Beruf charakterisieren.

Zur Entstehungszeit der Ratsturmfiguren machte Constantin Meunier (1831–1905) von sich reden. Der belgische Bildhauer hatte den Arbeiter zum Hauptthema seines Schaffens gemacht. Im Gegensatz zu seinem Bildwerk des Hammerschmiedes von 1886[127], der einen Augenblick von der Arbeit ausruht, erscheint Albermanns Figur der Schmiedezunft liebevoll geschildert als selbstbewußter Repräsentant seines Standes. Gleichzeitig hatte in Düsseldorf Karl Janssen (1855–1927) einen Eisenhüttenmann dargestellt[128]. Im Vergleich zu diesem Werk eines pathetischen Helden der Arbeit erscheint die Ratsturmfigur biedermeierlich. Der Kölner griff bei der Gestaltung der Zunftmeister (Abb. 270, 271) offenbar auf spätgotische Bildwerke zurück, wie die sogenannten Vier Gekrönten vom Grabmal des Kölner Dombaumeisters Nikolaus von Bueren (gest. 1445)[129] (Abb. 248). Seine Figuren sind durch eine ähnlich knittrige Drapierung der Kostüme, ein vergleichbar betontes Vorweisen von Handwerkszeug und die realistische Gestaltung der Köpfe gekennzeichnet. Schließlich stellte sich Albermann in die Tradition der klassizistischen Berliner Plastik. Das Motiv des hochgestellten Fußes und die bewegte Haltung mit dem zur Seite gewandten Kopf bei der Figur der Schmiedezunft wirken ähnlich pathetisch wie bei dem Bronzestandbild Blüchers, das Christian Daniel Rauch (1777–1857) 1828 geschaffen hatte[130]. Albermann hatte nach vierjähriger Lehrzeit in Elberfeld die Kunstakademie in Berlin besucht und im Atelier der Rauch-Schüler Ferdinand August Fischer (1805–1866) und Hugo Hagen (1818-1871) gearbeitet[131]. Neben zahlreichen Porträtbüsten, Grab- und Kriegerdenkmälern sowie offiziellen Standbildern der preußischen Machthaber hatte er Brunnen geschaffen, von denen der des Jan van Werth auf dem Altermarkt und des Hermann Josef auf dem Waidmarkt in Köln populär wurden. Johann Jacob Merlo (1810–1890) schrieb in seinem 1895 erschienenen Buch über die Kölnischen Künstler: Meister Albermann *möge sich einmal ganz still unter die Leute stellen, welche zu jeder Tageszeit um sein Werk herumstehen. Er wird zufrieden sein.*[132] Mit den Figuren für das Rathaus

Abb. 248: Köln, Diözesanmuseum, Statuetten der „Vier Gekrönten"

Abb. 249: Köln, Atelier A. Iven, Gipsmodelle zu Statuen ehem. am Kölner Ratsturm

schuf Albermann Bildwerke, auf die der Begriff »volkstümlich« am besten paßt. Auch die Statuenfragmente des Patriziers Johann von Bonn und des Vertreters der Metzgerzunft könnten aus der Werkstatt Albermanns stammen. Die Haltung, die Stellung der Beine und die liebevoll ausgearbeiteten Kostümdetails rücken die Standbilder stilistisch in die Nähe der »Schmiedezunft«.

Die vollständig erhaltene Figur des Adolf von Nassau (Abb. 272) gehört ebenfalls zur Gruppe der Skulpturen, von denen das Aussehen der Modelle überliefert ist. Auf einer Fotografie um 1900 sind neben dem renaissancistisch gestalteten Standbild des Herrschers Vertreter von Kölner Patrizierfamilien zu sehen (Abb. 249). Allen gemeinsam sind die bewegte Haltung, die unruhige Oberfläche und die realistisch wirkenden Gesichter mit den deutlich zurückliegenden Augen und den herabgezogenen Mundwinkeln. Der Kopf des Patriziers Bruno Hardefust (Abb. 273) läßt sich dieser Gruppe zuweisen. Im Nachlaß des Bildhauers Wilhelm Barutzky (1873–1962) fand sich ein Foto mit der Statue des Patriziers Gerhard Quattermart, die nach dem fotografisch überlieferten Modell ausgeführt wurde. Als Schüler an der Baugewerkschule in Köln hatte er die Arbeiten Wilhelm Albermanns kennengelernt, der den 26jährigen an der Ausführung von Ratsturmfiguren beteiligte. Es lag für den jungen Künstler nahe, sich dem Stil des etablierten Meisters anzupassen, was seine Statue des Adolf von Nassau belegt. Der hauptsächlich für die katholische Kirche tätige Barutzky hatte in den 50er Jahren seine in Fotografien festgehaltenen Werke in einem Album zusammengestellt. Vergleichbare Arbeiten des Bildhauers aus der Zeit um 1900 sind bisher nicht bekannt. Ein erhaltenes Lampenweibchen in Brühler Privatbesitz und die Figuren auf den Seitenaltären der Kapelle im Marienhospital in Brühl aus dem Jahr 1909 belegen seine Fähigkeit, Skulpturen historisierend gestalten zu können[133].

Die Fragmente von sechs erhaltenen Figuren lassen sich der Hand eines der überlieferten Bildhauer zuweisen. Die überlängten Proportionen bei fünf der sechs Standbilder berücksichtigen die hohe Aufstellung am dritten Obergeschoß. Der allen Bildwerken gemeinsame gemäßigt impressionistische Stil läßt sich wiederum an der Charakterisierung der Gewänder ablesen. Diese wirken schwer und weich wie Wollstoff. Das Aussehen der fehlenden Köpfe ist durch Fotografien von den Modellen aus der Zeit um 1900 überliefert. Die Abbildungen bestätigen zugleich die Herkunft der sechs Fragmente aus einer Werkstatt. Das Modell zur Figur des helmtragenden Patriziers Gerhard Scherffgin ist auf einem Lichtbild neben der als Fragment erhaltenen Figur des Jordan von Cleve zu sehen (Abb. 250, 274, 275). Das Modell zur zerstörten Figur eines Chronisten (Hermann von Weinsberg oder Heinrich von Beeck) auf der gleichen Fotografie ist auf einer zweiten mit weiteren Modellen abgebildet, von denen die Figur des Hartlieb von der Mark

Abb. 250: Köln, Atelier A. Iven, Gipsmodelle 2, Foto um 1900

Abb. 251: Köln, Atelier A. Iven, Gipsmodelle 3, Foto um 1900

Abb. 252: Köln, Atelier A. Iven, Gipsmodelle 4, Foto um 1900

fragmentarisch erhalten ist (Abb. 250, 251, 276). Die an Köpfen und Gewändern der Modelle ablesbare Auffassung findet sich auf einem Foto mit vier weiteren Modellen wieder (Abb. 252). Die skizzenhaft schlierige Oberflächenbehandlung ist allen Modellen gemeinsam, so daß auch die vier letztgenannten aus der gleichen Werkstatt stammen dürften. Drei der danach ausgeführten und fragmentarisch erhaltenen Figuren stellen Albertus Magnus, Meister Eckhart und einen Gelehrten dar (Abb. 277, 278). Das Modell zur Figur des Albertus Magnus ist in der Literatur als Werk des Bildhauers Alexander Iven überliefert[134]. Die auf einem Foto abgebildete kleine Figur Johannes des Täufers läßt sich ebenfalls mit Iven in Zusammenhang bringen. Bei der Figur handelt es sich um einen Gipsabguß einer der Marmorstatuetten vom Hochaltar des Kölner Domes, die heute im Schnütgen-Museum aufbewahrt werden. Iven erhielt 1899 den Auftrag, die Originale im Museum für den Hochaltar zu kopieren[135]. Vergleiche zu bekannten Werken Ivens bestätigen, daß dieser die hier in einer Gruppe zusammengefaßten sechs Statuen modelliert und in Stein übertragen hat. Für die 1894 bis 1896 erbaute Kirche Mariä Empfängnis in Düsseldorf schuf Iven u. a. die Figuren eines Albertus Magnus (Abb. 253)

Abb. 253: Düsseldorf, kath. Pfarrkirche St. Mariä Empfängnis, Statue Albertus Magnus, Foto um 1900

und eines heiligen Alphons von Liguori. Die davon erhaltenen Fotos zeigen Standbilder[136], die sehr ähnlich wie die Figuren am Ratsturm gestaltet sind. Die gemäßigt impressionistische Oberflächenbehandlung der sechs Ratsturmfiguren läßt sich durch die Ausbildung des Künstlers erklären. Iven war Schüler von Paul de Vigne (1843–1901) in Löwen, durch den er mit dem Werk Auguste Rodins (1840–1917) bekannt wurde[137]. Seit 1884 arbeitete dieser an der monumentalen Skulpturengruppe der Bürger von Calais[138]. Die sehr ausgemergelt erscheinenden Körper mit den locker übergeworfenen Gewändern dürften Iven um die Jahrhundertwende bei der Modellierung seiner Figuren geprägt haben. Der Einfluß de Vignes ist z. B. am Kopf des Gerhard Scherffgin abzulesen, der sehr ähnlich realistisch bewegt modelliert war, wie der Kopf des flämischen Freiheitskämpfers Jan Breydel, den der Löwener Künstler zwischen 1882 und 1887 für das Denkmal des Jan Breydel und Pieter de Coninck in Brügge geschaffen hatte[139]. Iven dürfte das Modell des mittelalterlichen Freiheitskämpfers im Atelier de Vignes kennengelernt haben, bevor er 1883 für seine Leistungen ausgezeichnet nach Köln zog. Dort erhielt er zahlreiche Aufträge zur Ausstattung von Kirchen, machte aber gleichzeitig die für ihn bittere Erfahrung, *daß einflußreiche Kenner alter Kunst, und an ihrer Spitze der leidenschaftliche Sammler Prof. Schnütgen, der ausschließlich gotische Formen forderte, einen für jedes selbständigere und lebendigere Kunstschaffen, gefährlichen Zwang ausübten.*[140] Die mir bekannt gewordenen Arbeiten Ivens aus der Zeit vor 1900 sind alle im neuromanischen oder neugotischen Stil gestaltet. Die im Krieg zerstörte Kanzel für die Kölner Kirche St. Ursula war im Stil der Wechselburger Lettnerfiguren der Zeit um 1235 gehalten[141]. Die Figuren der Hl. Theresia und der Hl. Katharina von Siena in der Pfarrkirche Mariä Empfängnis in Düsseldorf[142] kamen dem Stil um 1400 in Burgund nahe.

Die Figuren am Erdgeschoß des Ratsturmes (1925)

Nach 30 Jahren waren die 1892 angefertigten Standbilder am Turmerdgeschoß so sehr verwittert, daß sie durch neue aus widerstandsfähigerem Material ersetzt werden mußten[143]. Dieses Mal sollte nicht der preiswerteste Anbieter, sondern die besten Künstler den Auftrag zur Ausführung der Figuren erhalten. Aus diesem Grunde wurde ein Wettbewerb veranstaltet, an dem sich zahlreiche Bildhauer mit 50 Modellen beteiligten. Die Jury, die über die Preisträger entschied, setzte sich zusammen aus dem Stadtkonservator Hans Verbeek (1873–1954), dem Direktor des Schnütgen-Museums Fritz Witte (1876–1937), dem Physiker Clemens Schaefer (1878–nach 1958), den Bildhauern Georg Grasegger (1873–1927) und Hubert Netzer (1865–1939) sowie dem Baurat Schulze-Gahmen. Preise in Höhe von 250 Mark wurden an die Bildhauer Erwin Haller, Eduard Schmitz jun. (1897–1965), Anton Brandts-Sobiesky und Carl von Mehring (1887–1974) vergeben. Die Stadt kaufte die Modelle dieses Bildhauers sowie von Johann Baptist Schreiner (1866–nach 1933), Wilhelm Barutzky (1873–1962) und zwei von Matthias Franz Böckeler (1873–1939) an[144]. Die zur Ausführung bestimmten Modelle wurden noch im gleichen Jahr in Muschelkalk übertragen und aufgestellt (Abb. 254). Von den neun Figuren haben zwei den Zweiten Weltkrieg überdauert. Es sind die Statuen, die dem Ratsturmportal am nächsten standen. Alle übrigen Bildwerke hatten ihren Platz unmittelbar an der Nordwestecke des Turmes, die bis auf den Erdgeschoßsockel zerstört wurde. Die beiden weitgehend unversehrten Figuren stellen Heinrich IV. und Philipp von Heinsberg dar (Abb. 255, 288). Mit einem der überlieferten Bildhauer konnten sie bisher noch nicht in Verbindung gebracht werden. Die zwei zumindest fotografisch überlieferten Figuren Johanns von England (1167–1216) und Wilhelms von Holland (1227–1256) entstanden im Atelier von Eduard Schmitz[145] (Abb. 256). Wie die Kölner Kollegen von Mehring und Schreiner arbeitete er für die 1919 gegründete Steinzeugfabrik Kalscheuer & Cie in Frechen. Nach ihren Modellen angefertigte keramische Bauplastik schmückten Häuser und öffentliche Gebäude in Köln und im Umland[146]. Typisiert wirkende Köpfe, vereinfachte Kostüme und eine erstarrt eckige Haltung kennzeichnete alle Standbilder. Ihr Stil ist als gemäßigt expressionistisch zu bezeichnen.

Wertung

Bei den 1868 entstandenen Skulpturen am Ratsturmportal sollte ein teilweise verlorenes Erscheinungsbild wiedergewonnen werden. Das damals noch erkennbare christliche Thema wurde beibehalten. Die verwitterten Figurentorsi des Christus, zweier Apostel und von Propheten wurden durch zeitgemäß gestaltete Nachschöpfungen ersetzt. Soweit sie vorhanden und den ästhetischen Ansprüchen genügten, nutzten die mit der Ausführung beauftragten Bildhauer die Skulpturen des frühen 15. Jahrhunderts als Vorbildmaterial. Dieses Verfahren war 1847 bereits bei der Erneuerung der Skulpturen am wenig älteren und für Köln vorbildlichen Portal des Brüsseler Rathauses angewendet worden. In Bad Godesberg war entsprechend 1856 bei der Erneuerung der Figuren am Hochkreuz und in Köln 1861 am ehemaligen Kauf- und Tanzhaus Gürzenich verfahren worden.

1892 wollte die Stadt die damals vor knapp 100 Jahren herabgestürzten Standbilder am Ratsturm erneuert sehen, um einen Prestigeverlust gegenüber anderen hi-

Abb. 254: Köln, Rathausturm, Erdgeschoß, Nordwestecke mit sechs 1925 erneuerten Statuen, Foto um 1938

Abb. 255: Köln, Ratsturm, Statuen Heinrich IV. und Wilhelm v. Heinsberg, ehem. Westfassade, Foto um 1930

Abb. 256: Köln, Atelier Ed. Schmitz jun., Statuen Wilhelm v. Holland, Johann v. England, ehem. Nordfassade des Ratsturmes, Foto 1925

storischen Städten zu vermeiden. Einige davon hatten beim Bau neuer und bei der Wiederherstellung der vorhandenen Rathäuser mit umfangreichen Skulpturenzyklen Maßstäbe gesetzt, denen sich die Stadtväter in Köln nicht entziehen wollten. Unabhängig von der Thematik der ursprünglichen Skulpturenzyklen hatten Städte wie Brüssel, Löwen, Brügge und Wesel an ihren gotischen Rathausbauten den Persönlichkeiten ihrer Geschichte Denkmäler gesetzt. Die entstandenen Skulpturenzyklen an mittelalterlichen und an neu erbauten Rathäusern dürften die Kommission angespornt haben, weit in die Geschichte zurückzugreifen und auch längst vergessene Personen und Personengruppen zu Ehren gelangen zu lassen, wenn sie geeignet erschienen, an den einstigen Ruhm der Stadt zu erinnern. Die zeitliche Beschränkung auf das Mittelalter und die frühe Neuzeit mag als Hinweis auf den Status gewertet werden, den Köln als reichsfreie Stadt bis 1794 besaß. Zugleich verlieh die Stadt so ihrem Wunsch nach einer angemessenen Stellung in Preußen und im Reich Ausdruck. Preußen hatte Köln gegenüber benachbarten Städten z. B. bei der Wahl der Standorte für die Kunstakademie, die Universität und die Regierung der Rheinprovinz übergangen, so daß es genügend Gründe gab, die reichsstädtischen Freiheiten zu beschwören.

Bei der Skulpturengestaltung spielte ab 1892 der Stil der Erbauungszeit des Turmes keine Rolle. Wie in anderen Städten übernahm die Ratsturmkommission jedoch die Aufgabe, dafür zu sorgen, daß die Modelle in Komposition und Haltung eine Einfügung der danach ausgeführten Standbilder in die Architektur erwarten ließen und die Gestaltung zur Vergegenwärtigung der Persönlichkeit geeignet war. Die gleichen Anforderungen galten auch im Jahre 1900, als es um die Ausführung der noch fehlenden 71 Standbilder ging. Die Kommission war jetzt allerdings bereit, hinsichtlich der handwerklichen Ausführung Abstriche zu machen. 1892 und 1900 bemühten sich die Bildhauer, das überlieferte Bild von Personen und Personifikationen in eine zeitgemäße Form zu bringen. Die erhaltenen Skulpturenfragmente belegen, daß zumindest die Arbeiten von zwei im Jahre 1900 beteiligten Bildhauern aus der Mehrzahl der Kollegen herausragten. Wilhelm Albermann schuf bewegte Figuren im Stil der Neurenaissance, die eine Auseinandersetzung mit der damals aktuellen neubarocken Skulptur belegen. Alexander Iven gelang es, Gestaltungsmerkmale impressionistischer Skulptur bei seinen Statuen anzuwenden. 1925 war Bauplastik im wesentlichen ein Betätigungsfeld konservativer Künstler. Die erhaltenen oder fotografisch überlieferten Skulpturen im gemäßigt expressionistischen Stil belegen, daß es bei den wiederum zu erneuernden Erdgeschoßfiguren auf eine handwerklich gediegene Ausführung ankam.

Die für andere Bauteile geschaffenen Skulpturen waren, wie diejenigen am Turm, Teil umfangreicher Bildprogramme, die sich in der Prophetenkammer und im Treppenhaus über verschiedene Kunstgattungen wie Wand- und Glasmalerei erstreckten. Sie verliehen den zum Teil neu errichteten Fassaden und Räumen den als notwendig empfundenen Repräsentationscharakter. Die dargestellten Personen oder Personifikationen waren ebenfalls der Stadtgeschichte entlehnt. Dort wo Bestehendes oder Verlorenes erneuert wurde, waren Themen und Stil bindend vorgegeben. Lediglich bei der bereits frei nachgeschaffenen, aber wieder erneuerungsbedürftigen Justitiafigur an der Laube war dem Bildhauer 1881 die Gestaltung weitgehend freigestellt. Ein Jahr nach der Gründung des Deutsches Kaiserreiches ließen es sich die Stadtväter nicht nehmen, ihre als positiv zu wertenden Beziehungen zum Kaiserhaus zu demonstrieren. Aus heutiger Sicht mag die Anbringung der beiden heute verlorenen Kaiserstatuen an der Altermarktfassade opportunistisch empfunden werden, im späten 19. Jahrhundert war diese Art der Verehrung des Herrschers jedoch üblich. Auch in Köln hatte sie Tradition, wie das seit 1855 geplante, aber erst 1878 fertiggestellte Königsdenkmal auf dem Heumarkt belegt.

Anmerkungen

1 Die Fragmente befanden sich zum großen Teil im Depot des Stadtkonservators.

2 Unter jeder Figur gab eine Inschrift Auskunft über den Namen des Dargestellten. An den erhaltenen Teilen aus der Zeit vor dem Zweiten Weltkrieg sind diese noch vorhanden. Bei den nicht erhaltenen Inschriften wurden historische Fotos herangezogen, die zumindest die Benennung der Figuren an der Westseite erlaubten. Das »Handbuch von Köln«, hg. v. Hermann Wieger, Frankfurt-Main, 1925, S. 246–247, überliefert die Namen aller Dargestellten, so daß mit Hilfe der Attribute weitere Figuren identifiziert werden konnten (s. a. Anm. 66).

3 Die »Verhandlungen der Stadtverordneten« und die »Berichte über den Stand und die Verwaltung der Gemeinde Angelegenheiten der Stadt Köln« sind im Historischen Archiv der Stadt Köln unter der Signatur Ce 20 bzw. Ce 21 einsehbar.

4 Auskunft: Historisches Archiv der Stadt Köln.

5 Walter Geis, Der Dombildhauer Christian Mohr 1823–1888. Dissertation Bonn 1988. – Michael Puls, Skulptur am Dom, Biographie Christian Mohrs. In: Der Kölner Dom im Jahrhundert seiner Vollendung 1. Katalog zur Ausstellung, hg. v. Hugo Borger. Köln 1980, S. 286–301. – Rolf Lauer und Michael Puls, Die Skulpturen des 19. Jahrhunderts am Kölner Dom. In: Der Kölner Dom im Jahrhundert seiner Vollendung 2. Essays zur Ausstellung, hg. v. Hugo Borger. Köln 1980, S. 304–317. – Bei den Ermittlungen der Lebensdaten mehrerer beteiligter Bildhauer aus Köln war Frau Kautz im Standesamt Köln dankenswerterweise behilflich.

6 Peter Bloch, Der Bildhauer Edmund Renard (1830–1905). In: Miscellanea pro arte. Festschrift Hermann Schnitzler. Düsseldorf 1965, S. 335–340. – Ders., Skulpturen des 19. Jahrhunderts im Rheinland. Düsseldorf 1975, S. 40–42.

7 Jochen Becker, Zu Peter Fuchs (1829–1898). In: Kunstgeschichtliche Aufsätze von seinen Schülern und Freunden des Kunsthistorischen Instituts Köln Heinz Ladendorf zum 29. Juni 1969. Köln 1969, S. 41–61. – Peter Bloch, Skulpturen des 19. Jahrhunderts im Rheinland. Düsseldorf 1975, S. 36–38. – Eduard Trier, Zum Werk des Kölner Dombildhauers Peter Fuchs. In: Kölner Domblatt 43, 1978, S. 189–200. – Rolf Lauer, Skulptur am Dom. In: Der Kölner Dom im Jahrhundert seiner Vollendung 1. Katalog zur Ausstellung, hg. v. Hugo Borger. Köln 1980, S. 302–319. – Rolf Lauer und Michael Puls, wie Anm. 5, S. 317–323.

8 Verhandlungen der Stadtverordneten, Sitzung vom 1.12.1853.

9 Verhandlungen der Stadtverordneten, Sitzung vom 30.4.1857.

10 Verhandlungen der Stadtverordneten, Sitzung vom 25.8.1859. – Hiltrud Kier, Das Kölner Rathaus im 19. Jahrhundert. In: Kunst, Kultur und Politik im Deutschen Kaiserreich Bd. 4. Das Rathaus im Kaiserreich. Kunstpolitische Aspekte einer Bauaufgabe des 19. Jahrhunderts, hg. v. Ekkehard Mai, Jürgen Paul und Stephan Waetzoldt. Berlin 1982, S. 368–371. – Siehe in diesem Band den Beitrag von H. Kier, S. 40–61.

11 Frank Günter Zehnder, Katalog der Altkölner Malerei (Kataloge des Wallraf-Richartz-Museum XI). Köln 1990, S. 112–116, Abb. 79–84.

12 Siehe Anm.10.

13 Hans Vogts, Die profanen Denkmäler der Stadt Köln (Die Kunstdenkmäler der Rheinprovinz, hg. v. Paul Clemen VII, 4). Düsseldorf 1930, S. 202–203; 216–225. – Eduard Trier, Die Prophetenfiguren des Kölner Rathauses II. In: Wallraf-Richartz-Jahrbuch XIX, 1957, S. 199.

14 Siehe Anm.10 Kier 1982, S. 370.

15 Verhandlungen der Stadtverordneten, Sitzung vom 6.2. und 24.7.1862, – siehe Anm. 10 Kier 1982, S. 370.

16 Die Dioskuren. Deutsche Kunst-Zeitung. Hauptorgan der Deutschen Kunstvereine, hg. v. Max Schasler. Berlin Jg. 8, 1863, S. 305.

17 Als Beispiel sei das Wappenbuch des Conrad Grünenberg aus dem Jahre 1483 genannt. Es zeigt auf Blatt XVIb den Kölner Bauern hinter dem Wappenschild. Er trägt die kurze gegürtete Kotte und hebt die pelzverbrämte Kappe zum Gruß. Dreschflegel und Kapuze finden sich auf der Darstellung des Kölner Bauern in der Handschrift »Agrippina« des Heinrich van Beeck, Köln 1469-1472 im Historischen Archiv der Stadt Köln, Blatt IV und Blatt 35r, der Federbusch und die Stadtschlüssel als Attribute des Bauern sind auf dem Kupferstich des Matthias Quad der Zeit um 1600 mit dem Wappen der Stadt zu sehen. Die genannten Beispiele sind abgebildet in: Beatrix Alexander. Der Kölner Bauer, Katalog: Kölnisches Stadtmuseum, Köln 1987, S. 33, 118–119, 155.

18 Siehe Anm. 17 Alexander 1987, S. 156.

19 Köln, Stadtkonservator, Bezirksakte Rathaus, Zeitplan des Hochbauamtes – Enttrümmerungsabteilung v. 28.8.1964.

20 Siehe Anm. 17 S. 100, 102, Abb. S. 96.

21 Verhandlungen der Stadtverordneten, Sitzung vom 24.3.1859.

22 Verhandlungen der Stadtverordneten, Sitzung vom 6.2. und vom 24.7.1862.

23 Verhandlungen der Stadtverordneten, Sitzung vom 18.6.1863, S. 250.

24 Verhandlungen der Stadtverordneten, Sitzung vom 18.6.1863, S. 251.

25 Der Thurm des Rathhauses zu Köln. In: Organ für christliche Kunst 14, 1864, S. 224–225, Beilage nach S. 252.

26 Verhandlungen der Stadtverordneten, Sitzung vom 11.4.1867, S. 65.

27 Verhandlungen der Stadtverordneten, Sitzung vom 1.8.1867, S. 115.

28 Aus Cöln's Bauthätigkeit. In: Deutsche Bauzeitung 1869, S. 630.

29 Der Schlußstein im Chor der Kirche St. Andreas in Köln aus der Zeit nach 1430 (siehe: Hans Peter Hilger. Der Skulpturenzyklus im Chor des Aachener Domes (Die Kunstdenkmäler des Rheinlandes, hg. v. Rudolf Wesenberg Beiheft 8). Essen 1961, S. 115, Abb. 139, S. 119) oder die Tafel des Meisters der Georgslegende und Werkstatt der Zeit um 1485 bis 1490 im Wallraf-Richartz-Museum (siehe Anm. 11, Zehnder 1990, S. 262, Abb. 120) zeigen, daß die Ergänzung der Salvatorfigur der bildlichen Überlieferung folgte.

30 Siehe Anm. 5 Geis 1988, S. 262.

31 Hans Josef Böker, Die Portalskulpturen der Christuskirche in Hannover. In: Niederdeutsche Beiträge zur Kunstgeschichte 24, 1985, S. 185–200; siehe Anm. 5 Geis 1988, S. 274–276.

32 Köln, Archiv des Erzbistums, Metropolitankapitel Akte 310, Betriebsplan 1871, Köln, Archiv der Dombauverwaltung, Revisions Protokolle 1871 Tit. VII.

33 Den Hinweis auf das Grabmal verdankt der Autor Frau Dr. Gertrud Scholz, Amt des Stadtkonservators.

34 Heinrich Wiethase, Gebäude für öffentliche Verwaltung. In: Köln und seine Bauten. Festschrift zur VIII. Wanderversammlung des Verbandes deutscher Architekten und Ingenieur-Vereine in Köln. Köln 1888, S. 500, dort »Christian Mohr, Edmund Renard, Peter Fuchs« aber nicht Otto Hansmann genannt. Zu Otto Hansmann siehe: Peter Bloch, Skulpturen des 19. Jahrhunderts im Rheinland. Düsseldorf 1975, S. 43.

35 Herbert Rode, Ernst Friedrich Zwirners Planentwicklung für den Ausbau des Kölner Domes 1833 bis 1844. In: Kölner Domblatt 20, 1961, S. 45–98. – Eva Brües, Die Rheinlande. In: K. F. Schinkel. Lebenswerk. Berlin 1968, S. 304–369 mit zahlreichen Abbildungen zur früheren Planungsgeschichte.

36 Siehe Anm. 5 ab Kat. Nr.70: Bisher ist kein Werk Mohrs bekannt geworden, das dieser nach 1870 im Auftrag der katholischen Kirche geschaffen hat.

37 Robert Didier und John Steyaert, Propheten vom Brüsseler Rathaus. In: Die Parler und der Schöne Stil 1350–1400, hg. v. Anton Legner, Bd. 1., Köln 1978, S. 88.

38 Allgemeines Lexikon der bildenden Künstler von der Antike bis zur Gegenwart. Begründet von Ulrich Thieme und Felix Becker, hg. v. Ulrich Thieme 12. Bd., Leipzig 1916, S. 278–279. – Sybille Valcke, Fraikin, Charles-Auguste. In: La Sculpture Belge au 19ème siècle. Catalogue. Brüssel 1990, S. 399.

39 Siehe Anm. 13 Vogts 1930, S. 207, dort als Aufstellungsort der zwei Fragmente das im Zweiten Weltkrieg zerstörte Rheinische Museum in Köln-Deutz genannt. Die Paulusstatue gelangte ins Depot des Schnütgen-Museums. Zur Figur siehe den Beitrag von U. Surmann in diesem Band.

40 Christian Mohr, Köln in seiner Glanzzeit. Neue Forschungen. Köln 1885, S. 221. – Ders., Die Kirchen von Köln, ihre Geschichte und Kunstdenkmäler, Berlin 1889, S. 82.

41 Köln, Archiv der Dombauverwaltung, Akte W II Blatt 64 v. 20.5.1848.

42 Ingrid Jenderko-Sichelschmidt, Profane Historienmalerei. In: Kunst des 19. Jahrhunderts im Rheinland, hg. v. Eduard Trier und Willy Weyres, Bd. 3: Malerei, Düsseldorf 1979, S. 170–172. – Frank Büttner, Geschichte für die Gegenwart? – Der Streit um die Karlsfresken Alfred Rethels. In: Die Deutschen und ihr Mittelalter: Themen und Funktionen moderner Geschichtsbilder vom Mittelalter, hg. v. Gerd Althoff, Darmstadt 1992, S. 101–126.

43 Beilage zur Allgemeinen Zeitung v. 06.08.1847. – Sulpiz Boisserée, Tagebücher. Im Auftrag der Stadt Köln hg. v. Hans-J. Weitz. Bd. 4, 1844–1854. Darmstadt 1985, S. 363.

44 Zum Skulpturenschmuck am Aachener Rathaus siehe: Carola Weinstock, Der plastische Bildschmuck an der Fassade des Aachener Rathauses 1864–1901. In: Aachener Kunstblätter 49, 1980/81. Köln 1981, S. 51–230, hier S. 152. – Dies., Die Restaurierung des Aachener Rathauses und seines plastischen Bildschmucks im 19. Jahrhundert. In: Das Rathaus im Kaiserreich, hg. v. Ekkehard Mai, Jürgen Paul und Stephan Waetzoldt. Berlin 1982, S. 483–515, hier S. 506.

45 Kölner Bau- und Kunstgewerbezeitung 1888, Nr. 5, S. 39. – Leonard Ennen. Die Restauration des Kölner Rathauses. In: Zeitschrift für bildende Kunst 7, Leipzig 1872, S. 237, 240.

46 Albrecht Dürer 1471 bis 1528. Das gesamte graphische Werk. Druckgraphik. Herrsching o. J., Nr.1742.

47 Wilhelm Bode, Geschichte der Deutschen Plastik. Berlin 1886, Abb. S. 65.

48 Das Originalfoto von Anselm Schmitz befindet sich im Archiv der Dombauverwaltung. Die Lokalisierung des Ateliers wird Herrn Dr. Wolfram Hagspiel, Amt des Stadtkonservators, verdankt.

49 Zu Hansmann siehe Anm. 6 Bloch 1975, S. 43.

50 Siehe Anm. 45 S. 240.

51 Herr Josef Abt, Köln, ermittelte dankenswerterweise die Vornamen, die vermutliche Aufenthaltsdauer der Bildhauer in Köln und das Grabmal Becker auf dem Friedhof Melaten auf Flur E Grab Nr. 41.

52 Siehe Anm. 45. – Die Dioskuren. Deutsche Kunst-Zeitung 18, 1873, S. 81.

53 Siehe Anm. 10 Kier 1982, S. 380–381, Anm. 23.

54 Zu Skulpturenprogrammen vgl.: Charlotte Kranz-Michaelis,

Rathäuser im deutschen Kaiserreich 1871–1918 (Materialien zur Kunst des neunzehnten Jahrhunderts Band 23). München 1976, besonders S. 114–121.

[55] Domien Roggen, Johannes de Osy en Johannes de Aquis. In: Gentsche Bijdragen tot de Kunstgeschiedenis XII, 1949/50, S. 105–106. – Victor Gaston Martiny, Le Decor architectural de la Grand-Place. In: Marc Vokaer, La Grand-Place de Bruxelles, Brüssel 1966, S. 129.

[56] G. des Marez, Guide illustré de Bruxelles. Tome I: Les Monumente civils et religieux (Touring Club de Belgique). Brüssel 1918, S. 14, 23–25. – Martine Calonne-Beginne, Illustrated Catalogue of the Town-Hall. o. O. u. J.

[57] Der Bau besaß bereits 1379 Skulpturenschmuck, der jedoch 1792 zerstört wurde. Vgl. dazu: Robert Didier und John Steyaert, Konsole mit Zacharias und Erzengel Gabriel (?). In: Die Parler und der Schöne Stil 1350–1400. Europäische Kunst unter den Luxemburgern, hg. v. Anton Legner, Bd. 1, Katalog Köln 1978, S. 81-82.– Alin Janssens de Bistoven, Het Beeldhouwwerk van het Brugsche Stadhuis. In: Gentsche Bijdragen tot de Kunstgeschiedenis X, 1944 (Gent 1945), S. 81. – Die Figuren des 19. Jahrhunderts sind inzwischen wieder durch neue ersetzt. Offenbar wurde dabei das Programm des 19. Jahrhunderts beibehalten.

[58] A. L. J. van de Walle, Gotische Kunst in Belgien. München 1972, S. 35. – Zum Bildprogramm des 19. Jahrhunderts siehe: Edward van Even, Louvain Monumental ou Description Historique et Artistique de tous les Edifices civiles et religieus de la dite ville. Louvain 1860, S. 149–151.

[59] Helmut Rotthauwe gen. Löns, Rathäuser in Wesel, hg. v. der Stadt Wesel. Wesel o. J. (1974), Abb. S. 44. – Hilde Löhr, Fotografin am Niederrhein. Weseler Museumsschriften Bd. 2, hg. v. Werner Arand. Bonn 1980, S. 32–33.

[60] Siehe Anm. 42 Jenderko-Sichelschmidt 1979, S. 167, 170. Der Maler war Hermann Freihold Plüddemann (1809–1868).

[61] Winfried Nerdinger und Birgit Stenger. Das Münchner Rathaus – Architektur zwischen Politik, Ehrgeiz und Intrige. In: Das Rathaus im Kaiserreich, hg. v. Ekkehard Mai, Jürgen Paul, Stephan Waetzoldt. Berlin 1982, S. 151–177 Abb. 14, 15, S. 168–169.

[62] Volker Plagemann, »Vaterstadt, Vaterland ...« Denkmäler in Hamburg (Arbeitshefte zur Denkmalpflege Nr. 9), Hamburg 1986, S. 81.

[63] Walter Krause, Die Plastik der Wiener Ringstraße von der Spätromantik bis zur Wende um 1900 (Die Wiener Ringstraße. Bild einer Epoche. Die Erweiterung der inneren Stadt Wien unter Kaiser Franz Joseph, hg. v. Renate Wagner-Rieger. Bd. 9: Plastik 3). Wiesbaden 1980, S. 99 Abb. 81. – Ulrike Planner-Steiner und Klaus Eggert, Friedrich von Schmidt (wie oben Bd. VIII, 2), Wiesbaden 1978, S. 42–46.

[64] siehe Anm. 44 Weinstock 1981, S. 165–182, S. 194–202.

[65] Verhandlungen der Stadtverordneten, Sitzung vom 18.10.1900, S. 360. – Wiethase und Reichensperger lebten bei der Realisierung der Statuen in den Jahren 1900 und 1901 nicht mehr – siehe Anm. 10 Kier 1982, S. 381.

[66] Friedrich Carl Heimann, Kölnische Geschichte im Schmuck öffentlicher Gebäude. In: Kölnische Volkszeitung 122 vom 8.2.1903: *Weltliche und geistliche Fürsten, welche durch Privilegien und Vergünstigungen Kölns Entwicklung förderten, stellen die Standbilder des Erdgeschosses dar: Die Kaiser Heinrich IV., Barbarossa, Philipp von Schwaben und Otto IV., die Könige Johann von England und Wilhelm von Holland, die Päpste Innocenz III. und IV., sowie die Erzbischöfe Bruno I. und Philipp von Heinsberg. Des ersten Stockwerks Bilderschmuck verewigt die glänzende Reihe der Geschlechter durch Mathias Overstolz, Heinrich Kleingedank, Gerhard Scherffgin, Franco von Horne, Costin von Aducht, Gerhard Quattermart, Mathias Spiegel, Daniel Jude und Bruno Hardefust, denen sich als Zeitgenossen die Kaiser Rudolph von Habsburg und Adolph von Nassau sowie Erzbischof Wiebold von Holte zugesellen. Im zweiten Stockwerk bildet den Mittelpunkt die Darstellung der Zünfte Wollenweber, Leinwandwirker, Schmiede und Metzger, der Ritterzünfte Eisenmarkt und Windeck, um welche sich gruppieren die Bürgermeister Constantin von Lyskirchen, Heinrich von Aussem und Arnold von Siegen, Syndikus Dr.Sudermann, Gerhard von Hauwe, der Verfasser des Verbundbriefes, Rentmeister Roland Odendorp, Johann von Bonn, der Zimmermeister des Turmes, Kaiser Sigismund, der ihn einst bestiegen, und der gute Gerhard, der Typus eines Kölner Kaufmannssohnes. Nicht minder bedeutend als das politische Leben der Stadt, dessen Vertreter vorgenannte Persönlichkeiten sind, war aber das geistige und künstlerische, wodurch Köln namentlich im frühen Mittelalter ein großer Ruf mit Recht vorausging. Darum setzt sich die Figurenreihe des ersten Oktogongeschosses aus Gelehrten und Künstlern zusammen: den Dominikaner Albertus Magnus (doctor universalis), Thomas von Aquin (doctor angelicus), Meister Eckhart und Heinrich Suso, dem Benediktinerabt Ruprecht von Deutz, dem Cistercienser Caesarius von Heisterbach, dem Franciskaner Duns Scotus (doctor subtilis), den Jesuiten Gropper und Canisius, dem Mathematiker Ragimbold, dem Humanisten Caesarius, den ersten Universitätsrektoren Hartlieb von der Mark und Jordan von Cleve, den Chronisten Heinrich von Beek und Hermann von Weinsberg, den Buchdruckern Quentel und Koelhoff, den Malern Meister von St. Severin, Bartholomäus Bruyn, Geldrop Gartjins und Woensam, sowie dem Architekten Wilhelm Vernickel, dem Erbauer des Portals. Das oberste Stockwerk schließlich zieren die Heiligen, welche in ihrer Mehrzahl der alte Hymnus Gaude Felix Agrippina als Schutzpatrone der Stadt aufzählt: Maria, die h. drei Könige, Michael, Gereon, Ursula, Cordula, Gebrüder Ewaldi, Gregorius, Maurinus, Reinold, Bonifatius, sowie die Kölner Kirchenfürsten Maternus, Severin, Evergislus, Agilolph, Kunibert, Heribert, Anno und Engelbert.* – Die Aufzählung der Figuren ist auch im Handbuch von Köln überliefert (siehe Anm. 2).

[67] Die Heiligen Drei Könige, Gereon, Ursula, die Brüder Ewaldi, Maternus, Severin, Evergislus, Agilolf, Heribert und Anno gehörten damals wie heute zum Skulpturenprogramm.

[68] Peter Johanek, Mittelalterliche Stadt und bürgerliches Geschichtsbild im 19. Jahrhundert. In: Die Deutschen und ihr Mittelalter: Themen und Funktionen moderner Geschichtsbilder vom Mittelalter, hg. v. Gerd Althoff. Darmstadt 1992, S. 85.

[69] Von den drei Bürgermeistern ist heute Arnold von Siegen (um 1490–1578) wieder am Turm mit einer Figur vertreten, von den Juristen Heinrich Suderman (um 1520–1591) und von den Künstlern der Maler Anton Woensam (vor 1500–1541). – Zum Verständnis von Kaufmann und Künstler siehe Anm. 68, S. 89–92. Die ergänzte Figur der Zunft Windeck von 1900/01 vertritt heute am Turm Arnold von Siegen.

[70] Der 1931 heiliggesprochene Albertus Magnus ist heute mit einer Figur vertreten. Aus dem damaligen Programm wurden außerdem Rupert von Deutz (um 1060/70–1129) und Johannes Gropper (1503–1559) sowie der Chronist Heinrich von Beeck (2. Hälfte 15. Jh.) für das heutige übernommen.

[71] Zu diesen gehörte auch der heute wieder mit einem Standbild vertretene Matthias Overstolz (gest. 1268).

[72] Heinrich IV. (1050–1106) und Rudolf I. von Habsburg (1218-1291) waren im damaligen wie im heutigen Programm.

[73] Bruno I. ist als Kölner Heiliger im Skulpturenzyklus vertreten, Innocenz III. wird ebenfalls wieder mit einer Statue geehrt.

[74] Verhandlungen der Stadtverordneten, Sitzung vom 18.10.1900, S. 360. – siehe Anm. 10 Kier 1982, S. 381. – Bericht über den Stand und die Verwaltung der Gemeinde–Angelegenheiten der Stadt Köln für das Etatsjahr 1897. Köln 1898, S. 176 (Abschlußgalerie wiederhergestellt); desgl. für das Etatsjahr 1899. Köln 1900, S. 164 (Restaurierung der West- und der Nordfassade des Turmes im Bereich des ersten Obergeschosses); desgl. für das Haushaltsjahr 1900. Köln 1901, S. 166 (Abschluß der Außensanierung Ende 1901 erwartet).

[75] Kölner Tageblatt 185 vom 13.8.1892: Das Modell Friedrich Barbarossas von Wilhelm Faßbinder wurde belächelt, weil er den Kaiser mit den gekrönten Schädeln der Heiligen Drei Könige dargestellt hatte. Der Bildhauer war in Köln vornehmlich als Grabmalplastiker bekannt. Stuggs Modelle wurden ebenfalls verworfen. Dem Kritiker erschienen sie zu gedrungen und mehr zur Aufstellung im Freien als in architektonischer Umrahmung geeignet. Von ihm sind keine weiteren Arbeiten bekannt. Die Teilnahme von Heinrich Schmitz am Wettbewerb wurde begrüßt. Seine Arbeit erfuhr jedoch keinerlei Kritik. Eine von ihm angefertigte aber nicht erhaltene oder überlieferte Tür für eine Villa in Köln–Marienburg wurde jedoch als Beleg genannt, daß ihm die gotischen Formen geläufig waren. Weitere Arbeiten sind auch von diesem Bildhauer bisher nicht bekannt. Die als »gut« bewerteten Modelle von Peter Kürten sollten nach der Meinung des Kölner Stadtanzeigers zur Ausführung herangezogen werden. Der Bildhauer arbeitete damals noch im Atelier des Dombildhauers Peter Fuchs. Von ihm sind bisher nur Arbeiten aus der Zeit nach 1900 überliefert. Die Figuren von Iven wurden als »gut bewegt« bezeichnet. Sie sollen mit Rücksicht auf den hohen Stand die Köpfe geneigt haben.

[76] Kölnische Volkszeitung 429 vom 6.8.1892. – siehe Anm. 10 Kier 1982, S. 382. – siehe Anm. 13 Vogts 1930, S. 199 dort »Ionen« statt »Iven« genannt. Da ein Bildhauer A. Ionen in den Kölner

Adreßbüchern nicht verzeichnet ist, kann es sich nur um Alexander Iven handeln.

77 Bericht über den Stand und die Verwaltung der Gemeinde-Angelegenheiten der Stadt Cöln für den Zeitraum vom 1. April 1893 bis 31. März 1894. Köln 1895, S. 160.

78 Siehe Anm. 13 Vogts 1930, S. 199.

79 Kölner Tageblatt 185 vom 13.8.1892.

80 Bonner Zeitung 105 vom 16.4.1885.

81 Siehe Anm. 2 Wieger 1925, S. 248 und Anm. 13 Vogts 1930, S. 295, 298.

82 Fritz Abshoff, Deutschlands Ruhm und Stolz. Unsere hervorragendsten vaterländischen Denkmäler in Wort und Bild. Berlin o. J. (1904), S. 84 Abb. 130.

83 Hermann Maertens, Die deutschen Bildsäulen-Denkmale des XIX. Jahrhunderts, o. O. 1892 Taf. 48. – siehe Anm. 82) Abshoff o. J., S. 82, Abb. S. 130. – »Unsere tapferen Helden...«. Kriegs- und Kriegerdenkmäler und politische Ehrenmale. Dortmunder Beispiele, hg. vom Fachbereich Design der Fachhochschule Dortmund. Essen 1987. – Das Denkmal wurde 1944/45 zerstört.

84 Siehe Anm. 13 Vogts 1930, S. 267.

85 Zum stilistischen Umfeld des Ratskapellenportals siehe: Reiner Dieckhoff, Die Engelkapelle und die Marienkapelle der Kölner Kartause. In: Die Kölner Kartause um 1500. Aufsatzband. Hg. v. Werner Schäfke. Köln 1991, S. 461, Abb. 179, S. 463. – Das Original wurde um 1930 im Rheinischen Museum, vor dem Zweiten Weltkrieg im Schnütgen-Museum aufbewahrt. Dort wurde es im Krieg bis auf die beiden Engelköpfe zerstört. Der Kopf eines der beiden Engel ist im Schnütgen-Museum aufgestellt.

86 Christian Mohr, Köln in seiner Glanzzeit. Neue Forschungen. Köln 1885, S. 240.

87 Kölner Tageblatt 185 vom 13.08.1892.

88 Johann Philipp Benkard, Übersicht der Geschichte der Deutschen Kaiser und Könige. Zu den Bildern des Kaisersaals. Frankfurt a. M. 1854.

89 Siehe Anm. 44 Weinstock 1981, S. 192, Abb. 84 S. 192.

90 Wilhelm von Bode, Geschichte der deutschen Plastik. Berlin 1886, S. 49. – Zu den Figuren der Goldenen Pforte siehe: Klaus Niehr, Die mitteldeutsche Skulptur der ersten Hälfte des 13. Jahrhunderts. Weinheim 1992, S. 139–141, 197, Abb. 39 S. 433, Abb. 40 S. 434.

91 Kölner Tageblatt 185 vom 13.8.1892.

92 Köln, Archiv der Dombauverwaltung, Akte Revisionsprotokolle 1877/78 Tit. VII.

93 Bericht über den Stand und die Verwaltung der Gemeinde-Angelegenheiten der Stadt Köln für die Etatsjahre 1897, 1899 und 1900 siehe Anm. 74.

94 Siehe Anm. 93 Bericht . . . für den Zeitraum vom 1. April 1893 bis 31. März 1894. Köln 1895, S. 159. – Desgl. für den Zeitraum vom 1. April 1894 bis 31. März 1895. Köln 1896, S. 165. – Desgl. für den Zeitraum vom 1. April 1895 bis 31. März 1896. Köln 1897, S. 175. – siehe Anm. 13 Vogts 1930, S. 229.

95 Zu den Prophetenfiguren siehe: Eduard Trier, Die Prophetenfiguren des Kölner Rathauses. In: Wallraf-Richartz-Jahrbuch Bd. XV 1953, S. 79–102. – Ders. Die Prophetenfiguren des Kölner Rathauses II. In: Dass. Bd.XIX 1957, S. 193–224. – Reiner Dieckhoff, Acht Prophetenfiguren aus der ehemaligen Prophetenkammer des Rathauses. In: Der Name der Freiheit 1288–1988. Aspekte Kölner Geschichte von Worringen bis heute, hg. v. Werner Schäfke. Köln 1988, S. 411–414.

96 Walter Geis, Köln: Konsolen der Prophetenfiguren des Rathauses wiederentdeckt. In: Denkmalpflege im Rheinland 9. Jg. Nr. 1, 1. Viertelj. 1992, S. 29–34, darin auch weitere Arbeiten von Moest genannt. Die Konsolen wurden im Wintersemester 1993-94 von Studenten der Fachhochschule Köln, Fachbereich Restaurierung und Konservierung von Kunst und Kulturgut unter der Leitung von Herrn Prof. Hellwig, Frau Urbanek und Herrn Krupa gereinigt und konserviert.

97 Edward von Steinle. Des Meisters Gesamtwerk in Abbildungen herausgegeben durch Alphons M. von Steinle. Kempten, München 1910, Abb. 233.

98 Herbert Rode, Der Hl. Michael von Franz Meynen an der Nordquerhausfassade des Kölner Domes. In: Kölner Domblatt 35, 1972, S. 99–112.

99 Vgl. Gerhard Rudolph, Die illustrative Graphik. In: Kunst des 19. Jahrhunderts im Rheinland in fünf Bänden. Hg. v. Eduard Trier und Willy Weyres, Band 3: Malerei. Düsseldorf 1979, Abb. 30 S. 339. – Wolfgang von Goethe, Reineke Fuchs. Zeichnungen von Wilhelm von Kaulbach. Stuttgart 1867, Titelblatt.

100 Paul Clemen, Die Kunstdenkmäler des Kreises Kleve (Die Kunstdenkmäler der Rheinprovinz im Auftrage des Provinzialverbandes hg. v. Paul Clemen. I, 4). Düsseldorf 1892, S. 491 Fig. 34. – Guido de Werd, De Kalkarse beeldhouwer Arnt van Tricht. In: Bulletin van het Rijksmuseum 21/2, 1973, S. 67, Abb. 7, S. 68.

101 Hans Vogts, Bauliche Neuordnungen und Wiederherstellungen im Kölner Rathaus. In: Deutsche Kunst und Denkmalpflege 1940/41, Heft 5/6, S. 135–136.

102 Siehe Anm. 17 Alexander 1987, S. 158, Abb. S. 159, Farbtafel 126, 127.

103 Siehe Anm. 10 Kier 1982, S. 371, 372, 375.

104 Siehe Anm. 13 Vogts 1930, S. 196.

105 Siehe Anm. 93 Bericht für das Jahr vom 1. April 1896 bis 31. März 1897. Köln 1898, S. 174. – siehe Anm. 66 Heimann 1903.

106 Peter Fuchs, Daten der Kölner Stadtgeschichte von den Römern bis 1400. In: Chronik zur Geschichte der Stadt Köln, Bd 1: Von den Anfängen bis 1400. Hg. v. Peter Fuchs. Köln 1990, S. 173.

107 Siehe Anm. 106 Fuchs 1990, S. 337.

108 Walther Stein, Akten zur Geschichte der Verfassung und Verwaltung der Stadt Köln im 14. und 15. Jahrhundert (Publikation der Gesellschaft für Rheinische Geschichtskunde X, 1). Bonn 1893, S. CLVI–CLXIX.

109 Siehe Anm. 93 für das Etatsjahr 1898. Köln 1899, S. 162. – Anm. 66 Heimann 1903. – zum »Großen Schied« siehe Bernd Dreher, »Großer Schied« (28.6.1258). In: Der Name der Freiheit 1288-1988. Aspekte Kölner Geschichte von Worringen bis heute. Handbuch zur Ausstellung des Kölnischen Stadtmuseums, hg. v. Werner Schäfke. Köln 1988, S. 28–29. – siehe Anm. 106 Fuchs 1990, S. 210–211. – Auf dem Relief ist fälschlicherweise das Jahr 1252, das Jahr des »Kleinen Schieds«, angegeben.

110 Siehe Anm. 66 Heimann 1903. – siehe Anm. 106 Fuchs 1990, S. 291.

111 Köln, Archiv der Dombauverwaltung, Akte Revisionsprotokolle 1879/80 Tit. VII.

112 Verhandlungen der Stadtverordnungen, Sitzung vom 2.6.1898 und vom 11.4.1900. – Hans Georg Lempertz, Das Kölner Rathaus (Rheinische Kunstbücher 3). Wiesbaden 1925, S. 28.

113 Siehe Anm. 101 Vogts 1940/41, S. 139.

114 Siehe Anm. 93 Bericht für das Etatsjahr 1899. Köln 1900, S. 164.

115 Verhandlungen der Stadtverordneten, Sitzung vom 18.10.1900, S. 360.

116 Siehe Anm. 115 S. 360–361.

117 *Siehe Anm. 115 S. 360: Von August vorigen Jahres bis jetzt (18.10.1900) habe man 405 Tuffsteinvierungen, 63 Trachytvierungen, 25 Maßwerkvierungen, 29 m Trachytgesims, 4 Mittelbrücken und 2 Mittelgewände versetzt.*

118 Siehe Anm. 115 S. 360–361.

119 Siehe Anm. 115 S. 361.

120 Siehe Anm. 93 für das Etatsjahr 1901, Cöln 1902, S. 177.

121 Siehe Anm. 13 Vogts 1930, S. 199.

122 Walter Geis, Kapelle im St.-Johannes-Hospital. In: Bonner Kirchen und Kapellen. Geschichte und Kunst der katholischen Gotthäuser und Pfarreien. Hg. v. Wilhelm Passavanti. Bonn 1989, S. 23.

123 Vgl. die um 1903 entstandenen Standbilder am Ostportal.

124 Freundliche Auskunft von Herrn W. Steinbach, Elsdorf, aufgrund von Fotos aus dem Nachlaß des Bildhauers.

125 Inge Zacher, Skulpturen an öffentlichen Gebäuden. In: Kunst des 19. Jahrhunderts im Rheinland in fünf Bänden, hg. v. Eduard Trier und Willy Weyres, Band 4: Plastik. Düsseldorf 1980, S. 367 Abb. 14.

126 Brigitte Hüfler, Schmied. In: Rheinland, Westfalen und die Berliner Bildhauerschule des 19. Jahrhunderts. Katalog Berlin 1984, S. 47.

127 Walther Gensel, Constantin Meunier. Bielefeld Leipzig (2. Aufl.) 1907, Abb. 7, S. 12.

128 Jutta Dresch, Karl Janssen und die Düsseldorfer Bildhauerschule. Düsseldorf 1989, Abb. 55, S. 125.

129 Walter Schulten, Kostbarkeiten in Köln. Erzbischöfliches Diözesan-Museum. Katalog. Köln 1978, S. 35–36, Abb. 72, S. 36.

130 Gert von der Osten, Plastik des 19. Jahrhunderts in Deutschland, Österreich und der Schweiz. Königstein im Taunus 1961, Abb. S. 56. – Peter Bloch/Waldemar Grzimek, Das klassische Berlin.

Die Berliner Bildhauerschule im neunzehnten Jahrhundert. Berlin 1978, S. 92 Abb. 131.

131 Siehe Anm. 130 Bloch/Grzimek 1978, S. 152.

132 Johann Jacob Merlo, Kölnische Künstler in alter und neuer Zeit, hg. v. Eduard Firmenich-Richartz. Düsseldorf 1895, Sp. 32.

133 Hinweise zu Leben und Werk des Bildhauers Wilhelm Barutzky verdanke ich Frau Agnes und Herrn Prof. Reinhold Klein, Brühl. Sie haben Material zur Lebensgeschichte und zu den Werken des Bildhauers zusammengestellt und als Privatdruck 1994 publiziert.

134 Heribert Christian Scheeben, Albertus Magnus. Köln 1954, Abb. 4. – Erhard Schlieter, Albertus – »en secret«. Auf den Kölner Seitenpfaden des »doctor universalis«. In: Köln 1979, Heft 4, S. 8, Abb. S. 9.

135 Alexander Schnütgen, Anmerkung. In: Zeitschrift für christliche Kunst Nr. 7, 1899, Sp. 222. – Wolfgang Beeh, Die Ikonographie des Hochaltares im Kölner Dom. In: Kölner Domblatt 18-19, 1960, S. 9. – Anton Legner, Die Hochaltarmensa des Kölner Domes und ihr Skulpturenschmuck. In: Rhein und Maas. Kunst und Kultur 800–1400. Katalog Köln 1972, S. 371.

136 Abbildungen in einer Jahresmappe der Gesellschaft für christliche Kunst nach 1903, freundliche Auskunft Frau Maria Iven, Rösrath.

137 Jacques van Lennep, Paul de Vigne. In: La Sculpture Belge au 19ème siècle. Catalogue, Bruxelles 1990, S. 353–357.

138 John L. Tancock. The Sculpture of Auguste Rodin. Philadelphia 1976, S. 389.

139 Siehe Anm. 136 van Lennep 1990, Abb. S. 357. – Paul Verbraeken, Les monuments publics en Flandre. In: La Sculpture Belge au 19ème siècle. Bruxelles 1990, S. 177, Abb. 12, S. 178.

140 Franz Josef Lichtenberg, Bildhauer Alexander Iven, masch. Manuskripte zu Reden anläßlich seines 70. und 80. Geburtstages im Nachlaß des Künstlers, freundliche Auskunft Frau Maria Iven, Rösrath.

141 Elisabeth Hütter, Heinrich Magirius, Der Wechselburger Lettner. Weimar 1983, Abb. 297 S. 156. – siehe Anm. 90 Niehr 1992, S. 136–143, 355–358, Abb. 224 S. 523, Abb. 225 S. 524.

142 Siehe Anm. 135.

143 Siehe Anm. 13 Vogts 1930, S. 199.

144 Zentralblatt der Bauverwaltung vom 4. März 1925, S. 110 »Vermischtes«.

145 Fotos aus dem Nachlaß von Eduard Schmitz im Archiv des Stadtkonservators erlaubten die Zuordnung.

146 Egon Heeg, Die Köln-Frechener Keramik des Toni Ooms 1919–1934. Köln 1992, S. 49, 51, 52, 166, 168, 200, 201.

Abb. 257: (Kat.-Nr. 1) Salvator, Foto: D. Heiermann, 1992

Abb. 258: (Kat.-Nr. 2) Petrus, Foto: D. Heiermann, 1992

Katalog der erhaltenen Fragmente der Ratsturmfiguren des neunzehnten und frühen zwanzigsten Jahrhunderts in der Reihenfolge ihrer Entstehung

Die unter den Katalognummern 1–4, 9, 10–13, 14–22, 23–32 aufgeführten Figuren befinden sich seit1995 im Lapidarium im vierten Obergeschoß des Ratsturmes. Die unter den Katalognummern 5–8 genannten Figuren stehen im Keller des Hauses Marsplatz 3–5. Der Keller diente als Depot des Stadtkonservators und wird heute gastronomisch genutzt.
Die bisher in einem Depot der Stadt unzureichend gelagerten Bauskulpturen des Ratsturmes und seines Portales erfuhren im Spätsommer 1995 eine sorgfältige Konservierung. Der Direktor des Römisch-Germanischen Museums, Prof. Dr. Hansgerd Hellenkemper, stellte trotz personell knapper Besetzung seine Restauratoren für diese Maßnahme zur Verfügung. Harry Krommus, unterstützt von Stefan Petenati, Sinclair Smalle und Werkstattleiter Klaus Bungarten führte die Maßnahmen durch (vgl.: Denkmalpflege im Rheinland, 12. Jg., 1995, S. 174–176).

Katalog Nr.: 1
Name der Figur: Christus als Salvator mundi
Entstehungsjahr: 1867/68
Künstler: Christian Mohr, Mitarbeiter: Edmund Renard, Peter Fuchs und Otto Hansmann
Material: Weiberner Tuff
Maße: 81,5 cm hoch, 33 cm breit, 24 cm tief
Ursprünglicher Aufstellungsort: Portaltympanon. Anstelle des Originals steht heute eine Kopie aus Savonnière-Kalkstein. 1994 kopierte der Bildhauer Matthias Moritz, Köln, die Figur. Die fehlenden Teile rekonstruierte er mit Hilfe einer historischen Aufnahme.
Erhaltungszustand: Kopf und beide Hände fehlen; Falten, Säume und Mantelschließe bestoßen (Abb. 257).

Katalog Nr.: 2
Name der Figur: Hl. Petrus
Entstehungsjahr: 1867/68
Künstler: Christian Mohr, Mitarbeiter: Edmund Renard, Peter Fuchs und Otto Hansmann
Material: Weiberner Tuff
Maße: 79 cm hoch, 37 cm breit, 24 cm tief
Ursprünglicher Aufstellungsort: Portaltympanon. Anstelle des Originals steht heute eine Kopie aus Savonnière-Kalkstein. 1994 kopierte der Bildhauer Matthias Moritz, Köln, die Figur. Die fehlenden Teile rekonstruierte er mit Hilfe einer historischen Aufnahme.
Erhaltungszustand: Kopf und linker Fuß fehlen; Körper in Hüfthöhe in zwei Hälften zerbrochen; Falten und Säume bestoßen; Attribute Schlüssel und Buch teilweise abgebrochen (Abb. 258).

Katalog Nr.: 3
Name der Figur: Hl. Paulus
Entstehungsjahr: 1867/68
Künstler: Christian Mohr, Mitarbeiter: Edmund Renard, Peter Fuchs und Otto Hansmann
Material: Weiberner Tuff
Maße: 79 cm hoch, 36 cm breit, 24,5 cm tief
Ursprünglicher Aufstellungsort: Portaltympanon. Anstelle des Originals steht heute eine Kopie aus Savonnière-Kalkstein. 1994 kopierte der Bildhauer Matthias Moritz, Köln, die Figur. Die fehlenden Teile rekonstruierte er mit Hilfe einer historischen Aufnahme.
Erhaltungszustand: Kopf und linker Unterarm mit einem Teil der Hand fehlen; Finger der rechten Hand sind stark bestoßen, ebenso Falten und Säume; eine Ecke des Buches abgebrochen (Abb. 259).

Abb. 259: (Kat.-Nr. 3) Paulus, Foto: D. Heiermann, 1992

Katalog Nr.: 4
Name der Figur: Prophet
Entstehungsjahr: 1867/68
Künstler: Christian Mohr, Mitarbeiter: Edmund Renard, Peter Fuchs und Otto Hansmann
Material: Weiberner Tuff
Maße: 84 cm hoch, 36 cm breit, 26 cm tief
Ursprünglicher Aufstellungsort: Portal, südliches Gewände. Anstelle des Originals steht heute eine Kopie aus Savonnière-Kalkstein. 1994 kopierte der Bildhauer Matthias Moritz, Köln, die Figur. Die fehlenden Teile rekonstruierte er mit Hilfe einer historischen Aufnahme.
Erhaltungszustand: Kopf fehlt; starke Bestoßungen an Falten und Säumen; Teile des Gewandes und des Spruchbandes sind abgebrochen; Schalenbildung und teilweise verlorene Oberfläche. 1993 gereinigt und im Bestand gesichert durch Frau Eva Möllenkamp im Rahmen ihrer Diplomarbeit an der Fachhochschule Köln, Fachbereich Restaurierung und Konservierung von Kunst und Kulturgut (Abb. 260).

Abb. 260: (Kat.-Nr. 4) Prophet, Foto: D. Heiermann, 1992

Katalog Nr.: 5
Name der Figur: Papst Innocenz III.
Entstehungsjahr: 1892
Künstler: Johann Degen
Material: Baumberger Sandstein
Maße: 142 cm hoch, 44 cm breit, etwa 33 cm tief
Ursprünglicher Aufstellungsort: Erdgeschoß, Nordwestecke; seit etwa 1934 im gastronomisch genutzten Keller des Hauses Marsplatz 3–5. 1925 wurde die Figur durch eine neue aus Muschelkalk im expressionistischen Stil ersetzt. Heute steht dort die Figur Rudolfs I.
Erhaltungszustand: Bestoßungen an den Säumen, Teile des Kreuzstabes und der Klammer als Attribut fehlen (Abb. 261).

Abb. 261: (Kat.-Nr. 5) Innocenz III., Foto: C. Körber-Leupold, 1990

Katalog Nr.: 6
Name der Figur: König Philipp von Schwaben
Entstehungsjahr: 1892
Künstler: Johann Degen zugeschrieben
Material: Baumberger Sandstein
Maße: etwa 97 cm hoch, 44 cm breit, etwa 37 cm tief
Ursprünglicher Aufstellungsort: Erdgeschoß, Westfassade, dritte Figur von Norden; seit etwa 1934 im gastronomisch genutzten Keller des Hauses Marsplatz 3–5. 1925 wurde die Figur durch eine neue aus Muschelkalk im expressionistischen Stil ersetzt. Heute steht dort die Figur Innocenz' III.
Erhaltungszustand: Krone, Gewandfalten und rechter Unterarm stark bestoßen; die rechte Hand teilweise abgebrochen, abgebrochene untere Partie begradigt (Abb. 262).

Katalog Nr.: 7
Name der Figur: Kaiser Friedrich I. Barbarossa
Entstehungsjahr: 1892
Künstler: unbekannt
Material: Baumberger Sandstein

Maße: 141 cm hoch, 52 cm breit, etwa 40 cm tief
Ursprünglicher Aufstellungsort: Erdgeschoß, Westfassade, vierte Figur von Norden; seit etwa 1934 im gastronomisch genutzten Keller des Hauses Marsplatz 3–5. 1925 wurde die Figur durch eine neue aus Muschelkalk im expressionistischen Stil ersetzt. Heute steht dort die Figur Ottos IV.
Erhaltungszustand: Vorderseite des Kostüms, des Bartes, des Helmes und des Schildes stark verwittert; rechte Hand fehlt (Abb. 263).

Katalog Nr.: 8
Name der Figur: Kaiser Heinrich IV.
Entstehungsjahr: 1892
Künstler: unbekannt
Material: Baumberger Sandstein
Maße: 142 cm hoch, 44 cm breit, 41 cm tief
Ursprünglicher Aufstellungsort: Erdgeschoß, Westfassade, links neben dem Portal; seit etwa 1934 im gastronomisch genutzten Keller des Hauses Marsplatz 3–5. 1925 wurde die Figur durch eine neue aus Muschelkalk im expressionistischen Stil ersetzt, die dort als einzige wieder ihren ursprünglichen Aufstellungsort erhalten hat (s. Kat. Nr. 37).
Erhaltungszustand: Bruchnaht am Hals, starke Verwitterungen auf der Brust und auf dem über die Unterarme fallenden Mantel; Bestoßungen an Säumen und Falten; die rechte Hand abgebrochen, die linke mit dem Reichsapfel verwittert (Abb. 264).

Katalog Nr.: 9
Name der Figur: Erzbischof Bruno I.
Entstehungsjahr: 1892
Künstler: unbekannt
Material: Baumberger Sandstein
Maße: 127 cm hoch, 46 cm breit, ca. 40 cm tief
Ursprünglicher Aufstellungsort: Erdgeschoß, Westfassade, rechts neben dem Portal. Heute steht dort die Figur der Theophanu.
Erhaltungszustand: Kopf, Hände, große Teile des Bischofsstabes, das Kirchenmodell als Attribut und ein Stück des linken Fußes abgebrochen; Falten und Säume stark bestoßen (Abb. 265).

Katalog Nr.: 10
Name der Figur: Hl. Gereon
Entstehungsjahr: 1900/01
Künstler: Peter Kürten zugeschrieben
Material: Heilbronner Sandstein
Maße: 136 cm hoch, (159 cm nach Ergänzung des Kopfes), 56 cm breit, ca. 41 cm tief
Ursprünglicher Aufstellungsort: viertes Obergeschoß, Westseite, zweite Figur von Süden. Heute steht dort die Figur des Albertus Magnus.
Erhaltungszustand: Kopf und Hände ergänzt; Falten und Säume bestoßen; Lanze fehlt. 1991 rekonstruierte der Bildhauer Georg Krautkrämer (Firma Dunkel), Köln, die fehlenden Teile mit Steinersatzmaterial nach dem Foto des Originalmodells (Abb. 266).

Abb. 262: (Kat.-Nr. 6) Philipp von Schwaben, Foto: C. Körber-Leupold, 1990

Abb. 263: (Kat.-Nr. 7) Friedrich Barbarossa, Foto: C. Körber-Leupold, 1990

Abb. 264: (Kat.-Nr. 8) Heinrich IV., Foto: C. Körber-Leupold, 1990

Abb. 265: (Kat.-Nr. 9) Bruno I., Foto: C. Körber-Leupold, 1995

Katalog Nr.: 11
Name der Figur: Hl. Evergislus
Entstehungsjahr: 1900/01
Künstler: Nikolaus Steinbach zugeschrieben
Material: Heilbronner Sandstein
Maße: 141 cm hoch, 51 cm breit, 40 cm tief
Ursprünglicher Aufstellungsort: viertes Obergeschoß.
Erhaltungszustand: Kopf und linke Hand fehlen, rechte Hand, Buch und Bischofsstab zum Teil abgeschlagen; linker Fuß fehlt; Bestoßungen an Falten und Säumen (Abb. 267).

Katalog Nr.: 12
Name der Figur: Hl. Maternus
Entstehungsjahr: 1900/01
Künstler: Nikolaus Steinbach zugeschrieben
Material: Heilbronner Sandstein
Maße: 135 cm hoch, 55 cm breit, 40 cm tief
Ursprünglicher Aufstellungsort: viertes Obergeschoß, Südseite, zweite Figur östlich vom Treppenturm. Heute steht dort die Figur des Schwarzen Ewalds.
Erhaltungszustand: Kopf und rechte Hand fehlen; Falten und Säume bestoßen (Abb. 268).

Katalog Nr.: 13
Name der Figur: Wilhelm Vernukken
Entstehungsjahr: 1900/01
Künstler: Nikolaus Steinbach zugeschrieben
Material: Heilbronner Sandstein
Maße: 140 cm hoch, 55 cm breit, 40 cm tief
Ursprünglicher Aufstellungsort: drittes Obergeschoß, Südseite, erste Figur östlich vom Treppenturm. Heute steht dort die Figur Heinrich Bölls.
Erhaltungszustand: Kopf und linke Hand fehlen; Säume, Falten und Schuhspitze stark bestoßen; das Modell der Kölner Rathauslaube abgebrochen. Oberbürgermeister Norbert Burger nahm 1983 das auf dem Flohmarkt in Lüttich wiederentdeckte und zurückerworbene Attribut des Laubenmodells entgegen (Kölner Stadt-Anzeiger v. 22.3.1983).

Katalog Nr.: 14
Name der Figur: Johann von Bonn
Entstehungsjahr: 1900/01
Künstler: Wilhelm Albermann zugeschrieben
Material: Heilbronner Sandstein
Maße: 136 cm hoch, 56 cm breit, ca. 35 cm tief
Ursprünglicher Aufstellungsort: Zweites Obergeschoß, Westseite, zweite Figur von Süden. Heute steht dort die Figur des Joost van den Vondel.
Erhaltungszustand: Kopf und rechter Unterarm mit Hand fehlen; das Attribut, der Ratsturmhelm, Säume und Falten bestoßen (Abb. 270).

Katalog Nr.: 15
Name der Figur: Metzgerzunft
Entstehungsjahr: 1900/01
Künstler: Wilhelm Albermann zugeschrieben
Material: Heilbronner Sandstein
Maße: 136 cm hoch, 46 cm breit, ca. 33 cm tief
Ursprünglicher Aufstellungsort: Zweites Obergeschoß, Westseite, fünfte Figur von Norden. Heute steht dort die Figur des Friedrich Spee von Langenfeld.
Erhaltungszustand: Kopf, beide Hände und das Attribut, die Axt, fehlen; Brust stark verwittert; linke Fußspitze abgeschlagen; Bestoßungen an den Falten (Abb. 271).

Abb. 266: (Kat.-Nr. 10) Gereon, Foto: W. Geis, 1982 ▷

Abb. 267: (Kat.-Nr. 11) Evergislus, Foto: C. Körber-Leupold, 1995.

Abb. 268: (Kat.-Nr. 12) Maternus, Foto: C. Körber-Leupold, 1995

Abb. 269: (Kat.-Nr. 13) Wilhelm Vernukken, Foto: C. Körber-Leupold, 1995

Abb. 270: (Kat.-Nr. 14) Johann v. Bonn, Foto: D. Heiermann, 1995

Abb. 271: (Kat.-Nr. 15) Fleischer, Foto: D. Heiermann, 1995

Abb. 272: (Kat.-Nr. 16) Adolf v. Nassau, Foto: C. Körber-Leupold, 1995

Katalog Nr.: 16
Name der Figur: König Adolf von Nassau
Entstehungsjahr 1900/01
Künstler: Wilhelm Barutzky
Material: Heilbronner Sandstein
Maße: 151 cm hoch, 55 cm breit, ca. 42 cm tief
Ursprünglicher Aufstellungsort: erstes Obergeschoß, Westfassade, dritte Figur von Süden. Heute steht dort die Figur des Rupert von Deutz.
Erhaltungszustand: Bestoßungen an Falten und Säumen (Abb. 272).

Katalog Nr.: 17
Name der Figur: Bruno Hardefust
Entstehungsjahr: 1900/01
Künstler: Wilhelm Barutzky zugeschrieben
Material: Heilbronner Sandstein
Maße: 24 cm hoch, 15 cm breit, ca. 14 cm tief
Ursprünglicher Aufstellungsort: erstes Obergeschoß, Nordseite, dritte Figur von Westen; seit den späten 50er Jahren im Treppenhaus des Hauses Drususgasse 1–5 eingebaut. Heute steht dort die Figur des Gerhard Overstolz.
Erhaltungszustand: Nur Kopf mit Halsansatz und Resten der Helmzier erhalten; stark geschwärzt und bestoßen (Abb. 273).

Katalog Nr.: 18
Name der Figur: Gerhard Scherffgin
Entstehungsjahr: 1900/01
Künstler: Alexander Iven
Material: Heilbronner Sandstein
Maße: 138 cm hoch, 51 cm breit, ca. 35 cm tief
Ursprünglicher Aufstellungsort: erstes Obergeschoß, Westseite, vierte Figur von Süden. Heute steht dort die Figur des Reinald von Dassel.
Erhaltungszustand: Kopf, Knauf, Teil der Parierstange, der Schwertklinge und Helmzier fehlen; unterhalb der Knie abgebrochen; Falten stark bestoßen (Abb. 274).

Katalog Nr.: 19
Name der Figur: Jordan von Kleve
Entstehungsjahr: 1900/01
Künstler: Alexander Iven
Material: Heilbronner Sandstein
Maße: 144 cm hoch, 49 cm breit, ca. 40 cm tief
Ursprünglicher Aufstellungsort: drittes Obergeschoß, Westfassade, nördliche Figur zwischen den beiden Fenstern. Heute steht dort die Figur des Carl Trimborn.
Erhaltungszustand: Kopf, linker Unterarm und beide Hände mit dem Buch als Attribut fehlen; Schuhe, Säume und Falten stark bestoßen (Abb. 275).

Katalog Nr.: 20
Name der Figur: Hartlieb von der Mark
Entstehungsjahr: 1900/01
Künstler: Alexander Iven
Material: Heilbronner Sandstein
Maße: 143 cm hoch, 44 cm breit, ca. 40 cm tief
Ursprünglicher Aufstellungsort: drittes Obergeschoß, Westfassade, südliche Figur zwischen den beiden Fenstern. Heute steht dort die Figur der Mathilde von Mevissen.
Erhaltungszustand: Kopf, Finger der rechten Hand und das Buch als Attribut fehlen; linke Hand, Falten und Säume bestoßen (Abb. 276).

Abb. 273: (Kat.-Nr. 17) Bruno Hardefust, Foto: C. Körber-Leupold, 1991

Abb. 274: (Kat.-Nr. 18) Gerhard Scherffgin, Foto: D. Heiermann, 1995

Abb. 275: (Kat.-Nr. 19) Jordan v. Kleve, Foto: C. Körber-Leupold, 1995

Abb. 276: (Kat.-Nr. 20) Hartlieb v. d. Mark, Foto: C. Körber-Leupold, 1995

Abb. 277: (Kat.-Nr. 21) Albertus Magnus, Foto: C. Körber-Leupold, 1995

Abb. 278: (Kat.-Nr. 22) Meister Eckhart, Foto: C. Körber-Leupold, 1995

Abb. 279: (Kat.-Nr. 23) Engelbert I, Foto: C. Körber-Leupold, 1995

Katalog Nr.: 21
Name der Figur: Albertus Magnus
Entstehungsjahr: 1900/01
Künstler: Alexander Iven
Material: Heilbronner Sandstein
Maße: 133 cm hoch, 55 cm breit, ca. 40 cm tief
Ursprünglicher Aufstellungsort: drittes Obergeschoß, Westfassade, erste Figur von Süden. Heute steht dort die Figur des Hermann Joseph Stübben.
Erhaltungszustand: Kopf mit Hals, rechte Hand und Teile der linken Hand abgebrochen; das Buch als Attribut sowie Säume und Falten stark bestoßen. Albertus Magnus wird am Turm durch eine neu angefertigte Figur vertreten (Abb. 277).

Katalog Nr.: 22
Name der Figur: Meister Eckhart
Entstehungsjahr: 1900/01
Künstler: Alexander Iven
Material: Heilbronner Sandstein
Maße: 139 cm hoch, 58 cm breit, ca. 40 cm tief
Ursprünglicher Aufstellungsort: drittes Obergeschoß, Südwestseite, an der Ecke zum Rathausplatz. Heute steht dort die Figur des Eugen Langen.
Erhaltungszustand: Kopf abgebrochen; rechte Hand, Falten, Säume und linker Fuß stark bestoßen (Abb. 278).

Katalog Nr.: 23
Name der Figur: Hl. Engelbert
Entstehungsjahr: 1900/01
Künstler: Alexander Iven zugeschrieben
Material: Heilbronner Sandstein
Maße: 140 cm hoch, 55 cm breit, ca. 40 cm tief
Ursprünglicher Aufstellungsort: viertes Obergeschoß, Südfassade, westlich vom Treppenturm. Heute steht dort die Figur Brunos I.
Erhaltungszustand: Kopf, Hände und Attribute bis auf geringe Reste abgebrochen; Oberfläche stark bestoßen (Abb. 279).

Abb. 280: (Kat.-Nr. 24) Maurinus, Foto: C. Körber-Leupold, 1995

Abb. 281: (Kat.-Nr. 25) nicht identif. Statuenfragment, Foto: C. Körber-Leupold, 1995

Abb. 282: (Kat.-Nr. 26) Johannes Gropper, Foto: C. Körber-Leupold, 1995

Katalog Nr.: 24
Name der Figur: Hl. Maurinus
Entstehungsjahr: 1900/01
Künstler: unbekannt
Material: Heilbronner Sandstein
Maße: 135 cm hoch, 55 cm breit, ca. 35 cm tief
Ursprünglicher Aufstellungsort: viertes Obergeschoß, Westfassade, erste Figur von Süden. Heute steht dort die Figur Brunos des Kartäusers.
Erhaltungszustand: Kopf, rechte Hand, Füße und Kreuz als Attribut in der linken Hand abgebrochen (Abb. 280).

Katalog Nr.: 25
Name der Figur: unbekannt
Entstehungsjahr: 1900/01
Künstler: unbekannt
Material: Heilbronner Sandstein
Maße: 140 cm hoch, 60 cm breit, ca. 40 cm tief
Ursprünglicher Aufstellungsort: drittes Obergeschoß, Südostseite, östliche Figur. Heute steht dort die Figur des Bernhard Letterhaus.
Erhaltungszustand: Figur in Gürtelhöhe in zwei Teile zerbrochen; Kopf, linke Hand und eine Buchecke fehlen; Säume, Falten und Rosenkranz als Attribut fehlen (Abb. 281).

Katalog Nr.: 26
Name der Figur: Johannes Gropper
Entstehungsjahr: 1900/01
Künstler: unbekannt
Material: Heilbronner Sandstein
Maße: 98 cm hoch, 55 cm breit, 28 cm tief
Ursprünglicher Aufstellungsort: drittes Obergeschoß, Ostseite, erste Figur von Süden. Heute steht dort die Figur der Hertha Kraus.
Erhaltungszustand: Teil unterhalb der Oberschenkel und Unterarme abgebrochen, Hutkrempe und Falten an einigen Stellen abgestoßen. Johannes Gropper wird am Turm durch eine neu angefertigte Figur vertreten (Abb. 282).

Abb. 283: (Kat.-Nr. 27) Zunftherr, Foto: C. Körber-Leupold, 1995

Abb. 284: (Kat.-Nr. 28) Ratsherr, Foto: C. Körber-Leupold, 1995

Abb. 285: (Kat.-Nr. 29) Wicbold v. Holte, Foto: C. Körber-Leupold, 1995

Katalog Nr.: 27
Name der Figur: Zunftherr
Entstehungsjahr: 1900/01
Künstler: unbekannt
Material: Heilbronner Sandstein
Maße: 135 cm hoch, 48 cm breit, ca. 29 cm tief
Ursprünglicher Aufstellungsort: zweites Obergeschoß, Südseite, zweite Figur von Westen. Dieser Platz ist nicht wieder besetzt worden.
Erhaltungszustand: Kopf und linke Schulterspitze fehlen; kleinere Ausbrüche am Gewand (Abb. 283).

Katalog Nr.: 28
Name der Figur: Ratsherr
Entstehungsjahr: 1900/01
Künstler: unbekannt
Material: Heilbronner Sandstein
Maße: 130 cm hoch, 44 cm breit, ca. 22 cm tief
Ursprünglicher Aufstellungsort: zweites Obergeschoß, Südseite, dritte Figur von Westen. Dieser Platz ist nicht wieder besetzt worden.
Erhaltungszustand: Kopf, beide Hände, Geldbeutel bis auf geringe Reste und Schuhspitzen abgebrochen; der Mantel besonders im oberen Bereich stark abgestoßen; unterer Bereich abgebrochen, Plinthe mit Fußresten stark abgestoßen (Abb. 284).

Katalog Nr.: 29
Name der Figur: Wicbold von Holte
Entstehungsjahr: 1900/01
Künstler: unbekannt
Material: Heilbronner Sandstein
Maße: 150 cm hoch, 55 cm breit, ca. 41 cm tief
Ursprünglicher Aufstellungsort: erstes Obergeschoß, Westseite, zweite Figur von Süden. Heute steht dort die Figur der Ida, vertreten durch die Hl. Ursula.
Erhaltungszustand: Nase, linke Hand und der obere Teil des Bischofsstabes abgebrochen; Falten bestoßen (Abb. 285).

Abb. 286: (Kat.-Nr. 30) Gregorius Maurus, Foto: C. Körber-Leupold, 1995

Abb. 287: (Kat.-Nr. 31) Leinwandwirker oder Wollenweber, Foto: C. Körber-Leupold, 1995

Abb. 288: (Kat.-Nr. 32) Philipp v. Heinsberg, Foto: D. Heiermann, 1995

Katalog Nr.: 30
Name der Figur: Hl. Gregorius Maurus
Entstehungsjahr: 1900/01
Künstler: unbekannt
Material: Heilbronner Sandstein
Maße: 140 cm, 58 cm breit, 35 cm tief
Ursprünglicher Aufstellungsort: viertes Obergeschoß, Südwestseite, erste Figur von Westen. Heute steht dort die Figur Annos II.
Erhaltungszustand: Füße mit Plinthe, Kopf und Schwert ab Kniehöhe abgebrochen; Falten und Hände stark bestoßen (Abb. 286).

Katalog Nr.: 31
Name der Figur: Leinwandwirker oder Wollenweber
Entstehungsjahr: 1900/01
Künstler: unbekannt
Material: Heilbronner Sandstein
Maße: 81 cm hoch, 44 cm breit, 34 cm tief
Ursprünglicher Aufstellungsort: zweites Obergeschoß, seit Ende der 50er Jahre im Treppenhaus des Hauses Drususgasse 1–5.
Erhaltungszustand: Teil unterhalb der Knie abgebrochen und die Bruchstelle begradigt; Hände, Frisur, Säume, Falten und der Stoffballen als Attribut stark bestoßen (Abb. 287).

Katalog Nr.: 32
Name der Figur: Erzbischof Philipp von Heinsberg
Entstehungsjahr: 1925
Künstler: unbekannt
Material: Muschelkalk
Maße: 130 cm hoch, 54 cm breit, 36 cm tief
Ursprünglicher Aufstellungsort: Erdgeschoß, Westseite, fünfte Figur von Norden. Heute steht dort die Figur Heinrichs II. von England.
Erhaltungszustand: Kopf fehlt, Oberfläche leicht verwittert, sonst gut erhalten. Der Restaurator Ulrich Hahn, Erkrath, reinigte und hydrophobierte die Figur 1982 (Abb. 288).

Das neue Figurenprogramm des Kölner Ratsturmes Inhalt und Entstehung

Hiltrud Kier

So eine Restaurierung ist ein Generationenwerk. Wir wollten erst einmal den Turm wieder herstellen und ihn dann endlich einmal wieder ohne Gerüst sehen. In einem zweiten Schritt, den wahrscheinlich erst die nächste Generation tun kann, ist auch eine endgültige Wiederherstellung der Turmfassade geplant.

So antwortete der Kölner Kulturdezernent Dr. Kurt Hackenberg am 21. Juli 1978 im Kölner Stadt-Anzeiger auf die Frage nach den fehlenden Figuren am Ratsturm. Eine gute Woche später trat die »nächste Generation« den Dienst an: Am 1. August 1978 begann ich meine Arbeit als Stadtkonservatorin in Köln mit dem programmatischen Wunsch, nicht nur die dringend nötige Neubewertung der Baukunst des 19. Jahrhunderts in Köln weiterzubetreiben und die darauf basierende neue Denkmalliste umzusetzen, sondern vor allem auch die Kriegsschädenbeseitigung an den alten großen mittelalterlichen Denkmälern der Stadt abzuschließen. Dies betraf die romanischen Kirchen, die Stadtmauer und dabei vor allem den Wiederaufbau des Bayenturmes und nicht zuletzt auch die noch fehlenden Figuren des Ratsturmes, der ohne diesen Schmuck in seiner architektonischen Erscheinung und in seiner inhaltlichen Aufgabe unvollendet war.

Sobald sich eine Gelegenheit ergab, auf das Fehlen der Figuren hinzuweisen, wurde diese genutzt. Als im Sommer 1981 Sicherungsarbeiten an den Fialen des Turmes nötig waren und eine zusätzliche Versiegelung des Steines erfolgen mußte, was nach nur sechs Jahren Fertigstellung des Turmes nicht so einfach begründet werden konnte, wurde das öffentliche Interesse an diesem Vorgang ganz gezielt auf die noch fehlenden Figuren und die Frage nach ihrem Inhalt gelenkt. *Karl Marx an den Rathausturm?*, so hieß die provozierende Titelzeile des Berichtes von Gérard Schmidt im Kölner Stadt-Anzeiger am 13. August 1981, in dem meine ersten Überlegungen zum Inhalt des neuen Figurenprogramms wiedergegeben wurden:

(Frau Kier findet, es)...müßten Gestalten festgehalten werden, die in irgendeiner bedeutenden Weise mit Köln verbunden sind. Neben Marx nennt sie den preußischen König Friedrich Wilhelm IV., der die Domvollendung betrieb. Dann August Bebel, einer der Begründer der Sozialdemokratie. Ferner Robert Blum, der 1848 als Freiheitskämpfer in Wien erschossen wurde. Nikolaus August Otto, dessen Verbrennungsmotor einen Siegeszug um die Welt antrat, Gründe für Konrad Adenauer braucht man gar nicht erst zu suchen. Wenn nach gründlicher Diskussion der Rat sich auf ein Programm festlegen würde, so meint die Stadtkonservatorin, würden sich sicher auch bald Spender finden und das finanzielle Problem mindern.

Zwar griffen einen Tag später die Karikaturisten derselben Zeitung das Thema prompt auf und der »Schäng« Herbert W. Krupp schrieb einen kölschen Kommentar *Müllers Aap en Stein jehaue?*, aber ansonsten hatte diese Frage in Köln nicht gefunkt. Dies passierte allerdings unfreiwillig ein Jahr später mit meiner Rede auf dem Jubiläumsempfang zur zehnjährigen Fertigstellung des sog. Historischen Rathauses am 2. September 1982, als ich über die Geschichte des Rathauses sprach und abschließend natürlich über die noch fehlenden Figuren:

Die Wiederherstellung des Rathausturmes war 1975 im wesentlichen abgeschlossen. Es fehlt allerdings noch immer der Figurenzyklus, der nicht nur inhaltlich von größter Bedeutung ist, sondern auch die architektonische Erscheinungsform des Turmes entscheidend mitbestimmt. 1980 stiftete nach einer Rathausführung von Matthias Nießen ein Düsseldorfer DM 1500,– für die Restaurierung einer Figur. Müssen uns dazu die Düsseldorfer Geld stiften, oder sollte die Wiederherstellung gerade der Rathausturmfiguren nicht ein besonderes Anliegen der Kölner Bürger sein? Der ursprüngliche Figurenzyklus aus der Erbauungszeit (1407–14) wurde zwar in alten Berichten immer gerühmt, seinen Inhalt, d. h. die dargestellten Figuren kennen wir nicht, da die Figuren bereits zu Beginn des 19. Jahrhunderts bei dem damaligen allgemeinen schlechten Bauzustand des gesamten Rathauses nicht mehr vorhanden waren. Bei der Renovierung des Rathauses in der 2. Hälfte des 19. Jahrhunderts wurde also ein neues Figuren-

programm aufgestellt (1892), dessen Inhalt der allgemeinen Devise der damaligen Rathausrenovierung angepaßt war: Verherrlichung der geschichtlichen Größe von Köln im Mittelalter. Diese geschichtliche Größe verband sich nach übereinstimmender Auffassung der Kölner mit der Erringung der bürgerlichen Freiheit gegen den Erzbischof als Stadtherrn und der jahrhundertelangen Stellung als Freie Reichsstadt bis zur französischen Besetzung 1794 – auch wenn die wirtschaftliche Situation der Stadt seit dem ausgehenden 16. Jahrhundert immer schlechter geworden war. Der objektiv festzustellende ungeheure Aufschwung der Stadt im 19. Jahrhundert, seit der Eingliederung in Preußen 1815, blieb dagegen bei der ikonographischen Ausstattung des Rathauses erstaunlicherweise ohne Belang und kann wohl nur mit der tiefverwurzelten Abneigung der Kölner gegen Preußen erklärt werden. Dargestellt waren deutsche Kaiser, Päpste, Kölner Geschlechter, Zünfte, Bürgermeister, Vertreter der geistigen Kultur und Heilige. Ich bin der Meinung, daß wir nicht das Figurenprogramm des 19. Jahrhunderts wiederholen sollten (vor allem, da sich nur sehr wenige Figuren erhalten haben), sondern uns durchaus Gedanken über ein neues Programm machen sollten, das aber meines Erachtens bis in die Gegenwart geführt werden soll. Dabei könnten durchaus die Gegensätze in dieser Stadt dargestellt werden, wie sie auch im Figurenprogramm des 19. Jahrhunderts enthalten waren. So waren der deutsche Kaiser Heinrich IV. und der Kölner Erzbischof Anno dargestellt, die größten denkbaren Gegensätze des 11. Jahrhunderts, was man aber nur weiß, wenn man die Geschichte dieses Jahrhunderts gut kennt. Die Gegensätze unserer jüngeren Geschichte sind uns aber durchaus geläufig und die sollten dargestellt werden, wie z. B. Friedrich Wilhelm IV. und Karl Marx/August Bebel; Erzbischof Paulus Melchers und der Kölner Ehrenbürger Bismarck; Oberbürgermeister Hermann Becker, der »rote« Becker, der in sich ein Gegensatz war; Konrad Adenauer und Wilhelm Sollmann; Georg Fritze und Edith Stein. Man wird meines Erachtens aber auch darüber nachdenken müssen, damit die Proportionen stimmen, in welcher Weise man neben den Widerstandskämpfern das damalige offizielle Nazi-Deutschland darstellt, wie z. B. den Oberbürgermeister Riesen (der übrigens erst vor nicht allzu langer Zeit gestorben ist). Man könnte das Programm wohl auch bis in die Nachkriegszeit weiterführen, etwa mit der Darstellung von Josef Haubrich als einem kulturpolitisch engagierten Sozialdemokraten und von Peter Josef Schaeven als einem sozial engagierten CDU-Politiker. Die Überlegung und Zusammenstellung des neuen Figurenprogramms böte die Möglichkeit und Chance einer allgemeinen Geschichtsdiskussion in Köln, und ich könnte mir vorstellen, daß Sie als ehemalige Rats- und Verwaltungsmitglieder, die die Geschichte von Köln kennen, sich intensiv daran beteiligen und dabei mitwirken. Man müßte erst das Programm aufstellen, die Spender kommen dann schon, d. h. es gäbe sicher einen Wettbewerb. Wenn man z.B. die Figur von Wilhelm Sollmann schon hat, wird man sicher nicht lange auf Konrad Adenauer warten müssen; oder die Darstellung der Eisenindustrie wird sicher die der Chemischen Industrie nach sich ziehen oder auch die Handwerker zur Stiftung ihrer entsprechenden Figuren veranlassen.

Allein meine Frage, wie Köln sich zur offiziellen politischen Vertretung der Nazi-Zeit verhält, löste eine so heftige Diskussion unter den Anwesenden und in der Berichterstattung des Kölner Stadt-Anzeigers vom 4. September 1982 aus, daß ich in einem Brief an diese Zeitung am 6. September 1982 diesen Teil meines Vortrages noch ausführlicher erläuterte:

Kann man sich die Darstellung dieser Epoche denn nur in verherrlichend-heroischer Form vorstellen? Ich gehe so selbstverständlich von einer kritisch-ablehnenden Darstellung der Nazizeit aus, daß es meines Erachtens dazu keiner Erwähnung bedurfte. Das war wohl ein Fehler und dafür entschuldige ich mich. Aber unterstellt man mir wirklich, daß ich mit dieser Frage an eine Verherrlichung der Nazis dachte? Herr Oberbürgermeister Burger machte auch in der anschließenden Diskussion in kleinem Kreis sofort den Vorschlag, die Nazis wie die Teufel an den mittelalterlichen Kirchen darzustellen. Oder Herr Alt-Oberbürgermeister Burauen meinte, man sollte nur eine durchgestrichene Platte mit den Jahreszahlen bringen. Ich persönlich könnte mir auch vorstellen, daß man eine ähnliche Darstellung macht, wie es die Figur »Fürst der Welt« im Westportal des Straßburger Münsters ist: Ein schräggestellter Mann mit schöner, glatter Vorderseite und von Würmern zerfressenem Rücken. Damit könnte man ausdrücken, wie schrecklich der Inhalt war (dargestellt, z. B. mit Folterwerkzeugen etc.), während sich viele von der Fassade blenden und verführen ließen. Denn auch in Köln gab es im März 1933 eine Mehrheit für die NSDAP. Sie war zwar 10 % geringer als im Reich – aber eben doch eine Mehrheit; 100.000 jubelten Hitler in den Messehallen zu (Waren alle gezwungen worden?); im Januar 1933 hatte Hitler in Köln seinen Pakt mit der deutschen Industrie gemacht, der ihm erst die Basis schuf, und noch 1945 hatten Kölner Unternehmer nach Aussage von Bernhard Hilgermann, dem ersten Nachkriegs-Präsidenten der Industrie und Handelskammer noch folgende Einstellung zu den Berufsverboten, die Mitglieder der NSDAP trafen: »Die meisten Deutschen glaubten, mit der Einstellung der Feindseligkeit ist alles Vergangene vergeben und vergessen: wie nach einem Boxkampf reicht man sich zu einem Freundschaftsakt die Hände; man trifft nunmehr die Vorbereitungen für einen friedlichen Aufbau ... Auch die Unternehmer fühlten sich völlig unbelastet, da sie nur Mitglied einer Partei gewesen waren, die zufällig NSDAP hieß« (zitiert nach Otto Dann Hrsg. Köln nach dem Nationalsozialismus, Wuppertal 1981 – ein Buch, das eigentlich Pflichtlektüre in Kölner Schulen werden sollte). Die offizielle Nazi-Zeit ist auch ein Teil der Kölner Geschichte. So bitter die Erkenntnis ist, aber es waren auch Kölner, die Kölner gefoltert haben, und auch dies gehört zu den Gegensätzlichkeiten unserer Geschichte in Köln. Man sollte offen darüber reden dürfen, vor allem solange diejenigen unter uns, die diese schreckliche Zeit miterlebten, ihr Wissen darüber mitteilen können – vor allem auch diejenigen, die nicht Widerstand geleistet haben. Damit ich auch ganz richtig verstanden werde: Bei allem Bestreben von mir, in unserer Demokratie das Recht auf Meinungsfreiheit auszuschöpfen, bin ich nicht sicher, ob ich 1933–45 zu den aktiven Wider-

standskämpfern gezählt hätte und z. B. als Mutter von 4 Kindern so wie Georg Fritze 1934 noch schriftlich erklärt hätte, daß ich »nicht zu denen gehöre, die aufgrund der Änderung der Machtverhältnisse von heute auf morgen ihre Überzeugung zu ändern vermögen.« Vermutlich hätte ich genauso viel Angst vor der Gestapo gehabt, wie die meisten. Ich habe diese physische Angst körperlich gespürt (ebenso wie alle anderen Beteiligten) bei der Betreuung der Restaurierung der Gestapo-Zellen im EL-DE-Haus im vergangenen Jahr. Vermutlich hätte ich mich im 3. Reich verhalten wie Tünnes in dem bekannten »Witz«: Tünnes wurde eines Tages gefragt, wie es eigentlich im KZ gewesen sei. Er erzählte, er sei in einem Sanatorium untergebracht gewesen, in dem erlesene Speisen gereicht worden seien. Die Leute staunten sehr, und schließlich sagte einer: »Tünnes, du lügst, das stimmt doch nicht, der Schäl hat uns etwas ganz anderes erzählt«, worauf Tünnes sagte: »Deswegen sitzt er ja auch wieder, und wir wissen nicht, ob er je wieder herauskommt.«

Die darauf bezugnehmende Berichterstattung (Kölner Stadt-Anzeiger, 8. September 1982 und Kölnische Rundschau, 10. September 1982) besänftigte die Wogen wieder. Nun aber war das Thema »Ratsturm-Figurenprogramm« aktuell geworden und bedurfte der zielgerichteten Diskussion. Dazu wurde eine »Historiker-Kommission« ins Leben gerufen mit jenen Menschen, die sich von Berufs wegen oder aus Liebhaberei mit der Geschichte von Köln beschäftigt hatten oder sich ihr besonders verbunden fühlten:

- Dr. Hans Blum als Vorsitzender des Kölnischen Geschichtsvereines
- Prof. Dr. Gerhard Brunn vom Historischen Institut der Universität Köln
- Prof. Dr. Toni Diederich als Direktor des Historischen Archivs des Erzbistums Köln
- Prof. Dr. Klara van Eyll als Direktorin des Wirtschaftsarchivs bei der Industrie- und Handelskammer
- Peter Fuchs als ehemaliger Pressechef der Stadt Köln und Autor zahlreicher Publikationen zu Köln
- Prof. Dr. Hiltrud Kier als Stadtkonservatorin
- Prof. Dr. Ernst Meuthen vom Historischen Institut der Universität Köln (Universitätsarchiv)
- Helmut Rehker als ehemaliger Hauptgeschäftsführer der Industrie- und Handelskammer und Stadtverordneter mit besonderem historischem und kulturellem Interesse
- Prof. Dr. Hugo Stehkämper als Direktor des Historischen Archivs der Stadt Köln
- Prof. Dr. Heiko Steuer als Direktor des Kölnischen Stadtmuseums (seit 1983 Dr. Werner Schäfke)

Das Protokoll führte zunächst Christa Zingsheim, Mitarbeiterin beim Stadtkonservator, seit 1986 Bernd Ernsting als freier Mitarbeiter beim Stadtkonservator. Diese »Historiker-Kommission« beschäftigte sich (mit Unterbrechungen) insgesamt fünf Jahre lang mit der Erarbeitung eines Figuren-Programms, dessen Veröffentlichung von Anbeginn als eine zusammenfassende Kölner Stadtgeschichte geplant war. Dementsprechend sollte die Auswahl der Figuren repräsentativ für die mehr als zweitausendjährige Geschichte der Stadt sein.

Natürlich fehlte es im Verlauf der Diskussion nicht an immer wieder auftauchenden grundsätzlichen Zweifeln, ob es überhaupt sinnvoll sei, Geschichte in Figuren darzustellen und ob der Ratsturm nicht besser ohne Figurenschmuck bleibe. Die Kommission verständigte sich aber mehrheitlich darauf, daß der Turm schon aus architektonischen Gründen mit den Figuren vervollständigt werden müsse und daß das einer breiten Geschichts-Diskussion in der Stadt dienende Figuren-Programm sehr zu wünschen sei. In der ersten Sitzung am 24.1.1983 wurden zunächst die Grundsätze besprochen, nach denen die Figuren ausgesucht werden sollten. Dabei wurde natürlich zu allererst auf die jüngsten lebhaften Diskussionen Bezug genommen und zunächst Einigkeit darüber geschaffen, daß das Figurenprogramm keine negativen Personen enthalten sollte, die Köln im Verlauf seiner Geschichte geschadet haben *(der Rats-Turm ist kein Schand-Turm).* Es sollten also nur Personen ausgewählt werden, die Köln in irgendeiner Weise zur höheren Ehre gereichten. Das Programm sollte durchaus bis in die Gegenwart geführt werden, aber keine lebenden Personen enthalten. Man verständigte sich auch darauf, daß nicht automatisch alle Ehrenbürger aufgenommen werden sollten, da deren Wahl durchaus zeitbedingt sein kann. Ihre Ehrung sollte an anderer Stelle im Rathaus vorgesehen werden. Auf der Grundlage einer von Herrn Rehker und Frau van Eyll vorgelegten Auswahl von Personen wurde dann gemeinsam eine erste Liste von überhaupt in Frage kommenden Persönlichkeiten zusammengestellt (Anlage 1), die insgesamt 116 Personen umfaßte und damit die damals bekannte Zahl von möglichen Figuren (80 Stück, wie im 19. Jahrhundert) bei weitem überstieg. Beim nächsten Termin sollte daher versucht werden, aus diesen Personen ein geschlossenes Programm von 80 Figuren zu erarbeiten und zu begründen.

Die zweite Sitzung der Kommission am 9.6.1983 brachte aber nicht die gewünschte Begrenzung auf 80 Personen, sondern eine Ausweitung der Liste auf 157 Figuren (Anlage 2), wobei die vermutlich nicht Berücksichtigung findenden Personen schon durch ein oder zwei Fragezeichen abgestuft waren.

Nachdem auch die dritte Sitzung am 7.9.1983 kein gemeinsames Ergebnis, sondern nur noch eine Ausweitung der Liste gebracht hatte (Anlage 3) und die *interessante Vehemenz* der Diskussion eine Einigung in gemeinsamen Sitzungen nicht erwarten ließ, wurde vereinbart, *daß die Teilnehmer bis zum 15. Januar 1984 ihre jeweiligen Vorschläge für ein Figuren-Programm des Rat-*

hausturmes (80 Figuren) vorschlagen und evtl. auch kurz begründen sollten. Diese Vorschläge sollten an Frau Kier geschickt werden, die sie vervielfältigt und an die einzelnen Gesprächsteilnehmer versendet. Ein neuer gemeinsamer Termin soll dann Ende März 1984 ins Auge gefaßt werden. Bis zu diesem Termin wird sich Frau Kier bemühen, eine Liste derjenigen Personen anzufertigen, die alle Teilnehmer gewählt haben.

In der Sitzung am 7.9.1983 war auch intensiv über die Frage diskutiert worden, nach welchem System die Figuren aufgestellt werden sollten. Entweder je Geschoß nach Berufsgruppen oder in chronologischer Reihenfolge. Außerdem wurde die Möglichkeit der zusätzlichen Aufstellung von Figuren wahrgenommen, da der Turm beim Wiederaufbau nach dem Zweiten Weltkrieg freigestellt worden war. Dadurch ergab sich letztendlich die Möglichkeit zur Aufstellung von insgesamt 124 Figuren, was bei der Fülle von gewünschten wichtigen Personen der Kölner Geschichte als sehr wohltuend empfunden wurde.

Wegen der mehr als zeitintensiven Vorbereitung und Durchführung des Jahres der Romanischen Kirchen in Köln 1985 kam ich erst zu Beginn des Jahres 1986 dazu, die Kommission wieder einzuberufen. In der Sitzung am 4.2.1986 einigte man sich mehrheitlich darauf, die fünf Geschosse mit Figuren nach folgendem System zu versehen:

- Am Erdgeschoß das politische Fundament der Stadt: Personen, die Köln bis zum Ende des Mittelalters mit Privilegien gestärkt haben.
- Am 4. Obergeschoß die Schutzpatrone und Heiligen des »Kölner Himmels«.
- Am 1. bis 3. Obergeschoß in chronologischer Reihenfolge die für Köln wichtigen Persönlichkeiten, deren Wirken der Stadt besonderes Ansehen verliehen hat.

Die natürlich sehr intensiv und kontrovers verlaufene Diskussion, die sich anschließend auch noch schriftlich fortsetzte, führte aber doch zu einer gemeinsamen Liste von Figuren, die in einer Ratsvorlage dem Kulturausschuß der Stadt Köln am 14.10.1986 erstmals vorgestellt wurde (Anlage 4). In dieser Ratsvorlage wurden die einzelnen Persönlichkeiten mit Kurzbiographien erläutert, die von den Mitarbeiterinnen und Mitarbeitern des Historischen Archivs erarbeitet worden waren. Zum neuen Figurenprogramm wurde in der Ratsvorlage u. a. ausgeführt:

Die vorgeschlagenen Persönlichkeiten repräsentieren die 2000jährige Kölner Geschichte in ihren gesamten politischen, religiösen, wirtschaftlichen und kulturellen Aspekten, wobei bewußt die z. T. auch gegensätzliche Vielfalt und die gesellschaftlichen Unterschiede dargestellt werden sollen. Das vorgeschlagene Programm sieht die Zusammenfassung der Herrscher und herrschergleichen Persönlichkeiten, denen Köln seine Privilegien und Blüte verdankt, am Erdgeschoß des Turmes vor. Hierin soll der Gedanke einer geschichtlichen Basis zum Ausdruck kommen. Als Entsprechung dazu sind im 4. Obergeschoß die Schutzpatrone und Heiligen der Stadt zusammengefaßt, während in den drei dazwischenliegenden Geschossen die um die Stadt Köln verdienten geschichtlichen Persönlichkeiten in chronologischer Reihenfolge angeordnet sind. Diese Systematik, die der mittelalterlichen Entstehungszeit des Turmes und dem Programm vom Ende des 19. Jahrhunderts Rechnung trägt, entspricht der Mehrheitsmeinung der o. g. Diskussionsrunde. Als Minderheitenvotum wurde vorgeschlagen, sämtliche Figuren in chronologische Reihenfolge zu setzen und keinerlei programmatische Aufstellung vorzunehmen, um alle, die sich um Köln verdient gemacht haben, vom einfachen Bürger bis zum Heiligen, in eine Reihe zu stellen.

Das vorgeschlagene Programm wurde im Kulturausschuß am 14. 10. 1986 mehrheitlich sehr wohlwollend aufgenommen, nur die Grünen lehnten es aus grundsätzlichen Erwägungen ab, weil sie die *alte großbürgerliche Vorstellung, daß Geschichte nur aus prominenten Namen besteht* nicht billigen könnten, das Programm außerdem zu wenige Frauen enthielte und man doch besser die elftausend Jungfrauen an den Turm stellen solle. Die Kölner Zeitungen nahmen das geplante Programm positiv auf, vor allem nachdem man sich umgehend vergewissert hatte, wie es darin mit der Zeit des Nationalsozialismus bestellt sei.

Auf der neuen Namensliste kommen nun, wie Hiltrud Kier sagt, nur positive und keine negativen Figuren vor, so wie es sich für Köln gehört. (Kölner Stadt-Anzeiger, 8.10.1986).

Eine weitere Diskussion des Programms in den Fraktionen der politischen Parteien wurde nicht gewünscht, so daß der Kulturausschuß am 10.2.1987 mit großer Mehrheit dem Rat die Annahme empfahl. Die Grünen (Frau Braunert) enthielten sich in dieser Kulturausschußsitzung der Stimme und erweckten den Eindruck, als ob sie das ganze für völlig überflüssig hielten.

In der Ratssitzung am 12.3.1987, in der das Programm verabschiedet werden sollte, kam von den Grünen (vorgetragen von Frau Haep) überraschenderweise eine intensive inhaltliche Diskussion des Figurenprogramms, das nun plötzlich nicht mehr als überflüssig betrachtet wurde, sondern als Möglichkeit, die Kölner Geschichte und ihre Rezeption durch die offizielle Geschichtsschreibung kritisch zu überprüfen. Frau Haep machte in einem sehr engagierten Vortrag darauf aufmerksam, daß sich unter den vorgeschlagenen Männern Personen befänden, deren Moral anzuzweifeln sei, wie z. B. Kaiser Constantin, der seine Frauen mißhandelte, oder Jan van Werth, der ein übler Frauenheld gewesen sei – vor allem aber forderte sie eine wesentlich größere Anzahl von Frauen in dem Programm, das nur 5 Frauen enthalte (Agrippina, Plektrudis, Theophanu, Hl. Ursula, Edith Stein), und sie nannte 21 weitere weibliche Persönlichkeiten der Kölner Geschichte mit ihren Verdiensten (Anlage 5). Der Rat verwies daraufhin das gesamte Figurenprogramm zu erneuter Diskussion in den Kulturausschuß, *damit dort eine Meinung zum Änderungsvorschlag der Grüne-Fraktion gebildet wird.*

Diese Meinungsbildung vollzog sich in monatelanger Diskussion zwischen den Mitgliedern der Historiker-Kommission und einem parteiübergreifenden Arbeitskreis von Ratsfrauen unter dem Vorsitz von Bürgermeisterin Gepa Maibaum, die sich vor allem von den Historikerinnen Irene Franken und Petra May beraten ließen. Diese Diskussion, die von allen Seiten mit großer Emotion und kämpferischem Beharrungswillen geführt wurde und der Kölner sowie der überregionalen Presse viel Schreibstoff lieferte, brachte zunächst weitere Vorschläge weiblicher Persönlichkeiten (Anlage 5, Punkt 2) und schließlich bei der Historiker-Kommission die Erkenntnis, daß das *aktuelle Interesse an der Rolle der Frau in der Kölner Geschichte beachtet* werden müsse. In einem abschließenden Gespräch zwischen dem Arbeitskreis der Ratsfrauen und der Historiker-Kommission am 2.10.1987 einigte man sich auf zusätzliche 13 Frauen, für die natürlich 13 Männer weichen mußten (Anlage 6).

Nachträglich erklärte allerdings Prof. Dr. Stehkämper, der Direktor des Historischen Archivs der Stadt Köln, seinen Austritt aus der Historiker-Kommission, da er das nunmehr entstandene Figuren-Programm doch nicht mittragen könne, da es nicht mehr dem *methodisch abgesicherten Erkenntnisstand der Geschichtswissenschaft entspreche.*

Zusätzlich zu der Frauen-Diskussion wurde im Laufe des Jahres 1987 noch die Aufnahme von Theodor Heuss und Theodor Burauen ins Figuren-Programm gefordert (Anlage 5, Punkte 3 und 4), was aber schließlich vom Kulturausschuß am 12.1.1988 aus Platzmangel abgelehnt wurde, da ansonsten Arndt von Siegen und Eugen Langen hätten gestrichen werden müssen.

Am 28. Januar 1988 beschloß der Rat der Stadt Köln das Programm für 124 Figuren am Ratsturm (Anlage 7). Während der mehr als fünfjährigen Diskussion um das Figurenprogramm begann allerdings schon die Stiftung von Figuren. Die allerersten waren die Mitglieder der Elektro-Innung, die durch ihren Obermeister Hans Sitt am 29. Juli 1986 beim Oberbürgermeister Norbert Burger anfragten, ob die Stadt anläßlich des 75. Gründungstages ihrer Innung am 21. Dezember 1986 die Stiftung der Figur des Albertus Magnus annehmen würde. Da Albertus Magnus ohne Zweifel im Figurenprogramm enthalten sein würde, konnte diese Stiftung vor dem Beschluß des Rates über das gesamte Programm angenommen werden (Beschluß in der Ratssitzung vom 6.11.1986). Als nächste Figur wurde kurz danach der ebenfalls völlig unumstrittene Adolf Kolping vom Kölner Dreigestirn der Karnevals-Session 1986/87 gestiftet und angenommen. Spätestens damit war die Stiftung von Figuren für den Ratsturm eine Ehrensache Kölner Bürgerinnen und Bürger, bzw. deren Firmen geworden. Es folgten noch 1987 Stefan Lochner (gestiftet von der Börner-Stiftung), Agrippina (gestiftet von der Agrippina-Versicherung), Josef Haubrich (gestiftet von Peter und Irene Ludwig), Josef Kardinal Frings (gestiftet von Oberbürgermeister Norbert Burger), Katharina Henot (gestiftet von Hiltrud Kier), Nikolaus Gülich (gestiftet von den Bediensteten der Kölner Stadtverwaltung auf besondere Initiative von Erhard Cremer), Simon Ohm (gestiftet von den Gas- und Elektrizitätswerken Köln auf besondere Initiative von Direktor Hansgeorg Winter), Josef DuMont (gestiftet vom DuMont-Verlag), Edith Stein (gestiftet vom Erzbistum Köln). Weitere Ankündigungen von Stiftungen wie z. B. Hl. Ursula (Kreishandwerkerschaft Köln), Agrippa von Nettesheim (Westdeutsche Lotterie), Maria Clementine Martin (Klosterfrau Melissengeist), Benedikt Schmittmann (Schmittmann-Wahlen-Stiftung) noch vor dem Beschluß des Rates über das gesamte Figurenprogramm zeigte die insgesamt positive Bereitschaft der Kölner Bürgerschaft, sich an diesem Werk zu beteiligen und natürlich auch den Versuch der (teilweise gelungenen) Einflußnahme auf die Diskussion um das Programm. Auf jeden Fall beschleunigte der Schub von Stiftungen die Bereitschaft des Rates, das Programm (endlich) am 28.1.1988 zu beschließen.

In den darauffolgenden zwei Jahren gelang es, für die, aus damaliger Sicht, neu zu schaffenden Figuren Stifterinnen und Stifter zu finden und dem Ausschuß für Kunst und Kultur in seiner Sitzung am 6.11.1990 eine abgeschlossene Stiftungs-Liste vorzulegen. Dabei waren von 124 Figuren 106 gestiftet worden und 18 sollten als renovierte, erhaltene Figuren (des späten 19. und frühen 20. Jahrhunderts) an die alten, dunkleren Architekturpartien im unteren Teil des Turmes angebracht werden, um die Einheitlichkeit von alt und neu zu betonen und den Gegensatz von Erhaltung und Wiederaufbau auch in der stilistischen Gegenüberstellung der Figuren zu betonen. Denn auch die Figuren des 19. und frühen 20. Jahrhunderts waren von verschiedenen Bildhauern gestaltet worden und zeigen die Vielfältigkeit der Ausführung, wie sie sich durch die zahlreichen Bildhauerinnen und Bildhauer am Ende des 20. Jahrhunderts bei den neuen Figuren selbstverständlich ergibt. Da die meisten der erhaltenen alten Figuren als anonyme Vertreter ihrer Berufsgruppe und ohne Kopf überkommen sind, schien ihre Umwidmung inhaltlich vertretbar. Allerdings gab es von Anbeginn auch Bedenken dagegen, denen schließlich die genauere technische Untersuchung entgegenkam, die ihre weitgehende Nichtverwendung an der Außenseite des Turmes ergab. Nur fünf alte Figuren werden jetzt verwendet, und für 13 weitere Figuren wurden Spenderinnen und Spender gesucht und gefunden.

Die gesamte Betreuung der Figuren in der Ausführung geschah durch Bernd Ernsting und die Kontakte mit den Stifterinnen und Stiftern nach der Acquisition wurden von Vera Bachmann-Ernsting weiterverfolgt. Beide haben mit unermüdlichem Engagement die Fertigstellung der Figuren überwacht und betrieben, sowie die zahlreichen Termine koordiniert. Jede Figur wurde schließlich in einer kleinen Feier in der Rathaushalle dem Herrn Oberbürgermeister von den Stifterinnen und Stiftern übergeben. Dabei konnte ausführlich die historische Bedeutung der Dargestellten für die Stadt Köln erinnert und gewürdigt werden. Die eingangs erwähnte Steigerung der Geschichtskenntnisse in Köln als eine der Antriebskräfte für die Durchführung des Figurenprogramms war auf jeden Fall gelungen und schließlich nach der Aufstellung die architektonische Fertigstellung des Ratsturmes nach seiner Zerstörung im Zweiten Weltkrieg erreicht.

Anlage 1

(Erste) Liste von möglichen Figuren für den Ratsturm (Historiker-Kommission 24. 1. 1983)

1. Römische Geschichte

Cäsar
Agrippa
Agrippina die Jüngere
Constantin der Große
Marsilius
Postumus
Julian Apostata

2. Mittelalter

a) Fürsten, Bischöfe, Heilige

Kunibert
Plektrudis
Bruno I.
Theophanu
Heribert
Anno II.
Heinrich IV.
Reinald v. Dassel
Engelbert I. v. Berg
Konrad v. Hochstaden
König Sigibert v. Ripuarien
Philipp v. Heinsberg
Gereon
Maternus
St. Ursula
Hildebald
Severin
Hl. Drei Könige

b) Künstler und Gelehrte

Albertus Magnus
Thomas v. Aquin
Johannes Duns Scotus
Meister Eckhart
Cäsarius v. Heisterbach
Stefan Lochner
Nikolaus v. Verdun
Meister Gerhard
Barthel Bruyn (Vater und Sohn als Doppelfigur)
Herman von dem Bussche

c) Bürger

Matthias Overstolz
Hermann v. Weinsberg
Gerlach vom Hauwe
Heinrich Sudermann
Jakob Ben Ascher

3. ab 1517, Reformation bis Wiener Kongreß (1815)

a) Reformation – Gegenreformation

Petrus Canisius
Adolf Clarenbach/Peter v. Fliesteden (Doppelfigur)
Friedrich v. Spee
Jan von Werth
Arnold v. Siegen
Maria v. Medici
Nikolaus Gülich
Johann Maria Farina
Everhard Jabach

b) Künstler

Joost van den Vondel
Peter Paul Rubens
Gelenius
Quentell
Koelhoff
Michael v. Aitzing
Ulrich v. Zell

4. 1815–1945

a) König Friedrich Wilhelm IV.

b) Politiker, Unternehmer und Erfinder

Gottfried Daniels
Peter und August Reichensperger (Doppelfigur)
Heinrich v. Wittgenstein
Ludolf Camphausen
Gustav v. Mevissen
Peter Heinrich Merkens
Abraham Oppenheim
Nicolaus August Otto/Eugen Langen (Doppelfigur)
Georg Simon Ohm
Moses Hess
Robert Blum
Karl Marx
August Bebel
Adolph Kolping
Hermann Becker (der rote)
Otto Fürst v. Bismarck
Kardinal Paulus Melchers
Konrad Adenauer
Wilhelm Sollmann
Paul v. Hindenburg
Franz Carl Guilleaume
Leonhard Tietz
Henry Ford

c) Kunstsammler und Künstler

Ferdinand Franz Walraff/Heinrich Richartz (Doppelfigur)
Melchior und Sulpiz Boisserée (Doppelfigur)
Alexander Schnütgen
Jacques Offenbach
Max Bruch
Wilhelm Leibl
Ernst Friedrich Zwirner
Johann Heinrich Pallenberg
Hermann Josef Stübben
Johann Peter Weyer
Willi Ostermann
Adolf und Berta Fischer (Doppelfigur)

d) Opfer des Nationalsozialismus

Benedikt Schmittmann
Nikolaus Gross
Edith Stein
Georg Fritze

5. ab 1945

Hans Böckler
Joseph Kardinal Frings
Peter Josef Schaeven
Josef Haubrich
Dominikus Böhm
Rudolf Schwarz/Wilhelm Riphahn (Doppelfigur)
Gerhard Marcks/Ewald Mataré (Doppelfigur)
Bernhard Günther
Eugen Schmalenbach
Müller-Armack

Anlage 2

(Zweite) Liste von möglichen Figuren für den Ratsturm (Historiker-Kommission 9. 6. 1983)

1. Römische Geschichte

Agrippa
Agrippina die Jüngere
Constantin der Große
? Postumus
? Julian Apostata
?? Helena
?? Cäsar
?? Marsilius

2. Mittelalter

a) Fürsten, Bischöfe, Heilige

Kunibert
Plektrudis
Hildebold
Bruno I.
Theophanu
Heribert
Reinald v. Dassel
Konrad v. Hochstaden
Hl. Maria
Gereon
Maternus
Ursula
Severin
Kaspar
Melchior
Balthasar
Johann I. v. Brabant
Adolf IV. v. Berg
Friedrich III.
? Engelbert I. v. Berg
? Leo IX.
? Otto IV.
? Innozenz III.
? Innozenz IV.
?? Richeza v. Polen
?? Sigibert v. Ripuarien
?? Philipp v. Heinsberg

b) Künstler und Gelehrte

Albertus Magnus
Meister Eckhart
Stefan Lochner
Nikolaus v. Verdun
Meister Gerhard
Barthel Bruyn
Gottfried Hagen
Meister Johannes
? Thomas v. Aquin
? Johannes Duns Scotus
? Cäsarius v. Heisterbach
? Rupertus v. Deutz
? Archipoeta
? Franco
? Heinrich von Beeck
? Heinrich Parler
? Johann v. Buiren
?? Hermann von dem Bussche

c) Bürger

Heinrich Suderman
Gerhard Overstolz
Matthias Overstolz
Gerlach vom Hauwe
Hermann v. Weinsberg
Bruno der Kartäuser
? Gerhard Unmaze
? Hilger Quattermart v. d. Stesse
? Jakob Ben Ascher

3. ab 1517, Reformation bis Wiener Kongreß (1815)

a) Reformation – Gegenreformation

Hermann Graf v. Neuenahr
Petrus Canisius
Adolf Clarenbach
Friedrich v. Spee
Jan von Werth
Nikolaus Gülich
Johann Maria Farina I.
? Arnold v. Siegen
? Constantin v. Lyskirchen
? Everhard Jabach ?? Maria v. Medici

b) Künstler

Joost van den Vondel
Ägidius Gelenius
Johannes Gropper
Kaspar Ulenberg
Michael v. Aitzing
Ulrich v. Zell
? Koelhoff
? Quentell
? Peter Paul Rubens
? Agrippa v. Nettesheim
? Wilhelm Vernucken
? Melchior v. Reidt

4. 1815–1945

a) König Friedrich Wilhelm III.
König Friedrich Wilhelm IV.

b) Politiker, Unternehmer und Erfinder

Gottfried Daniels
August Reichensperger
Gustav Mevissen
Peter Heinrich Merkens
Abraham Oppenheim
Nicolaus August Otto
Georg Simon Ohm
Moses Hess
Karl Marx
Adolph Kolping
Konrad Adenauer
Wilhelm Sollmann
Max Bodenheimer
? Peter Reichensperger
? Abraham Schaaffhausen
? Ludolf Camphausen
? Eugen Langen
? Robert Blum
? August Bebel
? Hermann Becker
? Reichskanzler Wilhelm Marx
? Franz Carl Guilleaume
? Leonhard Tietz
? Julius Bachem
? Carl Trimborn
? Louis Hagen
? Robert Pferdmenges
?? Henry Ford
?? Heinrich v. Wittgenstein
?? Otto v. Bismarck
?? Kardinal Melchers
?? Paul von Hindenburg

c) Kunstsammler und Künstler

Ferdinand Franz Walraff
Everhard v. Groote
Sulpiz Boisserée
Hermann Josef Stübben
Johann Peter Weyer
Willi Ostermann
? Alexander Schnütgen
? Adolf und Berta Fischer
? Rautenstrauch
? Joest
Max Bruch
Wilhelm Leibl
Johann Heinrich Pallenberg
Jacques Offenbach
?? Leonhard Ennen
?? Ferdinand Hiller
?? Christian Eckert

d) Opfer des Nationalsozialismus

Benedikt Schmittmann
Bernhard Letterhaus
Nikolaus Gross
Edith Stein
Theodor Babilon
Heinz Richter
Prälat Otto Müller
? Georg Fritze

5. ab 1945

Joseph Kardinal Frings
Josef Haubrich
Bernhard Günther
? Hans Böckler
? Peter Josef Schaeven
? Dominikus Böhm
? Rudolf Schwarz
? Wilhelm Riphahn
? Gerhard Marcks
? Ewald Mataré
? Eugen Schmalenbach
? Müller-Armack
? Carl Diem
? Kuske

Anlage 3

Ergänzungen zur (Zweiten) Liste von möglichen Figuren für den Ratsturm (Historiker-Kommission 7. 9. 1983)

Kaiser Karl der Große
Kaiser Otto I. der Große
Kaiser Heinrich IV.
König Heinrich II. von England
Graf Adolf VI. von Berg
Oberbürgermeister Friedrich Wilhelm Becker
Domherr Ragimbold
Petrus
Cordula
Evergislus
Agilolf
Anno II.
Heinrich Brauns
Rudolf Breitscheidt
Robert Görlinger
Willy Eichler
Bartel Schink von den Edelweißpiraten
Carl Nipperdey
Joseph DuMont oder Frau Schauberg
Adolf Hofrichter

Anlage 4

(Dritte) Liste von Figuren für den Ratsturm (Historiker-Kommission 4. 2. 1986 und (Rats-)Vorlage im Kulturausschuß 14. 10. 1986)

Erdgeschoß (19 Figuren)
Herrscher und herrschergleiche Persönlichkeiten

Augustus
Agrippa
Agrippina die Jüngere
Kaiser Postumus
Kaiser Constantin der Große
König Sigibert von Ripuarien
Plektrudis
Kaiser Karl der Große
Kaiser Otto I.
Kaiserin Theophanu
Kaiser Heinrich IV.
König Heinrich II. von England
Kaiser Otto IV. von Braunschweig-Poitou
Papst Innozenz III.
Kaiser Friedrich II.
König Rudolf von Habsburg
Papst Urban VI.
Kaiser Friedrich III.
Kaiser Maximilian I.

1.–3. Obergeschoß (83 Figuren)
Um die Stadt Köln verdiente Persönlichkeiten

Erzbischof Hildebold
Abt Rupert von Deutz
Erzbischof Reinald von Dassel
Erzbischof Philipp von Heinsberg
Nikolaus von Verdun
Gerhard Unmaze
Erzbischof Konrad von Hochstaden
Dombaumeister Gerhard
Matthias Overstolz
Gerhard Overstolz
Gottfried Hagen
Johann I. von Brabant
Meister Eckhart
Hilger Quattermart von der Stesse
Gerlach vom Hauwe
Baumeister Heinrich Parler
Stefan Lochner
Heinrich von Beeck
Drucker Ulrich Zell
Drucker Heinrich Quentell
Hermann von dem Bussche
Heinrich Agrippa von Nettesheim
Hermann Graf von Neuenahr
Adolf Clarenbach
Anton Woensam
Arnold von Siegen
Johannes Gropper
Hermann von Weinsberg
Dr. Heinrich Suderman
Michael von Aitzing
Kaspar Ulenberg
Peter Paul Rubens
Joost van den Vondel
Melchior von Reidt
Friedrich Spee von Langenfeld
Jan von Werth
Aegidius Gelenius
Everhard IV. Jabach
Nikolaus Gülich
Johann Maria Farina
Ferdinand Franz Wallraf
Heinrich Gottfried Wilhelm Daniels
Abraham Schaaffhausen
Kaiser Napoleon I. *
Peter Heinrich Merkens
Sulpiz Boisserée
Georg Simon Ohm
Johann Peter Weyer
König Friedrich Wilhelm IV. von Preußen
Heinrich von Wittgenstein
Ernst Friedrich Zwirner
Ludolf Camphausen
Abraham Oppenheim
Robert Blum
August Reichensperger
Karl Joseph Daniel DuMont
Ferdinand Hiller
Moses Hess
Gustav von Mevissen
Karl Marx
Jacques Offenbach
Stadtarchivar Leonard Ennen
Oberbürgermeister Hermann Becker

Nicolaus August Otto
Eugen Langen
Franz Carl Guilleaume
Max Bruch
Alexander Schnütgen
Hermann Joseph Stübben
Carl Trimborn
Louis Hagen
Wilhelm Marx
Rechtsanwalt Max Isidor Bodenheimer
Benedikt Schmittmann
Georg Fritze
Professor Christian Eckert
Hans Böckler
Willi Ostermann
Konrad Adenauer
Joseph Kardinal Frings, Erzbischof von Köln
Wilhelm Sollmann
Ludwig Josef Haubrich
Bernhard Letterhaus
Heinrich Böll

4. Obergeschoß (22 Figuren)

Kölner Schutzheilige

Hl. Petrus
Heilige Drei Könige
Hl. Gereon
Hl. Ursula
Hl. Maternus
Hl. Severin
Evergislus
Hl. Kunibert
Ewaldi-Brüder
Agilolf
Erzbischof Bruno I. von Sachsen
Hl. Heribert
Anno II.
Bruno der Kartäuser
Erzbischof Engelbert I. von Berg
Albertus Magnus
Johannes Duns Scotus
Adolph Kolping
Edith Stein

* Aus Versehen aufgelistet.

Anlage 5

Liste weiterer Frauen und Männer, die anstelle von in Anlage 4 genannten in das Figurenprogramm aufgenommen werden sollen

1. Vorschlag von Frau Gundi Haep – Fraktion Die Grünen – in der Ratssitzung am 12.03.1987

Königin Richeza
Kaiserin Gisela
Königin Maria von Medici
Fygen Lutzenkirchen (Seidmacherin)
Christine von Stommeln (Mystikerin und Begine)
Bela Kriech (Begine)
Hadwig de Burgele (Patrizierin)
Äbtissin Ida von St. Maria im Kapitol
Sibylla Schlößgen (Patrizierin und Stifterin)
Katharina Henot (Postmeisterin, als »Hexe« verbrannt)
Christina Plum (als »Hexe« verbrannt)
Anna Maria van Schurman (Dichterin, Wissenschaftlerin)
Griet (legendenhafte Jugendliebe des Jan von Werth)
Maria Clementine Martin (Klosterfrau und Kölnisch-Wasser-Fabrikantin)
Sibylla Mertens-Schaaffhausen (Kunstsammlerin)
Dorothea Schlegel (Schriftstellerin)
Mathilde Franziska Anneke (Revolutionärin)
Mildred Scheel (Gründerin der Deutschen Krebshilfe)
Martha Heublein (Widerstandskämpferin)
Hilde Domin (Schriftstellerin)
Irmgard Keun (Schriftstellerin)
Veleda (germanische Seherin)

2. Zusätzliche Vorschläge vor allem aus der Diskussion mit dem Arbeitskreis der Kölner Ratsfrauen unter Vorsitz von Bürgermeisterin Gepa Maibaum und Beratung der Historikerinnen Irene Franken und Petra May

Königin Brunhilde (merowingische Herrscherin)
Gräfin Adela von Elten (die »streitbare« Gräfin vom Rhein)
Kaiserin Isabella (englische Ehefrau von Kaiser Friedrich II.)
Christine Teusch (erste Ministerin in Deutschland 1947-1954)
Elisabeth Kirschmann-Roehl (Führerin der Frauenbewegung)
Alice Neven DuMont (Vorkämpferin für das Frauenstimmrecht)
Hanna Meuter (bedeutende Soziologin)
Hertha Kraus (Leiterin des Kölner Wohlfahrtsamtes)
Äbtissin Adelheid von St. Maria im Kapitol
Ursula Kuhr (Lehrerin in Volkhoven)
Sibille Hartmann (Sozialpolitikerin)
Mater Anna Maria Augustina de Heers (Gründerin der Kölner Ursulinenschule)
Amalie Lauer (Professorin und Leiterin im katholischen Frauenbund)
Mathilde von Mevissen (Gründerin des Kölner Frauenfortbildungsvereines)
Sela Jude (Begine)

3. Bürgerantrag der F.D.P.-Mitglieder Jan Brügelmann und Dr. Friedrich Jacobs vom 11.05.1987

Theodor Heuss

4. Vorschlag von Helmut Haumann (CDU) und Toni Klefisch (SPD) in der Kölnischen Rundschau vom 6. 11. 1987

Theodor Burauen

Anlage 6

Liste der zusätzlich aufgenommenen 13 Frauen und der dafür gestrichenen 13 Männer

(gemeinsame Sitzung vom Arbeitskreis der Ratsfrauen und von der Historiker-Kommission am 02.10.1987)

Bereits im Programm enthaltene Frauen

Agrippina
Plektrudis
Theophanu
Hl. Ursula
Edith Stein

Zusätzlich aufgenommene Frauen

Äbtissin Ida
Sela Jude
Fygen Lutzenkirchen
Katharina Henot
Mater Anna Maria Augustina de Heers
Anna Maria van Schurman
Maria Clementine Martin
Mathilde Franziska Anneke
Amalie Lauer
Mathilde von Mevissen
Christine Teusch
Hertha Kraus
Irmgard Keun

Zugunsten der Frauen gestrichene Männer

Philipp von Heinsberg
Gerlach vom Hauwe
Heinrich Parler
Heinrich Quentell
Hermann von dem Bussche
Everhard IV. Jabach
Abraham Schaaffhausen
Johann Peter Weyer
Heinrich von Wittgenstein
Leonard Ennen
Alexander Schnütgen
Louis Hagen
Christian Eckert

Anlage 7

Figurenprogramm für den Kölner Ratsturm (Ratsbeschluß 28. Januar 1988)

Erdgeschoß: Herrscher und herrschergleiche Persönlichkeiten

Nr.

1 Augustus (63 v. Chr. – 14 n. Chr.)
2 Agrippa (64/63 v. Chr. – 12 n. Chr.)
3 Agrippina die Jüngere (15/16–59 n. Chr.)
4 Kaiser Postumus (260–268)
5 Kaiser Constantin der Große (um 285–337)
6 König Sigibert von Ripuarien (490 – um 507/508)
7 Plektrudis (gest. um 720)
8 Kaiser Karl der Große (747/48–814)
9 Kaiser Otto I. (912–973)
10 Kaiserin Theophanu (um 959–991)
11 Kaiser Heinrich IV. (1050–1106)
12 König Heinrich II. v. England (1133–1189)
13 Kaiser Otto IV. v. Braunschweig-Poitou (um 1177–1218)
14 Papst Innozenz III. (1160/61–1216)
15 Kaiser Friedrich II. (1194–1250)
16 König Rudolf v. Habsburg (1218–1291)
17 Papst Urban VI. (um 1318–1389)
18 Kaiser Friedrich III. (1415–1493)
19 Kaiser Maximilian I. (1459–1519)

1.–3. Obergeschoß: Um die Stadt verdiente Persönlichkeiten

1. Obergeschoß

20 Erzbischof Hildebold (vor 787/88–818)
21 Äbtissin Ida (gest. 1060)
22 Abt Rupert von Deutz (zwischen 1060 u. 1070–1129)
23 Nikolaus von Verdun (vor 1150–1205)
24 Erzbischof Reinald von Dassel (um 1118/20–1167)
25 Sela Jude (ca. 1180 – nach 1230)
26 Gerhard Unmaze (gest. um 1198)
27 Erzbischof Konrad von Hochstaden (um 1205–1238–1261)
28 Dombaumeister Gerhard (gest. um 1258/61)
29 Matthias Overstolz (gest. 1268)
30 Gerhard Overstolz (gest. 1288)
31 Gottfried Hagen (vor 1268 – gest. um 1300)
32 Johann I. von Brabant (1252/53–1294)
33 Meister Eckhart (um 1260–1328)
34 Hilger Quattermart von der Stesse (um 1340–1398)
35 Stefan Lochner (um 1400 – gest. 1451)
36 Heinrich v. Beeck (2. Hälfte 15. Jh.)
37 Ulrich Zell (gest. 1507 ?)
38 Fygen Lutzenkirchen (gest. nach 1515)
39 Heinrich Agrippa von Nettesheim (1486–1535)
40 Hermann Graf von Neuenahr (1492–1530)
41 Adolf Clarenbach (ca. 1495–1529)
42 Anton Woensam (vor 1500–1541)
43 Arnold (Arndt) von Siegen (um 1490–1578)
44 Johannes Gropper (1503–1559)
45 Hermann von Weinsberg (1518–1597)
46 Dr. Heinrich Suderman (um 1520–1591)
47 Michael von Aitzing (gest. 1598)
48 Kaspar Ulenberg (1548–1617)
49 Peter Paul Rubens (1577–1640)

2. Obergeschoß

50 Jan von Werth (1591–1652)
51 Joost van den Vondel (1587–1679)
52 Ägidius Gelenius (1595–1656)
53 Melchior von Reidt (vor 1590 – nach 1624)
54 Katharina Henot (gest. 1627)
55 Friedrich Spee von Langenfeld (1591–1635)
56 Mater Anna Maria Augustina de Heers (um 1610–1666)
57 Anna Maria van Schurman (1607–1678)
58 Nikolaus Gülich (1644–1686)
59 Johann Maria Farina (1685–1766)
60 Ferdinand Franz Wallraf (1748–1824)
61 Heinrich Gottfried Wilhelm Daniels (1754–1827)
62 Maria Clementine Martin (1775–1843)
63 Peter Heinrich Merkens (1777–1854)
64 Sulpiz Boisserée (1783–1854)
65 Georg Simon Ohm (1784–1854)
66 König Friedrich Wilhelm IV. von Preußen (1795–1861)
67 Ernst Friedrich Zwirner (1802–1861)
68 Robert Blum (1807–1848)
69 Ludolf Camphausen (1803–1890)
70 Abraham Oppenheim (1804–1878)
71 August Reichensperger (1808–1895)
72 Karl Joseph Daniel DuMont (1811–1861)
73 Ferdinand Hiller (1811–1885)
74 Mathilde Franziska Anneke (1817–1884)
75 Moses Hess (1812–1875)
76 Gustav von Mevissen (1815–1899)
77 Jacques Offenbach (1819–1880)
78 Karl Marx (1818–1883)
79 Hermann Heinrich Becker (1820–1885)
80 Franz Carl Guilleaume (1834–1887)

3. Obergeschoß

81 Max Bruch (1838–1920)
82 Nikolaus August Otto (1832–1891)
83 Eugen Langen (1833–1895)
84 Hermann Joseph Stübben (1845–1936)
85 Mathilde von Mevissen (1848–1924)
86 Carl Trimborn (1854–1921)
87 Wilhelm Marx (1863–1946)
88 Max Isidor Bodenheimer (1865–1940)
89 Benedikt Schmittmann (1872–1939)
90 Georg Fritze (1874–1939)
91 Hans Böckler (1875–1951)
92 Konrad Adenauer (1876–1967)
93 Willi Ostermann (1876–1936)
94 Amalie Lauer (1882–1950)
95 Joseph Kardinal Frings (1887–1978)
96 Christine Teusch (1888–1968)
97 Wilhelm Sollmann (1881–1951)
98 Josef Haubrich (1889–1961)
99 Hertha Kraus (1897–1968)
100 Bernhard Letterhaus (1894–1944)
101 Irmgard Keun (1910–1982)
102 Heinrich Böll (1917–1985)

4. Obergeschoß: Schutzheilige (»Kölner Himmel«)

103 Petrus (gest. 64/67 ?)
104 Kaspar
105 Melchior
106 Balthasar
107 Gereon (3./4. Jh.)
108 Ursula (3. Jh.)
109 Maternus (bezeugt 313/14)
110 Severin (um 400)
111 Evergislus (vor 590 – vor 594)
112 Kunibert(vor 626 – nach 648)
113 Ewaldus (»weiß«) (gest. 695?)
114 Ewaldus (»schwarz«) (gest. 695?)
115 Agilolf (um 745 – um 752)
116 Bruno I. (925–965)
117 Heribert (um 970–1021)
118 Anno II. (um 1010–1075)
119 Bruno der Kartäuser (um 1027/30–1101)
120 Engelbert I. von Berg (um 1185/86–1225)
121 Albertus Magnus (um 1193–1280)
122 Johannes Duns Scotus (um 1265–1308)
123 Adolph Kolping (1813–1865)
124 Edith Stein (1891–1942)

Das neue Figurenprogramm des Kölner Ratsturmes

Perspektiven und Probleme figurativer Denkmalskulptur heute

Bernd Ernsting

Voraussetzungen und Aufgabe

Am Anfang war der Turm ... So etwa mag ein historischer Exkurs in die Genese jenes Figurenprogrammes beginnen, das seit seiner feierlichen Enthüllung am 6. Mai 1995 den Kölner Ratsturm nicht nur als weithin sichtbarer Ausdruck stadtgeschichts- und selbstbewußten Bürgersinnes, sondern auch als lebendiges Zeugnis figurativ-gegenständlicher Bildhauerei im Rheinland der zweiten Hälfte unseres Jahrhunderts schmückt.

Die Ausgangssituation war – mag diese Behauptung auch verblüffen – in vielerlei Hinsicht denkbar einfach, jedenfalls in ihren grundsätzlichen Fragestellungen historisch relativ eindeutig determiniert. So hat Hiltrud Kier in ihrem Beitrag zur inhaltlichen Entstehung dieses neuen Programmes, verstanden als Erfüllung eines historischen Auftrages, darauf verwiesen, daß sich seine Notwendigkeit zwingend aus der Geschichte aller vorangegangenen Programme und somit des Turmes überhaupt herleitet. Von Anbeginn als Denkmal eines politischen Selbstverständnisses interpretiert, waren ihm die Skulpturen keineswegs beliebiger, lediglich der ästhetischen Befriedigung seiner Betrachter dienender Schmuck. Vielmehr stellten sie im besten vitruvianischen Sinne den Aspekt des *decorum* im gleichberechtigten Zusammenwirken mit den übrigen architekturtheoretischen Kriterien her: Turm und Figuren waren stets Eins, nicht in künstlich erzeugter Symbiose, sondern in künstlerisch bestimmter und inhaltlich programmatisch klar definierter Auffassung: Seinen »Denkmalcharakter« – wohlgemerkt nicht im Sinne des reinen Baudenkmals – bezieht der Turm eben aus der Koexistenz von Architektur und Skulptur. Schon deshalb war es nicht etwa ein nachhaltig durch die Romantik und durch die Reichseinigung von 1871 aktuell geprägtes, aus heutiger Betrachtung gerne und leichtfertig pauschal als Historismus zu klassifizierendes Moment womöglich »vaterländischer« oder »-städtischer« Sichtweise, welches gegen Ende des 19. und dann wieder in den zwanziger Jahren unseres Jahrhunderts – eine wirtschaftlich schwere Zeit, die solche Entscheidung und Leistung noch besonders hervortreten läßt – den Entschluß reifen ließ, einen seines historischen Figurenprogrammes verlustig gegangenen Turm wieder mit einem neuen zu versehen.

Und es waren keineswegs alleine denkmalpflegerische Gründe, die nach 1945 für den dann auch erfolgenden, historisch möglichst nahe am verlorenen Original orientierten Wiederaufbau sprachen. Daß dieser mit der architektonischen Turmwiederherstellung niemandem wirklich als vollendet gelten durfte und galt, mahnten nicht nur die zunächst wieder der Westseite aufgesetzten Altfiguren – waren sie auch teils kopflos - an, es geht auch aus den zahlreichen Äußerungen von Rat und Verwaltung, von Konservatoren, Architekten und Handwerkern, nicht zuletzt einer breiten Öffentlichkeit hervor, die sich in den zeitgenössischen Presseberichten spiegelt. Nicht von ungefähr waren es seit gut einhundert Jahren immer wieder die jeweiligen Stadtkonservatoren und andere mit der Erhaltung historischer Baudenkmäler dieser Stadt befaßte Architekturhistoriker, von Julius Raschdorff über Hanna Adenauer und Fried Mühlberg bis zu Hiltrud Kier und Ulrich Krings, die ihre Stimme erinnernd erhoben und mit ebenso großem Eifer wie erfolgreichem Engagement dafür Sorge trugen, daß der Kölner Ratsturm immer wieder – sei es auch zuweilen in kleinen Schritten – zu dem wurde, was er bautypologisch seit Anbeginn war.

Vergleichbar dem Retabel, dem Figurenschrein eines gotischen Schnitzaltars, ist seine Erscheinung bis ins Detail strukturbildend von der ihm zugedachten Aufgabe bestimmt, und im selben Grade, wiewohl jetzt im Umkehrschluß, folgt das Figurenprogramm hinsichtlich seiner grundlegenden Aspekte den im Turm vorgegebenen Anforderungen. Beide – Architektur und Bildwerk – bedingen einander, keines macht für sich allein genommen Sinn oder dürfte ohne Präsenz seines Komplementärs Anspruch auf Vollständigkeit erheben. So wie ein seiner Statuen beraubter Schnitzaltar als sinnentleert, als leere Hülse gelten muß, so auch der figurenlose Ratsturm, der die ihm *sui generis* zugedachte ikonologische Funktion ohne die zugeordneten Figuren nicht zu erfüllen vermag. Wenn aber dieser Sinn eben in der Koexistenz als übergeordnetem Prinzip zum Ausdruck gelangt, so gehorcht auch diese zweifelsohne spezifischen Regeln, denn die vitruvianische *ordo* meint über die »Stil«-Wahl hinaus auch das Verhältnis aller Teile untereinander. Es stand also der Turm, Symbol bürgerschaftlichen Selbstverständnisses über Jahrhunderte und traditionsorientierten wie dem Neuem aufgeschlossenen Wiederaufbauwillens nach jüngster, böser Zeit. Dieser Wiederaufbau hatte die *ordo* des 15. Jahrhunderts als Maßstab aufs Neue bekräftigt, und daß nunmehr auch das *decorum* diesem ganzheitlichen Ansatz Rechnung zu tragen hätte, stand für die Beteiligten stets außer Frage.

Der Turm also als Maßstab und Herausforderung für die Entwicklung jenes künstlerischen Konzeptes seiner neuen »Instrumentalisierung« zum Denk-Mal, welche Hiltrud Kier dem Verfasser zu Jahresbeginn 1985 als freiem Mitarbeiter des Stadtkonservators mit denkbar weitestgehender Eigenverantwortung zudachte – der Beweis eines Vertrauens, für das er sich ihr noch heute zu Dank verpflichtet weiß. Ein solches Konzept zu entwickeln und seine Umsetzung zu begleiten, stellte einerseits eine Chance von hohem Reiz, andererseits – da von vornherein die Hinzuziehung vieler und mithin unterschiedlich arbeitender Künstler beabsichtigt war – auch ein Risiko hinsichtlich des zu erwartenden Ergebnisses dar. Insofern sind die nachfolgenden Ausführungen als Kombination von Bericht und Selbstkritik, als Abgleich des einst Formulierten mit dem heute Erlebbaren zu verstehen.

Zunächst galt es sich über die Bautypologie, ihre Ansprüche an jede wie immer auch erfolgende Maßnahme, und über eventuell nachzuweisende Vorgängerbeispiele am anderen Ort Klarheit zu verschaffen. Der Turm als dezidierter Skulpturenträger dieses Ausmaßes steht in der europäischen Baukunst des Mittelalters und der frühen Neuzeit als singulär dar. Grundrisse, Ansichten und damit Volumenbildung sind nach kompositorischen Regeln entwickelt, die in sich geometrischen bzw. stereometrischen Grundfiguren folgen und im Zusammentreten einer ganzheitlich ebenso homogen-schlüssigen wie harmonischen Ordnung gehorchen. Bis zum Ansatz des Helmes bestimmt eine strenge Vertikalität die Ansicht, die Wände sind betont eben und ohne flächenparallelen Tiefenversatz aufgebaut; lediglich tiefe, in ihrer Oberflächengliederung der Wand folgende Fensterlaibungen geben die tektonisch bedingte Materialtiefe der Außenhaut zu erkennen. Flächen also herrschen vor, untereinander im Winkel von 90 ° gemäß einem quadratischen bzw. von 45 ° zum oktogonalen Grundriß zusammengefügt. Einem sonst schier endlos fluchtenden Vertikalismus begegnen die horizontal stets durchlaufenden Gurtgesimse zwischen den Geschossen, worin auch der Kontext inneren Aufbaues und dessen äußerer Widerspiegelung deutlich wird, und ferner im Detail die konsequent den »wilden« Verband meidenden Lagerfugen des Mauerwerkes. Solchermaßen geschichtet, werden die einzelnen Geschosse einer rhythmisierten Strukturierung unterzogen, oberhalb der ungegliederten und auf der Westseite lediglich durch das Portal akzentuierten Erdgeschoß-Sockelzone beginnend und über alle folgenden Geschosse in strenger Achsenfluchtung durchgeführt.

Einer »großen« und damit der Vertikalität wiederum förderlichen Ordnung wird hierbei durch die Horizontalgesimse begegnet, zwischen denen sich nunmehr eine flächenwahrende und womöglich in der zarten Plastizität ihres applizierten Reliefs noch betonende Gliederung entwickelt. Die schlanken Maßwerkrippen weisen lediglich eine Breite von 15 cm am wandseitigen Fußpunkt bzw. von 5 cm in der vordersten Ebene sowie eine Tiefe von 10 cm aus – das Verhälnis der Teile untereinander ist ein offenkundig mathematisch auf einer Grundzahl von fünf errechnetes. Diesem feingliedrigen Profil wird aber gegenüber der Wand eine stärkere Eigenständigkeit verliehen, indem der wandseitige Fußpunkt nicht eben rechtwinklig, sondern mit einer tiefen und im Spiel des Tageslichtes schattenbildenden Hinterschneidung anbindet. Mit Hilfe dieser Stabform bilden sich Achsen auf der Fläche: Von den unbetonten Ecken aus wechseln doppelte bzw. einfache schlanke Wandstreifen mit einfach bzw. durch Kreuzstock wiederum doppelt breiten Mauerdurchbrüchen. Diese Fenster werden in Sohlbank und Laibung schrägwinklig in die Tiefe gesetzt, treten also zurück und dann wieder hervor, vermeiden somit die scharfkantige Flächenzäsur zugunsten einer körperlichen Massenerscheinung und suchen stattdessen auch hier noch die primär flächenorientierte Wandauffassung in zwei- wie in dreidimensionaler Erstreckung. Es entsteht ein Rastersystem, ein Wechselspiel von durchlaufender Wandebene und aufgelegter Gitterstruktur einerseits und – im umgekehrten Sinne zu interpretieren – zwischen eben dieser linearen Struktur und den ihr eingespannten Flächen. Am Rande nur sei der über Jahrhunderte hinweg bis zur klassischen Moderne im frühen 20. Jahrhundert weisende Charakter solch grundsätzlicher Disposition erwähnt, daß modulare Rastersysteme gebildet und in syntaktischer Reihung zur Flächenstrukturierung verwandt werden.

Soweit die Fläche – sie aber bildet für sich allein genommen erst den Fond für das skulpturale Element der Außenhaut, welches sich wiederum aus drei Bestandteilen zusammensetzt: den Konsolen, den ehemals vorhandenen Baldachinen und den zwischen diesen beiden Polen eingespannten Figuren. Die Konsolen und ehedem auch die Baldachine wiederholen im oktogonalen Grundriß denjenigen der beiden oberen Turmgeschosse, wobei die hintere Langseite in die Wand einbindet. Dabei ergibt sich wie beim Maßwerk eine Hinterschneidung, die das ambivalente Verhältnis von strukturiertem Flächenfond und einbindendem respektive appliziertem, dreidimensionalem Element im Schattenwurf verdeutlicht. Zugleich aber – und auch hier klingt die Turmerscheinung wieder an – betonen Konsole wie Baldachin einen zentrisch orientierten Grundriß, fokussierend im Schnittpunkt der eckenverbindenden Linien. So wie der Turm sich um diese imaginäre Mittelachse entwickelt und gleichsam dreht, so definiert sich auch das Raumvolumen, das im Grundriß polygonale und doch dem Kreisrund angenäherte Kraftfeld zwischen den Polen Konsole und Baldachin. Existiert der Turm gewissermaßen als solitäres, autonomes Volumen im freien Raum, ist er einschließlich seines »Appendix«, des Treppenturmes, im plastischen Sinne mithin vollrund, so müssen sich dagegen applizierte Bauskulptur und zugeordnete Figuren wenigstens einseitig auf ihn beziehen und damit einen dreiviertelrunden Charakter annehmen. Die entsprechend einbindende Konsole bringt im selben Zuge das ansonsten implizierte Drehmoment zum Stillstand und schafft sich dadurch eine statisch fixierte Orientierung am Turm. Die aufstehende Figur wird ihrer seitlichen und vorderen Erstreckung nach durch das imaginäre Kraftfeld limitiert, entwickelt sich innerhalb desselben und nimmt im bestvollendeten Falle seinen Säulen- oder polygonalen Stelencharakter an. Erst die Baldachine führen bei fortschreitender Verjüngung zur Spitze hin diese dreiviertelrunde wieder auf die vollrunde Plastizität zurück.

Die Konsolenanzahl hatte insofern wesentlichen Einfluß auf die am anderen Ort ausführlich erläuterte inhaltliche Formulierung des Programmes, als daß sie gewissermaßen das Spielfeld absteckte, innert dessen Grenzen sich die Diskussion der Historikerkommission, des Rates und der Öffentlichkeit überhaupt erst entfalten konnte. Infolge der wiederaufbaubedingt weitgehenden Freistellung des Turmes gegenüber anbindenden Teilen des Rathauskomplexes wurden schon jetzt mehr Konsolen angetroffen, als sie die Situation vor 1945 zeigte. Zwar hatte man im Erdgeschoß der Nordseite dem historischen Sachverhalt einer ehemals dort existenten Einbindung gen Norden durch Verzicht auf neue Konsolen entsprochen, auch auf der Ost- und Südseite den nunmehr niedriger gezonten Dächern neuer Bauteile gerade durch Freibelassung möglicher Konsolstandorte »historisch« Rechnung getragen. Da sich aber jetzt keine positive Perspektive zur annähernden Rekonstruktion des Nord- und Ostseitenkontextes gemäß dem Vorkriegszustand abzeichnete oder diese auch nur als Vorstellung entwickelte, wurde beschlossen, dort der Wiederaufbaudisposition nur im Detail – zu sonstigen Modifikationen im Wiederaufbau berichtet Ulrich Krings – zu widersprechen und gleichfalls Konsolen anzubringen. Trotzdem eigneten sich nach heutiger Betrachtungsweise, derzufolge die Figuren eines neuen Programmes von zumindest einem ebenerdigen Standort aus wahrnehmbar zu sein hätten, nicht alle vorhandenen oder nachträglich zu setzenden Konsolen auch zur Aufstellung von Skulpturen. Dies betrifft neben dem Erdgeschoß der Ostseite, soweit es nicht mehr vom Alter Markt aus nordöstlicher Ansicht erkennbar ist, und neben den im gleichen Geschoß um die Ecke herum nach Süden orientierten, vor allem drei Konsolen im zweiten Obergeschoß auf der Südseite, westlich des Treppenturmes verborgen durch den Zinnenkranz am Fuße jenes Daches, welches die Prophetenkammer überfängt. Auf Anregung des Verfassers entschloß man sich im Zuge der Turmrestaurierung, die in diesem Teile noch weitgehend mittelalterliche, im 19. Jahrhundert sowie nach 1945 überarbeitete Bausubstanz samt dem aktuellen Schadensbild zu festigen und gewissermaßen als Dokumentation ihrer selbst *in situ* zu erhalten. Die wenigen im Wiederaufbau am Ort belassenen bzw. größtenteils neu gesetzten Konsolen zählen 109, gemeinsam mit den zusätzlichen 18 der jüngsten Zeit ergibt dies 127, von denen wiederum 3 nicht besetzt werden konnten. Das numerische Ergebnis dieser Bestandsaufnahme mündete demnach in den dann festgeschriebenen 124 Figurenstandorten.

Im Jahre 1985 war der Ratsturm keineswegs gänzlich figurenlos: Auf der Westseite standen neun fragmentarische Reste der Vorkriegszeit, immerhin drei davon auch mit Kopf, auf der Südseite fanden sich weitere zwei, allerdings kopflose Gestalten, und 13 Inschriften waren auf der Westseite mehr oder minder deutlich ablesbar. Mit den alten Figuren verband sich schon früh die Überlegung Hiltrud Kiers, die erhaltenen Fragmente zu restaurieren, wenn möglich und nachweisbar mit tradierter, im anderen Falle auch mit einer neu definierten Identität und entsprechend ergänzten Ikonographie zu versehen und wieder am Turme aufzustellen. Dabei ging es ihr vor allem darum, an die gemäß dem Vorkriegszustand erhaltenen Turmpartien die gleichfalls dieser Zeit entstammenden Skulpturen zu stellen, um so den alten Teil des Turmes als eine Einheit dem wiederaufgebauten mit den neuen Figuren gegenüberzustellen. In der regen Diskussion des Jahres 1986 konnte keine Übereinstimmung hinsichtlich der Verwendung von damals zunächst 24, schließlich 18 zur Diskussion stehenden Altfigurenfragmenten erzielt werden. Die Konservatorin betonte deren denkmalpflegerisch gerechtfertigte Wiederaufstellung am Ort ihrer ursprünglichen Bestimmung und wies zutreffend auch auf die teils an den Turmfassaden noch vorhandenen Inschriften hin. Der Verfasser äußerte dagegen – gleichfalls denkmalpflegerische – Bedenken und schlug in einem Konzept vom 8. Dezember 1986 die Einrichtung eines Lapidariums im dritten oder vierten Obergeschoß des Turmes vor, wo die lediglich in ihrem fragmentarischen Zustand gefestigten Altfiguren an den Raumwänden, Rücken an Rücken mit ihren jüngsten Nachfolgern im Amte der Außenaufstellung also, plaziert werden und so *als historische Erinnerung an die Zerstörung von Stadt und Rathaus im II. Weltkrieg*, als *eine Erinnerungsstätte im »Kölner Himmel«, über den Dächern der (wiederaufgebauten) Altstadt* wirken sollten. Die Umsetzung dieser Idee sollte noch nahezu zehn Jahre auf sich warten lassen, doch gebührt Hiltrud Kier der besondere Dank des Verfassers, daß sie ihn seinerzeit und seinem Wunsche entsprechend von der künftigen Betreuung dieses Aspektes im Figurenprogramm, von der Restaurierung und Aufbereitung der historischen Fragmente zwecks erneuter Außenaufstellung, entband.

Zum damaligen Zeitpunkt aber hatte die beabsichtigte Einbringung zahlreicher Altfiguren entscheidende Bedeutung für die formale Neuorganisation des Programmes. Die Historikerkommission hatte ein Strukturkonzept verabschiedet, demzufolge im Erdgeschoß Herrscher und herrschergleiche Persönlichkeiten und im vierten Obergeschoß der »kölnische Himmel« Aufnahme finden würden. In den drei zwischengeschalteten Stockwerken sollten jene historischen Gestalten, die sich auf unterschiedlichste Weise um Köln verdient gemacht haben, in der Reihenfolge ihrer Geburtsjahrgänge zur Aufstellung gelangen – beginnend im ersten und im Uhrzeigersinn spiralförmig um den Turm heraufgeführt bis zum dritten Obergeschoß. Da nun die Konservatorin die großenteils namenlosen Altfiguren, von denen die meisten einer mittelalterlichen Ikonographie entsprechen, konsequent wieder zur Repräsentanz mittelalterlicher und frühneuzeitlicher Personen in Anspruch nehmen, zugleich aber diese historischen Fragmente auch jenem Teil der Bausubstanz zuordnen wollte, der nach 1945 als übriggebliebener Rest aus dem Vorkriegszustand in den Wiederaufbau einbezogen worden war, ergab sich für sie eine besonders anspruchsvolle Aufgabe: Der Ausgangspunkt einer historischen Spirale mußte im ersten Obergeschoß so angeordnet werden, daß sich die wiederverwandten Figuren dort und bis ins zweite Obergeschoß hinaufreichend vorwiegend auf der Westseite zeigten. Diese seinerzeitige und erst 1993/1994 dahingehend revidierte Entscheidung, nunmehr doch nur die bis dahin restaurierten fünf Altfiguren an der Turmaußenseite aufzustellen, wirkt seit damals strukturbildend für die Abfolge der Figuren. Gleiches gilt für das Erdgeschoß, wo die bereits restaurierte, ohnedies wohlkonservierte Altfigur Heinrichs IV. (Nr. 11) gemäß erhaltener Inschrift unterhalb der Konsole ihren altangestammten Platz wieder einnehmen sollte, und wo sich infolgedessen der Kreis zwischen antikem Beginn (Augustus, Nr. 1) und neuzeitlichem Herrschertum (Maximilian I., Nr. 19) auf der Nordseite schließt. Aus Muschelkalk auch hätte nicht nur Heinrichs IV. (Nr. 11) unmittelbare Nachbarfigur, gleichfalls als neuverwandte Figur der Ursprungszeit um 1925, dann bestanden, sondern – als aktuelle Weiterführung dieses Kontextes – auch die tatsächlich in diesem Material ausgeführte Theophanu (Nr. 10), ihr Pendant südlich des Turmportales.

Stilfragen

Bezeichnenderweise war die lebhafte Diskussion um das neue Figurenprogramm einzig von inhaltlichen Fragen getragen, von der Abwägung, welche historisch, hagiographisch oder legendär bezeugte Gestalt als turmwürdig einzuordnen und schließlich im Abgleich innerhalb der umfangreichen Vorschlagsliste gegenüber anderen Mitbewerbern zur Aufstellung zu bestimmen sei. Dagegen wurde die gleichfalls programmatische Frage – um Heinrich Hübschs »In welchem Style sollen wir bauen?« zu paraphrasieren – »Wie sollen die neuen Skulpturen denn aussehen?«, in der Öffentlichkeit gar nicht, im engeren Kreis der Fachleute erst spät und auffallend vereinzelt gestellt. Angesichts des offensichtlich geringen Diskussionsbedarfes im Moment einer derart prominenten Aufgabenstellung, die ihrer Erscheinung, vor allem aber ihrer Dauerpräsenz im öffentlichen Raum nach doch eher das Gegenteil hätte erwarten lassen, war der Verfasser weitgehend auf die Entwicklung eigener Ideen zurückverwiesen.

Recherchen zur Fragestellung – Welche künstlerischen Ausdrucksmöglichkeiten gelangten nach 1918 (die im Ersten Weltkrieg zerstörten oder schwer beschädigten Baudenkmäler Flanderns und Nordost-Frankreichs standen schon in der Zwischenkriegszeit vor dieser Frage) an typologisch verwandten Bauten (öffentliche Repräsentationsbauten mit Außenaufstellung programmatisch geordneter Figuren) zur Realisierung? – ergaben ein Spektrum vielfältiger Ansätze, das hier nur summarisch wiedergegeben werden soll. Entweder wurden überlieferte Fragmente ergänzend restauriert, oder die verlorenen – im Vorbild häufig historistischen und damit bereits stilistisch retardierenden – Figuren wurden gemäß erhaltener Bildquellen nachgeschaffen. Teilweise verzichtete man, keineswegs nur aus Kostengründen, auf den Ersatz verlorengegangener Bildwerke, da man sie weniger unter ganzheitlich ikonologischen als höchstens architekturästhetischen Aspekten betrachtete, mithin als applizierten Baudekor einschätzte. Und spätestens nach 1918 kamen selbst die an unversehrten Bauten zuvor begonnenen Programme zum Stillstand, so am Stadhaus von Gent, wo von 54 geplanten Skulpturen bis 1906 insgesamt nur 19 zur Aufstellung gelangten.[1] In Oudenaarde entschloß man sich erst unlängst, die Figuren nach dem Vorbild erhaltener Fragmente und anhand historischer Photographien nachzumodellieren sowie in Stein zu schlagen.[2] In Brüssel steht man dagegen hinsichtlich der notwendigen Restaurierung jenes reichen Figurenprogrammes, welches das dortige Stadhaus schmückt, noch heute *in het stadium van voorstudie.*[3]

Einer Situation vergleichbar der Kölner sah sich 1961 die Stadt Brügge gegenüber.[4] Im Zuge einer Rathausrestaurierung des Jahres 1960 waren die Außenskulpturen des 19. Jahrhunderts unter Hinweis auf ihren bedenklichen Erhaltungszustand und *geringen kunsthistorischen Wert* entfernt und neue Probefiguren Karel Aubroecks geschaffen worden, welche jedoch nicht die Zustimmung der Koninklijke Commissie voor Monumenten fanden. Einer explizit *modernen* Stilsprache folgten dann Entwürfe des Bildhauers Georges Vandevoorde, die jedoch gleichfalls nicht zur Ausführung gelangten. Doch schon im Folgejahr beauftragte man den Graphiker Arno Brys mit zeichnerischen Entwürfen, welche durch die Kommission genehmigt und dem Bildhauer Maurice Witdouck zur Ausführung übertragen wurden. Witdouck auch ging – wiewohl nicht unumstritten, da unter Vorbehalt der Königlichen Denkmalkommission bestimmt – als Preisträger aus einem 1964 veranstalteten Wettbewerb zur *Lieferung und Aufstellung von 45 Figuren* hervor. Als die ersten drei dieser Skulpturen bei ihrer Installierung 1968 *in der Presse und in der öffentlichen Meinung* harsche Kritik erfuhren, ruhte das Programm für weitere zehn Jahre, der Vertrag mit dem Bildhauer wurde schließlich 1978 *nicht ohne Schwierigkeiten* gelöst. Erst eine erneute Reinigung der Rathausfassade im Jahre 1979 erinnerte wieder an die Figurenfrage, ein zweiter Wettbewerb wurde ausgeschrieben: *Das ikonographische Programm ist festgelegt und enthält historische Figuren aus dem politischen, kulturellen und religiösen Leben der Stadt. Die Ikonographie der verschwundenen Figuren aus dem 19. Jahrhundert wurde hier als Ausgangspunkt genommen.* 1981 wählte die Jury unter den 17 eingereichten Entwürfen die Bildhauer Livia Canestraro, Etienne Depuydt, Pierre Goetinck und Jan Frank aus, deren insgesamt zehn aus Gips gefertigte Probefiguren im April 1982 am Rathaus aufgestellt wurden. Zwar fiel das Urteil der Königlichen Denkmalkommission auch diesmal ungünstig aus, wenn auch einige daraufhin gefertigte zusätzliche Entwürfe weniger kritisch beurteilt wurden, doch mußte die Stadt Brügge alle Figuren bis zur Fertigstellung des Programmes 1985 aus eigenen Mitteln, also ohne staatliche Subvention, finanzieren (Abb. 289). Die heute sichtbaren Figuren meiden zwar den stilistischen Rückbezug auf gotische respektive neugotische Vorbilder, sie stehen eher in der spezifisch flämischen und bis heute lebendigen Bildhauertradition der Zwischenkriegszeit, expressiv-dynamische Momente in Komposition und Detailbehandlung mit einer maßstabsunabhängigen Monumentalität der Gesamterscheinung zu vereinen (Abb. 290). Dennoch ist ein historisch legitimiertes und ausgerichtetes Stilwollen unverkennbar, sind die von unterschiedlichen Künstlern stammenden Bildwerke doch offenkundig um eine Homogenität untereinander und vor aller architekturabhängigen Regulierung dieses Verhältnisses bestimmt.

Dieser kurze Rundblick mag genügen, um zu erkennen, daß in allen vergleichbaren Fällen eine denkmalpflegerische Prämisse gegeben war, derzufolge neue Figuren an gotischen Repräsentationsbauten sich deren Stilsprache anzugleichen, im Einzelfalle auch die verlorengegangenen zu wiederholen hätten. Die Kölner Ratsturmsituation hätte ähnliches erlaubt: Zwar sind die alten Figuren nur in Gesamtaufnahmen des Vorkriegszustandes erkennbar, und dies nur auch diejenigen, welche das Kameraauge erreichte, doch hätten entsprechende Bildauswertungen und die eingehende Analyse der überlieferten Skulpturenfragmente doch eine immerhin technisch aussichtsreiche Basis gebildet, um in teils konkret vorbildorientierter, teils nachschöpfender Entwurfsleistung ein neo-neugotisches Programm zu realisieren. Gerade dieser Weg aber wurde von Anbeginn als der auszuschließende erkannt. Hier galt es vielmehr an eine ganz andere – im Ergebnis insgesamt bewährte – Kölner Tradition anzuknüpfen.

Nicht zuletzt infolge des katastrophalen Denkmälerverlustes im Zweiten Weltkrieg sahen sich viele mittelalterliche und frühneuzeitliche Bauten – waren sie selbst auch halbwegs glimpflich den Bomben entronnen oder zum Wiederaufbau bestimmt – ihres Skulpturenschmuckes beraubt, und zunehmender Verfall infolge Luftverschmutzung und natürlicher Alterungsprozesse stellte gerade die Dombauverwaltung und -hütte nach 1945 und bis heute vor vergleichbare Fragen. Das Spektrum möglicher Antworten läßt sich dem Dom aufschlußreich ablesen: Neben der gerade in den jüngsten Jahren geübten Praxis, alte Figuren durch Repliken zu ersetzen, boten insbesondere die zuvor unbesetzt gebliebenen, aber auch viele ersatzmäßig neu zu besetzenden Konsolen der Portale Gelegenheit, sich einer zeitgenössischen Ausdrucksweise zu öffnen, sich mithin nicht im engeren Sinne stilistisch retardierend zu verpflichten. Am Ratsturm selbst sprachen zudem zwei »historische« denkmalpflegerische Entscheidungen zumindest für deren genaue Analyse, bevor es die aktuell anstehende Entscheidung einer »Stilwahl« zu treffen galt. Zum einen waren einige ehemals aus Baumberger Sandstein gearbeitete und dann innert kürzester Frist witterungszerstörte Skulpturen in den zwanziger Jahren durch solche ersetzt worden, die sich wohl und im besten Sinne diesem Turm, seiner stilgeschichtlichen Eigenart an-

Abb. 289: Brügge, Rathaus, Figurenprogramm 1981–1985, Foto: D. Linse

Abb. 290: Brügge, Rathaus, Figurenprogramm 1981–1985, Detail

glichen, dabei aber doch den zeittypisch expressiven Gestus und die geschlossene, Details subsummierende Form suchten. Zum anderen hatte die Bauskulptur der Wiederaufbauphase nach 1945 in Entsprechung solcher Tendenzen alle Konsolen und Wasserspeier – bis hin zum Löwenhof des Rathauses – durchaus den wiederum »verjüngten« künstlerischen Auffassungen folgen lassen. In beidem wurde nun 1985-1986 ein Ansatz erkannt, den zu verfolgen nicht allein aus historischen Gründen sich lohnte.

Um es deutlich und gerade jenen Kritikern zu sagen, die im jetzt realisierten Figurenschmuck die versäumte Chance sahen und teils noch beklagen, zeitgenössische Skulptur ganz anderer, nämlich »autonomer«, etwa ungegenständlicher Art am Turm zu installieren: Es ging hier niemals um das *l'art pour l'art,* sondern stets und alleine um ein *l'art pour,* vielleicht noch mehr *avec la tour.* Niemand bestreitet, wird dies auch im umgekehrten Falle häufig mit großer Entschiedenheit und doktrinärem Anspruch auf Alleingültigkeit praktiziert, ernst- und glaubhaft die Daseinsberechtigung, ja geradezu -notwendigkeit einer zeitgenössisch-modernen, jeweils mehr oder minder avantgardistischen Kunst. Sie findet in überzeugender Selbstinterpretation als losgelöst eigenständiges, gegenüber seiner künstlerisch gestalteten oder auch nur banal alltäglichen Umwelt letztlich unabhängig existenzfähiges Werk ihren sinnfälligen Daseinsraum theoretisch an jedem Ort. In dieser Autonomie liegt auch der stark ausgeprägte Charakter einer Selbstbezogenheit begründet, die jeden Versuch, die hier als unabdingbar erachtete Harmonie von Turm und Figuren zu realisieren, als schrille Dissonanz hätte scheitern lassen. Ansätze zu solchem Begehren, auf die noch einzugehen sein wird, haben die hier immanente Problematik deutlich zu Tage treten lassen. Der Turm aber, um auf ihn zurückzukommen, ist weder Galerie noch Museum, er ist auch kein Chinoiserie-Möbel des 18. Jahrhunderts, auf dessen Konsolen die stolzen Sammler und Besitzer fernöstlicher Porzellankunst die exotischen Zeugnisse ihres Sammelfleißes und ihres Reichtumes präsentierten. Es ging hier nicht darum, der Gegenwart und – wenn sie denn darauf Wert legten – nachfolgenden Generationen eine Assemblage dann zwangsläufig verschiedenster künstlerischer Positionen zu präsentieren bzw. zu dokumentieren, gewissermaßen also ein Zeitsegment aus einer in dauernder und fruchtbarer Umwälzung begriffenen Entwicklung als Zeugnis dessen herauszupräparieren, was diese Zeit denn – jedoch wohl kaum in allen Facetten, denn dafür hätten auch 124 Konsolen nicht ausgereicht – als Konterfei ihres eigenen Avantgarde-Verständnisses postuliert hätte.

Ikonographie und Denkmalcharakter

Der Turm war die Aufgabe – und ein Figurenprogramm, welches die inhaltlichen Aspekte, die Re-Präsentation weitestgehend historischer Personen, auf eine deshalb ikonographisch an den einzelnen Gestalten orientierte Weise augenfällig umzusetzen hatte. Dies implizierte zunächst die Frage, ob es sich bei jeder Figur um ein individuell als solches zu wertendes Personendenkmal handele. Die Antwort fiel in Konkordanz zur inhaltlichen Programmatik ambivalent aus: Einerseits war es in jedem Falle eine individuell benannte, biographisch mithin singuläre Gestalt, andererseits aber wurde immer darauf verwiesen, daß bei aller Würdigung eben dieser individuellen Bedeutung doch viele Figuren am Turme zugleich auch in Teilen die Verdienste anderer mit repräsentierten; mit der Präsenz Ulrich Zells (Nr. 37) etwa sind auch andere Buchdrucker berücksichtigt, die Köln zum führenden Druck- und Verlagszentrum ihrer Zeit machten. Trotzdem wurde davon Abstand genommen, die neuen Figuren im Sinne einer Allegorie oder Personifikation zu instrumentalisieren – im Gegensatz zum historistischen Programm, welches beispielsweise einen Grobschmied (den heutigen Nikolaus von Verdun, Nr. 24) als Personifikation der inschriftlich ausgewiesenen Schmiedezunft kannte.

Die einzelnen Figuren wurden insofern als individuelle Personendenkmäler apostrophiert, wie sie den Namen der so gewürdigten historischen Gestalt mit dem Turm als Versammlungsort von 124 Gestalten verbanden. Darin unterscheiden sie sich ganz wesentlich vom Personaldenkmal, wie es sich seit der Aufklärung des 18. Jahrhunderts über das gesamte 19. und 20. hinweg bis in unsere Tage entwickelte, und das nach wie vor die individuelle Persönlichkeit gewissermaßen isoliert gegenüber ihrer historischen wie ihrer zeitgenossischen Umgebung präsentiert, sie eben heraushebt. Anders als beim entsprechend mono-biographischen Denkmal – wie des Jan von Werth auf dem Alter Markt - oder beim Herrscherdenkmal mit nachgeordneten, alle der Regentschaft verbundenen Personen, wie sie Friedrich Wilhelm III. auf dem Heumarkt umgeben – ist hier eine Gestaltenversammlung zu finden, die ihren biographischen Hintergründen, ihren Lebensdaten und des untereinander zu suchenden Kontextes nach ein geradezu desparates Konglomerat bildete, wären da nicht der Turm und *sein* Denkmalcharakter. Der Turm ist weit mehr als ein technisches Traggerüst, er ist auf befremdlich anmutende Weise einem Totem vergleichbar, wo zwar jedes Bild seine eigene Durchbildung erfährt und Bedeutung hat, wo aber erst alle zusammen die magische Wirkung in voller Kraft zu entfalten vermögen. Vollständig wurde der Turm deshalb nicht nur unter formal-ästhetischen Kriterien erst in dem Moment, wo er wieder Figuren aufnahm, vollständig wurde er auch unter Denkmalaspekten erst wieder zu diesem Zeitpunkt. Die übergeordnete, abstrakte Idee dabei bildete schon im 19. Jahrhundert in Paraphrasierung des Nationaldenkmales die Vorstellung einer Stadtgeschichte, deren inhaltlich vielfältige Facetten und deren langer Verlauf nunmehr durch eine Kette von Personen, die gewissermaßen Hand in Hand gehend eine historische Verlaufslinie bilden, sinnfällig vor Augen geführt wurden. Und eben diese Kontinuität bestimmte auch die Überlegungen der Historikerkommission. Der Turm ist nicht Wahrzeichen wie der Pariser Eiffelturm, er ist ikonologisch konzipiertes Denkmal in seiner Gesamtheit wie in deren Details.

Das Detail verlangte auf Grundlage der Maßgabe, die einzelne historische Gestalt zu repräsentieren, nach einer – wenn immer durch Vorlagen belegbaren – möglichst getreuen Porträtwiedergabe und der Wahl des sogenannten Zeitkostüms; die klassizistische Auffassung des antikisierenden Gewandes wäre angesichts der historischen Spannbreite von Augustus (Nr. 1), der es ja nun zu Recht trägt, bis zu Heinrich Böll (Nr. 102), den dies vermutlich erheitert hätte, unangebracht gewesen. So finden sich also heute am Turm Figuren in Toga oder im Stresemann, im Harnisch bzw. in Kutte. Zu Porträt und Kostüm trat das breite Spektrum weiterer Möglichkeiten hinzu, der Figur einen ihr gemäßen Ausdruck zu verleihen: Physiognomie, Körpergestus und Attribut. Jedem Künstler blieb es freigestellt, sich innerhalb dieses Spektrums und im Rahmen der verbindlichen Vorgaben zu formalen wie metrischen Aspekten mit der historischen Person auseinander-, im besten Falle aber zusammenzusetzen.

Das Gesamte, der Turm in seiner ganzheitlichen Erscheinung, erwartete von jedem Künstler die Beachtung eben dieser Regeln. Ihm, dem Turm, fiel schließlich die Aufgabe zu, nicht nur die inhaltlich, sondern auch künstlerisch so unterschiedlichen Richtungen im Sinne der übergeordneten Denkmalidee zu homogenisieren. Das Ergebnis bestätigt jedenfalls das Vertrauen, das seinerzeit in eine diesbezügliche Qualität der Architektur gesetzt wurde. Der Turm reguliert die heterogenen Erscheinungsweisen und unterschiedlichen Ausdrucksformen von 124 Figuren in überraschender Weise, ohne der Einzelfigur im wechselnden Falle ihrer erwünschten Einzelwahrnehmung entgegenzustehen. So wie das Ganze sich als geschlossenes und in sich harmonisches Bild erfahren läßt, so kann der (kunst-) historisch Interessierte den Turm zeilen- und seitenweise »lesen« und im gleichen Moment die individuelle künstlerische Qualität einzelner Standbilder würdigen.

Künstler

Am Ausgang des 20. Jahrhunderts vor die Aufgabe gestellt zu werden, in weniger als zehn Jahren schließlich 119 neue Figuren in der Tradition figurativ-gegenständlicher Bildhauerei an den Turm zu versetzen, brachte neben der stilistischen Erwägung, wie es wohl im Ergebnis auszusehen habe, auch die Frage mit sich, wer denn diese Skulpturen schaffen solle. Die Erwartung an eine hochmotivierte Schenkungsbereitschaft war von Anfang an nicht nur groß, sondern auch voller Zuversicht – ein Selbstvertrauen, dessen Berechtigung Hiltrud Kier als Initiator und Motor des Projektes innert kürzester Zeit durch die Reaktionen bestätigt fand. Anders die künstlerische Frage, die in Parallelerscheinung zum öffentlichen Primärinteresse an den Programminhalten von manchen Stiftern als zwar durchaus berechtigt, im Zusammenhang ihrer individuellen Motivation aber gegenüber der figurenspezifischen Ikonographie als zweitrangig erachtet wurde. Trotzdem – es galt diese Figuren nun einmal sämtlich zu realisieren.

Hätte man, wie im Falle des Beispieles in Brügge, einem einzigen oder einigen wenigen Bildhauern die Aufgabe zum modellhaften Entwurf aller Figuren gestellt und diese Entwürfe dann durch eine größere Zahl kunstfertiger Steinmetzen ausführen lassen, wäre das heutige Ergebnis zweifelsohne noch um ein beträchtliches homogener. Aber wie im Inhalt des Programms, so sollte auch in seiner künstlerischen Vermittlung ein pluralistischer – keineswegs aus falsch interpretiertem Demokratieverständnis hergeleiteter – Ansatz erkennbar werden. Dieser Ansatz erst führte dann zur Gesamtzahl von 57 Künstlern, die Entwürfe für den Turm schufen, und manch weiteren, die ihnen bei der Ausführung hilfreich zur Seite standen. Daß unter dieser großen Schar – statistisch kommen auf jeden Beteiligten zwei Figuren – alleine neun Bildhauerinnen vertreten sind, ist umso bemerkenswerter, als daß diese unter den überhaupt mit Steinskulptur befaßten Künstlern allgemein beträchtlich in der Minderzahl sind.

Die erwünschte Vielfalt individueller Ausdrucksweisen begegnete dem Prärogativ einer doch ganzheitlichen Erscheinung des Turmes, und beides mußte auf möglichst für alle drei Seiten – für jeden einzelnen Künstler, für die Gesamtheit aller beteiligten und per Figur einander künftig benachbarten Künstler sowie für den Turm – verträgliche Weise wechselseitig reguliert werden, ohne daß ein solcher Prozeß zu einer farb- und spannungslosen Lösung führte. Es bot sich demnach an, die Künstler unter Herausforderung ihrer persönlichen künstlerischen Überzeugung in einem Kreis zu suchen, dessen Mitglieder sowohl Erfahrung im Umgang mit bauverbundener Skulptur als auch hinsichtlich ihres individuellen Stilwollens eine oder mehrere, in jedem Falle aber »genealogisch« gemeinsame Quellen besaßen.

Nun sieht sich das Rheinland in der glücklichen Lage, in der jüngeren Vergangenheit alleine durch drei Lehrinstitute über eine entsprechende Basis zu verfügen – oder doch verfügt zu haben. In Köln selbst sorgten nach 1945 die kluge Berufungspolitik und methodische Lernzielformulierung von August Hoff dafür, daß mit Ludwig Gies und Josef Jaekel zwei in figurativer Tradition stehende und mit dem expressiven Moment zugleich generellen Abstraktionstendenzen gegenüber durchaus aufgeschlossene Bildhauer eine große Zahl von Schülern motivierten, betreuten und förderten, und ähnliches galt für den gleichfalls hier wirkenden Kurt Schwippert. Es ist nicht zuletzt auch ein Verdienst dieser Lehrer, daß sie keineswegs doktrinär ihre Überzeugungen vermittelten oder die Studenten gar einseitig auf sie verpflichteten. Es würde zu weit führen, an dieser Stelle die zahlreichen Erinnerungen jener Schüler zu berichten, doch seien sie dahingehend zusammengefaßt, daß die beiden ersterwähnten Dozenten ihnen die Gegenständlichkeit von Figur als vorrangig angemessene Interpretation des *imago,* des Bildes vom Menschen, vermittelten. Der ganzheitliche Ansatz, den das Kölner Institut in Fortführung des Werkbundgedankens verfolgte, es gäbe keine essentielle Trennung zwischen sogenannter »freier« und »angewandter« Kunst, erlaubte es den Bildhauerei-Lehrern wie ihren Studenten, mittels Skulptur und Plastik doch ohne Sorge um die Eigenständigkeit ihres jeweiligen Beitrages in einen Dialog mit Architektur einzutreten. Es dominierte auch nicht die »Kunst am Bau« der Kosten-Prozentrechnung, die späterhin so vieles zur bloßen Pflichtübung degradierte, zur abverlangten Verneigung des bildenden Künstlers gegenüber dem Architekten, der solche Applikation, mußte er sie schon neben seiner eigenen Leistung dulden, doch nach Möglichkeit zu bestimmen suchte und gerne distanzierend in den bescheidenen Hintergrund verwies. Hier waren Architektur und Bildhauerei vielmehr wesentlich von denselben oder zumindest verwandten Vorstellungen über Plastizität und Volumen, über Komposition und Statur, über die Fragen von Tektonik und Abstraktion bestimmt. Darum gab es von beiden Seiten keine Berührungsängste, und sehr viele Beispiele der Zeit nach 1945 belegen an neuen wie restaurierten, an profanen wie sakralen Bauten diese Befähigung zur glücklichen Synthese zwischen Architektur und Bildhauerei. Dabei spielt es kaum eine Rolle, ob sich die letztgenannte im Einzelfalle als anthropomorphe Figur oder ornamentale Form äußert – der Gedanke des Ornaments als symbolträchtiger Ausdrucksform abstrakten Charakters, wie ihn besonders Ludwig Gies vermittelte, wirkte in jedem Falle nachhaltig mit. Ob der Gotik nachempfundene Krabbe im Fialengesprenge oder Draperie der menschlichen Gestalt – die Tendenz zur Wahrung einer Gegenständlichkeit, die sich stets als Reflex einer rein geistbestimmten Existenzform begreift, blieb maßgeblich für das eine wie für das andere.

Diesen Überlegungen nahe stand auch Ewald Mataré, dessen Lehrtätigkeit an der Düsseldorfer Kunstakademie gleichfalls dazu beitrug, daß sich das Rheinland einer in Deutschland singulären Dichte von Bildhauern rühmen darf, die sowohl der Gegenständlichkeit ihrer Bildfindungen verpflichtet als auch dem kreativen Dialog mit Architektur gegenüber aufgeschlossen sind. Und der Bildhauerei-Unterricht an der Rheinisch-Westfälischen Technischen Hochschule in Aachen, die Dozenten Elmar Hillebrand – ein Schüler Josef Enselings und Ewald Matarés – und Wolfgang Binding – Schüler des gleichfalls in Düsseldorf lehrenden Zoltán Székessy – entwickelten diese Ansätze fort, führten sie über Köln und Düsseldorf hinaus zu weiteren Instituten ihrer künftigen Vermittlung. Die Lehrer Gies, Jaekel und Mataré bildeten, im Falle der Kölner Werkschulen durch ihre Werklehrer in der ebenso grundlegenden wie als selbstverständlich angesehenen Vermittlung handwerklicher Beherrschung von Materialien und Techniken unterstützt, Studenten aus, die wiederum durch eigene anschließende Lehr- und freiberufliche Tätigkeit die generationsüberschreitende wie -fortführende Kontinuität gewährleisteten. Gerade die ehemaligen Kölner Werkschulen stehen heute schon in der dritten Generation nach Gies und Jaekel, und dieser Umstand mag dazu beitragen, daß seit langem und mit großer Selbstverständlichkeit von einer »Kölner Schule« der Bildhauerei die Rede ist. So hat Hans Karl Burgeff als ehemaliger Gies-Schüler und Nachfolger seines Lehrers im Amte diese Linie weitergeführt, und wenn er und seine damaligen Kommilitonen bei aller Wertschätzung ihres Meisters doch notwendigerweise ihren eigenen Weg suchten, zu ihrem jeweils individuellen Ausdruck fanden, so schlugen wiederum ihre Schüler neue Richtungen ein. Zu diesen Schülern der Kölner Werkschulen zählen nicht nur die später in freiberuflicher Tätigkeit wirkenden Bildhauer, sondern auch die vom Handwerk herkommenden und in diesem weiterhin tätigen Steinmetzen, die gemäß der Hoff'schen Forderung, gerade die Gestalter der alltäglichen Umwelt hätten sich den grundlegenden Fragen ihres Berufes und seiner Aufgaben zu stellen, an der Ausbildung durch dieses Institut teilhatten. Viele von ihnen waren zugleich Mitglieder der Kölner Dombauhütte, deren Funktion sowohl als handwerklich-künstlerische Ausbildungs- wie als vorbildhafte Entstehungsstätte bauverbundener Steinskulptur gar nicht hoch genug eingeschätzt werden kann.

Diese rheinische Künstlerschaft der »Kölner Schule«, teilweise auch unter dem Einfluß des nicht als Lehrer tätigen Gerhard Marcks stehend, bot nun ideale Voraussetzungen zur Realisierung eines Figurenprogrammes figurativ-gegenständlicher Art innerhalb einer überschaubaren Frist. Bei aller erwünschten Heterogenität des persönlichen Stilwollens ließ sich doch mit einiger Zuversicht ein jeweiliges Einzelergebnis prognostizieren, welches der nicht minder vorausgesetzten Homogenität der Gesamterscheinung »Ratsturm« entspräche. So sehr auch die gemeinsame Tradition, die teilweise Kommilitonenschaft und das enge Verhältnis von Lehrern und Schülern es nahelegten, in Anknüpfung einerseits an die Kölner Dombauhütte und andererseits an die Rathausbauhütte der frühen Wiederaufbauzeit eine neue »Bauhütte« der Bildhauer zu installieren, so wenig aussichtsreich erschien die Umsetzung einer solchen – durch Elmar Hillebrand früh angeregten – Vorstellung angesichts der gerade so begrüßten Individualität möglicher Mitglieder dieser »Bildhauerhütte«. Immerhin trugen die bestehenden, teils auch durch den Verfasser zusätzlich initiierten oder wiederbelebten Kontakte dazu bei, daß sich manche Künstler im Laufe der Realisierungsphase untereinander austauschten oder gar wechselseitig bei der Ausführung ihrer Skulpturen mit Rat und Tat unterstützten.

Die im Ermessen der Stifter stehende Bildhauerwahl trug dazu bei, daß dieser Künstlerkreis in Einzelfällen bereichert wurde. Katharina Henot (Nr. 54) und infolgedessen der unmittelbar benachbarte Friedrich Spee von Langenfeld (Nr. 55) wurden von einer Nachfahrin der als vermeintliche Hexe verbrannten Kölner Kauffrau geschaffen, und als die niederländische Regierung mit ihrer Schenkung der Figur Joost van den Vondel (Nr. 51) keinen niederländischen Künstler zu verbinden wußte, welcher der Prämisse gegenständlicher Gestaltungsweise entsprochen hätte, konnte der Verfasser hierzu wie zur Nachbarfigur Ägidius Gelenius (Nr. 52) den in Nimwegen ansässigen Paul de Swaaf in schließlich angenommenen Vorschlag bringen. Die zahlreichen Figurenstiftungen aus dem Kreis des Kölner Handwerks, das sich jetzt wie schon ehedem im Zuge des Turmwiederaufbaus in großzügigster Weise engagierte, waren zumeist mit Wettbewerben verbunden, die – ausgeschrieben für Mitglieder der Steinmetz- und Bildhauer-Innung – zur Entscheidung anhand vorgelegter zeichnerischer und plastischer Modellentwürfe durch eine Jury führten. Mit der Schenkung des Erzbischofs Hildebold (Nr. 20) verband sich die hervorhebenswerte Stifterabsicht, am Kölner Ratsturm das Werk eines hier lebenden und arbeitenden, aus der Türkei stammenden Künstlers zu sehen. Der Stifter der Figur Christine Teusch (Nr. 96) ließ durch seinen Kunstbeauftragten explizit erklären, mit der von ihm getroffenen Bildhauerwahl in formgewordener Kritik die künstlerische Ausdrucksweise der bis dahin entstandenen Figuren zugunsten einer stärker zeitgenössisch orientierten Avantgarde konterkarieren zu wollen.

Alle diese Künstler erst – die der »Kölner Schule« zuzurechnenden wie diejenigen, welche aus anderer künstlerischer Tradition stammen oder anders gerichteter Auffassung folgen und sich doch in dieser Aufgabe zusammenfanden – haben den Turm zu dem gemacht, als was er sich seit dem 6. Mai 1995 wieder präsentiert. Ihnen gebührt vor allem der Dank, der allseitige für ihre Leistung wie der persönliche des Verfassers, der den Entstehungsprozeß in oft intensiver Weise begleiten durfte. Rückblickend bleibt festzustellen, daß innerhalb des breiten Spektrums individuellen künstlerischen Wollens und Vermögens ein jeder Bildhauer die Herausforderung zur persönlichen Auseinandersetzung mit der ihm gestellten Aufgabe, mit dem Turm und seinen implizierten Vorgaben annahm, sich hierauf auf unterschiedliche Weise und in variierender Tragweite einließ und schließlich zu einem Ergebnis gelangte, das er als dasjenige seiner eigenen Leistung betrachten kann.

Material und Technik

Eine wesentliche Disposition, die es vor allen anderen und entsprechend früh zu treffen galt, betraf die Wahl von Material und Technik künftiger Ratsturmfiguren. Die Technik – aus Naturstein gearbeitete Skulpturen – stand dabei nur kurzzeitig in Frage, als Überlegungen zur plastischen Modellierung neuer Figuren im Maßstab eins zu eins, deren Abformung mit Silikon, die Herstellung einer Gußmantelform und der schließliche Abguß in ein Steinersatzmaterial vorgeschlagen wurden. Die Problematik eines solchen Verfahrens hätte in der auf das Denkmal bezogenen Ahistorizität des Mediums – Plastik anstelle von Skulptur – und in der hier erzeugten Täuschung – skulptierte Natursteinfiguren illusioniert mithilfe oberflächengeglätteter Zementgüsse - bestanden. Der skulpturale Charakter wäre dem *sui generis* anders gearteten und anders wirkenden der modellierten Plastik gewichen, letztere hätte zudem die räumlichen Möglichkeiten skulpturaler Hinterschneidung ganzer Figurenpartien in nur sehr begrenztem Umfang zu nutzen vermocht. Die im Zementgußverfahren womöglich implizierten Möglichkeiten zur Volltränkung – dem Gußmaterial hätte eventuell schon die Hydrophobierungs- und Festigungssubstanz als Zuschlagstoff beigemengt werden können – wogen im Abgleich mit denkmalpflegerischen und künstlerischen Bedenken zur material- und technikgerechten Ausführung geringer, und die zum wenigsten als neutral zu konstatierenden Kostenvergleiche zwischen geschlagener Skulptur und modellierter sowie umgegossener Plastik ließen Hiltrud Kier schließlich auch hier kein Argument zur anderen denn der getroffenen Entscheidung erkennen.

Naturstein also sollte es sein, und Skulptur ihm die Form geben. Aber welches Steinmaterial kam unter konservatorischen Gesichtspunkten in Betracht? Im Folgenden wurden erfahrene Fachleute um Rat gefragt, deren Zahl sich wiederum in derjenigen der dann in Vorschlag gebrachten Materialien sowie Konservierungsverfahren spiegelte. Daß beides, Material und seine dauerhafte Konservierung gegen luft- und witterungsbedingte Einflüsse am gegebenen Ort, von Anbeginn an in den Überlegungen gemeinsam bedacht zu werden hatte, legten nicht erst die naturwissenschaftlichen Erkenntnisse und denkmalpflegerisch leidvollen Erfahrungen der Zeit seit 1945 nahe. Es war vor allem auch die Geschichte der Denkmalpflege selbst, die Entscheidung zum Einsatz des Baumberger Sandsteins für einige Figuren des Figurenprogrammes vom ausgehenden 19. Jahrhundert, die hier zur Vorsicht mahnte. Jener Stein, dessen Unbeständigkeit gegenüber einer hochprozentigen Luftfeuchtigkeit ihn mittlerweile als geradezu berüchtigt gelten läßt, hatte auch am Kölner Ratsturm die rasche Selbstauflösung mit sich gebracht. Es war wohl nicht nur die zeittypische Präferenz grobstrukturierter und hartkristalliner Steinmaterialien in Architektur und (Bau-) Skulptur, die in den zwanziger Jahren unseres Jahrhunderts einen Austausch der zerbröckelten Sandsteinskulpturen gegen nunmehr aus Muschelkalk gefertigte nahelegte; vielmehr scheint es, als habe sich die zweifellos erschreckende Erfahrung mit dem weichen und allzu leicht vergänglichen Gestein in die kontradiktorische Wahl eines als besonders hart und widerstandsfähig geltenden umgesetzt. Daß damals, im frühen 20. Jahrhundert, zugleich Vorgaben für die Materialwahl des ausgehenden Dezenniums impliziert wurden, wird noch zu vertiefen sein. Jedenfalls waren auch jetzt die Fachleute darin einig, das neue Figurenprogramm müsse unter allen Umständen eine so sicher wie nur eben möglich zu prognostizierende Langlebigkeit garantieren, ohne daß mit dieser Bestandsgewährleistung gegenüber negativen Umwelteinflüssen die Notwendigkeit zur gar zyklisch wiederholten Nachbehandlung, zur also technischen Figurenwartung im weitesten Sinne, verbunden sei.

Das Anforderungsprofil des auszuwählenden Materiales bestimmte sich also zunächst und vorrangig nach Aspekten der Beständigkeit von Substanz und damit auch skulptierter Oberflächenform, beides unter der denkmalpflegerisch resignativen Einsicht, daß wohl keines der überhaupt am Turm vertretbaren Gesteine dieser Situation ohne prophylaktische Konservierung ausgesetzt werden dürfe. Letztere wurde dann, nachdem die im Architekturbereich teils mit Erfolg praktizierte Oberflächenbehandlung mit mineralischer Schlämme für die künftigen Skulpturen ausschied, im chemischen Spektrum zwischen Kieselsäureester und Acrylharz diskutiert. Das auszuwählende Material mußte somit in Abhängigkeit vom jeweiligen Konservierungsverfahren eine weitgehende Sättigung durch das Mittel erlauben, möglichst sogar eine Volltränkung der Figuren gestatten.

Ein zweiter Aspekt betraf die materialästhetische Erscheinung am Turm: Einerseits verboten die in Mehrzahl helltonigen, im blassen Farbspektrum zwischen licht- und gelbgrau angesiedelten Figurenfragmente des späten 19. und frühen 20. Jahrhunderts, die nach damaliger Vorstellung wieder in großer Zahl zur Aufstellung gelangen sollten, die Wahl eines entschieden dunkleren Materiales, andererseits hätte ein solches entgegen der erklärten Absicht, zwischen Architektur und Bauskulptur wieder die historisch belegte Homogenität im weitesten Sinne zu erzeugen, einen dann zwangsläufig eintretenden Kontrast zwischen architektonischem Fond und Gliederung zur betont isolierten Skulptur bewirkt. Außerdem – und damit schied etwa die weitgehend witterungsbeständige, bei Trockenheit zwar mittelgrau, bei Feuchtigkeit jedoch tiefschwarz erscheinende Basaltlava aus – kommt das Spiel von Licht und Schatten auf fernansichtig disponierten und durch den Betrachter so erlebten Skulpturen im Falle hellfarbiger, wiewohl deutlich vom kristallinen Marmorweiß ins Gelbgraue gebrochener Oberflächen allemal besser zur Wirkung, und die Gefahr, der Ratsturm würde schließlich dunkle Kohlensäcke auf seinen Konsolen tragen, war angesichts des am Orte vorherrschenden, nicht eben mediterran sonnig bestimmten Klimas allzu groß.

Als material- und kunsthistorisch für die Turmsituation legitimierte Gesteine kamen die klassischen französischen Kalksandsteine mit feinkristalliner Struktur, vor allem Tercé und Savonnières, in Betracht, die außerdem bei zunehmender Aushärtung der im bruch- und bearbeitungsfrischen Zustand eher weichen Oberfläche eine relativ hochgradige Resistenz gegen jene atmosphärischen Umwelteinflüsse entwickeln, wie sie gegenwärtig das Kölner Klima charakterisieren. Dieser Selbstimmunisierung des Gesteins aber, ohnedies nur wirksam, wenn es nicht unmittelbar häufiger Beregnung und den darin gebundenen Schadstoffen ausgesetzt wird, wäre eine prophylaktisch angewandte Tränkung fertiger Figuren mit Konservierungschemie auf problematische Weise begegnet, kann doch ein etwa acrylharzgetränkter Stein nicht mehr auf die ihm sonst natürliche Art altern und den Selbstverfestigungsprozeß erfahren, muß er doch vielmehr, um mit den Steinmetzen zu sprechen, als tot gelten. Keiner der Fachleute wollte zusichern, daß im Falle einer Hydrophobierung der Selbstreinigungseffekt nachhaltig zur Wirkung käme: Mit Kieselsäureester getränkte Gesteine verlieren unter dem Einfluß von ultraviolett-intensiver Sonnenstrahlung und Bewitterung, von Luftschadstoffen ganz zu schweigen, zunächst langsam, dann in beschleunigtem Prozeß ihre hydrophoben Eigenschaften. Im Druckkammerverfahren acrylharzbehandelte Figuren werden nach erfolgter Tränkung und Aushärtung insoweit mit Lösungsmitteln nachbearbeitet, als dies zur Vermeidung eines ansonsten speckigen Glanzes der Oberfläche und zur Wahrung einer möglichst originalgetreuen Materialerscheinung notwendig ist. Welches Verfahren auch immer zur Anwendung gelangen sollte – es würde eine zwar vielleicht im Figurenkern langfristig, in der Oberfläche jedoch nur bedingt wirkende Schutzfunktion übernehmen können. Und da gerade die erwähnten Kalksandsteine zu unschönen Dunkelverfärbungen in nicht direkt beregneten, aber vom Wasserablauf tangierten Partien neigen, die sich zudem noch als gefährliche Ablagerungsorte aus der Luft herangetragener und den Stein dann angreifender Schadstoffe erwiesen haben, schieden sie aus der engeren Wahl. Auch die Verarbeitungseigenschaften stützten diese Entscheidung: Da kaum ein Bildhauer der für die Ausführung in Aussicht genommenen Künstlerschaft über technische Ateliereinrichtungen wie die im steinmetzgewerblichen Bereich üblichen Absauganlagen verfügte, hätte der beim Schlagen feinkörniger Kalk- und Sandgesteine entstehende mineralische Staub eine gesundheitliche Gefährdung bedeutet. Gleiches gilt für den in Betracht gezogenen Oberkirchener oder auch den Udelfanger Sandstein sowie für den Ruhrquarzit, deren nachträgliche Dunkelung durch eine Hydrophobierung zwar verzögert, nicht aber langfristig ausgeschlossen werden kann.

Ein weiteres Kriterium begann erst in diesem Diskussionsstand an Bedeutung zu gewinnen: Neben der ästhetischen Frage von Oberflächenerscheinungen hinsichtlich eines helltonigen, wiewohl nicht zum reinen Weiß neigenden und dabei doch neutral wirkenden Farbspektrums verschafften sich auch künstlerische Überlegungen Gehör, die den skulpturalen Charakter betreffen. Im Einklang mit der Auffassung, die künftigen Ratsturmfiguren sollten sich zwar durch figurative Gegenständlichkeit und auch unter Nutzung eines ikonographisch attributiven Apparates zeigen, jedoch keinesfalls in einer überreichen Detaillierung ihrer Formen dem Historismus des 19. Jahrhunderts nachhängen, galt es ein Material zu definieren, dessen grobkörnige Struktur allein schon eine solche Stilhaltung verbot. Die Wahl der zwanziger Jahre unseres Jahrhunderts, vergehende Figuren aus Baumberger Sandstein durch solche aus Muschelkalk zu ersetzen, mag also auch andere Gründe als rein konservatorische gehabt haben. Die grob- und offenporige Struktur dieses in den ersten vier Jahrzehnten in Architektur und Skulptur so geschätzten Gesteins bringt materialbedingte Anforderungen zur Anlage großflächig homogener, in sich selbst nicht weiter feingliedrig differenzierter Oberflächenpartien mit sich – ein Charakteristikum, welches sich in idealer Weise mit zeitgenössisch künstlerischen Tendenzen zur monumentalisierenden Gestaltung plastischer Formen verbindet. Die Figur Heinrichs IV. (Nr. 11), Zeugnis jener Bestrebungen, belegt auch nach ihrer Wiederaufstellung am Turme dieses Stilwollen, verbunden mit einer expressiven, gleichfalls zeittypischen, wiewohl vom Expressionismus im engeren Sinne distanzierten Haltung. Die ursprünglich umfassendere und erst im Nachhinein modifizierte Absicht, gerade die in ihrem architektonischen Substanzgehalt am ehesten als original überliefert anzusprechende Westseite des Turmes mit restaurierten Altfiguren zu schmücken, führte wegen eines entsprechenden Kontextes der dortigen Situation zu der Entscheidung, die rechts vom Turmportal und infolge des anschließenden Giebelgesprenges außerordentlich schwierig zu realisierende Figur der Theophanu (Nr. 10) gleichfalls in Muschelkalk ausführen zu lassen. Dies aber enthob die Beteiligten keineswegs der Aufgabe, ein Material für die übrigen – zunächst 105, später dann 118 – neuen Figuren zu wählen.

Im Tuffgestein schließlich wurde – zudem die Stadtkonservatorin hierin das gegenüber einer Ausführung von Sandsteinskulpturen kostengünstigere und deshalb angesichts der aufzubringenden Spendenmittel vorzuziehende Verfahren sah – das von den Fachleuten auch unter konservatorischen Aspekten befürwortete Material erkannt. Es ist weich und deshalb leicht zu verarbeiten, läßt sich im halbwegs bruchfrischen Zustand gar ohne den Schlegel rein mit dem Eisen nahezu »schnitzen« und entwickelt keine gesundheitsgefährdenden Luftstäube. Einmal luft- und im Vorlauf zum Tränkungsverfahren auch kammergetrocknet, schafft es ideale Voraussetzungen zur hochgradigen Sättigung seiner grobporigen Struktur mit dünnflüssig gelöster und unter Vakuum eingebrachter Konservierungssubstanz. Diese Struktur gerade setzt allen bildhauerischen Bestrebungen, feinste Details wie lockige Frisuren oder kunstvoll-raffiniert gelegte Gewanddraperien anzulegen, deutliche Grenzen. In seiner Oberfläche läßt sich der Stein zwar schleifen, niemals aber polieren oder auch nur der Erscheinung einer Politur nahebringen; vielmehr setzt sich stets die leicht sandig wirkende Oberfläche durch, ein feines Relief der Oberflächenstruktur, wodurch die Figuren in Fernansicht nicht nur im Spiel von Licht und Schatten skulptierter Formen, sondern auch in jeder eben angelegten Partie ihrer Oberfläche Licht »schlucken« und die Erfahrbarkeit einer zugleich materialbedingten Plastizität ihrer optischen Wirkung steigern.

Diesen positiven Eigenschaften, denen viele Künstler mit der Entscheidung zur leichten Oberflächenscha-

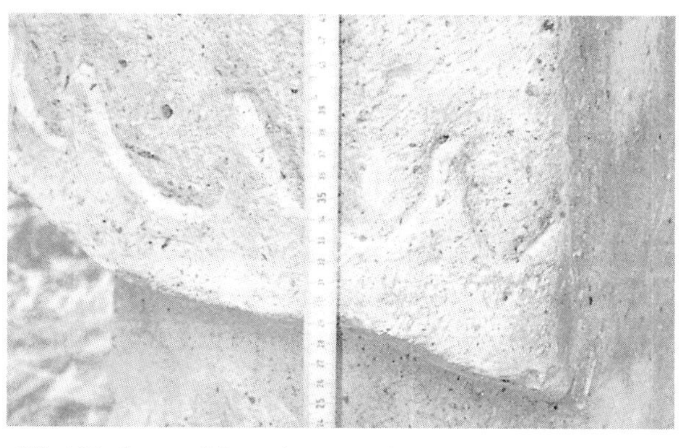

Abb. 291: Severin (Nr. 110), Material mit geringen Hartgesteineinschlüssen

rierung zusätzlich steigernden Nachdruck verschafften, stehen jedoch auch einige negative gegenüber. Als vulkanisch ausgeworfenes Sedimentgestein ist der Tuff in sich selbst außerordentlich uneinheitlich beschaffen: In seine relativ weiche Grundsubstanz finden sich sowohl mehlige Nester sandiger als auch kompakte Einschlüsse hart kristalliner Bestandteile eingebettet (Abb. 291, 292). Während erstere bei zunehmender Austrocknung des Blockes geradezu rieseln und kavernenartige Höhlungen hinterlassen, die in besonders augenfälligen und störenden Positionen durch die Bildhauer mit Steinersatzmaterial, seltener mit Vierungen aus dem Originalmaterial geschlossen wurden, neigen letztere bei Bearbeitung mit dem Eisen zum unkontrollierbaren Absplittern und vollständigen Herausbrechen. Auch diesen Symptomen war stellenweise nur mit nachträglichen Anarbeitungen zu begegnen. Schließlich ist die Qualität der gebrochenen und auf Rohmaß gesägten Blöcke abhängig von der Lagerschicht, der sie – nahezu sämtlich dem Steinbruch der Firma Porz bei dem Eifeldorf Weibern entstammend – entnommen wurden. Zwar blieb das im fortschreitenden Trocknungsprozeß nachträgliche Auftreten von lagerbedingten Rissen, die dann mit Schaden solcherart leidgeprüfter Künstler zur Aufgabe des häufig schon weit gediehenen Blockes und zur Wahl eines neuen führten, die seltene Ausnahme, doch lassen sich die ästhetischen Wirkungen derart unterschiedlicher Konsistenzen bei näherer Betrachtung des Ergebnisses ohne weiteres erkennen. Neben Figuren mit ganz oder nahezu homogener Oberflächenstruktur stehen solche mit teils geradezu scheckiger, im Regelfalle bedingt durch das häufigere Auftreten harter, gegenüber der Grundmasse dunklerer Einschlüsse. Trotzdem scheint dieses Phänomen der ästhetischen Gesamtwirkung des Programmes selbst dort, wo es an besonders beachteten Partien wie etwa den Gesichtern auftritt, keinen wirklichen Abbruch zu tun, zumal es die hiervon betroffenen Bildhauer in der Regel virtuos verstanden, den unliebsamen Überraschungen durch entsprechende Disposition ihrer Formfindung zu begegnen.

Abb. 292: Robert Blum (Nr. 68), Material mit zahlreichen Hartgesteineinschlüssen

Dem weichen Gemenge fertiger Skulpturen galt es, wie bereits oben erwähnt, dauerhaften Substanzcharakter zu verleihen. Stand für die beteiligten Fachleute noch außer Frage, daß der Tuff bei aller Überzeugung, seine Oberfläche würde im unbehandelten Zustand doch unter den Witterungseinflüssen aushärten und sich somit weitgehend selbst gegen stärkere Substanzverluste schützen, jedenfalls einer chemischen Konservierungsbehandlung unterzogen werden müsse, herrschte doch zunächst Uneinigkeit über das zu wählende Verfahren. Im Vertrauen auf Prognosen, welche solcherart behandelten Tuffsteinen eine gegenüber dem Kölner Außenklima etwa achtzehnjährig vollständig und dann langsam nachlassend hydrophobe Wirkung bescheinigten, entschied man sich zunächst für eine Tauchbadtränkung mit Kieselsäureester und eine nachfolgende Oberflächenbehandlung mit Tegovisin HL 100, einem auf Silikonbasis hydrophob eingestellten Produkt. Ausgeführt von der späterhin auch mit der Turmsanierung betrauten Kölner Firma Karl-Günther Eich, wurde dieses Verfahren an den beiden ersten fertiggestellten und bereits 1987 am obersten Turmgeschoß aufgesetzten Figuren Albertus Magnus (Nr. 121) und Adolf Kolping (Nr. 123) erprobt. Im Rahmen der schließlich durchgeführten Generalsanierung der Turmfassaden hatten die Fachleute dann bis Ende 1994 Gelegenheit, die bis dahin eingetretenen Veränderungen an diesen Figuren zu begutachten und ihnen daraufhin ein durchaus erfreuliches Testat auszustellen.

Alle übrigen Figuren, einschließlich der restaurierten und am Turme wiederaufgebrachten alten, jedoch nicht diejenigen des Turmportales, wurden schließlich auf Empfehlung der Fachleute im patentierten Konservierungsverfahren der Firma Ibach Steinkonservierung behandelt. Viele der fertigen Figuren hatten bereits während ihrer künstlerischen Fertigung einen Großteil ihres Feuchtigkeitsgehaltes verloren, der durch die Lagerung im Depot des Stadtkonservators im Fort X am Neusser Wall, wohin die Figuren jeweils im Anschluß an ihre feierliche Übergabe durch die Stifter verbracht wurden, nochmals gesenkt wurde. Ein mehrwöchiger Aufenthalt in den Trocknungskammern der Firma Ibach schließlich sollte ihnen auch den letzten Rest der Feuchtigkeit entziehen, die ansonsten als Kondensat auf den Innenflächen dieser grobporigen Struktur verblieben und deren angestrebte Volltränkung beeinträchtigt hätte. Hierzu wurden die zuvor getrockneten Figuren zunächst mit einem modifizierten Hasenhautleim überzogen und dann in Tränkungswannen gebettet. Diese wurden dann in einer Druckkammer unter fluatierender Zugabe des Acrylharzes abwechselnd einem Vakuum und einem atmosphärischen Druck ausgesetzt, was die weitgehende - nach Versicherung des Anwenders vollständige – Ausfüllung dieser Zellstruktur mit dem alterungsbeständigen Harz gewährleisten sollte. Die zuvorige Oberflächenbeschichtung ließ zwar während der Vakuumbehandlung die Luft aus den Gesteinsporen entweichen und das Harz sowohl hierbei als auch unter Druckerzeugung nachströmen, sie verhinderte jedoch zugleich dessen Zurückfließen aus der Porenstruktur. Unter Druck auch erfolgte die anschließende Aushärtung des Harzes noch innerhalb der Kammer. Dieser schließlich entnommen, wurden die Figuren durch Abwaschen von ihrer wasserlöslichen Oberflächenbeschichtung aus modifiziertem Hasenhautleim befreit. Wo in Einzelfällen notwendig, wurden infolge der Acrylharzpolymerisation spiegelnde Oberflächenpartien durch Reinigung mit Hilfe von Lösungsmitteln von diesem Glanz befreit. Insgesamt bewirkte diese Behandlung gegenüber den Figuren im Vorzustand, wobei allerdings deren lichte Erscheinung auch zu einem Gutteil auf abgelagerten Steinstaub zurückzuführen gewesen war, eine unwesentlich nuancierende Veränderung zum Dunklen hin, was der »originalen« Oberflächenwirkung jedoch keineswegs abträglich ist.

Enthielt sich der Verfasser, selbst eingestandenermaßen kein Steinfachmann und deshalb an dieser Stelle nur referierend, im Prozeß der Entscheidungsfindung, an welcher immerhin so renommierte Fachleute wie der Kölner Dombaumeister Arnold Wolff und sein Mitarbeiter Anton Meid, die Kölner Steinrestaurierungsfirmen E. Dunkel und Söhne und Karl-Günther Eich, Josef Breuer als Mitarbeiter des Stadtkonservators, der Bildhauer Heribert Calleen und schließlich die Firma Ibach Steinkonservierung beteiligt waren, auch einer eigenen Meinung, so teilt er doch gerne deren Zuversicht in die Beständigkeit der jetzt am Turme plazierten Figuren – eine Zuversicht, der sich die Hoffnung auf Besserung der gegenwärtig noch immer so beklagenswerten Umweltbedingungen nicht nur für dieses Denkmal verbindet. Im Vordergrund eigener Überlegungen stand vor allem die ästhetische Relevanz des schließlich gewählten Materiales hinsichtlich seiner Oberflächenstruktur, der skulpturalen Möglichkeiten und erwünschten Grenzen derselben sowie der Licht- und Farbwirkung des Gesteines für sich ebenso wie im Zusammenklang mit dem Turm. Soweit heute erkennbar, darf die zugunsten des Weiberner Tuffs getroffene Wahl als guter Kompromiß innerhalb des komplizierten Abwägungsprozesses materialtechnischer und -konservatorischer, denkmalpflegerischer und nicht zuletzt künstlerisch-ästhetischer Gesichtspunkte interpretiert werden. Die Figuren sind historisch technik-gerecht als Skulpturen gearbeitet, einem gerade im Detail allzu historisierenden Stilgebaren wurde weitgehend vorgebeugt, die Erscheinung am Turm ist selbst bei extremer Fernansichtigkeit als durchweg »lesbar« zu bewerten, und das sanfte Graugelb unterstützt nicht nur den Werksteincharakter der Figuren, er läßt sie vielmehr und zugleich in einen wirkungsvollen Dialog mit dem Ort ihrer Bestimmung treten: Im Wechselspiel sowohl mit dem eher mittelgrauen Trachyt der unteren als auch dem gelblichen Tuff der oberen Geschosse entwickeln sie eine durchaus legitimierte Eigenständigkeit als künstlerische Skulptur, dank der im selben Spektrum angesiedelten Farbigkeit und Tonigkeit aber erfüllen sie im selben Moment und auf vorbildliche Weise die ihnen zugedachte Aufgabe als Bauskulptur im besten Sinne.

Modell und Ausführung

Um die zunächst 106 neuen Figuren auch organisatorisch sinnvoll und überschaubar betreuen zu können, wurde ein in der Praxis dann bewährtes Verfahren entwickelt. Zunächst galt es, für eine jede von ihnen einen Stifter zu gewinnen. Es ist dem unermüdlichen, im Bedarfsfalle auch hartnäckigen Einsatz zunächst Hiltrud Kiers, späterhin beim »Nachtrag« von weiteren 13 Figuren Ulrich Krings' zu verdanken, daß die Stifter innert kurzer Frist »ihre« Figuren fanden. Ihre Kontaktstelle – denn die meisten bedurften hinsichtlich der Erklärung ihrer Schenkungsbereitschaft kaum eines initiierenden Hinweises durch den Konservator oder den gleichfalls hier engagierten Oberbürgermeister Norbert Burger – war dabei stets der Stadtkonservator. Die schriftliche Erklärung zur Bereitschaft, eine Figur stiften zu wollen, fand ihren formellen Niederschlag in einer Beschlußvorlage, welche dann vom Rat der Stadt Köln angenommen wurde.

Waren hiermit und durch die Zuwendung einer Spende von im Regelfalle DM 20.000,00 die formalen Rahmenbedingungen geschaffen, begannen jetzt die eigentlichen Bemühungen, der historischen Person zur Gestaltwerdung zu verhelfen. Neben der Freude an inhaltlichen und künstlerischen Aspekten des nunmehr einsetzenden, teils sehr gedanken- und zeitintensiven Prozesses, ist aber auch keineswegs der rein formelle Aspekt zu unterschätzen: Stifter, Bildhauer, Oberbürgermeister und Verwaltung waren nicht nur jeder für sich laufend und detailliert zu unterrichten, sondern auch terminlich und häufig inhaltlich untereinander zu vermitteln, den verwaltungsseitigen Erfordernissen vorgegebener Verfahrensweisen war ebenso wie den unterschiedlich reibungslos erfolgenden Spendenzu- und -abflüssen zu entsprechen. All dieses wäre unmöglich gewesen, hätte nicht Vera Bachmann diesen nicht nur administrativen, sondern ganz wesentlich von persönlichem Engagement abhängigen Bereich verantwortungsvoll und effektiv mitgetragen. Auch hierüber, über die zahllosen persönlichen oder telephonischen Gespräche ebenso wie die umfangreiche Korrespondenz, legen die vier so banal wie auch immer erscheinenden Aktenmeter der vergangenen Jahre ein stummes Zeugnis ab.

Abb. 293: Nikolaus Gülich (Nr. 58) und Anna Maria van Schurman, (Nr. 57), Foto: D. Heiermann

Abb. 294: Heinrich II. von England (Nr. 12) und Heinrich IV. (Nr. 11), Foto: D. Heiermann

Wie schon erwähnt, oblag die Entscheidung zur Bildhauerwahl dem Stifter. Brachte dieser nicht einen konkreten Wunsch vor, so konnte er sich anhand der beim Konservator gesammelten Unterlagen und die zusätzlich vermittelten Hinweise zu vielen Künstlern eine eigene Meinung über die ihm für seine Figur zusagende Ausdrucksform bilden.

Gewisse Vorgaben waren allerdings bereits durch eine strukturelle Eigenschaft des Turmes impliziert: Die Rastergliederung von Wand- und Fensterpartien im Zusammenwirken mit dem aufgelegten Maßwerk unterscheidet zwischen sogenannten Einzel- und Doppelfiguren. Traf ein Stifter auf eine gewissermaßen komplementäre Situation, war also schon die eine von zwei Doppelfiguren gestiftet und einem Künstler zum Entwurf anvertraut oder gar bis dahin ausgeführt, so wurde allgemein Wert darauf gelegt, daß auch die zweite Figur vom selben Bildhauer geschaffen würde. Schon im Entwurf einer ersten von zwei Doppelfiguren wurde der Künstler gebeten, den noch stifterlosen Nachbarn bereits jetzt gedanklich zu berücksichtigen, möglichst auch schon in einer zeichnerischen Skizze oder im modellierten Bozzetto anzudeuten. Damit sollte bei aller erwünschten Heterogenität der Ausdrucksmittel doch im wechselseitigen Interesse jeweils beider Doppelfiguren gesichert werden, daß sich diese zwei untereinander im Rahmen einer abgestimmten Gruppenkomposition verhielten. Lediglich in einem Falle gelang es nicht, dieses Prinzip umzusetzen, und das mittlerweile am Turme erfolgte Zusammentreten von Nikolaus Gülich (Nr. 58) und Anna Maria van Schurman (Nr. 57) führt wohl die Berechtigung eines solchen Anliegens exemplarisch vor (Abb. 293).

Dieselbe Problematik ergab sich dort, wo eine erhaltene oder aus überlieferten Fragmenten neu formulierte Altfigur eines Partners bedurfte. Gerade hier lassen sich das in einhundert Jahren oft grundsätzlich gewandelte Stilwollen figurativ-gegenständlicher Skulptur, die unterschiedlich weitgehende oder künstlerisch ausgeprägte Bereitschaft zur Adaption *in situ* angetroffener Formensprache beobachten. Heinrich II. von England (Nr. 12) nimmt zwar in der bewegten Draperie den expressiven, für die zwanziger Jahre unseres

Abb. 295: Ida (Nr. 21) und Hildebold (Nr. 20), Foto: D. Heiermann

Abb. 296: Nikolaus von Verdun (Nr. 24) und Reinald von Dassel (Nr. 23), Foto: D. Heiermann

Jahrhunderts so charakteristischen Duktus der benachbarten Altfigur Heinrichs IV. (Nr. 11), dagegen nicht dessen Proportionskanon auf; eine neue Formulierung strenger Statuarik und – verglichen am Beispiel der Häupter – innerer Maßstäblichkeit behauptet ihren aktuell-zeitgenössischen Standpunkt gegenüber dem kunst-historischen (Abb. 294). Hinsichtlich des spezifischen Proportionskanons gilt ähnliches für Hildebold (Nr. 20), der es gegenüber der Nachbarfigur Ida (Nr. 21), einer retardierend dem weichen Stil um 1400 verpflichteten Skulptur des 19. Jahrhunderts, besonders schwer hatte (Abb. 295). Der filigranen Arbeitsweise und dem maßstäblich unterproportionierten Kopf einerseits stehen die blockhafte Erscheinung und ein im Gegenteil hier überproportioniertes, wiewohl noch nach erfolgter Übergabe durch den Künstler beträchtlich volumenreduziertes Haupt gegenüber. Dagegen bildet das Bewegungsmotiv der Bücher eine aufschlußreiche Reminiszenz an die gleichfalls S-förmig geschwungene, den »Schönen Madonnen« um 1400 nachempfundene Körperachse der Ida. Die wohl eingehendste Berücksichtigung einer Altfigur durch den neu hinzukommenden Nachbarn erfuhr die zu Nikolaus von Verdun (Nr. 24) mutierte, ehemalige Personifikation der Schmiedezunft, ohne daß der Bildhauer des Reinald von Dassel (Nr. 23) sich hinsichtlich seiner ihm eigenen Ausdrucksweise in Verlegenheit gebracht sah (Abb. 296). Die Gesamtkomposition berücksichtigt die stärkere Tiefenerstreckung des (Gold-) Schmiedes zur rechten Seite hin, indem der Bischof diese Tiefe auf seiner linken Seite aufnimmt und – ähnlich dem Nachbarn – zur anderen hin wieder gegen die Turmwand zurückführt; die Gesamterscheinung bildet somit, auf einen Grundriß projiziert, eine bugförmige Konfiguration. Auch sonst wird der relativ aufgelösten Kontur der Altfigur durch eine zwar grundsätzlich geschlossenere, dabei jedoch in bewegter Axialität und hinterschnittener Draperie wieder stärker mit Licht und Schatten operierende Plastizität entsprochen.

Insgesamt homogener konnten sich die übrigen Doppelfiguren, gelegentlich auch ganze Gruppen entwickeln. Im Erdgeschoß der Nordwestecke hatten zwei Bildhauer die Flanken mit jeweils zwei Figuren

Abb. 297: Nordwestecke des Erdgeschosses mit Friedrich III., Urban VI., Rudolf I., Friedrich II. und Innocenz III. (Nr. 18–14), Foto: D. Heiermann

besetzt, als sich der Stifter der Eckfigur Rudolfs I. (Nr. 16) für einen von beiden entschied (Abb. 297). Im ersten Obergeschoß der Ostseite konnten zwei Doppelfiguren und diejenige der anschließenden Südost-Eckkonsole gleichfalls durch einen einzigen Bildhauer gestaltet werden (Nr. 44–46), dasselbe gelang im selben Geschoß auf der Nordseite zu ihrer östlichen Ecke hin (Nr. 35–37) und an ebendieser Ecke auch im zweiten Obergeschoß (Nr. 66–68) (Abb. 298). Und daß die Heiligen Drei Könige des »Kölnischen Himmels« (Nr. 104–106), obgleich nur zwei von ihnen als Doppelfiguren beisammenstehen, aus der Hand einer einzigen Künstlerin stammen, ist selbstverständlicher als der glückliche Umstand, daß im zweiten Obergeschoß der Nordseite drei lediglich infolge ihrer Geburtsjahrgänge einander folgende Gestalten (Nr. 63–65) durch ein und denselben Bildhauer geschaffen wurden.

Doch zurück zu den Anfängen. Der Stifter hatte die Bildhauerwahl – und so erklärt sich der Umstand, daß neben jenen Künstlern, die mit lediglich einer Figur am Turm vertreten sind, andere mit bis zu insgesamt sieben erscheinen. So sehr der Verfasser in einzelnen Fällen der Bildhauerwahl Bedenken hatte und geltend machte, sie auch bis heute nicht immer zu zerstreuen vermochte, so sehr hätte er sich in anderen Fällen eine zahlenmäßig stärkere Beteiligung einzelner Künstler gewünscht. Hatte nun der Stifter seine Wahl getroffen und der Bildhauer seine Bereitschaft zur Übernahme des Auftrages erklärt, fand ein erstes Gespräch mit dem letztgenannten statt. Zunächst wurden Inhalt und Aufgabe des Gesamtprogramms, weiterführend das gleiche zur jeweiligen Figur erörtert. Ein technisches Merkblatt, der Grundriß einer Konsole und deren Systemeinbindung in das Maßwerk bildeten eine Arbeitshilfe für die nachfolgende Aufgabenlösung, wobei der Künstler jederzeit auf den Verfasser zukommen konnte oder sich dieser wiederholt an ihn wandte.

Wesentlich für die künftige Erscheinungsweise war der Figurenstandort, im Merkblatt beschrieben, auf einem Schema markiert und durch den Künstler vor Ort genauestens hinsichtlich seiner spezifischen Eigenschaften zu studieren. Ziel sollte es nämlich sein, daß jede Figur von wenigstens einem ebenerdigen Standort im unmittelbaren Umfeld des Rathauses oder von dessen innengelegener Piazzetta aus für den Betrachter erfahrbar würde. Extreme Unter- oder Seitenansichten einzelner Turmsituationen sollten dazu führen, daß dementsprechende Körper- und Kopfhaltung sowie die Anordnung möglicher Attribute dennoch eine ikonographische Lesbarkeit der Figur garantierten, daß mithin nicht etwa ein angehobener Arm das Gesicht verdeckte. Hinzu traten Aspekte der Himmelsrichtung: Die Abwicklung des Sonnenlichteinfalls im Tagesverlauf sollte als generelles Kriterium bei der Disposition von Oberflächen, bei der Differenzierung in glatte, mithin reflektierende, bzw. in tiefe und damit schattenbildende Partien dienen. So bedurften die Figuren der niemals direkt besonnten Nordseite einer tieferen Durchbildung, um die zur differenzierenden Erkennbarkeit notwendige Plastizität auch ohne die Erwartung einer effektverstärkenden Ausleuchtung zu erzeugen. Dagegen mußte die in voller Tageslichtabwicklung von Ost nach West liegende Südseite möglichst jeder, die im mittäglichen Streif- und abendlichen Auflicht beschienene Westseite eben dieser Situation Rechnung tragen. Auch hier waren beispielsweise Armhaltungen dahingehend zu berücksichtigen, daß sie keine auch vom Künstler als störend zu empfindende Schlagschatten auf die übrigen Skulpturenteile zur Folge hätten.

Unter den spärlichen, das mittelalterliche Programm betreffenden Überlieferungen findet sich ein Hinweis, demzufolge die Figuren über alle Geschosse hinweg dem zeitgenössischen Betrachter als gleich groß erschienen seien. Dies kann nur bedeuten, daß ihre metrische Höhenerstreckung von Geschoß zu Geschoß zunahm, und zwar nicht in linearer, sondern in progressiver Steigerung, um der zunehmenden optischen Verkürzung entgegenzuwirken. Nun hätte man wohl den Versuch unternehmen können, eine solche Größensteigerung für die jeweilige Turmseite entsprechend der dort gegenwärtigen Betrachtersituation nachzuvollziehen, doch sowenig diese seitenbezogene Differenzierung der mittelalterlichen Disposition entsprochen haben dürfte, so unruhig hätte sie sich – bedenkt man insbesondere Ecksituationen – heute ausgenommen. Deshalb fiel die Entscheidung zugunsten einer jeweils turmseitengleichen Höhenzunahme, von einer erdgeschossigen Figurengröße – absolut und einschließlich möglicher Frisur oder Kopfschmuckes – von 145 cm um fünf Zentimeter auf 150 cm im ersten Obergeschoß, von dort um sechs Zentimenter zu den 156 cm im zweiten, von diesem um acht Zentimeter zu den 164 cm des dritten, und endlich von hier um elf Zentimeter zu den 175 cm hohen Statuen des »Kölnischen Himmels«. Sondersituationen traten auf, hatten sich neue Figuren in unmittelbare Nachbarschaft mit wiederaufgestellten Altfiguren zu begeben. Dem Ausgleich optischer Verkürzungen sollte auch die Disposition einzelner Figuren, bezogen auf ihren primären Betrachterstandort, nach Möglichkeit weitestgehend folgen. Daraus ergab sich in Extremfällen, wie sie vor allem die Situation der nördlichen Turmseite für die oberen Geschosse bedingt, eine metrische Verkürzung des Leibes zugunsten einer überproportionalen Abmessung des Kopfes. An anderer Stelle, beispielsweise bei Ferdinand Franz Wallraf (Nr. 60) und Heinrich Gottfried Wilhelm Daniels (Nr. 61), wählte der Bildhauer unter zwei möglichen Betrachterstandorten einen als vorrangig aus: Aus untersichtiger Betrachtung nahe dem Turme an der Nordwestecke erklärt sich das starke Kopfvolumen plausibler als aus einer fernansichtigen Betrachtung, wie man sie aus der Tiefe der Bürgerstraße durchaus auch gewinnt. Trotzdem war die geforderte spezifische Bezogenheit einer jeden Figur auf ihren künftigen Konsolenstandort dafür ausschlaggebend, daß sich der Verfasser – mit Erfolg – den wiederholt geäußerten Vorschlägen widersetzte, sämtliche Figuren noch vor ihrer Aufstellung in einer gemeinsamen Ausstellung, herausgelöst aus dem homogenisierenden Kontext der Architektur, zu versammeln und dem Publikum zur dann unangebracht abwägenden Präsentation Auge in Auge darzubieten. Die erdgeschossige, lediglich um einen kleinen Sockel abgehobene Aufstellung anläßlich der Übergaben hat diese Problematik anhand vieler Einzelfiguren genau studieren lassen, und eine letzte Möglichkeit, gerade diesen Aspekt nachzuvollziehen, bietet sich im Vergleich der in diesem Band publizierten Aufnahmen von Einzelfiguren mit ihrer jetzigen Standortsituation am Turm.

Zu den technischen Vorgaben zählte neben der Gesamthöhe auch die im Grundriß formulierte Gestalt eines imaginären Blockes, innert dessen unsichtbarer Begrenzung sich die Figur entwickeln sollte. Seine Breite war durch die Maßwerkrippen der Architektur auf maximal 45 cm, seine Tiefe durch die Konsole auf höchstens 40 cm limitiert. Welche Varianten der Volumenbildung und -ausnutzung ein solches Blockmaß evozieren kann, läßt sich am Turm in teils überraschender Weise erkennen. Denn bis auf wenige, im Regelfalle wie bei Josef Haubrich (Nr. 98) dann nicht mit dem Verfasser im Modell abgestimmte oder wie bei Christine Teusch (Nr. 96) trotz eingehender Bemühungen nicht weiter im Volumen zu reduzierende Ausnahmen folgen die Figuren dieser Maßgabe. *Ausladende Gesten und weite Überstände, auch der Füße über die Konsole hinaus, sind nicht möglich.* So heißt es zwar im technischen Merkblatt, doch waren die erstgenannten in naheliegenden Fällen, wenn sie sich aus der Situation herleiteten und weder die unmittelbare Nachbarschaft noch die Gesamtdiposition der Turmerscheinung beeinträchtigten, durchaus in allerdings dann eng begrenztem Rahmen möglich; und gegen einen vertretbaren Überstand von Füßen über die Konsolkontur hinaus wurden niemals Einwände erhoben.

Die Konsolenkontur bestimmte auch die Entwicklung jener Plinthe, mit der eine jede Figur zu beginnen hatte. Etwa vier Zentimenter hoch – um der Figur selbst nicht allzuviel ihrer frei zu skulptierenden Gesamthöhe zu nehmen – und gegenüber den freien Konsolenseiten um ringsum zwei Zentimetern überstehend, wurden die Plinthen im Zuge der Figurensetzung am Turm 1994 bis 1995 individuell mit einer Phase von 45° an ihre jeweilige Konsole angearbeitet. Neben ästhetischen sprachen auch technische Gründe der Wasserabführung dafür, außerdem standen zu Beginn selbstverständlich nicht alle 124 Konsolengrundrisse im Maßstab eins zu eins als Musterschablonen zur Verfügung. Derer gab es mithin nur zwei – eine im rechten Winkel in die Wand einbindende und eine die Ecke umgreifende Konsole. Diese Schablonen wurden ergänzt durch Systemzeichnungen, wo infolge des Verhältnisses zwischen Konsole und seitlich einfassenden Maßwerkrippen schon eine dreiviertelrunde Disposition des Figurenvolumens impliziert wurde, welches es ganz besonders bei eng benachbart stehenden Doppelfiguren zu beachten galt. Im besten Falle ergab sich dann eine – abstrahiert so zu beschreibende – je nach geschoßbedingter Höhe schlanke oder untersetzte Säule, die sich im Radius von etwa 22 cm um eine auf der Konsolenmitte zentrierte Körperachse zwischen eben der Konsole und dem einst vorhandenen Baldachin entwickelte, und deren rückseitiges Viertel durch Brechung des Kreisbogens einen flächigen Anschluß an die Turmwand erlaubte. Es wurde – nebenbei und mit optimistischem Hinweis auf die noch fehlenden Baldachine bemerkt – darauf Wert gelegt, daß die Kopfhaltung in einer zukünftig wieder baldachinbekrönten Situation die Figuren nicht im Regen stehen oder sich Blessuren an den Kalotten holen ließe.

Inwieweit nun ein jeder Bildhauer dieser »Säulenphilosophie« folgte, blieb ihm ebenso wie die grundsätzliche Wahl der ikonographischen »Informationsmedien« - vom eindeutigen Attribut bis zur psychologisierenden Gestik – überlassen, und drei Beispiele mögen die Spannbreite nur andeuten: Christine Teusch (Nr. 96) und Hl. Petrus (Nr. 103) betonen auf jeweils eigene Weise einen stereometrisch winkelbestimmten, die Ursprungsform des Rohblockes reflektierenden Charakter. Nikolaus Gülich (Nr. 58) nimmt die zur Verfügung stehende Tiefenräumlichkeit auf ein Minimum zurück, betont eine zur Turmwand fast flächenparallele Ebenheit und kann sich infolgedessen vorrangig in Reliefwirkung, weniger in voll- oder dreiviertelrunder Präsenz entwickeln. Seine Nachbarin Anna Maria van Schurman (Nr. 57) dagegen macht sich jenes statuarische Prinzip zunutze, welches auf der Idee einer im Grundriß dreiviertelrunden Säulengestalt basiert, und welches schon den Figuren des 19. Jahrhunderts ebenso wie denjenigen der zwanziger Jahre sicherlich nicht von ungefähr, sondern in

Abb. 298: Nordostecke mit Erdgeschoß, erstem und zweitem Obergeschoß, Foto: D. Heiermann

Konkordanz zur Turmgestalt zu eigen war. Daß hierin keineswegs eine erzwungene Beschränkung gestaltender Ausdrucksmittel zu sehen ist, zeigen viele Figuren, alte wie neue, die mit Hilfe torsierender, gerade oder diagonal gerichteter, teils hieraus kombinierter und kontradiktorisch in spannungsvolle Zusammenhänge gesetzter Mittel operieren.

Auch Eckfiguren – deren Rücken gemäß jeweiliger Erfordernis soweit durch die Bildhauer keilförmig ausgearbeitet wurden, daß sich die Schulterblätter wieder den Flankenwänden annäherten – können auf sehr unterschiedliche Weise ihr Volumen formulieren: Sigibert von Ripuarien (Nr. 6; Abb. 298, Erdgeschoß) verzichtet hierauf in stärkerem Maße als der im selben Geschoß stehende, die geschlossene Kontur massig-untersetzt betonende Rudolf I. (Nr. 16; Abb. 297), wohingegen Jan von Werth (Nr. 50) seinen Ort in ausdrucksstarker, biographisch legitimierter Weise selbstbewußt behauptet oder Jaques Offenbach (Nr. 77) den seinen durch die tänzerisch leichte Haltung der übereinandergeschlagenen Beine gleichfalls »ikonologisch« gerecht einnimmt.

Um aber mit künstlerischen Überlegungen überhaupt erst beginnen zu können, hatten die Bildhauer zunächst sämtlich die Aufgabe, sich über die vom Konservator erhaltene Kurzbiographie hinaus mit Leben und Werk der historischen, legendären oder hagiographischen Person zu beschäftigen. In manchen Fällen geschah dies in ausführlichster Weise, es wurden die erreichbaren Bildquellen und biographischen Vermerke gesammelt, zu erst jüngst verstorbenen Personen Mitteilungen aus deren Umfeld eingeholt, die tradierte Ikonographie und die möglichen Kostüme wie Attribute wurden studiert. Da eine jede Gestalt unter besonderer Berücksichtigung ihrer für Kölns Stadtgeschichte relevanten Verdienste oder Eigenschaften an den Turm berufen worden war, sollte sie dieser Eindeutigkeit ihrer »Wertung« auch in Betracht von Habitus und Attribut möglichst eingehend entsprechen. Bei der Vielzahl von Künstlern war es demnach nicht nur absehbar, daß sich die künstlerischen Beiträge als vielgestaltig erweisen würden, sondern daß auch Art, Umfang und Intensität der jeweiligen Zusammenarbeit mit ihnen variieren würde. Während bei vielen nach einem ersten Gespräch schließlich ein Modell entstand, das ohne weitere Diskussion zur offiziellen Vorstellung gelangen konnte, gab es zu anderen ausführliche und wiederholte Gesprächstermine sowie gelegentlich eine beratende Mitwirkung bei der ikonographischen Formulierung.

Nur wenige Künstler brachten ihre ersten Überlegungen in Form zeichnerischer Skizzen zu Papier, die meisten suchten vielmehr sogleich den plastischen Entwurf, der als Modell – möglichst im Maßstab eins zu zwei oder eins zu drei – auch Gegenstand des Auftrages war. In Ton, Wachs oder Plastilin modelliert, im Falle der Figuren Karl Matthäus Winters gar sofort in

Abb. 299a–b: Ferdinand Hiller (Nr. 73), erstes und zweites Modell, Foto: C. Körber-Leupold

feinkörnigen Stein skulptiert, entstanden über erste Bozzetti die dann zur Vorstellung bereiten Modelle. Gelegentlich nahm der Stifter regen Anteil schon in dieser Phase, und so erinnert sich der Verfasser beispielsweise gerne der intensiven Gespräche mit Stifter und Bildhauer des Hl. Petrus' (Nr. 103), oft auch sah der Stifter sein vorstellungsbereites Modell schon vor diesem Termin, besuchte er den Künstler in seinem Atelier.

Bereits früh hatte man sich in Anbetracht der zahlreichen Figuren in Rat, Verwaltung und Gestaltungsbeirat der Stadt Köln darüber verständigt, das bei Annahme geschenkter Kunstwerke durch den Rat übliche Verfahren in zweckgerechter Weise zu modifizieren. War demnach ein Modell mit dem Künstler abgestimmt und hatte der Stifter seine Bereitschaft bekundet, es gemeinsam mit diesem vorzustellen, so wurden beide, ferner der Oberbürgermeister, der Kulturreferent und jeweils ein Vertreter der im Stadtrat vertretenen Fraktionen zu einem gemeinsamen Vorstellungstermin eingeladen. Dieser fand in den Diensträumen des Oberbürgermeisters Norbert Burger statt, der von Anfang an großes Engagement bei der Entwicklung des Programmes zeigte und intensiven Anteil an dessen künstlerischer Umsetzung nahm – bis auf eine verschwindend geringe Zahl kurzfristiger Verhinderungen nahm er sowohl alle Vorstellungs- als auch die nachfolgenden Termine zur feierlichen Figurenübergabe durch die Stifter persönlich wahr. Im Regelfall waren auch der Stadtkonservator, meist durch den Dienststellenleiter vertreten, und – war der vorzulegende Entwurf zuvor mit ihm abgestimmt – der Verfasser anwesend. Allgemeinen Ausführungen zur Biographie der Person und zum Standort ihrer künftigen Figur folgten Erläuterungen der Künstler zu ihrer spezifischen Interpretation. Waren sich die Beteiligten hierüber einig, wurde der Entwurf zur Ausführung freigegeben. Häufig galt es dann, anläßlich dieses Termines getroffene Anmerkungen und Wünsche hinsichtlich einer Modifizierung zu berücksichtigen, in wenigen Fällen wurden eine grundlegende Überarbeitung und erneute Vorstellung vereinbart (Abb. 299a-b). Im Falle strittiger Ikonographie – für die jeweils der Künstler verantwortlich zeichnete, da ihm die ausführliche Beschäftigung mit der Person und der ihr auch historisch adäquaten Gestaltung oblag – wurde um Quellennachweis, im negativen Falle dann um entsprechende Korrektur nachgesucht. Eine fruchtbare Diskussion um die theologisch fundierte Darstellung des Hl. Petrus' (Nr. 103), die sich zwischen dem Stifter und dem Oberbürgermeister entspann, wurde um den konstruktiv erläuternden Beitrag eines Vertreters der Synagogen-Gemeinde Köln bereichert und führte zur Formulierung einer besonders spannungsreichen Gestalt; die ebenso komplexe wie engagierte Vorstellung, die sich ihm hiermit sowie schon im Impetus seiner Schenkung verband, wird der Stifter in einer eigenen Schrift publizieren.

Abb. 300a–b: Gustav von Mevissen (Nr. 76), erstes Modell und Ausführung, Fotos: C. Körber-Leupold

Mit erfolgter Modellfreigabe konnte der formelle Auftrag an den Künstler erteilt werden. In wenigen Fällen geschah dieses unmittelbar durch den Stifter, etwa die Handwerksinnungen, die Kölner Kreishandwerkerschaft oder Handwerkskammer, deren Figurenschenkungen zumeist aus zuvor durchgeführten Wettbewerben hervorgingen. Üblicherweise jedoch erteilte der Verein der Förderer historischer Denkmäler und Friedhofskultur der Stadt Köln e.V. diesen Auftrag, sobald ihm die vom Stifter zugesagte Spende zugeflossen oder in Form einer verbindlichen Erklärung avisiert worden war. Erbeten wurde ein Spende von DM 20.000,00, woraus der Künstler DM 18.000,00 einschließlich eventuell anfallender Steuern für folgende Leistungen erhielt: Entwurf der Figur, Anfertigung eines Modelles, Beschaffung des Materials (Weiberner Tuff) und Ausführung der Skulptur, endlich Transport der fertigen Figur zum Kölner Rathaus und ihre dortige Aufstellung auf einem in der Piazzetta vorhandenen Sockel. Die restlichen DM 2.000,00 wurden als Anteil der später anfallenden Kosten einer Konservierung im Tauchbad-Tränkungsverfahren zunächst einbehalten. Die Höhe des Honorars war 1985 und 1986 in Rücksprache mit Bildhauern, Steinmetzen und anderen Fachleuten ermittelt worden. Zwar stand es jedem Stifter frei, mit »seinem« Künstler eine anderslautende Vereinbarung zu treffen, was auch gelegentlich eintrat, doch versuchte der Verfasser stets seine ursprüngliche Intention zu verwirklichen, im Sinne eines Bauhüttengedankens möglichst jedem Beteiligten die gleiche Honorarsumme zu vermitteln, unabhängig davon, ob es sich um einen bereits wohlreputierten und entsprechend sonst höher honorierten oder um einen jungen Künstler handelte, der hier seinen oftmals ersten Auftrag erhielt. Nur ein einziger Bildhauer beschied eine Anfrage, ob er eine Figur in

Auftrag nehmen würde, mit Hinweis auf die ihm als zu gering erscheinende Summe abschlägig, und auch nur ein einziger erklärte sich späterhin, wiewohl aus anderen Gründen, als außerstande, den angenommenen Auftrag auszuführen. Es kann selbstverständlich auch rückblickend darüber diskutiert werden, ob dieser Betrag von DM 18.000,00 denn angemessen oder ausreichend sei – die weiter oben angeführten Überlegungen zur Eigenart dieses Projektes und der seinerzeitige Hinweis Hiltrud Kiers, entsprechend den »geborenen Stiftern« gebe es auch eine ehrenvolle Verpflichtung der Kölner Künstlerschaft zur Teilnahme, mögen hierbei immerhin Berücksichtigung finden. Es sei auch erwähnt, daß es häufig gelang, den Stifter über den eigentlichen Auftrag hinaus dazu zu bewegen, das Modell zu erwerben oder sich von diesem Abgüsse fertigen zu lassen. Im Falle eines Kölner Unternehmens, welches seinen scheidenden Vorstandsmitgliedern jeweils einen solchen Modellabguß seiner Ratsturmfigur dediziert, hat der Künstler infolge einer regen Personalfluktuation mittlerweile schon eine ganze Kompanie sein Atelier verlassen sehen … Sollte das Modell auch die wesentlichen Entwurfskriterien möglichst getreu beinhalten, so brachten es doch vier Faktoren mit sich, daß die ausgeführte

Abb. 301 a–b: Wilhelm Marx (Nr. 87), erstes Modell und Ausführung, Fotos: C. Körber-Leupold, D. Heiermann

Skulptur gegenüber dem Modellstadium zumindest in Grenzen variieren konnte. Erstens kann im kleinen Maßstab nicht jedes Detail derart entwickelt werden, daß es dann etwa mit Hilfe einer Reduziermaschine oder des akkuraten Punktierverfahrens eins zu eins in die Großversion zu übertragen wäre (Abb. 300 a–b). Mehrere Bildhauer gingen deshalb so weit, zwecks Klärung formaler Details und als Zwischenstufe ein Modell im Maßstab eins zu eins zu fertigen. Zweitens ist der in schmiegsam-weichem Material modellierten Plastik *sui generis* ein anderer Charakter als der in hartem Gestein geschlagenen Skulptur zu eigen. Weiter galt es, die bei der Modellvorstellung vereinbarten Modifizierungen zu berücksichtigen (Abb. 301 a–b). Und schließlich muß stets die künstlerische Autonomie innerhalb dieses Umsetzungsprozesses gewahrt bleiben, können differenzierende Oberflächenstrukturen erst im Stein entwickelt und letzte Detailentscheidungen erst dort getroffen werden. Ein fünfter, besonders unkalkulierbarer Faktor war leider nicht vollständig auszuschließen: In einigen sehr wenigen Fällen konnte entweder keine für sämtliche Beteiligten befriedigende Übereinstimmung erzielt werden, oder der Bildhauer erklärte sich als außerstande, seine Figur über das bis dahin Erreichte hinaus zu bearbeiten, oder er präsentierte dem Stifter und dem Oberbürgermeister ein deutlich vom vereinbarten Entwurf abweichendes Resultat.

Hatten die vorherigen Termine meistens beim Stadtkonservator und im Rathaus stattgefunden, begann nun eine Folge interessantester und lehrreichster Atelierbesuche. Ihre Zahl hing jeweils vom Grad jener Intensität ab, mit welcher die Figuren zunächst in ihrer Modell- und jetzt in der Ausführungsphase begleitet wurden. Diese Intensität wiederum bestimmte sich nach der jeweils individuellen Sicherheit und Autonomie, mit welcher der Künstler im Rahmen der durch den Turm definierten Vorgaben seiner Aufgabe begegnete. Dabei waren technische Probleme nicht zu unterschätzen. Aus leidvoller Erfahrung war es geboten, für alle Partien einer Skulptur den absolut unproblematischen Wasserablauf zu garantieren, um allzu starker Verwitterung und womöglichen Absprengungen durch Frost entgegenzuwirken. Exponierte und in sich sehr schlank angelegte Teile wurden in wenigen Fällen gesondert gearbeitet, mit Dübeln aus rostfreiem Stahl versehen und so fixiert, daß sie der nachfolgenden Acrylharztränkung widerstehen sollten. Die Steinqualität war – wie schon erwähnt – den Eigenschaften jeweiliger Abbauschichten im Steinbruch unterworfen. Manchmal zeigten sich lagerbedingte Stiche, und wo diese nicht sogleich oder später durch Maßnahmen seitens der Firma E. Dunkel und Söhne zuverlässig gesichert werden konnten, wo gar der Stein unter fortschreitender Trocknung barst, sah sich der Künstler plötzlich genötigt, das teils schon weit vorangetriebene Werk erneut in einem frischen Block zu beginnen. So individuell die Künstler ihrer Aufgabe durch künstlerische Formgebung begegneten, so unterschiedlich auch gestaltete sich der Prozeß. Ein Modell konnte innerhalb kürzester oder auch erst in Jahresfrist entstehen, die Ausführung mochte in nur vier Wochen oder in weit mehr als einem Jahr erfolgen. Viele Skulpturen erhielten Atelierbesuch durch ihre Stifter, andere blickten diesen erst anläßlich ihrer Übergabe entgegen.

Hatte zur Vereinbarung der Modellvorstellung der Oberbürgermeister den Termin vorgeschlagen, war die Terminvereinbarung, welche in seinem Sekretariat vor allem Renate Brochhagen mit den oft gleichfalls zeitlich stark belasteten Einzelstiftern oder den gelegentlich vielköpfigen Stiftergemeinschaften zwecks Übergabe der fertigen Figur zu treffen hatte, schon um einiges komplizierter. War aber einmal ein solcher Termin glücklich vereinbart und hielt er einer dann meist kurzfristigen Verschiebung stand, wurde die Figur durch den Bildhauer oder eine durch ihn beauftragte Steinmetzfirma in das Rathaus geschafft und auf einem der dort installierten drei Sockel aufgerichtet. So sehr sich der Verfasser anstelle der niedrigen Postamente eine höhere Figurenstellung gewünscht

Abb. 302: Figurenübergabe Heinrich Böll (Nr. 102) in der Piazzetta des Rathauses am 10. 3. 1992, mit Bundespräsident Richard von Weizsäcker, Annemarie Böll, Bildhauer Olaf Höhnen und Oberbürgermeister Norbert Burger

hätte, um wenigstens einen schwachen Eindruck ihrer künftigen Erscheinungsweise am Turm zu illusionieren, so sehr sprachen andere Gründe gegen eine solche Präsentation. Als guter Geist des Rathauses sorgte Elisabeth Lorenz für den technischen Rahmen der Übergabe, überwachte die notwendigen Termine und ließ die Figuren zunächst unter langen Stoffbahnen in den stadtkölnischen Farben verhüllen. Die Damen des Protokolls ermöglichten den reibungslosen und für alle Beteiligten harmonischen Ablauf der feierlichen Übergabe, die sich schließlich – durchaus in Entsprechung zur heterogenen Struktur der großen Stifterschar – in durchaus unterschiedlichster Weise vollzog. Stets begrüßte Oberbürgermeister Norbert Burger, nur seltenst durch einen der Bürgermeister vertreten, die Stifter, Bildhauer und alle in Rücksprache mit den Stiftern geladenen Gäste, bevor er in einer Rede neben allgemeinen Ausführungen zum Ratsturm und seiner Geschichte jeweils die einzelne historische Gestalt ausführlich ansprach (Abb. 302). Sein einleitendes *Wir sind zu schönem Tun zusammengekommen...* klingt den regelmäßig Anwesenden noch heute vertraut im Ohr. In vielen Fällen schlossen sich Ausführungen des Stifters selbst oder eines von ihm hierzu gebetenen Redners an, gelegentlich begleiteten musikalische Darbietungen den Festakt, und schließlich wurde die Figur unter dem Beifall der Anwesenden, der ihr und ihrem Schöpfer galt, enthüllt. War sie im Regelfalle einige Tage zur Besichtigung in der Piazzetta verblieben, wurde sie, wie schon zuvor das Modell, durch den Stadtkonservator, durch Celia Körber-Leupold oder Dorothea Heiermann, photographiert und anschließend durch Mitarbeiter der Firma E. Dunkel und Söhne in das Fort X am Neusser Wall, in das Figurendepot des Stadtkonservators verbracht.

Hier harrte sie dann oft monatelang einer Gruppenreise gen Süden: Verpackt in Kisten und mit Holzwolle gegen Erschütterungen geschützt, verließ sie Köln gemeinsam mit mehreren anderen Ratsturmfiguren, um sich in Schloß Seehof bei Bamberg jener Tränkungskur zu unterziehen, deren Folgewirkung den weniger unvergänglichen, nachfolgenden Generationen den genußvollen Anblick eines gegen alle Witterungseinflüsse gefeiten Figurenprogrammes erlauben soll. Im Austausch gegen »frische« Neuzugänge an den Rhein zurückgekehrt, nahmen diese so behandelten kölnischen Figuren zunächst wieder Quartier im preußischen Fort, um dann im Zuge der Turmsanierungskampagne der Jahre 1994 und 1995 durch Mitarbeiter der Firma E. Dunkel und Söhne an den ihnen jeweils zugedachten Platz zu wandern. Jeder der Bildhauer war früh informiert worden, daß sich seine Skulptur den technischen Verhältnissen am Turm einzufügen habe, und daß unter Umständen notwendige Anpassungen vor Ort ohne seine Mitwirkung erfolgen würden. Glücklicherweise hielt sich die Zahl jener Kandidaten in Grenzen, zumeist betrafen

Abb. 303: Willi Ostermann (Nr. 93) während der Versetzung am Turm, mit angearbeiteter linker Flanke, Rückenanker und „Personalausweis“

Abb. 304: Anno II. (Nr. 118) nach der Versetzung am Turm, mit angearbeiteter Plinthe, vermörtelter Fuge und farbig ausgelegter Inschrift

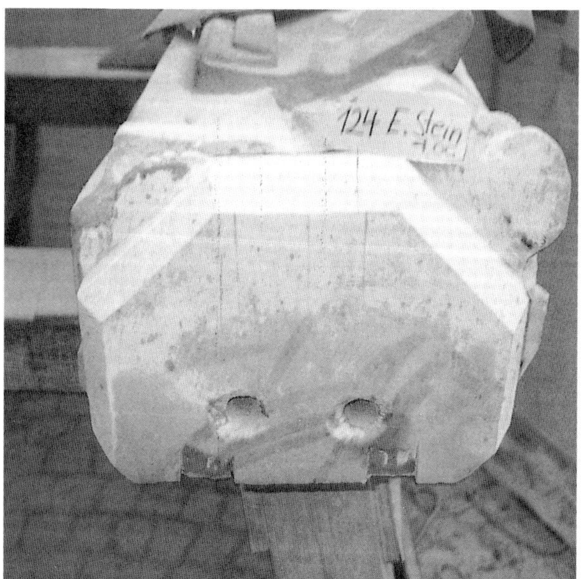

Abb. 305: Edith Stein (Nr. 124) vor der Versetzung am Turm, mit angearbeiteter Plinthe und unterseitigen Zapfenlöchern

Abb. 306: Konsole für Johannes Duns Scotus (Nr. 122), mit „schwebender“ Tragplatte und Zapfen ▷

die mit Hilfe eines Lehrgerüstes veranschaulichten und photographisch dokumentierten Anpassungsprobleme die Schulter- oder Hüftpartie, insofern sie das Maßwerk ungenügend berücksichtigt hatten (Abb. 303). Die Plinthen, welche gleichfalls nur in Ausnahmefällen schwerer wiegende Probleme verursachten, arbeitete man planmäßig gegen die Konsolen an (Abb. 304, 305). Unterseitig wurden Kernbohrungen eingebracht, in denen die Zapfen der rückseitig oberhalb der Konsolen in die Wand verankerten und so die Konsolen selbst statisch entlastenden Tragplatten eingreifen (Abb. 305, 306). Das seitliche Ausscheren sollen die im Rücken angebrachten, gleichfalls aus rostfreiem Stahl gefertigten Anker verhindern (Abb. 303). Die Fuge zwischen Konsole und Plinthe wurde vermörtelt (Abb. 304), die darunter zu lesende Inschrift, ersetzte sie denn eine schon vorhandene und nun nicht mehr zutreffende, vermittels einer abstandwahrend aufgesetzten und somit den historischen Bestand respektierenden Platte angebracht (Abb. 294). Hatten die Figuren, so gerne auch der eine oder andere Bildhauer dieses Mittel zur Verstärkung plastischer Ausdrucksmöglichkeiten eingesetzt hätte, auf farbige Fassung verzichten müssen, so erleichtert eine durch Befund historisch gesicherte, in Braunrot erfolgte Auslegung der Antiquaschrift ihre Lesbarkeit (Abb. 304, 306). Und aus den Folgen von Kriegszerstörung und Verfall resultierend, erhielt eine jede Figur rückseitig ihren eigenen »Personalausweis« aus korrosionsbeständigen, gravierten Metallschildern mit Angaben zu Namen, Standort, Stifter, Bildhauer und Übergabedatum (Abb. 303).

Insoweit darf das vor zehn Jahren begonnene Figurenprogramm am Kölner Ratsturm heute als abgeschlossen gelten. Künftige Betrachter mögen sich ihr eigenes Urteil darüber bilden, inwieweit unsere Zeit den ihr gemäßen Ausdruck durch inhaltliche und künstlerische Formulierung dieses Gesamtkunstwerkes als einem kölnischen Denk-Mal fand – sie mögen sich dann aber auch in der Pflicht sehen, mit der Wiederanbringung von Baldachinen über allen Ratsturmfiguren das jetzt begonnene Werk zu vollenden.

Anmerkungen

1) Van Tyghem, Frieda: De geschiedenis van de beelden in de nissen van de gevel; in: Dies.: Het Stadhuis van Gent. Voorgeschiedenis, bouwgeschiedenis, veranderingswerken, restauraties, beschrijving, stijlanalyse. Deel 1; Brüssel 1978, S. 254–259.
2) Freundliche Mitteilung Willy van Driessche, De Schepen Openbare Werken, Stad Oudenaarde, vom 27. Oktober 1994.
3) Freundliche Mitteilung Francis Deleau, De Stadssekretaris, und Jean de Heertog, De Schepen van Openbare Werken, vom 24. Oktober 1994.
4) Die folgenden Ausführungen verdanken sich dem freundlichen Hinweis der Herren Bürgermeister F. Bourdon und Stadtdirektor F. Devriese, Brügge, vom 25.11.1994.

Die Konsolen und Wasserspeier des 19. und 20. Jahrhunderts

Walter Geis

Das im Februar 1994 zur Restaurierung und zur Anbringungen der Statuen aufgestellte Gerüst ermöglichte die nähere Betrachtung der Konsolen am Turm. Lediglich von einigen wenigen war überliefert, was auf ihnen dargestellt ist. Zu den bekannten Themen gehörte die Darstellung des Bürgermeisters Theo Burauen (lfd. Nr. 59, Abb. 374), seines sagenhaften Amtsvorgängers Hermann Grin im Kampf mit dem Löwen (lfd. Nr. 24, Abb. 337) und der sogenannte Kölner Spiegel (lfd. Nr. 27, Abb. 340). Alle übrigen Konsolen waren der Öffentlichkeit weitgehend unbekannt. Im Bildarchiv des Konservators gab es nur von wenigen Bildwerken Fotos, denen ein Zettel mit handschriftlichen Notizen beigefügt war. Die frühere Mitarbeiterin beim Stadtkonservator, Frau Christa Zingsheim, hatte ihn verfaßt. Sie konnte mir wichtige Hinweise zu den Bildhauern geben, die nach der Zerstörung im Zweiten Weltkrieg am Turm tätig waren. Einer der beiden, Gerd Haas, hat mir mit großem Engagement berichtet, was er und sein Kollege Herbert Rausch sich bei den Darstellungen gedacht haben. Er wußte alle seine Werke zu benennen und sie von denjenigen seines Kollegen zu unterscheiden. Margarete Rausch bestätigte seine Interpretationen und Zuschreibungen. Sie gewährte mir freundlicherweise Einblick in die Akten ihres Mannes, wodurch sich die Frage nach den Bildhauern der Wasserspeier klärte. Im Archiv des Bauamtes waren keine Akten vorhanden, die über die Bauskulptur die nötige Auskunft geben. Mitarbeiter der zuständigen Ämter teilten mit, daß die Stadt Rechnungen meist nicht länger als zehn Jahre aufbewahrt. Die Durchsicht aller der Stadt zur Verfügung stehenden Unterlagen war deshalb auch wenig ergiebig.[1]

Zehn Konsolen haben sich aus der Erbauungszeit erhalten (lfd. Nrn. 10b–e, Abb. 318–321; 22, Abb. 335; 34, Abb. 347; 71–73, Abb. 386–388; 76, Abb. 391). Drei davon befinden sich auf dem Westportalsturz bzw. im südlichen Portalgewände, vier an der Ostfassade im unteren Bereich. Die Bauten am Alter Markt dürften sie für Jahrhunderte den Blicken entzogen haben. An der Nordseite befindet sich noch eine (lfd. Nr. 34, Abb. 347), die wie diejenige an der Westseite (lfd. Nr. 22, Abb. 335) möglicherweise überarbeitet ist. Die dortige Konsole erfuhr nach dem Zweiten Weltkrieg eine größere Ergänzung. Weitere ausgebaute mittelalterliche Konsolen und ein Wasserspeier haben zusammen mit dem Fragment einer mittelalterlichen Statue im Ratsturmlapidarium einen angemessenen Platz gefunden. Im Inventarband zu den profanen Denkmälern der StadtKöln von 1930 teilte der damalige Stadtkonservator Hans Vogts mit, es seien 1865 einige Konsolen überarbeitet und 41 »nach alten Mustern neugeschaffen« worden. Lediglich acht (lfd. Nrn. 10, Abb. 316; 13, Abb. 326; 14, Abb. 327; 19, Abb. 332; 51, Abb. 366; 79, Abb. 394) lassen sich dieser Zeit zuweisen. Zwei davon sind beschädigt und demonstrieren mit ihrem architektonischen Umfeld, jedoch ohne Statuen, die Spuren, die der Zweite Weltkrieg am Gebäude hinterließ (lfd. Nrn. 50 a, Abb. 364; 50 b, Abb. 365). Damals wurden auch einige Konsolen für das Ratsturmportal und die Wasserspeier erneuert. Im Zusammenhang mit dem Wiederaufbau des Turmes wurden die zerstörten oder nicht mehr für tragfähig befundenen Konsolen ab 1957 neu angefertigt. Bis 1964 waren diejenigen für die drei Untergeschosse eingebaut. Bis 1975 folgten die übrigen. Nur wenige 1968 bis 1970 entstandene Konsolen und zwei 1975 ausgeführte Wasserspeier sind inschriftlich datiert. Insgesamt entstanden zwischen 1957 und 1975 75 Konsolen, zehn Wasserspeier, acht Fialen für den Außenbau sowie vier Schlußsteine und ein Auffangfigürchen für die Rentkammer im Inneren. Die Bildhauer Herbert Rausch und Gerd Haas teilten sich die Anfertigung der Konsolen, von denen acht am unteren Oktogongeschoß ohne figürlichen Schmuck blieben. Diese befinden sich in den Zwickeln zwischen der Zinnenbrüstung und der diagonalen Fensterachse eingespannt und sind damit nicht sichtbar. Erlefried Hoppe, Joachim Pechau, Rudolf Peer und Herbert Rausch schufen 1972 bis 1975 die fehlenden Wasserspeier.[2] Da das Statuenprogramm auf 124 Persönlichkeiten erweitert wurde und einige der noch am Turm erhaltenen mittelalterlichen und gründerzeitlichen Konsolen (anstelle der lfd. Nrn. 11, Abb. 324; 12, Abb. 325; 23, Abb. 336; 24, Abb. 337; 35, Abb. 348; 53–55, Abb. 368–370) als nicht mehr tragfähig angesehen wurden, bedurfte es der Ausführung weiterer Konsolen. Die Arbeit wurde den Bildhauern Heribert Calleen (lfd. Nrn. 24, Abb. 337; 38–40, Abb. 351–353; 53, Abb. 368; 54, Abb. 369), Matthias Moritz (lfd. Nrn. 1–9, Abb. 307–315) und den Mitarbeitern der Firma Dunkel, Burkhard Hoppe (lfd. Nrn. 21, Abb. 334; 23, Abb. 336; 55, Abb. 370), Georg Krautkrämer (lfd. Nrn. 11, Abb. 324; 35, Abb. 348), Axel Haagen (lfd. Nr. 12, Abb. 325) und Oliver Doppke (lfd. Nr. 10a, Abb. 312) übertragen.

Alle Konsolen haben ungefähr die gleichen Maße. Sie sind meist 39 cm hoch, 36 cm breit und 30 cm tief (die Maße beziehen sich lediglich auf die aus der Wand vortretenden Teile). Die Konsolen der Erbauungszeit bestehen aus Drachenfelstrachyt, an den beiden Oktogongeschossen war wie für die Wände auch Tuff für die Konsolen verwendet worden. Die wenigen erhaltenen aus diesem Material sind jedoch ausgebaut und im Ratsturmlapidarium untergebracht. Im 19. Jahrhundert kam am Erdgeschoß Trachyt, an den oberen Geschossen Sandstein zur Anwendung. Zwischen 1957 und 1975 wurde weißgrauer Siebengebirgstrachyt aus den Trümmern geborgen und für neue Konsolen wiederverwendet. Die meisten Konsolen dieser Zeit bestehen aus rötlich/gelblichem Trachyt, der für den Wiederaufbau bei Reimerath, Kreis Mayen, in der Eifel gebrochen wurde. 1994/95 wurde grau/gelblicher Weidenhahner Trachyt verwendet. Drachenfels- und Stenzelbergtrachyt haben sich gut erhalten. Der Stein zeigt meist lediglich eine geringe oberflächliche Verwitterung abgesehen von mechanischen Beschädigungen. Die im Lapidarium aufbewahrten Tuffkonsolen sind in Teilbereichen bis zur Unkenntlichkeit verwittert. Der Sandstein zeigt eine dunkle Kruste und trotz seiner geringeren Dauer am Turm stärkere Verwitterungsspuren. Der Reimerather Trachyt weist oft poröse Unterseiten, Risse und Fehlstellen auf. Besonders erhabene Teile neigen dazu, abzubröckeln. Das Material hat sich als wenig widerstandsfähig erwiesen. Die sehr homogene und dichte Oberfläche des Weidenhahner Trachyts verspricht eine lange Haltbarkeit.

Die Bildhauer des Mittelalters ordneten sich mit ihren Darstellungen einem alle Figuren erfassenden Gedanken unter. Jede Darstellung sollte als Sinnbild verstanden werden und einen Teilaspekt des Gesamtprogrammes bilden. Ihre Darstellungen von Tieren, Fabelwesen und Personen verwiesen auf die in Stände gegliederte Gesellschaft und auf die Moralvorstellungen von Gut und Böse, Lohn und Strafe (siehe meinen Beitrag zum mittelalterlichen Figurenprogramm). Im 19. Jahrhundert wurde durch die formal getreue Wiederholung von 41 Konsolen dieser Gedanke weiter überliefert. Die neu hinzugekommenen Konsolen verdeutlichen, daß die ursprüngliche Idee nicht mehr bekannt gewesen sein kann. Die Bildhauer entlehnten die Themen der menschlichen und erfreulichen Seite des Lebens. Hierzu gehören der Ziehharmonikaspieler (lfd. Nr. 50 a, Abb. 364), der schlafende Mönch (lfd. Nr. 51, Abb. 366) und der Karnevalsjeck (lfd. Nr. 79, Abb. 394). Beim Wiederaufbau wurden mittelalterliche Konsolen oder danach gefertigte Wiederholungen des 19. Jahrhunderts ergänzend kopiert. Pflanzenmotive, Jazzmusiker, Figuren zur Veranschaulichung von Sprichwörtern und sprichwortlichen Redensarten sowie Persönlichkeiten, die an der Wiederherstellung des Turmes beteiligt waren, und Kölner Originale gehörten zu den jetzt dargestellten Themen. Die Konsolen mit Pflanzenmotiven wurden auf das dem Betrachter naheliegende Erdgeschoß beschränkt, wo sie die dort vorhandenen Laubkonsolen thematisch fortsetzen. Ab 1968 entstanden Konsolen, deren Darstellungen auf aktuelle Ereignisse Bezug nehmen und keinen Zweifel an der Einstellung des Bildhauers aufkommen lassen. Das Nebeneinander von Darstellungen zu Ereignissen, die die Welt bewegten und Vorkommnissen, die kaum über den Umkreis der Ratsturmbauhütte hinaus wirkten, macht bewußt, daß die Auswahl der Themen weitgehend in das Ermessen der Bildhauer gestellt war. Der erste Raumflug (lfd. Nr. 92, Abb. 403) war für sie genau so wichtig wie der Autounfall vor der Werkstattüre (lfd. Nr. 78, Abb. 393). Der großzügige Umgang mit Steuergeldern (lfd. Nr. 102, Abb. 409) erregte sie genauso wie die Eröffnung der als komfortabel empfundenen Strafvollzugsanstalt in Köln-Ossendorf (lfd. Nr. 86, Abb. 399). Die Konsolen mit Porträts von Personen (lfd. Nrn. 59, Abb. 374; 75, Abb. 390; 77, Abb. 392; 121–123, Abb. 428–430) gehen dagegen auf die Idee der Stadtkonservatorin Hanna Adenauer zurück. Ob ihr eigenes Porträt ebenfalls von ihr initiiert ist, ließ sich nicht ermitteln. Das Selbstporträt des Bildhauers Herbert Rausch (lfd. Nr. 112, Abb. 419) verdankt dagegen seine Entstehung dem gesunden Selbstbewußtsein seines Schöpfers. Die Freiheit der Themenwahl war in den 60er Jahren nichts Außergewöhnliches. Der für den Wiederaufbau der Kölner Kathedrale zuständige Dombaumeister Willy Weyres ließ den Bildhauern bei der untergeordneten Bauplastik an Friesen, Fialen und Konsolen Freiheit bei der Wahl der Themen und der Gestaltungsmittel. Lediglich der Umriß der zu ersetzenden Teile mußte aufgegriffen werden. 1994 entstanden sechs Konsolen nach historischen Aufnahmen, die die Bildwerke vor ihrer Zerstörung und weitgehenden Verwitterung zeigen. Eine dieser Konsolen wurde gegen eine neue mit dem Porträt des Oberbürgermeisters Norbert Burger ausgetauscht (lfd. Nr. 53, Abb. 368). Die für das Erdgeschoß geschaffenen Konsolen setzen die dort vorhandenen motivisch fort. Für weitere neun am ersten Obergeschoß der Ost- und Südseite vorgesehene Konsolen wählte Bernd Ernsting die Musen als Thema (lfd. Nrn. 41–49, Abb. 354–362). Ebenfalls an der Südseite ließ er die frühere Stadtkonservatorin Hiltrud Kier, ihren Nachfolger Ulrich Krings und sich darstellen (lfd. Nrn. 38–40, Abb. 351–353).

Um 1410 orientierten die Bildhauer ihre Motive sehr steil untersichtig, als ob sie aufgrund der beengten Turmumgebung mit fast senkrecht unter den Figuren stehenden Betrachtern rechneten. Die Motive sind mit Ausnahme der Laubkonsolen am Erdgeschoß streng frontal und einansichtig. Die Formen sind auf das Wesentliche beschränkt. Die Konsolen des 19. Jahrhunderts haben oft mehrere Ansichten, als handele es sich um vollrunde Plastiken. Ganzfigurige Darstellungen wirken im Verhältnis zu Wulst und

Abakus oft zu klein (lfd. Nrn. 50 a, Abb. 364; 50 b, Abb. 365; 51, Abb. 366). Details wie Gewandfalten sind sorgfältig ausgearbeitet. Eine realistisch wirkende Oberflächenbehandlung charakterisiert auch die Wasserspeier des 19. Jahrhunderts. Die Vorliebe für Vielansichtigkeit und ganze, vollplastisch wirkende Figuren ist auch typisch für die zwischen 1957 und 1975 unabhängig von älteren Bauskulpturen entstanden Konsolen. Die Details sind wiederum auf das Wesentliche reduziert. Die Konsolen von Gerd Haas neigen zu Abstraktion, zu auf Licht- und Schattenwirkung bedachter Scharfkantigkeit der Gliedmaßen zu einem Nebeneinander von konvexen und konkaven Oberflächen, wobei sich etwa die Wangen konvex vorwölben, die Augenumgebung konkav zurücktritt und die Augen als Kugeln vorstehen. Herbert Rausch zieht rundere Formen vor, betont stärker den Gesichtsausdruck, verändert die Proportionen zugunsten des Kopfes und benutzt Rillen zur Andeutung graphischer Details. Joachim Pechau ging bei seinen beiden Wasserspeiern von runden, abstrahierten Formen aus und gab den Gesichtern karikaturhafte Züge. Sie lösen sich wesentlich stärker von der Blockform der Wasserspeier seines Kollegen Rausch, die bei diesem wie bei denjenigen Erlefried Hoppes wie vierseitig durch Kerben markierte Reliefs wirken. Matthias Moritz und Oliver Doppke hielten sich bei der Formgebung ihrer Konsolen am Erdgeschoß an den Umriß, Oliver Doppke auch an die Motive der vorhandenen Konsolen. Moritz bevorzugte eine besonders realitätsnahe Art der Gestaltung. Heribert Calleen unterschied zwischen der realistischen Darstellungsweise seiner Porträts und den Konsolen mit den Musen, die wie zusammengeschobene Reliefs wirken, wobei die Einzelformen scharfkantig begrenzt und von graphischer Wirkung sind. Stärkere Abstraktion und Scharfkantigkeit unterscheidet die von Georg Krautkrämer, Burkhard Hoppe und Axel Haagen geschaffenen Konsolen von ihren historischen Vorlagen. Sie tradieren zwar auftragsgemäß den überlieferten Motivbestand, verleugnen aber nicht ihre persönliche Handschrift.

Anmerkungen

1 Viele wertvolle Hinweise verdankt der Autor auch den beim Wiederaufbau des Turmes Tätigen Karl Fricke, Günter Launer und Werner Nett.

2 Hanna Adenauer, Der Kölner Rathausturm. In: köln vierteljahresschrift für freunde der stadt, Heft 1, März 1976, S. 17.

Katalog der Konsolen

(mit Texten von **Bernd Ernsting** zu den Nr. 38–49, 53; Fotos: D. Heiermann, 1994)

Abb. 307: Lorbeer

Abb. 307

Lorbeer, Thema der Konsole unter der Statue des Augustus (siehe lfd. Nr. 1)
Matthias Moritz, 1994
Maße: 38 cm hoch, 39 cm breit, 35 cm tief
Weidenhahner Trachyt
Mit der Konsole stellt der Bildhauer den Bezug zur Statue her, die er ebenfalls geschaffen hat. Der Lorbeer erinnert an den Sieg des Octavian über Antonius in der Schlacht bei Actium (31 v. Chr.). Als siegreicher Feldherr trug er den Lorbeerkranz bei seinem Triumphzug in Rom. Die Büste in der Glyptothek in München zeigt den Kaiser mit dieser Auszeichnung. Die Rose am Knauf spielt auf das Kunstinteresse des Kaisers an, aus dessen Regierungszeit unter anderem die Ara Pacis Augustae in Rom erhalten ist, die als Ausdruck einer idealisierenden Weltsicht gilt.

Abb. 308: Eichenlaub

Abb. 308

Eichenlaub, Thema der Konsole unter der Statue des Agrippa (siehe lfd. Nr. 2)
Matthias Moritz, 1994
Maße: 38 cm hoch, 39 cm breit, 31 cm tief
Weidenhahner Trachyt
Wie bei der vorhergehenden Konsole stellte der Bildhauer mit dem Thema einen Bezug zur ebenfalls von ihm geschaffenen Statue her. Die Eiche symbolisiert die Stärke, die Agrippa in der entscheidenden Schlacht bei Actium bewiesen hat und an die Feldzüge in Germanien, das unter anderem mit Eichen dicht bewaldet war. Wie Lorbeer diente das Eichenlaub, wie eine Krone getragen, als Zeichen des Siegers. Die Schildkröte erinnert an den Brustpanzer, den Marcus Vipsanius Agrippa als Feldherr trug.

Abb. 309
Yukka-Palme, Thema der Konsole unter der Statue der Agrippina der Jüngeren (siehe lfd. Nr. 3)
Matthias Moritz, 1994
Maße: 38 cm hoch, 39 cm breit, 30 cm tief
Weidenhahner Trachyt
Die Konsole zeigt auf dem Knauf eine Vogelspinne, sie spielt auf eine Sage aus der Modernen Welt an, die dem Bestseller »Die Spinne in der Yukka-Palme« den Titel gab.

Abb. 309: Yukka-Palme

Abb. 310
Zaunwinde, Thema der Konsole unter der Statue des Postumus (siehe lfd. Nr. 4)
Matthias Moritz, 1994
Maße: 38 cm hoch, 38 cm breit, 32 cm tief
Weidenhahner Trachyt
Auf dem Knauf ist ein Frosch dargestellt.

Abb. 310: Zaunwinde

Abb. 311
Buschwindrose, Thema der Konsole unter der Statue Constantins des Großen (siehe lfd. Nr. 5)
Matthias Moritz, 1994
Maße: 38 cm hoch, 39 cm breit, 30 cm tief
Weidenhahner Trachyt
Auf dem Knauf ist Wurzelwerk dargestellt.

Abb. 311: Buschwindrose

Abb. 312
Kürbisblatt, Thema der Konsole unter der Statue des Sigibert von Ripuarien (siehe lfd. Nr. 6)
Matthias Moritz, 1994
Maße: 39 cm hoch, 42 cm breit, 24 cm tief
Weidenhahner Trachyt
Am Knauf sind zwei Eidechsen dargestellt.

Abb. 312: Kürbisblatt

Abb. 313: Ahornblatt

Abb. 313
Ahornblatt, Thema der Konsole unter der Statue der Plektrudis (siehe lfd. Nr. 7)
Matthias Moritz, 1994
Maße: 38 cm hoch, 39 cm breit, 31 cm tief
Weidenhahner Trachyt
Der Knauf zeigt Wurzelwerk.

Abb. 314: Akanthus

Abb. 314
Akanthus, Thema der Konsole unter der Statue Karls des Großen (siehe lfd. Nr. 8)
Matthias Moritz, 1994
Maße: 38 cm hoch, 39 cm breit, 30 cm tief
Weidenhahner Trachyt
Der Akanthus erinnert an den Anspruch Karls, mit seinem Reich an das römische Imperium anknüpfen zu wollen. Die Pflanze ist ein Leitmotiv der Werke Karolingischer Kunst und ein Merkmal der aus der Hofschule Karls des Großen hervorgegangenen Kunstwerke. Am Knauf erkennt man einen Schmetterling, der als Ausdruck des Kunstinteresses des Kaisers verstanden werden mag.

Abb. 315: Efeu

Abb. 315
Efeu, Thema der Konsole unter der Statue Ottos I. (siehe lfd. Nr. 9)
Matthias Moritz, 1994
Maße: 38 cm hoch, 38 cm breit, 31 cm tief
Weidenhahner Trachyt
Die Darstellung der Fledermaus auf dem Knauf paßt zum Efeu. Die Pflanze gedeiht bei ungünstigen Lichtverhältnissen und die Fledermaus wird in der Dämmerung aktiv.

Abb. 316: Laubwerkkonsole

Abb. 316
Laubwerkkonsole unter der Statue der Theophanu (siehe lfd. Nr. 10)
1865 angefertigt
Maße: 37 cm hoch, 37 cm breit, 29 cm tief
Heilbronner Sandstein
Die Konsole gehört zu den 41 Stück, die im 19. Jahrhundert nach dem Vorbild der mittelalterlichen Konsolen neu angefertigt wurden. Die mittelalterliche Konsole trug die Statue des Kölner Bauern, die 1865 angefertigte diejenige des Erzbischofs Bruno von Sachsen. Sie zeigt auf dem Knauf eine fünfblättrige Blüte.
Literatur: Vogts, 1930, S. 207

Abb. 317

Laubwerkdoppelkonsole unter den Statuetten zweier Propheten im Anschluß an das südliche Gewände des Portales (siehe lfd. Nr. 10 a)
Oliver Doppke, 1994
Maße: 23 cm hoch, 49 cm breit, 20 cm tief
Weidenhahner Trachyt
Die Konsolen ersetzen zwei um 1410 angefertigte und 1865 zum Teil erneuerte Bauplastiken aus Trachyt mit Vierungen aus Sandstein. Die südliche der beiden ursprünglichen Konsolen an einem übereck gestellten Quader war bis auf den Schaftring abgeschlagen, die nördliche ebenfalls zum Teil abgeschlagen und fast vollständig verwittert. Die neuen Konsolen sind nach dem Vorbild der erhaltenen Reste und nach Fotografien gefertigt, die die Bauplastiken vor ihrer Zerstörung im Zweiten Weltkrieg und der fortgeschrittenen Verwitterung zeigen.
Literatur: Vogts, 1930, S. 207

Abb. 317: Laubwerkdoppelkonsole

Abb. 318

Laubkonsole unter der Statuette eines Propheten im südlichen Gewände des Portales (siehe lfd. Nr. 10 b)
1410 angefertigt
Maße: 23 cm hoch, 25 cm breit, 25 cm tief
Trachyt, gut erhalten, geringe Teile der Blätter abgebrochen
Die Konsole zeigt das für die Erbauungszeit des Turmes charakteristische gebuckelte, handförmig geschnittene Laubwerk.

Abb. 318: Laubkonsole

Abb. 319

Laubkonsole unter der Statuette des Paulus auf dem Portalsturz (siehe lfd. Nr. 10 c)
um 1410 angefertigt
Maße: 24 cm hoch, 25 cm breit, 21 cm tief
Dachenfelstrachyt, gut erhalten, Spuren von ursprunglicher Vergoldung und Karmesinfassung in der Kehle bzw. dem Kapitellgrund
Die Blätter wachsen aus einem Zweig und zeigen mit ihren Spitzen in jeweils entgegengesetzte Richtungen. Die Spreiten haben herzförmige Endungen. Ein vergleichbarer Blattypus findet sich auf der Konsole unter der Pfeilerstatue des Paulus im Kölner Dom aus dem späten 13. Jahrhundert. Eine Blattkonsole an der St. Germanuskeerk in Tienen (Brabant) belegt, daß dieser Typus auch um 1400 üblich war (vgl.: Roswitha Neu-Kock, Überlegungen zur stilistischen Herkunft der Madonna des Überwasserportales in Münster. In: Die Parler und der schöne Stil um 1400. Kunst unter den Luxemburgern 1350–1400, Katalog Band 4, Köln, 1978, Abb., S. 103).

Abb. 319: Laubkonsole

Abb. 320: Eichenlaubkonsole

Abb. 320
Eichenlaubkonsole unter der Statuette des Salvators auf dem Portalsturz (siehe lfd. Nr. 10 d)
um 1410 angefertig, 1994 ergänzt
Maße: 24 cm hoch, 25 cm breit, 21 cm tief
Drachenfelstrachyt, ein großes Stück der Abakusplatte ergänzt, Spuren der ursprünglichen Vergoldung in der Kehle
Die Eiche zählt seit Homer zu den heiligen Bäumen. Sie war Zeus bei den Griechen, Jupiter bei den Römern und Donar bei den Germanen zugeordnet (W. Heizmann, Eiche, Mythologisches. In: Reallexikon der Germanischen Altertumskunde. Band 6, Berlin, New York, 1985, S. 533–534). Außerdem galt die Eiche als Symbol der Kreuzigung Christi, weil aus ihr das Kreuz gezimmert worden sein soll (Hans Martin von Erffa, Eiche und Eichenlaub als Symbole. In: Reallexikon der Deutschen Kunstgeschichte, 4. Band, Stuttgart, 1958, Sp. 916).

Abb. 321: Ahornlaubkonsole

Abb. 321
Ahornlaubkonsole unter der Statuette des Petrus auf dem Portalsturz (siehe lfd. Nr. 10 e)
um 1410 angefertigt
Maße: 24 cm hoch, 25 cm breit, 22 cm tief
Drachenfelstrachyt mit geringfügigen Absplissen am Abakus, Spuren der ursprünglichen Vergoldung in den Vertiefungen und an der Kehle
Die Bestimmung des Laubes ist nicht gesichert. Vergleichbare Blattformen finden sich jedoch auf Kapitellen im Kölner und im Altenberger Dom (vgl.: Hermann Josef Roth, Die bauplastischen Pflanzendarstellungen des Mittelalters im Kölner Dom. Frankfurt/M. – Bern – New York, 1990; ders. Die Pflanzen in der Bauplastik des Altenberger Domes. Ein Beitrag zur Kunstgeschichte und zur mittelalterlichen Botanik. Bergisch Gladbach 1976).

Abb. 322: Laubkonsole

Abb. 322
Laubkonsole unter der Statuette des Propheten im nördlichen Gewände des Portales (siehe lfd. Nr. 10 f)
1865, ergänzt 1995
Maße: 23 cm hoch, 26 cm breit, 25 cm tief
Weidenhahner Trachyt
Die Konsole ersetzt eine um 1410 angefertigte und 1865 zum Teil erneuerte aus Trachyt mit einer Vierung aus Sandstein. Die ursprüngliche Konsole war besonders an der Abakusplatte und der Oberseite des Blattwerks aus dem 19. Jahrhundert stark verwittert. Die Neuanfertigung erfolgte gemäß Befund des erhaltenen Blattwerkteiles und nach Fotographien, die die Bauplastiken vor ihrer Zerstörung im Zweiten Weltkrieg und der fortgeschrittenen Verwitterung zeigen.
Literatur: Vogts, 1930, S. 207

Abb. 323

Laubwerkdoppelkonsole unter den Statuetten zweier Propheten im Anschluß an das nördliche Gewände des Portales (siehe lfd. Nr. 10 g)
1865, ergänzt 1995
Maße: 23 cm hoch, 49 cm breit, 19 cm tief
Weidenhahner Trachyt
Die Konsolen ersetzen zwei um 1410 angefertigte und 1865 nach dem Vorbild der ursprünglichen Konsolen erneuerte Bauplastiken. Die beiden 1865 erneuerten Konsolen an einem übereck gestellten Quader hatten eine bröselige Oberfläche und waren vielfach gerissen. Die neuen Konsolen sind nach dem Vorbild der erhaltenen Reste und nach Fotographien gefertigt, die die Bauplastiken vor ihrer Zerstörung im Zweiten Weltkrieg und der fortgeschrittenen Verwitterung zeigen.
Literatur: Vogts, 1930, S. 207

Abb. 323: Laubwerkdoppelkonsole

Abb. 324

Laubwerkkonsole (Beifuß?) unter der Statue Heinrichs IV. (siehe lfd. Nr. 11)
Georg Krautkrämer, 1995 (monogrammiert und mit Steinmetzzeichen versehen)
Maße: 39 cm hoch, 32 cm breit, 27 cm tief
Weidenhahner Trachyt
Die Konsole ersetzt eine 1410 angefertigte und 1865 nach dem Vorbild der ursprünglichen erneuerten Bauplastik. Teile der Konsole von 1865 sind abgebrochen und die Oberfläche ist zum Teil stark verwittert. Der Vergleich mit dem Laubwerk der Parlerbüste im Schnütgen Museum und der natürlichen Form des Blattes legt die Deutung als Beifuß nahe. Die neue Konsole ist nach dem Vorbild der erhaltenen Reste und nach einer Fotographie gefertigt, die die Bauplastik vor ihrer Zerstörung im Zweiten Weltkrieg und der fortgeschrittenen Verwitterung zeigen (vgl. Anton Legner, Konsolbüste einer jungen Frau mit Parlerzeichen, Köln, um 1390. In: Die Parler und der schöne Stil um 1400. Kunst unter den Luxemburgern 1350–1400, Katalog Köln, Band 1, 1978, S. 187).
Literatur: Vogts, 1930, S. 207

Abb. 324: Laubwerkkonsole (Beifuß?)

Abb. 325

Laubwerkkonsole unter der Statue Heinrichs II. von England (siehe lfd. Nr. 12)
Axel Haagen, 1995
Maße: 38 cm hoch, 36 cm breit, 27 cm tief
Weidenhahner Trachyt
Die Gestaltung der Konsole legt das gleiche Vorgehen wie bei der vorherigen nahe. Die starke Verwitterung der Oberfläche und die vielen abgebrochenen Teile ließen jedoch keine botanische Bestimmung zu.
Literatur: Vogts, 1930, S. 207

Abb. 325: Laubwerkkonsole

Abb. 326: Laubwerkkonsole

Abb. 326
Laubwerkkonsole unter der Statue Ottos IV.
(siehe lfd. Nr. 13)
1865 angefertigt
Maße: 39 cm hoch, 41 cm breit, 29 cm tief
Drachenfelstrachyt mit verwitterter Oberfläche, kleineren Rissen, teilweise abgebrochenen Blättern
Die Konsole gehört zu den 41 Stück, die im 19. Jahrhundert nach dem Vorbild der mittelalterlichen Konsolen neu angefertigt wurden. Sie zeigt auf dem Knauf einen sich windenden Drachen.
Literatur: Vogts, 1930, S. 207

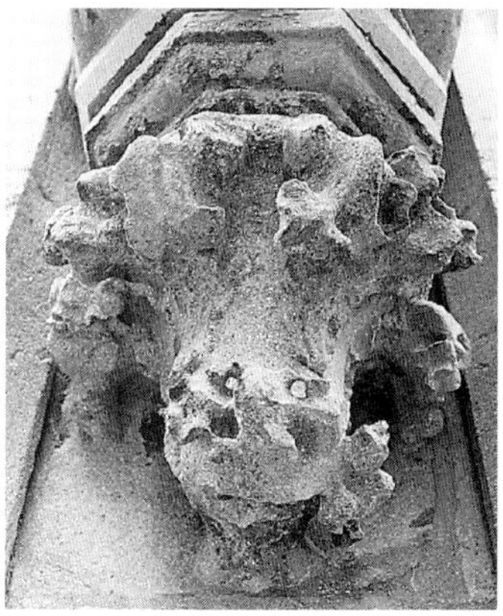

Abb. 327: Laubkonsole

Abb. 327
Laubkonsole unter der Statue Innocenz III.
(siehe lfd. Nr. 14)
1865 angefertigt
Maße: 38 cm hoch, 39 cm breit, 28 cm tief
Drachenfelstrachyt mit verwitterter Oberfläche, kleineren Rissen und größeren Ausbrüchen
Die Konsole gehört zu den 41 Stück, die im 19. Jahrhundert nach dem Vorbild der mittelalterlichen Originale neu angefertigt wurden. Die Darstellung auf dem Knauf stellt eine Blattmaske dar.
Literatur: Vogts, 1930, S. 207

Abb. 328: Gummibaumkonsole

Abb. 328
Gummibaumkonsole »Gala« unter der Statue Friedrichs II.
(siehe lfd. Nr. 15)
Herbert Rausch, 1957/58
Maße: 38 cm hoch, 39 cm breit, 30 cm tief
Stenzelbergtrachyt mit kleineren Rissen und Ausbrüchen
Das Gipsmodell der Konsole ist im Privatbesitz gut erhalten. Der Gummibaum gehörte in den 1950er Jahren zu den beliebten Grünpflanzen auf Etageren an den Blumenfenstern der Wohnzimmer. Der Bildhauer ordnete die Blätter so an, daß sie den Umriß einer gotischen Konsole aufgreifen. Auf dem Knauf sieht man einen Teufel.

Abb. 329: Osterglockenkonsole

Abb. 329
Osterglockenkonsole unter der Statue Rudolfs I.
(siehe lfd. Nr. 16)
Herbert Rausch, 1957/58
Maße: 38 cm hoch, 42 cm breit, 17 cm tief
Drachenfelstrachyt mit kleineren Rissen
Die Osterglocken gehören wie der Gummibaum und der Weihnachtskaktus zu den in den 1950er Jahren beliebten Pflanzen in privaten Haushalten. Auf dem Knauf stellte der Bildhauer eine sich windende Schlange dar.

Abb. 330
Weihnachtskaktus, Thema der Konsole unter der Statue Urbans VI. (siehe lfd. Nr. 17)
Herbert Rausch, 1957
Maße: 39 cm hoch, 38 cm breit, 29 cm tief
Drachenfelstrachyt, gut erhalten
Der Weihnachtskaktus gehört zu den beliebten Pflanzen der 1950er Jahre. Der Bildhauer behielt bei der Gestaltung Umriß und Gliederung gotischer Kapitelle bei. Der Knauf zeigt eine Teufelsmaske.

Abb. 330: Weihnachtskaktus

Abb. 331
Hahnenfußkonsole unter der Statue Friedrichs III. (siehe lfd. Nr. 18)
Herbert Rausch, 1957/58
Maße: 39 cm hoch, 39 cm breit, 30 cm tief
Stenzelbergtrachyt mit einer Bruchstelle am oberen Rand und Abbrüchen an den Blättern
Das beschädigte und mehrfach gebrochene Gipsmodell hat einen Aufstellungsort im Ratsturmlapidarium erhalten. Am Knauf ist eine Eule dargestellt.

Abb. 331: Hahnenfußkonsole

Abb. 332
Laubkonsole unter der Statue Maximilians I. (siehe lfd. Nr. 19)
1865 ausgeführt
Maße: 38 cm hoch, 38 cm breit, 29 cm tief
Stenzelbergtrachyt
Die Konsole gehört zu den 41 Stück, die im 19. Jahrhundert nach dem Vorbild der mittelalterlichen Originale neu angefertigt wurden. Das stark verwitterte mittelalterliche Vorbild ist im Ratsturmlapidarium erhalten. Der Knauf zeigt einen Adler mit gespreizten Schwingen.
Literatur: Vogts, 1930, S. 207

Abb. 332: Laubkonsole

Abb. 333
Banjospieler, Thema der Konsole unter der Statue Hildebolds (siehe lfd. Nr. 20)
Gerd Haas, um 1960
Maße: 39 cm hoch, 36 cm breit, 30 cm tief
Aus Trümmern geborgener Stenzelbergtrachyt mit kleineren Ausbrüchen
Das beschädigte Gipsmodell ist im Ratsturmlapidarium aufgestellt. Dem Bildhauer kam es bei der Gestaltung auf eine kontrastreiche auf Fernwirkung berechnete Gestaltung an, wobei die verschatteten Teile des Gesichts durch Vertiefungen angegeben sind und auf Details vollständig verzichtet wurde.

Abb. 333: Banjospieler

Abb. 334: Herkules

Abb. 335: Fabelwesenkonsole

Abb. 336: Fabelwesenkonsole

Abb. 337: Grins Löwenkampf

Abb. 334

Herkules, Thema der Konsole unter der Statue der Äbtissin Ida (siehe lfd. Nr. 21)
Burkhard Hoppe, 1994
Maße: 39 cm hoch, 33 cm breit, 30 cm tief
Eine Detailvergrößerung aus einer historischen Aufnahme der Zeit um 1900 diente dem Bildhauer zur Rekonstruktion der Konsole. Die Aufnahme ließ keine sichere Deutung der Details zu. Die Übersetzung des vorgegebenen Themas in eine zeitgemäße Formensprache war erwünscht.

Abb. 335

Fabelwesenkonsole unter der Statue des Rupert von Deutz (siehe lfd. Nr. 22)
um 1410 ausgeführt, ein Kopf vor 1964 ergänzt
Maße: 39 cm hoch, 33 cm breit, 29 cm tief
Trachyt mit verwitterter Oberfläche, Abakus stark bestoßen, Teile abgebrochen
Dargestellt sind zwei Fabelwesen mit Entenfüßen und Krallen, der originale Kopf zeigt eine gezaddelte Gugel mit vorn überkippendem Zipfel.

Abb. 336

Fabelwesenkonsole unter der Statue des Reinald von Dassel (siehe lfd. Nr. 23)
Burkhard Hoppe, 1994
Maße: 39 cm hoch, 32 cm breit, 30 cm tief
Weidenhahner Trachyt
Die Konsole ist nach dem Vorbild der 1865 erneuerten geschaffen worden. Als Arbeitsunterlage diente eine unscharfe Detailvergrößerung eines historischen Fotos der Westfassade. Möglicherweise gehörte die Konsole des 19. Jahrhunderts zu denjenigen, die nach dem Vorbild mittelalterlicher Konsolen angefertigt war, so daß die jetzige Konsole das mittelalterliche Thema überliefern würde. Dargestellt ist ein Fabelwesen, dessen Unterleib wie ein Paarhufer und dessen Oberkörper wie ein Mensch gestaltet ist. Mantel und Kopfbedeckung wurden unter anderem von Domherren getragen, die als Dudelsackspieler und Fabelwesen am Turm verunglimpft erscheinen.

Abb. 337

Grins Löwenkampf, Thema der Konsole unter der Statue des Nikolaus von Verdun (siehe lfd. Nr. 24)
Heribert Calleen, 1994; Ausführung: Georg Krautkrämer
Maße: 39 cm hoch, 32 cm breit, 30 cm tief
Weidenhahner Trachyt
Die Konsole ist nach dem Vorbild der Bauplastik von 1865 neu angefertigt worden. Die Konsole aus Sandstein war nach dem Zweiten Weltkrieg so verwittert, daß sie nach 1964 abfiel. Sie gehörte zu den 41 Stücken, die ihrerseits nach dem Vorbild mittelalterlicher Konsolen kopiert worden waren. Das Aussehen der mittelalterlichen Konsole ist durch eine Zeichnung im Kölnischen Stadtmuseum überliefert. Der Vergleich zwischen der bildlich überlieferten Konsole des 19. Jahrhunderts und des Mittelalters verdeutlicht, wie wenig es 1865 auf eine exakte Wiederholung ankam.
Literatur: Karl Simrock, Rheinsagen aus dem Munde des Volkes und deutscher Dichter für Schule, Haus und Wanderschaft. Bonn, 1876, (7. verbesserte Aufl.), S. 75; Vogts, 1930, S. 207; Margareta Schumacher, Kölsche Lück un Hellije, Esu hätt et jewäs sin künne. Köln 1994, S. 117–120; weitere Literatur zu Grins Löwenkampf, vgl. meinen Beitrag: Gedanken zum mittelalterlichen Skulpturenprogramm des Ratsturmes.

Abb. 338
Steinmetz, Thema der Konsole unter der Statue des Sela Jude (siehe lfd. Nr. 25)
Gerd Haas, vor 1964
Maße: 38 cm hoch, 33 cm breit, 26 cm tief
Drachenfelstrachyt
Die Konsole ersetzt eine um 1410 angefertigte Bauplastik gleichen Themas. Das mittelalterliche Fragment ist im Ratsturmlapidarium erhalten. Die neue Konsole wurde nach dem Vorbild der Reste angefertigt. Steinmetzdarstellungen finden sich häufig in der Bauplastik seit der Romanik.

Abb. 338: Steinmetz

Abb. 339
Affenkonsole unter der Statue des Gerhard Unmaze (siehe lfd. Nr. 269)
Herbert Rausch, vor 1964
Maße: 39 cm hoch, 32 cm breit, 29 cm tief
Drachenfelstrachyt mit Ausbrüchen am Abakus
Als Vorbild diente die im Ratsturmlapidarium fragmentarisch erhaltene mittelalterliche Konsole. Diese befand sich an der gleichen Etage, jedoch an der Nordseite. Der Affe galt im Mittelalter als negatives Symbol. Er stand für den Hochmut, war auf der Seite des Teufels und erinnerte an den Sündenfall. Mit Trommeln äffisch nachgeahmte Musik ist als Höllenlärm zu interpretieren, wie er auf dem Weltgerichtsbild Stefan Lochners vor der brennenden Höllenburg zu sehen ist. Dort schlägt ein Teufel mit Schlegeln auf zwei Kesselpauken, ein zweiter Teufel neben ihm stößt in ein Horn, wobei der Ton als feuriger Hauch sichtbar wird.
Literatur: Siehe meinen Beitrag: Gedanken zum mittelalterlichen Skulpturenprogramm des Ratsturmes, in diesem Bd. S. 216 f.

Abb. 339: Affenkonsole

Abb. 340
Kölner Spiegel, Name der Konsole unter der Statue des Konrad von Hochstaden (siehe lfd. Nr. 27)
Herbert Rausch, vor 1964
Maße: 38 cm hoch, 29 cm breit, 29 cm tief
Drachenfelstrachyt mit kleinen Ausbrüchen
Die Konsole ersetzt eine um 1410 angefertigte Bauplastik, die als Vorbild diente und die fragmentarisch als Leihgabe des Kölnischen Stadtmuseums im Ratsturmlapidarium erhalten ist. Die Darstellung gehört zur Gruppe der Blecker. Sie ist Ausdruck einer närrisch verkehrten Weltsicht und wurde den Todsünden zugeordnet.
Literatur: Vogts, 1913, S. 14; ders., 1928, S. 27; ders., 1930, S. 207; Werner Schäfke, Dä Kallendresser vum Aldermaat. In: Le Musée sentimental de Cologne. Katalog Kölnischer Kunstverein. Köln 1979, S. 100; Der Name der Freiheit. Katalog, Köln 1988, S. 357; Katrin Kröll, Der schalkhaft beredsame Leib als Medium verborgener Wahrheit. In: Mein ganzer Körper ist Gesicht. Groteske Darstellungen in der europäischen Kunst und Literatur des Mittelalters, hg. v. Katrin Kröll und Hugo Steger (Rombach Wissenschaft-Reihe Litterae Band 26). Freiburg im Breisgau 1994, S. 244.

Abb. 340: Kölner Spiegel

Abb. 341: Schreiberkonsole

Abb. 341
Schreiberkonsole unter der Statue des Gerhard von Riele (siehe lfd. Nr. 28)
Gerd Haas, vor 1964
Maße: 38 cm hoch, 35 cm breit, 20 cm tief
Drachenfelstrachyt mit kleineren Ausbrüchen am Abakus
Die Konsole ersetzt eine um 1410 angefertigte Bauplastik, die als Vorbild diente und fragmentarisch im Ratsturmlapidarium erhalten ist. Dargestellt ist ein Ordensgeistlicher oder Narr mit dicker Brille an einem Lesepult. Es wurde angenommen, damit sei der erste Gelehrte gemeint, der an der 1388 gegründeten Kölner Universität eine Vorlesung gehalten hat. Bis dahin waren Forschung und Lehre in der Hand geistlicher Institutionen. Mit der Gründung der Kölner Universität übernahm die Stadt diese Trägerschaft.

Abb. 342: Raufbolde

Abb. 342
Raufbolde, Thema der Konsole unter der Statue des Matthias Overstolz (siehe lfd. Nr. 29)
Gerd Haas, vor 1964
Maße: 38 cm hoch, 37 cm breit, 27 cm tief
Drachenfelstrachyt mit geringfügigen Ausbrüchen
Die Konsole ersetzt eine um 1410 angefertigte Bauplastik, die als Vorbild diente und als Leihgabe der Stadt eine Kellerwand des Hauses Palmstr. 36 schmückt.

Abb. 343: Bärenführer

Abb. 343
Bärenführer, Thema der Konsole unter der Statue des Gerhard Overstolz (siehe lfd. Nr. 30)
Gerd Haas, vor 1964
Maße: 38 cm hoch, 40 cm breit, 29 cm tief
Drachenfelstrachyt mit geringfügigen Ausbrüchen an der Abakusplatte
Als Vorbild diente die im Ratsturmlapidarium fragmentarisch erhaltene mittelalterliche Konsole. Ein Schädelfragment eines Tanzbären aus dem 12. Jahrhundert aus dem Grabungsbereich vor Alt St. Alban belegt, daß Bärenführer im Mittelalter zum Straßenbild in Köln gehörten.

Abb. 344: Der Lauscher

Abb. 344
Der Lauscher, Thema der Konsole unter der Statue des Gottfried Hagen (siehe lfd. Nr. 31)
Herbert Rausch, vor 1964
Maße: 38 cm hoch, 33 cm breit, 28 cm tief
Drachenfelstrachyt mit kleineren Ausbrüchen und Rissen
Als Vorbild diente eine fotografisch überlieferte, fragmentarisch erhaltene mittelalterliche Konsole. Die Haltung mit dem Griff zum Ohr läßt sich auf dem Foto nicht nachvollziehen. Durch das Motiv des Lauschens und die Wendung des Kopfes interpretierte der Bildhauer das Vorbild um. Ausgangspunkt dafür war das Sprichwort: »Der Lauscher an der Wand hört seine eigene Schand«. Mit der Darstellungsweise wollte der Bildhauer offenbar auch seinen Unmut über das tagespolitische Geschehen ausdrücken. Die mittelalterliche Figur gehört zur Gruppe der Blecker.

Abb. 345
Buschtrommler, Thema der Konsole unter der Statue des Johann von Brabant (siehe lfd. Nr. 32)
Herbert Rausch, vor 1964
Maße: 38 cm hoch, 34 cm breit, 29 cm tief
Drachenfelstrachyt
Mit dem Thema demonstrierte der Bildhauer, wie sehr er sich über die Meinung derer amüsierte, die meinten, sie müßten Jazzmusik mit dem Wort »Negermusik« diskriminieren. Ein die Buschtrommel schlagender Afrikaner soll dieses landläufige Fehlurteil vergegenwärtigen.

Abb. 345: Buschtrommler

Abb. 346
Saxophonist, Thema der Konsole unter der Statue des Meister Eckhart (siehe lfd. Nr. 33)
Herbert Rausch, vor 1964
Maße: 38 cm hoch, 36 cm breit, 27 cm tief
Drachenfelstrachyt mit kleineren Ausbrüchen
Die Konsole bildet mit der vorherigen eine Gruppe. Die Haltung der Figuren nimmt aufeinander Bezug.

Abb. 346: Saxophonist

Abb. 347
Keulenschwinger, Thema der Konsole unter der Statue des Hilger Quattermart von der Stesse (siehe lfd. Nr. 34)
Um 1410 angefertigt
Maße: 38 cm hoch, 36 cm breit, 28 cm tief
Drachenfelstrachyt mit kleineren Ausbrüchen und teilweise geschwärzter Oberfläche
Dargestellt ist ein Fabelwesen, halb Mensch, halb Raubkatze mit Helm, Schild und Keule. Die Form des Helmes findet sich zum Beispiel auf einem Tafelbild des Meisters der Passionsfolgen im Wallraf-Richartz-Museum. Es zeigt bewaffnete Schergen, die Christus vor Pilatus führen. Mehrere vergleichbar bewaffnete Geisler Christi sind auch auf den beiden Passionsfolgen des gleichen Meisters und des Meisters von St. Laurenz dargestellt.

Abb. 347: Keulenschwinger

Abb. 348
Sau, Thema der Konsole unter der Statue des Stefan Lochner (siehe lfd. Nr. 35)
Georg Krautkrämer, 1994 (monogrammiert und mit Steinmetzzeichen versehen)
Maße: 39 cm hoch, 34 cm breit, 27 cm tief
Weidenhahner Trachyt
Die Konsole ersetzt eine mittelalterliche, stark verwitterte, bei der Wulst und Abakus bereits erneuert waren. Das mittelalterliche Original im Ratsturmlapidarium und ältere Fotos dienten dem Bildhauer als Vorbild. Die Sau war ein weit verbreitetes, judenfeindliches Symbol, das zugleich auf die Hauptlaster anspielte. Die mittelalterliche Konsole hatte an dieser Stelle ihren Platz, wie ein Foto des teilzerstörten Turms von 1946 belegt.

Abb. 348: Sau

Abb. 349: Klarinettist

Abb. 349
Klarinettist, Thema der Konsole unter der Statue des Heinrich von Beeck (siehe lfd. Nr. 36)
Herbert Rausch, vor 1964
Maße: 38 cm hoch, 32 cm breit, 30 cm tief
Siebengebirgstrachyt, gut erhalten
Nach der Vorstellung des Bildhauers sollte die Konsole zusammen mit dem Saxophonisten und dem Trommler eine Jazzband bilden. Die beiden im Turm erhaltenen Konsolen mit dem Keulenschwinger und der Sau machten jedoch eine Trennung der Musikergruppe erforderlich.

Abb. 350: Kallendresser

Abb. 350
Kallendresser, Thema der Konsole unter der Statue des Ulrich Zell (siehe lfd. Nr. 37)
Gerd Haas, vor 1964
Maße: 38 cm hoch, 38 cm breit, 18 cm tief
Siebengebirgstrachyt, gut erhalten
Die Konsole ist eine Kopie nach einem mittelalterlichen Vorbild, das im Ratsturmlapidarium aufbewahrt wird. Sie gehört zur Gruppe der Blecker. Der Schwamm ist eine Hinzufügung, die am Original nicht zu erkennen ist (vgl. meinen Beitrag, Gedanken zum mittelalterlichen Skulpturenprogramm, S. 216 f.).

Abb. 351
Professor Dr. Hiltrud Kier (geb. 1937, Stadtkonservatorin 1978–1990), Thema der Konsole unter der Statue der Fygen Lutzenkirchen (siehe lfd. Nr. 38)
Heribert Calleen, 1994 (Monogramm HC)
Maße: 37 cm hoch, 35 cm breit, 33 cm tief
Weidenhahner Trachyt
Als Stadtkonservatorin verstand es Hiltrud Kier, das öffentliche Bewußtsein für die Vielzahl unterschiedlichster Denkmäler in Köln und für die Sorge um deren Erhaltung nachhaltig zu wecken. Seit 1982 regte sie die Entwicklung eines neuen Figurenprogrammes für den Ratsturm an und war bis 1990 die entscheidende Kraft, als es galt, für jede der zunächst 106 und schließlich 119 neuen Skulpturen Stifter zu gewinnen. Ihre Verdienste um die Vollendung des Wiederaufbaues der romanischen Kirchen Kölns, wozu sie 1981 die Gründung des »Fördervereines Romanische Kirchen Köln e.V.« und 1985 die Ausrufung des »Jahres der Romanischen Kirchen Köln« initiierte, werden in der Porträtdarstellung dieser Konsole gewürdigt. Gleich einem Halsschmuck trägt sie eine Kette von zwölf ornamental gestalteten, kleeblattförmigen Kreuzen, die gemäß der Grundrißkontur einer Dreikonchenanlage und ihrer Zahl nach an eben diese Sakralbauten erinnern.

Abb. 351: Hiltrud Kier

Abb. 352

Dr. Ulrich Krings (geb. 1942, Stadtkonservator seit 1990), Thema der Konsole unter der Statue des Heinrich Agrippa von Nettesheim (siehe lfd. Nr. 39)
Heribert Calleen, 1994 (Monogramm HC)
Maße: 38 cm hoch, 35 cm breit, 32 cm tief
Weidenhahner Trachyt
Als Stadtkonservator setzte Ulrich Krings das am Ratsturm begonnene Werk seiner Vorgängerin im Amte, Hiltrud Kier, fort. Für weitere dreizehn neue Figuren gewann er deren Stifter, und die 1994 unter seiner Leitung begonnene Gesamtsanierung des Ratsturmes einschließlich der Aufstellung von 124 Figuren sowie der Rekonstruktion des Figurenschmukkes am Ratsturmportal konnte er mit der Einweihung am 6. Mai 1995 erfolgreich abschließen. Die in der Linken gehaltene Schreibfeder weist auf Bahnsteighalle und Gleiskörper einer Bahnhofsanlage hin, beides erinnert allgemein an sein Dissertationsthema zu Großstadtbahnhöfen des 19. Jahrhunderts in Deutschland sowie besonders an seine Fachbetreuung im Zuge der Sanierung des Kölner Hauptbahnhofes.

Abb. 352: Ulrich Krings

Abb. 353

Dr. Bernd Ernsting (geb. 1956, Kunsthistoriker), Thema der Konsole unter der Statue des Hermann Graf von Neuenahr (siehe lfd. Nr. 40)
Heribert Calleen, 1994 (Monogramm HC)
Maße: 37 cm hoch, 35 cm breit, 32 cm tief
Weidenhahner Trachyt
Seit 1980 auch für den Stadtkonservator als freiberuflicher Kunsthistoriker tätig, entwickelte Bernd Ernsting 1985 das künstlerische Konzept des neuen Figurenprogrammes, dessen Realisierung er in enger Zusammenarbeit mit den 57 Künstlerinnen und Künstlern, mit den zahlreichen Stifterinnen und Stiftern sowie mit dem Oberbürgermeister, dem Rat und der Verwaltung der Stadt Köln bis 1995 intensiv begleitete. Eine wissenschaftliche Grundlage bildete seine Beschäftigung mit figurativer Bildhauerei des 20. Jahrhunderts, darunter seine Dissertation über Ludwig Gies (vgl. die folgende Konsole unter der Statue mit der lfd. Nr. 41). Im Handgestus, der das rechte Auge wie prüfend visieren läßt, liegt der Ausdruck einer rückblickenden Selbstkritik angesichts des vollendeten Figurenprogrammes.

Abb. 353: Bernd Ernsting

Abb. 354–362
Neun Musen

Die folgenden neun Standorte von Ratsturmfiguren bedurften jeweils einer neuen Konsole. Auf Anregung durch Bernd Ernsting entwickelte der Bildhauer Heribert Calleen in thematischer Paraphrasierung jener musikalischen Szenen, welche schon viele Konsolen des Wiederaufbaues nach 1945 zeigen, ein inhaltlich und künstlerisch einheitliches Programm mit Darstellungen der neun Musen als Sinnbildern des antiken wie des humanistischen Kanons des Gesanges und anderer Künste. Die Töchter des Zeus und der Mnemosyne (der Name bedeutet übersetzt *Erinnerung)* erfuhren, häufig als Begleiter des Gottes Apollo, in Griechenland und später in Rom besondere Verehrung, seit dem Hellenismus wurden sie namentlich differenziert und durch Beigabe entsprechender Attribute auch in Bilddarstellungen individualisiert. Als einstiger Schüler von Ludwig Gies (vgl. die Konsole unter der Statue mit der lfd. Nr. 41) an den Kölner Werkschulen setzte der Bildhauer hier deren Tradition fort, die bereits in der Wiederaufbauphase des Ratsturmes dessen skulpturalen Schmuck künstlerisch geprägt hatte. Den zunächst zeichnerischen Entwürfen folgten plastische Modelle im Maßstab eins zu eins.

Abb. 354: Melpomene

Abb. 354
Melpomene, Konsole unter der Statue des Adolf Clarenbach (siehe lfd. Nr. 41)
Heribert Calleen, 1995; Ausführung: Axel Haagen
Maße: 38 cm hoch, 36 cm breit, 32 cm tief
Weidenhahner Trachyt
Der Name bedeutet übersetzt *die Singende* (auch *Tanzende).* Unter den neun Musen vertritt sie die tragische Dichtkunst und den Trauergesang. Ihre Maske trägt die melancholisch verinnerlichten Gesichtszüge von Ludwig Gies (1887–1966), einem im Dritten Reich als »entartet« verfemten Bildhauer und späteren Dozenten an den Kölner Werkschulen, dem sein Schüler Heribert Calleen hier ein Denkmal schuf. Als herausragender Begründer und zentrale Gestalt der sogenannten Kölner Schule bildete Gies zahlreiche der jetzt am Turm vertretenen Bildhauer aus, deren teilweise wiederum selbst ausgeübte Lehrtätigkeit schließlich ein generationsübergreifendes Kontinuum dieser Schule und ihre so vielfältige Präsenz am Ratsturm bewirkte.

Abb. 355: Polyhymnia

Abb. 355
Polyhymnia, Konsole unter der Statue des Anton Woensam (siehe lfd. Nr. 42)
Heribert Calleen, 1995; Ausführung: Burkhard Hoppe
Maße: 38 cm hoch, 33 cm breit, 30 cm tief
Weidenhahner Trachyt
Der Name bedeutet übersetzt *die Gesangreiche,* und entsprechend hat diese Muse des Wortes, aber auch der Pantomime, den Mund wie zum ernsten Gesange leicht geöffnet.

Abb. 356: Euterpe

Abb. 356
Euterpe, Konsole unter der Statue des Arnold (Arndt) von Siegen (siehe lfd. Nr. 43)
Heribert Calleen, 1995; Ausführung: Burkhard Hoppe
Maße: 38 cm hoch, 36 cm breit, 31 cm tief
Weidenhahner Trachyt
Der Name bedeutet übersetzt *die Ergötzende* oder *Erfreuende.* Als Muse des Flötenspieles und der lyrischen Dichtung führt sie mit beiden Händen eine Doppelflöte an ihre Lippen.

Abb. 357
Kalliope, Konsole unter der Statue des Johannes Gropper (siehe lfd. Nr. 44)
Heribert Calleen, 1995; Ausführung: Oliver Doppke
Maße: 38 cm hoch, 36 cm breit, 31 cm tief
Weidenhahner Trachyt
Der Name bedeutet übersetzt die *Schönstimmige.* Ursprünglich ohne Attribute und vermutlich als erste der Musen ausgezeichnet, trägt sie entsprechend der ihr zugeordneten Bedeutung als Muse der heroischen Dichtung, des Epos, eine gerahmte Tafel, auf der sie mit dem Stift in der Rechten zu schreiben scheint.

Abb. 357: Kalliope

Abb. 358
Terpsichore, Konsole unter der Statue des Hermann von Weinsberg (siehe Katalog Nr. 45)
Heribert Calleen, 1995; Ausführung: Burkhard Hoppe
Maße: 38 cm hoch, 37 cm breit, 34 cm tief
Weidenhahner Trachyt
Der Name bedeutet übersetzt *die Tanzfrohe.* Als Muse des Tanzes und des Chorgesanges wird sie häufig mit der auch hier ihr beigegebenen siebensaitigen Lyra dargestellt.

Abb. 358: Terpsichore

Abb. 359
Klio, Konsole unter der Statue des Heinrich Suderman (siehe lfd. Nr. 46)
Heribert Calleen, 1995; Ausführung: Axel Haagen
Maße: 38 cm hoch, 40 cm breit, 25 cm tief
Weidenhahner Trachyt
Der Name, im Deutschen auch in der Schreibweise *Kleio* gebräuchlich und als *die Verkündende* zu übersetzen, bezeichnet die Muse der Geschichte, in der Bildüberlieferung häufig durch Schreibgeräte attributiv ausgezeichnet. Entsprechend sinnfällig als Chronistin dargestellt, hält sie hier von der Ecksituation des Turmes herab und in Erinnerung an die 1995 abgeschlossene Sanierung dieses Bauwerkes dem Betrachter eine entrollte Schriftrolle mit dem Hinweis *TVRRIS RENOVATA MCMVC* entgegen.

Abb. 359: Klio

Abb. 360
Thalia, Konsole unter der Statue des Michael Aitzing (siehe lfd. Nr. 47)
Heribert Calleen, 1995; Ausführung: Burkhard Hoppe
Maße: 38 cm hoch, 34 cm breit, 31 cm tief
Weidenhahner Trachyt
Der Name, im Deutschen auch in der Schreibweise *Thaleia* gebräuchlich, läßt sich mit *die Blühende* übersetzen. Als Muse der Komödie und der leichten Dichtung erscheint sie wie so oft in der Kunstgeschichte auch hier mit einer heiteren Theatermaske, umgeben von Efeulaub, aus dem man antiken Dichtern einst Kränze flocht und das auch Dionysos als Ausdruck sinnenfroher Lebensfreude häufig bekränzte.

Abb. 360: Thalia

Abb. 361: Erato

Abb. 361

Erato, Konsole unter der Statue des Kaspar Ulenberg (siehe lfd. Nr. 48)
Heribert Calleen, 1995; Ausführung: Burkhard Hoppe
Maße: 38 cm hoch, 35 cm breit, 33 cm tief
Weidenhahner Trachyt
Diese Muse der lyrischen Poesie, besonders des Liebesliedes und der Götterhymnen, deren Name sich mit *die Liebliche* übersetzen läßt, verkörpert zugleich den Tanz und Gesang. Entsprechend der antiken Bildüberlieferung trägt sie auch hier ein der Kithar verwandtes, ein Saiteninstrument ähnlich der Leier, mit dem sie sich selbst beim Vortrag des Gedichtes musikalisch begleitet.

Abb. 362: Urania

Abb. 362

Urania, Konsole unter der Statue des Peter Paul Rubens (siehe lfd. 49)
Heribert Calleen, 1995; Ausführung: Axel Haagen
Maße: 38 cm hoch, 36 cm breit, 32 cm tief
Weidenhahner Trachyt
Der Name leitet sich von *uranos,* dem griechischen Wort für *Himmel* her. Als Sternkundige hält diese Muse entsprechend eine große, die antike Kosmosvorstellung des Philolaos (geb. ca. 480 v.Chr.) widerspiegelnde Scheibe mit Symbolen der Sonne, der Erde und ihrer Gegenwelt, des Mondes sowie der fünf Planeten in Händen. Alle diese Himmelskörper sind innerhalb eines äußeren Flammenkreises auf ein mächtiges Feuer als Zentrum dieses Weltbildes fixiert.

Abb. 363: Der Rattenfänger von Hameln

Abb. 363

Der Rattenfänger von Hameln, Thema der Konsole unter der Statue des Jan von Werth (siehe lfd. 50)
Gerd Haas, vor 1964
Maße: 38 cm hoch, 40 cm breit, 25 cm tief
Siebengebirgstrachyt mit kleineren Ausbrüchen und Rissen
Mit der Konsole illustrierte der Bildhauer die bekannte Sage, wonach ein Rattenfänger sich an den Hamelner Bürgern rächte, als diese ihm den zugesicherten Lohn für seine Arbeit verweigerten. Der Rattenfänger entführte deshalb die Kinder der Hamelner mit der Flöte, mit der er vorher die Ratten aus der Stadt gelockt hatte. Obwohl das Thema nichts mit Köln zu tun hat, stellte es der Bildhauer dar, weil der Rattenfänger für ihn ein Synonym für politisches Mitläufertum und Kölschen Klüngel ist. Auslöser war für ihn die Wiedereinführung der Bundeswehr im Jahre 1956. Zu sehen ist eine Kinderschar, die dem vorauseilenden Flötespieler folgt.

Abb. 364: Ziehharmonikaspieler

Abb. 364

Ziehharmonikaspieler, Thema einer Konsole ohne Statue (lfd. Nr. 50 a)
1865 angefertig,
Maße: 38 cm hoch, 27 cm breit, 21 cm tief
Sandstein mit teilweise verkrusteter Oberfläche, Kopf, rechter Arm, Teile der Schultern, des Abakus und des Wulstes fehlen, der Abakus ist mit Beton ergänzt
Die Konsole trug die Figur eines Vertreters der Zünfte, die fragmentarisch im Ratsturmlapidarium erhalten ist. Sie ist freigeblieben, weil an dieser wie an der benachbarten Konsole und der Wand dahinter die Auswirkungen des Zweiten Weltkrieges sichtbar bleiben sollen. Die Konsole ist eine Neuschöpfung des 19. Jahrhunderts. 1822 hatte F. L. Buschmann die Ziehharmonika erfunden.

Abb. 365

Architekt, Thema einer Konsole ohne Statue (lfd. Nr. 50 b)
1865 ausgeführt
Maße: 38 cm hoch, 27 cm breit, 17 cm tief
Sandstein mit teilweise schwarz verkrusteter Oberfläche, Kopf, rechte Schulter, Wulst und Abakus zum größten Teil abgebrochen, Abakus mit Beton ergänzt
Die Konsole trug die Statue eines Ratsherren, der fragmentarisch im Ratsturmlapidarium erhalten ist. An dieser wie an der vorher genannten Konsole sollen die Auswirkungen des Zweiten Weltkrieges sichtbar bleiben. Der Architekt hält einen Plan in der Hand.

Abb. 365: Architekt

Abb. 366

Mönch, Thema der Konsole unter der Statue Joost van den Vondel (siehe lfd. Nr. 51)
1865 ausgeführt
Maße: 38 cm hoch, 31 cm breit, 26 cm tief
Sandstein mit stark verwitterter Oberfläche, die zum Teil in Schichten abgeplatzt ist
Der Mönch trägt eine Kutte und hält ein Buch unter dem Arm, über dessen Lektüre er eingeschlafen zu sein scheint. Die im Verhältnis zum Wulst und Abakus sehr kleine Figur ähnelt im Stil den beiden vorhergehenden.

Abb. 366: Mönch

Abb. 367

Sackpfeifer, Thema der Konsole unter der Statue des Ägidius Gelenius (siehe lfd. Nr. 52)
Herbert Rausch, vor 1964
Maße: 39 cm hoch, 33 cm breit, 30 cm tief
Stenzelberger Trachyt, leicht bestoßen, oberer Teil des Brummbasses abgebrochen
Die Konsole ist nach dem Vorbild der Bauplastik der Zeit um 1410 neu angefertigt worden. Das fragmentarisch erhaltene und stark bestoßene Original hat im Ratsturmlapidarium einen angemessenen Aufstellungsort gefunden. Der Dudelsack galt im späten Mittelalter als Instrument der bäuerlichen Bevölkerung und der Narren. Als Instrument der benachteiligten Bevölkerung galt ihm die gleiche Verachtung wie den menschlichen Lastern, die am Turm durch Tiere symbolisiert an den Konsolen dargestellt waren.

Abb. 367: Sackpfeifer

Abb. 368: Norbert Burger

Abb. 368

Norbert Burger (geb. 1932, Oberbürgermeister ab 1980), Thema der Konsole unter der Statue des Melchior von Reidt (siehe lfd. Nr. 53)
Heribert Calleen, 1994
Maße: 40 cm hoch, 33 cm breit, 28 cm tief
Weidenhahner Trachyt
Das Verfahren zur Erlangung neuer Ratsturmfiguren beinhaltete eine Modellvorstellung, an welcher neben dem Oberbürgermeister als Gastgeber auch Stifter und Bildhauer sowie ein Vertreter des Stadtkonservators und der künstlerische Projektbetreuer teilnahmen. Die fertigen Figuren wurden durch die Stifter jeweils in einem Festakt dem Oberbürgermeister übergeben. Bis auf wenige Ausnahmen kurzfristiger Verhinderung nahm Norbert Burger diese Termine allesamt persönlich wahr und entwickelte sowohl bei der Gewinnung von Stiftern als auch in der Diskussion zu einzelnen Entwürfen ein intensives Engagement. An die zahlreichen Termine zur Modellvorstellung erinnert die kleine Figur, und daß es sich hierbei um diejenige eines Bischofs handelt, mag als humorvolle Anspielung auf das besondere und historisch so facettenreiche Verhältnis zwischen weltlicher und geistlicher Macht in Köln verstanden werden. Die betonte Untersichtigkeit dieser Konsole erklärt sich aus ihrem zunächst für die Nordseite disponierten Standort.

Abb. 369: Kallendresser

Abb. 369

Kallendresser, Thema der Konsole unter der Statue der Katharina Henot (siehe lfd. Nr. 54)
Heribert Calleen, Übertragung in Stein: Axel Haagen, 1994
Maße: 40 cm hoch, 33. cm breit, 28. cm tief
Weidenhahner Trachyt
Heribert Calleen wiederholte die Konsole des 19. Jahrhunderts, die anläßlich der Sanierung aufgrund ihres Erhaltungszustandes ausgebaut werden mußte. Die Konsole des 19. Jahrhunderts dürfte ihrerseits nach einem mittelalterlichen Original gefertigt sein. Sie befindet sich jetzt im Ratsturmlapidarium.

Abb. 370: Fabelwesen

Abb. 370

Fabelwesen, Thema der Konsole unter der Statue des Friedrich Spee von Langenfeld (siehe lfd. Nr. 55)
Burkhard Hoppe, 1994
Maße: 40 cm hoch, 33 cm breit, 27 cm tief
Der Bildhauer kopierte die Konsole nach einem Vorbild des 19. Jahrhunderts. Die Kopie erfolgte, nachdem er die Vorlage mit Knetmasse nach historischem Vorbild ergänzt hatte. Die Konsole des 19. Jahrhunderts hat im Ratsturmlapidarium eine angemessene Aufstellung gefunden.

Abb. 371

Der Madonnenklau, Thema der Konsole unter der Statue der Anna Maria de Heers (siehe lfd. Nr. 56)
Gerd Haas, 1962
Maße: 38 cm hoch, 41 cm breit, 29 cm tief
Reimerather Trachyt, mit kleineren Ausbrüchen und porösen Partien an der Unterseite
Der in der Ratsturmbauhütte vorgefallene Diebstahl einer Madonna war Anlaß für den Bildhauer, aktuelle Themen bei der Gestaltung von Konsolen zu verarbeiten (siehe die Konsolen zu den lfd. Nrn.: 77, 78, 81, 85, 86, 92, 104). Ein unbekannter Dieb hatte die Madonnenfigur der Zeit um 1520 aus der Ratsturmbauhütte gestohlen. Die Skulptur aus der Kirche St. Johann Baptist sollte restauriert werden. Aus Furcht vor Entlarvung wagte es der Dieb nicht, die Figur im Kunsthandel anzubieten und gab stattdessen das Versteck preis, wo die Figur von der Polizei aufgefunden wurde. Bereits vor der Wiederentdeckung der Figur hatte der Bildhauer das Ereignis zum Anlaß für die Gestaltung der Konsole genommen. Dabei war er jedoch davon ausgegangen, daß die Polizei den Täter faßt.
Literatur: Kölner Stadt-Anzeiger vom 21. 09. 1962

Abb. 371: Der Madonnenklau

Abb. 372

Tünnes und Schäl, Thema der Konsole unter der Statue der Anna Maria van Schurman (siehe lfd. Nr. 57)
Herbert Rausch, 1962
Maße: 39 cm hoch, 36 cm breit, 30 cm tief
Reimerather Trachyt mit leicht verwitterter Oberfläche und porösen Partien an der Unterseite
Das Gipsmodell ist im Privatbesitz erhalten. Die Konsole gehört zur Gruppe mit Darstellungen Kölner Originale (siehe Konsolen zu den lfd. Nrn.: 58, 60–70). Tünnes und Schäl verkörpern im Stockpuppentheater »Hänneschen« zwei gegensätzliche Typen, Tünnes (Antonius) den »tumben Tor« und Schäl den zwielichtigen Geschäftsmann, der mit dem rechten Auge in die linke Westentasche schielt. Der Erfinder war Christoph Winters (1772–1862), dessen Figuren nicht nur im »Hänneschen-Theater«, sondern auch in zahlreichen von Mund zu Mund erzahlten Witzen lebendig sind.
Literatur: Kölner Stadt Anzeiger vom 19./20. 01. 1963; zu Tünnes und Schäl vgl.: Max-Leo Schwering, Hänneschen. In: Kölnisches Stadtmuseum, Auswahlkatalog. Köln 1984, S. 85–88.

Abb. 372: Tünnes und Schäl

Abb. 373

Harfeliesche, Thema der Konsole unter der Statue des Nikolaus Gülich (siehe lfd. Nr. 58)
Herbert Rausch, 1964
Maße: 39 cm hoch, 33 cm breit, 33 cm tief
Reimerather Trachyt mit porösen Partien an der Unterseite und größerem Abbruch
Die Konsole gehört zur Gruppe mit Darstellungen Kölner Originale (siehe Konsolen zu den lfd. Nrn.: 57, 67–70). Nach Auskunft des Bildhauers war »Harfeliesche« um 1900 ein Ausdruck für ein liederliches Mädchen. Als Schaustellerin hatte es bei Kölner Kirmesunternehmern eine Funktion.

Abb. 373: Harfeliesche

Abb. 374: Theo Burauen

Abb. 374

Theo Burauen (1906–1987, Oberbürgermeister von 1956–1973), Thema der Konsole unter der Statue des Johann Maria Farina (siehe lfd. Nr. 59)
Gerd Haas, vor 1964
Maße: 38 cm hoch, 38 cm breit, 23 cm tief
Reimerather Trachyt mit größeren Ausbrüchen und bröckeligen Partien an der Unterseite
Das stark beschädigte Modell wird im Ratsturmlapidarium aufbewahrt. Dargestellt ist der Oberbürgermeister zwischen Diplomaten. Theo Burauen empfing zahlreiche Delegationen besonders aus Afrika. Wie der Bundespräsident Heinrich Lübke fühlte er sich als Entwicklungshelfer. Der Bildhauer wollte mit der Darstellung sein unkritisches Verhältnis zu einigen totalitären Staaten in Frage stellen. Amtskette, Urkundenrolle und Becher erinnern an Vertragsabschlüsse. Die Konsole befindet sich genau gegenüber dem Zimmer, das der Oberbürgermeister bis zur Fertigstellung des Rathauses im Spanischen Bau als Arbeitszimmer nutzte.
Literatur: Peter Fuchs, Theo Burauen. Oberbürgermeister von Köln. Ein biographischer Bildbericht. Köln 1966, Abb. 57; Ders., Theo Burauen – Der Mensch. Ein Lebensabriß. In: Theo Burauen 1906–1987. Oberbürgermeister und Ehrenbürger der Stadt Köln. Texte, Bilder, Dokumente zur Erinnerung. Köln 1987.

Abb. 375: Rock 'n' Roll Tanzpaar

Abb. 375

Rock 'n' Roll Tanzpaar, Thema der Konsole unter der Statue des Ferdinand Franz Wallraf (siehe lfd. Nr. 60)
Gerd Haas, um 1960
Maße: 38 cm hoch, 37 cm breit, 28 cm tief
Drachenfelstrachyt, gut erhalten
Das beschädigte Gipsmodell ist im Ratsturmlapidarium aufgestellt. Die überlängten und gebogenen Gliedmaßen sollen die als akrobatisch empfundenen Bewegungen des Rock'n' Roll ausdrücken. Knielanger Rock und Pferdeschwanzfrisur sind typisch für die Mode der 1950er Jahre.

Abb. 376: Die Bremer Stadtmusikanten

Abb. 376

Die Bremer Stadtmusikanten, Thema der Konsole unter der Statue des Heinrich Gottfried Wilhelm Daniels (siehe lfd. Nr. 61)
Herbert Rausch, vor 1964
Maße: 39 cm hoch, 39 cm breit, 29 cm tief
Reimerather Trachyt mit kleineren Ausbrüchen und bröckeligen Partien an der Unterseite
Die in dem Märchen zum Ausdruck kommende Aufforderung zur Solidarität soll bewußt machen, daß Schwache gemeinsam stark sind, wenn sie über den gemeinsamen Interessen die Unterschiede vergessen. Esel, Hund, Katze und Hahn überfielen gemeinsam ein Haus, in dem sie sich übereinander stellten und mit großem Lärm in das Fenster eindrangen. Die so erschreckten Räuber suchten fluchtartig das Weite (vgl. Jacob und Wilhelm Grimm, Kinder- und Hausmärchen, 1812 ff.).

Abb. 377
Jazzpianist, Thema der Konsole unter der Statue der Maria Clementine Martin (siehe lfd. Nr. 62)
Gerd Haas, vor 1964
Maße: 40 cm hoch, 41 cm breit, 28 cm tief
Drachenfelstrachyt, Abakus rissig, dort Teile abgebrochen
Die Konsole bildet zusammen mit dem Bassisten, dem Beckenschläger und dem Tubabläser (siehe Konsolen zu den lfd. Nrn. 63–65) eine Jazzkapelle, die das Rock'n'Roll tanzende Paar (siehe Konsole zur lfd. Nr. 60) zu begleiten scheint.

Abb. 377: Jazzpianist

Abb. 378
Beckenschläger, Thema der Konsole unter der Statue des Peter Heinrich Merkens (siehe lfd. Nr. 63)
Herbert Rausch, 1962
Maße: 38 cm hoch, 39 cm breit, 31 cm tief
Reimerather Trachyt mit Witterungsspuren, kleinen Fehlstellen und Haarrissen
Das Gipsmodell ist stark beschädigt im Ratsturmlapidarium erhalten. Die Figur gehört zur Gruppe der Musikanten.
Literatur: Kölner Stadt Anzeiger vom 19./20.01.1963

Abb. 378: Zinndeckelschläger

Abb. 379
Der Generalbaß, Thema der Konsole unter der Statue des Sulpiz Boisserée (siehe lfd. Nr. 64)
Herbert Rausch, vor 1964
Maße: 38 cm hoch, 38 cm breit, 29 cm tief
Drachenfelstrachyt, gut erhalten
Das Gipsmodell befindet sich im Privatbesitz. Das Thema gehört zur Gruppe der Jazzkapelle. Der Bildhauer spielte mit der Darstellung auf den Stellenwert der Offiziere in Politik und Gesellschaft an. Mit grimassenhaften Zügen drückte er kritische Distanz aus.

Abb. 379: Der Generalbaß

Abb. 380
Tubabläser, Thema der Konsole unter der Statue des Georg Simon Ohm (siehe lfd. Nr. 65)
Herbert Rausch, vor 1964
Maße: 38 cm hoch, 39 cm breit, 30 cm tief
Stenzelbergtrachyt, gut erhalten
Das beschädigte Gipsmodell wird im Ratsturmlapidarium aufbewahrt. Das Thema gehört zur Gruppe der Musikanten. Die phantasievoll gestalteten Kragen und Manschetten erinnern an ein Karnevalskostüm. Die Konsole bezieht sich auf die Nachbarkonsole Nr. 65 und macht dort auf unkonventionelle Weise dem dort dargestellten General als Bassist Konkurrenz, in dem er »den Marsch bläst«.

Abb. 380: Tubabläser

Abb. 381: Laubacher Bauer

Abb. 381

Laubacher Bauer, Thema der Konsole unter der Statue Friedrich Wilhelms IV. (siehe lfd. Nr. 66)
Gerd Haas, vor 1964
Maße: 38 cm hoch, 40 cm breit, 30 cm tief
Reimerather Trachyt mit leichter Verwitterung und kleineren im Jahr der Anfertigung wieder angekitteten Ausbrüchen
Die Konsole erinnert an einen Eifeler Schwank, nach dem ein Bauer für den Winter Holz sägt und dabei den eigenen Ast abtrennt, auf dem er sitzt. Die Figur soll den »Deutschen Michel« symbolisieren, der sich zu wenig Gedanken über seine Zukunft macht.

Abb. 382: Maler Bock

Abb. 382

Maler Bock, Thema der Konsole unter der Statue des Ernst Friedrich Zwirner (siehe lfd. Nr. 67)
Gerd Haas, 1962/63
Maße: 38 cm hoch, 37 cm breit, 30 cm tief
Reimerather Trachyt mit leicht verwitterter Oberfläche, kleineren Ausbrüchen und Rissen, die Oberfläche an Blumenstrauß und Schulter ist porös
Der Dargestellte gehört zur Gruppe der Kölner Originale. Heinrich Peter Bock (1822–1878) gab sich als Künstler, obwohl er keiner war. Er trug einen großkrempigen Filzhut, ein rotes Tuch um den Hals und eine schwarze Studienmappe unter dem Arm. Diesen Atributen fügte der Bildhauer noch die Pinsel hinzu, die er auf dem Rücken dem Betrachter entgegenhält. Hinzu kam ein wilder Blumenstrauß, den er Namens- und Geburtstagsjubilarinnen überreichte, um sich zum Dank verköstigen zu lassen. Zur Schadenfreude der Gäste macht er sich nach erfolgter Sättigung mit seinem Blumenstrauß davon. Besonders gern suchte er Wirtinnen auf, an deren Namenstag er sich als Galan aufspielte, um nach der Gratisbewirtung mit dem als Geschenk präsentierten Blumenstrauß wieder zu verschwinden. 1953 verfaßte der Komponist Walter Klefisch eine Orchestersuite »Maler Bocks Huhzick«.
Literatur: Leben und Thaten des berühmten Malers Bochino. Köln 1878; Joseph Wach, Kölsche Orgenale in: Kölner Local-Anzeiger 126 vom 10. 05. 1903, S. 9; H. Sartorius, Kölner Straßenfiguren. Nachtrag zu Josef Bayer, Kölner Originale und Straßenfiguren, Köln 1912, in: Alt-Köln. Zeitschrift zur Pflege Kölnischer Geschichte und Erhaltung Kölnischer Eigenart, 11. Jg. Heft 1, 1918, S. 33; ders. in dass., Heft 2, 1918, S. 19–21. Josef Bayer, Der Maler Bock. In: Alt-Köln. Zeitschrift zur Pflege Kölnischer Geschichte und Erhaltung Kölnischer Sprache und Eigenart. Heft 3/1929, S. 89 – 90; Gustav Hamacher, Kölner Originale und Originalitäten. In: Alt Köln. Heimatblätter für die Stadt Köln. Beilage der Kölnischen Rundschau, 11. Jg. 1957, S. 17–18, Kölner Stadt-Anzeiger vom 19./20. 01. 1963; Josef Bayer, Kölner Originale und Straßenfiguren. Mit einem Geleitwort von Professor Dr. Adam Wrede, Köln. o. J. ([2]1959), S. 57–71; Reinold Louis, Kölner Originale. Die Welt der alten Kölner Originale und Straßenfiguren, Köln 1985, S. 103–125; Margareta Schumacher, Kölsche Lück un Hellije. Esu hätt et jewäs sin künne, Köln 1994, S. 211–214; Wolfgang Oelsner, »Ein langer, äußerst abgemagerter Mensch«. In: neues rheinland, Heft 12, 1994, S. 10–11.

Abb. 383

Orjels Palm, Thema der Konsole unter der Statue des Robert Blum (siehe lfd. Nr. 68)
Gerd Haas, vor 1964
Maße: 37 cm hoch, 43 cm breit, 19 cm tief
Stenzelberger Trachyt, gut erhalten
Das Gipsmodell befindet sich im Privatbesitz. Der Dargestellte gehört zur Gruppe der Kölner Originale. Johann Joseph Palm (1800–1882) trat ab 1840 in den Straßen Kölns als orgelspielender Kriegsveteran auf. In seinen beiden letzten Lebensjahren zeigte er dort sein Guckkastenpanorama. Von Spaßvögeln wurde er der Kirchengemeinde in Remagen als Organist vorgestellt. Beim Antritt zum Probespiel verblüffte er die Zuhörer mit der Frage, wo denn der Schwengel sei.
Literatur: H. Sartorius, Kölner Straßenfiguren, Nachtrag zu Josef Bayer. Kölner Originale und Straßenfiguren. Köln 1918, S. 10; Josef Bayer, Der Maler Bock. In: Alt-Köln, Zeitschrift zur Pflege und Erhaltung Kölnischer Sprache und Eigenart Heft 3, 1929, S. 89–90; Gustav Hamacher, Kölner Originale und Originalitäten (II.). In: Alt Köln. Heimatblätter für die Stadt Köln. Beilage zur Kölnischen Rundschau. 11. Jahrgang 1957, S. 34; Josef Bayer Kölner Originale und Straßenfiguren. Mit einem Geleitwort von Professor Dr. Adam Wrede, Köln o. J. ([2]1959), S. 51–55; Reinold Louis, Kölner Originale. Die Welt der alten Kölner Originale und Straßenfiguren. Köln 1985, S. 50–61; Gérard Schmidt, Kölsche Stars, Köln 1992, S. 26–29, Abb. S. 27 u. 29; Margareta Schumacher, Kölsche Lück und Hellije. Esu hätt et jewäs sin künne. Köln 1994, S. 199–206.

Abb. 383: Orjels Palm

Abb. 384

Läsche Nas, Thema der Konsole unter der Statue des Ludolf Camphausen (siehe lfd. Nr. 69)
Gerd Haas, vor 1964
Maße: 38 cm hoch, 37 cm breit, 32 cm tief
Reimerather Trachyt mit leicht verwitterter Oberfläche und kleineren Ausbrüchen
Das beschädigte Gipsmodell ist im Ratsturmlapidarium erhalten. Der Dargestellte gehört zur Gruppe der Kölner Originale. Andreas Leonhard Lersch (1840–1887) war zunächst Schauspieler, später Ermittler bei der Kriminalpolizei und Wächter auf dem Bahnhof Deutzer Feld. Populär wurde er als städtischer Bezirksabdecker und Hundefänger, der es sehr genau nahm. Einmal fing mit seinem Netz einen jungen Mann mit seinem Hündchen ein, das er schützend auf den Arm genommen hatte. Angeblich soll er das Hundefett als Heilmittel verkauft haben. In seinen letzten Lebensjahren übernahm er das Amt des Scharfrichters. Der Bildhauer stellte die Läsche Nas in dem Augenblick dar, wie er das Netz über einen Hund senkt.
Literatur: Josef Bayer, Kölner Originale und Straßenfiguren. Mit einem Geleitwort von Professor Dr. Adam Wrede, Köln o. J. ([2]1959), S. 73–75; Reinold Louis, Kölner Originale. Die Welt der alten Kölner Originale und Straßenfiguren. Köln 1985, S. 152–164.

Abb. 384: Läsche Nas

Abb. 385: Don Quixote

Abb. 385

Don Quixote, Konsole unter der Statue des Abraham Oppenheim (siehe lfd. Nr. 70)
Gerd Haas, vor 1964
Maße: 38 cm hoch, 38 cm breit, 28 cm tief
Reimerather Trachyt, leicht verwittert und mit kleineren Ausbrüchen und Rissen
Das Modell ist im Ratsturmlapidarium mit Bestoßungen und kleineren Abbrüchen erhalten. Der Bildhauer griff auf die literarische Figur des Miguel de Cervantes Saavedra zurück. Das populärste Abenteuer des Ritters von der traurigen Gestalt ist der unsinnige Kampf gegen die Windmühlen, die er in seinem Wahn als Ungeheuer mißdeutete. An die Stelle der Mühle setzte Haas einen Beamten mit gespaltenem Glatzkopf und dicker Hornbrille, der dem Don Quixote die Gesetze vorhält, gegen die er vergeblich antritt. Don Quixote ist an Rüstung, Lanze und Barbierschüssel erkennbar, die er auf dem Kopf in Ermangelung eines Helmes trägt. Im Verhältnis zum dickschädeligen Beamten wirkt er klein und durch seine Haltung unterwürfig. Der Bildhauer belächelte damit das Verhalten seiner Mitmenschen, die sich von der Verwaltung einschüchtern lassen.

Abb. 386: Bär

Abb. 386

Bär, Thema der Konsole unter der Statue des August Reichensperger (siehe lfd. Nr. 71)
um 1410 ausgeführt
Maße: 40 cm hoch, 36 cm breit, 27 cm tief
Drachenfelstrachyt mit verwitterter Oberfläche, Abbrüchen, rechtes Ohr und Teile des Ringes abgebrochen. Der Abakus wurde in den 1960er Jahren erneuert.
Im Zusammenhang mit der Sanierung wurde die Konsole abgegossen. Der Gipsabguß befindet sich im Ratsturmlapidarium. Der Bär gehört zu den Lasterdarstellungen. Er symbolisiert den Zorn.

Abb. 387: Grinkopf

Abb. 387

Grinkopf, Thema der Konsole unter der Statue des Karl Joseph Daniel DuMont (siehe lfd. Nr. 72)
um 1410 ausgeführt
Maße: 39 cm hoch, 33 cm breit, 29 cm tief
Drachenfelstrachyt, Oberfläche teilweise verwittert, kleinere Ausbrüche, der Abakus wurde in Zusammenhang mit dem Wiederaufbau in den 1960er Jahren erneuert
In Zusammenhang mit der Sanierung wurde die Konsole abgegossen. Der Gipsabguß befindet sich im Ratsturmlapidarium. Der Grinkopf ist einer der beiden aus der Erbauungszeit erhaltenen Konsolen dieses Themas. Er symbolisiert das Höllentor und gehört zur Gruppe der Lasterdarstellungen als Mahnung für alle diejenigen, die nach christlichem Verständnis die Verdammung als Strafe für ihre Sünden zu erwarten haben.
Literatur: Christian Mohr, Köln in seiner Glanzzeit. Neue Forschungen. Köln 1885, S. 272–278; Anton Korn, »Gringköpp«. In: Alt-Köln, Zeitschrift zur Erhaltung Kölnischer Eigenart und Pflege kölnischer Geschichte. 2. Jg. Nr. 5. 1909–10, S. 3–4. Hans Vogts, Das Kölner Wohnhaus bis zur Mitte des 19. Jahrhunderts (Rheinischer Verein für Denkmalpflege und Heimatschutz Jahrbuch 1964–65). Neuss 1966, S. 149–151; Margarete Schumacher, Kölsche Lück un Hellije. Esu hätt et jewäs sin künne. Köln 1994, S. 97–100.

Abb. 388

Fabelwesen, Thema der Konsole unter der Statue des Ferdinand Hiller (siehe lfd. Nr. 73)
um 1410 ausgeführt
Maße: 39 cm hoch, 33 cm breit, 28 cm tief
Drachenfelstrachyt mit teilweise verwitterter Oberfläche, kleinen Ausbrüchen und Rissen sowie aus Reimerather Trachyt erneuertem Abakus
Ein Gipsabguß wird im Ratsturmlapidarium aufbewahrt. Wie die Konsole mit den Grinköpfen und dem Bären verdankt diese Konsole ihre Erhaltung dem geschützten Anbringungsort hinter den einstigen Giebeln der Häuser zum Alter Markt. Die Fabelwesen gehören zu den Begleitern der Lasterpersonifikationen, die das mittelalterliche Konsolenprogramm wesentlich prägten.

Abb. 388: Fabelwesen

Abb. 389

Raufbolde, Thema der Konsole unter der Statue der Mathilde Franziska Anneke (siehe lfd. Nr. 74)
Herbert Rausch, vor 1964
Maße: 39 cm hoch, 38 cm breit, 32 cm tief
Reimerather Trachyt mit teilweise poröser Oberfläche, kleinen Ausbrüchen und Rissen
Das stark beschädigte Gipsmodell wird im Ratsturmlapidarium aufbewahrt. Nach Auskunft von Herrn Haas spielte der Bildhauer mit der Darstellung auf den politischen Alltag an.

Abb. 389: Raufbolde

Abb. 390

Eduard Schmitz jun., Thema der Konsole unter der Statue des Moses Hess (siehe lfd. Nr. 75)
Gerd Haas, 1969
Maße: 39 cm hoch, 36 cm breit, 33 cm tief
Reimerather Trachyt mit leicht verwitterter Oberfläche und kleineren Ausbrüchen
Das Modell ist im Privatbesitz erhalten. Eduard Schmitz (1897–1965), der Sohn des gleichnamigen Bildhauers, leitete von 1955 bis zu seinem Tode die Steinmetzwerkstatt am Fuß des Ratsturmes. Der Betrieb war aus der »Arbeitsgemeinschaft der Steinmetzbetriebe Schmitz-Mittler« gebildet worden, in der zeitweilig über 20 Steinmetzen und 2 Bildhauer arbeiteten. Schmitz lieferte die Zeichnungen nach denen die Steinmetzen die Werksteine schlugen. Der Bildhauer bezog sich auf diese Tätigkeit, in dem er der Figur das Modell eines Turmes beifügte, deren beiden Teile der Werkstattleiter zusammenfügt. Die Inschrift »Er hat ihn gekittet« nimmt auf diese Tätigkeit Bezug. Der Schal um seinen Hals verweist auf die lange Krankheit des Werkstattleiters.
Literatur: Hanna Adenauer, Das Schicksal des Kölner Rathauses vor, während und nach dem Zweiten Weltkrieg. In: Das Rathaus zu Köln. Geschichte, Gebäude, Gestalten. Hg. von Peter Fuchs. Köln, 1994, S. 137; Ulrich Krings, Der Ratsturm nach dem Zweiten Weltkrieg. Hanna Adenauers Bericht nach 22 Jahren wiedergelesen. In: Dass., S. 234.

Abb. 390: Eduard Schmitz jun.

Abb. 391: Grinkopf

Abb. 391

Grinkopf, Thema der Konsole unter der Statue des Gustav von Mevissen (siehe lfd. Nr. 76)
um 1410 ausgeführt
Maße: 38 cm hoch, 32 cm breit, 27 cm tief
Drachenfelstrachyt mit zum Teil sehr verwitterter und verkrusteter Oberfläche
Der Grinkopf gehört zu den beiden aus der Erbauungszeit erhaltenen Konsolen dieses Themas. Er symbolisiert das Höllentor und gehört zur Gruppe der Lasterdarstellungen als Mahnung für alle diejenigen, die nach christlichem Verständnis, die Verdammung als Strafe für ihre Sünden zu erwarten haben.
Literatur: siehe lfd. Nr. 72

Abb. 392: Dr. Max Adenauer

Abb. 392

Dr. Max Adenauer, Thema der Konsole unter der Statue des Jacques Offenbach (siehe lfd. Nr. 77)
Gerd Haas, nach 1965
Maße: 38 cm hoch, 41 cm breit, 19 cm tief
Reimerather Trachyt
Das Modell ist vielfach gerissen und bestoßen sowie ohne Teile des Kopfes im Ratsturmlapidarium erhalten. Max Adenauer (geb. 1910, Oberstadtdirektor von 1953–1965), der Sohn des damaligen Bundeskanzlers Dr. Konrad Adenauer, war besonders 1959 für den Wiederaufbau des Rathauses eingetreten. Der Bildhauer stellte den Augenblick dar, als der Oberstadtdirektor sein Amt verlies. Im Mantel greift er eiligen Schrittes nach seinem Hut. In seiner rechten Hand hält er eine Aktentasche und unter dem Arm die Entlassungsurkunde mit der Inschrift »1965 Max Ade«.
Literatur: Robert Steimel, Kölner Köpfe. Köln o. J. (1958), Sp. 27; Heinz Kleppe, Ideenwettbewerb für den Wiederaufbau des Rathauses. In: Das Rathaus zu Köln. Geschichte, Gebäude, Gestaltung. Hg. von Peter Fuchs. Köln 1994, S. 161.

Abb. 393: Autounfall

Abb. 393

Autounfall, Thema der Konsole unter der Statue des Karl Marx (siehe lfd. Nr. 78)
Gerd Haas, nach 1965
Maße: 38 cm hoch, 38 cm breit, 30 cm tief
Reimerather Trachyt mit kleineren Absplissen
Das Gipsmodell mit Rissen und Bruchstellen, Bestoßungen und fehlenden Stücken wird im Ratsturmlapidarium aufbewahrt. Ein Unfall in der Nähe der Ratsturmbauhütte veranlaßte den Bildhauer zur Darstellung des Themas. Zu sehen sind die beiden Fahrer, wie sie sich gegenseitig die Schuld zuschieben.

Abb. 394: Karnevalsjeck

Abb. 394

Karnevalsjeck, Thema der Konsole unter der Statue des Hermann Becker (siehe lfd. Nr. 79)
1865 ausgeführt
Maße: 38 cm hoch, 33 cm breit, 26 cm tief
Tuff mit verwitterter Oberfläche und abgebrochenen Rändern, der Abakus wurde in den 1960er Jahren erneuert.
Die Konsole gehört zu den wenigen Bauplastiken des 19. Jahrhunderts am Ratsturm.

Abb. 395

»Der Mann im Ohr«, Thema der Konsole unter der Statue des Franz Carl Guilleaume (siehe lfd. Nr. 80)
Herbert Rausch, nach 1965
Maße: 38 cm hoch, 34 cm breit, 26 cm tief
Reimerather Trachyt
Die Konsole gehört zur Gruppe mit Darstellungen von Sprichwörtern und sprichwortlichen Redensarten. Der Bildhauer gestaltete das Thema in stark abstrahierter Art, die sich von seinen älteren Konsolen erheblich unterscheidet.

Abb. 395: »Der Mann im Ohr«

Abb. 396

Antibabypille, Thema der Konsole unter der Statue des Max Bruch (siehe lfd. Nr. 81)
Gerd Haas, 1969 (inschriftlich datiert)
Maße: 53 cm hoch (mit Quader), 34 cm breit, 31 cm tief
Reimerather Trachyt mit kleineren Ausbrüchen
Mit dem Thema reagierte der Bildhauer auf die Enzyklika »Humanae vitae«, die Papst Paul VI. 1968 erlassen hatte. Die Enzyklika verbietet dem katholischen Christen jede künstliche Geburtenregelung. Dargestellt sind ein Pastor mit einem Barett auf dem Kopf und eine Mutter mit vier Kindern. Die Mutter hält die Antibabypille in ihrer erhobenen linken Hand, streckt die Zunge heraus und demonstriert so ihre Bereitschaft, das Gebot des Papstes zu ignorieren. Mit vor dem Kopf gefalteten Händen versucht der Pastor, sie vergeblich daran zu hindern.

Abb. 396: Antibabypille

Abb. 397

Dr. Hanna Adenauer, Thema der Konsole unter der Statue des Hermann Josef Stübben (siehe lfd. Nr. 84)
Gerd Haas, 1969 (mit Steinmetzzeichen markiert)
Maße: 53 cm hoch (mit Quader), 37 cm breit, 36 cm tief
Reimerather Trachyt mit partiell stark rissiger Oberfläche und kleineren Ausbrüchen
Dr. Hanna Adenauer (1904–1978, Stadtkonservatorin von 1953–1969) hatte sich besonders für den Wiederaufbau der Altstadt mit ihren Giebelhäusern am Rheinufer, die Romanischen Kirchen, den Heumarkt und die Kölner Höfe eingesetzt. Der Bildhauer erinnerte an diese Leistung, indem er sie darstellt wie sie schützend ihre Hände um die Giebel alter Häuser und einen für die romanischen Kirchen typischen Rautenhelm vor der Schaufel eines Abbruchbaggers schützt. Die Entscheidungen der Stadtkonservatorin prägen das Erscheinungsbild des heutigen Ratsturmes wesentlich mit. Sie hatte u. a. bestimmt, daß die Architektur form- und materialgetreu wiederhergestellt wird, die figürlichen Details jedoch nach den Vorstellungen der eigenen Zeit ergänzt werden sollen. Diese Entscheidung erlaubte den Bildhauern jede Freiheit bei der Wahl der Themen und ihrer Umsetzung. Lediglich bei den Schlußsteinen im Gewölbe der Rentkammer und bei der Rekonstruktion des Platzjabbeck forderte sie genaue Rekonstruktionen. Auf Anregung ihrer Kollegen im Denkmal- und im Hochbauamt stellte der Bildhauer die Stadtkonservatorin in der Tradition spätmittelalterlicher Baumeisterbüsten dar.
Literatur: Hanna Adenauer, Das Schicksal des Kölner Rathauses vor, während und nach dem Zweiten Weltkrieg. In: Das Rathaus zu Köln. Geschichte, Gebäude, Gestalten. Hg. von Peter Fuchs. Köln 1994, S. 125–147; Ulrich Krings, Der Ratsturm nach dem Zweiten Weltkrieg. Hanna Adenauers Bericht nach 22 Jahren wieder gelesen. In: Dass., S. 125–147.

Abb. 397: Hanna Adenauer

Abb. 398: Tännchenklau

Abb. 398

Tännchenklau, Thema der Konsole unter der Statue der Mathilde von Mevissen (siehe lfd. Nr. 85)
Gerd Haas, 1970 (inschriftlich datiert und mit Steinmetzzeichen gekennzeichnet)
Maße: 53 cm hoch (mit Quader), 38 cm breit, 33 cm tief
Reimerather Trachyt mit unterseitig parzieller Verwitterung, kleineren Ausbrüchen und Rissen
Ein Mitarbeiter der »Arbeitsgemeinschaft der Steinmetzbetriebe Schmitz-Mittler« hatte in der Eifel Weihnachtsbäume gekauft. Dem Tip eines Kollegen folgend machte er Station bei einer als freizügig geltenden Wirtin, wo er seiner Tännchen unbemerkt beraubt wurde, so daß er unverrichteter Dinge nach Köln zurückkehren mußte.

Abb. 399: Umzug nach Ossendorf

Abb. 399

Umzug nach Ossendorf, Thema der Konsole unter der Statue des Karl Trimborn (siehe lfd. Nr. 86)
Gerd Haas, 1969 (inschriftlich datiert und mit Steinmetzzeichen versehen)
Maße: 53 cm hoch (mit Quader), 37 cm breit, 32 cm tief
Reimerather Trachyt mit größeren Ausbrüchen am Abakus und Rissen an den erhabenen Teilen
Wie viele Bürger empfand der Bildhauer den Umgang mit Straffälligen offenbar als übertrieben aufwendig. Im Rahmen des humanen Strafvollzuges wurde das alte Gefängnis »Klingelpütz« abgetragen und die Häftlinge in die gerade errichtete Vollzugsanstalt nach Ossendorf gebracht. Fernsehgeräte sollten den Häftlingen den Umzug schmackhaft machen. Entsprechend stellte der Bildhauer einen Vollzugsbeamten mit Fernsehgerät dar, den er einem Häftling mit Käppchen und mächtiger, kugelbeschwerter Kette entgegenhält. Die Empörung der Bevölkerung wird verständlich, wenn man sich bewußt macht, daß Fernsehgeräte zur Entstehungszeit der Konsole noch nicht für jeden finanzierbar waren.

Abb. 400: Kackesel

Abb. 400

Kackesel, Thema der Konsole unter der Statue des Wilhelm Marx (siehe lfd. Nr. 87)
Herbert Rausch, um 1970
Maße: 53 cm hoch (mit Quader), 40 cm breit, 33 cm tief
Reimerather Trachyt mit unterseitigen leichten Verwitterungen, kleinen Rissen und Ausbrüchen
Der Bildhauer wählte das Thema als realistisches Gegenstück zum Goldesel (Märchen der Gebrüder Grimm: Goldesel und Knüppel-aus-dem-Sack). Das Thema veranschaulicht den Unmut des Bildhauers, daß finanzieller Aufwand und Resultat oft in keinem angemessenen Verhältnis stehen.

Abb. 401

Heinzelmännchen, Thema der Konsole unter der Statue des Georg Fritze (siehe lfd. Nr. 90)
Gerd Haas, um 1970
Maße: 53 cm hoch (mit Quader), 40 cm breit, 33 cm tief
Reimerather Trachyt mit geringfügig verwitterter Oberfläche, kleineren Ausbrüchen und Rissen
Das Thema drückt den Wunsch der Steinmetzen und der übrigen Mitarbeiter der Bauhütte aus, ihre Arbeit würde über Nacht von magischer Hand vollendet. August Kopisch hatte die literarische Vorlage mit seinem Gedicht »Die Heinzelmännchen« geliefert. Die Darstellung der Zwerge mit Winkel, Wasserwaage, Steinquader und Markierstift illustriert die zweite Strophe:

Die Zimmerleute streckten sich,
Hin auf die Spähn' und reckten sich,
Indessen kam die Geisterschar,
Und sah, was da zu zimmern war;
Nahm Meißel und Beil Und die Säg in Eil:
Sie sägten und stachen Und hieben und brachen,
Berappten Und kappten,
Visierten wie Falken Und setzten die Balken:
Eh sich's der Zimmermann versah,
Klapp stand das ganze Haus schon fertig da.

Literatur: Kölns Legenden, Sagen, Geschichten nebst Volksliedern, Schwänken, Anekdoten, Sprichwörtern etc. Hg. von Ernst Weyden. Köln 1840, S. 201–230; Karl Simrock, Rheinsagen aus dem Munde des Volks und deutscher Dichter für Schule, Haus und Wanderschaft. Bonn 1876 (7. verbesserte Aufl.), S. 79; A. Kopisch, Die Heinzelmännchen. In: Rheinlands Wunderhorn. Sagen, Geschichten und Legenden, auch Ränke und Schwänke aus den alten Ritterburgen, Klöstern und Städten der Rheinufer und des Rheingebietes von den Quellen bis zur Mündung des Stromes. Dem Deutschen Volk gewidmet von C. Trog. 12. Band Köln II., Atzbach, o. J. (Reprint), S. 97–99; Herbert Eulenberg, Kölner Heinzelmännchen einst und jetzt. In: Alt-Köln. Zeitschrift des Vereins »Alt-Köln« E. V., 15. Jg. Heft 3 v. 25. 09. 1926, S. 74–76.

Abb. 401:
Heinzelmännchen

Abb. 402

Deutscher Michel, Thema der Konsole unter der Statue des Hans Böckler (siehe lfd. Nr. 91)
Gerd Haas, um 1970
Maße: 39 cm hoch, 39 cm breit, 27 cm tief
Reimerather Trachyt mit leicht verwitterter Oberfläche, porösen Partien, kleineren Rissen und Ausbrüchen sowie einer größeren Flickstelle am Wulst
Mit der Darstellung machte sich der Bildhauer über die Politikverdrossenheit vieler Bürger lustig. Dargestellt ist ein Schläfer mit Zipfelmütze, der sich nicht stören läßt, obwohl ihm ein Feuer unter dem Hintern brennt. Das Feuer symbolisiert soziale und Umweltprobleme.

Abb. 402:
Deutscher Michel

Abb. 403: Kosmonauten

Abb. 403

Kosmonauten, Thema der Konsole unter der Statue des Konrad Adenauer (siehe lfd. Nr. 92)
Gerd Haas, 1962
Maße: 39 cm hoch, 37 cm breit, 31 cm tief
Reimerather Trachyt mit leicht verwitterter Oberfläche, parziell poröser Unterseite, kleineren Rissen, Ausbrüchen und Ausflickungen am Abakus
Das im Ratsturmlapidarium aufbewahrte Modell weist Risse, starke Beschädigungen und Fehlstellen auf. Die Konsole erinnert an Juri A. Gagarin, der als erster Mensch am 12. April 1961 in einer Raumkapsel die Erde umkreiste. Der Bildhauer stellte die Kosmonauten in phantasievoll gestalteten Raumanzügen dar, wie sie schwerelos über der durch Meridiane geteilten Erdkugel schweben.

Abb. 404: »Wenn zwei sich streiten, freut sich der Dritte«

Abb. 404

»Wenn Zwei sich streiten, freut sich der Dritte«, Thema der Konsole unter der Statue des Willi Ostermann (siehe lfd. Nr. 93)
Gerd Haas, nach 1964
Maße: 39 cm hoch, 33 cm breit, 27 cm tief
Reimerather Trachyt mit leicht verwitterter Oberfläche, kleineren Rissen und Ausbrüchen
Das im Ratsturmlapidarium erhaltene Modell weist Risse und Beschädigungen auf. Der Bildhauer veranschaulicht die im Sprichwort zusammengefaßte Lebensweisheit mit Hund und Katze, die über dem Kampf den Gegenstand ihres Streites vergessen, über den sich die Maus, als schwächstes der drei Tiere, hermacht.

Abb. 405: »Mich laust der Affe«

Abb. 405

»Mich laust der Affe«, Thema der Konsole unter der Statue der Christine Teusch (siehe lfd. Nr. 96)
Herbert Rausch, nach 1964
Maße: 38 cm hoch, 35 cm breit, 27 cm tief
Reimerather Trachyt mit kleineren Rissen und Ausbrüchen
Der Bildhauer nahm den Ausruf des Erstaunens wörtlich und stellte einen Affen dar, der auf der Schulter eines Mannes hockt, in dessen Haar er das Gesuchte findet.

Abb. 406: Lackaffe

Abb. 406

Lackaffe, Thema der Konsole unter der Statue des Wilhelm Sollmann (siehe lfd. Nr. 97)
Herbert Rausch, nach 1964
Maße: 39 cm hoch, 34 cm breit, 28 cm tief
Reimerather Trachyt mit kleineren Ausbrüchen und Rissen
Das gut erhaltene Gipsmodell ist im Privatbesitz erhalten. Die Darstellung soll auf die Eitelkeit anspielen, mit der sich z. B. in Köln Karnevalisten um Auszeichnungen und Ehrentitel bemühen. Der Affe persifliert diese Eigenschaft, in dem er sich kritisch in einem Spiegel betrachtet und sich einen Phantasieorden an die Brust hält, als wollte er Skepsis gegenüber sein vermeintliches Verdienst zum Ausdruck bringen.

Abb. 407

Zwei Affen, Thema der Konsole unter der Statue des Josef Haubrich (siehe lfd. Nr. 98)
Herbert Rausch, um 1960
Maße: 39 cm hoch, 34 cm breit, 27 cm tief
Stenzelberger Trachyt
Die beiden aneinander gelehnten Affen betrachten die Fuge zum nächsten Quader im Turm, auf die der eine der beiden mit ausgestrecktem Zeigefinger weist. Die Darstellung der Figuren weicht durch ihre natürlichen Proportionen von den übrigen Konsolen an den oberen Turmgeschossen ab. Möglicherweise war sie lange vor der Anbringung am Turm fertiggestellt. Für eine frühe Entstehung zu Beginn der 1960er Jahre spricht auch das Material.

Abb. 407: Zwei Affen

Abb. 408

»Einer, der sich mit fremden Federn schmückt«, Thema der Konsole unter der Statue der Hertha Kraus (siehe lfd. Nr. 99)
Gerd Haas, 1968 (inschriftlich datiert und mit Steinmetzzeichen versehen)
Maße: 53 cm hoch (mit Quader), 34 cm breit, 28 cm tief
Reimerather Trachyt mit größeren Ausbrüchen am Abakus und am Kopf, der zuletzt genannte Schaden entstand bereits kurz nach dem Einbau der Konsole
Die Darstellung spielt auf die in den Augen des Bildhauers lächerlich wirkenden Prahlereien von Kollegen in der »Bauhütte Rathausturm« an. Die Konsole zeigt einen Mitarbeiter, der einem Pfau über seiner linken Schulter Federn entrissen hat, die er sich an den Schutzhelm hält. Der Pfau gilt als Symbol der Eitelkeit.

Abb. 408: »Einer, der sich mit fremden Federn schmückt«

Abb. 409

Gammler und Spießbürger, Thema der Konsole unter der Statue des Heinrich Böll (siehe lfd. Nr. 102)
Gerd Haas, 1970 (inschriftlich datiert und mit Steinmetzzeichen versehen)
Maße: 53 cm hoch (mit Quader), 35 cm breit, 29 cm tief
Reimerather Trachyt mit kleineren Rissen und Ausbrüchen
Mit der Darstellung spielt der Bildhauer auf den Sozialstaat an, in dem z. B. arbeitslose Drogensüchtige mit Steuergeldern unterstützt werden und sogenannte »Aussteiger« durch ihre unkonventionelle Lebensart die berufstätigen »Normalbürger« in Frage stellen. Die Konsole zeigt einen Bürger, der seine »schwer verdienten Brötchen« einem sozial Abhängigen in den geöffneten Mund schiebt. »Joint«, Bart und »Matte« kennzeichnen den Brotempfänger als Gammler.

Abb. 409: Gammler und Spießbürger

Abb. 410

Student, Thema der Konsole unter der Statue des Petrus (siehe lfd. Nr. 103)
Herbert Rausch, um 1970
Maße: 39 cm hoch, 37 cm breit, 27 cm tief
Reimerather Trachyt mit wenigen kurzen Haarrissen
Die Identifikation der Darstellung erfolgte aufgrund der Kappe, die den Wulst in die Gestaltung einbezieht, des Schnauzbartes und der langen Haare. Alle drei Merkmale entsprechen einer romantischen Vorstellung von Studenten, die nichts mit der Realität zu tun hat und die im Gegensatz zur Darstellung auf der folgenden Konsole gesehen werden kann.

Abb. 410: Student

Abb. 411: Studentenkrawall

Abb. 411

Studentenkrawall, Thema der Konsole unter der Statue des Kaspar (siehe lfd. Nr. 104)
Gerd Haas, nach 1968
Maße: 50 cm hoch, 39 cm breit, 31 cm tief
Reimerather Trachyt
Die Konsole erinnert an die Protestbewegung der Zeit um 1968. Damals forderten als radikal empfundene Studenten, unter ihnen Fritz Teufel und Rainer Langhans, Studienreformen. Bei Demonstrationen kam es mehrfach zu gewalttätigen Auseinandersetzungen. Dabei ging die Polizei mit Schlagstöcken und Wasserwerfern gegen Demonstranten vor. Der Bildhauer stellte einen Polizisten dar, der mit sichtlichem Vergnügen einen Studenten bei den Haaren packt und mit seinem Stock nach einem bereits gestürzten zweiten Studenten zum Schlag ansetzt. Ein Jurist unterstützt ihn, in dem er einen der beiden Studenten tritt. Frisur, Brille und Bart ermöglichen die Identifizierung des Studenten als Rainer Langhans. Der Polizist trägt die in den 1960er Jahren noch üblichen Tschakko, der Jurist mit dicker Hornbrille und Barett, hält das Richtschwert als wolle er damit zustoßen.

Abb. 412: Zwei Seiten des Lebens

Abb. 412

Zwei Seiten des Lebens, Thema der Konsole unter der Statue des Melchior (siehe lfd. Nr. 105)
Gerd Haas, um 1970
Maße: 39 cm hoch, 33 cm breit, 31 cm tief
Reimerather Trachyt mit kurzen Haarrissen und porösen Partien an der Unterseite
Das Bewußtsein, sterben zu müssen, veranlaßte den Bildhauer zur Darstellung eines mit Lorbeer umkränzten Totenschädels und einer von Weinlaub umkränzten Komödienmaske. Anlaß war die Erfahrung, daß dem höchsten Glück ein jähes Ende folgen kann. Er zeigt wie der durch einen Schädel symbolisierte Tod sein wahres Gesicht zeigt, indem er die Maske der Fröhlichkeit und des Glücks mit seinen skelettierten Händen von seinem Gesicht nimmt. Mit der Blume zwischen seinen Zähnen deutet er die Fähigkeit des Todes an, den Menschen aus der Blüte seines Lebens zu entreißen.

Abb. 413: Ballgerangel

Abb. 413

Ballgerangel, Thema der Konsole unter der Statue des Balthasar (siehe lfd. Nr. 106)
Gerd Haas, um 1970
Maße: 44 cm hoch, 37 cm breit, 32 cm tief
Reimerather Trachyt mit unterseitig verwitterten Stellen
Mit dem Thema der vier Männer, die um einen Ball streiten, spielte der Bildhauer auf die Mittagspausen an, in denen sich die Steinmetzen zum Ballspiel vor der Deutzer Messe trafen.

Abb. 414
Maria Schmitz, Thema der Konsole unter der Statue des Gereon (siehe lfd. Nr. 107)
Herbert Rausch, um 1970
Maße: 39 cm hoch, 35 cm breit, 31 cm tief
Reimerather Trachyt mit kleineren Rissen und Ausbrüchen
Die Witwe des 1965 gestorbenen Eduard Schmitz jun. leitete bis 1970 die Ratsturmbauhütte. Mit der Darstellung kritisierte der Bildhauer ihre Unfähigkeit, daß Geschäft fortzuführen und für Aufträge nach dem bevorstehenden Abschluß der Arbeiten am Ratsturm zu sorgen. 1970 schieden deshalb die beiden Bildhauer Gerd Haas und Herbert Rausch aus der Ratsturmbauhütte aus und machten sich selbständig. Seit dem stellten sie ihre Leistungen der Stadt unmittelbar in Rechnung. Nach der Meinung des Bildhauers bestand die Leistung von Maria Schmitz im Schreiben von Rechnungen an die Stadt. Gegenüber den Mitgliedern der Ratsturmbauhütte erscheint sie als nackte Riesin, die sich von allen Seiten bedienen läßt.

Abb. 414: Maria Schmitz

Abb. 415
Grinkopf, Thema der Konsole unter der Statue unter der Ursula (siehe lfd. Nr. 108)
Herbert Rausch, um 1970
Maße: 39 cm hoch, 33 cm breit, 27 cm tief
Reimerather Trachyt mit kleineren Rissen und Ausbrüchen
Nach Auskunft von Gerd Haas handelt es sich bei der Konsole um eine Kopie nach einer im 19. Jahrhundert erneuerten Bauplastik. Dargestellt ist ein mit Eichenblättern geschmückter Fabelwesenkopf zwischen zwei Datteln.

Abb. 415: Grinkopf

Abb. 416
Grinkopf, Thema der Konsole unter der Statue des Maternus (siehe lfd. Nr. 109)
Herbert Rausch, um 1970
Maße: 39 cm hoch, 33 cm breit, 27 cm tief
Reimerather Trachyt mit kleineren Rissen und Ausbrüchen
Wie die vorherige Konsole ist diese eine Kopie nach einer im 19. Jahrhundert erneuerten Bauplastik.

Abb. 416: Grinkopf

Abb. 417
Wohlstandsbürger, Thema der Konsole unter der Statue des Severin (siehe lfd. Nr. 110)
Herbert Rausch, um 1970
Maße: 39 cm hoch, 35 cm breit, 33 cm tief
Reimerather Trachyt mit leichten Verwitterungen, kleineren Rissen und Ausbrüchen
Der Bildhauer karikierte mit der Darstellung den selbstgenügsamen, unkritischen Bürger. Mit selbstgestricktem Pullover und Pantoffeln an den Füßen sitzt er im modischen Schalensessel, schaut fern und hält einen großen Weinkrug. Mit den vier Augen deutete der Bildhauer an, daß für den Wohlstandsbürger nur Unterhaltung und Konsum zählen.

Abb. 417: Wohlstandsbürger

Abb. 418: Gerangel um den letzten Stein

Abb. 418

Gerangel um den letzten Stein, Thema der Konsole unter der Statue des Evergislus (siehe lfd. Nr. 111)
Herbert Rausch, vor 1975
Maße: 39 cm hoch, 33 cm breit, 29 cm tief
Reimerather Trachyt mit kleinen Ausbrüchen und porösen Stellen
Anders als die Bildhauer blieben die Steinmetze nach 1970 weiter Mitarbeiter der Firma Schmitz/Mittler. Da sich die Leiterin des Betriebes, Maria Schmitz, nicht um Aufträge bemühte, sahen ihre Mitarbeiter der Arbeitslosigkeit entgegen. Der Bildhauer überspitzte die Lage, indem er das Schicksal der Steinmetzen von der Arbeit an einem Stein abhängig machte.

Abb. 419: Herbert Rausch

Abb. 419

Herbert Rausch, Thema der Konsole unter der Statue des Kunibert (siehe lfd. Nr. 112)
Herbert Rausch, vor 1975
Maße: 53 cm hoch (mit Quader), 37 cm breit, 34 cm tief
Reimerather Trachyt mit kleineren Rissen und Ausbrüchen
Herbert Rausch (1925–1983) und Gerd Haas (geb. 1933) teilten sich die Anfertigung der zwischen 1957 und 1975 entstandenen Konsolen. Rausch schuf 37 Konsolen, 12 Fialen, zwei Wasserspeier und vier Schlußsteine für den Ratsturm. Haas gestaltete 38 Konsolen. Beide Eifeler Steinmetzfamilien entstammende Bildhauer waren am Wiederaufbau Kölner Denkmäler beteiligt. Gemeinsam schufen sie Kapitelle mit Szenen aus den Fabeln von Lafontaine für das Overstolzenhaus und ergänzten die zerstörten Teile der Wand mit den Neun Guten Helden im Hansasaal des Rathauses. Als Mitarbeiter des Bildhauers Eduard Schmitz jr. kopierte Haas die Statue auf dem Jan-van-Werth-Brunnen und Konsolen mit Totenschädeln für die Elendskirche. Rausch trat 1978 in die Dombauhütte ein, wo er u. a. den Beweis erbrachte, »daß es auch heute noch möglich ist, gültige Kopien von Werken der Neugotik zu schaffen.«
Literatur: Hermann Ginzel, Stück für Stück nach alter Form aufgebaut. In: Kölner Stadtanzeiger vom 19./20. 1. 1963; Arnold Wolff, 20. Dombaubericht, in: Kölner Dbll. 43, 1978, S. 76, Abb. S. 78; 21. Dombaubericht, in: Kölner Dbll. 44-45, 1979/80, S. 380; 22. Dombaubericht, in: Kölner Dbll. 46, 1981, S. 75–76, Abb. S. 77; ders., Aus dem Arbeitsleben. In: Kölner Dbll. 48, 1983, S. 297–298, Abb. S. 298.

Abb. 420: Geldsäckelmann

Abb. 420

Geldsäckelmann, Thema der Konsole unter der Statue des Weißen Ewald (siehe lfd. Nr. 113)
Herbert Rausch, vor 1975
Maße: 53 cm hoch (mit Quader), 37 cm breit, 35 cm tief
Reimerather Trachyt mit poröser und rissiger Oberfläche und kleineren Ausbrüchen
Das gut erhaltene Modell befindet sich im Privatbesitz. Mit der Darstellung spielte der Bildhauer auf die, seiner Meinung nach, verschwenderische Verwaltung und die hohen Kosten der Wiederherstellung des Ratsturmes an.

Abb. 421

Nasenbohrer, Thema der Konsole unter der Statue des Schwarzen Ewald (siehe lfd. Nr. 114)
Herbert Rausch, vor 1975
Maße: 53 cm hoch (mit Quader), 36 cm breit, 33 cm tief
Reimerather Trachyt mit poröser Oberfläche, kleineren Ausbrüchen und Rissen
Das gut erhaltene Modell befindet sich im Privatbesitz. Mit der Darstellung spielte der Bildhauer auf die seiner Meinung nach schwerfällige Verwaltung und die damit verbundene Wiederherstellungsdauer des Ratsturmes an.

Abb. 421: Nasebohrer

Abb. 422

Zwei Krähen, Thema der Konsole unter der Statue des Agilolf (siehe lfd. Nr. 115)
Herbert Rausch, vor 1975
Maße: 53 cm hoch (mit Quader), 38 cm breit, 30 cm tief
Reimerather Trachyt
Das gut erhaltene Modell ist im Privatbesitz erhalten. Die Darstellung spielt auf das Sprichwort an: »Eine Krähe hackt der anderen kein Auge aus«. Aufgrund der Thematik mag die Konsole bereits in den 60er Jahren entstanden sein.

Abb. 422: Zwei Krähen

Abb. 423

Esel auf dem Glatteis, Thema der Konsole unter der Statue des Bruno (siehe lfd. Nr. 116)
Herbert Rausch, vor 1975
Maße: 39 cm hoch, 33 cm breit, 30 cm tief
Stenzelberg Trachyt mit kleineren Ausbrüchen und alter Flickstelle am Ohr
Mit dem Thema spielte der Bildhauer auf das Sprichwort an: »Der Esel, dem es zu gut geht, begibt sich auf's Glatteis«. Aufgrund der Sprichwortthematik erscheint auch eine Datierung in den 60er Jahren möglich.

Abb. 423: Esel auf dem Glatteis

Abb. 424

Zwei Hunde und ein Knochen, Thema der Konsole unter der Statue des Heribert (siehe lfd. Nr. 117)
Herbert Rausch, vor 1975
Maße: 39 cm hoch, 38 cm breit, 31 cm tief
Reimerather Trachyt mit kleinen Rissen
Das beschädigte Gipsmodell ist im Ratsturmlapidarium erhalten. Mit dem Thema spielte der Bildhauer auf die damalige Lage in der Ratsturmbauhütte an. Sie ist Ausdruck der Unzufriedenheit über die Leitung, die sich nicht um Aufträge bemühte, um die Mitarbeiter nach Vollendung des Turmes weiter beschäftigen zu können.

Abb. 424: Zwei Hunde und ein Knochen

Abb. 425: Goldesel

Abb. 425

Goldesel, Thema der Konsole unter der Statue Annos II., (siehe lfd. Nr. 118)
Herbert Rausch, vor 1975
Maße: 53 cm hoch (mit Quader), 40 cm breit, 32 cm tief
Reimerather Trachyt
Die Darstellung war möglicherweise als Pendant zum sogenannten Kackesel (siehe Konsole zur lfd. Nr. 87) gedacht. Aufgrund der Märchenthematik kommt auch eine Datierung in die 60er Jahre in Frage.

Abb. 426: Faß anstechen

Abb. 426

Faß anstechen, Thema der Konsole unter der Statue des Gründers des Kartäuserordens Bruno (siehe lfd. Nr. 119)
Gerd Haas, 1969 (inschriftlich datiert und mit Steinmetzzeichen versehen)
Maße: 53 cm hoch (mit Quader), 36 cm breit, 31 cm tief
Reimerather Trachyt mit poröser und stark rissiger Oberfläche und kleineren Ausbrüchen
Mit dem Thema spielte der Bildhauer auf den zu erwartenden vorläufigen Abschluß der Wiederherstellungsarbeiten am Ratsturm an. Der Schuh, aus dem die Zehen herausschauen, weist auf die künftige Armut der dann wahrscheinlich arbeitslosen Steinmetze hin.

Abb. 427: Postengerangel

Abb. 427

Postengerangel, Thema der Konsole unter der Statue Engelberts I. von Berg (siehe lfd. Nr. 120)
Gerd Haas, 1970 (inschriftlich datiert und mit Steinmetzzeichen versehen)
Maße: 47 cm hoch, 38 cm breit, 33 cm tief
Reimerather Trachyt mit kleineren Ausbrüchen, unterseitig leichte Verwitterungen und alten Ausflickungen am Abakus
Die Darstellung des Handgemenges und des Gebrauchs der Schußwaffe sind Ausdruck der brutalen Methoden, mit denen z. B. Politiker um Posten ringen. Der Bildhauer drückt damit die traurige Erkenntnis aus, daß sich der Hinterhältigste oft durchsetzt.

Abb. 428: Professor Dr. Walter Bader

Abb. 428

Professor Dr. Walter Bader, Thema der Konsole unter der Statue des Albertus Magnus (siehe lfd. Nr. 121)
Gerd Haas, 1970 (inschriftlich datiert und mit Steinmetzzeichen versehen)
Maße: 42 cm hoch, 33 cm breit, 28 cm tief
Reimerather Trachyt mit kleinen horizontalen Rissen und Ausbrüchen, alte Ausflickungen am Abakus
Walter Bader (1901–1986, Staatskonservator von 1947–1969) befürwortete Beihilfen für die Instandsetzung des Turmes. Der Bildhauer stellte ihn deshalb mit Geldsack und Modell des Ratsturmes dar auf den er mit seiner linken Hand zeigt. Die Wahl des Themas geschah auf Anregung der Stadtkonservatorin Hanna Adenauer
Literatur: Günther Binding, Prof. Dr. Walter Bader zum 80. Geburtstag. In: Jahrbuch der Rheinischen Denkmalpflege, Band 29, 1983, S. 9–11; Udo Mainzer, Walter Bader 15. September 1901 – 9. März 1986. In: dass., Band 32, 1987, S. 1–5.

Abb. 429

Heinrich Kleppe, Thema der Konsole unter der Statue des Johannes Duns Scotus (siehe lfd. Nr. 122)
Herbert Rausch, vor 1975
Maße: 53 cm hoch (mit Quader), 41 cm breit, 36 cm tief
Reimerather Trachyt mit etwas poröser Unterseite und größeren alten Ausflickungen am Wulst
Der Jurist Heinrich Kleppe (1907–1974, Dezernent der Bauverwaltung von 1950–1968) war zuständig für die Finanzierung, das Raumprogramm, den Wettbewerb und die Realisierung des Wiederaufbaues des Rathauses und anderer Verwaltungsbauten. Seine Aufgabe, allen Interessen gerecht zu werden und für deren Umsetzung in der Verwaltung Sorge zu tragen, drückte der Bildhauer mit einer Maske aus, der er seine rechte Hand in den Mund drückt, während seine linke in deren Haaren rauft. Mit der Maske wollte der Bildhauer offenbar ausdrücken, daß es dem Beigeordneten oft schwer gefallen ist, Weisungen zu folgen, die nicht seinen Vorstellungen entsprachen.
Literatur: Heinz Kleppe, Ideenwettbewerb für den Wiederaufbau des Rathauses. In: Das Rathaus zu Köln. Geschichte, Gebäude, Gestalten. Hg. von Peter Fuchs, Köln, 1994, S. 161–168.

Abb. 429: Heinrich Kleppe

Abb. 430

Wilhelm Hartmann, Thema der Konsole unter der Statue des Adolf Kolping (siehe lfd. Nr. 123)
Gerd Haas, 1968 (inschriftlich datiert und mit Steinmetzzeichen versehen)
Maße: 54 cm hoch (mit Quader), 29 cm breit, 30 cm tief
Reimerather Trachyt
Wilhelm Hartmann (1893–1976) leitete ab 1952 als Architekt den Wiederaufbau des Ratsturms in den historischen Formen. Lediglich beim verschieferten Turmhelm ließ er alle architektonischen Elemente des späten 19. Jahrhunderts weg und ersetzte die regelmäßige, achtseitige Pyramide durch eine, die dem unregelmäßigen Grundriß des aus breiten und schmalen Fassaden bestehenden Achteckgeschosses folgt. Die sparsame Gestaltung von Gauben und Glockenstuhl machen den Turmhelm zu einem charakteristischen Beispiel der abstrahierenden Architekturauffassung der 50er Jahre. Der Bildhauer dachte bei der Gestaltung offenbar an spätmittelalterliche Baumeisterbildnisse wie dasjenige Anton Pilgrams am Orgelfuß im Wiener Stephansdom und gab ihm entsprechend das Handwerkszeug Winkel, Stechzirkel und Zeichenstift in die Hände.
Literatur: Zu Lebzeiten in Stein gemeißelt. Architekt Wilhelm Hartmann 80 Jahre. In: Kölnische Rundschau vom 20. 09. 1973; Ulrich Krings, Der Ratsturm nach dem Zweiten Weltkrieg. Hanna Audenauers Bericht nach 22 Jahren wieder gelesen. In: Das Rathaus zu Köln. Geschichte, Gebäude, Gestalten. Hg. von Peter Fuchs, Köln 1994, S. 232–243.

Abb. 430: Wilhelm Hartmann

Abb. 431

Grinkopf, Thema der Konsole unter der Statue der Edith Stein (siehe lfd. Nr. 124)
Herbert Rausch, vor 1975
Maße: 54 cm hoch (mit Quader), 33 cm breit, 26 cm tief
Reimerather Trachyt mit poröser Unterseite, Ausbrüchen, Rissen und alten Ausflickungen
Die Gestaltung erfolgte nach dem Vorbild einer entsprechenden mittelalterlichen Bauplastik.

Abb. 431: Grinkopf

Katalog der Wasserspeier

Abb. 432: Sirene

Abb. 432
Sirene, Thema des Speiers zur Wasserableitung der nordwestlichen Zwickelfläche über dem 2. Obergeschoß
Joachim Pechau, 1975 (inschriftlich datiert und signiert)
Maße: 40 cm hoch, 35 cm breit, 90 cm tief
Lohndorfer Basaltlava mit kleinen Ausflickungen aus dem Entstehungsjahr
Die Mischwesen aus Mensch und Vogel sind aus der Odyssee bekannt. Auf einer Insel wohnend lockten sie vorüberfahrende Seeleute durch ihren Gesang an, um sie dann zu töten. Der Held Odysseus entronn dieser Gefahr, indem er seinen Begleitern die Ohren mit Wachs verschloß und sich selbst an den Mast den Schiffes festbinden ließ. Auf der Nordostseite ist folgende Inschrift eingemeißelt:
ME FECIT
I. PECHAVIVS
IN MVLIERVM
MONTIBVS
ET AVDIS ME
CANTARES
IVDES
ME SPVTARE
Literatur: Herbert Hunger, Lexikon der griechischen und römischen Mythologie. Reinbek bei Hamburg 1974 (6. erweiterte und ergänzte Auflage), S. 377–379.

Abb. 433
Turmwächter, Thema des Speiers zur Wasserableitung der nordöstlichen Zwickelfläche über dem 2. Obergeschoß
Erlefried Hoppe, 1974/75
Maße: 40 cm hoch, 36 cm breit, 83 cm tief
Lohndorfer Basaltlava
Der Turmwächter, ein Selbstportrait des Bildhauers, trägt eine Rüstung, deren einzelne Teile durch kerbartige Rillen markiert sind.

Abb. 433: Turmwächter

Abb. 434
Wachhund, Thema des Speiers zur Wasserableitung der südöstlichen Zwickelfläche über dem 2. Obergeschoß
Erlefried Hoppe, vor 1975
Maße: 40 cm hoch, 36 cm breit, 83 cm tief
Lohndorfer Basaltlava

Abb. 434: Wachhund

Abb. 435

Meduse, Thema des Speiers zur Wasserableitung der südwestlichen Zwickelfläche
Joachim Pechau, 1975 (monogrammiert)
Maße: 40 cm hoch, 36 cm breit, 90 cm tief
Lohndorfer Basaltlava mit kleinen Ausflickungen aus dem Entstehungsjahr
In der griechischen Mythologie wird Medusa als geflügeltes Wesen mit Schlangenhaaren und mächtigen Zähnen geschildert. Es wird zu Stein, wer sie anblickt. Perseus schlug der Medusa das Haupt ab und schenkte es der Göttin Athene, die es seitdem auf ihrem Schild trug. Der Bildhauer stellte Medusa als dicke nackte Frau mit keifendem Gesichtsausdruck dar. Die Schlangen auf ihrem Kopf winden sich wie Lockenwickler.
Literatur: Herbert Hunger, Lexikon der griechischen und römischen Mythologie. Reinbek bei Hamburg 1974 (6. erweiterte und ergänzte Auflage), S. 144–145.

Abb. 435: Meduse

Abb. 436

Drache, Thema des Speiers zur Wasserableitung der nordwestlichen Steildächer über dem 4. Obergeschoß
Rudolf Peer, 1974/75
Maße: 41 cm hoch, 32 cm breit, 93 cm tief
Lohndorfer Basaltlava
Vergleichbar den mittelalterlichen Darstellungen Verdammter, greift sich das Fabelwesen mit den Pfoten in das geöffnete Maul. Das Modell ist in Privatbesitz erhalten.

Abb. 436: Drache

Abb. 437

Fabelwesen, Thema des Speiers zur Wasserableitung der nordöstlichen Steildächer über dem 4. Obergeschoß
Rudolf Peer, 1974/75
Maße: 41 cm hoch, 32 cm breit, 82 cm tief
Lohndorfer Basaltlava
Fledermausohren kennzeichnen das Fabelwesen. Das Modell ist in Privatbesitz erhalten.

Abb. 437: Fabelwesen

Abb. 438
Fabelwesen, Thema des Speiers zur Wasserableitung der nordöstlichen Steildächer über dem 4. Obergeschoß
Herbert Rausch, 1974
Maße: 41 cm hoch, 34 cm breit, 81 cm tief
Lohndorfer Basaltlava
Fledermausohren und durchgehend gerippter Oberkörper kennzeichnen den Wasserspeier.

Abb. 438: Fabelwesen

Abb. 439
Wachhund, Thema des Speiers zur Wasserableitung der südöstlichen Steildächer über dem 4. Obergeschoß
um 1900 ausgeführt
Maße: 41 cm hoch, 30 cm breit, 80 cm tief
Sandstein mit geschwärzter Oberfläche

Abb. 439: Wachhund

Abb. 440
Fabelwesen, Thema des Speiers zur Wasserableitung der südöstlichen Steildächer über dem 4. Obergeschoß
um 1900 ausgeführt
Maße: 41 cm hoch, 34 cm breit, 77 cm tief
Sandstein mit geschwärzter Oberfläche

Abb. 440: Fabelwesen

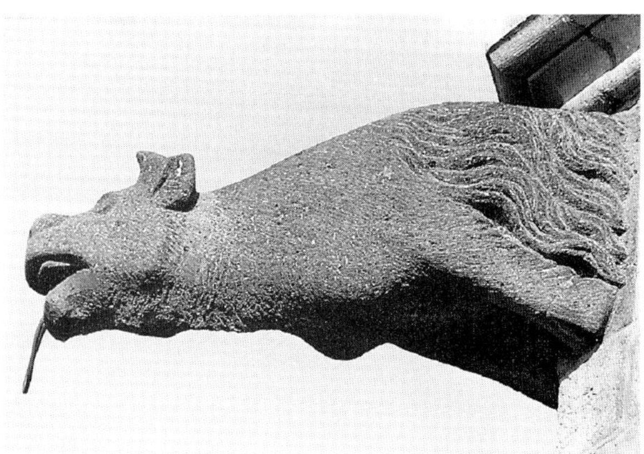

Abb. 441
Mondkalb, Thema des Speiers zur Wasserableitung der südöstlichen Steildächer über dem 4. Obergeschoß
Herbert Rausch, 1974
Maße: 41 cm hoch, 38 cm breit, 83 cm tief
Lohndorfer Basaltlava

Abb. 441: Mondkalb

Abb. 442

Widder, Thema des Speiers zur Wasserableitung der südwestlichen Steildächer über dem 4. Obergeschoß
Herbert Rausch, 1974
Maße: 41 cm hoch, 39 cm breit, 84 cm tief
Lohndorfer Basaltlava

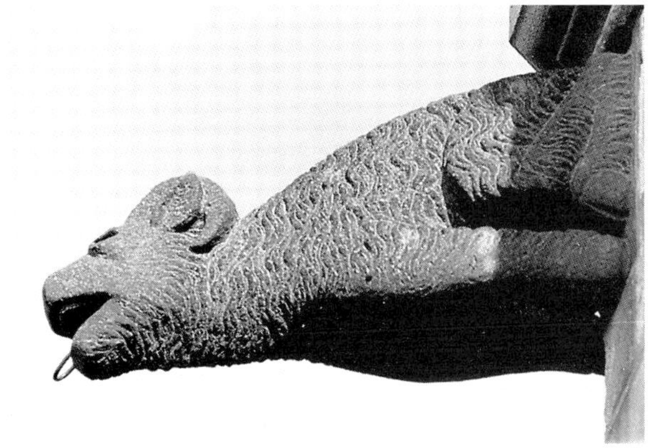

Abb. 442: Widder

Abb. 443

Drache, Thema des Speiers zur Wasserableitung der nordwestlichen Steildächer über dem 4. Obergeschoß
Herbert Rausch, 1974
Maße: 41 cm hoch, 36 cm breit, 92 cm tief
Lohndorfer Basaltlava

Abb. 443: Drache

Bauuntersuchungen an den Außenfassaden des Ratsturmes

Thomas Wüstefeld

Im Sommer 1994 konnten durch das Römisch-Germanische Museum/Archäologische Bodendenkmalpflege Köln in Abstimmung mit dem Stadtkonservator vom Verfasser Bauuntersuchungen an den eingerüsteten Außenfassaden des Ratsturmes durchgeführt werden. Ziel war es, den Bestand der mittelalterlichen Bausubstanz zu kartieren und evtl. Hinweise zur Baugeschichte des Turmes zu finden.

Um eine genauere Positionsbeschreibung der einzelnen Befunde zu ermöglichen, wurden die einzelnen horizontalen Quaderlagen vom Fuß der Ostfassade am Alter Markt nach oben hin durchnumeriert. Dies war möglich, da der Turm bis auf Partien am südlichen Treppenturm und konstruktionsbedingter Vorsprünge bei den Blendmaßwerken auf allen Seiten umlaufende Horizontalfugen aufweist. Die unterste sichtbare Quaderlage am Alter Markt erhielt die Nr. 1, entsprechend die unterste Lage am höher gelegenen Rathausplatz die Nr. 12 u. s. f.

Der Erhalt mittelalterlicher Bausubstanz

Die Untersuchung zeigte, daß in situ befindliches Mauerwerk aus der Zeit vor dem Wiederaufbau auf allen vier Fassaden in unterschiedlicher Höhe vorhanden ist. Im Bereich des Hauptturmes reicht es jedoch nicht über die Kämpferhöhe der Kreuzstockfenster im 2. OG hinaus (= Quaderlage 65). Am südlich angebauten Treppenturm ist es noch bis unter das Stockwerkgesims zum 3. OG (= Lage 71) erhalten. Im Gegensatz zum fast ganz in Trachyt errichteten Hauptturm zeigen die oberen Lagen des Treppenturmes Tuffquader mit Steinbearbeitungsspuren des 19. Jhs., so daß hier kein eindeutiger mittelalterlicher Befund vorliegt. Nachmittelalterliche Restaurierungen fallen vor allem durch die abweichende Materialauswahl auf. So sind einige wiederverwendete Wasserspeier des 19. Jhs. aus Basaltlava, Konsolen aus gelbem Sandstein und Partien des Westportals sowie Wasserschlaggesimse des Treppenturmes aus Kalkstein.

Während die in Reimerather Trachyt errichteten Partien mit Bestimmtheit der Wiederaufbauzeit zugeordnet werden können, läßt sich umgekehrt nicht daraus schließen, daß das Mauerwerk aus Drachenfelstrachyt unbedingt der Erbauungszeit entstammt. Beim Wiederaufbau der fast völlig zerstörten Nordfassade wurden große Partien mit aus Trümmerschutt geborgenen Trachytquadern neu aufgemauert. Mitunter tragen diese Quader auch Steinmetzzeichen, doch ihre ursprüngliche Positionierung ist in diesem Fall natürlich verändert worden. Der Rückgriff auf Trümmerschutt erklärt sich aus den langwierigen Schwierigkeiten, brauchbares Baumaterial für den Wiederaufbau zu beschaffen[1]. Diesem Problem entstammt auch die Verwendung von Westerwälder Trachyt im Sockelbereich der Nord- und Westfassade.

Die Westfassade überstand zwar weitgehend die Zerstörung, ihre Oberfläche wurde aber durch mechanische Überarbeitung dermaßen »bereinigt«, daß auch hier Spuren mittelalterlicher Bau- und Steinbearbeitungstechnik großenteils verwischt sind.

Die Süd- und Ostfassade weisen trotz der teilweisen Verdeckung durch Anbauten noch den größten Teil mittelalterlicher Substanz auf. Insbesondere in EG und 1. OG fanden sich hier die meisten historischen Spuren zur Baugeschichte.

Mauerwerkstechnik

Der Turm erhebt sich auf Grundmauern von lagenweise vermauerten Basaltsäulen mit dazwischenliegenden Ausgleichsschichten aus Tuffstein. Diese Bauart wurde allerdings nur an den nicht sichtbaren Mauerwerkspartien angewandt, wie im erst seit dem Wiederaufbau freiliegenden Sockel der Nordseite. Alle sichtbaren Mauerwerke traten zumindest in den unteren Geschossen als sorgfältig bearbeitetes und versetztes Trachytmauerwerk in Erscheinung. Einblicke in die innere Struktur des Zweischalenmauerwerks, die durch Steinauswechslungen möglich wurden, ergaben aber auch hier einen Mauerwerkskern aus lagig eingebrachten Basaltsäulen und Ausgleichsschichten aus Tuffsteinbruch, die in einem dicken Mörtelbett aus sehr hellem Kalkmörtel ruhen.

In der 36. und 54. Quaderlage konnten umlaufende Gerüstholzlöcher der Erbauungszeit festgestellt werden. Sie haben eine quadratische Form von 10–12 cm

Seitenlänge und sind mit Tuff- oder Trachytwürfeln, in einem Fall auch mit Ziegelbrocken, zugesetzt.

Beobachtungen an einem dieser Gerüstlöcher sowie am Treppenturm lassen zudem vermuten, daß an heute nicht mehr erhaltenen größeren Partien der äußeren Mauerwerkschale auch Tuffstein zur Verwendung kam. Das der Erbauungszeit entstammende Gerüstloch (Südfassade; Lage 54) liegt in einem aus Tuff gearbeiteten Blendmaßwerkquader, so daß davon ausgegangen werden kann, daß zumindest an solchen differenzierten Bauteilen auch Tuffstein Verwendung fand[2].

Weiterhin hat sich Tuffsteinmauerwerk noch am Treppenturm erhalten. Hier im Blendmaßwerk des 1. OG sowie im gesamten Bereich von der Fensterbrüstungshöhe des 2. OG bis zu dessen Blendmaßwerk (= Lage 71). Diese Quaderlage ist zudem die am höchsten erhaltene aus der Zeit vor dem Wiederaufbau. Die Tuffquader weisen hier allerdings Steinbearbeitungen des 19. Jhs. auf, die darauf hindeuten, daß die Steine entweder erst in dieser Zeit hier vermauert oder zumindest überarbeitet wurden. Ein eindeutig mittelalterlicher Befund liegt hier jedenfalls nicht vor. Der Materialwechsel zwischen Trachyt und Tuff zeichnet sich auch auf fast allen SW-Fotografien aus der Zeit vor dem Wiederaufbau ab. Auch im Bereich des Hauptturmes zeichnet sich über der Kämpferlage der Kreuzstockfenster im 2. OG optisch eine Grenze ab. Da das nach dem Krieg noch erhaltene Mauerwerk der oberen Geschosse genau bis zu dieser Fuge abgetragen wurde, ließ es sich bisher noch nicht nachweisen, ob es sich auch hier um Tuffmauerwerk handelte.

Weitere Mauerwerksbefunde

Verzahnungen der Mauerwerksquader an der NO- und SW-Ecke deuten darauf hin, daß der Turm nicht isoliert auf dem heutigen Grundriß errichtet wurde, sondern im Verband mit angrenzenden Bauten auf den entsprechenden Seiten.

Auf der Westseite ragen noch einige Quader über die eigentliche Südkante des Turmes in den Bereich der ehemaligen Prophetenkammer hinein, so daß dieser Verbindungstrakt zwischen Turm und Hansasaal wohl zeitgleich mit dem Turm entstanden ist oder zumindest beim Bau desselben bereits angelegt war. Ein profilierter Quader im unteren Bereich könnte in diesem Zusammenhang als Fragment des 1866 abgebrochenen Überhanges des Obergeschosses der Prophetenkammer gedeutet werden.

Die Nordseite des Turmes zeigt im Bereich des Untergeschosses 1,40 m von der Ostkante entfernt ebenfalls Mauerwerksverzahnungen. Diese sind Reste einer nach Norden verlaufenden Mauer, die sich ursprünglich bis 4 m über Alter Markt-Niveau erhoben haben muß. Die genaue Funktion dieser Mauer läßt sich nicht mit Bestimmtheit klären. Möglicherweise diente sie als Böschungsmauer für das nach Westen stark ansteigende Gelände. Westlich dieser Quaderverzahnungen befindet sich ursprünglich wohl nicht sichtbares Basaltmauerwerk, während das Mauerwerk östlich und darüber auf Sicht gearbeitet ist. Ein angearbeitetes Schmiegenprofil weist zudem auf eine ehemals unverbaute Nordostecke des Turmes hin. Verschieden große quadratische, 3 cm tiefe Vertiefungen in den Steinen weisen möglicherweise auf Anbringung unbestimmbarer Gegenstände in diesem Bereich hin (Schilder, Vordächer etc.).

Steinmetzzeichen

Zu den überraschendsten Ergebnissen der Bauuntersuchung an den Außenwänden des Ratsturms zählen 190 aufgedeckte Steinmetzzeichen, die 42 verschiedenen Steinmetzen zugeordnet werden können (Abb. 444 a–d).

Formal weisen die Zeichen typische Merkmale der Erbauungszeit auf, d. h. geradlinige, relativ dünne Linien. Lediglich zwei Zeichen weisen keilförmige Endungen auf, nur eines hat gebogene Linien. Die stark unterschiedlichen Größen schwanken zwischen 1,3 und 7,0 cm. Angebracht sind sie bis auf eine Ausnahme immer auf den glatten Flächen der Trachytquader, der Profile oder der Blendmaßwerke. Reste von Farbspuren konnten nicht festgestellt werden, zumal die Oberflächen insgesamt stark von Verwitterungen betroffen sind.

Eindeutige Aussagen zu den Beschäftigungszeiträumen der einzelnen Steinmetze können aufgrund der Verluste an historischer Substanz der Oberfläche (Steinauswechslungen, Abwitterungen) sowie der gesamten Bausubstanz der oberen $2\frac{1}{2}$ Geschosse nicht gemacht werden, doch erweckt die Eintragung der Zeichen in einer Tabelle der Quaderlagen den Eindruck, daß der größte Teil der Steinmetzen nur saisonal während eines Bauabschnitts (z. B. eines Jahres) gearbeitet hat, andere Steinmetze wiederum über einen längeren Zeitraum beschäftigt waren. Die Zeichen von vier Steinmetzen verteilen sich über mindestens drei Geschosse und damit über den größten Teil des noch erhaltenen mittelalterlichen Originalbestandes. Womöglich sind unter ihnen der oder die leitenden Werkmeister zu suchen.

Mindestens sechs Steinmetze des 1407–1414 erbauten Ratsturmes waren auch bei der Errichtung des Chores von St. Andreas (1414 – nach 1420) beteiligt.[3]

Am Komplex des um 1400 errichteten Kartäuserklosters wurden ebenfalls mindestens vier Steinmetze des Ratsturmes nachgewiesen.[4]

Zusammenfassung

Die Untersuchung erbrachte trotz immenser Verluste an historischer Bausubstanz durch Kriegseinwirkung, wiederaufbaubedingte Abbrüche und Restaurierungen noch eine ganze Reihe von Befunden, von denen ein Teil aufgrund fortschreitender Verwitterungen möglicherweise in den nächsten Jahrzehnten verschwinden wird.

Die wichtigsten Ergebnisse seien in Kurzform genannt:

- Der Turm wurde nicht isoliert, sondern in Verband mit Mauerzügen auf der Nord- und Südseite errichtet.
- Die Nordostecke in gesamter Länge sowie die Sokkelzone der Nordseite ab 4 m über Alter Markt-Niveau sind »auf Sicht« gemauert, d. h. sie waren ursprünglich nicht verbaut (im Prinzip wie seit dem Wiederaufbau in der Nachkriegszeit).
- Der Turm wurde zwar zum großen Teil aus Trachyt errichtet, aber auch Tuffstein gehörte zu den Baumaterialien, möglicherweise sogar in größerem Umfang als bisher angenommen. Hier ist noch Forschungsarbeit zu leisten.
- Eine beachtliche Anzahl von Steinmetzzeichen wurde festgestellt, und einige Steinmetze können in Verbindung mit zeitgleichen Kölner Bauten gebracht werden. Zudem zeichnen sich Gruppen von saisonal sowie kontinuierlich beschäftigten Steinmetzen ab. Um aber zu genaueren Aussagen in diesem Bereich zu kommen, wäre es sinnvoll, bei zukünftigen Sanierungen von Kölner Bauten entsprechende Untersuchungen vorzunehmen.

Anmerkungen

1 Adenauer, Hanna. Das Schicksal des Kölner Rathauses vor, während und nach dem 2. Weltkrieg. In: Das Rathaus zu Köln, hg. v. Peter Fuchs, Köln 1973, S. 146 ff.

2 Auch auf der West- und Nordseite finden sich in dieser Lage Blendmaßwerkquader aus Tuff. Diese sind aber sämtlich modernen Ursprungs, ersetzten aber vermutlich ältere Steine aus dem gleichen Material.

3 Bei einer kurzen Begehung des inneren Chorbereiches durch den Verfasser konnten lediglich die unverstellten Wandflächen im Sockelbereich in Augenschein genommen und nur die Zeichen registriert werden, die durch die Wandtünche hindurchschienen.

4 Clemen, Paul. Die Kunstdenkmäler der Stadt Köln Bd. 2/III Abteilung, Düsseldorf 1934, S. 879, 885; allerdings ohne genaue Angaben der Fundstellen.

Abb. 444 a–d: Ratsturm, Steinmetzzeichen, Fotos: Autor.

Die Restaurierung des Kölner Ratsturmportals

Thomas Lehmkuhl

Vorbemerkung

Im Zuge der Gesamtsanierung der Außenfassaden des Ratsturmes zu Köln war neben anderen zwingenden Sicherungsmaßnahmen die Restaurierung und Konservierung der vorhandenen Substanz des Turmportals aufgrund des weithin erkennbaren, kritischen Erhaltungszustandes dringend erforderlich.

Die mit dem Stadtkonservator und Landeskonservator abgestimmten Maßnahmen beinhalteten vorrangig die Sicherung und Konservierung des noch vorhandenen Bestandes sowie eine Untersuchung und Interpretation zur Befundsituation vorhandener Fassungsreste.

Beschreibung des Turmportals

Die Westfassade des Ratsturmes zeigt in ihrem Erdgeschoß eine von zwei seitlichen Fialen eingefaßte Portalarchitektur in gotischen Formen. In seinem Aufbau ist das Portal harmonisch in die Gestaltung der Fassade als eigenständiges Detail hineinkomponiert unter Berücksichtigung horizontaler und vertikaler Gliederungsmerkmale der Fassade.

Das Portal zeigt jeweils zweistufige, mehrfach profilierte seitliche Laibungen. Die äußeren Laibungen sind lisenartig vor die Fassadenflucht gesetzt und finden ihren oberen Abschluß in aufwendig gestalteten Fial-Baldachinen. Die inneren Laibungen werden in ihrer Profilierung nach oben geführt und bilden über dem Eingang einen leichten Spitzbogen, der ein mit Blendmaßwerk versehenes Tympanonfeld rahmt. Der stark profilierte Spitzbogen ist reichhaltig ornamental verziert. So zeigen sich auf dem äußeren Profil des Bogens große Kriechblumen, der Scheitel des Bogens wird bekrönt von einer Kreuzblume und die innere tiefe Kehlung verziert ausladendes Laubwerk sowie jeweils eine seitliche figürliche Darstellung, die jedoch nur noch fragmentarisch vorhanden sind. Oberhalb des seitlich angrenzenden Fassadengesimes befinden sich auf den Diensten der Laibungen und auf dem Portalsturz insgesamt 9 floral gestaltete Konsolen, die in früherer Zeit Figuren trugen.

Restaurierungsgeschichte

Das Portal in seinem heutigen Bestand ist wohl nur noch in Teilen als Original anzusprechen. In der Literatur werden schon Berichte des ausgehenden 17. Jahrhunderts über umfangreiche Schäden an der Natursteinsubstanz des Ratsturmes erwähnt[1]. Die Aussagen zum Zustand der Portalarchitektur für diese Zeit bleiben jedoch undeutlich. Gesichert hingegen sind umfangreiche Sanierungsmaßnahmen in den Jahren 1867/68 durch Chr. Mohr, eine Instandsetzung der Außenverkleidung des Ratsturmes durch Friedrich Carl Heimann von 1890–1901 sowie der Wiederaufbau nach der Totalzerstörung des Ratsturmes im 2. Weltkrieg.

Detailangaben zum Umfang der jeweiligen Sanierung bezüglich der Portalsubstanz werden in der gesichteten Literatur nicht gegeben. Ein Vergleich zweier datierter Photos aus den Jahren »vor 1860« und »nach 1868« belegt zumindest für die Restaurierung der Jahre 1867/68 umfangreiche Steinrestaurierungs- und Steinaustauschmaßnahmen[2].

Naturstein-Befundplan

(Farbtafel 10)

Am Portal des Kölner Ratsturmes finden sich 5 verschiedene Natursteinarten, deren charakteristische Merkmale in Tabelle 1 zusammengefaßt sind. Während die Identifikation der rheinischen Varietäten Drachenfelstrachyt, Stenzelsberger Latit und Basaltlava problemlos möglich ist, läßt sich der Sandstein nicht ohne weiteres zuordnen. Die Ansprache des oolithischen Kalksteines der Fialen und des Portalbogens als »Savonnières« hingegen ist sehr wahrscheinlich.

Basaltlava, Stenzelsberger Latit und die einzelnen Werksteine aus Sandstein sind als Auswechslungsgestein des 19. und/oder 20. Jahrhunderts anzusprechen, so daß die originale Portalarchitektur vermutlich allein aus Drachenfelstrachyt und Savonnières gearbeitet war.

Tabelle 1: Petrographische Beschreibung der Natursteine und deren Herkunft

Gesteinsbeschreibung			
Naturstein	**Kennzeichen**	**Herkunft**	**Zusammensetzung**
Drachenfels-trachyt*	hellgrauer bis gelblicher, poriger porhyrischer Trachyt mit charakteristischen, bis zu 7 cm großen Sanidineinschlüssen. Mäßig bis gut witterungsbeständig	Siebengebirge	64% Grundmasse aus Feldspäten und Quarzen. Einlagerungen zu 20% als Plagioklas, 9% Riesensanidine sowie Erze und Glimmer
Stenzelsberger Latit*	mittelgrauer, porhyrischer Latit mit Einsprenglingen verschiedener Zusammensetzung und Größe. Mäßig bis gut witterungsbeständig	Siebengebirge	77% Grundmasse aus Oligoklas, Andesin und Labradorit. Feststoffbestandteile von 14% Plagioklas, 5% Hornblende und 2% Erzmineralien
Basaltlava*	hellblaugraue, dichtkörnige Leucit-Tephrit-Lava mit gleichmäßig verteilten, blasenartigen Poren und einzelnen grauen, grünen und weißen Einsprenglingen	Mayen/Eifel Rheinl.-Pfalz	93% mikrokristaline bis feinkörnige Grundmasse (u.a. Ägirinaugit, Titanaugit, Leucit, Plagioklas) und 7% Einschlüssen (Pyroxene, Leucit, Nosean, Gesteinsfragmente)
Savonnières	hellgelber teils weißer, feinporiger Stein mit homogener Struktur. Komponenten werden aus Calcitkristallen (bis ca. 1,5 mm) sowie Biogenen und Schalenbruchstücken gebildet. Auffällig sind sog. Ooide, durch Bindemitel verkittete Kügelchen aus Kalk, die zwischen 0,5 und 0,7 mm groß sind	Frankreich Dép. Meuse	Calcit, Biogene und Schalenbruchstücke in carbonatischer und toniger Ausbildung, ferritisch gebunden
Sandstein	gelblich, teils rötlich ockerner Sandstein mittlerer bis grober Körnung	?	Vermutlich tonig-quarzitische Bindung. Hoher Anteil an eisenhaltigen Mineralien

(* aus GRIMM, W. D.: Bildatlas wichtiger Denkmalgesteine, München 1990)

Schadensbefund

(Farbtafel 11)

Der Vorzustand der Natursteinsubstanz vor Beginn der Konservierung im Juli 1994 zeigt in Abhängigkeit von der jeweiligen Natursteinvarietät charakteristische Schadensphänomene, die sich im Überblick wie folgt darstellen:

Tabelle 2: Schadensphänomene am Naturstein

Naturstein	Schadensphänomene	Auswirkung
Drachenfelstrachyt (vgl. Farbtafel 12)	Absanden, Abmehlen der Oberfläche, Schalen- und Schuppenbildungen, Ausbrüche von Sanidinen, leichte bis mittlere Oberflächenverschmutzung	Verlust originaler Oberfläche, partieller Formenverlust an Profilen, insbesondere im Bereich von Fugen und wasserführenden Zonen
Stenzelsberger Latit	vergleichbar mit den Phänomenen am Drachenfelstrachyt	vergleichbar mit Drachenfelstrachyt, jedoch in geringerem Ausmaß
Basaltlava	ohne gravierende Schäden	
Savonnières (vgl. Farbtafeln 13 und 15)	deutlich schwarze Krustenbildungen an Flächen, die von ablaufendem Wasser geschützt sind. Flächige, gleichmäßige Rückwitterung der Oberflächen in wasserführenden Zonen, geringes Absanden und leichte Schalenbildungen an kleinteiliger Ornamentik (Fialen)	starke optische Differenzen zwischen schwarzen Verkrustungen und weißen Kalksteinflächen. Formenverlust an wasserführenden Zonen
Sandstein (vgl. Farbtafel 12)	stärkste Schalenbildungen und Rückwitterungen. Mürbes und sandenes Steingefüge	starker Formenverlust

Darüber hinaus präsentieren sich die Fugen in einem desolaten Zustand, da sie zum Teil nicht mehr mit Mörtel gefüllt sind oder der vorhandene Fugenmörtel in seinen Eigenschaften (Farbe, Härtung, Körnung) nicht auf den jeweiligen Naturstein abgestimmt ist.

Zusammenfassend ist der Erhaltungszustand der Natursteinsubstanz des Ratsturmes vor Beginn der Gesamtsanierung als zum Teil bedenklich einzustufen. Dies betrifft vor allem viele bildhauerisch gearbeitete Details an Fialen, Laubwerk und Konsolen, deren partieller Schädigungsgrad eine akute Gefährdung des jeweiligen Bestandes bedeutet und somit dringend konservatorischen Handlungsbedarf signalisiert.

Voruntersuchungen des Bestandes und Untersuchungen zum Schadensbefund

Vor Beginn der einzelnen konservatorischen Maßnahmen wurde das Objekt einer punktgenauen Begutachtung unterzogen. Die dabei gewonnenen Erkenntnisse hinsichtlich Art und Umfang der Schädigung bildeten die Basis des zu formulierenden Konservierungskonzeptes. Da die rein makroskopische Begutachtung nicht alle offenen Fragen beantworten konnte, mußten verschiedene Detailuntersuchungen durchgeführt werden.

Die Art der Untersuchung sowie deren Methodik und Ergebnisse sind der nachfolgenden Tabelle 3 zu entnehmen.

Aufgrund der Untersuchungsergebnisse konnten die erforderlichen Konservierungsmaßnahmen und die Methodik der praktischen Ausführung definiert werden.

Konservierungskonzept

Die Ergebnisse der skizzierten Voruntersuchungen bilden neben denkmalpflegerischen Intentionen die Grundlage des Konzeptes zur Konservierung des Ratsturmportals.

Denkmalpflegerisches Ziel der Arbeiten soll vor allem eine konsequente Konservierung sein, weniger eine Restaurierung. Die Maßnahme strebt die Erhaltung und Sicherung des vorgefundenen Bestandes an und versucht anhand der Befunde (insbesondere Fassungsbefunde) eine Bewertung der Geschichte des Portals.

Folgende konservatorische Maßnahmen wurden festgelegt und ausgeführt:

1. Dokumentation (schriftlich, zeichnerisch, photographisch)
2. Befunduntersuchung von Fassungsresten und deren Auswertung
3. Vorsicherung an morbiden Gesteinszonen sowie fragilen Fassungsresten
4. Reinigung, Abnahme oder Dünnung schädigender schwarzer Verkrustungen bis auf den konservatorisch notwendigen Stand, in der Methodik entsprechend den Ergebnissen von Vorversuchen
5. Sicherung morbider Gesteinsbereiche durch partielle Gesteinsfestigung mittels abgestimmtem Kieselsäureethylester
6. Sicherung und Fixierung von Schalen und Schuppen mit originaler Oberflächenbearbeitung durch Injektionen mit einem diffusionsfähigen Mörtel
7. Sicherung aufstehender Gesteinsbereiche durch sog. Randanböschungen
8. Sicherung gefährdeter Fassungsreste

Tabelle 3: Notwendige Detailuntersuchungen vor Beginn der Konservierung

Voruntersuchungen/Vorversuche		
Fragestellung	**Untersuchungsmethodik**	**Ergebnisse**
1. Art und Umfang etwaiger Salzbelastungen am aufgehenden Mauerwerk aus Trachyt und Latit	halbquantitative Analyse von Bohrmehlproben mittels »merckoquant« Teststäbchen auf Sulfate, Chloride, Nitrate	alle Proben unterhalb der Nachweisgrenze der jeweiligen Ionennachweise
2. Zusammensetzung der schwarzen Verkrustungen am Kalkstein (Savonnières) und Möglichkeiten der Abnahme unter größtmöglicher Schonung der Fassungsbefunde	naßchemischer Gipsnachweis	Krusten mit relativ geringem Gipsanteil. Zur Abnahme eignet sich eine Kombination aus Complexonpasten definierter Konfektionierung und Anwendungszeit, Mikrodampfstrahlreinigung sowie partiell Airbrassive
3. Umfang und Zustand der Fassungsbefunde	siehe S. 354–356	siehe S. 354–356

9. Klebung loser/abgebrochener Details, Injektion von Rissen
10. Überarbeiten sämtlicher Fugen, Neuverfugung mit einem abgestimmten Mörtel auf Basis Traß-Kalk, im Bereich dünner Fugen alternativ auf Basis Polyurethandispersion.

Steinkonservierung

Den Schwerpunkt der Steinkonservierung bildeten die Arbeiten an den Werksteinen aus Savonnières und Trachyt. Neben der extrem aufwendigen Abnahme der schwarzen Verkrustungen stellte die Sicherung der Substanz in Form kleinteiliger Rißinjektionen und Randanböschungen sowie das Aufbringen »konstruktiver Schlämmen« bzw. dünner Opferschichten am Savonnières, am Drachenfelstrachyt und Stenzelsberger Latit den vorrangigen Aufgabenbereich. Partielle Steinfestigung, wenige Ergänzungen mit mineralischem Mörtel, Klebung gebrochener Details und eine Neuverfugung aller Werksteine waren weitere konservatorische Aufgaben.

Abnahme und Dünnung der Verkrustungen

Die Krusten erwiesen sich als Konglomerat aus Flugstäuben, sonstigen Anlagerungen aus nasser und/oder trockener Deposition sowie Gips. Wenngleich die Krusten an diesem Portal keine eindeutig schädigende Wirkung für das Steingefüge hatten, sind sie zum Teil als Mitverursacher einiger Schäden anzusprechen. Dies bezieht sich insbesondere auf die seitlichen Fialen und die Bauteile, die »ungeschützt« häufigen Durchfeuchtungs- und Trocknungszyklen ausgesetzt sind. Hier zeigen sich z.B. Schalenbildungen und sandendes Steingefüge (Farbtafeln 13 und 15). In regengeschützten Bereichen hingegen ist das Steingefüge trotz dicker Verkrustungen völlig intakt (Farbtafel 14). Die Wasseraufnahme und -abgabe des verkrusteten Gesteins ist zwar verzögert, findet jedoch in ausreichendem Maße statt.

Aus diesen Zusammenhängen ergibt sich aus konservatorischer Sicht lediglich die Notwendigkeit einer Krustendünnung, so daß die »Durchlässigkeit« für Feuchtigkeit (insbesondere von innen nach außen) auch in Zukunft gewährleistet ist.

Des weiteren sollen mit Hilfe der Krustendünnung mögliche Fassungsreste freigelegt, gesichert und untersucht werden.

Die Voruntersuchungen ergaben für eine Kombination aus Komplexon-Paste *(Monumentique C)*, Dampfstrahlreinigung und Airbrassive-Gerät gute und schonende Reinigungsergebnisse. Die Komplexon-Paste (Wirkstoff u.a. Ethylendiamintetraacetat EDTA) wurde in ihrer Zusammensetzung und Einwirkzeit in Vorversuchen auf die objektspezifischen Bedingungen abgestimmt. Im Bedarfsfall einer mechanischen Krustendünnung mit dem Airbrassive-Gerät wurde als Strahlgut Korund eingesetzt.

Mit dieser Methodik gelang es, die Verkrustung abzunehmen oder zu dünnen und den Bestand an Fassungsresten zwar nicht verlustfrei, aber weitestgehend zu erhalten. Das Ergebnis der Reinigung in dieser Methodik ergab ein differenziertes, den konservatorischen Anforderungen entsprechendes Bild der gereinigten Steinoberflächen (Farbtafeln 15 und 16).

Randanböschungen, Fixierung von Schalen, »Konstruktive Schlämmen«, Kittungen und kleinteilige Ergänzungen

Die Sicherung der gefährdeten Steinsubstanzen erfolgte je nach Schadensbild durch:

- **Randanböschungen**
  Randgenaue Kittung aufstehender Gesteinskanten zur Sicherung, Fixierung und optischen Beruhigung. Als Kittmasse wurde speziell rezeptierter Mörtel mit quarzitischen Zuschlägen und Pigmenten eingesetzt. Als Bindemittel kam Polyurethandisperson (Trachyt, Latit) oder Kieselsol (Savonnières, Sandstein) zum Einsatz.
- **Fixierung von Schalen**
  Schalen mit Hohlräumen wurden mit einer dispergierten, auf den Hohlraum abgestimmten Injektionsmasse injiziert. Die Zuschläge sind ebenfalls quarzitisch, das Bindemittel Kieselsol mit 5%igem Zusatz von Arcryldispersion. Die Masse ist in ausgehärtetem Zustand diffusionsfähig, die Klebekraft und Elastizität ist gut[3].
- **Konstruktive Schlämmen**
  Auf zurückgewitterte Flächen wird eine dünne, 2 bis 6 mm dicke Schlämme aufgebracht, die 2 Funktionen ausübt. Zum einen soll im Bedarfsfall die Wasserableitung verbessert (wiederhergestellt) werden, zum anderen ist die aufgebrachte Schicht als neue, der Bewitterung ausgesetzte Verschleißschicht (Opferschicht) zu verstehen. Das hier eingesetzte Material weist in der Zusammensetzung die gleichen Merkmale auf wie der Mörtel für die Randanböschung, wird jedoch fast wie eine Schlämme verarbeitet.
- **Kittungen und kleinteilige Ergänzungen**
  Kittungen und kleinteilige Ergänzungen wurden in der Regel dort vorgenommen, wo in Folge der Rückwitterung die Linienführung eines Profils oder Werksteines unterbrochen oder gestört ist. Eben-

falls geschlossen wurden tiefe Klüfte (Auswitterungen) oder Fehlstellen, die optisch stark störend wirkten. Dies trifft z.B. für die alten Ankerlöcher des ehemaligen Baldachins zu, die mit mineralischem Mörtel »museal« (d.h. ablesbar) geschlossen wurden. Als Bindemittel für kleinteilige Kittungen kam Polyurethandisperson (bzw. Kieselsol für Savonnières)zum Einsatz, größere Ergänzungen wurden mineralisch ausgeführt (Weißkalk, Weißzement).

Fugen

Sämtliche Fugen wurden ausgeräumt und neu verfugt. Die Neuverfugung erfolgte in der Regel mineralisch mit Weißkalk und Weißzement als Bindemittel. Dünne Fugen und Fugen an Werksteinen mit zurückgewitterten, abgerundeten Kanten, die aufgrund der Gefahr des »Verdurstens« nicht mineralisch zu schließen waren, wurden mit einem Kittmörtel auf der Basis von Polyurethandispersion geschlossen.

Klebungen

Die Klebung abgebrochener Details erfolgte mit 2-Komponenten-Epoxidharz punktuell. Als alte Klebung wurden sowohl Schellackklebungen als auch Klebungen mit Polyesterharz (Nachkriegssanierung) identifiziert.

Partielle Gesteinsfestigung

Morbide und sandende Gesteinsbereiche wurden je nach Intensität der Schädigung mit 5- bis 10%igem Kieselsäureethylester (OH) durch mehrmaliges Fluten naß in naß gefestigt. Einer Festigung bedurften nur wenige, maximal 20 x 10 cm große Flächen. Für eine pauschale und/oder präventive Gesamtfestigung bestand keine konservatorische Notwendigkeit. Ebenso unterblieb eine Hydrophobierung, da für Trachyt geeignete Hydrophobierungsmittel z.Zt. nicht auf dem Markt sind. Des weiteren sind viele Schäden in Folge falscher und/oder unnötiger Hydrophobierungen der 70er und 80er Jahre hinreichend bekannt.

Fassungsuntersuchung

Für das Portal des Ratsturmes ist der Kunstwissenschaft eine farbige Gestaltung bekannt. Die im Vorfeld gesichtete Literatur enthält zwar keine Detailaussagen zur ursprünglichen Farbigkeit des Portals[4], schreibt jedoch über das Portal: ... *dieses in ein Feld des Erdgeschosses geschickt hineinkomponierten, vor der Wiederherstellung reiche Spuren von Farben und Gold aufweisenden Schmuckstückes* ....

Makroskopisch betrachtet waren vor Beginn der Konservierungsmaßnahmen allein an den Archivolten des Tympanon meist von schwarzen Krusten verdeckte rote Farbspuren sichtbar (Farbtafel 17). Während der Konservierung der Natursteinsubstanz galt es deshalb, besonderes Augenmerk auf mögliche Spuren farbiger Fassung zu richten, um somit vielleicht weitere Aussagen zur ursprünglichen Farbigkeit der Portalarchitektur zu erhalten.

Aufgabenstellung

Aufgrund der völlig ungewissen Befundlage ließen sich die Erwartungen und Fragestellungen zur Fassungsuntersuchung im Vorfeld nicht exakt definieren. So galt es, zuerst den Umfang und die Qualität der noch vorhandenen Fassungsreste zu identifizieren, um auf der Basis dieser Erkenntnisse weitere Fragestellungen zu formulieren. Des weiteren sollte der Versuch unternommen werden, eine Rekonstruktion der originalen Farbigkeit der Portalarchitektur anhand der Befunderhebung zu erstellen. Bindemittel und Pigmentanalysen waren (noch) nicht Gegenstand der Untersuchung.

Fassungsbefunde und Überlegungen zum Farbprogramm

Die Befunderhebung und Untersuchung fand parallel zu den praktischen Arbeiten zur Steinkonservierung in den Monaten Juli bis Dezember 1994 statt. Identifizierte Fassungsreste wurden katalogisiert und in situ, am Objekt mit dem Standmikroskop (bis 100fache Vergrößerung) einer stratigraphischen Untersuchung unterzogen. An verschiedenen Stellen wurden Proben entnommen, Querschliffe erstellt und im Labor unter dem Mikroskop (bis 300fache Vergrößerung) untersucht. Die Schichtenabfolgen aussagekräftiger Querschliffproben sind dargestellt in den Zeichnungen Q1 bis Q5 (Farbtafel 19).

Am gesamten Portal waren im Bereich der Archivolten des Tympanons die meisten Fassungsreste erhalten. Die übrigen Werksteine tragen nur noch geringste Spuren einer (oder mehrerer) farbiger Fassungen, die jedoch nicht ausreichen, ein schlüssiges Bild der originalen Portalfassung zu rekonstruieren. Dieser Befund überrascht nicht angesichts der wechselvollen Geschichte des Ratsturmes zum einen sowie der negativen Eigenschaften der Trachyt-Werksteine zum anderen, die generell jeden »Fremdkörper« (Anstriche, Fassungen) auf ihrer Oberfläche abstoßen.

Anhand der Befundlage können zur Farbigkeit des Portals folgende Aussagen gemacht werden (Farbtafel 20):

1. **Seitliche Baldachin-Fialen**

   An mehreren Bereichen wurden geringe Reste einer Vergoldung gefunden. Der Aufbau einer Vergoldung der Fialen konnte durch Querschliffe (Farbtafel 19) auch in technologischer Hinsicht bestätigt werden. Aufgrund des hohen Maßes an Oberflächenrückwitterung kann jedoch nicht mehr eindeutig gesagt werden, ob die gesamten Flächen der Fialen vergoldet, oder ob bestimmte Details andersfarbig abgesetzt waren. Da jedoch sehr viele Elemente der gesamten Fialen Vergoldungsreste aufweisen, ist die Wahrscheinlichkeit der Totalvergoldung auf gelblich-ocker pigmentiertem Anlegemittel sehr groß. Auf den Goldresten liegt eine undefinierbare grau-schwarze Schicht, die auf mindestens eine weitere Überfassung (bzw. Anstrich oder Beschichtung) deutet. Dieser Sachverhalt wurde nicht weiter untersucht.

2. **Profilierung des Portalbogens**

   An der Profilierung des Portalbogens zeigen sich im Hintergrund der blattverzierten breiten Hohlkehle ganzflächige rote Fassungsreste. Ein identisches Rot liegt punktuell auch auf dem Birnstab des Profils (vgl. Q3) sowie der äußeren breiten Fläche. Auf dem Rot liegt ein helles Grau, das jedoch aufgrund der im Querschliff sichtbaren Schmutzablagerungen auf der roten Farbschicht einer zweiten Fassung zuzuordnen ist. Die Blätter der Hohlkehle zeigen eine Vergoldung auf einer ockerfarbenen Grundierung (Untermalung). Betrachtet man allein die Befunde zur ersten Fassung, ergibt sich mit hoher Wahrscheinlichkeit für die ursprüngliche Portalbogenfassung eine Rotfassung der gesamten Profilabwicklung, innen beginnend mit der blattverzierten Hohlkehle. Die Blätter sind vergoldet. Ungeklärt ist die Farbigkeit des äußersten Profils mit den aufsitzenden Kriechblumen sowie der abschließenden Kreuzblume. Hier liegen aufgrund der 100%igen Oberflächenrückwitterung keine Befunde mehr vor. Auch zur Farbigkeit des innersten Bogenprofils gibt es keine Befunde. Eine Besonderheit ist bezüglich der Gestaltung der Blätter in der Hohlkehle zu erwähnen:

   Die Blattformen sind in kräftiger Bewegung mit geschwungenen Ästen bildhauerisch aus dem Stein gearbeitet. Diese Äste wiederum waren seitlich zusätzlich verziert mit gemalten Blättern. Die Farbigkeit dieser gemalten Blätter war leider nicht mehr zu ermitteln. Den Befund zeigt Farbtafel 21.

3. **Tympanon**

   Für das Tympanon konnten im Bereich der Zwikkelfelder des Blendmaßwerkes an mehreren Stellen Reste einer Vergoldung nachgewiesen werden. Andere farbige Reste liegen nicht (mehr?) vor. Eine Totalvergoldung des gesamten Tympanon als Hintergrund für die auf Konsolen stehenden Figuren aus diesen Befunden abzuleiten ist nicht gesichert aber durchaus möglich. Eine weitere Möglichkeit ist jedoch auch eine Teilvergoldung auf farbigem (Blau?) Hintergrund, eine durchaus bekannte Farbgebung als Figurenhintergrund.

4. **Figurenkonsolen des Portalsturzes**

   Für die drei originalen Konsolen des Türsturzes sind die wesentlichen Merkmale der ursprünglichen Farbigkeit gesichert. Das hier verwendete Rot ist in seiner Beschaffenheit und Zusammensetzung identisch mit dem Rot des Bogens, so daß hier wohl zeitgleiche Fassungen anzunehmen sind.

5. **Portalgewände**

   Wie bereits an anderer Stelle erwähnt, haben sich auf den Oberflächen des Trachyts keine Fassungsreste mehr erhalten. Lediglich an der Innenfläche des linken Gewändes befinden sich wenige Millimeter große Befunde. Die Schichtenabfolge dieses Befundes (vgl. Schichtenabfolge Q5) zeigt als erste Farbschicht ein helles Grau auf einer dünnen weißen Grundierung (?). Auf dem hellen Grau liegt ein Grauschwarz, welches wohl einer zweiten Fassung zuzuordnen ist. Danach könnte das Portalgewände in einem hellen, kühl-grauen Farbton gefaßt gewesen sein, wenngleich diese Interpretation aufgrund der winzigen Befunde sicher fraglich ist (Farbtafel 18).

Zusammenfassung und vergleichende Betrachtung der Fassungsbefunde

Während der Restaurierung wurden an den verschiedenen Stellen der Werksteinarchitektur des Ratsturmportals Fassungsreste gefunden. Eingehende stratigrafische Untersuchungen der Befunde sowie die Herstellung von Querschliffen sollten den technologischen Aufbau klären und Indizien zur Fassungsgeschichte liefern. Pigment- und Bindemittelanalysen waren (noch) nicht Gegenstand der Untersuchung.

Zusammenfassend ist zu resümieren, daß die am Portal noch ablesbaren Fassungsbefunde sich nicht dazu eignen, gesicherte Aussagen zum originalen Farbprogramm der Portalarchitektur zu formulieren. Sämtliche Interpretationen müssen hypothetisch bleiben, da die Quantität der Befunde bezogen auf die Gesamtfläche zu gering ist, um gesicherte Aussagen zuzulassen.

Es ist jedoch mit hoher Wahrscheinlichkeit davon auszugehen, daß die Portalarchitektur ursprünglich großflächig in Hell-Mittelgrau, Rot und Gold gefaßt war. Das helle-mittlere Grau betrifft die Werksteine der Portalgewände, das Rot die Werksteine des Bogens sowie Teilabfassungen der Ornamentik. Das Gold schließlich betrifft die seitlichen Baldachin-Fialen, die Werksteine des Tympanon sowie Teilabfassungen des figuralen Schmuckes (Farbtafel 20). Detailliertere Aussagen sind aufgrund der Befundlage nicht möglich.

Wenngleich auch diese zusammenfassende, großflächige Interpretation nicht endgültig gesichert ist, so gibt es doch Vorbilder, wie das zeitlich nahe Südportal des Augsburger Domes, dessen ... *Architektur war zum Ausgleich der Farbunterschiede des Steines in kühlem Farbton mittel- bis hellgrau gestrichen bei einer roten und blauen Abfassung verschiedener Kehlleisten und Profile.* Und weiter: *Die figürlichen Szenen waren vor azuritblauem Hintergrund goldgelb gefaßt*[5].

Will man Ursachenforschung betreiben bezüglich der quantitativ nur noch wenigen Fassungsreste, überrascht dieser Sachverhalt nicht, betrachtet man die wechselvolle Geschichte des Kölner Ratsturmes und des Portals. Des weiteren sind die natürliche Verwitterung und die Gesteinseigenschaften der verwendeten Natursteine zu berücksichtigen. Faktoren, die für den Erhalt des Bestandes nicht gerade förderlich waren. Augenfällig ist jedoch, daß trotz intensiver Begutachtung keine Reste von Blau gefunden wurden, eine Farbe, die im Mittelalter fast ausnahmslos Bestand von Fassungen gewesen ist und dessen Fehlen wohl auf die Rückwitterungen und Auswechselungen zurückzuführen ist.

Wenn auch die Befunduntersuchungen nicht alle Erwartungen und Fragen bis ins letzte Detail haben klären können, so eignen sich die vorhandenen Farbbefunde doch, zumindest einen Einblick in die ursprüngliche Farbenpracht der Portalarchitektur zu erhalten. Mit der Konservierung der Natursteinsubstanzen und der Fassungsreste ist es hoffentlich gelungen, den Bestand dieses wichtigen Baudetails für einige Zeit zu sichern und zu erhalten.

Anmerkungen

1 Clemen, P., 1930, S. 208.
2 Photos im RBA Köln, z. B. Nr. 64722, 61308.
3 Lehmkuhl, T., 1990.
4 Vogts, H., 1928.
5 Buchenrieder, F., 1984.

Farbtafel 1: Stephan Lochner, Altar der Stadtpatrone, gemalt für die Ratskapelle, 1440–1445, seit 1809 im Dom.
Farbtafel 2: siehe folgende Seite

Farbtafel 3: Köln, Stephan Lochner, Weltgerichtsbild, WRM, um 1435

Farbtafel 2: »Sacri Imperii Colonus«(Des heiligen Reiches Bauer), aquarellierte Federzeichnung in: Heinrich v. Beeck, Agrippina (HS), Köln 1469–1472, fol. 35r. Foto: W. F. Meier, Köln

Abbildung links:
Farbtafel 4a: Köln Ratsturm, Platzjabbeck.
Foto: W. Geis 1994

Abbildung rechts:
Farbtafel 4b: Platzjabbeck und Turmuhr.
Foto: D. Heiermann 1995

Farbtafel 5: Wesel, Rathaus, Weltgerichtsbild, 1493/94.
Foto: M. Roesgen, Wesel

Farbtafel 6: Köln, Susannenschrank, M. v. Reidt. Foto: W. F. Meier, Köln

Farbtafel 7: Köln, Senatssaal, Prunkportal, M.v. Reidt. Foto: D. Heiermann 1995

Farbtafel 8a: Köln, Portalrundbogen mit Kölner Wappen, M. v. Reidt. Foto: W. F. Meier, Köln

Farbtafel 8b–c: Wangen vom Gestühl des Ratssaales, Melchior von Reidt. Fotos: D. Heiermann 1995

Farbtafel 9: Altermarkt mit Ratsturm, Aquarell von Carl Rüdell, 1909. Foto: RBA

Farbtafel 10: Köln, Modell des Lapidariums im Ratsturm; Entwurf: Ingrid Bussenius. Foto: C. Körber-Leupold 1995

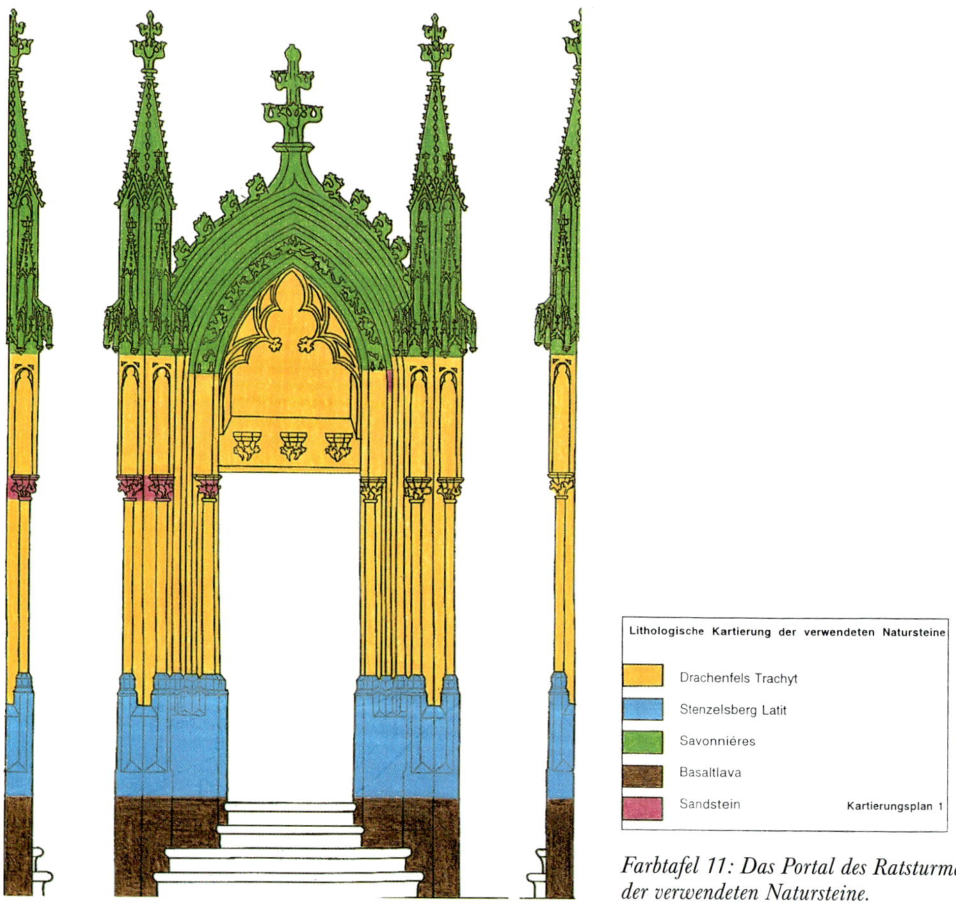

Farbtafel 11: Das Portal des Ratsturmes, Kartierung der verwendeten Natursteine.

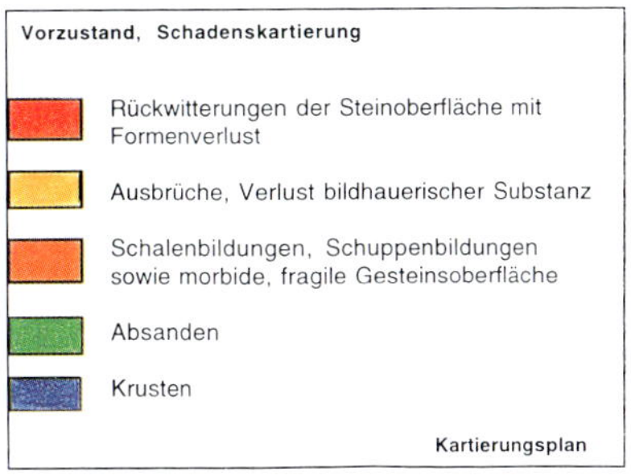

Farbtafel 12: Das Portal des Ratsturmes, Schadenskartierung

Farbtafel 13: Konsolzone des linken Portalgewändes im Vorzustand (1994) mit starken Schäden am Trachyt (vertikale Profilierung) und am Sandstein (Konsolen)

Farbtafel 18: Detail der rechten Archivolte mit sichtbaren roten Fassungsspuren, zumeist verdeckt von schwarzer Verkrustung

Farbtafel 19: Detail der blattverzierten Hohlkehle im Portalbogen, mit sichtbarem Befund einer Aussparung gemalter Blätter, die aus den Ästen herauswachsen. Die Farbigkeit der Blätter konnte nicht geklärt werden

Farbtafeln 14-23: Das Portal des Ratsturmes

Farbtafel 14: Rechte Fiale aus Savonnières mit starken schwarzen Verkrustungen in regengeschützten Bereichen

Farbtafel 15: Feinteilige Schalenbildung an verkrusteten Werksteinen aus Savonnières

Farbtafel 16: Archivolten im Tympanon aus Savonnières mit starker schwarzer Verkrustung der regengeschützten Bereiche

Farbtafel 17: Archivolten im Tympanon aus Savonnières nach der Reinigung (Endzustand)

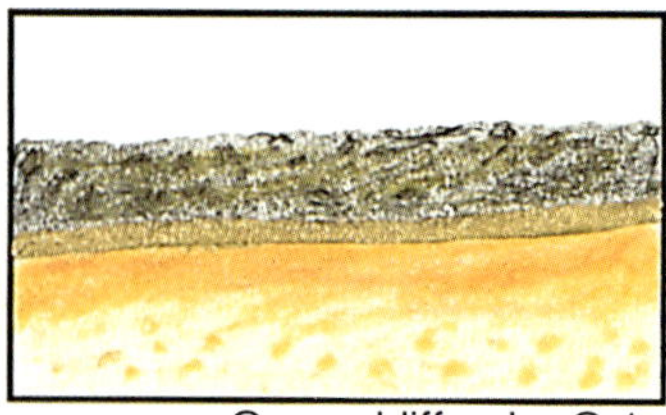

Querschliffprobe Q 1

Q 1 Rechte Fiale, Schaft unterhalb der Kreuzblume

2 Grauschwarze Schicht (Farbe?, Überzug?, Kruste?)
1 Gold
01 pigmentiertes Anlegemittel
0 Träger (Stein)

Querschliffprobe Q 2

Q 2 Oberstes Blatt der inneren Tympanonarchivolte

3 Grauschwarze Schicht (Farbe?, Überzug?, Kruste?)
2 Gold
02 pigmentiertes Anlegemittel
1 ockerne Farbschicht (Bolus/Untermalung für Gold)
0 Träger (Stein)

Querschliffprobe Q 3

Q 3 Birnstab im oberen Bogenprofil des Tympanon

3 Grauschwarze Farbschicht
2 kompakte, mittelgraue Farbschicht
1 Rot
0 Träger (Stein)

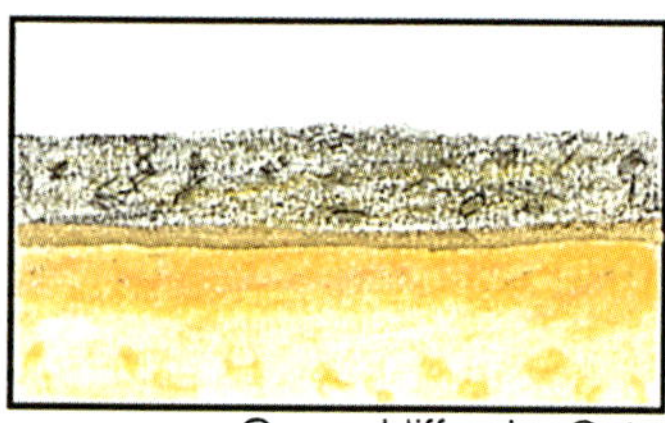

Querschliffprobe Q 4

Q 4 Linke Fiale, innere Fläche des Blendmaßwerkes

2 Grauschwarze Schicht (Farbe?, Überzug?, Kruste?)
1 Gold
01 pigmentiertes Anlegemittel
0 Träger (Stein)

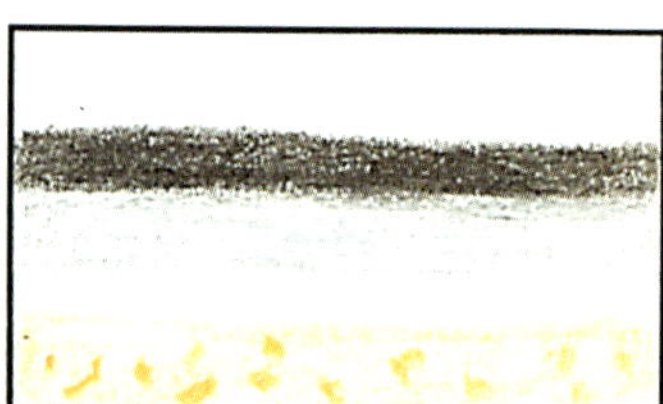

Querschliffprobe Q 5

Q 5 Linkes Portalgewände, Innenfläche

2 Grauschwarze Farbschicht
1 kompakte, hellgraue Schicht
01 sehr dünne weiße Zwischenschicht
0 Träger (Stein)

Farbtafel 20: Umzeichnung der Schichtenabfolge der Querschliffe der am Portal des Ratsturmes entnommenen Fassungsproben (die verwendeten Farben sind dem Originalton ähnlich)

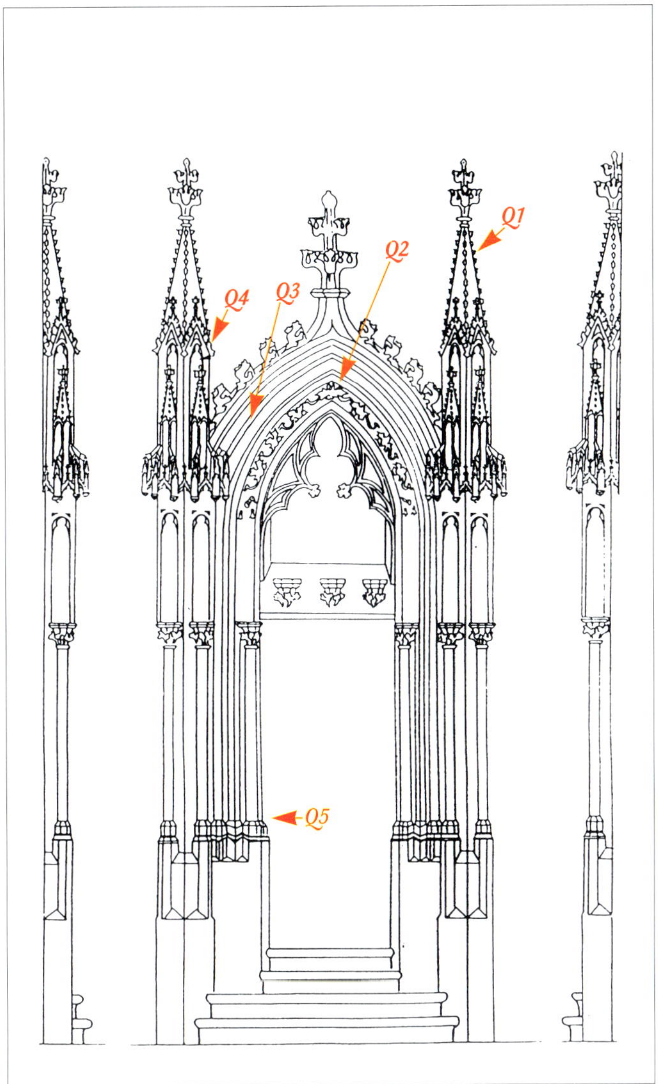

Farbtafel 21: Kennzeichnung der Proben-Entnahmestelle Q1–Q5 zur Fassungsuntersuchung

Farbtafel 22: Rekonstruktion der möglichen Farbigkeit der Portalarchitektur auf der Basis der vorliegenden Befunde. Weiße Bereiche bedeuten, daß am Objekt keine Fassungsspuren mehr vorhanden waren

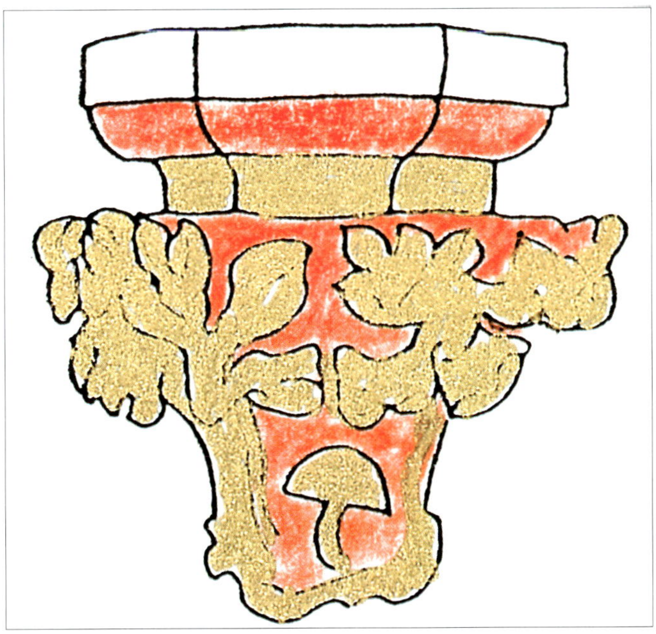

Farbtafel 23: Ratsturmkonsole in rekonstruierter ursprünglicher Farbigkeit

Farbtafel 24a–b: Festakt im Rathaus, Ansprache des Oberbürgermeisters am 6. Mai 1995. Fotos: C. Körber-Leupold

Farbtafel 25a–b: Ratsturm-Bürgerfest am 6. Mai 1995, Feuerwerk. Fotos: Josef Ley 1995

Farbtafel 26: Briefmarke »Cologne after WW II«, Grenadines of St. Vincent, mit Ansicht des kriegszerstörten Ratsturmes. Foto des Eigentümers Klemens Kurz

Farbtafel 27: Der restaurierte Ratsturm mit seinem Figurenschmuck. Foto: C. Körber-Leupold 1995

Die Kölner Ratsturmfiguren

Leben und Legenden

Kurzbiographien:	BD:	Bernd Dreher
	CVK:	Claudia Valder-Knechtges
Ikonographische Erläuterungen:	BE:	Bernd Ernsting
	WG:	Walter Geis

GAUDE FELIX AGRIPPINA
SANTAQUE COLONIA …
SEVERINUS, CUNIBERTUS, EVERGISLUS INCLYTI,
AGILOLFUS, HERIBERTUS, PATRES URBI PRAEDITI.
ENGELBERTUS ET ALBINUS,
MAURINUS, ELIPHIUS,
HIPPOLYTUS ET PAULINUS,
EWALDI, GREGORIUS,
FELIX, NABOR, HI CUM TRIBUS
MAGIS, URBS SANCTISSIMA
TE TUENTUR, TRIBUS QUIBUS
POLLES FAMOSISSIMA.

Sequenz auf die Kölner Stadtpatrone

LASSET UNS LOBEN DIE BERÜHMTEN LEUTE UND UNSERE VÄTER NACHEINANDER, VIEL HERRLICHE DINGE HAT DER HERR BEI IHNEN GETAN
VON ANFANG DURCH SEINE MACHT.

Sirach, Kap. 44, V. 1–2

DENN WAS MAN IST UND WAS MAN SEIN MUSS IN DER WELT, DAS PASST JA WOHL NICHT IMMER.

Lessing, Nathan der Weise

BEDENKE ICH DIE SACHE GANZ GENAU, SO BRAUCHEN WIR GAR KEINEN KAISER.

Heinrich Heine, Deutschland. Ein Wintermärchen

Erdgeschoß

Herrscher und herrschergleiche Persönlichkeiten

1) Augustus (63 v.–14. n. Chr.) (Nordseite)
2) Agrippa (64/63 v.–12. v. Chr.) (Nordseite)
3) Agrippina d. Jüngere (15/16–59) (Nordseite)
4) Postumus (260–268) (Nordseite)
5) Constantin der Große (um 285–337) (Nordseite)
6) Sigibert von Ripuarien (490 – um 507/08) (Nordseite)
7) Plektrudis (gest. um 720) (Ostseite)
8) Karl der Große (747/48–814) (Ostseite)
9) Otto I. (912–973) (Ostseite)
10) Theophanu (um 959–991) (Westseite)
11) Heinrich IV. (1050–1106) (Westseite)
12) Heinrich II. von England (1133–1189) (Westseite)
13) Otto IV. (1177–1218) (Westseite)
14) Innocenz III. (1160/61–1216) (Westseite)
15) Friedrich II. (1194–1250) (Westseite)
16) Rudolf I. (1218–1291) (Nordseite)
17) Urban VI. (um 1318–1389) (Nordseite)
18) Friedrich III. (1415–1493) (Nordseite)
19) Maximilian I. (1459–1519) (Nordseite)

1.–3. Obergeschoß

Um die Stadt verdiente Persönlichkeiten

1. OG

20) Hildebold (vor 787/88–818) (Westseite)
21) Ida (gest. 1060) (Westseite)
22) Rupert von Deutz (zwischen 1060 u. 1070–1129) (Westseite)
23) Reinald von Dassel (1118/20–1167) (Westseite)
24) Nikolaus von Verdun (vor 1150–1205) (Westseite)
25) Sela Jude (ca. 1180 – nach 1230) (Westseite)
26) Gerhard Unmaze (gest. um 1198) (Westseite)
27) Konrad von Hochstaden (um 1205–1261) (Westseite)
28) Gerhard von Riele (gest. um 1261) (Nordseite)
29) Matthias Overstolz (gest. um 1268) (Nordseite)
30) Gerhard Overstolz (gest. 1288) (Nordseite)
31) Gottfried Hagen (vor 1268 – gest. um 1300) (Nordseite)
32) Johann I. von Brabant (1252/53–1294) (Nordseite)
33) Meister Eckhart (um 1260–1328) (Nordseite)
34) Hilger Quattermart von der Stesse (um 1340–1398) (Nordseite)
35) Stefan Lochner (um 1400 – gest. 1451) (Nordseite)
36) Heinrich von Beeck (2. Hälfte 15. Jahrhundert) (Nordseite)
37) Ulrich Zell (gest. 1507?) (Nordseite)
38) Fygen Lutzenkirchen (gest. nach 1515) (Ostseite)
39) Heinrich Agrippa von Nettesheim (1486–1535) (Ostseite)
40) Hermann Graf von Neuenahr (1492–1530) (Ostseite)
41) Adolf Clarenbach (um 1495–1529) (Ostseite)
42) Anton Woensam (vor 1500–1541) (Ostseite)
43) Arnold (Arndt) von Siegen (um 1490–1578) (Ostseite)
44) Johannes Gropper (1503–1559) (Ostseite)
45) Hermann von Weinsberg (1518–1597) (Ostseite)
46) Heinrich Suderman (um 1520–1591) (Südseite)
47) Michael von Aitzing (um 1530–1598) (Südseite)
48) Kaspar Ulenberg (1548–1617) (Südseite)
49) Peter Paul Rubens (1577–1640) (Südseite)

2. OG

50) Jan von Werth (1591–1652) (Südseite)
51) Joost van den Vondel (1587–1679) (Westseite)
52) Ägidius Gelenius (1595–1656) (Westseite)
53) Melchior von Reidt (vor 1590 – nach 1624 (Westseite)
54) Katharina Henot (gest. 1627) (Westseite)
55) Friedrich Spee von Langenfeld (1591–1635) (Westseite)
56) Anna Maria de Heers (um 1610–1666) (Westseite)
57) Anna Maria van Schurman (1607–1678) (Westseite)
58) Nikolaus Gülich (1644–1686) (Westseite)
59) Johann Maria Farina (1685–1766) (Nordseite)
60) Ferdinand Franz Wallraf (1748–1824) (Nordseite)
61) Heinrich Gottfried Wilhelm Daniels (1754–1827) (Nordseite)
62) Maria Clementine Martin (1775–1843) (Nordseite)
63) Peter Heinrich Merkens (1777–1854) (Nordseite)
64) Sulzip Boisserée (1783–1854) (Nordseite)
65) Georg Simon Ohm (1784-1854) (Nordseite)

66) Friedrich Wilhelm IV. von Preußen (1795–1861) (Nordseite)
67) Ernst Friedrich Zwirner (1802–1861) (Nordseite)
68) Robert Blum (1807–1848) (Nordseite)
69) Ludolf Camphausen (1803–1890) (Ostseite)
70) Abraham Oppenheim (1804–1878) (Ostseite)
71) August Reichensperger (1808–1895) (Ostseite)
72) Karl Joseph Daniel DuMont (1811–1861) (Ostseite)
73) Ferdinand Hiller (1811–1885) (Ostseite)
74) Mathilde Franziska Anneke (1817–1884) (Ostseite)
75) Moses Hess (1812–1875) (Ostseite)
76) Gustav von Mevissen (1815–1899) (Ostseite)
77) Jacques Offenbach (1819–1880) (Südseite)
78) Karl Marx (1818–1883) (Südseite)
79) Hermann Heinrich Becker (1820–1885) (Südseite)
80) Franz Carl Guilleaume (1834–1887) (Südseite)

3. OG

81) Max Bruch (1838–1920) (Südseite)
82) Nicolaus August Otto (1832–1891) (Südseite)
83) Eugen Langen (1833–1895) (Südseite)
84) Hermann Josef Stübben (1845–1936) (Westseite)
85) Mathilde von Mevissen (1848–1924) (Westseite)
86) Karl Trimborn (1854–1924) (Westseite)
87) Wilhelm Marx (1863–1946) (Westseite)
88) Max Isidor Bodenheimer (1865–1940) (Nordseite)
89) Benedikt Schmittmann (1872–1939) (Nordseite)
90) Georg Fritze (1874–1939) (Nordseite)
91) Hans Böckler (1875–1951) (Nordseite)
92) Konrad Adenauer (1876–1967) (Nordseite)
93) Willi Ostermann (1876–1936) (Nordseite)
94) Amalie Lauer (1882–1950) (Nordseite)
95) Joseph Kardinal Frings (1887–1978) (Nordseite)
96) (Maria) Christine Teusch (1888–1968) (Ostseite)
97) (Friedrich) Wilhelm Sollmann (1881–1951) (Ostseite)
98) Josef Haubrich (1889–1961) (Ostseite)
99) Hertha Kraus (1897–1968) (Ostseite)
100) Bernhard Letterhaus (1894–1944) (Südseite)
101) Irmgard Keun (1905–1982) (Südseite)
102) Heinrich Böll (1917–1985) (Südseite)

4. Obergeschoß Schutzheilige (»Kölner Himmel«)

103) Petrus (gest. 64/67?) (Nordseite)
104) Kaspar (Nordseite)
105) Melchior (Nordseite)
106) Balthasar (Nordseite)
107) Gereon (3./4. Jahrhundert) (Nordseite)
108) Ursula (3. Jahrhundert) (Nordseite)
109) Maternus (bezeugt 313/14) (Ostseite)
110) Severin (um 400) (Ostseite)
111) Evergislus (vor 590 – vor 594) (Ostseite)
112) Kunibert (um 590 – nach 648/663?) (Ostseite)
113) weißer Ewald (gest. 695?) (Südseite)
114) schwarzer Ewald (gest. 695?) (Südseite)
115) Agilolf (um 745–752; nach Reginfried, vor 739 bis vor 745 Okt. 31, und vor Hildeger, gest. 753; belegt nur 748) (Südseite)
116) Bruno I. (925–965) (Südseite)
117) Heribert (um 970–1021) (Südseite)
118) Anno II. (um 1010–1075) (Südseite)
119) Bruno der Kartäuser (um 1027/30–1101) (Westseite)
120) Engelbert I. von Berg (1185/86–1225) (Westseite)
121) Albertus Magnus (um 1193–1280) (Westseite)
122) Johannes Duns Scotus (um 1265–1308) (Westseite)
123) Adolf Kolping (1813–1865) (Nordseite)
124) Edith Stein (1891–1942) (Nordseite)

Augustus (63 v. Chr.–14 n. Chr.)

Nr. 1 / EG

Abb. 445: Augustus als pontifex maximus, Museo delle Terme, Rom

Er ist nie in »Köln« gewesen, und dennoch ehrt die Stadt den Augustus mit der ersten der insgesamt einhundertvierundzwanzig neuen Statuen an ihrem Ratsturm. Man hat ihn als von kleiner Gestalt, doch guten Proportionen beschrieben, ein wohlgestalter Mann, voller Anmut in allen Lebensaltern, mit zarten Zügen, hochrückiger Nase, grauen Augen und blasser Gesichtsfarbe, in der Jugend kränkelnd, auch später immer wieder von Krankheiten und inneren Leiden gebeutelt: Caius Octavius Thurinus, geboren in Rom, aufgewachsen in der volskischen Provinzstadt Velitrae (heute: Veletri). Von dort stammte auch seine Familie; sein Großvater war dort Bankier. Sein Vater (gest. 58 v. Chr. in Nola), nach dem er seinen Namen erhalten hatte, war in den Adelsstand erhoben worden und hatte verschiedene Staatsämter inne. Caius Octavius war Großneffe des »göttlichen Caesar« (Caesar divi filius), Sohn seiner Nichte Atia, der Tochter von Caesars Schwester Julia.

Caesar war ohne männlichen Erben; nach seiner Ermordung an den Iden des März 44 nannte sich sein testamentarischer Adoptivsohn Octavius, der im Jahr 45 auf Verlangen des »Diktators auf Lebenszeit« vom Senat zum Patrizier ernannt worden war, fortan ebenfalls Caius Julius Caesar. Der achtzehnjährige junge Mann trat ein schweres Erbe an. Als ihn die Nachricht von der Ermordung Caesars erreichte, hielt er sich mit seinem Freund Agrippa in Apollonia am adriatischen Meer auf. Kurz entschlossen marschierte er nach Rom, die Macht und das Legat seines Adoptivvaters zu übernehmen und seine Mörder zu strafen. 43 v. Chr. wurde C. Octavius Konsul und Heerführer mit praetorianischem Rang auf Vorschlag Ciceros; mit seinen Rivalen Antonius und Lepidus bildete er den Zweiten Triumvirat. Im Jahre 42 v. Chr. gelang ihm durch seine berüchtigten Proskriptionen und den Sieg bei Philippi über die Mörder Caesars die Ausschaltung der senatorischen und republikanischen Opposition. Zwischen den Triumvirn entbrannte nun der Krieg um die Alleinherrschaft, beigelegt im Jahre 40 durch den das römische Reich aufteilenden Vertrag von Brundisium. 37 v. Chr. wurde der Triumvirat noch einmal erneuert; Lepidus aber konnte 36 ausgeschaltet und auf den Posten des politisch einflußlosen »pontifex maximus« abgeschoben werden. 32 v. Chr. brach der Konflikt zwischen C. Octavius und Antonius aus, der sich von seiner Frau Octavia, der Schwester des Octavius, getrennt und die ägyptische Königin Kleopatra geheiratet hatte. Der in der Seeschlacht bei Actium durch Agrippa erfochtene Sieg über die Flotte des Antonius und der Kleopatra brachte C. Octavius im Jahre 31 die Alleinherrschaft. Er kehrte nach Italien zurück, besetzte Rom im Handstreich und ließ sich zum Konsul wählen. Eine taktisch geschickte Niederlegung seiner Ämter entzog ihn aller Kritik, die Republik beseitigen und sich selbst zum Diktator erheben zu wollen. Der Senat forderte ihn zum Verbleib auf, ehrte ihn am 16.1.27 v. Chr. mit der Verleihung des Titels »Augustus« und schmückte ihn mit der »corona civica«, einem Eichenkranz, für die Rettung Roms und seiner Landsleute durch die (formale) Wiederherstellung der Republik. Es begann die Aera des »Augusteischen Prinzipats«. Die Macht des »princeps«, des führenden Mannes im Staat, des »Ersten Bürgers«, wie Augustus sich zur Kennzeichnung seiner eigenen Stellung bezeichnete, beruhte auf einer Reihe ihm verliehener Rechte, deren keines, für sich genommen, der republikanischen Überlieferung widersprach, die gemeinsam aber die Grundlagen der Monarchie bildeten. Bis 23 v. Chr. war Augustus zudem Inhaber des »imperium consulare« und des »imperium proconsulare« (Statthalterschaft); danach erhielt er auch die »tribunicia potestas« (Vollmacht der Volkstribunen: Vetorecht; Recht zur Gesetzgebung zusammen mit der Volksversammlung; Recht, Senatsversammlungen einzuberufen) auf Lebenszeit zugesprochen. Nach dem Tode des Lepidus im Jahre 12 v. Chr. übernahm der »princeps« und »imperator« auch noch das Amt des »pontifex maximus«. Augustus war ein hervorragender Verwaltungsfachmann, herrschte aber auch mit Raffinesse, Gewalt und Skrupellosigkeit über das von ihm konsolidierte römische Imperium. Mit der Einweihung der ara pacis in Rom im Jahre 9 v. Chr. begannen das »Augusteische Zeitalter« (saeculum Augustum) mit vollendeter Entfaltung von Literatur und bildender Kunst und die längste

Augustus eröffnet im Erdgeschoß des Ratsturmes den Reigen der hier vertretenen Herrscher und herrschergleichen Personen, denen Köln seine Gründung und Privilegien verdankt. Der römische Cäsar erscheint, im Gegensatz zu seinem Nachbarn und Zeitgenossen Agrippa, als Togatus im zivil-imperialen Kostüm. Die über das Haupt gelegte Draperie entspricht dem Darstellungstypus des Pontifex Maximus, das Antlitz erinnert die in der römischen Porträtskulptur überlieferten Züge des jugendlichen Typus als Octavianus. Ähnlich wie beim Figurenpaar Postumus (Nr. 4) und Constantin dem Großen (Nr. 5) wurde auch hier einer in Toga gewandeten Gestalt eine militärisch gekleidete, der zeitlich um weniges jüngere Feldherr Agrippa (Nr. 2), beigegeben. Der auf ihn weisende Handgestus Augustus' macht die historisch enge Verbindung beider Personen in ihrer Bedeutung für die Frühzeit Kölns besonders sinnfällig. (BE)

Friedenszeit der Antike, der »Augusteische Friede«. Es herrschte Sicherheit auf Straßen und Seewegen, Ruhe und Friede in allen Provinzen des Riesenreiches: »Nichts können die Menschen von den Göttern erflehen, was nicht Augustus dem Staat, dem römischen Volk und dem Erdkreis vor Augen gestellt hätte: Der zwanzigjährige Bürgerkrieg wurde beendet, die auswärtigen Kriege niedergeschlagen, der Friede zurückgerufen, die Raserei der Waffen unterdrückt. Den Gesetzen wurde ihr Gewicht, den Gerichten ihr Ansehen, dem Senat seine hohe Würde zurückgegeben, die Gewalt der Beamten in die Schranken gewiesen. Ruhe und Sicherheit unter den Menschen wurden wiederhergestellt« (Velleius Paterculus).

Ab 2 v. Chr. nannte man Augustus »pater patriae«, Vater des Vaterlandes, vergöttlichte ihn und verehrte ihn kultisch als Sohn des Apollo. Vergil besang ihn in seiner Aeneis (792–794): »Augustus Caesar, divi genus, aurea condet saecula qui rursus Latio regnata per arva Saturno quondam.« (Der, ja der ist der Mann, der dir so häufig verheißen, Caesar Augustus, der Göttlichen Sohn, die goldenen Zeiten bringt er nach Latium wieder, wo einst Saturn regierte.) Und Ovid pries ihn: »Augustus, der Vater des Vaterlands, der Caesar, gehört allen – und von diesem Allgemeingut gehört ein Bruchstück auch mir ... Wenn ich ihn sehe, glaube ich Rom zu sehen, gleicht er seiner Stadt doch an Majestät und Charakter... Alles kommt ihm zu Ohren, nichts bleibt ihm verborgen, was auch geschieht auf der Welt...«

Während seiner Herrschaft wurde das abgeschlagene Haupt des Brutus der Statue Caesars vor die Füße gelegt, begingen Antonius und Kleopatra Selbstmord, soll Jesus von Nazareth geboren worden sein (Volkszählung des Jahres 7 vor der Zeitenwende), wurde der Dichter Ovidius Naso, der ihn doch so hoch verehrte und lobte, ans Schwarze Meer verbannt, wurde 39/38 der Feldherr Agrippa in den Norden des Imperiums an den Rhein gesandt, wo er das Land vermaß und mit ara und oppidum Ubiorum die Keimzelle der späteren

Augustus, Nordseite, EG, Nr. 1
Ratsbeschluß am 2. März 1989
Modellvorstellung am 28. Oktober 1988
Figurenübergabe am 21. August 1989
Bildhauer: Matthias Moritz
Stifter: Kölner Brauerei-Verband e.V., Köln

colonia anlegen ließ, aus der die Stadt Köln hervorging. Aus dem Norden des Imperiums (Tacitus: »Illic usque tantum natura« – Dort gab es überall Natur) aber drohte ihm auch Gefahr. Die sog. »Varusschlacht« des Jahres 9 nach der Zeitenwende, die der Statthalter und Feldherr in der Germania, Publicius Quinctillius Varus gegen den Cheruskerfürsten Arminius, selber hochrangiger römischer Soldat, verlor, endete mit dem Totalverlust von 3 Legionen samt den germanischen Hilfstruppen, insgesamt über 20000 Mann, und führte zum Verlust der rechtsrheinischen Eroberungen. Fortan endete das römische Imperium am Rhein, der natürlichen Barriere. Für das Todesjahr des Augustus erwähnt der römische Historiker Tacitus für das oppidum Ubiorum, nach neusten Forschungen seit dem Jahr 9 durch eine hölzerne Uferbefestigung geschützt, zwei römische Legionen, die I. Legion (Legio Germania) und die XX. Legion (Valeria victrix). Der Plan einer großen germanischen Provinz Roms mit dem oppidum Ubiorum als Hauptort wurde endgültig durch Kaiser Tiberius, der Nachfolger des Augustus, aufgegeben, als er 17 n. Chr. seinen Feldherrn Germanicus nach Rom zurückrief. Nach der Verlegung der Legionen in den dreißiger Jahren nach Bonn und Neuss blieb das oppidum Ubiorum weiterhin Sitz des Oberkommandos des niedergermanischen Heeres.

Augustus' Persönlichkeit und Leistung waren stets dem Widerstreit der Meinungen der Historiker ausgesetzt. Für die einen ein rücksichtsloser, ehrgeiziger Machtmensch, vom Glück begünstigt und mit ihm treu ergebenen Freunden – wie Agrippa – gesegnet, die besser waren als er; für die anderen ein Philosoph mit den vier Kardinaltugenden »virtus, iustitia, clementia, pietas« (Tapferkeit, Milde, Gerechtigkeit, fromme Pflichterfüllung), dessen Weisheit und kluge Politik für lange Zeit Frieden und Stabilität im römischen Imperium schufen. Der Historiker Ronald Syme hat in einem berühmten Buch die Widersprüchlichkeit benannt: »Die Herrschaft des Augustus brachte Rom, Italien und den Provinzen mannigfachen Segen. Doch war die neue Ordnung ... das Ergebnis von Betrug und Blutvergießen und beruhte darauf, daß ein revolutionärer Führer die Macht ergriffen und Besitz neu verteilt hatte. Der glückliche Ausgang des Prinzipats mag die Schrecken der römischen Revolution rechtfertigen oder wenigstens beschönigen.«

Der dreimal verheiratete Augustus – die Ehe mit Livia Drusilla (56 v.–29 n. Chr.) währte 52 Jahre – starb im hohen Alter von 76 Jahren in Nola bei Neapel. Auf dem Totenbett forderte er, dessen Wahlspruch nach Sueton gelautet hatte »Festina lente« (Eile mit Weile), seine Freunde auf, Beifall zu klatschen, wenn ihnen die» »Posse« seines Lebens und seiner Taten, die er in den »res gestae« selbst im Lapidarstil beschrieben hatte (als Monumentum Ancyranum vom Tempel des Augustus in Ankyra (Ankara) im Auftrage Kaiser Ferdinands II. im Jahre 1555 kopiert; heute wieder in Rom in moderner Kopie an der Ara Pacis) – gefallen habe. Vier Wochen nach seinem Tod am 7.9.14 wurde er zum Gott erklärt. Numerius Atticus, ein ehemaliger Praetor, legte vor dem Senat unter Eid das Bekenntnis ab, ihn zum Himmel auffahren gesehen zu haben.

Das Römisch-Germanische Museum zeigt die zusammengehörigen Porträtbüsten des Augustus und der Livia, entstanden zwischen dem Jahre 14 und dem Jahre 28 n. Chr. (BD)

Literatur

Augustus, Res gestae. Tatenbericht, lat.-gr.-dt. hg. v. Marion Giebel, Stuttgart 1980.
Res gestae divi Augusti, hg. v. H.Volkmann, Berlin ³1969.
Sueton, Leben der Caesaren, übers. v. A. Lammert, München ²1972.
Velleius Paterculus, Römische Geschichte, lat.-dt. hg. v. Marion Giebel, Stuttgart 1989.
Andreas Alfoeldi, Oktavians Aufstieg zur Macht (Antiquitas 1, 25), Bonn 1976.
[Augustus] Kaiser Augustus und die verlorene Republik. Katalog der Ausstellung in Berlin, Berlin 1988.
Hermann Bengtson, Kaiser Augustus. Sein Leben und seine Zeit, München 1981.
Gerhard Binder (Hg.), Saeculum Augustum, Bd. 1: Herrschaft und Gesellschaft, Darmstadt 1987; Bd. 2: Religion und Literatur, Darmstadt 1988; Bd. 3: Kunst und Bildersprache, Darmstadt 1991 (WdF Bd. 266, 512, 632).
Donald Ch. Earl, Augustus und seine Zeit, Wiesbaden 1969.
Marion Giebel, Augustus, Reinbek 1991.
Michael Grant, Die Römischen Kaiser. Von Augustus bis zum Ende des Imperiums, Bergisch Gladbach 1989.
Pierre Grimal, Der Aufbau des Römischen Reiches. Die Mittelmeerwelt im Altertum III (Fischer Weltgeschichte Bd. 7), Frankfurt a. M. 1966.
Rudolf Hanslik, Die Augustusvita Suetons, in: Wiener Studien 67, 1954, S. 99–144.
Richard Heinze, Die Augusteische Kultur. Hg. von Richard Kötte, 1933, ND Stuttgart 1983.
Dietmar Kienast, Augustus. Prinzeps und Monarch, Darmstadt ²1992.
Christian Meier, Augustus. Die Begründung der Monarchie als Wiederherstellung der Republik, in: Die Ohnmacht des allmächtigen Dictators Caesar. Drei biographische Skizzen, Frankfurt/M. 1980.
Walter Schmitthenner (Hg.), Augustus, Darmstadt 1969 (WdF 128).
Erika Simon, Augustus. Kunst und Leben in Rom um die Zeitenwende, München 1986.
Ronald Syme, The Roman Revolution, Oxford ³1956 (dt. Ausgabe: Die Römische Revolution, Stuttgart 1957, ND 1967).
Paul Zanker, Augustus und die Macht der Bilder, München 1987.

Agrippa (64/63 v. Chr.–12 v. Chr.)

Nr. 2 / EG

Abb. 446: Büste des Agrippa

In den Jahren 1955 bis 1958 ließ die Stadt Köln in der Altstadt an der Kämmergasse eine Hallenbadanlage errichten. Nach einem Namenspatron mußte nicht lange gesucht werden: das neue Bad wurde nach Agrippa benannt, der sich in Rom einen Namen gemacht hatte als Erbauer auch der sogenannten Agrippathermen auf dem Campus Martius, des ersten römischen Großbaus dieser Art.

Ein steinernes Spruchband am Gürzenich – »mit gulden boichstaven an der Stat Dantzhuyss« (Koelhoffsche Chronik, 1499) aber nennt (mit heute leicht verblichener Inschrift) das entscheidende Verdienst Agrippas um die Stadt, »die gemein sage aller Coelner«: »Der herliche Marcus Agrippa eyn heydensch man / Vur Gotz Geburt Agrippinam nu Coelne begann.« Auch auf Anton Woensams Großer Stadtansicht von 1531 wird Agrippa – in römischer Rüstung und mit dem alten Stadtwappen – in Distichen als Gründer der Stadt gefeiert: »Nondum Christus erat natus quum condere coepit / nobilis hanc urbem speciosam Marcus Agrippa« (Christus war noch nicht geboren, da schickte sich der edle Marcus Agrippa an, diese schöne Stadt zu gründen).

Marcus Vipsanius Agrippa war nach Augustus der mächtigste Mann seiner Zeit im römischen Imperium. Obwohl nur ein »homo novus«, d. h. ein Mann, der nicht auf die von den Römern so hoch geschätzte lange Familientradition zurückblicken konnte, gelang ihm der Aufstieg ins Machtzentrum. Ungefähr gleichaltrig mit Octavius, gehörte er von Jugend an zu den engsten und verläßlichsten Freunden des Adoptivsohns Caesars. Als der Diktator im Jahre 44 v. Chr. ermordet wurde, befanden sich beide in Apollonia am Adriatischen Meer, wo sich die Armee des Osten sammelte. Zwei Jahre später gelang es Agrippa, der bereits jetzt sein großes, später immer wieder unter Beweis gestelltes strategisches und taktisches Vermögen als Feldherr zeigte, die Armee der »Caesarenmörder« Cassius und Brutus in der Schlacht von Philippi zu vernichten. Der Sieg ebnete dem Octavius, später »Augustus« genannt, endgültig den Weg nach Italien, das ihm im Zweiten Triumvirat (Antonius, Lepidus, Octavius) zugeteilt wurde, und damit nach Rom, der »Quelle der Macht«. Im Jahre 36 v. Chr. besiegte Agrippa den »Piratenkönig« Sextus Pompeius in der Seeschlacht von Naulochos vor Sizilien; der Senat ehrte ihn mit einem Goldkranz. Am 2.9.31 obsiegte der Feldherr und Admiral in der Seeschlacht von Actium über die Flotte des Antonius, des Konkurrenten des Octavius um die Macht im gesamten Imperium, und der Kleopatra. Ein Jahr später war Octavius »Herr der Welt«; Agrippas Sieg bei Actium markierte den Beginn einer neuen politischen Ordnung im römischen Reich: des augusteischen Prinzipats. Marcus Agrippa, nicht nur Soldat, sondern auch fähiger Verwaltungsfachmann (so leitete er z. B. die Reichsvermessung, die – verlorenen – »commentarii Agrippae« bildeten die Grundlage einer öffentlich in Rom ausgestellten Weltkarte), erhielt als zweiter Mann hinter Octavius wichtige Aufgaben und umfassende Kompetenzen in Rom und in den Provinzen »jenseits des Ionischen Meeres« übertragen. In den Jahren 28 und 27 war er zusammen mit Octavius Proconsul, und im Jahr 18 vergrößerte Augustus das prokonsularische »imperium« des bei den Römern äußerst beliebten Agrippa und übertrug ihm für fünf Jahre die tribunizische Gewalt.

Den Alleinherrscher, der seit 27 den Beinamen Augustus trug, und seinen Feldherrn band nicht nur die Macht aneinander. Auch persönlich-verwandtschaftlich standen sie in engsten Beziehungen. Im Jahre 22 heiratete Agrippa Julia, die Tochter des Augustus, nachdem er seine zweite Ehefrau Marcella hatte verlassen müssen, um Schwiegersohn seines Freundes und Gefährten werden zu können. Fünf Kinder entstammten der Ehe. Zwei seiner Enkel, Gaius und Lucius, adoptierte Augustus. Sie sollten seine Nachfolger werden. Ihr Vater wurde gleichsam Hüter der »Prinzen« und nahezu gleichberechtigter Partner des Herrschers. Als Agrippa 12 v. Chr. starb, hielt Augustus selbst die Leichenrede auf dem Forum Romanum; ein Papyrus mit einem Abschnitt ihres Wortlautes gehört zu den Schätzen des Instituts für Altertumskunde der Kölner Universität.

Agrippa, Nordseite, EG, Nr. 2
Ratsbeschluß am 17. November 1988
Modellvorstellung am 28. Oktober 1988
Figurenübergabe am 21. August 1989
Bildhauer: Matthias Moritz
Stifter: Kölner Brauerei-Verband e.V., Köln

Der römische Feldherr, politischer Wegbegleiter und enge Vertraute des Augustus (Nr. 1) erscheint im Militärkostüm, das sich hier in freier Paraphrasierung am sogenannten Augustus von Primaporta orientiert. Auf der Vorderseite des rückwärts durch einen Mantel überfangenen Brustpanzers ist ein Medusenhaupt erkennbar. Die geballte rechte und die um den Schwertgriff gelegte linke Hand versinnbildlichen das Moment von Entschlossenheit und Tatkraft. Die Gesichtszüge beziehen sich auf die in der römischen Porträtskulptur überlieferten Charakteristika. Ähnlich wie beim Figurenpaar Postumus (Nr. 4) und Constantin dem Großen (Nr. 5) wurde auch hier einer zivil-imperial gewandeten Figur, dem zeitlich um weniges älteren Kaiser Augustus (Nr. 1), eine militärisch gekleidete Nachbarfigur beigegeben. (BE)

Schon einmal, in den Jahren 39/38, war Agrippa als Statthalter und Feldherr in Gallien gewesen, damals seit zehn Jahren zum römischen Imperium gehörend, aber noch lange nicht endgültig unterworfen und befriedet. Er hatte Heerstraßen anlegen lassen und auch den Rhein überquert. Vielleicht hatte er in dieser Zeit zum ersten Mal Kontakt mit dem Stamm der ursprünglich rechtsrheinisch beheimateten, mit Rom kooperierenden Ubier aufgenommen und sie zur Übersiedlung auf römisches, linksrheinisches Territorium veranlaßt. Es entstand auf dem hochwassergeschützten linken Steilufer des Rheins an militärisch idealer Stelle eine nach römischem Vorbild geschaffene Ansiedlung, ara Ubiorum genannt, mit Altären zur Verehrung der Roma und des Augustus (an der Datierung hat die Kölner Bodendenkmalpflege nach neuesten Grabungen allerdings erhebliche Zweifel angemeldet und das »Gründungsdatum« nun erst um die Zeitenwende angesetzt). Spuren der Siedlung, die als Hauptort einer zukünftigen provincia Germania magna gedacht war, lassen sich noch heute im Stadtbild Kölns erkennen. In den Jahren 20 oder 19 v. Chr. kehrte Agrippa nach Gallien und an den Rhein zurück. In dieser Zeit begann der Ausbau der Ubier-Ansiedlung zum oppidum Ubiorum, aus dem die spätere colonia, eine befestigte römische Siedlung mit Garnison, der Ursprung Kölns, erwuchs. 1965 fand man bei Ausschachtungsarbeiten für das Haus An der Malzmühle 1 die Reste eines in Quadern errichteten ubischen Wachturms, der als Südostecke in die ab 50 n. Chr. gezogene römische Stadtmauer integriert worden war (im Keller des Hauses zu besichtigen).

Aber nicht Agrippa ist der Namenspatron der Ansiedlung, wie der Spruch am Gürzenich andeutet. Hier, im oppidum Ubiorum, wurde 15/16 n. Chr. Agrippina d.J. geboren, seine Enkelin, das Kind seiner gleichnamigen Tochter und des Germanicus. Sie gab der aus dem oppidum Ubiorum entstehenden colonia ihren Namen. (BD)

Literatur

Hermann Bengtson, Grundriß der römischen Geschichte mit Quellenkunde. Bd. 1: Republik und Kaiserzeit bis 284 n. Chr. (Handbuch der Altertumswissenschaft Bd. III 5), München [3]1979.
The Cambridge Ancient History, Bd. X: The Augustean Empire, London 1934 (ND 1966).
Karl Christ, Geschichte der römischen Kaiserzeit. Von Augustus bis Constantin, Darmstadt 1988.
Hartmut Galsterer, Von den Eburonen zu den Agrippinensiern – Aspekte der Romanisation am Rhein, in: KJb 23, 1990, S. 117–123.
Hermann Schmitz, Colonia Claudia Ara Agrippinensium, Köln 1956.
Helmut Signon, Agrippa. Freund und Mitregent des Augustus, Frankfurt 1978.
Gerta Wolff, Das römisch-germanische Köln. Führer zu Museum und Stadt, 4., überarb. Aufl., Köln 1993.
(Siehe auch Literaturangaben zu Nr. 1.)

(Julia) Agrippina die Jüngere (15/16–59)

Nr. 3 / EG

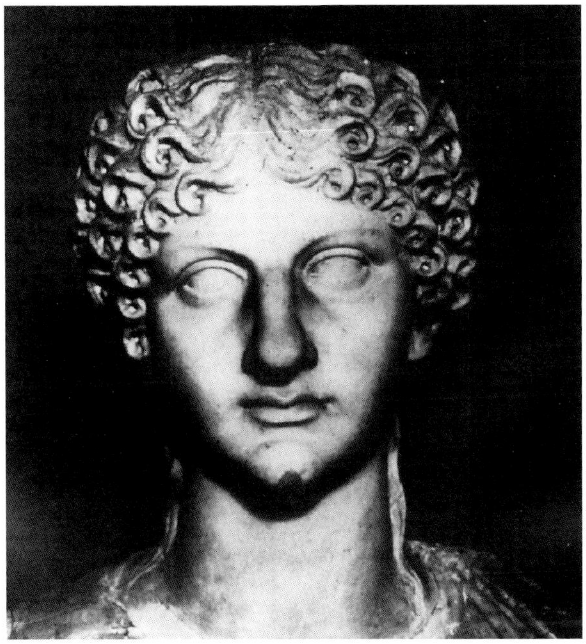

Abb. 447: Agrippina, Vatik. Museen, Galleria Chiaramonti

Anton Woensams Große Stadtansicht aus dem Jahre 1531 zeigt Agrippina mit den Attributen des Baumeisters, Winkelmaß und Holzhammer, dazu eine Inschrift, die ihre Leistung für Köln würdigt: »Agrippina Imperatrix hanc urbem restauravit« (Kaiserin Agrippina hat diese Stadt erneuert). Der Ruf der als Gründerin Kölns verehrten Frau war (und ist) dennoch denkbar schlecht: ehrgeizig, herrschsüchtig und voller Machthunger, grausam, skrupellos, lasterhaft und zuchtlos, streng, stolz und geldgierig soll sie gewesen sein, die Enkelin des Agrippa, Tochter des Germanicus und der Agrippina d.Ä., Enkelin des Kaisers Tiberius (42 v. Chr. – 37 n. Chr.), Urenkelin des Augustus.

Geboren am 15. November des Jahres 15 oder 16 n. Chr. im oppidum Ubiorum, wurde Agrippina zu Anfang des Jahres 49 Ehefrau ihres Onkels Claudius. Er war im Jahr 41 nach der Ermordung des berüchtigten, geisteskranken Despoten Caligula durch einen Offizier der Prätorianergarde von den Soldaten zum Kaiser ausgerufen worden. Tiberius Claudius Caesar Augustus Germanicus (41–54), der neue Imperator, war ein zwar von Natur aus linkischer und unbeholfener, doch mit Klugheit und Umsicht regierender Mann, wenn auch nicht wählerisch in seinen Mitteln. Er geriet allerdings stark unter den Einfluß seiner Freigelassenen und seiner beiden Ehefrauen Messalina und dann Agrippina.

Zielstrebig hatte Agrippina ihren Aufstieg zur Gemahlin des Kaisers ins Werk gesetzt. Caligula hatte sie während seiner Herrschaft aus Rom verbannt, ihr Vermögen beschlagnahmt. Claudius gestattete ihr die Rückkehr und gab ihr den Besitz zurück. Im Jahr 41 heiratete sie einen Senator von großem Reichtum und Einfluß. Als er Mitte der 40er Jahre unter zweifelhaften Umständen starb, erbten Agrippina und ihr Sohn aus erster Ehe L. Domitius Ahenobarbus (geb. 37), bekannt unter dem Namen Nero, das beträchtliche Vermögen, die finanzielle Basis für die Durchsetzung ihrer persönlichen und politischen Ziele. Ende 48 ließ Claudius seine Ehefrau Messalina, die Mutter seiner beiden Kinder Britannicus und Octavia, wegen ihres zügellosen Lebenswandels erdrosseln. Agrippina gelang es, die Mitbewerberinnen um die Gunst des verwitweten Imperators aus dem Feld zu schlagen. Im Jahre 49 wurde sie mit einer Sondergenehmigung des Senats von Rom Gemahlin des Claudius; bisher hatte das römische Recht eine Ehe zwischen Onkel und Nichte strikt verboten.

Bald schon übte sie großen Einfluß auf den Kaiser aus, der ihr bis dahin auch für höchstgestellte Frauen unbekannte Ehren und Privilegien gewährte, allen ihren Wünschen willfahrte und sogar im Senat zum Fürsprecher ihrer persönlichen Interessen wurde: »Von nun an«, so schreibt Tacitus in seinen Annalen, »war die Stadt (d. i. Rom) völlig umgewandelt, alles gehorchte einer Frau, die mit dem römischen Senat ihr Spiel trieb ... Straff und wie ein Mann zog sie die Zügel der Sklaverei an. In der Öffentlichkeit zeigte sie Strenge und in der Regel Hochmut ...«

Obwohl formell nur Gemahlin des Imperators, verfügte Agrippina, die seit 50 den ihr vom Senat verliehenen Ehrennamen »Augusta« trug, über großen politischen Einfluß, den sie zur Ausschaltung aller möglichen Feinde und Konkurrenten, zur Bereicherung und zur Verwirklichung ihrer dynastischen Pläne nutzte. Claudius adoptierte ihren Sohn Nero aus ihrer auf Befehl des Kaisers Tiberius im Jahre 28 mit dem reichen Senator Gnaeus Domitius Ahenobarbus (Großneffe des Augustus) geschlossenen Ehe, verlobte ihn mit seiner leiblichen Tochter Octavia, gestattete ihm schon mit 15 Jahren das Tragen der Männertoga, gewährte ihm das »imperium proconsulare«, machte ihn schon mit 20 zum Konsul, präsentierte ihn dem Volk von Rom als seinen »Erben« und sicherte ihm so die Thronfolge vor seinem leiblichen Sohn Britannicus, den er in allen Belangen hintansetzte.

Die exzessive Förderung des adoptierten zu Lasten des leiblichen Sohnes und das ungezügelte Machtstreben Agrippinas aber ließen im Senat und in der kaiserlichen Umgebung Opposition entstehen. Claudius konnte überzeugt werden, auch im eigenen Interesse den bislang ins Abseits gedrängten Britannicus ähnlich wie Nero herauszuheben und als einen möglichen Nachfolger aufzubauen. Fortan fürchtete Agrippina

Agrippina die Jüngere, Nordseite, EG, Nr. 3
Ratsbeschluß am 11. Juni 1987
Modellvorstellung am 4. Februar 1988
Figurenübergabe am 11. September 1989
Bildhauer: Heribert Calleen
Stifter: Agrippina Versicherung AG, Köln

Die Gesichtszüge der römischen Herrscherin folgen dem Typus eines in Kopenhagen bewahrten antiken Bildnisses. Eine Säule trägt den Adler als Sinnbild des Jupiter, die Inschrift *SPQR*, auf römischen Feldzeichen üblich, ist als *Senatus Populusque Romanus, als Senat und Volk von Rom* aufzulösen. Mit der Linken schiebt Agrippina ihren teilweise unter ihrem Gewand verborgenen Sohn Nero vor, hier noch ein Knabe, dessen Fackel und düstere Gesichtszüge eine Andeutung des späteren Brandes der Stadt Rom geben. Die Inschrift *CCAA* an der Säulenplinthe weist auf Kölns antiken Namen, auf *Colonia Claudia Ara Agrippinensium* hin. Das kleinere Modell wurde zur Vorbereitung der Ausführung in ein zweites des Maßstabes eins zu eins übertragen. (BE)

um ihre Macht und ihres Sohnes glänzende Zukunft: Claudius aber hatte, wie Tacitus schreibt, damit sein eigenes »Todesurteil« gesprochen.

Im Jahr 54 vergiftete Agrippina ihren Gatten. Nun konnte Nero, erst siebzehn Jahre alt, den Thron besteigen. Sie selbst trug fortan als Kaiserin-Mutter den Titel »optima mater«, nahm an der Seite ihres Sohnes an Senatsverhandlungen teil und erledigte – wie Sueton schreibt – zunächst alle kaiserlichen Geschäfte für ihren zur Herrschaft weder bereiten noch fähigen Sohn. Im Jahre 55 aber kam es zum Bruch zwischen dem jungen Kaiser und seiner dominanten, herrschsüchtigen, unberechenbaren Mutter, »über die er sich ärgerte, weil sie seine Reden und Taten scharf beobachtete und bitter tadelte« (Sueton). Wichtige und einflußreiche, aber von Agrippina abhängige Berater und Amtsträger wurden entlassen, sie selbst büßte ihre zuvor große politische Macht ein und durfte nicht mehr im kaiserlichen Palast wohnen. Der Haß des Sohnes und seine Furcht vor ihren Drohungen und ihrem »heftigen Temperament« gipfelten schließlich im Mord an seiner Mutter. Mehrere Anschläge auf ihr Leben schlugen fehl; schließlich aber gelang den von Nero gedungenen Mördern im Jahre 59, Agrippina in ihrer Villa in Baiae mit Schwertern niederzumetzeln. Um den Tod seiner Mutter erklären zu können, übergab Nero dem Senat eine Liste aller Verbrechen, die Agrippina wirklich begangen hatte oder die ihr nun zugeschrieben wurden. Sogar ihn, den eigenen Sohn und Kaiser, habe sie ermorden lassen wollen. Des Anschlags überführt, habe sie Selbstmord begangen. Der Senat verfluchte ihr Andenken, ihre Statuen wurden zerstört, aus Inschriften wurde ihr Name entfernt. In Rom und in den Provinzen sollte die Erinnerung an Agrippina ausgelöscht werden.

Das geschah auch in dem Ort, der ihr verdankte, die erste römisch-rechtlich organisierte Stadt im Rheinland geworden zu sein. Im Jahre 50 hatte Kaiser Claudius seinen aus dem gesamten Mittelmeerbereich stammenden Veteranen den Geburtsort seiner Frau, das oppidum Ubiorum, als Kolonie angewiesen und ihr den Namen »Colonia Claudia Ara Agrippinensium« gegeben. Dessen Abkürzung CCAA war eingemeißelt in den feldseitigen Torbogen des römischen Nordtores der Stadt. Seine Überreste sind heute im Römisch-Germanischen Museum zu sehen. Agrippinas Machtstreben und Ehrgeiz waren die treibenden Kräfte der Verleihung des römischen Stadtrechtes an das oppidum Ubiorum, in dem sie allerdings nicht länger als bis zur Abberufung ihres Vaters Germanicus im Jahre 17 gelebt haben kann. Über ihre Beweggründe schreibt Tacitus: »Um auch den verbündeten Nationen ihre Macht offen zu zeigen, erreichte es Agrippina, daß in der Ubierstadt, in der sie geboren war, ausgediente Soldaten untergebracht und eine neue Kolonie begründet wurde, die ihren Namen erhielt.« Ihr Motiv war wohl gewesen, es ihrem kaiserlichen Gatten gleichzutun, der ebenfalls im Jahre 50 seine Geburtsstadt Lugdunum (Lyon) zur colonia gemacht hatte. Zweifelsohne aber war die colonia am Rhein, wie ihre Bezeichnung ausweist, eine kaiserliche Gründung gewesen, und der Name der aus ihr hervorgehenden Stadt ist daraus entstanden. Nur einmal, für das Jahr 256, ist für sie der Name »Agrippina« bezeugt.

Die Kölner aber haben sich trotz allem stets und gern an sie erinnert. Der Anonymus, der im Jahre 1818 den ersten Kölner »Stadtführer« herausgab, wählte ihr Abbild als Titelkupfer und schrieb dazu: »Alle Schriftsteller kommen darinn überein, dass sie ein Muster weiblicher Schönheit war. Gross war sie an Leib und Seele – das erste Gegenbild zum athenischen Alkibiades ... Die fühlende Menschheit wird sie in ihren Fehlern bedauren, in ihren Tugenden bewunderen, als eines der grössten Weiber vergangener und gegenwärtiger Zeit.« (BD)

Literatur

[Anonym] Köln und seine Merkwürdigkeiten für den Alterthums-Forscher und Kunstliebenden, Köln 1818 (bei J. Mathieux).

Franz Bender, Agrippina die Jüngere, die Kölnische Stadtmutter, in: Beiträge zur Kölnischen Geschichte, Gegenwart, Eigenart 3, 1918, S. 11ff.

Stephan Broelmann, Epideigma, sive specimen historiae vet. omnis et purae, florentis atq. amplae civitatis ubiorum, et eorum ad Rhenum Agrippinensi Oppidi, quod post Colonia Claudia Aug. Agrippinensis...(Köln 1608).

Werner Eck, Agrippina, die Stadtgründerin Kölns. Eine Frau in der frühkaiserzeitlichen Politik, Köln 1993 (Schriftenreihe der Archäologischen Gesellschaft Köln e.V. Nr. 22).

Irene Franken/Christ. Kling-Mathey (Hg.), Köln der Frauen, Köln 1992 (zu Agrippina: S. 13ff.).

Hartmut Galsterer, Von den Eburonen zu den Agrippinensiern. Aspekte der Romanisation am Rhein, in: Kölner Jb. f. Vor- und Frühgeschichte 23/1990, S. 117–126.

Michael Grant, Nero, London 1975.

Hermann Schmitz, Colonia Claudia Ara Agrippinensium, Köln 1956.

Wolfgang Schuller, Frauen in der römischen Geschichte, Konstanz 1987.

Postumus (260–268)

Nr. 4 / EG

Abb. 448: Postumus und Herkules, Aureus 265 n. Chr.

Die Münzbildnisse des Marcus Cassianus Latinius Postumus zeigen den selbsternannten »Freund des Hercules«, seines Schutzgottes, als Mann mit dickem, derbem, etwas vulgärem Kopf, mit breitem, niedrigem Schädel, steiler gewölbter Stirn, Sattelnase und längerem Bart: die Künstler der kaiserlichen Münzstätte zu Köln haben ganz offensichtlich die individuellen Züge des Imperators und Caesars hervorgehoben. In Gallien geboren, wohl aus dem Provinzadel stammend, war Postumus zunächst Erzieher des römischen Kaisersohnes und späteren Mitregenten in den Westprovinzen des Reiches (ab 253) Gallienus geworden. Als kaiserlicher General hatte er sich in den Kämpfen gegen die Franken bewährt. Im Laufe des Jahres 259 verließ Gallienus den Niederrhein und die colonia Agrippinensium, die er zu seiner Residenz und Münzstätte gemacht hatte, um in Oberitalien gegen die Alemannen zu kämpfen. Seinen noch jungen Sohn Saloninus ließ er in der colonia zurück und ernannte ihn zu seinem Stellvertreter. Dem Postumus aber gab er das Kommando über das kaiserliche Heer am Rhein. Ihm gelang es bald darauf, einer fränkischen Heerschar den auf einem Beutezug in Gallien eroberten Schatz wieder abzujagen; als guter Feldherr teilte er ihn seinen Soldaten zu. Darüber kam es zum Streit mit Silvanus, dem Berater des Caesars Saloninus, der die Kriegsbeute für den Stellvertreter des Kaisers beanspruchte. Das Heer hielt zu seinem erfolgreichen, beuteversprechenden Feldherrn, fiel vom Caesar ab und rief Postumus im Jahre 258 oder 259 zum Kaiser aus. Die unter Gallienus verstärkt befestigte colonia aber war noch in der Hand des Saloninus. Postumus belagerte die Stadt; schließlich wurde sie ihm wahrscheinlich im Jahr 260 von den »oppidani« – den Einwohnern oder der militärischen Besatzung – übergeben. Nach dem triumphalen Einzug des neuen Imperators wurden Saloninus und sein Berater Silvanus hingerichtet. Auch Postumus wählte Köln zu seiner Residenz. Der Kaiser und seine zivile Beamtenschaft beherrschten das Bild der Stadt. Nach römischem Vorbild installierte er hier einen Senat, legte sich eine Prätorianergarde zu und ließ sich mehrfach zum Konsul wählen, hier feierte er seine Herrschaftsjubiläen. Die Stadt erhielt eine kaiserliche Münze; ihre Prägungen mit dem CCAA oder Col. Cl. Agrip. auf den Rückseiten sind in größerer Zahl erhalten geblieben.

Als starke Festung spielte Köln eine bedeutende Rolle an der gefährdeten Rheingrenze; hier hatte die Rheinflotte ihr Standlager auf der Alteburg. Von hier ausgehend, brachte Postumus mit Umsicht und Tatkraft im Westen des römischen Imperiums ein großes Gebiet unter seine Herrschaft, zu dem bald ganz Gallien, die Pyrenäenhalbinsel, sogar Britannien und nach neusten Entdeckungen auch Raetien gehörten: sein »gallisches Sonderreich«. Seine erfolgreichen Germanenzüge, die ihm den Ehrentitel »restitutor Galliae« einbrachten, ließ er durch Prägungen seiner Kölner Münze propagandistisch verherrlichen. Ein großes, in Köln im Spätherbst des Jahres 265 geprägtes Goldmedaillon zeigt gemeinsam den Imperator und den »unbesiegten Hercules, seinen beratenden und leitenden Begleiter«, mit der Inschrift: IMPERATOR CAESAR MARCUS CASSIANUS LATINIUS POSTUMUS PIUS FELIX AUGUSTUS, während auf der Rückseite Postumus dem Hercules, mit Löwenfell und Keule, opfert. Und eine Serie von 13 Goldmünzen zeigt auf den Vorderseiten ein Doppelportrait des Kaisers und seines Gottes, auf den Rückseiten werden die Taten des Hercules verherrlicht, die alle an Orten geschehen, die in des Postumus Herrschaftsbereich liegen. Der Imperator selbst nannte seine Feldzüge, in denen er sein Reich gegen alle Angriffe von außen verteidigte, seine »Herkulestaten«.

Seine Herrschaft endete, wie sie begonnen hatte: durch die Armee. Im Jahr 268 revoltierte in Trier der Ulpius Cornelius Laelianus, ließ sich zum Gegenkaiser ausrufen. Postumus besiegte ihn, wurde aber vor Mainz von seinen Soldaten erschlagen, weil er ihnen die Plünderung der Stadt verweigerte. Unter seinen Nachfolgern zerbrach das von ihm geschaffene gallische Sonderreich rasch. Der letzte von ihnen, Tetricus, übergab es im Frühjahr des Jahres 274 kampflos an den römischen Kaiser Aurelian.

(BD)

Ähnlich wie beim Figurenpaar Augustus (Nr. 1) und Agrippa (Nr. 2) wurde auch hier einer in Toga gekleideten Nachbarfigur Constantins des Großen (Nr. 5) eine militärisch gewandete Nachbarfigur beigegeben. Der römische Feldherr und von Rom abtrünnige Kaiser eines gallischen »Sonderreiches« erscheint im militärischen Dienstkostüm mit Brustpanzer und Mantel, den Schild hat er am Boden aufgesetzt. Ebenso wie seinen Nachbarn Constantin weist auch ihn ein Lorbeerkranz als siegreichen Herrscher aus. Die Gesichtszüge folgen der spärlichen Überlieferung dieses Feldherrn in der antiken Bildnisskulptur. (BE)

Literatur

Thomas D. Barnes, Some Persons in the Historia Augusta, in: Phoenix 26, 1972, S. 140–182.
Ingemar König, Die gallischen Usurpatoren von Postumus bis Tetricus, München 1981 (Vestigia. Beiträge zur alten Geschichte 31).
Martindale et al., PLRE 1, 720, Cambridge 1971.
Hermann Schmitz, Colonia Agrippinensium als Residenz der gallischen Sonderkaiser, in: JbKGV 28, 1953, S.1 6–40.

Postumus, Nordseite, EG, Nr. 4
Ratsbeschluß am 30. August 1990
Modellvorstellung am 14. November 1989
Figurenübergabe am 22. Oktober 1991
Bildhauer: Hendryk Dywan
Stifter: Firma Madaus AG, Köln

Constantin der Große (um 285–337)

Nr. 5 / EG

Abb. 449: Constantin mit sol invictus, Goldmedaillon, 313 n. Chr.

Ein berühmtes Silbermedaillon, 315 in Ticinum geprägt zur Erinnerung an den Sieg über seinen Schwager und Rivalen, den Caesar Maxentius, in der Schlacht an der Milvischen Brücke in Rom im Jahre 312, zeigt auf der Vorderseite die gepanzerte Büste des Imperators mit Helm. Die rechte Hand hält ein Pferd am Zügel, die linke einen Schild, auf dem die römische Wölfin mit den Zwillingen Romulus und Remus zu erkennen ist. Hinter dem Schild ragt ein Zepter mit Querstange und Globus empor. Der mit Rosetten verzierte Helm trägt als Abschluß des Helmbusches eine runde Scheibe mit dem Christogramm: unter diesem Zeichen hatte Constantin seine Truppen in die berühmte Schlacht geführt. Begonnen hatte sein Aufstieg unter einem anderen Zeichen. Nach dem Tode seines Vaters, des Augustus Constantius Chlorus in York im Jahre 306 hatten die Legionen ihn zum Nachfolger erhoben. Am 25.12.307 trat er seine Herrschaft mit der Übernahme des Titels »Augustus« an; es war dies der Sonnenwendtag, das »Weihnachtsfest« des unbesiegbaren Sonnengottes, des Sol Invictus, der Lieblingsgottheit der Legionäre. (Nachdem der Kaiser den Sonnenkult aufgegeben hatte, spätestens aber 354, machte die römische Kirche den »dies natalis invicti solis« zum Fest der Geburt Christi, machte ein heidnisches Fest zum christlichen Siegesfest!)

Von seiner äußeren Erscheinung ist keine zuverlässige Beschreibung erhalten geblieben. Ein 324/26 in Thessalonike geprägter Solidus zeigt uns den Kaiser mit mächtigem Haupt auf stämmigem Hals, mit scharf hervorspringender Hakennase, großen Augen unter buschigen Brauen und einem schmalen Mund. Er trägt das unter Aurelian und Diokletian eingeführte orientalische Herrscherdiadem an Stelle des Lorbeerkranzes und gibt sich so als absoluter Herrscher, »dominus noster«, über seine Untertanen zu erkennen. Als Soldat, Administrator und Gesetzgeber war Constantin außerordentlich befähigt, ein kritischer und wandlungsfähiger Planer, zugleich aber auch ein Autokrat mit oft gewalttätiger Energie. Jacob Burckhardt hat ihn als amoralischen und areligiösen Politiker gezeichnet, eine wohl unhaltbare These. Ob er 312 seine Soldaten aufgrund einer göttlichen Traumweisung unter dem Christogramm gegen Maxentius kämpfen ließ oder es nur »zur Probe« mit dem »Heil« dieser Religion versuchen wollte, ist unerheblich; seinen Sieg hatte er »instinctu divinitatis«, auf Eingebung der Gottheit, erfochten. Von außergewöhnlicher Bedeutung war allein die persönliche Entscheidung des Herrschers, denn ohne sie wäre die Geschichte des römischen Reichs und der römischen Kirche gänzlich anders verlaufen. Erste konkrete Folge dieser Entscheidung war das tolerante religionspolitische Programm von Mailand des Jahres 313, in dem es hieß: »Daß den Christen und allen anderen die Möglichkeit gegeben werde, sich zu der von ihnen gewählten Religion frei zu bekennen, damit, was immer an Gottheit und himmlischen Wesen existiert, Uns und Unseren Untertanen gnädig sein möge.« Das Edikt gewährte also prinzipielle Toleranz für alle Religionen, eine unerhörte Neuerung! Die persönliche Bekehrung des Imperators machte das Christentum zur legitimen Religion im Staat, aber nicht zur Staatsreligion. Constantin befreite es formal aus seiner bisherigen illegalen Stellung und stellte es als religio licita gleichberechtigt neben die anderen Religionen. Er war zweifelsohne kein Christ im Sinne eines modernen spiritualisierten Glaubensbegriffs. So behielt er auch das Amt des pontifex maximus des heidnischen Kultes bei und ebensowenig unterdrückte er das »Heidentum« in seinem Reich, auch behielten nichtchristliche Beamte, besonders in den hohen Rängen, ihre Ämter. Dennoch hat er als Christ regiert: seine Münzen zeigen christliche Embleme, seine Gesetze begünstigten Christen, stellten das Christentum unter den besonderen Schutz des Kaisers. Er griff aktiv in die Religions- und Kirchenpolitik ein und schuf eine gewisse Bindung der christlichen Religion an den Staat, die sich folgenschwer auf die Entwicklung von Gesellschaft und Kultur auswirken sollte.

Tatkräftig bemühte er sich um die innere und äußere Konsolidierung seines Imperiums. Im Zusammenhang mit seinen Unternehmungen zur Sicherung der Rheingrenze gegen Franken und Alemannen ließ er um 310 das Kastell Deutz (castrum divitensium) durch

Ähnlich wie beim Figurenpaar Augustus (Nr. 1) und Agrippa (Nr. 2) wurde auch hier einer militärisch gewandeten Figur, dem zeitlich vorangehenden Soldatenkaiser Postumus (Nr. 4), eine in die Toga gekleidete Nachbarfigur beigegeben. Constantin ist nicht als Feldherr, wiewohl, eine Änderung gegenüber dem ersten Modell, durch den Lorbeerkranz als siegreicher Herrscher dargestellt. In der Hand trägt er als Hinweis auf das Kreuzzeichen, unter dessen Schutz er 312 seinen Sieg über den Mitherrscher Maxentius errang, gleich einem Zepter die Sonderform eines Christogrammes, zusammengefügt aus den griechischen Buchstaben I (Iota, als Anfangsbuchstabe des Namens Iesos) sowie X und P (Chi und Rho als Anfangsbuchstaben des Namens Christos). Die Gesichtszüge folgen dem unbärtigen Typus von Constantin-Bildnissen spätrömischer Skulptur. (BE)

die Soldaten seiner 22. Legion (Legio XXII constantiniana vitrix) erbauen. Die Mauern des 1881 freigelegten Kastells bildeten ein mit 18 Türmen bestücktes Quadrat von 141,35 m Seitenlänge mit davorliegendem Doppelgraben. Das Kastell wurde mit einer festen Rheinbrücke (eine Jochbrücke, deren hölzerner Oberbau auf zahlreichen rechteckigen, in den Strom gerammten Eichenholzpfeilern mit steinernem Aufbau ruhte) mit der rechtsrheinischen Colonia Agrippina, seit 79 Hauptstadt der Provinz Niedergermanien, verbunden. Sie verlief von der heutigen Salzgasse bei Groß St. Martin über den römischen Hafen, die damalige Rheininsel und den Fluß nach Osten auf das Westtor des Kastells zu.

Während Constantins Regierungszeit wird in Köln zum ersten Male eine christliche Gemeinde erwähnt, deren Bischof Maternus in den Jahren 313 und 314 vom Kaiser auf Synoden in Rom und Arles berufen wurde.

Die von Lyskirchen, in Mittelalter und Früher Neuzeit eine der bedeutenden Kölner »Geschlechter«- und Bürgermeister-Familien, betrachteten sich in ihrer Abstammungslegende als Nachfahren des Kaisers.

Bestattet wurde Constantin, den man »den Großen« nennt, nach seinem Tode im Jahre 337 in einem von ihm selbst angelegten Mausoleum neben der Apostelkirche in Constantinopel, umgeben von den Erinnerungsmälern der zwölf Apostel: der »Isapostolos« (Apostelgleiche) der späteren Orthodoxie.

Mehr als vierhundert Jahre später sollte mit dem Namen des Kaisers noch einmal folgenschwere Politik gemacht werden, ähnlich folgenschwer wie Constantins Mailänder Toleranzedikt von 313. Anfang des Jahres 754 erschien der römische Papst Stephan II. bei Pippin dem Jüngeren im Frankenreich, um ihn zur Verteidigung der wieder einmal von den Langobarden bedrohten territorialen Interessen Roms zu bewegen. Dabei legte der Papst dem König ein berühmtes, später immer wieder herangezogenes Dokument vor,

Constantin der Große, Nordseite, EG, Nr. 5
Ratsbeschluß am 15. Juni 1989
Modellvorstellung am 14. November 1989
Figurenübergabe am 10. Dezember 1991
Bildhauer: Hendryk Dywan
Stifter: Messe- und Ausstellungsgesellschaft mbH, Köln

die sogenannte Donatio Constantini, eine von der päpstlichen Kanzlei unmittelbar zuvor gefälschte Urkunde, nach der Constantin zum Dank für die empfangene Taufe und für die Heilung vom Aussatz dem Papst Silvester I. die Herrschergewalt über Rom, Italien und das Abendland geschenkt habe. (BD)

Literatur

Andreas Alföldi, The Conversion of Constantine, Oxford 1948.

Jochen Bleicken, Constantin der Große und die Christen. Überlegungen zur konstantinischen Wende, München 1992 (HZ Beihefte N.F. 15).

Jakob Burckhardt, Die Zeit Konstantins des Großen, (1. Aufl. 1853) München 1972.

Erich Robertson Dodds, Heiden und Christen in einem Zeitalter der Angst. Aspekte religiöser Erfahrung von Marc Aurel bis Konstantin, Frankfurt a. M. 1985.

Eugen Ewig, Das Bild Konstantins des Großen in den ersten Jahrhunderten des abendländischen Mittelalters, in: HZ 75 (1956), S. 1–46.

Heinrich Kraft (Hg.), Konstantin der Große, Darmstadt 1974 (WdF Bd. 131).

Wilhelm Levison, Konstantinische Schenkung und Silvester-Legende, in: Miscellanea Francesco Ehrle, II, Rom 1924, S. 159–247 (Wiederabdruck in: [ders.] Aus rheinischer und fränkischer Frühzeit. Ausgewählte Aufsätze von Wilhelm Levison, Düsseldorf 1948, S. 390–465).

Ludwig Voelkl, Der Kaiser Konstantin, München 1957.

Josef Vogt, Constantin der Große und sein Jahrhundert, München [2]1960.

Sigibert von Ripuarien (490 – um 507/08)

Nr. 6 / EG

„Sigibertus Claudus, rex francorum“: Er war der letzte der zahlreichen (rhein-)fränkischen Könige, allerdings der erste im fränkischen Machtbereich mit politischem Gewicht. Ihre Zugehörigkeit zum vornehmsten Geschlecht, den Merowingern, begründete ihr Recht auf ein Königtum. Sie herrschten durch ihre Kriegergefolgschaft, die sie bewaffneten, belohnten und ernährten. Ihr Königsheil, ihr Charisma, war ganz wesentlich von ihrem Erfolg abhängig, ihrer Gefolgschaft als Heerkönige Kriegsbeute und Schatz zu sichern. Sigibert wird während seiner Herrschaft über eine Gefolgschaft von über 600 Bewaffneten verfügt haben, die zusammen ein für die Zeit großes Heer bildeten. Sein bedeutendes Herrschaftsgebiet entsprach etwa dem alten römischen Verwaltungsgebiet der civitas Ubiorum, d. h. dem Stadtareal mit seinem Umland von Andernach bis Krefeld. Dieses Gebiet wurde nach der fränkischen Eroberung Ribuaria genannt (ripuarisch: „am Ufer“), und seine neuen, ursprünglichen wohl keinen geschlossenen Stammesverband bildenden Bewohner Ripuarier. Köln war Bischofsstadt und es war Sigiberts Königssitz (sedis regia). Hier lebte zu seiner Zeit ein buntes Bevölkerungsgemisch, Heiden und Christen, Adlige und Freie, Halbfreie und Sklaven, sowohl bei den Franken als auch bei den alteingesessenen Bewohnern der colonia, und alle hatten sie nach Stand und Herkommen ihre römische, fränkische oder auch – als Geistliche – ihre kanonische Rechtsstellung.

Gregor von Tours, der große Geschichtsschreiber der fränkischen Zeit, berichtet in seinen „Zehn Bücher Geschichten“ vom Schicksal Sigiberts. Im Jahre 496-97 unterstützte er den Merowingerkönig Chlodwig (um 466–511) in der Schlacht gegen die Alamannen bei Tolbiacum (Zülpich), einem römischen castrum. Die Alamannen wurden besiegt, Sigibert aber war so schwer verletzt worden, daß er fortan hinkte. Sein Beiname „der Lahme“ rührt von dieser Verwundung her. Chlodwig, der seinen eigenen Herrschaftsbereich durch hinterlistige und gewalttätige Beseitigung der übrigen Gaukönige ausweitete, benutzte die Behinderung seines Verwandten und Waffenbruders, das Königsheil Sigiberts, seine Eignung als Heerkönig in Zweifel zu ziehen. „Siehe – so ließ er dessen Sohn Chlodericus wissen – dein Vater ist alt geworden und hinkt auf einem verkrüppelten Bein. Stürbe er, so würde dir sogleich mit unserer Freundschaft mit Recht sein Reich zuteil werden.“ Nach der Schlacht von Vouillé (507), in der er auf Chlodwigs Seite gekämpft hatte, ließ Chlodericus auf einem Jagdausflug in den Bukonischen Wald (Vogelsberg) weitab von Köln um

Antlitz und Krone des Herrschers sind historisch nicht überliefert. Auf sein gewaltsames Ende durch Mörderhand verweist die kleine Assistenzfigur mit dem gezückten Dolch. Die Beifügung eines zunächst beabsichtigten Zepters, das als solches in der Erscheinung unklar geblieben wäre, entfiel zugunsten einer kraftvoll geballten Hand. Auch auf die beabsichtigte Anbringung eines Steinmetzzeichens auf der Mantelschließe wurde verzichtet. Gegenüber dem Modell verlor die ausgeführte Skulptur an Volumen. Der Bildhauer ging als Preisträger aus einem Wettbewerb unter den Mitgliedern der Kölner Steinmetz- und Bildhauer-Innung hervor. (BE)

das Jahr 508 seinen Vater von gedungenen Mördern erschlagen. An Chlodwig, den Anstifter der Tat, schrieb er: „Mein Vater ist tot, und sein Reich und seine Schätze sind mein. Sende doch etliche von deinen Leuten zu mir, bereitwillig will ich dir schicken, was dir von den Schätzen meines Vaters gefällt.“ Einer aus der Gesandtschaft Chlodwigs aber erschlug dann den Vatermörder (508). 509 kam der Merowingerkönig selbst nach Köln, ließ die Kriegergefolgschaft Sigiberts/Chlodericus' zu sich rufen, berichtete ihr vom Mord des Sohnes am Vater, den ein Unbekannter aus seiner Gesandtschaft gerächt habe, und forderte sie auf, sich ihm anzuschließen. Chlodwig wurde von ihnen auf den Schild gehoben, er war jetzt auch König der civitas Köln: „So empfing er Sigiberts Reich und seine Schätze.“ Ripuarien ging im Großreich des Chlodwig auf, aus dem ehemals selbständigen Königreich wurde unter seinen Nachfolgern ein abhängiger Dukat unter einem Gefolgsmann der Merowingerkönige. Köln blieb nicht länger Königssitz, behielt aber seine Bedeutung als Amtssitz der Herzöge, als Pfalz, d. h. vorübergehender Aufenthaltsort, der ständig in ihrem Reich umherziehenden Herrscher, und es blieb Bischofssitz, die entscheidende Voraussetzung für seinen Aufstieg im Mittelalter. (BD)

Sigibert von Ripuarien, Nordseite, EG, Nr. 6
Ratsbeschluß am 2. März 1989
Modellvorstellung am 16. Januar 1991
Figurenübergabe am 24. Oktober 1991
Bildhauer: Ernst Robert Wyrobeck
Stifter: Steinmetz- und Bildhauer-Innung Köln

Literatur

Rudolf Buchner (Hg.), Gregor von Tours: Zehn Bücher Geschichten (Fränkische Geschichte). Bd. 1: Buch 1–5, Darmstadt [7]1990.
Otto Doppelfeld u. R.Pirling, Fränkische Fürsten im Rheinland, Düsseldorf 1966.
Eugen Ewig, Die Civitas Ubiorum, die Francia Rinensis und das Land Ribuarien, in: RhVjbll. 19, 1954, S. 1ff.
Martin Heinzelmann, Gallische Prosopographie 260–257, in: FRANCIA 10, 1982, S. 531–718.
J. R. Martindale et al., The Prosopography of the Later Roman Empire, Bd. 2 (AD 395–527), Cambridge 1980 (PLRE 2, 287, 1008).

Plektrudis (gest. um 720)
Nr. 7 / EG

Abb. 450: Plektrudis, Grabplatte 12. Jh. Maria im Kapitol, Köln

Eine romanische, um 1150/60 entstandene Reliefplatte in St. Maria im Kapitol trägt die Inschrift: »S. Plectrvdis regina«. Sie ist das älteste Zeugnis der großen Verehrung der Gemahlin des Hausmeiers Pippin d. M. von Heristal an diesem Ort, älter als alle schriftlichen Zeugnisse. Das Memorienbuch von St. Maria im Kapitol, angelegt um 1300, enthält zum 10. August die »memoria Plectrudis regine fundatricis huius ecclesie«, Stifterin der Kirche, deren Namen auf einen römischen Vorgängerbau an gleicher Stelle hinweist, einen den drei kapitolinischen Gottheiten Juppiter, Juno und Minerva gewidmeten Tempel. Plektruds Familie, der austrasischen Oberschicht angehörend, war im Mittelmosel- und Eifelraum begütert. Ihr Vater war der Seneschall und Pfalzgraf Hugobert, ihre Mutter war Irmina, Stifterin des Klosters Echternach und nach dem Tode ihres Gatten um 697/98 als Witwe in das Kloster Oeren in Trier eingetreten, dessen Äbtissin sie wurde. Plektrud hatte vier Schwestern, Adela, Gründerin und Äbtissin des Klosters Pfalzel bei Trier, Bertrada, die 721 die Abtei Prüm ins Leben rief, sowie eine Chrodelind und Regentrud. Um 670/75 heiratete Plektrud Pippin von Heristal, dessen Familie ihr Zentrum im Lütticher Raum hatte, wenige Jahre vor seinem Herrschaftsantritt in Austrien (679/80). Für den aufstrebenden Pippin war die Eheschließung mit Plektrud von entscheidender Bedeutung. Die großen Besitzungen ihrer Familie boten die Möglichkeit, sich durch Verleihungen von Grundbesitz eine schlagkräftige Gefolgschaft, Anhänger und Freunde zu schaffen, unerläßlich für seinen Aufstieg zur Macht im gesamten Frankenreich. Plektruds Familie gehörte zu den Hauptstützen und Garanten der Herrschaft Pippins, und so war es nur folgerichtig, wenn auch ungewöhnlich, daß die Gemahlin des Hausmeiers alle seine Urkunden, die uns im Wortlaut erhalten sind, mitunterzeichnete und viele Rechtsakte in beider Namen geschahen.

Die Ehe, der zwei Söhne – Drogo (gest.708) und Grimoald (II., ermordet 714) entstammten, war ein reines Zweckbündnis. Neben Plektrud, in den Quellen »uxor nobilissima et sapientissima« genannt und »ex nobile genere orta«, unterhielt Pippin folgenreiche Beziehungen zu einer Chalpaida, in der ältesten sie erwähnenden erzählenden Quelle einfach als »alia uxor« (andere Gemahlin) des Hausmeiers bezeichnet, die ihm einen Sohn Karl schenkte, der seit dem 9. Jahrhundert den Beinamen »Martell«, der Hammer, trug, und zu mindestens einer weiteren Konkubine unbekannten Namens. Sie wurde Mutter von Karls Halbbruder Graf Childebrand, bekannt als erster »Continuator Fredegarii«, Verfasser einer »offiziösen« karolingischen Hauschronik.

Nach Pippins Tod im Jahre 714 versuchte Plektrud, ihren weiteren Einfluß abzusichern. Für ihren unmündigen, im April 714 nach der Ermordung seines Vaters Grimoald zum Hausmeier eingesetzten Enkel Theudoald (gest. 715/18) und den ebenfalls noch unmündigen König Dagobert III. übernahm sie die Regentschaft im gesamten Frankenreich, obwohl ihr anderer Enkel Arnulf (gest. im Kerker 723), Sohn des Drogo, bereits erwachsen war. Mit allen Mitteln versuchte sie ihren Stiefsohn Karl (gest. 741), ihren heftigsten Widersacher im Kampf um die Macht, auszuschalten. Sie ließ ihn sogar, wohl in Aachen, inhaftieren. Er aber konnte entkommen, belagerte Köln, in das Plektrud sich zurückgezogen hatte, und nahm die Stadt schließlich ein. Plektrud mußte sich freikaufen. Im Jahre 717 lieferte sie Karl die Schätze seines Vaters Pippin aus und überließ ihm, der Chlothar IV. zu seinem König machte, die gesamte Herrschaft im Frankenreich.

Plektrud aber blieb weiterhin in Köln, wo sie um das Jahr 720 starb und in der von ihr auf dem Kapitolshügel im Wohnbezirk der Hausmeier, merowingischfränkischem Fiskalbesitz, gegründeten Kirche bestattet wurde. Ihr merkwürdiger Name Maria im Kapitol (Maria in Capitolio) erscheint erstmals in Ruotgers »Leben Brunos«. Seit Mitte des 10. Jahrhunderts diente Plektruds Eigenkirche als Klosterkirche der dort von Erzbischof Bruno I. angesiedelten Benediktinerinnen aus Remiremont in den Vogesen. Im 12. Jahrhundert erfolgte die Umwandlung in ein reich ausgestattetes Kanonissenstift, das vornehmste der Kölner Diözese und noch zur Zeit der Säkularisation 1802 das reichste Stift nach Domstift und St. Gereon. Das erste Siegel des Kapitels aus dem Jahre 1216 trägt

In Haltung, Gewand und der Krone bezieht sich die Figur auf ein im frühen 14. Jahrhundert entstandenes Relief mit einer Darstellung der Herrscherin in St. Maria im Kapitol. Wie schon dort reflektiert das Kirchenmodell, welches die Fürstin als Stifterin ausweist, in seinen großen Zügen die Ostpartie gemäß der heutigen Dreikonchenanlage, die zur Zeit Plektrudis' jedoch von andersgestalteter Erscheinungsweise war. Das Architekturmodell korrespondiert formal mit demjenigen des Aachener Münsters, welches die Nachbarfigur Karls des Großen (Nr. 8) zu ihren Füßen zeigt. (BE)

die Umschrift »Sancta Maria Dei genetrix in Capitolio«, während in den Kölner Schreinsbüchern die Kirche mit ihrem volkstümlichen Namen in Erscheinung tritt: »St. Maria im Malzbüchel«. Die Kirche ist mittlerweile jedoch nicht mehr der kleine, frümittelalterliche Saalbau Plektruds, sondern ein prachtvoller Neubau, dessen Ursprünge bei Bruno I. zu suchen sind und dessen endgültige Gestalt die Stadt Köln der Äbtissin Ida verdankt. (BD)

Literatur:

Annales Mettenses priores, MGH SS rer. Germ., G. v. Simson ed., 1905, S. 19f.
Continuator Fredegarii, MGH SS rer. Merov. II, S. 174.
Theodor Breysig, Die Zeit Karl Martells (Jbb. des Deutschen Reiches 714–771), Berlin 1869.
Toni Diederich, Stift-Kloster-Pfarrei, zur Bedeutung der kirchlichen Gemeinschaften im Heiligen Köln, in: Die Romanischen Kirchen. Von den Anfängen bis zum Zweiten Weltkrieg. Hg. von H. Kier und U. Krings (Stadtspuren Bd. 1), Köln 1984, S. 17–78, hier S. 35–37.
Eugen Ewig, Die Rheinlande in fränkischer Zeit (451–919-31), in: F. Petri und G. Droege (Hg.), Rheinische Geschichte, Bd. 1,2. Frühes Mittelalter, Düsseldorf 1980, S. 1–274.
Eduard Hlawitschka, Zu den klösterlichen Anfängen von St. Maria im Kapitol, in: RhVjbll. 31, 1966/67, S. 1–16.
Eduard Hlawitschka, Zu den Grundlagen des Aufstiegs der Karolinger. Beschäftigung mit zwei Büchern von Matthias Werner, in: RhVjbll. 49, 1985, S. 1–61.
Engelbert Mühlbacher, Deutsche Geschichte unter den Karolingern, Stuttgart ²1959.
Fried Mühlberg, Grab und Grabdenkmal der Plektrudis in St. Maria im Kapitol zu Köln, in: WRJb XXIV, 1962, S. 21–96.
Hugo Rahtgens, Die Kirche St. Maria im Kapitol zu Köln, Düsseldorf 1913.
Karl H. Schäfer, Das Alter der Parochie Klein St. Martin, St. Maria im Kapitol und die Entstehung des Marienstiftes auf dem Kapitol zu Köln, in: AHVN 74, 1902, S. 53ff.
Werner Schäfke, St. Maria im Kapitol, Köln 1987.

Plektrudis, Ostseite, EG, Nr. 7
Ratsbeschluß am 1. Februar 1990
Modellvorstellung am 16. Mai 1990
Figurenübergabe am 13. Mai 1992
Bildhauer: Thomas Torkler
Stifter: Kölner Brauerei-Verband e.V., Köln

Karl der Große (747/48–814)

Nr. 8 / EG

Abb. 451: Karl der Große, Münze (Mainz) aus dem Jahre 804 (Bibl. Nat. Paris)

Seinen Herrscherbeinamen »magnus«, »der Große«, hat er erst lange nach seinem Tod erhalten. Er ist eigentlich nur eine Abweichung vom Formular des Urkundenprotokolls »(Karolus) magnus imperator«, das eine römisch-byzantinische Titulatur nachahmte. Doch soll er auch körperlich »groß« gewesen sein, wie sein Biograph Einhard sagt, »denn seine Länge betrug, wie man weiß, sieben seiner Füße«, nach neueren Forschungen ungefähr 182 cm.

Sein Vater Pippin d. J. (III.) und seine Mutter Bertrada hatten Gott intensiv um Nachkommenschaft angefleht, bis ihnen Karl, ihr erster Sohn, geboren wurde. Pippin, einer der Söhne Karl Martells, war zunächst auch Hausmeier gewesen, bis er 751 den letzten Merowingerkönig Childerich III. scheren ließ und ihn nach Saint-Omer ins Kloster Saint-Bertin steckte. Im November des Jahres wurde Pippin mit dem Segen des Papstes – »Es ist besser, den als König zu bezeichnen, der die Macht hat.« – zum König gewählt. Im Jahre 763 hatte Pippin seine beiden Söhne Karl und den drei Jahre jüngeren Karlmann dem Adel gemeinsam als zukünftige Könige vorgestellt, und als er 768 starb, hinterließ er ihnen eine gefestigte neue Dynastie und ein im Innern stabilisiertes, nach außen auf Expansion gerichtetes Frankenreich, das unter ihnen entsprechend dem Herkommen aufgeteilt wurde. Karl erhielt die nördlichen Teile Austriens und Neustriens sowie den Westen Aquitaniens, Karlmann die südliche Reichshälfte: Burgund, die Provence, Septimanien, Ostaquitanien, Alamannien und das Elsaß und einen Teil Neustriens mit Soissons und Paris.

Karls eigentliche Herrschaft begann im Jahre 771 mit dem Tode seines Bruders Karlmann, dessen Reichsteil er übernahm. Von Papst Hadrian 773 gegen den Langobardenkönig Desiderius um Hilfe gebeten, marschierte er nach Italien, eroberte das Langobardenreich 774 und ließ sich in Rom als König der Franken und Langobarden und Patricius der Römer huldigen. Papst Hadrian weihte seine Söhne Pippin und Ludwig zu Königen. In nur drei Jahren seiner alleinigen Herrschaft hatte er eine grundlegend neue politische Konstellation und die Grundlagen seines Imperiums geschaffen, das er in zahllosen Kriegs- und Eroberungszügen in mehr als dreißig Jahren mit perfekter Militär- und Verwaltungsorganisation und einem funktionierenden Nachrichtensystem über Europa ausdehnte und beherrschte. Er unterwarf die bis 785 von Widukind geführten Sachsen in langen blutigen Kämpfen (772–804) und zwang sie zur Annahme des Christentums, kämpfte 778 in Spanien gegen die Araber, entriß ihnen bis 803 die Spanische Mark, das Küstenland bis Barcelona, hob nach Absetzung des Herzogs Tassilo das Herzogtum Bayern auf (788) und zerstöre 791–805 das Awarenreich, wo er 796 die Ostmark errichtete, machte Böhmen tributpflichtig und befriedete die Liutizen und Sorben. Unermüdlich durchquerte er sein Großreich, das in seiner größten Ausdehnung sich über nahezu eine Million Quadratkilometer erstreckte. Fast jedes Jahr unternahm er Züge nach Sachsen, 769 überschritt er die Garonne, 773/74 und 781 weilte er in Rom, 776 hielt er sich in Friaul auf, die Pyrenäen überquerte er 778, 787 kam er nach Capua, 789 zog er ins Ostseegebiet jenseits der Elbe, 791 nach Ungarn, 800 erst an die Atlantikküste und dann wiederum nach Rom, im folgenden Jahr besuchte er Spoleto, 803 Salzburg.

Er sicherte die Grenzen seines Reiches durch die Errichtung von Marken, größeren Gebieten unter Verwaltung eines Markgrafen, schuf ein Netz von Erzbistümern und Bistümern, das nicht nur kirchlichen Belangen diente, sondern auch Teil seiner Militär- und Verwaltungsorganisation war, sorgte durch Aufzeichnung von Stammesrechten und durch eine umfangreiche Gesetzgebung (Kapitularien) für die Rechtsordnung, förderte den Handel, die Gewerbe und die Landwirtschaft. Karl und seine Ratgeber schufen Institutionen und Neuerungen, die lange fortlebten, z. B. die Grafschaftsverfassung, das Schöffensystem an den Gerichten, die gut lesbare karolingische Minuskel-Schrift, die sich in ihren Varianten bis heute erhalten hat, eine Münzreform, die sich heute noch in Bezeichnungen der englischen und französischen Währungen wiedererkennen läßt.

Aufgeschlossen für jede Art der Bildung nahm er großen Anteil an der Entwicklung von Kunst und Erziehung an den Kloster- und Domschulen. Er selbst

Der Kaiser trägt mit Krone, Reichsapfel und -schwert die Insignien seiner Herrschermacht. Wie die Nachbarfigur Plektrudis (Nr. 7) durch das Attribut eines Modelles als Kirchenstifterin in Köln, so ist Karl durch ein Kirchenmodell des Aachener Münsters als Begründer dieses geistlichen Zentrums seiner dortigen Pfalz ausgewiesen. Das Bistum Köln verdankt dem Kaiser seine Erhebung zum Erzbistum und dessen geographische Ausweitung; die archäologisch nicht genügend eindeutig gesicherte Erscheinungsweise des karolingischen Domes zu Köln ließ jedoch dessen Repräsentanz in Form eines Kirchenmodelles nicht zu. (BE)

konnte lesen und schreiben, sprach Latein und verstand Griechisch. Die kulturelle Erneuerung förderte er durch Heranziehung bedeutender Gelehrter an seinen Hof. Haupt dieser »Akademie« war seit 782 Alkuin, der sein Lehrer und Ratgeber wurde. Über zweihundert Briefe zwischen ihm und dem Kaiser sind erhalten geblieben. Neben dem Angelsachsen wirkten unter anderen der langobardische Geschichtsschreiber Paulus Diaconus, Karls Biograph (»Vita Caroli Magni«, nach dem antiken Vorbild Suetons die erste Herrscherbiographie des Mittelalters) und Vertrauter, der seit 794 am Hofe lebende Einhard, dem er auch die Leitung seiner Bauten, z. B. in Aachen, übertrug, und der Theologe Paulinus von Aquileja. Der Rückgriff auf die Werke der Antike wiederbelebte die Kenntnis des Klassischen (sog. Karolingische Renaissance); das karolingische Imperium orientierte sich in bildender Kunst, Architektur, Literatur und Staatlichkeit am Vorbild des römischen Imperiums.

An dieses Vorbild knüpfte Karl auch an, als er sich am Weihnachtstag des Jahres 800 in Rom von Papst Leo III. zum Kaiser kronen ließ. Seine nach diesem Datum ausgefertigten Urkunden zeigen, daß er sich als Nachfolger Constantins und der anderen christlichen Kaiser des römischen Reiches fühlte. Sein voller Kaisertitel lautete (ab 801) nach dem justinianischen Vorbild »serenissimus augustus a Deo coronatus magnus pacificus imperator Romanum gubernans imperium qui per misericordiam Dei rex Francorum et Langobardorum«, und sein Siegel trug auf der Rückseite die Inschrift »Renovatio Romani Imperii«.

Aachen wurde die Hauptstadt dieses christlichen »römischen« Großreiches, zum greifbaren Ausdruck der karolingischen Reichsidee, fast ein zweites Rom, das er im Alter fast ausschließlich zur Residenz wählte. Hier auch starb er am 28.1.814. Im Münster, das er hatte erbauen lassen, wurde er bestattet. Er war eine starke, alles überragende Persönlichkeit gewesen, kein absoluter Alleinherrscher, sondern ein fähiger, tatkräftiger Mann, der kluge Ratgeber und Vertraute an sich zu binden wußte: »Karl der Große verkörperte in seiner Person die auf Dauer geglückte Verschmelzung der römischen, gallischen und germanischen Elemente im künftigen Europa« (K. F. Werner).

Karl der Große, Ostseite, EG, Nr. 8
Ratsbeschluß am 15. Juni 1989
Modellvorstellung am 16. Mai 1990
Figurenübergabe am 7. Juli 1992
Bildhauer: Thomas Torkler
Stifter: Siemens AG, Zweigniederlassung Köln

Das Bistum Köln verdankte Karl nach 781 die Erweiterung um das erst wenige Jahre zuvor eroberte Gebiet südlich der Lippe, die Unterstellung Sachsens. Die Erhebung zum Erzbistum machte die Stadt zum Sitz eines Metropoliten. Ihr Erzbischof Hildebold (siehe Nr. 20), seit 791 als Vorsteher der Hofgeistlichkeit der höchste Kleriker des Fränkischen Reiches, war ein enger Weggefährte, Vertrauter und Ratgeber des Herrschers, den Alkuin mit den Worten feierte: »Unser Herr Jesus Christus hat Dich als Herrscher eingesetzt, an Macht dem Papst und dem Kaiser von Konstantinopel überlegen, größer an Weisheit und erhabener in der Würde Deiner Herrschaft. Auf Dir allein ruht die Sicherheit der Kirchen Christi.« Und für den elsässischen Humanisten Jakob Wimpfeling (1450–1528), der 1505 die erste »deutsche« (National-)Geschichte herausgab, war Karl »ein Kaiser von solcher Größe und Vollkommenheit, daß ihn nachher niemand überragte oder erreichte.« (BD)

Literatur

Matthias Becher, Neue Überlegungen zum Geburtsdatum Karls des Großen, in: FRANCIA 19/1, 1992, S. 37–60.
Arno Borst, Das Karlsbild in der Geschichtswissenschaft vom Humanismus bis heute, in: Karl der Große. Lebenswerk und Nachleben, Düsseldorf 1967, S. 364–402.
Wolfgang Braunfels, Karl der Große, Reinbek b. Hamburg 1972.
Peter Classen, Karl der Große, das Papsttum und Byzanz. Die Begründung des karolingischen Kaisertums, Sigmaringen [2]1988 (Beiträge zur Geschichte und Quellenkunde des MA, Bd. 9). [Einhard] Einardi vita Karoli magni, ed. Oswald Holder-Egger (MGH SS rer. Germ.), 1911.
Josef Fleckenstein, Karl der Große (768–814), in: H. Beumann (Hg.), Kaisergestalten des Mittelalters, München 1984, S. 9–27.
Josef Fleckenstein, Karl der Große, Göttingen – Zürich [3]1990. Josef Fleckenstein, Karl (I.) der Große, in: Lexikon des Mittelalters 5, München-Zürich 1991, Sp. 956f.
Francois Louis Ganshof, Karl der Große (742–814), in: Rheinische Lebensbilder 3, Düsseldorf 1968, S. 7–20.
Andreas Kalckhoff, Karl der Große. Profile eines Herrschers, München 1987.
Karl der Große. Werk und Wirkung. Katalog der Ausstellung in Aachen 1965, Aachen 1965.
Reinhold Rau (Hr.), Quellen zur karolingischen Reichsgeschichte. Erster Teil: Die Reichsannalen. Einhard, Leben Karls des Großen, Darmstadt 1955 (ND 1987) (FSGA, A, Bd. 5). Dritter Teil: Jahrbücher von Fulda. Regino, Chronik. Notker, Taten Karls, Darmstadt 1960 (ND 1982) (FSGA, A, Bd. 7).
Pierre Riché, Die Karolinger. Eine Familie formt Europa, Stuttgart 1987.
Theodor Schieffer, Das Karolingerreich, in: Handbuch der europäischen Geschichte, hg. v. Th. Schieffer, 1, Stuttgart 1976.
Karl Ferdinand Werner, Die Ursprünge Frankreichs bis zum Jahr 1000 (Geschichte Frankreichs Bd. 1), Stuttgart 1989.
Karl Ferdinand Werner, Das Geburtsdatum Karls des Großen, in: FRANCIA 1, 1973, S. 115–157.
Jakob Wimpfeling, Epithoma Germanorum, Straßburg 1505.

Otto I. (912–973)

Nr. 9 / EG

Abb. 452: Otto I., Figur aus dem Magdeburger Dom

»Seit dem Hinscheiden Karls sah die Welt keinen größeren Herrscher. Kaum wird ein Hirte wie er je wieder des Königtums walten.« Thietmar von Merseburg schrieb nieder, was die Zeitgenossen von dem Mann dachten, dem sie schon zu Lebzeiten den Beinamen »der Große« gegeben hatten. Und in seiner »Sachsengeschichte« zeichnete der Mönch Widukind aus dem Kloster Corvey das Portrait des (idealen) Herrschers:

> »Er, der Herr der Welt, ... zeichnete sich vor allem durch Frömmigkeit aus. In seinen Unternehmungen ist er unter allen Sterblichen der beständigste, abgesehen vom Schrecken der königlichen Strafgewalt stets liebenswürdig, im Schenken freigebig, im Schlafen mäßig; und während des Schlafes redet er immer etwas, als ob er ständig wache. Den Freunden schlägt er nichts ab und hält ihnen über Menschenmaß hinaus die Treue. (...) Geradezu erstaunlich sind seine Geistesgaben ... Auf die Jagd geht er häufig, liebt das Brettspiel, übt zuweilen mit königlichem Anstand das anmutige Reiterspiel. Hinzugekommen ist der gewaltige Körperbau, der die volle königliche Würde zeigt, und das graue Haupthaar. Die funkelnden Augen strahlen blitzartig bei plötzlich treffendem Blick einen wahrhaften Glanz aus. Das Gesicht ist rötlich, der Bart reichlich lang ... Die Brust ist wie mit einer Löwenmähne bedeckt, der Bauch maßvoll ...; seine Kleidung die heimische, eine fremde hat er niemals benutzt. So oft er aber die Krone zu tragen hat, bereitet er sich, wie man für wahr berichtet, stets durch Fasten darauf vor.«

Der Kaiser trägt die Krone des Heiligen Römischen Reiches Deutscher Nation, in der rechten die Reichslanze und in der Linken eine mit dem griechischen Kreuz bezeichnete Scheibe, mit welcher der Bildhauer an das byzantinische Herrschertum erinnern will. Die kleine Assistenzfigur mit dem beigegebenen Kirchenmodell von St. Pantaleon bezeichnet Bruno I., Bruder des Kaisers und als späterhin heiliggesprochener Erzbischof auch im Kölnischen Himmel des 4. Obergeschosses (Nr. 116) am Ratsturm vertreten; die hier gezeigte Doppelturmfassade entstand jedoch erst zur Zeit Theophanus (Nr. 10). Der Künstler wurde in einem Wettbewerb unter den Mitgliedern der Kölner Steinmetz- und Bildhauer-Innung, an dem sich drei Künstler beteiligten, ermittelt. (BE)

Otto I., Ostseite, EG, Nr. 9
Ratsbeschluß am 6. Dezember 1990
Modellvorstellung am 15. Mai 1991
Figurenübergabe am 11. Juni 1992
Bildhauer: Georg Krautkrämer
Stifter: Juwelier-, Gold- und Silberschmiedeinnung Köln

Am 7. August 936 wurde Otto, der älteste Sohn König Heinrichs I., früh designiert und schon 930 »rex« genannt, verheiratet mit der angelsächsischen Königstochter Edgith (gest. 946), in der Aachener Pfalz Karls des Großen vom Adel des Reiches zum neuen König erhoben. Ein programmatischer Aspekt prägte das großartige Zeremoniell. Sein Ablauf symbolisierte die Unterwerfung der Herzöge unter die königliche Herrschaft. Mit der Wahl Aachens als Erhebungsort knüpfte man zudem an die fränkisch-karolingische Tradition an; Otto war in fränkische Tracht gekleidet, setzte sich auf den Steinthron Karls und ließ sich – anders als sein Vater – salben. Er wurde so »rex dei gratia«, König von Gottes Gnaden, und erhob sich damit weit über seine adligen Standesgenossen. Dennoch erwies sich die Harmonie der Feierlichkeiten des Jahres 936 schon bald als eine nur oberflächliche. Das ottonische Reich war ein föderativer Staatsverband mit einer monarchischen Spitze, kein geschlossenes Staatswesen mit zentralistischer, einheitlicher Gewalt. Die Herzogtümer waren noch relativ selbständige Einheiten, die Herzöge verfügten über selbständigen Handlungsspielraum, der vom König nicht ohne weiteres zu beschränken war. Unmittelbare Königsherrschaft konnte nur in den Kernlanden ausgeübt werden, in allen anderen wurde sie nur abgestuft wirksam. Ebensowenig existierte für es bereits eine einheitliche Bezeichnung. Otto herrschte 936 de facto über »Francia et Saxonia«, sein Reich war kein »fränkisches« mehr, wie Widukind von Corvey es noch gesehen hat, aber auch noch kein »deutsches«. »Regnum Teutonicum«, Reich der Deutschen, trat als Bezeichnung vereinzelt um das Jahr 1000 auf, setzte sich aber erst gegen Ende des 11. Jahrhunderts durch. Die Unabhängigkeitsbestrebungen der großen Feudalen regten sich schon 938/39 mit von Lothringen, Franken und Bayern ausgehenden Verschwörungen und Erhebungen gegen das Königtum Ottos. Ende 941 waren die Aufstände niedergeschlagen und die Opposition des Hochadels vorerst ausgeschaltet.

Die innere Konsolidierung schuf Otto die Möglichkeit zu einer expansiven Außenpolitik. 951 unternahm er seinen ersten Italienzug. Er eroberte Pavia, die Hauptstadt des Langobardenreiches, und heiratete hier Adelheid von Burgund, der er den Titel »consors regni«, Mitregentin, einräumte. Otto ließ sich zum langobardischen König wählen und nannte sich in seinen Urkunden fortan König der Franken und Langobarden – so wie Karl der Große es getan hatte. Den Plan, sich zum Kaiser krönen zu lassen, konnte er noch nicht verwirklichen.

953 rief ihn eine erneute Rebellion ins Reich zurück. Liudolf, sein Sohn aus erster Ehe, hatte sich zusammen mit dem Mainzer Erzbischof Friedrich ohne königliche Erlaubnis aus Italien abgesetzt und war in den deutschen Reichsteil zurückgekehrt. Hier suchte er Verbündete gegen seinen Vater, da er nach der zweiten Eheschließung Ottos um seinen Thronanspruch fürchtete. Der Aufstand breitete sich rasch im Reich aus; zahlreiche große, mit Ottos Herrschaftspraxis unzufriedene Adlige schlossen sich an, nur Sachsen und Lothringen, das Ottos Bruder Bruno, Erzbischof von Köln, seit 953 als Herzog verwaltete, hielten zu ihm. Nach vergeblichen Versuchen, den Widerstand zu brechen, brachte der Einfall der Ungarn, die weite Reichsteile verwüsteten, die Wende zu Ottos Gunsten. Im Angesicht der Ungarn-Gefahr unterwarf sich der rebellierende Adel 954 auf dem Hoftag in Langenzenn bei Nürnberg, und 955 konnte der König mit einem aus fast allen Stämmen des Reiches zusammengesetzten Heer die Ungarn auf dem Lechfeld bei Augsburg am 10. August vernichtend schlagen.

Ottos mit großem persönlichen Mut und Einsatz unter dem Zeichen der »Heiligen Lanze« errungener Sieg und sein Nimbus als »Vernichter der Heiden« festigten sein Königtum im deutschen Reichsteil. Erneut konnte er sich nun Italien und der Sicherung seiner dort nicht unangefochtenen Herrschaft widmen. Im Jahre 960 folgte er einem Hilferuf des von Berengar von Ivrea, dem Otto auf seinem ersten Italienzug das italienische Königreich zu Lehen gegeben hatte, und von den Fürsten von Benevent und Capua bedrohten Papstes Johannes XII., der ihm die Kaiserkrone versprach. Mit einem Heer überquerte er im August 961 die Alpen, nachdem er zuvor seinen einzigen Sohn Otto zum König hatte wählen lassen. Zum Reichsverweser ernannte er seinen Bruder Bruno, den Erzbischof von Köln und Herzog von Lothringen. Am 31.1.962 erschien der König vor Rom und schlug am Fuße des Monte Mario sein Heerlager auf. Am 2. Februar kam ihm der Papst dorthin entgegen und führte Otto und seine Gattin Adelheid auf der alten via triumphalis der römischen Kaiser in die Peterskirche, wo er das Herrscherpaar salbte und krönte. Papst, römischer Klerus und Adel leisteten dem neuen Kaiser den Treueid, und Otto garantierte dem Papst in einer purpurnen Prunkurkunde als Gegenleistung den Besitz des Kirchenstaates.

Kaum hatte der Kaiser Rom wieder verlassen, wurde Johannes der Treueid lästig. Otto kehrte zurück, setzte den Papst ab und mit Leo VII. einen neuen ein. In neuen Papstwahlbestimmungen verfügte er, daß künftig kein Papst ohne des Kaisers oder Königs Zustimmung mehr gewählt oder eingesetzt werden dürfe – das Papsttum wurde so zum Bestandteil des Reichskirchensystems.

Ein dritter Italienzug führte Otto ab 966 noch einmal für einige Jahre aus dem Reich. Er wollte die immer noch seiner Herrschaft sich widersetzenden Fürstentümer im südlichen Italien erobern. In Rom wurde Weihnachten 967 sein Sohn Otto (II.) zum Mitkaiser gekrönt und fünf Jahre später mit der byzantinischen Prinzessin Theophanu vermählt. Nach langer Abwesenheit kehrte Otto im August 972 nach Sachsen zurück. Auf glänzenden Hoftag Ostern 973 zu Quedlinburg zeigte sich der Kaiser noch einmal in seiner ganzen Macht. Wenige Wochen später starb er in seiner Pfalz Memleben. Das Pfingstfest in seinem Todesjahr hatte der Kaiser noch in Köln gefeiert. In Magdeburg, wo er sich stets am liebsten aufgehalten hatte, wurde er im Dom neben seiner ersten Ehefrau Edgith in einem steinernen, noch heute im Chor hinter dem Altar stehenden Sarkophag bestattet. Seinem Sohn und Nachfolger hinterließ er ein gefestigtes Reich in relativer innerer Ruhe, das in sich die deutschen Stämme der Bayern, Sachsen, Lothringer, Franken und Schwaben vereinte und sich nach Osten ausgedehnt hatte. Die Macht der Herzöge hatte er zu brechen verstanden, nicht zuletzt durch die Schaffung seines Reichskirchensystems, das die Bischöfe an das Königtum band und ihnen staatliche Aufgaben übertrug.

Die herausragende Stellung des Kaiserbruders Bruno (siehe Nr.116) brachte der Stadt Köln als Sitz des Metropoliten einen bedeutenden wirtschaftlichen und kulturellen Aufschwung. Allein drei der insgesamt fünf Kölner Hoftage fanden während Brunos Regierungszeit statt. Seit seiner Ernennung zum Erzbischof durch Otto I. im Jahre 953 waren die Erzbischöfe uneingeschränkte Herren ihrer Residenzstadt. (BD)

Literatur

Hrotsvita von Gandersheim, Taten Kaiser Oddo I. (Gesta Ottonis), hg. v. Karl Strecker, (GdV 32), Leipzig ^{2}1891.

Liudprand von Cremona, hg. v. J. Becher, 1915, (GdV 29).

Thietmari Merseburgensis Episcopi Chronicon, hg. u. übers. v. Robert Holtzmann, MGH SrG Ns 9 (GdV 39), Leipzig 1892 [Freiherr-vom-Stein-Gedächtnisausgabe 9, hg. v. Rudolf Buchner, Darmstadt 1957].

Widukind von Corvey, Rerum Gestarum Saxonicarum libri II, 1–2, hg. v. P. Hirsch, MGH SrG 60, Hannover ^{5}1935.

Gerd Althoff u. Hagen Keller, Heinrich I. und Otto der Große, Göttingen 1985.

Helmut Beumann, Die Ottonen, Köln-Mainz 1987.

Helmut Beumann u. Heinrich Büttner, Das Kaisertum Ottos des Großen, Sigmaringen ^{2}1975 (Vorträge und Forschungen, Sonderband 1).

Helmut Beumann, Otto der Große (936–973), in: ders. (Hg.), Kaisergestalten des Mittelalters, München 1984, S. 50–72.
Patrick Corbet, Les saints Ottoniens. Sainteté dynastique, sainteté royale et sainteté feminine autour de l'an Mil (Beihefte der FRANCIA, 15), Sigmaringen 1986.
Robert Holtzmann, Geschichte der sächsischen Kaiserzeit 900–1024, 2 Bde. München 1971.
Hagen Keller, Das Kaisertum Ottos des Großen im Verständnis seiner Zeit, in: DA 20, 1964, S. 325–388.
Johannes Laudage, 'Liudolfingisches Hausbewußtsein'. Zu den Hintergründen eines Kölner Hoftages von 965, in: Köln. Stadt und Bistum ...., S. 23–59.
Percy E. Schramm, Ottos I. Kaiserkrönung in Aachen, in: ders., Kaiser, Könige und Päpste. Gesammelte Aufsätze ..., Bd. 3, Stuttgart 1969, S. 33–58.
Gerd Tellenbach, Otto der Große, in: Die großen Deutschen I, ²1956.
Harald Zimmermann (Hg.), Otto der Große, Darmstadt 1976 (= WdF CCCL).

Theophanu (ca. 959–991)

Nr. 10 / EG

Abb. 453: Elfenbeinschnitzerei mit der Krönung Ottos II. und Theophanus durch Christus, Musée National des Thermes et de l'Hôtel de Cluny, Paris

Kaiser Otto I. stand auf dem Gipfel seiner Macht, als am 14.4.972 in Rom sein sechzehnjähriger Sohn Otto II. mit der wenig über zwölf Jahre alten, gerade heiratsfähigen, aus armenischem Adelsgeschlecht stammenden Theophanu, einer Nichte des byzantinischen Kaisers Johannes Tzimiskes, vermählt und die junge Frau von Papst Johannes XII. gekrönt wurde. Die Eheschließung besiegelte das friedliche Ende von Ottos Kampf um kaiserliche Gleichrangigkeit mit Byzanz, bedeutete Anerkennung des deutschen Kaisertums und wies ihn als Nachfolger der römischen Kaiser und Karls des Großen aus. Theophanu symbolisierte jedoch nicht nur die Einigung mit Byzanz, sie brachte auch als hoheitsvolle und selbstbewußte Frau Glanz und Kultur ihrer Heimat an den Kaiserhof. Die byzantinischen Einflüsse auf die ottonische Buchmalerei sind hierfür ein wichtiges Beispiel. Das Kölner Schnütgen-Museum feierte ihren 1000. Todestag mit einer Buchmalerei-Ausstellung. Sie zeigte 50 Handschriften aus ihrer Epoche, teils in ihrem Auftrag entstanden. Auf Mann und Sohn (Kaiser Otto III.) hat sie

– »sicher die bestgebildete Herrscherin und Kaiserin des Westens im Mittelalter« (G.Wolf) – stark eingewirkt, so daß beide sich außerordentlich um Kunst und Gelehrsamkeit bemühten. Die »griechische Feinheit« war geradezu das Ideal Ottos III., den man als einen der großen Mäzene der Epoche bezeichnet hat.

Ihre Bedeutung als überragende Frauengestalt des Mittelalters hat Theophanu jedoch weniger durch ihre Ehe und die damit verbundene Annäherung des Reiches an Byzanz erlangt, sondern als Herrscherpersönlichkeit von außergewöhnlichem Format. Für ihren erst dreijährigen Sohn Otto III. (letztes ihrer fünf zwischen 977 und 980 geborenen Kinder; Mitkönig seit dem Hoftag von Verona Mai/Juni 983 und zu Weihnachten 983 in Aachen gekrönt) übernahm sie nach dem Tod seines mit nur 28 Jahren in Rom gestorbenen (7.12.983) Vaters Otto II., die Vormundschaft und Regentschaft, die sie mit dem Mainzer Bischof Wiligis und dem dem Wormser Bischof Hildebald teilte. Die Rechtstitel »consors regni« und »coimperatrix«, die Theophanu seit 972 bzw. 974 trug, verliehen ihr kaiserliche Herrschaftsrechte über den Tod Ottos II. hinaus. In ihrer Stellung wurde sie von den Großen des Reiches akzeptiert, so daß sie ihrem Sohn trotz ungünstiger Bedingungen das Reich sichern konnte. Auch bildete sie, die 989/90 sogar zur Wahrung der kaiserlichen Hoheit nach Italien reiste und dort selbstbewußt als »imperator augustus« urkundete, den politischen Willen des Sohnes heran, dessen Ideal von der »Erneuerung des römischen Reiches« trotz seines frühen Todes (1002) starke Nachwirkungen hatte. Ihr Auftreten und ihre politische Leistung würdigte Thietmar von Merseburg: »Sie ist, obwohl schwach durch ihr Geschlecht, von besonnenem Selbstvertrauen und, was in Griechenland selten ist, von vorzüglichem Lebenswandel. Sie regierte das Reich mit tatkräftiger Sorgfalt für ihren Sohn und verkehrte liebevoll mit den Gottesfürchtigen, einschüchternd und überlegen mit den Verwegenen.«

Theophanus persönliches Aussehen ist so gut wie unbekannt. Keine Portraits im heutigen Sinne existieren von ihr, es gibt nur wenige Anhaltspunkte aufgrund einiger »Bildnisse«. Das früheste – datiert aus Mailand 972/73 – zeigt eine junge Frau mit Stirnreif. Ein Elfenbeintäfelchen von 982/83 zeigt sie mit Otto II. Auf einer Zierseite eines Evangeliars für St. Gereon blickt die Kaiserin zu ihrem Sohn Otto III. auf. Mit Sicherheit dargestellt ist sie in der rechten unteren Ecke des Vordeckels des Codex Aureus Epternacensis (im Germanischen Nationalmuseum Nürnberg), gefertigt 988/89.

Als Theophanu, kaum 35jährig, am 15. Juni 991 auf ihrer bevorzugten Pfalz Nimwegen nach kurzer Krankheit gestorben war, überführte man sie nach Köln, wo sie auf eigenen Wunsch in der Kirche St. Pantaleon bestattet wurde. Theophanus erster Bezug zu Köln war schon in ihrer Heimat entstanden, wo der Kölner Erz-

Theophanu, Westseite, EG, Nr. 10
Ratsbeschluß am 30. Juni 1988
Modellvorstellung am 24. Juni 1988
Figurenübergabe am 16. Januar 1990
Bildhauerin: Elisabeth Baumeister-Bühler
Stifter: Greven-Verlag GmbH, Köln

In Konkordanz zu den Ratsturmfiguren von 1925, von denen alleine Heinrich IV. (Nr. 11) wieder zur Außenaufstellung gelangte, wurde auch diese Skulptur in Muschelkalk gearbeitet. Die technisch prekäre Nähe zum Fialenwerk des Ratsturmportales ließ eine betont schlanke Figur entstehen. Die hieratische Strenge erinnert gemäß der Herkunft Theophanus an den oströmisch-byzantinischen Kunstkreis, die Auffassung der Draperie geht auf Studien zeitgenössischer Buchmalerei zurück. Das Emblem der medaillonähnlichen Scheibe, ein Löwe oberhalb eines Stieres, entnahm die Bildhauerin der Hochzeitsurkunde Theophanus. (BE)

bischof Gero (gest. 976) als Brautwerber Ottos I. auftrat. Geros Nachfolger Warin (976–985) war es sodann, der nach des Vaters Tod zunächst das Kind Otto III. in Obhut nahm, bevor der Bayern-Herzog Heinrich (II.) der Zänker sich vorübergehend bis 984 des Jungen bemächtigte. Mit Erzbischof Everger (985–999) schließlich, der sie auch bestattete, war Theophanu freundschaftlich verbunden. Seit Erzbischof Bruno I.(gest. 965) bestand für die kaiserliche Familie ohnehin eine starke Bindung an Köln. Belegt ist, daß Theophanu zum Pfingstfest des Jahres 985, eine glanzvolle Versammlung der Liudolfinger-Familien, im Dezember 986 und im Dezember 988 in der Stadt weilte und daß sie vor allem Brunos bevorzugte Kirche und Grablege St. Pantaleon reich mit Schenkungen bedachte. Familientradition und Theophanus besondere Verehrung für den Hl. Pantaleon, einen um 300 getöteten griechischen Arzt, der in ihrer Heimat als Großmärtyrer galt, spielten vemutlich gleichermaßen eine Rolle. Eine wichtige Gabe Theophanus an die Kirche waren die Reliquien des Hl. Albinus, die 984 von Rom nach Köln gebracht wurden (der Legende nach ein römischer Soldat, der 303 in England starb und unter dem Namen St. Alban als Erzmärtyrer Englands gilt), und sie stiftete außerdem zwei Albinus-Reliquare (989). Doch umfaßten die Zuwendungen nicht nur kostbare Ausstattungsstücke, sondern auch die Finanzierung von Baumaßnahmen. Ehrgeizige Bauten gehörten zur kaiserlichen Selbstdarstellung, und hier knüpfte Theophanu bei Bruno an, dessen Bau sie zunächst fortführte: 980 wurde die Kirche (das heutige Mittelschiff) geweiht. Das Westwerk von St. Pantaleon aber, als das letzte der großen ottonischen Westwerke berühmt, gilt als spätere, von Theophanu – nicht mehr von Bruno – initiierte bauliche Leistung. Ihre Bedeutung für Köln und St. Pantaleon erhellt die »Chronica regia coloniensis« für das Jahr 991: »Die Herrscherin Theophanu, die Mutter des Kaisers, ist gestorben und in der Basilika des heiligen Pantaleon in Köln bestattet. Dieser Kirche hat sie ihre besondere Aufmerksamkeit und Ehrbezeugung entgegengebracht und durch eigene Mittel großzügig erweitert.« Vor dem Altar des Hl. Albinus soll sie in St. Pantaleon auch beigesetzt worden sein. (CVK/BD)

Literatur

Chronica regia coloniensis, ed. Georg Waitz, Hannover 1880 (MGH SS in us. schol. 18).

Franz Dölger, Wer war Theophanu? in: Hist. Jb. d. Görres Gesellschaft 62, 1949, S. 646–658.

Christa Ebben-Fesseler, Theophanu. Stationen ihres Lebens, in: GiK 29, 1991, S. 5–19.

Odilo Engels, Theophanu (960–991), in: Rheinische Lebensbilder 13, Köln 1993, S. 7–27.

Odilo Engels, Theophanu, die westliche Kaiserin aus dem Osten, in: Die Begegnung des Westens mit dem Osten, 4. Symposium des Mediävistenverbandes in Köln 1991, hg. v. O. Engels und P. Schreiner, Sigmaringen 1993.

Anton van Euw/ Peter Schreiner (Hg.), Kaiserin Theophanu. Begegnung des Ostens und Westens um die Wende des ersten Jahrtausends. Gedenkschrift des Kölner Schnütgen-Museums zum 1000.Todesjahr der Kaiserin, 2 Bde., Köln 1991(s. darin bes. den Beitrag von Gunther Wolf, Wer war Theophanu?, S. 385–396).

Johannes Fried, Kaiserin Theophanu und das Reich, in: Köln. Stadt und Bistum . . ., S. 139–185.

Helmut Fußbroich, St. Pantaleon, in: Stadtspuren Bd. 1, S. 447–473.

Helmut Fußbroich, Die Ausgrabungen in St. Pantaleon zu Köln, Mainz 1983 (Kölner Forschungen 2).

Helmut Fußbroich, Theophanu – Die Griechin auf dem deutschen Kaiserthron, 972–991, Köln 1991.

Percy E. Schramm, Kaiser, Basileus und Papst in der Zeit der Ottonen, in: HZ 129, 1924, S. 424–475.

Mathilde Uhlirz, Jahrbücher des Deutschen Reiches unter Otto II. und Otto III., 2. Band: Otto III. 983–1002, Berlin 1954.

Mathilde Uhlirz, Zu dem Mitkaisertum der Ottonen: Theophanu Coimperatrix, in: Byzantinische Zeitschrift 50, 1957, S. 383–389.

Vor dem Jahr 1000. Abendländische Buchkunst zur Zeit der Kaiserin Theophanu, hg. v. d. Stadt Köln, Köln 1991.

Gunther Wolf, Kaiserin Theophanu (960–911) und Europa, in: Colonia romanica VI, 1991, S. 8–11.

Gunther Wolf (Hg.), Kaiserin Theophanu, Prinzessin aus der Fremde – des Westreichs große Kaiserin, Köln-Wien 1991.

Heinrich IV. (1050–1106)

Nr. 11 / EG

Abb. 454: Heinrich IV., Evangeliar Heinrichs IV. (Ausschnitt), Regensburg, um 1100

Der Herrschaftsantritt des 1051 in Köln von Erzbischof Hermann II. getauften und schon mit drei Jahren vorsorglich zum König gewählten und gekrönten Knaben Anfang Oktober 1056 stand unter keinem guten Vorzeichen: »Gott möge sich, so schrieb der Mönch Othlo in seinem »Buch der Visionen«, erbarmen und Fürsten einsetzen, welche Arm und Reich zu leiten verstehen. Denn von diesem unserem kleinen König können wir, o Schmerz, lange Zeit hindurch nichts von Herrschaft haben.«

Nach dem Tode seines Vaters Heinrich III. (1039-1056) wurde der König, mit knapp sechs Jahren Herr über ein aus drei Königtümern (Deutschland, Italien, Burgund) bestehendes Reich, zum Spielball derer, in deren wechselnder Obhut er sich befand und die für ihn die Regentschaft im Reich ausübten. Zunächst von seiner Mutter Agnes von Poitou geleitet, die versuchte, die gegen den Hochadel gerichtete Politik ihres Mannes Heinrich III. fortzusetzen, wurde der junge König 1062 erstmals Opfer eines Komplotts des mächtigen Feudaladels. Der »arglose, nichts weniger als an eine Hinterlist denkende Knabe« (Lampert von Hersfeld) wurde aus der Pfalz Kaiserswerth samt Reichsinsignien entführt und nach Köln gebracht. Erzbischof Anno II., Kopf der Adelsfronde und Anstifter der Entführung, übernahm die Erziehung des jungen Heinrich und die Regentschaft an der Stelle der Kaiserin Agnes. Er war allerdings nicht der einzige Regent, bald gab es Macht- und Kompetenzstreitigkeiten im Regentschaftsrat, dem neben dem Kölner die Erzbischöfe und Bischöfe von Mainz und Bremen, Magdeburg und Halberstadt sowie die Herzöge von Bayern, Niederlothringen und einige Grafen angehörten. Sie alle waren durchaus keine engen Freunde, sondern Rivalen in einem Zweckbündnis; jeder wartete darauf, den anderen zu verdrängen und selbst allein die bedeutendste Position zu erlangen. Annos heftigster Rivale war Erzbischof Adalbert von Bremen, der eine Reise des Erzkanzlers nach Mantua im Jahre 1064 dazu benutzte, selbst Erzieher bzw. Vormund des Königs zu werden. Heinrich IV. hat ihn sicher dem starren, machtbewußten Anno vorgezogen. Beide irrten allerdings in einer wichtigen Frage: der junge König war von ihnen überhaupt nicht zu erziehen oder gar zu lenken. Das zeigte sich besonders kraß anläßlich seiner Schwertleite, dem Fest seiner Mündigkeit am 29. 3. 1065 in Worms. Hier entlud sich der geballte Haß des Königs auf Anno in dem Versuch, den Erzbischof, der sich von ihm stets »geliebter Meister« hatte titulieren lassen, mit den eben empfangenen Waffen zu töten. Nur mit Mühe konnte Heinrich davon abgehalten werden.

Endlich volljährig geworden, versuchte Heinrich IV. von den während seiner Unmündigkeit erlittenen Einbußen an Besitz und Rechten zurückzugewinnen, was er für eine gesicherte Machtgrundlage benötigte. Die Zentren des ihm noch verbliebenen Königsgutes sicherte er durch Besiedlung, durch neue Pfalzen und neue Burgen. Er stützte sich dabei besonders auf die sogenannten Ministerialen, ursprünglich unfreie Dienstleute, die sich rasch als zuverlässige Verbündete seines Königtums bewährten, denn ihm verdankten sie ihren Aufstieg.

Heinrichs oft gewaltsame Rekuperationspolitik provozierte bald die Opposition der großen Feudalen. Die Fürstenerhebung des Jahres 1073 zwang den König, sich neue Bündnispartner zu suchen, die er in den Städten, vor allem am Rhein, fand. 1074 baten die Kölner den König nach der Vertreibung des Erzbischofs Anno II., ihres Stadtherrn, die Stadt unter seinen Schutz zu stellen. Zwar gelang Heinrich 1075 in Sachsen bei Homburg an der Unstrut der Sieg über die Fürstenopposition, der bald darauf ausbrechende Konflikt mit dem Papsttum unter Gregor VII. (ab 1073), der im »Dictatus Papae« den Vorrang der Kirche über alle weltliche Gewalt postuliert hatte, riß seine Herrschaft in die bisher schwerste Krise.

Auslöser waren der Eingriff Heinrichs in die kirchlichen Kämpfe in Mailand (Pataria) und seine Bischofsinvestitur in Italien. Eine Reichsversammlung in Worms im Jahre 1076 erklärte den Papst noch wegen ungültiger Wahl für abgesetzt, Gregors Reaktion mit Bannfluch gegen Heinrich und der Entbindung aller seiner Untertanen vom Treueid nutzten die Fürsten zur Formierung eines neuerlichen antiköniglichen Oppositionsbündnisses. Auf dem Fürstentag in Tribur in Anwesenheit päpstlicher Legaten mußte

Heinrich dem Papst Gehorsam und Genugtuung versprechen. Der König sah sich genötigt, binnen Jahresfrist die päpstliche Lösung vom Bann zu erlangen, sonst sollte er von den Fürsten abgesetzt werden. Zwar gelang es Heinrich während der berühmten Tage im Januar des Jahres 1077 vor der markgräflichen Burg Canossa im Apennin, von Papst Gregor VII. die Absolution zu erhalten, unter der Bedingung, daß er im Streit mit den deutschen Fürsten die Entscheidung des Papstes anerkenne, die Fürsten aber, von Gregor VII. enttäuscht, wählten dennoch im März des Jahres Rudolf von Schwaben zum Gegenkönig, der auf das dynastische Erbrecht der Krone verzichtete und die päpstliche Position im Streit um die Investitur der Bischöfe übernahm. Im nun einsetzenden inneren Krieg behielt Heinrich IV. die Oberhand; Rudolf starb 1080 und wurde durch Hermann von Salm ersetzt (bis 1088). Im selben Jahr bannte Gregor VII. den König abermals.Die Einmischung des Papstes in das Eigenkirchenwesen des Hochadels führte indessen zum Bruch der großen Feudalen mit Rom, die nun zum Teil zu Heinrich übertraten. Eine deutsch-italienische Synode wählte den Erzbischof Wibert von Ravenna als Clemens VII. zum Gegenpapst. Heinrich IV. zog 1081 nach Italien; 1084 krönte ihn Clemens in Rom zum Kaiser. Im folgenden Jahr verkündete Heinrich in Mainz den Gottesfrieden für das Reich, 1103 den Mainzer Reichslandfrieden gegen das Fehdeunwesen und das Raubrittertum.

Im Reich nun allgemein anerkannt, stand Heinrich IV. auf der Höhe seiner Macht. Der Rückschlag erfolgte 1104/1105. Sein zweiter Sohn Heinrich (V.), 1089 in Aachen zum König gekrönt, fiel vom Vater ab und stellte sich, unterstützt von Papst Paschalis II., an die Spitze einer Fürstenverschwörung. Heinrich IV. wurde gefangengenommen, mußte die Reichsinsignien ausliefern und während des Fürstentags zu Ingelheim auf den Thron verzichten. Von dort gelang ihm 1106 die Flucht nach Köln.

Sechzehnmal hielt er sich während seiner Herrschaft in der Stadt auf, zweimal feierte er hier das Osterfest, dreimal das Weihnachtsfest. Hier war er nicht nur getauft worden, sondern hier hatte er 1089 auch seine zweite Frau Praxedis-Adelheid geheiratet und sie krönen lassen. Die Kölner verpflichteten sich eidlich, ihre Stadt für den Kaiser gegen seinen revoltierenden Sohn und den Erzbischof Friedrich I. von Schwarzenberg zu halten. Der Kaiser gewährte ihnen die Erlaubnis, das Stadtgebiet zu erweitern und mit einem Befestigungswall zu umgeben, ein erster großer Schritt der Stadt und ihrer Einwohner auf dem Weg zu größerer Eigenständigkeit und Unabhängigkeit vom erzbischöflichen Stadtherrn.

Am 7. August 1106 starb Heinrich IV., den seine Biographen als mildtätig und demütig fromm bezeichnen, in Lüttich; seit 1111 ist er im Kaiserdom zu Speyer begraben. (BD)

Die 1925 in Muschelkalk geschlagene Statue ist die einzige, die den Zweiten Weltkrieg unversehrt überdauert hat. Der bisher nicht identifizierte Bildhauer stellte den Kaiser dar, wie er ihn sich vorstellte, als er in Canossa vor Papst Gregor VII. trat. Mit einem Zipfel seines Büßergewandes verhüllt er den Kopf und hält die Krone in der Hand. Die Statue nimmt als einzige des vorherigen Figurenprogramms wieder ihren ursprünglichen Platz ein. (WG)

Literatur

Egon Boshof, Heinrich IV. Herrscher an einer Zeitenwende (Persönlichkeit und Geschichte, Bd. 108/109), Göttingen 1979.

Hans Friedrich Haefele, Fortuna Heinrici IV. imperatoris. Untersuchungen zur Lebensbeschreibung des dritten Saliers (Veröffentl. d. Instituts für Österreichische Geschichtsforschung, Bd. 15), Graz-Köln 1954.

Karl Hampe u. Friedrich Baethgen, Deutsche Kaisergeschichte, Heidelberg 10. Aufl. 1949 (S. 35–87).

Johannes Helmrath, Die Stadt Köln im Itinerar der Könige des Mittelalters, in: GiK 4, 1979, S. 51–94.

Hanns Leo Mikoletzky, Der fromme Kaiser Heinrich IV., in: Mitt. d. Instituts f. Österreichische Geschichtsforschung 78, Leo Santifaller zum 70. Geburtstag, Graz-Köln 1960, S. 250-265.

E. Schirmer, Die Persönlichkeit Kaiser Heinrichs IV. im Urteil der deutschen Geschichtsschreibung vom Humanismus bis zur Mitte des 18. Jahrhunderts, Jena 1931.

Manfred Schluck, Die Vita Heinrici IV. Imperatoris, Sigmaringen 1979 (Vorträge u. Forschungen, Sonderbd. 26).

Franz-Joseph Schmale/ Irene Schmale-Ott (Hg.), Quellen zur Geschichte Kaiser Heinrichs IV., Darmstadt ³1974 (FSGA, A, Bd. 12).

Wolfram von den Steinen, Canossa. Heinrich IV. und die Kirche, München 1957.

Johannes Stumpf, Kayser Heinrychs des vierdten, Hertzogen zu Francken und am Rhyn etc, fünfftzigjärige Historia: von seinem läben und thaaten . . ., Zürich (bei Christoph Froschauer) 1556.

Gerd Tellenbach, Der Charakter Heinrichs IV. Zugleich ein Versuch über die Erkennbarkeit menschlicher Individualität im hohen Mittelalter, in: Person und Gemeinschaft. Festschrift für Karl Schmid, hg. v. Gerd Althoff u. a., Sigmaringen 1988, S. 345–367.

Harald Zimmermann, Der Canossagang von 1077. Wirkungen und Wirklichkeit (Akademie der Wissenschaften u. d. Literatur, Abhandlungen zur geistes- u. sozialwissenschaftlichen Klasse, Jg. 1975, Nr. 5) Mainz-Wiesbaden 1975.

Harald Zimmermann, Heinrich IV. (1056–1106), in: H. Beumann (Hg.), Kaisergestalten des Mittelalters, München 1984, S. 116–134.

Heinrich II. von England (1133–1189)

Nr. 12 / EG

Abb. 455: Heinrich II. von England im Disput mit Thomas Becket (Ausschnitt), aus: Glanville, Tractatus de legibus et consuetudinibus Anglieae (Cottonian MS Claudus Dii; British Library Board)

Er gilt als der bedeutendste englische Herrscher des Mittelalters, einer der mächtigsten in Europa überhaupt, als glänzender Organisator und Verwaltungsreformer, dem es gelang, sein riesiges, von den Pyrenäen bis zum Flusse Tweed, der im Unterlauf die Grenze zwischen Schottland und England bildet, sich erstreckendes Herrschaftsgebiet, das Angevinische Reich, für lange Zeit zusammenzuhalten.

Seine Mutter Mathilde, Tochter des englischen Königs und Herzogs der Normandie Heinrich I. Beauclerc, hatte mit elf Jahren 1114 den deutschen Kaiser Heinrich V. geheiratet. Nach dem Tode des englischen Thronfolgers Wilhelm Audelin, der 1120 im Ärmelkanal ertrank, ließ Vater Heinrich I. Mathilde, inzwischen Kaiserin-Witwe, im Jahre 1127 als seiner Nachfolgerin huldigen. 1128 heiratete sie Gottfried den Schönen, genannt Plantagenêt, Sohn des Grafen Fulko von Anjou, Maine und der Touraine. Die Herrschaft über England machte ihr aber Graf Stephan von Blois streitig, der sich nach dem Tode Heinrichs I. im Jahre 1135 von der Kirche und vielen Baronen als König hatte anerkennen lassen. 1139 landete Mathilde in England, um ihren Thronanspruch durchzusetzen; ein langjähriger innerer Krieg begann, der erst 1154 mit dem Tode Stephans endete. Jetzt konnte sich Mathildes Sohn Heinrich (II.), geboren am 4.3.1133 in Le

Der Figur gingen zahlreiche Bozzetti sowie intensive Gespräche zwischen dem Stifter und dem mit ihm befreundeten Bildhauer voraus. Die schließlich gefundene Gestalt will trotz voluminös geschlossener Erscheinung doch durch die bewegte Draperie und die selbstbewußte Kopfhaltung den expressiven Duktus und gefühlsbetonten Ausdruck der benachbarten Altfigur Heinrichs IV. (Nr. 11) erinnern. Während Zepter und Krone allgemein Heinrichs Herrschergewalt andeuten, verweist die Traube auf sein 1157 den in London tätigen Kölner Kaufleuten gewährtes Privileg zum Handel mit Wein in England. (BE)

Mans, ohne größeren Widerstand der Barone zum englischen König krönen lassen. Die Aera der Anjou-Plantagenêt begann.

Heinrich II. herrschte nicht nur über England, von der mütterlichen Seite war die Normandie mit der Lehnshoheit über die Bretagne auf ihn gekommen, vom Vater hatte er Anjou mit der Stadt Angers, Maine mit Le Mans und die Touraine mit Tours geerbt. Als er 1152 die schöne Eleonore von Aquitanien geheiratet hatte, die geschiedene Gattin des französischen Königs Ludwig VII., der ihre Reize nicht sonderlich schätzte, waren auch noch Guyenne mit Bordeaux und die Gascogne unter seine Herrschaft gekommen. Mehr als die Hälfte Frankreichs gehörte ihm, obgleich er Lehnsmann Ludwigs VII. war! Sein in Personalunion vollzogener Zusammenschluß eines Königreichs, zweier Herzogtümer und etlicher Grafschaften – 1158 gewann er auch noch Nantes – bildete ein anfälliges, inhomogenes Riesengebilde, das nur von einem Organisationsgenie wie Heinrich II. mit einem Herrschaftssystem und einer Wehrverfassung regiert werden konnte, die im wesentlichen nach den Prinzipien organisiert waren, auf denen auch der fränkisch-karolingische Feudalismus beruhte. Tatkräftig gestaltete er die inneren Verhaltnisse seines Reichs. Seine große Gerichtsreform drängte die baroniale Gerichtsbarkeit zugunsten der königlichen zurück, Geschworenengerichte wurde eingeführt, das Common Law bildete sich aus. 1164 stellte er mit den Konstitutionen von Clarendon gewisse bedeutende königliche Rechte gegen den Klerus wieder her. Und 1171 begann er die englische Eroberung Irlands.

Ein besonderes Verhältnis auf Gegenseitigkeit pflegte Heinrich II. mit der Stadt Köln und ihren Fernhandelskaufleuten, die zu den wichtigsten ihrer Zeit gehörten und stark im lukrativen Englandhandel engagiert waren. Auf seinem Hoftag von Northampton im Jahre 1157 erschienen auch Kölner Kaufleute, denen er Kölns erstes und ältestes Handelsprivileg für England erteilte. Er begründete damit eine Tradition, die von vielen seiner Nachfolgern weiterverfolgt wurde und für eine lange Zeit besonders enge Bindungen der Stadt Köln an England aus handelspolitischen Motiven herstellte. Heinrich II. nahm die »homines et cives

Heinrich II. von England, Westseite, EG, Nr. 12
Ratsbeschluß am 30. August 1994
Modellvorstellung am 7. Juni und 5. August 1994
Figurenübergabe am 15. November 1994
Bildhauer: Dennis Thies
Stifter: Wolfgang Trilsbach, Kaufmann, Köln

Colonienses« als seine »homines et amicos«, ihr Vermögen (omnes res) und ihre Waren und Besitzungen (mercaturas et possessiones) und ihr Haus in London, die »Guildhall«, in seinen besonderen königlichen Schutz. Das Privileg erlaubte den Kölnern ferner den Marktverkauf ihres Weines in London zum selben Preis wie für jenen aus Frankreich. 1175 erneuerte er sein Schutzversprechen, als die Stadt mit Kaiser Friedrich I. Barbarossa im Konflikt lag.

In den achtziger Jahren des 12. Jahrhunderts begann Heinrichs großes Reich zu zerfallen. Seine vier Söhne Heinrich, Richard (Löwenherz), Gottfried und Johann (Ohneland) verbündeten sich gegen ihn und revoltierten, um sich das eigene Stück aus dem großen Kuchen des angevinischen Reiches schneiden zu können, suchten sogar Unterstützung beim französischen König. Nach vielen Auseinandersetzungen mußte Heinrich II. 1189 auf die Herrschaft verzichten. Als verratener und gebrochener Verlierer starb er am 6. Juli 1189 in Chinon in Frankreich. Bestattet wurde er in einem prächtigen Grabmal in der mit fünf Kuppeln gekrönten Kirche (noch erhalten) des Benediktiner-Doppelklosters Fontevrault (Diözese Poitiers). Hier ruht auch seine Gattin Eleonore. (BD)

Literatur

R. Barber, Henry Plantagenet, a biography, London 1964.

Jean Boussard, Le Gouvernement d'Henry II Plantagenêt, Paris 1956.

L. Escoube, Henri II Plantagenêt, comte d'Anjou, roi d'Angleterre; Angers 1976.

Jean Favier, Frankreich im Zeitalter der Lehnsherrschaft 1000–1515; Stuttgart 1989 (Geschichte Frankreichs Bd. 2).

Raymonde Foreville, L'Église et la Royauté en Angleterre sous Henry II Plantagenêt (1154–1189), Paris 1943.

J. Gillingham, The Angevin Empire, London 1984.

Amy Kelly, Eleonor of Aquitaine and the Four Kings, London 1952.

H. Mayr-Harting, Henry II and the papacy, 1170–1189, in: Journal of Ecclesiastical History XVI, 1965, S. 39–53.

The Plantagenet Chronicles, ed. E. M. Hallam, London 1986.

Doris M. Stenton, 'England: Henry II', in: The Cambridge Medieval History, ed. J. R. Tanner/C. W. Previté Orton/ Z. N. Brooke, Bd. V, Cambridge 1929.

Egbert Türk, Nugae Curialium. Le règne d'Henri II Plantagenêt (1145–1189) et l'énigme politique; Genf 1977.

Karl Wand, Die Englandpolitik der Stadt Köln und ihrer Erzbischöfe im 12. und 13. Jahrhundert; in: Aus Mittelalter und Neuzeit: Festschrift für Gerd Kallen, 1957, S. 77–95.

William L. Warren, Henry II, London 1991 (English Monarchs).

Ilse Wolff, Heinrich II. von England als Vasall Ludwigs VII. von Frankreich, Breslau 1936.

Otto IV. (1177–1218)

Nr. 13 / EG

Abb. 456: Otto IV., sog. Ringsiegel, aus: Die Zeit der Staufer, Bd. III, Kat. Nr. 37

Der (staufisch gesinnte) Geschichtsschreiber Burchard von Ursberg zeichnete ein nicht gerade freundliches Bild von Otto aus dem Hause Braunschweig-Poitou, dem jüngsten, am Hofe des englischen Königs Richard Löwenherz aufgewachsenen Sohn des 1182 verbannten Herzog Heinrichs des Löwen: »hochmütig und dumm, aber stark an Körperkräften und von hochragender Statur« sei er gewesen. Papst Innocenz III., der ihn zum Kaiser machte, mahnte ihn, gegenüber anderen Güte und Demut zu zeigen, wenn er Anhänger finden und fest an sich binden wolle: »Von rauhen Worten und ungerechten Taten halte dich fern, sei weder unfreundlich beim Gewähren noch karg beim Versprechen.« Sicher ist, daß die päpstliche Mahnung nichts fruchtete. Während seiner Herrschaft gelang es Otto IV. nie, für einen längeren Zeitraum verläßliche Anhänger zu finden; und als ihn der glückliche Zufall zum allein anerkannten König und zum Römischen Kaiser werden ließ, scheiterte er letztlich an sich selbst. Ein Parteigänger nur hielt immer zu ihm: die Stadt Köln. Zwar schrieb Otto, der sich selbst als »König von Gottes und des Papstes Gnaden« bezeichnete, 1203 in einem Brief an Innocenz III.: »Unsere Sache wäre zu Schutt und Asche geworden, wenn sich nicht Eure Hand oder der Machtspruch des heiligen Petrus nach unserer Seite hin entschieden hätte«, es war aber die zu dieser Zeit stauferfeindliche rheinische Metropole und Bischofsstadt gewesen, die den

Als hieratisch aufgefaßte Herrschergestalt trägt der Kaiser mit Krone, Reichsapfel und Zepter die Insignien seiner Macht. Die Mantelschließe zeigt, einer Anregung des Stifters folgend, das Hauswappen des Kaisers. Auf Wunsch des Stifters wurde der – in Entsprechung zur eher glücklosen Regentschaft Ottos IV. – zunächst verhaltenere Gesichtsausdruck revidiert. Gegenüber der ursprünglich als schräg disponierten Zepterhaltung wählte man eine vertikal gerichtete, und die im Modell schlankere Erscheinung gewann in der Ausführung an Volumen. (BE)

Otto IV., Westseite, EG, Nr. 13
Ratsbeschluß am 30. August 1994
Modellvorstellung am 17. Mai 1994 und 25.5.1994
Figurenübergabe am 24. Oktober 1994
Bildhauer: Olaf Höhnen
Stifter: Jörg P. Schäfer, Köln

Welfen konsequent unterstützt hatte und der er sein Königtum verdankte. Sie gehörte maßgeblich zu jener antistaufischen Fronde (eine Fürstengruppe um den Erzbischof von Köln; England), die 1197 den in der Doppelwahl von 1198 gipfelnden staufisch-welfischen Thronstreit auslöste.

Herzog Philipp von Schwaben, nach dem Tode seines kaiserlichen Bruders Heinrich VI. der bedeutendste Repräsentant des staufischen Hauses, hatte es zunächst nur als seine Hauptaufgabe betrachtet, dem unmündigen, zum König gewählten Friedrich von Sizilien die Thronfolge im Reich zu sichern. Als jedoch eine Fürstengruppe um den Kölner Erzbischof Adolf von Altena plante, einen anderen König zu wählen, ergriff Philipp die Initiative und ließ sich, um die weitere Herrschaft seiner Dynastie sicherzustellen, am 8.3.1198 in Mühlhausen (Thüringen) von prostaufischen Fürsten zum deutschen König wählen. Die antistaufische Opposition reagierte mit der Wahl des vom englischen König ausdrücklich gewünschten Welfen Otto, Graf von Poitou, Herzog von Aquitanien und Neffe Richards, am 9.6.1198 in Köln durch die Erzbischöfe von Köln und Trier, den Bischof von Straßburg und einige lothringische Fürsten. Am 9. Juni wurde Otto vom Kölner Erzbischof Adolf in Aachen gesalbt und gekrönt. Den Ausschlag zur Wahl Ottos aber hatte das Votum der Stadt Köln gegeben, der es nicht um ein Welfen-Königtum ging, sondern um die Aufrechterhaltung und weitere Förderung ihrer traditionell privilegierten Handelsbeziehungen zu England. Bereits 1194 hatte Richard Löwenherz die Kölner Kaufleute weitgehend von allen Abgaben in seinen Ländern befreit. Kein englischer König gewährte der Stadt jemals wieder ein derartiges Privileg.

Ottos Königtum konsolidierte sich zunächst rasch. Im Juli 1201 anerkannte ihn ein päpstlicher Legat im Namen Innocenz' im Kölner Dom als rechtmäßigen König und verhängte die Exkommunikation gegen alle, die sich dieser Entscheidung widersetzten. Zwar protestierten im Januar 1202 einige Fürsten gegen die päpstliche Einmischung in die ihnen allein zustehende deutsche Königswahl, dennoch aber wechselten einige einflußreiche Fürsten, so der Landgraf von Thüringen und König Ottokar I. von Böhmen, auf Ottos Seite. Ende des Jahres 1203 schien sein Sieg im Thronstreit über den staufischen Konkurrenten sicher. Im Frühjahr 1204 aber gelangen Philipp wichtige militärische Erfolge gegen den Welfen; wiederum wechselten einige Fürsten die Partei, unter ihnen auch Ottos Bruder, und schließlich ging im November des Jahres sogar der Kölner Erzbischof zum Staufer über. Philipp nutzte diese Konstellation und ließ sich im Januar 1205 in Aachen, »am rechten Ort«, noch einmal zum König wählen und von Adolf von Altena salben und krönen. Otto IV. aber weilte währenddessen »bar jeder Hilfe«, aber doch nicht »bar jeden Trostes« in der Stadt Köln, die weiterhin unverbrüchlich zu ihm hielt: man hatte ihn in das Bildprogramm der Schauseite des Dreikönigenschreins als vierten König aufgenommen, wie um die Stadtpatrone für ihn die göttliche Hilfe erbitten zu lassen. Schon am Dreikönigstag des Jahres 1200 hatte er den drei Heiligen die von ihm gestifteten Goldkronen aufgesetzt.

1206 belagerte Philipp Köln, das lange unter großen Opfern standhielt, bis es sich schließlich doch unterwerfen mußte. Otto floh nach Braunschweig, und 1207 zog König Philipp in die Stadt ein. Wohl wissend um die überragende Bedeutung Kölns im Thronstreit und als Wirtschaftsfaktor erteilte er der Stadt am 30.4.1207 ein großzügiges Privileg, das ihr großzügige Zollvergünstigungen gewährte und ihr das Recht zur selbständigen Erhaltung und Erweiterung der Befestigungsanlagen zugestand, ursprünglich ein Regal (Regalien: von latein. »iura regalia«, seit der fränkischen Zeit die Hoheitsrechte des Königs), ein großer Schritt auf dem Weg zur Unabhängigkeit vom Erzbischof.

Ottos Position verschlechterte sich weiter. Im Sommer 1207 kam es zu Kontakten zwischen dem Staufer und Papst Innocenz III., der ihm schließlich 1208 die Kaiserkrönung versprach. Da wurde Philipp im Juni 1208 in Bamberg ermordet. Die politische Lage des Welfen änderte sich nun völlig. Die meisten der bisher auf Philipps Seite stehenden Fürsten anerkannten Ottos Königtum. Eine Fürstenversammlung am 11. November des Jahres wiederholte einhellig seine Wahl. Gegen weitgehende Zugeständnisse gewährte ihm der Papst die Anerkennung und krönte ihn am 4.10.1209 in Rom zum Kaiser. Auf dem Höhepunkt seiner Macht angelangt, verlor Otto jedoch bald den Blick für die politischen Gegebenheiten. Er plante die Eroberung des sizilianischen Königreichs des Staufers Friedrich, ohne den Papst, der dort eigene Interessen verfolgte, zu informieren. Über den zunehmenden Übergriffen auf Kirchengut durch Vasallen Ottos kam es bald zum Bruch zwischen Kaiser und Papst. Innocenz III. bannte und exkommunizierte Otto im November 1210 und prangerte in einem Schreiben an die deutschen Fürsten die »ungeheuerliche Undankbarkeit« des Welfen an. Bald folgte der Abfall zahlreicher deutscher Fürsten, die sich 1211 in Nürnberg auf die Wahl Friedrichs von Sizilien zum deutschen König einigten, während Otto sich noch in Süditalien aufhielt. Obwohl im März 1212 ins deutsche Reichsgebiet zurückgekehrt, konnte er nicht mehr verhindern, daß immer mehr Fürsten auf die Nachricht vom Herannahen des Staufers von ihm abfielen. Wieder war es Köln, das zu ihm hielt. Am 30. 11. 1212 erteilte er der Stadt ein Zollprivileg und erlaubte ihr, zur Fortsetzung der Arbeiten an ihrer Befestigung eine Mahl- und Brausteuer zu erheben; die Grundlage der städtischen Finanzhoheit war gelegt. Die berühmte Schlacht von Bouvines am Sonntag, den 27. Juli 1214, die der mit dem englischen König Johann verbündete Otto IV. gegen den französischen König Philipp verlor, markiert den endgültigen Niedergang des Welfen. Der Sieger übersandte dem Staufer Friedrich den eroberten Reichsadler des Kaisers, der sich in seine ihm immer noch treue Stadt Köln zurückzog. Hier blieb er, weitgehend untätig, bis nach Ostern des Jahres 1215, verließ die Stadt dann ohne jedes Aufsehen und zog sich in die welfische Residenz Braunschweig zurück. Auf der Harzburg starb er 1218 an einer Ruhrerkrankung. Der Stauferkönig Friedrich II. aber hatte längst schon nach seiner Krönung und der Weihe durch den Mainzer Erzbischof in Aachen am 25.7.1215 seinen feierlichen Einzug in Köln gehalten, die Stadt, die Otto einst zum König gemacht und sein Königtum so lange gestützt hatte. (BD)

Literatur

Wilhelm Grotefend, Zur Charakteristik Philipps von Schwaben und Ottos IV. von Braunschweig, Phil. Diss. Jena 1886.

Anton Haidacher, Über den Zeitpunkt der Exkommunikation Ottos IV. durch Papst Innozenz III., in: Röm. Hist. Mitt. 3, 1960, S. 132–185.

Anton Haidacher, Zur Exkommunikation Ottos IV. durch Papst Innozenz III., in: Röm. Hist. Mitt. 4, 1961, S. 26–36.

Bernd Ulrich Hucker, Kaiser Otto IV (MGH Schriften 34), Hannover 1990.

Gustav Langerfeld, Kaiser Otto der Vierte, der Welfe. Ein Lebensbild, 1872.

Hugo Stehkämper, England und die Stadt Köln als Wahlmacher König Ottos IV. (1198), in: Mitteilungen a. d. StA v. Köln, 60. Heft, 1971, S. 213–244.

Georg H. R.Wichert, De Ottonis IV. et Philippi Suevi certaminibus atque Innocenti labore in sedandam regum contentionem insumto, Königsberg 1834.

Eduard Winkelmann, Otto IV., römischer Kaiser, in: ADB 24, 1887, S. 621–634.

Eduard Winkelmann, Philipp von Schwaben und Otto IV. von Braunschweig, 2 Bde., 1873–1878 (Jbb. der Deutschen Geschichte 19).

Innocenz III. (1160/61–1216)

Nr. 14 / EG

Abb. 457: Innocenz II., Mosaik aus der Apsis der Alten Peterskirche in Rom; heute Museo di Roma

Nach einer Reihe greisenhafter Päpste wurde der jüngste Kardinal, der siebenunddreißigjährige Lothar Graf von Segni, als Innocenz III. noch am Todestag seines Vorgängers Coelestin III., dem 8.1.1198, gewählt. Politisch war der junge Kardinal, der in Paris und Bologna studiert hatte, ein noch unbeschriebenes Blatt; einige moraltheologische Schriften hatte er bislang verfaßt. Schon bald nach seiner Wahl machte er aber deutlich, welches Amtsverständnis sein hochgespanntes Selbstbewußtsein hervorbrachte. Mit großer Energie und genialem politisch-taktischem Geschick ging er daran, die theokratischen Auffassungen seines Vorgängers Gregor VII. auszuarbeiten, zu steigern und in praktische Politik umzusetzen. Er begann mit den sogenannten »Rekuperationen«: alle Ansprüche aus den unscharfen, nie gänzlich erfüllten Versprechungen der fränkisch-deutschen Herrscher an die römische Kirche sollten eingelöst werden, um den Kirchenstaat in einem Umfang »wiederherzustellen«, den er nie besessen hatte. Fernziel war, das Kaisertum aus Italien herauszudrängen und durch das Papsttum zu ersetzen. Die von Innocenz III. geschaffene Machtausweitung des Kirchenstaates über Umbrien-Spoleto und die Mark Ancona bis an die adriatische Küste verdoppelte nahezu sein Territorium und trennte das Königreich Sizilien, ein päpstliches Lehen, vom nördlichen Reichsitalien. Hierin lag eine der Ursachen des während der Herrschaft des Staufers Friedrich II., dessen Vormund Innocenz III. gewesen war, ausbrechenden unversöhnlichen Konfliktes zwischen Kaisertum und Papsttum.

Nicht weniger expansiv als seine territorialen verfolgte Innocenz III. seine rechtlichen und politisch-ideologischen Ansprüche. Er, der sich nicht nur als »Stellvertreter Petri«, sondern sogar als »vicarius«, Stellvertreter Christi auf Erden bezeichnete, meldete seinen Primat unmißverständlich gegenüber den europäischen Herrschern an. »Wir leugnen nicht, so schrieb er, daß der Kaiser im weltlichen Bereich über dem Papst steht..., aber der Pontifex überragt ihn in geistlicher Hinsicht.« Zwar gestand er der weltlichen Macht mithin eine gewisse Unabhängigkeit zu, doch betonte er sein eigenes weltliches Recht und seine Rechtsprechung in moralischen und religiösen Angelegenheiten. Ihm und nur ihm allein stand es zu, Könige und Kaiser zu verurteilen, wenn sie sich nicht verhielten, wie es christlichen Fürsten geziemte. Seine berühmte Schrift »Deliberatio super facto imperii de tribus electis« (1200/01), ein Gutachten über die drei Thronkandidaten im Deutschen Reich (Philipp von Schwaben, Otto von Braunschweig-Poitou, Friedrich Roger von Sizilien) nach dem Tode Heinrichs VI., begründete klar seinen rechtlichen Anspruch, bestimmend in die Wahlentscheidung der Fürsten einzugreifen und rechtfertigte sein Eingreifen in den deutschen Thronstreit zwischen Welfen und Staufern. Denn das Imperium gehe »principaliter et finaliter« nach Ursprung und Bestimmung den Papst an, der es bei der Kaiserkrönung Karls des Großen von den »Griechen« auf das fränkische Reich übertragen habe. Allein vom Papst hätten die Fürsten das Recht erhalten, den deutschen König als zukünftigen Kaiser zu wählen, den der Papst kröne, nachdem er die Eignung des Gewählten überprüft habe!

Nicht weniger macht- und herrschaftsbewußt als im Reich griff Innocenz III. in die Geschicke Englands ein. Unter König Heinrich I. war es 1107 zu einer Vereinbarung mit Papst Paschalis II. und Erzbischof Anselm von Canterbury über die Bischofsinvestitur gekommen. Der König hatte auf die Investitur mit Stab und Ring verzichtet, ernannte aber die Bischöfe und Äbte. 1207 kam es zum Konflikt zwischen Innocenz III. und König Johann Ohneland, als der Papst gegen den Willen des Königs den Stephan Langton zum Erzbischof von Canterbury weihte. Innocenz verhängte das Interdikt über England; 1209 bannte er Johann,

Die Tiara weist Innocenz als Papst aus, der kraftvoll umfaßte Bischofsstab, auf eine am Boden sich windende Schlange als Sinnbild des Bösen gesetzt, erinnert an seine selbstbewußt behauptete Machtposition sowohl in innerkirchlichen Konflikten als auch im Streit um die Nachfolge auf dem Kaiserthron. Die gerollte Urkunde, versehen mit dem Petrussiegel der gekreuzten Schlüssel, spielt auf jene der Stadt Köln vom Papst gewährten Privilegien des Jahres 1205 an. Formal korrespondiert sie mit derjenigen, die ihre unmittelbare und durch denselben Künstler geschaffene Nachbarfigur Friedrich II. (Nr. 15) in Händen hält. Das Modell wurde durch den Bildhauer direkt in ein Natursteinmaterial, in Tercé, gearbeitet. (BE)

der den päpstlichen Forderungen erst nachgab und England von der römischen Kirche zu Lehen nahm, als der französische König Philipp II. eine Landung in England vorbereitete. Der Papst untersagte daraufhin die Invasion. Von der militärischen Bedrohung befreit, kehrte Johann zu seiner ursprünglichen Haltung zurück. Innocenz setzte ihn 1213 ab, weil er die »Freiheit der Kirche« verletzt hatte und bot die englische Krone nun dem französischen König an. Das (vierte) Laterankonzil des Jahres 1215, an dem 400 Bischöfe und geistliche Herren teilnahmen, zeigte Innocenz auf dem Höhepunkt seiner Macht; man hat es die »Heerschau« dieses Papstes über die von ihm gelenkte und gestraffte Kirche genannt. Unter ihm hatte das Papsttum seine Theorie von der Überordnung der geistlichen über die weltliche Macht – auch über Könige und Kaiser – voll zur Geltung gebracht. Die Stadt Köln hat von dieser einzigartigen Machtposition eines Papstes profitiert. Nach der Doppelwahl von 1197/98 hatte Innocenz III. im Jahre 1200 gegen Philipp von Schwaben für den Welfen Otto entschieden. Als aber 1204 neben anderen wichtigen Fürsten auch der Kölner Erzbischof Adolf von Altena, der Wahlmacher Ottos IV., zur staufischen Partei überging, hielt die Stadt weiterhin zu Otto. Innocenz III. belohnte und unterstützte ihre Treue zum Welfen mit der Anerkennung der städtischen »Freiheiten und Freiungen, der alten und gültigen Gewohnheiten, welche von Kaisern, Fürsten und anderen rechtmäßig gewährt und bislang geachtet worden sind.« Das Privileg Innocenz' vom 23.12.1205, wohl das erste eines Papstes für eine deutsche Stadt, war eine bedeutende Einschränkung der Stadtherrschaft des Kölner Erzbischofs und eine nicht zu unterschätzende Unterstützung und Absicherung der stadtkölnischen Unabhängigkeitsbestrebungen.

(BD)

Innocenz III., Westseite, EG, Nr. 14
Ratsbeschluß am 30. August 1994
Modellvorstellung am 17. Mai 1994
Figurenübergabe am 21. Oktober 1994
Bildhauer: Karl Matthäus Winter
Stifter: Dipl. Kaufmann Bernhard Werners, Köln

Literatur

Friedrich Baethgen, Die Regentschaft Papst Innozenz III. im Königreich Sizilien, Heidelberg 1914 (Heidelberger Abhandlungen zur mittleren und neueren Geschichte 44).
Christopher Robert Cheney, Pope Innocent III and England, Stuttgart 1976.
Alfred Hof, »Plenitudo potestatis« und »Imitatio imperii« zur Zeit Innocenz' III., in: Zs. f. Kirchengeschichte 66, 1954/55, S. 39–71.
Friedrich Hurter, Geschichte Papst Innocenz III. und seiner Zeitgenossen, 4 Bde. 1841–1844.
Friedrich Kempf, Papsttum und Kaisertum bei Innocenz III. Die geistigen und rechtlichen Grundlagen seiner Thronstreitpolitik, Rom 1954 (Miscellanea Historiae Pontificiae 19).
Friedrich Kempf, Innocenz III. und der deutsche Thronstreit, in: Archivum Historiae Pontificiae 23, 1985, S. 72–91.
Manfred Laufs, Politik und Recht bei Innozenz III. Kaiserprivilegien, Thronstreitregister und Egerer Goldbulle in der Reichs- und Rekuperationspolitik Papst Innozenz III. (Kölner Historische Abhandlungen 27), Köln-Wien 1981.
Achille Lucaire, Innocent III, 6 Bde., 1904–08.
Michele Maccarone, Studi su Innocenzo III., Padua 1972.
Wolfgang Stürner, Kreuzzugsgelübde und Herrschaftssicherung. Friedrich II. und das Papsttum im letzten Pontifikatsjahr Innozenz' III., in: Papsttum, Kirche und Recht im Mittelalter. Festschrift für H. Fuhrmann, Tübingen 1991, S. 303–315.
Helene Tillmann, Papst Innocenz III., Bonn 1954.
Helene Tillmann, Datierungsfragen zur Geschichte des Kampfes zwischen Papst Innocenz III. und Kaiser Otto IV., in: HJb 84, 1964, S. 34–85.

Friedrich II. (1194–1250)

Nr. 15 / EG

Abb. 458: Friedrich II., Miniatur aus dem Falkenbuch, um 1260 nach Original von 1244

»Stupor mundi«, »Staunen der Welt« – die Gestalt Friedrichs II., der mit Recht zu den größten Kaisern des Mittelalters gezählt wird, hat seit seiner Zeit die Menschen fasziniert. Geboren wurde er, der einzige Sohn König Heinrichs VI. und seiner sizilianischen Gattin Konstanze, am 26.12.1194 in Jesi, einer kleinen Stadt aus römischer Zeit, in den Marken nahe Ancona, und er selbst hielt es »nicht für unrühmlich, einer aus Apulien genannt zu werden.«

Der schon 1196 auf dem Frankfurter Hoftag zum König gewählte Knabe wurde – nicht von seiner Mutter – in Foligno bei Assisi aufgezogen. 1197 starb sein Vater, ein Jahr darauf seine Mutter. Der junge Friedrich Roger wurde nach Sizilien gebracht, wo er elternlos in Palermo aufwuchs. Früh schon aber eignete dem unermüdlich sich übenden und bildenden Knaben die »königliche Würde und gebieterische Majestät des Herrschers,« der »ganz unzugänglich für Ermahnungen« war und »nur dem Triebe seines eigenen freien Willens« folgte, wie man dem Papst, seinem Vormund, berichtete. Mit nur vierzehn Jahren heiratete Friedrich 1209 die elf Jahre ältere, bereits verwitwete Konstanze von Aragon (gest. 1228). Der einzige Sohn der beiden, der 1211 geborene Heinrich, wird später an der Größe seines Vaters zerbrechen.

1212 unternahm Friedrich »arm und abgerissen wie ein Bettler« seinen sagenhaften Zug ins Deutsche Reich gegen Kaiser Otto IV., um die staufische Herrschaft wieder aufzurichten. Drei Jahre später wurde er am 25.7.1215 vom Mainzer Erzbischof in Aachen zum deutschen König gekrönt. Der Silberschrein Karls des Großen trägt als letzte Herrscherfigur die silberne Statuette seines Stifters Friedrich II. Als er 1220 durch Papst Honorius III. in Rom zum Kaiser gekrönt wurde, galt der Staufer noch als »die erste Pflanze der Kirche« (Hugo v. Ostia). Diese Einschätzung erwies sich bald als falsch.

Während Friedrich den deutschen Reichsteil seinem Sohn Heinrich, für den der Kölner Erzbischof Engelbert I. die Regentschaft führte, und den deutschen weltlichen und geistlichen Fürsten überließ, denen er 1220 und 1232 bedeutende landesherrliche Rechte zugestand, richtete er sein Interesse fast ausschließlich auf Italien. In wenigen Jahren unterwarf er den unbotmäßigen Adel Siziliens und Italiens und schuf in seinem Königreich Sizilien den zur damaligen Zeit modernsten europäischen, von ihm umumschränkt, aber auch außerordentlich brutal beherrschten Staat, dem er mit den berühmten Konstitutionen von Melfi 1231 die erste staatsrechtliche Kodifikation im mittelalterlichen Europa gab. Dieser Staat schuf die finanzielle Basis für Friedrichs imperiale Pläne, die ihm den unversöhnlichen Haß des Papsttums zuziehen sollten.

Seine luxuriöse Hofhaltung orientierte sich an byzantinischen und orientalischen Vorbildern. Der polyglotte Herrscher zog berühmte Gelehrte, besonders auch jüdische und arabische, an seinen Hof, beteiligte sich intensiv und kompetent an wissenschaftlichen und philosophischen Disputen, ließ Übersetzungen bedeutender Werke anfertigen und verfaßte selbst Schriften: bis auf den heutigen Tag ist sein Lehrbuch »De artibus venandi cum avibus« (Von der Kunst des Jagens mit Vögeln) eine bleibende kulturgeschichtliche Leistung. Überhaupt pflegte er, der sich eine sarazenische Leibwache hielt, ein besonderes Verhältnis zum Orient. So entstand eine Atmosphäre, die der muslimischen Welt näher war als der europäisch-christlichen. All' dies und seine sich zunehmend verschärfende Feindschaft gegenüber dem Papst, der Kurie und ihren Parteigängern, hervorgerufen durch die Bemühungen des Kaisers, seine uneingeschränkte Herrschaft über ganz Italien durchzusetzen (jeder in der Welt wisse, so schrieb er einmal dem Papst, daß Italien sein, Friedrichs, Erbe sei), trugen ihm bald den exzessiven Vorwurf ein, nicht nur ein Ketzer, sondern der Antichrist schlechthin zu sein: Gregor IX. (1239) und Innocenz IV. (1245) verhängten als schärfstes politisches Kampfmittel den Kirchenbann gegen Friedrich.

Seine Herrschaftsbasis im Deutschen Reich suchte der Kaiser durch Festigung und Ausbau des Königsgutes und durch Stadtrechtsverleihungen und Privilegienbestätigungen für Städte zu sichern. Dabei stand weniger die Förderung eines städtischen »Bürgertums« als vielmehr die Sicherung der Städte als königliche Machtzentren im Vordergrund. Auch das so lange prowelfische Köln, in das der Staufer nach seiner Aachener Krönung im Juli 1215 seinen feierlichen Einzug genommen hatte, profitierte ganz wesentlich von dieser Politik. Bereits 1216 stellte Friedrich ein erstes Zollprivileg für die Stadt aus. 1236 bestätigte er die von seinem Sohn Heinrich 1231 gewährte Befreiung Kölns von der Haftung für Schulden des Erzbischofs; ebenso bekräftigte er in der Folgezeit für die Stadt wichtige ökonomische Privilegien seiner Vorgänger. 1242 verlieh er das »ius de non evocando«, das Köln den Gerichtsstand verlieh und den Kölner Bürgern die Rechtsprechung vor den eigenen Gerichten der Stadt garantierte. Er verzichtete damit auf bedeutende königliche und kaiserliche Gerechtsame. An diesen Verzicht auf Eingriffe in das stadtkölnische Justizwesen knüpfte sich seit dem 15. Jahrhundert die Auffassung, Köln sei schon im 13. Jahrhundert frei von der Oberherrschaft des Erzbischofs gewesen, weil es Privilegien wie die Reichsstädte besessen habe.

Friedrich II. starb überraschend im Jahre 1250. Im Dom von Palermo wurde er beigesetzt; hier ruhen auch in mächtigen Sarkophagen Heinrich VI. und die beiden Konstanzen, die Mutter und die erste Ehefrau des Kaisers. Mit ihm war einer der großartigsten, mächtigsten und markantesten Herrscher des Mittelalters gestorben, von großem politischen Geschick: »immutator mundi«, Verwandler der Welt, »die Sonne der Welt, die über den Völkern schien, die Leuchte der Gerechtigkeit«, aber auch »Hammer der Erde«, skrupellos, grausam und despotisch in seinem Regiment in Italien und Sizilien. Nach seinem Tode wurde jedoch die Schwäche der zentralen Reichsgewalt im sogenannten Interregnum, der »kaiserlosen, der schrecklichen Zeit«, deutlich. So wurde seine alle überragende Persönlichkeit zum Kaiser der deutschen Kaisersage (Kyffhäusersage), der einst wiederkommen wird, das Deutsche Reich zu retten. Erst im 16. Jahrhundert wurde die Sage mit seinem Großvater Friedrich I. Barbarossa verknüpft.

In der Kathedrale von Bitonto (erbaut 1175–1200), eines der schönsten Beispiele des romanischen Kirchenbaus in Apulien, befindet sich eine Kanzel, geschmückt mit einem 1229 gefertigten Relief aus Marmor, das als säkularisierter »Baum Jesse« wie kaum ein anderes Kunstwerk der Zeit die imperialen Pläne, die großartige, alles überbietende »Kaiseridee« Friedrichs II. propagandistisch illustriert: vor einem Hintergrund pflanzlicher Ornamentik thronen vier Staufer, Friedrich I., der Begründer des staufischen Kaisertums, dann Heinrich VI. und Friedrichs Sohn Konrad

Der staufische Kaiser erscheint als noch jugendlicher Mann, die Gestalt korrespondiert in der Ausgewogenheit ihrer spannungsvollen Komposition mit derjenigen ihrer vom selben Künstler geschaffenen Nachbarfigur Innocenz III. (Nr. 14), deren Motiv einer gerollten Urkunde hier zugunsten einer offen gehaltenen modifiziert wurde. Versehen mit dem Siegelbild des Reichsadlers und dem Betrachter entgegengebracht, erinnert sie an die der Stadt Köln gewährten Privilegien. Der Greifvogel spielt auf Friedrichs Autorenschaft des berühmten Traktates *De artibus venandi cum avibus,* Über die Kunst, mit Vögeln zu jagen, an. Das Modell wurde durch den Bildhauer direkt in ein Natursteinmaterial, in Tercé, gearbeitet. (BE)

IV. und – über den anderen – Friedrich II. selbst, der gegenwärtige Träger des Kaisertums. In der rechten unteren Ecke des Reliefs aber der Adler, Wappentier und Symbol der Unsterblichkeit des staufischen Hauses, das herrschen soll bis zum Ende der Welt. (BD)

Literatur

Josef Fleckenstein (Hg.), Probleme um Friedrich II., Sigmaringen 1974 (Vorträge und Forschungen XVI).
Werner Goez, Friedrich II. und Deutschland, in: K. Friedland, W. Goez, W.J. Müller (Hg.), Politik, Wirtschaft und Kunst des staufischen Lübecks, Lübeck 1976, S. 5–38.
Karl Hampe, Beiträge zur Geschichte Kaiser Friedrichs II. 1. Über die erste Vermählung Friedrichs. 2. Zur Entstehung des Konflikts zwischen Otto IV. und Friedrich II., in: Histor. Vierteljahresschrift 4, 1901, S. 161–194.
Karl Hampe, Kaiser Friedrich II. in der Auffassung der Nachwelt, Berlin/Leipzig 1925.
Klaus J. Heinisch (Hg.), Kaiser Friedrich II. in Briefen und Berichten seiner Zeit, Darmstadt ^{6}1978.
Alfred Hof, »Plenitudo potestatis« und »Imitatio Imperii« zur Zeit Innocenz III., in: Zs. f. Kirchengeschichte 66, 1954-55, S. 39–71.
Eberhard Horst, Friedrich II. der Staufer. Kaiser-Feldherr-Dichter, Düsseldorf ^{5}1986.
Ernst Kantorowicz, Kaiser Friedrich II., 2 Bde., Stuttgart ^{5}1980.
Friedrich Knöpp, Die Stellung Friedrichs II. und seiner beiden Söhne zu den deutschen Städten (Historische Studien 181), Berlin 1928 (ND Vaduz 1965).
Walther Lammers, Friedrich II. (1212–1250), in: Helmut Beumann (Hg.), Kaisergestalten des Mittelalters, München 1984, S. 199–239.
Hans Niese, Zur Geschichte des geistigen Lebens am Hofe Kaiser Friedrichs II., in: HZ 108, 1912, S. 473–540.
Hans Martin Schaller, Kaiser Friedrich II., Verwandler der Welt, Göttingen – Frankfurt a.M. – Zürich ^{3}1991.
Wolfgang Seegrün, Kirche, Papst und Kaiser nach den Anschauungen Kaiser Friedrichs II., in: HZ 207, 1968, S. 4–41.
Hans Stoob, Formen und Wandel staufischen Verhaltens zum Städtewesen, in: Festschrift Hermann Aubin zum 80. Geburtstag, Wiesbaden 1965, S. 423–451 (ND in: ders. [Hg.], Altständisches Bürgertum I, Darmstadt 1978, S. 380–413).
Wolfgang Stürner, Friedrich II., Teil 1: Die Königsherrschaft in Sizilien und Deutschland 1194–1220 (Gestalten des Mittelalters und der Renaissance, hg. v. Peter Herde), Darmstadt 1992.
Gunther Wolf (Hg.), Stupor mundi. Zur Geschichte Friedrichs II. von Hohenstaufen, Darmstadt ^{2}1982 (= WdF 101).

Friedrich II., Westseite, EG, Nr. 15
Ratsbeschluß am 30. August 1994
Modellvorstellung am 17. Mai 1994
Figurenübergabe am 19. Oktober 1994
Bildhauer: Karl Matthäus Winter
Stifter: Horst Eulenstein, Präsident des Cölner Club e.V., Bonn

Rudolf von Habsburg (1218–1291)

Nr. 16 / EG

Abb. 459: Siegel Rudolfs I.

Der 1.Oktober des Jahres 1273 markiert ein in der Geschichte der mittelalterlichen deutschen Königswahlen durchaus nicht selbstverständliches Ergebnis. An diesem denkwürdigen Tag wählten sechs Kurfürsten und der Herzog von Niederbayern – der böhmische König Ottokar, der eigentliche siebte Kurfürst, war der Wahl ferngeblieben, da er selbst Thronansprüche hegte – in Frankfurt am Main den Grafen Rudolf IV. von Habsburg einstimmig zum deutschen König. Die einmütige Wahl, sie soll zudem die »billigste« des 13. Jahrhunderts gewesen sein, beendete das sogenannte Interregnum, »die kaiserlose, die schreckliche Zeit.«

Rudolf war längst kein junger Mann mehr, sondern bereits 55 Jahre alt, als ihn der Kölner Erzbischof Engelbert II., der seine Wahl entscheidend betrieben hatte, im Aachener Münster zum deutschen König krönte. Er, den die Quellen als groß und hager, fromm und leutselig, witzig, aber auch sparsam und geizig (wie mancher seiner Vorgänger und Nachfolger) beschreiben, war zwar kein Reichsfürst, als ihn die Electoren, unterstützt vom Papst und den Städten des Reiches, auf den Thron hoben. Rudolf galt aber als tatkräftiger, energischer und mutiger Mann, der sein in Südwestdeutschland gelegenes, von Straßburg bis zu den Alpen, von der Aare bis zum Bodensee sich erstreckendes Territorium zielstrebig regierte, verwaltete und ausbaute. Grade diese Tugenden und Fähigkeiten hatten ihn für seine Wähler zum geeigneten Mann gemacht, der als König das seit Jahrzehnten desolate Reich wieder konsolidieren, die Reichsgüter zurückgewinnen und Recht und Frieden herstellen und schützen sollte. Zudem stammte er aus altadliger Familie, die sich bis ins 10. Jahrhundert zurückverfolgen ließ und ihren Namen von einer im heutigen schweizer Kanton Aarburg gelegenen Burg erhalten hatte. Rudolfs Taufpate war der Stauferkaiser Friedrich II. gewesen, und in jungen Jahren hatte er oft an dessen Hof geweilt. Dabei lernte er die staufische Regierungs und Verwaltungspraxis kennen, die ihn tief beeindruckte. Die enge Bindung an die staufische Dynastie blieb immer bestehen. Noch 1267/68 begleitete Rudolf den letzten Staufer Konradin auf dessen Italienzug.

König Rudolf ging sofort daran, die in ihn gesetzten Erwartungen zu erfüllen. Schon im Dezember 1273 ordnete er auf einem Hoftag in Speyer die Herausgabe aller in den letzten dreißig Jahren unrechtmäßig erworbener Reichsgüter und Regalien an. Die zurückgewonnenen Gebiete wurden neu organisiert und in Reichsvogteien zusammengefaßt. Energisch bekämpfte er die Geißel des Reiches, das Raubrittertum, durch gezielte Zerstörung seiner Burgen.

Die Reichsstädte erhielten ein neues Gewicht, Verpfändungen wurden ausgelöst, und der königliche Stadtherr, dem sie huldigten und an den sie Steuern zahlten, gewährte ihnen Schutz und Privilegien. Die Skala seiner Zugeständnisse an sie war von Beginn seiner Herrschaft an groß.

Auch Köln, obgleich noch nicht reichsfrei, erfreute sich der königlichen Gunst. Nach seiner Krönung in Aachen weilte er vom Oktober bis in den November 1273 in der mit ihrem Erzbischof und Stadtherrn im Streite liegenden Stadt. Rudolf nutzte den Aufenthalt, um gegenüber seinem mächtigen Wähler und Coronator, dessen Interessen er in Aachen hatte weitgehend entgegenkommen müssen, politische Handlungsfreiheit zu gewinnen. In zwei Urkunden bestätigte er zunächst die bisher von Kaisern und Erzbischöfen der Stadt gewährten Freiheiten und Privilegien. Im März des Jahres 1274 gewährte er der Stadt das Recht zur Erhebung einer Akzise von allen Gütern und Waren, die nach Köln gebracht wurden, und anerkannte so ihre Steuerhoheit. In den Urkunden verwendete Formulierungen, die von den Bürgern Kölns als »Unsere und des Reichs getreue« sprechen, machen deutlich, wie weit die Stadt auf ihrem Weg zur Erlangung der Reichsfreiheit bereits vorangeschritten war. Und im November des selben Jahres nahm er Köln in seinen unmittelbaren und besonderen Schutz, versprach bindend Hilfe gegen jeden, der die städtischen Freiheiten und Gewohnheiten kränkte, und sicherte allen Bürgern Kölns freies Geleit zu, wenn sie bei seinen Hofgericht ihr Recht suchten, auch für den Fall von Streitigkeiten mit dem Kölner Erzbischof, dem Stadtherrn. König Rudolf schuf und sicherte so

Gemeinsam mit den beiden Nachbarfiguren Urban VI. (Nr. 17) und Friedrich III. (Nr. 18) folgt diese vom selben Künstler stammende Figur einem durchgängigen Kompositionsprinzip. Zu ihren Füßen weist eine Urkunde auf die durch den Herrscher der Stadt Köln gewährten Privilegien hin. Ikonographisch reflektiert die Figur eine gegen 1300 entstandene und seit ihrer Wiederauffindung 1811 im Dom zu Speyer bewahrte Grabplatte Rudolfs. Die Insignien Krone und Zepter, letzteres gegenüber dem verlorenen Zepter der Speyerer Grabplatte hier frei ergänzt, bezeichnen ebenso wie der emblematisch betonte Reichsadler die kaiserliche Würde; die beiden als Schulterbesatz des Mantels verwandten heraldischen Löwen sind Sinnbilder der Stärke. Die Inschrift auf der Urkunde erinnert neben der offiziell verwandten Herrschersignatur mit dem Hinweis *KÖLN 1273* an Ort und Jahr sowie mit den Worten *DES HL. REICHES FREIE STADT* ähnlich wie bei der Figur Friedrich III. (Nr. 18) an die bestätigten Privilegien. (BE)

die Voraussetzungen für die endgültige Befreiung Kölns von der erzbischöflichen Herrschaft als unmittelbare Folge der Schlacht von Worringen am 5.7.1288.

Seinen mächtigsten Widersacher im Reich, den böhmischen König Ottokar, schlug Rudolf endgültig im August 1278 in der Schlacht bei Dürnkrut in der Nähe von Wien. Der Sieg festigte Rudolfs Macht durch den Gewinn Österreichs, Kärntens, Krains, der Steiermark und der Windischen Mark. 1282 konnte er sich die Zustimmung der Kurfürsten zur Belehnung seiner Söhne mit diesen Territorien verschaffen. Das Haus Habsburg besaß nun eine starke Hausmacht im Südosten des Reiches, auf deren Basis König Rudolf sein dynastisches Ziel – Sicherung der Erbfolge für sein »Haus« trotz des fürstlichen Wahlrechts – durchzusetzen versuchte. Er scheiterte am Widerstand der Kurfürsten – und sicherlich auch, weil er nie den Zug nach Italien unternahm, um sich zum Kaiser krönen zu lassen. Beides hätte die Erbfolge erleichtert; so aber wählten die Kurfürsten nach dem Tode Rudolfs am 15. Juli 1291 nicht seinen Sohn, den Herzog Albrecht von Östereich, aus einem Haus, das ihnen längst zu stark geworden war, zum deutschen König, sondern den Grafen Adolf von Nassau (1292–1298), einen vermeintlich schwachen Herrscher.

Auf eigenen Wunsch wurde König Rudolf im alten salischen Kaiserdom zu Speyer bestattet. Die berühmte Grabplatte mit einem ursprünglich farbigen Bildrelief gilt heute als erstes wirklichkeitsgetreues Portrait eines deutschen Königs, des bedeutenden Königs, dessen Herrschaft Ellenhards Chronik mit den schönen Worten würdigt: »Unter der Regierung Rudolfs herrschte in allen Teilen Deutschlands ein so starker Frieden, wie er in diesem Land bisher niemals erreicht wurde.«

Daran erinnerte man sich über 200 Jahre später auch in Köln noch: »Disse konynck Rodolff hielt strenge ge-

Rudolf I., Nordwest-Seite, EG, Nr. 16
Ratsbeschluß am 30. August 1994
Modellvorstellung am 16. September 1994
Figurenübergabe am 22. Dezember 1994
Bildhauer: Helmut Moos
Stifter: Dieter und Marlies Blum gemeinsam mit: Wolfgang und Hilke Blum, Helmut und Gisela Kauß, Herbert und Renata Päffgen, Köln

richt ind macht gueden vreden in duytschen landen. He hielt die landtstraissen in vreden ind reyn« – für eine dem Handel ihre herausragende Stellung verdankende Stadt wie Köln vornehmste Pflicht des Herrschers. (BD)

Literatur

Egon Boshof/ Franz-Reiner Erkens (Hg.), Rudolf von Habsburg (1273–1291). Eine Königsherrschaft zwischen Tradition und Wandel, Köln Weimar Wien 1993 (Passauer Historische Forschungen, Bd. 7).

Theo Ludwig Goerlitz, Rudolf von Habsburg. Beender des Interregnums, Ordner des Reiches. Geschichte eines königlichen Lebens, Wien 1961.

Karl Hampe, Herrschergestalten des deutschen Mittelalters, Heidelberg [6]1955, S. 216–247.

Thomas Michael Martin, Die Städtepolitik Rudolfs von Habsburg, Göttingen 1976 (Veröff. d. Max-Planck-Instituts für Geschichte, 44).

Oswald Redlich, Rudolf von Habsburg. Das deutsche Reich nach dem Untergange des alten Kaisertums, Innsbruck 1903.

Roswitha Reisinger, Die römisch-deutschen Könige und ihre Wähler 1198–1273, Aalen 1977.

Hellmuth Rössler, Rudolf von Habsburg. Ein König für Deutschland. Die Krönung Rudolfs von Habsburg, München 1960.

Hugo Stehkämper, Geld bei den deutschen Königswahlen des Mittelalters, in: Wirtschaftskräfte und Wirtschaftswege. Festschrift für Hermann Kellenbenz, hg. v. J. Schneider, Stuttgart 1978 (Beiträge zur Wirtschaftsgeschichte 4), S. 83–135.

Karl u. Mathilde Uhlirz, Handbuch der Geschichte Österreich-Ungarns, Bd.1, Graz Köln Wien [2]1963, S. 263–266, 274–278.

Urban VI. (um 1318–1389)

Nr.17 / EG

Abb. 460: Urban VI., Büste in S. Maria la Nova, Neapel, aus: L'Università di Napoli, Neapel 1936, S. 22

Es waren größtenteils Kardinäle französischer Herkunft, die im Jahre 1378 den in Neapel geborenen Bartolomeo Prignano, zuvor Erzbischof von Acerenza (1363) und von Bari (1377) zum Nachfolger Papst Gregors XI. wählten, dessen Kanzlei er geleitet hatte. Der neue Papst, der sich Urban VI. nannte, geriet bald in Konflikt mit seinen Wählern. Sein »schroffes, verletzendes Eifern«, seine Absicht, das französische Übergewicht in der Kurie, dem er seine Wahl ja verdankte, zu beseitigen, führte zu Zerwürfnissen mit den Kardinälen. Schon im August 1378 sagten sich dreizehn von ihm los und traten in Fondi mit einigen anderen zusammen, die an der Wahl Urbans nicht teilgenommen hatten. Ihr gemeinsames Manifest »an die Christenheit« erklärte diese für ungültig, da mit Gewalt durch den Aufruhr der Römer erzwungen worden; außerdem sei Urban als offenkundig Geistesgestörter »incapax«, unfähig, das höchste Amt der Kirche zu bekleiden. Am 20. September 1378 wählten sie mit Unterstützung durch den französischen König Karl V. und Königin Johanna von Neapel den Robert von Genf, der sich Clemens VII. nannte, zum Gegenpapst (bis 1394). Clemens begab sich bald nach Avignon; das sogenannte Große abendländische Schisma begann, das auch nach dem Tod der beiden Päpste anhielt. Frank-

Gemeinsam mit den beiden Nachbarfiguren Rudolf I. (Nr. 16) und Friedrich III. (Nr. 18) folgt diese vom selben Künstler stammende Figur einem durchgängigen Kompositionsprinzip. Zu ihren Füßen deutet eine Urkunde auf die durch den Papst der Stadt Köln gewährten Privilegien im Zusammenhang mit der Universitätsgründung hin. Tiara und ein Schlüssel Petri weisen Urban, dessen Gesichtszüge nicht als authentisch überliefert sind und infolgedessen hier eine allgemein idealisierende Porträtformulierung erfuhren, als kirchliches Oberhaupt auf Erden aus. Die rechte Hand hält den Mantelsaum und deutet zugleich auf das Dokument mit der Inschrift ROM 1388 sowie ORDINATIO UNIVERSITATIS COLONIENSIS hin, wodurch an die Bestätigung der Kölner Universitätsgründung seitens dieses Papstes erinnert wird. (BE)

reich, Schottland und Neapel unterstützten Avignon, das übrige Europa unter Führung des Deutschen Reiches Rom.

Unter diesen Umständen gewährten Urban VI., aber auch Clemens VII. bereitwillig Universitätsprivilegien, um den eigenen Anhang zu stärken. Im Deutschen Reich und in seinen nördlichen und östlichen Nachbarländern gab es bis ins 14. Jahrhundert keine Universitäten. Kaiser Karl IV. hatte die erste deutsche im Jahr 1348 in Prag gegründet, 1365 waren Wien und 1386 Heidelberg als fürstliche Gründungen gefolgt. 1388 erhielt Köln seine erste Universität auf Initiative der städtischen Selbstverwaltungsorgane und der Schöffen, begleitet vom regen Interesse der Bettelorden, jedoch ohne Mitwirkung des Erzbischofs. Doch waren die Wissenschaften auch zuvor schon in Köln gepflegt worden. Seit dem 13. Jahrhundert existierten in der Stadt die Generalstudien der vier Bettelorden. Begonnen hatten die Dominikaner im Jahre 1248 mit der Einrichtung ihres Studienhauses in Köln. Sein erster Lesemeister war der berühmte Albertus Magnus, in den zwanziger Jahren des 14. Jahrhunderts lehrte hier der Mystiker Meister Eckhart. 1260 folgte das Generalstudium der Minoriten, dessen berühmtester Lehrer Johannes Duns Scotus wurde, 1290 dann jenes der Augustineremiten und vier Jahre später jenes der Karmeliter. Der kölnische Sohn aber, der die höheren akademischen Weihen erwerben, Magister oder Doktor werden wollte, mußte die Universitäten fremder Städte aufsuchen – auch eine Prestigefrage für das reiche, selbstbewußte stadtkölnische Patriziat. In seinem Auftrag erwirkten Vertreter der Bettelorden, von denen der Dominikaner Alexander von Kempen und der Karmelitermönch Johannes Brammert namentlich bekannt sind, am päpstlichen Hofe zu Perugia die Gründungsbulle. Das Universitätsprivileg Urbans VI., ausgestellt in Perugia am 12. Tag vor den Kalenden des Juni, im 11. Jahr des Pontifikats Urbans (21. 5. 1388) und aufbewahrt heute im Historischen Archiv der Stadt Köln, erlaubte den Bürgern Kölns auf ihre Bitte hin die Gründung einer eigenen Universität

Urban VI., Nordseite, EG, Nr. 17
Ratsbeschluß am 8. März 1990
Modellvorstellung am 31. August 1990
Figurenübergabe am 21. Mai 1991
Bildhauer: Helmut Moos
Stifter: Mitglieder der Universität Köln

nach dem Vorbild und den Statuten der berühmten Sorbonne zu Paris und gestattete die Einrichtung der vier anerkannten Fakultäten: die artistische, die juristische (römisches und kanonisches Recht), die theologische und die medizinische: »...halten wir es für angebracht und erachten es der Billigkeit gemäß, daß diese Stadt, die die göttliche Gnade mit den Vorzügen vieler Vortrefflichkeiten und der Fruchtbarkeit der Tugenden gnädig ausgestattet hat, auch mit den Gaben der Wissenschaften geschmückt und erhöht werde, damit sie Männer hervorbringe, durch die Reife ihres Rates hervorragend, durch den Schmuck ihrer Tugenden bekränzt und durch die Lehren der verschiedenen Fakultäten gebildet, damit dort ein strömender Quell der Weisheit sei, aus dessen Fülle alle schöpfen mögen, die von den Lehren der Wissenschaften getränkt zu werden verlangen.«

Am 6.1.1389 wurden Universität und Vorlesungsbetrieb im Kapitelhaus des Domes feierlich eröffnet; drei Tage später konstituierte sich im Kapitelhaus von St.Andreas der zwanzigköpfige Lehrkörper; die meisten Professoren hatten in Paris studiert oder gelehrt. Die Neugründung erwies sich schon im ersten Jahr als überaus erfolgreich und zog über einhundert Graduierte und fast sechshundert Studenten in die Stadt. Die aber wurde der hohen Unterhaltskosten, die sie hatte bestreiten wollen, bald überdrüssig und versuchte, wenigstens einen Teil auf die Kölner Kirche abzuwälzen. Mit Erfolg: am 16.September des Jahres reservierte Papst Bonifaz IX., der erste Nachfolger Urbans VI., je eine Pfründe der elf Kölner Stiftskirchen für die Professoren der Universität. Trotz seiner Verdienste um die Universität hat man in Köln die negativen Charaktereigenschaften dieses Papstes nicht übersehen: »He was – so schreibt die Koelhoffsche Chronik – mere dairumb uyss dat men yn vorte, dan dat men yn lieff hedde. Do he Pays wart so bestonde he mere tzweydracht tzo machen dan vreden. He was eyn unrestlich man.« (BD)

Literatur

Karlotto Bogumil, Die Stadt Köln, Erzbischof Friedrich von Saarwerden und die päpstliche Kurie während des Schöffenkrieges und der ersten Jahre des großen abendländischen Schismas (1375–1387), in: Köln, das Reich und Europa, Köln 1971 (Mitt. a. d. StA v. Köln, 60.Heft), S. 279–303.
Anna Dorothee von den Brincken, »In Supreme Dignitatis«. Zur Gründungsurkunde Papst Urbans VI. für die Universität Köln vom 21. Mai 1388, in: GiK 23, 1988, S. 9–31.
Theodor Graf, Papst Urban VI., Berlin 1917.
Manfred Groten (Bearb.), 600 Jahre Kölner Universität. Älteste Stadtuniversität Nordwesteuropas, Köln 1988.
Michael Seidlmeyer, Die Anfänge des großen abendländischen Schismas, Münster 1940.
Erich Meuthen, Die alte Universität (Kölner Universitätsgeschichte 1), Köln 1988.

Friedrich III. (1415–1493)

Nr. 18 / EG

Abb. 461: Friedrich III., vermutlich von der Hand des Barbarini-Meisters, 1452, Florenz, Galleria degli Uffizi

Historiker haben Kaiser Friedrich III. »des Heiligen Römischen Reiches Erzschlafmütze« genannt, den Sohn des Herzogs Ernst von Steiermark aus der leopoldinischen Linie der Habsburger und der Zymburga von Masowien. Und in der Tat erreichte er als Herrscher mehr durch hinhaltendes Abwarten, durch Ausdauer und Zähigkeit als durch rasches und zupackendes Handeln.

Ein Bild aus dem Jahre 1452, vermutlich von der Hand des Barbarini-Meisters (Florenz, Galleria degli Uffizi), zeigt Friedrich als Römischen König; es ist eine der ersten authentischen Abbildungen eines Habsburgers. Seine Biographen beschreiben ihn als mittelgroß, breitschultrig, bedächtigen Schrittes, mit blonden glatten Haaren und der charakteristischen Habsburgernase, ernst von Wesen, wortkarg und zurückhaltend bis zum aufreizenden Phlegma. Sein Sekretär und Berater Eneas Silvio Piccolomini, der spätere Papst Pius II., schreibt in seinem »Pentalogus de

Gemeinsam mit den beiden durch denselben Künstler geschaffenen Nachbarfiguren Rudolf I. (Nr. 16) und Urban VI. (Nr. 17) folgt diese Figur einem durchgängigen Kompositionsprinzip. Zu ihren Füßen weist eine Urkunde auf die durch den Herrscher der Stadt Köln gewährten Privilegien hin. Die Herrschergestalt Rudolfs I. (Nr. 16) wird hinsichtlich der Insignien durch den hier beigegebenen Reichsapfel und das Schwert, seine Aufgabe als Feldherr bezüglich der Gewandung durch den Panzer angedeutet. Die Krone folgt ihrem Vorbild nach einer jüngeren Version der Kaiserkrone. Die Inschrift auf der Urkunde erinnert neben der offiziell verwandten Herrschersignatur mit dem Hinweis *KÖLN 1475* an Ort und Jahr sowie mit den Worten *DES HL. REICHES FREIE STADT* ähnlich wie bei der benachbarten Figur Rudolf I. (Nr. 16) an die durch den Kaiser bestätigten Privilegien. (BE)

rebus ecclesiae ac imperii« (1443) über ihn, daß er ein Feind des Krieges sei und den Frieden liebe. Er bescheinigt ihm alle »Hausvatertugenden«, vermißt aber Wesen und Handeln eines Imperators: unscheinbarer als von einem Herrscher zu erwarten, trat er auf, penibel und sparsam bis zum Geiz.

Friedrichs berühmtes, 1437 begonnenes Notizbuch ist erhalten geblieben. In ihm verzeichnete er alles, was ihm aus dem persönlichen, politischen und geschäftlichen Bereich bemerkenswert erschien, sowie eine große Zahl von Spruchweisheiten und Zitaten. Dem Buch entstammt auch die eigentliche Lebensmaxime des Herrschers: »Rerum iste cuperabilium suma felicitas est oblifio« – Glücklich ist, wer vergißt, was nicht mehr zu ändern ist.

Diese Einstellung half ihm, Rückschläge bei der Verwirklichung seiner Ziele zu überstehen. Sein Weg zur Herrschaft war nicht gradlinig verlaufen. Mit vierundzwanzig Jahren war Friedrich Chef des Hauses Habsburg geworden. Schon seine Erblande hatte er über lange Jahre zäh erkämpfen müssen. 1440 von den Kurfürsten zum Nachfolger König Albrechts II. gewählt, ging er mit Ausdauer daran, seine hochfliegenden dynastischen Pläne und seine imperialen Vorstellungen zu verwirklichen, immer überzeugt von seiner herrscherlichen Sendung. Berühmt ist das Vokalspiel auf der ersten Seite seines Notizbuches: »A E I O U«, das zu seinem persönlichen, auch auf vielen Dingen seines Besitzes angebrachten Signum wurde (»Pei belhem pau oder auff welchem Silbergeschirr oder Kircngebaut oder andern klainaten AEIOU, der strich und die funff pucstaben, stend, das ist mein, herczog Fridreis des Jungern, gebessen oder ich hab da selbig paun oder machen lassen ...«). Gerne auch wurde das kryptische Kürzel interpretiert als »Austria est imperare orbi universo« – Alles Erdreich ist Österreich untertan –; der lateinische Zusatz stammt allerdings aus dem 17. Jahrhundert und wurde unter Kaiser Leopold I. eingefügt.

Friedrich III., Nordseite, EG, Nr. 18
Ratsbeschluß am 30. Oktober 1990
Modellvorstellung am 6. Mai 1991
Figurenübergabe am 7. November 1991
Bildhauer: Helmut Moos
Stifter: Deutsche Exxon Chemical GmbH, Köln

Die Voraussetzungen, die Friedrich III. vorfand, waren äußerst schlecht. Seine finanzielle Grundlage war miserabel, das Reich und die Kirche waren dringend reformbedürftig. Als er 1452 als letzter deutscher König in Rom zum Kaiser gekrönt wurde, waren seine Bemühungen um eine Reichsreform erfolglos geblieben. Der Adel, dessen Macht er hatte zurückdrängen wollen, hatte Widerstand geleistet, die königliche Zentralgewalt war weitgehend wirkungslos geworden, ihre Verbindung zu den Territorien der großen Feudalen hatte sich gelockert. Allein mit der römischen Kurie hatte Friedrich 1448 eine Regelung treffen können, die ihm die Kaiserkrönung zusicherte und ihm die wichtigsten kirchlichen Rechte in seinen Erblanden übertrug (Wiener Konkordat, gültig bis 1806). In die innere Entwicklung des Reiches griff Friedrich, stets abwartend und auf den für ihn günstigen Zufall hoffend, so lange nicht ein, wie seine dynastischen Interessen – Sicherung der Kaiserwürde für das Haus Habsburg, sein Supremat über alle Reichsstände – gewahrt blieben. So begann unter seiner Herrschaft die Entwicklung des Dualismus von Kaiser und Reichstag, die faktische Schaffung zweier Herrschaftszentren im Reich.

Er, der nach seinen eigenen Worten ein Freund des Friedens war, geriet dennoch oft genug in kriegerische Konflikte: mit der Schweizer Eidgenossenschaft, mit den Ungarn, mit Burgund. Auch hier neigte er dazu, die Sache durch Abwarten für sich zu entscheiden, den militärischen Schlagabtausch mit allen seinen Unwägbarkeiten hinauszuzögern. Gegen den Burgunderherzog Karl den Kühnen und seine Verbündeten führte er 1475 den Reichskrieg. Lange dauerte es, bis der Kaiser auf dem Schlachtfeld vor Neuss erschien, zögernd, abwartend, hinhaltend bis zum allerletzten Augenblick, und schließlich doch erfolgreich. Und zwei Jahre später verheiratete er seinen Sohn Maximilian mit Maria von Burgund, der Tochter des unterlegenen Herzogs Karl: beides Triumphe seiner besonderen Art des Vorgehens und von entscheidender Bedeutung für die Stellung des Hauses Habsburg und den weiteren Verlauf der Geschichte in Europa. Als Friedrich III. am 19.8.1493 mit fast 78 Jahren an den Folgen einer Beinamputation starb, hatte er die Grundlagen für die habsburgische Universalmonarchie geschaffen. Sein Haus, dessen Leitung sein Sohn Maximilian übernahm, war zur Großdynastie geworden, die bis zum Ende des alten Deutschen Reiches die Kaiserkrone tragen sollte.

Endgültig beigesetzt wurde Friedrich 1513 im Apostelchor des Stephansdomes zu Wien.

Innenpolitisch hatte der Kaiser gegen die Macht des Adels stets Unterstützung bei den Städten des Reiches gesucht, deren besonderer Förderer er wurde. Köln, das er 1442 nach seiner Krönung in Aachen erstmals besuchte, stand immer in der vordersten Reihe der Städte, die Friedrich III. begünstigte und privilegierte. Ihm verdankte es 1454 die Einladung zum Reichstag nach Regensburg, zusammen mit allen Kurfürsten, Fürsten, Grafen, Herren und Städten des Reichs über die Türkengefahr zu beraten; Köln wurde de facto als Reichsstadt und Reichsstand behandelt. Und im Jahre 1475 war es Friedrich III., der Köln als Anerkennung für die großen finanziellen und militärischen Dienste, die die Stadt dem Kaiser im Kampf gegen Karl den Kühnen vor Neuss geleistet hatte, nun auch de jure den für seine – allerdings von den Erzbischöfen nie anerkannte – Unabhängigkeit so bedeutenden Status der Reichsunmittelbarkeit verlieh. Fortan huldigte des »Heiligen Reiches Freie Stadt« nur noch dem Römischen König, kein Erzbischof durfte sich mehr ihr Herr nennen. Die recht schmucklose Urkunde gehört seitdem zu den bedeutendsten Schätzen des städtischen historischen Archivs. (BD)

Literatur

Anna-Dorothee v.d. Brincken (Bearb.), Köln 1475 – des Heiligen Reiches Freie Stadt, Köln 1975.

Hanna Dornik-Eger, Kaiser Friedrich III. in Bildern seiner Zeit, in: Friedrich III. – Kaiserresidenz Wiener Neustadt, Katalog zur Ausstellung Wien 1966, S. 64–86.

Paul-Joachim Heinig (Hg.), Kaiser Friedrich III. in seiner Zeit. Studien anläßlich des 500. Todestages am 19. August 1493/1993, Köln Weimar Wien 1993 (Forschungen zur Kaiser- und Papstgeschichte. Beihefte zu F.J. Böhmer, Regesta Imperii, Bd. 12).

Theodor Ilgen (Hg.), Joseph Grünpeck: Die Geschichte Friedrichs III. und Maximilians I., Leipzig 1891.

Alfons Lhotsky, AEIOU – die „Devise" Kaiser Friedrichs III. und sein Notizbuch, in: MIÖG 60, 1952, S. 155ff.

Alfons Lhotsky, Aufsätze und Vorträge. Ausgewählt u. eingeleitet v. H. Wagner u. H. Koller. 5 Bde., München 1970–1976. (Enthalten zahlreiche Aufsätze über Friedrich III.)

Regesten Kaiser Friedrichs III. (1440–1493), hg. v. Heinrich Koller. Heft 7: Die Urkunden und Briefe aus den Archiven des Regierungsbezirkes Köln: Bearb. v. Thomas R. Kraus, Köln-Wien-Graz 1989.

Richard Reifenscheid, Die Habsburger in Lebensbildern, Graz-Wien-Köln 1982.

Bernd Rill, Friedrich III. Habsburgs europäischer Durchbruch, Graz-Wien-Köln 1987.

Roderich Schmidt, Friedrich III. 1440–1493, in: Helmut Beumann (Hg.), Kaisergestalten des Mittelalters, München 1984, S. 301–331.

John B. Toews, Emperor Frederick III and His Relations With the Papacy From 1440 to 1493, Colorado 1962.

Hans Peter Zelfel, Ableben und Begräbnis Friedrichs III., Wien 1974.

Maximilian I. (1459–1519)

Nr. 19 / EG

Abb. 462: Maximilian I., um 1519, aus: Albrecht Dürer 1471-1528. Das graphische Werk. Die Druckgraphik, Herrsching o.J.

Der Nachwelt wollte der in Wiener Neustadt geborene Sohn Kaiser Friedrichs III. und der Eleonore von Portugal, getauft auf den Namen des Hl. Maximilian von Lorch, den die frühmittealterliche Legende zum Apostel des Ostens gemacht hatte, unbedingt in Erinnerung bleiben: »Wer ime in seinem Leben kain Gedachtnus macht, der hat nach seinem Tod kain Gedachtnus und desselben Menschen wird mit dem Glockendon vergessen.« So hatte er es selbst in einem seiner noch heute bedeutenden literarischen Werke, dem »Weißkunig«, einer episch-allegorischen Autobiographie, geschrieben, die ihn als klugen, gewandten und beherzten jungen Ritter schildert, der zum edlen Helden »Theuerdank« – so der Titel seines zweiten autobiographischen Heldenepos – reift. Beide Werke verklären die höfischen und ritterlichen Wertvorstellungen, denen er während seines ganzen Lebens verpflichtet war, die ihm den Ehrennamen »der letzte Ritter« eintrugen und ihn fortleben ließen als Idealgestalt adliger Männlichkeit. Fuggers biographischer »Ehrenspiegel« aus dem Jahr 1555, von Sigmund Birken 1688 neu herausgebracht, setzte Maximilian ein literarisches Denkmal, das das Bild des Kaisers bis ins 19. Jahrhundert prägte. Dann wurde das strahlende Bild matt: im politischen Kontext des 19. Jahrhunderts wurde Maximilian zum »undeutschen Kaiser«, zum »unsteten Phantasten« und »Verderber des Reiches«.

Maximilians großes Vorbild war der legendäre Burgunderherzog Karl der Kühne, der »König Ruhmreich« des »Theuerdank«, dessen Tochter Maria (gest. 1482 an den Folgen eines Jagdunfalls), dort »Ehrenreich« genannt, er 1477 in Gent heiratete. Der junge Erzherzog und die junge Burgunderherzogin führten eine anscheinend glückliche Ehe, der zwei Kinder entstammten: der 1478 geborene Philipp, später »der Schöne« geheißen, und die 1480 geborene Margarete.

In Burgund lernte der junge Habsburger die damals fortschrittlichste staatliche Verwaltungspraxis und die Vorzüge der Zentralisierung kennen. Am 26.2.1486, noch zu Lebzeiten seines Vaters Friedrich III., in Frankfurt zum Römischen König gewählt und am 9. April in Aachen gekrönt, kehrte er 1489, von einem antihabsburgischen Aufstand aus den Niederlanden vertrieben, in seine Erblande zurück, die er nach burgundischem Vorbild reorganisierte und in die er die an bürgerlichem Wirtschaftsdenken orientierte burgundische Verwaltungspraxis übertrug. Innsbruck wurde zum Zentrum seiner Herrschaft.

Das Jahr 1493 brachte ihm mit dem Frieden von Senlis nicht nur Burgund endgültig zurück, sondern er übernahm von seinem Vater Friedrich auch das habsburgische Großreich und die imperiale Kaiseridee. Angetrieben von mystischem Sendungsbewußtsein und grenzenlosem Ehrgeiz, überzeugt vom eigenen Herrschertum, verfolgte er seine großangelegten dynastischen Pläne: Stärkung der habsburger Hausmacht, Sicherung und Ausweitung des Großreiches. 1508 krönte er sich im Dom von Trient selbst zum Kaiser; fortan zog kein deutscher Kaiser mehr über die Alpen zur Krönung durch den Papst nach Rom. 1511 plante er sogar, selber Gegenpapst zu werden! Von einem Gelehrtenstab ließ er eine mehrbändige Chronik des habsburgischen Adelsgeschlechts entlang dem Mannesstamme aus Quellenrecherche, mittelalterlichen Abstammungslegenden und fiktiven Stammreihen erstellen, die lückenlos über 27 Jahrhunderte vom Fall Trojas (datiert auf das Jahr 1180 v. Chr.) bis zu ihrem Abfassungsdatum 1518 Herkunft und Aufstieg des Hauses Habsburg darstellte: von Hector, Sohn des Königs Priamos von Troja und fiktiver Urvater des Geschlechts, bis zu Maximilian selbst, der damit – wie vom Auftraggeber gewünscht – als ranghöchster aller Herrscher sich herausstellte.

Seine ausgreifenden Pläne verfolgte er, ungeachtet mancher Rückschläge, beharrlich durch geschickte Heiratspolitik, durch Erbschaften und auch rücksichtslos mit kriegerischen Mitteln, dem eigenen Interesse und Ziel oft diejenigen des Reiches vorziehend, dessen schon lange so notwendige Reform ver-

Maximilian I., Nordseite, EG, Nr. 19
Ratsbeschluß am 23. Mai 1991
Modellvorstellung am 31. Oktober 1990
Figurenübergabe am 10. Januar 1992
Bildhauerin: Christine Karola Wulfert
Stifter: Kölner Brauerei-Verband e.V., Köln

Die Ikonographie stellt eine Kompilation verschiedener historischer Bildvorlagen, darunter Dürers Holzschnitten und des Theuerdanck, dar. Der häufig so genannte »letzte Ritter« trägt neben Krone und Reichsapfel, die ihn als Herrscher ausweisen, einen Halbharnisch und einen übergeworfenem Mantel mit Schließe. Die ursprünglich vorgesehene Urkundenrolle, ein Hinweis auf die Bestätigung des Kölner Status' als freie Reichsstadt, wich einem Dokumentenköcher. Der doppelköpfige Adler, auf der Brust mit dem Reichswappen versehen, schmiegt sich entgegen dem ersten Modell seitlich und enger an das rechte Bein des Kaisers an. Mit Maximilian schließt sich der im Erdgeschoß des Ratsturmes wiedergegebene Reigen von Herrschern und herrschergleichen Personen, denen Köln seine Gründung und Privilegien verdankt. (BE)

nachlässigend. Letztlich scheiterte er bei dem Versuch, seine imperialen Kaiserpläne zu verwirklichen, die Herrschaft des Reiches über Italien zu restaurieren und die Universalmonarchie der Habsburger, die schon seines Vaters höchstes Ziel gewesen war und die sein Enkel und Nachfolger Karl V. erlangen sollte, zu konstituieren. Seine expansiven Hegemonialbestrebungen stießen auf den Widerstand der sich formierenden europäischen Nationalstaaten, besonders Frankreichs. Über seinem Bestreben zur Realisierung seiner äußeren Ziele fehlten ihm Zeit und Mittel, im Innern des Reiches den fürstlichen Partikularismus einzuschränken und die Reichsreform zu gestalten. Als Kind der Renaissance und des Humanismus förderte der hochgebildete Maximilian, zugleich ein leidenschaftlicher Jäger, Turnierreiter und Kriegsmann, in großem Maße Künstler, Techniker, Musiker und Humanisten, interessierte sich intensiv für Literatur, für Genealogie und Geschichte des Habsburgerhauses, sammelte »Altertümer« und Bücher. Er war, seine Biographen sind sich einig, von schwierigem Charakter, unbeherrscht, jähzornig, verschlossen und geizig, aber durchaus zuweilen auch leutselig, humorvoll und freigebig.

Der Reichsstadt Köln war er wie sein Vater stets wohlgewogen. Mehrfach hatte er sie besucht, erstmals im November 1473 mit seinem Vater Friedrich III., dann vom 24. Juni bis zum 31. Juli 1477 auf der Reise in die Niederlande zur Hochzeit mit Maria von Burgund. Die Koelhoffsche Chronik berichtet ausführlich über »keiser Frederichs son ... mit sinen heren ind lach hair wail ein maent ind reste sich dair mit sinen heren ... ind die stat van Coellen schenkten im zwae silveren kannen ind gelt dairin, dat was wail 15 hundert gulden wert.« Im Jahre 1486 nahm Maximilian am berühmten, von den stadtkölnischen »Geschlechtern« ausgerichteten Turnier auf dem Altermarkt teil. 1494 kam er erneut und nun als regierender König nach Köln »den Rin af zo schif ... mit sine huisfrawen, des herzogen doichter von Meilan (Bianca Maria, Tochter des

Galeazzo Sforza, seine zweite Ehefrau), ind mit anderen fursten ind heren ind wart sere eirlichen intfangen«, empfing die Huldigung der Stadt und wurde wiederum reichlich beschenkt (Koelhoffsche Chronik). Sein aus Köln stammender Rechenmeister Nicasius Hackeney sollte ihm am Neumarkt »ein palatium bauen, mit ausgeladenen Fenstern, Erkern und Körben.« Nach Köln berief er mit großem Gepränge begangene Reichstage ein: 1505 – der Rat ließ für Maximilian einen hölzernen Gang von seinem Logis auf der Glockengasse zur Kirche St. Columba errichten, damit er nicht die Straße betreten mußte – und 1512, auf dem die Schaffung der zehn Reichskreise zur Durchsetzung des Ewigen Landfriedens beschlossen wurde (sonstige Aufenthalte: 1495, 1499, 1517).

Maximilian bestätigte die städtischen Privilegien, z. B. 1501 das Reichsstadtprivileg des Jahres 1475, förderte das wirtschaftliches Gedeihen der Stadt. 1514 anerkannte Maximilian das aus der stadtkölnischen Revolution von 1513 hervorgegangene neue Stadtregiment und den Transfixbrief. Er war der verfassungsrechtliche Niederschlag des Umsturzes, mit dem die Gemeinde die trotz der Bestimmungen des Verbundbriefes, der alten städtischen Verfassung aus dem Jahr 1396, entstandenen Mißstände in der städtischen Regierung und Verwaltung nun für alle Zeiten abstellen und verhüten, die bürgerlichen Freiheits-, Mitsprache- und Kontrollrechte aber stärken wollte. Kaiser Maximilian hatte zunächst die Maßnahmen der Stadt gegen die durch die Revolution gestürzten Herren des Stadtregiments mißbilligt, schließlich hatte man ihn »zuvor solicher handlung nit ersuecht.« Nach erfolgter Unterrichtung aber erklärte er sich mit allen verhängten Strafen einverstanden und anerkannte die Ergänzung des Verbundbriefes durch den neuen Transfix – dazu zweifelsohne bewogen durch die 11400 rheinischen Gulden, die der Rat der Stadt Köln an ihn zu zahlen sich verpflichtet hatte.

Maximilian, erkrankt an Darmkrebs und Gelbsucht, starb am 12. Januar 1519 in Wels im Lande ob der Enns. Zunächst wurde er in St. Georg in Wiener Neustadt beigesetzt. Erst viel später erhielt er seine endgültige Ruhestätte in Innsbruck. (BD)

Literatur

L. Baldass, Die Bildnisse Kaiser Maximilians I., in: Jb. der Kunstsammlungen des Allerhöchsten Kaiserhauses in Wien 31, 1913–1914.

Gerhard Bennecke, Maximilian I (1459–1519), an Analytical Biography, London 1982.

Rudolf Buchner, Maximilian I. Kaiser der Zeitenwende, Göttingen – Zürich [2]1970.

Toni Diederich, Revolutionen in Köln 1074–1918, Köln 1973.

Heinrich Fichtenau, Der junge Maximilian 1459–1482, München 1959.

Victor von Krauss, Itinerarium Maximilian I., Wien 1899.

Dieter Mertens, Geschichte und Dynastie – zu Methode und Ziel der »Fürstlichen Chronik« Jakob Mennels, in: K. Andermann (Hg.), Historiographie am Oberrhein im späten Mittelalter und in der frühen Neuzeit (Oberrheinische Studien 7), Sigmaringen 1988, S. 121–153.

Hans Rupprich, Das literarische Werk Kaiser Maximilians I., in: Land Tirol (Hg.), Ausstellung Maximilian I., Innsbruck 1969, S. 47–55.

Hermann Wiesflecker, Kaiser Maximilian I., 5 Bde., München 1971–1986.

Hermann Wiesflecker, Das Bild Maximilians I. in der deutschen Geschichtsschreibung, in: Zs. Hist. Ver. Steiermark 46 (1955).

Hermann Wiesflecker, Maximilian I. Die Fundamente des habsburgischen Weltreiches, München 1991.

Hildebold (vor 787/88–818)

Nr. 20 / 1.OG

Das Testament Karls d. Gr. von 811 – Hildebold (oder Hildebald) unterzeichnet es an erster Stelle der Zeugen – nennt unter den 21 Metropolitankirchen seines Reiches ausdrücklich Köln an erster Stelle der fränkischen Erzbistümer. Wenn auch manches vom Aufstieg Kölns seinem Vorgänger Ricolf (758 bis nach 777), von dem wir nur wissen, daß er ein guter Gastgeber gewesen sein soll, zu verdanken sein mag, so war es doch Hildebold, unter dem die Kölner Kirche, deren Gebiet im Jahre 781 um das erst wenige Jahr zuvor eroberte westfälische Gebiet südlich der Lippe erweitert worden war, sich zur später so genannten »elegantesten Braut Christi nach Rom« zu entwickeln begann. Hildebolds Namen nennt als erste eine Urkunde von 787/88. Der erste Erzbischof Kölns, zumindest trug er den Titel »archiepiscopus« seit 794/95, war enger Gefährte, Vertrauter, Ratgeber und Tischgenosse Karls d. Gr., »Freund seiner Freunde«, »Aaron« genannt nach dem ersten jüdischen Hohenpriester des Alten Bundes. Karl machte ihn im Jahre 791 nach dem Tode des Angilram von Metz zum Vorsteher der Hofgeistlichkeit (»sacri palatii archicapellanus«) und damit zum höchsten Geistlichen des Fränkischen Reiches. Hildebold weihte Bischöfe, z. B. in Münster und Mainz; als kaiserlicher »missus« geleitete er 799 Papst Leo III. nach Rom zurück; 813 präsidierte er einer Mainzer Synode; 814 reichte er dem sterbenden Karl die »letzte Wegzehrung« und salbte Ludwig den Frommen zum König, unter dem er seine Position behielt. Die Urkunden des Bonner Stiftes St. Cassius et Florentius nennen ihn 798 »custos«, 801 »abbas« und 804 »rector«; seit etwa 802 war er auch »abbas« des Klosters Mondsee im Lande ob der Enns.

Die Figur des Erzbischofs eröffnet den im ersten Obergeschoß beginnenden und bis zum dritten hinaufreichenden Reigen historischer Personen in der Reihenfolge ihrer Geburtsjahrgänge. Als Nachbarin zu einer betont gotische Stilmerkmale reflektierenden Altfigur des 19. Jahrhunderts, der Äbtissin Ida (Nr. 21), paraphrasiert sie deren leicht S-förmig geschwungene Körperachse in der Anordnung der Bücher. Der Bildhauer beließ seine Antwort auf die Frage, ob diese den Händen entgleiten oder dem Begründer der Domschule und Stifter der Dombibliothek als Sinnbild einer Ansammlung von Wissen zuwachsen, bewußt in der Schwebe. Krummstab und niedrige Mitra beziehen sich auf zeitgenössische Formen bischöflichen Ornates. Der ausgeführten Figur gingen zeichnerische und plastische Modellentwürfe voran. Nach erfolgter Übergabe reduzierte der Bildhauer im Abgleich mit der nebenstehenden Ida nochmals das Kopfvolumen der Figur. (BE)

Hildebold, Westseite, 1. OG, Nr. 20
Ratsbeschluß am 30. August 1994
Modellvorstellung am 17. August 1994
Figurenübergabe am 1. Dezember 1994
Bildhauer: Adem Yilmaz; die Ausführung der Figur erfolgte unter Mitarbeit von Titus Reinarz
Stifter: Dr. Wilfried Recker, Notar in Köln

Die Altäre der Hl. Medardus und Petrus im Dom ließ Hildebold »auf königlichen Befehl« mit kostbaren Metallen verkleiden. Er gründete die Domschule und stiftete die Dombibliothek, deren älteste Handschriften seinen Namen tragen. Im Jahre 833 verzeichnete der Katalog 175 Werke, von denen heute noch rund dreißig erhalten sind. An St. Severin und St. Ursula wurde während seines Pontifikats gebaut. Seit um 1500 schrieb man ihm in Köln auch den Bau des (alten) Domes zu. Wann jener begonnen wurde, ist unbekannt. Heute weiß die Forschung, daß es mit Sicherheit nicht Hildebold gewesen ist, der ihn erbauen ließ, sondern einer seiner Vorgänger.

Begraben wurde Hildebold in der nach dem Märtyrer Gereon, dem Führer der Thebäischen Legion, benannten Kirche. Dort hatte er auch den (alten) Hochaltar gestiftet. (BD)

Literatur

LThK V, 340f.

Carl Corsten, Erzbischof Hildebold von Köln, in: Kölner Pastoralblatt 7, 1955, S. 305–309.

Georg Hauser, Abschied vom Hildebold-Dom. Die Bauzeit des alten Domes aus archäologischer Sicht, in: Kölner Domblatt 56, 1991, S. 209–228.

Wilhelm Neuß (Hg.), Geschichte des Erzbistums Köln, Bd.1: Das Bistum Köln von den Anfängen bis zum Ende des 12. Jahrhunderts, bearb. v. Wilhelm Neuß und Friedrich Wilhelm Oediger Köln, 1964.

Äbtissin Ida (gest. 1060)

Nr. 21 / 1. OG

Ida, die als Bauherrin der Kirche St. Maria im Kapitol gilt, war um die Mitte des 11. Jahrhunderts Äbtissin des gleichnamigen Benediktinerinnen-Konvents. Ihr Lebenslauf liegt weitgehend im Dunkel. Die Eltern Mathilde (gest. 1025) – eine Tochter Kaiser Ottos II. und seiner Gattin Kaiserin Theophanu – und Pfalzgraf Ezzo (oder Ehrenfried) von Lotharingien (gest. 1034) ließen sie im Stift Gandersheim erziehen. Im Jahre 1026 wechselten Ida und ihre Schwester Sophia unter recht merkwürdigen Umständen von dort nach Mainz und nahmen den Kanonissinnenschleier. Nach einigem Hin und Her zwischen der Gandersheimer Äbtissin Sophia (ihrer Tante) und dem Mainzer Erzbischof Aribo (gest.1031), u. a. einer Verhandlung bei der kaiserlichen Synode in Frankfurt 1027 und Idas Exkommunikation, kehrten sie unter Aribos Nachfolger Bardo 1031 nach Gandersheim zurück. Ida wurde 1038 Äbtissin des Benediktinerinnenklosters St. Maria, bevor sie schließlich – sicher vor 1049, das genaue Jahr ist ungewiß – nach Köln kam und Äbtissin des Stiftes Maria im Kapitol wurde. Dort starb sie 1060 und wurde in der Krypta der Stiftskirche bestattet.

Daß der großartig konzipierte, ab ca. 1040 entstandene Neubau von St. Maria im Kapitol auf Ida zurückgeht, ist urkundlich nicht erwiesen. Es gibt aber Anhaltspunkte, daß sie bereits Äbtissin war, als Papst Leo IX. in Anwesenheit Kaiser Heinrichs III. und zahlreicher Bischöfe feierlich den Kreuzaltar weihte: ein kostbares Kreuz, das »Heriman-Kreuz« (heute im Kölner Diözesanmuseum), das Ida zusammen mit ihrem Bruder, dem Kölner Erzbischof Heriman II., gestiftet hat und das einer einhelligen Vermutung nach zur Altarweihe der Kirche angefertigt wurde. Hat Ida das Bauvorhaben demnach wahrscheinlich auch begonnen, so wurde es jedoch erst nach ihrem Tode, nämlich im Jahre 1065, vollendet.

Betrachtet man den Bau von St. Maria im Kapitol als Idas Leistung, stellt sich die Frage nach ihren Beweggründen, ein so außergewöhnliches Projekt durchführen zu lassen. Die Antwort liegt im Selbstverständnis ihrer Familie: diese Kirche ist zu Stein gewordener kaiserlicher Anspruch. Ezzo, Idas Vater, war ein mächtiger Mann im Reich der Kaiserin Theophanu gewesen. Durch seine Heirat mit deren Tochter Mathilde hatte er den Rang seiner Familie beträchtlich erhöht, und als sein Schwager, Kaiser Otto III., kinderlos starb (1002), erhob Ezzo Thronansprüche für seine eigenen Söhne als letzte Nachkommen der Ottonen und verweigerte dem Salier Heinrich II. zunächst die Gefolgschaft. Nicht zuletzt die politische Heirat seiner Tochter Richeza mit dem späteren polnischen König Miesco (1013) spiegelt die Bedeutung der Ezzonen wider (derselben Richeza übrigens, die als Gönnerin der Abtei Brauweiler bekannt ist, die ihre Eltern 1024 gegründet hatten). Ihre Schwestern (neben Ida fünf weitere) standen als Äbtissinnen angesehenen Klöstern vor, ebenfalls ein Machtfaktor für die Familie: Adelheid, Äbtissin von Nivelles; Helwyga, Äbtissin von Neuss; Mathilde, Äbtissin von Dietkirchen bei Bonn und von Vilich; Theophanu, Äbtissin von Essen und Gerresheim; Sophia, Äbtissin von Gandersheim. Auch sie traten alle durch ehrgeizige Bauten hervor. Idas drei Brüder hatten bedeutende Ämter inne. Der jüngste, Hermann (Herimann), war von 1036–1056 Erzbischof von Köln, baute diese Machtposition erheblich aus und war der engste Vertraute Kaiser Heinrichs III. Hermann war nach Bruno I. der zweite Kölner Erzbischof aus kaiserlichem Haus. Es liegt nahe, daß seine Abstammung und die reale Macht der Familie ihn (und Ida) bei diesem Vorfahren und Vorgänger anknüpfen ließen. Bruno hatte nämlich das Frauenkloster St. Maria im Kapitol eingerichtet und mit einer reichen Stiftung bedacht. Hier ein Bauwerk von imperialer Konzeption zu errichten, hieß, der neuen salischen Dynastie, die zwischen 1030 und 1061 in Speyer einen Dom bauen ließ, Gleichrangiges entgegenzusetzen. Dieser Anspruch, der bis in Details der Architektur nachgewiesen ist, zeigt sich z. B. bei der Empore der Äbtissin, die die Aachener Pfalzkapelle zum Vorbild hat (ganz im Sinne der Verehrung Ottos III. für Karl den Großen). Er zeigt sich beim Heriman-Kreuz, das in seiner Grundform dem Reichskreuz nachempfunden und in der Bildformel Vorlagen aus der ottonischen Zeit verpflichtet ist. Auch belegt die Altarweihe durch den mit dem ottonischen Haus verschwägerten Papst Leo IX. in Anwesenheit des Kaisers den Rang des Bauwerks und der Familie von Erzbischof und Äbtissin. Ida repräsentiert eine hochadelige Familie, deren Macht und Bedeutung eng mit Köln verbunden waren und die sich mit der Erbauung der Kirche St. Maria im Kapitol, von der trotz vielfacher Umbauten noch wesentliche Teile im heutigen Bauwerk erhalten sind, ein bleibendes Denkmal in der Stadt gesetzt hat.

Bis zum Ende ihrer Existenz im Jahre 1802 erfreuten sich Kirche und Stift Maria im Kapitol beträchtlicher Beliebtheit bei den reichen Kölner Familien. Die alten »Geschlechter« übten hier schon früh die Ämter des Schenken und des Kämmerers aus und waren Lehnsmänner des Stiftes. Etliche wurden in oder bei der Stiftskirche bestattet. Reiche Kölner Familien wie die Hirtze, Hackeney oder Hardenrath machten große Stiftungen für Fenster, Skulpturen, Altäre, Kapellen, den Lettner. Überhaupt bestanden enge Verbindungen zu Stadt und Rat. An der Kirche hing im Mittelturm die städtische Sturmglocke; große Bittprozessionen führten stets zu ihr hin, und zur Amtseinführung der Bürgermeister wurde hier eine Messe gelesen.

(CVK/BD)

Die 1900/01 wahrscheinlich von Peter Kürten in Heilbronner Sandstein geschlagene Statue der Hl. Ursula vertritt die Äbtissin Ida. Sie gehört zu den Figuren, die den Zweiten Weltkrieg mit Beschädigungen überdauerten. Der Bildhauer Serban Rusu setzte 1991 die Figur aus mehreren Teilen zusammen und ergänzte Kopf und rechte Hand aus Steinersatzmaterial nach historischem Foto. Sigrid Schmalen stiftete die Figur 1992 gemeinsam mit Dagmar Figge, Christine Heimann und Christine Jankolow. Die Heilige trägt die Krone als Zeichen ihrer königlichen Herkunft und den Pfeil als Symbol ihres Martyriums, das sie zusammen mit ihrer Gefolgschaft in Köln erlitt. (WG)

Literatur

Vita Godehardi episcopi Hildesheimensis auctore Wolfherio, hg. v. G. H. Pertz, MGH SS 11, Hannover 1854, S. 162–21.

Klaus Gereon Beuckers, Die Ezzonen und ihre Stiftungen. Eine Untersuchung zur Stiftertätigkeit des 11. Jahrhunderts, Münster, Hamburg 1993 (Kunstgeschichte, Bd. 42).

Toni Diederich, Stift – Kloster – Pfarrei, zur Bedeutung der kirchlichen Gemeinschaften im Heiligen Köln, in: Köln: Die Romanischen Kirchen. Von den Anfängen bis zum Zweiten Weltkrieg, hg. v. Hiltrud Kier und Ulrich Krings, Köln 1984 (Stadtspuren Bd. 1), S. 17–78.

Matthias Kitschenberg, Kirche St. Maria auf dem Kapitol, in: Johann Peter Weyer. Kölner Alterthümer. Kommentarband, unter Mitarbeit von Ulrich Bock hg. v. Werner Schäfke, Köln, 1994, S. 91–96.

Ulrich Krings, St. Maria im Kapitol. Die Bautätigkeit des Mittelalters und der Neuzeit bis zum Zweiten Weltkrieg, in: Stadtspuren Bd. 1, S. 345–380.

Hans Erich Kubach u. Albert Verbeek, Romanische Baukunst an Rhein und Maas, 3 Bde., Berlin 1976 (hier Bd. 1, S. 577, 560).

Hugo Rahtgens, St. Maria im Kapitol zu Köln, Düsseldorf 1913.

Werner Schäfke, Kölns romanische Kirchen. Architektur, Ausstattung, Geschichte, Köln [4]1985, hier: S. 166–180.

Rupert von Deutz (zw. 1060 u. 1070–1129)

Nr. 22 / 1. OG

Abb. 463: Rupert v. Deutz, Federzeichnung von Stephanus aus Codex lat. 11355, Staatsbibl. München

Das Nekrologienbuch der Benediktinerabtei Deutz, angelegt in den fünfziger Jahren des 12. Jahrhunderts, vermerkt unter dem 4. März: »Rupertus, abbas. Plena memoria. Per quem habemus septem folia.« Ein besonderes Gebetsandenken widmeten die Deutzer Benediktinermönche ihrem Abt Rupert, eine Ehrung, die sie sonst nur Wenigen gewährten. Der Zusatz, sieben seiner Bücher zu besitzen, erhellt den Grund dieser außerordentlichen Wertschätzung, die er – nicht nur in Deutz – schon zu Lebzeiten genoß: den größten Ruhm erntete er durch seine zahlreichen Werke, vor allem Kommentare zum Alten und Neuen Testament und geschichtstheologische Schriften, die in allen Bibliotheken an Rhein und Maas, in Bayern und in Österreich zu finden waren.

Ruperts genaues Geburtsjahr und sein Geburtsort sind unbekannt. Von Kind an lebte er als Mönch im Lütticher Benediktinerkloster St. Laurentius. Hier verbrachte er die längste Zeit seines Lebens, wurde daher auch Rupert von Saint-Laurent genannt. Erst spät, um das 1100, erhielt er die Priesterweihe. Und spät auch ist der Beginn seiner eigentlichen schriftstellerischen Tätigkeit anzusetzen. Wohl erst im fünften Lebens-

Der Abt erscheint im Mönchshabit und mit Tonsur, das geöffnete Buch und die Schreibfeder weisen ihn sowohl als studierenden Theologen wie als Chronisten aus. Gerade an diese Bedeutung für die Geschichtsschreibung Kölns erinnert auch das zu seinen Füßen befindliche, in Flammen stehende Kirchenmodell. Dieses folgt der rekonstruierten Erscheinungsweise der Deutzer Kirche St. Heribert zur Zeit der Berufung Ruperts als Abt des dortigen Benediktinerklosters. Eine im ersten Modellentwurf weiter nach vorne orientierte Kopfhaltung wurde mit Rücksicht auf die – noch fehlenden – Baldachine modifiziert, auch gewann die Figur in der Ausführung, die sich infolge zahlreicher harter Materialeinschlüsse schwierig gestaltete, gegenüber dem Modell an Volumen. (BE)

jahrzehnt schrieb er sein erstes Werk: »De officiis divinis«, das um 1111 erschien. Es rief sogleich heftige Zweifel an seiner Rechtgläubigkeit hervor. Rupert wurde in die theologischen Dispute seiner Zeit verwikkelt. Zwei der bedeutendsten Theologen, Anselm von Laon und Wilhelm von Champeau aus Chalons richteten schwere Vorwürfe gegen ihn. Abt Berengar von Lüttich nahm Rupert aus der Schußlinie und vertraute ihn Abt Kuno von Siegburg an, und dort, im berühmten Reformkloster Annos II., stand er ab 1113 unter dem Schutz des Kölner Erzbischofs Friedrich I. 1126 wurde Kuno Bischof von Regensburg, seiner Heimatstadt. Seine Lebensgeschichte, die »Vita Cunonis«, bildet den ersten Teil des zwölften Kapitels von Ruperts Kommentar des Matthäus-Evangeliums.

Von Siegburg aus unternahm Rupert immer wieder Reisen zu Disputationen nach Lüttich, Laon und Chalons, in denen er sich erfolgreich gegen die Angriffe der Theologen verteidigte, zu denen sich nun auch Norbert von Xanten, der Gründer des Praemonstratenserordens, gesellt hatte, ein persönlicher und theologischer Gegner, den Rupert nicht recht zu akzeptieren vermochte. Er sei, so schrieb er über Norbert, ein Mann »guter Lebenshaltung, aber neuer Bekehrung, großen Namens, aber zweifelhafter Meinung, schon Prälat und Prediger, aber fast nie Untergebener und Zuhörer.«

Im Jahre 1120 starb der Deutzer Abt Markward. Rupert wurde sein Nachfolger am St. Heriberts-Kloster; Erzbischof Friedrich I. weihte ihn eigenhändig. In Deutz, das er nur einmal zu einer größeren Reise nach Rom anläßlich der Weihe von Papst Honorius II. im Jahre 1124 verließ, widmete er sich weiterhin seiner schriftstellerischen Tätigkeit.

1128 wurde Deutz von dem großen Brand heimgesucht, der auch einen Teil der Benediktinerabtei einäscherte. Der von dem Ereignis innerlich tief aufgewühlte Rupert schrieb noch im selben Jahr »De incendio Tiutiensi«, eine theologische Interpretation der Katastrophe, und wie in Vorahnung seines Todes

L AU FEN BERG

BERGISCHER Dunnerkiel MAGENSTIMMER

Rupert von Deutz, Westseite, 1. OG, Nr. 22
Ratsbeschluß am 30. August 1994
Modellvorstellung am 25. Oktober 1994
Figurenübergabe am 22. Dezember 1994
Bildhauer: Stefan Kaiser
Stifter: Philipp M. Laufenberg und Familie

1128/29 »De meditatione mortis«. »Müde von aller Arbeit« starb er wahrscheinlich am 4. März 1129 (1130 nennen die Quellen mit Rudolf einen neuen Deutzer Abt). Rupert hinterließ ein in Qualität und Quantität monumentales mystisch-exegetisches Werk mit kühnen theologischen, auf Vergleich und Zeichenhaftigkeit basierenden Ansichten, voller Originalität der Wortschöpfung. Die Kirchenmalerei des 12. Jahrhunderts entnahm seiner Theologie das Programm ihrer Bildfolgen. Äußerst kritisch stand er der zu seiner Zeit sich entwickelnden scholastischen Philosophie gegenüber. Seine ersten »Opera omnia« wurden 1526–1529 in Köln gedruckt. 1631 erschien in Mainz die erste vollständige Ausgabe seiner Werke in zwei Bänden. Seine Beredsamkeit, seine Bildung, seine ausgeprägte Einfühlungsgabe und Menschlichkeit waren schon zu seinen Lebzeiten weithin berühmt gewesen. Hermann Judaeus, ein durch Rupert zum Christentum bekehrter Jude, schrieb über ihn in seinem »opusculum de sua conversione«:

»Es lebte damals in Kloster zu Deutz ein Abt Rupert, ein Mann feinen Geistes, der seine Worte in Beredsamkeit wohl zu setzen wußte und sowohl in göttlichen wie in menschlichen Wissenschaften sehr erfahren war.«

Begraben wurde Rupert unter der Michaelskapelle im Kreuzgang des Deutzer Klosters. (BD)

Literatur

Maria Lodovica Arduini, Rupert von Deutz (1076–1129) und der status christianitas seiner Zeit (Beihefte zum Archiv für Kulturgeschichte, 25), Köln, Wien 1988.

Maria Lodovica Arduini, Neue Studien über Rupert von Deutz (Siegburger Studien XVII), Siegburg 1985.

Egid Beitz, Rupertus von Deutz, seine Werke und die bildende Kunst, Köln 1930 (Veröffentl. d. KGV Bd. 4).

Marianne Gechter, Das Kastell Deutz im Mittelalter, in: Kölner Jb. für Vor- und Frühgeschichte 22, 1989, S. 373–416.

Herbert Grundmann, Der Brand von Deutz 1128 in der Darstellung Abt Ruperts von Deutz. Interpretation und Textausgabe, in: DA für Erforschung des Mittelalters 22, 1966, S. 385ff.

Hermannus quondam Iudaeus. Opusculum de conversione sua, hg. v. Gerlinde Niemeyer, Köln-Wien 1963 (MGH, Quellen zur Geistesgeschichte Bd. 4).

Rupert von Deutz, De victoria verbi Dei, hg. v. Rhaban Haacke, Köln-Wien 1970 (MGH, Quellen zur Geistesgeschichte Bd. 5).

Rupert von Deutz, De incendio Tiutiensi, hg. v. Ph. Jaffé, Leipzig 1856 (MGH SS 12, S. 624–637).

Hubert Silvestre, Rupert von Deutz, in: Rheinische Lebensbilder 11, Köln 1988, S. 7–36.

Erich Wisplinghoff, Beiträge zur älteren Geschichte der Benediktinerabtei Deutz, in: JbKGV 29/30, 1954/55, S. 139–160.

Odilo Wolff, Mein Meister Rupertus. Ein Mönchsleben aus dem 12. Jahrhundert, Freiburg i.Br. 1920.

Reinald von Dassel (1118/20–1167)

Nr. 23 / 1. OG

Abb. 464: Reinald von Dassel, Kopf des Erzbischofs vom Kölner Dreikönigenschrein

Der sogenannte Archipoeta hat ein panegyrisches Lied auf seinen Gönner Reinald von Dassel geschrieben, den »schlangenklugen« Erzbischof von Köln, der beredt wie Cicero gewesen sein soll und ein »froher Geber«, selbstloser als Sankt Martin: »Archicancellarie, vir maior ceteris ... – Du, mein Kanzlerfürst, der du aller Herren größter bist/ Ist nicht einer groß wie du, übertriffst du alle ganz./ Mehr als Alexander noch schlägst du, daß der Feind zerstiebt./ In des Reiches Geschäften wird immer dein Befehl zur Tat,/ Der du nur beginnen läßt, was geprüft von deinem Rat.«

Er war zwar weder der erste im Reich noch gar ein Heiliger, doch war er in dem Jahrzehnt zwischen 1157 und 1167 ein stets treuer Diener und politischer Kampfgefährte Friedrichs I. Barbarossa, die treibende Kraft der staufischen Reichspolitik und des harten antipäpstlichen Vorgehens bis hin zur Kirchenspaltung, ein unbedingter Verfechter des kaiserlichen Primats (den französischen König nannte er »regulus«) und niemals bereit, die Kaiserwürde Friedrichs als »päpstliches Lehen« anzuerkennen. Dafür haben ihm die Einen schon zu Lebzeiten höchstes Lob gezollt, während die Anderen in ihm die Personifizierung der Gottlosigkeit sahen. Für seinen Intimfeind, den Papst Alexander III., war Reinald ein »fautor«, der »scismatis auctor et roborator«, das »caput turbationis ecclesie«, ein Erzfeind der Kirche und des rechtmäßigen Papstes.

Als unmittelbarer Nachbar der Altfigur Nikolaus von Verdun (Nr. 24) berücksichtigt diese Skulptur deren stilistische Eigenart vor allem in der Komposition, welche die Volumenentwicklung, die Gesamt- und die Augenhöhe einschließt. Einem zwecks Erleichterung seiner Aufgabe zwischenzeitlich erwogenen »Platztausch« dieser Figur mit Nikolaus von Verdun, den er im Entwurfsstadium zunächst nachmodellierte, konnte der Bildhauer doch noch entgegenwirken. Mitra, Krummstab und Mantel weisen auf das hohe kirchliche Amt Reinald von Dassels hin. Um sich von der Andeutung des Dreikönigenschreins in Händen des Nachbarn Nikolaus von Verdun abzuheben, trägt der Bischof gemäß einem revidierten Entwurf einen Reliquienbehälter, dessen Deckel in Erinnerung an die Überführung der Gebeine der Hl. Drei Könige von Mailand nach Köln von drei Kronen überfangen wird. (BE)

Reinald von Dassel, Westseite, 1. OG, Nr. 23
Ratsbeschluß am 30. August 1994
Modellvorstellung am 29. September 1994
Figurenübergabe am 29. November 1994
Bildhauer: Ernst Thevis
Stifter: Dr. Christian Zschocke, Köln, anläßlich seiner Hochzeit mit Frau Bettina

Der Sohn eines in der Diözese Hildesheim ansässigen Grafengeschlechts ging den »klassischen« Weg der Zweitgeborenen. Während sein Bruder Ludolf auf den dasselschen Gütern blieb, die er dereinst erben sollte, ging Reinald seit um 1130 in Hildesheim auf die Schule des Hochstiftes. Gleichzeitig gehörte er dem Domkapitel an, bis ungefähr 1136 als »canonicus non emancipatus«, d. h. als ein Domherr, der aus allgemeinen Einkünften durch Vermittlung des Magisters seinen Unterhalt und seine Kleidung erhielt. Nach Abschluß seiner Hildesheimer Studien ging er zur Vertiefung seiner Ausbildung nach Paris, wo er bei den dortigen Victorinern studierte.

Nach Hildesheim zurückgekehrt, machte er rasch Karriere. Nach 1140 war er bereits Domherr »in fructibus et floribus« und Propst; seit 1146 stand er als »cellerarius« an der Spitze der Hildesheimer Subdiakone. Zwei Jahre später, nun ungefähr dreißig Jahre alt, begleitete er den Hildesheimer Bischof Bernhard auf das consilium generale zu Reims, wo er als Verfechter einer weltmännisch-adligen Lebensart hervortrat. 1150 finden wir ihn auf dem Reichstag von Würzburg. Hier traf er zum ersten Male mit dem Stauferherzog und späteren Kaiser Friedrich (I.) zusammen, und von hier datiert ihre zukünftige enge Verbindung. Bald schon übernahm er wichtige diplomatisch Aufgaben für Friedrich. 1152/53 verhandelte er in Rom bei Papst Eugen IV. erfolgreich über die Auflösung der Ehe des Monarchen und über die Neubesetzung der Reichsbistümer durch den Kaiser, der ihn mit weiteren Propstwürden belohnte: nach 1154 in Münster, 1155 an St. Moritz zu Hildesheim und St. Peter in Goslar.

Der karrierebewußte Reinald, noch nicht einmal zum Priester geweiht, wollte höher hinaus. Eine Wahl zum Bischof von Hildesheim schlug er 1153 aus! 1156 aber ernannte ihn Friedrich I. zum Erzkanzler und kaiserlichen Legaten für Italien. Und drei Jahre später, 1159 im kaiserlichen Heerlager vor Mailand, machte er Reinald zum Erzbischof von Köln. Seine Priesterweihe erfolgte erst im Jahre 1165 in Würzburg, und im Oktober dieses Jahres empfing er in Köln im Beisein des Kaisers und vieler Bischöfe endlich auch die Bischofsweihe – gegen den Willen des Papstes, der ihn im Mai 1163 auf der Synode von Troyes gebannt hatte, nachdem Reinald drei Jahre zuvor Alexander III. auf der Synode von Pavia hatte absetzen und durch Viktor IV. ersetzen lassen.

Die geistlichen Aufgaben seines Amtes traten immer hinter den staatlich-politischen zurück, denen er sich mit großem Selbstbewußtsein und großer Willenskraft widmete. Einer seiner Biographen schrieb, daß den Grafensohn Reinald keine religiöse Berufung zur Übernahme geistlicher Ämter gedrängt, sein eigentlicher Beruf vielmehr in der Welt des tätigen Handelns und Verhandelns gelegen habe: ein »stolzer unbeugsamer Geist«, eine »hochbegabte, ungestüme Persönlichkeit«, schroff, stolz, hart und unbeugsam, mit Mut zum »Alles oder Nichts«, aber auch gebildet und geistvoll: das Ideal eines geistlichen Ritters. In diesen ihm zugeschriebenen Charakterzügen liegt wohl der Grund für die große Faszination, die Reinald von Dassel auf manche Historiker ausgeübt hat und ihn zu einer der großen Persönlichkeiten der deutschen Geschichte werden ließ.

In seinem Bistum Köln hielt der streitbare Politiker und Kirchenfürst sich kaum einmal für längere Zeit auf. Dennoch war er intensiv um die Entwicklung seiner Kirche bemüht, zahlreiche Stiftungen und Klostergründungen legen davon Zeugnis ab. Die Stadt verdankt ihm einen der bedeutendsten Schätze der mittelalterlichen Christenheit. Nach der Eroberung Mailands durch Friedrich I. im Jahre 1164 hatte Reinald die Gebeine der Heiligen Drei Könige, die man in einer Kirche versteckt gefunden hatte, vom Kaiser geschenkt erhalten und nach Köln überführen lassen, wo sie am 23.7.1164 zusammen mit den Überresten der Hl. Nabor und Felix sowie des Gregor von Spoleto anlangten. Der Dom wurde mit diesen Reliquien zu einer der führenden Wallfahrtsstätten der Christenheit. Die Hl. Drei Könige wurden zu Schutzpatronen Kölns, das ihre drei Kronen in sein Wappen aufnahm.

Reinald hatte die übergroße geistliche (und ökonomische) Bedeutung der Reliquien, an deren Schrein seine Halbfigur zu sehen ist, für die Stadt, in der er auch einen neuen erzbischöflichen Palast erbauen ließ, erkannt. Er selbst war der Meinung, daß durch den von ihm nach Köln gebrachten »unschätzbaren und unvergleichlichen, mehr als Gold und jeden kostbaren Stein zu liebenden Schatz die Hl. Kirche und die Stadt Köln auf das glücklichste bereichert und auf ewig geschmückt werde.«

Von jener Zeit an, so heißt es, begann Köln zuzunehmen an Namen und Ruhm. (BD)

Literatur

Julius Ficker, Reinald von Dassel, Köln 1850 (ND 1966).

Walther Föhl, Studien zu Reinald von Dassel, in: JbKGV 17, 1935, S. 234–259.

Werner Grebe, Rainald von Dassel im Urteil unserer und seiner Zeit, in: JbKGV 47, 1976, S. 115–122.

Rainer Maria Herckenrath, Reinald von Dassel. Reichskanzler und Erzbischof von Köln, Diss. masch. Graz 1962.

Rainer Maria Herckenrath, Reinald von Dassel, in: Rheinische Lebensbilder 4, Düsseldorf 1970, S. 7–21.

Wilhelm Neuß (Hg.), Geschichte des Erzbistums Kölns, Erster Band …, Köln 1964, S. 224–230.

Arnold Stelzmann, Rainald von Dassel und seine Reichspolitik, in: JbKGV 25, 1950, S. 60–82.

Nikolaus von Verdun (vor 1150–1205)

Nr. 24 / 1. OG

Er wird mit Donatello, Michelangelo und Rodin verglichen: ein mittelalterlicher Künstler in einer Reihe mit genialen Bildhauern der frühen Neuzeit und der Moderne. Diesen herausragenden Platz in der Kunstgeschichte erhielt Nikolaus von Verdun vor allem durch sein Hauptwerk, den Kölner Dreikönigenschrein. Dieser größte, reichste und berühmteste Reliquiensarkophag des Abendlandes, zugleich der Höhepunkt der im 12. Jahrhundert blühenden rheinisch-maasländischen Goldschmiedekunst, wird ihm in den frühesten und bedeutendsten Teilen seit dem Anfang unseres Jahrhunderts zugeschrieben. Als Goldschmied und Emailkünstler war Nikolaus bis dahin nur für seine 1181 vollendeten Emailtafeln zur Verkleidung der Kanzelbrüstung am Lettner der Stiftskirche von Klosterneuburg/Donau und den 1205 fertiggestellten Marienschrein der Kathedrale von Tournai in Belgien nachweisbar; beide Werke sind signiert und datiert.

Nachdem im Jahre 1902 Teile des Dreikönigenschreins aufgrund stilkritischer Beobachtungen dem Schöpfer dieser beiden Meisterwerke zugeordnet worden waren, ist dieser Befund später noch bedeutend erhärtet worden: anläßlich einer Kölner Ausstellung im Jahre 1964, die den direkten Vergleich der betreffenden Werke erlaubte, vor allem aber durch die Entdeckung, daß jeweils gemeinsame Prägewerkzeuge für einige Ornamente verwendet worden waren. Der Kölner Schrein steht also in direktem Zusammenhang mit der Werkstatt des Nikolaus. Es wird angenommen, daß Nikolaus nach Vollendung der Emailletafeln in Klosterneuburg (1181) mit der Arbeit am Kölner Schrein begann; bis 1191 – dem Todesjahr des Erzbischofs Philipp von Heinsberg, der nach einer schriftlichen Überlieferung des 13. Jahrhunderts die Reliquien in den Schrein bettete – war vermutlich ein erster Arbeitsabschnitt beendet. Der Künstler dürfte sich in der Folgezeit nach Tournai gewandt und die Ausführung des Dreikönigschreins seinen Mitarbeitern überlassen haben; die spätesten Teile entstanden erst um 1230. Als eigenhändige, da besonders vollkommene Arbeiten des Nikolaus sieht man heute die 14 alttestamentlichen Propheten, Priester und Könige an den Langseiten des Schreins an, vergoldete, silbergetriebene Vollplastiken. Vor allem wird auch das Gesamtkonzept – im architektonischen Aufbau wie in der figürlichen Ausstattung, d. h. dem theologischen Programm – auf ihn zurückgeführt. Seine vollendete Emailletechnik und sein neuartiger Stil als Plastiker (sog. Muldenfaltenstil) weisen ihm eine herausragende Stellung unter den Goldschmieden seiner Zeit zu.

Die 1900/01 wahrscheinlich von Wilhelm Albermann in Heilbronner Sandstein geschlagene Statue der Schmiedezunft vertritt Nikolaus von Verdun. Sie gehört zu den Figuren, die den Zweiten Weltkrieg mit Beschädigungen überdauerten. Der Bildhauer Serban Rusu setzte 1991 die Figur aus mehreren Teilen zusammen und rekonstruierte den Kopf, die Unterarme und Attribute aus Steinersatzmaterial nach historischem Foto. Amboß, Blasebalg, Schraubstock, Schmiedehammer und Lederschürze charakterisieren die Figur als Schmied. Das auf dem historischen Foto nicht erkennbare Attribut in seiner rechten Hand wurde durch das Modell des Dreikönigenschreins, einem Hauptwerk des Goldschmieds, ersetzt. (WG)

Als historische Persönlichkeit bleibt Nikolaus weitgehend im Dunkel: fraglich, ob er wirklich aus der oberlothringischen Bischofsstadt Verdun stammte, fraglich auch, ob er in Tournai starb. Man diskutiert weitere Zuschreibungen an ihn (z. B. den Siegburger Annoschrein), man sucht die auf ihn wirkenden Einflüsse, wobei antike Vorbilder, wahrscheinlich über Byzanz vermittelt, ausgemacht wurden. Nikolaus erschloß so der Bildnerei des Mittelalters an der Schwelle von der Romanik zur Gotik die Kunst der Antike neu und hatte damit entscheidenden Anteil am Stilwandel des späten 12. Jahrhunderts: der Wende zu einer realistischeren Darstellung des Menschenbildes. In der Individuation der dargestellten Figuren weist er jedoch weit voraus, und erst die Kunstauffassung des Expressionismus ließ eine angemessene Würdigung seines Stils zu, dessen Lebendigkeit, Leidenschaftlichkeit und Beredsamkeit in der mittelalterlichen Kunst einzig dastehen. (CVK)

Literatur

LThK VII, 1000–1001.

Paul Clemen, Die Kunstdenkmäler der Stadt Köln I,3: Der Dom zu Köln, Düsseldorf 1938 (ND Düsseldorf 1980), hier: S. 338–354.

Otto von Falke, Nikolaus von Verdun und der Dreikönigenschrein, in: Zeitschrift f. christliche Kunst XVIII, 1905, Sp. 161–182.

Otto von Falke, Der Dreikönigenschrein des Nikolaus von Verdun im Kölner Domschatz, Mönchengladbach 1911.

Hermann Fillitz, Nicolaus von Verdun, in: Die Zeit der Staufer. Geschichte-Kunst-Kultur, 5 Bde., Stuttgart 1979; hier: Bd.V, S. 279–290.

Richard Hamann-MacLean, Der Drekönigenschrein im Kölner Dom. Bemerkungen zur Rekonstruktion, Händescheidung und Apostelikonographie, in: KDbl. 33/34, 1971, S. 43–78.

Joseph Hoster (Hg.), Der Meister des Dreikönigenschreins. Ausstellung im Erzbischöflichen Diözesanmuseum in Köln, Katalog, Köln 1964.

Hans Reinhardt, Nikolaus von Verdun und die Kunst in Reims, in: KDbl. 26/27, 1967, S. 125–132.

Hermann Schnitzler, Der Dreikönigenschrein, Bonn 1939.

Hermann Schnitzler, Nikolaus von Verdun, in: KDbl. 23/24, 1964, S. 419–426.

Hermann Schnitzler, Rheinische Schatzkammer II, Die Romanik, Düsseldorf 1959.

Walter Schulten, Die Restaurierung des Dreikönigenschreins. Ein Vorbericht für die Jahre 1961–1971, in: KDbl. 33/34, 1971, S. 7–42.

Ewald Walter, Der erste Standort des Dreikönigenschreins im gotischen Dom zu Köln, in: JbKGV 44, 1973, S. 21–36.

Alois Weisgerber, Studien zu Nikolaus von Verdun und der rheinischen Goldschmiedekunst des 12. Jahrhunderts, Bonn 1940.

Sela Jude (ca. 1180 – nach 1230)

Nr. 25 / 1. OG

Sela (oder Syardis), Ehefrau des reichen Schöffen Daniel Jude in der Rheingasse (Judeus in Ringazen) wird 1227, nach dem Tod ihres Mannes, zum ersten Male in den Quellen genannt. In diesem Jahr kaufte die wohlhabende Witwe dem Gerhard Mommersloch und dem Friedrich Pife und seinen Kindern ein bebautes Grundstück an der Stolkgasse neben dem Dominikanerkloster ab. 1230 schenkte sie das Grundstück samt den Bauten dem Domscholaster Magister Bonifatius, daß er dort einen Beginenkonvent errichte. Es entstand der erste Kölner Beginenhof, genannt »Ver Selen« (Konvent der Frau Sela) oder »Haus Sele«. Dieser Konvent der »domine que beginne nominantur« bestand bis 1398.

In den seit etwa 1170 von der Diözese Lüttich aus sich rasch in Europa verbreitenden Beginenkonventen lebten Frauen, fromme Jungfrauen oder Witwen (mulieres religiosae), eigenständig in seit 1216 päpstlich anerkannten »religiösen Wohngemeinschaften«. Sie lebten in freiwilliger Armut und Keuschheit, aber freier und offener als in einem Kloster. Sie waren keiner Ordensregel unterworfen, nur einer Hausordnung, zu deren Einhaltung sie sich verpflichteten; sie leisteten weder Profess noch Gehorsamsgelübde und durften heiraten. Wirtschaftliche Grundlage der Beginenhöfe war die gewerbliche Arbeit ihrer Mitglieder, besonders im Textilbereich, aber auch in der Krankenpflege und in der Mädchenerziehung.

In Köln wird eine Begine erstmals in Schreinsbucheintragungen des Jahres 1223 erwähnt. Sie stammte aus der Familie Hirze (de Cervo), die zu den alten Kölner Geschlechtern zählte, wie überhaupt die ersten Kölner Konvente patrizisch dominiert waren. Erst im letzten Drittel des 13.Jahrhunderts werden auch »arme Beginen« in Köln erwähnt. In keiner deutschen Stadt gab es mehr Beginenkonvente als hier. Zwischen 1250 und 1320 wuchs die Zahl der Kölner Konvente rasch auf 99, bis 1350 auf 106 an, in denen etwa 1200 Frauen, ungezählt die »freien« Beginen, lebten, darunter Angehörige von fast allen Kölner Patrizierfamilien. Im Jahre 1452 waren es immer noch 92, davon allerdings nur einer mit mehr als 50 Mitgliedern, während die übergroße Mehrzahl weniger als 10 Beginen beherbergte. Gegen Ende des 15. Jahrhunderts war die Zahl der in Köln lebenden Beginen auf nur noch 330 abgesunken. Sie alle aber waren als wirtschaftliche Konkurrenz des zünftigen Gewerbes meist wenig gelitten und oftmals dem Verdacht der Ketzerei und des unsittlichen Lebenswandels ausgesetzt gewesen. (BD)

Sela Jude, Westseite, 1. OG, Nr. 25
Ratsbeschluß am 15. Juni 1989
Modellvorstellung am 16. Januar 1990
Figurenübergabe am 10. Dezember 1991
Bildhauerin: Petra Astrid Kroll
Stifter: Karstadt AG, Köln

Als Stifterin eines Konvents und Begründerin einer religiösen Bewegung ist die Witwe eines Kölner Kaufmanns in ein Gewand ähnlich einem Nonnenhabit gekleidet. Die kleine Assistenzfigur, zu der Sela Jude blickt und die sie mit einer Hand schirmend und zugleich auf den Weg führend an der Schulter faßt, erinnert ebenso wie die Architekturandeutung an die Beginen und ihre seit dem 13. Jahrhundert eingerichteten Konvente. Die kleine Schale in Händen der Begine gibt einen Hinweis sowohl auf das Angewiesensein auf Gaben als auch auf die karitative Tätigkeit dieser Frauenkonvente. (BE)

Literatur

Johannes Asen, Die Beginen in Köln, in: AHVN 111, 1927, S. 81–180; 112, 1928, S. 71–148; 113, 1929, S. 13–96.
Brigitte Degler-Spengler, Die religiöse Frauenbewegung des Mittelalters. Konversen-Nonnen-Beginen, in: Rottenburger Jahrbuch für Kirchengeschichte 3, 1984, S. 75–88.
Peter Dinzelbacher, Rollenverweigerung, religiöser Aufbruch und mystisches Erleben mittelalterlicher Frauen, in: Religiöse Frauenbewegung und mystische Frömmigkeit im Mittelalter, hg. v. Peter Dinzelbacher u. Dieter Bauer. Beihefte zum Archiv für Kulturgeschichte 28, 1988, S. 1–58.
Edith Ennen, Kölner Wirtschaft im Früh- und Hochmittelalter, in: H.Kellenbenz (Hg.), Zwei Jahrtausende Kölner Wirtschaft, Bd. 1: Von den Anfängen bis zum Ende des 17. Jahrhunderts, Köln 1975, S. 87–193.
Kaspar Elm, Beg(h)inen, in: Lexikon des Mittelalters, Bd. I, Sp. 1799–1803.
Leonhard Ennen, Quellen zur Geschichte der Stadt Köln, Bd. 1–6, Köln 1860–1879; hier: Bd. 3.
Josef Greven, Die Anfänge der Beginen. Ein Beitrag zur Geschichte der Volksfrömmigkeit und des Ordenswesens im Hochmittelalter, Münster 1912 (Vorreformationsgeschichtliche Forschungen 8).
Herbert Grundmann, Zur Geschichte der Beginen im 13. Jahrhundert, in: Archiv zur Kulturgeschichte 21, 1931, S. 296–320.
Wilhelm Janssen, Geschichte des Erzbistums Köln im späten Mittelalter 1191–1515, Köln 1995 (Geschichte des Erzbistums Köln, hg. v. Eduard Hegel, Bd. 2.1).
Peter Modler/Stephan Lennartz (Red.), »Zahlreich wie die Sterne des Himmels«. Beginen am Niederrhein zwischen Mythos und Wirklichkeit, Bergisch Gladbach 1992 (Bensberger Protokolle 70).
Frederic M. Stein, Einige Bemerkungen zu J. Asens »Die Beginen in Köln«, in: AHVN 178, 1976, S. 167–177.
Gabriela Wagner (Bearb.), Frauen in Köln. 2000 Jahre Stadtgeschichte, Köln 1990.

Gerhard Unmaze (gest. 1197)

Nr. 26 / 1. OG

»Ez ist der guote Gerhart, er ist von rehte guot genant: wan allez sin gemüete lebt in reiner güete.« Mit diesen Worten charakterisiert der »Bischof« im Epos »Der guote Gerhart« des Rudolf von Ems (sein frühestes erhaltenes Werk, entstanden zwischen 1220/30), Ministeriale der Herren von Montfort an der Ostecke des Bodensees, den Kölner Kaufherrn, der dem Werk den Namen gab.

Rudolf von Ems hatte seinem Werk einen realen historischen Rahmen und einen realen Raum gegeben (allerdings nicht in korrekter Chronologie): Kaiser Otto hatte die Magdeburger Kirche gestiftet. Selbstherrlich will er von Gott als Belohung den Platz im Himmel gezeigt bekommen, der ihm für das fromme Werk bereitet würde. Von einem Engel wird der Kaiser aber vor solcher Überheblichkeit gewarnt und auf einen Mann der wahren Demut verwiesen: »Gerhart von Kölne«. Otto läßt ihn kommen und Gerhart erzählt dem Kaiser seine Geschichte. Dieser »Gerhart« hatte sich seinen Ehrennamen durch eine Reihe edler, gottgefälliger Werke erworben, die er vollbrachte, ohne damit nach Gewinn oder weltlichem Ruhm zu streben. Im Orient hatte er mit seinem ganzen Vermögen eine Schar christlicher Ritter und Frauen aus der Gefangenschaft gelöst, darunter die Tochter des Königs von Norwegen, die dem jungen König Wilhelm von England anverlobt war. Er nahm die Prinzessin in seinem Haus auf und warb für seinen Sohn um ihre Hand. Die Prinzessin aber heiratet schließlich doch den König Wilhelm, was Gerhart demütig akzeptiert. Rudolf von Ems erhebt Gerhart zum »exemplum«, nimmt ihn jedoch nicht als »Bürger«, sondern als Angehörigen des Stadtadels. Nur folgerichtig empfängt deshalb Gerharts Sohn auch die Schwertleite, so wie Rudolf von Ems den »Bischof« auch zu seinem Gerhart sagen läßt: »Das höchste Ansehen in dieser Welt kann nur ein Mann erreichen, der ein Wappen hat.«

Der reale Gerhard Unmaze (oder »Gerardus Ungemaze« bzw. »Gerhardus Immoderatus de Curia«)» war ein reicher Zöllner, einer angesehenen Familie aus der Pfarre St. Laurenz entstammend, dem Kirchspiel, in dem die Kölner Ministerialen bevorzugt wohnten. An die Kirche erinnert heute der Laurenzplatz. Schon Gerhards gleichnamiger Vater hatte den Beinamen »Ungemaze« geführt, so wie viele der herrschenden Kölner Familien der Zeit ihren Spottnamen zu ihrem Hausnamen gemacht hatten. Gerardus war Amtmann (»magister civium«) zu St. Laurenz, Schöffe des Hochgerichtes, Schöffenmeister (»magister senatorum«) und Mitglied der sogenannten Richerzeche, der Bruderschaft der »Reichen«, die Handel und Gewerbe der Stadt kontrollierten, gehörte also zur städtischen Herrschafts- und Führungselite. 1166/67 war er Untervogt in der Stadt Köln, ein wichtiges Amt der erzbischöflichen Rechtssprechungs- und Herrschaftsgewalt. 1169–1197 war er »telonearius«, erzbischöflicher Zöllner, das heißt, ihm war der erzbischöfliche Zoll verpfändet worden (seit 1174 auf Dauer!); ein Pfand, aus dem sich riesiger Gewinn erwirtschaften ließ. Immer wieder auch taucht Gerhards Name in den Zeugenlisten von erzbischöflichen und klösterlichen Urkunden an prominenter Stelle auf. Über die übrige Unmaze-Familie wissen wir so gut wie nichts. Gerhard hatte noch zwei Brüder, Dietrich (Theoderich) und Hartwich, beide ebenfalls im Pfandleihgeschäft tätig, und einen Schwager Winemar, Ehemann seiner Schwester Hadwich und erzbischöflicher Schöffe und Unterschenk.

Sein riesiges Vermögen erwarb Gerhard durch Handelsgeschäfte und gewerblichen Geldverleih, ein typischer Vertreter der zu dieser Zeit sich »kommerzialisierenden« Kölner herrschenden Elite, ein international tätiger Großkaufmann und Finanzier, »Einwerber« der englischen Handelsprivilegien für Köln und Urheber einer nach England gerichteten Wirtschaftspolitik der Stadt. Gerhard lieh dem Erzbischof Philipp von Heinsberg 650 Mark für die Teilnahme an Kaiser Friedrichs I. fünftem Italienzug (1174–1177); die übrigen Bürger der Stadt brachten zusammen ganze 1000 Mark auf! Auch der englische König Heinrich II. gehörte zu seinen Schuldnern. Die Familie der Unmaze war auch Großgrundbesitzer inner- und außerhalb Kölns, der größte in Köln in der zweiten Halfte des 12. Jahrhunderts: Grundstücke, Wohnhäuser, Weinberge u. v. a. m. gehörten ihr. Nahe dem erzbischöflichen Hof hatte Gerhard Unmaze fünf Grundstücke erworben, die er zu einem Herrenhof ausbaute. 1215 kam er für 325 Mark an die Grafen und Herzöge von Brabant, denen er 200 Jahre lang als Stadtresidenz in Köln diente (»Brabanter Hof« oder »Haus zur Krone«, Am Hof 20–22; 1415 durch einen Brand zerstört, im 16. Jahrhundert niedergelegt).

Die beiden Ehen Gerhards waren kinderlos geblieben. Er adoptierte Richmodis (Richmund, Rigmudis), die Tochter seiner zweiten Frau Adelheid, verheiratete sie mit seinem Neffen Gerhard vom Hofe, dem Sohn seines jüngeren Bruders Dietrich, und setzte beide zu seinen Universalerben ein. Gerhard und sein Neffe starben beide um 1197, letzterer wohl auf dem Kreuzzug Kaiser Heinrichs VI. in Palästina. Richmodis erbte den größten Teil des riesigen Vermögens. Sie erwarb davon mit Genehmigung des Erzbischofs Adolf I. von den Klöstern St. Mauritz und St. Pantaleon mehrere am Weiher vor dem Weihertor gelegene Grundstücke. Hier in »Sulzpe« (Sülz) gründete sie in der ersten Hälfte des Jahres 1198 das große, reiche Augustinerinnenkloster »St. Maria ad Piscinam«, das Weiherkloster, in das sie selbst mit ihren vier Töchtern eintrat. (BD)

Diese und ihre durch denselben Bildhauer geschafffene Nachbarfigur Konrad von Hochstaden (Nr. 27) folgen in der Anordung architektonischer Versatzstücke den gleichen ikonographischen Prinzipien bei der Verwendung von Attributen. Selbstbewußt setzt der wohlhabene Kaufmann, auf dessen Tätigkeit auch die am Mantel graphisch angedeutete Waage anspielt, den rechten Fuß auf eine Architektur, mit welcher der Bildhauer an das mittelalterliche Stapelhaus, einst Zentrum des Kölner Handels und heutiger Sitz der Kreishandwerkerschaft, erinnern will. Die Freigiebigkeit Gerhard Unmazes kommt in der offen dargebotenen und mit Geldsäckchen gefüllten Kassette ebenso wie in den Urkunden, Hinweise auf seine zahlreichen mildtätigen Schenkungen, zum Ausdruck. (BE)

Literatur

Rudolf von Ems, Der guote Gêrhart. Hg. v. John A. Asher, Tübingen, 2., revidierte Auflage 1971 (Altdeutsche Textbibliothek Nr. 56).
Helmut de Boor, Die höfische Literatur. Vorbereitung, Blüte, Ausklang 1170–1250 (de Boor/Neuwald, Geschichte der deutschen Literatur Bd. II), München [9]1974.
Irene Gückel, Das Kloster Maria zum Weiher vor Köln (1198–1474) und sein Fortbestehen in St. Cäcilien bis zur Säkularisation (Kölner Schriften zu Geschichte und Kultur 19), Köln 1993.
Robert Hoeniger, Die älteste Urkunde der Kölner Richerzeche, in: Beiträge zur Geschichte vornehmlich Kölns und der Rheinlande. Zum 80. Geburtstag Gustav Mevissens, dargebracht von dem Archive der Stadt Köln, Köln 1895, S. 253–298.
Friedrich Lau, Die erzbischöflichen Beamten in der Stadt Köln während des 12. Jahrhunderts, Lübeck 1891.
Hans Jürgen Schnitzler, Der »Guote Gêrhart« Rudolfs von Ems. Geistliches und Bürgerliches, Religiosität und Geschichte, Münster 1974.
Friedrich Sengle, Die Patrizierdichtung 'Der gute Gerhard'. Soziologische und dichtungsgeschichtliche Studien zur Frühzeit Rudolfs von Ems, in: DVfLG 24, 1950, S. 53–82.
Karl Simrock, Der gute Gerhard von Köln, Frankfurt 1847.
Sonja Zöller, Besitzkonzentration in einer mittelalterlichen Großstadt: Grund- und Hausbesitz der Kölner Familie Unmaze in der zweiten Hälfte des 12. Jahrhunderts, in: Hochfinanz-Wirtschaftsräume-Innovationen. Festschrift für Wolfgang von Stromer I, 1987, S. 103–126.
Sonja Zöller, Geld und Politik im 12. Jahrhundert: Gerhard Unmaze von Köln, in: GiK 29, 1991, S. 21–36.
Sonja Zöller, Kaiser, Kaufmann und die Macht des Geldes. Gerhard Unmaze von Köln als Finanzier der Reichspolitik und der »gute Gerhard« des Rudolf von Ems (Forschungen zur Geschichte der älteren deutschen Literatur, Bd. 16), München 1993.

Gerhard Unmaze, Westseite, 1. OG, Nr. 26
Ratsbeschluß am 29. Mai 1990
Modellvorstellung am 1. März 1991
Figurenübergabe am 29. November 1991
Bildhauer: Rainer Walk
Stifter: Wilhelm Oberwalleney, Kreishandwerksmeister, Köln

Konrad von Hochstaden (um 1205–1261)

Nr. 27 / 1. OG

Abb. 465: Konrad von Hochstaden, Grabplatte im Kölner Dom, Johanneskapelle, nach 1261

Er war in vielerlei Hinsicht ein schwieriger Charakter, ein Mann, der seine Pläne und Ziele rücksichtslos verfolgte und stets bereit war, sie unter Anwendung aller Mittel gegen alle Widerstände durchzusetzen. 1238 zum Erzbischof von Köln gewählt, war Konrad einer der mächtigsten Herren auf dem Kölner Erzstuhl, wenn nicht der mächtigste überhaupt. Er konnte es werden, weil er es wie H. Stehkämper geschrieben hat – »genauso ungeistlich und unpriesterlich trieb« wie die Nachfolger des Hl. Petrus in Rom es zu seiner Zeit trieben, und weil – »gleich dem Kaiser (Friedrich II.) – seine Leidenschaft, sein Zorn, sein Rachedurst keine festbestimmten Schranken (kannten).« Was die Prioren und das Domkapitel von Köln dazu veranlaßte, zu Beginn des Frühjahrs 1238 den Propst Konrad von St. Mariengraden aus dem gräflichen Hause Are-Hochstaden zum Nachfolger des Heinrich von Müllennark zu wählen, liegt im Dunkeln. Konrad war nicht unbedingt ein leicht zu handhabender Mann. Die Propstwürde in seinem Stift hatte er schon lange nicht mehr wahrgenommen. Hingegen beanspruchte er seit etwa 1233 die Dompropstei, und gegen den rechtmäßigen Inhaber Konrad von Buir war er wiederholt mit rüden Mitteln, die bis zur Schändung des Domes reichten, vorgegangen. Dennoch erfolgte die Wahl offenbar einmütig. Kaiser Friedrich II. hatte Konrad, der aus einer staufertreuen Familie des Ahrtals stammte, ebenso unterstützt wie die Stadt Köln. 1238 empfing der Gewählte die Regalien im kaiserlichen Lager vor der italienischen Stadt Brescia. Er war nun Herr des zweitvornehmsten, aber ertragreichsten Fürstentums des Reiches. Um seine Bestätigung von Papst Gregor IX. zu erhalten, reiste er 1239 im Geheimen nach Rom: der Preis für die päpstliche Gnade war die Abschwörung vom Kaiser. Sein Parteienwechsel machte Konrad zum »Bannerträger der antistaufischen Politik« Gregors IX. am Niederrhein. Seit 1240 gab er sich offen als päpstlicher Parteigänger zu erkennen; 1241 empörte er sich gegen den Kaiser, und ein Jahr später verwüstete er mit Siegfried von Mainz Reichsgüter in der Wetterau und am Oberrhein. Schon im ersten Jahr seines Pontifikats hatte er benachbarte Fürsten befehdet. Seine kriegerischen Unternehmungen brachten ihn 1242 sogar für neun Monate in die Gefangenschaft Graf Wilhelms IV. von Jülich.

Groß waren die territorialen Pläne, die Konrad vom Beginn seiner Herrschaft an verfolgte. Das Kölner Territorium wollte er im Westen sichern, eine Verbindung zwischen dem Rheinland und Westfalen schaffen, in letzterem die Kölner Landesherrschaft aufrichten und seine landesherrliche Gewalt an Rhein, Mosel und im Hunsrück ausbauen, sich das Bistum Utrecht sichern. Und schließlich erstrebte er die Unterwerfung der Städte seines Territoriums – besonders der Stadt Köln –, die unter seinem Vorgänger Heinrich von Müllenark ein gewisses Eigenleben hatten entfalten können. Stets handelte Konrad bei der Verfolgung seiner Ziele entsprechend seinem machtbewußten Selbstverständnis. 1245 begann er Verhandlungen mit dem Papst über die Aufstellung eines Gegenkönigs; auf dem Konzil von Lyon betrieb er die Absetzung des Stauferkaisers Friedrich II. 1246 hatte er maßgeblichen Anteil an der Wahl des thüringischen Landgrafen Heinrich von Raspe zum Gegenkönig, und nach dessen raschem Tod war er 1247 am Ziel: mit dem jungen Grafen Wilhelm von Holland setzte er die Wahl eines Gegenkönigs durch, der seine vollständige Kreatur war und politisch unter seiner Vormundschaft stand. Auch hier standen seine territorialen Eigeninteressen im Vordergrund. Er wollte ein niederrheinisches Königtum unter dem Schutz der päpstlichen und erzbischöflichen und das heißt seiner Sanktion schaffen und gleichzeitig die Kölner Vormacht in dieser Region installieren. Die Wahl Wilhelms erfolgte am 3. 10. 1247 im Beisein Konrads und der Erzbischöfe von Trier und Mainz sowie anderer Bischöfe des Reiches. Gegen diese sogenannte »Pfaffenwahl« protestierten die Stauferanhänger, aber auch die Städte Aachen und Köln. Konrad von Hochstaden gelang es rasch, die Anerkennung König Wilhelms im Westen des Reiches durchzusetzen, und im Jahre 1249 galt er als »erster Mann im Reich«. Er sah sich selbst als »nobilius membrum imperii«, wie er in seiner Urkunden schrieb: »Die göttliche Güte hat uns in der

Diese und ihre vom selben Bildhauer stammende Nachbarfigur Gerhard Unmaze (Nr. 26) folgen in der Anordung architektonischer Versatzstücke den gleichen ikonographischen Prinzipien bei der Verwendung von Attributen. Durch priesterliches Gewand und Mitra als Bischof ausgewiesen, hält Konrad von Hochstaden eine gerollte und mit Siegel versehene Urkunde als Hinweis auf das den Kölner Kaufleuten gewährte Stapelrecht – vgl. hierzu die Nachbarfigur Gerhard Unmaze und die schon dort erfolgte Andeutung des Stapelhauses – in Händen. An den durch ihn betriebenen Beginn des gotischen Dombaues zu Köln als auch architekturhistorisch bedeutsame Entscheidung erinnert der mit Krabbenbesatz, Dreipaß und Kreuzblume als charakteristischen Elementen gotischer Bau- und Ornamentkunst versehene Wimperg zu seinen Füßen. (BE)

Würdenstellung auf eine solche Höhe erhoben, daß wir als eines der wichtigeren Glieder des Reiches erachtet werden.« Dank der Gunst des Papstes stand der »rastlose Vorkämpfer der Kirche«, wie Innocenz IV. ihn nannte, auf der Höhe seiner Macht, weltlich und geistlich gab es niemanden im Reich, der sich ihm vergleichen konnte. König Wilhelm war nur eine unbedeutende Größe, erst recht nach dem überraschenden Tod Kaiser Friedrichs II. und dem Aufbruch Konrads IV. nach Italien. Seine weltliche Macht im Reich erhellt ein Reichsweistum aus dem Jahr 1252, das die Wahl, die Kur, zum alleinigen Geltungs- und Rechtsgrund einer Königserhebung machen wollte. Konrad verwahrte sich gegen diese Regelung, und auf dem Frankfurter Reichstag im Juli 1252 setzte er durch, daß ein deutscher König erst nach Kur und Krönung – womöglich durch ihn, den Kölner Erzbischof und Kurfürsten – als rechtmäßig anzusehen war.

1256 trat Konrad nach dem Tode des ihm längst lästig gewordenen Wilhelm von Holland (gest. 28.1.1256 in Alkmaar) erneut als Königsmacher hervor. Gegen eine starke Opposition im Kurfürstenkollegium, die König Alfons X. von Kastilien begünstigte, setzte er seinen Kandidaten durch: Richard von Cornwall, Bruder des englischen Herrschers, wurde deutscher König, ein »Geschöpf bischöflicher Gnade«, wie ihn seine Gegner nannten. Konrad hatte Bedingungen gestellt und Richard hatte große finanzielle Zusicherungen machen und den Besitz der Kölner Kirche unter den besonderen königlichen Schutz stellen müssen. Für den meist abwesenden neuen König führte Konrad das Reichsvikariat, das heißt die Stellvertreterschaft über Nordwestdeutschland, hier herrschte er wie ein König. In seinen Händen wurde die Reichspolitik zur Funktion der Kölner Territorialpolitik.

Seine Macht, seinen Einfluß, seine Herrschaft und seine Territorien konsolidiert, konnte Konrad von Hochstaden daran gehen, sein Verhältnis zur Stadt Köln neu zu gestalten. Schon 1252 hatten Stadt und Erzbischof wegen der Einführung einer neuen, nach Auffassung der Stadt schlechten und für ihren Handel schädlichen Münze im Streit gelegen. Die offene

Konrad von Hochstaden, Westseite, 1. OG, Nr. 27
Ratsbeschluß am 25. September 1990
Modellvorstellung am 1. März 1991
Figurenübergabe am 30. Oktober 1991
Bildhauer: Rainer Walk
Stifter: gestiftet durch Vermittlung von Direktor Karl-Heinz Lang, Commerzbank Köln

Fehde wurde durch den sog. »Kleinen Schied« beigelegt. Die angerufenen Schiedsrichter entschieden weitgehend im Interesse Kölns auf der Grundlage seiner althergebrachten Rechte, Freiheiten und Gewohnheiten. Doch konnte der Schiedsspruch auf Dauer keinen Ausgleich der divergierenden Interessen schaffen. 1257 befehdeten sich beide Parteien erneut. Konrad wollte auf die innenpolitischen Verhältnisse in Köln einwirken, die Verfassung in seinem Sinne beeinflussen, um das städtische Autonomiestreben zu ersticken und die Stadt wieder vollständig seiner Landesherrschaft unterstellen. Um die Auseinandersetzungen um den Status der Stadt beizulegen, verglichen sich beide Seiten im sog. »Großen Schied« über die gegenseitigen Beschwerden, den die Schiedsrichter am 26.7.1258 verkündeten. Dem Anspruch Erzbischof Konrads auf uneingeschränkte Stadtherrschaft und Gerichtshoheit in Köln stand das Verlangen der Stadt nach Sicherung ihrer inneren Eigenständigkeit gegenüber. Der »Große Schied« fand Regelungen, die den städtischen Institutionen den zur Erfüllung ihrer Aufgaben notwendigen Handlungsspielraum gewährten, ohne die Rechte des Erzbischofs zu kränken. Die Schiedsleute, unter denen Albertus Magnus die herausragende Stellung zukommt, betrachteten den Erzbischof als den obersten Richter, Wächter und Wahrer der Ordnung, als Schutz- und Schirmherr auch der Bürgerschaft gegen den Mißbrauch der Amtsgewalt der Ratsherren, wiesen aber jeden erzbischöflichen Anspruch auf unmittelbare Regierung und politische Führung der Stadt zurück. Ausdrücklich betonte der Schied das unter den Vorgängern Konrads sich stetig weiterentwickelnde Eigenrecht der Stadt und machte sie zum gleichberechtigten Vertragspartner des Erzbischofs. Doch Konrad gab seine Unterwerfungsbestrebungen nicht auf. Schon 1259 gelang ihm unter Ausnutzung innerstädtischer Konflikte die Durchsetzung seiner unumschränkten Stadt herrschaft. Der »Große Schied« behielt zwar seine Gültigkeit, die städtische Autonomie, die er formuliert hatte, war jedoch de facto aufgehoben. Seinem Nachfolger Engelbert II. von Falckenburg hinterließ Konrad ein auf den Status einer landesherrlichen Stadt herabgesunkenes Köln.

Nach langer Zeit des Vergessens geriet Konrad im 19. Jahrhundert als vermutlicher Gründer des gotischen Kölner Domes (15. August 1248) wieder ins Interesse. Die besondere ideologisch-politische Funktion des Domes zu dieser Zeit wies auch ihm eine hervorragende Rolle zu. Hermann Cardauns, der Biograph Konrads, hat das Resümee gezogen. Konrad, so schreibt er, »ist der hervorragendste Vertreter des Umschwungs, welcher sich im deutschen Fürstenstaate des 13. Jahrhunderts vollzieht: einerseits der Reichspolitiker von großartiger, wenn auch durchaus nicht segensreicher Tätigkeit, andererseits der Landesfürst, der eigensüchtig die Sonderinteressen seines Territoriums verfolgt. In letzterem hat er Ordnung geschaffen. (...) Ein Mann von hohem persönlichem Mute, rastlos tätig, kühn und doch auch kalt berechnend, wenig wählerisch in seinen Mitteln, nicht frei von Habsucht, ist er eine gewaltige, aber keine anziehende Figur.« (BD)

Literatur

Jacob Burckhardt, Conrad von Hochstaden, Erzbischof von Kölln und Gründer des Köllner Doms (1238–1261), Bonn 1843.

Hermann Cardauns, Konrad von Hostaden, Erzbischof von Köln (1238–1261), Köln 1880.

Wilhelm Janssen, Das Erzbistum Köln im späten Mittelalter 1191–1515. Erster Teil, Köln 1995, S. 151–174 (Geschichte des Erzbistums Köln, hr. v. Eduard Hegel, Bd. 2.1).

Maria Kettering, Die Territorialpolitik des Kölner Erzbischofs Konrad von Hochstaden, in: JbKGV 26, 1951, S. 1–84.

Hans Martin Klinkenberg, Zur Interpretation des Großen Schied von 1258, in: JbKGV 25, 1950, S. 91–127.

H. Leysing, Niederrhein und Reich in der Königspolitik Konrads von Hochstaden bis 1256, in: Vestische Zeitschrift 73–75, 1971/73, S. 183–248.

Herbert Rode, Zur Grablege und zum Grabmal des Erzbischofs Konrad von Hochstaden, in: KDbl. 44/45, 1979/80, S. 203–222.

Hugo Stehkämper, Konrad von Hochstaden, in: JbKGV 36-37, 1962, S. 95–116.

Hugo Stehkämper, Die Kölner Erzbischöfe und das Domkapitel zwischen Grundsteinlegung und Chorweihe des gotischen Domes (1248–1322), in KDbl. 44/45, 1979/80, S. 11–34 (bes. S. 12 ff).

Alfred Wendenhorst, Albertus Magnus und Konrad von Hochstaden, in: RhVjbll. 18, 1953, S. 30–54.

Erich Wisplinghoff, Konrad von Hochstaden, in: Rheinische Lebensbilder 2, Düsseldorf 1966, S. 7–24.

Gerhard von Riele (gest. um 1261)

Nr. 28 / 1. OG

Abb. 466: Gerhard von Riele, Konsole 19. Jahrhundert

»Da erfaßte wilde Verzweiflung den Meister, er stürzte sich hinab von der Zinne des Domes« – so endet dramatisch die Sage vom Dombaumeister Gerhard, der mit dem Teufel gewettet und verloren hatte, weil er sein großartiges Bauwerk, die gotische Kathedrale, nicht hatte vollenden können. Ein Fluch, so glaubte man, lag seither über der Stätte: der Dombau ruhte von 1560 an für fast drei Jahrhunderte, und der verwitterte mittelalterliche Kran auf dem Turmstumpf überragte die Stadt wie eine sichtbare Mahnung vor menschlichem Größenwahn und menschlicher Vermessenheit.

Der historische Meister Gerhard aber ist keineswegs gescheitert, sondern gilt als einer der großen Baukünstler des Abendlandes. Seinen Namen und seine Rolle beim Dombau teilen mehrere zeitgenössische Quellen mit. Als früheste Erwähnung ist eine Pergamenturkunde aus dem Jahre 1257 erhalten, in der das Domkapitel dem Steinmetz und »Leiter unseres Baues« Gerhard für seine Verdienste ein großes Grundstück verpachtet, auf dem er zuvor bereits ein steinernes Haus errichtet hatte. Daß Gerhard der erste Dombaumeister und somit der Urheber der frühesten Baupläne war, geht aus einem Nekrolog der Kölner Abtei St. Pantaleon hervor, wo er unter dem Todestag 24. April als »Initiator« des neuen Domes eingetragen ist. In dieser Eigenschaft weilte er seit spätestens 1248, dem Jahr der feierlichen Grundsteinlegung, in Köln. Wahrscheinlich aber war er schon 1247 berufen worden, als die Entscheidung für den Neubau der Bischofskirche gefallen war. Ein Bildniskopf am Mittelfenster der Achskapelle des Domes zeigt ihn vermutlich.

Zwar hat man seine Ehefrau, Guda, namhaft gemacht, ferner vier Kinder, die alle in den geistlichen Stand traten; sogar Gerhard selbst soll um 1260 Domherr geworden sein. Es ist aber weder eindeutig geklärt, ob die Namen »von Rile« (Ryle, Riehl) und »von Kettwich« zum ersten Dombaumeister gehören, noch hat man sein Todesjahr feststellen können. Er stammte wohl aus dem bergisch-märkischen Land oder vom Niederrhein; den Chor der Abteikirche in Mönchengladbach hat er erbaut. Wegen der Baubefunde, die den Übergang von Gerhard auf seinen Nachfolger Arnold andeuten, nimmt man heute an, daß er zwischen 1258 und 1261 starb und nicht erst 1271, als Arnold erstmals erwähnt wird. Dabei wird, als wahrer Kern der Sage, durchaus für möglich gehalten, daß ein tödlicher Sturz vom Gerüst das Leben des ersten Dombaumeisters tragisch beendete.

Die komplizierte Einmessung von Chor und Kapellen und die Sicherung des Chorraumes durch mächtige Fundamente hat Gerhard noch selbst überwacht; als er starb, hatten zwei Chorkapellen und fünf weitere bis zur Kapitellzone unter seiner Leitung bereits Gestalt angenommen. Er sah zwar nur einen Bruchteil des Bauwerkes verwirklicht, doch besteht kein Zweifel, daß es vollständig sein Entwurf ist. Als er die fünfschiffige Choranlage zu bauen begann, muß ihm bereits die gesamte Kathedrale vorgeschwebt haben. Die Einheitlichkeit von den frühesten bis hin zu den erst 300 Jahre später errichteten Bauteilen zeigt, daß sich Gerhards Nachfolger trotz mancher Abwandlungen im Detail treulich nach seinem Leitbild richteten, das als großartige und logische Schöpfung auch den Weiterbau im 19. Jahrhundert bestimmte.

Gerhards Lebenslauf vor der Planung und dem Baubeginn des Domes ist unbekannt, aber durch sein Werk zu rekonstruieren. Er muß in Nordfrankreich gearbeitet haben, von wo er einen hervorragenden Ruf, reiche Erfahrungen und bedeutende Eindrücke mitbrachte. Als Werke der französischen Gotik, die er vermutlich gekannt hat, nennt die Kunstwissenschaft die Sainte-Chapelle und Notre-Dame in Paris, die Kirchen von St. Denis und Beauvais und insbesondere die Kathedrale von Amiens. In Köln zog der Baumeister die Summe und Konsequenz aus den Überlegungen

Ist Konrad von Hochstaden (Nr. 27) als Auftraggeber des gotischen Dombaues zu Köln am Ratsturm präsent, so Gerhard von Riele als ihr maßgeblicher Baumeister in der frühen Phase von Planung und Beginn. In ein langes Gewand gekleidet, trägt er mit Zirkel und teilweise entrollten Plänen ikonographische Hinweise auf seinen Beruf in Händen. Die Bildhauerwahl erfolgte aufgrund eines unter den Mitgliedern der Kölner Steinmetz- und Bildhauer-Innung ausgeschriebenen Wettberbes. Gegenüber dem Modell entwickelte die Figur in ihrer Ausführung ein geringeres Volumen und eine deutlichere Rückanbindung an die Turmecke. (BE)

und Versuchen, die die französischen Architekten vor ihm angestellt hatten. Er ging in der Formvollendung, vor allem aber in den Ausmaßen weit über die Vorbilder hinaus; er erdachte die vollkommenste »französische« Kathedrale – und daß dieser Höhepunkt gotischer Architektur erst im 19. Jahrhundert fertiggestellt werden konnte, mindert nicht den Rang von Meister Gerhards Entwurf. (CVK)

Literatur

Leonhard Ennen, Gerhard von Rile, in: ADB VIII, 1878, S. 756.
Georg Eckertz, Der erste Dombaumeister Gerhard von Riehl, in: AHVN 11/12, 1862, S. 231.
Johann Jakob Merlo, Nachrichten von dem Leben und den Werken Kölnischer Künstler, Köln 1850, S. 133–141.
Joseph Stübben, Wer war der erste Baumeister des Kölner Doms?, in: Deutsche Bauzeitung XX, 1886, S. 573.
Arnold Wolff, Chronologie der ersten Bauzeit des Kölner Doms 1248–1277, in: KDbl. 28/29, 1968, S. 7–229.
Arnold Wolff, Der Kölner Dom, Stuttgart 1974.

Gerhard von Riele, Nordseite, 1. OG, Nr. 28
Ratsbeschluß am 8. September 1988
Modellvorstellung am 2. Dezember 1988
Figurenübergabe am 4. Oktober 1989
Bildhauer: Hilarius Schwarz
Stifter: Hans Langemann, Präsident der Handwerkskammer zu Köln

Matthias Overstolz (gest. 1268)

Nr. 29 / 1. OG

Abb. 467: Ulrepfortenschlacht-Denkmal, Foto: RBA

Die Overstolzen waren eine alte, reiche, weitverzweigte Familie, standesbewußt, mächtig und einflußreich. Sie gehörte zu den berühmten »rittermäßigen Geschlechtern« Kölns, deren Herkunft eine Abstammungslegende auf römische Siedler senatorischen Adels aus der Zeit des Kaisers Trajan (98–117 n. Chr.) zurückführte. Diese fünfzehn edlen römischen Familien waren, wie die Legende erzählt, vom Kaiser Trajan nach Köln geschickt, mit der Herrschaft über die Stadt betraut und privilegiert, d. h. von Tributen befreit worden. Marcus Ulpius Trajanus hatte selbst enge Beziehungen zu Köln: er war Statthalter in Nieder- und Obergermanien gewesen und in der colonia hatte er im Jahre 98 erfahren, daß sein Adoptivvater Nerva gestorben und er Kaiser geworden war.

Die Abstammungslegende begründete die *Präeminenz* der alten Familienclans vor allen anderen Einwohnern der Stadt und ihren Herrschaftsanspruch in Köln, der – wenn man der Legende Glauben schenkt – ja viel älter war als jener der Erzbischöfe. Koelhoffs Chronik von *der hilliger Stat van Cöllen* aus dem Jahre 1499 enthält einen Holzschnitt, der den Kaiser unter einem Baldachin sitzend zeigt, zu seiner Rechten das Kölner Stadtbanner mit den drei Kronen und den Flammen. Vor und neben dem Thron stehen fünfzehn Ritter mit den Wappen der fünfzehn alten Kölner »rittermäßigen Geschlechter«, unter denen die Overstolzen zweimal vertreten sind: die von *Köln* und die von *Efferen.*

Werfen wir einen Blick auf die Familien- und Besitzverhältnisse der Overstolzen im 13. Jahrhundert und beginnen mit Gottschalk Overstolz. Er war der Vater von Gerhard Overstolz dem Älteren und der Großvater des Matthias. Gottschalk und sein Sohn besaßen zwischen 1224 und 1233 sechzehn unter einem Dach vereinte Zinshäuser auf dem Areal des alten Hofes Zederwald. Diese Häuser gaben der Straße Unter Sachsenhausen (= Sechzehn) den Namen. Um 1225/30 baute ein Werner Overstolz (Linie der Overstolzen von der Rheingasse) das Haus Rheingasse 8, den einzigen romanischen Bürgerbau in Köln, dessen innere Teilung genauer bekannt ist. Später wurde das Haus nach seinem Besitzer Werner de Horreo (von der Scheune) *ad horreum* genannt. Es ist das eigentliche Overstolzenhaus, das nach dem Wiederaufbau das Kunstgewerbemuseum der Stadt Köln (heute Museum für Angewandte Kunst im ehem. Gebäude des Wallraf-Richartz-Museums) beherbergte und seit 1990 die Kunsthochschule für Medien aufgenommen hat. Matthias, der Enkel Gottschalks und Sohn des Gerhard, gehörte der Linie der Overstolzen vom Filzengraben an. Er hatte viele bedeutende Ämter inne, war erzbischöflicher Vogt und Schöffe und als Mitglied des Schöffenkollegiums an der Verwaltung der Stadt beteiligt. Und dennoch gehörte er wie schon sein Vater Gerhard der Ältere zu den heftigsten Gegnern der erzbischöflichen Stadtherrschaft. Er wurde Anführer der Geschlechterpartei, die sich »Freunde« nannte und in ständigem Kampf mit dem Erzbischof und den mit ihm verbündeten »Weisen« lag.

Maßgeblich nahm Matthias Overstolz an allen Versuchen teil, die erzbischöfliche Herrschaft über Köln zurückzudrängen. Bereits 1252 hatten die Stadt und Erzbischof Konrad von Hochstaden wegen der Einführung einer neuen, nach städtischer Meinung schlechten und dem Handel abträglichen Münze im Streit gelegen. Die ausgebrochene offene Fehde wurde durch den sogenannten Kleinen Schied beigelegt. Die angerufenen Schiedsrichter bereiteten dem Erzbischof eine herbe Niederlage, denn sie entschieden weitgehend im Interesse der Stadt auf der Grundlage ihrer althergebrachten Rechte, Freiheiten und Gewohnheiten. Der Schiedsspruch konnte keinen dauerhaften Ausgleich der gegensätzlichen Interessen schaffen. Als der Erzbischof versuchte, seine schon fast verlorengegangene Herrschaft über Köln wiederzuerlangen, kam es im Jahre 1257 erneut zur offenen Fehde und in deren Verlauf zu einem Gefecht zwischen den erzbischöflichen Truppen und denen der Stadt Köln. Die Erzbischöflichen verloren das Treffen; Matthias Overstolz aber setzte den fliehenden Feinden zu weit nach und geriet in Gefangenschaft. Er wurde auf der

Gemeinsam mit ihrer vom selben Bildhauer entworfenen Nachbarfigur Gerhard Overstolz (Nr. 30) bildet diese eine in der Gesamtkomposition spannungs- und ausdrucksreich angelegte Zweifigurengruppe. Im Gegensatz zu seinem Nachbarn, von dem er sich als der ältere auch durch den Bart unterscheidet, trägt Matthias Overstolz den Schild wehrhaft hoch erhoben und an der Seite ein Schwert, dessen Griff er kraftvoll umfaßt hält. Gerade die Abwehrhaltung des Schildes mit dem Wappen der Overstolzen erinnert an die Rolle dieses Kölner Bürgers bei der Verteidigung des Bayenturmes gegen andringende Truppen des Erzbischofs. (BE)

Godesburg gefangengehalten. Von dort floh er unter abenteuerlichen Umständen. Am 26. 7. 1258 wurde die Fehde durch den Großen Schied beigelegt. Dem Anspruch Konrads auf uneingeschränkte Stadtherrschaft und Gerichtshoheit stand das Verlangen der Stadt bzw. der »Geschlechter« nach gesicherter Eigenständigkeit und Unabhängigkeit gegenüber. Der Schiedsspruch fand Regelungen, die den städtischen Institutionen, in denen zu dieser Zeit Männer vom Schlage und Stand des Matthias Overstolz das Sagen hatten, den Erfüllung ihrer Aufgaben notwendigen Handlungsspielraum gewährten, aber jeden Anspruch des Erzbischofs auf unmittelbare Regierung und politische Führung zurückwiesen, ohne die Rechte des Erzbischofs völlig zu beseitigen. Doch Konrad gab seine Untwerfungsbestrebungen nicht auf. Im Jahre 1259 gelang ihm unter Ausnutzung innerstädtischer Konflikte endlich die Durchsetzung seiner unumschränkten Stadtherrschaft. Die Gemeinde, längst unzufrieden mit dem Regiment der »Geschlechter«, die ihr jede Mitwirkung versagten, stand nun auf der Seite Konrads. Die führenden Familien wurden gestürzt und verloren alle ihre Ämter, die an andere, dem Erzbischof ergebene Männer vergeben wurden. Auch Matthias Overstolz erging es so.

Doch schon 1262 hatte sich das Blatt gewendet. In der Schlacht am Bayenturm verspielte der neue Erzbischof Engelbert II. von Falkenburg die Erfolge seines Vorgängers. Matthias Overstolz und seine Genossen und Mitstreiter wurden wieder in ihre alten Ämter eingesetzt. 1265 belagerte Engelbert II. das widerspenstige Köln, mußte aber nach dreizehn Tagen erfolglos abziehen, da einer seiner wichtigsten Verbündeten, der Graf von Cleve, nach einer Vision, bei der ihm die Schutzheiligen der Stadt auf den Mauern erschienen waren, den Mut verloren hatte, die Stadt anzugreifen, und vor der himmlischen Übermacht das Weite suchte. Das Jahr 1267 brachte dann den Beginn des entscheidenden Kampfes, an dem Engelbert II. schließlich nicht einmal persönlich beteiligt war. Er saß seit dem Oktober 1267 in Nideggen in der Gefangenschaft des Grafen Wilhelm IV. von Jülich, mit dem

Matthias Overstolz, Nordseite, 1. OG, Nr. 29
Ratsbeschluß am 1. Februar 1990
Modellvorstellung am 8. August 1990
Figurenübergabe am 4. Februar 1992
Bildhauer: Wolfgang Binding; die Ausführung der Figur erfolgte unter Mitarbeit von Daniel Hein
Stifter: moderne stadt GmbH, Köln

er in Fehde lag, und blieb dort bis 1271. In Köln aber hatte sich der Streit um die Macht zwischen der Parteiung der »Freunde« um den Overstolzen-Clan und derjenigen der »Weisen« um das Geschlecht der Weisen von der Mühlengasse erneut zugespitzt. Die zuvor blutig vertriebenen »Weisen« hatten sich mit dem Erzbischof, dem natürlichen Feind der »Freunde«, verbündet, um ihre Rückkehr nach Köln zu bewerkstelligen. Der Erzbischof versprach ihnen, wenn sie ihm zur Herrschaft über die Stadt verhelfen würden, sich ihnen gegenüber so erkenntlich zu zeigen, daß sie ihm ewig danken würden. Und er gab ihnen Geld, damit sie Waffen und Harnische kauften. Während Engelbert II. noch in Nideggen gefangen lag, konnten die »Weisen« seinen Bruder Dietrich von Falkenburg, den Grafen Dietrich II. von Cleve und den Herzog Walram von Limburg als Genossen gewinnen. Ihnen versprach man, sich nach dem Sieg über die »Freunde« am Vermögen der Overstolzen schadlos halten zu können, sie wären die Reichsten in der Stadt.

Man plante, sich durch ein Loch unter der Stadtmauer Zugang zu verschaffen und gewann einen Flickschuster mit dem bezeichnenden Namen Haveniet, der an der Ulrepforte an der Stadtmauer wohnte. Der versprach, für 25 Mark unter der Mauer ein großes Loch zu graben, durch das die Verschwörer mit 500 Bewaffneten und ihren Pferden würden in die Stadt gelangen können. In der Nacht vom 14. auf den 15. Oktober 1268, der Nacht der Hl. Mohren, war das Loch ausgehoben, und die Verschwörer begannen, heimlich in die Stadt einzudringen. Sie wurden aber von einem guten Mann entdeckt, der sogleich zum Filzengraben lief, um die Overstolzen zu warnen. Unter Führung von Matthias Overstolz, einem altzo kune man, sammelten sich die »Freunde«, legten ihre Harnische an und stürmten auf ihren Pferden zum Garten der Overstolzen an der Ulrichgasse, in dem sie auf die Vorhut der Verschwörer, allen voran der Limburger und der Falkenburger, stießen, und ihnen folgten viele edle Männer, und es waren ihrer wohl schon dreihundert durch das Loch gekommen. Die von den »Freunden« aber waren nur vierzig, aber – so Koelhoff – »sie waren alle Ritter von höchstem Ruf.« Angefeuert von Matthias Overstolz fielen sie voller Kampfesmut auf die Übermacht der Eindringlinge ein und trieben sie auseinander. Matthias Overstolz wurde schon bei diesem ersten Angriff schwer verwundet und fiel vom Pferd. Sein Sohn Gerhard wurde darüber so zornig, daß er mit seiner Streitaxt alle Feinde, die ihm in die Quere kamen, erbarmungslos niedermetzelte. Das Vorbild der tapferen vierzig ritterlichen Kölner bewog die abwartende Gemeinde, sich auf die Seite der Verteidiger der städtischen Freiheit zu schlagen. Gemeinsam tötete man viele Ritter, darunter auch den Bruder des Erzbischofs, ihre Knechte und Pferde. Walram von Limburg wurde mit einer großen Zahl anderer gefangengenommen. Die Schlacht markiert den Anfang vom Ende der Herrschaft der Erzbischöfe über Köln.

Matthias Overstolz aber starb fünf Tage nach der Schlacht an der Ulrepforte an seinen schweren Verwundungen. Die Hauptverräter wurden durch die Stadt geschleift und dann gerädert.

Aus der Zeit vor 1378 stammt das bekannte Denkmal (Kartäuserwall/Ulrichgasse) von der Ulrepfortenschlacht, wohl das älteste profane geschichtliche Denkmal Deutschlands überhaupt. Es erinnert an die zu seiner Entstehungszeit schon mehr als 100 Jahre zurückliegenden Ereignisse im Baumgarten der Overstolzen etwa 200 Meter westlich der Ulrepforte zwischen der Ulregasse (Ulrichgasse) bei den Kartäusern und St. Pantaleon in der Nacht der Hl. Mohren. Im unteren Bildfeld erkennt man den verbissenen Reiterkampf im Garten der Overstolzen. Auf Seiten der Stadt greifen zwei wehrhafte Engel in den Kampf ein, auf Seiten der erzbischöflichen Partei der Teufel, der ein Schild mit dem Wappen des Kurfürsten hält. Auf den Zinnen der Stadtmauer stehen die fürbittenden Scharen von St. Gereon und St. Ursula, die schon 1265 die Stadt vor dem Anschlag des Erzbischofs bewahrt hatten. Zu den Füßen der Heiligen sieht man merkwürdige Köpfe. Sie stellen – allerdings im Laufe der Zeit stark verändert – die Kopfreliquare anderer wichtiger Stadtheiliger dar. Über allem schwebt der Gekreuzigte, neben ihm knieend zwei betende Gestalten, vielleicht die beiden in der Schlacht gefallenen Matthias Overstolz und Peter Judde, die prominentesten Toten der »Freunde« Links und rechts halten zwei Engel die städtischen Wappenschilde. Über der Nische mit dem Christus ein weiteres Wappenschild, einstmals auch von einem heute nicht mehr vorhandenen Engel gehalten: St. Michael. (BD)

Literatur

Arnold Güttsches, Das sog. Overstolzenhaus in den Kölner Schreinsbüchern, in: Im Schatten von St. Gereon. Erich Kuphal zum 1. Juli 1960 (Veröff. d. KGV 25), Köln 1960, S. 97–131.

Gerd Wunder, Zu den Anfängen der Kölner Overstolzen, in: Mitt. d. Westdt. Gesellschaft f. Familienkunde 18/19, 1957–60, S. 385–388.

(Johannes Koelhoff), Die Cronica van der hilliger Stat van Coellen, Köln 1499 (ND Köln 1972). Abgedr. in Hermann Cardauns (Hg.), Die Chroniken der deutschen Städte, Bd. 12, Bd. 13, Bd. 14, Leipzig 1875–77.

(Siehe auch die Literaturangaben zu Nr. 30 u. 32.)

Gerhard Overstolz (gest. 1288)

Nr. 30 / 1. OG

Abb. 468: Kupferstich (Ausschnitt) mit der Schlacht von Worringen, Franz Hogenberg, 1571, KSM Graph. Slg. KH 134

Gerhard, der sich schon 1268 bei der Schlacht an der Ulrepforte so tapfer geschlagen hatte, folgte seinem Vater Matthias nicht in dessen zahllose Ämter. Ein Haudegen wie sein Vater, ist sein Nachruhm mit einer noch größeren Schlacht gegen einen Kölner Erzbischof verbunden. Er war der Befehlshaber des stadtkölnischen Truppenkontingents bei der Schlacht von Worringen im Jahre 1288, zwanzig Jahre nach dem denkwürdigen Ereignis an der Ulrepforte, das seinen Vater das Leben gekostet hatte.

Über den Anteil der Kölner und ihres Feldherrn Gerhard Overstolz an der Schlacht und am Sieg über den Erzbischof Siegfried von Westerburg und die mit ihm Verbündeten berichtet die mittelniederländische Reimchronik »Yeeste van den slag van Woeronc« des Jan van Heelu, entstanden wenige Jahre nach dem Geschehen auf der Fühlinger Heide bei Worringen. Der Verfasser legt großen Wert auf die Schilderung ritterlichen Verhaltens, und die Kölner unter Gerhard Overstolz genügen seinem strengen Ehrenkodex, sofern sie den »ritterlichen Geschlechtern« angehören. Um so überraschter vermerkt er das rüde, und das soll heißen unritterliche, Eingreifen von Fußtruppen der Bauern und »einfachen Bürger«, so schlachtentscheidend es schließlich gewesen war. Hinter der vordersten Schlachtreihe mit dem Herzog von Brabant und den »vornehmsten Söhnen« seines Landes zog der mit ihm verbündete Graf von Berg gegen den Kölner Erzbischof und die Seinen, und mit dem Brabanter zog das Kontingent der Stadt Köln: »Nicht die ganze Stadt Köln, so schreibt Heelu, doch ein großer Teil der Kölner hielten sich dort unten unter ihrer Standarte formiert. Sie zeigten tapferes Verhalten.« An den Kölnern, die dem Westerburger gegenüberstanden, bemerkte Heelu die gute, reiche Ausstattung: »In ihrer Gesellschaft sah man glänzende Kettenhemden, Halsberge und Schwerter blinken.« So zogen die »Geschlechter« stolz und hoch zu Roß, gerüstet wie die adligen Ritter, gegen den Erzbischof.

Am Ende der Schlacht war der Erzbischof gefangen, viele tapfere Ritter und Mannen beider Seiten lagen erschlagen auf der Fühlinger Heide. Man zählte die Toten. Auch die Kölner hatten Verluste zu beklagen, wenige zwar nur – »denn da fielen von ihnen allen auf dem Schlachtfeld nur ihrer drei« –, aber bittere:

> »Ohne Gefecht verloren sie Herrn Gerhard, Herrn Matthias' Sohn, der von Herkunft der Stadt Köln zugetan war. Er war aufrecht und mutig, er ließ sein Pferd stillstehen und wollte den Kölnern vorangehen und sie in den Kampf führen; er konnte nicht zu Fuß kämpfen, so kam er um, ohne Schlag oder Stoß, bevor er ins Gefecht kam. Die Stadt Köln mag wohl zu Recht um ihn trauern.«

Die Bedeutung des 5. Juni 1288 für die städtische Freiheit blieb den Kölnern immer bewußt. Mit diesem Tag endete für immer die Stadtherrschaft der Erzbischöfe und es begann die eigentliche Geschlechterherrschaft, die bis zur Revolution des Jahres 1396 dauerte.

Zum Gedächtnis des Sieges erbauten die Kölner eine Kapelle zu Ehren des Tagesheiligen:

> »Um dieses herrlichen und ehrenhaften Sieges willen, daß er nicht vergessen und Gott zu den ewigen Tagen darum gelobt würde, bauten die Herren von Köln eine Kapelle in der St. Severins Straße zu Ehren des heiligen Bonifatius, an dessen Tag jene Schlacht geschlagen ward. Und noch alle Jahre darauf begeht der Rat der Stadt Köln diesen Tag mit einer großen Prozession zu dieser Kapelle und hört dort die heilige Messe.« (Koelhoff)

Der Kölner Rat feiert den Tag von Worringen schon lange nicht mehr. Ihren vielleicht etwas unglücklichen Feldherrn, dem es versagt geblieben war, mit seinem

Gemeinsam mit ihrer vom selben Bildhauer stammenden Nachbarfigur Matthias Overstolz (Nr. 29) bildet diese, zur Generationsunterscheidung unbärtige, Gestalt eine in der Gesamtkomposition spannungs- und ausdrucksreich angelegte Zweifigurengruppe. Im Gegensatz zu seinem benachbart stehenden Vater, dem auch der Zeigegestus der rechten Hand gilt, hält Gerhard Overstolz den Schild mit dem Wappen seines Familiengeschlechtes auf den Boden gestützt. Der verhaltene, leicht melancholisch wirkende Ausdruck gemahnt an den Tod dieses Kölner Bürgers in der Schlacht bei Worringen. Gegenüber dem in Wachs modellierten Entwurf wurde die Kopfhaltung mit Rücksicht auf eine spätere Wiederanbringung von Baldachinen revidiert. Die Ausführung mußte aufgrund eines fehlerhaften Steinblockes in einem zweiten erneut begonnen werden. (BE)

Schwert noch einmal die eingeschworenen Feinde Kölns mores zu lehren, aber feiert die Stadt heute mit einer Statue am Ratsturm. (BD)

Literatur

Der Name der Freiheit 1288–1988. Aspekte Kölner Geschichte von Worringen bis heute, hg. v. Werner Schäfke, Köln 1988.
(Siehe auch Literaturangaben zu Nr. 29 u. 32.)

Gerhard Overstolz, Nordseite, 1. OG, Nr. 30
Ratsbeschluß am 2. März 1989
Modellvorstellung am 8. August 1990
Figurenübergabe am 4. Februar 1992
Bildhauer: Wolfgang Binding; die Ausführung der Figur erfolgte unter Mitarbeit von Norbert Meyer
Stifter: Ing. VDI Heinz Schmalen, Köln

Gottfried Hagen
(13. Jh.; gest. um 1300)

Nr. 31 / 1. OG

Wir wissen nur wenig über den aus der mit den Overstolzen verwandten Familie Vetscholder stammenden »magister Godefridus, clericus Coloniensis«, als der er im August 1268 erscheint. Die Stadt Köln verdankt ihm die erste, allein ihr gewidmete mittelalterliche Chronik.

Um 1270 verfaßte Gottfried Hagen, seit diesem Jahr auch als »notarius civitatis Coloniensis« bezeichnet, seine rund 6300 Verse umfassende Reimchronik in ripuarischer Sprache: »Dit is dat boich van der stede Coilne«, in der er, ausgehend von der die Stadt verherrlichenden Erzählung ihrer legendären Anfänge, selbst erlebte Geschehnisse, selbst erlebte Geschichte verarbeitete. Im Mittelpunkt seines Werkes stehen die Auseinandersetzungen der Stadt Köln und der sie beherrschenden Oligarchie mit den erzbischöflichen Stadtherren Konrad von Hochstaden und Engelbert II. von Falkenburg in den Jahrzehnten zwischen 1250 und 1270. Als unbedingter Parteigänger der »Geschlechter«, jener Kölner Familien, die ihren Ursprung auf römisch-senatorischen Adel aus der Zeit des Kaisers Trajan zurückführten, unterstützte er ihre Unabhängigkeitspolitik gegen die Erzbischöfe, verteidigte ihren Stadtherrschaftsanspruch gegenüber den Ämtern der städtischen Handwerker und Händler, die sich seiner Auffassung nach als »Esel« anmaßten, die Geschicke der Stadt lenken zu wollen.

Der gut unterrichtete »meister Godefrit, die der stede schriver was«, wie er sich selbst nannte, verfaßte jedoch keine ideologisch-agitatorische, direkt polemische Kampfschrift. Ganz in den Traditionen der Reimliteratur stehend, beeinflußt von der geistlichen Dichtung, der ritterlichen Epik und der Lehrdichtung kleidete er seine Urteile über die Zeitläufte, die er erlebt hatte, in lehrhafte Sentenzen zur Erbauung und Belehrung des Publikums, für das er sein Werk schrieb und dem es vorgetragen wurde. Ein Publikum, das keinem städtisch-bürgerlichen Ideal folgte, sondern sich

Gemäß den spärlichen biographischen Hinweisen, daß Gottfried Hagen geistlichen Standes gewesen sei, trägt er ein an das Priestergewand erinnerndes Habit. In der ursprünglichen Modellversion war der Kopf zugunsten eines geöffnet auf der Schulter aufgestützten Buches so stark aus der Körpermittelachse verschoben, daß sich bei einer späteren Anbringung von Baldachinen Probleme ergeben hätten. Die daraufhin ausgeführte Lösung zeigt den Chronisten Kölns sowohl auf dem großformatigen Blatt schreibend als auch zugleich diese Chronik dem Betrachter wie zur Lektüre darbietend. (BE)

Gottfried Hagen, Nordseite, 1. OG, Nr. 31
Ratsbeschluß am 29. Mai 1990
Modellvorstellung am 1. März 1991
Figurenübergabe am 10. März 1992
Bildhauer: Karl Matthäus Winter
Stifter: Helmut und Ruth Lingen, Köln

am ritterlich-höfischen Vorbild orientierte: die Kölnischen, sich selbst dem Adel zuzählenden »Geschlechter«, unter denen Gottfried Hagen die Overstolzensippe besonders verherrlichte.

Seit dem Jahr 1283 ist er als Pfarrer an Klein St. Martin bezeugt, und als solcher lebte er noch im Januar 1297. Seit 1301 bezeichnen ihn die Quellen als verstorben. (BD)

Literatur

Text ediert in: Hermann Cardauns, Chr. dt. St. XII, 1875, S. 22–200 u. Einleitung v. dems. a. a. O., S. 3–21. Als HS seit 1965 im HASt Köln (Depositum HStA Düsseldorf); das einzig vollständige Exemplar in der Stadtbibliothek Frankfurt am Main, Sign.: Ms. germ. 5.

Des Meisters Godefrit Hagen, der Zeit Stadtschreibers, Reimchronik der Stadt Cöln aus dem 13. Jahrhundert, hg. v. E. v. Groote, Köln 1834 (ND Wiesbaden 1972).

Heinrich Lampertz (Hg.), Des Stadtschreibers Meisters Godefried Hagens Kölnische Reimchronik aus dem 13. Jahrhundert. In der Originalsprache mit Wörterbuch, Köln 1847.

Ernst Dornfeld, Untersuchungen zu G. Hagens Reimchronik der Stadt Köln nebst Beiträgen zur mittelripuarischen Grammatik (Germanistische Abhandlungen 40), Breslau 1912.

Johannes Bernhard Menke, Geschichtsschreibung und Politik in deutschen Städten des Spätmittelalters. Die Entstehung deutscher Geschichtsprosa in Köln, Braunschweig, Lübeck, Mainz und Magdeburg, in: JbKGV 33, 1958, S. 1–84 (1. Teil); 34–35, 1960, S. 83–194 (2.Teil).

Walther Stein (Bearb.), Akten zur Geschichte der Verfassung und Verwaltung der Stadt Köln im 14. und 15. Jahrhundert. Erster Band, Bonn 1893, S. CXVIII (Publikationen d. Gesellschaft für Rheinische Geschichtskunde X).

Horst Wenzel, Aristokratisches Selbstverständnis im städtischen Patriziat von Köln, dargestellt an der Kölner Chronik des Gottfried von Hagen, in: Gerd Kaiser (Hg.), Literatur, Publikum, historischer Kontext, Bern 1977 (Beiträge zur älteren deutschen Literaturgeschichte 1), S. 9–28.

Johann I. von Brabant (1252/53–1294)

Nr. 32 / 1. OG

Abb. 469: Johann I. von Brabant, Kupferstich 17. Jh., KSM Graph. Slg.

Am 28. Februar 1261 starb in Löwen Herzog Heinrich (Hendrik) III. von Brabant. Er hinterließ seine Witwe Adeleidis mit vier unmündigen Kindern: Heinrich, Jan (Johann), Godevert und Maria. Seine Nachfolge war nicht geregelt, denn, wie der Chronist Jan van Heelu in seiner »Yeeste van den Slag van Woeronc« schreibt, Gott gab dem ältesten Sohn Heinrich (IV.), »der das Anrecht auf den Titel des Herzogs gehabt hätte, solche Gebrechen, sowohl geistige wie körperliche, daß er nicht zum Herzog taugte.«

Diese Krise der Brabanter Dynastie weckte die territorialen Begehrlichkeiten der benachbarten Landesfürsten, des Grafen von Geldern und des Fürstbischofs von Lüttich. Unterstützt von einigen Mitgliedern des Brabanter Feudaladels, forderten sie die wegen ihrer engen verwandtschaftlichen Beziehungen zu Herzog Heinrich I. (1190–1235) die Vormundschaft über die Kinder und die Regentschaft über das Herzogtum. Mit diplomatischem und politischem Geschick vermochte jedoch Adeleidis das Herzogtum dem drohenden Zugriff zu entziehen und die dynastische Kontinuität zu retten. In Anwesenheit der Vertreter des Adels und der Städte verzichtete Heinrich IV. 1267 auf die herzogliche Gewalt und zog sich in ein Kloster zurück; die Herrschaft über Brabant trat er an seinen Bruder Johann I. ab. Geboren 1253/53 in Brüssel, war der neue Herzog bei seiner Machtübernahme gerade fünfzehn Jahre alt. Von Beginn an aber machte er seinen Willen deutlich, die Herrschaft in seinem finanziell in kritischer Lage sich befindenden Territorium selbst auszuüben. Er begann, die herzogliche Macht in ganz Brabant zu konsolidieren und seine und seines Hauses Herkunft und Herrschaft ideologisch zu begründen und abzusichern, seine domanialen Einkünfte auszuschöpfen und wo möglich zu vergrößern. Das Brabanter Landrecht ließ er aufzeichnen, den Städten erteilte er Privilegien. Außenpolitisch versuchte er, sein Herzogtum als Vormacht in der Region zu etablieren und seine expansiven Interessen durchzusetzen. Es waren Unternehmungen, die große Aufwendungen erforderten und ihn auf die finanzielle Unterstützung seiner Untertanen angewiesen sein ließen und für deren Gewährung er ständische Privilegien einräumen mußte.

Von größter Bedeutung für die innere und äußere Entwicklung des Herzogtums Brabant und für die rheinische Territorialgeschichte insgesamt, ebenso wie für die Stadt Köln, zu der die Brabanter Dynastie enge Beziehungen pflegte, war die Verwicklung Johanns I. in den Limburger Erbfolgestreit. Nach dem Tode Herzog Walrams IV. von Limburg hatten Irmgard von Limburg, Walrams Tochter, und ihr Gatte Graf Reinald von Geldern, ein alter Widersacher der Brabanter, im März 1280 die Nachfolge angetreten. Vertraglich war festgelegt worden, daß Reinald im Falle des vorzeitigen Ablebens Irmgards das Herzogtum auf Lebenszeit besitzen dürfe. Spätestens Mitte Juli des Jahres 1283 war dieser Fall eingetreten und Reinald von Geldern Nießbraucher Limburgs geworden. Nun erwuchs ihm im Grafen Adolf von Berg ein Gegner, der seinerseits das Erbe des Herzogs Walram für sich beanspruchte. Adolf aber trat seine von ihm kaum durchzusetzenden Ansprüche an einen Mächtigeren ab: am 13. 9. 1283 verkaufte er Limburg an Johann I. und rief – erfolglos – alle Vasallen, Ministerialen und Burgmänner auf, dem Brabanter Herzog zu huldigen. Die dem Grafen von Berg abgekauften Ansprüche boten dem Herzog den willkommenen Anlaß, die Feindseligkeiten in scheinbarer Legitimität zu eröffnen. Sein entscheidendes Motiv war wohl ein ökonomisches: mit Limburg auch die nach Köln führenden Handelswege nach Osten unter Brabanter Kontrolle zu bringen. 1284 fiel er in das Land ein, der Limburgische Erbfolgekrieg begann.

Seinen Höhepunkt und blutiges Ende fand er am 5. Juni 1288 in der Schlacht von Worringen, in der Johann I. von Brabant mit seinen Vasallen und Verbündeten über den Kölner Erzbischof Siegfried von Westerburg, die Grafen von Geldern und von Luxemburg siegte. Der Triumph hatte die herzogliche Finanzlage zwar außerordentlich schlecht werden lassen, er ermöglichte dem Brabanter aber die Sicherung seiner Neuerwerbung und des Handelsweges von London über Brügge nach Köln, was dem Herzog auch die Aura eines Schirmherrn der Handeltreibenden einbrachte. Johann I., dessen Herrschaft unter so ungünstigen Voraussetzungen begonnen hatte, stand nun trotz seiner finanziellen Schwierigkeiten auf dem Höhepunkt seiner Macht. Er widmete sich fortan einem verschwenderischen höfischen Leben, den Frauen, der Jagd, nahm an zahlreichen Turnieren teil. 1294 verunglückte er während eines Turniers tödlich. Seine Heldentaten auf dem Schlachtfeld, seinen kriegerischen Ruhm und seine Tapferkeit (und auch die der vielen anderen Teilnehmer der Schlacht) aber besang Heelus berühmte Reimchronik, um 1290 am Brabantischen Hof begonnen: »Die Brabanter allesamt, reich und arm, groß und klein, ... dankten Gott, daß es ihnen im Kampf vergönnet war, die Oberhand zu gewinnen mit wenig Leuten in fremden Landen gegen die stärksten Feinde weithin, ohnegleichen, die man im deutschen Reiche fand.« Die berühmte Manessische Liederhandschrift in der Heidelberger Universitätsbibliothek illustriert den Brabanter Triumph. Sie zeigt den Herzog inmitten der Schlacht; seinem Wappen mit dem brabantischen goldenen Löwen in Schwarz fügt sie den limburgischen roten Löwen in Silber hinzu.

Johanns Sieg hatte auch weitreichende allgemeine macht- und territorialpolitische Folgen in der Region zwischen Maas und Rhein: Kurköln, bis Worringen die führende Macht mit hegemonialen Ansprüchen, war im Nordwesten des Reiches fortan nur noch ein Territorium unter vielen gleichrangigen. Für den Domscholaster und Domdekan Wikbold von Holte, einen der engsten politischen Berater des unterlegenen Kölner Erzbischofs, war jedoch die Stadt Köln die eigentlich Verantwortliche für das Desaster des Erzstiftes. 1290 schrieb er: »Die Kölner Bürger sind hauptsächlich Grund und Ursache des Zusammenbruchs (der weltlichen Macht) der Kölner Kirche und aller durch diese Schlacht entstandenen Schäden.« Zwischen Stadt und Erzbischof hatten sich unüberbrückbare Gegensätze entwickelt: ihr Eigenrecht und der erzbischöfliche Stadtherrschaftsanspruch standen sich unversöhnlich gegenüber; städtische Handelsfreiheit vertrug sich nicht mit der erzbischöflichen Zollpolitik, deren in Köln verhaßtes Symbol die nach der Schlacht zerstörte Worringer Burg war, das erzbischöfliche »Räubernest«. Nur folgerichtig war daher die Schwurvereinigung, die Köln und seine Bürger, Brabant, Berg, Mark und Jülich im Mai 1288 im Kölner Kloster Mariengraden gegen den gemeinsamen Hauptgegner, das Erzstift, schlossen. Johann I. wurde bei seinem Einritt in die Stadt »wie ein Engel« empfangen, beschrieb der Abt von Siegburg die dem Herzog

Der Feldherr ist als Verteidiger der städtischen Freiheit Kölns gegen die Truppen des Erzbischofs während der Schlacht bei Worringen 1288 dargestellt. Den Kopf schützt ein engmaschiges Kettennetz, und unter dem Mantel mit dem Brabanter Löwenwappen trägt er gleichfalls ein Kettenhemd. Das am Boden aufgesetzte Schwert hat den Schild des Erzbischofs gespalten, die Schlüssel in seiner Linken, selbstbewußt in die Hüfte gestützt, trägt Johann als Symbol der Kölner Stadttore, die dem Erzbischof künftig verschlossen blieben. Obwohl als Heerführer doch »aktionistisch« zu deuten, erscheint Johann I. von Brabant in der selbstbewußt ruhigen Pose des Sieges verhaltener als sein unmittelbarer Nachbar, der durch dieselbe Bildhauerin gestaltete Mystiker Eckhart (Nr. 33), zu dem er damit ein auch psychologisch ausdrucksstarkes Pendant bildet. (BE)

entgegengebrachten Hoffnungen. In der Tat bedeutete der Sieg bei Worringen, den Köln auf der Seite des Brabanters mit einem eigenen Truppenkontingent mit erfochten hatte, für die Stadt die entscheidende Voraussetzung für die endgültige Befreiung von der erzbischöflichen Stadtherrschaft, für die Entwicklung zur freien, selbständigen Stadt, ein bedeutsamer Schritt hin zur Reichsfreiheit und Reichsstandschaft. (BD)

Literatur

P. Avonds, Brabant en Limburg 1100–1403, in: Algemene Geschiedenis der Nederlanden, Bd. 2, Haarlem 1982, S. 452ff.

François Louis Ganshoff, Brabant, Rheinland und das Reich im 12., 13. und 14. Jahrhundert, Köln 1938.

Paul Holt, Die Schlacht von Worringen und die Stadt Köln, in: JbKGV 14, 1932, S. 1–29.

Wilhelm Janssen u. Hugo Stehkämper (Hg.), Der Tag von Worringen 5. Juni 1288 (Mitt. a. d. StA v. Köln, 72. Heft), Köln 1988.

Henri Pirenne, Histoire de Belgique des origines à nos jours, Bd. 1, Brüssel 1948.

Paul de Ridder, Dynastisches und nationales Gefühl in Brabant während der Regierungszeit Herzogs Jan I. (1267–1294), des Siegers der Schlacht von Worringen, in: JbKGV 50, 1979, S. 193–220.

Werner Schäfke (Hg.), Der Name der Freiheit 1288–1988. Aspekte Kölner Geschichte von Worringen bis heute, Köln 1988 (darin bes. die Aufsätze von O. Engels, F.-R. Erkens, P. de Ridder, T. Diederich und W. Herborn; eine deutsche Fassung der Reimchronik des Jan van Heelu ebd. S. 105–153).

Johann I. von Brabant, Nordseite, 1. OG, Nr. 32
Ratsbeschluß am 30. August 1990
Modellvorstellung am 16. Januar 1991
Figurenübergabe am 17. Januar 1992
Bildhauerin: Elisabeth Perger
Stifter: Hotel- und Gaststättenverband Nordrhein e.V., Kreisgruppe Köln, Erftkreis, Rheinisch-Bergischer Kreis und Leverkusen

Meister Eckhart (um 1260–1328)

Nr. 33 / 1. OG

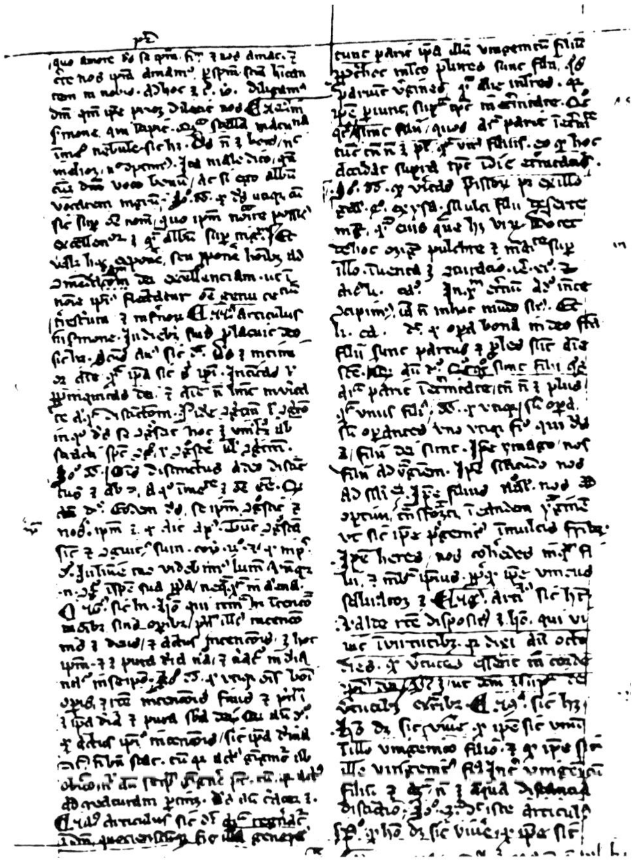

Abb. 470: HS Meister Eckharts aus dem sog. Rechtfertigungsschreiben, Cod. 33 Stadtarchiv und wissenschaftl. Stadtbibliothek Soest

Eine geistliche Tochter kam einstmals zu einem Predigerkloster und verlangte nach Meister Eckhart. Der Pförtner sprach: »Wen soll ich melden?« Sie sprach: »Ich weiß nicht!« Er sprach: »Wovon wißt Ihr nicht zu sagen?« Sie sprach: »Ich bin keine Magd und kein Weib, weder ein Mann noch eine Frau, weder eine Witwe noch eine Jungfrau, weder ein Herr noch eine Dienerin noch ein Knecht.« Der Pförtner ging zu Meister Eckhart und sprach: »Kommt heraus zu der wunderlichsten Kreatur, die ich je sprechen gehört habe, laßt mich mit Euch gehen und fragt, wer nach Euch verlangt.« Er führte dies aus und sie sprach zu ihm in der gleichen Weise wie zum Pförtner. Er sprach: »Liebes Kind, Deine Worte sind aufrichtig und wohl gefügt. Aber sage mir weiter, wie Du es meinst.« Sie sprach: »Wäre ich eine Magd, so stünde ich in meiner ersten Unschuld. Wäre ich aber ein Weib, so brächte ich das ewige Wort ohne Unterlaß in meiner Seele hervor. Wäre ich aber ein Mann, so führte ich einen heftigen Kampf gegen alles Übel. Wäre ich aber eine Frau, so hielte ich treu zu meinem lieben einzigen Gemahl. Wäre ich eine Witwe, so hätte ich eine unablässige Sehnsucht nach einem einsamen Leben. Wäre ich aber eine Jungfrau, so stünde ich in einem ehrfurchtsvollen Dienst. Wäre ich aber ein Herr, so verfügte ich über alle göttlichen Tugenden. Wäre ich aber eine Dienerin, besäße ich eine demütige Unterwerfung unter Gott und alle Kreatur. Und wäre ich schließlich ein Knecht, so übernähme ich große Aufgaben und diente meinem Herrn nach seinem Willen ohne jeden Einspruch. Von allen diesen bin ich keines und bin ein Ding wie ein anderes Ding und laufe dahin.« Der Meister ging hin und sprach zu seinen Brüdern: »Ich habe den lautersten, demütigsten Menschen gehört, den ich nach meiner Vorstellung je gefunden habe.«

Diese seit dem 15. Jahrhundert überlieferte Legende vermittelt ein Bild von der Anziehungskraft, die von der Gestalt und der Lehre des Dominikaners und Philosophen Eckhart auf Zeitgenossen und Nachwelt ausgegangen ist. Über die Stationen seines Lebensweges sind wir nur unzulänglich unterrichtet. Er dürfte um 1260 im thüringischen Hochheim zur Welt gekommen sein und trat dann in jungen Jahren in den Erfurter Konvent des Dominikanerordens ein. Ab 1277 lebte er im Pariser Kloster Saint-Jacques und war Student der »freien Künste« an der Sorbonne, der berühmtesten Hochschule seiner Zeit. Seine eigentliche theologische Ausbildung begann um das Jahr 1280 am Kölner Bildungszentrum seines Ordens, dem seit 1248 bestehenden Generalstudium, und damit noch im letzten Lebensjahren des hochbetagten Albertus Magnus. 1293/94 berief ihn sein Orden noch einmal nach Paris, und dort schloß er seine Ausbildung mit theologischen Vorlesungen und einer Festpredigt als lector sententiarum ab. Nach seiner Rückkehr in die deutsche Ordensprovinz übernahm er das Amt des Priors am Erfurter Kloster und das des Vikars von Thüringen. In den Jahren 1302–03 wirkte Eckhart als Theologieprofessor an der Sorbonne, um im Anschluß daran die Leitung der Ordensprovinz Saxonia zu übernehmen. 1307 wurde er zum Generalvikar der böhmischen Provinz bestellt. 1311–1313 kehrte er auf die theologische Lehrkanzel in Paris zurück. Von 1314–1322 hielt Eckhart sich in Straßburg auf. Wir wissen nicht, mit welchem Amt sein Orden ihn beauftragt hatte, aber es ist sehr wahrscheinlich, daß ihm die seelsorgerische und organisatorische Betreuung der süddeutschen Frauenkonvente oblag. Aus dieser Zeit datiert sein Ruhm als geistlicher Lehrer, Seelenführer und Prediger. Seit etwa 1322 bis 1326/27 wirkte Eckhart dann am dominikanischen Generalstudium in Köln als magister in theologia und Prediger. Es scheint, als habe gerade seine öffentliche Wirksamkeit und die Verbreitung seiner Lehre bei häresieverdächtigen Randgruppen dazu beigetragen, daß der Kölner Erzbischof Heinrich II. von Virneburg im Jahre 1326 ein Inquisitionsverfahren gegen den hochangesehenen Theologen einleitete. Im Mittelpunkt des Angriffs standen seine kleine Schrift »Das Buch der göttlichen Tröstungen« und seine Predigt »Von dem edeln Menschen«. In Köln wurden mehrere Listen seiner angeblich »anstößigen« oder »irrigen« Sätze, oft aus dem Zusammenhang gerissen oder nur auf einer Predigtnachschrift beruhend, aufgestellt. Unbeugsam verteidigte Eckhart in seiner Rechtfertigungsschrift an die Kölner Untersuchungskommission und öffentlich in der Kölner Dominikanerkirche seine Rechtgläubigkeit, wollte Widerruf nur leisten, wenn ihm ein Widerspruch zur kirchlichen Lehre nachgewiesen werden könnte. Die Akten des Prozesses wurden zur Entscheidung nach Avignon an die päpstliche Kurie gesandt. Auch Eckhart, von seiner Ordensleitung nicht unterstützt, begab sich dorthin, und in Avignon starb er vor dem 30. April des Jahres 1328, bevor noch das gegen ihn laufende Verfahren beendet war. Erst am 27.3.1329 erschien die päpstliche Bulle »In agro dominico« (Auf dem Acker des Herrn), die von den ursprünglich inkriminierten 108 Sätzen Meister Eckharts bloße 17 vor allem aus seinen (mittelhoch-) deutschen Schriften als häretisch und elf als der Häresie verdächtig und »übelklingend« verurteilte. Emsig sei Eckhart beflissen gewesen, »gegen die helleuchtende Wahrheit des Glaubens auf dem Acker der Kirche Dornen und Unkraut« hervorzubringen und »schädliche Disteln und giftige Dornsträucher zu erzeugen«, die den »wahren Glauben in vieler Herzen vernebeln«. – Sein Orden distanzierte sich von Meister Eckhart und seinen Schriften. An der Wende vom 13. zum 14. Jahrhundert, einer Zeit, in der sich die sozialen, wirtschaftlichen und politischen Spannungen des Spätmittelalters schon deutlich ankündigen, unterzog der gelehrte Ordensmann die theologischen Grundlagen des mittelalterlichen Weltbildes einer vernunftorientierten Revision. Eckharts umfassender Versuch, einen neuen, einen »erkennenden« Gott zu denken und damit zu einer anderen Relation von Mensch und Welt vorzustoßen, wäre wohl auch im geschlossenen Rahmen der akademisch-klerikalen Streitkultur des Mittelalters ein intellektueller Sprengsatz gewesen. Zur politischen Wirksamkeit gelangte Eckharts Denken aber erst in seinen Predigten – »Worte haben große Kraft, man könnte Wunder tun mit Worten«, äußerte er einmal – durch die jahrelange Verbreitung und praktische Umsetzung seines Denkens in tätiger Seelsorge und durch die beharrliche Auseinandersetzung mit seinen religiös erregten und beunruhigten Mitmenschen. Die Gegensätze, die das Weltbild des beginnenden Spätmittelalters zu spalten drohten und die Gesellschaftsordnung für Erschütterungen jeder Art anfällig und instabil machten, verlangten nach glaubwürdigen Modellen des Ausgleichs. Eckharts Leben kann man als Beispiel und als Vorbild für die in den historischen Grenzen mögliche Vereinbarung von Widersprüchen verstehen. Sein Denken und seine akademische Lehrtätigkeit gehen vom Fundus der gelehrten Überlieferung und den Gewißheiten der scholastischen Philosophie aus, sein Handeln öffnet sich aber auch dem machtvollen Bedürfnis nach einer subjektiven Frömmigkeit und Weltorientiertheit der Menschen ebenso wie der Notwendigkeit, den Erfordernissen des aktiven Lebens in den gesellschaftlichen Institutionen gerecht zu werden: »Man soll Heiligkeit auf ein Sein gründen.« Eckharts radikale Subjektivierung des alten mönchischen Armutsgedankens, die in der Negation jedes Wollens, Wissens und Habens gipfelt, zieht das menschliche Subjekt von der Welt der Dinge und Objekte ab – gerade dies verdeutlicht die Zurückweisung des Rollenrepertoires und der entsprechenden Frömmigkeitsstile der geistlichen Tochter in der Eckhartlegende. Der stolzen Selbstüberwindung durch Askese setzt Eckhart die Seinsweise der Abgeschiedenheit entgegen, welche der Seele einen Weg zur Überwindung des polarisierten Universums der mittelalterlichen Welterfahrung weist. (BD)

Der selbstbewußten Siegerpose seiner Nachbarfigur Johann I. von Brabant (Nr. 32) antwortet der im Mönchshabit erscheinende, durch dieselbe Bildhauerin gestaltete Mystiker Eckhart mit expressivem Duktus von Haltung und physiognomischem Ausdruck. Die visionär ins Weite blickenden Augen erinnern an den oft prophetisch anmutenden Inhalt seiner Schriften, das Pult ist zugleich Ort des Schreibens, worauf auch die in der Linken gehaltene Feder verweist, als auch des Sprechens in Predigt und Lehrunterweisung, betont durch den Gestus der Rechten. Daß seine theologischen Werke zum Gegenstand inquisitorischer Verfolgung wurden, symbolisiert das brennende Buch. Gegenüber einem filigraner gestalteten Pult im Entwurf betont die ausgeführte Fassung einen stärker architektonischen Charakter. (BE)

Literatur

Meister Eckhart: Die deutschen und lateinischen Werke, hg. im Auftrag der Deutschen Forschungsgemeinschaft, Stuttgart 1936 ff. 1. Die lateinischen Werke, hg. v. Josef Koch u. a., 5 Bde, 1936–1964. 2. Die deutschen Werke, hg. v. Josef Quint, bisher 4 Bde (von 5), 1958–1976.

LThK Bd. 3, 645–649.

NDB IV, 295–301.

Heinrich Bornkamm, Eckhart und Luther. Das Eckhart-Bild der Gegenwart, Stutgart 1936.

Heinrich Ebeling, Meister Eckharts Mystik. Studien zu den Geisteskämpfen um die Wende des 13. Jahrhunderts, Stuttgart 1941 (ND Aalen 1960).

Alois Maria Haas, Nim dîn selbes wâr. Studien zur Lehre von der Selbsterkenntnis bei Meister Eckhart, Johannes Tauler und Heinrich Seuse, Freiburg (Schweiz) 1971.

Theodor Kaeppeli, Praedicator Monoculus; in: AFP 17, 1957, S. 120–167.

Otto Karrer, Meister Eckhart. Das System seiner religiösen Lehre und Lebensweisheit, München 1926.

Otto Karrer/Herma Piesch (Hg.), Meister Eckharts Rechtfertigungsschrift vom Jahre 1326, Erfurt 1927.

Maria Alberta Lücker, Meister Eckhart und die Devotio Moderna; Leiden 1950.

Walter Nigg, Das mystische Dreigestirn. Meister Eckhart, Johannes Tauler, Heinrich Seuse; München 1988.

Udo Nix/Raphael L. Oexlin (Hg.), Meister Eckhart, der Prediger. Festschrift zum Eckhart-Gedenkjahr, Freiburg i. B. 1960.

Josef Quint (Hg.), Meister Eckhart. Deutsche Predigten und Traktate, München [6]1985.

Kurt Ruh, Meister Eckhart. Theologe – Prediger – Mystiker; München [2]1989.

Gerhard Wehr, Meister Eckhart; Reinbek b. Hamburg (1989) 1991.

Albert Zimmermann (Hg.), Die Kölner Universität im Mittelalter – Geistige Wurzeln und soziale Wirklichkeit. Für den Druck besorgt von Gudrun Vuillemin-Diem (Miscellanea Medievalia Bd. 20), Berlin/New York 1989. Darin die Beiträge von L. Sturlese, Die Kölner Eckhartisten. Das Studium generale der deutschen Dominikaner und die Verurteilung der Thesen Meister Eckharts (S. 192–211), und von J.-I. Saranyana, Meister Eckhart: Eine Nachlese der Kölner Kontroverse (1326), (S. 212–226).

Josef Zapf, Die Funktion des Paradox im Denken und sprachlichen Ausdruck bei Meister Eckhart, (Diss.) Köln 1966.

Meister Eckhart, Nordseite, 1. OG, Nr. 33
Ratsbeschluß am 2. März 1989
Modellvorstellung am 13. Dezember 1989
Figurenübergabe am 31. Oktober 1990
Bildhauerin: Elisabeth Perger
Stifter: Firma Alfred H. Schütte, Köln

Hilger Quattermart von der Stesse (um 1340–1398)

Nr. 34/1. OG

Die Limburger Chronik beschreibt kurz und prägnant das Leben des Hilger Cleingedank aus dem Geschlecht der Quattermart:

> »Der ritter was also getan, daz in die ganze gemeine von Colne lip hatten« – »unde daz quam in einer kurzen zit, daz he widerumb gehaß wart.«

Obwohl aus einer reichen und bedeutenden Familie Kölns stammend, war Hilgers Karriere nicht selbstverständlich gewesen. Den entscheidenden Anstoß verdankte er dem glücklichen Umstand, das Erbe seines ebenfalls Hilger heißenden Großonkels antreten zu können, der es als Geldverleiher zu Ansehen und Reichtum gebracht hatte und von dem die Koelhoffsche Chronik notiert: »He hielt ouch groissen adelichen stait in der stat van Coellen.«

Nach dem ererbten Hofgut nannte sich Hilger Cleingedank »von der Stesse«, und der neue Name, der sich seit 1372 nach und nach für ihn durchsetzte, brachte zum Ausdruck, daß er gedachte, in die ökonomischen, politischen und sozialen Fußstapfen seines Großonkels zu treten. Zum ersten Male läßt sich Hilger im Jahre 1372 als Mitglied des sogenannten »engen«, des patrizischen Rates nachweisen. Bis 1394/95 gehörte er diesem Gremium mehrfach an. Neben seinem kommunalen Amt wurden ihm zahlreiche diplomatische Aufgaben übertragen, die er meist mit großem Erfolg erledigte. Bereits 1370/71 erscheint er als Kölner Diplomat: in Aachen vertrat er die Stadt als Landfriedensgeschworener. Zum Bürgermeister wurde er erstmals 1374 gewählt; in seine Amtszeit fiel der sogenannte Schöffenkrieg: der gescheiterte Versuch der Schöffen, der erzbischöflichen Richter am Hohen Weltlichen Gericht und aufs engste mit den herrschenden Patrizierfamilien, den »Geschlechtern«, verflochten, ihre alte Machtposition im Stadtregiment, die bis zur Weberherrschaft 1370/71 bestanden hatte, mit Hilfe des Erzbischofs zurückzuerlangen. In ihm trat zum ersten Male wieder seit 1268, als Erzbischof Konrad von Hochstaden versucht hatte, Köln im Bündnis mit einer Fraktion der Geschlechter unter seine weltliche Oberherrschaft zu zwingen und in der Schlacht an der Ulrepforte gescheitert war, ein Geschlechterverband – die Schöffen – gegen die eigene Stadt auf, während die Zünfte das sonst von ihnen nicht sonderlich geschätzte Stadtregiment unterstützten. Der 1377 zwischen den streitenden Parteien geschlossene Sühnevertrag – Hilger Quattermart hatte zur Deputation der Stadt gehört, die über ihn verhandelte – legte Köln zwar hohe Kosten auf, vereitelte aber auch die politischen Bestrebungen der Schöffen und des Erzbischofs.

Hilger, seit 1377 wieder Mitglied des engen Rates, übernahm neue diplomatische Aufgaben. So ging er zu Verhandlungen mit der Kurie noch im selben Jahr nach Rom, von wo er erst 1378 zurückkehrte. Seinen Bemühungen verdankte die Stadt die Aufhebung des päpstlichen Interdikts, das gegen sie während des Schöffenkrieges verhängt worden war. Auch in den achtziger Jahren des 14. Jahrhunderts beschäftigten ihn diplomatische Aufgaben und verschiedene Gesandtschaften, bei denen er enge und intensive Beziehungen entwickeln konnte: so zu Trier und zu Jülich-Geldern und sogar bis nach London. Zu dieser Zeit war Hilger Quattermart von der Stesse zum bedeutendsten und erfahrensten Diplomaten der Stadt geworden, der zudem zahlreiche dienstliche und private Kontakte zu den rheinischen Dynasten unterhielt. Er war ein reicher und glänzender Ritter, wenn auch nicht so reich wie manch anderer seiner stadtkölnischen patrizischen Standesgenossen. Er hatte ein weitgespanntes Netz überregionaler Kontakte geknüpft, als er in den neunziger Jahren begann, in die städtische Innenpolitik einzugreifen, um die er sich bislang trotz seiner kommunalen Ämter nicht sonderlich gekümmert hatte. Als einer der wenigen seines Standes hatte er die unbedingte Notwendigkeit erkannt, die Grundlagen des städtischen Regiments zu reformieren, auch den Bevölkerungsgruppen Partizipation an Regierung und Verwaltung des Gemeinwesens zu gewähren, die bisher davon ausgeschlossen gewesen waren. Daß er gewisse Reformen, z. B. die Entfernung der Schöffen aus dem Rat und Kompetenzerweiterung des Weiten Rates durchzusetzen verstand, machte ihn außerordentlich populär, »lip bei der gemeine«, wie die Limburger Chronik schreibt. Es machte ihm aber auch eine große Zahl seiner »Geschlechter«-Genossen zu erbitterten Feinden. Allerdings war es nicht allein ein überzeugtes Eintreten für die Rechte der Gemeinde, die Hilger zu politischen Reformen trieb: es war vor allen Dingen das Interesse, seine eigenen, weitreichenden politischen Pläne und Ziele zu verwirklichen. Reformen waren ein Mittel, seine Machtbasis in der Bevölkerung auszuweiten und zu sichern, um sich dann – wie man ihm unterstellte – zum »oeversten« über die Stadt zu machen. So kümmerte er sich intensiv und meist im Geheimen um den Erwerb persönlicher Privilegien, die durchaus nicht im Sinne der Stadt sein konnten. 1392 war er nach Prag deputiert worden, um vom König die Bestätigung der städtischen Privilegien zu erlangen und gegebenenfalls neue zu erwirken. Als Bürgermeister und städtischer Diplomat hielt er sich aber nicht allein an den ihm erteilten Verhandlungsauftrag, sondern pflegte die eigenen Interessen. So gelang es ihm 1392/1393, ein königliches Privileg zu erlangen, das ihm gestat-

Der Bildhauer wählte für die Darstellung jenen Lebensabschnitt des Hilger Quattermart von der Stesse, in dem er auf dem Höhepunkt seines Erfolges und Ansehens stand; das dagegen unrühmliche Ende fand absichtlich keine Andeutung. Auf die Funktion als Befehlshaber der stadtkölnischen Streitmacht deuten Kettenhemd, Schwert und Schild, auf seine diplomatische Tätigkeit im Dienste der Stadt die mit dem kölnischen Wappen gesiegelte Urkunde hin. Der heraldische Schildschmuck, zwei gekrönte Mohrenköpfe und je ein farbig abgesetztes Zackenband in den beiden übrigen Feldern, geht auf das Familienwappen zurück. (BE)

tete, auf der Köln damals vorgelagerten Rheininsel Osterwerth einen Freistuhl, d. h. ein besonderes Gericht einzurichten. Hilger und seine Nachkommen sollten dort Freigrafen sein. Und im Februar 1393 erhielt er die königliche Vollmacht, mit Köln über die Befestigung des Klosters Deutz und die Errichtung eines Zolles dort zu verhandeln. Wie auch immer Hilger selbst seine zukünftige Rolle in Köln gesehen haben mochte, als Freigraf eines konkurrierenden Gerichts, als Oberbefehlshaber der städtischen Truppen oder als immerwährender Bürgermeister und Inhaber eines der Stadt und ihren Kaufleuten schädlichen Zollprivilegs konnte er nicht tragbar sein. Seine Position, die er sich als erfolgreicher Diplomat und Befehlshaber und reformwilliger Politiker geschaffen hatte, geriet ins Wanken und verschlechterte sich rapide, als seine Prager Unternehmungen bekannt und sein Ruf als Feldherr durch eine fehlgeschlagene Fehde geschädigt wurde. Rückhalt im Rat verlor er zudem, als dort die Zahl seiner Parteigänger, die »Greifen«, stark zurückging. 1394 vom Rat mit dem ausdrücklichen Befehl wiederum nach Prag entsandt, die zuvor für sich selbst erlangten Privilegien wieder rückgängig zu machen, verschlechterte sich seine und seiner Partei Position weiter. Im Jahre 1395 war bei veränderten Mehrheitsverhältnissen im Rat von seiner Reformpolitik nicht viel mehr übriggeblieben. Hilger mußte politisch von vorn beginnen, konnte sich jedoch mit seiner Partei bei den Wahlen zu den beiden Räten nicht mehr entscheidend durchsetzen. Sein Versuch, seinem im Juli 1394 für immer aus der Stadt verbannten, weil »wrevelich ind ungehoirsam« gewordenen Onkel Heinrich vom Stave, seinen wichtigsten Parteigänger, am Rat vorbei wieder Zutritt zu verschaffen, geriet zum Desaster für ihn und die »Greifen«. Seine Gegner formierten sich als »Freunde«, die am 4. Januar 1396 gegen Hilger und die »Greifen« losschlugen. Viele von ihnen wurden verhaftet; Hilger gelang die Flucht in den Schutz des Grafen von Nassau. Der Rat verbannte ihn auf ewig, König Wenzel verhängte die Reichsacht über ihn. Seine Frau wurde unter Hausarrest gestellt, um ihm jede Verbindung mit Köln unmöglich zu machen. Als am 18. Juni 1396 die Ge-

Hilger Quattermart von der Stesse, Nordseite, 1. OG, Nr. 34
Ratsbeschluß am 29. Mai 1990
Modellvorstellung am 9. Juli 1991
Figurenübergabe am 4. Dezember 1991
Bildhauer: Andreas Rosenkranz
Stifter: Vorstand und Beirat des Einzelhandelsverbandes Bezirk Köln e.V., Köln

schlechterherrschaft in Köln zusammenbrach, änderte sich an Hilgers Lage nichts. Die Rückkehr blieb ihm verwehrt. Um sie doch noch zu bewerkstelligen, beteiligte er sich an der Verschwörung des Hermann von Goch gegen das neue Stadtregiment. Bevor jedoch das Unternehmen in die Tat umgesetzt wurde, betrat Hilger aus unbekannten Gründen Köln ohne Geleit des Rates. Er wurde erkannt, auf dem Schaafentor gefangengesetzt, wegen all' der »boeser upsetze ind sachen«, deren er »eyn ursprunck geweyst is und die van yerste uss syme heufde comen ind bedacht synt ind die allesament gedaen und begangen hait«, zum Tode verurteilt und am 26. 1. 1398 schändlich wie eine gemeine Malefizperson auf einem Kohlenkarren zum Schafott gefahren und enthauptet. Begraben wurde er außerhalb der Stadt im Kloster Weiher. Nach der Revolution von 1396, die der Stadt mit dem Verbundbrief eine neue Verfassung brachte, hatte der ehemalige »Reformpolitiker« Hilger offenkundig auf freundliche Anerkennung durch das neue Regiment gehofft. Die aber blieb aus. Für das Gaffelregiment war er ein Fossil aus der Zeit der Geschlechterherrschaft. Die Gaffeln mögen auch erkannt haben, daß er trotz seiner Reformen immer in seinem Standesdünkel befangen geblieben war: wie andere Patrizier hielt er mit seiner grundsätzlichen Verachtung für die »Kerlen, Peltzeren ind Schoimecheren ind anderen Gebuyren« nicht zurück. Aber diese waren es, die nach 1396 über die Macht verfügten, die ihnen der Verbundbrief gab, dem Hilgers Reformpolitik, ironisch genug, den Weg erst geebnet hatte. (BD)

Literatur

Wolfgang Herborn u. Klaus Militzer, Hilger Quattermarkt von der Stesse, in: Rheinische Lebensbilder 8, Köln 1980, S. 41–60.

Kasimir Hayn, Ritter Hilger Quattermart von der Stessen. Ein Beitrag zur Familien- und Stadtgeschichte Kölns im 14. Jahrhundert (Münsterische Beiträge zur Geschichtsforschung 12), Paderborn 1888.

Stefan Lochner
(um 1400 – gest. 1451)

Nr. 35 / 1. OG

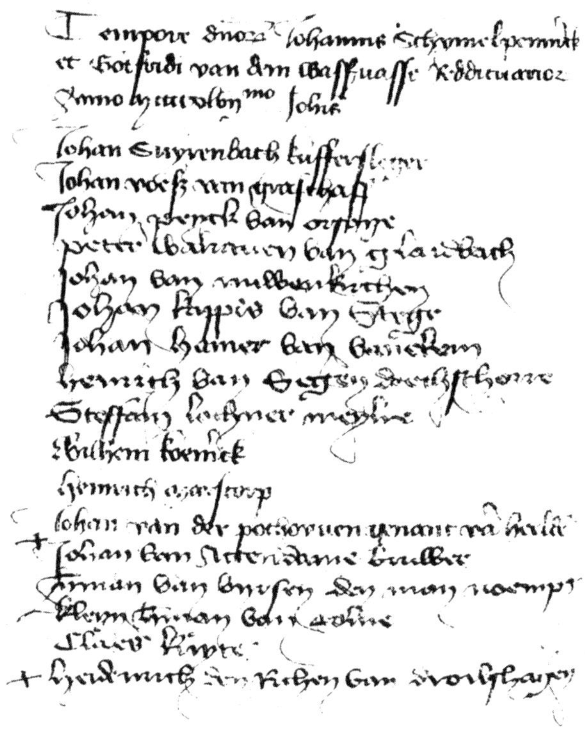

Abb. 471: Aufnahme in das Bürgerbuch im Juni 1477, HASt Köln

Seine Hauptwerke, das »Dombild« (oder richtiger: der Altar der Kölner Stadtpatrone im Dom) und die »Muttergottes in der Rosenlaube« (im Wallraf-Richartz-Museum) zählen zu den bedeutendsten Schöpfungen der deutschen Malerei, bilden den künstlerisch vollendeten Höhepunkt der berühmten Kölner Malerschule des 14./15. Jahrhunderts. Als einziger ihrer Meister ist Stefan Lochner mit vollem Namen bekannt. Dies ist kein Zufall, sondern entspricht seiner Bedeutung für die nachfolgenden Maler-Generationen, die sich in einer Tagebuchnotiz Albrecht Dürers niederschlug. Er vermerkte auf seiner niederländischen Reise 1520/21: »Item hab 2 weiss (Pfennige) geben von der taffel auffzusperren geben die maister Steffan zu Cöln gemacht hat.« Diese »herrliche und ausbundige schöne Tafel« wurde im vorigen Jahrhundert als das »Dombild« identifiziert und als ihr Schöpfer der einzige aus den städtischen Urkunden bekannte Kölner Maler des 15. Jahrhunderts mit dem Vornamen Stephan, der »meister Steffain Lochner mailre«.

Lochner stammte vermutlich aus dem östlich von Meersburg gelegenen Dorf Hagnau in der Nähe des Bodensees. Seit 1442 ist er in Köln nachweisbar: in

Die Figur wurde gemäß des einen von zwei erarbeiteten Modellen im kompositorischen Kontext zum unmittelbar benachbarten Heinrich von Beeck (Nr. 36) entwickelt, und auch die nachfolgende Figur Ulrich Zell (Nr. 37) wurde vom selben Bildhauer geschaffen. In ansonsten für das Figurenprogramm ungewöhnlicher Torsion des Körpers hält der dargestellte Künstler eine schildartige, mit der reliefierten Zeichnung eines Engels versehene Maltafel und zugleich einige Pinsel; zu seinen Füßen steht eine Mappe mit Zeichnungen. Die Physiognomie folgt derjenigen einer Gestalt im sogenannten Dombild, vom Bildhauer, der sich ebenso wie der Stifter intensiv mit Biographie und künstlerischer Überlieferung Stefan Lochners beschäftigte, als Selbstbildnis des Malers erkannt. Die rückwärtige Assemblage von architektonischem Wandstück und einer auf dem Kopf stehenden Maske paßte sich bei der Versetzung am Turm entsprechend den dortigen Maßwerkrippen ein. (BE)

diesem Jahr fertigte er mit seiner Werkstatt den Festschmuck für den Besuch Kaiser Friedrichs III. an. In der Folgezeit wird er zusammen mit seiner Frau Lysbeth als Hauseigentümer genannt. Sie bewohnen Haus Roggendorf »an der Stessen« im Kirchspiel St. Laurenz (heute: Große Budengasse 11–13). 1444 verkaufen sie es und erwerben das Doppelhaus »zome Carbunckel« und »zome alden Gryne« am Quatermarkt bei St. Alban. Lochner wird 1447 zum ersten Male als Vertreter der Maler und Schilderer-Gaffel in den Rat gewählt, drei Jahre später, 1450, erneut. Während seiner zweiten Ratsperiode stirbt er im Jahre 1451 wohl an der Pest.

Über seinen künstlerischen Werdegang gibt es nur Vermutungen. Man nimmt an, daß er nach Anfängen in seiner Heimat und am Oberrhein zunächst nach Köln kam, dann in die Niederlande weiterzog und in Tournai bei Robert Campin, dem »Meister von Flémalle«, vielleicht auch bei Jan van Eyck, dem Schöpfer des Genter Altares (1432), neue malerische Errungenschaften kennenlernte, bevor er um 1435 nach Köln zurückkehrte. Die Werke Lochners haben die Forschung vor große Aufgaben gestellt, da man mit Ausnahme des »Dombildes« keine Zuschreibungen und nur eine einzige Datierung besaß. Mit Hilfe stilkritischer Methoden ist der Bestand heute erfaßt. Lochners Stil vereinigt auf persönliche Weise die mittelalterliche Tradition der Kölner Malerschule mit den zeitgenössisch-niederländischen Einflüssen: die innig-fromme, idealisierende Kunstauffassung der herkömmlichen Tafelbilder wurde durch seine realistischere und individuellere Darstellung neu belebt.

In Köln sind u. a. die ca. 1435 entstandene Weltgerichtstafel für das Kölner Rathaus, die »Madonna mit dem Veilchen«, das herausragende Spätwerk »Muttergottes in der Rosenlaube« und eben das »Dombild« erhalten, ein monumentaler, auf Eichenholz gemalter

Stefan Lochner, Nordseite, 1. OG, Nr. 35
Ratsbeschluß am 11. Juni 1987
Modellvorstellung am 4. Februar und 23. September 1988
Figurenübergabe am 23. Januar 1990
Bildhauer: Hans Karl Burgeff
Stifter: Annemarie und Helmut Börner-Stiftung, Köln

Flügelaltar, der die Anbetung der Heiligen Drei Könige, flankiert von den Kölner Stadtpatronen St. Ursula und St. Gereon, zeigt. Lochner schuf dieses Werk etwa 1442–1445 im Auftrag unbekannter Stifter, vielleicht Kölner Patrizier, als Hochaltar für die 1426 an der Stelle der 1423 abgerissenen Synagoge erbaute Ratskapelle St. Maria in Jerusalem gegenüber dem Rathaus. Hier hörte der Rat vor Beginn seiner Sitzungen die Messe, hier wurden die Ratsherren vereidigt: dieser Ort war der religiöse Mittelpunkt des Kölner Stadtregiments, der Altar ein Symbol des Selbstbewußtseins gegenüber Erzbischof und Domkapitel. Im 16. und 17. Jahrhundert hoch geschätzt, wurde das Tryptichon später kaum mehr beachtet. Bis zur Profanierung der Ratskapelle im Jahre 1794 blieb es dort, wurde dann in einem Raume des Rathauses untergebracht, 1804 von F. F. Wallraf und anderen wiederaufgefunden und von Sulpiz Boisserée 1809 dem Dom übertragen, in dessen Marienkapelle es sich heute befindet. (CVK/BD)

Literatur

H. J. Becker, Stadtpatrone und städtische Freiheit. Eine rechtsgeschichtliche Betrachtung des Kölner Dombildes, in: Beiträge zur Rechtsgeschichte. Gedächtnisschrift für H. Conrad, hg. v. G. Kleinheyer und P. Mikat, Paderborn u. a. 1979 (Rechts- und Staatswissenschaftliche Veröffentlichungen der Görres-Gesellschaft NF 34), S. 23–46.

Rainer Budde, Köln und seine Maler 1300–1500, Köln 1986

Otto H. Förster, Stefan Lochner. Ein Maler zu Köln, Bonn [2]1952.

Hans Kauffmann, Das Dombild des Stefan Lochner, in: KDbl. 6/7, 1952, S. 7–10.

Rolf Lauer, Christa Schulze-Senger, Wilfried Hansmann, Der Altar der Stadtpatrone im Kölner Dom, in: KDbl. 52-1987, S. 9–80.

Johann Jakob Merlo, Kölnische Künstler in alter und neuer Zeit, Düsseldorf 1895, Sp. 840ff.

Hubert Schrade, Stephan Lochner (Kompendium zur deutschen Kunst, Bd. 2), München 1923.

Frank Günter Zehnder (Hg.), Stefan Lochner, Meister zu Köln. Herkunft-Werke-Wirkung, Köln 1993.

Heinrich von Beeck (2. Hälfte 15. Jh.)

Nr. 36 / 1. OG

Unter seinen Schätzen bewahrt das Historische Archiv der Stadt Köln das handschriftliche, reich mit Zeichnungen geschmückte Original der »Agrippina« und seine unter Aufsicht des Autors in »Schönschrift« angefertigten Kopien: eine universalhistorisch orientierte Reimchronik der Stadt Köln, nach Heinrich von Beecks eigenhändiger Unterschrift zwischen 1469 und 1472 verfaßt und niedergeschrieben.

Die lateinische, deutsche, lokal- und reichsgeschichtliche Vorlagen kompilierende Chronik reflektiert, eingebettet in die Form der Universalgeschichte (bis zum Jahr 1419), das großartige Selbstbewußtsein der Stadt schon vor ihrer Erhebung in die Reichsstandschaft durch Kaiser Friedrich III. im Jahre 1475, in die sie seit 1288 mit seiner großen und ständig zunehmenden wirtschaftlichen und politischen Bedeutung de facto längst hineingewachsen war. Köln und seine Bürger hatten sich lange vor diesem berühmten Datum als »frei« betrachtet. Das erste Urkundenkopiar von 1326 sprach in seiner Huldigungsformel selbstbewußt von den »freien Bürgern« der Stadt, die gelobten, dem Reichsoberhaupt »treu und hold« zu sein. Auf dem Frankfurter Reichstag von 1397/98 war Köln bereits anwesend; 1461 nannte es sich, obwohl de jure immer noch dem Erzbischof und Kurfürsten untertan, eine »gefürstete freie Stadt«, 1470 bereits »freie Stadt des Reiches«.

Die »Agrippina«, handschriftlich nur in Köln überliefert und in der Koelhoffschen Chronik von 1499 ausgiebig als Quelle benutzt, greift dieses Selbstverständnis auf und bekräftigt es in einer herausragenden Betonung der Bindung der Stadt an das Reich, augenfällig auch in einer Vielzahl von Abbildungen. So zeigt seine Darstellung des doppelköpfigen Reichsadlers als »des Hilligen Roymschen Rychs Corpus«, der auf seinen Schwingen die Wappen der wichtigsten Reichsstände trägt, das stadtkölnische Dreikönigswappen, noch ohne die 1474 erstmals belegten elf Hermelinschwänzchen (Symbole für die 11000 Jungfrauen) im unteren Teil des Schildes, und an anderer Stelle erscheint Köln flammenumgeben auf der Brust des Reichsadlers als »Sacri Imperii Colonus«, Bauer des Reichs (Farbtafel 2).

Für Heinrich von Beeck ist Köln unbezweifelbar nicht nur »eyne vrye Statt des Heyligen Roymischen Rychs«, sondern mehr noch, nämlich »de krone bouven allen rych Steden«, und unter dieser Überschrift erscheint es hervorgehoben an erster Stelle im Kreise aller anderen Reichsstädte: nach Trier die älteste Stadt des Reiches, von Anbeginn des Christentums der Kirche zugehörig, wie keine andere Stadt mit Privilegien

Diese Figur wurde in enger kompositorischer Abstimmung mit ihrem vorangehenden Nachbarn, dem vom selben Stifter ermöglichten Stefan Lochner (Nr. 35) sowie der nachfolgenden Figur Ulrich Zell (Nr. 37) entwickelt. Der Chronist Kölns erscheint im humanistischen Gelehrtenhabit seiner Zeit, in den Händen und aufgestützt auf sein rechtes Knie hält er den umfangreichen Folioband; auf die zwischenzeitlich überlegte Aufschrift eines A für Agrippina, den Titel der Chronik, verzichtete der Künstler. Die kleine Fußstütze kommentierte er selbst in einem Brief vom 24. August 1989 als ein leeres menschliches Gedankenfach, wie es sich für einen Geschichtler geziemt. (BE)

begnadet, vom römischen Kaiser Trajan mit edlen Römern aus senatorischem Adel besiedelt, den Urahnen der Kölner »Geschlechter«, ausgezeichnet durch das Blut christlicher Märtyrer und dadurch aufgenommen in den Kreis heiliger Städte mit Jerusalem, Rom, Konstantinopel, Trier. (BD)

Literatur

HAStK Chroniken und Darstellungen 19 (Autograph); 20 (kalligraphische Prachtausfertigung); 21; 22; 23.

Beatrix Alexander, Der Kölner Bauer, Köln 1987.

Hermann Cardauns, Die Chroniken der niederrheinischen Städte, Cöln Bd. 1 u. 2 (Chr. dt. Städte 12, 13) 1875/1876.

Anna-Dorothee. von den Brincken (Bearb.), Köln 1475, des Heiligen Reiches Freie Stadt, Köln 1975.

Anna-Dorothee von den Brincken, Köln, das Reich und die Ökumene (800–1475), in: Köln. Stadt und Bistum ..., S. 701–718.

Adam Wrede, Verfasserlexikon des deutschen Mittelalters II, 1934, Sp. 251–252.

Heinrich von Beeck, Nordseite, 1. OG, Nr. 36
Ratsbeschluß am 17. November 1988
Modellvorstellung am 23. September 1988
Figurenübergabe am 23. Januar 1990
Bildhauer: Hans Karl Burgeff
Stifter: Annemarie und Helmut Börner-Stiftung, Köln

Ulrich Zell (gest. 1507 ?)

Nr. 37 / 1. OG

Die Koelhoffsche Chronik, erschienen im Jahr 1499, bringt die – wenn nicht die früheste, so doch die ausführlichste – Nachricht von der Erfindung und Verbreitung einer der größten menschlichen Errungenschaften, die »boychdrucker kunst«. Sie nennt auch den Namen des »ehrsamen Meisters«, der, aus Hanau kommend, im Jahre 1464 sich »apud Lyskirchen« niedergelassen und die Kunst, Bücher zu drucken, nach Köln gebracht hatte: Ulrich Zell.

Seine Ausbildung zum Drucker hatte Zell in Peter Schöffers berühmter Offizin zu Mainz erhalten. In Köln immatrikulierte er sich zunächst am 17. 6. 1464 an der Artistenfakultät der Universität, wobei er vorgab, ein Kleriker aus der Diözese Mainz zu sein. Es war Zell jedoch nicht ums Studieren zu tun. Er wollte unter dem Schutz der Universität Bücher drucken, und schon 1465 erschien in Köln das erste von ihm gedruckte Werk, das erste in Köln gedruckte Buch überhaupt: ein Cicero-Text. Zell produzierte fast nur für die Gelehrten, d. h. mit geringen Auflagehöhen. Zwischen 1465 und 1503 brachte er circa 200 Titel heraus, hauptsächlich Texte der Kirchenväter und theologische Abhandlungen.

Seine ersten Kölner Jahre brachten Zell wirtschaftlichen Erfolg und Ansehen. Er besaß mehrere Häuser, heiratete in die Kölner Patrizierfamilie Spangenberg ein, wurde Kirchmeister von St. Maria Lyskirchen. Sein ökonomischer Erfolg war jedoch nicht von Dauer; die stärker werdende Konkurrenz auch in Köln setzte ihm zu. Seit den achtziger Jahren geriet er in finanzielle Abhängigkeit vom Papierhändler Rutger Selbach, einem der reichsten Kölner Kaufleute der Zeit, und dessen Ehefrau Grete, denen er Häuser in der Spulmannsgasse und in der Kleinen Witschgasse übertrug und bei denen er Kapital aufnahm. Zuletzt mußte er sogar als Lohndrucker für Koelhoff tätig sein.

Mit den beiden vorangehenden Figuren Stefan Lochner (Nr. 35) und Heinrich von Beeck (Nr. 36) bildet Ulrich Zell eine Gruppe aus der Hand ein und desselben Bildhauers. Die besondere Situation der Eckkonsole und ihre bei Umschreiten der Nordostecke sich ändernden Betrachtereindrücke erlaubten die am Turm sonst ungewöhnliche Darstellungsweise. Der Buchdrucker, dessen Porträt nicht authentisch überliefert ist, und der im Laufe der Ausführung die Gesichtszüge des verstorbenen Bildhauers Jochem Pechau (vgl. Josef Haubrich, Nr. 98) annahm, hält ein Ris Papier empor und zählt die Bogenlagen. Die gegenüber dem ursprünglichen Modell stärker geneigte Tischfläche gibt einen Setzhaken und den Ballen zum Einfärben der Buchdrucklettern zu erkennen. (BE)

Ulrich Zell, Nordseite, 1. OG, Nr. 37
Ratsbeschluß am 1. Februar 1990
Modellvorstellung am 15. Mai 1991
Figurenübergabe am 12. Mai 1992
Bildhauer: Hans Karl Burgeff
Stifter: Nachkommen des Druckers und Verlegers Joseph Bachem (1821–1893), Köln

Zells bleibendes Verdienst um Köln ist, die Stadt zur vierten in Deutschland gemacht zu haben, in der die Kunst des Buchdrucks geübt wurde. Über Jahre der einzige Drucker am Niederrhein, hatte er die Grundlagen für das in Köln rasch sich entwickelnde und über die Stadt hinaus große Bedeutung erlangende Druckgewerbe gelegt. (BD)

Literatur

Die Katharinen-Passie. Ein Druck von Ulrich Zell. In Nachbildung hg. und untersucht von Hermann Degering und Max Joseph Husung, Berlin 1928.
Hans Blum, Severin Corsten, Peter Joseph Hasenberg (Bearb.), 500 Jahre Buch und Zeitung in Köln, Ausstellungskatalog, Köln 1965.
Severin Corsten, Die Anfänge des Kölner Buchdrucks, in: JbKGV 29/30, 1954/55, S. 1–98.
Bruno Kuske, Quellen zur Geschichte des Kölner Handels und Verkehrs im Mittelalter, Bd. 1–4, Bonn 1917–1934 (Veröffentl. d. Gesellschaft f. Rheinische Geschichtskunde 33), hier: Bd. 3.
Johann Jakob Merlo, Ulrich Zell, Kölns erster Drucker, Köln 1900 (Veröffentl. d. Stadtbibliothek Köln, Beiheft 3).
Ernst Vouilliéme, Der Buchdruck Kölns bis zum Ende des 15. Jahrhunderts (Publikationen d. Ges. f. Rheinische Geschichtskunde 24), Bonn 1930 [Reprint Düsseldorf 1978].

Fygen Lutzenkirchen (gest. n. 1515)

Nr. 38/1. OG

Eine herausragende Rolle im exportorientierten Kölner Handwerk spielte über lange Zeit das fast ausschließlich von Frauen betriebene Seidengewerbe: Seidmacherinnen, deren erster Amtsbrief im Jahre 1437 ausgestellt wurde, Seidspinnerinnen, Seidfärberinnen. Hauptseidmacherinnen wurden die Meisterinnen des Gewerbes genannt, und eine der bedeutendsten und erfolgreichsten von ihnen war Fygen

Die Figur wurde im kompositorischen Kontext mit ihrem unmittelbaren Nachbarn, dem vom selben Bildhauer stammenden Heinrich Agrippa von Nettesheim (Nr. 39) entwickelt und gemäß dieser Gestalt auch in ein zeitgemäßes Kostüm mit großer Kopfhaube und langem, am Ausschnitt von einer Brosche gefaßtem Kleid gewandet. Die Kölner Kauffrau trägt mit Tuchrolle und Schere Attribute ihrer Tätigkeit als Meisterin der Seidenweberzunft, die Geldkatze erinnert an ihr wirtschaftlich erfolgreiches Engagement im Handel, und der Schlüssel schließlich weist sie als Hausbesitzerin und Besorgerin ihres Haushaltes aus. Die Wahl zugunsten des Tuchballens, gegenüber dem Modell differenziert und zugleich in größerer Abmessung ausgeführt, wurde in Abwägung gegenüber einer zunächst beabsichtigten Spindel getroffen. (BE)

Fygen Lutzenkirchen, Ostseite, 1. OG, Nr. 38
Ratsbeschluß am 22. August 1989
Modellvorstellung am 14. November 1989
Figurenübergabe am 11. Februar 1992
Bildhauer: Wolfgang Reuter
Stifter: Modehaus Jacobi, Köln

Lutzenkirchen, Hauptseidmacherin seit 1474 – bis 1497 hatte sie fünfundzwanzig »Lehrtöchter« angenommen! – und sechsmal Amtsmeisterin, Vorsteherin, ihrer Zunft.

Fygens Ehemann Peter Lutzenkirchen war ein vermögender Kaufmann im Rohseidenhandel, auch Faktor verschiedener großer Handelsgesellschaften, unter anderen der Großen Ravensburger und der Vöhlin-Welser-Gesellschaft, und er war bis zu seinem Tode um das Jahr 1498 Ratsherr des Wollenamtes, der damals vornehmsten Kölner Gaffel gewesen. Agnes, ihre Tochter, heiratete im Jahre 1492 Andreas Imhof, den Faktor der Memminger-Vöhlin-Gesellschaft. All' dies zeichnet das Bild einer jener für die Zeit charakteristischen, wohlhabenden, den herrschenden Kreisen zugehörenden Kölner Kaufmannsfamilie mit weitreichenden Beziehungen über die Grenzen der Stadt hinaus.

Nicht nur vertrieb Peter Lutzenkirchen bei seinen regelmäßigen Messebesuchen die Produkte der Werkstatt seiner Ehefrau, Fygen war auch an seinen geschäftlichen Unternehmungen beteiligt, und nach seinem Tod übernahm die vermögende Unternehmerin eines seiner Handelsgeschäfte, wohl die Vertretung der Großen Ravensburger. Um diese Zeit überließ sie dann auch die Seidmacherei ihrer Tochter Lysbeth, Hauptseidmacherin seit 1496 und Ehefrau des Mertyn Ime Hove d. J., dessen Familie den bedeutendsten Kölner Seidenbetrieb in der zweiten Hälfte des 16. Jahrhunderts besaß.

Fygen Lutzenkirchen selbst widmete sich fortan gleichermaßen erfolgreich dem nicht minder lukrativen Handel mit Drugwaren und Wein. Als sie um das Jahr 1515 starb, gehörte sie zu den sechs reichsten Frauen der Stadt. (BD)

Literatur

Wilhelm Behaghel, Die gewerbliche Stellung der Frau im mittelalterlichen Köln, Diss. Freiburg 1910.

Franz Irsigler, Kölner Wirtschaft im Spätmittelalter, in: Zwei Jahrtausende Kölner Wirtschaft, hg. von Hermann Kellenbenz. Bd. 1: Von den Anfängen bis zum Ende des 17. Jahrhunderts, Köln 1975, S. 217–319.

Hans Koch, Geschichte des Seidengewerbes in Köln vom 13. bis zum 18. Jahrhundert (Staats- und Sozialwissenschaftliche Forschungen, H. 128), Leipzig 1907.

Heinrich Cornelius, gen. Agrippa von Nettesheim (1486–1535)

Nr. 39 / 1. OG

Abb. 472: Heinrich Cornelius Agrippa von Nettesheim, Foto: Bernhard Exner, 1991

Heinrich Cornelius, in Köln am 14. 9. 1486 geboren, legte sich gemäß dem Brauche der Humanisten einen latinisierten und erweiterten Namen zu: Henricus Cornelius Agrippa de Nettesheim, »Agrippa« – nach dem römischen Feldherrn und angeblichen Gründer seiner Heimatstadt, und bereits sein Vater (gest. 1519) war in der Matrikel der Kölner Universität als »de Nettesheim, civis Coloniensis« erschienen. Immer wieder kehrte Agrippa im Laufe seines abenteuerlichen Lebens nach Köln zurück, wo seine Mutter und seine Schwester noch in den zwanziger Jahren des 16. Jahrhunderts lebten, obgleich er zwiespältige Gefühle gegenüber seiner »heißgeliebten Vaterstadt« hegte:

> »Sooft ich in ... meinen Geburtsort zurückgekehrt bin, finde ich – wie Odysseus, nach Hause kommend, von niemandem erkannt wird – keinen, am wenigsten unter meinen Blutsverwandten, der mir den Willkommensgruß entbietet, vielleicht, damit sich das Schriftwort erfüllt: Der Prophet gilt nichts in seiner Heimat.«

Zu Hause war der dreimal kinderreich verheiratete Gelehrte weder in Köln noch anderswo. Sein Leben war eine ruhelose Suche nach Einkommen und Ansehen, politischen Würden und Macht, die ihn durch halb Europa führte – und auch eine Flucht vor Mißhelligkeiten, Enttäuschungen, Feinden und Gläubigern. Seit Juli 1499 war er an der Kölner Artistenfakultät eingeschrieben (Er schreibt über sich: »Seit beginnendem Leben war ich immer ein wißbegieriger und unerschrockener Erforscher wunderbarer Wirkungen und Arbeiten voller Geheimnisse.«), erwarb hier 1502 das Lizentiat und ging dann (vor 1507) an die Sorbonne nach Paris, studierte Jura, Theologie und Medizin. Nach dem Abschluß seiner Pariser Studien folgte ein längerer Frankreich- und Italienaufenthalt. Begabt, belesen und ehrgeizig, in Europa weitgereist und sprachkundig (er selbst behauptete, acht Sprachen zu sprechen), beherrschte Agrippa alle Zweige des damaligen Wissens. Die freien Künste, Medizin und Recht hatte er studiert, sich mit Sprachen, Theologie und Philosophie befaßt. Ob als Soldat in Nordspanien (1508/09) oder als Offizier in Italien (ab 1511; sieben Jahre lang will er mit Unterbrechungen den Habsburgern gedient und es zum »Ritter vom Goldenen Sporn« gebracht haben) und Unterhändler Kaiser Maximilians I., als Universitätslehrer in Dôle/Burgund (1509), wo er über Reuchlins kabbalistisches Werk »De verbo mirifico« Vorlesungen hielt und seine berühmte Abhandlung »De nobilitate et praeexcellentia feminei sexus« (Über den Adel und den Vorzug des weiblichen Geschlechtes) veröffentlichte, in England (1510), oder in Pavia und Turin (1512–1514), ob in Rom (1514/15) und in Casale am Hofe des Markgrafen von Montferrat (1516/17), Genf (1521–1523), Paris (1527/28), ob als Alchemist und Goldmacher in Avignon und anderswo, ob als Rechtsberater Teilnehmer des Konzils von Pisa (Mailänder Sessio 1512), als Orator und Advokat der Stadt Metz (1518–1520), als Stadtmedicus im schweizerischen Fribourg (1523/24), als Leibarzt der Mutter des französischen Königs in Lyon (1524–1527), ob als Historiograph und Archivar der niederländischen Statthalterin Margarete von Österreich und Arzt in Antwerpen und Mecheln (1528–1532) und immer wieder zwischenzeitlich in Köln (1507, 1509/10, 1520, 1532–1535) – stets blieb Agrippa eine schillernde Persönlichkeit, die es zwar verstand, mächtige Gönner zu finden, deren Kontakte mit den Herrschenden der Zeit aber meist unrühmlich endeten. Er selbst beschrieb sich als »einen freimütigen, offenherzigen Menschen ohne Verstellung, unkundig der Heuchelei«, und diese Eigenschaften waren es wohl, die seine Beziehungen zu seinen hochadligen und hochmögenden Gönnern rasch trübten. In Köln mischte er sich auf der Seite seines Freundes Hermann Graf von Neuenahr in den »Dunkelmännerstreit« ein. Mit den Dominikanertheologen der Kölner Universität stritt er ab 1532 mit einer Appellation (Jan. 1533) an den Kölner Rat um das Erscheinen seiner Schrift »De occulta philosophia sive magia«. Mit Hilfe des Kölner Kurfürsten Hermann von Wied, bei dem er ab 1532 in Bonn Unterstützung fand und dem er das erste Buch seines Werkes »Über die Geheimwissenschaften« widmete, konnte die Schrift dann 1533 in Köln erscheinen, wie auch schon 1526 sein anderes Hauptwerk »De incertudine et vanitate omnium scientiarum...«. Im fünfzigsten Lebensjahr hielt es ihn nicht mehr im Dienste des Kölner Kurfürsten, obwohl es ihm materiell gut ging. Wegen seiner »occulta philosophia« immer noch im heftigen Streit mit der Kölner Artistenfakultät liegend, die er als Versammlung von Ignoranten schmähte, zog es den unruhigen Geist noch einmal nach Frankreich, um vielleicht dort mit Hilfe von Freunden die immer noch erhoffte große »Pension« zu erlangen. Am 18. 2. 1535 aber starb er in Grenoble, wo er in der Dominikanerkirche bestattet wurde. Durch seine Schriften ist Agrippa der Nachwelt in Erinnerung geblieben, im Laufe der Zeit erschienen seine Werke in deutscher, englischer, französischer, niederländischer und italienischer Sprache. Sein Name fehlt in keinem Standardwerk zur Geschichte der Philosophie. Er steht, im Gefolge von Johannes Reuchlin und Pico della Mirandola, für eine als »mystische Theosophie« bezeichnete Richtung frühneuzeitlichen Denkens. Insbesondere seine dem führenden Okkultisten der Zeit, seinem Freund Trithemius von Sponheim bereits 1510 gewidmete handschriftliche Abhandlung zur okkulten Philosophie (De occulta philosophia libri tres; gedr. erst 1531 bzw. erweitert 1533 und von den Universitäten zu Löwen und Paris als gottlos und ketzerisch verdammt) hatte eine kaum zu unterschätzende Wirkung unter den Gelehrten großer Teile Europas. In der »Occulta philosophia« trug Agrippa die entsprechenden Lehren der Antike und des Mittelalters aus den Schriften der Neuplatoniker und Kabbalisten zusammen und beschrieb die Magie als Mittel zur Naturbeherrschung und höchstes Ziel menschlichen Geistes, die Ergründung des »Lichts der Natur«. In dem späteren zweiten Hauptwerk »De incertitudine et vanitate scientiarum« (Über die Unsicherheit und Eitelkeit der Wissenschaften) richtete er heftige Angriffe gegen die Mißstände in der Kirche und in der Welt. Er sprach sich nicht nur gegen die herkömmliche scholastische und humanistische Wissenschaft aus, er verwarf auch Magie, Alchimie und Aberglauben, verfolgte mit besonderem Haß die »gottlose Sternendeuterei«: nur der schlichte Glaube an Gottes Wort führe zur Wahrheit. Dies hinderte Agrippa jedoch nicht, sich stets intensiv praktisch der Alchemie, Goldmacherei und Astrologie – die er als Teilbereich der ärztlichen Kunst begriff – zu widmen. Was sich als Gespaltenheit seines Charakters und Denkens darstellt, ist zugleich typisch für eine Epoche, die begeistert von Okkultismus und Magie, aber auch erfaßt von Skepsis und voll von Widersprüchen war. Agrippa von Nettesheim drückt in seinen Werken die Spannung aus, die sein Zeitalter erfüllte, die rastlose Suche nach neuer Orientierung im Zwiespalt zwischen der verfallenden mittelalterlichen Ordnung und der neuen Welt der Renaissance. Nicht zuletzt seine kritische, oft als ketzerisch gewertete Einstellung zur Kirche (u. a. zur Hexenverfolgung und zur scholastischen Theologie; zeitweilig geriet er in Verdacht, sich dem Protestantismus zugewendet zu haben, »Lutheraner« geworden zu sein) und seine Suche nach einer idealisierten, urkirchlichen Nähe zu Gott weisen ihn als typische Erscheinung der Renaissance aus. Verewigt wurde Agrippa von Nettesheim jedoch auch in anderer Weise, nämlich als Element der in jener Zeit entstehenden Faust-Sage und als eines der Urbilder zu Goethes Faust, dessen erste Monologe deutliche Züge von Agrippas Persönlichkeit und skeptisch-mystischer Denkweise tragen. (CVK/BD)

Heinrich Agrippa von Nettesheim, Ostseite, 1. OG, Nr. 39
Ratsbeschluß am 28. April 1988
Modellvorstellung am 23. September 1988
Figurenübergabe am 11. Februar 1992
Bildhauer: Wolfgang Reuter
Stifter: Westdeutsche Lotterie GmbH & Co, Köln

Die Figur wurde im kompositorischen Kontext mit ihrer unmittelbaren Nachbarin Fygen Lutzenkirchen (Nr. 38) durch denselben Bildhauer entwickelt und gemäß dieser Gestalt gleichfalls in ein zeitgemäßes Kostüm, in Scholarenmütze und einen weiten, pelzbesetzten Mantel gewandet. In der Vielzahl von Büchern und gerollten Manuskripten, durch den so vielseitig interessierten Gelehrten doch bei aller Gefahr einer Konfusion sicher im Arm gehalten, suchte der Künstler ein psychologisches Moment zum Ausdruck zu bringen. Die literarische Tätigkeit klingt in der Schreibfeder an. Seine intensive Beschäftigung mit mystischen und okkulten Vorstellungen versinnbildlicht zu Füßen Heinich Agrippa von Nettesheims das Fabelwesen, dessen geringelter Schweif in Änderung gegenüber dem Modell nunmehr bis zu den Fingern der Schreibhand hinaufreicht. (BE)

Literatur

ADB 1(1875), S. 156–158.
LThK I 209f.
NDB 1(1953), S. 105–106.
[Agrippa] Epistola apologetica ad clarissimum Agrippinae Romanorum Senatum, contra insaniam Conradi Cölin de Ulma ordinis praedicatorii monachum Henrici Cornelii ab Nettesheim, Strasbourg 1535 [Ein sendtbrief an Bürgermeister unnd Raht der Stat Cöln, wider die Sophisten, des strengen Ritters ... Henrici Cornelii Agrippae, newlich verdeutscher, Theodorus Faber, Strassburg 1535]
Justus Hashagen, Hauptrichtungen des rheinischen Humanismus, in: AHVN 106, 1922, S. 1–56.
August Jegel, Die Lebenstragödie des Dr. jur. et med. Heinrich Cornelius Agrippa von Nettesheim, in: JbKGV 20, 1938, S. 15–76.
James V. Mehl (Hg.), Humanismus in Köln – Humanism in Cologne (Studien zur Geschichte der Universität zu Köln 10), Köln/Weimar/Wien 1991.
Erich Meuten, Kölner Universitätsgeschichte. Bd. 1: Die alte Universität, Köln Wien 1988 (hier: S. 252–254).
Henry Morley, The Life of H. C. Agrippa, 2 Bde., London 1856.
Charles G. Nauert, Agrippa and the Crisis of Renaissance Thought, Urbana/Illinois 1965 (Illinois Studies in the Social Sciences, 55).
Charles G. Nauert, Agrippa von Nettesheim (1486–1535), in: Rheinische Lebensbilder 4, Düsseldorf 1970, S. 57–77.
Auguste Prost, Les Sciences et les arts occultes au XVIe siècle: Corneille Agrippa, sa vie et ses oeuvres, 2 Bde, Paris 1881–1882.
Gerhard Ritter, Ein historisches Urbild zu Goethes Faust (Agrippa von Nettesheim), in: Preußische Jahrbücher 141, 1910, S. 300–324.
Paola Zambelli, Agrippa von Nettesheim in den neueren kritischen Studien und in den Handschriften, in: Archiv für Kulturgeschichte 51, 1969, S. 264–295.
Charles Zika, Agrippa von Nettesheim and his Appeal to the Cologne City Council in 1533: The Politics of Knowledge in Early Sixteenth-Century Germany, in: James V. Mehl (Hg.), Humanismus in Köln ..., S. 119–174.

Hermann Graf von Neuenahr (1492–1530)

Nr. 40 / 1. OG

Bereits im zarten Alter von drei Jahren erhielt Hermann, der zweitgeborene Sohn des Grafen Wilhelm II. von Neuenahr seine Pfründe am Kölner Domstift. Johannes Caesarius wurde der Privatlehrer des Knaben, der sich 1504 mit 12 Jahren an der Universität Köln und im Jahre 1509/1510 an der Universität Bologna zu im Verständnis des Humanismus einer Zeit umfassenden Studien immatrikulierte: Theologie, Philosophie, Naturwissenschaften, Griechisch und Hebräisch. Als Humanist schrieb Hermann lateinische Briefe und Verse, er fertigte lateinische Psalmenübersetzungen, schrieb eine Frankengeschichte (Brevis narratio de origine et sedibus priscorum Francorum; Basel 1532), publizierte 1521 die Werke Einhards (um 770–840), des Biographen Karls des Großen, und er korrespondierte mit Erasmus von Rotterdam, der ihn 1518 auch auf Schloß Bedburg besuchte. Besonders aber widmete er sich in Studien und Abhandlungen der Theologie, der Medizin und der Botanik. Hermann war ein Gelehrter von großer Universalität, doch nicht nur das. 1519 nahm er als Generalvikar des Erzbischofs Hermann von Wied, mit dem er auch verwandt war, an der Wahl Karls V. in Frankfurt und 1520 an dessen Krönung in Aachen teil; 1524 wurde er Drompropst in Köln (zuvor bereits Propst in Aachen) und hatte somit die höchste kirchliche Würde nach dem Erzbischof inne. Damit verbunden war das Amt des Kanzlers der Kölner Universität, das es ihm ermöglichte, den humanistischen Studien endlich auch an dieser bis dahin immer noch spätscholastisch fixierten Hochschule zum Durchbruch zu verhelfen.

Recht eigentlich aber sind Hermanns Name und Bedeutung verbunden mit seinem Eintreten für den Hebraisten Johannes Reuchlin (gest. 1522) im sog. »Kölner Judenbücherstreit«. Unterstützt von den Kölner Dominikanern hatte der 1505 in Köln zum Katholizismus konvertierte Jude Johannes Pfefferkorn in vier antijüdischen Pamphleten das Verbot sämtlicher hebräischer Bücher gefordert. Auf Geheiß Kaiser Maximilians I. wurden zu diesem Verlangen Gutachten eingeholt. Die Universitäten Köln, Mainz und Erfurt, der Kölner Dominikanerprior Jakob von Hochstraten und Viktor von Carben, ein zum Priester geweihter ehemaliger Rabbiner, unterstützten Pfefferkorn; die Universität Heidelberg mochte sich nicht entscheiden, während 1510 Johannes Reuchlin sich allein für ein Verbot das Christentum schmähender hebräischer Schriften aussprach, andere, wie z. B. den Talmud, aber davon ausgenommen wissen wollte. Pfefferkorn reagierte 1511 auf Reuchlins differenzierte Sicht mit einem üblen Pamphlet: dieser könne

Hermann Graf von Neuenahr, Ostseite, 1. OG, Nr. 40
Ratsbeschluß am 26. April 1990
Modellvorstellung am 31. Oktober 1990
Figurenübergabe am 26. Juni 1991
Bildhauer: Karl-Josef Dierkes
Stifter: Heinz G. Endres, Köln

Der Kleriker und vielseitig forschende Gelehrte erscheint in einem Habit, das sowohl an das geistliche wie das humanistisch weltliche Scholarengewand seiner Zeit erinnern läßt. Das Pult, in dessen Fach ein Buch oder Manuskript sichtbar wird, ist Hinweis auf Studium, literarische und lehrende Tätigkeit zugleich. Neben dem Familienwappen von Neuenahr am Fuß des Pultes erscheint auf dessen Stirnseite das Siegel der Kölner Universität. Der ungewöhnliche Gestus des verdeckten Schreibens ist sinnfällig assoziativer Ausdruck jener Bedeutung, welche Hermann Graf von Neuenahr im sogenannten Dunkelmännerstreit beigemessen werden darf. (BE)

kein Hebräisch, habe seine renommierte hebräische Grammatik gar nicht selbst verfaßt und habe sich von den Juden bestechen lassen. Reuchlins Entgegnung »Augenspiegel« wurde auf Betreiben der Kölner Dominikaner und der Kölner Universität durch ein Gutachten der Pariser Sorbonne verurteilt, in dessen Folge es in Köln im Oktober 1512 auf kaiserliche Anordnung zum Verbot der »den Juden günstigen, dem Christenglauben nachteiligen Bücher des Dr. Johannes Reuchlin« kam, das erste nachweisbare kaiserliche Bücherverbot überhaupt. Reuchlins »Defensio contra calumniatores suos Colonienses« (Verteidigung gegen seine Kölner Verleumder) führte zu einem gegen ihn gerichteten Prozeß vor dem Mainzer Inquisitionsgericht, in dem er allerdings im März 1514 freigesprochen wurde. Im Februar dieses Jahres aber hatte die theologische Fakultät der Universität Köln seinen »Augenspiegel« noch als ketzerisch verbrennen lassen. Reuchlin veröffentlichte nun eine Auswahl an ihn gerichteter, ihn verteidigender und unterstützender Briefe »berühmter Männer« (clarorum virorum epistolae), während seine intransigenten Kölner Widersacher in Rom den Inquisitionsprozeß in zweiter Instanz fortführten und in Köln das scharfe, die Verbrennung seiner Schriften fordernde Gutachten der Sorbonne im Druck der Offizin des Heinrich Quentel erschien, in der jener Ortwin Gratius als Korrektor wirkte, der schon die lateinische Ausgabe der Pfefferkornschen Pamphlete besorgt hatte. Im Oktober 1515 publizierten die Humanisten Crotus Rubeanus und Ulrich von Hutten – beide hatten selbst an der Kölner Universität studiert – anonym und mit dem fingierten Druckort Venedig eine Sammlung von zunächst 41, in späteren Auflagen dann 110 fiktiven satirischen Briefen der Gegner Reuchlins, abgefaßt in absichtlich holprigem Latein den längst obsoleten wissenschaftlichen Anspruch der Kölner Universität karikierend: »Epistolae obscurorum virorum ad venerabilem virum Magistrum Ortvinum Gratium Daventriensem Coloniae Agrippinae bonas litteras docentem varijs & locis & temporibus missae ac demum in volumen coactae« (Briefe der dunklen Männer an den ehrenwehrten Magister Ortwin Gratius aus Deventer, Lehrer aller rechten Wissenschaften zu Köln, von verschiedenen Orten und zu verschiedenen Zeiten abgeschickt und nunmehr endlich in einem Band vereinigt). Hermann von Neuenahr selbst veröffentlichte 1517 in Köln eine Verteidigungsschrift für Reuchlin, in der er dessen römische Gönner und Bewunderer aufzählte und die Bedeutung des Kampfes gegen seine Widersacher und für die Lese- und Meinungsfreiheit höher wertete als jene der Argonautenkämpfe oder der Punischen Kriege. Hochstraten schmähte ihn daraufhin in seiner »Apologia prima« (1518) als unwürdig seiner Eltern und seiner Vaterstadt Köln. Reuchlin, Hutten und Hermann von dem Busche verteidigten Neuenahr in zahlreichen Briefen, die er zusammen mit einem von ihm verfaßten Verdammungsurteil über Hochstratens »Apologia« und einer Verteidigungsschrift Reuchlins, der er ein scharfes Vorwort voranstellte, herausgab: »Epistolae trium illustrium virorum« (1518). Doch auch der intensive Einsatz Neuenahrs für Reuchlin blieb ohne Erfolg. Im Jahre 1520 verurteilte ihn der Papst »zu ewigem Stillschweigen.«

Am 20. Oktober 1530 starb der unter den Humanisten hochangesehene und hochgeschätzte Hermann Graf von Neuenahr in Augsburg, wohin er seinen Erzbischof anläßlich des dortigen Reichstages begleitet hatte. Sein Leichnam wurde nach Köln gebracht und dort in der Familiengruft im Cistercienserinnenkloster Mariengarten beigesetzt. In einem Nachruf auf ihn, den »Rufer im Streit«, »das starke Ärgernis der Feinde und ein nimmer wankender Hort der Genossen«, heißt es, daß »sein Name zu einem Programm geworden war«. (BD)

Literatur

ADB 23, 1886 (ND Berlin 1970), 485–486.

Aloys Bömer (Hg.), Epistolae obscurorum virorum, Heidelberg 1924.

Briefe der Dunkelmänner. Übersetzt v. Wilhelm Binder, revidiert, mit Anmerkungen und einem Nachwort versehen von Peter Amelung, München 1964.

Leonhard Ennen, Geschichte der Stadt Köln, Bd. IV, Neuss.

Justus Hashagen, Hauptrichtungen des rheinischen Humanismus, in: AHVN 106, 1922, S. 1–56.

Hermann Keussen, Die alte Universität Köln. Grundzüge ihrer Verfassung und Geschichte. Festschrift zum Einzug in die neue Universität Köln, Köln 1934 (Veröff. des KGV, H. 10).

James Mehl (Hg.), Humanismus in Köln. Humanism in Cologne (Studien zur Geschichte der Universität zu Köln 10), Köln-Weimar-Wien 1991.

Erich Meuten, Kölner Universitätsgeschichte. Bd. 1: Die alte Universität, Köln Wien 1988 (hier: S. 251–252).

Charles Nauert, Graf Hermann von Neuenahr and the Limits of Humanism in Cologne, in: Ellery Schalk (Hg.), Culture, Society and Religion in Early Modern Europe: Essays by the Students and Colleagues of William J. Bouwsma. Historical Reflections/Réflexions Historiques 15, 1988, S. 65–79.

Jochen Stremmel, Im Namen der Freiheit. Begriffs- und realgeschichtliche Bemerkungen zur Pressefreiheit am Beispiel Kölns, in: Der Name der Freiheit ..., Bd. II, S. 97–114.

Adolf Clarenbach (um 1495–1529)

Nr. 41 / 1. OG

Abb. 473: Holzschnitt vom Titelblatt „Alle Acta Adolphi Clarenbach ...", 1530

Auf dem Buscherhof bei Lennep im Bergischen Land geboren, von seinen Eltern zum Gelehrtenstand bestimmt, erhielt er seine erste Ausbildung an der Lenneper Stadtschule; seit 1511 besuchte er die Domschule zu Münster. An der Universität Köln immatrikulierte er sich im August 1514 als Student der Artistenfakultät, an der mit dem Humanismus in Berührung kam und intensiv in der Bibel zu lesen begann. Den Grad des Magister Artium erwarb er 1517. Als Lehrer an der St. Martin-Schule kehrte er nach Münster zurück. Und hier wohl begann er, die neue reformatorische Lehre Luthers näher kennenzulernen und sich anzueignen. Zumindest des Wittenbergers Schrift »Von der Freiheit eines Christenmenschen«, im Jahre 1520 veröffentlicht, war Clarenbach vertraut.

Theologische Anfeindungen ließen nicht auf sich warten; der Papst hatte Luther als Ketzer gebannt und das Wormser Edikt Kaiser Karls V. aus dem Jahre 1521 hatte gegen den Reformator die Reichsacht verhängt. Clarenbach mußte Münster verlassen. Er ging nach Wesel, wo er reformatorisch wirkte und einen Schülerkreis um sich scharte, mit dem er Bibelstudien betrieb. Von der Kölner Inquisition als Ketzer verdächtigt und beim Landesherrn angeklagt, genoß Clarenbach zunächst den Schutz des zu dieser Zeit noch protestantenfreundlichen Weseler Magistrats. Im Jahre 1525 wurde ihm jedoch seine Neigung zu Disput und Kontroverse zum Verhängnis. Seiner Aufforderung an den Franziskanermönch Jürgen von Dorsten zu einem öffentlichen Streitgespräch über die »Freiheit des menschlichen Willens« folgte die Ausweisung durch die städtische Obrigkeit, die Aufruhr und Tumult zwischen den religiösen Parteiungen fürchtete. Clarenbach ging mit einigen seiner Schüler nach Büderich und wich dann vor weiterer Verfolgung nach Osnabrück aus. Auch hier setzte er seine der Lehre Luthers nahestehenden, wenngleich ganz eigenständigen Bi-

Evangelischer
Stadtkirchenverband
Köln

Adolf Clarenbach, Ostseite, 1. OG, Nr. 41
Ratsbeschluß am 30. Juni 1988
Modellvorstellung am 28. Januar 1991
Figurenübergabe am 31. März 1992
Bildhauer: Rudolf Wuttke
Stifter: Evangelischer Stadtkirchenverband, Köln

Der ausgeführten Figur, die ihren durch denselben Künstler geschaffenen Nachbarn Anton Woensam (Nr. 42) unter dem Aspekt einer Gesamtkomposition berücksichtigt, gingen mehrere Bozzetti als Vorstudien voraus. Clarenbach ist im Moment seiner Hinrichtung gezeigt, das Feuer entspringt den zugleich verbrannten Schriften, deren Inhalt die geistlichen Richter als ketzerisch verurteilten. Ein Beutelchen mit Pulver sollte ihm, um den Hals gehängt, die lange Qual verkürzen, doch kommt der Schmerz sowohl in Körper- und Kopfhaltung als auch im Gestus der gefesselten Hände, die noch die losen Strickenden umklammern, zum Ausdruck. (BE)

belstudien und -auslegungen fort. 1527 mußte er auch Osnabrück verlassen. Er zog nun nach Lennep, von wo aus er predigend und lehrend als »Reformator des Bergischen Landes« wirkte. Dort auch verfaßte er sein theologisches Hauptwerk, das in 42 Punkten unter Überschriften wie »Glaube«, »Liebe«, »Hoffnung«, »Gesetz« und »Evangelium« gleichermaßen gelehrt wie polemisch grundsätzliche römisch-katholische Auffassungen und Lehren widerlegen wollte und sich gegen alle außerevangelischen Bräuche wandte, die nicht aus dem Evangelium abzuleiten waren wie den Primat des Papstes, die Heiligenverehrung, das Fegefeuer, die Sakramente, die Ohrenbeichte, das Fasten, das Priestertum.

1528 begab sich Clarenbach unerschrocken in die Höhle des Löwen. Er begleitete den Büdericher Kaplan und Freund Johann Kloprys, der wegen seiner verdächtigen theologischen Ansichten vor das Geistliche Gericht geladen worden war, nach Köln. Hier wurden beide am 3. April von den Gewaltrichtern des Kölner Rates verhaftet. Vor dem erzbischöflichen Gericht wurde ihnen der Prozeß gemacht. Kloprys wurde wegen ketzerischer Umtriebe zu lebenslanger Einschließung verurteilt, aus der er 1529 fliehen konnte. Clarenbachs Verfahren aber, das über ein Jahr währte, endete weniger glücklich. 23 Anklagepunkte verdächtigten ihn der Ketzerei. Sie hielten ihm u. a. vor, daran zu zweifeln, daß »die gemeynen Concilien dem wort Gottes nach gehalten sein«, daß »die ein todsünd begehen, so die Beycht, Firmung und das heylich öl verachten«, nicht daran zu glauben, daß »ein Fegefeuer sey«, daß »man die Heyligen anruffen und anbeten soll« und zu behaupten, daß »die Kirch Gottes uff Erden kein ander Haupt hab, dann den Eynigen Christum.« Clarenbach rechtfertigte sich theologisch außerordentlich gelehrt und vermochte sich allen verfänglichen Fragen geschickt zu entziehen. Nur die Bibel wollte er als Quelle des Glaubens anerkennen und nur dann widerrufen, wenn ihm sein Irrtum aus der Bibel erwiesen würde.

Während der Prozeß sich Monat für Monat hinzog, warben Freunde Clarenbachs bei der Bevölkerung Kölns mit einer Vielzahl von Schriften und Flugblättern um Sympathie für die Sache des der Ketzerei Verdächtigten, appellierten sogar an den Reichshofrat, sich seiner anzunehmen. Doch allein schon sein Zweifel am Primat des Papstes und an den Sakramenten der römischen Kirche hätten ausgereicht, ihn der Ketzerei zu überführen: am 4. März 1529 endlich übergab das Geistliche Gericht Adolf Clarenbach, der es öffentlich ablehnte, seine »Irrlehren« zu widerrufen, unter großer Anteilnahme der Kölner Bevölkerung dem Hohen Weltlichen Gericht, über das »räudige Schaf« und »stinkende Glied« das Todesurteil zu verhängen und zu vollstrecken – die Kirche vergoß ja kein Blut. In Köln aber regte sich vielfältiger heftiger Widerstand gegen die Hinrichtung Clarenbachs. So dauerte es noch weitere sechs Monate, bis im Schöffenkollegium auf Betreiben des Kölner Erzbischofs Hermann von Wied, der bald selbst seine Kirche verlassen und zur Reformation übergehen sollte, endlich die notwendige Mehrheit für die Verurteilung Clarenbachs zusammenkam und sein Tod auf dem Scheiterhaufen angeordnet wurde. Am 28. September 1529 wurden Adolf Clarenbach und ein Leidensgenosse, der Prediger Peter aus Fliesteden bei Bergheim, der als Ketzer und Blasphemiker zum Tode verurteilt worden war, aus der Stadt geführt, um auf dem Galgenberg bei Melaten verbrannt zu werden. Fliesteden gewährte man die »Gnade«, vor dem Feuertod mit einer Kette erwürgt zu werden; Clarenbach wurde durch den Rauch brennenden Pulvers erstickt, das man ihm in ein Fläschchen gefüllt um den Hals hängte. Über ihren standhaft erlittenen Tod schrieb der damals elfjährige Augenzeuge Hermann von Weinsberg: »Ich hab sie gesehen uisleiden und verbrennen, unt sint uff irem vurnemen und meinung bis zum doit zu verpliben. Das folk hat sich vil umb irentwillen bekommert und ist vil sprachen in der stat van in gewest.« Im Bergischen Land wurde Clarenbach schon bald nach seinem Tod als »evangelischer Märtyrer« verehrt. 1829-32 errichtete ihm seine Heimat an seinem Geburtsort ein Denkmal. Einhundert Jahre später endlich erinnerte man sich seiner auch in Köln: eine Straße in Braunsfeld wurde nach ihm benannt. Jedoch erst vierhundertfünfzig Jahre nach ihrem gewaltsamen Tod, am 27.9.1979, ehrten die Stadt Köln, die evangelische und die katholische Kirche gemeinsam die beiden Opfer des religiösen Fanatismus mit einem Inschriftenstein auf dem Melatenfriedhof als öffentliches Zeichen der Versöhnung und Wiedergutmachung. (BD)

Literatur

Friedrich Wilhelm Dörpfeld, Adolf Clarenbach, der Reformator des Bergischen Landes …, neu hg. v. Wilhelm Vogelsang, Berlin 1929.
Egon Forsthoff, Rheinische Kirchengeschichte, Essen 1929, S. 59–109.
Helmut Fußbroich, Gedenktafeln in Köln. Spuren der Stadtgeschichte, Köln 1985, S. 32–36.
Klaus Goebel, Adolf Clarenbach (um 1495–1529), in: Rheinische Lebensbilder 9, Köln 1982, S. 119, 132.
Eduard Hegel, Die Reformatoren auf dem Scheiterhaufen. Blick in die Geschichte der Kölner Kirche: Vier Lebensperioden, in: Das Hohe Haus von Köln, 1980, S. 6/7.
Hermann Klugkist-Hesse, Adolf Clarenbachs Persönlichkeit, Geschick und Bedeutung im Lichte der neueren historischen Forschung, in: ZBGV 58, 1929, S. 5–31.
Hermann Klugkist-Hesse, Adolf Clarenbach. Ein Beitrag zur Geschichte des Evangeliums im Westen Deutschlands, Neuwied 1929.
K. Krafft, Die Beschlüsse des Rates der Stadt Köln in Bezug auf die beiden evangelischen Märtyrer Peter Fliesteden und Adolf Clarenbach, in: ZBGV 10, 1874, S. 196ff.
Friedrich W. Nippel, Reformator Adolf Clarenbach. Vor 450 Jahren in Köln verbrannt, in: neues rheinland 22, 1979, Nr. 7, S. 18/19.
Wilhelm Rotscheidt, Adolf Clarenbach-Bibliographie, in: Monatshefte für Rheinische Kirchengeschichte Jg. 23, 1929, S. 257–284.

Anton Woensam (vor 1500–1541)

Nr. 42 / 1. OG

Wohl in Worms geboren, kam Anton Woensam mit seinem Vater Jaspar nach Köln; das Jahr ist ungewiß. Jaspar Woensam mit dem Beinamen »von Worms« kaufte 1510 das Haus »zom Scherfgin up der Sandkuylen«. 1513 erwarb er das Bürgerrecht und bereits im folgenden Jahr wurde er zum erstenmal für die Malergaffel in den Rat gewählt. Bis 1547 hatte er das Amt noch elfmal inne. Jaspar, selbst ein hochangesehener Maler, starb zwischen 1546 und 1549 als Bannerherr seiner Gaffel. Er hatte seinen Sohn Anton überlebt, der in den Kölner Schreinsbüchern im Jahr 1541 als verstorben erwähnt wird.

Anton Woensam, verheiratet mit der Kölnerin Gertgin Doenvalt, die ihm zwei Töchter – Elsgin und Margareta – schenkte, machte sich seit Beginn der zwanziger Jahre des 16. Jahrhunderts rasch einen eigenen Namen als Maler und Holzschneider. Schon seine Zeitgenossen schätzten seine Kunst außerordentlich hoch, zahllose Illustrationsaufträge der Kölner Drukker und Verleger legen davon Zeugnis ab. Kaum ein Buch, das die Quentell, Hirtzhorn, Aich, Birckmann, Gennep oder einer der vielen anderen Kölner Officinen herausgaben, erschien zwischen 1520 und 1540 ohne seinen Buchschmuck. Doch auch für auswärtige Drucker-Verleger in Worms, Mainz oder Antwerpen arbeitete Woensam. Über 600 Holzschnitte und 40 Gemälde, meist Altarbilder noch ganz im Sinne der mittelalterlichen Tradition, sind von ihm bekannt. Woensams berühmtestes Werk ist die Große Ansicht der Stadt Köln, die er 1530/31 für den bedeutenden Kölner Drucker und Verleger Peter Quentell anfertigte. Der aus neun in Holz geschnittenen Einzelblättern zusammengefügte, dreieinhalb Meter breite, aber nur wenig mehr als 30 Zentimer hohe Prospekt gehört zu den größten und qualitativ am höchsten stehenden Stadtansichten der Zeit. Seine große Präzision hat ihn zur unverzichtbaren Grundlage unserer Kenntnisse vom historischen Stadtbild Kölns werden lassen (Abb. 4).

Bei seinem Aufenthalt in Köln im Januar 1531 anläßlich der Wahl seines Bruders Ferdinand zum Römischen König erhielt Kaiser Karl V. den riesigen, architektonisch und topographisch außerordentlich detailgenauen Prospekt zum Geschenk, zweifellos eine gelungene Selbstdarstellung der damals bevölkerungsreichsten, bedeutendsten und mächtigsten Stadt im Deutschen Reich als europäischer Renaissance-Metropole. Er zeigt aus der Vogelschau von Deutz mit St. Heribert aus die Reichsstadt Köln in ihrer ganzen großartigen Ausdehnung längs des Rheines vom Bayenturm im Süden bis zum Kunibertsturm im Norden, beherrscht von den hochaufragenden Türmen ihrer zahllosen Kirchen, denen sie das Namensattribut »heilig« verdankte, den unvollendeten Dom mit dem 1322 geweihten Chor und dem nur halb fertigen Südwestturm mit dem charakteristischen Domkran, das Rathaus – durch eine Schrifttafel »domus senatorum« hervorgehoben – mit seinem markanten spätgotischen Turm, inmitten des Meeres der Bürgerbauten. Am Ufer und auf dem Rhein liegen zahllose Schiffe, Fischerboote, Frachtkähne und Fährboote, die Rheinmühlen, die Bedeutung Kölns als Hafen- und Handelsstadt unterstreichend. Am Himmel in den Wolken schweben die Stadtgründer und Stadtpatrone begleitet von Engeln: Marcus Agrippa, die Heiligen Drei Könige, Agrippina und Marsilius. Unter dem Holzschnitt Woensams ein kongeniales Lobgedicht, die »Flora« des gelehrten Humanisten Hermann von dem Busche auf die Stadt Köln und ihre Bewohner:

Herrlich steigen empor der Stadt gewaltige Massen!
Wohnungen, große, glänzende, hoch von Dächern geschirmet,
Scheinen Sitze der Götter, der Könige stolze Paläste:
Also pranget ihr Bau! Es schau'n die erhabenen Giebel
Stolz auf den Boden herab, mit Tageshelle erleuchten
Weite Fenster den Raum. Viel sind der Höfe des Hauses,
Viel der Gemächer (...)
Soll ich des Markts, der Straßen, der reinen saubern, gedenken,
Wo das Menschengewühl unaufhörlich hin oder herwogt?
Oder der Gräben, die tiefabsteigend den Zugang bewahren,
Oder der Mauer selbst und der Thürme? (...)
Wägst du den Reichtum der Stadt, und was ihre Kräfte vermögen,
Nennst du sie wahrlich mit mir im glücklichen Zeichen gegründet.
Ihr hat ein günstig Gestirn, es haben seelige Götter
Schon an der Wiege mit Huld dem Liebling entgegen gelächelt.
Hier ergießt sich Fortunas Strom im befruchtender Fülle,
Seegen schüttet der Überfluß in die Häuser und Kammern
Aus geöffnetem Horn und spendet unendliche Gaben.
(...)
Mäßig, emsig, aufmerksam, scharfsinnigen Geistes,
Vorsichtig stets und bescheiden, geschickt an Arbeit gewöhnet,
Meidet den Müßiggang das Volk und hasset die Trägheit.
Nicht sein Götze ist ihm der Bauch, noch lechzet die Kehle
Immer dürstend nach Trunk, der der Sinne Empfänglichkeit abstumpft.
Einfach ist seine Kost, gemessen die Zeit der Erholung.

Die Figur berücksichtigt in kompositorischer Hinsicht ihren vom selben Bildhauer gestalteten Nachbarn Adolf Clarenbach (Nr. 41). Gekleidet in einen kurzen Mantel mit reichem Kragenbesatz, trägt der Künstler als lange, graphisch reliefierte Banderole den Hinweis auf sein im Holzschnitt festgehaltenes Panorama der Stadt Köln über den Arm gelegt. Der neben dem Holzschnittmesser in der Hand gehaltene, im Modell noch nicht angelegte Pinsel, und die im Hintergrund erkennbare Staffelei mit der aufgestellten Maltafel erinnern zudem an seine Tätigkeit als Maler. (BE)

Schnell ist, was nützed, erspäht, und nichts enteilet vergebens.
Theuer ist ihm des Augenblicks Gunst, die gewichtige Stunde,
Hier ist Faulheit verbannt, die leicht den Menschen beschleichet,
Daß, hinbrütend in Dumpfheit, des Stillstands schmählicher Rost ihm
Trübt den hellen Verstand, die kräftigen Glieder erschlaffet.
Sparsamkeit wehrt nicht, wenn's Noth thut, wieder zu spenden.
Edler Neigung nur zu genügen, dienet der Reichthum.

Nur wenige Exemplare des einzigartigen, 1531 erstmals und dann noch einmal 1557 herausgegebenen graphischen Monumentalwerks des Anton Woensam sind erhalten geblieben. Das Kölnische Stadtmuseum besitzt nur eine fotomechanische Nachbildung aus dem 19. Jahrhundert. (BD)

Literatur

Thieme/Becker, Allgemeines Lexikon der bildenden Künstler ..., Bd. 35/36, ND München 1992, S. 165–168.
Hugo Borger/Frank Günter Zehnder, Köln. Die Stadt als Kunstwerk. Stadtansichten vom 15. bis 20. Jahrhundert, Köln 1982.
Wolfgang Braunfels, Anton Woensams Kölnprospekt von 1531 in der Geschichte des Sehens, in: WRJb XXII, 1960, S. 115–136.
Leonhard Ennen, Bilder vom alten Köln. Stadtansichten des 15. bis 18. Jahrhunderts und Beschreibungen der Zustände vom Mittelalter bis nach der Franzosenzeit. Hg. u. eingel. v. Willy Leson, Köln 1977.
Johann Jakob Merlo, Anton Woensam von Worms, Maler und Xylograph zu Köln. Sein Leben und seine Werke. Eine kunstgeschichtliche Monographie, Leipzig 1864.
Johann Jakob Merlo, Nachrichten von dem Leben und den Werken Kölnischer Künstler, Köln 1850, S. 517–538.
Jürgen Stohlmann, Zum Lobe Kölns. Die Stadtansicht von 1531 und die »Flora« des Hermann von dem Busche, in: JbKGV 51, 1980, S. 1–56.

Anton Woensam, Ostseite, 1. OG, Nr. 42
Ratsbeschluß am 30. Oktober 1990
Modellvorstellung am 6. Mai 1991
Figurenübergabe am 31. März 1992
Bildhauer: Rudolf Wuttke
Stifter: Allianz Versicherungs AG, Zweigniederlassung für Nordrhein-Westfalen, Köln

Arnold (Arndt) von Siegen (um 1490–1578)

Nr. 43 / 1. OG

Abb. 474: Arnold von Siegen, Stifterbild vom Passionsaltar in St. Johann Baptist, German. Nationalmus. Nürnberg

Wie kaum ein zweiter verkörpert er das Selbst- und Standesbewußtsein, den Reichtum und die Macht der herrschenden Oligarchie im frühneuzeitlichen Köln. Hermann von Weinsberg, der große Kölner Chronist, der ihn persönlich gut kannte, beschreibt sein Auftreten und seine Erscheinung: »War überaus beredt und gespreich und fruntlich, nit grois von personen, gar roit im angesicht«, und vom Charakter des »Herrn Arndt, Ritter« weiß er zu berichten: »Hat vil schoner tugent an sich, aber auch etliche lastern.«

Der einzige Sohn eines reichen und bedeutenden Kölner Reeders und Ratsherrn, verheiratet mit Katharina Wolf, der Tochter eines Färbers, begann eine politische Karriere nach dem Studium in Köln als Schöffe am Gericht Airsbach und Provisor der Universität, und schon bald wurde er wie ein Vater auch Ratsherr.

Obwohl im Zusammenhang mit dem Aufstand der Kölner Bevölkerung gegen das oligarchische, willkürlich herrschende Stadtregiment in den Jahren 1512 und 1513, der der Stadt eine den alten Verbundbrief von 1396 bestätigende und erweiternde neue Verfassungsurkunde, den sog. Transfixbrief, brachte, aus dem Rat gewiesen, nahm seine Karriere in den folgenden Jahren einen steilen Fortgang: »So hat er doch folgens – wie Hermann von Weinsberg schreibt – gar groislich an richtumb und herlichkeit prospereirt und zugenomen.«

1529 wählte ihn der Kölner Rat zum ersten Male zum Bürgermeister. Zwölfmal hatte er dieses bedeutendste aller städtischen Ehrenämter inne, bis er nach fünfunddreißig Jahren und einer Vielzahl anderer im Dienst der Stadt auf Reichs- und Städtetagen, bei der Hanse und beim Kaiser in Spanien versehener diplomatischer Aufgaben im Jahre 1564 »mit Unwillen« abdankte, weil der Rat, ungewöhnlich genug, ihm in einer Privatangelegenheit nicht hatte willfahren wollen, »sunst hett er darnach noch wol 5 mal burgermeister sin worden, mehemal dan ehezeits einer befonden.«

Arnold von Siegen gilt als der vermögendste und mächtigste Kölner Bürger im 16. Jahrhundert. Er verfügte über großen Grund- und Hausbesitz in Köln und in den umliegenden Territorien Mainz, Trier, Kurköln und in der niederländischen Stadt Breda – »herlich ritterguter und wonungen« –, der ihm ein so großes Renteneinkommen verschaffte, daß er sein Vermögen selbst auf einhunderttausend Goldgulden schätzte. Das von seinem Vater geerbte Haus auf dem Holzmarkt macht er durch Erweiterungen und den Anbau eines Treppenturms zu einem repräsentativen, seinem Ansehen, Stand und Reichtum angemessenen Bau, in dem er seit 1541 eine ansehnliche Sammlung von »Antiquitäten«, »Raritäten« und »Kuriositäten« zusammentrug: »hat ein pallast darvon gemacht«, in dem Kaiser und Fürsten immer wieder abzusteigen pflegten.

Nicht nur in seiner Vaterstadt genoß er höchstes Ansehen, auch bei »keiser, konink, fursten und herrn (wost er sich) dermaissen umbzutoin, das es wonder war und dess groissen nutz und fortel hat.« In Anerkennung seiner großen und bedeutenden Verdienste wurde er von Karl V. geadelt und zum Ritter vom Goldenen Vlies, des wichtigsten Hausordens der Habsburger-Dynastie, geschlagen. Unter Karl und seinem Nachfolger Ferdinand war von Siegen Titular-Reichshofrat.

Energisch wirkte er in der Zeit der Gegenreformation gegen das Übergreifen des Protestantismus auf die katholische Reichsstadt Köln und auf das Erzbistum. Die Einrichtung der Jesuitenschule in Köln setzte er gegen den Rat und die Universität durch. Aus ihr entstand das spätere Marzellen-Gymnasium. Nicht weniger entschieden aber verteidigte er die Rechte und Freiheiten der Stadt gegen die kurfürstlichen Oberherrschaftsansprüche.

Arnold von Siegen war »Kirchmeister« seiner Pfarrkirche St. Johann Baptist an der Severinstraße. An die Südseite der ehemals dreischiffigen Pfeilerbasilika hatte er schon 1538/39 ein zweites Seitenschiff mit seiner Kapelle (nach ihm »Siegensgang« oder -kapelle genannt) und der Familiengruft anbauen lassen. Er stiftete auch den Altar, einen reich verzierten Reliquienschrein, der von zwei von Barthel Bruyn d. A. gemalten Flügelbildern (heute im Germanischen Nationalmuseum zu Nürnberg) verschlossen wurde, die neben den Heiligengestalten den in seiner Rüstung am Betpult knienden Stifter, seine Ehefrau Katharina und die vier Söhne und vier Töchter des Paares zeigen. Der ebenfalls von ihm gestiftete Taufbrunnen der Kirche trägt auf dem Deckel sein Wappen – »3 gulden flammen im blaen, obenuff zwei horner« – und die stolze Inschrift: »Her Arnold von Siegen, kaiserlicher majestät rait«.

Als Arnold von Siegen hochbetagt starb, hatte er seine Kinder »an den adel und die besten bestattet.« (Weinsberg). Dem Leichenzug nach St. Johann, wo er in seiner Kapelle begraben wurde, folgten die Armen nach, für die er einen bedeutenden Armenhof gestiftet hatte. (BD)

Literatur

A. Schmidt, Arnold von Siegen, in: Siegerland 10, Heft 2, 1928.
Lore Siegen, Selbst der Kaiser war bei ihm zu Gast. Arnold von Siegen – zwölfmal Bürgermeister von Köln, in: Rund um Köln Nr. 9 (1985), S. 24.
A. G. Stein, Die Familie von Siegen in Köln, in: AHVN 35 (1880), S. 170–178.

Die 1900/01 wahrscheinlich von Wilhelm Albermann in Heilbronner Sandstein geschlagene Statue der Zunft Windeck vertritt Arnold von Siegen (lfd. Nr. 43). Sie gehört zu den Figuren, die den Zweiten Weltkrieg mit Beschädigungen überdauerten. Frau Lore Siegen ermöglichte die Wiederherstellung. Der Bildhauer Georg Krautkrämer (Fa. Dunkel) setzte 1990 die Figur aus mehreren Teilen zusammen und rekonstruierte Kopf und rechte Hand mit Steinersatzmaterial nach historischem Foto. Kisten, Pakete, Geldbörse, Dolch am gegürteten Rock und Rechnungsbuch charakterisieren den Vertreter der Kaufleute. (WG)

Johannes Gropper (1503–1559)

Nr. 44 / 1. OG

Abb. 475: Johannes Gropper, Öl auf Holz, nach 1559, unbekannter Meister, Soest, Schatzkammer der katholischen Propsteikirche St. Patroklus

Der Kölner Chronist Hermann von Weinsberg beschreibt kurz und prägnant Familie, Person und Leben des Mannes, dem das Konzil von Trient den Ehrentitel »Retter der Kölner Kirche« zuerkannte:

> »Disser Gropperen waren veir gebroedere, alle doctores juris, von Soist geborn. Der eirste, her Johan Gropper, war scholaster Gereonis, os cleri, ein vurstundiger, gelerter und beredter man, in groissem ansehen bei Erzbischoffen Herman von Werda (Wied) zu hoffe, der allen sinen brödern uffgeholfen hat und uffs lest zum Wilden man uff dem Torenmart von ein romischn legaten aus befilch des pabst zum Cardinalen designeirt, wult aber dasmal nit darin willigen.«

Das älteste der zahlreichen Kinder des späteren Soester Bürgermeisters Gropper studierte an der Kölner Universität ab 1516 die Artes und die Rechte und promovierte 1525 zum doctor juris. Im Jahr 1527 erhielt er die Priesterweihe, ohne Theologie studiert zu haben. Dompropst Hermann von Neuenahr wurde auf den gelehrten jungen Mann aufmerksam, und dank seiner Vermittlung trat Johannes Gropper im selben Jahr als »Großsiegler« in den Dienst des Kölner Kurfürsten und Erzbischofs Hermann V. von Wied (1515–1547). In den folgenden Jahren erwarb er zahlreiche Pfründen: Scholaster an St. Gereon in Köln (1527); Kanoniker an St. Patrokli (1528), Pfarrer von St. Peter (1531) und Dechant (1547) in Soest; Stiftsherr an St. Andreas in Köln (1528); Kanoniker an St. Viktor in Xanten (1532) und am Kölner Dom (1534–1548); Propst am Bonner St. Cassius-Stift (1549). 1539 wurde er von Erzbischof Hermann zum Generalvikar ernannt.

Mit großer Tatkraft widmete sich Gropper den in Kurstaat und Erzbistum notwendigen Reformmaßnahmen; er war Urheber und Mitwirkender an zahlreichen Kodifikationen, die das Kurfürstentum zu einem frühneuzeitlich-modernen Staat machen sollten, so z. B. die Münzordnungen von 1531 und 1533; die Bergordnung von 1533; die Statuten der Reformsynode von 1535/36, die unter anderem die Rechte des Kölner Bischofs festlegte, sie gegen die Rechte anderer Funktionsträger abgrenzte und die Regeln ihrer Ausübung bestimmte, sowie eine Klerusreform besonders hinsichtlich der materiellen Basis der Seelsorge durchführen sollte; und die Gerichtsordnung von 1538. Seinen Landesherrn vertrat Gropper auf verschiedenen Gesandtschaften, so auch auf den für die Reformation im Reich so bedeutenden Reichstagen von Speyer (1529) und Augsburg (1530).

In Köln war er durch den hier vorherrschenden Thomismus (die Lehrtradition der »thomanischen Schule«, die seit dem 13. Jahrhundert die Doktrin des Thomas von Aquin interpretierte und anwendete) und die vornehmlich an der Kartause St. Barbara gepflegte devotio moderna (im 14. Jahrhundert einsetzende religiöse Erneuerungsbewegung, die auf persönliche, innerliche Frömmigkeit hinzielte) sowie den Humanismus geprägt worden. Anfänglich durchaus mit Luthers Bestrebungen sympathisierend, stand er zunächst in enger Beziehung zum Straßburger Reformator Martin Bucer, den der Kurfürst an seinen Hof gerufen hatte und dem die Kölner Universität eine Professur verweigerte. Er glaubte wie dieser, durch den theologischen Disput in Kreisen gelehrter, humanistisch gebildeter Männer die religiösen Fragen der Zeit lösen und die streitenden Parteien einen zu können. Groppers Hinwendung zu einem entschieden katholischen Standpunkt ließ ihn dann ab 1530 auch Theologie studieren. Sein wichtigstes Ziel war fortan die innere Reform des Erzbistums Köln im katholischen Sinne. Der politisch erfahrene, kluge und hartnäckige Verfechter der katholischen Sache wurde in der Auseinandersetzung mit der Reformation zum schriftstellerisch außerordentlich produktiven, fundierten Kontroverstheologen. 1538 erschien sein theologisches Hauptwerk, das »Enchiridon«, eine umfassende reformkatholische Dogmatik. Um dem kurkölnischen Klerus

Die Figur berücksichtigt unter kompositorischen Aspekten ihren unmittelbaren Nachbarn Hermann von Weinsberg (Nr. 45) ebenso wie die vom selben Bildhauer stammende, nachfolgende Eckfigur Heinrich Suderman (Nr. 46). Der Geistliche ist in ein entsprechendes Habit mit Kopfbedeckung gekleidet und trägt als Hinweis auf seine Tätigkeit ein Buch in Händen, zwischen dessen Seiten er einen Finger gelegt hat. Die aus heraldischen Kardinalshut-Darstellungen hergeleitete Troddel, dem Buch gleich einem Lesezeichen eingelegt, assoziiert die Gropper zugedachte und durch ihn zurückgewiesene Kardinalswürde. Die Darstellung folgt in allgemein ikonographischer und besonders physiognomischer Hinsicht einem zeitgenössischen Porträt des Theologen. (BE)

persönlich als Vorbild dienen zu können, gab er zudem seine zahlreichen Pfründen auf.

Während Gropper sich zum innerkatholischen, allerdings Lehre, Autorität, Macht und hierarchische Struktur seiner Kirche nicht infragestellenden Reformator entwickelt hatte, war Kurfürst Hermann den entgegengesetzten Weg gegangen. Ursprünglich dem Protestantismus gegenüber äußerst ablehnend eingestellt - in seine Amtszeit fällt im September 1529 die Hinrichtung der beiden lutherischen Prediger Clarenbach und Fliesteden -, hatte er sich der Reformation mehr und mehr angenähert und war dadurch in einen unüberbrückbaren Gegensatz zum streng katholischen Domkapitel und zur Kölner Universität geraten. Sein Reformationsversuch im Kurstaat in den Jahren 1542/46 scheiterte nicht zuletzt an Johannes Gropper, der »Seele des Widerstands« (Repgen). Seine unermüdlichen Bemühungen, das Rheinland, Westfalen und die Stadt Köln katholisch zu erhalten, fanden ihren Ausdruck in der von ihm verfaßten »Christliche(n) und Catholische(n) gegenberichtung eyns Erwirdigen Dhom capittels zu Coellen wider das Buch der gnanter Reformation« (1543/44) auf das erzbischöfliche reformatorische, von Martin Bucer ausgearbeitete »Einfältige Bedenken« (1543). 1546 vom Papst exkommuniziert, zog sich der Kurfürst auf seinen Stammsitz Wied am Rhein zurück.

Nach der Resignation Hermanns von Wied wirkte Johannes Gropper zunehmend außerhalb Kurkölns. An der zweiten Sitzungsperiode des Konzils von Trient 1551/52 nahm er aktiv teil. In Anerkennung seiner Verdienste ernannte ihn Papst Paul IV. im Jahre 1555 zum Kardinal. Gropper nahm die Ehrung nicht an. Erst 1558 begab er sich nach Rom, aber nicht, um doch noch Kardinal zu werden, sondern um die päpstliche Bestätigung des vom Kölner Domkapitel zum Erzbischof gewählten Johann Gebhard von Mansfeld zu verhindern, den er für unwürdig und ungeeignet hielt. In Rom starb er am 13. März des Jahres 1559, und dort befindet sich auch sein Grab in der deutschen Nationalkirche S.Maria dell'Anima. (BD)

Johannes Gropper, Ostseite, 1. OG, Nr. 44
Ratsbeschluß am 30. August 1994
Modellvorstellung am 7. Juni 1994
Figurenübergabe am 20. Dezember 1994
Bildhauer: Erwin Nöthen
Stifter: Alfred Freiherr von Oppenheim, Köln

Literatur

LThK 4, 1241–1242.

Hermann Joseph Beckmann, Johann Gropper, in: Westfälische Lebensbilder 4, Münster 1933, S. 62–77.

Franz Bosbach, Köln, Erzstift und Freie Reichsstadt, in: Die Territorien des Reichs im Zeitalter der Reformation und Konfessionalisierung. Land und Konfession 1500–1650. 3. Der Nordwesten. Hg. v. Anton Schindling u. Walter Ziegler, Münster 1991, S. 58–85.

Reinhard Braunisch, Johannes Gropper (1503–1559), in: Katholische Theologen der Reformationszeit 1, Münster 1984, S. 116–124

Reinhard Braunisch, Johannes Gropper zwischen Humanismus und Reformation, in: Römische Quartalschrift 69, 1974, S. 192–209.

Johannes Brosseder, Johannes Gropper (1503–1559), in: 450 Jahre Kölner Reformationsversuch. Zwischen Reform und Reformation. Katalog zur Ausstellung im Historischen Archiv Köln, hg. v. H.-G.Link, Hermann Deeters, Theodor Schlüter, Alfter 1993 (Kölner ökumenische Beiträge 28), S. 57–60.

Wilhelm van Gulik, Johannes Gropper (1503–1559). Ein Beitrag zur Kirchengeschichte Deutschlands, besonders der Rheinlande im 16. Jahrhundert, Freiburg i. Br. 1906.

Lutz Hatzfeld, Dr.Gropper, die Wetterauer Grafen und die Reformation in Kurköln 1537/1547, in: Archiv für Kulturgeschichte 36, 1954, S. 208–230.

Paul Holt, Beitrag zur Kirchengeschichte Kurkölns im 16. Jahrhundert, in: JbKGV 18, 1936, S. 111–143.

Walter Lipgens, Kardinal Johannes Gropper, 1503–1559, und die Anfänge der katholischen Reform in Deutschland (Reformationsgeschichtliche Studien und Texte 75), Münster 1951.

Franz Petri, Im Zeitalter der Glaubenskämpfe (1500–1648), in: Franz Petri u. Georg Droege, Rheinische Geschichte Bd. 2: Neuzeit, Düsseldorf 1976, S.1–217, hier bes. S. 38–47.

Konrad Repgen, Johannes Groppers Oktoberartikel von 1546, in: Ecclesia militans. Studien zur Konzilien- und Reformationsgeschichte, II, hg. v. Walter Brandmüller et al., Paderborn 1988, S. 363–394.

Maria Barbara Rößner, Zur Entstehungsgeschichte der »Gegenberichtung« in der Auseinandersetzungum den Kölner Reformationsversuch Hermanns von Wied, in: JbKGV 64, 1993, S. 75–103.

Manfred Wichelhaus, Die erzbischöfliche Denkschrift und der Gegenbericht des Domkapitels zur Kölnischen Reformation 1543, in: JbKGV 64, 1993, S. 61–74.

Hermann von Wied, Einfältiges Bedenken. Reformationsentwurf für das Erzstift Köln. Übersetzt u. hg. v. Helmut Gerhards u. Wilfried Borth, Düsseldorf 1973 (Schriftenreihe des Vereins f. Rhein. Kirchengeschichte, 43).

Hermann von Weinsberg (1518–1597)

Nr. 45 / 1. OG

Abb. 476: Hermann von Weinsberg, Ausschnitt aus dem Stifterbild des Barthel Bruyn d.J. 1556/57

Er gehörte nicht zu den »großen Hansen«, den reichen und mächtigen Herren, seiner Vaterstadt, war ein unauffälliger, angepaßter, durchschnittlicher, aber durchaus geachteter Bürger mit bescheidenem Lebenserfolg und der Maxime »Medium tenuere beati«, an die er sich sein ganzes Leben lang hielt. Ein paar städtische, in der Mehrzahl eher unbedeutende Ämter, eine nicht sehr engagiert und erfolgreich betriebene Advokatur – er selbst nennt sich träge und zuweilen faul, auch von nicht besonders rascher Auffassungsgabe –, bescheidener Wohlstand aus Weinhandel und zwei Heiraten – wie die meisten anderen wäre er heute längst vergessen, hätte er nicht eine große Leidenschaft besessen: das Schreiben, der wir ein einmaliges Werk verdanken, eine riesige Chronik, in ihrer Art das bedeutendste Beispiel bürgerlicher Chronistik des 16. Jahrhunderts im deutschsprachigen Raum, mit deren handschriftlichem Original die Stadt Köln einen Schatz sondergleichen besitzt.

Die Figur berücksichtigt unter kompositorischen Aspekten ihren unmittelbaren Nachbarn Johannes Gropper (Nr. 44) ebenso wie die vom selben Bildhauer stammende, nachfolgende Eckfigur Heinrich Suderman (Nr. 46). Der Kölner Kaufmann ist in der für diesen Stand eher ungewöhnlichen Pose am Studierpult unter besonderem Hinweis auf seine literarische Tätigkeit dargestellt. Als Verfasser seines Hausbuches, als Chronist des Alltagslebens seiner Zeit hat er den Kopf mit den weitblickenden Augen sinnend auf die linke Hand gestützt, die Bücher auf den gegenüber dem ersten Modell nunmehr eingefügten Pultablagen sind als Hinweis auf seine genealogischen und allgemein historischen Studien zu deuten. (BE)

Erst im für die Zeit relativ fortgeschrittenen Alter von dreiundvierzig Jahren begann Hermann von Weinsberg (das Adelsprädikat hat er sich selbst zugelegt) mit der Niederschrift seines »Gedenkboich der jaren«, das er dann mit großem zeitlichen Aufwand unter Anwendung aller geistigen und körperlichen Kräfte bis an sein Lebensende fortführte. Seine Motive waren schlicht, wie er selbst schrieb: »Gehoirte stim wie wint hintreibt, geschriben wort durhaftig pleibt.« Und: »Von frembden schriben frembden vil, das ich von frunden auch toin wil. Ist jenen sulchs dan wol getain, wer wil mir diss vor ubel han?« Und er wollte den Stand seiner Familie, seines »Hauses« erhöhen. Besonders weitläufig beschäftigte er sich daher mit der Genealogie seiner Familie, deren Aufkommen er bis in mythische Zeiten zurückverfolgte, für die er Ahnen erfand und Wappen entwarf; eine Legende, die er im Bewußtsein seiner Familienangehörigen – wenn auch vergeblich – verankern wollte.

Tausende eng beschriebener Seiten machen uns bekannt mit einem ganz durchschnittlichen Kölner Bürger und seiner ganz durchschnittlichen Familie, die von der geringen Stellung eines Knechtes sich in drei Generationen emporarbeitete bis zu den Ämtern (nicht den höchsten!), die das reichsstädtische Köln zu vergeben hatte - um nach dem Tod ihres berühmtesten Abkömmlings rasch wieder in der Masse der Unbekannten unterzugehen. Weinsbergs große Chronik erlaubt es uns zu verfolgen, wie sich die gesellschaftliche, materielle und geistige Kultur in einer Familie des Kölner »Bürgertums« dieser Zeit äußerte und wie Renaissance, Humanismus und Reformation auf sie wirkten. Akribisch schilderte Hermann seine Umwelt, ihre Bräuche und Sitten, die Fest- und Feiertage, das Wohnen, Essen und Trinken, die Kleidung, aber auch politische Interna aus dem Stadtregiment. Umfangreichen Raum nehmen die Sensationen der Zeit ein: Hinrichtungen, unerhörte Ereignisse, Besuche gekrönter Häupter, Kriegs- und Staatsaktionen, aber stets berichtet er nur das, was ihn persönlich interessiert.

Hermann von Weinsberg, Ostseite, 1. OG, Nr. 45
Ratsbeschluß am 30. August 1994
Modellvorstellung am 7. Juni 1994
Figurenübergabe am 20. Dezember 1994
Bildhauer: Erwin Nöthen
Stifter: Annemarie und Helmut Börner-Stiftung, Köln

Als ältestes von insgesamt elf Kindern wurde Hermann von Weinsberg am 3. Januar 1518 in einem Mietshaus am Neumarkt geboren. 1521 zog die Familie in das 1491 von seinem Großvater Gottschalk, aus Schwelm im Bergischen stammend und 1458 in Köln zugewandert, gekaufte Haus »Weinsberg« (Wynsberg) in der Straße »auf der Bach« in der St. Jakobs-Pfarre, das der Familie ihren Namen gegeben hatte. Gottschalks Sohn Christian, der Vater Hermanns, wurde 1489 geboren. Er besuchte bereits verschiedene Kölner Schulen, mußte aber nach dem Tode des Vaters seine Ausbildung abbrechen und seine Mutter beim Weinhandel und der Blaufärberei unterstützen. Zwischen 1518 und 1542 wurde er neunmal von der Gaffel Schwarzenhaus in den Rat gewählt. Von 1542 bis 1549 versah er das zwar nicht besonders angesehene, aber einträgliche Amt des Burggrafen unter dem Rathaus, eine Art Hausverwalter. Seinen Sohn Hermann schickte er, wie es sich für einen Ratsherrn geziemte, in die Schule, zunächst in die des Stiftes St. Georg. 1531 ging Hermann nach Emmerich zur hochangesehenen Fraterherrenschule, die ihn auf das Studium an der Kölner Universität vorbereitete. Hier lernte er Latein und Griechisch und las immer wieder die Werke des großen Humanisten Erasmus von Rotterdam, der sein großes lebenslanges Vorbild wurde. 1534 wurde Hermann mit einem Stipendium der Kronenburse an der Kölner Universität immatrikuliert. Er studierte »in artibus« und »in iure«, nur widerwillig, wie er schreibt, denn es sei der Wille seines Vaters gewesen; er selbst wäre auch gerne Handwerker oder Kaufmann geworden. 1543 schloß er seine Studien endgültig ab. Er war nun Licentiat in den Rechten, der höchste akademische Grad, den er erlangte. Noch vor seinem letzten Examen wählte ihn die Gaffel Schwarzenhaus, wie zuvor schon seinen Großvater und Vater, in den Rat. Zwar entwickelte der junge Mann keinen besonderen politischen Ehrgeiz, wurde aber dennoch, wie üblich, regelmäßig wiedergewählt. Er war zufrieden mit den kleinen Ratsämtern, in die er gewählt wurde. Außerdem konnte er manches erfahren, was sonst dem gewöhnlichen Bürger verborgen blieb. 1549 gab er sein Ratsamt auf und wurde, obwohl Advokat, bis 1556 Nachfolger seines Vaters als Burggraf.

Inzwischen hatte er nach einer Liebschaft mit einer Magd seiner Mutter, der sein einziges Kind, Entgin, entsprang, um das er sich erst kümmerte, als das Mädchen ins Kloster kam und dort Karriere machte, eine sechs Jahre ältere Witwe geheiratet: Weisgin Ripgin. Seine Gattin betrieb einen schwunghaften Zwischenhandel mit Woll- und Leinenprodukten; Weinsberg führte ihr die Bücher. Vier Häuser besaß das Ehepaar und beschäftigte mehrere Knechte und Mägde. Es war keine Liebesheirat gewesen, dennoch endete mit dem Tod Weisgins im Jahre 1557 die wohl glücklichste Phase im Leben des Hermann von Weinsberg. Kurze Zeit später heiratete er – wiederum aus geschäftlichen Erwägungen – erneut eine reiche Witwe, Drutgin Bars. Auch sie handelte mit Waren, und wieder führte Weinsberg die Bücher. Die Ehe ging nicht gut, und als Drutgin 1573 starb, lebte Hermann auf. Seine zweite Ehefrau war es aber gewesen, die ihn wieder in das Ratsamt hatte zurückkehren lassen. Zwischen 1565 und 1595 wurde er noch zehnmal gewählt. Außerdem versah er zahlreiche andere Ämter: er war Ratsrichter, Weinmeister, Rheinmeister, Rittmeister, Urteilsmeister u.v.a.m.; 1566 wählte ihn seine Gaffel sogar zu ihrem Bannerherrn. Daneben betrieb er ein wenig seinen Beruf als Advokat, sonst von seinen Renten lebend. Eine Berufung ins Schöffenkollegium hatte er schon 1545 abgelehnt. Zwar lebte er in sicheren finanziellen Verhältnissen, aber sein großer Ehrgeiz, seine Familie in die Reihen der bedeutenden Kölner »Geschlechter« aufsteigen zu sehen, blieb unerfüllt. Nach Jahren der Einsamkeit, die er in seinem Haus Cronenberg verbrachte, unermüdlich arbeitend an seiner großen Chronik, geplagt von immer heftiger sich meldenden Gebrechen wie Kurzsichtigkeit und Schwerhörigkeit, starb er hier im Laufe des Jahres 1597: am 19. Februar dieses Jahres brechen seine Aufzeichnungen ab. Sein Werk, das er »zu ewicher zit daurhaftigst wirk« hatte hinterlassen wollen, geriet in Vergessenheit und blieb dort jahrhundertelang. Erst Ende des 19. Jahrhunderts wurde Weinsbergs großartige Chronik zufällig wieder aufgefunden.

Er selbst hatte sein Tun und Lassen durchaus auch mit Ironie betrachtet. 1579 hatte er Sebastian Brandts »Narrenschiff« gelesen und befunden, daß doch nicht alle Narren darin »specificiert« waren, zum Beispiel er, Weinsberg, nicht, »der ich mich understanden, meines Vaters Haus Weinsberg dermaßen durch mein Testament zu fundieren und zu bestiften, daß es ewig dauere, obwohl ich doch weiß, daß nichts auf Erden beständig, es sei denn ein geistlich Haus, Kirche, Kloster, Konvent, Kapelle, Gasthaus, Spital. Und ich glaube, wenn mich der Autor des Buches gekannt und von meinem Vornehmen gewußt hätte, er hätte mich mitten hinein gesetzt« – ins Narrenschiff. (BD)

Literatur

Johann Jakob Häßlin (Hg.), Das Buch Weinsberg. Aus dem Leben eines Kölner Ratsherrn, Köln [4]1990.

Wolfgang Herborn, Hermann von Weinsberg (1518–1597); in: Rheinische Lebensbilder 11, Köln 1988, S. 59–76.

Josef Stein, Hermann von Weinsberg als Mensch und Historiker; in: JbKGV 4, 1917, S. 109–168.

Das Buch Weinsberg. Kölner Denkwürdigkeiten aus dem 16. Jahrhundert, hg. v. Konstantin Höhlbaum et al., 5 Bde., Leipzig-Bonn 1886–1926.

Wolfgang Schmid, Kölner Renaissancekultur in den Aufzeichnungen des Hermann Weinsberg (1518–1597) (Veröffentlichungen d. Kölnischen Stadtmuseums, Heft VIII), Köln 1991.

Heinrich Suderman (um 1520–1591)

Nr. 46 / 1. OG

Abb. 477: Heinrich Suderman, Kupferstich, um 1577, Kunstsammlung Veste Coburg

Fünfunddreißig Jahre lang diente er der legendären, von dem 1159 gegründeten Lübeck ausgehenden großen Vereinigung von Städten und ihren Kaufleuten, der »Hansa Theutonicorum« oder »dudeschen hanse«, und kein Mann in der 500 Jahre währenden Geschichte dieses größten Handelsmonopolisten in Mittelalter und Früher Neuzeit prägte sie mehr als Heinrich Suderman, dessen Name in den langen Jahren seines rastlosen Wirkens als Syndikus zum Synonym des Begriffes »Hanse« wurde.

Er stammte aus einer bedeutenden, ursprünglich von Dortmund herkommenden Kaufmannsfamilie, die in Köln zu den höchsten Ämtern aufstieg – auch sein Vater war Bürgermeister – und ihren Reichtum auf den Tuchhandel mit England gründete. Suderman studierte ab 1538 in Köln, ab 1543 in Orléans, dann in Bologna, war Doktor beider Rechte. Im Jahre 1550 heiratete er Guetgin von Rodenkirchen (gest. 1576), die Tochter des Bürgermeisters Jacob von Rodenkirchen. Das Ehepaar wohnte mit seinen sechs Kindern im Haus »Zum großen Leoparden« (Hohe Straße zwischen Brücken- und Minoritenstraße), zeitweilig auch im Vaterhaus Suderman auf der Sandkaul nahe beim Gürzenich.

Als Suderman 1556 zunächst für fünf Jahre bei einem jährlichen Gehalt von 100 Pfund Sterling in das neugeschaffene Amt des Syndikus der Hanse berufen wurde, hatte er nach kurzer Tätigkeit am Reichskammergericht zu Speyer und als Vertreter Kölns in England schon politisch-diplomatische Erfahrungen gesammelt. Die von ihm übernommenen Aufgaben waren vordem vom Rat der Stadt Lübeck und ihrem Syndikus wahrgenommen worden. Je länger je mehr hatte man diese Lösung aber als ungenügend empfunden; die Hanse benötigte im 16. Jahrhundert eigenes sachkundiges juristisches Personal, wollte sie den Herausforderungen ihrer Zeit gewachsen sein und bleiben.

In Suderman fand sie den unermüdlichen Sachwalter ihrer Interessen. Nach Ablauf der fünf Jahre seiner ersten Bestallung im Amt belassen, 1576 dann verpflichtet, der Hanse »bestes seines vorstandes und vormugens die zeit seines lebens zu dienen«, nahm Suderman an allen Hansetagen und allen Verhandlungen teil. Fast fünfzig diplomatische Reisen unternahm er für die Hanse. Sie kosteten ihn vierzehn Jahre seiner Lebenszeit und führten ihn hauptsächlich in die Niederlande, nach England, Polen, Böhmen und immer wieder durch das Deutsche Reich. Darüber hinaus war er verpflichtet worden, ein Urkundenverzeichnis der Hanse anzulegen, ihre Geschichte zu schreiben und einen Abriß des Seerechts zu verfassen.

Sein großes Ziel aber war die Neuorganisation des Hansekontors in Antwerpen, wo er von 1576 bis 1577 lebte, nach den traditionellen Prinzipien der Gesellschaft. 1555 bereits war zwischen der Hanse und Antwerpen ein Vertrag über die Errichtung des Kontors geschlossen worden, 1563 hatte die Stadt alle Hanseprivilegien anerkannt, doch der Versuch, von hier aus den Hansehandel in den Niederlanden zu reorganisieren, mußte trotz Sudermans Bemühungen an den politischen Verhältnissen scheitern. Mit großem finanziellen Aufwand wurde das Kontor in den Jahren 1564 bis 1568 erbaut, doch auf den glänzenden Beginn folgte bald der Niedergang. Der Krieg zwischen den Niederlanden und Spanien ließ die Attraktivität Antwerpens als Handelszentrum rasch schwinden; die Plünderung durch spanische Truppen 1576 und die Belagerung durch Alexander Farnese 1584 fügten der Stadt schweren Schaden zu, von dem sie sich lange Zeit nicht erholte. Dem Antwerpener Kontor blieben hohe Schulden; 1591 mußte es sogar sein Tafelsilber verkaufen. Sudermans ehrgeiziges Projekt war gescheitert.

Seine Auftraggeber haben ihm das Amt nicht leicht gemacht. Vor allem ihre Zahlungsmoral war schlecht und entsprach kaum den Usancen eines guten »hanseatischen« Kaufmanns. Das ihm zustehende Gehalt und die Gratifikationen zahlten sie ihm nur zum Teil aus; seine Rechnungen über seine Unkosten, die ihm durch die Amtsführung entstanden und die zu erstatten sie sich in der Bestallungsurkunde von 1576 verpflichtet hatten, prüften sie kleinlich und hinhaltend,

Heinrich Suderman, Südseite, 1. OG, Nr. 46
Ratsbeschluß am 30. August 1994
Modellvorstellung am 7. Juni 1994
Figurenübergabe am 23. September 1994
Bildhauer: Erwin Nöthen
Stifter: Firma Oertel & Prümm GmbH & Co., Dr. Heinz Kleinen, Köln

Wie die beiden vorangehenden Figuren Johannes Gropper (Nr. 44) und Hermann von Weinsberg (Nr. 45) stammt diese Figur von ein und demselben Bildhauer, der alle drei Skulpturen unter einheitlicher Gesamtauffassung ihrer gemeinsamen Erscheinung am Turm entwickelte. Das reiche Gewand macht den Wohlstand des erfolgreichen Kaufmannes deutlich. Als Hinweis auf seine Tätigkeit als Syndikus der Hanse trägt er einen Schild, der im unteren Bereich sein Familienwappen, in der oberen Hälfte elf Flammen, den Hinweis auf das stadtkölnische Wappen, trägt. Ließ sich durch historische Recherchen seitens Stifter und Bildhauer auch kein für die Hanse allgemeinverbindliches Wappen ermitteln, so ist doch für sie der Gebrauch des auch hier als Konturform gewählten, rautenförmigen Schildes überliefert. (BE)

so daß Suderman oftmals gezwungen war, aus dem Seinigen vorzuschießen. Auch seine Heimatstadt, die doch auch Hansemitglied war, unterstützte ihren großen Sohn nicht immer. Im eigenen Interesse betrieb sie gelegentlich eine Wirtschafts- und Handelspolitik, die der Sudermanschen zuwider lief.

Nach seinem Tode in Lübeck im Jahr 1591 – die Erben stritten noch lange Zeit danach mit der Hanse um Auszahlung der Suderman zustehenden Gelder – blieb das Amt des Syndikus der Hanse für viele Jahre unbesetzt; erst 1605 wurde ein Nachfolger berufen. Es scheint, als ob man niemandem zutrauen wollte, unmittelbar auf den großen ersten Syndikus zu folgen, von dem Philippe Dollinger, der Historiograph der Hanse, schreibt: »Er war wahrhaftig die Seele der Gemeinschaft, der letzte der großen Hansen.«

Begraben wurde Suderman in seiner Heimatstadt Köln, in der Familiengrabstätte in der Minoritenkirche. (BD)

Literatur

Joachim Deeters (Bearb.), Die Hanse und Köln. Katalog zur Ausstellung des Historischen Archivs der Stadt Köln zum 8. Hansetag der Neuzeit, Köln 1988.

Philipp Dollinger, Die Hanse, Stuttgart 1966.

Leonhard Ennen, Der hansische Syndikus Heinrich Suderman aus Köln, in: Hansische Geschichtsblätter 1876 (1878), S. 1–58.

Klaus Friedland, Der Plan des Dr.Heinrich Suderman zur Wiederherstellung der Hanse, in: JbKGV 31/32 (1957), S. 184–244.

Klaus Friedland, Die Hanse, Stuttgart-Berlin-Köln 1991.

Hermann Keussen, Heinrich Suderman, in: ADB 37 (1894), S. 121–127.

B. Meyer, Die Sudermans von Dortmund. Ein hansisches Kaufmannsgeschlecht, in: Beiträge zur Geschichte Dortmunds und der Grafschaft Mark 38 (1930), S. 1–78.

Claudia Schnurmann, Kommerz und Klüngel. Der Englandhandel Kölner Kaufleute im 16. Jahrhundert; Göttingen 1991 (Veröffentl. d. Deutschen Historischen Instituts London 27).

Klaus Wriedt, Heinrich Suderman (1520–1591), in: Rheinische Lebensbilder 10, Köln 1985, S. 31–45.

Michael von Aitzing (um 1530–1598)

Nr. 47 / 1. OG

Abb. 478: Michael von Aitzing, Holzschnitt von Melchior Lortz 1576

Des Freiherrn Michael von Aitzing (Eyzinger) zu Schrattenthal, Sohn des Christof Aitzing, Oberhofmeister Kaiser Maximilians II., Geburtsdatum ist unbekannt (um 1530?). Der »Erfinder der Zeitung« genannte war gelehrt und weitgereist: er hatte Jura in Wien studiert, beherrschte Griechisch, Latein, Hebräisch, Spanisch, Italienisch und Flämisch. Nach der Heirat mit einer Frau aus dem Fugger-Geschlecht machte ihn Kaiser Ferdinand I. zum »Hofdiener«. 1568 führte ihn eine Reise über Köln nach Brüssel, wo er die Hinrichtung der Grafen Egmont und Horn miterlebte und selbst in Haft geriet. Von Antwerpen kommend, ließ Aitzing sich im Jahre 1579 in Köln nieder. Hier stach Franz Hogenberg eine von ihm entworfene Karte des Heiligen Landes in Kupfer. 1583 begann er in Köln auch zu publizieren: »Relationes Historicae« (Historische Berichte) mit Nachrichten über Handel und Wirtschaft am Rhein sowie über die politischen und militärischen Ereignisse am Niederrhein (vor allem über den Truchsessischen Krieg), sowie historische Beschreibungen (»De Leone Belgico«

Die 1900/01 von Alexander Iven in Heilbronner Sandstein geschlagene Statue des Meisters Eckhart vertritt Michael Aitzing (Nr. 47). Sie gehört zu den Figuren, die den Zweiten Weltkrieg mit Beschädigungen überdauerten. Die Helmut Boerner-Stiftung ermöglichte die Wiederherstellung. Der Bildhauer Serban Rusu ergänzte 1992 den Kopf, die Finger der linken und die rechte Hand sowie Teile des Abtstabes aus Steinersatzmaterial nach historischem Foto. Habit, Buch und Stab kennzeichnen den Mystiker als geistlichen Gelehrten und als Gründer zahlreicher Klöster. (WG)

über den Freiheitskampf der Niederländer 1559-1581). Aitzing nützte die schon bestehenden regelmäßigen Postverbindungen für Nachrichtenübermittlung und Vertrieb seiner Relationen, die bis 1593 halbjährig in März und September zum Termin der Frankfurter Messe (»Messrelationen«) und von 1594-1597 jährlich als »objektive« chronologische Zusammenfassung der Ereignisse erschienen. Ihre Merkmale warn Aktualität, Periodizität und öffentliche Verbreitung. Sie waren die unmittelbaren Vorläufer des im 17. Jahrhundert aufblühenden Zeitungswesens.

Das erste von Aitzing veröffentlichte Werk war 1553 ein rhetorisches Lehrbuch gewesen: »Artis oratiae tabulae«. in Köln brachte er im Jahre 1583 »De Leone Belgico, eiusque topographia atque descriptione liber« (Der Belgische Löwe und seine topographisch-historische Beschreibung) heraus (bereits 1579 in Brüssel abgeschlossen), von dem bald erweiterte Neuauflagen folgten: 1585 und 1587, mit Kupfern von Franz Hogenberg. 1584 erschien die »Relatio Historica dess so sich nach dem abschied der cöllnischen zusammenkunft von wegen niderlendischer pacification gehalten«. Es folgte »Belgici Leonis Chorographia« (Atlas in Zusammenarbeit mit Hogenberg), in deutscher Übersetzung Niderländische Beschreibung, 3 Bände, Köln 1584–1587, und ebenfalls 1587 das »Itinerarium Belgicum« und 1590 »Relatio historicae supplementum, dass ist ein historische vernere ertzellung«.

Trotz des publizistischen Erfolges seiner Unternehmungen lebte Aitzing in Köln in großer Armut. Er folgte daher einem Ruf des Kurfürsten Ernst von Bayern nach Bonn, wo er als dessen Historiograph 1598 starb. (BD)

Literatur

500 Jahre Buch und Zeitung in Köln, Köln 1965 (Beitrag von Peter J. Hasenberg, S. 49–69).
Karl d'Ester, Michael Aitzing, in: Handbuch der Zeitungswissenschaft, hg. v. Walter Heide, Bd. 1, Leipzig 1940, Sp. 26–28.
Kurt Koszyk, Vorläufer der Massenpresse. Ökonomie und Publizistik zwischen Reformation und Französischer Revolution. Öffentliche Kommunikation im Zeitalter des Feudalismus, München 1972.
Felix Stieve, Über die ältesten halbjährigen Zeitungen und Messrelationen und insbesondere über ihren Begründer Freiherrn Michael von Aitzing, München 1881.

Kaspar Ulenberg (1548–1617)

Nr. 48 / 1. OG

Abb. 479: Caspar Ulenberg, Repro: Archiv Konservator

Der Sohn lutherischer Eltern, geboren im märkischen Lippstadt, studierte in Soest, in Braunschweig und an der Universität Wittenberg, der evangelischen Hochschule schlechthin. 1570/71 Lehrer an der Schule in Lunden (Kreis Dithmarschen), konvertierte er 1572 in Köln zum Katholizismus und wurde 1576 zum Priester geweiht.

Als Pfarrer und Kanonikus an St. Suitbert im zum Erzbistum Köln gehörenden Kaiserswerth – seine erste Pfarrstelle, an der er sieben Jahre wirkte – sah sich Ulenberg mit den konfessionellen Auseinandersetzungen seiner Zeit konfrontiert. Gerade seine Gemeinde war durch häufige Anwesenheit des Kölner Kurfürsten und Erzbischofs Gebhard Truchseß von Waldburg auf der Kaiserswerther Burg, durch dessen »ungeistlichen« Lebenswandel und schließlichen Abfall von der katholischen Kirche besonders berührt. Der eifrige Konvertit Ulenberg erlebte die wachsende Kirchenverdrossenheit der Untertanen, ihre zunehmende Empfänglichkeit für den Protestantismus und sann auf Abhilfe. In Musik und Gesang hatte er das

Als bedeutender Reformator der zeitgenössischen Kirchenmusik trägt der Kleriker ein Buch in seiner Rechten, das infolge der spezifischen Anordnung der Finger zugleich an die Handhabung eines Tasteninstrumentes erinnert. Die expressive Formensprache konterkariert bewußt die eher weich fließende Körperauffassung der benachbarten Altfigur Michael von Aitzing (Nr. 47) aus dem späten 19. Jahrhundert. (BE)

heimtückische Mittel erkannt, mit denen die »Sektierer«, d. h. die Protestanten, die Seelen der katholischen Kirche entfremdeten, und in Musik und Gesang fand er auch das Antidot.

1582 gab Ulenberg eine Psalmen-Übersetzung heraus: »Die Psalmen Davids in allerlei Teutsche Gesangreimen bracht«, verlegt und gedruckt in Köln bei Gerwin Calenius und Erben Johann Quentells. In einer vierzigseitigen Vorrede erläuterte er, daß »Sektierer« mit Hilfe von Melodien und Gesängen ihre falschen Lehren verbreitet hätten. Auch die Psalmen Davids seien dazu mißbraucht worden: »... hat auch David one seinen danck dazu bisweilen dienen müssen, denn es sind etliche der besten Psalmen durch und zuthun also von den Sectarien gefelschet, daß der Prophet in diesen sangbüchern zuzeiten von dingen reden muß, die ihme und dem heiligen geiste niemaln sind im sinn gewesen.« Seine Schlußfolgerung: »Also ist in dieser zeit kein besser rat und mittel, der Sectarien list in diesem falle zu begegnen, denn daß man nach der alten exempel dem gemeinen volcke an stat der verfürerischen sangbücher gotselige reine und ungefelschete gesenge mitteile.«

Ulenbergs Liedpsalter erfreute sich rasch großer Verbreitung und Popularität. 1589 wurde er von Konrad Hagius, einem Düsseldorfer Hofmusikus, vertont und von Orlando di Lasso und seinem Sohn Rudolf mehrstimmig gesetzt (vierstimmiger Satz gedruckt 1589 in Düsseldorf von Albert Buys). Die Psalmenübersetzung des eifrigen Vertreters der Gegenreformation war das katholische Gegenstück zur Übertragung des Lutheraners Ambrosius Lobwasser, Professor der Rechte in Königsberg. Sie ist ein Dokument der Kirchenpolitik und der konfessionellen Auseinandersetzung am Niederrhein, was nicht nur Ulenbergs Vorrede, sondern auch der der ersten Ausgabe beigefügte Anhang deutlich macht: »Kurtzer Bericht der gantzen christlichen catholischen Religion sammt Warnung wider allerlei unser Zeit Irrthum«. Auch andere Schriften Ulenbergs fanden große Verbreitung und langandauernde Wirkung im deutschen Katholizismus. Er veröffentlichte 1590 ein »Trostbuch für die Kranken«, das immer neue Auflagen fand. 1614 begann er seine Bibelübersetzung, die er kurz vor seinem Tode noch vollenden konnte. Erst 1630 posthum in Köln erschienen, erlebte diese einflußreichste katholi-

Kaspar Ulenberg, Südseite, 1. OG, Nr. 48
Ratsbeschluß am 30. August 1994
Modellvorstellung am 16. September 1994
Figurenübergabe am 29. November 1994
Bildhauer: Titus Reinarz
Stifter: aus der Pfarre St. Kunibert: Maria Freericks gemeinsam mit: Gisela Mirgel-Kunze, Hajo Fischer, Hans-Wilhelm Möller, Pastor Franz Schneider, Josef Schramml

sche Bibelübersetzung bis 1747 elf Ausgaben in Köln, elf in Nürnberg, Bamberg, Frankfurt und in Wien. Posthum erschien in Köln im Jahre 1622 auch seine »Vita Lutheri«.

1583 hatte sich Ulenberg im »heiligen Köln« niedergelassen, der Stadt, die gegen den »Irrtum der Zeit« am sichersten gefeit zu sein schien. Bis zu seinem Tode im Jahre 1617 wirkte er hier als erfolgreicher Seelsorger, wortgewaltiger Prediger, Lehrer und Gelehrter, eine der bedeutenden Kölner Priestergestalten der Frühen Neuzeit. Er war Pfarrer an St. Kunibert und an St. Kolumba, Stiftsherr an St. Cäcilien und an St. Ursula, seit 1592 Regens der Laurentianer-Burse und Professor an der Artistenfakultät der Kölner Universität, der er als Rektor von 1610 bis 1612 vorstand. (BD)

Literatur

ADB, Bd. 39, S. 181f.
Arnold Meshovius, De vita et moribus et obitu ... Caspari Ulenbergii (Col. 1638).
Joseph Solzbacher, Kaspar Ulenberg, eine Priestergestalt aus der Zeit der Gegenreformation, Münster 1948.

Peter Paul Rubens (1577–1640)

Nr. 49 / 1.OG

Abb. 480: Peter Paul Rubens, Selbstporträt
Foto: Archiv Konservator

In Antwerpen, im Jahre 1637, erinnerte sich Peter Paul Rubens mit warmen Gefühlen an die Stadt, in der er viele Jahre seiner Jugend verbracht hatte:

> »Ich habe große Zuneigung zu der Stadt Köln, wo ich bis zum Alter von zehn Jahren aufgewachsen bin, und manchmal, seit vielen Jahren, habe ich das Verlangen gehabt, sie wiederzusehen.«

Seine Eltern – der Vater Dr. Jan Rubens, ein aus reicher, angesehener Familie stammender Jurist und Mitglied des Antwerpener Rates, und die Mutter Marie Pypelincx, miteinander verheiratet seit 1561 – hatten als politisch-religiös Verfolgte Antwerpen und die Spanischen Niederlande verlassen müssen. Zuflucht fanden sie und ihre Kinder wie manch andere protestantische Glaubensflüchtlinge vorerst in der katholischen Reichsstadt Köln. Hier mietete man ab Juli oder August 1568 ein Haus gegenüber Klein-St.Martin. Der Kölner Rat gewährte Jan Rubens im April 1569 vorerst das Aufenthaltsrecht – obwohl von Anfang an Zweifel an seiner »Rechtgläubigkeit« bestanden. Er wurde Mitglied der Gaffel Windeck, deren Banner-

Der barocke Malerfürst und Diplomat wird in zeittypischer, selbstbewußt repräsentativer Pose wiedergegeben. Vor dem Leib hält er, den Gewandärmel zurückgestreift, in ausdrucksvoller Gebärde ein großformatiges, aufgeschlagenes und auf der offenenliegenden Seite bezeichnetes Skizzenbuch. In der Albertina, der Wiener graphischen Sammlung, studierte und kopierte der Bildhauer zuvor ein dort bewahrtes Selbstbildnis des Malers. Der palettenhaltende Knabe zu seinen Füßen - ein Alternativmodell zeigte ihn noch eindeutiger als Ganymed gemeinsam mit einem Adler des Zeus - spielt zudem auf den Beruf eines der beiden Stifter als Kinderarzt an. Das ursprünglich weiter nach vorne orientierte Gesamtvolumen der Skulptur wurde im Zuge ihrer Ausführung zugunsten einer dichteren Anbindung an die Turmrückwand reduziert. (BE)

herr Adolf von Strahlen ebenfalls Protestant war, und begann eine Tätigkeit als Advokat. Bald wurde Jan Rubens Rechtsberater der Prinzessin Anna von Sachsen, Gemahlin des berühmten Statthalters der Niederlande Wilhelm von Oranien, die um die gleiche Zeit wie Rubens nach Köln gekommen war und mit ihrem großen Gefolge im Rinkenhof Quartier genommen hatte. Von Köln aus wollte die Prinzessin mit Rubens' Hilfe ihr von den Spaniern in Antwerpen beschlagnahmtes Privatvermögen freibekommen. Zwischen Anna von Sachsen und ihrem Anwalt jedoch begann ein Liebesverhältnis mit fatalen Folgen: die Prinzessin wurde schwanger und gebar im August 1571 eine Tochter. Der betrogene Ehemann lockte Jan Rubens nach Siegen, wo Anna inzwischen lebte, ließ ihn unterwegs ergreifen und nach Dillenburg, eine Festung seines Bruders Johann von Nassau, schaffen. Unter Einsatz ihres Vermögens gelang es Marie Pypelincx, ihren treulosen Gatten vor dem sicheren Tod zu bewahren. Jan Rubens und seine Familie aber mußten fortan vom Mai 1573 bis in den Mai 1578 in Siegen leben, ohne diesen Ort verlassen zu dürfen. Hier wurde am 29. Juni 1577 ihr Sohn Peter Paul geboren. Die erst seit 1861 korrigierte Legende von seiner »Kölnischen Geburt« geht auf F. F. Wallraf zurück. Er ließ im Jahre 1822 am Haus Sternengasse 10 zu Köln eine Gedenktafel anbringen, die es als Geburtshaus des Malers auswies. Wallraf berief sich dabei auf Aegidius Gelenius, der bereits 1645 diesem Irrtum erlegen war.

Nach dem Tode der Anna von Sachsen (Dezember 1577) durfte die Familie Rubens 1578 nach Köln zurückkehren. Jan Rubens war zum Katholizismus übergetreten, so daß er keine Ausweisungsverfügungen des Kölner Rates wie noch Anfang der siebziger Jahre mehr zu befürchten hatte. Er nahm seine Tätigkeit als Advokat wieder auf und mietete das Haus »Zum Raben« in der Sternengasse (Nr.10). 1587 starb er und wurde in der Mitte des Chores von St. Peter begraben. Zwei Jahre später kehrte seine Witwe mit ihren Kindern nach Antwerpen zurück. Hier begann der Aufstieg des Peter Paul Rubens zum berühmtesten, von

Peter Paul Rubens, Südseite, 1. OG, Nr. 49
Ratsbeschluß am 30. August 1994
Modellvorstellung am 29. September 1994
Figurenübergabe am 23. November 1994
Bildhauer: Hans Karl Burgeff
Stifter: Dr. Dietrich C. und Marie-Luise Zschocke

Fürsten und reichen Bürgern ganz Europas gleichermaßen hoch geschätzten und mit Aufträgen überhäuften Maler seiner Zeit.

Peter Paul besuchte bis zu seinem vierzehnten Lebensjahr eine Antwerpener Lateinschule. Danach trat er in Oudenarde als Page in den Dienst der Margarete von Ligne, bis er sich schließlich der Malerei widmen durfte. Nach nur wenigen Lehrjahren wurde er bereits 1598 als Meister in die berühmte Antwerpener Lukas-Gilde aufgenommen. 1600 begann für Rubens eine jahrelange Phase des Reisens in Europa mit längeren, künstlerisch und ökonomisch erfolgreichen Aufenthalten in Italien (besonders in Mantua). Erst 1608 kehrte er nach Antwerpen zurück, das er später nur noch für Reisen, z. B. nach London, Paris oder Madrid, verließ. 1609 erhielt er den Auftrag, die Bildnisse des habsburgischen Statthalters Erzherzog Albrecht und seiner Gemahlin Isabella zu malen und wurde zum landesherrlichen Hofmaler ernannt. Im gleichen Jahr auch heiratete Peter Paul Rubens Isabella Brant, die Tochter des Antwerpener Stadtsekretärs; es war die erste seiner drei Ehen. 1616 zog er in ein palastartiges Wohnhaus, Ausdruck seines Reichtums und seines längst schon feststehenden großen Ruhmes, der ihm den Beinamen »Apelles des Jahrhunderts« eingebracht hatte. Seine berühmte Werkstatt zog Maler aus ganz Europa an.

Der spanische König Philipp IV. erhob Rubens 1624 in den Adelsstand; Isabella ernannte ihn drei Jahre später zu ihrem Kammerherrn (»gentilhomme de la maison«). Sein Ansehen beim spanischen Hofe war so groß, daß er neben seinem unermüdlichen künstlerischen Schaffen 1629/30 für die spanische Krone sogar diplomatische Missionen in England und 1632/33 bei den Generalstaaten unternehmen durfte.

Anfang der dreißiger Jahren erkrankte Rubens an der Gicht, die seine Schaffenskraft einschränkte, aber nicht erlahmen ließ. In den letzten fünf Jahren seines Lebens aber verschlechterte sich sein Gesundheitszustand mehr und mehr. Im März 1640 ergriff eine Lähmung seine Hände. Am 30. Mai 1640 starb Peter Paul Rubens an einem Fieber und der Gicht. Beigesetzt wurde er in der Antwerpener Jakobskirche.

Schon zu seinen Lebzeiten waren seine Werke in alle bedeutenden zeitgenössischen Sammlungen aufgenommen worden, schmückten sie zahllose Paläste und Kirchen. Auch in die Stadt Köln, die Rubens nie wiedergesehen hatte, war ein Werk des »Malerfürsten« gelangt. Everhard Jabach, 1618 in Köln geboren, aus alteingesessener Kölner Kaufmanns- und Bankiersfamilie stammend (der Jabacher Hof lag in der Sternengasse, in der auch Jan Rubens mit seiner Familie gewohnt hatte), später als Bankier in Paris einer der bedeutendsten Kunstsammler und Mäzene seiner Zeit, hatte mit seinem Geschwistern 1636 beschlossen, zum Gedächtnis an ihren am 23. Mai des Jahres verstorbenen Vater ein Gemälde in Auftrag zu geben, das der Peterskirche gestiftet werden sollte, »vom bekanntesten aller Künstler gemalt«: Peter Paul Rubens in Antwerpen. Der Maler selbst schlug die »Kreuzigung Petri« vor. Bei seinem Tode war das Werk, das er gegenüber dem Kölner Maler Georg Geldorp als eines der »besten Stücke, die bisher aus meiner Hand hervorgegangen sind«, bezeichnete, wohl noch nicht vollendet gewesen. Erst 1641 wurde die »Kreuzigung Petri« von Jabach für 1200 Gulden den Rubensschen Erben abgekauft und endlich 1642 in der Peterskirche aufgestellt. Das schon bald legendäre Werk wurde zum Anziehungspunkt zahlloser die Stadt besuchender Reisender. So groß war sein Ruhm, daß es bereits nur wenige Tage nach der Besetzung Kölns durch die französischen Revolutionstruppen im Oktober 1794 beschlagnahmt, aus der Kirche entfernt, nach Paris geschickt und fortan im Louvre gezeigt wurde. Dort entdeckte es im Sommer 1815, nach dem Einmarsch der Alliierten in Paris, ein preußischer Soldat aus Köln: Eberhard de Groote. Er sorgte für die Rückführung der »Kreuzigung Petri« nach Köln, wo sie am 18. Oktober 1815 wieder ihren Platz in der Peterskirche erhielt und noch heute zu sehen ist.

Doch nicht allein das meisterhafte Spätwerk Rubens symbolisiert die Verbindung des Antwerpener Künstlers mit der Stadt, in der er seine Kindheit verbracht hatte. 1628/29 erweiterte Rubens seine schon 1609 für den Ständesaal des Antwerpener Rathauses gemalte »Anbetung der Könige«; auch sein Selbstbildnis im Gefolge der Hl. Drei Könige fügte er hinzu, sich verneigend vor der höchsten göttlichen Macht, vor den Hl. Drei Königen, deren von der gesamten Christenheit höchstverehrte Reliquien in einem prachtvollen Schrein, »dem berühmtesten Denkmal der Christenheit von ganz Europa«, im Dom zu Köln ruhten. (BD)

Literatur

Paul Holt, Aus dem Tagebuch des Johannes Rethius 1571–74. Ein Beitrag zur Geistesgeschichte und zur stadtkölnischen Politik, Teil II, in: JbKGV 21, 1939, S. 47–110.

Ekkehard Mai u. Hans Vieghe (Hg.), Von Bruegel bis Rubens. Das goldene Jahrhundert flämischer Malerei, Köln 1992; darin bes.: Justus Müller Hofstede, Peter Paul Rubens 1577–1640. Selbstbildnis und Selbstverständnis, S. 103–120.

Johann Jakob Merlo, Kölnische Künstler, S. 352–392.

Max Rooses, Rubens' Leben und Werk, Stuttgart-Berlin-Leipzig 1890.

Doris Schreiber-Michels, Die Kreuzigung Petri. Marginalien zu einem Kölner Altarbild, in: Köln, 37. Jg., 2. Halbjahr 1992, S. 14–17.

Ulrich Thieme u. Felix Becker (Hg.), Allgemeines Lexikon der bildenden Künstler von der Antike bis zur Gegenwart, Leipzig 1907–1950 (ND München 1992), hier: Bd. 29, S. 137–146.

Ursula Voß, Everhard IV. Jabach. Ein Kölner Sammlerfürst im Ancien Régime, Köln 1979 (Kölner Biographien 12).

Jan von Werth (1591–1652)

Nr. 50 / 2. OG

Abb. 481: Jan von Werth, Kupferstich von Petrus Jode, 1629, Heeresgeschichtliches Museum Wien

»Franzosenschreck« wurde der außerordentlich erfolgreiche kurbayerische, später kaiserliche Reitergeneral des Dreißigjährigen Krieges von seinen Zeitgenossen genannt, »le célèbre partisan«, ein wagemutiger, listen- und fintenreicher Condottiere, wie mancher seines Schlages von niederer, d.h. nichtadliger Herkunft zu den höchsten Ehren aufgestiegen.

Um 1591 in kleinen Orte Büttgen im Kurfürstentum Köln als eines von sieben Kindern eines Bauern geboren, ohne besondere Schulbildung, trat er als Knecht in den Dienst der Adelsfamilie Raitz von Frentz. Zu Beginn des Dreißigjährigen Krieges von einem spanischen Reiterregiment angeworben, begann bald seine militärische Karriere. Er gehörte als einfacher Reiter zur Besatzung von Lingen und Ems, nahm auf spanisch-kaiserlicher Seite 1620 an der berühmten Schlacht am Weißen Berge vor Prag teil – hier begann auch Wallensteins noch spektakulärerer Aufstieg – und avancierte rasch vom gemeinen Soldaten zum Leutnant und zum Rittmeister. Sein eigentlicher steiler Aufstieg aber begann 1631 mit seinem Übertritt zu den Truppen der katholischen Liga. Erst Obristwachtmeister, dann schon 1632 von seinem Kriegsherrn, dem bayerischen Kurfürsten Maximilian zum Chef eines Reiterregimentes ernannt, bewies er bald sein ungewöhnliches Talent als »unermüdlich tätiger entschlossener Reiterführer, welcher rastlos auf seinem Gaule sich in die Mitte der Feinde wagt« (Lahrkamp).

Im Jahre 1634 hatte der Bauernsohn, der weder lesen noch schreiben konnte, seine niedere Herkunft endgültig hinter sich gelassen. Kurfürst Maximilian ernannte ihn zum Generalwachtmeister zu Pferde und Kaiser Ferdinand III. erhob ihn 1635 wegen seiner großen Verdienste in der Schlacht von Nördlingen in den Freiherrenstand. Seine anschließenden Kriegszüge in Frankreich ließen seinen Namen zum Schreckenssymbol der Bevölkerung werden; die Gewalttätigkeit seiner Soldateska, ihre rücksichtslosen Kirchen- und Klosterplünderungen (besonders in der Picardie) waren so berüchtigt, daß der französische Kardinal Richelieu sich über den katholischen Feldherrn Werth beim Papst beschwerte.

Als Gegner des bayerischen Sonderfriedens mit Schweden verließ er nach dem Ulmer Waffenstillstand 1647 den bayerischen Dienst, in dem er so hoch aufgestiegen war, unerachtet der fortan auf ihm lastenden Ungnade des Kurfürsten. Als General der Kavallerie trat er trotz aller bayerischen Proteste in den Dienst Kaiser Ferdinands III. Doch schon 1648 wurde der unverzichtbare von Werth als Oberbefehlshaber vom Kurfürsten zurückgerufen. Der Westfälische Friedensschluß von Münster und Osnabrück beendete allerdings noch im gleichen Jahr den großen Krieg, der das Deutsche Reich verwüstet, den Jan von Werth aber hatte Karriere machen und reich werden lassen als einen der typischen Söldnerführer der Zeit, die den Krieg auch als großes Geschäft betrieben.

Nur vier Jahre später starb Werth, der dreimal verheiratet gewesen war, auf seinem Schloß Benatek in Böhmen, das ihm der Kaiser 1647 geschenkt hatte. »Sein Leben war, so schreibt sein Biograph, wie seine Zeit: vielbewegt, abenteuerlich und wechselhaft; es sichert ihm dauernden Ruhm und stellt ihn an die Seite der größten Reiterführer der europäischen Geschichte.«

Die Stadt Köln hat ihn, dessen selbstgesetzte Lebensmaxime es war, »wider des Heiligen Römischen Reiches gemeine Feinde« seinen äußersten Kräfte »biß auff den letzten Bluetstropfen« einzusetzen, nur von der nichtkriegerischen Seite erlebt. Nicht nur profitierten die Kölner Büchsenmacher von seinen Aufträgen zur Ausstattung seiner Truppen, im Jahre 1636 kaufte der schon berühmte Reiterführer für 4800 Reichstaler das sogenannte Raitzenhaus (Haus Merheym) auf der Gereonstraße mit Hofraum, großem Garten und fünf Zinshäuschen. Vier Jahre später er-

Dem ursprünglichen Stifterwunsch, den Reitergeneral gemäß einer im Altarbild der Pfarrkirche zu Straubing überlieferten Darstellung kniend zu zeigen, stand die Turmdisposition aufrechtstehender Figuren entgegen. So setzt der Feldherr jetzt, ausgezeichnet als Bürger Kölns mit der ihm vom Magistrat verliehenen goldenen Kette, den Fuß auf eine Befestigungsanlage, welche an die durch ihn eroberte Festung Ehrenbreitstein erinnert. (BE)

warb er noch einen Weingarten am Klingelpütz aus dem Besitz des Klosters Groß-Nazareth. Zwar weilte Jan von Werth, der auch außerhalb Kölns über großen Grundbesitz verfügte, nur selten in der Stadt, besaß auch nicht ihr Bürgerrecht, hatte aber doch engere Bindungen an sie: hier lebten seine Mutter, seine Schwester und andere Verwandte. Sein Vetter Rutger von Wierdt war Rats- und Bannerherr der Gaffel Schwarzenhaus. Die Kölner verehrten ihn, den Eroberer der Feste Ehrenbreitstein, von der aus Rhein und Mosel beherrscht wurden, als Retter vor der französischen Bedrohung, die Rheinschiffahrt und damit die Lebensader der Reichsstadt waren wieder freigekämpft.

Berühmt war sein Zweikampf mit dem Grafen von Merode, den er vor dem Hause des Grafen von Königsegg auf dem Gereonsplatz erstach (1644). Carl Cramers romantische Verharmlosung des Söldnerführers in der Legende von »Jan un Griet«, vom Bauernjungen, der aus verschmähter Liebe Soldat wurde und es zum Feldmarschall brachte, gehört noch heute zum Kölner Volksgut. Auf dem Altermarkt steht seit 1884 das »Jan van Werth«- Denkmal zur Erinnerung an den Mann, der einst angeblich um den »freien deutschen Rhein« gefochten hatte. Die chauvinistischen, gegen Frankreich gerichteten Tiraden, die seine Errichtung einst begleiteten, sind heute längst vergessen. (BD)

Jan von Werth, Südseite, 2. OG, Nr. 50
Ratsbeschluß am 29. Mai 1990
Modellvorstellung am 6. Dezember 1989
Figurenübergabe am 23. Februar 1990
Bildhauer: Hans-Joachim Bergmann
Stifter: Verein der Freunde und Förderer des Jan-van-Werth-Hauses e.V., Köln

Literatur

Ludwig Freiherr von Gebsattel, Jan von Werth, ein Reiterleben, in: Gelbe Hefte 6, 1. Halbbd., 1929/30, S. 227–255.
Helmut Lahrkamp, Jan von Werth. Sein Leben nach archivalischen Quellen, Köln 1962 (Veröffentl. des KGV 24).
Helmut Lahrkamp, Jan von Werth 1591–1652, in: Rheinische Lebensbilder 3, Düsseldorf 1968, S. 97–115.
Willi-Dieter Osterbrauck, Johann Reichsfreiherr von Werth: 1591–1652. Chronik eines umstrittenen Volkshelden. Historische Betrachtungen mit zahlreichen Illustrationen und Portraits zu seinem 400. Geburtstag, Köln 1992.
Peter Paul Trippen, Jan von Werth's Herkunft, Jugendzeit und Familie im Lichte der neuzeitlichen Forschung, in: Alt-Köln 17, 1928, S. 100–110.

Joost van den Vondel (1587–1679)

Nr. 51 / 2. OG

Abb. 482: Joost van den Vondel, zeitgenössischer Kupferstich, Repro: Archiv Konservator

Seine Eltern waren – um einen modernen, sehr negativ besetzten Begriff zu verwenden – Asylanten: ihrer Religion wegen aus Antwerpen geflohen, um der Verfolgung durch ein erbarmungsloses katholisches Regiment zu entgehen. Das katholische, noch nicht verhärtete Köln gewährte den niederländischen Mennoniten, eine die Kindertaufe und den Militärdienst ablehnende protestantische Sekte, im Jahre 1582 Zuflucht. So kam es, daß Joost, der Sohn des Joost van den Vondel und seiner zweiten Ehefrau Sara Cranen, am 15. November 1587 am Rhein geboren wurde, im Haus »Zur Fyolen« in der Großen Witschgasse, die durch die Holzmarktpforte direkt auf den Holzmarkt am Rheinufer führte, in unmittelbarer Nachbarschaft der Kirchen St. Maria im Kapitol und St. Maria Lyskirchen.

Acht Jahre lang genoß der Knabe hier eine unbeschwerte Kindheit, dann war es mit der Toleranz des Kölner Stadtregiments vorbei. In den Verdacht geraten, dem Calvinismus zugeneigt zu sein, mußte die Vondel-Familie, Vater, Mutter, die neunjährige Clementia, der achtjährige Joost und ein wenige Monate alter Säugling, die Stadt verlassen. Utrecht wurde ihre neue Heimstatt.

In Amsterdam schließlich heiratete Joost van den Vondel die wie er aus Köln stammende Maaiken de Wolff. Hier, in der niederländischen Metropole, betrieb das Paar einen florierenden Strumpfhandel, und hier entfaltete sich das große literarische Talent des Joost, hier wurde er zum berühmten Barockpoeten, schon zu Lebzeiten als größter Dichter der niederländischen Sprache verehrt und sich seiner herausragenden Stellung durchaus bewußt. Vondel war nicht nur Poet, er war auch politisch engagiert: getreu seinem Motto »pro libertate« mischte er sich immer wieder kritisch und streitbar in die Politik der »Statthalter«, der Vorläufer des oranischen Königshauses, ein. Nur wenige Jahre seiner frühesten Kindheit hatte er in Köln verbracht, und doch blieb er stets im Banne dieser Stadt, die er Zeit seines langen Lebens – er starb zweiundneunzigjährig in Amsterdam – nicht mehr wiedersehen sollte. In Vondels Werk nehmen der Rhein – schon vor 1630 verfaßte er ein großes Versepos auf den Strom, seinen Lauf von den Schweizer Alpen durch Deutschland, an Köln vorbei, nach Holland und ins Meer –, die Stadt seiner Kindheit und die Erinnerung an sie eine große Bedeutung ein; aufmerksam stets verfolgte der Dichter ihr Schicksal: »Muß sehnend ich doch schaun nach Köln, der Vaterstadt, die mich geboren.« 1632/33 bedrohte die Armee Gustav Adolfs während des Dreißigjährigen Krieges die Reichsstadt Köln, schwedische Soldaten bemächtigten sich des gegenüberliegenden Deutz. Vondel überreichte dem schwedischen König einen poetischen »Ölzweig«, ein hieratisches Gesuch, seine, des Dichters Geburtsstadt zu verschonen, so wie der große Alexander einst Jerusalem aus Ehrfurcht vor den Priestern und Theben aus Ehrfurcht vor dem Dichter Pindar geschont habe. Bald vierzig Jahre waren seit der Vertreibung der Vondel Familie vergangen, als der »neue Pindar« über seine Geburtsstadt schrieb:

»Unbeschwert das wilde Vöglein singt:
Der freie Raum steht offen mir.
Doch wünscht es sich sein Nestchen hier,
Wo heimatlich Gezwitscher klingt.
So fühl's auch ich: Wach ist der Geist,
Gehindert nicht durch Tor und Schlagbaum.
Doch stets bleibt der geheime Traum:
Wie gern doch wär'nach Köln ich gereist.
Dort bin zuerst ich ausgeflogen,
Nach Honig suchend am hellen Rhein,
Wo auf Terrassen grünt der Wein,
Der Biene gleich hab' ich den Veilchentau
gesogen.«

(Übertragung v. D. Brincker)

Daß Köln von der Soldateska verschont wurde – vielleicht hat Vondels Gedicht dazu beigetragen.

Im Jahr 1639, in der Zeit seines Übertritts zum katholischen Bekenntnis, schrieb Vondel sein Trauerspiel »Maeghden«, dem die Ursulalegende zugrunde liegt

Die Figur wurde gemeinsam mit ihrem unmittelbaren Nachbarn Ägidius Gelenius (Nr. 52) durch ein und denselben Bildhauer konzipiert. Das Haupt hoch erhoben und den Blick in weite Ferne gerichtet, trägt der Dichter als Hinweis auf sein literarisches Werk ein Buch in beiden Händen. (BE)

und in dem die Kölner Bürger die Helden sind: eines der rund dreißig Stücke, die der niederländisch-flämische Nationaldichter verfaßt hat; eine Huldigung an seine Geburtsstadt und ihr ausschließlich gewidmet, aber bis heute weder ins Deutsche übertragen noch in Köln aufgeführt.

Immer blieb Vondel von der einzigartigen Stellung Kölns unter den Städten Europas überzeugt. In einem Zehnzeiler »Bijschrift op Keulen« (vor 1656) besang er das »Juwel des Rheins«, die »Getreue Tochter der Römischen Kirche«, ebenbürtig Rom und Antwerpen, wie diese beiden immer fest verwurzelt im katholischen Glauben.

Der führende Dichter der klassischen Epoche der niederländischen Kultur, untrennbar mit dem »Goldenen Zeitalter« des jungen, noch republikanischen Staates verbunden, in der Stadt Köln geboren, von ihr geprägt und ihr immer aufs engste zugetan, einer ihrer großen »Söhne« und doch kein »Kölner«.

Hugo Grotius, der große niederländische Staatsrechtler und Freund Vondels, schrieb dem Dichter aus seinem Pariser Exil, daß er Köln zu diesem Sohne gratuliere, der eine sehr lobende Zuneigung zu seiner Geburtsstadt bekunde. Diese hat ihn in Erinnerung behalten: eine Straße in der Kölner Neustadt wurde nach ihm benannt, sein im Kriege zerstörtes Geburtshaus wurde wiederaufgebaut. Allein die ehemals am Gürzenich stehende, an Vondel erinnernde Skulptur bleibt verschollen. Seine Statue am Ratsturm ehrt den Dichter nun so, wie es ihm gebührt. (BD)

Joost van den Vondel, Westseite, 2. OG, Nr. 51
Ratsbeschluß am 8. September 1988
Modellvorstellung am 8. Dezember 1989
Figurenübergabe am 24. September 1991
Bildhauer: Paul de Swaaf
Stifter: Niederländische Regierung, vertreten durch die Königlich Niederländische Botschaft, Köln

Literatur

Josef Ruland, Joost van den Vondel, Köln und Rheinlande, in: Rheinische Heimatpflege, 25. Jg. (NF), 2, 1988, S. 111–112.

Muß sehnend ich doch schaun nach Köln, der Vaterstadt, die mich geboren – Joost van den Vondel Köln 1587–1679 Amsterdam. Zum 400. Geburtstag des Dichters (Kleine Schriften zur Kölner Stadtgeschichte 5), Köln 1987.

Aegidius Gelenius (1595–1679)

Nr. 52 / 2. OG

Geboren in Kempen/Niederrhein am 10.6.1595, besuchte der zweite Sohn des Henricus Gelenius ab Herpesch (»auff Heris«) von 1609 bis 1612 die Jesuitenschule in Mainz und begann das Studium der Theologie. Schon sein zehn Jahre älterer Bruder Johannes war Kleriker geworden, und so empfing auch Aegidius 1614 die Tonsur und die vier Weihen durch den Erzbischof von Köln. Noch im gleichen Jahr ging er nach Rom, wo er für etwa fünf Jahre Zögling des Collegium Germanicum wurde. 1618 erhielt er das Subdiakonat in der Lateranskirche, 1619 folgten Diakonat und Priesterweihe. Am 19. März 1619 verließ Aegidius Rom und ging nach Perugia, wo er zum Baccalaureus der Theologie promovierte. Im Oktober 1619 finden wir ihn wieder in Köln.

Hier war sein Bruder Johannes trotz seiner noch jungen Jahre nach der Priesterweihe im Jahre 1610 bereits Regens des Montanergymnasiums (1610), Dekan der philosophischen (1612) und der theologischen Fakultät und Doktor der Theologie (1618) geworden. Vielleicht verdankte es Aegidius seinem erfolgreichen Bruder, daß er bereits kurz nach seiner Ankunft in Köln zum Rektor der zum Dom gehörenden Margaretenkapelle berufen wurde. Rasch und gemeinsam ging der Aufstieg der beiden Brüder voran. Johannes wurde 1621 Mitglied des Domkapitels, 1624 Dechant von St. Aposteln, 1626 Generalvikar der Erzdiözese Köln; Aegidius 1621 Kölner Domherr, 1622 Kanoniker an St. Andreas (eine der Universität zugewiesene Präbende »secundae gratiae«), 1623 Licentiat der Theologie.

Die vielversprechend begonnene Karriere aber wurde unterbrochen, als Aegidius im Jahre 1625 auf eigenen Wunsch Pfarrer von St. Christoph wurde, eine Pfarre, aus der nur bescheidene Einkünfte zu ziehen waren. Hier wirkte er dennoch sechs Jahre lang, bis sein Bruder Johannes 1631 starb. Nun legte Aegidius sein Pfarramt nieder, um das von seinem Bruder begonnene Werk fortzusetzen. Dieser hatte es sich zur Aufgabe gemacht, sämtliche Quellen zur Geschichte des Erzstiftes Köln abzuschreiben und zu sammeln. Zum Zeitpunkt seines Todes waren sechs Bände »Farrago diplomatum et notationum pro historia«, der »Farragines Gelenii« (Vermischtes) erschienen. Aegidius, der der Fortführung der Sammlung all' seine Kraft und Zeit widmete, brachte es schließlich auf dreißig Bände. 1645 schrieb er rückblickend über das immense Werk: »Beinahe fünfzehn Jahre lang mich Tag und Nacht mit der übertragenen Aufgabe beschäftigend, habe ich die Handschriften alle mit großen Kosten und Mühen aus alten Skripturen, die mir hier bereitwillig, dort nur mit Zwang aus der Stadt und Diözese mitgeteilt wurden, bis zum dreißigsten Bande fortgesetzt. Jeder Band ist einem einzelnen Fache, z. B. den Kirchen, Archiven, Münzen, Gemälden, Kostbarkeiten, der Universität etc. bestimmt. Alles, was ich an Zeit erübrigen konnte, verwendete ich auf diese Sammlung; entweder überzeugte ich mich kritisch von der Echtheit der Angaben oder ich befaßte mich mit Ausarbeitung und Teilung des herausgegebenen Hauptwerkes.« Zahlreiche historische Schriften hatte er darin aufgenommen: »Vindex libertatis ecclesiasticae et martyr s. Engelbertus« (1633), ein Kommentar zur Engelbert-Vita des Caesarius von Heisterbach; „Pretiosa Hierotheca duodecim unionibus historiae Coloniensis« (1634); »Staurologia Coloniensis« (1635); »De funiculo triplici tricoronatae Coloniae, id est de literariae ecclesiasticae & civilis reipublicae Ubiorum formae«; »Canon canonicorum Enfridus elemon insignis s. Andreae Colon. decanus et canonicus« (1636); »Historia et vindiciae b. Richezae comitissae Palatinae« (1638); »Supplex Colonia sive processio anno 1634« (1639); »Par ss. Suibertus et Plectrudis« (1640); darüber hinaus eine »Vita Brunonis«, eine Geschichte der Herzöge von Geldern, von Cleve, der Grafen von der Mark, die Geschichte der Jakobe von Baden, die »Chronica praesulum«, die Chronik der Landgrafen von Thüringen, die Limburger Chronik, Urkunden zur Geschichte des Kurfürsten Gebhard Truchses, zur Geschichte der Kölner Universität, des Stiftes St. Kunibert, des Domstiftes usw. 1645 erschien sein eigentliches Hauptwerk: »De admiranda sacra et civili magnitudine Coloniae Claudiae Agrippinensis augustae Ubiorum urbis« (Über die bewundernswerte geistliche und weltliche Größe Kölns, der erhabenen Stadt der Ubier), eine noch heute für Historiker wichtige Regestensammlung städtischer Urkunden. Das Titelkupfer war in drei Zonen eingeteilt: in der obersten die Anbetung der heiligen Drei Könige umrahmt von den Heiligen Felix und Nabor, in der Mitte ein Köln-Prospekt mit Stadtwappen, rechts die Ordensgründer Bruno der Kartäuser und Norbert (Praemonstratenser), links die Gründer der Kirche Petrus und Maternus (Köln), unten die Martyrien der Makkabäer, der hl. Ursula mit ihren Gefährtinnen und der Thebäischen Legion. Und es trug das Familienwappen des Autors: ein Kuhkopf und ein Andreaskreuz mit vier Ringen.

1647 wurde Aegidius Gelenius zum Scholaster an St. Andreas in Köln gewählt und erhielt die Stiftspropstei von Kranenburg. Erzbischof Ferdinand berief ihn 1650 als Kommissar zur Abstellung der im oberrheinischen Teil der Erzdiözese herrschenden Mißstände, und am 25. 9. 1653 ernannte ihn der päpstliche Nuntius zum Auditor der Kölner Nuntiatur. Der Osnabrücker Fürstbischof Franz Wilhelm von Wartenberg bestimmte ihn 1655 zu seinem Weihbischof. Am 25. Mai 1656 in sein Amt eingeführt, starb Aegidius Gelenius bereits am 24. August desselben Jahres. Bestattet wurde er im Dom zu Osnabrück.

Aegidius Gelenius, Westseite, 2. OG, Nr. 52
Ratsbeschluß am 2. März 1989
Modellvorstellung am 8. Dezember 1989
Figurenübergabe am 3. September 1991
Bildhauer: Paul de Swaaf
Stifter: Kreissparkasse Köln

Die Figur wurde gemeinsam mit ihrem unmittelbaren Nachbarn Joost van den Vondel (Nr. 51) vom selben Bildhauer entworfen. Ein chormantelartiges Gewand und die Mitra charakterisieren den Theologen als Weihbischof, das Buch in seinen Händen erinnert an die durch ihn zusammengetragene und veröffentlichte Regestensammlung. (BE)

Aegidius Gelenius hatte sich, wie er in der Vorrede zur »Historia et vindiciae« von 1638 schrieb, selbst immer in der Pflicht gesehen, »die unter dem Schutte von Jahrhunderten seufzenden Schriften der Vorfahren zu retten, und die in Schlupfwinkeln der Archive eingekerkerten, wo sie als Mottenfraß in schamwürdiger Vergessenheit vermodern, in die ihnen gebührende Ehre wieder einzukleiden, um sie so von Neuem auf die ewigen Pforten des Andenkens einzuschreiben.«

Drei Jahre nach seinem Tod kaufte der Kölner Rat den Erben das riesige hinterlassene Werk ab, das heute im Historischen Archiv der Stadt aufbewahrt ist.

In seinem Nachruf auf den großen Historiographen des Erzbistums und der Stadt Köln faßte Peter von Walenburg die Verdienste des Aegidius Gelenius zusammen: »In heiligen Dingen fromm und erschöpfend, im Politischen umsichtig, gediegen und gründlich in der Entwicklung der Denkmale aus dem Schutt vergangener Jahrhunderte, die dichte Finsternis der Neuerer in der Religion mit der katholischen Wahrheit altem Licht bekämpfend. Der alten Steine nie verstummende Sprache, welche die wahren Lehrsätze bestätigt und die falschen zermalme, werden die Irrenden mit Verwunderung vernehmen.« (BD)

Literatur

Aegidius Gelenius, De admiranda, sacra, et civili magnitudine Coloniae Claudiae Agrippinensis Augustae Ubiorum Urbis, Köln 1645 (HASt Köln, Eb 2).

ADB Bd. 8, 1878, S. 534–537.

P. DeGreck, Leben und Wirken von Aegidius Gelen aus Kempen, Köln 1835.

August Franzen, Der Wiederaufbau des kirchlichen Lebens im Erzbistum Köln unter Ferdinand von Bayern, Erzbischof von Köln, 1612–1650, Münster 1941.

Wilhelm Geleen, Zur Frage der Herkunft der Familie Gelenius, in: AHVN 86, 1908, S. 164–166.

Anton Legner (Hg.), Ornamenta Ecclesiae. Kunst und Künstler der Romanik in Köln, Bd. 2, Köln 1985.

Heinrich Schroers, »Fälschungen« der Brüder Gelenius und kein Ende, in: AHVN 35, 1913, S. 1–60.

Melchior von Reidt (vor 1590–nach 1624)

Nr. 53 / 2. OG

Merlo weiß in seinen »Nachrichten vom Leben und den Werlen Kölnischer Künstler« nicht viel von ihm und seiner Kunst zu berichten: ein Verwandter des Hans von Rheydt sei er gewesen, wie dieser ein Kunstschreiner und von »ausgezeichneter Geschicklichkeit, wie dies die in Holz geschnitzten kunstvollen Verzierungen an den Thüren und Bänken im Rathhaussaale beweisen …« Unbekannt sind das Geburts- und das Todesdatum des wohl aus der Gegend von Köln stammenden »snitzlers«, wie ihn die Quellen lakonisch nennen, und auch sonst wissen wir kaum etwas über sein Leben. Nach einem Aufenthalt in Mainz ließ Melchior sich um das Jahr 1590 in Köln in der Kolumbapfarre nieder und schrieb sich bei der Steinmetze-Gaffel ein, die er im Jahre 1600 als 44er vertrat. Als Kunstschreiner und Intarsiator genoß er höchstes Ansehen bei Bürgern und Obrigkeit. Das Kölnische Stadtmuseum besitzt noch einen von ihm um 1610 geschaffenen, prachtvollen sogenannten »Kölner Überschrank« mit der Geschichte der Susanna. Der Kölner Magistrat beauftragte ihn mit der Anfertigung des großen Prunkportals und des doppelten Gestühls der Ratskammer. Das 1602 vollendete, virtuos ausgeführte, mit reichen Intarsien geschmückte Werk gilt als unübertroffener Höhepunkt der Kölner und der gesamten deutschen (Spät-)Renaissanceschreinerei (siehe dazu den Beitrag von A. Kierdorf in diesem Band, S. 202–218).

Der Schöpfer des Kölner Ratsgestühles im 1. Obergeschoß des Turmes setzt seinen rechten Fuß auf einen Block, der zusammen mit der volutengeschmückten Wange an eben dieses Gestühl erinnert. In der rechten Hand hält er ein für die Holzbildhauer charakteristisches Werkzeug, den Schlägel. Hinsichtlich der Physiognomie konnte auf keine authentische Porträtvorlage zurückgegriffen werden. (BE)

Doch über die angemessene Höhe und Rechtmäßigkeit des Honorars gerieten Künstler und Auftraggeber in heftigen, bis 1607 währenden, erst durch Vermittlung einer auswärtigen Untersuchungskommission mühsam beigelegten Streit, in den sich auch die Gaffel gegen ihr Mitglied Melchior einmischte. Die spärlichen Quellen lassen die Vermutung zu, daß dabei Vorbehalte der Gaffel- und Amtsgenossen gegen seine das überkommene Zunftsystem verletzende Werkstattorganisation ein Rolle spielten.

Melchior von Reidt, Westseite, 2. OG, Nr. 53
Ratsbeschluß am 29. Mai 1990
Modellvorstellung am 9. Mai 1990
Figurenübergabe am 5. Februar 1991
Bildhauerin: Marlene Dammin
Stifter: Achim Beckmann, Köln

Zudem galt Melchior als unangenehmer Zeitgenosse: unfriedlich und trunksüchtig sei er gewesen, und mit diesen negativen Eigenschaften wird er im Ratsprotokoll des Jahres 1624 zuletzt erwähnt. Sein großartiges, die Zeiten überdauerndes Werk aber ist noch heute im Kölner Rathaus zu bewundern. (BD)

Literatur

ADB Bd. 28, S. 378.

Otto von Falke, Deutsche Möbel des Mittelalters und der Renaissance, 1923, S. 251 ff.

Johann Jakob Merlo, Nachrichten von dem Leben und den Werken Kölnischer Künstler, Köln 1850, S. 346.

Thieme/Becker Bd. 28, ND München 1992, S. 222.

Kunstdenkmäler der Rheinprovinz Bd. VII/4.

Walcher von Moltheim (Hg.), Altes Kunsthandwerk 1, Wien 1927.

Katharina Henot (gest. 1627)

Nr. 54 / 2. OG

»Erst kürzlich hat man eine Angeklagte zum Flammentode geführt, die drei, vier, ja fünf Male gefoltert worden war. Mit lauter Stimme bestritt sie, schuldig zu sein, hielt das durch alle Folterqualen hindurch bis zum Richtplatz aufrecht und bestieg, nachdem sie es dort auch noch einem Notar erklärt hatte, den Scheiterhaufen.« Mit diesen Worten beschreibt Friedrich von Spee das Schicksal der Katharina Henot aus Köln, in einem intriganten und absurden Prozeß nach fünmaliger schwerer Folterung, aber dennoch ohne »Geständnis«, als »Hexe« zum Feuertod verurteilt und hingerichtet.

Katharina Henots Prozeß und Tod markieren den Beginn einer Phase der intensiven Hexenverfolgung in der Reichsstadt Köln zwischen 1626 und 1630, in der 24 Todesurteile vollstreckt wurden und die mit dem Prozeß gegen Christiane Plum 1629/30 ausklang. Dem Verfahren gegen Katharina Henot kommt eine besondere, für die weitere Entwicklung dieser stadtkölnischen Verfolgungswelle entscheidende Bedeutung zu, bewies es doch öffentlich, daß auch Angehörige der städtischen Oberschicht »Hexen« sein konnten, nicht allein mehr nur – wie bis dahin üblich – Frauen der Unterschicht oder andere soziale Außenseiterinnen. Es sah noch alle Verfahrensbeteiligten – städtische und kurfürstliche – einträchtig beieinander, und keine der Obrigkeiten griff in den Prozeß ein, obwohl sie dazu jederzeit in der Lage gewesen wären. Die Verfolgungswelle aber erhielt damit eine Dynamik, die mehr und mehr auch die städtische Elite bedrohte. Der Rat bereitete der stadtkölnischen Verfolgung dann ein Ende, als die vorgebliche Hexe Christiane Plum zahlreiche Frauen der Oberschicht als Mittäterinnen denunzierte und damit ganz offensichtlich auch breite Zustimmung fand.

Katharina Henot entstammte einer wohl im 16. Jahrhundert aus den Niederlanden zugewanderten, gutkatholischen und wohlhabenden Familie. Der Vater Jacob Henot war allerdings kein Glaubensflüchtling, vielmehr kam er nach Köln, um in der Glockengasse das Amt des kaiserlichen Postmeisters zu übernehmen. Zu Beginn des 17. Jahrhunderts verlor er sein Amt zeitweilig an Johann von Coesfeld, der das fürstlich-taxische Postmonopol in Köln vertrat. Nach Henots Tod im Jahre 1626 übernahm Coesfeld endgültig das einträgliche Postmeisteramt, während Katharina Henot und ihr Bruder Hartger, ein Domkapitular, versuchten, es für die eigene Familie zurückzugewinnen und zu sichern.

Der vor allem von Katharina betriebene intensive, langwierige Rechtsstreit erhielt eine neue Dimension, als eine im St. Clarenkloster exorzierte Näherin die Henot beschuldigte, für ihre Besessenheit vom Teufel

Die als vermeintliche Hexe verbrannte Kölnerin weist mit der Linken auf die zu ihren Füßen auflodernden Flammen, während die rechte Hand einen mahnenden Gestus beschreibt. Dieser wiederholt sich paraphrasierend bei der inhaltlich wiederum auf sie bezogenen und durch dieselbe Künstlerin entworfenen Nachbarfigur Friedrich Spee von Langenfeld (Nr. 55). Gegenüber einer kompakteren Erscheinung im Modell geriet die Ausführung differenzierter und von geringerem Volumen. (BE)

verantwortlich zu sein. Diese erkannte sofort die von der Denunziation ausgehende große Gefahr und versuchte, mit einer Eingabe an die kurfürstliche Inquisition dem schlimmen Gerücht den Boden zu entziehen. Zunächst auch von allen Verdächtigungen freigesprochen, wurde sie wenig später erneut denunziert. Nun wurde von der Inquisition verlangt, daß sie sich vor einem weltlichen Gericht rechtfertigen müsse, und jetzt auch schaltete sich der Kölner Rat in die Angelegenheit ein. Als neuerliche Anschuldigungen gegen Katharina Henot laut wurden, ließ er sie am 10. 1. 1627 verhaften und im Frankenturm einkerkern. Alle Versuche, ihre zahllosen Eingaben und Appellationen, um aus der Haft freizukommen, schlugen fehl; selbst ihres Bruders Interventionen beim Kurfürsten blieben ohne Erfolg. Bald schon hatte sie vermutet – wohl nicht zu Unrecht –, Opfer einer bösartigen Intrige geworden zu sein; das Verlangen, ihren Kläger zu erfahren, wurde ihr abgeschlagen. Bei den Verhören beteuerte sie unerschütterlich ihre Unschuld, so daß – wie damals üblich – die Anwendung der Folter gegen die nicht zum notwendigen Geständnis bereite Angeklagte verfügt wurde. Im Februar 1627 wurde Katharina Henot dreimal auf das Schwerste gefoltert, blieb aber standhaft bei der Beteuerung ihrer Unschuld. Sie hätte nun eigentlich freigelassen werden müssen. Als aber umgehend neue gegen sie sprechende »Indizien« auftauchten, wurde sie stattdessen in noch strengere Haft genommen und erneut gefoltert. Wiederum zeigte sie ihre außergewöhnliche Standfestigkeit, gestand nichts und wurde als »verstockte Sünderin« dem kurfürstlichen Hohen Weltlichen Gericht übergeben, dessen Schöffen sie zum Tode verurteilten.

Am 19. 5. 1627 wurde Katharina Henot auf dem Richtplatz zu Melaten im Beisein einer großen Volksmenge vom Henker erwürgt (diese »Vergünstigung« hatte man ihr gewährt), ihre Leiche dann auf dem Scheiterhaufen verbrannt. (BD)

Katharina Henot, Westseite, 2. OG, Nr. 54
Ratsbeschluß am 17. November 1988
Modellvorstellung am 8. November 1988
Figurenübergabe am 12. Mai 1989
Bildhauerin: Marianne Lüdicke
Stifter: Prof. Dr. Hiltrud Kier

Literatur

Friedrich Wilhelm Siebel, Die Hexenverfolgung in Köln, Diss. jur. Bonn 1959.
Gabriela Wagner (Bearb.), Frauen in Köln. 2000 Jahre Stadtgeschichte, Köln 1990.
Peter Weiler, Hartger von Henot, in: Alt-Köln 18, 1929, S. 123–125.
(Siehe auch Literaturangaben zu Nr. 55.)

Friedrich Spee von Langenfeld (1591–1635)

Nr. 55 / 2.OG

Abb. 483: Friedrich Spee, Ölgemälde, um 1630
Foto: Archiv Konservator

»Ob es in Deutschland mehr Hexen und Unholde als anderorts gibt?« Friedrich Spee von Langenfeld hat diese Frage in seinem berühmtesten Werk, der »Cautio Criminalis seu de processibus contra sagas liber«, gestellt und selbst mit bitterer Ironie beantwortet: »Danach scheint es jedenfalls so und wird es angenommen, daß sich in Deutschland mehr Hexen finden als woanders. Man weiß ja, daß es besonders in Deutschland allerorts von Scheiterhaufen raucht, die diese Pest vertilgen sollen, und das ist doch gewiß ein überzeugender Beweis dafür, wie sehr man alles für verseucht hält. Das geht so weit, daß der Ruf Deutschlands nicht wenig an Glanz bei unseren Feinden eingebüßt hat.«

Spees Erkenntnis von der unheilvollen Sonderrolle des Deutschen Reiches ist von der modernen Historiographie vollständig bestätigt worden. Drei Wellen von Hexenprozessen überzogen vom ausgehenden 16. bis in die siebziger Jahre des 17. Jahrhunderts das Deutsche Reich, konzentriert auf den westlichen Reichsteil: die erste in den Jahren um 1590, die zweite um 1630, die dritte um 1660. Intensität der Verfolgung und Zahl der Opfer überboten in der mittleren Welle die beiden anderen bei weitem. Sie begann in den späten zwanziger Jahren in der Zeit der militärischen Erfolge der katholischen Partei im Dreißigjährigen Krieg, erreichte 1629, dem Jahr des Restitutionsediktes, ihren Höhepunkt und endete abrupt mit dem schwedischen Einmarsch 1630. Die Mehrheit der katholischen Obrigkeiten, allen voran die geistlichen, hatten die für sie günstige militärisch-politische Lage ausnutzen wollen, mit den »ketzerischen« Protestanten auch die Hexerei auszurotten. Die Verbindung zwischen dem Protestantismus und der Hexerei (»Wie die Pest der Hungersnot folgt, so folgt die Hexerei der Ketzerei.«) hatte der spanische Jesuit Martin Delsio in seinem dreibändigen, 1606 in Mainz erschienenen »Disquisitionum magicarum libri sex« hergestellt. Ihren extremen Höhepunkt erreichte die Verfolgung im Kurfürstentum Köln unter Ferdinand von Bayern, der 1607 eine eigene strenge Hexenprozeßordnung erließ.

Als Beichtvater vieler Verurteilter erlebte der Jesuit Spee, der »wohl scharfsinnigste Beobachter« des Hexenwahns, die zweite Verfolgungswelle unmittelbar. 1591 als Sohn des kurkölnischen Amtmannes Peter Spee und der ebenfalls adligen Mechtels Dücker auf der Feste Kaiserswerth geboren, war er an den Kölner Gymnasium Tricoronatum und Montanum erzogen worden. 1610 wurde er in Trier Jesuit, legte in Fulda das erste Gelübde ab und studierte dann in Würzburg bis 1615 Philosophie. Nach Tätigkeiten an Jesuitengymnasien in Speyer, Worms und Mainz absolvierte er von 1619 bis 1623 das Studium der Theologie. In diesen Jahren veröffentlichte er auch seine ersten Schriften. 1622 wurde er in Mainz zum Priester geweiht. 1623 bis 1627 lehrte er als Professor der Philosophie in Paderborn und Speyer, gleichzeitig wirkte er als Beichtvater. Wahrscheinlich seit Ende 1627 bis zum Herbst 1628 war er am Kölner Tricoronatum tätig. Seit Ende 1628 wirkte er für die Gegenreformation in Peine, wobei er von der Obrigkeit härtestes Vorgehen gegen die Protestanten verlangte. Ende 1629 kehrte er als Professor für Moraltheologie nach Paderborn zurück. Hier geriet er in große Schwierigkeiten wegen seiner überaus kritischen Stellung zu den Hexenprozessen. Im Mai 1631 erschien erstmals, auf Latein, anonym (»a doctore incerto theologo romano«) und ohne Imprimatur, die »Cautio Criminalis«, die in 51 Fragen und Antworten mutig mit dem Hexenwahn und dem unsäglichen Prozeßverfahren abrechnete. Friedrich Spee wurde bald als Verfasser der »Cautio Criminalis« entdeckt und umgehend seiner Professur enthoben. Er wich nach Köln aus, wo er seit dem September 1631 wieder am Tricoronatum wirkte. Hier kam es im Sommer des Jahres 1632 zu heftigen Konflikten mit seinen Ordensbrüdern Hermann Mohr,

Die von derselben Bildhauerin wie die benachbarte Katharina Henot (Nr. 54) geschaffene Skulptur nimmt inhaltlich und formal auf die als Hexe verbrannte Frau Bezug. Das Buch in Händen des geistlich gewandeten Jesuiten erinnert an sein vehementes, auch literarisches Engagement im Kampf gegen den Hexenwahn, und mit der Rechten weist er auf die zu Füßen seiner Nachbarin auflodernden Flammen hin. (BE)

Adrian Horn und Petrus Roestius, alle drei engagierte Hexenverfolger. Erneut wurde ihm die Professur entzogen; sein Orden wollte ihn zunächst ausstoßen, dann ihn zum freiwilligen Austritt bewegen. Spee aber lehnte ab. Fortan wirkte er als einfacher Seelsorger. Für seine Gemeinde schrieb er das »Güldene Trutzbuch« und die »Trutznachtigall«, eine Sammlung geistlicher Lieder, die in der deutschen Literaturgeschichte des Barock einen wichtigen Stellenplatz einnehmen. 1635 wurde Spee als Lehrer für Moraltheologie an das Jesuitenkolleg zu Trier versetzt. Dort starb er am 7. August an der Pest, mit er der sich bei der Pflege Pestkranker infiziert hatte. Der junge Spee hatte davon geträumt, als Missionar nach Indien zu gehen und dort Martyrien zu erleiden; sein Orden aber hatte ihn nicht dorthin entsenden mögen. Im Nachruf, den Trierer Jesuitenkolleg ihm widmete, aber hieß es: »Vivus Jesu Christi Martyr.«

Spees »Cautio Criminalis« wirkte nach seinem Tode weiter. 1632 hatte das Werk in der lateinischen Fassung bereits seine zweite Auflage erlebt, die Spee nun den Obrigkeiten Deutschlands widmete, »vor allem denen, die es nicht lesen werden, weniger denen, die es lesen werden.« Zwölf Jahre nach seinem Tod erschien in Bremen die erste, wenn auch gekürzte deutsche Ausgabe, 1649 in Frankfurt eine nahezu vollständige »Peinliche Warschawung von Anstell- und Führung des Processes gegen die angegebene Zauberer, Hexen und Unholden ...«. 1657 folgte in Amsterdam eine holländische, 1660 in Lyon eine französische Version; zwei polnische erschienen 1680 in Posen und 1714 in Danzig.

Spät, zu Beginn des 18. Jahrhunderts, wurde Spees Name einer größeren Öffentlichkeit bekannt. Erst die letzte lateinische Ausgabe des Werkes, genau 100 Jahre nach der Erstausgabe in Augsburg erschienen, trug den Namen des Mannes, der untrennbar mit der Befreiung Deutschlands, »so vieler Hexen Mutter«, vom Hexenwahn verbunden ist. (BD)

Friedrich Spee von Langenfeld, Westseite, 2. OG, Nr. 55
Ratsbeschluß am 22. August 1989
Modellvorstellung am 15. Dezember 1989
Figurenübergabe am 28. November 1990
Bildhauerin: Marianne Lüdicke
Stifter: Provinzial (öffentliche Versicherung), Provinzial Feuerversicherungsanstalt der Rheinprovinz, Provinzial Lebensversicherungsanstalt der Rheinprovinz, Düsseldorf

Literatur

Anton Arens, Friedrich Spee von Langenfeld. Zur Wiederauffindung seines Grabes im Jahre 1980, Trier 1980.
Anton Arens (Hg.), Friedrich Spee im Lichte der Wissenschaften, Trier 1984.
Walter Gose, Friedrich von Spees Kölner »Cautio Criminalis«, in JbKGV 60, 1989, S. 77–85.
Jürgen Macha/Wolfgang Herborn (Bearb.), Kölner Hexenverhöre aus dem 17. Jahrhundert, Köln-Weimar-Wien 1992.
Karl-Jürgen Miesen (Hg.), Friedrich Spee von Langenfeld (1591–1635). Ein Dichter und Aufklärer vom Niederrhein; Düsseldorf 1991 (Veröffentl. d. Heinrich-Heine-Instituts, Düsseldorf).
Theo G. M. van Oorschot, Friedrich Spee von Langenfeld. Zwischen Zorn und Zärtlichkeit (Persönlichkeit und Geschichte 140), Göttingen 1992.
Joachim-Friedrich Ritter, Friedrich von Spee 1591–1635. Ein Edelmann, Mahner und Dichter, Trier 1977.
Emmy Rosenfeld, Friedrich Spee von Langenfeld, eine Stimme in der Wüste, Berlin 1958.
Walter Rummler, »Der Krieg gegen die Hexen« – ein Krieg fanatischer Kirchenfürsten oder ein Angebot zur Realisierung sozialer Chancen?, in: RhVjbll. 56, 1992, S. 311–324.
Gerhard Schormann, Hexenprozesse in Deutschland. Göttingen 2. Aufl. 1986.
Gerhard Schormann, Der Krieg gegen die Hexen. Das Ausrottungsprogramm des Kurfürsten von Köln; Göttingen 1991.
W. G. Soldan u. H. Heppe, Geschichte der Hexenprozesse, neu bearb. u. hg. v. M. Bauer, 2 Bde., München 1912 (ND 1969).
Friedrich von Spee, Cautio Criminalis . . ., dt. von J.-F. Ritter, Darmstadt 1967.
Friedrich von Spee, Lyrik und Prosa. Ausgew. u. eingeleitet von Winfried Freund; Paderborn 1991 (Schöninghs Kleine Westfälische Bibliothek, Bd. 1).
Heribert Waider, Der Kampf um die 'Cautio Criminalis' des Friedrich Spee von Langenfeld – Köln 1632/1633, in: JbKGV 44, 1973, S. 53–66.
Heribert Waider, Spees Auseinandersetzung mit der Tortur in der 'Cautio Criminalis' (1631/32), in: JbKGV 54, 1983, S. 167–188.
Heribert Waider, Miszellen über Friedrich Spee (1591-1635) und seine »Cautio Criminalis« von 1631/32, in: Festschrift der Rechtswissenschaftlichen Fakultät zur 600-Jahr-Feier der Universität zu Köln, Köln–Berlin–Bonn–München 1988, S. 531–556.
Hugo Zwetsloot, Friedrich Spee und die Hexenprozesse, Trier 1954.

(Anna Maria) Augustina de Heers (um 1610–1666)

Nr. 56 / 2. OG

Abb. 484: Anna Maria de Heers, Foto: Archiv Konservator

Das aus reicher, wahrscheinlich in Lüttich ansässiger Familie stammende Mädchen trat 1625 als Novizin ins Lütticher Ursulinenkloster ein, in dem auch ihre Schwester lebte. Schon während ihres Noviziats, so berichtet sie selbst, habe sie das große Verlangen verspürt, in Köln, der Stadt des Martyriums der Hl. Ursula und ihrer Gefährtinnen, einen Ursulinen-Konvent zu gründen. Nach ihrer Wahl zur Oberin des Lütticher Konvents im Jahre 1638 konnte der dreizehn Jahre lang im Herzen getragene Plan Gestalt annehmen. Am 3.11.1639 machte sich Anna Maria Augustina de Heers, begleitet von zwei Mitschwestern und einer Magd, im Reisewagen auf den beschwerlichen und in der Kriegszeit besonders gefährlichen Weg über Aachen nach Köln. Fünf Tage später, am 8. November, erreichten die drei frommen Schwestern und ihre Magd das Ziel ihrer Reise, wo die Obrigkeit sie keineswegs freudig und mit offenen Armen begrüßte. Gab es in Köln doch Klöster und Kirchen, Welt- und Ordensgeistliche mehr als genug, und die Zeiten für die Stadt und ihre Bürger waren zu schwer, als daß man sich weitere »unnütze Esser« aufladen mochte.

Als Ordensfrau gemäß der Tracht der Ursulinen gewandet, wird deren Kölner Oberin von einer kleinen Assistenzfigur begleitet. Diese macht, ein aufgeschlagenes Buch unter dem Arme tragend, den für Kölns Bildungswesen, insbesondere die Ausbildung von Mädchen, bedeutsamen Wirkungsbereich Anna Maria de Heers' sinnfällig. Die in ihrer Barfüßigkeit angedeütete Bedürftigkeit dieser kleinen Gestalt erinnert zugleich an das karitative Engagement der Ordensfrau. Gegenüber einer ersten Modellversion wurde das Volumen zugunsten einer stärkeren Differenzierung einzelner Formen in der Ausführung modifiziert. (BE)

Zunächst bezogen die drei Lütticher Damen, von denen keine Deutsch sprach, ein kleines, altes, heruntergekommenes Haus in der Immunität von St. Gereon, in dem sie umgehend eine sich rasch entwickelnde »inwendige« Mädchenschule für »Pensionärinnen« und eine »auswendige« für arme Mädchen einrichteten. Neben der Zurückdrängung des Protestantismus hatten sie sich die Hebung des Bildungsstandes der Mädchen zum Ziel gesetzt, und von Beginn ihres Kölner Aufenthaltes an unterrichteten sie Mädchen in zahlreichen Fächern. Ihre Erziehungsgrundsätze verlangten, ein jedes von ihnen nach den in ihm wirksamen Kräften zur inneren Vervollkommnung auf der Basis des Gottglaubens zu führen. Hierin wirkten sie so erfolgreich, daß sie bald in Konflikt mit den ebenfalls in der Mädchenbildung tätigen, von den Jesuiten unterstützten Kölner Devotessen gerieten, die die Ursulinen als unliebsame Konkurrenz empfanden.

Im Frühjahr 1640 mietete der kleine Konvent auf der Breite Straße das größere und bessere Haus »Lanscron«. Am 25.2.1641 jedoch verweigerte der grundsätzlich gegen die Neuansiedlung von Klöstern eingestellte Kölner Rat den »Ursulinen-Jungfrauen« die begehrte dauernde Aufenthaltsgenehmigung. Er gestand ihnen nur das »Gast- und Beiwohnungsrecht« in der Stadt zu, das alle drei Monate neu zu beantragen war. Streng untersagt war ihnen die Errichtung einer eigenen Kirche, Glocken zu läuten, eine Klausur einzurichten und neue Schwestern in ihren kleinen Konvent aufzunehmen. Sie wurden verpflichtet, gleich allen anderen Einwohnern der Stadt die bürgerlichen Lasten und Pflichten zu tragen. Wenn es der Rat befahl, sollten sie die Stadt umgehend verlassen. Obwohl nur geduldet in Köln, suchten die frommen Jungfrauen weiter nach einem Gebäude, das ihren klösterlichen Bedürfnissen und der ständig wachsenden Zahl ihrer Schülerinnen und Pensionärinnen angemessen sein würde. 1642 konnten sie nahe dem Kanonissenstift St.Ursula in der Marzellenstraße das sog. Sittardhaus anmieten, in dem sie die nächsten Jahre blieben. Nach Pfingsten 1650 erfolgte ein neuerlicher Umzug, nun in ein großes altes, dem Grafen von Königsegg gehörendes Gebäude am Domhof. Im folgenden Jahr

Anna Maria Augustina de Heers, Westseite, 2. OG, Nr. 56
Ratsbeschluß am 8. März 1990
Modellvorstellung am 15. Mai 1990
Figurenübergabe am 22. Oktober 1990
Bildhauer: Paul Nagel
Stifter: Schulpflegschaften des Gymnasiums und der Realschule der Ursulinenschule, Köln

endlich gewährte der Magistrat mit Zustimmung der 44er der Gaffeln den Ursulinen auf Vermittlung des kurkölnischen Ersten Ministers Egon von Fürstenberg, dessen Mutter im Konvent Aufnahme gefunden hatte, und mit Unterstützung des Kölner Kurfürsten Ferdinand die dauernde Aufenthaltserlaubnis. Das Ratsprotokoll vom 17. 4. 1651 verwies dabei ausdrücklich auf die große Bedeutung des Bildungsinstitutes des Kölner Konventes für »ehrliebende Kinder sowohl hohen als auch anderen Standes«. Am 25. Mai 1651 gewährte der Rat ihnen auch die Erlaubnis, eine »Behausung oder Erbschaft ... an sich zu bringen«, d. h. ein Gebäude käuflich zu erwerben und sich darin auf Dauer niederzulassen. Anna Maria Augustina de Heers gelang noch im gleichen Jahr der Kauf des alten Capuzinessen-Klosters auf der Breite Straße, genannt »zum oberen Lämmchen«. Nach zwölf Jahren der unsicheren, immer von der Ausweisung bedrohten Existenz, nach zahllosen Umzügen in immer andere angemietete Häuser, hatte der jetzt aus der Oberin Anna Maria Augustina de Heers und sechs Mitschwestern bestehende Ursulinen-Konvent endlich seine feste Bleibe gefunden.

Die große Pestepidemie in den sechziger Jahren des 17. Jahrhunderts, die tausende von Kölnern dahinraffte, verschonte auch Anna Maria Augustina de Heers nicht. Nach mehr als sechsundzwanzig Jahren des unermüdlichen, alle Widerstände und Rückschläge ertragenden und schließlich überwindenden Einsatzes für die Verwirklichung ihrer Vision von einem Ursulinenkloster in Köln starb sie am 11. 4. 1666 an der Pest. Bei ihrem Tod zählte der Konvent dreizehn Mitglieder und war in Köln als Bildungsinstitution etabliert und anerkannt. Im Jahre 1671 konnte der Konvent ein Grundstück in der Machabäerstraße erwerben, wo nach der Legende die Hl. Ursula und ihre elftausend Jungfrauen das Martyrium erlitten hatten.

Im Jahre 1858 entstand unter der Leitung der Ursulinen die erste externe höhere Mädchenschule in Köln (zu deren Schülerinnen später auch Christine Teusch gehören sollte, die erste Frau überhaupt in einem Ministeramt in Deutschland), eine Institution, die bis heute fortlebt und 1989 in Erinnerung an die von Anna Maria Augustina de Heers 1639 gegründete Tradition ihr dreihundertfünfzigjähriges Jubiläum feierte.

(BD)

Literatur

M. Feliciana Brüll, Anna Maria Augustina von Heers. Ein Beitrag zur ältesten Geschichte der deutschen Ursulinenklöster (Sonderdruck aus dem V. Jahrbuch des Verbandes selbständiger deutscher Ursulinenklöster), Berlin 1930.

Ursulinen in Köln 1639–1989. Festschrift zum 350jährigen Bestehen der Ursulinenschule Köln, Köln 1989.

Barbara Weber, Die Geschichte der Kölner Ursulinenschule von 1639 bis 1875; Diss. phil. Köln 1930.

Anna Maria van Schurman (1607–1678)

Nr. 57 / 2. OG

Abb. 485: Anna Maria van Schurman, Selbstporträt, Kupferstich, KSM Graph. Slg. G 9750/6

Der Titelkupfer für Jacob Cats' »Maeghdenplicht«, gestochen von Experiens Silleman, zeigt die »Maeghde-Wapen«, die Waffen der Mädchen: das Lamm als Symbol der Einfalt, den Schoßhund als Symbol der Klugheit. Beide dienen als heraldische Träger eines mit emsigen Bienen besetzten Schildes: tugendhaft, weise, emsig schaffend, und die ideale (niederländische) Frau des siebzehnten Jahrhunderts hatte nach Cats – und den vielen anderen männlichen Autoren ähnlicher Traktate – die Inkarnation dieser »Gaben« zu sein. Die Kehrseite der heftigen, sich in der Literatur vielfältig widerspiegelnden Verehrung einer solchen Frau durch ihre männlichen Zeitgenossen war, daß sie keinesfalls zur Emanzipation einer selbständigen Persönlichkeit und eines wirklich unabhängigen weiblichen »Geistes« ermutigen wollte. Bildung und Gelehrsamkeit von Frauen diente allein als schmükkendes Beiwerk, den Männern, den Herren des »Haushalts«, in Ehe und literarisch-künstlerischer »Gesellschaft«, vergleichbar etwa dem »Salon« des 18. Jahrhunderts, zu gefallen.

Unter zunächst drei als Bozzetti entwickelten Modellen wurde dieses zur Ausführung gewählt. Die Attribute Staffelei, Pinsel und Buch geben Aufschluß über die vielfältigen Talente und Wirkungsbereiche der universalbegabten Frau. Deshalb auch wird die Dichterin, Gelehrte und Künstlerin begleitet durch die Eule der Pallas Athena, der jungfräulichen Schutzgöttin der Künste und Wissenschaften. Das reiche Ornament des Gewandkragens erinnert zudem an ihre Fertigkeit im Kunststicken, und in der Strenge ihrer Erscheinung klingt womöglich die zurückgezogene Lebenshaltung ihrer späten Jahre an. Gegenüber der benachbarten, im Unterschied zum ansonsten am Turm verwirklichten Prinzip identischer Autorenschaft hier einzig von anderer Künstlerhand stammenden Nikolaus Gülich (Nr. 58) bevorzugt diese Skulptur eine raumgreifende plastische Präsenz. (BE)

Es gab jedoch zumindest eine unabhängige Frau, deren außergewöhnliche Fähigkeiten sie weit über diese Art der »Bewunderung« hinaushoben: Anna Maria van Schurman, 1607 im katholischen Köln geboren als Tochter des niederländisch-reformierten Exulanten Friedrich van Schurman, der Anfang des 17. Jahrhunderts wie so viele andere vor dem spanisch-katholischen Terror aus Antwerpen an den Rhein geflohen war, und seiner aus jülichschem Adel stammenden Frau Eva von Harff. Sie war eines der Universalgenies des 17. Jahrhunderts, weithin verehrt und bewundert als »Mirakel von Köln« und als die »gelehrteste und vornehmste Jungfer von Utrecht«.

Die relative religiöse Toleranz Kölns endete bald nach Anna Marias Geburt. 1610 verließ die Familie die katholische Reichsstadt und ließ sich zunächst im Jülichschen nieder; seit 1615 dann war man in Utrecht ansässig. Anna Maria wurde gemeinsam mit ihren Brüdern vom Vater und von Hauslehrern unterrichtet. Schon sehr früh entfaltete sich, begünstigt durch die Verhältnisse des »Goldenen Zeitalters« der Niederlande im 17. Jahrhundert, ihre erstaunliche Intelligenz und außerordentliche wissenschaftliche und künstlerische Begabung. Die Utrechter Universität und Gelehrte in ihrem Umkreis gaben ihr die Möglichkeit, alles zu erlernen, was sie wünschte. Sie sprach zwölf Sprachen, z. B. fließend Hebräisch, Griechisch, Arabisch und Syrisch, Englisch, Französisch, Italienisch und Spanisch, schrieb in vielen Sprachen Gedichte – die ersten veröffentlichte sie mit sechzehn Jahren –, ließ sich in Geographie, Geschichte, Astronomie, Anatomie und Philosophie unterrichten, beschäftigte sich mit der Porträtmalerei und der Glasgravur, mit dem Holzschnitzen, Kupferstechen und Kunststicken, in allen künstlerischen Bereichen begabt genug, um 1641 in die Utrechter St. Lukas-Gilde der Künstler aufgenommen zu werden. Das Kölnische Stadtmuseum besitzt einige ihrer Kupferstiche.

Anna Maria van Schurman, Westseite, 2. OG, Nr. 57
Ratsbeschluß am 6. Dezember 1990
Modellvorstellung am 15. Mai 1990
Figurenübergabe am 4. März 1991
Bildhauerin: Elisabeth Perger
Stifter: Kölner Frauengeschichtsverein gemeinsam mit:
Agrippina Versicherung AG, Köln,
und Dipl.-Ing. Otmar Schwab, Köln

Sie verfaßte wissenschaftliche Abhandlungen und Bücher mit Beiträgen moralischer und metaphysischer Argumentation. 1638 wurde ihre erste Schrift in Paris herausgegeben (»Dissertatio de ingenii mulieris ...«); eine erste Gesamtausgabe ihrer »Kleinen Schriften« erschien 1648. Bis ins 18. Jahrhundert erlebten ihre Werke immer neue Auflagen. Der Ruhm ihrer immensen Fähigkeiten verbreitete sich rasch in ganz Europa unter Gelehrten und gekrönten Häuptern, die sie in Utrecht besuchten und mit denen sie tausende von Briefen wechselte. Unzählige Lobgedichte auf sie wurden verfaßt; der berühmte Van Dyck malte ihr Bildnis. Im Jahre 1643 wurde ihr Name erstmals in ein Lexikon aufgenommen.

Ihre Gelehrsamkeit entfachte auch die Begeisterung des schon erwähnten niederländischen Schriftstellers Jacob Cats, der mit ihr korrespondierte, heftig um sie warb und ihr Kupferstich-Porträt in seine »Alle de Werken« von 1655 aufnahm. Anna Maria van Schurman verschmähte die Anträge des ihr intellektuell völlig unterlegenen Cats; ihrem 1623 verstorbenen Vater hatte sie auf dem Sterbebett versprochen, niemals zu heiraten. Und grundsätzlich verachtete sie Männer, die Frauen allenfalls – wie Cats – gnädig die Erlaubnis gewährten, sich zu bilden. Ihr scharfer, kurzer lateinischer, 1659 auch ins Englische (»The Learned Maid«) übersetzter Traktat »Das gelehrte Mädchen oder Kann ein Mädchen auch ein Gelehrter sein«, bewies und bekräftigte das Recht der Frauen, ihren Verstand zu gebrauchen, alle Künste zu erlernen und alles erdenkliche gelehrte Wissen zu erwerben, vor allem auch hinsichtlich Politik und »Staatsgeschäften«: »Was immer den Verstand des Mannes vervollkommnet und ziert, ist auch für die christliche Frau angemessen und schicklich«, denn »Gott hat die Frau ebenfalls mit einer erhabenen und aufrechten Haltung geschaffen.«

Mit dem Tod ihrer Mutter im Jahre 1647 endete auch Anna Maria van Schurmans Lebensabschnitt als Gelehrte und Wissenschaftlerin. Sie gestattete 1648 noch das Erscheinen ihrer »Kleinen Schriften«, dann wurde es still um sie. Für fast zwanzig Jahre widmete sie sich fortan der Pflege zweier Tanten und eines ihrer Brüder. In dieser Zeit geriet sie mehr und mehr in Vergessenheit. In den sechziger Jahren des 17. Jahrhunderts schloß sie sich der nach innen gerichteten pietistischen Lehre und der Bewegung des ehemaligen französischen Jesuiten Jean de Labadie an, den sie in ihrem Hause aufnahm. Angeblich soll sie ihn heimlich geheiratet haben. 1672 kam sie mit den aus den Niederlanden vertriebenen »Labadisten« nach Altona, wo sie im folgenden Jahr noch einmal ein Werk – ihr letztes – veröffentlichte: ihre Lebensbeschreibung, deren zweiter Teil erst posthum im Jahre 1685 erschien, über Kindheit und Jugend, ihr Verhältnis zu den vielen Gelehrten, die sie kennenlernte, zu ihren unzähligen Bewunderern und zum Ruhm, den sie genossen hatte und von dem sie nun aufgrund ihrer religiösen Anschauungen nichts mehr wissen wollte.

Der Sektengründer Labadie starb 1674; vier Jahre später wurde seine Anhänger, unter ihnen Anna Maria van Schurman, auch aus Altona vertrieben. Zuflucht fand man im westfriesischen Dorf Wieuwerd, und hier starb die große Gelehrte, die selbstbewußte und unabhängige Frau, mit 71 Jahren am 4. Mai 1678.

Die innere Bindung an ihre Geburtsstadt Köln, in die sie 1652 noch einmal für zwei Jahre zurückkehrte, hatte Anna Maria van Schurman nie verloren, obwohl ihr, der Protestantin, die katholische Reichsstadt das gleiche Schicksal bereitet hatte wie Joost van den Vondel, dem anderen hier geborenen großen Niederländer, der Zeit seines Lebens von Köln nicht lassen mochte. In einem bekannten Gedicht verglich sie Utrecht, die Stadt, in der sie den größten Teil ihres Lebens verbrachte, mit ihrer Heimatstadt Köln, deren Größe, reine Luft, schöne Gebäude und Wohlstand sie rühmte, bitter klagend jedoch über ihre religiöse Intoleranz. Mit der Errichtung ihrer Statue am Ratsturm leistet die Stadt Köln der vertriebenen und vergessenen Anna Maria van Schurman angemessene, wenn auch späte Abbitte. (BD)

Literatur

Elisabeth Gössmann, Das wohlgelahrte Frauenzimmer, München 1984.
Johann Jakob Merlo, Nachrichten von dem Leben und den Werken Kölnischer Künstler, Köln 1850, S. 416–422.
Simon Schama, Überfluß und schöner Schein. Zur Kultur der Niederlande im Goldenen Zeitalter, München 1988.

Nikolaus Gülich (1644–1686)

Nr. 58 / 2. OG

Abb. 486: „Typus Reformationsis Coloniensis ...“, Radierung, Jacob de Wett (?), 1680, Ausschnitt vermutlich Gülich darstellend, KSM

»Stehe, der du vorbeigehest, und schaue diese säul, lese und lerne, dass dieses die gerechte straf des aufruhrs sei ...« – Dort, wo heute der 1913 errichtete Fastnachtsbrunnen Graseggers mit den betulichen Goetheversen zum kölnischen Karneval steht, war nach der Hinrichtung des Nikolaus Gülich an der bis heute nicht wieder bebauten Stelle seines auf kaiserlichen Befehl geschleiften Wohnhauses an der Straße Oben Marspforten im September 1686 eine Schandsäule »zu deß Ächtern ewiger Infamie« errichtet worden. Auf zwei verlorengegangenen Inschriftentafeln in lateinischer und deutscher Sprache, unter dem in Bronze gegossenen aufgespießten Porträtkopf Gülichs (heute im Kölnischen Stadtmuseum), konnten die Kölner Bürger über einhundert Jahre lang nachlesen, was mit dem geschah, der sich gegen die Obrigkeit auflehnte: »Also müssen diejenigen zu schanden werden, welche mit verachtung Ihro Römischen Kaiserlichen Majestät allergnädigster befehle diese stadt Cöllnische republic durch aufrührische händel zu zerstören trachten.«

Der dem am 23. 2. 1686 enthaupteten Nikolaus Gülich anhaftende Makel, ein Aufrührer und Umstürzler gewesen zu sein, der sich an seiner ihm von Gott vorangestellten Obrigkeit vergriffen und dafür die gerechte Strafe erhalten hatte, verstellte auf lange Zeit den unvoreingenommenen Blick auf die Person dieses Kölner Wein- und Lintenhändlers (Bandwaren-) aus der Gaffel Himmelreich. Er hatte es gewagt, öffentlich die Stimme zu erheben gegen die zu seiner Zeit manifesten Mißstände im Stadtregiment, gegen Mißwirtschaft und Machtmißbrauch, Willkür, Verfassungsbruch, Erpressung, Nötigung, Korruption und Nepotismus des kleinen Kreises der die Stadt und ihren Magistrat beherrschenden Familien.

Nikolaus Gülich wurde wahrscheinlich am 30. 10. 1644 als erstes von sechs Kindern des Kölner Bürgers Andreas Gülich, einem angesehenen Hutmacher, und seiner Frau Maria de Reuss, die einer reichen, bedeutenden Kölner Kaufmannsfamilie entstammte, geboren. Näheres zu seiner Person ist kaum überliefert; Beschreibungen seines Charakters stammen durchweg von seinen unversöhnlichen Gegnern, so daß zwischen Dichtung und Wahrheit nicht unterschieden werden kann. Welche Bildung er genossen hat, bleibt ungewiß, zahllose Schriften von seiner Hand weisen ihn jedoch als einen seinen Mitbürgern in Intelligenz, Bildung und Beredsamkeit weit überlegenen Mann aus. Zusammen mit seinem Bruder Theodor betrieb er einen bescheidenen, nicht sehr erfolgreichen Wein- und Lintenhandel.

Die katastrophale Finanzlage der Stadt, die über Steuererhöhungen und vermehrtes Ausschreiben von Sondersteuern auf die Bevölkerung abgewälzt wurde, hatte seit Ende der sechziger Jahre des siebzehnten Jahrhunderts die Unzufriedenheit der Bürgerschaft mit ihrem Stadtregiment kräftig anschwellen lassen. Der Unmut über die schlechte Regierungspraxis der herrschenden Oligarchie äußerte sich immer lauter; und seit den ausgehenden siebziger Jahren war man immer weniger bereit, diese unwidersprochen hinzunehmen. Zum Wortführer der Opposition machte sich Nikolaus Gülich, der seine eigenen negativen Erfahrungen mit den regierenden Herren hatte machen müssen. Auf seiner Gaffel Himmelreich protestierte er lautstark gegen die Machenschaften und das Finanzgebaren des die Stadt entgegen alle Bestimmungen der Verfassung – Verbund und Transfix – nach eigenem Gutdünken beherrschenden und die Bürgerschaft von der Wahrnehmung ihrer verbrieften Rechte ausschließenden »Ausschusses« der sechs Bürgermeister dreier Wahlperioden. Um die innenpolitischen Spannungen zu dämpfen, sah sich der Rat genötigt, 1680 eine Untersuchungskommission einzusetzen, die mit Hinzuziehung von Vertretern der Bürgerschaft, darunter auch Gülich, die Vergehen dreier besonders übel beleumdeter Bürgermeister aufdeckte und diese aus ihren Ämtern entfernte. Ausbleibende, von der Bürgerschaft jedoch erhoffte und nachdrücklich verlangte Reformen machten es Gülich leicht, seine Opposition und Agitation gegen das Stadtregiment fortzusetzen. Alle obrigkeitlichen Maßnahmen gegen den immer lästiger werdenden, furchtlosen Opponenten, der eine grundsätzliche Rückkehr zu den Bestimmungen von Verbund und Transfix forderte, blieben wirkungslos.

Je weniger er aber einzuschüchtern war, je länger die Reformen auf sich warten ließen, desto stärker wurde sein Rückhalt auf den Gaffeln. Anfang Juni 1683 erstürmte die bewaffnete Bürgerschaft das Rathaus, nahm die Bürgermeister und Ratsherren gefangen, setzte sie ab und wählte sich ein ganz neues Stadtregiment, das fortan unter unmittelbarer Mitwirkung und Kontrolle von 44 Kommissaren der Gaffeln regieren sollte. Nikolaus Gülich wurde, obwohl kein Jurist, zum Syndikus der Stadt bestellt; er sollte die »Generalinquisition« zur Aufdeckung und Bestrafung aller Untaten der ehemaligen Herren führen. Bald schon regte sich jedoch erster Widerstand gegen das neue Regiment, das die Finanz- und Steuerpolitik seines Vorgängers im wesentlichen fortsetzte. Die versprochenen Reformen blieben aus, die Kassen blieben leer, die wirtschaftliche Lage besserte sich nicht, unpopuläre Maßnahmen verärgerten auch uneingeschränkte Anhänger der neuen Ordnung. Zudem bedrohte die »Generalinquisition« immer mehr Bürger, da es kaum einen gab, der nicht auf irgendeine Weise in das die gesamte Stadt wie ein Netz überziehende System der Korruption verstrickt gewesen war.

Als die vom neuen Regiment erhoffte Zustimmung des Kaisers zu seinen Maßnahmen ausblieb, Wien sogar im August 1685 mit der Verhängung von Acht und Bann und dem Verlust der städtischen Privilegien drohte, zerfiel seine Basis auf den Gaffeln rasch. Aus Angst vor den angedrohten kaiserlichen Repressalien unterwarfen sich immer mehr Bürger und Repräsentanten des neuen Regiments der nach Köln gesandten kaiserlichen Untersuchungskommission. Gülich und seine engsten Mitstreiter Sax und Meshov wurden am 18. August 1685 in Acht und Bann erklärt, auf Befehl des Rates am 18. des Monats verhaftet und auf Stadttürme gebracht. Hier begannen im Oktober 1685 ihre Verhöre durch die Kaiserliche Kommission. Gleichzeitig setzte die Verfolgung aller Anhänger und Exponenten des »neuen« Regiments ein; viele konnten sich der Verhaftung und Bestrafung nur durch die Flucht aus Köln entziehen. Um ihre Befreiung zu verhindern, brachte man die drei »Ächter« im November nach Düsseldorf, wo ihnen als Landfriedensbrechern und Majestätsbeleidigern der Prozeß gemacht wurde. Am 12. Dezember 1685 wurde das »alte« Stadtregiment, das im Juni 1683 von den Bürgern aus dem Amt gejagt worden war, feierlich wieder eingesetzt.

In seinen Verhören zeigte sich Gülich außerordentlich selbstbewußt und standhaft und betonte die Legalität der Maßnahmen, die Bürgerschaft und Gaffeln ergriffen hatten: sie seien aufgrund ihrer Verfassung und ihrer reichsständischen Privilegien berechtigt gewesen, einen eid- und rechtsbrecherischen Rat ab- und einen neuen einzusetzen. Die Verurteilung Gülichs und seiner beiden Mitstreiter war allerdings im Rechtssystem des 17. Jahrhunderts unvermeidlich; das Urteil stand schon bei Prozeßbeginn fest. Am 23. Februar 1686 wurde den drei Delinquenten in Mülheim, Köln gegenüber, das Todesurteil verlesen. Gülich wurde als »Hauptrebell und Rädelsführer« mit dem Schwert hingerichtet, sein Körper wurde auf dem Mülheimer Galgenplatz vergraben, sein Kopf auf eine eiserne Stange am Bayenturm gespießt. Sax erlitt das gleiche Schicksal; sein Kopf kam an den Kunibertsturm. Meshov aber wurde das Leben geschenkt; er mußte mit seiner Familie Köln und das Reich auf immer verlassen.

Die Kölner aber vergaßen ihre »Revolution« rasch und fügten sich wieder dem »alten« Regiment, tolerierten die Wiederkehr der »alten« Praktiken, die sie im Juni 1683 mit ihrem Aufstand hatten unwiederbringlich beseitigen wollen. Es waren die revolutionären Franzosen, die Nikolaus Gülich als Kämpfer für die »Freiheit«, gegen ein aristokratisches, despotisches und bürgerfeindliches Stadtregiment und den »uneigennützigen Patrioten«, der er sicherlich gewesen ist, wiederentdeckten, die Schandsäule niederrissen und die Erinnerung an ihn in den Mittelpunkt der Pflanzung des Freiheitsbaumes vor dem Kölner Rathaus am 17. 9. 1797 stellten.

Mehr als 300 Jahre nach dem gewaltsamen Tod des so lange verfemten und aus der Erinnerung verdrängten Mannes, der sich selbst als »Reformator« verstand, der die uneingeschränkte Gültigkeit des Wortlauts der altehrwürdigen stadtkölnischen Verfassung wiederherstellen wollte, setzt ihm die Stadt Köln mit seiner Statue am Ratsturm endlich das Denkmal, das er verdient. (BD)

Literatur

Bernd Dreher, Vor 300 Jahren – Nikolaus Gülich (Kleine Schriften zur Kölner Stadtgeschichte 4), Köln 1986.

Leonhard Ennen, Frankreich und der Niederrhein oder Geschichte von Stadt und Kurstaat Köln seit dem dreißigjährigen Krieg bis zur französischen Occupation, Köln-Neuss 1855/56.

Johann Jakob Merlo, Nikolaus Gülich, das Haupt der Kölner Revolution von 1680–1685. Beiträge zu seiner Geschichte, in: AHVN 46, 1887, S. 21–47.

Diese innerhalb der Kölner Stadtgeschichte oft als problematisch empfundene Gestalt weist entsprechend einer ambivalenten Interpretation ihrer Bedeutung zwei gestische bzw. attributive Merkmale auf: Die erhobene Hand, deren Schwurfinger abgeschlagen sind, steht für die politisch-ethische Integrität; die dagegen die Beine fesselnd umwindende Schlange sowie das krötenähnliche Wesen für die späten Verstrickungen Gülichs in die zunächst von ihm bekämpften Praktiken des Stadtregiments. Der Bildhauer entwickelte seinen Bildgedanken zunächst anhand einer großformatigen Zeichnung, das nachfolgende Modell und die Ausführung, gegenüber der benachbarten Anna Maria van Schurman (Nr. 57) eher flächig reliefhaft aufgefaßt, gelangten über mehrere Phasen zur endgültigen Fassung. (BE)

Nikolaus Gülich, Westseite, 2. OG, Nr. 58
Ratsbeschluß am 22. August 1989
Modellvorstellung am 14. September 1989
Figurenübergabe am 23. Februar 1990
Bildhauer: Jürgen Schreiber
Stifter: Mitarbeiterinnen und Mitarbeiter der Stadtverwaltung Köln

Johann Maria Farina (1685–1766)

Nr. 59 / 2. OG

Abb. 487: Johann Maria Farina, Ölgemälde, Foto: Archiv Konservator

Kein anderes Produkt »Kölner« Erfindergeistes ist so mit dem Namen der Stadt verknüpft und hat ihn so in aller Welt bekannt gemacht wie jenes berühmte »aqua mirabilis, das seit dem frühen 18. Jahrhundert historisch gesichert in Köln hergestellt wird: »Man kan diesem Wasser nicht genugsame Lobsprüch beylegen, so es verdienet, seine Kraft übertrifft alles, was man davon sagen könnte, und die beständige Erfahrnüß, so man darab hat in denen durchtringenden Würkungen, welche es bey unzahlbaren Krankheiten und Personen von allerhand Art und Alter täglich würket, ist ein so überzeugender Beweiß, daß man ihme mit gutem Fug den Namen Wundebar beylegen kan.«

Johann Baptist Farina und Balthasar Borgnis, aus Santa Maria Maggiore bei Domodossola in Oberitalien zugewandert, hatten 1709 in Köln ihre gemeinsame Firma »Farina & Compagnie« gegründet; die Geschäftsräume befanden sich im Haus »Zur Stadt Brüssel« in der großen Budengasse, Ecke Unter Goldschmied. Man betrieb einen kleinen Ladenhandel in »französischem Kram«, Galanterie- und Seidenwaren, Spezereien und Essenzen, nebenher auch ein Kommissions- und Speditionsgeschäft, in das wenige Jahre später auch Johann Maria und Carl Hieronymus Farina, die Brüder des Johann Baptist, eintraten.

Johann Maria Farina (I), am 6. Dezember 1685 in Santa Maria Maggiore geboren und seit dem Jahr 1709 in Köln, hatte zunächst als Beauftragter seines in Maastricht lebenden Onkels dessen geschäftliche Interessen »in den Landen von Cleve, Münster und Köln und auch anderwärts« vertreten. Als er 1714, im Streit von seinem Onkel geschieden, in das noch kleine, geschäftlich nicht sehr erfolgreiche Geschäft »Farina & Compagnie« eintrat, bestand seine »Einlage« wohl in der Herstellung eines bald unverwechselbaren eigenen »eau admirable«, eine Lösung verschiedenster Frucht- und Blütenessenzen in hochprozentigem Alkohol. In den erhaltenen Geschäftsbüchern des Jahres 1714 sind bereits die ersten Einkäufe von Bergamotte, Neroli-Öl und anderen Ingredenzien verzeichnet.

Nach dem Ausscheiden der beiden Teilhaber Carl Hieronymus Farina und Balthasar Borgnis führten Johann Baptist und Johann Maria seit 1718 die Firma unter dem Namen »Fratelli Farina« alleine weiter, und nun begann der stetige, schließlich glänzende Aufstieg des Hauses, den es ganz wesentlich dem Erfolg des Farina-Wassers verdankte. 1721 bereits wurden die ersten 24 Flaschen nach Paris exportiert, und 1723 verlegte man das Geschäft in das Haus »Zum Morion«, Obenmarspforten »an dem Eck gegen dem Gülichs Kopf über« gelegen. Seit 1768 ist diese Ortsbezeichnung fester Bestandteil des Firmenamens: »Johann Maria Farina gegenüber«.

Johann Baptist Farina starb im April 1732. Fortan war Johann Maria alleiniger Inhaber des mittlerweile reussierenden Unternehmens, das sich dem Speditions- und Kommissionsgeschäft, dem Eigenhandel, dem Handel mit Bijouterie, Seiden- und Kurzwaren und besonders der Aqua-mirabilis-Produktion und dem Handel damit in bald ganz Europa widmete. Im Deutschen Reich, in Frankreich, Spanien, Portugal, England, Holland waren Kaufleute zum Weiterverkauf, aber auch viele Adlige, Fürsten und sogar gekrönte Häupter Empfänger des »wunderbaren Gegengift(s) gegen allerhand Gift, und ein vortreffliches Präservativ wider die Pest ... die Gelbsucht, Catharren, Ohnmachten, stinkenden Athem ... die Colic und ... das Magenwehe ... das Seitenstechen und Brustkrankheiten, so von aufsteigenden Winden und kalten Füßen herrühren«, des Wundermittels, das den Wundbrand heilt und die Zahnschmerzen besiegt, »die Weiber in beschwerlichen Kindbetten ohnfehlbar tröstet«, alle »durch die Hitze unrühiger Winden erhärtete zähe Schleimigkeit, wie auch das ungestümme Ohrenklingeln« vertreibt und nicht zuletzt auch die Schönheit fördert und die Haut glatt und geschmeidig macht.

Als zeittypischer Vertreter des Spätbarock erscheint der Begründer des weltweiten Rufes von Kölnisch Wasser im Rokoko-Kostüm, mit der Rechten träufelt er dieses Duftwasser auf ein Tüchlein in seiner linken Hand. Halb hinter seinen Beinen verborgen lagert ein Faß, dessen Spundlochseite in kalligraphisch ornamental geschwungenen Zügen die Aufschrift Eau de Cologne trägt. Gegenüber dem Modell wurde lediglich das Volumen des Kopfes mit der straff nach hinten geführten Frisur geringfügig modifiziert. (BE)

Das »Eau de Cologne«, das Johann Maria Farina erstmals im Jahre 1742 selbst so nannte, hatte seinen Siegeszug angetreten dank seines »rastlosen Fleißes« und seiner »großen Hingabe ans Geschäft«, und 1747 konnte er schreiben: »Eau de Cologne ist jetzt in ganz Europa bekannt.«

In den 50er Jahren des 18. Jahrhunderts war Farina, der »kluge, rechte Geschäftsmann, rechtschaffene Mensch mit einem festen Charakter« ein reicher Mann. Als er am 20. November 1766 unverheiratet und kinderlos starb, hinterließ er seinem testamentarisch von ihm als Alleinerben eingesetzten Nachfolger Johann Maria Farina (II), Sohn seines Bruders Johann Baptist, ein erfolgreiches und berühmtes Unternehmen – und die bis heute streng geheimgehaltene Rezeptur des »Wassers aus Köln«.

Johann Maria Farina (I) wurde nach seinem Tod in einem eigenen Grab in St. Laurenz beigesetzt. Vor dem Abriß der Kirche im Jahre 1818 entfernte die Familie den Sarg mit seinen sterblichen Überresten und überführte diese in die neu erworbenen Familiengräber auf dem Melaten-Friedhof, ganz am Beginn des Hauptweges.

An das Stammhaus des Unternehmens und seinen Gründer erinnert nach über 250 Jahren eine bronzene Gedenktafel: »Im Jahre 1709 wurde die älteste bestehende Kölnischwasser-Fabrik gegründet. Hier an dieser Stelle 'gegenüber' dem Jülichs-Platz stellte schon Johann Maria Farina (1685–1766) sein 'aqua mirabilis' her, das als Eau de Cologne in aller Welt berühmt wurde. Noch heute wird von den Nachkommen der Gründerfamilie nach alten geheimen Vorschriften Echt Kölnisch-Wasser hergestellt. MCMLXV« Auf dem ehemaligen Betriebsgelände steht heute ein luxuriöser Wohn- und Bürokomplex, »An Farina« genannt, direkt gegenüber dem Rathaus, dessen Turm nun die Statue Johann Maria Farinas schmückt. (BD)

Johann Maria Farina, Nordseite, 2. OG, Nr. 59
Ratsbeschluß am 29. Mai 1990
Modellvorstellung am 31. August 1990
Figurenübergabe am 18. März 1991
Bildhauer: Olaf Höhnen
Stifter: Annemarie und Helmut Börner-Stiftung, Köln

Literatur

Klara van Eyll, Johann Maria Farina – der Kölnisch-Wasser-Fabrikant, in: Markt und Wirtschaft 11, 1984, S. 29–33.
Bernhard Kuhlmann, »Jedenfalls schmeckt Eau de Cologne besser als Petroleum«, in: Werner Schäfke (Hg.), OH! DE COLOGNE, Köln 1985, S. 9–52.
Heinz Magka, Er kam aus Santa Maria Maggiore, Bad Godesberg 1958.
Wilhelm Mönckmeyer (überarb. v. Hermann Schaefer), Die Geschichte des Hauses Johann Maria Farina gegenüber dem Jülichs-Platz in Köln, gegründet 1709, Berlin 1934.
Ernst Rosenbohm, Kölnisch Wasser. Ein Beitrag zur europäischen Kulturgeschichte, Berlin u. a. 1951.
Hermann Schaefer, Die Farinas des Hauses »Farina gegenüber«, in: Rheinisch-Westfälische Wirtschaftsbiographien 2, Münster 1974, S. 161–177.

Ferdinand Franz Wallraf (1748–1824)

Nr. 60 / 2. OG

Abb. 488: Ferdinand Franz Wallraf, Gemälde von Egidius Mengelberg, 1824, Foto: Archiv Konservator

Die Schülerliste der ersten Klasse des Gymnasium Montanum bescheinigte dem zweiten Sohn des unbegüterten, auf dem Steinweg wohnenden Kölner Schneidermeisters Kaspar Wallraf und seiner Gattin Anna Elisabeth geb. Nettesheim nach dem Herbstexamen des Jahres 1760 »indolis optimae, aemulationis primariae«, von ausgezeichneter Begabung und hervorragendem Eifer zu sein. Um sein erfolgversprechendes weiteres Studium finanziell abzusichern, erhielt der fünfzehnjährige Ferdinand Franz 1763 die Tonsur und die ersten vier niederen Weihen. Zwei Jahre später immatrikulierte er sich als »logicus« an der Artistenfakultät der Kölner Universität und promovierte 1767 zum magister artium. Dieser akademische Grad berechtigte ihn zur Aufnahme des eigentlichen Universitätsstudiums an einer der drei Fakultäten der Theologie, der Jurisprudenz und der Medizin. Doch zur Fortführung des Studiums fehlte das Geld, und so wurde der junge Wallraf mit finanzieller Unterstützung seiner Eltern zunächst unbesoldeter Lehrer an einem »Silentium« der Kölner Gymnasien, endlich aber 1769 »Professor« am Montanum, der – wenn auch bescheidene – Einkünfte aus den für die Lehrkräfte der

Der Gelehrte und Kunstsammler hält einen großen Folianten im Arm, der sich sowohl als gedrucktes Buch wie auch als zeittypisches Sammelalbum zum Auflegen von Graphik interpretieren läßt. Kleinformatige Gemälde mit charakteristisch schlichten Rahmen deuten seine sammlerische Vorliebe für mittelalterliche Tafelmalerei, Schreibfeder und gerolltes Schriftstück seine wissenschaftliche Tätigkeit an. Ein Silhouettenbildnis des Kölner Kaufmannes Johann Heinrich Richartz (1795–1891) erinnert zugleich an den Stifter jenes ersten Museumsgebäudes An der Rechtsschule, welches die Sammlung Wallraf seit 1861 als Grundstock des städtischen Kunstmuseums aufnahm. Rechts zu Füßen der Skulptur angebracht, korrespondiert es mit einer entsprechenden Disposition der Nachbarfigur Heinrich Gottfried Wilhelm Daniels (Nr. 61). (BE)

Gymnasien zur Verfügung gestellten Stiftungen und Pfründen bezog. Im Dezember 1772 wurde Wallraf zum Priester geweiht; der Lebensweg des unter bescheidenen Verhältnissen existierenden Weltgeistlichen und Gymnasialprofessors zeichnete sich ab. Er selbst beschrieb Jahrzehnte später seinen mühevollen Werdegang so: »Nie hat wohl hier ein Professor von seiner ersten Annahme her mehrere Schicksale gelitten als er.«

Die glückliche Fügung der Freundschaft zum Kölner Medizinprofessor Georg Menn und seiner Ehefrau Dorothea, Erbin der Buchdruckerei Schauberg, eröffnete dem hochbegabten jungen Mann andere, neue Perspektiven. Wallraf gewann weitere Freunde und Förderer in Köln, aber auch im kurfürstlichen, aufgeklärten Bonn. Sie ermöglichten ihm Reisen, verschafften ihm Zugang zu aufgeklärten Kreisen, zu Kunst, Literatur und Musik. Er wurde Rosenkreuzer, verfaßte bald erste Gelegenheitsgedichte, dann auch Hymnen, Oden und Inschriften zu Anlässen aller Art, die ihn rasch bekannt und hochgeschätzt werden ließen. Er lernte die Sammler Hardy und Hüpsch kennen und begann nun auch selbst zu sammeln, zunächst noch Objekte und Materialien, die er für seinen naturgeschichtlichen Unterricht am Gymnasium benötigte. Georg Menn förderte Wallrafs naturwissenschaftliches Interesse und bewog ihn zur Aufnahme des Medizinstudiums. Binnen zweier Jahre erwarb er neben seiner Lehrtätigkeit 1778 die ersten akademischen Grade der medizinischen Fakultät. 1780 promovierte er zum Lizentiaten der Medizin, 1788 zum Doktor.

Ein großes Anliegen war dem fortschrittlichen und engagierten Pädagogen Wallraf, der sich heftiger Widerstände seiner Kollegen ausgesetzt sah, die Reform des seit langer Zeit darniederliegenden städtischen Bildungswesens. 1786 legte er seinen großen »Entwurf zur Verbesserung des stadtkölnischen Schulwesens

Ferdinand Franz Wallraf, Nordseite, 2. OG. Nr. 60
Ratsbeschluß am 8. September 1988
Modellvorstellung am 7. Oktober 1988
Figurenübergabe am 12. September 1989
Bildhauer: Johann Peter Schilling
Stifter: informedia verlags-gmbh, Köln

überhaupt« vor, der den Gymnasien und der Universität wieder zur Blüte verhelfen sollte. Der Plan scheiterte jedoch am Unverständnis des Rates und der meisten seiner Kollegen.

Seine finanzielle Situation war lange Jahre außerordentlich dürftig gewesen. Erst 1784 gelang es Wallraf, sein Einkommen aus dem Lehramt am Gymnasium Montanum und aus Privatunterricht durch den Erhalt eines Kanonikats an St. Maria im Kapitol und der Professur für Botanik an der Kölner Universität aufzubessern. 1789 verlor er jedoch auf Betreiben seiner Kollegen das Lehramt am Montanum, das er zu Gunsten der Universität vernachlässigt hatte, und die damit verbundene Besoldung. Wiederholte Eingaben Wallrafs an den Rat um Gewährung einer finanziellen Unterstützung seiner für ihn selbst kostspieligen universitären Lehrtätigkeit blieben ohne Erfolg. Die Ursachen waren persönliche Mißgunst und die katastrophale Finanzlage der Stadt. Dennoch blieb Wallraf seiner Vaterstadt treu, hielt in Köln aus trotz der attraktiven Angebote, die ihn aus Bonn und Düsseldorf erreichten. Mit seiner Wahl zum Rektor der Kölner Universität am 17. Dezember 1793 aber wurde Wallrafs Bedeutung für das Kölner Geistesleben endgültig anerkannt und bestätigt.

Nach der Besetzung Kölns durch die französischen Revolutionsarmeen im Oktober 1794 sicherte sich die Stadt die Dienste des aufgeklärten Wissenschaftlers und fruchtbaren Literaten beim Kontakt mit den Franzosen. Aus seiner Feder stammten die Eingaben und Denkschriften an den Nationalkonvent zu Paris, mit denen Köln 1794/95 seine »republikanische« Unabhängigkeit verteidigen und Schutz vor Kontributionen erwirken wollte.

Wallrafs anfängliche moderate Zustimmung zu den Idealen der Revolution wich bald der Abneigung. Der Aufforderung, den Treueid auf die Französische Republik zu leisten, kam er im Dezember 1797 nicht nach. Wallraf und andere Mitglieder der medizinischen Fakultät verloren ihre Ämter; 1798 hoben die Franzosen die Universität auf. Noch im gleichen Jahr aber bestellten sie Wallraf zum Professor der »schönen Wissenschaften« an der neuen Kölner Zentralschule, und 1799 machte er seinen Frieden mit der Republik, als er den verlangten Eid doch noch ablegte. Unermüdlich wirkte Wallraf für Köln. Er publizierte Musenalmanache und andere Schriften zur künstlerischen, ästhetischen und historischen Bildung des Publikums, widmete sich der Ausgestaltung von Groß St. Martin und des Inneren des Domes, wirkte an der Restaurierung des Dreikönigenschreines mit. 1812 übernahm er die Neubenennung von Kölner Straßen und die Übertragung ihrer Namen ins Französische. In die französische Zeit fällt auch der Beginn von Wallrafs eigentlicher Sammlertätigkeit, die seinen Namen in Köln zum Synonym manischer, doch selbstloser Sammelleidenschaft zum Nutzen seiner geliebten Heimatstadt werden ließ. Begonnen hatte er, der sich schon 1789 als »kaufsüchtig« bezeichnet hatte, aus wissenschaftlich-pädagogischem Interesse, das sich dann mit antiquarischer Neugier und dem Bedürfnis verband, die Überreste der geschichtlichen Größe Kölns zu bewahren und um schließlich auch die Altertümer, die Kunstwerke und den frommen Reichtum dem räuberischen Zugriff der Besatzungsmacht zu entziehen. Unter Napoleon, den Wallraf hoch verehrte und zu dessen erstem Besuch in Köln im Jahre 1804 er im Auftrage der Stadt die den Kaiser verherrlichenden Inschriften verfaßte, gewährte ihm die französische Regierung freies Wohnen in der ehemaligen Dompropstei, um seine kostbaren, tausende von bibliophilen, kunst- und naturgeschichtlichen Objekte umfassenden Sammlungen angemessen aufbewahren zu können. Nach dem Abzug der Franzosen im Jahre 1814 begann Wallraf, unterstützt von Freunden, mit der Ordnung seiner unüberschaubaren Schätze. Eine vom preußischen Staat gewährte Pension sicherte das Auskommen des mit in- und ausländischen Ehrungen überhäuften Sammlers. Sein Testament aus dem Jahre 1818 setzte die Stadt Köln als Erbin ein, unter der Bedingung, seine Sammlungen zu erhalten und nichts davon zu veräußern oder fortzugeben (was später allerdings doch geschah). Das reiche Erbe Wallrafs bildete den Grundstock zu heute acht Museen, der in ganz Deutschland unvergleichlichen Kölner Museumslandschaft.

Zu seinem 75. Geburtstag am 20. Juli 1823 ehrte ihn Köln mit einer glanzvollen öffentlichen Jubelfeier und der Verleihung der »Bürgerkrone« als Dank für alles, was »nur irgend zur Ehre und zum Ruhm der Vaterstadt« er geschaffen hatte. Sein repräsentatives, vom Kölner Maler E. Mengelberg geschaffenes Porträt wurde im Rathaus aufgestellt.

Ferdinand Franz Wallraf starb am 18. März 1824 an den Folgen eines Schlaganfalls. Am 22. März wurde der »Kölner Stadtpatron« und »Symbol des Kölner Bürgers schlechthin« feierlich auf Melaten begraben, dem Friedhof, dessen Eingangstor die von ihm selbst im Jahre 1810 entworfene Inschrift trägt: »Funeribus Agrippinensium sacer locus«, ein den sterblichen Resten der Kölner geheiligter Ort. (BD)

Literatur

Ferdinand Franz Wallraf, Ausgewählte Schriften. Festgabe zur Einweihungsfeier des Museums Wallraf Richartz, hg. im Auftrage und auf Kosten des Königlichen Commercienrates Johann Heinrich Richartz von Leonard Ennen; Köln 1861.

Joachim Deeters (Bearb.), Ferdinand Franz Wallraf. Katalog zur Ausstellung des Historischen Archivs der Stadt Köln, Köln 1974.

Joachim Deeters, Der Nachlaß Ferdinand Franz Wallraf (Best.1105), Köln-Wien 1987 (Mitteilungen aus dem Stadtarchiv von Köln, H.71).
Joachim Deeters, »Der Weg aus der Sklaverei zur Aufklärung« am Beispiel Ferdinand Franz Wallrafs, in: RhVjbll 54, 1990, S. 142–163.
Leonhard Ennen, Zeitbilder aus der neueren Geschichte der Stadt Köln mit besonderer Rücksicht auf Ferdinand Franz Wallraf, Köln 1857.
Erwin Lange, Ferdinand Franz Wallraf und die rheinische Aufklärung, Diss. Bonn 1950.
Joseph Klinkenberg, Ferdinand Franz Wallraf, in: Das Marzellengymnasium Köln 1450–1911, hg. v. Joseph Klinkenberg, Köln 1911, S. 148–164.
Klaus Pabst, Ferdinand Franz Wallraf, Opportunist oder Kölner Lokalpatriot?, in: GiK 23, 1988, S. 159–177.
Wilhelm Räderscheidt, Ferdinand Franz Wallraf, in: Beiträge zur Kölnischen Sprache/Geschichte/Eigenart, Bd. 2, H. 7, 1915, S. 21–36.
Paul Berthold Rupp, Die Bibliothek Ferdinand Franz Wallrafs (1748–1824). Entstehung und Fortbestand, in: JbKGV 47, 1976, S. 47–114.

Heinrich Gottfried Wilhelm Daniels (1754–1827)

Nr. 61 / 2.OG

Abb. 489: Heinrich G. W. Daniels, Repro nach zeitgen. Zeichnung, Archiv Konservator

Als das rheinische Justizwesen durch die preußische Regierung neu geordnet und die Errichtung eines zentralen Appellationsgerichtshofes für die Rheinprovinz beschlossen wurde, stand sogleich fest, daß der bedeutende Jurist Heinrich Gottfried Wilhelm Daniels dessen erster Präsident werden sollte. Der gebürtige Kölner hatte aber seinen Eintritt in preußische Dienste an eine Bedingung geknüpft: Amtssitz sollte die Stadt Köln sein. So erhielt die Stadt 1819 vor den Mitbewerbern Koblenz, Bonn und Düsseldorf den Zuschlag als Sitz des höchsten Gerichtes der Rheinprovinz. An ihm wirkte Daniels bis zu seinem Tode. Noch in kurfürstlicher Zeit hatte er das rheinische Rechtswesen geformt; unter Napoleon hatte er das fortschrittliche französische Recht für die Rheinlande erschlossen, es später als rheinisches Recht ins veraltete preußische Justizwesen eingebracht und so auch dort wichtige Grundlagen eines modernen rechtsstaatlichen Denkens gelegt.

Heinrich G. W. Daniels, Nordseite, 2. OG, Nr. 61
Ratsbeschluß am 26. April 1990
Modellvorstellung am 9. Juli 1991
Figurenübergabe am 11. Juni 1992
Bildhauer: Johann Peter Schilling
Stifter: Kölner Richter, Staatsanwälte, Rechtsanwälte und Notare

In kompositorischer Entsprechung zum Richartz-Porträt, seinem vom selben Bildhauer stammenden Nachbarn Ferdinand Franz Wallraf (Nr. 60) gleichfalls zu Füßen beigegeben, zeichnet den Juristen Daniels ein aufgeschlagenes Buch mit der Waage als Symbol der Justitia, der Personifikation oder Schutzgöttin der Rechtspflege aus. Gegenüber dem ursprünglichen Modell größer und infolgedessen auch dem Betrachter nunmehr präsenter, erinnert das Buch zugleich an Daniels' Eintreten für die Beibehaltung französischer Rechtsformen, wie sie im durch ihn übersetzten und kommentierten Code Civil niedergelegt sind, im Rheinland auch nach 1814. Der Gestus der rechten, über den in der linken gehaltenen Dokumenten erscheinenden Hand läßt sich als der eines abwägenden Redners interpretieren. Das Antlitz spiegelt die im Porträt überlieferten, charakteristischen Züge des Dargestellten wider. (BE)

Der Sohn des Schneidermeisters Johann Wilhelm Daniels und seiner Ehefrau Anna Katharina Tilmans wurde am 25.12.1754 in Köln geboren. Hier besuchte er das Gymnasium und studierte anschließend an der Universität Philosophie, Mathematik und Rechtswissenschaft. Bereits 1769 wurde er zum Licentiaten, 1770 zum Doktor der Philosophie promoviert, 1775 dann zum Doktor beider Rechte. Ein Jahr später begann er seine erste Karriere im kurkölnischen Staat als Advokat beim Bonner Hofrat. 1780 wurde er Kommissar am weltlichen Hofgericht, 1783 Rechtsprofessor an der Bonner Akademie, aus der ein Jahr später die Universität hervorging. Als Lehrer und Wissenschaftler wirkte er außerordentlich erfolgreich. Die Ernennung zum Hof- und Regierungsrat erfolgte 1786, zum Wirklichen Geheimen Rat 1792; zugleich wurde er ans kurfürstliche Oberappellationsgericht in Bonn berufen.

Aus der Überzeugung heraus, daß die Rechtspflege unabhängig vom Wechsel der Staatsverfassungen ihren Fortgang nehmen müsse, stellte sich Daniels nach dem Einmarsch der Franzosen 1794 als Mitglied des siebenköpfigen Bonner Obertribunals der neuen republikanischen Macht zur Verfügung. 1797 schied er wegen gewisser Differenzen mit der französischen Verwaltung aus dem Amt; im gleichen Jahr verweigerte er wie viele andere auch den Eid auf die Französische Republik. 1798 kehrte er von Bonn nach Köln zurück, hielt juristische Privatvorlesungen und studierte intensiv das neue französische Recht, dessen herausragender Kenner er wurde. Eine schicksalhafte Begegnung mit Napoleon bei dessen Besuch in Köln im Jahre 1804 hatte Daniels' Eintritt in den französischen Staatsdienst zur Folge. Der Kaiser berief ihn als Stellvertetenden Generalprokurator (substitut du procureur général) an den Pariser Kassationshof, das höchste Gericht des napoleonischen Kaiserreichs. Dort wirkte er mit großem Erfolg bis 1813. Seine Anträge galten als »Muster der Klarheit und tiefen Erudition«. In dieser Zeit übertrug Daniels auch die großen Napoleonischen Gesetzgebungswerke, den code de procédure civil, den code de commerce, den code criminel und den code d'instruction criminelle, ins Deutsche, eine seiner schon damals hochgelobten bleibenden Leistungen. 1813 wechselte er als Generalprokurator an den Appellationsgerichtshof in Brüssel. Bei seiner Verabschiedung in Paris lobte der Generalprokurator Merlin die »umfassende Gelehrsamkeit« seines Kollegen Daniels, »seine bewundernswürdige Logik, seine außerordentliche Leichtigkeit in der Handhabung der Geschäfte und seinen immer zunehmenden Eifer für die Arbeit.«

Nach dem Sturz Napoleons und dem Übergang der zuvor französischen Rheinlande an Preußen erreichte der Staatskanzler Hardenberg 1817 den Übertritt des längst schon berühmten Juristen Daniels in den preußischen Staatsdienst. Als Mitglied des Geheimen Staatsrates und Berater der Immediat-Justiz-Kommission trat er entschieden gegen die Übernahme des preußischen Allgemeinen Landrechts von 1794 und erfolgreich für die Beibehaltung des von den Rheinländern hochgeschätzten französischen Rechts in der Rheinprovinz ein. Es war die Krönung seiner außergewöhnlichen wissenschaftlichen und richterlichen Laufbahn, als Daniels 1819, zwei Jahre nach seiner von der Kölner Bevölkerung und den Kölner Juristen begeistert begrüßten Rückkehr in seine Vaterstadt, als erster Präsident in den Kölner Appellationsgerichtshof einzog. Sein fünfzigjähriges Amtsjubiläum – als kurkölnischer Rechtsgelehrter und Richter, hoher französischer und dann preußischer Justizbeamter – feierte die Stadt Köln mit einem großen Volksfest am 16. 11. 1826. Sie beauftragte den Bildhauer Wilhelm Josef Imhoff mit der Schaffung einer Marmorbüste des Jubilars, des »Stolzes der Kölner Bürger«, in Anerkennung seiner in diesen langen Jahren erworbenen besonderen Verdienste. Die Kölner Zeitungen veröffentlichten Extrablätter zu seinen Ehren, die Kölner Juristen ließen eine goldene Gedenkmünze schlagen, und der preußische König Friedrich Wilhelm III. verlieh ihm den roten Adlerorden 2. Klasse mit Eichenlaub. In einer Glückwunschadresse hieß es, sein europäischer Ruhm sei ein Teil des Ruhmes der Stadt Köln, und an dieser hohen Bewertung seines Lebenswerkes hat sich bis heute nichts geändert.

Nur vier Monate später starb Daniels am 28. 3. 1827, zwei Jahre nach seiner Ehefrau Maria Elisabeth, geb. Pummerl. Die offiziösen »Jahrbücher für die Preußische Gesetzgebung, Rechtswissenschaft und Rechtsverwaltung« veröffentlichten einen Nekrolog, in dem es hieß:

> »In ihm verlor der König einen seiner ausgezeichnetsten Staatsbeamten, die Nation einen ihrer edelsten Mitbürger und die Rechtswissenschaft wie die Rechtspflege eine ihrer Zierden ... Wenige Männer vereinigten in dem Maße wie Daniels Tiefe, Vielseitigkeit und höchste Bildung des Geistes, Gewandheit, Erfahrung und Fertigkeit in Geschäften mit Gradheit und Biederkeit des Charakters, mit Freimütigkeit und Mäßigung, wenige so wie er frühzeitig und allenthalben anerkanntes großes Verdienst mit Einfachheit und seltener Anspruchslosigkeit, ausgezeichnete Geistesfähigkeit mit der liebenswürdigsten Geselligkeit. Diese Grundsätze seines Charakters traten in allen Beziehungen, worin er sich befand, hervor.«

Und selbst der deutschnationale Historiker Heinrich von Treitschke, unversöhnlicher Feind alles Französischen, würdigte den »größten Rechtsgelehrten seines Zeitalters«, wie Daniels in der Leichenrede des Pfarrers Großman von St.Columba in Köln genannt worden war:

> »Jedermann am Rhein wußte von dem geistreichen Mann mit dem Sokrateskopf, von seinem ungeheuren Gedächtnis und seinem ulpianischen Scharfsinn zu erzählen. In ihm verkörperte sich jene eigentümliche Vermittlerrolle zwischen deutscher und französischer Bildung, welche die Rheinländer damals noch für sich in Anspruch nahmen. Die Franzosen bewunderten ihn als den gründlichsten Kenner ihrer Gesetzbücher, und doch blieb er ein deutscher Jurist ... Unter seiner Leitung wuchs allmählich der moderne rheinische Juristenstand heran, reich an Talenten, stolz auf sein heimisches Recht und auf die Kunst forensischer Beredsamkeit, die hier allein eine Bühne fand, aber auch sehr empfänglich für die formale Staatsweisheit der Franzosen, ohne Sinn für die berechtigte Eigenart des Nordens – eine ganz neue Kraft im preußischen Staatsleben.«

(CVK/BD)

Literatur

Max Braubach, Die erste Bonner Hochschule (Academia Bonnensia Bd. 1), Bonn 1966, S. 143ff.

Hermann Conrad, Preußen und das französische Recht in den Rheinlanden, in: Josef Wolfram u. Adolf Klein (Hg.), Recht und Rechtspflege in den Rheinlanden 1819–1969. Festschrift zum 150jährigen Bestehen des Oberlandesgerichts Köln, Köln 1969, S. 78–112.

Stephan Liermann, Heinrich Gottfried Daniels, der erste Präsident des Rheinischen Appellationsgerichtshofes in Köln, in: Recht und Rechtspflege in den Rheinlanden ..., S. 57–77.

Heinrich von Treitschke, Deutsche Geschichte im 19. Jahrhundert, 2. Bd., Leipzig ^{3}1886.

Maria Clementine Martin (1775–1843)

Nr. 62 / 2. OG

Abb. 490: Maria Clementine Martin, Foto: Archiv Konservator

Die Tochter eines habsburgischen Offiziers im Regiment des Prinzen Karl von Lothringen wurde in Brüssel geboren. Ihre erste Ausbildung erhielt sie bei den dortigen Unbeschuhten Carmeliterinnen. Das beschauliche Leben endete 1792, als die französische Revolutionsarmee die Niederlande besetzte. Maria Clementine – ihre Mutter war inzwischen gestorben, das Schicksal ihres Vaters ist unbekannt – verließ Brüssel und ging nach Coesfeld im Bistum Münster. Dort trat sie noch im gleichen Jahr, nunmehr siebzehn Jahre alt, ins Annunziaten-Kloster ein, das ein Hospital unterhielt. Neun Jahre sollte sie dort bleiben und ihre schon in Brüssel begonnen Studien der alten klösterlichen Naturheilkunde fortsetzen und vertiefen.

Das Jahr 1801 brachte die Säkularisation und Auflösung auch ihres Coesfelder Klosters. Maria Clementine fand vorerst Aufnahme im Annunziaten-Kloster Glane unweit der niederländischen Grenze; bald darauf ging sie als Krankenschwester in ein Kloster in Venlo, nun bestens vertraut mit der jahrhundertealten klösterlichen Heilpraxis. Die Schlacht von Waterloo im Jahre 1815, die das Ende der napoleonischen Herrschaft über Europa brachte, erlebte die »Klosterfrau« Maria Clementine unmittelbar. Mit großem persönlichen Einsatz betreute sie verwundete Soldaten. Zum Dank erhielt sie vom preußischen König Friedrich Wilhelm III. eine Leibrente von jährlich 160 Goldtalern zuerkannt. Sie lebte danach einige Jahre in Münster; über ihre genaueren Lebensumstände schweigt die Überlieferung. Erst als fünfzigjährige Frau kam Maria Clementine Martin im April des Jahres 1825 nach Köln, um im Hause Domhof 19 – »des Domes nächste Nachbarin« – einen kleinen Destillationsbetrieb aufzubauen. Schon während ihrer Brüsseler und Coesfelder Klosterzeit hatte sie als junges Mädchen ein Carmeliter-Melissenwasser nach alter Klosterrezeptur in kleinen Mengen selbst hergestellt. In Köln begann sie mit der gewerbsmäßigen Produktion ihres Melissenwassers und eines eigenen »Kölnischen Wassers«, ihr erstes nachweisbares Kölner Zeitungsinserat – in der »Kölnischen Zeitung« – datiert vom 6. 11. 1825. Aus der schlichten ehemaligen Klosterfrau wurde eine tatkräftige und erfolgreiche Unternehmerin, eine außerordentlich ungewöhnliche Karriere, die Frömmigkeit und Unternehmensgeist vereinigte. Ihre Firma expandierte rasch, und bald schon konnte sie Depots ihrer Produkte in anderen Städten, auch in Berlin, einrichten. Auf ihre Bitte erhielt sie 1829 vom preußischen König die Erlaubnis, den Preußenadler als »Warenzeichen« auf die Etiketten der Flaschen zu drucken, in die sie ihre Wässer abfüllte. Sie war nun »königlich privilegiert«, eine Bestätigung der großen Qualität ihrer Produkte, die sich weitester Verbreitung erfreuten und von den medizinischen Kapazitäten ihrer Zeit als Heilmittel anerkannt waren. Sie selbst schrieb voller Stolz: »Wollte ich eine Statistik meines Absatzes liefern – keine Stadt der zivilisierten Welt würde darin unvertreten sein.«

Maria Clementine Martin starb in Köln am 9. August 1843. Ihre längst bedeutende Firma vermachte sie ihrem ersten Gehilfen und langjährigen engsten Mitarbeiter Peter Schaeben, der sie erfolgreich weiterführte und ausbaute. Das »Haus Klosterfrau« existiert bis auf den heutigen Tag, seit 1918 nicht mehr im ehemaligen Stammhaus Domhof, sondern in der Gereonsmühlengasse. Seine Gründerin wurde unter großer Anteilnahme der Kölner Bevölkerung auf dem Melaten-Friedhof begraben. Hier ruht sie noch heute nahe der Kapelle unter einem schlichten steinernen Grabkreuz. In ihrem Nachruf hieß es: »Durch wahre Frömmigkeit ausgezeichnet, in christlicher Liebe durch Wohlthun

Die Klosterfrau wird durch die umgebundene Kittelschürze, die in der Rechten gehaltenen Kräuter sowie den in der linken Hand getragenen Apothekermörser mit Pistill als heilkundig ausgewiesen. Gegenüber dem prägnanten und formal stilisierten Signet des Unternehmens, welches diese Figur stiftete, entwickelt die Ratsturmfigur eine trotz der Ordenstracht individualisierte Auffassung der historischen Person. (BE)

beglückt und beglückend, in Thätigkeit des Geistes, ungeachtet ihres schon sinkenden Lebens oft wundersam gekräftigt, schaffte sie, selber eine vielgeprüfte Dulderin, Armen und Bedrängten Linderung und Hülfe und vervollkommnete die Fabrication des so berühmten Carmeliter-Melissengeistes, wie des Kölnischen Wassers ... Jedem, der die Verstorbene gekannt, wird die Erinnerung an sie unvergeßlich bleiben ...« (BD)

Literatur

Günter Garlet, Die Klosterfrau und ihre Zeit. Die Lebensgeschichte der Maria Clementine Martin, Gründerin des Hauses Klosterfrau. Herausgegeben vom Hause Klosterfrau, Köln 2., ergänzte Auflage 1989.

Frauen in Köln. 2000 Jahre Stadtgeschichte, bearb. v. Gabriela Wagner, Köln 1990.

Maria Clementine Martin, Nordseite, 2. OG, Nr. 62
Ratsbeschluß am 28. April 1988
Modellvorstellung am 23. September 1988
Figurenübergabe am 24. Oktober 1989
Bildhauerin: Elisabeth Perger
Stifter: Vertriebsgesellschaft mbH „Maria Clementine Martin Klosterfrau", Köln

Peter Heinrich Merkens (1777–1854)

Nr. 63 / 2. OG

Abb. 491: Peter Heinrich Merkens, Foto: Archiv Konservator

Peter Heinrich Merkens, Sohn des evangelisch-reformierten Bäckermeisters Mathias Daniel Merkens und seiner Frau Helena Petronella, geb. Kroon, gilt als eine der überragenden Persönlichkeiten der rheinischen Wirtschaftsgeschichte, ein weit über die lokalen und regionalen Grenzen hinaus bekannter Unternehmer und liberaler Wirtschaftspolitiker.

Am 29. 12. 1777 im damals noch selbständigen pfalz-neuburgischen Städtchen Mülheim am Rhein geboren, besuchte Peter Heinrich Merkens das dortige, damals berühmte Isingsche Handelsinstitut, an dem ihn seine Eltern »den Handelsstand studieren« ließen. Mit kaum vierzehn Jahren trat Peter Heinrich zur weiteren Ausbildung in das bedeutende, ebenfalls protestantische Handelshaus Everhard Caspar Schüll im großen linksrheinischen Nachbarn Köln ein. Nach der Lehrzeit wechselte er zur Gewürz- und Weinhandlung Johann Jacob Schüll, deren Eigner dem im Jahre 1797 in Köln ins Leben gerufenen »Handelsvorstand«, der Interessenvertretung der Kölner Kaufleute, angehörte. Der »Handelsvorstand« gilt als Keimzelle der ersten deutschen Handelskammer überhaupt. Die Schülls vermittelten dem jungen Merkens die Grundlagen seines späteren wirtschaftspolitischen Denkens, das ihn zu einem lebenslangen Verfechter der Freihandelslehre machte. 1803, unter der Herrschaft Napoleons, erhielt die Stadt Köln ihre erste Handelskammer, und ab 1810 gehörte auch Peter Heinrich Merkens, mittlerweile Teilhaber (seit 1808) im Salz- und Kolonialwarenhandelshaus Seydlitz und Merkens, zu den Mitgliedern der Kammer, deren (ernannter) Vizepräsident er 1829, deren erster frei gewählter Präsident er 1831 wurde.

Während der napoleonischen Kontinentalsperre verlegte Merkens den Schwerpunkt seines Handelshauses in das Bankgeschäft, in dem er sich rasch einen guten Namen machte. Seit der Mitte des 19. Jahrhunderts war Seydlitz und Merkens nur noch Bankhaus, seit Jahrzehnten sehr erfolgreich und stark engagiert in der bankmäßigen Finanzierung fremder Unternehmen besonders der Montanindustrie. Merkens selbst wurde auch im Versicherungswesen und in der Rheinschiffahrt tätig. 1818 schon gründete er die »Rheinschiffahrts-Assecuranzgesellschaft«, 1825 folgte die »Preußisch-Rheinische Dampfschiffahrtsgesellschaft«, die Vorläuferin der heutigen »Köln-Düsseldorfer«, die er als Großaktionär und Präsident selbst leitete. 1838/39 beteiligte er sich an der »Kölnischen Feuerversicherungs-Gesellschaft«, die sich unter seiner Leitung ab 1841 »Colonia« nannte.

Peter Heinrich Merkens war jedoch nicht nur Unternehmer, sondern er engagierte sich auch politisch. 1816, Köln war eben von der französischen unter die preußische Herrschaft gekommen, verfaßte er die »Denkschrift der Handelskammer zu Köln über die Aufhebung des Umschlag-Rechtes der Stadt Köln in Verbindung mit der ganzen freien Schiffahrt auf dem Rheine, besonders in den Niederlanden« gegen das vom Wiener Kongreß geplante Zollsystem auf dem Rhein und die Aufhebung des Kölner Stapelrechtes, die die Stadt ihrer wichtigsten Einnahmequelle beraubt hätten. Der überzeugte Freihandelsbefürworter Merkens wollte dieses mittelalterliche Privileg zugunsten Kölns und seines Handels erst dann aufgehoben wissen, wenn insbesondere die Niederlande auf die von ihnen verlangten Zölle und Abgaben weitgehend verzichteten! Der Denkschrift gelang es, Köln das Stapelrecht für eine Übergangszeit von 16 Jahren zu sichern. Im Jahre 1826 berief die preußische Regierung den protestantischen Unternehmer als Vertreter des katholischen Köln in den Provinziallandtag nach Düsseldorf, dem er über zwei Jahrzehnte angehörte. Hier stellte er am 23.5.1843 seinen berühmten Antrag auf völlige rechtliche »Gleichstellung der Juden mit den übrigen Staatsbürgern«, den die Ständeversammlung als erstes deutsches Provinzialparlament annahm. 1847 wurde Merkens erster Kölner Abgeordneter im preußischen »Vereinigten Landtag«. In beiden Parlamenten wirkte er verkehrs-, wirtschafts- und handelspolitisch.

Gemeinsam mit der vom selben Künstler geschaffenen Nachbarfigur Sulpiz Boisserée (Nr. 64) und gleichfalls im Zeitkostüm des Frackes, bildet die Gestalt des Kaufmannes eine kompositorische Einheit hinsichtlich Körperhaltung und Blickrichtung. Daß letztere dem Rhein zugewandt ist, erklärt sich im Kontext mit dem beigegebenen Modell eines kombinierten Segel- und Raddampferschiffes aus Merkens' Verdiensten um die Einrichtung einer damals modernen Form der Stromschiffahrt. Sowohl deren Bedeutung für den Handelsgutumschlag als auch Merkens' Präsidentschaft in der Kölner Handelskammer klingen in dem geschnürten Packstück zu seinen Füßen an. (BE)

Hoch geehrt und mit vielen in- und ausländischen Orden geschmückt – so war ihm 1842 auch das Ritterkreuz der französischen Ehrenlegion verliehen worden – starb der überaus erfolgreiche Unternehmer, Bankier und Politiker, Träger des preußischen »Rothen Adler-Ordens III.Classe« und »Geheimer Kommerzienrat« Peter Heinrich Merkens, seit 1843 in zweiter Ehe verheiratet mit Ottilie DuMont, der Tochter seines Freundes Karl Joseph Daniel DuMont, am 14. Januar 1854. Die Stadt Köln gewährte ihm, der »als einer der ersten und erfolgreichsten Vorkämpfer für die Interessen des Rheinlands gegenüber Preußen, insbesondere aber für die neuerstandene Größe Kölns« gilt, ein Ehrengrab, das noch heute mit Unterstützung der Nachkommen, der Industrie- und Handelskammer und verschiedener Kölner Unternehmen auf dem Friedhof Melaten gepflegt wird. (BD)

Literatur

Rudolf Boch, Grenzenloses Wachstum? Das rheinische Wirtschaftsbürgertum und seine Industrialisierungsdebatte 1814–1847 (Bürgertum. Beiträge zur europäischen Gesellschaftsgeschichte Bd. 3), Göttingen 1991.

Klara van Eyll, Wirtschaftsgeschichte Kölns vom Beginn der preußischen Zeit bis zur Reichsgründung, in: Zwei Jahrtausende Kölner Wirtschaft, hg. v. Hermann Kellenbenz, Bd. 2, Köln 1975, S. 163–266.

Klara van Eyll, Peter Heinrich Merkens: Die Symbolfigur, in: Markt und Wirtschaft 40, 1985, Nr. 1, S. 28–31.

Klaus Schwank, Peter Heinrich Merkens. Unternehmer und Politiker (Kölner Biographien 2), Köln 1973.

Hasso von Wedel, Eine Entführung im Köln des Jahres 1799. Die erzwungene erste Ehe des Heinrich Merkens, in: Genealogie 16, 1982, S. 203–213.

Peter Heinrich Merkens, Nordseite, 2. OG, Nr. 63
Ratsbeschluß am 2. März 1989
Modellvorstellung am 8. August 1989
Figurenübergabe am 14. Januar 1991
Bildhauer: Stefan Kaiser
Stifter: Colonia-Versicherungen, Köln

Sulpiz Boisserée (1783–1854)

Nr. 64/2. OG

Abb. 492: Sulpiz Boisserée, Aquarell von J. Buchner nach Ölgemälde von Jos. Bernhardt, 1843

Als im Jahre 1842 der Grundstein zum Weiterbau des Kölner Domes gelegt wurde, erinnerte sich der preußische König Friedrich Wilhelm IV. an seine erste Begegnung mit Sulpiz Boisserée im Jahre 1813 und dessen Idee von der Vollendung des Domes: »Drei Nächte habe ich über Ihre Zeichnungen nicht schlafen können.« Neben dem Monarchen als prominentestem Träger des Dombaugedankens hat Boisserée als unermüdlicher Motor auch viele andere Zeitgenossen für die Erhaltung und Fertigstellung der gotischen Kathedrale zu begeistern gewußt, vor allem Friedrich Schlegel und Goethe. Die Basis für die praktische Ausführung der Ideen legte er, ausgehend von ersten Maßnahmen zur Sicherung der alten Bausubstanz kurz nach der Wende vom 18. zum 19. Jahrhundert und einer systematischen Bestandsaufnahme der Schäden, durch seine Forschungen und Publikationen, insbesondere das 1821–1831 erschienene, seit 1808 vorbereitete Kupferstichwerk mit Ansichten und Rissen des Domes, die er nach genauen Messungen von den erfahrensten Architekturzeichnern und Stechern anfertigen ließ. Mit seinem Wirken für den Dom hat Boisserée sich bleibenden Ruhm in seiner Heimatstadt gesichert, ist jedoch auch weit darüber hinaus zusammen mit seinem jüngeren Bruder Melchior und dem gemeinsamen Freund Johann Baptist Bertram als Retter und Sammler mittelalterlicher Kunst bedeutend.

Als Söhne eines aus dem heutigen Belgien stammenden wohlhabenden Kaufmanns in Köln geboren, erlebten Sulpiz und Melchior die Stadt noch in der Endphase ihres reichsstädtischen, quasi spätmittelalterlichen Dornröschenschlafes. Sie hatten so bereits starke Eindrücke von mittelalterlicher Kunst und Architektur empfangen, später dann deren Zerstörung und Verfall in der Zeit der französischen Besetzung und der Säkularisierung erlebt, als sie mit den historisierenden Gedanken der Frühromantik in Berührung kamen – insbesondere durch Friedrich Schlegel, den die Brüder Boisserée 1803 in Paris kennenlernten und den sie ihrerseits so sehr beeinflußten, daß er ihnen nach Köln folgte und dort einer der ersten Bewunderer der Gotik wurde. Ab 1804 entfalteten die Brüder, die sich unter Einsatz ihres geerbten Vermögens ganz der Kunst widmeten, eine umfassende Sammlertätigkeit und verhalfen der rheinischen und niederländischen Malerei des Mittelalters und besonders der »Kölner Malerschule« zu der ihr gebührenden Beachtung. Weit über 100 kostbare Bilder des 13. bis 16. Jahrhunderts wurden in Heidelberg, wohin die Brüder 1810 zogen, und ab 1819 in Stuttgart als neuentdecktes Kulturgut im romantisch-deutschen Sinn vom Publikum bewundert. Goethe, der 1811 mit Sulpiz Freundschaft schloß, fand durch diese Sammlung Zugang zur christlich-mittelalterlichen Kunst. 1827 schließlich verkauften Sulpiz und Melchior Boisserée ihre Sammlung an den bayerischen König Ludwig I., um ihr einen angemessenen öffentlichen Rahmen zu geben. 218 Tafelbilder kamen nach München, wo die meisten von ihnen heute einen der wichtigsten Bestände der Alten Pinakothek bilden. Nach längerem Aufenthalt in Bayern und in Italien kehrten die Brüder 1845 an den Rhein – nach Bonn – zurück. Hier starb Melchior 1851, Sulpiz folgte ihm drei Jahre später.

(CVK)

Gemeinsam mit der durch denselben Bildhauer entworfenen Nachbarfigur Peter Heinrich Merkens (Nr. 63) und gleichfalls im Zeitkostüm des Frackes, bildet die Gestalt des Sammlers und antiquarisch so vielseitig Interessierten eine kompositorische Einheit hinsichtlich Körperhaltung und Blickrichtung. Weniger als Sammler, dessen Kollektion mittelalterlicher Tafelmalerei nicht in Köln verblieb, sondern vor allem als Initiator und Förderer der Dombauvollendung im 19. Jahrhundert ist Boisserée am Ratsturm präsent. Dem Dom auch, dessen in Paris wiederaufgefundenen Plan zur Westfassade er in der rechten Hand hält, gelten sein Blick und der weisende Gestus der Linken. (BE)

Sulpiz Boisserée, Nordseite, 2. OG, Nr. 64
Ratsbeschluß am 15. Juni 1989
Modellvorstellung am 8. August 1989
Figurenübergabe am 14. Januar 1991
Bildhauer: Stefan Kaiser
Stifter: Stiftergemeinschaft Boisserée, Köln

Literatur

Sulpiz Boisserée, Ansichten, Risse und einzelne Teile des Domes von Köln; Stuttgart 1821; 2. Aufl. München 1842, neu herausg. und mit einem Begleitheft versehen von Arnold Wolff; Köln 1979.

Sulpiz Boissereée, Geschichte und Beschreibung des Domes zu Köln, München ²1842.

Wolfgang Braunfels, Sulpiz Boisserée (1783–1854), in: Rheinische Lebensbilder 4, Düsseldorf 1970, S. 159–174.

Renate Eichholz, Sulpiz Boisserée und der Dom zu Köln. Versuch einer Biographie; in: Der Kölner Dom im Jahrhundert seiner Vollendung; Köln 1980, S. 17–23.

Paul Arthur Loos, Boisserée, in NDB 2, 1955, S. 426–427.

Pierre Moisy, Les Séjours en France de Sulpice Boisserée 1820–1825. Contribution à l'étude des relations intellectuelles franco-allemandes (Bibliothèque de la Société des études germaniques, 10) Lyon 1956.

Herbert Rode, Der Kölner Dom in der Anschauung Sulpiz Boiserées, in: JbKGV 29/30, 1954/55, S. 261–290.

Herbert Rode, Sulpiz Boisserée und der König von Preußen auf dem Kölner Dombaufest 1842, in: KDbl. 8/9, 1954, S. 111–128.

Wilhelm Schellberg, Sulpiz und Melchior Boisserée als Kunstsammler, in: Festschrift Sebastian Merkle, 1922, S. 282–299.

Albert Verbeek, Zwei Bildnisse Sulpiz Boisserées, in: AHVN 155/156, 1954, S. 603–608.

Albert Verbeek, Sulpiz Boisserée auf den Turmspitzen des Kölner Domes. Ein satirischer Scherenschnitt von Luise Duttenhofer, in: KDbl. 8/9, 1954, S. 201–202.

Hans-Joachim Weitz (Hg.), Sulpiz Boiserrée, Tagebücher I-III, Darmstadt 1978–1983.

Georg Simon Ohm (1789–1854)

Nr. 65 / 2. OG

Abb. 493: Georg Simon Ohm, Deutsches Museum München, Bild-Nr. 2281

»Spannung gleich Stromstärke mal Widerstand«: Das »Ohmsche Gesetz«, am 1. Februar 1826 als Ergebnis zahlloser aufwendiger Versuche in der Marzellenstraße 32 zu Köln formuliert, markiert einen Meilenstein in der Beherrschung der Naturkräfte durch die Menschen. Von nun an konnte der zuvor als den Naturgesetzen nicht unterworfen, chaotisch und unbeherrschbar geltende elektrische Strom nutzbar gemacht werden: elektrisches künstliches Licht, elektrische Maschinen und Apparate wurden möglich; Erfindungen, ohne die die moderne Gesellschaft nicht vorstellbar und lebensfähig wäre.

Georg Simon Ohm wurde am 16. März 1789 in Erlangen geboren. Nach der Elementarschule besuchte er das Gymnasium, das ihn in Latein und Griechisch, nicht aber in Mathematik und den Naturwissenschaften unterrichtete. Der Vater allerdings, Schlossermeister, hatte sich mit großer Energie nach seiner täglichen Arbeit autodidaktisch der Mathematik gewidmet und seine beiden Söhne Georg Simon und den drei Jahre jüngeren Martin (später Mathematikprofessor an der Universität Berlin) darin unablässig selbst unterrichtet. Nach einer glänzenden mathematischen Prüfung verließ er mit sechzehn Jahren das Gymnasium, um an der Erlanger Universität Mathematik, Physik und Philosophie zu studieren.

Dem aufgezwungenen väterlichen Drill entzogen, widmete sich Ohm eher den studentischen Vergnügungen als seinen akademischen Pflichten, machte Schulden und zerstritt sich mit seinem Vater, der für die Eskapaden seines älteren Sohnes geradezustehen hatte. Im Sommer 1806 entzog sich der siebzehnjährige dem väterlichen Unmut und wurde im schweizerischen Gottstadt, zweieinhalb Jahre später dann in Neuchâtel Lehrer für Mathematik und Physik. Nach Erlangen zurückgekehrt, promovierte er 1811 an der Universität zum Dr. phil., und im November 1812 erhielt er nach wenig einträglicher Existenz als Privatdozent und Privatlehrer in Erlangen eine Anstellung in Bamberg an der eben gegründeten Realstudienanstalt, schließlich als Aushilfslehrer für Latein am Progymnasium und Deutsch an der Oberprimärschule. Unter miserablen materiellen Bedingungen schrieb Ohm hier sein erstes, 1817 erscheinendes Werk, ein Lehrbuch der Geometrie »als höheres Bildungsmittel an vorbereitenden Lehranstalten«.

Der völlige Mißerfolg seines Buches und Querelen mit der Schulbehörde bewogen Ohm, Bayern zu verlassen und sein Glück in den preußischen Rheinlanden zu versuchen. Durch Vermittlung eines Freundes gelang es ihm, am Kölner Marzellengymnasium als Oberlehrer für Mathematik und Physik angestellt zu werden. Im Dezember 1817 bezog er drei Räume im dritten Obergeschoß des Hauses Marzellenstraße 32, direkt gegenüber dem alten Jesuitenkolleg mit seinem berühmten, von Ferdinand Franz Wallraf gepflegten »Physikalischen Kabinett«.

Als Lehrer in Köln, mit 700 Talern Jahresgehalt nun endlich materiell gesichert, arbeitete Ohm engagiert, tüchtig und erfolgreich, beliebt bei Schülern und Kollegen. »Gelernter« Mathematiker, entdeckte er am Marzellengymnasium als Forscher für sich die Physik. Ab 1825 widmete er sich in den Räumen des »Physikalischen Kabinetts« intensiv experimentell der Erforschung der Elektrizität. Im Januar 1826 gelang ihm seine bahnbrechende Entdeckung, das von ihm so genannte »Grundgesetz der elektrischen Ströme«, die Gesetzmäßigkeit, nach der der elektrische Strom fließt, in Ohms eigenen Worten: »Die Größe des Stromes in einer galvanischen Kette ist der Summe aller Spannungen direkt, und der ganzen reduzierten Länge der Ketten umgekehrt proportional.«

Nun ließ sich Ohm, mit den schlechter gewordenen Bedingungen am Marzellengymnasium und dem »leidigen Lehrerdasein« unzufrieden und immer noch auf

Ähnlich seinen vom selben Bildhauer geschaffenen Nachbarn Peter Heinrich Merkens (Nr. 63) und Sulpiz Boisserée (Nr. 64) ist auch der Physiker in ein zeittypisches Kostüm gekleidet und hinsichtlich der Physiognomie entsprechend der Bildüberlieferung porträtgenau wiedergegeben. Die elektrische Spule, in beiden Händen gehalten, erinnert an seine bahnbrechenden wissenschaftlichen Erkenntnisse und an das nach ihm benannte Gesetz zu den Leitungseigenschaften elektrischen Stromes. (BE)

ein akademisches Lehramt hoffend, zunächst für ein Jahr vom Dienst beurlauben, um seine wissenschaftliche Arbeit unbehindert von den Aufgaben am Gymnasium fortsetzen und vielleicht doch endlich eine Professur zu erlangen zu können. Sieben Jahre hatte Georg Simon Ohm in Köln als Schullehrer gewirkt; am 1. Oktober 1826 verließ er die Stadt in Richtung Berlin, wo sein Bruder Martin als Universitätsprofessor lehrte. An den Rhein zurückgekehrt ist er nicht. Im Mai 1828 wurde er von seinen Kölner Pflichten »gänzlich und auf immer« entbunden.

Die erhoffte wissenschaftliche Anerkennung seiner Entdeckung und akademische Berufung aber blieben zunächst noch aus, obwohl er 1827 sein wissenschaftliches Hauptwerk: »Die galvanische Kette, mathematisch bearbeitet« vorlegte. Ohm mußte sich als schlechtbezahlter Privatlehrer und Repetitor verdingen; erst 1833 konnte er eine Anstellung als Professor an einer polytechnischen Schule in Nürnberg erhalten. Jahrelang wartete er auf die wissenschaftliche Anerkennung seiner Arbeit, veröffentlichte nichts, bis ihn endlich 1841 die »Royal Society«, die Königliche Gesellschaft der Wissenschaften zu London, die bedeutendste wissenschaftliche Organisation ihrer Zeit, mit der Copley-Medaille ehrte. 1843 dann publizierte er das »Ohmsche Gesetz der Akustik«, eine Theorie über die Töne, und nun endlich begann auch seine akademische Karriere. 1849 wurde er zum Konservator an der Bayerischen Akademie der Wissenschaften berufen, erhielt einen Lehrauftrag an der Münchener Universität und veröffentlichte den ersten Band seiner »Beiträge zur Molecularphysik«. 1852 wurde er dort – obgleich bereits 63 Jahre – ordentlicher Professor der Physik.

Während der Arbeit an seinem Lehrbuch »Grundzüge der Physik«, das seine Vorlesungen begleiten sollte, erlitt Georg Simon Ohm 1854 einen ersten Schlaganfall. Am 6. Juli 1854 starb er im Kreise seiner Freunde, während er »ganz munter von seinen Erlebnissen in Köln erzählte«.

Den großen Physiker zu ehren, gab 1881 der Kongreß der Elektrotechniker in Paris der Maßeinheit des elektrischen Widerstandes seinen Namen: »Ohm«, der fortan in der ganzen Welt geläufig wurde.

Georg Simon Ohm, Nordseite, 2. OG, Nr. 65
Ratsbeschluß am 2. Juli 1987
Modellvorstellung am 24. Mai 1988
Figurenübergabe am 17. März 1989
Bildhauer: Stefan Kaiser
Stifter: GEW Köln AG, Köln

Die Stadt Köln, in der er sieben Jahre gelebt und sein berühmtes »Gesetz« entdeckt hatte, benannte die Straße vor den 1883–1885 erbauten städtischen Elektrizitäts- und Wasserwerken nach ihm; 1939 ließ sie an seinem ehemaligen Wohnhaus eine Gedenktafel anbringen, und seit dem Mai 1995 ziert seine Statue den Kölner Ratsturm. (BD)

Literatur

ADB 24, 1884, S. 202.
Georg Simon Ohm als Lehrer und Forscher in Köln 1817–1826. Festschrift zur 150. Wiederkehr seines Geburtstages, hg. v. Kölnischen Geschichtsverein u. a. Köln 1939.
Ritter von Fürchtebauer, Georg Simon Ohm – Ein Forscher wächst aus seiner Väter Art, Berlin 1939.
Friedrich Karl Kurylo, Georg Simon Ohm, Bändiger der Kraft, Köln 1976 (Köner Biographien 6).
Eugen Lommel, Georg Simon Ohms wissenschaftliche Leistung, München 1889.
Friedrich Mann, Georg Simon Ohm, Erlangen 1890.

Friedrich Wilhelm IV. v. Preußen (1795–1861)

Nr. 66 / 2. OG

Abb. 494: Friedrich Wilhelm IV., Seidenbild, 1847, Histor. Zentrum Wuppertal

Kein preußischer König ist so lange Zeit so einhellig negativ bewertet worden wie Friedrich Wilhelm IV. Dabei hatte man in die Thronfolge des ältesten Sohnes Friedrich Wilhelms III. große Hoffnungen gesetzt – Heinrich v. Treitschke nannte sie »die frohen Tage der Erwartung«.

In der Tat begann seine Herrschaft positiv: die Zensur wurde gemildert, die sogenannten »Demagogen« wurden amnestiert und rehabilitiert, durften zurückkehren, der »Kölner Kirchenstreit«, der sich zwischen dem rheinisch-katholischen Klerus und der protestantisch-preußischen Regierung an der Mischehenfrage entzündet und die Rheinprovinz jahrelang beschäftigt hatte, wurde unter beträchtlichen Konzessionen des preußischen Staates beigelegt. Allerdings: das schon 1815 gegebene Verfassungsversprechen wurde auch von ihm nicht eingelöst, allzusehr kollidierte seine mystisch-romantische Vorstellung seines Gottesgnadentums mit jeder »Verfassung«. Sein einziges Zugeständnis vor dem Revolutionsjahr 1848 war die Einberufung des Preußischen Vereinigten Landtags, eine Versammlung von Mitgliedern der acht Provinziallandtage, aber sie geschah nicht, um endlich die konstitutionelle Entwicklung einzuleiten, sondern um sie

Unter Berücksichtigung der vom selben Bildhauer ebenso wie die nachfolgende Eckfigur Robert Blum (Nr. 68) geschaffenen unmittelbaren Nachbarfigur Ernst Friedrich Zwirner (Nr. 67) wurde ein erstes Modell zu diesem Herrscher revidiert. Das Antlitz entspricht den überlieferten Porträtzügen, das Gewand nimmt gegenüber einem ersten zeichnerischen Entwurf nunmehr bewußt den militärischen Aspekt zurück, um die hier für Köln relevante Bedeutung des Preußenkönigs als Förderer der Dombauvollendung im 19. Jahrhundert vorrangig gelten zu lassen.
(BE)

Friedrich Wilhelm IV. von Preußen, Nordseite, 2. OG, Nr. 66
Ratsbeschluß am 26. Mai 1988
Modellvorstellung am 14. April 1989
Figurenübergabe am 1. Oktober 1990
Bildhauer: Hon Sang Tong
Stifter: Wilhelm Bausinger gemeinsam mit Horst Loosen, Köln

zu blockieren. Der romantisch überhöhter Begriff von seiner monarchischen Legitimität ließ ihn in seiner Eröffnungsrede am 11.4.1847 die Worte finden, niemals zulassen zu wollen, »daß sich zwischen unserem Herrgott im Himmel und diesem Land ein beschriebenes Blatt, gleichsam als eine zweite Vorsehung, eindränge, um nur mit seinen Paragraphen zu regieren.« Zwar tat er, angetan mit schwarz-rot-goldener Schärpe 1848 in Berlin den Ausspruch: »Preußen geht fortan in Deutschland auf«, er war jedoch keinesfalls gewillt, der Revolution und dem Frankfurter Parlament mehr als taktische Zugeständnisse zu machen. Sein wahres Empfinden, das in der verlangten Verfassung nur den Frontalangriff auf sein monarchisches Selbstverständnis erkennen konnte, äußerte sich in einem Brief an seine Schwester vom April 1848, in dem er die Herren des Frankfurter Parlaments, die ihm die deutsche Kaiserkrone antrugen, als »Frankfurter Mensch-Esel-Hund-Schweine-Deputation« bezeichnete. Und die nach der Auflösung der Nationalversammlung im Spätherbst 1848 oktroyierte Verfassung enthielt den wesentlichen Teil der liberalen Märzforderungen eben nicht. Der König beeidete sie erst 1850. So kann es nicht verwundern, daß er im Urteil liberaler und demokratischer Historiker nur als der Prototyp des Reaktionärs erscheinen konnte. Konservative hingegen bewerteten ihn zwar anders, aber gleichermaßen negativ. Ihnen galt der »Romantiker auf dem Thron« als zu weich, zu unmännlich-unsoldatisch und daher ungeeignet für das »harte« Geschäft von Politik und Regierung. Das mag an Friedrich Wilhelms widersprüchlicher Politik gelegen haben. Nach innen war sie militant gegen alle demokratischen Bestrebungen gerichtet, nach außen hingegen erstaunlich friedfertig und mithin für preußische Monarchen ungewöhnlich.

Die letzten Jahre seines Lebens waren überschattet vom raschen geistigen Verfall. 1851, mit 62 Jahren, erlitt Friedrich Wilhelm den ersten Schlaganfall, dem bald weitere folgten. Sie zerstörten sein Sprachzentrum und ließen ihn weitgehend das Gedächtnis verlieren. 1858 gab er alle Regierungsfunktionen an seinen Bruder, den späteren Kaiser Wilhelm I., ab. Insgesamt betrachtet war er ein Herrscher ohne Fortune, eigentlich von nicht rechter Hohenzollern-Art und deshalb fast schon wieder sympathisch. Eine »Persönlichkeit von seltener Originalität« (Bußmann), die sich in der schon die Zeitgenossen irritierenden Widersprüchlichkeit seines Charakters ausdrückte, der ihn zwischen Exaltiertheit der Sprache und dem Kommandoton des Kasernenhofes schwanken ließ. Zeit seines Lebens war er ein großer Förderer der Wissenschaften und der Künste. Seine besondere Leidenschaft war die Architektur gewesen und für zahlreiche Bauwerke hatte er eigenhändig Entwürfe angefertigt. Rund 4500 Zeichnungen sind von ihm, dessen erster Erzieher Delbrück das Zeichentalent des jungen Kronprinzen förderte, überliefert.

Seine Gotikbegeisterung band ihn in besonders enger Weise an die Stadt Köln und ihren Dom. Als Kronprinz hatte Friedrich Wilhelm mehrfach Köln besucht, und schon nach seinem ersten Aufenthalt im Jahre 1814, bei dem ihn Sulpiz Boisserée durch den Dom führte, schrieb er: »In Köln gefällt mir alles, ich war entzückt, ganz hin.« Und drei Jahre später bekannte er nach einem neuerlichen Dombesuch: »Ich habe in meinem Leben nichts immenseres gesehen, als den Anblick dieses Gebäudes ...« Als Monarch wurde er der entscheidende Förderer der Vollendung der Kathedrale. 1841 Protektor des zentralen Dombauvereins geworden, nahm er 1842, nach der Beilegung des Kölner Kirchenstreites, an der Grundsteinlegung zum Weiterbau des seit dem 16. Jahrhundert liegengebliebenen Domes teil und vollzog die drei symbolischen Hammerschläge als Akt der Versöhnung zwischen der katholischen Kirche und dem protestantischen Preußen. Der Domkran auf dem Stumpf des Südturmes aber wurde mit dem preußischen Adler geschmückt. 1848 und 1852 nahm der Monarch an weiteren Dombaufesten teil, und 1855 wurden in seinem Beisein nicht nur die Grundsteine für die erste feste Rheinbrücke seit der römischen Zeit und für das Wallraf-Richartz-Museum gelegt, sondern auch die Kreuzblume an der Spitze der südlichen Querhausfassade des Domes gesetzt. Am 15.10.1860, dem Geburtstag Friedrich Wilhelms IV., wurde der Dachreiter auf dem Dom mit einem goldenen Stern bekrönt. Die Fertigstellung des gotischen Domes in seiner »christlich-germanischen Herrlichkeit«, die ihm so sehr am Herzen gelegen, die er finanziell unterstützt und auf die er so großen persönlichen Einfluß bis hin zu Baudetails genommen hatte, erlebte der König nicht mehr. Er starb am 2. Januar 1861, im gleichen Jahr wie der Dombaumeister Zwirner.

Die Stadt Köln gedenkt Friedrich Wilhelm IV. als dem Manne, dem sie recht eigentlich ihr Wahrzeichen verdankt. (BD)

Literatur

Dirk Blasius, Friedrich Wilhelm IV. 1795–1861. Psychopathologie und Geschichte, Göttingen 1992.

Otto Büsch (Hg.), Friedrich Wilhelm IV. in seiner Zeit, Berlin 1987.

Walter Bußmann, Zwischen Preußen und Deutschland. Friedrich Wilhelm IV. Eine Biographie. Berlin 1990.

Rudolf Lill, Friedrich Wilhelm IV. Zum hundertsten Todestag des Königs am 2. Januar 1861, in: KDbl. 20, 1961/62, S. 27–44.

Thomas Parent, Die Hohenzollern in Köln, Köln 1981.

Ursula Rathke, Die Rolle Friedrich Wilhelms IV. von Preußen bei der Vollendung des Kölner Domes; Teil 1 in: Kölner Domblatt 47. Folge, 1982, S. 127–160; Teil 2 in: Kölner Domblatt 48. Folge, 1983, S. 27–68.

Malve Rothkirch, Der »Romantiker« auf dem Preußenthron. Porträt König Friedrich Wilhelms IV. 1795–1861, Düsseldorf 1989.

Ernst Friedrich Zwirner (1802–1861)

Nr. 67/2. OG

Abb. 495: Ernst Friedrich Zwirner, Foto: Archiv Konservator

In Jakobswalde in Schlesien, weitab von Köln, kam Ernst Friedrich Zwirner am 28. Januar 1802 als viertes von zwölf Kindern des evangelischen Hütteninspektors und Polizeidistriktkommandeurs Ernst Friedrich Traugott Zwirner und seiner Frau Eleonore Helene Marianne, geb. Augustini, zur Welt. Nach dem Besuch des Gymnasiums und der Bauschule in Breslau trat er 1822 als »Vermessungskondukteur« in den Staatsdienst, doch bereits 1823 wurde er Student an der Berliner Bauakademie, an die zwei Jahre zuvor Karl Friedrich Schinkel berufen worden war. Hier erhielt Zwirner die profunde wissenschaftliche, bautechnische und baupraktische Ausbildung des preußischen Baubeamten und wirkte nach Abschluß seiner Studien bei verschiedenen staatlichen Baumaßnahmen als »Baukondukteur« der Oberbaudeputation.

Sein erstes Zusammentreffen mit Schinkel datiert wohl aus dem Jahr 1829, als er in Kolberg den Bau des vom preußischen Oberbaudirektor entworfenen Rathauses leitete. Der berühmte Architekt muß mit Zwirners Leistung zufrieden gewesen sein: noch im gleichen Jahr holte er ihn als »Hilfsarbeiter« an die Oberbaudeputation nach Berlin. 1830 bestand Zwirner das Examen als »Landbaumeister« und wurde zum ständigen Mitarbeiter der Oberbaudeputation befördert. Seine Karriere im Staatsdienst schritt zügig voran. Magdeburg wählte ihn zum Stadtbaurat, Schinkel bot ihm die Leitung der Wiederherstellung des Domchores an. Und obwohl Zwirner noch über keinerlei Erfahrung mit einem Bauwerk wie dem gotischen, seit Jahrhunderten als »mißgestaltetes Monstrum« unfertig daliegenden Dom verfügte, akzeptierte er das Angebot, ins ferne Köln zu gehen. Schinkel war von Zwirners Fähigkeiten, von seiner »ganz besonderen Geschicklichkeit« und seinem »Eifer« überzeugt: »Auf ihm ruht allein die Gewißheit eines guten Fortganges und endlichen Gelingen des Ganzen, und jetzt, in seinen besten Jahren, ist es gerade noch Zeit, von seiner Tätigkeit für dieses große Werk den ersprießlichen Nutzen zu ziehen.«

In enger Abstimmung mit Schinkel und mit dem preußischen Kronprinzen und späteren König Friedrich Wilhelm (siehe Nr. 66), dem unermüdlichen Förderer und Betreiber des Dombaus, aber durchaus eigenständig in seiner Planung, setzte Zwirner seine Kölner Aufgabe ins Werk. Von Beginn an verfolgte er das das viel größere, weit über den »Reparaturbau« hinausgehende Ziel des Ausbaus des Kölner Domes nach dem »ursprünglichen« Plan. Mit der Thronbesteigung Friedrich Wilhelms IV. stand der Verwirklichung des grandiosen Projektes nichts mehr entgegen: eine Kabinettsorder vom 12. 1. 1842 gab den Weg frei. Der König selbst stiftete jährlich 50000 Taler als Grundstock der Finanzierung und legte am 4. September des Jahres eigenhändig den Grundstein zum Südportal. Zwirner, inzwischen zum Regierungs- und Baurat bei der Kölner Bezirksregierung ernannt, wurde am 17. 9. 1842 vom Monarchen empfangen, dem er seine Pläne vorlegte. Mit der Zustimmung Friedrich Wilhelms konnte er auch gegen den zunächst die Entwürfe kritisierenden und Widerstand leistenden Dombauverein (gegründet 1841) an die Verwirklichung gehen, die trotz aller Widrigkeiten dank des nie erlahmenden Einsatzes Zwirners zügig voranschritt. Die Sechshundertjahrfeier der Grundsteinlegung des Domes (14.–17. 8. 1848) im Beisein des preußischen Königs, des Reichsverwesers Erzherzog Johann, des päpstlichen Nuntius und vieler Abgeordneter der Frankfurter Nationalversammlung, darunter auch Robert Blum (siehe Nr. 68), bei der Erzbischof Johann von Geissel bereits das Dominnere einweihen konnte, brachte für den Dombaumeister (ab 1842) und seine nunmehr fünfzehnjährige Arbeit begeisterte Zustimmung und Anerkennung. 1852 konnte Friedrich Wilhelm IV. den Schlußstein zum ersten Bogen des westlichen Hauptportals setzen. Am 3. 10. 1855 wurde im Beisein des Königs die Kreuzblume am Giebel des

Ernst Friedrich Zwirner, Nordseite, 2. OG, Nr. 67
Ratsbeschluß am 1. Februar 1990
Modellvorstellung am 30. Januar 1990
Figurenübergabe am 24. Oktober 1990
Bildhauer: Hon Sang Tong
Stifter: gestiftet durch Vermittlung
des Zentral-Dombauvereines, Köln

Inhaltlich und kompositorisch ist diese Figur des für die Dombauvollendung im 19. Jahrhundert bedeutenden Architekten auf den Förderer des Projektes, den unmittelbar benachbarten Friedrich Wilhelm IV. (Nr. 66), bezogen. Deutet der Zirkel auf das handwerkliche Rüstzeug des Baumeisters hin, so steht das großformatige Buch als Sinnbild historischer Studien zur Architekturgeschichte. Das antikisch aufgefaßte Kapitell verweist auf die in Praxis und Theorie die Antike reflektierende Stilhaltung des Klassizismus, sein vegetabiles Ornament aber zugleich auf das seinerzeit wachsende Interesse an gotischer Architektur und deren Zierat. Gegenüber einem ersten zeichnerischen Entwurf sind diese Attribute nunmehr zur auch sinnträchtigen Pyramide von Quelle, Dokumentation und Umsetzung in der Praxis formuliert. (BE)

Südportals angebracht; man feierte anläßlich der Vollendung der siebzig Meter hohen südlichen Querhausfassade ein Dombaufest.

Friedrich Wilhelm starb Anfang 1861. Zwirner, der gleichermaßen gutkatholische wie loyale, königstreue preußische Beamte, überlebte den protestantischen Protektor des Kölner Domes nur um einige Monate. Am 22. 9. 1861, wenige Tage, nachdem er auf den Dachreiter über der Vierung einen vergoldeten Stern gesetzt hatte, erlag er einer schweren Lungenerkrankung. Begraben wurde er auf Melaten. Sein Nachfolger wurde der seit 1855 am Dom arbeitende Karl Eduard Richard Voigtel. Er vollendete das von Zwirner begonnene Werk (15. 10. 1880).

Zwirner hatte die Querhausfassaden des Domes entworfen, von denen keine mittelalterlichen Pläne vorhanden waren. Der Westteil der Kathedrale in seiner heutigen Erscheinung – »eine der bedeutendsten Leistungen der Neugotik« – ist im wesentlichen sein Werk. In den dreißiger und vierziger Jahren hatte er auf Reisen nach Belgien und Nordfrankreich die dortigen profanen mittelalterlichen Bauwerke und die Perlen der gotischen Kirchenbaukunst studiert, in Amiens, Beauvais, Paris, Saint-Denis, Chartres, Orléans, Rouen, Soissons, Reims, Châlons-sur-Marne, Metz, doch keine Kirche fand er großartiger und gelungener als den Kölner Dom.

Doch nicht nur am und für den Dom hatte er gewirkt. Zahllose andere, profane wie geistliche Bauwerke wurden nach seinen Plänen errichtet, in neuromanischen und klassizistischen (Bonner Landwirtschaftliche Hochschule), sogar in maurischen (Kölner Synagoge) und in frühchristlichen und Frührenaissance-Stilformen, hauptsächlich aber neugotisch, immer aber in »unverwechselbarer Individualität« (Weyres). Von seinen Bauten seien hier außerdem noch genannt: die Apollinariskirche in Remagen (1839/43), die Hallenkirche in Heimerzheim (1846/47), die Basilika in Stieldorf (1850), die Kirche in Antweiler (1852), die Backsteinkirche St. Audomar in Frechen (1857), die reformierte Kirche in Elberfeld (1852/64), die Liebfrauenkirche in Köln-Mülheim (1857/64), die Pfarrkirche in Elsdorf (1862/65), Schloßumbauten in Arenfels (1849/55), Moyland (1854) ...

Zwirner wurde zum entscheidenden Vertreter der »Kölner Richtung« der Neugotik, und die von ihm geschaffene, organisierte und geleitete Dombauhütte, die zuweilen hunderte von Mitarbeitern ausbildete und beschäftigte, genoß einen legendären Ruf in ganz Europa. Manch bedeutender Baumeister ging aus ihr hervor. (BD)

Literatur

Nikolaus Gussone (Hg.), Das Kölner Dombaufest von 1842. Ernst Friedrich Zwirner und die Vollendung des Kölner Doms, Dülmen 1992.

Herbert Rode, Ernst Friedrich Zwirners Planentwicklung zum Ausbau des Kölner Domes 1833–1844, in: KDbl. 20, 1961/62, S. 88 ff.

Thomas Schumacher, Großbaustelle Kölner Dom. Technik des 19. Jahrhunderts bei der Vollendung einer gotischen Kathedrale (Studien zum Kölner Dom, Bd. 4), Köln 1993.

Albert Verbeeck, Rheinischer Kirchenbau im 19. Jahrhundert, Köln 1954.

Willy Weyres, Ernst Friedrich Zwirner (1802–1861); in: Rheinische Lebensbilder 3, Düsseldorf 1968, S. 173–189.

Robert Blum (1807–1848)

Nr. 68 / 2. OG

Abb. 496: Robert Blum, Öl auf Leinwand, Österreich 1849 (?), Foto: Archiv Konservator

Unerschrockene, engagierte Demokraten und Revolutionäre: es gibt ihrer nicht viele in der deutschen Geschichte. Die Wenigen wurden kaum geehrt und oft rasch vom »Vaterland« vergessen, für dessen Freiheit sie gekämpft und auch mit ihrem Leben bezahlt hatten.

»Robert Blum ist todt, Robert Blum, der unermüdliche Vorkämpfer unserer jungen Freiheit ist in Wien standrechtlich erschossen worden ... Die Reaction schlug der Freiheit diese Wunde.« Mit diesen Worten meldete am 14.11.1848 ein Frankfurter Nachruf die am 5. November erfolgte Hinrichtung des Abgeordneten vom linken Flügel des ersten deutschen Parlaments durch ein Erschießungskommando in der Wiener Brigittenau. Seine Leiche wurde in der Anatomie zerschnitten. Die junge deutsche Demokratie hatte einen ihrer bedeutendsten Köpfe verloren, einen eigenwilligen und eigensinnigen Mann von großer Beredsamkeit, körperlich unscheinbar, aber von eigentümlicher Anziehungskraft.

Robert Blum war am 10. November 1807 in Köln geboren worden. Im Haus Fischmarkt Nr. 1490 (später Mauthgasse 7), unter dem Nationalsozialismus im Jahre 1939 abgerissen, wuchs er in kargsten Verhältnissen und großer materieller Not auf. Sein Vater Engelbert, ein ehemaliger, in der theologischen Laufbahn wegen Verbreitung »ketzerischer Irrlehren« gescheiterter Jesuitenschüler, aus dem ein armer und kränkelnder Faßbinder wurde, starb an Tuberkulose, als Robert noch keine acht Jahre alt war. Die Mutter, Marie Catherine Brabänder, heiratete schon bald nach dem Tode ihres ersten Mannes erneut: Caspar Georg Schilder, einen Schiffer, der trotz härtester Arbeit die vielköpfige neue Familie nicht ernähren konnte. Robert, der mit drei Jahren als Folge der Masern für neun Monate vollständig erblindet gewesen war, mußte zum Lebensunterhalt beitragen. Lesen, Schreiben und Rechnen lernte er vom Vater. Erst mit elf Jahren durfte er auf die Schule an St. Brigiden in der Lintgasse bei Groß St. Martin gehen – unentgeltlich, weil er Meßdiener der Pfarrkirche war. 1819 wechselte er mit Fürsprache seines Lehrers auf das Jesuitenkollegium, das Gymnasium Tricoronatum, Vorläufer des heutigen Marzellengymnasiums. Hier erhielt der begabte, »grenzenlos fleißige« Knabe Unterricht in den Grundlagen der »höheren« Bildung. Doch die Gymnasialkarriere endete schon nach einem Jahr. Da das beantragte Stipendium ausblieb, mußte Robert das Gymnasium verlassen und bei einem Handwerker in die Lehre gehen. Nach beendeter Lehrzeit bei einem Gelbgießermeister ging Robert Blum 1826/27 auf »Wanderschaft«, die ihn nach Barmen und Elberfeld führte. Nach Köln zurückgekehrt, fand er Arbeit bei einem Laternenfabrikanten, für den er Deutschland bereiste, bis nach München kam, wo Blum die Schloßbeleuchtung für König Ludwig I. installierte, und Berlin, wo er als Nichtimmatrikulierter Vorlesungen an der Universität besuchte.

Seit dem August 1830 wieder in Köln, begann für ihn eine neue Laufbahn. Er, der wie einer seiner Meister schrieb, weniger zum Handwerker denn zum »Federfuchser« taugte, wurde vom Kölner Opern- und Schauspieldirektor Friedrich Sebastian Ringelhardt als Theaterdiener eingestellt. Blum folgte ihm 1832 als »Theatersekretär, Bibliothekar und Kassenassistent« nach Leipzig. Bald entfaltete er eine rege schriftstellerische Tätigkeit, wurde Mitarbeiter von Zeitschriften, verfaßte ein Schauspiel, ein Textbuch für eine Lortzing-Oper, schrieb Gedichte gegen die »Tyrannei« und »Freiheitshymnen«. Er trat der Leipziger Freimaurerloge bei, wurde Ehrenmitglied einer oppositionellen Burschenschaft und Vorsteher einer als Kegelgesellschaft getarnten linksbürgerlichen politischen Vereinigung, gehörte dem »Hallgarten-Kreis« an und hielt 1837 bei der großen Leipziger Demonstration gegen die Entlassung und Landesverweisung der Göttinger Sieben seine erste öffentliche Rede. Seit 1838 gab der Autodidakt Blum eine mehrbändige »Encyklopädie aller Wissenschaften für Bühnenkünstler, Dilettanten und Theaterfreunde« heraus, das erste deutsche Theaterlexikon überhaupt. Im gleichen Jahr heiratete er die neunzehnjährige Adelheyde May, die schon im August an einer Fehlgeburt starb. 1840 heiratete er Louise Eugenie Günther, Schwester von Georg Johann Günther, Redakteur der in Leipzig erscheinenden liberalen »Sächsischen Vaterlandsblätter«. Vermehrt arbeitete Blum jetzt auch politisch-journalistisch und schrieb Beiträge für liberale Organe, in denen er die repressive Politik, die folterähnlichen Verhöre und Geheimverfahren gegen die deutschen Demokraten brandmarkte. Als heftiger Gegner des damaligen reaktionären römischen Katholizismus und seines übersteigerten Reliquienkultes engagierte er sich in der »deutsch-katholischen Kirche«, für deren große Leipziger Gemeinde er ein Gebet- und Gesangbuch zusammenstellte. Seine Schriften wurden nun immer öfter zensiert oder beschlagnahmt. Die Obrigkeit entzog ihm Gewerbelizenzen und Zeitungskonzessionen, mehrmals mußte er ins Gefängnis. 1846 wählten ihn die Leipziger mit »außerordentlicher Stimmenzahl« zum Stadtverordneten: Robert Blum war endgültig Politiker geworden. Als am 31. März 1848 das Frankfurter Vorparlament im Kaisersaal des Römers zusammentrat, gehörte ihm auch Robert Blum an.

Als Dritter Vizepräsident des sog. 50er-Ausschusses kehrte er im April 1848 in seine Vaterstadt Köln zurück, um die freie Schiffahrt auf dem Rhein, Kölns Lebensader, wieder herzustellen. Die Kölner ehrten ihn mit einem Fackelzug. Mitte August kehrte Robert Blum, jetzt Abgeordneter des Frankfurter Paulskirchenparlaments, noch einmal nach Köln zurück. Er nahm am Dombaufest teil und wurde vom preußischen König Friedrich Wilhelm IV. empfangen. Im Herbst 1848 ging Blum als Deputierter der radikaldemokratischen Linken nach Wien, um die dortigen Demokraten in ihrem Kampf gegen die habsburgische Reaktion zu unterstützen. Er beteiligte sich am Wiener Aufstand, nach dessen Zusammenbruch er am 4. November 1848 im Wiener Gasthof »Zur Stadt London« unter Mißachtung seiner Immunität als Abgeordneter verhaftet und vier Tage später standrechtlich zum Tode verurteilt wurde. Seine letzten Worte waren: »Ich sterbe für die Freiheit, für die ich gekämpft habe – möge das Vaterland meiner eingedenk sein.« Die Nachricht vom gewaltsamen Ende Blums verbreitete sich rasch in ganz Deutschland. Am 16. November 1848, nach feierlichen Exequien in der Minoritenkirche, veranstaltete die Kölner Bürgerwehr eine große Trauerkundgebung. In Leipzig nahmen zehn Tage später bald zwanzigtausend Menschen an den Trauerfeierlichkeiten für Robert Blum teil. Der Kölner Gemeinderat beschloß am 2. Dezember, seiner Mutter eine lebenslange Rente auszusetzen und ihr zu gestat-

Durch denselben Bildhauer wie die beiden benachbarten Figuren Friedrich Wilhelm IV. (Nr. 66) und Ernst Friedrich Zwirner (Nr. 67) geschaffen, bildet diese Gestalt mit den beiden anderen in künstlerischer Hinsicht eine Gruppe. Gekleidet in ein zeittypisches Gewand und physiognomisch gemäß den überlieferten Porträtzügen geschildert, deuten seine aussagekräftig erhobenen Hände ebenso wie der offen nach vorne gewandte Blick auf den Moment der Erschießung Robert Blums hin. Ein zunächst im ersten Modellstadium skizzierter Hut zu Füßen der Gestalt entfiel im Verlauf der weiteren Bearbeitung. (BE)

ten, von der zweiten in die erste Klasse des Bürgerhospitals überzuwechseln. Ein regelrechter Blum-Kult entstand um den »Märtyrer der Freiheit«. Das »Vaterland« gedachte seiner mit Blum-Büsten, Pfeifenköpfen mit seinem Brustbildnis, gar einem »Vaterländischen Gesellschaftsspiel« – der Republikaner, Demokrat und Revolutionär, der Kämpfer für »eine gerechtere Verteilung der Güter der Erde, nicht durch Gewalt, sondern durch friedliche Ausgleichung, Beschränkung der unheilvollen Übermacht des Geldes; genügender und entsprechender Lohn der Arbeit und des Verdienstes; Erhebung der sogenannten unteren Klassen zum gleichen Menschenrecht und gleichem staatlichen Rechte« aber geriet nach dem Ende der ersten deutschen Republik bald in Vergessenheit, auch in seiner nun gut preußischen Vaterstadt. Erst 1902 beschloß die Kölner Stadtverordnetenversammlung, eine Straße in Lindenthal nach Robert Blum zu benennen. Zu dieser Zeit wurde wohl auch die steinerne Gedenkplatte an seinem Geburtshaus angebracht, die heute an der Mauer in der Straße Am Bollwerk unterhalb von Groß St. Martin sich befindet. (BD)

Literatur

Helmut Hirsch, Robert Blum, Märtyrer der Freiheit, Köln 1977.
Wilhelm Liebknecht, Robert Blum und seine Zeit, Nürnberg [2]1889.
Ernst Schraepler, Robert Blum. Leben, Werk, Rezeption, in: Robert-Blum-Symposion 1982 (Arbeitsmaterialien zur Geistesgeschichte 5), Duisburg 1987, S. 77–101.
Adolf Streckfuss, Robert Blum. Sein Leben, sein Wirken. Neuausg. v. B. Pichler, Halle 1948.

Robert Blum, Nordseite, 2. OG, Nr. 68
Ratsbeschluß am 24. März 1992
Modellvorstellung am 17. Februar 1992
Figurenübergabe am 21. Oktober 1992
Bildhauer: Hon Sang Tong
Stifter: Sozialistische Jugend Deutschlands (SJD) – Die Falken – Gruppe Robert Blum gemeinsam mit: Stadtsparkasse Köln

(Gottfried) Ludolf Camphausen (1803–1890)

Nr. 69/2. OG

Abb. 497: Ludolf Camphausen, Lithographie nach Biows Lichtbild, Zeichnung von Schertle, 1848, RBA

Der zweite Sohn des Gerhard Gottfried Camphausen und seiner Frau Wilhelmine, geb. Peuchen, aus Rheydt, wurde am 10. Januar 1803 in Hünshoven bei Aachen geboren. Der Vater starb früh, und die tatkräftige Mutter übernahm neben der Versorgung ihrer fünf Kinder die Geschäftsführung der familieneigenen Tabak- und Ölhandlung. Ludolf besuchte mit seinem älteren Bruder August die Elementarschule in Rheydt, die Handelsschule in Burg und das Gymnasium in Weilburg. In Düsseldorf ging er in die Kaufmannslehre. 1821 bereits traten der »verschlossene, gesellschaftlich wenig gewandte, aber intellektuell hochbegabte und dabei ganz und gar nicht schwärmerische« Ludolf und August ins Geschäft der Mutter ein, das sie 1826 um eine zweite Ölmühle in Köln erweiterten.

Dorthin siedelten vier Jahre später Ludolf Camphausen und seine Ehefrau Elise (1804–1890), Tochter des Spinnereibesitzers Diedrich Lenssen, um. Die Geschäfte in Köln gingen gut; sie liefen so ausgezeichnet, daß Camphausens unternehmerischer Horizont immer weiter gesteckt wurde. Ab 1833 gehörte er der Handelskammer an, seit 1839 als ihr Präsident. Unter seiner Leitung wurde sie zur bedeutendsten Kammer des Rheinlandes. Auch politisch engagierte er sich: 1831 wurde er Mitglied des Kölner Stadtrates (bis 1847).

Seine allgemein-politischen wie auch seine wirtschafts- und handelspolitischen Ansichten, in zahllosen Gutachten und Denkschriften publiziert, brachten den liberalen Unternehmer Camphausen in einen tiefen Gegensatz nicht zum monarchisch-preußischen Staat, aber zur preußischen Bürokratie, deren wirtschafts- und finanzpolitische Kompetenz er außerordentlich gering achtete. Bereits 1832 schrieb er über das preußische Budget: »Es ist die bitterste Verspottung eines lammfrommen Volkes, das zahlt, weil es muß, und schweigt, weil es muß. Es ist schändlicher Hohn gegen den Verstand dieses Volkes, den Glauben für solche törichte Rechnung zu verlangen, deren Nichtigkeit jedem Schulknaben einleuchtet …« Für den rheinischen liberalen Großbürger waren »Preußentum« und »Servilität« Synonyme. Es lag daher nahe, sich ab 1842 als Aktionär – zusammen u. a. mit Abraham Oppenheim und Gustav Mevissen – und Aufsichtsrat an der preußenkritischen »Rheinischen Zeitungsgesellschaft« in Köln zu beteiligen. Im Vormärz schloß sich Camphausen dann auch der liberalen Opposition gegen den preußischen Bürokratenstaat an und trat für allgemein- und wirtschaftspolitische sowie soziale Reformen ein. 1843 und 1845 war er Vertreter Kölns auf dem Provinziallandtag, 1847 auf dem Vereinigten Landtag. Als Anhänger der konstitutionellen Monarchie sprach er sich für die Beseitigung der Privilegienordnung aus, forderte die Selbstverwaltung der Gemeinden und die Einlösung des 1815 gegebenen Verfassungsversprechens, verlangte die bürgerliche Gleichstellung der Juden. »Revolutionär« sein Antrag zur Periodizität des Landtags!

Die Revolution von 1848 brachte den Höhepunkt der Karriere des Politikers Camphausen. Nur vom 19. bis zum 29. März des Jahres 1848 amtierte das sogenannte »Revolutionsministerium« Arnim-Boitzenburg, ein »Beamtenkabinett« alten Stils. Dann ernannte König Friedrich Wilhelm IV. Ludolf Camphausen zum Ministerpräsidenten; David Hansemann, wie Camphausen zu den führenden rheinischen Liberalen gehörend, wurde Finanzminister. Mit diesem auch von den Konservativen begrüßten Kabinett – selbst der reaktionäre Abgeordnete Bismarck war der Auffassung, »daß dieses Ministerium das einzige ist, welches uns aus der gegenwärtigen Lage einem geordneten und gesetzmäßigen Zustande zuführen kann« – verbanden sich große Hoffnungen auf eine umfassende Verfassungsreform in Preußen. Der auf den 2. 4. 1848 einberufene Zweite Vereinigte Landtag gab den Weg in die Staatsform der konstitutionellen Monarchie frei. Eine Verordnung vom 6. 4. 1848 legte die »Grundlagen der künftigen preußischen Verfassung« fest. Der besondere Gerichtsstand für politische Delikte wurde aufgehoben und in der Rheinprovinz wurden für die sog.

Durch den Bildhauer kompositorisch im Einklang mit der unmittelbar benachbarten Figur Abraham Oppenheim (Nr. 70) konzipiert, erscheint der gemäß überlieferter Porträtzüge Dargestellte im zeittypischen Frack und geschlungenem Halstuch. Deutet die gesiegelte Urkunde ganz allgemein auf seine vielfältigen Initiativen und Aufgaben im handelspolitischen Bereich, insbesondere auf seine Präsidentschaft der Kölner Handelskammer hin, so erinnert der gleich einem Leporello entrollte Endlosplan an seine Verdienste um die Entstehung der Köln-Aachener und der Köln-Mindener Eisenbahnen. Gegenüber dem ersten Modell gewann dieser „Eiserne Rhein" im Zuge der Ausführung an Plastizität, die Dokumentenrolle wurde in ihrer Erkennbarkeit zusätzlich durch das Siegel ausgezeichnet. (BE)

»Staatsverbrechen« wieder die Geschworenengerichte zuständig, die körperliche Züchtigungsstrafe wurde abgeschafft. Weitgehende Vereins- und Versammlungsfreiheit wurde endlich gewährt, und den »künftigen Vertretern des Volkes« sollte die »Zustimmung zu allen Gesetzen, sowie Festsetzung des Staatshaushalts-Etats und das Steuerbewilligungsrecht zustehen« – ein in Preußen bis dahin unbekanntes Ausmaß der »Volkssouveränität«. Am 8. April wurde das Wahlgesetz zur preußischen verfassunggebenden Versammlung verabschiedet. Es brachte das allgemeine und gleiche aktive Wahlrecht für alle Männer über 24 Jahre, sofern sie nicht Armenunterstützung bezogen, allerdings »indirekt« über Wahlmänner, die die Stimmen der »Urwähler« kontrollieren sollten.

Der so gewählten Nationalversammlung wurde am 22. Mai 1848, eine Woche nach dem Berliner Zeughaussturm, der sich an der vom König betriebenen Rückberufung des reaktionären Thronfolgers entzündet hatte, der Verfassungsentwurf der Regierung Camphausen vorgelegt: eine enttäuschende Vorlage, die zwar eine parlamentarische Verantwortlichkeit des Ministeriums vorsah, die königliche Prärogative aber dennoch allzusehr unterstrich und von einem wirklichen demokratischen Wahlrecht und der Volkssouveränität weitest entfernt blieb. Verspielte Camphausen damit das Vertrauen der Nationalversammlung und seine Popularität, so geriet er gleichermaßen in Konflikt mit dem preußischen König, der entgegen seinen konstitutionellen Versprechungen gar nicht daran dachte, sein Verständnis vom »monarchischen Prinzip«, seine Machtvollkommenheit einer Verfassung zu unterwerfen. Camphausen begriff, daß seine selbstgestellte Aufgabe, »den Staat ohne lebensgefährliche Zuckungen über die Kluft, die das alte System von dem neuen trennte, hinüberzuführen«, nicht zu erfüllen war. Am 22. Juni 1848 erhielt er seine Entlassung, schied aber nicht aus der Politik aus, sondern wurde königlich-preußischer bevollmächtigter Minister bei der provisorischen Zentralgewalt in Frankfurt. 1849 wurde er Mitglied der 1. Kammer des preußi-

Arbeitgeberverband der Metall- und Elektroindustrie Köln

Ludolf Camphausen, Ostseite, 2. OG, Nr. 69
Ratsbeschluß am 2. März 1989
Modellvorstellung am 27. Oktober 1989
Figurenübergabe am 18. März 1991
Bildhauer: Michael Eichhorn
Stifter: Arbeitgeberverband der Metall- und Elektroindustrie, Köln

schen Landtages und ins Herrenhaus aufgenommen; 1850 nahm er noch am Erfurter Unionsparlament teil. In der Neuen Rheinischen Zeitung vom 23. 6. 1848 aber hatte Karl Marx polemisch über den Politiker Camphausen, der gewiß kein Revolutionär war, geurteilt: »Das Ministerium Camphausen hatte sein liberalbürgerliches Gewand der Konterrevolution umgeworfen. Die Konterrevolution fühlte sich stark genug, um die lästige Maske abzuwerfen ... Herr Camphausen hat die Reaktion gesät im Sinne der großen Bourgeoisie, er hat sie geerntet im Sinne der Feudalpartei. Das war die gute Absicht des Mannes, das sein böses Geschick.«

Camphausens große, eigentliche Bedeutung für die Stadt Köln liegt in seiner weitgespannten unternehmerischen, wirtschafts-, handels- und verkehrspolitischen Tätigkeit. Schon seit 1831 beschäftigte er sich intensiv mit Eisenbahnplänen, und ab 1833 gehörte er zwei Eisenbahnkomitées an. Am wichtigsten war ihm das (zwar auf Aktien finanzierte, aber auch staatlich subventionierte) Projekt des Baues einer Eisenbahnlinie zwischen Köln und Antwerpen, zu dem er im Mai und im August 1833 größere Denkschriften vorlegte. Er erkannte die übergroße Bedeutung des Eisenbahnbaus für den gesellschaftlichen Fortschritt, das »materielle Wohl« im allgemeinen und für den preußischen Staat im besonderen, der durch diesen den Zugang zu den Weltmeeren erhalten sollte. 1835 konstituierte sich in Köln die »Rheinische Eisenbahn-Gesellschaft«. Camphausen wurde Präsident ihres Direktoriums, in dem er verstärkt die öffentlich-staatlichen Interessen vertrat, während andere, wie z. B. Oppenheim, den Bau des »Eisernen Rheins« eher privatkapitalistisch betrachteten. Zwei Jahre später schloß sich die Gesellschaft mit der Aachener Eisenbahnbaugruppe unter der Leitung von David Hansemann zusammen. Camphausen schied aus dem Direktorium aus, beschäftigte sich aber weiterhin intensiv mit der Eisenbahnfrage. 1838 veröffentlichte er seinen »Versuch eines Beitrages zur Eisenbahngesetzgebung«; 1842 folgte ein Gutachten für die rheinischen Provinzialstände, in dem er sich für den staatlichen Bau eines großen, ganz Preußen überziehenden Eisenbahnnetzes aussprach. Camphausens Ruf als einer der großen rheinischen Wirtschaftsführer aber wurde recht eigentlich begründet durch die von ihm im Jahre 1841/42 ins Leben gerufene, rasch erfolgreiche »Kölner Dampfschleppschiffahrts-Gesellschaft«, für die er besondere Schleppschiffe und Lastkähne konstruieren ließ. Sein Ziel war, Köln zum »Vorort der Rheinschiffahrt« zu machen.

Im Jahre 1868 zog sich Ludolf Camphausen endgültig aus seinen Unternehmungen und aus der Politik zurück. Er starb in Köln am 30. Dezember 1890, nur wenige Monate nach dem Tod seiner Frau. (BD)

Literatur

ADB XLVII, 1903, S. 425–428.

NDB III, 1957, S. 112–115.

Erich Angermann, Ludolf Camphausen (1803–1890), in: Rheinische Lebensbilder 2, Düsseldorf 1966, S. 195–219.

Walter Balke, David Hansemann, Gustav Mevissen und Ludolf Camphausen als Wirtschaftspolitiker. Untersuchungen über das Wesen des praktischen ökonomischen Liberalismus in Deutschland, Diss. Jena 1923.

Gilbert Beyerhaus, Ludolf Camphausen. Staat und Wirtschaft 1848, in: Deutsche Rundschau, Jg. 52, Bd. 205, 1925–26, S. 24–36.

Anna Caspary, Ludolf Camphausens Leben. Nach seinem schriftlichen Nachlaß dargestellt, 1902.

Klara van Eyll, Ludolf Camphausen (1803–1890). Der Schöpfer des »eisernen Rheins«, in: Markt und Wirtschaft 40, 1985, Nr. 5, S. 26–29.

Joseph Hansen, König Friedrich Wilhelm IV. und das Märzministerium Camphausen-Hansenmann im Jahr 1848, in: Westdeutsche Zeitschrift für Geschichte und Kunst 32, 1913, H. I/II.

Kurt Loose, Ludolf Camphausen, in: Rheinisch-Westfälische Wirtschaftsbiographien II, Münster 1937 (ND 1974), S. 254–275.

Fritz Schmitt, Ludolf Camphausen. Vom Kaufmann zum Politiker, Diss. Frankfurt a. M. 1923.

Mathieu Schwann, Ludolf Camphausen, 3 Bde., Essen 1914–1916 (Veröffentl. d. Archivs für Rheinische-Westfälische Wirtschaftsgeschichte 3–5).

Die Stadt Cöln im ersten Jahrhundert unter preußischer Herrschaft. 1815–1915. Hg. von der Stadt Cöln, Cöln 1916. Erster Band, I. Teil: Verfassungs- und Wirtschaftsgeschichte der Stadt Cöln vom Untergange der Reichsfreiheit bis zur Errichtung des Deutschen Reiches, von Eberhard Gothein.

Hildegard Thiersfelder (Bearb.), Der Nachlaß Ludolf Camphausen im Kölner Stadtarchiv (Mitteilungen a. d. StA v. Köln, Heft 48) Köln 1964.

Abraham Oppenheim (1804–1878)

Nr. 70 / 2. OG

Abb. 498: Abraham Oppenheim, Ölgemälde von Friedrich Volkhardt, um 1868, Foto: Archiv Konservator

Die Familie Oppenheim war 1740 von Frankfurt am Main nach Bonn übergesiedelt. Hier hatte man 1789 ein Kommissions- und Wechselhaus gegründet, wählte aber schon neun Jahre später nach dem Beginn der französischen Herrschaft auf dem linken Rheinufer das wirtschaftlich viel bedeutendere Köln als Firmensitz, ab 1801 dann auch als Wohnsitz der Familie, zunächst zur Miete im Haus »Am Hof Nr. 2122«, ab 1808 im Haus Große Budengasse Nr. 2103 (später Nr. 8), das Salomon Oppenheim jr. dem ehemaligen Kölner Bürgermeister von Hilgers abgekauft hatte. In Köln wurde Salomon Oppenheim, das Familienoberhaupt, im Jahre 1802 Mitbegründer, dann auch Vorsteher der jüdischen Gemeinde. Elf Kinder wurden ihm und seiner Frau Therese, die 10 000 Taler Mitgift in die Ehe gebracht hatte, geboren, unter ihnen Simon 1803, Abraham 1804 und David (Dagobert) 1809.

Abraham studierte zunächst Jura in Bonn, trat aber schon 1821, mit nur sechzehn Jahren, zusammen mit seinem Bruder Simon in die väterliche Firma ein. Nachdem Salomon Oppenheim 1822 Königlich-preußischer Oberhofagent geworden war, erhielt er 1826 Prokura und 1827 sogar Generalvollmacht. Die Familie verfügte nun bereits über ein beträchtliches Vermögen; 1807 und 1812 hatte das Haus »Sal. Oppenheim jr. & Cie« zur ersten der drei Klassen von Großkaufleuten in Köln gehört, und 1808 war Salomon mit 449 Francs der höchstbesteuerte Jude Kölns gewesen. 1810 stand Oppenheim mit einem Eigenkapital von 250000 Talern hinter Schaaffhausen an zweiter Stelle der Kölner Bankhäuser. Nach dem Tode des Vaters im Jahre 1828 übernahmen die beiden älteren Brüder Simon und Abraham das »Großhandlungs- und Bankhaus«. Abraham, der 1834 Charlotte Beyfus aus Frankfurt heiratete, eine Enkelin des legendären Banken- und Dynastiegründers Meyer Amschel Rothschild, war der eigentliche »Unternehmer«, gedanklich beweglich, erfindungsreich, unternehmend, reiselustig.

Seit der Mitte der dreißiger Jahre des 19. Jahrhunderts wurde das Oppenheimsche Bankhaus zum erfolgreichen Initiator zahlreicher Unternehmensgründungen, wobei es sich des damals neuartigen und nur wenig erprobten Finanzierungsinstruments der Aktiengesellschaft bediente. Zusammen mit Ludolf Camphausen ergriff Abraham Oppenheim 1835 die Initiative zur Gründung der ersten Dampfbahn, des »eisernen Rheins« von Köln nach Antwerpen. 1837 wurde die Rheinische Eisenbahngesellschaft geschaffen, deren Hauptaktionäre die Oppenheims waren. Abraham wirkte in der Geschäftsführung des Unternehmens, dessen Vizepräsident er noch 1844 war. Ergänzt wurde das Engagement im Eisenbahnbau 1843 mit der Gründung der Köln-Mindener Eisenbahngesellschaft und in den siebziger Jahren mit einer Beteiligung an der Gotthardbahn. Um das Jahr 1880 erstreckte sich das auf Initiative und mit großer Beteiligung des Oppenheimschen Bankhauses entstandene Eisenbahnnetz von der lothringischen Grenze über das gesamte Rheinland und Westfalen bis in die Nähe der Nordseehäfen. Zweites Standbein des Oppenheimschen Hauses war das Versicherungsgeschäft. Abraham Oppenheim hatte im Januar 1838 zusammen mit Schaaffhausen, Herstatt und Stein die Feuerversicherungsgesellschaft »Colonia« gegründet, die zur Keimzelle des später so bedeutenden Kölner Versicherungsgewerbes wurde. Weitere Versicherungsgründungen folgten: 1842/52 entstand die »Kölnische Rückversicherung«, der älteste Rückversicherer der Welt, 1851/53 die »Concordia« Lebensversicherung und 1853 die »Kölnische Hagelversicherung«. Zuvor schon hatte sich Oppenheim an einer Zuckerfabrik beteiligt, war dann auch durch Gründung der »Gesellschaft für Bergbau und Hütten zu Eschweiler« auch in

Abraham Oppenheim, Ostseite, 2. OG, Nr. 70
Ratsbeschluß am 2. März 1989
Modellvorstellung am 27. Oktober 1989
Figurenübergabe am 11. September 1991
Bildhauer: Michael Eichhorn
Stifter: Bankhaus Sal. Oppenheim jr. & Cie., Köln

Durch den Bildhauer kompositorisch im Einklang mit der unmittelbar benachbarten Figur Ludolf Camphausen (Nr. 69) konzipiert, erscheint der gemäß überlieferter Porträtzüge Dargestellte im langen Mantel, in dessen Ausschnitt er, auch als Hinweis auf seine Nobilitierung und die übrigen ihm zuteil gewordenen Auszeichnungen, einen Orden trägt. Neben den vielfältigen Verdiensten, die er sich um Kultur- und Wirtschaftsleben seiner Heimatstadt erwarb, war er vor allem ein fortschrittlicher Vertreter der jüdischen Emanzipation und Förderer des religiösen Lebens wie karitativen und Bildungsengagements der jüdischen Gemeinde. In Händen hält er deshalb den Fassadenplan des durch seine Stiftungen finanzierten und nach Entwurf durch Ernst Friedrich Zwirner bis 1861 realisierten Synagogenneubaues in der Glockengasse. (BE)

die Montanindustrie im Aachener Wurm-Inde-Revier eingestiegen und hatte 1855 durch Gründung der »Kölnischen Maschinenbau AG« den industriellen Unternehmensblock abgerundet. Als eines von zwei deutschen Instituten hatte sich die Oppenheimsche Bank außerdem an der Gründung der ersten europäischen Aktiengroßbank beteiligt, der »Société Générale du Crédit Mobilier« in Paris, die eine bedeutende (und zwielichtige) Funktion beim Umbau von Paris durch Napoleon III. und seinen Präfekten Hausmann innehatte.

Abraham Oppenheim war jedoch nicht allein ein erfolgreicher, weit gereister und auch international operierender Bankier und Unternehmer. Stets auch blieb er Rheinländer und in erster Linie Kölner, dem seine Vaterstadt vieles verdankte. Dann erst war Abraham Oppenheim Preuße, wenngleich er auch enge Beziehungen zu Staat und Hohenzollern-Monarchie unterhielt. Eine bedeutende Rolle spielte er bei der Durchsetzung der Judenemanzipation in Preußen in den vierziger Jahren des 19. Jahrhunderts. In Köln war er Stadtverordneter. Die Mittel für die große, 1861 fertiggestellte Synagoge in der Kölner Glockengasse entstammten ausschließlich seinen Stiftungen. Er gehörte dem Zentral-Dombauverein an und förderte großzügig den Weiterbau des Domes. 1868 machte König Wilhelm I. den Kölner Juden Abraham Oppenheim in Anerkennung seiner Herausragenden Verdienste um die wirtschaftliche Entwicklung seiner Heimat zum preußischen Freiherrn, eine gewiß nicht alltägliche Standeserhöhung.

Im fünfundsiebzigsten Lebensjahr starb Abraham Oppenheim am 9. Oktober 1878. Zu seinem Andenken stiftete seine Witwe ein Kinderhospital in der Buschgasse 2, das an seinem fünften Todestag eingeweiht wurde. In der Stiftungsurkunde wurde der interkonfessionelle Charakter des Heimes ausdrücklich festgeschrieben: »Diese Anstalt soll Kindern ohne Unterschied der Glaubensbekenntnisse der Eltern zum Zwecke der Heilung und Pflege Aufnahme gewähren.« Die großherzige Stiftung existiert heute nicht mehr, das Bankhaus »Sal. Oppenheim jr. & Cie. Privatbankiers seit 1789« aber hat der Stadt, von der es ausging, seit 200 Jahren die Treue gehalten. (BD)

Literatur

Michael Stürmer / Gabriele Teichmann / Wilhelm Treue, Wägen und Wagen. Sal. Oppenheim jr. & Cie., Geschichte einer Familie, München–Zürich 1989.
Wilhelm Treue, Die Kölner Bankiers Oppenheim ..., in: Rheinisch-Westfälische Wirtschaftsbiographien, Bd. 13, Münster 1986, S. 171–202.

August Reichensperger (1808–1895)

Nr. 71 / 2. OG

Abb. 499: August Reichensperger, 1867, Foto: Archiv Konservator

Der Jurist, Politiker und Kunstfreund August Reichensperger ist eine der hervorragenden Persönlichkeiten der rheinischen Geschichte des 19. Jahrhunderts: als Richter, Parlamentarier und Motor der Dombaubewegung hat er gleichermaßen Bedeutendes geleistet.

Als Sohn des Juristen und napoleonischen Beamten Joseph Reichensperger, Generalsekretär des Rhein-Mosel-Departements, und der Margarethe Johann Theresia Knodt in Koblenz geboren und in Boppard aufgewachsen, genoß er eine aufgeklärte, französisch-liberale Erziehung. Nach dem Schulbesuch in Köln (1823 Marzellengymansium), und Bonn studierte er ab 1827 in Bonn, dann in Heidelberg und Berlin Jura.

Bevor er 1830 als »Auscultator« in Münster in den preußischen Staatsdienst eintrat, unternahm Reichensperger eine Bildungsreise durch Süddeutschland mit Besuchen von Bayreuth, Nürnberg, Bamberg und München. 1831 wurde er in den Bezirk des Rheinischen Appellationsgerichtshofes versetzt. Hier verspürte Reichensperger quasi am eigenen Leibe die seit 1815 schwelenden Spannungen zwischen der neuen rheinischen Provinz und der preußischen Zentralgewalt. So hatte er schon während seiner juristischen Ausbildung publizistisch um die Beibehaltung des französisch geprägten rheinischen Rechts mit seinen modernen Errungenschaften, z. B. Öffentlichkeit und Mündlichkeit der Verfahren, Schwurgerichte, gekämpft, als das antiquierte, ständestaatliche Recht Preußens in der Rheinprovinz durchgesetzt werden sollte. 1835 wurde er Assessor beim königlich-preußischen Landgericht in Koblenz; 1841 kehrte er nach Köln zurück. Bis zu seiner Pensionierung im Jahre 1875 wirkte August Reichensperger am Rheinischen Appellationshof. 1871 hatte er das Anwesen Am Klapperhof 19 nahe der Gereonskirche gekauft.

Den entscheidenden Impuls in seiner religiösen Einstellung erhielt Reichensperger durch das »Kölner Ereignis« von 1837, als der Erzbischof im Zuge des »Mischehenstreites« ohne richterliche Legitimation verhaftet wurde. Als Jurist wie als Rheinländer aufgerüttelt, wurde der bis dahin religiös gleichgültige, dem Katholizismus noch völlig fremd gegenüberstehende, französisch-liberale Reichensperger zum engagierten, ultramontanen Katholiken. Ab 1837 veröffentlichte er katholische Leitartikel in der Rhein-Mosel-Zeitung; 1842 gehörte er zu den Mitbegründern der in Köln erscheinenden katholischen »Volkshalle«, und ab 1843 engagierte er sich im »Borromäus-Verein«, der die katholische Bevölkerung mit »moralisch einwandfreier Literatur« versorgen wollte. Obschon ursprünglich antipreußisch, machte er diesen Katholizismus an vielen Stationen seines politischen Wirkens dem Staat nutzbar. Sein politisches Prinzip tat er 1849 in der Kölner Wahlversammlung kund: nur die Religion kann die dauernde Grundlage der Autorität bilden. Allerdings war ihm jedes »Staatskirchentum« zuwider. Als Mitglied des Frankfurter Paulskirchen-Parlaments und als Vizepräsident der außerparlamentarischen Vereinigung katholischer Abgeordneter (1848), des »Katholischen Klubs« der »Ultramontanen«, trat er für religiöse Freiheiten ein – aber nicht im engen konfessionalistischen Sinn. Toleranz des Staates gegenüber allen Religionsgemeinschaften wurde denn auch im Grundrechtskatalog der Frankfurter Reichsverfassung von 1849 verankert.

Als Mitglied des preußischen Abgeordnetenhauses in Berlin (ab 1851; mit Unterbrechungen bis 1885) bewirkte Reichensperger zusammen mit seinem Bruder Peter 1852 die Bildung der »Katholischen Fraktion«, aus der das spätere »Zentrum« hervorging (1859). Nach den ersten Reichstagswahlen 1871 trat Reichensperger auch im Parlament als führender Kopf dieser Partei hervor, die allerdings ultramontan ausgerichtet war und den weltanschaulich liberalen, säkularisierten, »modernen« Staat bekämpfen wollte. Reichensperger nahm unbeirrt Stellung, so im »Kulturkampf«, als er den inhaftierten Kölner Erzbischof unterstützte, handelte aber insgesamt ausgleichend, wie seine doppelte Bindung an den rheinischen Katholizismus und an den preußischen Staat nahelegte. 1884 zog er sich aus dem Reichstag zurück. Über das Zentrum hinaus haben die Brüder Reichensperger ferner auf breiter Basis in und für die katholische Presse und Literatur, das Vereinswesen und die Caritas gewirkt.

August Reichensperger – »politisch und kulturell der reinste Ausdruck des katholischen Rheinländertums« (Gothein) – wurde 1895 wegen seiner »hohen Verdienste, besonders um den Fortbau und die glückliche Vollendung des schönsten Denkmals gothischer Baukunst, des herrlichen Kölner Domes,« zum Ehrenbürger Kölns ernannt. Zuvor war er bereits Ehrenbürger von Oppenheim a. Rh. (1888) und von Koblenz (1892) geworden. Schon während seiner Gymnasialzeit in Köln hatte der junge Reichensperger ein begeistertes Interesse für den Dom »gleichsam mit der Kölner Luft eingeatmet.« Italien-, Belgien- und Frankreichreisen verstärkten seine Gotik-Begeisterung. 1834 notierte er in seinem Tagebuch: »Der Dom erhebt mich mehr als je.« 1840 verfaßte er seine erste kunstschriftstellerische Arbeit: »Einige Worte über den Dombau zu Köln«, eine zündende Aufforderung zur Bildung des Zentral-Dombau-Vereins. 1842, im Jahr seiner Hochzeit im Clementine Therese Simon aus Koblenz, begründete er das »Kölner Domblatt«, das über viele Jahre unter seiner Schriftleitung erschien und bis heute fortbesteht. Von 1842 bis 1844 und dann wieder ab 1869 war er neben seiner Tätigkeit als Landgerichtsrat und Kammerpräsident in Trier und Köln Sekretär des Dombauvereins. In zahllosen Publikationen über die Baukunst und den Kölner Dom sang er das »hohe Lied des gotischen Baustils« (was ihm den Beinamen »Vater der neudeutschen Gotik« eintrug), während er z. B. gegen den Stil der Renaissance, aber auch gegen eine von ihm ausgemachte »deutschjüdische Weltanschauung« polemisierte. Für Reichensperger war der Kölner Dom zwar in erster Linie ein katholisches Gotteshaus, seine gotische Architektur die ideale Verkörperung christlich-mittelalterlicher Ideen, seine Vollendung ein Impuls für die Kunst und ein exemplarischer Fall der Denkmalpflege. Doch stellte er der religiösen und künstlerischen eine politische Bedeutung zur Seite, indem er den Zeitgenossen den unfertigen Dom als Sinnbild der um staatliche Einheit ringenden Nation vor Augen führte und damit weiteste Bevölkerungskreise erreichte. Für ihn persönlich aber stand der vaterländische, zeitgebundene Aspekt im Hintergrund. Als er sich 1880, mitten im

Gemäß der überlieferten Gesichtszüge dargestellt und in einen langen, geschlossenen Mantel gekleidet, deutet die Figur durch zwei Attribute auf die beiden für Köln so entscheidenden Tätigkeitsbereiche August Reichenspergers hin: Dem Einsatz des Juristen für die Beibehaltung wesentlicher Kriterien des Code Napoléon oder Code Civil gilt das entsprechend beschriftete Buch, welches hier eine im ersten zeichnerischen Entwurf vorgesehene Waage als Symbol der Justitia ersetzt, seinem Engagement für die Dombauvollendung des 19. Jahrhunderts das formal abstrahierte Dommodell, welches er auf einem zweiten Buch in seiner Linken trägt. (BE)

Kulturkampf, schweren Herzens von der großen Feier zur Domvollendung fernhielt, tröstete er sich mit den Worten: »Der Rausch geht vorüber, der Dom bleibt.« Gestorben am 16. Juli 1895, wurde Reichensperger auf dem Melaten-Friedhof bestattet. Seine Grabstätte gestalteten Vincenz Statz und Wilhelm Fassbinder.

(CVK/BD)

Literatur

Hans-Jürgen Becker, August Reichensperger (1808–1895), in: Rheinische Lebensbilder 10, Köln 1985, S. 141–158.

Paul Clemen, Zum 100. Geburtstag August Reichenspergers, in: Mitt. d. Rhein. Vereins für Denkmalpflege u. Heimatschutz, Jg. 2/3, 1908, S. 130–134.

Franz Xaver Kraus, August Reichensperger, in: ders., Essays II, Berlin 1901, S. 365–425.

Udo Liessem, Helmut Rößler, Hans-Josef Schmidt (Bearb.), August Reichensperger und die Kunst des 19. Jahrhunderts. Katalog zur Ausstellung, Stadtbibliothek/Stadtarchiv Koblenz, Koblenz 1985.

Ludwig von Pastor, August Reichensperger 1808–1895, Freiburg 1899.

Peter Reichensperger, August Reichensperger zum 150. Geburtstag, in: Kölner Dbl. 14/15, 1958, S. 177–180.

Leo Schwering, August Reichensperger. Katholische Männergestalten – Laien, die zu Christus führen, Dülmen 1936.

Christoph Weber, »Eine starke, enggeschlossene Phalanx.« Der politische Katholizismus und die erste deutsche Reichstagswahl 1871, Essen 1993.

Die Stadt Cöln im ersten Jahrhundert unter preußischer Herrschaft. 1815–1915. Hg. von der Stadt Cöln, Cöln 1916. Erster Band, I. Teil: Verfassungs- und Wirtschaftsgeschichte der Stadt Cöln vom Untergange der Reichsfreiheit bis zur Errichtung des Deutschen Reiches, von Eberhard Gothein.

August Reichensperger, Ostseite, 2. OG, Nr. 71
Ratsbeschluß am 8. September 1988
Modellvorstellung am 2. Dezember 1988
Figurenübergabe am 20. November 1989
Bildhauer: Hans-Otto Lohrengel
Stifter: Dr. Heinrich Heinen, Herausgeber Kölnische Rundschau und Bonner Rundschau, Köln

Karl Joseph Daniel DuMont (1811–1861)

Nr. 72 / 2. OG

Abb. 500: Karl Joseph Daniel DuMont, Foto: Archiv Konservator

In der Geschichte des deutschen Zeitungswesens nimmt Karl Joseph Daniel DuMont als bedeutender, innovativer und weitvorausschauender Verleger und Unternehmer eine herausragende Position ein. Der Sohn (eines von zwölf Kindern) des Marcus Dumont aus alteingesessener, im 17. Jahrhundert zugewanderter Kölner Fabrikanten-, Ratsherren- und Bürgermeisterfamilie und der Katharina Jakobina Schauberg aus Düsseldorf, ging nach seiner Kölner Gymnasialzeit und einem Internatsaufenthalt bei den Jesuiten in Brig/Wallis (Schweiz) auf Wunsch seines Vaters, der in Köln eine kleine Verlagsbuchhandlung, eine Drukkerei und die noch bescheidene »Kölnische Zeitung« leitete, zur buchhändlerischen Aus- und Weiterbildung zunächst nach Leipzig, dann nach Regensburg. Hier ereilte ihn 1831 die Nachricht vom überraschenden Tod seines Vaters.

Nach Köln zurückgekehrt, übernahm Karl Joseph Daniel mit nur 20 Jahren in enger Zusammenarbeit mit seiner tatkräftigen Mutter die väterlichen Unternehmen und heiratete Juliane Kock. Ihre Tochter Christine Henriette wurde 1856 Ehefrau des August Libert Neven. Während er die Verlagsbuchhandlung mehr und mehr seinem Bruder überließ, widmete DuMont seine ganze Arbeitskraft der Entwicklung der Druckerei und besonders der »Kölnischen Zeitung«, die er in den für die Zukunft des Blattes entscheidenden Jahren zwischen 1831 und 1861 – zunächst auch als leitender Redakteur, dann nur noch als Herausgeber tätig – zu der deutschen Zeitung von internationaler Bedeutung formte.

Wie sein Vater war Karl Joseph Daniel DuMont ein loyaler preußischer Staatsbürger; wie jener aber war er auch ein strenger Katholik, so daß er mit seinem Blatt, das er bereits in der Mitte der dreißiger Jahre des 19. Jahrhunderts zu dem in der katholischen Rheinprovinz am weitesten verbreiteten gemacht hatte, immer wieder in Konflikt mit der preußischen Zensur geriet. Dies blieb so bis zur Verkündung der (später wieder eingeschränkten) Pressefreiheit im Jahre 1848. Die vierziger Jahre sahen das Blatt in Opposition zum preußischen Staat, ohne ihn jedoch grundsätzlich zu verneinen.

Die soziale Frage – sein »ethischer Solidarismus« – und ökonomische Motive machten den rheinisch-katholischen, liberalen DuMont, der in einer Reihe stand mit den meist protestantischen und jüdischen Bankiers und Unternehmern wie Mevissen, Camphausen und Hansemann, zum gemäßigten Oppositionellen. Seine und seines Blattes Position erläuterte er 1847 vor Gericht: »Die Kölnische Zeitung ist nie systematisch oppositionell gewesen ..., (sie) hat stets die wahren Volksrechte zu schützen gesucht.« Und der Standpunkt seines Blattes im Vormärz, schrieb er, sei gewesen, »ein treues, mit möglichster Unbefangenheit und Unparteilichkeit aufgefaßtes Bild der politischen Verhältnisse und Ereignisse des Tages zu geben ... Die leitenden Aufsätze der Kölnischen Zeitung gehen von dem Standpunkt der Partei eines ruhigen, gemäßigten und gesetzlichen Fortschrittes aus ... Gleich weit entfernt vom französischen Liberalismus und vom russischen Absolutismus hat der Verfasser es sich zur vornehmsten Aufgabe gesetzt, das Seinige dazu beizutragen ...«

Die Revolution von 1848 schließlich fand die »Kölnische Zeitung« und ihren Verleger dann auch fest verwurzelt im deutschen Konstitutionalismus, der »freien deutschen Monarchie« und im preußischen Erbkaisertum, während sie den Weg der »radikalen« Demokratie, den das Frankfurter Parlament ihrer Meinung nach beschreiten wollte, als »Blut und Schrecken« verwarf. Seit den fünfziger Jahren schließlich war die »Kölnische Zeitung« preußisch ausgerichtet, sie hatte sich endgültig vom rheinisch-katholischen Provinzialblatt zum Organ des preußischen Staatsgedankens – in liberaler Ausformung allerdings – entwickelt, das

Die Figur rezipiert eine zeitlich vorangehende Arbeit, eine vollrund und allansichtig in Tercé gearbeitete Skulptur desselben Bildhauers, die anläßlich des 60. Geburtstages des Verlegers Alfred Neven DuMont entstand. Entsprechend der spezifischen Ratsturmsituation modifiziert, zeigt sie den Dargestellten mit den historisch überlieferten Porträtzügen. Der Globus, auf den ein Finger der rechten Hand weist, spielt ebenso wie die Bücher in den Ablagefächern des Pultes auf die Sammlung aktueller Informationen aus aller Welt an. Das redaktionelle Ergebnis, die Zeitung als Hinweis auf die von ihm herausgegebene Kölnische Zeitung, hält der Verleger mit ausdrucksvoller Gebärde in seiner Linken. (BE)

die Idee des konstitutionellen einheitlichen Nationalstaates pflegte. In Deutschland, so schrieb die »Kölnische Zeitung«, müsse »wesentlich der wohlhabende und gebildete Mittelstand« herrschen, »indeß das mehr demokratische Element höchstens in den Gemeinden von einiger Macht ist, im zentralistischen Staat aber so schwach bleibt«, da »hierarchische« Parteibestrebungen nicht im Volke, sondern nur beim Adel, dessen Macht im vergehen sei, Stützen finden könnten.

Mit der Emanzipation der »Kölnischen Zeitung« vom ultramontanen Katholizismus der Rheinprovinz, dessen Organ sie lange gewesen war, und der Hinwendung zu Preußen erwuchsen dem leitenden Redakteur und Herausgeber neue, nicht weniger unversöhnliche Gegner von Seiten des reaktionären rheinischen politischen Katholizismus. Schon 1847 hatte die »Kölnische Zeitung« argumentiert, daß eine Emanzipation der Katholiken in Preußen nur im Zusammenhang einer Emanzipation aller Konfessionen geschehen könne. Dies hatte ihr den Vorwurf der sogenannten »Integralen« eingetragen, vom »altkatholischen Knochenfraß« befallen zu sein. DuMont allerdings ließ sich von diesen Anwürfen ebensowenig beirren wie von der staatlichen Zensur.

In früheren Jahren hatten preußische Beamten dem Verleger vorgehalten, allein aus materiellen Interessen in Opposition zu Preußen bzw. der Regierung zu stehen, mithin ein eigentlich unpolitischer Mensch zu sein. Saint-Paul, der preußische Zensor, nannte ihn im Jahre 1843 »lediglich Kaufmann ohne politische Gesinnung. Mehrung der Abonnenten ist sein einziges Bestreben. Deshalb die unreine Farbe des Blattes, die halben Konzessionen an den Liberalismus durch Einstreuung einzelner aggressiver, dem Tone der Zeitung sonst fremder Artikel.« Und der Regierungspräsident von Raumer bescheinigte ihm zwar guten Willen gegenüber Preußen, er sei aber »leider dergestalt von Gewinnsucht beherrscht«, daß er wegen der Abonnenten auch Oppositionelles drucke. DuMont selbst sah sich und seine Zeitung ganz anders. Er war der Meinung, »daß ein politisches Blatt nicht der Ort ist zum Streit mit Andersdenkenden, daß eine Zeitung

Karl Joseph Daniel DuMont, Ostseite, 2. OG, Nr. 72
Ratsbeschluß am 2. Juli 1987
Modellvorstellung am 17. Juli 1987
Figurenübergabe am 9. Dezember 1991
Bildhauer: Theo Heiermann
Stifter: Firma M. DuMont Schauberg, Köln

so gehalten sein kann und muß, daß der Katholik, Protestant, Jude usw., jeder sie lesen könne, keinem zu nahe getreten, keinem Ärgernis gegeben werde. An dieser Maxime habe er stets festgehalten, trotz der schmählichsten Angriffe auf sein Werk, und daher habe er es auch »in seltenem Maße von Gottes gütigem Segen gekrönt gesehen.«

Dies war in der Tat so: als er 1861 an den Folgen einer Lungenentzündung starb, hatte die »Kölnische Zeitung« eine tägliche verkaufte Auflage von bald 16000 Exemplaren erreicht, und er hatte die Grundlagen geschaffen für den Aufstieg der Zeitung, »von der man sagte, daß sie nach Überwindung der preußischen Polizeistaatlichkeit im größeren Deutschen Reich eine ähnliche Rolle wie die Times im britischen Empire gespielt habe« (Weinhold). Immer hatte er bedeutende Mitarbeiter für das Blatt zu gewinnen gewußt und sie oft auch dann gehalten, wenn ihre politische Auffassung von der seinen abwich. Den Leitartikel, das regelmäßige Feuilleton, den Zeitungsroman führte er als einer der ersten ein; in den deutschen Staaten und im Ausland baute er ein Korrespondentennetz aus, förderte und nutzte – ungewöhnlich für die Zeit – intensiv den Nachrichtendienst. Im Bereich der technischen Herstellung und der Nachrichtenübermittlung ging er neue Wege. Bereits 1833 ließ er sein Blatt erstmalig auf einer Schnellpresse drucken; 1849 benutzte er die Taubenpost Paris–Brüssel–Aachen zur schnellen Übermittlung der Börsenkurse, und im gleichen Jahr brachte die »Kölnische Zeitung« die erste telegrafisch übermittelte Nachricht.

Seiner Heimatstadt Köln blieb Joseph DuMont stets auf das Engste verbunden. Er war ein hochangesehenes Mitglied der »altkölnischen« Gesellschaft, tätig im Dombauverein (er druckte das von Reichensperger redigierte »Kölner Domblatt«), im Kunstverein, nahm aktiv am Karneval teil, gehörte dem Gemeinderat an (dessen Protokolle der Druckereibesitzer druckte), war Mitglied des Gewerbevereins und der Handelskammer. Ein »Kaufmann und Unternehmer ganz und gar, war er kein materialistischer Klüngler und Spekulant, sondern ein Mann von Überzeugung, ein guter Liberaler und ein frommer Katholik zugleich« (Buchheim). (BD)

Literatur

150 Jahre M. DuMont Schauberg. 80 Jahre Kölner Stadt-Anzeiger, Köln 1956.

Beiträge zur Geschichte der Kölnischen Zeitung, ihrer Besitzer und Mitarbeiter. 1. Teil: Marcus DuMont (1802–1831). Berarb. v. Ernst von Nahmer, Köln 1920. 2. Teil: Von den Anfängen Joseph DuMonts bis zum Ausgang der deutschen bürgerlichen Revolution (1831–1850). Bearb. v. Karl Bucheim, Köln 1930.

Kurt Weinhold, Die Geschichte eines Zeitungshauses 1620-1645. Verlag M. DuMont Schauberg Köln, Köln 1969.

Ferdinand Hiller (1811–1885)

Nr. 73 / 2. OG

Abb. 501: Ferdinand Hiller, Lithographie, Foto: Archiv Konservator

Ferdinand Hiller war als Kölner Kapellmeister weit über 30 Jahre lang die führende Musikerpersönlichkeit der Stadt. Er verschaffte Köln eine bestimmende Position im deutschen Musikleben. In Frankfurt a.M. als Sohn eines jüdischen Kaufmanns geboren, machte Hiller früh als pianistisches Wunderkind auf sich aufmerksam und kam schon 1825 zu dem bekannten Virtuosen Johann Nepomuk Hummel nach Weimar, wo er zwei Jahre zur Ausbildung blieb. Während dieser Zeit lernte er Goethe und Eckermann kennen. 1827 reiste er mit seinem Lehrer nach Wien und machte dort die Bekanntschaft Beethovens, Schuberts und des Dichters Grillparzer. Ein langer Aufenthalt in Paris von 1828 bis 1836 folgte. In der europäischen Metropole erlebte Hiller viele bedeutende Künstler und schloß zahlreiche Freundschaften: mit den Dichtern Heine, Balzac und Hugo, dem Maler Delacroix, den Komponisten Rossini, Meyerbeer, Cherubini, Bellini; Chopin, Liszt und Berlioz waren seine Duzfreunde. Hillers Konzerte, oft mit dem Geiger Baillot, waren vorbildlich und sicherten Bach und Beethoven grö-

Zeitlich im Nachgang zur unmittelbaren Nachbarfigur Karl Joseph Daniel DuMont (Nr. 72) entstanden, folgt die Figur des gemäß überlieferter Porträtzüge wiedergegebenen Musikers den dort schon entwickelten Kriterien von Komposition und wechselseitigem Bezug innerhalb dieser Skulpturengruppe. Ein erster Entwurf zeigte Hiller mit einer Geige unter dem Arm und einem Bogen in der Rechten. Um aber seine primäre Bedeutung als Komponist, mehr noch als Dirigent zu betonen, entwickelte der Bildhauer in einem zweiten Modell die schließlich ausgeführte Version mit schwungvoll erhobenem Taktstock – aus Bronze bestehend und neben Jacques Offenbach (Nr. 77) den einzigen Fall einer Verwendung weiterer Materialien an Ratsturmfiguren bezeichnend – und einer Partitur, gebunden in einen zeittypisch ornamental gestalteten Buchdeckel. Die stilisierte Lyra zu Füßen des Musikers weist ganz allgemein auf seine musische Berufung hin und antwortet formal dem Pult der Nachbarfigur. (BE)

ßere Beachtung in der französischen Hauptstadt. Die folgenden Jahre führten Hiller u. a. mehrfach nach Italien. In Leipzig, bei seinem engsten Freund Felix Mendelssohn, reüssierte er mit dem Oratorium »Die Zerstörung Jerusalems«.

Verschiedene kürzere Stationen – Leipzig, Dresden, Düsseldorf – gingen seiner Berufung zum Städtischen Kapellmeister in Köln im Jahre 1850 voraus. Bis zu seinem Eintritt in den Ruhestand – nur ein Jahr vor seinem Tod – entfaltete er hier eine rege, fruchtbare Tätigkeit. Neben seinen heute vergessenen weit über 300 kompositorischen Werken und seinen pianistischen Fähigkeiten hat Hiller musikschriftstellerische Bedeutung. U.a. schrieb er jahrzehntelang in der Kölnischen Zeitung und übte so großen Einfluß auf das deutsche Musikleben aus. Speziell für Köln hat Hiller sich vor allem als Dirigent und Leiter des Konservatoriums hohe Verdienste erworben. Er gestaltete die von der Concert-Gesellschaft getragenen Chor- und Orchesterkonzerte, die seit 1857 als »Gürzenichkonzerte« etabliert wurden. Seine Programme pflegten neben den Chorwerken von Bach, Händel und Mendelssohn vor allem Mozart, Schubert, Schumann und Brahms. Er leitet auch zwischen 1853 und 1883 elf Niederrheinische Musikfeste. Bedeutende Musiker wie Gounod, Berlioz, Wagner, Verdi, Brahms, den Geiger Joseph Joachim und die Sängerin Jenny Lind zog er zu Gastspielen nach Köln. Das Konservatorium formte Hiller aus bescheidenen Anfängen zu einem florierenden Institut, was auch der Nachwuchspflege für das später (1888) von der Stadt übernommene Orchester zugute kam. Als Lehrer und Förderer wurde Hiller besonders für Max Bruch und Engelbert Humperdinck wichtig.

Hiller orientierte sich – ob als Komponist, Konservatoriumsdirektor oder Kapellmeister – stark an seinem Vorbild Mendelssohn; er war trotz seiner Bekanntschaft mit vielen Vertretern der Programmusik bzw. der »neudeutschen« Musikrichtung (Wagner, Liszt)

Ferdinand Hiller, Ostseite, 2. OG, Nr. 73
Ratsbeschluß am 25. September 1990
Modellvorstellung am 16. Mai und 8. Oktober 1990
Figurenübergabe am 14. Mai 1991
Bildhauer: Theo Heiermann
Stifter: Hannemarie Valder gemeinsam mit:
Dr. Claudia Valder-Knechtges, Franz Xaver Ohnesorg
sowie zahlreiche Musikfreunde, Köln

auf die konservative Haltung der strengen Mendelssohn-Nachfolge festgelegt. Obwohl er dem rheinischen Musikleben diese lange fortwirkende Einschränkung verordnet hat und Köln erst allmählich unter seinen Nachfolgern Wüllner und Steinbach Anschluß an andere Strömungen der zeitgenössischen Musik fand, sind Hillers Verdienste auf organisatorischem Gebiet und hinsichtlich der Qualität des Kölner Musikbetriebes von bleibendem Wert. Auf dem Melatenfriedhof erinnert eine monumentale Grabstätte, auf der auch das persönliche Adelsprädikat »von« Hiller nicht fehlt, an diesen ersten bedeutenden städtischen Kapellmeister. (CVK)

Literatur

Reinhold Sietz, Ferdinand Hiller, in: Musik in Geschichte und Gegenwart, Bd. 6, 1956/57, Sp. 401–409.
Reinhold Sietz, Beiträge zur rheinischen Musikgeschichte des 19. Jahrhunderts. I: Ferdinands Hillers erste Kölner Jahre, in: JbKGV 31/32, 1957, S. 287–303.
Reinhold u. Margarete Sietz (Bearb.), Der Nachlaß Ferdinand Hillers (Mitteilungen a.d. Stadtarchiv v. Köln, Heft 59), Köln 1970.

Mathilde Franziska Anneke (1817–1884)

Nr. 74 / 2. OG

Abb. 502: Mathilde Franziska Anneke, Zeichnung aus: Der Märker, 1840

»Eine dunkelblonde, zartblühende, junge Frau, mit schönen blauen Augen und einer Stimme von seltenem Wohlklang«: Geboren am 3. 4. 1817 auf dem großelterlichen Gut Levringhausen bei Blankenstein in der preußischen Rheinprovinz als erstes (von zwölf) Kind ihrer Eltern Karl Giesler und Elisabeth, geb. Hülswitt, verlief ihre Jugend frei und angenehm in offener Atmosphäre. 1836 heiratete sie den zehn Jahre älteren Weinhändler Alfred von Tabouillot aus Mülheim an der Ruhr. Ihre Tochter Johanna wurde 1837 geboren. Die Ehe hielt kaum ein Jahr; der Gatte war ein unleidlicher Mensch, ein Säufer, der seine Ehefrau prügelte. Der Scheidungsprozeß, den Mathilde Franziska anstrengte, dauerte von 1838 bis 1841. Trotz der Tätlichkeiten ihres Mannes wurde sie schuldig geschieden, die Tochter aber wurde ihr zugesprochen. Allerdings erhielt sie nur acht Taler monatlichen Unterhalt. Sie empfand sich als »Opfer

Ein erster Entwurf schlug die Gestalt mit den Attributen einer Schlange, wahlweise mit oder ohne beigegebenem Apfel, und einer Trommel vor. Die schließlich zur Ausführung gelangte Version zeigt die Kämpferin für Demokratie und weibliche Emanzipation im zeittypischen Kostüm mit Haube. Die gesprengten Ketten in Verbindung mit der im Arm gehaltenen Zeitung, ein Hinweis auf ihre Tätigkeit als Herausgeberin, Autorin und Redakteurin, sind sprechendes Symbol für dieses Engagement ebenso wie für ihren Widerstand gegen eine restriktive Pressezensur. Der Helm zu ihren Füßen erinnert an den tatkräftigen Einsatz Mathilde Franziska Annekes während der revolutionären Kämpfe des Jahres 1849 in der Pfalz. (BE)

der preußischen Justiz«, die zwar Ehescheidungen grundsätzlich ermöglichte, im allgemeinen aber zugunsten der Männer entschied. Durch ihren Prozeß erkannte sie, »daß die Lage der Frauen eine absurde und der Entwürdigung der Menschheit gleich bedeutende sei.«

Von ihrem Ehemann getrennt, lebte sie von 1837 bis 1839 in Wesel, dann bis zum April 1847 in Münster. Sich und ihr Kind ernährte sie durch schriftstellerische Arbeiten, religiöse Poesie zunächst, dann Beiträge in Anthologien, übersetzte französische und englische Literatur, verfaßte Gedichte und ein Drama, gab Almanache heraus. Nach und nach entfremdete sie sich von der als reaktionär empfundenen katholischen Kirche, und während des widrigen Scheidungsprozesses begann ihre Politisierung und ihre Hinwendung zu emanzipatorisch-frauenrechtlichen und fortschrittlich-demokratischen Ideen. Ab 1845 war sie als politische Journalistin Mitarbeiterin der Kölnischen Zeitung und der Augsburger Allgemeinen Zeitung, zwei der bedeutendsten deutschen Blätter dieser Zeit.

In Wesel bereits hatte sie im »Demokratischen Verein«, einem Kreis junger Juristen und Offiziere, die dem »wahren Sozialismus« anhingen, den preußischen Offizier Fritz Anneke (geb. 1818, gest. 1872) kennen gelernt, der mit Karl Marx bekannt war und 1846 wegen seiner fortschrittlichen Ansichten aus der preußischen Armee ausgestoßen wurde. In Münster, wo sie Hoffmann von Fallersleben und andere Demokraten kennenlernte, engagierte Mathilde Franziska sich im 1847 gegründeten, bald als »Communistenclub« geschmähten »Demokratischen Klub«. Sie wurde zur Zielscheibe des Spottes und der Denunziationen reaktionärer Blätter, die sie als »Apostolin des Kommunismus« oder »Kommunistenmutter« beschimpften.

Im März 1847 erhielt Fritz Anneke im März eine Stelle als »Correspondent« der Kölner Versicherung Colonia. Die beiden heirateten und zogen nach Köln, wo sie im Haus Am alten Ufer 5/7 wohnten. Mathilde Franziska Anneke führte hier eine Art Salon, in dem viele Demokraten zusammenkamen: Freiligrath, Hess, Herwegh, Willich, Gottschalk z. B., sogar Bakunin. In

Mathilde Franziska Anneke, Ostseite, 2. OG, Nr. 74
Ratsbeschluß am 30. Januar 1992
Modellvorstellung am 13. Dezember 1989
Figurenübergabe am 2. Juni 1992
Bildhauerin: Katharina Hochhaus
Stifter: Arbeitsgemeinschaft Sozialdemokratischer Frauen – SPD Unterbezirk –, Köln gemeinsam mit: Sparkassen-Stiftung zur Förderung rheinischen Kulturguts, Köln

Köln veröffentlichte sie auch ihre erste politische Schrift: »Das Weib im Konflikt mit den sozialen Verhältnissen«, und sie gründete hier zusammen mit Gottschalk und ihrer Freundin Emma Bunteschuh einen kommunistischen Klub, aus dem der Kölner Arbeiterverein hervorgehen sollte. Fritz Anneke, Gottschalk und Willich traten auch in den Bund der Kommunisten ein. Mathilde Franziska aber blieb der Verein verschlossen: er nahm keine Frauen auf!

Im Laufe des Jahres 1848 wurde Fritz Anneke wegen demokratischer Umtriebe zweimal verhaftet; während dieser Zeit gebar Mathilde Franziska ihr zweites Kind, den Sohn Fritz. Trotz dieser Belastungen geschah auf ihre Initiative und mit ihr als Redaktionsleiterin am 10. 9. 1848 unter der Losung »Wohlstand, Freiheit und Bildung für alle« die Gründung der »Neuen Kölnischen Zeitung für Bürger, Bauern und Soldaten«. Das neue Blatt, gedacht als Konkurrenz zur »alten« Kölnischen Zeitung, wurde jedoch bereits am 26. September zusammen mit der anderen demokratischen Kölner Presse (Neue Rheinische Zeitung; Zeitung des Arbeitervereins) verboten. Die von Mathilde Franziska Anneke zwischenzeitlich veröffentlichte »Frauenzeitung«, die erste ihrer Art in Deutschland, erlitt nach nur zwei erschienenen Nummern das gleiche Schicksal. Nach Fritz Annekes Freilassung aus der Haft publizierte seine Frau eine Kampfschrift gegen die politische Justiz in Preußen: »Der politische Tendenzprozeß vor den Assisen zu Köln«.

Seit Januar 1849 konnten erneut einige Nummern der Neuen Kölnischen Zeitung erscheinen. Wieder mußte Mathilde Franziska die redaktionelle Tätigkeit allein übernehmen, da ihr Mann sich revolutionären Einheiten in Elberfeld und Siegburg angeschlossen hatte und schließlich, von der Polizei als flüchtiger Revolutionär gesucht, als Oberst der Artillerie in die badisch-pfälzische Revolutionsarmee eintrat. Mathilde Franziska folgte ihrem Mann in die Pfalz und nahm an den Kämpfen des badischen Aufstandes aktiv teil. Karl Schurz beschrieb sie als »junge Frau von auffallender Schönheit, vielem Geist, großer Herzensgüte, poetisch-feurigem Patriotismus und ausgezeichneten Charaktereigenschaften«. Sie selbst veröffentlichte eigene »Memoiren einer Frau auf dem badischen Feldzug«.

Nach dem Scheitern des badischen Aufstandes flohen die Annekes in die Schweiz und im Oktober 1849 von dort in die Vereinigten Staaten von Amerika, Zufluchtstätte vieler verfolgter Demokraten. Man ließ sich in Wisconsin nieder, dem am stärksten von Deutschen besiedelten Bundesstaat. Viele vergebliche Versuche unternahmen die Annekes, im neuen Land Fuß zu fassen. Dazu gehörten in den fünfziger Jahren verschiedene Zeitungsprojekte. Am 1. 3. 1852 erschien in Newark/New Jersey die erste Nummer von Mathilde Franziska Annekes »Deutscher Frauenzeitung«, die sich vor allem der vollen Gleichstellung der Frauen widmete. Trotz widrigster Umstände – finanzielle Not, zahlreiche Geburten – gelang es ihr, das Blatt zunächst als Monats-, dann als Wochenschrift mit immerhin 2000 Bezieherinnen zweieinhalb Jahre lang erscheinen zu lassen. Sie hatte Kontakt zu amerikanischen Frauenrechtlerinnen, gründete einen Verband deutscher Frauen, unternahm Vortragsreisen, z. B. 1852 durch die großen Städte an der Ostküste, unterhielt eine eigene Druckerei.

Der Tod mehrerer ihrer Kinder Ende der fünfziger Jahre, eine schwere Erkrankung Mathilde Franziskas und die berufliche Erfolglosigkeit Fritz Annekes, der 1859 als Berichterstatter englischer, amerikanischer und deutscher Blätter während des italienisch-österreichischen Kriegs nach Europa zurückkehrte, führte zum zeitweiligen Zerwürfnis des Paares, das bis dahin alle Schicksalsschläge gemeinsam überstanden hatte. Erst im Herbst 1860 folgten Mathilde Franziska und ihre Kinder Fritz Anneke in die Schweiz. Hier, in der Gegend von Zürich, konnten beide noch einmal das von ihnen so geschätzte Leben im Kreise eines intellektuellen Freundeskreises genießen – bis es den ruhelosen Fritz Anneke wieder nach Amerika zurücktrieb, um als Offizier der Armee der Nordstaaten am Sezessionskrieg teilzunehmen. 1863 entlassen, mußte er sich wieder als schlecht bezahlter Journalist verdingen, so daß die Last der Sicherung des Lebensunterhalts der in Europa zurückgebliebenen Familie wieder einmal bei Mathilde Franziska allein lag. Sie arbeitete für deutsche und amerikanische Zeitungen, schrieb Romane, verpfändete ihren Schmuck, um so die Ausbildung ihrer Kinder zu sichern. Erst im August 1865 reiste sie wieder nach Amerika. Mit ihren Kindern wohnte sie erneut in Milwaukee, während ihr Mann als Journalist für eine deutschsprachige Zeitung in St. Louis lebte und arbeitete. Sie leitete fortan die 1865 eröffnete »höhere Töchterschule für deutsche und amerikanische Mädchen« und engagierte sich unermüdlich in der Frauenbewegung für die Erlangung der völligen politischen und kulturellen Gleichberechtigung der amerikanischen Frauen. 1869 sagte sie auf einer großen öffentlichen Versammlung in New York, gerichtet auch an ihre längst misogyn gewordenen ehemaligen deutschen Mitstreiter der 1848er-Revolution: »Das, was ihr in der Frau nicht länger niederdrücken könnt, ist der natürliche Durst nach wissenschaftlicher Erkenntnis, jene unerläßliche Vorbedingung für alle friedliche Entwicklung im Sinne des stetigen Fortschritts in der Menschengeschichte ... Tradition ist für uns keine Autorität, nenne sie sich Veda, Talmud, Koran oder Bibel. Die Vernunft, die wir als unseren höchsten und einzigen Gesetzgeber anerkennen, gebietet uns, frei zu sein.«

Mathilde Franziska Anneke starb – in ihrer Heimat längst vergessen – am 25. November 1884 in Milwaukee in den Vereinigten Staaten von Amerika. (BD)

Literatur

Helmut Bock/Wolfgang Heise (Hg.), Unzeit des Biedermeier. Historische Miniaturen zum Deutschen Vormärz 1830 bis 1848, Köln 1986.
Annette Hanschke, Frauen und Scheidung im Vormärz: Mathilde Franziska Anneke, in: GiK 34, 1993, S. 67–98.
Martin Henkel/Rolf Taubert, Das Weib im Conflict mit den socialen Verhältnissen. Mathilde Franziska Anneke und die erste deutsche Frauenzeitung, Bochum 1976.
Gerlinde Hummel-Haasis (Hg.), Schwestern, zerreißt eure Ketten. Zeugnisse zur Geschichte der Frauen in der Revolution von 1848/49, München 1982.
Ursula Linhoff, »Zur Freiheit, oh, zur einzig wahren« – Schreibende Frauen kämpfen um ihre Rechte, Frankfurt a.M./Berlin 1983.
Ursula Möhrle/Klaus Kösters, Mathilde Franziska Anneke (Westfalen im Bild. Reihe: Persönlichkeiten aus Westfalen, Heft 1) Münster 1984.
Regina Ruben, Mathilde Franziska Anneke, die erste große Verfechterin des Frauenstimmrechts, Hamburg o.J.
Wilhelm Schulte, Mathilde Franziska Anneke, in: Westfälische Lebensbilder 8, Münster 1959, S. 120–138.
Wilhelm Schulte, Fritz Anneke – Ein Leben für die Freiheit in Deutschland und in den USA, in: Beiträge zur Geschichte Dortmunds und der Grafschaft Mark 57 (1959), S. 7–100.
Maria Wagner, Mathilde Franziska Anneke in Selbstzeugnissen und Dokumenten (Die Frau in der Gesellschaft. Lebensgeschichten), Frankfurt a. M. 1980.
(Siehe auch Literaturangaben zu Nr. 78.)

Moses Hess (1812–1875)

Nr. 75 / 2. OG

Abb. 503: Moses Hess, Ölgemälde von G. A. Köttgen, um 1846, Stadtmuseum Düsseldorf B 193

Erst lange Jahrzehnte nach seinem Tode fand der politisch verfolgte Emigrant, Philosoph, Demokrat und Sozialist, wie Robert Blum in Deutschland halb vergessen, seine eigentliche Heimstatt. Am 9. Oktober 1961 übergab die Stadt Köln seine Gebeine dem Staat Israel, der den Ahnherrn des sozialistischen Zionismus am Kinnereth-See (»See Genezareth«) beisetzte.

Auf dem jüdischen Friedhof in Deutz erinnert eine Gedenktafel in hebräischer Schrift über dem jetzt leeren Grab an ihn: »Hier ruht Moses – Sohn des Chawer David, genannt Tebli – Hess (das Andenken des Gerechten ist zum Segen), geboren in der Stadt Bonn, am Dienstag, den 4. Schewat 5572, verschieden in der Stadt Paris, am Dienstag, den Neumondstag des Monats Nisan 5635, beerdigt gemäß seiner letztwilligen Verfügung auf dem Friedhof zu Deutz, bei den Gräbern seiner Familie, am Donnerstag, den 3. Nisan 5635. Möge seine Seele festgebunden sein in den Lebensbund.«

Moses Hess war in Bonn geboren worden, ältestes der fünf Kinder seiner Eltern David Hess und Jeanette (Helene) Floersheim, Rabbiner-Tochter aus Frank-

Moses Hess, Ostseite, 2. OG, Nr. 75
Ratsbeschluß am 1. Februar 1990
Modellvorstellung am 11. Januar 1991
Figurenübergabe am 23. Juni 1992
Bildhauer: Heribert Calleen
Stifter: Westdeutsche Rundfunkwerbung GmbH (WWF), Köln

Die Figur wurde in formal-kompositorischem Bezug zu ihrem unmittelbaren Nachbarn Gustav von Mevissen (Nr. 76) entwickelt. Seine Bedeutung als Mitinitiator und Förderer einer Vorstellung von Sozialismus, deren zunächst utopischer Charakter seine Hoffnung auf Verwirklichung in die Jugend setzte, kommt in der fahnentragenden Assistenzfigur eines selbstbewußt blickenden Jünglings zum Ausdruck. Gemäß den grundlegenden Aspekten des durch Hess auf philosophischer Grundlage entwickelten Gesellschaftsbildes trägt dieses Fahnentuch die Devise Freiheit Gleichheit Brüderlichkeit der französischen Revolution. Das Emblem zweier ineinander verschränkter Hände über dem Eichenlaub betont den Solidaritätsgedanken der durch Hess mitgetragenen Arbeiterbewegung. (BE)

furt. 1816/17 siedelte die Familie Hess nach Köln über. Der kleine Moses blieb in der Bonner Judengasse beim Großvater, von dem er die traditionelle strenge Ausbildung des Talmudschülers erhielt, »schwarz und blau geschlagen«, wie er später darüber schrieb. Nach dem Tode der Mutter 1825 zog Moses zum Vater und seinen Geschwistern nach Köln. Hier betrieb David Hess ab 1832 zusammen mit Franz Wilhelm Horst im Hause Domhof 8 eine erfolgreiche Zuckersiederei. Man wohnte zunächst in der Bürgerstraße 22, dann ab 1841 in der (heute nicht mehr existierenden) Martinsabteigasse. Die gutbürgerlichen Lebensverhältnisse ermöglichten es Moses, die Bildung nachzuholen, die er als Talmudschüler bis zu seinem fünfzehnten Lebensjahr nicht hatte erlangen können. In Köln begann er, sich vom orthodoxen Judentum zu lösen und sich demokratischen und sozialistischen Ideen zuzuwenden. Der Autodidakt besuchte Theater und Museen, lernte Französisch und Englisch, beschäftigte sich mit Philosophie und Geschichte, wurde »Schwarzhörer« an der Bonner Universität, die ihn 1837 bis 1839 regelrecht immatrikulierte.

Im Jahre 1837 auch veröffentlichte er anonym seine erstes Buch, »das erste sozialistische Werk in Deutschland«: »Die Heilige Geschichte der Menschheit: Von einem Jünger Spinozas«. Vier Jahre später schon folgte sein zweites Werk, der ebenfalls anonym veröffentlichte politisch-philosophische Traktat »Die europäische Triarchie«, handelnd über die Vereinigten Staaten von Europa und den Sozialismus. Im gleichen Jahr 1841 engagierte sich Hess in der »Commandite-Gesellschaft zur Gründung einer neuen Zeitung«; an den Vorarbeiten zur Gründung der »Rheinischen Zeitung«, eines liberalen, linkshegelianischen Blattes in Konkurrenz zur »Kölnischen Zeitung«, war er maßgeblich beteiligt. Der erhoffte Posten des Chefredakteurs wurde ihm jedoch nicht angetragen, sondern Karl Marx, der im Oktober 1842 die Leitung der Redaktion übernahm. Unter ihm wurde Moses Hess 1842 Mitarbeiter der »Rheinischen Zeitung«, deren Büro in der Schildergasse 99 lag. Im Dezember 1842 ging Hess als Korrespondent des Blattes nach Paris. Als er 1843 zurückkehrte, war die »Rheinische Zeitung« inzwischen von der preußischen Regierung verboten worden. Im August des Jahres war er wieder in Paris, wohin ihm Marx im Oktober folgte. Auf Betreiben der preußischen Regierung mußte Marx Paris 1845 verlassen. Er und Hess mit seiner späteren Frau Sibylle Pesch, die er erst 1851 zu heiraten wagte, als sein Vater gestorben war und ihm 40000 Taler hinterlassen hatte, gingen nach Brüssel; später stieß auch Friedrich Engels zu ihnen. Von hier aus entfalteten die drei eine rege politisch-publizistische Tätigkeit.

Im Vormärz organisierte Hess auch politische Veranstaltungen in Elberfeld. Hier erschien 1845/46 sein »Gesellschaftsspiegel. Organ zur Vertretung der besitzlosen Klassen und zur Beleuchtung der gesellschaftlichen Zustände der Gegenwart«. 1846 kehrte er nach Köln zurück, um »kommunistische« Propaganda zu betreiben. Wieder mußte er die Stadt verlassen; erneut hielt er sich in Paris und Brüssel auf. Im Revolutionsjahr 1848 versuchte Hess vergeblich, in Köln die »Rheinische Zeitung« wiederzubeleben. Marx und Engels hatten inzwischen mit Hess und dem von ihm verfochtenen »Wahren Sozialismus«, dessen Grundzüge er bereits in seiner »Triarchie« angelegt hatte, politisch gebrochen. Hess ging es um die Herleitung einer neuen sozialen Gesellschaft aus der Philosophie, aus der Erkenntnis des wahren Wesens des Menschen seine »wahre Natur« wiederherzustellen, die der Egoismus zerstört hatte. Er war der Auffassung, es genügte, daß der Mensch seiner wahren Natur bewußt würde, um die bestehende »verkehrte« kapitalistische Gesellschaft in eine kommunistische umzuwandeln. Nur das kommunistische Regime erlaubte es, so Hess, zwischen den Menschen »menschliche« Beziehungen entstehen zu lassen und eine Gesellschaft des Altruismus und der Liebe zu schaffen. Der »Wahre Sozialismus« setzt sich vom Historischen Materialismus Marxens ab: die Herkunft sozialistischer Ideen und ihrer ökonomischen Realität vollzieht sich nicht mit dialektischer Notwendigkeit aus den Produktionsverhältnissen, sondern sie entfaltet sich aus philosophischen Prinzipien, die zur Verwirklichung drängen.

Seit den ausgehenden vierziger Jahren des 19. Jahrhunderts war Hess aus politischen Gründen wieder gezwungen, jahrelang ein unstetes, oft illegales Leben zu führen, in der Schweiz und in Paris, in Lüttich, Brüssel und Antwerpen, immer wieder politisch verfolgt und ausgewiesen. 1861 konnte er auf Grund einer Amnestie legal nach Preußen und damit nach Köln zurückkehren. Hier erschien ein Jahr später sein wichtigstes Werk: »Rom und Jerusalem, die letzte Nationalitätsfrage. Briefe und Noten«, die bedeutendste frühzionistische Schrift, an der er 1860 in London zu arbeiten begonnen hatte. In Paris war Hess zum Judentum zurückgekehrt und zu einem engagierten Verfechter des Zionismus auf sozialistischer Basis geworden; »Rabbi des Kommunismus« wurde zu seinem Beinamen.

1863 wurde er, der sich Lassalle zugewandt hatte, von der konstituierenden Versammlung des Allgemeinen Deutschen Arbeitervereins (ADAV) in Leipzig zum Kölner Bevollmächtigten ernannt; die Kölner und die Berliner Sektion des ADAV vertrat er in den folgenden Jahren auf Kongressen in Brüssel und Basel. Politisch desillusioniert ging er 1870 wieder als Journalist nach Paris, von wo er für deutsche und amerikanische Blätter berichtete. Der preußisch-französische Krieg zwang ihn jedoch zum Verlassen der Stadt, in die er erst nach Kriegsende 1871 zurückkehren konnte. Anfang März 1875 erlitt er einen Schlaganfall, am 6. April starb er in seiner Pariser Wohnung rue Doudeauville 79. Zwei Tage später wurde Moses Hess auf dem jüdischen Friedhof von Deutz beigesetzt, so wie er es selbst verfügt hatte. Der 1. Zionistische Weltkongreß in Basel pries ihn 1897 als »Künder des sozialistischen Zionismus«.

Sein Verhältnis zu Köln war stets ambivalent gewesen. Mehr als einmal hielt er es in der rheinisch-katholischen Stadt wegen seiner politischen Ansichten – »Nur die Freiheit ist hier, wie überall, die definitive Lösung.« –, aber auch wegen seiner Familie, wie er es selbst einmal schrieb, nicht länger aus. Andererseits fesselte ihn der Ort und das Land am Rhein, wie aus seinen im Jahre 1860 geschriebenen, 99 Beiträge umfassenden Berichten für die in Augsburg erscheinende »Allgemeine Zeitung« erhellt, so daß er immer wieder nach Köln zurückkehrte.

1962 benannte der Rat der Stadt Köln eine Straße in Stammheim nach Moses Hess, siebenundachtzig Jahre nach seinem Tod. (BD)

Literatur

Bruno Frei, Moses Hess, in: Rheinische Lebensbilder 8, Köln 1980, S. 245–262.

Barbara Happe-Nolden, Moses Hess. Der »wahre Sozialismus« als Philosophie der Tat; Köln 1983 (Kölner Texte zur Wissenschaft Bd. 3).

Helmut Hirsch, Moses Hess. Vorkämpfer der Freiheit (Kölner Biographien 5), Köln 1975.

Helmut Hirsch, Marx und Moses Hess. Karl Marx zur »Judenfrage« und zu Juden, Frankfurt a.M. 1980.

Helmut Hirsch, Moses Hess in Köln – bis zur Emigration im Jahre 1842; in: Köln und das rheinische Judentum, Köln 1984, S. 165–176.

Horst Lademacher (Hg.), Moses Hess: Ausgewählte Schriften, Köln 1962.

Shlomo Na'aman, Emanzipation und Messianismus. Leben und Werk des Moses Hess; Frankfurt a.M. 1982 (Quellen und Studien zur Sozialgeschichte, Bd. 3).

Edmund Silberer, Moses Hess: Geschichte seines Lebens, Leiden 1966.

Edmund Silberer, Moses Hess. Briefwechsel, Den Haag 1959.
(Siehe auch Literaturangaben zu Nr. 78.)

Gustav von Mevissen (1815–1899)

Nr. 76 / 2. OG

Abb. 504: Gustav von Mevissen, Lithographie von A. Günther, 1848, RBA

Er wurde in Dülken bei Krefeld am 20. 5. 1815 als Sohn eines Zwirnfabrikanten geboren. Für kurze Zeit war er Schüler des Kölner Karmelitergymnasiums, des Marzellengymnasiums und der neugegründeten Bürgerschule, trat dann aber bereits mit 15 Jahren in den väterlichen Betrieb ein. Reisen 1836 durch das Rheinland und durch Belgien und 1838 nach England zum Studium der Textilindustrie dienten seiner unternehmerischen Fortbildung. 1841 verließ Mevissen das enge Dülken und übersiedelte nach Köln. Hier gründete er mit einem Kompagnon eine Garngroßhandlung zur Vermarktung der Produkte des väterlichen Betriebs.

Am neuen Wohn- und Wirkensort erwachte schon bald sein unternehmerisches Interesse am Versicherungswesen. 1843 gehörte er zu den Mitbegründern der »Kölner Rückversicherung für Feuer und Transport«, die 1846 als Aktiengesellschaft konzessioniert wurde. 1845 wirkte er an der Umwandlung der schon 1818 gegründeten »Rheinschiffahrts-Assekuranz-Gesellschaft« in die »See-, Fluß- und Landtransport-Versicherungsgesellschaft Colonia« mit; 1852 nahm die »Concordia Lebensversicherungsgesellschaft und Rentenbank«, eine Vereinigung zweier Konkurrenzunternehmen Adam Oppenheims und Adam Schaaffhausens, ihre Tätigkeit auf. Mevissen leitete sie bis 1879.

Rasch hatte Mevissen die Bedeutung des Eisenbahnwesens für die allgemeine wirtschaftliche und für die industrielle Entwicklung Westdeutschlands erkannt. 1845 wurde er Präsident der Rheinischen Eisenbahngesellschaft. Er widmete sich der Bahn bis zur Verstaatlichung im Jahre 1880. Intensiv betrieb er den links- und rechtsrheinischen Ausbau ihres Streckennetzes, von Köln bis nach Belgien, bis an die holländische Grenze, ins Ruhrgebiet, nach Mainz und Aschaffenburg. Die Rheinische Bahngesellschaft wurde unter seiner Leitung zu einem der bedeutendsten Verkehrsunternehmen der Zeit. 1879 besaß sie 27 Haupt- und Nebenlinien mit einer Streckenlänge von zusammen 1350 Kilometern, hatte 12 000 Beschäftigte und verfügte über ein Aktienkapital von 250 Millionen Mark!

1848 wurde Mevissen vom preußischen Staat mit der Neuorganisation des zusammengebrochenen Schaaffhausenschen Bankvereins betraut, dessen Direktor er bis 1857 blieb. Unter seiner Führung entwickelte sich diese erste deutsche Aktiengesellschaft zur führenden Industriefinanzierungsbank im rheinisch-westfälischen Raum. 1853 gründete er mit Oppenheim und Schaaffhausen die Bank für Handel und Industrie in Darmstadt, eine der ersten modernen Aktienkreditbanken in Deutschland, als deren Präsident er bis 1878 wirkte.

Zu Mevissens unternehmerischen Betätigungsfeldern gehörten neben dem Banken- und Versicherungs- und Verkehrswesen als adaequate Ergänzung auch die Montan- und Schwerindustrie. 1849 gründete er zusammen mit Kölner Reedern, Kaufleuten, Fabrikanten und Bankiers den »Kölner Bergwerksverein«, trat im gleichen Jahr in den Aufsichtsrat der Stolberger Alliance K.G. (Erzgruben) ein und gehörte 1852 zu dem Mitgründern des Hörder Bergwerks- und Hüttenvereins. 1853 beteiligte er sich am Eschweiler Hüttenverein und an den Kohlenbergwerksgesellschaften in Alsdorf-Höngen und Massen. 1855 zählte er zu den Gesellschaftern der neugegründeten Kölnischen Maschinenbau AG.

In der Textilindustrie engagierte er sich mit der Schaffung der mechanischen Flachsspinnereien in Düren und Dülken im Jahre 1852/53, deren Produkte in der rasch expandierenden Kölnischen Baumwollspinnerei und -weberei veredelt wurden.

Gustav von Mevissen hat in allen Bereichen der Wirtschaft, in der Schaffung des modernen Kredit- und Verkehrswesens, für die Industrialisierung, Entscheidendes, Bahnbrechendes geleistet. Köln verdankt ihm viel von seiner Bedeutung als Versicherungs- und

Die Figur wurde in formal-kompositorischem Bezug zu ihrem unmittelbaren Nachbarn Moses Hess (Nr. 75) entwickelt. Zeigte das Modell in erster Fassung noch ein blockhaft geschlossenes Pult, wandelte sich dieses im Zuge der Figurenausführung zu einem Balusterschaft mit Auflagefläche, auf deren vorgehängter Draperie das preußische Wappen an Gustav von Mevissens wirtschaftsfördernde Tätigkeit im Rahmen auch der Kölner Handelskammer erinnert. Der teilweise entrollte Plan läßt in graphisch reliefierter Zeichnung ein Zahnrad als Symbol seines Einsatzes für die Entwicklung des Bergbau-, Hütten- und des Eisenbahnwesens erkennen. (BE)

Bankenstandort, als Verkehrsknotenpunkt im Westen Deutschlands und als Industriestandort.

Dennoch: das überlieferte Bild vom Unternehmer Mevissen ist stark idealisiert. Schon zu seiner Zeit gab es starke Kritik an seiner Politik als Handelskammerpräsident. Man warf ihm vor, die Kammer allein zum Vorteil seiner vielfältigen eigenen Unternehmungen zu benutzen. Und man wies auf die Widersprüche zwischen seinen eigenen liberalen politischen Verlautbarungen und seiner eigenen Firmenpolitik hin. Die Kammer entfernte sich im Laufe der Zeit von ihm und entschied sich mehrheitlich gegen ihn, so daß er, seit 1845 ihr Mitglied, seit 1856 ihr Präsident, im Jahre 1860 bei der Wahl durchfiel.

Der Unternehmer Mevissen war auch politisch engagiert. Er gehörte zu den Geldgebern und Mitarbeitern der rheinisch-liberalen Kölner Rheinischen Zeitung bis zu ihrem ersten Verbot im Jahre 1843. 1846 wurde er als Nationalliberaler in den rheinischen Provinziallandtag gewählt, gehörte ab 1847 dem Vereinigten Landtag an und beschäftigte sich im Frankfurter Parlament ab Mai 1848 im Volkswirtschaftlichen Ausschuß mit Wirtschaft-, Finanz- und Verkehrspolitik. Vom Staat erwartete er eine planmäßige Wirtschaftspolitik und als Sozialreformer verlangte er Gesetze über Arbeitschutzbestimmungen, Arbeitszeitregelungen, Festsetzung eines Minimallohnes, Gewährung der politischen Rechte und der Koalitionsfreiheit und freie, verbesserte Volksbildung. Bei seinen eigenen Unternehmen schuf er zahlreiche soziale Einrichtungen wie Kranken-, Invaliden-, Witwen- und Waisenkassen und Krankenhäuser. Auch die Verbesserung der Ausbildung des unternehmerischen und kaufmännischen Nachwuchses lag Mevissen besonders am Herzen. Er trat deshalb für die Errichtung der Kölner Handelshochschule ein, stellte für das Projekt 1879 100 000 Mark zur Verfügung und vermachte ihm testamentarisch 1 Million Mark.

1865 wurde Mevissen Beigeordneter in Köln und Vertreter der Stadt im preußischen Herrenhaus (bis 1891), wurde in den Volkswirtschaftsrat und den preußi-

Gustav von Mevissen, Ostseite, 2. OG, Nr. 76
Ratsbeschluß am 2. März 1989
Modellvorstellung am 11. Januar 1991
Figurenübergabe am 23. Juni 1992
Bildhauer: Heribert Calleen
Stifter: Industrie- und Handelskammer zu Köln gemeinsam mit: Otto Wolff AG, Köln

schen Staatsrat berufen und 1884 in den erblichen Adelsstand erhoben.

Nach dem Rückzug aus dem aktiven Leben als Unternehmer und Politiker pflegte Mevissen intensiv seine philosophischen und historischen Interessen, denen er sich schon in seiner Jugend autodidaktisch gewidmet hatte. 1881 regte er die Gründung der Gesellschaft für Rheinische Geschichtskunde an und förderte sie großzügig (»Preisschriften der Mevissen-Stiftung«, hier erschien z. B. 1910 H. Keussens berühmtes Werk »Topographie der Stadt Köln im Mittelalter«). Die Universität Bonn ehrte ihn mit der doppelten Ehrendoktorwürde. Köln ernannte ihn 1895 zu seinem Ehrenbürger.

Gustav von Mevissen starb am 1.8.1899 in seinem Godesberger Landhaus. (BD)

Literatur

Josef Hansen, Gustav von Mevissen. Ein rheinisches Lebensbild (1815–1899), 2 Bde., Berlin 1906.
Bruno Kuske, Gustav von Mevissens Stellung in der Wirtschaftsentwicklung, Köln 1921.
Erika Loose-Weis, Gustav von Mevissen, in: Rheinisch-Westfälische Wirtschaftsbiographien Bd. 2, Münster 1934, S. 17–45.
Beate-Carola Padberg, Rheinischer Liberalismus in Köln während der politischen Reaktion in Preußen nach 1848/49, Köln 1985 (Schriften zur rheinisch-westfälischen Wirtschaftsgeschichte, Bd. 36).

Jacques Offenbach (1819–1880)

Nr. 77 / 2. OG

Abb. 505: Jacques Offenbach, Foto: Archiv Konservator

Jacques Offenbach wurde am 20. Juni 1819 im Haus Großer Griechenmarkt 1 geboren. Der Sohn des Synagogenkantors und Gelegenheitsmusikers Isaac Eberst aus Offenbach wurde schon früh musikalisch ausgebildet und zog bereits im Kindesalter mit zwei Geschwistern als Musikant durch Kölner Wirtshäuser. Auf dem Cello erwarb er, zunächst heimlich und autodidaktisch, dann u. a. bei dem Kölner Karnevalskomponisten Bernhard Breuer, solche Fähigkeiten, daß er 1833 als erster Nichtfranzose vom berühmten Cherubini am Pariser Konservatorium angenommen wurde.

In Paris sah sein Vater im Gegensatz zum Köln der Preußenzeit Aufstiegschancen für einen begabten jüdischen Musiker. Offenbach blieb in Paris; aus Jakob, dem kölschen »Köbes«, wurde »Jacques«. Mit unermüdlichem Fleiß meisterte er die kargen Anfangsjahre, bildete seinen Sinn für das Theater und seine musikalischen Fähigkeiten weiter aus und feierte schließlich im Zweiten Kaiserreich Napoleons III. große Erfolge. Mit seinem Theater, den »Bouffes-Pari-

Die spielerisch leicht übereinander gestellte Haltung der Beine nutzt die Möglichkeiten der Ecksituation. Der Komponist ist im zeittypischen Kostüm mit hohem Zylinder wiedergegeben, in der Rechten hält er anstelle eines zunächst beabsichtigten Spazierstöckchens nunmehr lässig den nur leicht erhobenem Taktstock – aus Bronze bestehend und neben Ferdinand Hiller (Nr. 73) den einzigen Fall einer Verwendung weiterer Materialien an Ratsturmfiguren bezeichnend. Ungewöhnlich auch ist die an Turmfiguren ansonsten nur noch bei Wilhelm Marx (Nr. 87) und Wilhelm Sollmann (Nr. 97) anzutreffende Wiedergabe von Augengläsern, wie sie bereits die überlieferten Porträts besonders charakterisieren. Zwei Theatermasken zu Füßen des Komponisten, eine tragische und eine komische, deuten die vielseitig orientierte Musikalität Jacques Offenbachs in der großen Spannbreite verschiedenster Genres an. (BE)

siens«, gelang ihm in den 50er Jahren der Durchbruch. Gioacchino Rossini soll ihn »Mozart der Champs-Elysées« genannt haben.

Offenbachs Ruhm als Komponist gründete zu seinen Lebzeiten auf seinen Operetten. Er gilt als »Vater« dieser Gattung, d. h. einer frechen Parodie oder Satire auf gesellschaftliche Mißstände, bombastisches Zeremoniell, Überheblichkeit des Militärs. Bekannte Werke sind »Orpheus in der Unterwelt« (1858), »Die schöne Helena« (1864), »Pariser Leben« (1866), »Die Großherzogin von Gerolstein« (1867). Nicht umsonst ist Offenbach als der musikalische Doppelgänger eines anderen deutschen Wahlfranzosen – Heinrich Heines – bezeichnet worden, mit dem er nicht nur die jüdische Herkunft, die rheinische Kindheit, die Vorliebe für Paris und den Sinn für Romantik, sondern auch die Ironie gemeinsam hat.

Von seinen zahllosen Werken hat kaum mehr als der berühmte und populäre »Can-Can« überdauert, wenn auch kaum jemand den Namen des Komponisten zu nennen vermag. Allein seine einzige Oper »Hoffmanns Erzählungen« lebt heute noch auf den Bühnen der ganzen Welt fort. Mit diesem romantisch-phantastischen Werk erfüllte sich Offenbach zu seinem Lebensende den Wunsch, für die Opéra comique zu schreiben. Dort wurde die Oper posthum 1881 uraufgeführt. Mit ihr zeigte Offenbach, daß er nicht nur – um ein Wort Nietzsches zu verwenden – ein »Genie der Heiterkeit« war.

Offenbachs Beziehungen zu Köln blieben zeitlebens eng. Häufig besuchte er seine Heimatstadt, in der seine Familie immer noch lebte, und 1848 floh vor der Pariser Julirevolution nach Köln. Hier musizierte er bei Festkonzerten zum Domjubiläum mit, komponierte vaterländische Lieder (u. a. das Bürgerwehr-Lied »Gott grüß dich, Bürgercamarad«) und erlebte 1849 die Aufführung seiner komischen Oper »Marielle«. Kenner des Offenbachschen Werkes weisen darauf hin, daß die Kölner Kindheit den Komponisten stark geprägt hat. Neben den durch den Vater und die

Jacques Offenbach, Südseite, 2. OG, Nr. 77
Ratsbeschluß am 26. Mai 1988
Modellvorstellung am 2. März 1989
Figurenübergabe am 14. Mai 1991
Bildhauer: Klaus Balke
Stifter: EMI ELECTROLA GmbH, Köln

Lehrer vermittelten geistigen und musikalischen Eindrücken wirkte besonders der Kölner Karneval auf seine Vorstellung ein. In seiner Jugend ging nicht nur der erste Rosenmontagszug (1823) durch die Stadt, es wurden auch Versuche unternommen, den Karneval als Volksfest im romantischen Sinne zu literarisieren. In Büttenreden, im Karnevalstheater »Divertissementchen«, vielleicht auch im »Hännesche« lernte Offenbach seine späteren Stoffe kennen. Heute erinnert in Köln der Offenbachplatz am neuen Opernhaus, nahe der Glockengasse, wo bis 1938 die Synagoge gestanden und der junge Jakob seit 1825 gewohnt hatte, an diesen großen Musiker, der wie kein zweiter die kölnische Mentalität in sein Werk eingebracht hat.

Als überzeugter, wenngleich im deutsch-französischen Krieg 1870/71 auch angefeindeter Wahlfranzose ist Jacques Offenbach in Paris gestorben. Bestattet wurde er auf dem Friedhof Montmartre. (CVK)

Literatur

Josef Bayer, Jacob Offenbach als Kölner, in: Kölsch Levve, Jg. 2, 1921, S. 41–43, 49–50, 61–62.

Jacques Brindejont-Offenbach, Offenbach, mon grand-père, Paris 1940.

Anna-Dorothee v.d. Brincken, Jacques Offenbach (1819–1880), in: Rheinische Lebensbilder 5, Bonn 1973, S. 151–173.

Alain Descaux, Jacques Offenbach, Roi du second Empire, Paris 1958 (dt. Ausgabe: Jacques Offenbach, Komponist der Belle Epoque, Bergisch-Gladbach 1978).

Alexander Faris, Jacques Offenbach, Zürich 1982.

Paul Heinrich Gehly, Offenbach über sich selbst. Eine vergessene Autobiographie, in: Zeitschrift für Musik 97, 1930, S. 931–932.

James Harding, Jacques Offenbach. A Biography, London, New York 1980.

Anton Henseler, Jacob Offenbach, Berlin 1930.

Anton Henseler, Jakob Offenbachs Kindheit, in: Die Musik 23, 1930/31, S. 29–34.

Walter P. Jacob, Jacques Offenbach in Selbstzeugnissen und Bilddokumenten, Reinbeck 1969.

Winfried Kirsch / Dietrich Ronny (Hg.), Jacques Offenbach – Komponist und Weltbürger, Mainz 1985.

Siegfried Kracauer, Jacques Offenbach und das Paris seiner Zeit, Amsterdam 1937.

Siegfried Kracauer, Offenbach ou le secret du second Empire, Paris 1937.

Hans Kristeller, Der Aufstieg des Kölner Jacques Offenbach. Ein Musikerleben in Bildern, Köln 1931.

Sonja Luyken, Jacques Offenbach (Kölner Biographien 1), Köln 1969.

Jacques Offenbach. Schauplätze eines Musikerlebens. Austellungskatalog hg. v. Historischen Archiv der Stadt Köln, Köln 1980.

Hans Schmitt-Rost, Jacques Offenbach aus Köln, in: Die Tribüne 26, 1956/57, S. 65–69.

Louis Schneider, Les Maîtres de l'operette française: Offenbach, Paris 1923.

Alphons Silbermann, Das imaginäre Tagebuch des Herrn Jacques Offenbach, Wiesbaden 1960 (erweiterte Neuausgabe München 1991).

Karl Marx (1818–1883)

Nr. 78 / 2. OG

Abb. 506: Karl Marx, Foto 1848/49, Archiv Konservator

»Wir mußten eben nach Köln gehen und nicht nach Berlin. Erstens Köln war das Zentrum der Rheinprovinz, die die französische Revolution durchgemacht, sich im Code Napoléon moderne Rechtsanschauungen bewahrt, die weitaus bedeutendste große Industrie entwickelt hatte und in jeder Beziehung damals der fortgeschrittenste Teil Deutschlands war.« Als Friedrich Engels im Jahre 1884 diese Worte schrieb, war Karl Marx schon im Londoner Exil gestorben. Als er Köln zum letzten Male – 1849 – verlassen hatte, war er mittellos gewesen, seine Frau Jenny hatte ihr Silber versetzen müssen. Den Grund dafür enthüllte er später selbst: 7000 preußische Taler hatte er in die »Neue Rheinische Zeitung« investiert, deren berühmte letzte Ausgabe in 20 000 Exemplaren auf rotem Papier am 19. 5. 1849 erschienen war.

Karl Marx, Sohn des Advokaten am Trierer Appellationshof Heinrich Marx und dessen Ehefrau Henriette, geb. Preßbord, wurde am 5. Mai 1818 in Trier geboren. Sein Vater war kurz zuvor vom jüdischen Glauben zum Protestantismus konvertiert, um preußischer

Der Bildhauer, der diese Figur unter kompositorischer Berücksichtigung des unmittelbar benachbarten Hermann Heinrich Becker (Nr. 79) schuf, entschied sich in Anbetracht der von Karl Marx in Köln verbrachten frühen Lebenszeit für den Verzicht auf das allgemein verbreitete Altersbildnis und formulierte statt dessen eine deutlich jünger wirkende Physiognomie. Die Bedeutung der historischen Person gerade für Köln, die Eigenschaft als Redakteur der Neue Rheinische Zeitung mit dem Untertitel Organ der Demokratie, wie sie das Zeitungsblatt in Händen von Marx als teilweise lesbarer Schriftzug ausweist, stand ganz im Vordergrund. (BE)

Justizbeamter werden zu können: in Preußen war Juden noch die Übernahme in den Staatsdienst versagt.

Von 1835 bis 1836 studierte Karl Marx in Bonn Rechtswissenschaft, danach bis 1841 an der Berliner Universität, Hochburg des Hegelianismus, Philosophie und Geschichte. Hier wurde der Grundstein gelegt für seine philosophische und praktisch-politische Entwicklung. Hatte er Berlin als »Revolutionär im allgemeinen« verlassen, so wurde er binnen Jahresfrist im engen Kontakt mit den politischen und ökonomischen Problemen vom »Linkshegelianer«, der den preußischen Staat liberalisieren und demokratisieren wollte, zum »Kommunisten« (ein Begriff von damals wesentlich anderem Inhalt als heute). Im Jahre 1842 siedelte er nach Köln über, wo er Mitarbeiter der »Rheinischen Zeitung für Politik, Handel und Gewerbe« wurde. Das Blatt war im Dezember 1841 von wohlhabenden Kölner Bürgern – der »Kölner Geldaristokratie«, wie Moses Hess sie nannte, darunter Georg Jung, Gustav Mevissen, Ludolf Camphausen und Abraham Oppenheim – gegründet worden, eine »Kommanditgesellschaft auf Aktien« als Gegengewicht zum DuMontschen Monopol der »Kölnischen Zeitung«. Die erste Ausgabe des Blattes, dessen Redaktionsräume sich in Hause Schildergasse 99 befanden, war am 1. 1. 1842 erschienen; ab Oktober des Jahres war Marx sein inoffizieller Chefredakteur. Im Januar 1843 hatte die »Rheinische Zeitung« bereits 3400 Abonnenten gewonnen: damit war sie für die preußische Regierung zum Politikum geworden. Es waren vor allem Marxens gesellschaftskritische Artikel, seine Analyse der Debatten des 6. Rheinischen Provinziallandtags über die Pressefreiheit (die Zensur bezeichnete er als »sicherlich die tiefste Unsittlichkeit«), des »Holzdiebstahlgesetzes« und seine Berichte über die soziale Lage der Moselbauern, die die preußische Regierung veranlaßten, die »Rheinische Zeitung« zum Ende des ersten Quartals 1843 zu verbieten: »wegen tadelnswerter Tendenz«, »der Zügellosigkeit des Ausdrucks und Gesinnung« und der »Anfeindung des Gouvernements und der bestehenden Ordnung.« Aber gerade diese Tendenz, die das Blatt unter dem leitenden Redakteur Marx nahm, ließ es

Fraktion im Rat
der Stadt Köln
SPD

Karl Marx, Südseite, 2. OG, Nr. 78
Ratsbeschluß am 28. April 1988
Modellvorstellung am 6. Juni 1988
Figurenübergabe am 6. September 1988
Bildhauer: Helmut Moos
Stifter: Sozialdemokratische Partei Deutschlands, Unterbezirk Köln

zum »Muster für die gesamte zeitgenössische deutsche Presse« werden und die Politisierung der öffentlichen Meinung in der preußischen Rheinprovinz vorantreiben. Längst auch in Konflikte mit seinen »liberal«-bürgerlichen Geldgebern geraten, die die Entwicklung der »Rheinischen Zeitung« vom liberalen Wirtschaftsblatt zum radikalpolitischen nicht goutierten, trat Marx am 17. März 1843 aus der Redaktion aus und ging nach Kreuznach, um Jenny von Westphalen zu heiraten.

Im Herbst 1843 siedelten Marx und seine Frau nach Paris über. Hier traf er im August 1844 auf Friedrich Engels und andere deutsche Emigranten wie z. B. Heine und Börne, kam in Kontakt mit den französischen Sozialisten – vor allem Proudhon – und der gesamten sozialistischen Literatur. Aus Frankreich 1845 ausgewiesen, reisten er und Engels, seit den Kölner Tagen sein engster und lebenslanger Freund, zunächst nach Brüssel, wo sie ein »kommunistisches Korrespondenzkomitée« gründeten, 1847 nach London, wo sie den dortigen deutschen Arbeiterverein in den »Bund der Kommunisten« umwandelten, und schließlich, nun aus Brüssel ausgewiesen, im März 1848 wieder nach Paris in das eben zur Republik gewordene Frankreich. In diesen Jahren schrieb Marx seine »Kritik der Hegelschen Rechtsphilosophie«, gab er gemeinsam mit Ruge die »Deutsch-Französischen Jahrbücher« heraus (beides 1844), schrieb mit Engels die »Deutsche Ideologie« und seine Feuerbach-Thesen (1845), »Das Elend der Philosophie« (1847) und das berühmte »Kommunistische Manifest« (1847, veröffentl. Februar 1848), das allerdings bis in die siebziger Jahre kaum Einfluß zu gewinnen vermochte.

Im April 1848 konnten Marx und Engels ins preußische Köln zurückkehren und die Zentrale ihres »Bundes der Kommunisten« hierhin verlegen. Bis November 1848 wohnte Marx im Hause Apostelnstraße 7, dann bis Mai 1849 Cäcilienstraße 7, Engels »In der Höhle« Nr. 14. Beide wurden umgehend politisch und publizistisch tätig. Die »Neue Rheinische Zeitung. Organ der Demokratie« (NRZ) mit Marx als Chefredakteur und Engels als Mitarbeiter wurde gegründet, wie ihre 1843 verbotene Vorgängerin als Aktiengesellschaft. Am 1. 6. 1848 erschien die erste Nummer des sich scharf vom liberal-bürgerlichen Lager abgrenzenden, für die Erhaltung der Errungenschaften der März-Revolution kämpfenden Blattes, das wegen seiner radikaldemokratischen und sozialrevolutionären Ausrichtung rasch großen Einfluß in Köln und in der Rheinprovinz gewinnen konnte. Marx trat der Kölner »Demokratischen Gesellschaft« bei und dem Kölner »Arbeiterverein«, den Andreas Gottschalk, Fritz Anneke und August von Willich gegründet hatten. Im Oktober 1848 wurde er »provisorischer« Präsident des Vereins, der im März 1848 eine große Protestdemonstration vor dem Kölner Rathaus mit revolutionären Forderungen organisiert hatte, und wandelte ihn in ein Agitationszentrum des »Kommunistischen Bundes« um.

Die sog. »Septemberereignisse« brachten revolutionäre Unruhe auch in Köln: preußische Truppen randalierten am 11. 9. 1848; am gleichen Tag noch konstituierte sich ein »Sicherheitsausschuß« mit dem Präsidenten Hermann Heinrich Becker (siehe Nr. 79), der Köln vor dem erwarteten Staatsstreich der »Reaktion« schützen sollte. Mitglieder des Arbeitervereins waren verhaftet worden; Barrikaden wurden errichtet, die Polizeiwache auf der Glockengasse gestürmt, um sie zu befreien. Am 17. 9. versammelten sich 10 000 Protestierende in Worringen. Die Regierung verhängte am 25.9. den Ausnahmezustand, und die NRZ, deren Redakteure sich bis auf Marx der drohenden Verhaftung durch Flucht entzogen hatten, wurde zum ersten Male verboten. Erst am 12. Oktober konnte das Blatt nach Aufhebung des Belagerungszustandes wieder erscheinen, um fortan den preußischen Staat und auch das Haus Hohenzollern noch härter anzugehen. Nach dem Einmarsch der preußischen Truppen unter Wrangel in Berlin, der gewaltsamen Auflösung der preußischen Nationalversammlung und dem Verfassungsoktroy im November/Dezember 1848 veröffentlichte die NRZ einen Aufruf zur Steuerverweigerung als Akt des Widerstandes des Volkes gegen eine gewaltsame Regierung. In angespannter Atmosphäre – von Januar bis März 1849 erlebte Köln heftige Arbeitslosenunruhen – wurden Marx, Engels und andere wegen »öffentlicher Aufforderung zur Rebellion« angeklagt, nach einer zweitägigen Verhandlung vor den Kölner Assisen am 8./9. 2. 1849 aber freigesprochen. Am 19. März gaben Arbeiterverein und »Demokratische Gesellschaft« im und vor dem Gürzenich ein großes Bankett mit mehreren Tausend Teilnehmern zur Feier der Berliner Märzrevolution.

Im gleichen Monat begannen Arbeiterverein und NRZ eine neue Politik mit ihrer Hinwendung zur Schaffung einer allgemeinen deutschen Arbeiterbewegung. Der Anschluß an den Leipziger »Verband der deutschen Arbeitervereine« (ein Vorläufer der Sozialdemokratie) wurde am 16. April vollzogen. Der Kölner Verein führte am 6. Mai den ersten »Provinzialkongreß« der Vereine des Rheinlandes und Westfalens durch, organisiert von einem Provinzialausschuß unter Marxens Führung. Die NRZ, trotz ihrer Bedeutung und ihres großen Einflusses als politisches Organ immer vor dem finanziellen Kollaps, hatte im April mit dem Abdruck seiner politökonomisch programmatischen Artikelserie »Lohnarbeit und Kapital« begonnen. Da bereitete die preußische Regierung allen politischen Plänen von Marx ein Ende. Bereits im Februar 1849 hatte Oberst Engel, Kommandant der Kölner Festung, seine »Entfernung« aus der Stadt verlangt, weil von ihm »vorzugsweise die Aufregung in der Rheinprovinz« ausgehe. Eine Verleihung der

schon trotz Befürwortung durch den Stadtrat verweigert. Nun befahl die preußische Regierung am 11. 5. 1849, den »blos geduldeten Fremden« Karl Marx aus Preußen auszuweisen. Er erhielt den Ausweisungsbefehl am 16. Mai: dieser Tag markiert auch das Ende der NRZ.

Marx und Engels verließen Köln; letzteren zog es ins revolutionäre Baden, während Marx nach Paris ging, wo er schon einmal Zuflucht gefunden hatte. Doch schon im August 1849 mußte er Frankreich verlassen. Mit seiner Familie ließ er sich in London nieder, wo er bis zu seinem Tode lebte – oft in großer materieller Not trotz der großzügigen Unterstützung durch Friedrich Engels – und wo er seine großen Werke schrieb: »Zur Kritik der politischen Ökonomie« (1859) und »Das Kapital« (1867/71), dessen zweiter und dritter Band erst posthum und unvollendet von Engels veröffentlicht werden konnten, ebenso wie seine »Theorien über den Mehrwert«.

Am 14. März 1883, wenige Monate nach dem Tod seiner Frau Jenny, starb der lange schon kranke Karl Marx an einem Lungenabzeß, an seinem Arbeitstisch sitzend, wo ihn Friedrich Engels fand. In London ist heute noch sein Grabmal zu finden. (BD)

Literatur

Gerhard Becker, Karl Marx und Friedrich Engels in Köln 1848–1849. Zur Geschichte des Kölner Arbeitervereins; Berlin 1963.
Reinhold Billstein, Marx in Köln; Köln 1983.
Dieter Dowe, Aktion und Organisation. Arbeiterbewegung, sozialistische und kommunistische Bewegung in der preußischen Rheinprovinz 1820–1852, Hannover 1970.
Jacques Droz, La presse socialiste en Rhénanie pendant la révolution de 1848, in: AHVN 155/156, 1954, S. 184–201.
David Felix, Marx as Politician, Carbondale/Illinois 1983.
Ossip K. Flechtheim/ Hans-Martin Lohmann, Marx, Hamburg ²1989.
Joseph Hansen, Rheinische Briefe und Akten zur Geschichte der politischen Bewegung 1830–1850, 2 Bde., Essen 1919–Bonn 1942.
Martin Hundt, Geschichte des Bundes der Kommunisten 1836–1852, Frankfurt a. M 1993
Everhard Kleinertz (Bearb.), Karl Marx und Köln 1842–1852. Briefe-Texte-Bilder-Faksimiles. Ausstellung zum 100. Todestag; Köln 1983.
Wilhelm Klutentreter, Die Rheinische Zeitung von 1842/43 in der politischen und geistigen Bewegung des Vormärz; Dortmund 1966 (Dortmunder Beiträge zur Zeitungsforschung Bd. 10/1–2).
Herbert Kümhof, Karl Marx und die »Neue Rheinische Zeitung«, Berlin 1961.
Wolfgang Schieder, Karl Marx als Politiker, München-Zürich 1991.
Hans Stein, Der Kölner Arbeiterverein 1848/49. Ein Beitrag zur Frühgeschichte des rheinischen Sozialismus, Köln 1921.
Hans Stein, Karl Marx und der rheinische Pauperismus des Vormärz. Eine Studie zur Sozialpolitik der Rheinischen Zeitung von 1842/43, in: JbKGV 14,1932, S.130–147.

Hermann Heinrich Becker (1820–1885)

Nr. 79 / 2.OG

Abb. 507: Hermann Heinrich Becker, Repro: Archiv Konservator

Er ist wohl der einzige Kölner Oberbürgermeister, dessen Kopf die Fassade eines Wohnhauses schmückt, mit verschmitztem Lächeln herabblickend auf alle, die vorübergehen am Hause Friesenstraße 16, in dem er bis zum seinem Tode gewohnt hatte: Hermann Heinrich Becker, wegen seiner roten Haare der »rote Becker« genannt, geboren am 15. 9. 1820 in Elberfeld, Sohn des protestantischen Arztes Hermann Becker aus Mülheim an der Ruhr und seiner Gattin Theodora, geb. Krackrügge. Die Eltern starben früh, und so entstand eine enge Beziehung des Knaben zu seinem republikanisch gesinnten Onkel Goswin in Elberfeld. In Soest, bei seinen Tanten wohnend, besuchte er das Gymnasium, das er wegen einer »Mensur« verlassen mußte. Er ging nach Duisburg, dann bis 1842 nach Dortmund. In Heidelberg begann er sein Jurastudium. Bald geriet er als Anhänger der badischen Liberalen, der sich im demokratischen Studentenverein »Progress« engagierte, in heftige Opposition zu den reaktionären studentischen »Corps« der Universitätsstadt. Der drohenden Relegation kam er 1843 zuvor. Er verließ Heidelberg und ging nach Bonn, von dort 1844 nach Berlin, wo er sein Studium beendete und zum Dr. jur. promovierte. 1847 ließ er sich in Köln als Rechtsreferendar am Landgericht nieder. Sogleich begann er, sich politisch zu betätigen. Er verfaßte Artikel für liberaldemokratische Zeitungen, trat der Kölner Bürgerwehr, der »Demokratischen Gesellschaft« und dem »Verein der Arbeiter und Arbeitgeber« bei, hielt demokratische Reden und lernte Marx und Engels kennen, nachdem sie im April 1848 nach Köln hatten zurückkehren können. Während der sog. Kölner »Septemberunruhen« leitete Becker den »Sicherheitsausschuß« des Arbeitervereins, der die Stadt vor dem erwarteten Staatsstreich der »Reaktion« schützen sollte, und agitierte beim Kölner Militär. Die preußische Obrigkeit konnte den Insurgenten Becker ohne Schwierigkeiten ausmachen: »Er ist besonders daran leicht kenntlich, daß er brandrotes Haar hat, wie es selten vorkömmt.« Becker wurde am 25. 9. 1848 zum ersten Male verhaftet, mußte aber bereits im Dezember des Jahres wieder freigelassen werden. Nach der Ausweisung von Karl Marx und der Einstellung der »Neuen Rheinischen Zeitung« gründete Becker ein eigenes, dem »Kommunistischen Bund« verpflichtetes revolutionäres Blatt, die »Westdeutsche Zeitung« (Redaktionsräume Große Sandkaul 34), deren erste Nummer am 25. 5. 1849 erschien und Ende 1850 4000 Abonnenten gefunden hatte. Becker und seine Zeitung gerieten wegen ihrer mutigen Kritik an der reaktionären preußischen Politik sofort ins Visier der Regierung. Am 11. 10. 1849 wurde gegen ihn ein Gerichtsverfahren wegen Majestätsbeleidigung eröffnet, das allerdings mit seinem Freispruch endete. Die Verfolgung durch den Staat war für Becker damit jedoch nicht beendet. 1850 wurde er wegen »tadelhafter Führung« aus dem preußischen Staatsdienst entlassen, denn »Dr. Becker ist den demokratischen Grundsätzen in ihrer verderblichsten Richtung ergeben«. Auch sein Blatt konnte der staatlichen Repression auf Dauer nicht widerstehen – allein im ersten Halbjahr 1850 wurde es fünfzehnmal beschlagnahmt – und mußte am 21. Juli 1850 eingestellt werden. Im Mai 1851 wurde Becker erneut verhaftet und im Oktober des Jahres wegen Hochverrats angeklagt. Die Zeit bis zur Eröffnung der Verhandlung am 28. 7. 1852 mußte er in strenger Haft verbringen. Im sog. »Kölner Kommunistenprozeß« wurde Becker zu fünf Jahren Festungshaft verurteilt, die er in Stettin und Weichselmünde bis 1857 absaß.

Nach seiner Freilassung wollte er nach Köln zurückkehren, was ihm von der preußischen Regierung aber verwehrt wurde. Er ging nach Dortmund, wo er sich – immer noch unter polizeilicher Observierung – an der Organisation der in Opposition zur preußischen Regierung stehenden linken Liberalen und Demokraten beteiligte. 1861 wurde Becker im Wahlkreis Dort-

Hermann Heinrich Becker, Südseite, 2. OG, Nr. 79
Ratsbeschluß am 29. Mai 1990
Modellvorstellung am 29. November 1991
Figurenübergabe am 21. Oktober 1992
Bildhauer: Helmut Moos
Stifter: gestiftet durch Vermittlung der Stadtsparkasse Köln

Im kompositorischen Zusammenhang mit der unmittelbaren Nachbarfigur Karl Marx (Nr. 78) entwickelt, zeigte das Modell im ersten Stadium eine zwischen zwei Steinpfosten geborsten herabhängende Kette. Um dieses Symbol der tatkräftigen Leistung Hermann Heinrich Beckers im Zusammenhang mit der Stadterweiterung Kölns eindeutig auf die Niederlegung des preußischen Festungsgürtels und nicht zugleich auf die historisch frühere, nächtliche Straßensperrung innerhalb der alten Stadtgrenzen zu beziehen, erscheint der Bürgermeister jetzt inmitten eines Mauerringes. Mit Hilfe der in beiden Händen entschlossen gehaltenen Spitzhacke ist in dieses Hemmnis auf dem Wege der räumlichen Stadtausdehnung bereits eine tiefe Bresche geschlagen. (BE)

mund-Bochum als Abgeordneter in den preußischen Landtag gewählt. Aus dem radikalen Revolutionär, dessen Blatt wenige Jahre zuvor noch die »vollständige und radikale Beseitigung« des »Bourgeoisiestaates« durch die gewaltsame Revolution verlangt und die bürgerlichen Parteien als Verräterinnen der Revolution gebrandmarkt hatte, war der prominente Vertreter einer »bürgerlichen« Partei, der »Deutschen Fortschrittspartei« geworden! Er übernahm 1862 die Redaktion der in Düsseldorf erscheinenden »Niederrheinischen Volkszeitung« (später »Rheinische Volkszeitung«), wurde 1864 in den Dortmunder Stadtrat, 1867 in den norddeutschen Reichstag und 1870 zum Bürgermeister, 1873 zum Oberbürgermeister von Dortmund gewählt, 1872 sogar ins preußische Herrenhaus berufen. Schon 1871 hatte er, für die Reichsgründung eintretend, die dagegen opponierende »Fortschrittspartei« verlassen und sich den Nationalliberalen und Bismarck (dem er 1875 den Kölner Ehrenbürgerbrief übergab) angenähert. Der ehemalige Revolutionär hatte seinen Frieden mit dem preußischen Staat gemacht und dieser mit ihm.

Am 14. 1. 1875 wählte die Kölner Stadtverordnetenversammlung den Protestanten Hermann Heinrich Becker mit knapper Mehrheit als Nachfolger Bachems zum Kölner Oberbürgermeister. Er hatte sich nicht um das Amt beworben und war zuvor auch nicht gefragt worden, ob er es überhaupt annähme. Der am 5. 6. 1875 in sein Amt eingeführte Becker erwies sich als großer Glücksgriff für die Stadt, die unter dem Eingezwängtsein in ihren alten, längst überflüssigen Mauerring litt. Unter seinem Vorsitz arbeitete die Stadterweiterungskommission der Stadtverwaltung ab 1876 die Pläne für den Ankauf des Festungsgeländes und die Stadterweiterung aus. Dank Beckers großem Verhandlungsgeschick kam Köln relativ günstig davon: über 11 Millionen Mark hatte die Stadt in zwölf Raten an den preußischen Militärfiskus zu zahlen. Am 11. Juni 1881 begann die Schleifung des Festungsringes mit einer von Becker selbst ausgelösten Sprengung eines Teiles der Stadtmauer, gegen den Widerstand »fanatischer Altertümler«, wie sie der Oberbürgermeister nannte, die die römischen und mittelalterlichen Torburgen und Mauern hatten erhalten wollen. Für Becker stand hingegen fest, daß die Kölner nur geringe Sympathien für »diese Vermächtnisse des Mittelalters« hätten: »Was unsere Altvorderen bauen mußten, damit Cöln groß würde, das müssen wir sprengen, damit Cöln nicht klein werde!« Erhalten blieben nur das Severinstor, das Gereonstor, das Eigelsteintor, die Ulrepforte mit ihrem Denkmal und am Rheinufer Bayenturm und Kunibertstürmchen. Auf der gewonnenen Fläche entstand die Kölner Neustadt nach den Plänen von Karl Henrici und Josef Stübben (siehe Nr. 84), seit 1881 Stadtbaumeister in Köln.

Becker »modernisierte« Köln auch in manch anderen Bereichen. Gegen den Widerstand der Stadtverordneten setzte er den Anschluß der Stadt an das Fernsprechnetz durch; er betrieb die Einführung der Simultanschulen und der konfessionslosen Schulaufsicht, gründete eine gewerbliche Fachschule und die erste innerstädtische Pferdebahnlinie, ließ für die Altstadt ein einheitliches Kanalnetz anlegen, unter ihm wurde das Wasserwerk »Severin« am Zugweg errichtet und alle Kölner Häuser an das Wassernetz angeschlossen, wurde der Hauptbahnhof nicht in die Neustadt verlegt, sondern blieb am Dom.

Zum Domvollendungsfest hatte Becker die Festrede gehalten, die nationale Bedeutung des Dombaus herausgestellt und den preußischen König und deutschen Kaiser Wilhelm I. mit Lob überschüttet. Der ernannte ihn 1884 zum Staatsrat; eine eigentümliche Karriere hatte ihren Höhepunkt erreicht.

Oberbürgermeister Hermann Heinrich Becker, der 1877 noch eine junge Witwe, Henriette Nörrenberg, geheiratet hatte, starb am 8. 12. 1885 an Diabetes und Tuberkulose. Die »Kölnische Zeitung« reimte in ihrem Nachruf auf den »Kämpfer für das deutsche Bürgertum«:

»Er war ein Man, der allerbesten einer;
Was auch die Welt ihm übles angethan:
In unsern Augen steht sein makelreiner
Charakter als ein Vorbild obenan.«

(BD)

Literatur

NDB 1, Berlin 1953, S. 716.
Andreas Biefang, Hermann Heinrich Becker (1820–1885), in: Rheinische Lebensbilder 13, Köln 1993, S. 153–183.
Heinrich Billstein, Der Kölner Kommunistenprozeß im Jahre 1852, in: Reinhold Billstein (Hg.), Das andere Köln. Demokratische Traditionen seit der Französischen Revolution, Köln 1979, S. 101–134.
Karl Bittel, Der Kommunistenprozeß zu Köln 1852 im Spiegel der zeitgenössischen Presse, Berlin 1955.

Dieter Brendel, Hermann Heinrich Becker, in: Heinz-Dietrich Fischer (Hg.), Deutsche Presseverleger des 18. bis 20. Jahrhunderts, Pullach 1975, S. 130–140.
Jacques Droz, La presse socialiste en Rhénanie pendant la Révolution de 1848, in: AHVN 155/156, 1954, S. 184–201.
Großstadt im Aufbruch. Katalog zur Ausstellung des Historischen Archivs der Stadt Köln, Köln 1988.
Karl E. Hackenberg, Der rote Becker. Ein deutsches Lebensbild aus dem neunzehnten Jahrhundert, Leipzig 1922 (Slg. Meister Bd. 2).
Friedrich W. Henning, Die Stadterweiterung unter dem Einfluß der Industrialisierung 1871–1914, in: Hermann Kellenbenz (Hg.), Zwei Jahrtausende Kölner Wirtschaft, Bd. 2, Köln 1975, S. 267–357.
Walter Kühn, Der junge Hermann Becker. Ein Quellenbeitrag zur Geschichte der Arbeiterbewegung in Rheinpreußen, Bd. 1, Dortmund 1934.
Walter Kühn, Die Entwicklung des jungen Beckers zum Revolutionär, in: Westfalen 18, 1933, S. 1–33.
Joachim Oepen, Hermann Becker, Oberbürgermeister von Köln (1875–1885), in GiK 32, 1992, S. 77–104.
Thomas Parent, »Passiver Widerstand« im preußischen Verfassungskonflikt – Die Kölner Abgeordnetenfeste, Köln 1982.
(Siehe auch Literaturangaben zu Nr. 78 und Nr. 84.)

Franz Carl Guilleaume (1834–1887)

Nr. 80 / 2. OG

Abb. 508: Franz Carl Guilleaume, Foto: Archiv Konservator

Franz Carl, am 30. Dezember 1834 in Köln geboren, war ein kränkelndes Kind. Bis zu seinem zehnten Lebensjahr konnte er wegen seiner schwachen Konstitution an keinem geregelten Schulunterricht teilnehmen. Er wuchs bei den Großeltern auf; zum Vater, dem Kölner Unternehmer Theodor Guilleaume, hatte er wenig Kontakt. Seine Mutter Wilhelmine Dahmen war gestorben, als der Knabe vier Jahre alt war. Mit zehn Jahren schickten ihn sein Vater nach Honnef, wo er zwei und ein halbes Jahr verbrachte, die schönste Zeit seines Lebens, wie er später selber sagte. Danach kehrte er mit gefestigter Gesundheit nach Köln zurück. Hier nun ging er zur Höheren Bürgerschule, mit siebzehn dann zur Provinzial-Gewerbeschule, wobei bald sein reges Interesse an Mathematik, Mechanik und Physik zutage trat. 1853 aber zwang ihn seine erneut schwache Gesundheit zum Abbruch der Schule. Seine »praktische« Ausbildung erhielt er fortan in der väterlichen Fabrik. Im Jahre 1854 ging er zur technischen und kaufmännischen Fortbildung nach England, das zu dieser Zeit technisch am weitesten entwickelte europäische Land. Sein Vater rief ihn jedoch nach zwei Jahren in die Heimatstadt zurück; Theodor Guilleaume plante, eine Eisendrahtzieherei (Produktion von Seilen für den Bergbau, Eisenbahnbetrieb, die Schiffahrt und von Telegrafenkabeln) in Köln zu errichten, wobei er das in England erworbene Wissen des Sohnes benötigte. Nachdem Franz Carl 1858 noch einmal im Ausland – für drei Monate in Belgien – geweilt hatte, nahm ihn sein Vater 1859 als »Associé«, als Teilhaber in sein Unternehmen auf. Im gleichen Jahr

Eine erste Modellversion zeigte den Unternehmer in einer zeittypisch repräsentativen Pose ohne jeglichen Hinweis auf seine bahnbrechenden Erfolge auf dem Gebiete der Kabeltechnik. Hatte der Bildhauer zur offiziellen Modellvorstellung ein zuvor den Beteiligten unbekannt gebliebenes Modell vorgestellt, entwickelte er nachfolgend über mehrere Phasen die schließlich ausgeführte Fassung. Die große, zur Turmwand angeschnittene Kabeltrommel und das durch die linke Hand geführte sowie mit der Rechten umfaßte Kabel erinnern an die technische und produktionsbezogene Innovationsleistung Franz Carl Guilleaumes. (BE)

heiratete Franz Carl Guilleaume Antoinette Gründgens aus Aachen, die Tochter eines Eisengroßhändlers. 1865 übertrug der Vater Teile seines Unternehmens auf seinen fähigen und erfolgreichen Sohn: den Betrieb »Im Rosenthal« und das Haus auf dem Kartäuserwall. Der Betrieb »Theodorshöhe« und das Haus »In der Höhle 4«, in dem Franz Carl mit seiner Familie fortan wohnte, wurden ihm auf 14 Jahre mit Vorkaufsrecht verpachtet.

In den siebziger Jahren begann Franz Carl Guilleaume mit der Umstrukturierung seiner metallverarbeitenden Betriebe und der Einführung sozialer Verbesserungen. Die traditionelle Hanfseilproduktion der Firma verblieb in Köln im Werk Rosenthal, für ein neues Werk – das »Carlswerk« –, in dem die gesamte Metallverarbeitung zusammengefaßt wurde, wählte er das damals noch unabhängige Städtchen Mülheim am Rhein gegenüber Köln als Standort (1872–1878). 1870 wurde die Fabrik-Krankenkasse gegründet; Wohnhäuser für die Arbeiter und Angestellten wurden gebaut, eine Werkssparkasse und eine »Konsumanstalt«, ein Invaliditätsfonds und eine »Kinderbewahranstalt« eingerichtet.

Guilleaume gehörte der Kölner Handelskammer an, die er aber 1874 als Befürworter des Protektionismus wegen ihrer Freihandelsbestrebungen verließ. Er war Mitglied der Kolonial-Gesellschaft, des Elektrotechnischen Vereins, des Bezirkseisenbahnrates, war Träger hoher preußischer und ausländischer Orden, z. B. der französischen Ehrenlegion. Als er am 1. Dezember 1887 starb, hatte er Köln zum Zentrum der Draht- und Kabelindustrie gemacht: »Franz Carl Guilleaume, der an der Entwicklung des elektrischen Nachrichtenwesens in besonderer Weise beteiligt gewesen ist, hat dank seiner Willenskraft und seines unternehmerischen Weitblicks den Namen Felten & Guilleaume zu einem internationalen Gütesiegel werden lassen« (Wessel). (BD)

Literatur

Horst A.Wessel, Die Unternehmerfamilie Felten und Guilleaume (1747–1939), in: Rheinisch-Westfälische Wirtschaftsbiographien Bd. 13, Münster 1986, S. 3–112, bes. S. 28–58.

Franz Carl Guilleaume, Südseite, 2. OG, Nr. 80
Ratsbeschluß am 2. März 1989
Modellvorstellung am 10. Januar und 8. August 1990
Figurenübergabe am 4. Dezember 1991
Bildhauer: Georg Paul Maria Ahrens
Stifter: Felten & Guilleaume Energietechnik AG, Köln

Max Bruch (1838–1920)

Nr. 81 / 3.OG

Abb. 509: Max Bruch, Foto: Archiv Konservator

Der Komponist trägt mit Weste und Uhrkette ein zeitgenössisches Kostüm, die Gesichtszüge folgen den überlieferten Porträts. Eine Überarbeitung der Erstfassung des Modelles verdeutlichte noch den Gestus der linken Hand, die lauschend an das Ohr geführt wird. Im Zusammenhang mit dem entsprechend leicht vorgeneigten Haupt wird die Andeutung eines Horchens nach Innen, einer intuitiven Erfahrung und Entwicklung musikalischer Ausdruckswerte durch den Komponisten besonders sinnfällig. (BE)

Max Bruch war einer der erfolgreichsten Komponisten des 19. Jahrhunderts, der favorisierte Meister der Kaiserzeit. Sein Violinkonzert g-moll gehört zu den meistgespielten Werken der Gattung und hat ihn in der Musikgeschichte unsterblich gemacht. Als er am 6. Januar 1838 im Richmodishaus am Neumarkt geboren wurde, war die Familie bereits seit zwei Generationen in Köln ansässig, der Großvater als evangelischer Pastor, der Vater als Polizeirat. Die Mutter entstammte der Musikerfamilie Almenräder und war Sängerin. Sie förderte früh die musikalischen Talente ihres Sohnes, der bald als »Wunderknabe Kölns« galt und 1852 Stipendiat der Frankfurter Mozartstiftung wurde. Sein wichtigster Lehrer in Theorie und Komposition war von 1850–1854 der stadtkölnische Kapellmeister Ferdinand Hiller. 1855 konnte Max Bruch bereits über 100 Werke vorweisen, und 1858 ging sein musikdramatischer Erstling »Scherz, List und Rache« im Stadttheater an der Komödienstraße über die Bühne. Im gleichen Jahr ließ er sich als Musiklehrer in Köln nieder. Schon 1861 verließ er jedoch die Stadt, um ein unruhiges, drei Jahrzehnte dauerndes Wanderleben durch zahlreiche europäische Städte zu beginnen. Als Kapellmeister war er u. a. in Koblenz, Sondershausen, Liverpool und Breslau angestellt. Stetig wuchs seine Anerkennung im In- und Ausland; er erhielt zahlreiche Ehrungen und wurde von vielen gar über Brahms gestellt. Besonderer Rang kommt seinen Violinkompositionen zu; daneben war Bruch zu Lebzeiten wegen seiner weltlichen Chormusik (Frithjof, Odysseus, Das Lied von der Glocke, Achilleus, Das Feuerkreuz) berühmt. Doch erst 1891 fand er einen seiner angesehenen Stellung im Musikleben angemessenen Posten als Kompositionsprofessor an der Berliner Akademie. Von seinem Lehrer Hiller früh im Sinne der Mendelssohn-Nachfolge und einer konservativen Stilhaltung geprägt, verstand der späte Bruch die zeitgenössische Musikentwicklung um Reger, Strauss und Mahler nicht mehr. Persönlich und künstlerisch vereinsamt, starb er am 2.Oktober 1920 in Berlin-Friedenau. Obwohl er von 1861 an nicht mehr in Köln lebte, blieb Max Bruch seiner Heimatstadt zeitlebens verbunden. Wie fast alle Beziehungen im Leben des Künstlers war jedoch auch sein Verhältnis zu Köln wechselhaft, widersprüchlich und davon abhängig, wie man dort mit seinem Werk umging. Seine Kontakte waren von seiner Freundschaft zu mehreren großbürgerlichen Familien und Künstlern getragen, die als Exponenten der musikalischen Institutionen der Stadt (Concert-Gesellschaft, Musikalische Gesellschaft, Männer-Gesangverein) sein Werk im Kölner Musikleben pflegten. So wurden mehrere seiner Kompositionen in Köln uraufgeführt: 1878 »Das Lied von der Glocke« op.45, 1908 die »Osterkantate« op.81, 1918 »Die Stimme der Mutter Erde« op.91. Ein Höhepunkt in Bruchs Beziehungen zu Köln war sein siebzigster Geburtstag im Jahre 1908, den er glanzvoll in der Stadt feierte. Aus diesem Anlaß widmete man ihm eine Straße in Lindenthal. Als Dank für einen Glückwunsch des Oberbürgermeisters Adenauer zu seinem 80. Geburtstag schrieb Bruch im Jahre 1918: »Es ist der schönste Lohn meines künstlerischen Strebens, wenn ich mir an meinem Lebensabend sagen darf, daß meine geliebte Vaterstadt, der ich zu allen Zeiten und in allen Fernen in Treue und Anhänglichkeit gedacht habe, mit ihrem Sohne zufrieden ist.« Bis zuletzt hatte er Heimweh. Sein Sohn berichtet von der Frage des Sterbenden: »Kann ich nicht im Zeppelinluftschiff noch einmal in meine geliebte Heimat fliegen?« (CVK)

Literatur

Karl Gustav Fellerer, Max Bruch (1838–1920), in: Rheinische Lebensbilder 5, Bonn 1973, S. 175–189.

Sonja Luyken, Max Bruch – Ein Meister nur der Gründerzeit? Köln 1984 (Kölner Biographien 17).

Alfons Ott, Max Karl August Bruch, in: NDB 2, 1955, S. 641–642.

Max Bruch, Südseite, 3. OG, Nr. 81
Ratsbeschluß am 19. Dezember 1989
Modellvorstellung am 22. Juni 1989
Figurenübergabe am 6. Januar 1990
Bildhauer: Olaf Höhnen
Stifter: Köln Musik GmbH gemeinsam mit
Hannemarie Valder und Dr. Claudia Valder-Knechtges, Köln

Nicolaus August Otto (1832–1891)

Nr. 82 / 3. OG

Abb. 510: Nicolaus August Otto, Repro aus: Das Landeshaus in Köln, von Hans Kisky

Es gibt kaum eine »Erfindung«, die die Welt nachhaltiger verändert hat als seine: der sogenannte Otto-Motor. Nicolaus August Otto wurde am 14. 6. 1832 in Holzhausen in der Heide/Taunus als sechstes Kind des Gast- und Landwirtes Philip Wilhelm Otto geboren. Nach Dorfschule und Realschule begann er eine dreijährige Kaufmannslehre in Frankfurt. Ab 1853 arbeitete er im »Kolonialwaren-Großhandel« Johann Chr. Altpeter in Köln, Waidmarkt 33. Er wohnte bei seinem Bruder Wilhelm, der einen Textilhandel »en gros und en détail« betrieb, in der Pfeilstraße 14/Ecke Mittelstraße. Ab 1860 war er als Reisender für Carl Mertens, an St. Catharinen 6, tätig.

Die Tätigkeit als Handlungsreisender füllte ihn nicht aus; sein ganzes Interesse galt einem technischen Problem, der Entwicklung und Verbesserung von Gasmotoren. Ein erstes, funktionsfähiges Modell nach eigenem Entwurf ließ er 1861 bauen; sein Patentantrag wurde jedoch noch zurückgewiesen.

1862 gab er seine Tätigkeit für Mertens auf, um sich ganz seinen Experimenten widmen zu können. Mit

Nikolaus August Otto, Südseite, 3. OG, Nr. 82
Ratsbeschluß am 15. Juni 1989
Modellvorstellung am 2. November 1989
Figurenübergabe am 5. November 1990
Bildhauer: Theo Heiermann
Stifter: Klöckner-Humboldt-Deutz AG, Köln

Obwohl durch eine Turmfensterachse von Carl Eugen Langen (Nr. 83) getrennt, legten doch inhaltliche Verwandtschaft wie formale Kriterien die gemeinsame Entwicklung beider Figuren durch ein und denselben Bildhauer nahe. Eine zuvor auf eigene Bewerbung hin mit dem Projekt befaßte Bildhauerin hatte zwischenzeitlich aus Gründen der Honorarbemessung abgesagt. Die Ikonographie, insbesondere der technischen Aspekte, wurde nunmehr durch den Künstler unter intensiver Beteiligung des stiftenden Unternehmens, vertreten durch dessen Archivleiter, formuliert. Für Nikolaus August Otto als den vor allem technisch entwickelnden Partner innerhalb der mit Carl Eugen Langen gemeinsamen Teilhaberschaft wurde entsprechend ausschließlich die attributive Beigabe von Kolben und Schwungrad als Symbolen technischen Fortschrittes gewählt. Die in der linken Jackentasche erkennbaren Papiere können als Hinweis auf die angemeldeten Patente Ottos gedeutet werden. (BE)

nur wenig Geld – sein Bruder Wilhelm steuerte einen Betrag bei – richtete er eine eigene Werkstatt am Gereonswall 61 ein. Die schlechte finanzielle Situation ließ ihn nach kapitalstarken Partnern suchen. 1864 lernte er den Kölner Unternehmer und Ingenieur Eugen Langen (siehe Nr. 83) kennen, dem er den von ihm entwickelten »atmosphärischen Motor« vorführte. Langen wurde überzeugt, und am 31. 3. 1864 gründeten sie zusammen die Kommanditgesellschaft »N. A. Otto & Cie«, die erste Motorenfabrik der Welt, in der »alten Nikolausmühle« in der Servasgasse unweit des Rheinufers. Langen brachte 10000 Taler in das Projekt ein. Der von Otto entwickelte Motor wurde ein Erfolg. 1867 bei der Pariser Weltausstellung preisgekrönt, ging er 1868 in die serienmäßige Fertigung. Rasch wurde die Fabrik inmitten der Altstadt zu klein, belästigten Lärm und Gestank die Bewohner der Nachbarschaft. So gründeten dann Nicolaus August Otto, der geniale Erfinder, Eugen Langen, der Kaufmann und Unternehmer, der die wirtschaftliche Basis für die Produktion der neuen Maschinen schuf, und Langens Brüder Gustav und Jakob als zusätzliche Kapitalgeber auf der anderen Rheinseite die »Gasmotorenfabrik Deutz AG«. Die Werkstätten leitete (bis 1882) als technischer Direktor Gottlieb Daimler, auch er ein genialer Ingenieur; Wilhelm Maybach war Leiter des Konstruktionsbüros.

Im Jahre 1876 begann die Fertigung des ersten Prototyps einer völlig neuen Antriebsmaschine, des Vier-Takt-Motors mit Fremdzündung: der eigentliche Otto-Motor, Ahnherr aller modernen Aggregate, war geschaffen worden. Zu seinem ersten Einsatz kam der neue Motor 1877 in einer Mülheimer Kölsch-Brauerei. Das kaiserliche Patentamt erteilte der sensationellen Erfindung am 13. 3. 1878 das Patent für die Jahre 1877 bis 1891. Es folgten aber langandauernde, kräftezehrende Patentprozesse. 1886 schließlich hob das Leipziger Reichsgericht sogar den Patentschutz für

Ottos Motor auf. Dennoch war der Erfolg des Unternehmens nicht aufzuhalten. Otto wurde hoch geehrt: 1882 erhielt er die Ehrendoktorwürde der Universität Würzburg, 1884, dem Jahr, in dem er die magnetelektrische Zündung erfand, wurde ihm der »Königliche Kronen-Orden vierter Klasse« verliehen – immerhin. Und er war ein wohlhabender Mann geworden. Mit seiner Frau Anna Grassi (1839–1914), die er bereits 1858 kennengelernt, aber erst 1868 geheiratet hatte, ließ er sich im Jahre 1883 ein repräsentatives Wohnhaus (nicht erhalten geblieben) am Heumarkt 49 bauen, »im Style der mittelalterlichen Renaissance unter Einwirkung gothischer Anklänge«, mit roter Sandsteinfassade und prächtigem Fassadenschmuck des Bildhauers Wilhelm Albermann.

Hier starb Nicolaus August Otto am 26. 1. 1891. Begraben wurde er auf Melaten; ein 1935 geschaffenes Ehrengrab existiert noch heute. Vor dem Deutzer Bahnhof stellte man 1931 als sein Denkmal einen der ersten »atmosphärischen Motoren« aus der von ihm und Langen 1864 gegründeten Fabrik auf. Einen Ottoplatz erhielt Deutz im Jahre 1951, und in den sechziger Jahren folgten Erinnerungstafeln für Otto und Langen an der Stelle, wo ihre erste Fabrik gestanden hatte, und am Standort des ehemaligen Ottoschen Wohnhauses am Heumarkt.

In einem Nachruf hieß es: »Er hat die Hilfsquellen seines Landes erweitert, die Kraft des Menschen vermehrt und sich einen hervorragenden Platz errungen unter den wahren Wohltätern der Welt.« (BD)

Literatur

Gustav Goldbeck, Gebändigte Kraft. Die Geschichte der Erfindung des Otto-Motors, München 1965.

Karl Piel, Nikolaus August Otto, der Schöpfer des Verbrennungsmotors, in: Jung-Köln 1955/56, S. 47–52.

Hans-Jürgen Reuß, Nicolaus August Otto, Köln 1979 (Kölner Biographien 11).

Wilhelm Treue, Eugen Langen und Nikolaus August Otto. Zum Verhältnis von Unternehmer und Erfinder, Ingenieur und Kaufmann, 3. Beiheft z. Zeitschrift Tradition, München 1963.

(Carl) Eugen Langen (1833–1895)

Nr. 83 / 3. OG

Abb. 511: Eugen Langen, Foto 1888, Archiv Konservator

Eugen Langen wurde am 9. 10. 1833 in Köln geboren, das vorletzte von sechs Kindern des reichen Kölner Zuckerfabrikanten, Präsidenten der Handelskammer und Vorstandes des Schaaffhausenschen Bankvereins Johann Jakob Langen. Eugen besuchte die Realschule in Köln, dann für zwei Jahre das Polytechnikum in Karlsruhe, nach denen er in die väterliche Zuckerfabrik, eine der größten in Köln, eintrat.

Der »gelernte« Ingenieur und überaus erfolgreiche Unternehmer Eugen Langen war selbst ein Erfinder von Graden. Seine Entwicklungen für die Zuckerproduktion verkaufte er mit großem finanziellen Erfolg im In- und Ausland. Sein wohl berühmtestes Projekt war der Entwurf einer Schwebebahn, die ab 1894 in den Städten Barmen und Elberfeld über dem Lauf der Wupper realisiert wurde. Langens intensives Interesse an Gasmotoren führte ihn 1864 mit Nicolaus August Otto (siehe Nr. 82) zusammen. Beide gründeten in Köln die erste Motorenfabrik der Welt und schließlich

Carl Eugen Langen, Südseite, 3. OG, Nr. 83
Ratsbeschluß am 15. Juni 1989
Modellvorstellung am 2. November 1989
Figurenübergabe am 5. November 1990
Bildhauer: Theo Heiermann
Stifter: Klöckner-Humboldt-Deutz AG, Köln

Obwohl durch eine Turmfensterachse von Nikolaus August Otto (Nr. 82) getrennt, legten doch inhaltliche Verwandtschaft wie formale Kriterien die gemeinsame Entwicklung beider Figuren durch ein und denselben Bildhauer nahe. Eine zuvor auf eigene Bewerbung hin mit dem Projekt befaßte Bildhauerin hatte zwischenzeitlich aus Gründen der Honorarbemessung abgesagt. Die Ikonographie, insbesondere der technischen Aspekte, wurde nunmehr durch den Künstler unter intensiver Beteiligung des stiftenden Unternehmens, vertreten durch dessen Archivleiter, formuliert. Um gegenüber dem innerhalb der Geschäftspartnerschaft eher für die technische Entwicklung zuständigen Nicolaus August Otto vor allem den auch kaufmännischen Part Carl Eugen Langens zu betonen, wurden ihm neben dem Kolben, Zeichen technischer Innovation, auch eine Packkiste und ein Zuckerhut als sprechende Symbole seines unternehmerischen Engagements bei der Gründung der Firma Pfeiffer & Langen als Attribute beigegeben. (BE)

1872 die große »Gasmotorenfabrik Deutz AG«, die Vorläuferin der Klöckner-Humboldt-Deutz-Werke (KHD). Sein Biograph beschreibt die Gründe des erfolgreichen Wirkens Langens so: »Da er Ingenieur war, so mußte er Industrieller im modernen Sinn des Wortes werden, das heißt ein Unternehmer, der den technischen Kapitalismus persönlich zu meistern weiß, sich nicht als kaufmännischer Leiter mit angestellten Technikern behilft.« (Kuske)

Eugen Langen war ein Unternehmer von rastloser Aktivität. Sein Engagement galt fünf Hauptbereichen: der Zuckerindustrie (Pfeiffer und Langen), dem Maschinenbau (Gasmotorenfabrik Deutz, Humboldt, Grevenbroich, Mannesmann, Hoerde) und der Schwebebahn, mit Guilleaume einer Elektrizitätsgesellschaft, der Wirtschaftspolitik (Miturheber des Reichspatentgesetzes, Schutzzollfrage), dem Bankwesen (Schaaffhausenscher Bankverein, Rheinisch-Westfälische Bodenkreditbank) und der Kolonialpolitik (Gründer der Deutsch-Ostafrikanischen Gesellschaft). In seiner Heimatstadt Köln war er von 1870 bis 1895 Stadtverordneter, und auf sein Betreiben wurde 1881 in Köln der »Verein der Industriellen« als gemeinsame Interessenvertretung der größeren Unternehmen des Stadtbezirks gegründet.

Ein enger Mitarbeiter beschrieb seinen Charakter ambivalent: »Er war trotz größter Liebenswürdigkeit autokratisch und ging für einen einmal festgefaßten Gedanken durchs Feuer, obgleich er sich gelegentlich als Opportunist bekannte... Auch hatte er einen gar zu stark ausgeprägten Familiensinn, so daß die Gasmotorenfabrik solange er lebte gewissermaßen ein Familienunternehmen des Hauses Langen blieb, obgleich sie Aktiengesellschaft war.« Zuweilen wurde das »selbstherrliche« Lenken seiner Unternehmen kritisiert. Für die brennenden sozialen Fragen seiner Zeit hatte Eugen Langen kein Gespür; Streiks waren für ihn, den Anhänger des »starken Kaiserstaates«, paternalistischen Unternehmer und Autokraten »eine verbrecherische Betätigung irregeleiteter Menschen«. Abhilfe gegen die erstarkende Arbeiterbewegung erhoffte er sich allein von verstärkter religiöser Bindung der Menschen.

Eugen Langen starb am 2. Oktober 1895 an den Folgen einer Fischvergiftung, die er sich während seines Aufenthalts bei der Eröffnung des Nord-Ostsee-Kanals zugezogen hatte. Wie sein Freund und Partner Nicolaus August Otto wurde er auf Melaten begraben. (BD)

Literatur

Klara van Eyll, Eugen Langen (1833–1895). Er erfand die Schwebebahn und den Würfelzucker, in: Markt und Wirtschaft 40, 1985, Nr. 10, S. 27–30.
Bruno Kuske, Eugen Langen (1833–1895), in: Rheinisch-Westfälische Wirtschaftsbiographien Bd. 1, Münster 1931.
Conrad Matschoß, Geschichte der Gasmotoren-Fabrik Deutz, Berlin 1921.
(siehe auch Literaturangaben zu Nr. 82.)

Hermann Josef Stübben (1845–1936)

Nr. 84 / 3. OG

Abb. 512: Hermann Josef Stübben, Foto: Archiv Konservator

Einzig eine Gedenktafel am Hahnentor, an der Westseite des nördlichen Halbturmes, gestiftet 1931 vom Kölner Architektenverein, erinnerte bislang an den »Erbauer der Neustadt 1881–1898«, den am 10. Februar 1845 in Hülchrath geborenen Hermann Josef Stübben, ab 1881 Stadtbaumeister in Köln, ab 1889 Stadtbaurat und 1891 bis 1898 Beigeordneter und Vorsitzender der Baukommission.

Am 11. 6. 1881 begann in Köln mit der Sprengung einer zehn Meter breiten Bresche am Gereonstor die Niederlegung des mittelalterlichen Mauerringes, mehr als 700 Jahre alt, über 5450 Meter landseitig im Halbkreis vom Rhein zum Rhein führend, mit 12 Tortürmen, 50 Halbtürmen, vier Bastionen zum Rhein hin. In preußischer Zeit war Köln als »Vormauer der Freiheit und Unabhängigkeit Deutschlands« zur Festungsstadt ausgebaut worden. 49 Halbtürme, Torzwinger, Kaponieren und ein vorgelagerter Graben mit bastionärer Erdumwallung waren hinzugekommen, und linksrheinisch hatte man 11 Forts und sieben Lünetten angelegt. Mit der Beseitigung dieses ein-

Hermann Josef Stübben, Westseite, 3. OG, Nr. 84
Ratsbeschluß am 1. Oktober 1987
Modellvorstellung am 2. März 1989
Figurenübergabe am 1. August 1990
Bildhauer: Karl Matthäus Winter
Stifter: Robert Perthel GmbH & Co, Bauunternehmung, Köln

Die aus der Chronologie der Geburtsjahrgänge hergeleitete Standortsituation am Turm bringt es mit sich, daß der Planer der Kölner Stadterweiterung im 19. Jahrhundert nunmehr nach Westen und somit in Richtung der Ringe wie der Neustadt blickt. Entsprechend der überlieferten Gesichtszüge im Porträt wiedergegeben und in ein zeitgenössisches Kostüm gekleidet, hält der Stadtbaumeister mit dem Zeichenstift das Werkzeug, mit dem großformatigen und darin auch den Umfang seiner Leistung andeutenden Plan das Dokument seiner Tätigkeit für Köln in Händen. Das Modell wurde durch den Künstler direkt in ein Natursteinmaterial, in Tercé, gearbeitet. (BE)

zwängenden Gürtels gewann die längst bis an die Umwallung herangewachsene Stadt fast 470 Hektar zusätzliche Fläche für ihre unbedingt notwendige Erweiterung mit neuen Wohngebieten und Straßen, ein Gebiet größer als die Altstadt. Hier entstand die Kölner Neustadt, eine der bedeutenden Stadterweiterungen des 19. Jahrhunderts.

Im Jahre 1880 hatte die Stadt einen Wettbewerb für die Erweiterung ausgeschrieben. Einstimmig waren im Oktober des Jahres die von Hermann Josef Stübben und Prof. Henrici, beide aus Aachen, gemeinsam eingereichten Pläne »König Rhein« und »Handel und Wohlstand« mit dem ersten und zweiten Preis bedacht worden. Kern dieser die künstlerische Gestaltung der Straßen und Plätze betonenden Entwürfe waren der große Ringboulevard (später »die Ringe« genannt) und ein Radial-, Diagonal- und Nebenstraßensystem mit wechselnden Nivellements und Profilierungen. Sie sollten eine durchgreifende Lösung der Verkehrsprobleme der Altstadt ermöglichen und die Anforderungen der öffentlichen Gesundheit, des Wohnungsbedarfs und architektonischer Gesichtspunkte miteinander vereinbaren. Vorbilder hatten Stübben und Henrici im Paris Haussmanns und in Wien mit seinen gerade angelegten Ringstraßen gefunden. Ihr Konzept bot »die weitaus genialste Lösung aller bei der Erweiterung Kölns auftauchenden Fragen.« (Kier)

Stübben legte die Neustadt im Halbkreis um die Altstadt herum an, zwischen der Eisenbahntrasse und dem großen Ring, das Gebiet zwischen den inneren und den äußeren Wallstraßen umfassend, ein abwechslungsreich gestalteter Prachtboulevard vom Bayenturm bis zum Türmchenshafen, auf den die gesamte städtebauliche Planung der Neustadt mit ihren Straßen, Plätzen, Grünanlagen und öffentlichen Bauten ausgerichtet wurde. Der Ring wurde in zehn Abschnitte von unterschiedlicher Breite und Gestaltung aufgeteilt, die Namen aus der deutschen Geschichte erhielten. Diese Ringstraße war vor allem eine repräsentative Wohnstraße mit hochherrschaftlichen, auch palastähnlichen Bauten des Kölner Großbürgertums, in denen bevorzugt nach Kölner Tradition nur eine Familie mit ihren Dienstboten wohnte, aber auch mit Mietwohnungen für »ernste Leute«, das heißt »Begüterte«. Nur wenig ist von diesen Prachtbauten erhalten geblieben.

Die Anlage der Neustadt mit ihren sich rasch herausbildenden Vierteln spiegelte die Bevölkerungsstruktur der wilhelminischen Zeit, gegliedert nach Besitz und Vermögen, wider. Bürgerliche Viertel entstanden im Norden und Süden der Neustadt (»Gerichtsviertel«; »Universitätsviertel«); reine Arbeiterviertel wuchsen im Süden zwischen Bonner und Vorgebirgsstraße, im Süden zwischen Neusser und Krefelder Straße heran. »So entstand mit der Kölner Neustadt keineswegs ein einheitlicher Stadtteil, sondern eine Abfolge verschiedenster Viertel, deren architektonisches Erscheinungsbild entsprechend den stadtplanerischen, stadtgeographischen und wirtschaftlichen Bedingungen sich von Viertel zu Viertel wandelte.« (Kier)

Stübben verwirklichte nicht nur die Kölner Neustadt. Er baute das Hohenstaufenbad und die Hafenanlagen des Rheinau-Hafens, legte die Kanalisation der Alt- und der Neustadt an, bewirkte die Freilegung der Dom-Südseite, errichtete das Augusta-Hospital und mehrere Wohnhäuser, darunter sein eigenes am Hohenzollernring Nr. 56. Neben seiner Kölner Tätigkeit fand der rastlos arbeitende Stübben Zeit für Bauten in Düsseldorf, Bonn, Koblenz, Wesel, Kiel, in Basel, Luxemburg, Brüssel und anderen Orten, erstellte er Gutachten zu Stadterweiterungen von z. B. Reval, Stockholm, Malmö, Rom und Barcelona, und schuf, seit 1904 als Vorsitzender der Königlichen Kommission für die Stadterweiterung von Posen in Berlin lebend, Bebauungspläne z. B. für Wiesbaden, Wien und Chemnitz, für Königsberg, Glogau, Rostock und Wismar. Die Kölner Neustadt aber ist und bleibt sein Haupt- und Meisterwerk, mit dem es ihm – »trotz schwerwiegender Fehler, die sich vielfach hätten vermeiden lassen« – gelang, »Städtebau verwirklicht zu haben.« (Mühlberg)

Hermann Josef Stübben starb am 10. Dezember 1936 in Frankfurt a. M. (BD)

Literatur

Josef Stübben, Der Städtebau (Handbuch der Architektur Teil 4, Bd. 9), Darmstadt 1890 (ND Braunschweig/Wiesbaden 1980).

Josef Stübben, Die Stadterweiterung in Köln, in: Wochenblatt für Architekten und Ingenieure, 1879, S. 25–27.

Josef Stübben, Der Stadtplan und die Stadterweiterung, in: Köln und seine Bauten, Köln 1888, S. 254–263.

Guy Ballangé, Joseph Stübben (1845–1936). Héritier ou fondateur? In: La ville, art et architecture en Europe 1870–1993, sous la direction de Jean Dethier et Alain Guiheux, Paris 1994, S. 134–135.

Rolf Conrad, Die Kölner Neustadt. Eine wirtschafts- und sozialgeographische Untersuchung. Diss. phil Köln 1955.

Stefan Fisch, Joseph Stübben in Köln und Theodor Vischer in München – Stadtplanung des späten 19.Jahrhunderts, in: GiK 22, 1987, S. 89–113.

Großstadt im Aufbruch. Köln 1888. Katalog zur Ausstellung des Historischen Archivs der Stadt Köln, Köln 1988.

Karlbernhard Jasper, Der Urbanisierungsprozeß am Beispiel der Stadt Köln, Köln 1977.

Hiltrud Kier, Die Kölner Neustadt. Planung, Entstehung, Nutzung, Düsseldorf 1978.

Hiltrud Kier und Werner Schäfke, Die Kölner Ringe. Geschichte und Glanz einer Straße, Köln 1987.

Georg Neuhaus, Die Stadterweiterungen Kölns, in: Handbuch von Köln, hg. v. Hermann Wieger, Köln 1915, S. 255–266.

August Reichensperger, Zur Profan-Architektur. Mit besonderer Berücksichtigung der Erweiterung der Stadt Köln, Köln 1886.

Mathilde von Mevissen (1848–1924)

Nr. 85 / 3. OG

Abb. 513: Mathilde von Mevissen, Foto: Archiv Konservator

Sie wurde am 30. Juli 1848 als zweitälteste der fünf Töchter des Großkaufmanns, Bankiers und nationalliberalen Abgeordneten Gustav von Mevissen und seiner ersten Ehefrau Elisabeth Leiden (gest. 1857) in Köln geboren. Unverheiratet und tief religiös, wurde sie vom strengen Vater bis lange ins Erwachsenenleben am Gängelband geführt. Vielseitig interessiert, eignete sie sich autodidaktisch die Bildung an, die der Vater ihr nicht hatte gewähren wollen: sogar die Benutzung der großen väterlichen Bibliothek war den Mevissen-Töchtern untersagt. Hierin lag sicher ein starkes Motiv für ihr Streben nach Freiheit und Gleichberechtigung und für ihr großes Engagement in der Mädchen- und Frauenbildung.

Im Oktober 1894 hatte Mathilde von Mevissen nach einem Vortrag Helene Langes gemeinsam mit ihrer Freundin und Mitstreiterin Elisbeth von Mumm den »Kölner Frauenfortbildungsverein« ins Leben gerufen, dann im Jahre 1898 den »Verein Mädchengymnasium« mit dem Ziel der »höheren geistigen Ausbildung des weiblichen Geschlechtes« zur Ermöglichung der Universitätsbildung gegründet, die für Frauen in Preußen erst ab 1908 gesetzlich erlaubt wurde. Der Verein sollte auch die zu Gründung und Unterhalt der Schule notwendigen Mittel bereitstellen. In ihm spielte Mathilde von Mevissen die herausragende Rolle. Sie übernahm auch die Leitung des Kuratoriums, das aus dem Verein hervorging und für die Besetzung der Lehrer- und Schulleiterstellen, den Etat usw. verantwortlich war.

Die erste Denkschrift des Vereins zur Gründung einer höheren Mädchenschule an das preußische Kultusministerium wurde 1899 noch verworfen. Nach mancherlei hinhaltendem Widerstand durch die Kultusbürokratie – der Minister sah die »Natur der deutschen Frau« gefährdet – konnte erst am 29. April 1903 der Unterricht in dem von Mathilde von Mevissen angemieteten und der Schule unentgeltlich zur Verfügung gestellten Gebäude am Apostelnkloster 5 beginnen, nachdem das Ministerium endlich 1902 »versuchsweise« einen sechsjährigen Lehrgang für Mädchen gestattet hatte. So war die Schule, für die Mathilde von Mevissen über 100 Tausend Mark gestiftet hatte, zunächst nur eine »Versuchsanstalt«, d. h. eine vorläufige, private Angelegenheit. 1909 beschloß die Stadtverordnetenversammlung ihre Übernahme in städtische Regie. Aus der »Versuchsanstalt« konnte nun eine vollgültige öffentliche Schule werden.

Die Stadt stellte ein Gebäude am Marienplatz 28 zur Verfügung. Dort begann Ostern 1909 der Unterricht in der »Studienanstalt gymnasialer Richtung«. 1925–26 wurde die »Studienanstalt« mit der Privatschule (Lyzeum) des Fräulein Merlo vereinigt, deren neues Schulgebäude an der Gilbachstraße 20 im Jahre 1913 fertiggestellt worden war. Gegründet als religiös »paritätische« Schule 1865, ab 1880 firmierend als »evangelische private Töchterschule am Friesenplatz«, war sie 1922 an die Stadt gegangen. 1934 beseitigten die Nationalsozialisten die »Merlo-Mevissen-Schule« durch Zusammenlegung mit der Kaiserin-Augusta-Schule.

Nach der Übernahme »ihrer« Schule durch die Stadt gründete Mathilde von Mevissen den »Kölner Verein Frauenstudium«, in dessen Beirat sie bis 1912 tätig war. Sie förderte die Neugründung der Kölner Universität, deren »Ehrenbürgerin« sie wurde, und sie war eine engagierte Streiterin für die völlige Gleichberechtigung der Frauen auch in der Politik. Auf ihre Initiative konstituierte sich in Köln eine Ortsgruppe des »Rheinischen Provinzialverbandes für Frauenstimmrecht«.

Ihre letzten Lebensjahre verbrachte Mathilde von Mevissen, deren unermüdlichem ideellen und finanziellen Einsatz die Stadt Köln ihre erste höhere Mädchenschule verdankte – die erste in Preußen überhaupt! –, zurückgezogen in ihrem Haus Zeughausstraße 2a. Dort starb sie am 19. März 1924. (BD)

Durch ein und denselben Bildhauer und gemeinsam mit der unmittelbaren Nachbarfigur Karl Trimborn (Nr. 86) konzipiert, wurde eine im ersten Entwurf stärkere Nähe zwischen beiden historischen Gestalten zugunsten einer jeweils individuelleren Betonung ihrer Eigenständigkeit modifiziert. Die in ein zeitgenössisches und an ein Reformkleid erinnerndes Kostüm gekleidete Förderin der Frauenbildung trägt in der Rechten ein geöffnetes Buch, in dessen aufgeschlagenen beiden Seiten ERSTES GYMNASIUM FÜR MÄDCHEN IN CÖLN bzw. das Gründungsjahr dieser Institution, AD 1903, zu lesen ist. (BE)

Mathilde von Mevissen, Westseite, 3. OG, Nr. 85
Ratsbeschluß am 30. Oktober 1990
Modellvorstellung am 1. März 1991
Figurenübergabe am 25. Februar 1992
Bildhauer: Sepp Hürten
Stifter: BAB-Immobiliengruppe Köln/Berlin, Köln

Literatur

1903–1928. Festschrift zur Feier des 25jährigen Bestehens der Gymnasialen Studienanstalt in Köln a.Rh., Köln 1928.

Mathilde von Mevissen. Gedächtnisrede gehalten im Gürzenich am 12. Oktober 1924 v. Dr. Li Eckert, Düsseldorf. Hg. v. Verband Cölner Frauenvereine, o. O. 1924.

Elisabeth Amling, »Unverkürzte humanistische Gymansialbildung auch für die Frauen«. Der Kölner Verein Mädchengymnasium, in: Köner Frauengeschichtsverein (Hg.), »10 Uhr pünktlich Gürzenich«. Hundert Jahre bewegte Frauen in Köln – zur Geschichte der Organisationen und Vereine (agenda Frauen 5), Münster 1995, S. 37–47.

Elisabeth Amling, Mathilde von Mevissen 1848 – 1924, in: Kölner Frauengeschichtsverein (Hg.), »10 Uhr pünktlich ...«, S. 49–51.

Ludwig Voss, Geschichte der Höheren Mädchenschule. Allgemeine Schulentwicklung in Deutschland und Geschichte der höheren Mädchenschulen Kölns, Opladen 1952.

Karl Trimborn (1854–1921)

Nr. 86 / 3. OG

Abb. 514: Karl Trimborn, Foto RBA

Die alte Posthalterei in der Glockengasse 15, seit mehreren Generationen im Besitz der Familie seiner Mutter Antoinette Pauli, war sein Geburtshaus. Hier erblickte er am 2. Dezember 1854 als drittes von vierzehn Kindern seiner Elterrr das Licht der Welt. Der Vater, Kornelius Balduin Trimborn, war ein erfolgreicher, wohlhabender Mann: Justizrat und Rechtsanwalt, Abgeordneter des Zentrums im Preußischen Abgeordnetenhaus (1880–1882) und Mitglied des Reichstages (1884–1889); fast eine ganze Häuserzeile an der Balduinstraße gehörte ihm.

Ein Jahr lang besuchte der Knabe Karl die Pfarrschule von St. Columba, ging dann auf das Apostelngymnasium, wo er 1873 das Abitur bestand. Er begann zunächst ein Philosophiestudium, wechselte aber dann bald, in die Fußstapfen seines Vaters tretend, zur Rechtswissenschaft. 1877 legte er das Examen ab und kehrte nach Aufenthalten in München, wo er den bayerischen Zentrumsvorsitzenden Georg Orterer kennenlernte, und Straßburg, hier begann die Freundschaft mit Karl Bachem, als Referendar nach Köln zurück. 1882 wurde er als Rechtsanwalt am Kölner Landgericht zugelassen. Julius Bachem wurde sein politischer Lehrmeister in der Kölner Zentrumspartei, in der er sich »als einfacher Rekrut von der Pike an« hinaufdiente.

Nach der Hochzeit im Jahre 1884 mit Jeanne Mali aus dem belgischen Verviers begann 1890 Trimborns politische Karriere, die ihn ab 1904 zum »Berufspolitiker« werden ließ. Er wurde 2. Vorsitzender des »Volksvereins für das katholische Deutschland«. In dieser Position entfaltete sich rasch sein ungewöhnliches Organisationstalent. Drei Jahre später wurde Trimborn Stadtverordneter des Zentrums in Köln (er blieb es bis 1913) und in die Kommissionen für sozialpolitische Fragen und für das Gemeindeverfassungswesen gewählt. Sein besonderes Interesse galt einer einheitlichen Regelung der Arbeitsverhältnisse der Stadt in Bezug auf Lohn- und Versicherungsfragen. Er arbeitete an der Entwicklung der städtischen Arbeitslosenversicherung mit und unterstützte alle Maßnahmen zur Förderung des Handwerker- und Mittelstandes ebenso wie die Einrichtung der Gewerbeförderungsanstalt, der Handelshochschule und der Hochschule für kommunale und soziale Praxis. Wie sein Vater wurde Karl Trimborn Mitglied des Preußischen Abgeordnetenhauses und des Reichstages (ab 1896). Mitglied des Reichstages blieb er bis zu seinem Tode, aus dem Landtag schied er 1918 aus.

Er förderte die Eingemeindung Mülheims nach Köln, setzte 1912 für seine Heimatstadt bei der Einführung der Reichszuwachssteuer eine günstige Regelung für die ehemalige Festungsstadt durch und erwarb sich so große Verdienste, nicht um »äußere Ehre und Vorteile willen«, wie der damalige Oberbürgermeister Wallraf es nannte.

Ab 1894 war er Vorsitzender der Rheinischen Zentrumspartei (2. Vorsitzender war Wilhelm Marx), deren erfolgreicher Neuorganisator er wurde. Er gehörte zu den Initiatoren einer Gesamtorganisation des Zentrums, die 1909 für Preußen und 1912 für das Reichsgebiet ins Leben gerufen wurde.

Der »ausgesprochen gesellige Rheinländer« Trimborn war als bürgerlicher Demokrat ein Sozialpolitiker von hohen Graden, von dorther kommt sein Ruhm. Bahnbrechend waren seine Aktivitäten zur Gerwerbeförderung (ab 1902). Ein glänzender Redner, voller »rheinischem« Humor, verlor er dennoch 1912 seine Kölner Reichstagsmandat an einen SPD-Kandidaten, kehrte aber über eine Nachwahl im Wahlkreis Solingen-Waldbröhl doch noch in den Reichstag zurück. Während des Ersten Weltkriegs wirkte Trimborn als »Zivilkommissar« für das Unterrichtswesen zuerst in Verviers, der Heimat seiner Frau, dann in Brüssel. Ab 1917/18 leitete er kommissarisch die Reichstagsfraktion des Zentrums, die er endgültig 1918 übernahm. Er befürwortete die »Friedensresolution« vom 19. 7. 1917 und war ein Gegner deutscher Annexionsforderungen. Im Oktober und November 1918 arbeitete er als Staatssekretär im Reichsamt des Innern unter der letzten kaiserlichen Regierung des Prinzen Max von Baden. Seit Anfang

Durch ein und denselben Bildhauer und gemeinsam mit der unmittelbaren Nachbarfigur Mathilde von Mevissen (Nr. 85) konzipiert, wurde eine im ersten Entwurf stärkere Nähe zwischen beiden historischen Gestalten zugunsten einer jeweils individuelleren Betonung ihrer Eigenständigkeit modifiziert. Der zunächst verfolgte Gedanke, das gemäß überlieferten Porträts wiedergegebene Antlitz mit aufgesetzter Brille zu zeigen, wurde in der dann ausgeführten Version zugunsten eines in der Hand gehaltenen Kneifers variiert. (BE)

Dezember 1918 trat er als Befürworter der »Los von Preußen«-Bewegung für einen eigenen rheinischen Bundesstaat im Rahmen des Deutschen Reiches ein. Die Haltung des ersten Rheinländers an der Zentrumsspitze (ab 1920) zur Republik war »klar und bestimmt demokratisch«, doch nicht ohne eine »innere konservative Hemmung«, wie sein Freund und politischer Weggenosse Karl Bachem formulierte. Trimborn stimmte für die Annahme des Versailler Vertrages. 1920 lehnte er die ihm von Ebert angetragende Reichskanzlerschaft ab.

Trimborn war, wie R.Morsey schreibt, »keine eigentliche Kämpfernatur und kein politischer Magnet für Massenwirkung.« Er war, von ausgleichendem Temperament, zäh und entschieden in seiner politischen Arbeit, hoch angesehen und respektiert auch bei anderen Parteien.

Er starb am 25. Juli 1921 in einem Bonner Krankenhaus an Krebs. Begraben wurde er auf dem Friedhof der kleinen rheinischen Gemeinde Unkel, die er immer wieder im Urlaub besucht hatte. (BD)

Literatur

Hermann Cardauns, Karl Trimborn nach seinen Briefen und Tagebüchern (Führer des Volkes 31), Mönchen-Gladbach 1922.

Rudolf Morsey, Karl Trimborn (1854–1921), in: Rheinische Lebensbilder 3, Düsseldorf 1968, S. 235–244.

Karl Trimborn, Westseite, 3. OG, Nr. 86
Ratsbeschluß am 29. Mai 1990
Modellvorstellung am 1. März 1991
Figurenübergabe am 25. Februar 1992
Bildhauer: Sepp Hürten
Stifter: Westdeutsche Lotterie GmbH & Co, Köln

Wilhelm Marx (1863–1946)

Nr. 87 / 3. OG

Abb. 515: Wilhelm Marx, Gemälde von H. Vogel, Foto: Archiv Konservator

Mit 1085 Tagen (und vier Kabinetten) war er der am längsten amtierende Reichskanzler zwischen den Jahren 1919 und 1933, und dennoch gilt er als Ausnahmeerscheinung im »rüden Beruf« der Politik: kein kraftvoller Machtpolitiker mit »Ausstrahlung« und zündender rethorischer Gabe, sondern ein unauffälliger, bescheidener Mann von starker katholischer Gläubigkeit, frei von Dogmatismus, mit einer hohen Auffassung von Pflichterfüllung und Redlichkeit, immer bereit zum Ausgleich – noch heute wundern sich die Historiker, wie dieser oft als »farblos« und »konturenarm« gezeichnete Zentrumspolitiker, der nie von sich aus ein politisches Amt abgestrebt hatte, es überhaupt zum Regierungschef hatte bringen können.

Seine politischer Aufstieg verlief unspektakulär. Der Sohn des Rektors der Kölner Pfarrschule St. Ursula hatte nach dem Abitur am Kölner Marzellengymnasium Jura studiert und war in den Staatsdienst getreten, der ihn über Stationen zunächst in Köln und Waldbröhl, dann von 1889 bis 1894 in Simmern im Hunsrück – hier heiratete er Johanna Verkoyen, die Tochter einer gutsituierten Familie –, und weiter in Elberfeld, wieder Köln, Düsseldorf und Limburg an der Lahn schließlich 1921 nach Berlin als Senatspräsident ans Kammergericht führte.

In Elberfeld, der damals noch selbständigen bergischen Gemeinde, hatte seine politische Laufbahn auf lokaler Ebene im Volksverein und in der Zentrumspartei begonnen, deren Vorsitzender er 1899 wurde und in der er stets eine gemäßigt reformerische Position einnahm. Der junge Jurist entwickelte ein besonderes Talent als Vermittler, stets bereit, sich zur Verfügung zustellen, wenn man ihn rief. Seit 1899 war Wilhelm Marx Mitglied des preußischen Landtages für den Wahlkreis Krefeld/Grevenbroich/Neuss; 1906 wurde er stellvertretender Vorsitzender des rheinischen Zentrums, und seit 1910 gehörte er auch dem Reichstag in Berlin als Abgeordneter des Wahlkreises Köln-Mülheim an. Er wurde Mitarbeiter und Freund Karl Trimborns, nach dessen Tod im Jahre 1921 auch Vorsitzender der Reichstagsfraktion des Zentrums und noch im selben Jahr Parteivorsitzender.

Ende 1923 mußte der Reichstag dem Reichspräsidenten einen Kandidaten für das Amt des Reichskanzlers als Nachfolger Stresemanns präsentieren. Nach wochenlangen Personaldiskussionen akzeptierte schließlich Wilhelm Marx das ihm angetragene Amt, ohne sich darum beworben zu haben. Am 30. November 1923 stellte er sein erstes (Minderheits-) Kabinett aus Zentrums-, DVP- und DDP-Ministern vor. Den Verlegenheitskanzler, der »kleinste gemeinsame Nenner«, den die Reichstagsparteien hatten finden können, charakterisierte der französische Botschafter d'Abernon so: »Ein versöhnlicher, tiefreligiöser Reichskanzler mit den besten Absichten der Welt, dabei frei vom Nachteil der glänzenden Gaben, die nur die Feindschaft herausfordern.« Marx allerdings war dennoch kein schwacher Kanzler. Zäh und zielbewußt begann er sein schwieriges Amt, regierte ähnlich straff und zielgerichtet, wie Stresemann es vor ihm getan hatte. Es gelang seinem Kabinett, die »Herbstkrise« des Jahres 1923 mit Hilfe eines ihm vom Reichstag zugestandenen Ermächtigungsgesetzes beizulegen; der Reichsetat wurde ausbalanciert, die Währung stabilisiert, die Preise sanken, die Zahl der Arbeitslosen ging allmählich zurück, die Produktion wuchs. Nach Jahren der Putschversuche und der politischen Attentate, nach Ruhrkrise, Separatismus und Inflation kehrte eine gewisse Stabilität ein, die allerdings mit erheblichen sozialen und rechtlichen Rückschritten für die Arbeitnehmerschaft erkauft wurde. Die erste Reichskanzlerschaft Marx' markiert den Beginn der sogenannten »Goldenen Zwanziger Jahre« der Weimarer Republik. Als das Ermächtigungsgesetz, das ihm die nach seinen eigenen Worten »brutale, grausame Finanzpolitik« ermöglicht hatte, im Frühjahr 1924 auslief und der Reichstag die nachträgliche Abänderung einiger Verordnungen verlangte, reagierte Wilhelm Marx diktatorisch. Im Einvernehmen mit dem Reichspräsidenten löste er das Parlament auf. Nach den Neuwahlen im Mai 1924 bestätigte Ebert das Kabinett Marx, das allerdings keine parlamentarische Stützung durch

Der Politiker wird im zeitgenössischen Diplomatenkostüm mit Frack, Zylinder und Handschuhen wiedergegeben. Gegenüber dem ursprünglichen Modell wird Wilhelm Marx unter Hinweis auf seine mehrfache Kanzlerschaft von einem deutschen Reichsadler zu seinen Füßen begleitet, dessen stilisierte Darstellung dem zeittypischen Abstraktionsduktus auch heraldischer Embleme während der Weimarer Republik folgt. Die ausgestreckte Hand symbolisiert die stets geübte Verständigungsbereitschaft, welche Marx in den zwanziger Jahren auch gegenüber dem einst während des Ersten Weltkrieges Deutschland feindlich gegenüberstehenden Ausland zeigte, und die er gerade hier zum Wohle seines Landes einzusetzen wußte. Ungewöhnlich für Ratsturmfiguren ist die ansonsten nur bei Jacques Offenbach (Nr. 77) und Wilhelm Sollmann (Nr. 97) anzutreffende Darstellung aufgesetzter Augengläser, die in diesem Falle jedoch die Pupille erkennen lassen. (BE)

eine Koalition fand. Dennoch regierte Marx durchaus erfolgreich. Im August 1924 gelang mit dem Dawes-Abkommen eine erste vorläufige Regelung der deutschen Reparationszahlungen, und mit dem französischen Ministerpräsidenten Herriot vereinbarte er die Räumung erster von den Franzosen besetzter Gebiete in Dortmund-Hörde, Duisburg und im badischen Appenweier. Im Januar 1925 jedoch trat Wilhelm Marx zurück; auf ihn folgte der parteilose Bürokrat Hans Luther, zuvor Finanzminister im Kabinett Marx. Noch zweimal während der Jahre 1926 und 1927 übernahm Marx das Reichskanzleramt, hatte 1925 sogar gegen Hindenburg bei den Reichspräsidentenwahlen kandidiert und nur knapp verloren.

1928 scheiterte er als Reichskanzler und Parteivorsitzender an dem geringen Handlungsspielraum, der ihm noch verblieben war, vertretbare politische Kompromisse zu erreichen. Im Reichstag blieb er noch bis 1932 als einfacher Abgeordneter. Stets hatte sich Wilhelm Marx uneingeschränkt zur Republik bekannt, unermüdlich hatte er versucht, sie zu konsolidieren, hatte sich in der Sozial- und der Erfüllungs- und Verständigungspolitik engagiert. Seine Person hatte er jedoch nicht nur der Politik zur Verfügung gestellt. Trotz aller politischen Verpflichtungen wirkte er auch in katholischen Verbänden, war Direktor des katholischen Volksvereins und Präsident des Katholikentages.

Die nationalsozialistische Diktatur erlebte er als politischer Pensionär. Die ihm als ehemaligem Reichskanzler zustehenden Ruhestandsbezüge hatten ihm die NS-Behörden schon im Juli 1933 gestrichen. Einige weitere Schikanen machten Marx, der sich durchaus positiv zur Saarabstimmung und zum Anschluß Österreichs geäußert hatte, das Leben noch eine Zeit lang schwer, bis die Diktatur sich schließlich damit zufrieden gab, seine Post zu kontrollieren. Rund ein Jahr nach der Befreiung Deutschlands vom Faschismus

Wilhelm Marx, Westseite, 3. OG, Nr. 87
Ratsbeschluß am 21. Januar 1991
Modellvorstellung am 23. April 1991
Figurenübergabe am 10. Januar 1992
Bildhauer: Karl-Josef Dierkes
Stifter: Strabag Bau-AG, Köln

starb Wilhelm Marx im hohen Alter von 83 Jahren am 5. August 1946. Er war, wie sein Biograph resumiert, weder »ein Politiker aus Leidenschaft«, noch eine »kraftvolle staatsmännische Persönlichkeit«, noch eine »überragende politische Führergestalt des deutschen Katholizismus«, aber der »geborene Vermittler« und eine singuläre Erscheinung im Hinblick auf seine unbedingte Bereitschaft zur Pflichterfüllung und seine Uneigennützigkeit, »Helfer in der Not« genannt.

Begraben wurde Wilhelm Marx auf dem Melaten-Friedhof seiner Heimatstadt Köln, der er immer eng verbunden geblieben war. (BD)

Literatur

Ulrich von Hehl, Wilhelm Marx 1863–1946. Eine politische Biographie (Veröffentlichungen der Kommission für Zeitgeschichte; Reihe B, Forschungen; Band 47), Mainz 1987.

Hugo Stehkämper (Bearb.), Der Nachlaß des Reichskanzlers Wilhelm Marx, 4 Teile (Mitteilungen a. d. Stadtarchiv v. Köln, H. 52–55), Köln 1968.

Hugo Stehkämper, Wilhelm Marx (1863–1946), in: Rheinische Lebensbilder 6, Köln 1970, S. 189–210.

Max Isidor Bodenheimer (1865–1940)

Nr. 88 / 3. OG

Abb. 516: Max Isidor Bodenheimer, Foto: Archiv Konservator

»Bringt heim meine Söhne aus der Ferne – und meine Töchter von den Enden der Erde ...« Unter diesem Motto aus dem Buch des Propheten Jesaja trat Max Bodenheimer im Jahre 1891 mit seiner Denkschrift »Wohin mit den russischen Juden?« an die Öffentlichkeit. Die Publikation markiert den Beginn eines lebenslangen Engagements für die zionistische Idee. Durch Bodenheimer und Gleichgesinnte war die Stadt in der Zeit vor dem Ersten Weltkrieg der »Hauptort des deutschen Zionismus« – so jedenfalls hat es Theodor Herzl, der erste Führer der Bewegung, 1897 in einem Brief an ihn formuliert.

Max Isidor Bodenheimer, Kaufmannssohn aus Stuttgart, hatte Jura studiert und nach der Promotion seit 1890 sein Referendariat auch in Köln absolviert, bevor er sich 1893 als Rechtsanwalt hier niederließ. Obschon selbst im assimilierten, liberalen deutschen Judentum verwurzelt, wurde er angesichts der Pogrome in Rußland und des allgemein in Europa aufkeimen-

Der ausgeführten Figur gingen mehrere in Form plastischer Bozzetti gefertigte Entwürfe voran, unter denen die schließlich ausgeführte Version gewählt wurde. Als Bürger seiner Zeit, mit Mantel, Hut und Stock, erscheint Max Isidor Bodenheimer. Einzig die großformatige, unter dem linken Arm getragene Mappe, welche sich sowohl als Zeitung wie als Manuskriptmappe interpretieren läßt, gibt einen indirekten Hinweis auf sein öffentliches Engagement, auf seine einflußreiche Rolle als Wegbereiter eines jüdischen Staates in Palästina. (BE)

den Antisemitismus (Dreyfus-Affäre in Frankreich; Bewegung des Hofpredigers Stöcker im Deutschen Reich) früh von zionistischen Gedanken erfaßt. Er sah die Politik der jüdischen Emanzipation in den einzelnen Heimatländern als gescheitert an; als Lösung des Problems schwebte ihm die Gründung eines jüdischen Nationalstaates in Palästina vor. Seine eigene zionistisch-politische Bewußtwerdung verarbeitete Bodenheimer 1891 in seiner Dichtung »Eine Vision«: »Es war der Aufschrei einer um ihre Befreiung ringenden Seele.« Nach tastenden Anfängen und unter vielfältigen Widerständen (sowohl der assimilierten deutschen Juden als auch der streng religiösen Judenschaft) gründeten er und sein Freund David Wolffsohn (1856–1914) im Jahre 1894 die »National-Jüdische Vereinigung in Köln«, die sich 1897 als »Zionistische Vereinigung für Deutschland« konstituierte. Bis 1910 war Bodenheimer ihr Präsident, das Kölner Büro der Vereinigung auf dem Hohenzollernring 18, später in der Richmodstraße 6 (wo sich heute eine in das Pflaster eingelassen eine Gedenktafel befindet) der offizielle Mittelpunkt ihrer Aktivitäten.

Die Prinzipien der Gruppe um Bodenheimer sind als »Kölner Thesen« bekannt geworden und in die Geschichte der zionistischen Bewegung eingegangen, da sie für den 1. Zionistischen Kongreß in Basel 1897 eine wichtige Rolle spielten und teilweise in das »Baseler Programm« übernommen wurden. Der Kernpunkt war: ein jüdischer Staat in Palästina soll die Juden völkerrechtlich vertreten und diejenigen Juden aufnehmen, die in ihren Heimatländern nicht bleiben können oder bleiben wollen. Nach dem Baseler Kongreß nannte sich die National-Jüdische Vereinigung unter ihrem Vorsitzenden Bodenheimer »Zionistische Vereinigung für Deutschland«.

In enger Zusammenarbeit mit Theodor Herzl, der etwa gleichzeitig dieselben Ideen entwickelt hatte, erstrebten Bodenheimer und Wolffsohn die Staatsgründung. Zu diesem Zweck wurde unter maßgeblicher Beteiligung Bodenheimers der »Jüdische Nationalfonds« gegründet und die internationale zionistische Organisation ausgebaut, die bei Herzls Tod 1904 bereits mehr als eine halbe Million Mitglieder hatte. Als Wolffsohn 1905 deren Präsident wurde, rückte Köln

Max Isidor Bodenheimer, Nordseite, 3. OG, Nr. 88
Ratsbeschluß am 25. September 1990
Modellvorstellung am 16. Januar 1991
Figurenübergabe am 17. Januar 1992
Bildhauer: Erwin Nöthen
Stifter: Klaus Kunkel und Stiftergemeinschaft, Köln

für eine gewisse Zeit auch institutionell ins Zentrum des politischen Zionismus. Das Zentralbüro verlegte seinen Sitz ebenso hierher wie der Nationalfonds und wichtige Organe der jüdischen Presse.

Mit dem Rücktritt Wolffsohns im Jahre 1911 endete diese für Köln bedeutsame Phase, in der jüdische Geistes- und Finanzgrößen vermehrt in die Stadt gekommen waren. In der Organisation gewannen nunmehr die radikalen Befürworter einer praktischen Kolonisation Palästinas ohne völkerrechtliche Absicherung die Oberhand, nachdem die von Wolffsohn angestrebte politische Lösung der Palästinafrage bis dahin nicht erreicht worden war. Mit Wolffsohn war auch Bodenheimer, den man als Vordenker der politisch-gemäßigten Linie ansehen kann, zurückgedrängt worden. Bodenheimer hat auch nach Wolffsohns Tod weiter für seine Idee gekämpft und sich in zahlreichen jüdischen Verbänden engagiert. Für Köln war dabei wichtig, daß er auf der großen Ausstellung PRESSA 1928 eine vielbeachtete jüdische Sonderschau organisierte.

Mit der sog. »Machtergreifung« der Nationalsozialisten am 30. Januar 1933 fand Bodenheimers Wirken in Köln ein jähes Ende. Über die Niederlande emigrierten er, seine Frau Rosa, geb. Dalberg, mit der er seit 1896 verheiratet war, und seine Kinder nach Palästina, wo er 1940 starb. Trotz seines großen, lebenslangen Einsatzes für die zionistischen Ziele dürfte ihm die Emigration nicht leichtgefallen sein. Noch 1928 hatte er über die PRESSA geschrieben: »Sie zeigt, daß die Juden an Freud und Leid der Völker, unter denen sie wohnen, teilnehmen und an ihrem Vaterland mit ganzem Herzen hängen.« (CVK/BD)

Literatur

Henriette Hannah Bodenheimer, Der Durchbruch des politischen Zionismus in Köln 1890–1900, Köln 1978.
Henriette Hannah Bodenheimer, Max Isidor Bodenheimer (1865–1940) in: Rheinische Lebensbilder 12, Köln 1991, S. 233–256 (dort die sonstige Literatur).
Yvonne Küsters, Rosa Bodenheimer 1876–1938, in: Kölner Frauengeschichtsverein (Hg.), »10 Uhr pünktlich Gürzenich«. Hundert Jahre bewegte Frauen in Köln – zur Geschichte der Organisationen und Vereine (agenda Frauen 5), Münster 1995, S. 73–75.
Menorah. Jüdisches Familienblatt für Wissenschaft, Kunst und Literatur. Jg.6, 1928, Nr.6/7: Festnummer zur »Jüdischen Sonderschau der Pressa 1928, Köln«, Wien-Frankfurt 1928.

Benedikt Schmittmann (1872–1939)

Nr. 89 / 3. OG

Abb. 517: Benedikt Schmittmann, Foto RBA

Seit 1967 erinnert eine Gedenktafel an St. Severin am Eingang zur Marienkapelle an den Kölner Universitätsprofessor Benedikt Schmittmann, im September 1939 von den Nationalsozialisten im Konzentrationslager Sachsenhausen ermordet.

Benedikt Schmittmann war am 4. August 1872 in Düsseldorf geboren worden. Nach der Gymnasialzeit hatte er Jura studiert und war 1902 in den Dienst der Rheinischen Provinzialverwaltung getreten. Im Jahre 1906 wurde er zum Landesrat und Leiter des Wohlfahrtswesens ernannt. Ausgehend von der katholischen Soziallehre, widmete er sich mit großem Engagement dem Ausbau der öffentlichen Gesundheitsfürsorge, besonders der Tuberkulosebekämpfung, und der Einrichtung von Wohlfahrtsämtern in den Kreisen des Landes. Seine reichen praktischen und theoretischen Kenntnisse gab Schmittmann seit 1913 als Dozent für Sozialpolitik der Kölner Hochschule für kommunale und soziale Verwaltung, seit 1919 dann als Professor für Sozialwissenschaft an der neuen Kölner Universität an seine Studenten weiter. Im gleichen

Der Sozialwissenschaftler und -politiker erscheint in streng statuarischer Auffassung, die Augen sind weitblikkend geöffnet. Das aufgeschlagene Buch, auf das er weisend seine Hand legt, erinnert sowohl an seine wissenschaftliche Tätigkeit als auch an die grundsätzliche Haltung, Konflikte nur mit Mitteln des Intellektes und auf dem Wege des Austausches von Argumenten auszutragen. (BE)

Benedikt Schmittmann, Nordseite, 3. OG, Nr. 89
Ratsbeschluß am 17. November 1988
Modellvorstellung am 28. Oktober 1988
Figurenübergabe am 6. März 1990
Bildhauer: Toni Zenz
Stifter: Benedikt Schmittmann und Helene Wahlen-Stiftung, Köln

Jahr 1919 gehörte er als Zentrumsabgeordneter der verfassungsgebenden preußischen Landesversammlung an. Seine sozial- und wirtschaftspolitischen Vorstellungen, die er als in Eigenverantwortung der Staatsbürger zu beschreitenden Mittelweg zwischen Kapitalismus und Sozialismus verstand, vermochte er jedoch in der Zentrumspartei nicht durchzusetzen. Während des Hannoveraner Katholikentags von 1924 gründete Schmittmann den »Reichs- und Heimatbund deutscher Katholiken«, der sich für eine Gebietsreform des Reiches einsetzte, die das auch nach dem Ersten Weltkrieg fortdauernde preußische Übergewicht gegenüber den anderen Ländern der neuen Republik beseitigen und einen föderativ gegliederten Einheitsstaat mit zentraler, nicht aber zentralistischer Staatsgewalt als Garanten der Freiheit schaffen sollte. In diesem Föderalismus sah Schmittmann die neuen Grundlagen auch für ein vereintes Europa und den Völkerbund.

Schon kurze Zeit nach der sogenannten »Machtübernahme« der Nationalsozialisten wurde Benedikt Schmittmann im Zuge der »Gleichschaltung« der Universitäten am 3.3.1933 zusammen mit anderen Kölner Professoren beurlaubt, 1937 dann auf Grund des nationalsozialistischen »Gesetzes zur Wiederherstellung des Berufsbeamtentums« als »national unzuverlässig« endgültig entlassen. Als »Hauptträger« der »separatistischen Verbrechen«, die die Nazis in Schmittmanns Föderalismus entdecken wollten, kam er nach seiner »Beurlaubung« zur »Unschädlichmachung« in eine sechs Wochen währende »Schutzhaft«. Seit seiner Freilassung wurde der engagierte, politische Katholik und Pazifist Schmittmann von der Gestapo observiert; die Staatspolizeistelle Düsseldorf führte das Dossier über ihn und seine illegale Tätigkeit für katholische Vereinigungen.

Am 1. September 1939, dem Tag des Überfalls der Hitler-Wehrmacht auf Polen, wurde Schmittmann verhaftet und acht Tage später ins Konzentrationslager Sachsenhausen eingeliefert, wo man ihn zu ermorden gedachte: seine Akte trug den Vermerk »Rückkehr unerwünscht«. Am 13.9.1939 wurde er von einem SS-Mann zu Tode getreten. Seiner Familie teilte man mit, er sei »am Herzschlag« verstorben. Die Veröffentlichung einer Todesanzeige in Kölner und Düsseldorfer Zeitungen wurde verboten, da an ihn »nicht mehr erinnert werden« dürfe, eine Öffnung des Sarges durch ihn umschließende Eisenbänder unmöglich gemacht.

Auf dem Düsseldorfer Nordfriedhof wurde Schmittmann am 15. September 1939 beigesetzt. In Köln erinnert an ihn eine Gedenkplakette im Eingang der Marienkapelle in St. Severin. (BD)

Literatur

Alfred Kuhlmann, Das Lebenswerk Benedikt Schmittmanns, Diss. Köln 1968.

Hugo Stehkämper, Benedikt Schmittmann (1872–1939), in: Rheinische Lebensbilder 10, Köln 1985, S. 199–221.

Widerstand und Verfolgung in Köln 1933–1945, Köln 1974.

Georg Fritze (1874–1939)

Nr. 90 / 3. OG

Abb. 518: Georg Fritze, Foto: Archiv Konservator

Er war ein Mensch von »aufrechtem Gang«, der »rote Pfarrer«, wie man Georg Fritze genannt hat, den ersten evangelischen Theologen, der an der wiederhergestellten, 1928 von der Evangelischen Gemeinde Köln übernommenen Kartäuserkirche amtierte. In Magdeburg geboren, war er 1916 als Gemeindepfarrer nach Köln gekommen, nachdem er zuvor in einer wallonischen Bergarbeitergemeinde seelsorgerisch tätig gewesen war. Frühzeitig hatte er das soziale Elend der arbeitenden Menschen dieser Zeit kennengelernt und diese Erfahrungen ließen ihn in Kontakt treten mit dem in der Schweiz gegründeten »Bund religiöser Sozialisten«. Fritze wurde Sozialdemokrat, eine Entscheidung, die ihm Zeit seines Lebens von den meisten seiner deutschnational eingestellten Amtsbrüder übelgenommen wurde. Während des ersten Weltkriegs wurde Fritze zum Pazifisten und engagierte sich in der »Deutschen Friedensbewegung«. Er predigte und redete öffentlich gegen den Krieg, mit dem das wilhelminische Kaiserreich Europa überzog und dessen katastrophale soziale Folgen er in seiner Kölner Gemeinde unmittelbar vor Augen hatte, und er nahm Stellung gegen das unselige Bündnis von »Thron und Altar«, in dem die evangelische Amtskirche sich dem autoritären Staat verschrieben hatte.

Unermüdlich widmete sich der Christ und engagierte Sozialist der seelsorgerischen, sozialen, kulturellen

Die Figur wurde im Nachgang zu einem Wettbewerbsgespräch, zu welchem die Stifter vier Bildhauer eingeladen hatten, von denen wiederum zwei hieran teilnahmen, als Modell über mehrere Varianten zur schließlich ausgeführten Version entwickelt. Kopfhaltung und Handgestus des in den langen Rock gekleideten Pfarrers versinnbildlichen seinen Widerspruchsgeist gegenüber dem Dritten Reich und seinen Anfeindungen auch aus Reihen der evangelischen Glaubensbrüder. Die eine Hand ist abwehrend nach unten gekehrt, die andere weisend auf die mit weit geöffneten Augen beobachteten Mißstände gerichtet. (BE)

und politischen Arbeit in seiner Gemeinde. Regelmäßig lud er zu Vortragsabenden zu sozialen und politischen Fragen, für die er zahlreiche der Kirche sonst ferne stehende, politisch bewußte Arbeiter gewinnen konnte.

Als Pfarrer an der Kartäuserkirche – er wohnte weiterhin mit seiner Frau Cato und seinen Kindern in der Großen Witschgasse 17 mitten in der Altstadt, die Kartäuserkirche hatte noch kein Pfarrhaus – warnte er hellsichtig und unermüdlich seit dem Ende der zwanziger Jahre vor der drohenden faschistischen Gefahr für die Weimarer Republik. Seit 1932 wurde sein Stand in der evangelisch-preußischen Kirche immer schwerer, je mehr der Einfluß der im Juni des Jahres gegründeten pro-nationalsozialistischen (Einführung des Führerprinzips, Ausschluß aller Juden aus der evangelischen Kirche, Reinhaltung der germanischen Rasse, Schutz des Volkes vor Minderwertigen und Untüchtigen, Vernichtung des volksfeindlichen Marxismus) »Deutschen Christen« in dieser zunahm. Bereits im Februar 1933 forderten die »Deutschen Christen« in Köln erstmals öffentlich die »sofortige fristlose und pensionslose Amtsentlassung« Georg Fritzes, der auch nach der Machtübernahme Hitlers und dem Ende der Demokratie in Deutschland nicht zur nationalsozialistischen Diktatur, zu ihrem Antisemitismus und Rassismus schweigen wollte und durch die nun bald einsetzende, auch seine Familie treffende Repression nicht zum Schweigen zu bringen war. Im Juli 1933 brachten die Kirchenwahlen in Preußen einen überwältigenden Erfolg für die »Deutschen Christen«, die fortan auch das Kölner Presbyterium beherrschten: zum Buß- und Bettag des Jahres 1933 bekannte der Kölner Superintendent Klingenburg sich öffentlich zur Loyalität gegenüber Hitler, dem er »für sein großes völkisches Aufbauwerk die Kräfte einer wesensechten evangelischen Kirche zur Verfügung« stellen wollte. Die von Georg Fritze herausgegebenen »Kartäuser Pfarrblätter« wurden zum Organ des Widerstands, um sie scharte sich unter seiner Leitung eine »Bekennende Gemeinde« im Pfarrbezirk der Kartause, deren Pfarrer nun immer häufiger von der Gestapo, die auch seine Gottesdienste bespitzeln ließ,

Georg Fritze, Nordseite, 3. OG, Nr. 90
Ratsbeschluß am 29. Mai 1990
Modellvorstellung am 11. Januar 1991
Figurenübergabe am 29. Januar 1992
Bildhauer: Joachim Droll
Stifter: Evangelische Gemeinde Köln

heimgesucht wurde. Der endgültige Bruch der Amtskirche mit dem von ihr längst als außerordentlich störend empfundenen Georg Fritze kam im Jahre 1938. Zum neunundvierzigtsen Geburtstag Hitlers erließ der Präsident des Oberkirchenrates in Berlin eine Verordnung, die alle Pfarrer der preußischen Landeskirche verpflichtete, einen Treueid auf den Diktator abzulegen. Den Eidverweigerern wurde die Entlassung angedroht. Für Fritze war es undenkbar, den Eid zu leisten; von diesem seinem unumstößlichen Beschluß setzte er die Kirchenleitung in Kenntnis. Als der herzkranke Pfarrer im August 1938 aus einem Erholungsurlaub aus der Schweiz nach Köln zurückkehrte, ließ die Gestapo seinen Reisepaß beschlagnahmen. Auch das Konsistorium hatte inzwischen auf die Eidverweigerung reagiert; die schon am 15. August verhängte Gehaltssperre trat zum 1. September in Kraft. Während die Kirchenleitung Fritzes Beschwerde gegen diese Willkürmaßnahme dilatorisch behandelte, erlebte der Pfarrer eine nicht erwartete Welle offener oder versteckter Solidarität in seiner Kölner Gemeinde. Selbst politische Gegner zollten ihm Respekt und gewährten Unterstützung. Seinen Gegner im Kölner Presbyterium aber gelang es schließlich im Oktober des Jahres, den entscheidenden Schlag gegen Georg Fritze zu führen. Sie denunzierten ihn bei der Düsseldorfer Kirchenleitung, sein Pfarrhaus nicht mit der Hakenkreuzfahne beflaggt und Gemeindemitglieder gegen die Zahlung der Kirchensteuer aufgewiegelt zu haben. Überdies herrsche in seinem Hause eine staatsfeindliche Gesinnung, die der gesamten evangelischen Kirche in Köln zum Schaden gereiche. Am 17. Oktober 1938 diktierte der Düsseldorfer Konsistorialpräsident Dr. Koch die Verfügung Nr. 11246, mit der Georg Fritze endgültig aus dem Amt entfernt wurde. Er wurde zum 1.8.1939, d. h. mit Vollendung des 65. Lebensjahres, in den Ruhestand versetzt; bis zu diesem Termin wurde er mit sofortiger Wirkung von allen seinen Amtsgeschäften als Pfarrer der Kartäuserkirche entbunden. Zur gleichen Zeit trat bereits sein Nachfolger seinen Dienst an.

Fritze traf diese Willkürmaßnahme schwer, seine schon angeschlagene Gesundheit verschlechterte sich rapide. Zu Weihnachten 1938 erlitt er einen Herzinfarkt, am 2. Januar 1939 einen Hirnschlag. Georg Fritze starb am Morgen des folgenden Tages. Unter großer Anteilnahme seiner Gemeinde wurde er am 6. Januar auf dem Kölner Südfriedhof begraben. Er war ein »Mann von Format und Charakter«, ein »Streiter ohne Furcht und Tadel« gewesen, ein Opfer, wie sein Biograph Prohlingheuer schreibt, »das durch den systematischen Psychoterror klerikaler Amtsstuben- und Kanzeltäter erbarmungslos vernichtet wurde.«

Rasch verfiel Georg Fritze der »damnatio memoriae«. Auch nach Kriegsende und Befreiung vom Faschismus wurde Fritze weiterhin totgeschwiegen, wurde er nicht von seiner Kirche rehabilitiert, die sich nicht an das Schicksal des wortgewaltigen unangenehmen Warners und Anklägers erinnern wollte. Erst im November 1980, über vierzig Jahre nach Georg Fritzes Tod, stellte das Kölner Presbyterium »mit Beschämung« die Unrechtmäßigkeit der Amtsentfernung von 1938 fest. Es beschloß zudem, an der Kartäuserkirche eine Tafel zum Gedenken an Georg Fritze und seine Haltung während der NS-Herrschaft anbringen zu lassen.

Mit der Aufstellung seiner Statue am Ratsturm, gestiftet vom Presbyterium der Kartäuserkirche, ehrt die Stadt Köln den engagierten Pfarrer, aufrechten Demokraten und furchtlosen Antifaschisten. (BD)

Literatur

Hans Prohlingheuer, Der rote Pfarrer von Köln. Georg Fritze – Christ – Sozialist – Antifaschist, Wuppertal 1981.

Hans Böckler (1875–1951)

Nr. 91 / 3.OG

Abb. 519: Hans Böckler, Foto: Archiv Konservator

Er gilt als »Vater der Mitbestimmung« der Arbeitnehmer in der Montanindustrie, eine bedeutende Persönlichkeit der Geschichte des jungen demokratischen Deutschland nach der nationalsozialistischen Katastrophe.

Sein Erfolg und seine großen Verdienste, seine wichtigen Ämter und die bedeutenden Ehrungen, die ihm zuteil wurden, waren Hans Böckler nicht in die Wiege gelegt worden. Wie so viele Arbeiter- und Gewerkschaftsführer war er in ärmlichen Verhältnissen aufgewachsen. Im mittelfränkischen, nahe Fürth gelegenen Trautkirchen geboren, eines von vier Kindern einer Wäscherin und eines Kutschers, erfuhr er die elende Lage der arbeitenden Bevölkerung im Kaiserreich von klein auf am eigenen Leibe. 1888 starb der Vater; der dreizehnjährige Hans mußte die Schule verlassen, um Geld für den Lebensunterhalt der Familie zu verdienen. Er begann eine Lehre als Silberschläger in der Blattmetallherstellung, Schwerstarbeit unter miserablen, extrem gesundheitsschädlichen Bedingungen. Trotz aller Belastungen nutzte er jede Weiterbildungsmöglichkeit, engagierte sich in der Arbeiterbewegung. 1894 trat er dem Deutschen Metallarbeiterverband und der SPD bei; ein Jahr später gründete er den Fürther Arbeitersportverein.

Rasch kam Hans Böckler voran. 1899 wurde er Vertreter der Metallschläger im Fürther Gewerkschaftskartell, bereits 1902 dessen Vorsitzender und im gleichen Jahr auch Kandidat der SPD für den Fürther Gemeinderat, in den er nach überraschendem Wahlsieg als erster Sozialdemokrat trotz aller Repressionsversuche einziehen konnte: bereits vor der Wahl hatten er und seine Frau Magdalena geb. Müller – sie hatten 1894 geheiratet und arbeiteten in derselben Werkstatt – ihre Arbeit verloren. 1903 wurde Böckler hauptamtlicher Bezirkssekretär des Deutschen Metallarbeiterverbandes und dessen Bevollmächtigter an der Saar. Vom bayerischen St. Ingbert aus, wo das strenge, die gewerkschaftliche Tätigkeit behindernde preußische Vereinsgesetz nicht galt, unternahm er seine Agitationsreisen. Seinem Organisationstalent und seinem unermüdlichen Einsatz war es zu verdanken, daß sich die Mitgliederzahl des Verbandes rasch vervielfachte. 1907 kandidierte er, mittlerweile mit seiner Familie in Saarbrücken lebend, für die SPD bei den Reichstagswahlen im Wahlkreis Saarlouis-Merzig. Er unterlag dem Zentrumskandidaten und ging für zwei Jahre als Bezirksleiter seines Verbandes nach Frankfurt, 1910 nach Breslau. Beim Ausbruch des Ersten Weltkrieges wurde der nun fast vierzigjährige Böckler zum Landsturm eingezogen. Nach seiner Verwundung 1915 aus dem Dienst entlassen, konnte er sich bis zum Kriegsende wieder der Gewerkschaftsarbeit im Deutschen Reich widmen. 1918 wurde er Sekretär der neugeschaffenen »Zentralarbeitsgemeinschaft der industriellen und gewerblichen Arbeitgeber und Arbeitnehmer Deutschlands«, nach der Einführung des Acht-Stunden-Tages und der Arbeitslosenfürsorge das wichtigste sozialpolitische Ergebnis der Novemberrevolution.

Zwei Jahre später kam Böckler als Nachfolger des von Adenauer in das Beigeordnetenamt berufenen Kölner Metallarbeiterverbands-Bevollmächtigten August Haas nach Köln. In einer Bickendorfer Arbeitersiedlung bezog er ein Haus. In die Stadtverordnetenversammlung wurde er 1924 gewählt, 1928 wechselte er als Abgeordneter des Wahlkreises Köln-Aachen in den Reichstag, nachdem er ein Jahr zuvor Bezirksleiter des Allgemeinen Deutschen Gerwerkschaftsbundes (ADGB) für das Rheinland und Westfalen-Lippe mit Sitz in Düsseldorf geworden war.

Nach der »Machtergreifung« der Nationalsozialisten begann für den Arbeiterführer und sozialdemokratischen Abgeordneten Böckler die Zeit der Verfolgung. Am 2. Mai 1933 wurde er erstmals verhaftet und ins Düsseldorfer Polizeigefängnis gebracht. Zwar entließ man ihn schon nach wenigen Tagen wieder, doch bald sah er sich mit einem Strafverfahren wegen angeblicher Unterschlagung von Gewerkschaftsgeldern kon-

Hans Böckler, Nordseite, 3. OG, Nr. 91
Ratsbeschluß am 15. Juni 1989
Modellvorstellung am 2. März 1989
Figurenübergabe am 16. Februar 1990
Bildhauer: Titus Reinarz
Stifter: Deutscher Gewerkschaftsbund – Kreis Köln –

Wie sein unmittelbarer Nachbar Konrad Adenauer (Nr. 92) steht auch Hans Böckler auf einer symbolträchtigen Skulpturenplinthe. Das Zahnrad verweist inhaltlich auf die Tätigkeit des Metallgewerkschaftlers und formal auf sein durch Ludwig Gies auf dem Kölner Friedhof Melaten gestaltetes Grabdenkmal. Der ausgestreckte Zeigefinger der rechten Hand erinnert an Böcklers oft mahnendes Engagement und die Überzeugungskraft, mit welcher er seine Auffassungen in der öffentlichen Diskussion zu vertreten wußte. (BE)

frontiert. Ende September 1933 wurde er erneut verhaftet, der gegen ihn angestrengte Prozeß endete jedoch Anfang Februar 1934 mit einem Freispruch. Die folgenden Jahre verbrachte Böckler zurückgezogen und unauffällig bei seiner Familie im Bickendorfer Haus, ständig überwacht und immer wieder von Hausdurchsuchungen heimgesucht. Versteckt in einer selbstgebauten Hütte in Ottoherscheidt im Bergischen Land rettete er sich über das Jahr 1944 und den letzten Kriegswinter.

Unmittelbar nach Kriegsende kehrte Böckler nach Köln zurück. Er wurde 1945 Mitglied der von der Militärregierung eingesetzten Kölner Stadtverordnetenversammlung, 1946 dann in den Rheinischen Provinzialrat und den Zonenbeirat für die britische Besatzungszone berufen, auch dem ersten, noch ernannten Landtag gehörte er an. Doch nicht die eigentliche Politik war Böcklers Lebensaufgabe: es zog ihn zurück in die Gewerkschaftsarbeit. Schon im August 1945 hatte Böckler die Kölner Gewerkschaften wieder ins Leben gerufen, und im April 1947 wurde er zum Vorsitzenden des neugegründeten Gewerkschaftsbundes für die Britische Zone gewählt. Der Münchener Gründungskongreß des Deutschen Gewerkschaftsbundes (DGB) vom 12. bis zum 14. Oktober 1949 bestellte ihn zum ersten Vorsitzenden der neuen Dachorganisation der Einzelgewerkschaften. Am 1. Januar 1950 nahm Böckler seine Arbeit in der Düsseldorfer Zentrale des DGB auf; sein Wohnort aber blieb Köln-Bickendorf. Mit großem Einsatz stürzte er sich in den Kampf um die Neuordnung der Eisen- und Stahlindustrie und des Bergbaus und um die Mitbestimmung der Arbeitnehmer. Den drohenden Generalstreik vermochte am 25.1.1951 ein zwischen Bundeskanzler Adenauer und dem DGB-Vorsitzenden Böckler ausgehandelter Kompromiß in der Frage der Montanmitbestimmung – gegen den Widerstand der Unternehmer und der Parteien, auch der SPD – abzuwenden. Am 10.4.1951 verabschiedete der Bundestag das Gesetz über die Mitbestimmung der Arbeitnehmer in den Aufsichtsräten und Vorständen der Unternehmen des Bergbaus und der Eisen und Stahl erzeugenden Industrie.

Hans Böckler hat diesen epochemachenden Tag der jungen bundesdeutschen Sozialgeschichte nicht mehr erlebt. Bereits im Mai 1950 hatten die Strapazen der Arbeit ihren Tribut gefordert, Böckler hatte seinen ersten Herzinfarkt erlitten. Nur wenige Tage nach dem Kompromiß in der Mitbestimmungsfrage ereilte ihn der zweite Infarkt, an dessen Folgen er am 16.2.1951 starb.

Die Stadt Köln, deren Bürger er für mehr als drei Jahrzehnte gewesen war, hatte den Gewerkschaftsführer Böckler kurz vor seinem Tode am 4. Januar 1951 mit der Verleihung des Ehrenbürgerwürde geehrt. Die Urkunde würdigte seinen lebenslangen großen Einsatz und seine bedeutenden Verdienste um die Rechte der Arbeitnehmer und die praktische Verbesserung ihrer sozialen Lage und ihrer Arbeitsbedingungen, die Schaffung einer starken Einheitsgewerkschaft und ihre Integration in den demokratischen Staat in der Weimarer Zeit und nach 1945.

Hans Böckler selbst hatte auf die Frage an den Siebzigjährigen, warum er all' diese Belastungen auf sich genommen hatte, geantwortet: »Ich habe aber das Gefühl gehabt in meinem Leben, daß ich meine Pflicht getan habe.« (BD)

Literatur

Ulrich Borsdorf, Hans Böckler. Arbeit und Leben eines Gewerkschafters von 1875–1945, Köln 1982.
Hans-Böckler-Stiftung (Hg.), Hans Böckler. Ein Porträt, Marburg 1989.
Gabriele Müller-List, Hans Böckler (1875–1951); in: Geschichte im Westen, Jg. 1, 1986, Heft 2, S. 47–63.
Ernst Potthoff, Hans Böckler. Ein Leben für die Gewerkschaften, Düsseldorf 1950.

Konrad Adenauer (1876–1967)

Nr. 92 / 3. OG

Abb. 520: Konrad Adenauer, Foto: Archiv Konservator

Er gilt als der typische Rheinländer und Urkölner – der er entgegen der Legende gar nicht war – schlechthin: Konrad Hermann Joseph Adenauer, am 6. Januar 1876 als drittes von fünf Kindern des gebürtigen Bonners, gewesenen Berufssoldaten und späteren Oberlandesgerichtssekretärs Johann Konrad Adenauer und seiner Frau Helena Christine, geb. Scharfenberg, in der Balduinstraße 6 geboren. Ende der achtziger Jahre zog die Familie in das Haus Schaafenstraße 7. Konrad besuchte die Knabengrundschule St. Aposteln und wechselte 1885 auf das Apostelngymnasium, wo er 1894 das Abitur bestand. Gerne hätte er Jura studiert, aber das nur bescheidene Einkommen seiner Eltern zwang ihn zunächst dazu, eine Banklehre zu beginnen, die er allerdings bereits nach zwei Wochen wieder abbrach. Jedoch noch 1894 bewilligte ihm die Stadt Köln auf den Antrag seines Vaters ein Stipendium, das es ihm erlaubte, in Freiburg das Jurastudium zu beginnen, in München fortzusetzen und in Bonn zu beenden. Hier legte er 1897 nach sechs Semestern das Referendarexamen ab. Es folgte die juristische Ausbildung am Amtsgericht Bensberg, dann am Landgericht, bei der Staatsanwaltschaft und am Amtsgericht Köln. Sein Assessorexamen fiel jedoch wider Erwarten schlecht aus, so daß der erhoffte Eintritt in den Staatsdienst in weite Ferne rückte.

Konrad Adenauer schlug nun den Berufsweg des Anwalts und Notars ein; die Wartezeit bis zum Freiwerden eines Notariats überbrückte er mit juristischen Aushilfs- und Vertretungstätigkeiten. 1905 Hilfsrichter am Landgericht Köln geworden, bewarb er sich im Frühjahr 1906 um eine freigewordene Beigeordnetenstelle in seiner Heimatstadt Köln. Protegiert von dem ihm gut bekannten Rechtsanwalt und Vorsitzenden der Zentrumsfraktion H. Kausen, wurde Adenauer am 7.3.1906 als Zentrumsmann zum jüngsten der 12 Kölner Beigeordneten gewählt und am 13. Juni des Jahres von Oberbürgermeister Wilhelm Becker in sein Amt, dessen wichtigster Bereich die Steuerverwaltung war, eingeführt. Mit diesem Tag begann eine der bedeutendsten kommunalpolitischen Karrieren des Deutschen Reiches und der Weimarer Republik.

Bereits am 22.6.1909 übernahm Adenauer trotz seiner Jugend das Amt des Ersten Beigeordneten, das ihm das Finanzdezernat unterstellte, und Ersten Stellvertreters des Oberbürgermeister Max Wallraf, dessen Nachfolger er am 29.11.1917 wurde, gewählt auf zunächst 12 Jahre und mit dem außerordentlichen Jahresgehalt von insgesamt 42000 Mark ausgestattet (immerhin doppelt soviel wie der Reichspräsident). Seine administrativen Fähigkeiten konnte der neue Oberbürgermeister – nach der rheinischen Kommunalverfassung zugleich Verwaltungschef und Vorsitzender des Gemeindeparlaments – im letzten Kriegsjahr als Vorsitzender der »Lebensmittelkommission« bei der Sicherung der Versorgung der Kölner Bevölkerung beweisen; nach dem Kriegsende vermochte er in enger Zusammenarbeit mit Wilhelm Sollman und dem Kölner Arbeiter- und Soldatenrat das Köln durch zurückflutende Truppen drohende Chaos zu verhindern. Schon am 3.12.1918 verließen die letzten der 400000 durch Köln geschleusten Soldaten die Stadt. Die Friedenszeit, deren ersten Jahre von 1918 bis 1926 unter englischer Besatzung verstrichen, erlebte den rastlosen, aber weitvorausschauend geplanten und zielgerichteten Einsatz des Oberbürgermeisters Adenauer, der von 1920 bis 1933 auch Präsident des Preußischen Staatsrates war, für den Wiederaufstieg Kölns zu der rheinischen Metropole und zum Handelszentrum des deutschen Westens. Mit großem Engagement widmete er sich der Städteplanung, der Wirtschaftsförderung, der Sozialpolitik, Verkehrspolitik und innerstädtischen Verkehrsplanung: Kraftverkehrsstraßen wurden eingerichtet – 1932 übergab Adenauer die erste deutsche Autobahn zwischen Köln und Bonn dem Verkehr – der öffentliche Nahverkehr verbessert, der Niehler Hafen erweitert und ein Zivilflughafen angelegt, die große Mülheimer Brücke ge-

Konrad Adenauer, Nordseite, 3. OG, Nr. 92
Ratsbeschluß am 15. Juni 1989
Modellvorstellung am 2. März 1989
Figurenübergabe am 7. November 1991
Bildhauer: Titus Reinarz
Stifter: Rheinbraun AG, Köln

Wie sein unmittelbarer Nachbar Hans Böckler (Nr. 91) steht auch Konrad Adenauer auf einer symbolträchtigen Skulpturenplinthe. Die hierfür im Modell abgestimmte Darstellung einer Hängebrückenkonstruktion, eine Erinnerung an Adenauers städtebau- und verkehrspolitische Leistung für Kölns Rheinbrücken in der Zeit der Weimarer Republik, modifizierte der Bildhauer selbständig zugunsten einer Rose als Erinnerung an die später dann in Rhöndorf gepflegte Rosenzucht des Politikers. Daß Adenauer jedoch vorrangig aufgrund seiner Verdienste als Oberbürgermeister seit 1917 für seine Präsenz am Kölner Ratsturm so bedeutsam wurde, belegen die altersmäßig entsprechend ausgeprägten Gesichtszüge. (BE)

baut, Industrie wurde angesiedelt – so 1930 die Ford-Werke –, die Stadt erhielt ihre Messe zurück, ausgedehnte Grünanlagen (der Grüngürtel) entstanden, mit Wiesen und Wäldern, Wanderwegen und Ruheplätzen, Sportanlagen (das Müngersdorfer Stadion), der Wohnungsnot und dem Wohnungselend wurde mit einer erfolgreichen Wohnungsbaupolitik begegnet. Die alte, seit über 100 Jahren nicht mehr existierende Universität wurde 1919 wiedererrichtet, eine Hochschule für Musik geschaffen, die Werkschulen neu organisiert, die Volksbildung gefördert. Bedeutende Sammlungen wurden von der Stadt zur Bereicherung der Museen erworben, das Rheinische Museum neu gegründet. Große und berühmte Ausstellungen, z. B. die Jahrtausendausstellung von 1925 und die Pressa von 1928, dokumentierten die kulturelle und wirtschaftliche Bedeutung Kölns.

Adenauers Ausflüge in die Reichs- und Außenpolitik der Weimarer Zeit – er war in den zwanziger Jahren auch einmal als Kandidat des Zentrums für die Reichskanzlerschaft gehandelt worden – waren hingegen weniger erfolgreich und stießen auf heftigen Widerspruch. Sein Plan der Errichtung eines katholischen rheinischen Bundesstaates im Rahmen des Deutschen Reiches (1924) brachte ihn in den Ruch der Sympathien für den Separatismus und wurde von Stresemann, Reichskanzler Wilhelm Marx und der Sozialdemokratie energisch verworfen.

Ende der zwanziger Jahre begann die intensive nationalsozialistische Propaganda gegen den Oberbürgermeister Adenauer, der als »national unzuverlässig und antisozial« denunziert wurde. Nach der sog. »Machtergreifung« auch in Köln 1933 wurde er wegen angeblicher Korruption und verschiedener anderer »Verbrechen« aus dem Amt entlassen und ein 1934 wegen erwiesener Haltlosigkeit der Vorwürfe eingestelltes Dienststrafverfahren gegen ihn eingeleitet. Im August 1944 wurde Adenauer, der nun allerdings kein Widerstandskämpfer war, in seinem Haus in Rhöndorf von der Gestapo verhaftet und im Deutzer Auffanglager interniert. Dem Abtransport nach Buchenwald konnte er glücklich entgehen. Im September 1944 wurde er jedoch erneut verhaftet und im Gefängnis Brauweiler festgehalten, aus dem man ihn im November entließ. Die Zeit bis zum Kriegsende verbrachte er in Rhöndorf.

Amerikanische Truppen, die Köln Anfang März 1945 befreiten, brachten Adenauer, auf der amerikanischen »Weißen Liste« der vom Nationalsozialismus unbelasteten Politiker die Nr. 145 innerhalb der Rheinprovinz, auf der alphabetische geordneten Kölner Liste die Nummer 1, nach Köln und forderten ihn auf, wieder Oberbürgermeister der schwer kriegszerstörten Stadt zu werden. Nach einigem Zögern übernahm er das Amt am 4.5.1945 und begann sofort mit der Planung der Überlebenssicherung und des Wiederaufbaus. Allerdings wurde er schon am 6.10.1945 von den Engländern, die inzwischen von den Amerikanern die Militärregierung übernommen hatten, mit der vorgeschobenen Begründung »Unfähigkeit und mangelnde Tatkraft« wieder entlassen. Die wahren Gründe sind bis heute nicht geklärt; die Entlassung Adenauers aber hatte weitreichende Folgen: sie war die Voraussetzung für seine spätere Kanzlerschaft.

Er gehörte zu den frühen Mitgliedern der neugegründeten CDU, wurde 1946 ihr Vorsitzender in der britischen Zone, 1950 auch Bundesvorsitzender; den Parlamentarischen Rat, der das am 23.5.1949 unterzeichnete Grundgesetz der Bundesrepublik Deutschland ausarbeitete, leitete er als Präsident. Am 15.9.1949 wurde Konrad Adenauer zum ersten Bundeskanzler gewählt. Er blieb es bis zu seinem Rücktritt im Jahre 1963. Schwerpunkte seiner zuweilen polarisierenden Politik waren die Westintegration des neuen demokratischen deutschen Staates, die Aussöhnung mit Israel und mit Frankreich. Besonders umstritten war die deutsche Wiederbewaffnung nur zehn Jahre nach dem katastrophalen Ende des Zweiten Weltkrieges.

Sein ganzes Leben blieb Konrad Adenauer seiner Heimatstadt Köln, der er 27 Jahre, davon 16 Jahre als Oberbürgermeister, gedient hatte, auf das engste verbunden. Köln ehrte seinen großen Sohn, dem es so viel verdankte und von dem der französische Journalist E. Thebault schon 1921 geschrieben hatte: »Das wahre Denkmal Kölns ist sein Bürgermeister«, am 4. Januar 1951 mit der Verleihung der Ehrenbürgerschaft. In seiner Dankrede antwortete er: »Sie wissen, daß ich hier geboren bin, daß ich hier meine Jugend verbracht habe, daß dieser Stadt die Kraft meiner Mannesjahre gegolten hat. Aber was ich dieser Stadt gegeben habe, das hat mir dieser Boden und diese Stadt hundertfach wiedergegeben. Denn was ich bin – im Guten wie im Schlechten – das ist gewachsen auf diesem Boden und geformt worden von dieser Umgebung und in dieser Atmosphäre.« –

Mit 91 Jahren starb Konrad Adenauer am 19.4.1967 in seinem Haus in Rhöndorf. (BD)

Literatur

Engelbert Hommel, Der Kölner Konrad Adenauer; Köln 1984.
Everhard Kleinertz (Bearb.), Konrad Adenauer. Seine Zeit – sein Werk; Köln 1976.
Peter Koch, Konrad Adenauer. Eine politische Biographie; Hamburg 1985.
Henning Köhler, Adenauer und die Rheinische Republik. Der erste Anlauf 1918–1924, Opladen 1986.
Henning Köhler, Adenauer – Eine politische Biographie, Frankfurt a.M./Berlin 1994.
H. Maier, Konrad Adenauer (1876–1967); in: Rheinische Lebensbilder 6, Köln 1975, S. 233–256.
Hans Peter Mensing (Bearb.), Adenauer im Dritten Reich (Adenauer. Rhöndorfer Ausgabe), Berlin 1991.
Hans-Peter Schwarz, Adenauer. Der Aufstieg 1876–1952; Stuttgart [2]1986.
Hugo Stehkämper (Hg.), Konrad Adenauer. Oberbürgermeister von Köln. Festgabe der Stadt Köln zum 100. Geburtstag ihres Ehrenbürgers am 5.1.1976; Köln 1976.

Willi Ostermann (1876–1936)

Nr. 93 / 3. OG

Abb. 521: Willi Ostermann, Foto RBA

»Wenn ich su an ming Heimat denke ...« – jeder Kölner kennt Willi Ostermanns letztes, berühmtestes Lied »Heimweh noh Kölle«. Erst nach seinem Tod veröffentlicht, wurde es schon bald eine Art Kölner Hymne und verbreitete sich in den Kriegsjahren weit über den mundartlichen Sprachraum hinaus – Ausdruck der Sehnsucht unzähliger Soldaten und Flüchtlinge nach der Heimat. Weil es die »Kampfmoral der Truppe« untergrabe, wurde das Lied im Herbst 1944 sogar verboten. Nicht alle der weit über 100 kölnischen und rheinischen Lieder Ostermanns erfuhren soviel Beachtung. Aber es gibt deren doch viele, die einem breiten Publikum bis heute wohlbekannt, die populäre Volkslieder geworden sind, in Köln etwa »Och wat wor dat fröher schön doch in Colonia«, »Kölsche Mädcher künne bütze«, »Kutt erop«, »Watt well die Mösch«, »Kinddäuf-Feß unger Krahnebäume«, und im In- und Ausland so bekannte Rheinlieder wie »Einmal am Rhein« oder »Rheinische Lieder, schöne Frau'n beim Wein«.

Die Gestalt erscheint in ihrem den Karnevalisten so vertrauten Kostüm ihrer Bühnenauftritte, in weiter Jacke und gerüschtem Hemd, den typischen Hut hat sie aufgesetzt. Wie ehedem von der Bühne neigt Ostermann sich auch jetzt seinem Publikum, nunmehr auf dem Altermarkt nordöstlich des Ratsturmes, zu. Der große, wie spendend dem Betrachter auf dem Platze entgegengehaltene Pokal erinnert an die Freuden des Weines, denen Ostermann auch im Liede zeit seines Lebens gerne huldigte. (BE)

Geboren in Mülheim am Rhein als Sohn eines Eisenbahners, aufgewachsen in Deutz (und somit erst seit der Eingemeindung von 1888 im eigentlichen Sinne Kölner), gab Willi Ostermann nach einer Ausbildung zum Stereotypeur und Galvanoplastiker schnell seinen erlernten Beruf auf und dem seit frühester Kindheit ausgeprägten Wunsch nach, auf der Bühne zu stehen und die Menschen mit seinen heiteren Gesängen zu unterhalten. Nachdem 1899 sein »Düxer Schötzefeß« ein überraschender Erfolg geworden war, sammelte Ostermann auf Vereinsfesten und ähnlichen Veranstaltungen erste Berufserfahrungen, bevor er 1907 mit dem Karnevalslied »Dem Schmitz sing Frau es durchjebrannt« für eine Sensation sorgte und mit einem Schlag berühmt wurde. Über den engen karnevalistischen Rahmen hinaus sah Ostermann sich als Mundartdichter. Schon 1909 konnte er die goldene Fastenrath-Medaille für das beste Mundartlied (»Wer hätt dat vun dr Tant jedaach«) entgegennehmen.

Der Erste Weltkrieg trübte Ostermanns von Erfolg und Heiterkeit getragenes Leben empfindlich. Selbst unbeholfen-unpolitisch, wußte er bei Fortschreiten der Kriegsschrecken nicht recht, was er besingen sollte. Sein Lied vom »Kölsche Boor«, jener zur Auffüllung der wilhelminischen Kriegskasse aufgestellten Holzfigur, war eine Ausnahme; manches andere könnte heute als Hurrageschrei befremden. Nach dem Krieg fehlte dem Dichter-Komponisten wegen der strengen Versammlungsverbote der Besatzungsmacht das Podium für seine Arbeit. Er schrieb zwar wieder seine Lieder, die auch im kleinen Kreis gesungen wurden, doch er entbehrte künstlerisch wie materiell den Zuspruch der Masse. Ostermann verlegte sich, von der Rheinromantik der Besatzungssoldaten und dem romantischen Nationalismus seiner Landsleute angeregt, auf Rheinlieder in hochdeutscher Sprache. Er wurde Schlagerdichter – und reich durch die Schallplatte, schrieb aber nach wie vor auch kölsche Lieder und widmete sich dem Karneval. Als beliebter Heimatdichter sollte Ostermann nach 1933 in die Propaganda der nationalsozialistischen Diktatur eingespannt werden, doch entzog sich seine naive, ursprünglich-gemütvolle Art, seine Themen zu verarbeiten, letztlich dem Fanatismus der Machthaber.

Willi Ostermann, Nordseite, 3. OG, Nr. 93
Ratsbeschluß am 17. November 1988
Modellvorstellung am 8. August 1989
Figurenübergabe am 11. November 1991
Bildhauer: Herbert-Paul Labusga
Stifter: Willi-Ostermann-Gesellschaft Köln e.V., Köln

Nach einem triumphalen Volksfest im Januar 1936, das seine Anhänger ihm und seiner Frau Käthe zur Silberhochzeit vor ihrem Haus am Neumarkt bereiteten, blieben Ostermann nur noch wenige Monate Lebenszeit. Ganz Köln trauerte im August 1936 um ihn, und die Stadt widmete ihm auf Melaten ein Ehrengrab. 1939 wurde der Ostermann-Brunnen auf dem gleichnamigen Platz im neu gestalteten Martinsviertel eingeweiht. Dort steht er in leicht veränderter Form heute noch. (CVK)

Literatur

Theodor Liessem, Willi Ostermann, Köln 1986 (Kölner Biographien 18).
Theodor Liessem, Willi Ostermann, Köln 1951.
Willi Staffel, Willi Ostermann, Köln 1976.

Amalie Lauer (1882–1950)

Nr. 94 / 3.OG

Abb. 522: Amalie Lauer, Foto: Archiv Konservator

Die Kaufmannstochter Amalie Lauer wurde am 29. März 1882 in Frankfurt a. M. geboren. Während ihre beiden Schwestern nur die Volksschule besuchten, war Amalie bildungsbeflissen: sie meldete sich selbst an einer höheren Mädchenschule an, machte das Abitur und absolvierte 1901 das Lehrerinnenexamen für den Volksschuldienst. Während ihrer Tätigkeit als Lehrerin besuchte sie die Frankfurter »Akademie für Sozial- und Handelswissenschaften«, und im Jahre 1908 wurde sie die erste Diplom-Handelslehrerin dieser Hochschule. Ein Studium der Rechts- und Staatswissenschaften in Gießen und Tübingen folgte; 1913 promovierte sie mit einer Arbeit über »Landwirtschaft und Heimarbeit in Deutschland«.

Die tiefreligiöse Amalie Lauer stand in engem Kontakt mit der katholischen Frauenbewegung. Ihr Engagement speiste sich auch aus persönlicher Erfahrung mit Diskriminierung, denn ihr Gehalt als Lehrerin betrug nur 50% des Einkommens ihrer männlichen Kollegen. Sie veröffentlichte Schriften zur sozialen Lage arbeitender Frauen, z. B. der Kellnerinnen und Heimarbeiterinnen, zum Kinderschutz, zum Jugendstrafrecht, zur Berufsbildung, und wurde Vorsitzende der »Kommission zum Studium von Frauenrechtsfragen«. Seit 1919 vertrat sie die Zentrumspartei im Preußi-

Literatur

Amalie Lauer, Die Frau in der Auffassung des Nationalsozialismus, Köln o. J [1932].
Rosemarie Jansen und Hans Helmut, Prof. Dr. Amalie Lauer, in: Die Christliche Frau 49, 1960, S. 141–144.
Birgit Sack, Dr. Amalie Lauer 1882 – 1950, in: Kölner Frauengeschichtsverein (Hg.), »10 Uhr pünktlich Gürzenich«. Hundert Jahre bewegte Frauen in Köln – zur Geschichte der Organisationen und Vereine (agenda Frauen 5), Münster 1995, S. 135–139.
Gabriela Wagner (Bearb.), Frauen in Köln. 2000 Jahre Frauengeschichte, Köln 1990.

Die Physiognomie der Figur folgt den im Porträt überlieferten Gesichtszügen Amalie Lauers. Ihr sowohl literarisches wie praktisches Engagement in der Sozialpädagogik und -politik machen zwei in den Händen gehaltene Attribute sinnfällig: Das Buch ist gewissermaßen theoretisches Fundament ihrer praktischen Tätigkeit und erinnert auch an ihre ebenso aufklärende wie warnende Schrift »Die Frau in der Auffassung des Nationalsozialismus«. Die kleine, aus einem Gebäude als Hinweis auf die Wohlfahrtsschule heraustretende Gestalt deutet ihren Einsatz in der Bildungsarbeit gerade für Frauen an. Erste, zunächst als plastische Bozzetti angelegte Entwürfe führten zur schließlich ausgeführten Skulptur. (BE)

schen Landtag für den Wahlkreis Köln-Aachen und war Vorsitzende des Frauenbeirates ihrer Partei. Ihr besonderer Einsatz galt der Anerkennung der weiblichen Berufstätigkeit. Auch der verfassungsgebenden Weimarer Nationalversammlung gehörte sie an.

Seit 1917 lebte Amalie Lauer in Köln. Am 17. April des Jahres hatte sie Oberbürgermeister Konrad Adenauer zur Direktorin der gerade gegründeten Städtischen Wohlfahrtsschule ernannt, in der sie ein umfassendes Ausbildungsangebot in den sozialen Berufen organisierte. Sie blieb 15 Jahre im Amt, kurzfristig nur 1930/31 unterbrochen durch eine Professur für Sozialpädagogik am Kölner »Berufspädagogischen Institut«.

Am 30.6.1932 wurde Amalie Lauer wegen »dauernder Dienstunfähigkeit« als Direktorin der Wohlfahrtsschule entlassen, hatte aber ihre Entlassung zuvor selbst beantragt. In den Jahren vor der sogenannten »Machtergreifung« des Nationalsozialismus unternahm sie in der katholischen Frauenbewegung intensive Anstrengungen, die christlichen Frauen aus ihrer politischen Lethargie zu wecken und über die frauenfeindliche Ideologie des Nationalsozialismus aufzuklären. 1932 veröffentlichte sie ihre Broschüre »Die Frau in der Auffassung des Nationalsozialismus« über den Rassen- und Herrenmenschenwahn und seine daraus folgende besondere Bedrohung auch der Frauen. Zusammen mit Christine Teusch und anderen katholischen Frauen veröffentlichte sie den Aufruf zum Zentrums-Wahlkampf vom 25.2.1933, ihre letzte öffentliche Äußerung. Als Gegnerin des Nationalsozialismus und bespitzelt, zog sie sich im Laufe des Jahres 1933 nach Bensberg zurück; ab 1942 wohnte sie in Nippes, wo sie, immer wieder von Verfolgung und Verhaftung bedroht, die Diktatur in der »inneren Emigration« überstand.

Am 15. Oktober 1950 starb Amalie Lauer, eine der herausragenden Vertreterinnen der katholischen deutschen Frauenbegung, in Fulda. (BD)

Amalie Lauer, Nordseite, 3. OG, Nr. 94
Ratsbeschluß am 21. Januar 1991
Modellvorstellung am 21. September 1992
Figurenübergabe am 26. Februar 1993
Bildhauerin: Katharina Hochhaus
Stifter: Katholischer Deutscher Frauenbund, Zweigverein Köln, gemeinsam mit: Arbeitskreis der Katholischen Frauenverbände in der Stadt Köln

Joseph Kardinal Frings (1887–1978)

Nr. 95 / 3. OG

Abb. 523: Joseph Kardinal Frings, Foto: Archiv Konservator

»Wir leben in Zeiten, da in der Not auch der einzelne wird nehmen dürfen, was er zur Erhaltung seines Lebens und seiner Gesundheit notwendig hat, wenn er es auf andere Weise, durch seine Arbeit oder durch Bitten nicht erlangen kann.« Als Kardinal Frings in seiner Silvesterpredigt 1946 diese Worte – nicht ohne Einschränkungen und auch nicht ohne moraltheologische Begründung – sprach, gab er den hungernden und frierenden Menschen praktische Überlebenshilfe. Der »Klüttenklau« aus Kohlenzügen hatte seine bischöfliche Zustimmung gefunden. Der Ausdruck »fringsen« ging um und fand sich bald im »Wörterbuch der deutschen Sprache« wieder, als Synonym für »stehlen in größter Not«. Die außerordentliche Popularität des Erzbischofs gründete in seiner Menschlichkeit und in seinem unermüdlichen, alle Bereiche des persönlichen und gesellschaftlichen Lebens berührenden Einsatz unter dem Wahlspruch »Für die Menschen bestellt«.

1887 als Sohn einer Neusser Fabrikantenfamilie geboren, wurde der hochbegabte Frings schon 1910 zum Priester geweiht und nach weiteren Studien in Rom 1916 in Freiburg/Br. zum Doktor der Theologie promoviert. Als Kaplan in Zollstock (1910–1913), Pfarrektor in Fühlingen (1915–1922) und Pfarrer in Braunsfeld (1924–1937), schließlich als Regens des Erzbischöflichen Priesterseminars in Bensberg, entfaltete sich sein priesterliches Wirken, bevor er 1942, auf dem Höhepunkt von Krieg und nationalsozialistischer Diktatur, in sein Amt als Erzbischof von Köln berufen wurde. Von seinem hervorgehobenen Standort aus ergriff er sogleich mutig Partei für die Unterdrückten und Verfolgten. In verschiedenen Hirtenworten und Predigten nahm er deutlich Stellung gegen das »himmelschreiende Unrecht« der Judenverfolgung und andere Greueltaten der Faschisten. Nach dem Krieg trat er als Fürsprecher der leidenden Bevölkerung den Besatzungsmächten entgegen, erbat Hilfe, forderte Menschlichkeit ein und wandte sich gegen den Vorwurf der »Kollektivschuld« aller Deutschen. Er war, selbst moralisch unbeirrt, in dieser Zeit »der Sprecher von Deutschland«, wie er selbst einmal formulierte. Wurde für die Wiederaufnahme Deutschlands in die Gemeinschaft der Völker mit seiner Erhebung zum Kardinal 1946 ein deutliches Zeichen von seiten des Papstes gesetzt, so tat Frings in dieser Hinsicht das Seinige hinzu. Ein Ereignis wie das große Kölner Dombaufest 1948 war weit mehr als nur ein Signal zum Wieder-»Aufbau«: das zerstörte Köln zog als kirchliche Metropole erstmals wieder Besucher an und die Blicke der Welt auf sich; der Dom symbolisierte den Überlebenswillen nicht nur der Kölner Bevölkerung. Auch der Katholikentag von 1956 setzte ein Zeichen seines von Köln ausgehenden bedeutenden Wirkens für die katholische Kirche im Nachkriegsdeutschland. Als Mahner in der Zeit des staatlichen Neubeginns nahm Frings großen Einfluß und bezog zu vielen politischen Fragen Stellung. Akzente setzte er auch, als er in der Zeit des »Wirtschaftswunders« dem Dank der Deutschen für empfangene Hilfe durch Gründung der Hilfswerke Misereor (1958) und Adveniat (1961) Ausdruck verlieh. Nachdem er bereits 1945 zum Vorsitzenden der Fuldaer Bischofskonferenz gewählt worden war (bis 1965), engagierte sich Frings in dieser Eigenschaft stark für die Versöhnung der Völker und die Verknüpfung der Ortskirchen mit der Weltkirche. Höhepunkt seines Wirkens war sein Auftreten beim Zweiten Vatikanischen Konzil, das ihn als führende Persönlichkeit der reformbereiten Kräfte in der europäischen katholischen Kirche erlebte. Hier machte er Kirchengeschichte, hier hatte er, wie Adenauer einmal zu ihm sagte, seinen »historischen Augenblick«.

Unter zwei durch den Bildhauer vorgeschlagenen und von zeichnerischen Skizzen begleiteten Modellen wurde jenes zur Ausführung gewählt, das den geistlichen Würdenträger gemäß seiner heutigen Erscheinung am Turm zeigt. Auf dem Haupt trägt er nicht die erzbischöfliche Mitra, sondern das schlichte Birett, als Zeichen seiner Würde jedoch auf der Brust das Bischofskreuz. Die Aufschrift des in der Linken getragenen Dokumentes PRO HOMINIBUS CONSTITUTUS, mehr noch die drei gestapelten Briketts in der Rechten, erinnern an seine moralisch so bedeutsame Rolle im Leben der Kölner unmittelbar nach Kriegsende 1945. Auf das »Fringsen«, die Beschaffung überlebensnotwendiger Güter auch auf unkonventionelle Weise, nicht zuletzt auf den »Kohlenklau« zum Überstehen des harten Winters 1945/1946, wird hier deutlich verwiesen. (BE)

Als die Stadt Köln ihn 1967 zu ihrem Ehrenbürger machte, dankte sie ihm sein Wirken für die Menschen und die Stadt im Krieg, während des Wiederaufbaus und bei der geistigen Neuorientierung. Bis zur Entpflichtung von seinen Ämtern im Jahre 1969 führte er die Kölner Kirche und lebte, fast erblindet und gebrechlich, anschließend noch fast 10 Jahre im erzbischöflichen Haus zusammen mit seinem Nachfolger Kardinal Höffner, von den Kölnern geliebt und verehrt bis zuletzt. (CVK)

Literatur

Wilhelm Cleven, Kardinal Frings – ein Kardinal des 20. Jahrhunderts, in: Almanach für das Erzbistum Köln, 2. Folge 1982, S. 111–117.

Josef Frings, Für die Menschen bestellt. Erinnerungen des Altbischofs von Köln, Köln 1973.

Dieter Froitzheim, Kardinal Frings; Köln 1979.

Joseph Kardinal Frings, Nordseite, 3. OG, Nr. 95
Ratsbeschluß am 16. Juni 1987
Modellvorstellung am 4. Februar 1988
Figurenübergabe am 1. Oktober 1990
Bildhauer: Elmar Hillebrand
Stifter: Stadt Köln

(Maria) Christine Teusch (1888–1968)

Nr. 96 / 3. OG

Abb. 524: Christine Teusch, Foto: Archiv Konservator

Auf der letzten Sitzung der Zentrumsfraktion des Reichstages im Juli 1933 schrieb ein Fraktionskollege ein kurzes Gedicht auf Maria Christine Teusch, seine Parteifreundin und Mitabgeordnete:

»Wenn ich ein großer Maler wär'
Und suchte mir Modelle
Für die Madonna; wär' nicht schwer,
Ich fänd eins auf der Stelle.
Mit einem frommen kölschen Gesicht
Und langen schwarzen Haaren!
Und Äuglein, in deren dunklem Licht
Sich Lieb' und Milde paaren.
Ich stell' sie auf das Piedestal
In duft'gen Blütensaal.
Die Jungfrau fromm und keusch:
Genannt Christine Teusch.«

Sie galt schon zu Lebzeiten als Personifizierung des rheinischen Katholizismus, ja des Klerikalismus: in Ehrenfeld geboren als (Zwillings-)Tochter streng katholischer Eltern, von der katholischen Atmosphäre des Elternhauses nachhaltig geprägt. Nach ihrer Schulzeit gingen die Schwestern Christine und Käthe den »klassischen« Bildungsweg »höherer« Töchter. Sie besuchten die Lehrerinnenbildungsanstalt der Kölner Königin-Luise-Schule. Ihre erste Anstellung erhielt Christine in Neuss; ab 1913 unterrichtete sie an der katholischen Volksschule Zülpicher Straße in Sülz. Beide Schwestern gehörten zu den ersten Frauen in Preußen, die 1913 die Rektoren-Prüfung am Königlich-Preußischen Provinzialschulkollegium in Koblenz ablegten, bis dahin eine reine Männerangelegenheit. Frühzeitig organisierte sich Christine zudem in katholischen Verbänden, denen sie zeitlebens treu blieb. 1915 erhielt sie die begehrte Festanstellung als Lehrerin in Köln. Der Erste Weltkrieg unterbrach jedoch ihre schulische Tätigkeit. Streng katholisch und hurrapatriotisch zugleich, engagierte sie sich in den Verbänden, in denen sie Mitglied war, für die Kriegspropaganda. 1917 war man höheren Ortes auf Christine Teusch aufmerksam geworden. Sie wurde in diesem Jahr Leiterin der Frauenarbeitsnebenstelle Essen der Kriegsamtsstelle Münster, d.h. sie war für die ideologische und soziale Betreuung der in den Rüstungsbetrieben nahezu recht- und schutzlos arbeitenden Frauen zuständig. 1918 warb sie Adam Stegerwald, der Generalsekretär der Christlichen Gewerkschaften, als Leiterin des neuzugründenden Frauenreferates seiner Organisation, und noch im gleichen Jahr engagierte sich Christine Teusch in der katholischen Partei Deutschlands, dem Zentrum, das sich der innerhalb der katholischen Frauenverbände längst weit und gut bekannten Gewerkschaftssekretärin gerne versicherte – bei aller Gegnerschaft des Zentrums zu einer politischen Betätigung der Frauen überhaupt. Für ihre Partei beteiligte sie sich aktiv am Wahlkampf zur verfassungsgebenden Weimarer Nationalversammlung und anschließend zum Reichstag; in beide Parlamente wurde sie, die das weibliche Stimmrecht damals noch ebenso ablehnte wie die Gleichberechtigung der Frauen überhaupt, als eine der wenigen weiblichen Zentrumsabgeordneten auch gewählt.

Christine Teusch war mit 31 Jahren das jüngste weibliche Mitglied ihrer Fraktion, in der sie allerdings rasch Karriere als Spezialistin für Sozialpolitik machte. Dabei kam ihr die langjährige Arbeit in den vielen mit sozialen Fragen sich befassenden katholischen Vereinen zugute. Die Machtübernahme der Nationalsozialisten beendete die Abgeordnetentätigkeit Teuschs. Sie mußte in den Schuldienst zurückkehren, von dem sie als Abgeordnete freigestellt gewesen war. Ihre neue Dienststelle wurde eine Volksschule in Köln-Ehrenfeld, von der sie allerdings schon bald wieder versetzt wurde. Es nimmt nach so langer Zeit außerhalb der Schule nicht Wunder, daß Christine Teusch die Rückkehr an den ursprünglichen Wirkungsort als unangenehm empfand. Aus der engen Welt einer Volksschule hatte sie sich als Abgeordnete des Reichstags, die sogar zu seiner Vizepräsidentin aufgestiegen war, längst entfernt. 1936 gelang es ihr mit Hilfe ihr wohl-

Die Figur wurde durch den vom Stifter berufenen Bildhauer über mehrere Modellphasen entwickelt und während der nachfolgenden Ausführung in verschiedenen Stufen hinsichtlich des Volumens reduziert sowie bezüglich plastischer Durchbildung zunehmend differenziert. Die auf ein Rednerpult gelegte Faust soll Kraft und Überzeugungswillen, das Kreuz des Halsschmuckes die christliche Grundhaltung der Politikerin zum Ausdruck bringen. Bei ihrer Versetzung am Turm erforderte die Skulptur seitlich und rückwärts eine entsprechende Anarbeitung. (BE)

meinender Ärzte, eine Versetzung in den vorzeitigen Ruhestand zu erreichen. Fortan lebte sie in Köln bei ihrer Schwester in der »inneren Emigration«, wie sie selbst es in einem Brief deutlich machte: »Soweit es meine Kräfte erlauben, betätige ich mich still in Kirche und Haus.« Das Kriegsende verbrachte sie in einem Hospital in Much (Siegkreis, heute Rhein-Sieg-Kreis).

Christine Teusch stand auf der sogenannten »weißen Liste« unbelasteter deutscher Politiker, die nach Kriegsende von der amerikanischen und der britischen Militärregierung herangezogen wurde. Schon im Oktober 1945 gehörte sie – von Konrad Adenauer darum gebeten – der von der britischen Militärregierung berufenen vierundzwanzigköpfigen ersten Kölner Stadtverordnetenversammlung an. Auf der Ebene der Kommunalpolitik kehrte sie ins politische Leben zurück. Bald schon wechselte sie zur Landespolitik. Dem 1946 noch ernannten Landtag gehörte sie bereits als CDU-Abgeordnete an, ebenso dem ersten gewählten. Ins Zentrum, das sich 1933 nach seiner Zustimmung zum Hitlerschen Ermächtigungsgesetz selbst aufgelöst hatte, war sie nicht zurückgekehrt. Nun war ihr Arbeitsgebiet nicht mehr die Sozial- sondern die Bildungspolitik und, ganz umfassend, die »christlich-abendländische Kultur«.

Zu den am heftigsten umstrittenen politischen Aufgaben der jungen Demokratie gehörte die Neuregelung des Schulwesens, um dessen Gestaltung bald nicht nur zwischen den Parteien, sondern auch innerhalb der CDU die heftigsten Kämpfe ausbrachen. Christine Teusch bemühte sich seit 1947 um das Amt der Kultusministerin – gegen den energischen Widerstand Adenauers, der gegen Frauen in einer solchen Position eingestellt war. Aber auch katholische und evangelische Amtskirche lehnten eine Berufung Teuschs ab: die Herren Prälaten hielten sie als Frau grundsätzlich für ungeeignet, während bei den Protestanten noch die Ablehnung ihrer dezidiert katholischen Einstellung hinzutrat. Teusch aber setzte sich beharrlich in der CDU-Fraktion durch. Am 18.12.1947 wurde sie zur Kultusministerin in NRW ernannt, zur ersten Ministerin in Westdeutschland überhaupt! Sie blieb bis 1954 im Amt, in dem sie sich verdient machte um den Wiederaufbau der kriegszerstörten Schulen, den Uni-

Maria Christine Teusch, Ostseite, 3. OG, Nr. 96
Ratsbeschluß am 2. März 1989
Modellvorstellung am 22. Juni 1989
Figurenübergabe am 1. Oktober 1991
Bildhauer: Klaus Kampert
Stifter: Firma Muelhens KG, Köln

versitätsausbau, die Gründung der Studienstiftung des deutschen Volkes und des akademischen Austauschdienstes, bis sie – nicht zuletzt auf Betreiben Adenauers – unfreiwillig ausscheiden mußte. Sie hatte zudem in den Jahren ihrer Amtszeit viele Sympathien in der Fraktion der CDU eingebüßt, hatte sich allzusehr und immer tiefer in die parteiinternen Querelen über Bildungs- und Kulturpolitik verstricken lassen, hatte immer mehr Planungen und Entscheidungen einer Art »Küchenkabinett« in ihrem Ministerium und einer kleinen Gruppe klerikaler »grauer Eminenzen« überlassen. Ihr letzter Versuch, 1958 noch einmal Kultusministerin zu werden, scheiterte an ihrer eigenen Fraktion, auch hier galt sie mittlerweile als nicht mehr zeitgemäße politische Erscheinung. Schon damals erkannten ihre politischen Freunde und Gegner gleichermaßen ihre besondere Rolle in der unmittelbaren Nachkriegspolitik, die sie hatte anachronistisch werden lassen. Ihr hartnäckiges Festhalten an einem Schul- und Bildungssystem, das eher dem wilhelminischen, mit einem Schuß Klerikalismus gewürzten Bedürfnis in einem ständisch-paternalistischen Staatswesen entsprach denn einer pluralistischen Demokratie, entfremdete sie auch der eigenen Partei. Ihre totale Ablehnung z. B. der Schulgeldfreiheit und ihr kompromißloses Eintreten für die Konfessionsschule gehörten zu den Standpunkten, die weder ihrer Fraktion noch erst recht nicht mehr den Wählern zu vermitteln waren, die selbst in traditionell katholischen Landesteilen begonnen hatten, sich weltlicher zu orientieren.

1966 wollte Christine Teusch noch einmal in den Landtag einziehen. Sie wurde von ihrer Partei jedoch nicht mehr als Kandidatin aufgestellt. Nach insgesamt 35 Jahren parlamentarischer Tätigkeit zog sie sich nun ins Privatleben zurück, betrieb aber immer noch ihr Engagement in unzähligen katholischen Institutionen. Weimar, Berlin und Düsseldorf waren ihre zentralen Lebensstationen gewesen. Eine eigene Wohnung hatte sie nie besessen: in Köln fand sie Unterkunft bei ihrer Schwester Käthe, in Berlin lebte sie in einem katholischen Hospital, als Abgeordnete des nordrhein-westfälischen Landtags und Ministerin bewohnte sie im Düsseldorfer Theresienhospital ein Zimmer, das sie auch als politische Pensionärin beibehielt.

Im August 1968 erlitt sie einen Herzinfarkt; sie war nun 80 Jahre alt. Am 24.10.1968 starb Christine Teusch. Begraben wurde sie auf dem Kölner Friedhof Melaten. Ihre Zwillingsschwester Käthe überlebte sie um viele Jahre, sie starb erst 1983, hochbetagt mit 95 Jahren.

Gegen den Widerstand des Pfarrers der St. Anna-Kirche in Neu-Ehrenfeld benannte der Kölner Rat 1972 den St. Anna-Platz, in dessen unmittelbarer Nachbarschaft die Wohnung ihrer Schwester gelegen hatte, in Christine-Teusch-Platz um. Diese habe, so hieß es damals bei den Befürwortern der Namensänderung, mehr für die katholische Kirche getan – als die hl. Anna! (BD)

Literatur

Johanna D. Ballof, Christine Teusch, in: Rudolf Morsey (Hg.), Zeitgeschichte in Lebensbildern, Bd. 2, Mainz 1975, S. 202–213.

Hannelore Becker, Christine Teusch: Westdeutschlands erste Ministerin. Eine streitbare Gegnerin, in: neues rheinland Jg. 37, 1994, S. 42.

Luise Bardenhewer, Christine Teusch, in: Die Antwort der Frau in der sich ändernden Welt, hg. v. Lotte Schiffler, Münster 1969, S. 145–153.

Klaus-Peter Eich, Schulpolitik in Nordrhein-Westfalen 1945–1954, Düsseldorf 1987.

Thomas Ellwein, Klerikalismus in der deutschen Politik, München [2]1955.

Peter Hüttenberger, Christine Teusch, in: Walter Först (Hg.), Zwischen Ruhrkampf und Wiederaufbau, Köln-Berlin 1972, S. 159–165

Rudolf Morsey, Christine Teusch, in: Walter Först (Hg.), Aus dreißig Jahren. Rheinisch-Westfälische Politiker-Porträts, Köln 1979, S. 200–209.

(Friedrich) Wilhelm Sollmann (1881–1951)

Nr. 97/ 3. OG

Abb. 525: Wilhelm Sollmann, Foto: Archiv Konservator

»Köln ist eine wundervolle Stadt und das Rheinland ist ein Paradies.« – In Oberlind (Sachsen-Meiningen) bei Coburg geboren, hat Wilhelm Sollmann Zeit seines Lebens mit großer Zuneigung an Köln gehangen. Fern der Stadt, aus den Vereinigten Staaten, die den von der Nazidiktatur vertriebenen Emigranten aufgenommen hatten, schrieb er 1946 in einem langen »Bekenntnisbrief« voller Heimweh und wehmütiger Erinnerung: »Köln am Sonntagmorgen von der Deutzer Seite mit allen Kirchenglocken läutend unter einem lichtblauen Junihimmel war für mich das Schönste auf Erden.«

Im Jahre 1896 waren die Sollmanns aus Thüringen an den Rhein gezogen, zunächst nach Kalk, damals ein aufstrebender, noch selbständiger Industrievorort Kölns, in die Hauptstraße 89. In Coburg hatte Wilhelm Sollmann die Bürgerschule und das deutschnational ausgerichtete Gymnasium besucht – er nannte sich später selbstironisch »ehemaliges Coburger Bourgeoisiesöhnlein«. 1897, nach der Übersiedlung der Familie nach Köln, gab er den Gymnasialbesuch auf und begann eine kaufmännische Lehre bei einer Klettenberger Firma. Gleichzeitig wurde er Abendschüler der Kölner Handelshochschule, aus der 1919 mit seiner Hilfe die neue Kölner Universität hervorgehen sollte.

Aus einer republikanisch gesinnten Familie stammend, engagierte sich Wilhelm Sollmann schon in seiner Jugend politisch. 1907 gründete der Handlungsgehilfe in Köln die »Freie Jugend«, als Organisation der Arbeiterjugend Teil der Jugendbewegung der Zeit. Aus ihr entwickelten sich später die sozialdemokratischen Jugendorganisationen SAJ, Falken und Jungsozialisten. In diesen Jahren trat der junge Mann auch den Kölner Sozialdemokraten bei.

Bei seiner politischen Tätigkeit entdeckte Sollmann sein großes journalistisches Talent. 1911 gab er den Kaufmannsberuf auf und wurde Lokalredakteur, dann politischer Redakteur der »Rheinischen Zeitung«, des traditionsreichen, einst auch von Karl Marx geleiteten und 1892 in Köln wiedergegründeten Blattes der rheinischen Sozialdemokratie. 1920 rückte der »Journalist von hohen Graden« zum Chefredakteur (bis 1933) des Blattes auf, dessen Redaktionsräume in den zwanziger Jahren am Ursulaplatz mitten im alten Köln beheimatet waren. 1931 zog die Redaktion nach Deutz ins ehemalige Haus August Bebels.

In der »Rheinischen Zeitung« erschien 1913 Sollmanns berühmter »Backschisch«-Artikel über die Bestechlichkeit der Kölner Polizei, über den der Polizeipräsident stürzte. Seitdem war Sollmann der bekannteste Journalist des Rheinlandes. Er führte einen engagierten, furchtlosen Kampf gegen das bürokratisch-militaristische preußische System, den wilhelminischen Obrigkeitsstaat. Die Entfesselung des Ersten Weltkrieges im Jahre 1914 aber begleitete der Demokrat und Republikaner Sollmann wie viele andere Sozialdemokraten mit Hurrapatriotismus: er meldete sich freiwillig, wurde aber aus gesundheitlichen Gründen abgewiesen.

Um so intensiver widmete er sich während der Kriegsjahre der kommunalen Politik in Köln. 1917 wurde er zum ersten sozialdemokratischen Abgeordneten der Kölner Stadtverordnetenversammlung gewählt; von 1918 bis 1924 führte er die sozialdemokratische Fraktion. Nach dem militärischen Zusammenbruch des wilhelminischen Kaiserreichs gelang es Sollmann als Mitglied des Kölner Arbeiter- und Soldatenrates, im November 1918 in enger Zusammenarbeit mit dem Oberbürgermeister Konrad Adenauer das in Köln durch die aufgelösten, planlos zurückflutenden Armeen der ehemaligen Westfront drohende Chaos zu verhindern, die in Köln stationierten Soldaten zu entwaffnen und die wilhelminische Stadtkommandantur vom Einsatz von Truppen gegen revolutionäre Kölner Bürger und Soldaten abzuhalten.

1919 beriefen ihn die Wähler in die verfassungsgebende Weimarer Nationalversammlung, ab 1920 gehörte er dem Reichstag der Republik durch alle Legislaturperioden bis zum März 1933 als profiliertester Kölner Abgeordneter an. Die Reden des glänzenden Rhetorikers und geschickten Polemikers waren gefürchtet, wie das »Berliner Tageblatt« schrieb: »Der Mann redet Fraktur, er nimmt kein Blatt vor den Mund. Jeder Satz ist ein Schlag.«

Friedrich Wilhelm Sollmann, Ostseite, 3. OG, Nr. 97
Ratsbeschluß am 15. Juni 1989
Modellvorstellung am 8. August 1990
Figurenübergabe am 15. Juli 1991
Bildhauer: Hans Karl Burgeff
Stifter: Kaufhof Holding AG, Köln

Die Figur hatte den zuvor durch einen anderen Bildhauer entworfenen Nachbarn Josef Haubrich (Nr. 98) hinsichtlich der Gesamtkomposition dieser Gruppe zu berücksichtigen. Dabei ergab sich das Problem einer ansonsten am Ratsturm ungewöhnlichen Tiefe dieser Nachbarfigur sowie deren Einfluß auf diejenige Wilhelm Sollmanns. Der Presseredakteur und Politiker ist im zeittypischen, sogenannten Kleppermantel der zwanziger Jahre und mit verschränkten Armen dargestellt, die als Ausdruck einer kritisch eingenommenen Beobachterposition interpretiert werden können. In den Manteltaschen und unter dem Arm getragene Zeitungsblätter sind als Hinweis auf die journalistische Tätigkeit zu deuten. (BE)

Im August 1923 wurde der untadelige Republikaner, Demokrat und energische Gegner einer separatistischen »Rheinischen Republik« als Reichsinnenminister ins Kabinett Stresemann berufen – gegen seinen Willen, wie er stets betonte. Schon im November des Jahres schied Sollmann mit den anderen sozialdemokratischen Ministern wegen der »Reichsexekution« (nach Art. 48 Abs. 1 der Weimarer Reichsverfassung) gegen die Regierung des sächsischen Ministerpräsidenten Zeiger (SPD) wieder aus der Regierung aus. Eine erneute Berufung zum Innenminister lehnte er 1928 ab.

Wenige Tage nach seiner neuerlichen Wahl in den Reichstag wurde Wilhelm Sollmann am 9. März 1933 von einem Schlägertrupp der SA und der SS in seinem Haus Wodanstraße 52 in der »Göttersiedlung« in Köln-Rath überfallen, ins »Braune Haus« (Mozartstr. 28) der Kölner NSDAP verschleppt, dort gefoltert und schließlich in »Schutzhaft« im Gefängnislazarett genommen, aus der ihn einen Tag später der Kölner Polizeipräsident entließ. Sollmann floh mit Hilfe seiner beiden Brüder, die in Köln einen Textilhandel betrieben, zunächst ins Saargebiet, das noch bis 1935 unter Verwaltung des Völkerbundes stand, und dann nach Luxemburg. Seine Familie folgte ihm im Mai 1933. Als »Staatsfeind« und »marxistische Parteigröße des Novembersystems« wurden er, seine Frau Käte, mit der er seit 1906 verheiratet war, und seine Tochter 1937 von den Nazis ausgebürgert.

Mit Unterstützung der bereits emigrierten Hertha Kraus gelang es Wilhelm Sollmann, sich und seine Familie nach einem kurzen Zwischenaufenthalt in England 1937 in die Vereinigten Staaten zu retten. Sollmann, der in Luxemburg begonnen hatte, die englische Sprache zu erlernen, wurde nun, mit 56 Jahren, »ganz konsequent« Amerikaner und – 1943 amerikanischer Staatsbürger geworden – anglisierte sogar seinen Vornamen. Hertha Kraus verschaffte ihm eine Professur für Staatswissenschaften an einer Quäker-Hochschule. Sollmann entfaltete eine rege Publikations- und Vortragstätigkeit in Amerika für ein erneuertes, demokratisches Deutschland und engagierte sich unermüdlich in der Hilfe für andere Emigranten. Er, den Paul Löbe als »Mittler zweier Welten« bezeichnete, kehrte nach der Befreiung vom Faschismus trotz seines großen Heimwehs und zahlloser Bitten aus Deutschland nur noch zu kurzen Besuchen in die alte Heimat zurück: 1948 als »Botschafter des guten Willens« vom »American Friends Service Committee« gesandt, 1949 als Gastprofessor an die Universität Köln, und 1950 organisierte er einen deutschen »Bund für Bürgerrechte« nach amerikanischem Vorbild.

Köln, das er so sehr liebte, sah er kein zweites Mal wieder. 1951 starb er in den Vereinigten Staaten an einer heimtückischen Krankheit. Begraben wurde der »rheinische Sozialist, Kölner Patriot, demokratische Weltbürger« (Heinz Kühn) dort, wo der Flüchtling 1937 aufgenommen worden war und seine zweite Heimat gefunden hatte: bei den Quäkern in Pendelhill im US-Bundesstaat Pennsylvania.

Wilhelm Sollmann, so schreibt S. Miller, verkörperte nicht den Typus des »wagemutigen, rücksichtslosen, einsatzbereiten, zum Herrschen entschlossenen politischen Führers«, sondern er war »ein glänzender, mitreißender Redner und ein politischer Publizist.« Sein Freund Johann Meerfeld würdigte ihn mit den Worten: »Wilhelm Sollmanns Name ist mit Köln und dem gesamten Rheinland, ja mit der jüngeren Geschichte ganz Deutschlands eng verbunden, und spätere Historiker werden ihn rühmend hervorheben.« (BD)

Literatur

Wilhelm Sollmann, Die Revolution in Köln. Ein Bericht über Tatsachen, Köln 1918.

Felix Hirsch, Wilhelm Sollmann (1881–1951), in: Rheinische Lebensbilder 6, Köln 1975, S. 257–286.

Heinz Kühn, Wilhelm Sollmann. Rheinischer Sozialist, Kölner Patriot, demokratischer Weltbürger; in: Sozialdemokratie in Köln; Köln 1986, S. 193–202

Heinz Kühn/Ulrike Nyassi; Wilhelm Sollmann; 2 Teile Köln 1981 (Kölner Biographien 16)

Peter Lösche u. a. (Hg.), Vor dem Vergessen bewahren. Lebensweg Weimarer Sozialdemokraten, darin: Franz Walter, Wilhelm Sollmann (1888–1951), der Parteireformer, Berlin 1988.

(Ulrike Nyassi), Der Weg des sozialdemokratischen Politikers Wilhelm Sollmann in die Emigration im Jahre 1933. Dargestellt von Wilhelm und Käte Sollmann in Briefen an ihre Tochter, in: Rechtsrheinisches Köln Bd. 18, 1992, S. 163–185.

Josef Haubrich (1889–1961)

Nr. 98 / 3. OG

Abb. 526: Josef Haubrich, Foto: Archiv Konservator

Als Sammler moderner Kunst ist Josef Haubrich berühmt geworden; sein Name steht für die wohl bedeutendste Schenkung von Kunstwerken, die der Stadt Köln je gemacht worden ist. »Glücklich die Stadt, die solche Bürger hat«: Mit Fug und Recht zählt er zu dieser in der Kölner Geschichte gar nicht so selten aufzufindenden Art. Man hat ihn, den Prototypen eines Kölners, als »sanguinische«, »blutvoll, menschliche Erscheinung« bezeichnet, deren Wesen »Weitherzigkeit und Sinnenfreudigkeit ist«, dazu als einen Mann von »wachem Geist« und »feinem Witz«. Die wohl treffendste Beschreibung seines Charakters aber stammt von ihm selbst: »Interessant ist auch, daß die Sammler moderner Kunst den Sinnengenuß lieben: Wein, Weib, Gesang; auch ich!«

Am 15. Juni 1889 wurde Ludwig Josef Haubrich als erstes von drei Kindern seiner Eltern Wilhelm und Maria Christine Wilhelmine Haubrich, geb. Ritzefeld, in Köln im Hause Mühlenbach 37 geboren. Der Berufswunsch des Abiturienten (1907 am Gymnasium

Josef Haubrich, Ostseite, 3. OG, Nr. 98
Ratsbeschluß am 2. Juli 1987
Modellvorstellung am 23. August 1988; das Modell wurde von Jochem Pechau erarbeitet und nach dessen Tod von Hans Karl Burgeff ausgeführt
Figurenübergabe am 26. Juni 1991
Bildhauer: Hans Karl Burgeff
Stifter: Prof. Dr. Irene Ludwig
und Prof. Dr. Dr. h.c. mult. Peter Ludwig, Aachen

Der entwerfende Bildhauer verstarb noch vor Ausführungsbeginn dieser Skulptur und ohne ein Modell zur Nachbarfigur Wilhelm Sollmann (Nr. 97) entwickelt zu haben. Zwar gelang es dem schließlich, diese Figur gemeinsam mit der benachbarten schaffenden Künstlerfreund, das im Modell zu tiefe Volumen bei der Umsetzung in Stein zu reduzieren, doch bleibt sie hinsichtlich ihrer metrischen Dimensionen eine Ausnahme unter den Ratsturmfiguren. Der Sammler und Kulturpolitiker, den der Bildhauer selbst noch erlebt hatte, und dem die Kölner Kunstmuseen nach 1945 den Grundstock ihrer Schätze moderner Kunst verdanken, trägt einen weiblichen Torso in beiden Händen, welcher an Bildwerke Wilhelm Lehmbrucks denken läßt. Das rückwärtige Wandstück, in der Rollenform an graphische Blätter erinnernd, wurde bei der Figurenversetzung am Turm entsprechend angepaßt. (BE)

Kreuzgasse) hatte noch wenig mit Kunst zu tun: er wollte Industrieanwalt werden. Jura studierte er in München, Berlin und Bonn; das Referendarexamen am Oberlandesgericht Köln und die Promotion zum Dr. jur. folgten 1910, und dennoch fand er Zeit genug, in diesem Jahr auch noch als Prinz Karneval aufzutreten. 1915 bestand Josef Haubrich das Assessorexamen und eröffnete zusammen mit seinem Kollegen H. Bodenheim eine Anwaltskanzlei. Ein Jahr später heiratete er seine erste, schon 1922 verstorbene Frau Bernhardine Kux. Ab 1918 wohnte man in Köln-Marienburg in der Eugen-Langen-Straße 29. In diese Zeit fiel auch Haubrichs erster Erwerb zeitgenössischer Kunst, einer Plastik von Wilhelm Lehmbruck. Mit der Kunst in Berührung gekommen war der junge Jurist erstmals in der Sonderbundausstellung und der auf sie 1914 folgenden Werkbundausstellung in Köln, 1916 dann in der Berliner Franz-Marc-Ausstellung. Um 1919/1920 dann wurde aus Haubrich endgültig der passionierte, systematische Sammler expressionistischer Bilder und mäzenatische Künstlerfreund. In den zwanziger Jahren begann der rasch erfolgreiche Anwalt unter einem Pseudonym für die sozialdemokratische Rheinische Zeitung, die der mit ihm befreundete Wilhelm Sollmann leitete, Kunstkritiken und Ausstellungsbesprechungen zu schreiben. 1923 wurde er Vorstandsmitglied des Kölnischen Kunstvereins, reiste nach Paris, wo er Chagall besuchte, heiratete erneut – und sammelte, ließ sich davon auch durch die Nationalsozialisten nicht abschrecken – allein zwischen 1933 und 1945 erwarb er 45 Kunstwerke –, die den Liebhaber des Expressionismus, für sie »entartete Kunst« schlechthin, bald nach ihrer »Machtübernahme« aus dem Kölnischen Kunstverein wiesen. Zunächst bewahrte er seine Sammlung in seinem Hause, schließlich aber sah er sich gezwungen, ihren größten Teil an verschiedenen Orten, auch im Ausland, zu deponieren, um sie vor dem Zugriff der faschistischen Diktatur zu retten. Nationalsozialismus und Krieg aber fügten Haubrich andere schwere Schläge zu. 1939 wurde er gezwungen, die gemeinsame Anwaltspraxis mit H. Bodenheim aufzugeben; im Februar 1944 nahm sich seine dritte Ehefrau, mit der er seit 1929 verheiratet war, von der Gestapo bedroht das Leben, und im Februar 1945 fiel sein Sohn Karl-Klaus.

1946 berief ihn die Militärregierung als Parteilosen in die Kölner Stadtverordnetenversammlung, der er dann auch als gewählter Ratsherr und Mitglied der SPD-Fraktion von 1948 bis 1961 angehörte: der Anwalt, Kunstsammler und Mäzen wurde Kommunal- und Kulturpolitiker, wirkte wieder im Kölnischen Kunstverein und in vielen anderen Institutionen.

Bald nach Kriegsende war auch seine Sammlung nahezu vollständig in das schwer zerstörte Köln zurückgekehrt. Seit geraumer Zeit schon war Haubrich entschlossen gewesen, sie seiner Vaterstadt zu übereignen. Nun sah er den rechten Zeitpunkt gekommen. Am 2.5.1946 nahm die Stadtverordnetenversammlung die großherzige Stiftung ihres Mitgliedes Haubrich voller Dankbarkeit und voller Verständnis für ihre auch große symbolische Bedeutung an: »Wenn ein solcher Geist in Köln lebendig und wahr ist, wird uns auch über alle Not und über alle Trümmer hinweg der Wiederaufbau Kölns gelingen« (a.d. Ansprache des Oberbürgermeisters Pünder). Im Oktober 1946 wurde Haubrichs Schenkung, die er später immer wieder durch Zukäufe erweiterte, in einer großen Ausstellung in der alten Universität der Öffentlichkeit zugänglich gemacht. Sie fand schließlich, heute nahezu 600 Objekte umfassend und einer der wichtigsten Grundpfeiler für den Ruf Kölns als Kunst- und Museumsstadt, ihre Heimstatt im 1957 neu eröffneten Wallraf-Richartz-Museum, dessen Grundstein Haubrich 1953 selbst gesetzt hatte.

Der hochgeehrte, lebensfrohe, mittlerweile zum fünften Male verheiratete Haubrich starb überraschend am 5.9.1961 an einem Hirnschlag. Auf dem Kölner Westfriedhof wurde er begraben. Seine Heimatstadt hat seiner bisher eher bescheiden gedacht, keine Gedenktafel erinnert an seinem Geburtshaus an ihn. Allein das »Josef-Haubrich-Forum« am Neumarkt trägt seinen Namen. Seine Statue am Ratsturm weist ihm nun den Rang unter den Kölnern zu, der ihm gebührt. (BD)

Literatur

Peter Fuchs, Josef Haubrich. Sammler und Stifter moderner Kunst (Kölner Biographien 13), Köln 1979.
Helmut Fußbroich, »Glücklich die Stadt, die solche Bürger hat«. Josef Haubrich 100, in: Köln, 4, 1989, S. 16–18.

Hertha Kraus (1897–1968)

Nr. 99 / 3.OG

Abb. 527: Hertha Kraus, Foto: Archiv Konservator

Im März 1990 benannte die Stadt Köln jenen Teil der Slabystraße, der durch das Gebiet der Riehler Heimstätten führt, nach Hertha Kraus, der Schöpferin dieser sozialpolitischen Großtat, um zu zeigen, daß sie »in Köln nicht vergessen ist.«

Die in Prag geborene Tochter eines Geographieprofessors an der Frankfurter Handelshochschule promovierte 1919 an der Universität Frankfurt/Main zum Doctor rer. pol. Hier trat sie der Quäkerbewegung bei, deren Kinderhilfswerk sie ab 1918 organisierte. Nach dem Abschluß ihres Studiums ging sie nach Berlin, wo sie »wissenschaftliche Hilfsarbeiterin« bei der »Sozialen Arbeitsgemeinschaft Berlin Ost« wurde und von 1920 bis 1922 den Bezirk Berlin des »American Friends Service Committee«, der Quäker, leitete. Bis 1923 war sie zudem Geschäftsführerin des »Deutschen Ausschusses für Auslandshilfe«. Hertha Kraus war mithin eine zwar noch an Jahren junge, in der praktischen sozialen Arbeit aber bereits außerordentlich erfahrene Frau, als sie der Kölner Oberbürger-

Die Gestalt trägt die in Photographien überlieferten Gesichtszüge der Dargestellten entsprechend jenem Lebensabschnitt, in dem sie ihre für Köln so bedeutsame Tätigkeit entfaltete. Ihr wissenschaftliches und sozialpolitisches Engagement kommt in dem gleich einem Programm gehaltenen Dokument zum Ausdruck. Ebenso wie dessen Inschrift RIEHL verweist auch die Architektur zu ihren Füßen, überschrieben mit HEIM, auf die Umwandlung ehemaliger Kasernen in die Riehler Heimstätten. Gegenüber dem ersten Modellentwurf trat die Figur in der Ausführung um weniges an die Turmwand zurück und wurde eine Gruppe zunächst mehrerer Bauwerke zugunsten einer einzigen Architektur modifiziert. (BE)

meister Konrad Adenauer am 1. April 1923 nach Köln berief: Hertha Kraus, Quäkerin, Sozialdemokratin und Mitglied der Arbeiterwohlfahrt, von Adenauer »äußerst klug« genannt, wurde als Stadtdirektorin Leiterin des Wohlfahrtsamtes unter dem Beigeordneten Dr. Ernst Schwering. Sie war die erste und einzige Frau, die in den Jahren des Oberbürgermeisters Adenauer in ein leitendes Amt der allgemeinen Verwaltung gelangte.

Alle deutschen Städte hatten zu Beginn der zwanziger Jahre unter den Folgen des verlorenen Ersten Weltkriegs, unter Hunger und Wohnungsnot, Wirtschaftskrise, Arbeitslosigkeit und Inflation schwer zu leiden. Besonders hart traf es aller Orten die alten und gebrechlichen Menschen. Sofort nach ihrem Dienstantritt in Köln entwickelte Hertha Kraus ein Konzept für Hilfsmaßnahmen gegen die soziale Not. Für die Arbeitslosen ließ sie Werkstätten und Volksküchen einrichten, Kindergärten wurden geschaffen, die Wohnungsnot suchte sie durch Umwandlung von jetzt nicht mehr benötigten Kasernen in Wohnraum zu lindern. Zwar gab es in Köln eine lange Tradition in der Altenpflege und auch nach Kriegsende verfügte die Stadt über zwei Dutzend »Altenversorgungsanstalten«, mehrheitlich von den Kirchen unterhalten, dennoch war die Zahl der Heimplätze völlig unzureichend. Hertha Kraus nun ließ die nach dem Abzug der englischen Besatzungstruppen leerstehende Riehler Kaserne in ein Wohnstift – die »Riehler Heimstätten« – für ältere Ehepaare und Alleinstehende umwandeln, eine sozialpolitische Initiative, die über Köln hinaus Aufsehen erregte und als »vorbildliche Lösung« galt – wenn auch Adenauer sie und Schwering einmal tadelte, im Wohlfahrtsamt überwögen zu stark die fürsorglichen Intentionen, während die fiskalische Ausgabenkontrolle zu sehr zurückstehe.

Nach der sogenannten »Machtergreifung« der Nationalsozialisten verlor die gebürtige Jüdin und Sozialdemokratin aufgrund des »Gesetzes zur Wiederherstel-

Hertha Kraus, Ostseite, 3. OG, Nr. 99
Ratsbeschluß am 22. August 1989
Modellvorstellung am 16. Mai 1990
Figurenübergabe am 29. Januar 1992
Bildhauerin: Majka Wichner
Stifter: Koerfer'sche Verwaltungsgesellschaft mbH, Köln

lung des Berufsbeamtentums« vom 7.7.1933 ihr Amt. Noch im gleichen Jahr emigrierte sie in die Vereinigten Staaten. Als Professorin für Sozialökonomie lehrte sie zunächst am Carnegie Institute of Technology in Pittsburg, dann am Bryn Mawr College (bis 1962) im Bundesstaat Pennsylvania, dem traditionellen Zufluchtsort der Verfolgten. Im Jahre 1939 nahm sie die amerikanische Staatsbürgerschaft an. Mit großem Engagement widmete sie sich der Hilfe für die vor der nationalsozialistischen Verfolgung fliehenden Deutschen. Dank ihrer Unterstützung gelangte auch Wilhelm Sollmann, sozialdemokratischer Kölner Reichstagsabgeordneter und ehemaliger Innenminister der Weimarer Republik, in die Vereinigten Staaten, wo sie ihm eine Professur an einer Quäkerhochschule verschaffte.

Nach dem Ende des Zweiten Weltkriegs sorgte Hertha Kraus als Mitarbeiterin des Wellfare-Departement in Washington für die amerikanischen Hilfsmaßnahmen für Deutschland. 1946 wurde sie »special representative« der Quäkerbewegung in Deutschland, 1948 schließlich Sonderberaterin der Wohlfahrtsstelle der amerikanischen Militärregierung in Deutschland.

Sie starb am 16. Mai 1968 in Haverford/Pennsylvania, fern von Köln, das sie nun als »um die Stadt verdiente« Frau mit einer Statue am Ratsturm immerwährend ehrt. (BD)

Literatur

Lotte Lemke, Herta Kraus. Sozialpolitik für Köln, in: Sozialdemokratie in Köln. Ein Beitrag zur Stadt- und Parteigeschichte, hg. v. Gerhard Brunn, Köln 1986, S. 223–226.

Ulrike Nyassi-Fäuster, Hertha Kraus 1897–1968, in: Kölner Frauengeschichtsverein (Hg.), »10 Uhr pünktlich Gürzenich«. Hundert Jahre bewegte Frauen in Köln – zur Geschichte der Organisationen und Vereine (agenda Frauen 5), Münster 1995, S. 226–229.

Hugo Stehkämper (Hg.), Konrad Adenauer, Oberbürgermeister von Köln. Festgabe der Stadt Köln zum 100. Geburtstag ihres Ehrenbürgers am 5. Januar 1976, Köln 1976.

Bernhard Letterhaus (1894–1944)

Nr. 100 / 3. OG

Abb. 528: Bernhard Letterhaus, Foto: Archiv Konservator

Der sogenannte »Volksgerichtshof« unter dem Vorsitz des berüchtigten Roland Freisler machte »kurzen Prozeß«. Nur zwei Stunden nach Verhandlungsbeginn verurteilte er Bernhard Letterhaus am 13. November 1944 zum Tode, zu »Ehrverlust« und Vermögenseinziehung. »Dr. Freisler war in bester Form. Er ließ alle seine bekannten Register vom Pathos bis zu schneidender Ironie spielen.« So berichtete die Parteikanzlei der NSDAP, Dienststelle Berlin, dem »Reichsleiter« Bormann im »Führerhauptquartier« über den Prozeß gegen Letterhaus und andere wegen ihrer Beteiligung an der Verschwörung gegen Hitler, die im fehlgeschlagenen Attentat am 20. Juni 1944 gegipfelt hatte.

Bernhard Letterhaus wurde am 10.7.1894 als Sohn einer strengkatholischen Familie im pietistischen Barmen geboren; sein Vater war ein armer Schuhmacher. Nach dreijähriger Ausbildungszeit zum Bandwirker besuchte er mit ausgezeichnetem Erfolg die Höhere Fachschule für Textilindustrie. Nach der Rückkehr aus dem 1. Weltkrieg wurde er 1919 Parteisekretär des Zentrums in Barmen; ab 1920 wirkte er beim Zentralverband christlicher Textilarbeiter in Düsseldorf, bis er 1927 Sekretär für die organisatorische und bildungspolitische Arbeit des Westdeutschen Verbandes Katholischer Arbeitervereine wurde, zunächst in Mönchengladbach, ab 1928 dann in Köln im Kettelerhaus. Seit 1928 gehörte Letterhaus auch als Zentrumsabgeordneter für den Wahlkreis Düsseldorf-Ost dem

Bernhard Letterhaus erscheint als der vom nationalsozialistischen Volkgerichtshof Verurteilte im kragenlosen Hemd und in Handfesseln, die Gesichtszüge sind deutlich von Schmerz und Erschöpfung geprägt. Hängt auch die Linke ebenso wie die Schulter anscheinend kraftlos herab, so ist doch die rechte Hand als Ausdruck anhaltenden Widerstandswillens wie zur Faust geschlossen. Gegenüber einer zunächst stärker aus der Körperachse tretenden Haltung berücksichtigt der Kopf jetzt eine spätere Überfangung durch einen Baldachin. (BE)

Preußischen Landtag an. Der überzeugte Katholik war ein entschiedener Gegner des Nationalsozialismus. Nach der sog. »Machtergreifung« im Jahre 1933 versuchte er, die KAB zum Bollwerk gegen den Faschismus zu formieren, und er gehörte zusammen mit dem ehemaligen Reichskanzler Brüning zu den Zentrumsleuten, die den Parteiführer Kaas – vergeblich – zur Ablehnung des Hitlerschen Ermächtigungsgesetztes im Reichstag bewegen wollten. Der entsprechenden Abstimmung im Preußischen Landtag blieb der Abgeordnete Letterhaus fern, während seine Partei auch hier dem Diktator ihre Zustimmung nicht versagte. Seitdem stand Letterhaus unter besonders scharfer Bewachung der Gestapo. Dennoch kamen er und andere Mitarbeiter der KAB im Kölner Kettelerhaus bald in Kontakt mit den sich langsam organisierenden Widerstandskreisen gegen den Nationalsozialismus.

Nach Kriegsbeginn zur Hitlerwehrmacht eingezogen, war der Hauptmann d.R. Letterhaus ab 1942 bei der Auslandsabwehr des »Oberkommandos der Wehrmacht« unter dem Admiral Canaris in Berlin tätig. Dies ermöglichte ihm intensive Beziehungen zu den dortigen Widerstandskreisen. Er schloß sich der Bewegung um Carl Goerdeler an, die wahrscheinlich im Herbst 1943 eine ihrer wichtigsten Zusammenkünfte im Kölner Kettelerhaus hatte, das seit 1941 immer wieder geheimen Zusammenkünften diente. Über die Attentatspläne auf Hitler war Letterhaus unterrichtet und billigte sie. Im Falle ihres Gelingens sollte er Arbeits- und Wiederaufbauminister werden. Nach dem Fehlschlag des Anschlags vom 20. Juli 1944 lehnte er es ab, unterzutauchen. Am 25. Juli wurde er verhaftet.

Nur einen Tag nach seiner Verurteilung wurde Letterhaus im Gefängnis Berlin-Plötzensee hingerichtet. Erst am 20. November 1944 teilte der »Oberreichsanwalt beim Volksgerichtshof« der Ehefrau Letterhaus' das Todesurteil und seine Vollstreckung mit. Die Veröffentlichung einer Todesanzeige wurde den Angehörigen verboten. (BD)

Bernhard Letterhaus, Südseite, 3. OG, Nr. 100
Ratsbeschluß am 29. Mai 1990
Modellvorstellung am 21. August 1990
Figurenübergabe am 28. Januar 1992
Bildhauer: Martin Krämer
Stifter: 1. Fußball-Club Köln 01/07 e.V., Köln

Literatur

NDB Bd. 14, 1985, S. 357–358.
Milon Gupta, Der kühle Feuerkopf aus Barmen. Zum 100. Geburtstag des katholischen Widerstandskämpfers Bernhard Letterhaus, in: neues rheinland Jg. 37, Nr. 7, 1994, S. 7.
Peter Hoffmann, Widerstand, Staatsstreich, Attentat. Der Kampf der deutschen Opposition gegen Hitler, München [2]1970.
Gerhard Ritter, Carl Goerdeler und die deutsche Widerstandsbewegung, Suttgart 1955.
Widerstand und Verfolgung in Köln 1933–1945. Katalog zur Ausstellung des Historischen Archivs der Stadt Köln, Köln 1974.
Heinz Wolff, Bernard Letterhaus 1894–1944, in: Wuppertaler Biographien 8, 1969, S. 83–88.

Irmgard Keun (1905–1982)

Nr. 101 / 3. OG

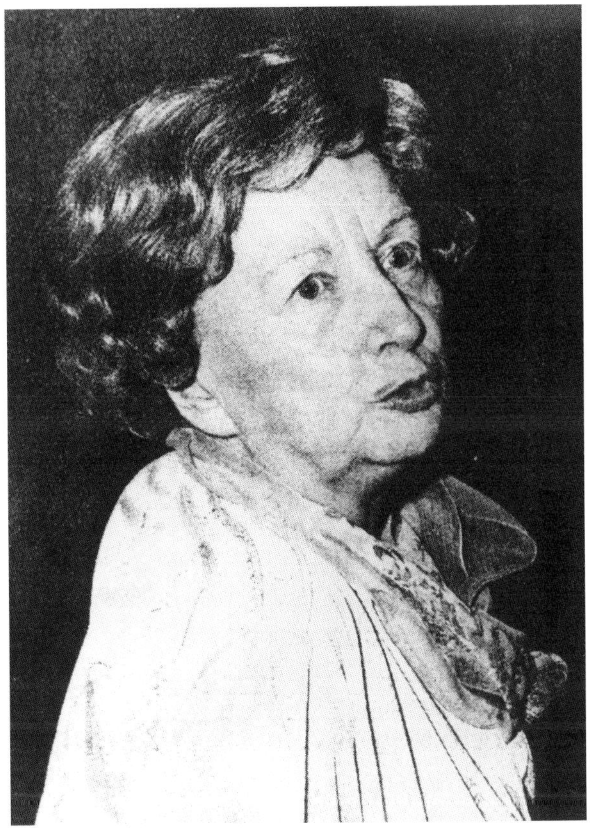

Abb. 529: Irmgard Keun, Foto: Archiv Konservator

Sie wurde nicht in Köln, sondern in Berlin geboren, doch war die Schriftstellerin Irmgard Keun weit mehr als nur eine Wahlkölnerin. Die Stadt war ihr ein Leben lang Heimat und Zuflucht, hier spielen immer wieder ihre Werke. Als Kind war sie nach Köln gekommen, wo ihr Vater Eduard die »Cölner Benzin-Raffinerie« besaß und an der Braunsfelder Eupener Straße ein großbürgerliches Haus führte. Hier absolvierte sie das Lyzeum und die Schauspielschule, und hier traf die junge Irmgard Keun bei einer Dichterlesung Alfred Döblin, der sie zum Schreiben ermutigte. Ihr sensationeller Erstlingserfolg, der Roman »Gilgi, eine von uns«, der im Jahre 1931 ihren frühen Ruhm begründete, spielt ebenso in Köln wie die Erzählung »Das Mädchen, mit dem die Kinder nicht verkehren durften« (1936). Köln ist auch der Schauplatz ihres wohl bedeutendsten Werkes »Nach Mitternacht« (1937), das den sechs im berüchtigten Winterberg-Spangenberg-Prozeß zum Tode verurteilten und am 30.11.1933 auf Befehl Görings mit dem Handbeil abgeschlachteten Kölner Kommunisten (»Klingelpützmorde«) ein literarisches Denkmal setzte.

Die Figur entstand nach drei als Bozzetti vorangegangenen Modellstudien. Die Schriftstellerin hält als Hinweis auf ihre während des Dritten Reiches verfemten Schriften und ihre erzwungene, zunächst äußere, dann innere Emigration das aufgeschlagene Buch halb unter dem Mantel verborgen. Dagegen ist der Blick frei und selbstbewußt in die Weite gerichtet. Kostüm und Mantel mit Pelzbesatz entsprechen dem als elegant überlieferten Auftreten Irmgard Keuns. (BE)

Die nationalsozialistische Diktatur setzte ihre Werke bereits 1933 als »Asphaltliteratur mit antideutschen Tendenzen« auf den Index, nachdem sie sich geweigert hatte, der »Reichsschrifttumkammer« beizutreten. Drei Jahre später ging Irmgard Keun ins Exil. Belgien, die Niederlande, Frankreich, Österreich, Polen und die USA waren Stationen ihrer Odyssee. Im Exil hatte sie Kontakte zu Stefan Zweig, Ernst Toller, Egon Erwin Kisch und Joseph Roth, zu Heinrich Mann und Hermann Kesten. Nach der Falschmeldung, Selbstmord verübt zu haben, kehrte sie 1940 heimlich nach Deutschland zurück und überlebte den Krieg in der Illegalität, meist bei ihren Eltern in Köln versteckt. Ein kurzes Comeback der Schriftstellerin nach 1945 folgte – eine Zeit, in der Erich Kästner seine Wertschätzung ihres Werkes ausdrückte und Heinrich Böll sie regelmäßig in der Eupener Straße besuchte.

Seit den fünfziger Jahren verstummte Irmgard Keun; sie wollte und konnte nicht mehr schreiben, wurde als Schriftstellerin vergessen, litt an einem harten Schicksal zwischen persönlichem Leid und Alkoholismus. Ende der siebziger Jahre wurden ihre Werke überraschend wiederentdeckt und neu aufgelegt. Sie erhielt den ersten »Marieluise-Fleißer-Preis« der Stadt Ingolstadt verliehen; 1981 wurde ihr Exilroman »Nach Mitternacht« verfilmt. Im folgenden Jahr starb sie in einem Kölner Altenheim, im »Haus Baden«, Trajanstr. 10, und wurde auf Melaten beigesetzt. Ein Nachruf nannte ihren Tod »Schlußpunkt eines Sterbens, das schon lange zuvor eingesetzt hatte.«

Zahlreiche Größen der deutschen Literatur hatten der jungen Irmgard Keun erhebliche schriftstellerische Fähigkeiten bescheinigt. Hans Fallada spendete literarischen Lorbeer, und der begeistere Kurt Tucholsky sah in ihr, »was es noch niemals gegeben hat, eine deutsche Humoristin.« Er schrieb: »Sie hat Humor wie ein dicker Mann, Grazie wie eine Frau, Herz, Verstand und Gefühl.« All' dies machte sie zum literarischen Liebling der späten Weimarer Republik. »Gilgi« und vor allem ihr Roman »Das kunstseidene Mädchen« (1932), der in zwanzig Sprachen übersetzt und später von Fellini verfilmt wurde, begründeten ihren kurzen, frühen Ruhm. Die Bohème im fiebernden,

Irmgard Keun, Südseite, 3. OG, Nr. 101
Ratsbeschluß am 8. März 1990
Modellvorstellung am 11. März 1991
Figurenübergabe am 1. Oktober 1991
Bildhauerin: Marieluise Schmitz-Helbig
Stifter: Gemeinschaft Kölner Buchhändler,
Initiator Fridolin Hemmes, Köln

wirbelnden Berlin dieser Zeit war ihre Welt, die sie mit »verzweifelter Heiterkeit« erlebte. Politische Wachsamkeit vor der drohenden faschistischen Machtübernahme aber war da inbegriffen, und ihre NS-feindliche Haltung führte sie schließlich 1935/36 in die Emigration. In Amsterdam beim Verlag Querido erschien 1936 ihr Roman »Das Mädchen, mit dem die Kinder nicht verkehren durften«, ein Jahr später, »Nach Mitternacht«, die beklemmende Schilderung des Lebens im nationalsozialistischen Deutschland, über die Klaus Mann notierte: »Ein Schauer läuft uns über den Rücken, während wir spüren und erkennen: Ja, so leben diese Menschen, das ist ihr Alltag. So ist es in diesem Dritten Reich ...« Und 1938 erschienen bei Querido gleich zwei Werke Irmgard Keuns: »Kind aller Länder« und »D-Zug dritter Klasse«.

Nicht nur durch den leichten, geschliffenen Stil, der treffend mit dem Begriff »Neue Sachlichkeit« charakterisiert worden ist, sondern vor allem auch durch die politische Haltung, die sich in den Geschichten niederschlägt, und die Zeichnung ihrer Gestalten, besonders ihrer Frauengestalten, die man als »rheinische Kusinen der Gestalten der Marieluise Fleißer« definiert hat, hebt sich das Werk Irmgard Keuns von bloßer »Unterhaltungsliteratur« ab. Ihre Romane und Geschichten reflektieren eine mutige Gesinnung in einer schweren Zeit, ohne im engeren Sinne autobiographisch zu sein. Und doch erscheint das Leben Irmgard Keuns wie das eines ihrer literarischen Protagonistinnen: »Ich will schreiben wie Film, denn so ist mein Leben«, läßt sie eine ihrer Heldinnen sagen. So geben auch ihre neuerdings veröffentlichten Briefe an den jüdischen Arzt Arnold Strauss, ihren heimlichen Verlobten in den Jahren 1933–1940, Einblick in eine abenteuerliche Phase ihres außergewöhnlichen Lebens. Sie sind mehr als private Dokumente, sind literarische Zeugnisse der Zeit, die nicht nur Irmgard Keuns Schicksal nachhaltig und entscheidend prägte.

In seinem Vorwort zur ersten Ausgabe ihres Romans »Ferdinand, der Mann mit dem freundlichen Herzen« (1950) – ein Meisterwerk der deutschen Nachkriegsliteratur, aber dennoch für die Autorin kein Erfolg – hat Hermann Kesten die »kölsche« Berlinerin Keun charakterisiert: »Sie war naiv und brillant, witzig und verzweifelt, volkstümlich und feurig, und kein Fräulein mehr, mit dem man tanzen gehen wollte, sondern eine Tochter, die sich ihrer Väter und Brüder schämte.« (CVK/BD)

Literatur

Irmgard Keun, Ich lebe in einem wilden Wirbel. Briefe an Arnold Strauss, hg. v. Gabriele Kreis und Marjory S. Strauss, Düsseldorf 1988.

Gabriele Kreis, »Was man glaubt, gibt es«. Das Leben der Irmgard Keun, Zürich 1991.

Heinrich Böll (1917–1985)

Nr. 102 / 4. OG

Abb. 530: Heinrich Böll, Foto: Archiv Konservator

Wie kaum ein anderer hat er daran mitgewirkt, den zerstörten Ruf Deutschlands nach 1945 wiederherzustellen: Heinrich Böll, einer der bedeutendsten deutschen Schriftsteller der Nachkriegszeit, 1967 mit dem Georg-Büchner-Preis und als Nobelpreisträger 1972 mit der höchsten Auszeichnung der literarischen Welt geehrt.

Nicht nur im biographischen Sinne hat Köln, wo er geboren wurde und die längste Zeit seines Lebens wohnte, teil an seinem Ruhm – »der gute Mensch von Köln« tituliert ihn das Vorwort einer russischen Ausgabe seiner Werke. Vielmehr hat Böll durch sein schriftstellerisches Werk die Stadt in der Welt bekannt gemacht, Köln: eine »Provinz der Weltliteratur«: »Ich glaube, daß Köln der Hintergrund meiner Romane und Erzählungen ist, ... und ich glaube allgemein, ... daß die Stadt, in der ein Autor gelebt hat, bis er 21 Jahre alt war, immer für ihn entscheidend und bedeutend sein wird.« Gelebt hat der junge Böll in der Südstadt, wo sein Vater eine Schreinerwerkstatt betrieb:

Heinrich Böll, Südseite, 3. OG, Nr. 102
Ratsbeschluß am 21. Januar 1991
Modellvorstellung am 15. Mai 1991
Figurenübergabe am 10. März 1992
Bildhauer: Olaf Höhnen
Stifter: gestiftet durch Vermittlung von Bundespräsident Richard Freiherr von Weizsäcker

Der Schriftsteller erscheint in seiner so vielen Kölnern vertrauten Haltung und Kleidung mit lässig zurückgeschlagenem Mantel, Schal und Baskenmütze; die offenen Augen weisen ihn auch hier als ebenso kritischen wie verständnisvollen Beobachter seiner Zeit aus. Die eine Hand in der Hosentasche, hält er mit der anderen ein Buch, den Finger als Lesezeichen zwischen zwei aufgeschlagene Seiten gelegt. Für das Porträt, an dessen Gestaltung Heinrich Bölls Familie innigen Anteil nahm, wurden mit Hinblick auf die literarische Schilderung der frühen Nachkriegszeit gerade in Köln die Gesichtszüge entsprechend dem mittleren Lebensabschnitt gewählt. Mit der Figur Heinrich Bölls schließt sich im dritten Obergeschoß des Ratsturmes der im ersten begonnene Reigen historischer Personen in der Reihenfolge ihrer Geburtsjahrgänge. (BE)

»Das Vorkriegsköln zwischen Raderthal und Chlodwigplatz, zwischen Vorgebirgsstraße und Rhein, dazu noch die Südbrücke und die Poller Wiesen«, das war Bölls »heimatliches« Köln; die Stadt »hatte damals etwas sehr gemütliches, wie ein Wohnzimmer, nicht ganz so sauber, ein bißchen verkommen, aber man konnte drin spazierengehen.« Abitur, eine abgebrochene Buchhändlerlehre, Arbeitsdienst und Immatrikulation an der Kölner Universität gingen der Einberufung zur Hitler-Wehrmacht voraus. Allein, Böll war von katholisch-antifaschistischem Denken geprägt, und so erlebte er durch die braunen Kolonnen der Nationalsozialisten die »Zerstörung der Straße als Heimat« schon lange bevor der Krieg die Stadt in Schutt und Asche legte. Böll, der am gesamten Krieg als Soldat teilnehmen mußte, kehrte 1945 in die entvölkerte, verwüstete Stadt zurück. »Das zerstörte Köln hatte, was das unzerstörte nie gehabt hatte: Größe und Ernst ... Die Zerstörung war vollständig und kriegstechnisch sinnlos: das war der angemessene Zustand für einen Ort, in dem wir leben wollten.« So wurde ihm Köln erneut Heimat in einem tiefen Sinn: »Die einzige Möglichkeit, Hoffnung zu haben, war, in dieser zerstörten Stadt zu wohnen.« Doch er fand auch Überreste: »In der Stadt wohnten (damals, 1945) nicht nur 30000 Einwohner, außerdem noch: zwei Madonnen. Die eine schön, später Trümmermadonna genannt. Die andere nicht schön, aber groß, sehr alt, erdhaft, unsymmetrisch, mit gläsernen Augen. Sie steht in St. Maria im Kapitol.«

In diesem Umfeld begann Heinrich Böll zu schreiben. Es entstand in der Folgezeit ein literarisches Werk, das zunächst realistisch die Auswirkungen des Krieges, später kritisch die Wohlstands- und Leistungsgesellschaft beschrieb, stets begleitet vom politischen Engagement und vom Eintreten für Verfolgte, für Minderheiten und Andersdenkende. Doch war das nun wiederaufgebaute Köln nur mehr ein »Versuch von Heimat«. Zwar liebte Böll nach wie vor den Rhein, diese »schmutzige Majestät«, und das historische Köln, seine römischen Gläser, seine romanischen Kirchen:

»Es ist müßig, eine Stadt zu loben, die fast zweitausend Jahre ohne Geschrei ihre Anziehungskraft bewiesen hat. Köln zu loben ist müßig, und doch muß es einmal geschehen, obwohl es schwer ist, etwas zu beschreiben, was unbeschreiblich ist.«

Doch das Alltagsleben mißfiel ihm zusehends. Mehrfach zog er um, und schließlich verließ er das »Auto-Köln«, ging 1982 nach Merten im Vorgebirge und Langenbroich in der Eifel. Seine kritischen, bissigen Äußerungen über die Stadt und ihre Bürger ließen ihn für manche Kölner oft zum »Nestbeschmutzer« werden, wobei seine Auffassung, die Domtürme seien überflüssig, da allzu preußisch, noch zu den milderen gehörte. Selbstgefälligkeit, Arroganz, mangelnden Ernst, Unfähigkeit zu trauern warf er den Kölnern vor, und die Fröhlichkeit des organisierten Karnevals hielt er für verlogen. Doch sah er auch positive Züge seiner Mitbürger: ihre alte demokratische Tradition, ihre »geringe Anfälligkeit für Demagogie«, ihr »Mißtrauen gegenüber bombastischer Autorität« und militärischem Drill: Tugenden, die sie in Bölls Augen während der nationalsozialistischen Zeit bewiesen hatten. Umgekehrt sah die Stadt, trotz aller gegenseitigen Schelte, in Heinrich Böll ihren großen, zu ehrenden Sohn, auch und gerade in den siebziger Jahren, als der unbestechliche Moralist und Demokrat Zielscheibe der denunziatorischen Angriffe der »dummen Kerls« war, die ihn zum »geistigen Vater« des die Bundesrepublik verunsichernden Terrorismus machen, ihn und seine Familie aus dem Lande treiben wollten.

Köln dankt ihm (und anderen) die Gründung der Bibliothek »Germania Judaica«, verlieh ihm 1982 das Ehrenbürgerrecht, erwarb nach seinem Tod (16.7.1985 in Bornheim bei Bonn) sein bedeutendes Archiv und benannte den Literaturpreis der Stadt, den er 1961 selbst entgegengenommen hatte, nach ihm. 1985 widmete ihm die Stadt ihm den Heinrich-Böll-Platz zwischen der Hohenzollern-Brücke und dem neuen Museums-Komplex (Wallraf-Richartz-Museum und Museum Ludwig), nahe der Altstadt, offen zum Rhein hin ... (CVK/BD)

Literatur

Viktor Böll (Hg.), Heinrich Böll und Köln; Köln 1994.

Heinrich Böll, »Ich han dem Mädche nix jedonn ...« Texte, Bilder, Dokumente zur Verleihung des Ehrenbürgerrechts der Stadt Köln; Köln 1983.

Werner Lengning (Hg.), Der Schriftsteller Heinrich Böll. Ein biographisch-bibliographischer Abriß, München 5. überarb. Aufl. 1977.

Bernhard Sowinski, Heinrich Böll, Stuttgart-Weimar 1993 (Slg. Metzler Bd. 272).

Jochen Vogt, Heinrich Böll, in: Kritisches Lexikon zur deutschsprachigen Gegenwartsliteratur, hg. v. H.L. Arnold, München 1978.

Jochen Vogt, Heinrich Böll, München 1978 (Autorenbücher 12).

Petrus (gest. 64/67?)

Nr. 103 / 4. OG

Abb. 531: Petrus, aus dem Everger-Lektionar, Cod. 143, Ende 10. Jahrhundert, Köln, Dombibliothek

Er ist der älteste Kölner Schutzpatron: um das Jahr 640 wird der Apostel Petrus erstmals als Schutzheiliger der Kölner Bischofskirche genannt. Der Legende nach geht die Bindung an Petrus bis auf dessen Lebzeiten zurück, als ein Schüler des Apostels mit Namen Maternus das Kölner Bistum gegründet und dem Heiligen eine Kirche geweiht haben soll und überdies durch Berührung mit dem Stabe Petri vom Tode auferweckt worden sei. Diese Überlieferung siedelt

Petrus, Nordseite, 4. OG, Nr. 103
Ratsbeschluß am 15. Juni 1989
Modellvorstellung am 27. Oktober 1989
Figurenübergabe am 4. Februar 1991
Bildhauer: John-Michael Bachem
Stifter: Walter Spiess, Köln

Zu Beginn des Kölnischen Himmels im obersten Geschoß des Ratsturmes erscheint der Apostelfürst Petrus. Das Modell dieser spannungsvollen und expressiv gestalteten Figur wurde im engen Kontakt zwischen dem intensiv beteiligten Stifter, der hierin seine persönliche Interpretation der historischen und theologischen Rolle Petri einbrachte, und dem Bildhauer entwickelt. Auch der Oberbürgermeister und Vertreter der Kölner Synagogengemeinde beteiligten sich an der inhaltlichen Diskussion. Die beiden Schlüssel, kraftvoll und verschränkt in den Händen gehalten, deuten die mit der irdischen Stellvertreterschaft verbundenen Aufgaben Petri in ihrer weitreichenden Komplexität an. Der Fels zu Füßen des Heiligen erinnert an das Wasserwunder Mose ebenso wie an die im Wasserwunder Petri sinnbildhaft gegebene christliche Allegorie lebenspendenden Wassers. Die alttestamentarische Bundeslade mit der Menora, dem siebenarmigen Leuchter, Petrus als Basis beigegeben, symbolisiert die Wurzeln christlicher Tradition, die theologische Kontinuität zwischen Altem und Neuem Bund. Eine Zweitausführung der Figur in kleinerem Maßstab befindet sich im Clarenbachwerk auf dem Fronhof in Köln-Worringen. (BE)

den historischen Maternus, erster nachweislicher Kölner Bischof im frühen 4. Jahrhundert, in der apostolischen Zeit an. Ein Rückbezug auf die Ursprünge des Christentums, der in der mittelalterlichen Geschichtsschreibung durchaus geläufig ist und den besonderen Rang der Ortskirche unterstreichen soll. Wahrer Kern an der Legende ist jedenfalls, soweit die Ausgrabungen im Dom hierüber Aufschluß geben, daß die früheste Kölner Bischofskirche bereits unter dem Patrozinium Petri stand.

Dies reflektiert jedoch nicht nur die im ganzen Abendland verbreitete Verehrung des Apostelfürsten. Die Bindung an Petrus war im Mittelalter auch Symbol für ein kirchenpolitisches Programm. Das Frankenreich der Merowinger und Karolinger konsolidierte sich im 7. und 8. Jahrhundert wesentlich mit Hilfe der angelsächsischen Mission; das Christentum einigte und festigte die politische Macht, und eben diese Beziehung des Staates zur Kirche, zu Rom, zum Papst wird durch das Petruspatrozinium über eine wichtige Bischofskirche wie die Kölner nach damaliger Auffassung treffend ausgedrückt. Als das Kölner Bistum unter Karl dem Großen, der sein Herrschaftsgebiet nach Osten erheblich vergrößerte, seine Randlage im Reich verlor und Erzbistum wurde, stieg die Bedeutung der Kirche noch. Nicht von ungefähr schenkte Karl dem Kölner Dom, der Kirche seines engsten Ratgebers Hildebold und eine der größten der Zeit, ein goldenes Antependium für den Petersaltar und verlieh nicht nur der Verehrung für Petrus, sondern auch der Bindung an Rom und der eigenen hohen Bedeutung sichtbaren Ausdruck.

Später steigerte Erzbischof Bruno I. den Rang seiner Bischofskirche und -würde noch ganz erheblich, als er (vermutlich 953) den Petrusstab an sich brachte, der dem Metzer Dom gehörte. Dieses Symbol der apostolischen Nachfolge des Kölner Erzbischofs und seiner Verbindung mit dem Sitz des Hl. Petrus in Rom erhob, zusammen mit ebenfalls von Bruno nach Köln gebrachten Gliedern der Kette Petri, die Kölner Kirche in eine romähnliche Stellung. Eine wertvollere Reliquie als die Kette Petri besaß auch der Papst nicht, und der Stab des Apostelfürsten kennzeichnete Bruno als vornehmsten aller Bischöfe. Der Kölner Dom galt nun als Mutter aller Kirchen nördlich der Alpen, die Stadt als das Rom des Nordens.

Der Erwerb der Reliquien veranlaßte Bruno, den Kölner Dom zur Fünfschiffigkeit zu erweitern. Die Kathedrale war nun nicht nur ihrer Bedeutung, sondern auch ihrer Gestalt nach ein Abbild der römischen Mutterkirche St. Peter. Wenn unter Hinweis auf den gemeinsamen Patron der beiden Kirchen im Jahre 1052 die päpstliche Ermächtigung erteilt wurde, am Kölner Dom sieben Kardinalspriester nach dem Vorbild von St. Peter zu Rom einzusetzen, so entsprach diese Ehrung für den Erzbischof und seine Stadt der am Petruspatrozinium gefestigten Machtstellung der Kölner Kirche. So zeigt denn auch das älteste, zwischen 1114 und 1119 entstandene romanische Stadtsiegel inmitten der Umschrift »Sancta Colonia Dei Gratia Romanae Ecclesiae Fidelis Filia« (Heiliges Köln, von Gottes Gnaden der römischen Kirche getreue Tochter) die Figur des auf einer Bank inmitten eines rechts und links mit je zwei Türmen geschmückten Architekturbogens thronenden Hl. Petrus. Auch das zweite, das gotische Stadtsiegel Kölns von 1268 zeigt noch den Apostelfürsten, diesmal aber schon hinter einer mit fünf Mauerkronen versehenen Stadtmauer. Zwar mußte der Apostel im Laufe der Zeit wegen seiner engen »Beziehung« zum erzbischöflichen Stadtherrn in seiner Bedeutung als Schutzpatron der Stadt hinter die Hl. Drei Könige, die Hl. Ursula und den Hl. Gereon zurücktreten, doch spielten die Kölner ihre Schutzheiligen nie gegeneinander aus. Auch nach der Schlacht von Worringen 1288, die der Stadt de facto die Freiheit vom erzbischöflichen Stadtherrn brachte, verbannte sie den Hl. Petrus nicht von allen ihren Siegeln, und noch heute besitzt Köln ein großes sogenanntes Petrussiegel, das nur bei besonderen Anlässen verwendet wird. (CVK/BD)

Literatur

LThK VIII, 334–347.
Toni Diederich, Die alten Siegel der Stadt Köln; Köln 1980.
Wilhelm Neuß (Hg.), Geschichte des Erzbistums Köln. Erster Band: Das Bistum Köln von den Anfängen bis zum Ende des 12. Jahrhunderts, bearb. v. Wilhelm Neuß und Friedrich Wilhelm Oediger, Köln 1964.

Heilige Drei Könige: Kaspar, Melchior, Balthasar
Nr. 104, 105, 106 / 4. OG

Abb. 532: Hl. Drei Könige, Miniatur aus einer Urkunde, um 1250

Seine lateinische »Legende von den Heiligen Drei Königen« (2. Hälfte des 14. Jahrhunderts) schloß der Karmelitermönch Johannes von Hildesheim mit den Worten:

> Freue dich, glückliches Köln! Durch göttliche Gnade und Vorsehung wurdest du gewürdigt, die letzte Ruhestatt der edlen Könige, der ersten Gläubigen und Reinen der Heiden, mit deinen Mauern zu umschließen. Ihrer kannst du dich mehr rühmen als aller deiner Schätze! Überall in der Welt wirst du ihretwegen von den Menschen hochgeachtet und verehrt! Häufiger als alle andern Städte der Welt wird von Völkern und Königen, Fürsten und Edlen dein Name genannt!«

Heute wie auch schon vor 600 Jahren symbolisieren drei Kronen im Wappen der Stadt die Heiligen Drei Könige Kaspar, Melchior und Balthasar. Sichtbare Hinweise auf ihre Bedeutung ist auch das Kölner Wahrzeichen, der gotische Dom, seinerzeit vor allem in der Absicht erbaut, den kostbaren Reliquien der drei Könige einen außergewöhnlichen Rahmen zu geben. Der englische Reisende Thomas Coryat, der Köln im Jahre 1608 besuchte, schrieb nach einer Dombesichtigung: »Unter vielen andern würdigen Denkmälern in dieser Kirche gibt es eins, das als das berühmteste von ganz Europa gilt und dessen Reich-

Kaspar, Nordseite, 4. OG, Nr. 104
Ratsbeschluß am 29. September 1992
Modellvorstellung am 5. Februar 1992
Figurenübergabe am 3. Dezember 1992
Bildhauerin: Elisabeth Perger
Stifter: Berlin-Kölnische Versicherungen, Köln

Melchior, Nordseite, 4. OG, Nr. 105
Ratsbeschluß am 29. September 1992
Modellvorstellung am 5. Februar 1992
Figurenübergabe am 3. Dezember 1992
Bildhauerin: Elisabeth Perger
Stifter: vermittelt durch die Dombauhütte Köln –
Dombaumeister Prof. Dr.-Ing. Arnold Wolff

Balthasar, Nordseite, 4. OG, Nr. 106
Ratsbeschluß am 29. September 1992
Modellvorstellung am 6. März 1992
Figurenübergabe am 3. Dezember 1992
Bildhauerin: Elisabeth Perger
Stifter: Peter, Renate, Philip und Katharina Jungen, Köln

tum bis an die weitesten Grenzen der Christenheit gedrungen sind. Denn welcher Mensch von auch nur geringem Wissen oder Gelehrsamkeit hat nicht schon einmal in seinem Leben von den hl. Drei Königen gehört?« Was nun zeichnet die Reliquien der »edlen Könige« vor anderen aus, wie erklärt sich ihre besondere Anziehungskraft über viele Jahrhunderte? Das Matthäus-Evangelium berichtet von Weisen (Magiern, Sterndeutern) aus dem Morgenland, die das Jesuskind in Bethlehem beschenkten und anbeteten. Schon früh schließen sich dieser Textstelle Legenden, Ausdeutungen und Kommentare an, und bereits im 3. Jahrhundert ist die Rede von »Königen«. Als die ersten Heiden, die dem christlichen Gott huldigten, nehmen die drei Weisen einen besonderen Platz in der Vorstellung der Gläubigen ein. Man verstand sie als Vorbild der Pilger, aller Menschen, die Gott suchen. Daß es Könige gewesen sein sollen, die das Knie vor Jesus beugten, war dabei von größter Symbolkraft: sie waren auch die ersten christlichen Könige.

Frühchristliche Quellen berichten, daß die Kaiserin Helena, die Mutter Constantins des Großen, ihre Gebeine nach Konstantinopel überführen ließ. Von dort gelangten sie nach Mailand, wo ihre Verehrung späte-

Die Gruppe der Heiligen Drei Könige, gen Norden zum Dom und damit auf das Kölner Zentrum ihrer Verehrung blickend, wurde von der Bildhauerin unter inhaltlich wie künstlerisch einheitlichen Kriterien entwickelt. Gemeinsam ist allen Gestalten der Ausdruck des Visionären. Beginnend mit dem traumversunkenen Kaspar (Nr. 104) setzt sich die Reihe mit Melchior (Nr. 105) fort, der das kosmische Zeichen der Sternerscheinung zu deuten weiß, und beginnt in der Gestalt Balthasars (Nr. 106) den Weg zum bethlehemitischen Stall. Kaspar ist durch die Krone gemäß jüngerer Tradition als König, Melchior durch die an eine phrygische Mütze erinnernde Kopfbedeckung entsprechend der alten Deutung als Magier aus einem fernen Land, Balthasar schließlich durch die turbanähnliche und juwelengeschmückte Kopfzier als Mohr gemäß der überlieferten Ikonographie ausgezeichnet. Gleichfalls tradierter Bildformel, derjenigen des Schlummerns, entspricht der Handgestus Kaspars, der von einem ihm im Traume erscheinenden Engel am Gewand gefaßt und geradewegs zum Beginn seiner Reise aufgefordert wird. Melchior, als einziger bärtig gemäß einer Bildüberlieferung »weiser Männer« dargestellt, legt erklärend eine Hand auf die große Sternkarte, auf welcher neben anderen Erscheinungen vor allem der große, die Gruppe schließlich nach Bethlehem führende Stern mit seinem Kometenschweif erkennbar wird. Die Inschrift C M B auf der seitlich angebrachten Planrolle steht als Abkürzung für CHRISTUS MANSIONEM BENEDICAT, für das Christus segne dieses Haus, welches die Sternsinger alljährlich an den Hauseingängen der Gläubigen anzeichnen. Die gerade in Köln tief verwurzelte Sternsingertradition bringt auch Balthasar zum Ausdruck, indem er sich zum Ausschreiten nach links wendet, dabei wie zur Nachfolge aufrufend zu den beiden anderen zurückblickt und in den Händen einen Vortragestern auf einem Stab hält. (BE)

stens im 9. Jahrhundert nachweisbar ist. Nach der Eroberung der lombardischen Metropole durch Kaiser Friedrich I. wurden die Reliquien aus dem sie beherbergenden spätantiken Marmorsarkophag in der Kirche Sant' Eustorgio entnommen und vom Kölner Erzbischof Reinald von Dassel, Friedrichs Kanzler, im Jahre 1164 nach Köln überführt. Hier werden sie seit etwa 1200 in einem der prachtvollsten Reliquienschreine des Mittelalters aus der Werkstatt des Nikolaus von Verdun aufbewahrt. Mailand erhielt erst 1903 einige kleinere Reliquien der Hl. Drei Könige zurück. Die religiöse, politische und wirtschaftliche Macht und Bedeutung des mittelalterlichen Köln hing eng mit der Anziehungskraft der drei Könige zusammen, deren intensive Verehrung schon bald nach ihrer Ankunft in der Stadt einsetzte. Durch den Besitz dieser kostbaren Reliquien wurde Köln zu einer der meistbesuchten Wallfahrtsstätten der mittelalterlichen Christenheit neben Jerusalem, Rom, Santiago de Compostela und Aachen. Die Pilgerströme brachten Wohlstand und Ansehen. Vor allem der Kölner Erzbischof konnte als Reichsfürst sein geistliches und politisches Gewicht durch den Besitz der Reliquien stärken, besaß er doch mit ihnen den Inbegriff des christlichen Königtums. Die Verehrung der Drei Könige hatte in jener Zeit längst eine politische Dimension erlangt: Papst und Kaiser stritten um die Frage, ob die weltliche Gewalt direkt von Gott oder durch den Papst verliehen werde. Eine antike Idee vom Königtum: wenn ein Herrscher die Tribute eines unterworfenen Königs annimmt, erkennt er dessen Königtum an, war christlich umgeformt worden in dem Sinne, daß der mittelalterliche König sich wie die Heiligen Drei Könige betend und schenkend vor Gott beugt und also von Gott direkt in seinem Königtum bestätigt wird. Deshalb besuchten viele Könige nach ihrer Krönung in Aachen den Kölner Dreikönigschrein und brachten reiche Gaben mit. Gott heiligte so ihre weltliche Macht. In diesem Sinne ist es z. B. auch zu verstehen, daß Kaiser Otto IV. auf dem Schrein neben den drei Weisen vor dem Jesuskind dargestellt ist.

Die Könige sicherten jedoch nicht nur die besondere Stellung Kölns und des Erzbischofs im Reich. Sie stärkten während der Auseinandersetzungen zwischen der Stadt und dem Stadtherrn das bürgerliche Selbstverständnis, sie werden zu Schutzpatronen der Stadt. Die Koelhoff'sche Chronik (1499) berichtet ebenso wie die »Agrippina« des Heinrich von Beeck (1472) vom Erwerb ihrer Reliquien und zeigt in einer Illustration die drei Heiligen inmitten der anderen Stadtpatrone auf den Mauern stehend, die vor der Stadt lagernden Feinde abwehrend. Auf Anton Woensams großer Stadtansicht aus dem Jahre 1531 sieht man sie als gewappnete Ritter über dem Dom schweben, und auch Wenzel Hollars berühmtes großes Stadtpanorama von 1636 zeigt die drei Könige auf einer Wolke über der Stadt. Auf den um 1320 entstandenen Glasfenstern des Domes erscheinen die drei Kronen, ihre Symbole; seit 1392 zieren sie das städtische Wappen; man findet sie auf dem Stadtbanner, auf Siegeln, auf Ofenplatten, auf Münzen, auf und an städtischen und privaten Bauten, ja sogar auf dem von August Wüst geschaffenen Ratssilber: »Die drei Kronen sind in erster Linie Symbol der Stadt geworden« (W. Schäfke). Das Tafelbild von der Anbetung der Hl. Drei Könige, das Stephan Lochner um 1442 für die Ratskapelle malte, drückt die politische Bedeutung der Heiligenverehrung aus: die Könige bilden zusammen mit Maria, St. Ursula und St. Gereon den »himmlischen Senat« der Stadt. Über die Heiligen, nicht über den Bischof, wendet sich Köln an Gott. Seit 1993 zeigt das Schnütgen-Museum in seinem südlichen Seitenschiff das von Meister Arnt von Kalkar 1480/90 aus einer großen Eichenbohle geschnitzte »Dreikönigenrelief«, ein Meisterwerk der der niederrheinischen spätgotischen Holzschnitzkunst.

Was blieb von der mittelalterlichen Bedeutung der Reliquien? Im religiösen Leben und Brauchtum der Stadt haben die Könige mit ihren Festen am 6. Januar und am 23. Juli (Translatio v. 1164) einen Platz. Ihr Schrein, ihr Dom, das sog. »Dombild« Stephan Lochners ziehen Besucher aus aller Welt an. Und das sog. »Dreikönigspförtchen«, das Portal des Lichhofs mit seiner Schreinsarchitektur über dem Torbogen (St. Maria im Kapitol) ist als einer der Reste des mittelalterlichen Kölner städtischen Ambientes heute noch zu bewundern. Und wenn auch angezweifelt wird, daß die Gebeine von drei Weisen stammen, die in Bethlehem das Christuskind anbeteten, so haben wissenschaftliche Untersuchungen in jüngster Zeit immerhin ergeben, daß sie spätestens aus dem 2. bis 4. Jahrhundert stammen, also aus sehr früher christlicher Zeit.

(CVK/BD)

Literatur

Jörg Baumgarten/ Helmut Buchen, Kölner Reliquienschreine, Köln [2]1986 (Köln entdecken Bd. 3), S. 74–89.

Wilhelm Heinrich Boecker, Überbringungs- und Wiedereinführungs-Geschichte der Häupter und Gebeine der heiligen drey Könige, Köln 1810.

Rainer Budde (Hg.), Die Heiligen Drei Könige. Darstellung und Verehrung. Eine Ausstellung des Wallraf-Richartz-Museums, Katalog, Köln 1982.

Thomas Coryat, Coryat's Crudities, Hastily gobled up in five Monthes travells in France, Savoy, Italy, Rhetia commonly called the Grisons country, Helvetia alias Switzerland, some parts of high Germany and the Netherlands ..., London 1611 (ND Glasgow 1905).

Anton van Euw, Darstellung der Hl. Drei Könige im Kölner Dom und ihre ikonographische Herleitung, in: KDbl. 23/24, 1964, S. 293–340.

Güldenes Hand-Büchlein der HH. Dreyen Königen Caspars, Melchiors, Balthasars, Als Glorwürdiger Wunderthäter und allgemeiner Nohthelfer ..., Köln 1722.

Hans Hofman, Die Heiligen Drei Könige. Zur Heiligenverehrung im kirchlichen, gesellschaftlichen und politischen Leben des Mittelalters, Bonn 1975.
[Johannes von Hildesheim] Die Histori oder Legend von den Heiligen Dreyen Koeningen, hg. von Elisabeth Christern, Köln 1964.
Joseph Hoster, Unterpfand der deutschen Krone. Die Hl. Drei Könige im Kölner Dom, in: Vierteljahresschrift für die Freunde der Stadt, Heft 4, 1959.
Rudolf Lill, Mailand und die Hl. Drei Könige, in: KDbl 12–13, 1957, S.154–156.
Alfred Noß, Die kölnischen Dreikönigsthaler, in: Zeitschrift für Numismatik 33, 1922, S.280–299.
Jakob Torsy, Achthundert Jahre Dreikönigenverehrung in Köln, in: KDbl. 23/24, 1964, S.15–162.
J.P.N.M.V. [P.N.M.Vogel], Sammlung der prächtigen Edelgesteinen womit der Kasten der dreyen Weisen Königen in der Hohen Erz-Domkirche zu Köln ausgezieret ist, nach ihrem ächten Abdrucke in Kupfer gestochen. Nebst einer vorläufigen geschichtsmäßigen Einleitung, Köln 1781.
Adam Wienand, Die Heiligen Drei Könige. Heilsgeschichtlich-Kunsthistorisch – Das religiöse Brauchtum, Köln 1974.
Matthias Zender, Kölner Heiligenverehrung, in: Die Stadt Köln. Gestalt und Wirkung, Düsseldorf 1970, S. 45–49.
(Siehe auch Literaturangaben zu Nr. 24.)

Gereon (3./4. Jahrhundert)

Nr. 107 / 4. OG

Abb. 533: Gereon, Kupferstich von G. C. Stich, um 1670, KSM

St. Gereon: das ist für das heutige Köln vor allem eine der zwölf romanischen Kirchen, einer der herausragenden Kirchenbauten des Mittelalters. Das berühmte Dekagon, ein im frühen 13. Jahrhundert entstandener Zehneckbau mit Kuppel, steht in der Architekturgeschichte einzig da zwischen der um 700 Jahre älteren Hagia Sophia in Konstantinopel und dem im 14.–15. Jahrhundert erbauten Dom von Florenz. Das Gebäude spiegelt die Bedeutung der Kirche und des zugehörigen hochadligen Stiftes wider, die unter den Kölner Kirchen und Klöstern durch die Jahrhunderte den vornehmsten Platz nach dem Dom einnahmen. Einen dementsprechenden Rang hatte der Hl. Gereon im Kreise der Kölner Schutzpatrone. Er war ein mächtiger Streiter für die Stadt – und gegen den Erzbischof, wie es Stephan Lochners sog. »Dombild« politisch-programmatisch darstellt. Doch ist es ursprünglich nicht der Heilige, dem die Kirche ihren Rang verdankt. Nicht seine Verehrung hat die Kirche groß gemacht, sondern Gereon ist – als ein legendärer Märtyrer unter vielen – im Mittelalter zum Patron einer Kirche gemacht worden, die seit der Antike eine herausragende Bedeutung für die Stadt besaß. Gewiß hat dann, nachdem er als Schutzheiliger etabliert war, sein Kult die großen Baumaßnahmen beflügelt, und in diesem Sinne verdankt die Kirche ihm ihre prachtvolle heutige Gestalt. Doch steht er stellvertretend für viele

Entgegen anderen Turmfiguren, die oft ein Modell der ihnen in Köln besonders verbundenen Kirchen tragen, verzichtet die Gestalt des Hl. Gereon bewußt auf ein solches Attribut. Auch wurde der Legionär nicht im historisch entsprechenden römischen Militärkostüm, sondern gemäß seiner im Mittelalter gebräuchlichen, etwa im sogenannten Dombild Stefan Lochners zu beobachtenden Ikonographie eher als Ritter mit Schild und fahnengeschmückter Lanze dargestellt. Darin antwortete der Künstler auf den bauhistorischen Kontext des gotischen Ratsturmes und paraphrasierte zugleich eine neugotische Gereonsfigur Christian Mohrs für den Kölner Dom. (BE)

Gereon, Nordseite, 4. OG, Nr. 107
Ratsbeschluß am 1. Februar 1990
Modellvorstellung am 6. Dezember 1989
Figurenübergabe am 18. September 1990
Bildhauer: Matthias Moritz
Stifter: Gerling Konzern, Zentrale Verwaltungs-AG, Köln

frühchristliche Märtyrer, deren Andenken die Stätte schon wachhielt, als Gereon noch nicht hervorgetreten war.

Historisch gesichert ist, daß auf einem großen Gräberfeld aus dem 1.–4. Jahrhundert vor den Mauern des römischen Köln im letzten Drittel des 4. Jahrhunderts der als »Sockel« des Dekagons erhaltene ovale Gründungsbau – wahrscheinlich als frühchristliche Märtyrergedenkstätte – errichtet wurde. Seine besondere bauliche Qualität läßt die Forschung auf einen Auftraggeber aus höchsten, vielleicht kaiserlichen Kreisen schließen – soweit der wahre Kern einer historisch unzutreffenden Legende, die von der Hl. Kaiserin Helena als Erbauerin spricht. Im Jahre 590 berichtet Gregor von Tours, daß die Kirche wegen ihres goldenen Mosaikschmucks »zu den goldenen Heiligen« genannt werde, und diese Heiligen seien 50 Märtyrer der thebäischen Legion. Der Kölner Bischof Evergislus (Ebergisil) habe sich gar durch den Staub aus dem Brunnen im Innern der Kirche, in den man die toten Märtyrer geworfen hatte, von seinen Kopfschmerzen geheilt. Hier begegnet uns erstmals die im 5. Jahrhundert formulierte Thebäer-Legende, der zufolge die aus dem ägyptischen Theben kommende Legion um einen Anführer Mauritius zur Zeit der Christenverfolgungen unter Diokletian und Maximian abteilungsweise im schweizerischen Wallis (St. Maurice), in Trier, Bonn, Köln und Xanten den Märtyrertod erlitt.

In fränkisch-merowingischer Zeit eine königliche Huldigungs- und Grabeskirche, trat im 7. Jahrhundert Gereon als ihr Patron hervor und wurde bedeutender Schutzheiliger des fränkischen Reiches. 818 wurde hier Erzbischof Hildebold beigesetzt, und das Gereonsstift entwickelte sich seit etwa der Mitte des 8., spätestens dem Anfang des 9. Jahrhunderts zu seiner bis 1802 währenden Bedeutung. Als die Thebäer-Legende um das Jahr 1000 ihre endgültige Fassung erhalten hatte, in der Gereon und 318 Gefährten als die in Köln getötete Abteilung der Legion erscheinen, war die Kirche noch in ihrer spätantiken Form erhalten. Erzbischof Anno II. erweiterte sie um 1069 um den Hochchor, nachdem bei einer Grabung einige Märtyrer um den Hl. Gregor Maurus gefunden worden waren. Der Hl. Norbert von Xanten grub 1120 und fand dabei Gebeine (vermutlich merowingischer Könige), die er für diejenigen Gereons hielt. Besonders seit der Erhebung dieser »Reliquien« steigerte sich der Gereons-Kult und erlangte weite Verbreitung. Die Baumaßnahmen des Erzbischofs Arnold von Wied (1151–1156 Chorfassade mit Türmen) und besonders die Errichtung des Dekagons kurz nach 1200 sind in diesem Zusammenhang zu sehen.

Man wird vielleicht nie erfahren, ob es an dieser Stätte einen Brunnen gab, ob hier ein christlicher Soldatenführer mit Namen Gereon bestattet wurde; die Ausgrabungen und Bauarbeiten der Jahrhunderte mögen die Spuren vernichtet haben. Tatsache aber ist eine frühe, nie unterbrochene Märtyrerverehrung, und der legendenhafte Charakter der Überlieferung spricht keineswegs dagegen, daß wir unter dem Namen St. Gereon ein bedeutendes Faktum der Stadtgeschichte vor uns haben, von dem antike Mauerreste und goldene Mosaiksteinchen stummes Zeugnis ablegen. (CVK/BD)

Literatur

LThK IV 718 f.

Wilhelm Baumeister, Die sechs Darstellungen aus der Legende des Hl. Gereon im Wallraf-Richartz-Museum in Köln, in: JbKGV 1, 1912, S. 89–103.

Egid Beitz, Die Gereonssäule, in: JbKGV 6/7, 1925, S. 196–202.

Karl-Josef Daverkausen, Auf den Spuren des Hl. Gereon, in: Colonia Romanica IV, 1989, S. 30–34.

Gottfried Kentenich, Der Kult der Thebäer am Niederrhein, in: RhVjbll. 1, 1931, S. 339–357.

Wilhelm Neuß, Die Anfänge des Christentums im Rheinland, Bonn [2]1933, S. 29–78.

Werner Schäfke, St. Gereon, in: Köln: Die Romanischen Kirchen. Von den Anfängen bis zum Zweiten Weltkrieg, hg. v. Hiltrud Kier u. Ulrich Krings, Köln 1984 (Stadtspuren Bd. 1), S. 278–297.

Ursula (3. Jahrhundert)

Nr. 108 / 4. OG

Abb. 534: Ursula, Holzschnitt (Detail) vom Titelblatt einer Ursula-Legende, gedruckt in Köln bei Johannes Landen, 1517

Elf Flammen (oder Blutstropfen) symbolisieren im Wappen der Stadt Köln die Hl. Ursula und ihre Gefährtinnen. Sie gehört nach den Hl. Drei Königen und neben dem Hl. Gereon zu den bedeutendsten Schutzpatronen Kölns. Der heraldische Befund ist zwar erst nach 1500 eindeutig, die Beziehung der Kölner zur Hl. Ursula jedoch reicht bis weit ins Mittelalter zurück. Seit dem 10. Jahrhundert wird sie namentlich als Anführerin einer Schar von Märtyrerinnen bezeichnet, die schon in frühchristlicher Zeit in Köln verehrt wurden.

Diesen Kern der Ursula-Legende kennen wir durch eine berühmte Schrifttafel, die sog. Clematius-Inschrift (zu datieren zwischen 400 und 420), die Anfang des 9. Jahrhunderts aufgefunden wurde und seit 1866 in der Südwand des gotischen Chores der Ursula-Kirche eingemauert ist. Sie gibt davon Zeugnis, daß ein gewisser Clematius, senatorischen Ranges, »durch göttliche flammende Visionen mehrfach ermahnt«, auf eigene Kosten und auf seinem Boden eine zer-

Ursula, Nordseite, 4. OG, Nr. 108
Ratsbeschluß am 3. März 1988
Modellvorstellung am 28. Oktober 1988
Figurenübergabe am 20. Juni 1989
Bildhauer: Rainer Walk
Stifter: Kreishandwerkerschaft Köln

Die Königstochter wird durch ihre Krone ausgezeichnet, der Pfeil weist auf das in Köln erlittene Martyrium hin. Die unter ihrem Gewand angedeuteten weiblichen Gestalten, auf die sie zudem weist, erinnern an ihre der Überlieferung zufolge elftausend Gefährtinnen. Der Bildhauer wurde im Rahmen eines Wettbewerbes unter den Mitgliedern der Kölner Steinmetz- und Bildhauer-Innung ermittelt; zunächst unter Vorlage zeichnerischer Entwürfe, in einem weiteren Schritt dann durch Erarbeitung plastischer Modelle durch zwei der Teilnehmer wurde dieser Wettbewerb entschieden. (BE)

störte Kapelle über Gräbern jungfräulicher Märtyrerinnen wiederaufbaute. Ausgrabungen haben Fundamente einer ersten Kirche aus dem 4. Jahrhundert und einer dreischiffigen Basilika des 5. Jahrhunderts freigelegt, wobei das erste Bauwerk vermutlich ein Opfer der fränkischen Eroberung Kölns von 355 wurde. Man nimmt an, daß die Kapelle des Clematius in der Folgezeit verfiel, so wie auch der frühchristliche Märtyrerkult wahrscheinlich abriß. Die Märtyrerkalender und Legenden schweigen jedenfalls bis ins 9. Jahrhundert.

Um 920 richtete Erzbischof Hermann I. (889–924) ein Stift für Kanonissen aus Gerresheim ein, die vor den Ungarn nach Köln geflohen waren. In jener Zeit entwickelte sich auf der Basis einer vagen Erinnerung an Märtyrergräber an dieser Stätte die Legende von den heiligen Jungfrauen, und noch im 17. Jahrhundert hieß das Gotteshaus »Kirche der Hl. Jungfrauen«. Doch war der Name Ursula seit dem 10. Jahrhundert allmählich hervorgetreten, und im 12. Jahrhundert wurde bereits ein frühchristlicher Grabstein einer achtjährigen (!) Ursula, vom Gräberfeld nördlich der römischen Stadtmauer entlang der Straße nach Neuss, in einen Pfeiler des südlichen Seitenschiffes der Kirche wie eine Reliquie eingemauert, wo er 1893 entdeckt wurde. Er befindet sich heute im Römisch-Germanischen Museum.

Nach der frommen Überlieferung ging Ursula, die Tochter eines Königs von Britannia und Christin, in Begleitung von zehn vornehmen Jungfrauen (mit je 1000 Mägden) auf eine Pilgerfahrt nach Rom, bevor sie mit dem englischen Königssohn Aetherius (sein Schrein in der »Goldenen Kammer« von St. Ursula; Grabstein eines Etherius vom gleichen Gräberfeld wie jener der kleinen Ursula) verheiratet werden sollte. Auf der Rückreise erlitten alle im von den Hunnen belagerten Köln das Martyrium, worauf eine Engelschar erschien und die Stadt von den Hunnen befreite. Die sagenhafte Zahl von 11000 Jungfrauen ist wohl ein schlichter Lesefehler (M=Mille=Tausend – anstatt M=Martyr), bereitete aber den Zeitgenossen keine Schwierigkeiten, da die Kirche auf einem großen antiken Gräberfeld errichtet worden war und die mittelalterlichen »Archäologen« reiches Reliquienmaterial fanden. Auch die zahlreich gewonnenen männlichen Gebeine störten die Gläubigen nicht; sie sorgten vielmehr für die Ausschmückung der Legende mit allerlei Gefolgsleuten der Hl. Jungfrauen bis hin zu Bischöfen und dem Papst.

Als bei der Stadterweiterung 1106 unzählige weitere Knochen zum Vorschein kamen, setzte ein Reliquienkult großen Stils ein, der nicht nur Anlaß zum Neubau der romanischen Emporenbasilika (1106–1135) bot, sondern auch ein bedeutender Wirtschaftsfaktor für die Stadt wurde. In alle Welt wurden die vermeintlichen Überreste der Hl. Jungfrauen verschickt. Wenn man vielleicht auch nicht von einem Reliquienhandel sprechen kann, so erhielten die Kölner doch wertvolle Gegengaben, der Ruf der Stadt steigerte sich, Pilgerscharen kamen und brachten Wohlstand. Ursula wurde nun weithin verehrt; sie war z. B. auch Patronin der Pariser Sorbonne, und wie der »Meister von St. Severin« haben auch außerhalb von Köln bedeutende Maler ihre Legende in Bilderzyklen dargestellt. Der Ursula-Kult setzte sich über die Jahrhunderte fort und erhielt neuen Aufschwung nach der Gründung ihres Frauenordens (Ursulinen) durch Angela Merici (gest. 1540). 1662 legte Erzbischof Maximilian Heinrich ein Ursula-Patrozinium für seine Diözese und für die Stadt Köln fest.

Die Kölner Kirche wurde immer wieder in Teilen umgestaltet. Der gotische Chor und die charakteristische Turmhaube künden ebenso davon wie die »Goldene Kammer« mit ihrer barock-makabren Knochenornamentik, die spätere »aufgeklärte« Besucher der Stadt immer wieder zum Spott über den Aberglauben der Kölner anregte. In der Kölner Volksfrömmigkeit aber hat sich die Verehrung der »hilligen Virgins« bis heute erhalten. Nahezu alle bedeutenden Kölner Stifte und Klöster besaßen Ursulabüsten und Gebeine der Jungfrauen. (CVK/BD)

Literatur

Jörg Baumgarten/Helmut Buchen, Kölner Reliquienschreine; Köln [2]1986 (Köln entdecken Bd. 3), S. 34–39, 158–164.

Maurice Coens, Les vierges martyres de Cologne d'après un ouvrage récent, in: Analecta Bollandiana t. 47, 1929, S. 89–110 [ausführl. Rezension zum Buche Levisons].

Toni Diederich, Stift-Kloster-Pfarrei. Zur Bedeutung der kirchlichen Gemeinschaften im Heiligen Köln, in: Köln: Die Romanischen Kirchen. Von den Anfängen bis zum Zweiten Weltkrieg, hg. v. Hiltrud Kier u. Ulrich Krings, Köln 1984 (Stadtspuren Bd. 1), S. 17–78.

Paul Heusgen, Ursulabruderschaften in Köln, in: JbKGV 20, 1938, S. 164–175.

Johann Hubert Kessel, St. Ursula und ihre Gesellschaft, Köln 1863.

Karen Künstler, St. Ursula – Die Kirchenbauten vom 4. Jahrhundert bis zum 12. Jahrhundert; und: St. Ursula – Der Kirchenbau des 12. Jahrhunderts und seine Ausgestaltung bis zum Zweiten Weltkrieg, beide in: Köln: Die Romanischen Kirchen . . ., S. 518–522; S. 523–545.

Wilhelm Levison, Das Werden der Ursulalegende; Köln 1928 (auch in: Bonner Jbb. Heft 132, S. 1–164).

Franz Joseph Peters, Beiträge zur Geschichte der kölnischen Meßliturgie (Colonia Sacra 2), Köln 1951.

Werner Schäfke, Kölns romanische Kirchen. Architektur, Ausstattung, Geschichte, Köln [4]1985, hier: S. 264–276.

Joseph Solzbacher / Veronika Hopmann, Die Legende der Hl. Ursula. Die Geschichte der Ursulaverehrung, 1964.

Gertrud Wegener, Geschichte des Stiftes St. Ursula in Köln, Köln 1971 (Veröff. d. KGV 31).

Frank Günter Zehnder, Sankt Ursula. Legende, Verehrung, Bilderwelt, Köln 1985.

Matthias Zender, Kölner Heiligenverehrung, in: Die Stadt Köln. Gestalt und Wirkung, Düsseldorf 1970, S. 45–49.

Maternus (bezeugt 313/14)

Nr. 109 / 4. OG

Abb. 535: Maternus, aus dem Egbert-Psalter in Cividale, Ende 10. Jahrhundert

Wie um manch anderen Kölner Bischof haben die Legenden auch um die historische Persönlichkeit des Maternus ein dichtes Netz gewoben. Unzweifelhaft allein steht fest, daß es um 313/314 in Köln eine christliche Gemeinde gab, an deren Spitze ein Bischof Maternus stand. Denn dieser wurde von Kaiser Constantin zu jener Zeit auf eine römische Lateransynode, deren Protokolle einen »Maternus de Agrippina« nennen und anschließend zur ersten allgemeinen Bischofssynode des lateinischen Reichsteils nach Arles geladen, die über die Lehre der Donatisten entschied (Donatismus: in der ersten Hälfte des 4. Jahrhunderts eine bestimmte Praxis kirchlichen Lebens, deren wesentliches Merkmal die Wiedertaufe war. Die Donatisten, benannt nach Bischof Donatus von Karthago, lehnten außerdem die konstantinische »Staatskirche« ab.) Wir wissen allerdings nicht, ob Maternus der erste Kölner Bischof überhaupt war – wenn er auch an der Spitze der Kölner Bischofslisten erscheint – oder ob er bereits Vorgänger hatte.

Lange Zeit sah die Kölner Überlieferung in ihrem Bedürfnis, die Stadt in eine besonders enge Beziehung zum Ersten der Apostel zu setzen, in Maternus einen Schüler und Gefährten des heiligen Petrus, und noch im 16. Jahrhundert wurde allgemein geglaubt, daß er der Stadt um das Jahr 100 das Christentum gebracht habe. Die »Vita Materni« läßt ihren Helden sogar durch Petrus von den Toten wiedererwecken, indem dieser seinen Bischofsstab – von Erzbischof Bruno I. vor 965 aus Metz nach Köln gebracht und 980 mit Trier geteilt – auf das Grab des Verstorbenen legen und ihm befehlen ließ, wieder aufzustehen. Vierzig Tage später dann sei Maternus von den Toten auferstanden, um schließlich für vierzig Jahre Bischof von Trier zu werden. Und so erscheint ein Maternus auch in Trier, wo man seine Reliquien schon seit um 760 verehrt, in den Bischofslisten, an dritter Stelle nach Eucharius und Valerius, obwohl der historische Maternus der Trierer Kirche vielleicht nie angehört hat. Die Euchariuslegende entsendet ihn zur Bekehrung der Heiden nach Gallien, wo er auch die Kölner zum Christentum bekehrt und den Dom gegründet habe. Noch eine dritte Stadt beansprucht Maternus für sich. Er erscheint auch an der Spitze der Bischofsliste von Tongern/Lüttich, der Grund für seine Aufnahme ist allerdings unklar geblieben; vielleicht gründete er die christliche Gemeinde in der »civitas« Tongern. Nach der Legende aber, von den um 1100 entstandenen »Gesta Treverorum« berichtet, vermochte Maternus in seinen drei Bischofsstädten Köln, Trier und Tongern an einem Tag die Messe zu lesen, und diese drei seien nach dem Tod des Maternus in Köln um die Leiche des Bischofs in Streit geraten. Ein Gottesurteil habe dann zugunsten von Trier entschieden, indem ein Schiff mit dem Leichnam ohne menschliches Zutun gegen den Strom rheinaufwärts gefahren sei und in Rodenkirchen anlandete. Die Stadt Köln hat dann auch nie das Grab des Maternus beansprucht. Im Kölner Land, besonders in Rodenkirchen und in St. Maria Lyskirchen, wurde der Heilige, als dessen Attribut gelegentlich drei Mitren erscheinen, als Patron gegen ansteckende Krankheiten und Fieber und für das Gedeihen der Weinstöcke immer hoch verehrt. (BD)

Dieser Figur ging ein Wettbewerb unter den Mitgliedern der Kölner Steinmetz- und Bildhauer-Innung voran, zu dem sieben Entwürfe eingereicht wurden. Gegenüber dem ursprünglichen Modell wurde die Darstellung des Kirchenmodelles, welches dem Bischof mit Mitra und Krummstab als drittes Attribut beigegeben ist, in der Ausführung plastisch nochmals differenziert. (BE)

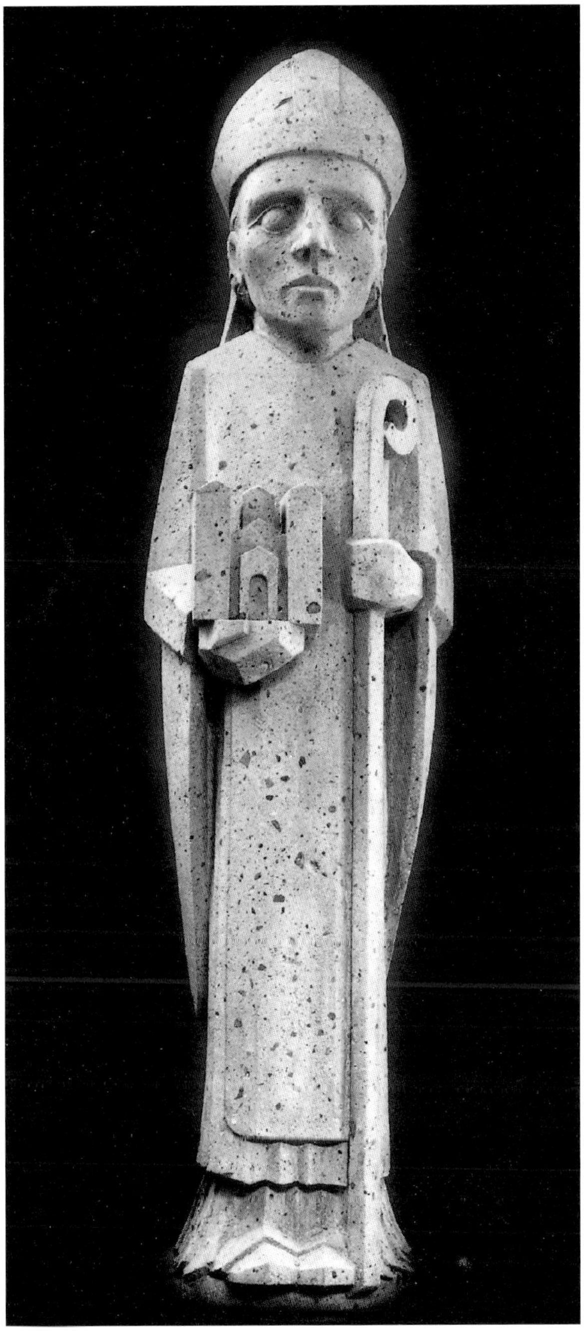

Maternus, Ostseite, 4. OG, Nr. 109
Ratsbeschluß am 26. April 1990
Modellvorstellung am 10. Januar 1990
Figurenübergabe am 30. April 1990
Bildhauer: Rolf Dunkel; die Ausführung der Figur erfolgte unter Mitarbeit von Georg Krautkrämer
Stifter: Kölner Bank von 1867 e.G., Volksbank Köln

Literatur

LThK VII, 165/166.
Henry Baillien, St. Maternus in Tongern; in: KDbl. 16/17, 1959, S. 189–190.
Wilhelm Levison, Die Anfänge der rheinischen Bistümer in der Legende, in: AHVN 116, 1930, S. 5–28 (Wiederabdruck in: [ders.], Aus rheinischer und fränkischer Frühzeit. Ausgewählte Aufsätze von Wilhelm Levison, Düsseldorf 1948, S. 7–27).
Wilhelm Neuß (Hg.), Geschichte des Erzbistums Köln. Erster Band: Das Bistum Köln von den Anfängen bis zum Ende des 12. Jahrhunderts. Bearb. v. Wilhelm Neuß u. Friedrich Wilhelm Oediger, Köln 1964.
Sebastian Scholz, Die Rolle der Bischöfe auf den Synoden von Rom (313) und Arles (314), in: Köln. Stadt und Bistum in Kirche und Reich des Mittelalters. Festschrift für Odilo Engels zum 65. Geburtstag, hg. v. Hanna Vollrath und Stefan Weinfurter, Köln–Weimar–Berlin 1993 (Kölner historische Abhandlungen, Bd. 39), S. 1–21.
Jakob Torsy, Studien zur Frühgeschichte der Kölner Kirche; in: KDbl. 8/9, 1954, S. 9–32.
Ernst Winheller, Die Lebensbeschreibungen der vorkarolingischen Bischöfe von Trier; Bonn 1935 (Rheinisches Archiv 27).

Severin (um 400)

Nr. 110 / 4. OG

Abb. 536: St. Severin mit dem Kirchenmodell, Anton Woensam, 1530 (Ausschnitt), Foto: RBA

Über das Wirken des dritten Kölner Bischofs und Stadtpatrons, neben Maternus und Euphrates der einzige sicher bezeugte der römischen Zeit, wissen wir nichts, die Überlieferung ist dürftig. Die Schrift Gregors von Tours (um 540–594) »Über die Tugenden des Hl. Martin« (De Virtutibus Sancti Martini) ist die älteste Quelle über sein Leben, und auch Gregor schrieb schon eine Legende. Sie berichtet im Ersten Buch von einer Vision Severins. Danach war er, »ein in jeder Hinsicht lobenswerter Mann von lauterem Lebenswandel« zum Zeitpunkt des Todes des Hl. Martin, des Bischofs von Tours, Bischof in Köln. Eines Sonntag besuchte er wie gewöhnlich mit seinen Klerikern die heiligen Stätten, da hörte er, in der Todesstunde des Hl. Martin, einen Chor Psalmen singender Engel, die den verstorbenen Bischof Martinus in den Himmel geleiteten. Außer ihm konnte niemand von seinen Begleitern die Stimmen vernehmen.

Um so reicher die erst mehr als 500 Jahre später, Ende des neunten, Anfang des zehnten Jahrhunderts in Köln entstandene Legendenbildung, die ältere Severinsviten und -legenden kompilierte und den Kölner Severin mit einem Severin von Bordeaux vermengte und auf ihn Erzählungen übertrug, die ihn überhaupt nicht betreffen.

Gregor von Tours hatte in seinem Buch »In gloria confessorum« ein Kapitel einem Severin von Bordeaux (»De Severino Burdigalense episcopo«) gewidmet, der »ex partibus Orientis« dorthin gekommen war. Venantius Fortunatus, ein Zeitgenosse Gregors, hatte die erste »Vita Severini« verfaßt. Nach ihm war Severin zuvor auch Bischof von Trier gewesen; die älteren Trierer Bischofslisten enthalten seinen Namen allerdings nicht. Ende des 11. Jahrhunderts übernahmen die »Gesta Treverorum« aus der Bischofsliste von Tongern/Lüttich mit sieben anderen Namen zum Schließen einer Überlieferungslücke auch einen Severin, und dieser scheint der Kölner Heilige zu sein.

Venantius Fortunatus ließ Severin in Bordeaux begraben werden. Um seinen Leichnam wieder nach Köln zurückzuschaffen, erfand er eine Translationsgeschichte. Nach ihr hatten die Kölner ihren in Bordeaux, seiner Heimatstadt, verstorbenen und bestatteten Bischof Severin vergessen, als eine furchtbare Dürre das Bistum heimsuchte: drei Jahre lang fiel kein Tropfen Regen. Da erschien einem Kölner Geistlichen ein Engel und erinnerte ihn an Severin. Sofort wollte man seine Gebeine aus dem fernen Bordeaux zurückholen – und sogleich begann es zu regnen. Die Kölner zogen nach Aquitanien, die Bordelaiser aber weigerten sich, die Reliquien herauszugeben, so daß eine bewaffnete Auseinandersetzung drohte. Man einigte sich schließlich auf eine Teilung des frommen Schatzes. Der Leichnam wurde den Kölnern ausgehändigt, in Bordeaux behielt man aber Teile der Gebeine. Feierlich führten die Kölner ihren Bischof zurück und bestatteten ihn in der Kirche der Märtyrer Cornelius und Cyprianus, die er der Legende nach selbst im Jahre 376 vor den Toren Kölns hatte errichten lassen. In der Tat fand man hier die Reste einer um 400 und auch später immer wieder umgebauten und erweiterten spätrömischen Kirche. Seit Anfang des 9. Jahrhunderts trägt sie Severins Namen. An ihr entstand ein bedeutendes und einflußreiches Kollegiatstift.

Erzbischof Hermann III. von Northeim (gest. 1099) ließ für die Gebeine Severins einen kostbaren Schrein herstellen, der in den folgenden Jahrhunderten immer wieder zur Abhilfe gegen große Not durch die Straßen Kölns getragen wurde. In den Jahren 1795 bis 1798 gingen die Goldplatten und der Edelsteinschmuck des Schreines verloren, nur der hölzerne Kasten und eine Emailscheibe mit dem Bild Severins (im Erzbischöflichen Diözesanmuseum) blieben übrig. 1819 wurde das Äußere des Schreins neu geschaffen. Zum siebenhundertjährigen Jubiläum der Chor- und Hauptaltarweihe im Jahre 1937 restauriert, steht der Schrein des Heiligen im Chor der romanisch-gotischen Severinskirche, die auch heute noch Mittelpunkt des »Vringsveedels«, des Severinsviertels, ist. (BD)

Die Figur wurde durch den Bildhauer kompositorisch auf den unmittelbar benachbarten Hl. Evergislus (Nr. 111) bezogen. Gegenüber dem Entwurf wurde das Kirchenmodell im Zuge der Ausführung größer und deutlicher als die Kölner Kirche St. Severin erkennbar gestaltet, dem Ort der Grablege und dem Zentrum der Verehrung des Heiligen; das Modell spiegelt die heutige Erscheinungsweise dieser Kirche wider. Auch änderte sich die Form der Stabkrümme, die neben dem Mantel und der Kopfbedeckung die Bischofswürde des Hl. Severin andeutet. (BE)

Literatur

Wilhelm Levison, Die Entwicklung der Legende Severins von Köln, in Bonner Jbb. 118, 1909, S. 34–53 (wiederabgedr. in: ders., Aus rheinischer und fränkischer Frühzeit, ausgewählte Aufsätze, Düsseldorf 1948, S. 28–48).

Hermann Heinrich Roth, Stift, Pfarre und Kirche zum Hl. Severinus in Köln. Festschrift Pfarrer Johann Theodor Wollersheim, Köln 1916.

Wilhelm Schmidt-Bleibtreu, Das Stift St. Severin in Köln, Siegburg 1982 (Studien zur Kölner Kirchengeschichte, 16. Bd.).

Gerta Wolff, St. Severin, in: Köln: Die Romanischen Kirchen. Von den Anfängen bis zum Zweiten Weltkrieg, hg. v. Hiltrud Kier u. Ulrich Krings, Köln 1984, S. 474–517 (Stadtspuren Bd. 1).

Matthias Zender, Die Verehrung des Hl. Severinus von Köln, in: AHVN 155/156, 1954, S. 257–285.

Severin, Ostseite, 4. OG, Nr. 110
Ratsbeschluß am 30. August 1990
Modellvorstellung am 8. Oktober 1990
Figurenübergabe am 16. Juni 1992
Bildhauer: Walter Hutz
Stifter: Konsul Dr. h.c. Hans Imhoff, Köln

Evergislus (vor 590–vor 594)

Nr. 111 / 4. OG

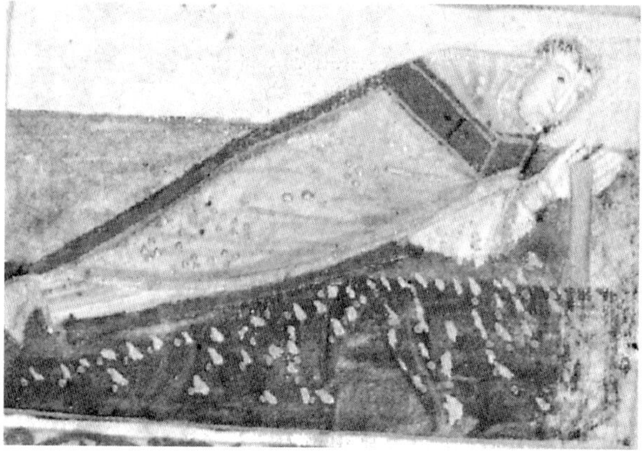

Abb. 537: Evergislus, Everger-Lektionar, Cod. 143, Ende 10. Jahrhundert, Köln, Dombibliothek

Die Figur wurde durch den Bildhauer kompositorisch auf den unmittelbar benachbarten Hl. Severin (Nr. 110) bezogen. Auch er ist als Bischof ausgewiesen, Meßgewand und Mitra deuten seine kirchliche Würde an, und der auf Severin weisende Gestus ist als Hinweis auf dessen Vorgängerschaft im Amte des Kölner Bischofs zu interpretieren. Ein Palmzweig zeichnet Evergislus gemäß überlieferter Bildmuster als Märtyrer aus. (BE)

Wir wissen nur wenig Konkretes von Evergislus (oder Ebergisil), dem ersten Kölner Bischof mit germanischem Namen, dem Patron der Malerzunft. Gregor von Tours berichtet in seiner Frankengeschichte, ein Kölner Bischof dieses Namens habe in Birten bei Xanten eine Kirche zu Ehren des heiligen Mallosus erbauen lassen, und um 590 habe dieser Bischof im Auftrage König Childeberts II. die Zwistigkeiten in einem Nonnenkloster zu Poitiers beigelegt.

Um so reicher blühten die Legenden, die aus einem den Märtyrertod erleidenden Diakon der Zeit des heiligen Severin und dem gleichnamigen Bischof vom Ende des 6. Jahrhunderts eine Person machten. Die Kölner Bischofskataloge des Mittelalters, zurückgehend auf eine Niederschrift aus der Zeit des Erzbischofs Willibert (870–899), nennen ihn an dritter Stelle: »Evergislus episcopus«. Als man sie nach 1167 durch einen ausführlicheren Katalog ersetzte, wurde Evergislus darin nicht nur als Schüler und unmittelbarer Nachfolger des heiligen Severin bezeichnet, mit dem dieser nach dem Tode des heiligen Martin den Gesang der Engel gehört habe, sondern man übernahm auch aus der wortreichen, inhaltlich aber dürftigen, sich aus der älteren »Vita Severini« speisenden »Vita Evergisli«, entstanden in Köln nach der Mitte des 11. Jahrhunderts, den Bericht vom Martyrium, daß der angeblich in Tongern geborene Bischof auf einer Reise in seine Vaterstadt, um dort den Götzendienst zu bekämpfen, erlitten habe. Die Tongrer hätten ihn in der Liebfrauenkirche an versteckter Stelle bestattet, und dort habe er lange Zeit unbeachtet geruht, bis er seinem zweiundzwanzigsten Nachfolger, dem heiligen Bruno, zufällig in Tongern weilend, in einer nächtlichen Vision in schmutzigen Gewändern erschienen sei und gesagt habe: »Siehst du nicht, wie meine Kleider vernachlässigt und von Moder verzehrt sind?« Bruno deutete diese Worte als Wunsch des heiligen Bischofs, nach Köln zurückzukehren, ließ die Gebeine dorthin überführen und in St. Cäcilien beisetzen.

Der Bericht des Ruotger in seiner »Vita Brunonis« über die Translation des Evergislus» hatte ihm den Zusatz »atque martyris« nach »archiepiscopus« noch nicht gegeben. Um 1000 begann die Legende, die aus einem Märtyrer des fünften und einem Bischof des sechsten Jahrhunderts eine Person machte, sich herauszubilden. Die »Passio Gereonis«, die am Tag des heiligen Gereon und seiner Gefährten vor den Stiftsherren von St. Gereon verlesen zu werden pflegte, erzählt in leicht abgewandelter Form eine auch schon bei Gregor von Tours berichtete Legende, die den Bischof in engste Verbindung zu den »goldenen Heiligen«, Märtyrern alter Verehrung, bringt. Der an heftigem Kopfschmerz leidende Evergislus habe die »memoria« Gereons und seiner Gefährten aufgesucht, um dort zu beten. Beim Betreten der Kirche habe er die erste Vershälfte eines Psalms angestimmt, aus der Grabstätte sei ihm sogleich mit der zweiten Vershälfte geantwortet worden. Der Staub von diesem Ort, mit dem Evergislus seine Stirn berührte, habe ihm rasche Heilung gebracht.

Das gotische Gehäuse des Schreins, in dem die in Köln hochverehrten Überreste des heiligen Evergislus über 800 Jahre lang bei den Stiftsdamen von St. Cäcilien ruhten, ging während der Besetzung Kölns durch die französischen Revolutionsarmeen verloren. 1802 wurden die Reliquien in die Pfarrkirche St. Peter überführt. Dort haben sie heute, in einem 1837 gefertigten neuen Schrein, ihren Platz in der Taufkapelle gefunden. (BD)

Literatur

Acta SS Oct. X (1862), 650–661.

LThK III, 1260.

MGH SS rer. Mer. I 425, VII 582; MGH SS XIII 284, XIV 337.

Wilhelm Levison, Erzbischof Ebergisil von Köln, in: Festschrift Albert Brackmann dargebracht, Weimar 1931, S. 40-63 (Wiederabdruck in: [ders.] Aus rheinischer und fränkischer Frühzeit, Düsseldorf 1948, S. 57–75).

Wilhelm Neuß (Hg.), Geschichte des Erzbistums Köln, Erster Band ..., Köln 1964.

Evergislus, Ostseite, 4. OG, Nr. 111
Ratsbeschluß am 26. April 1990
Modellvorstellung am 8. Oktober 1990
Figurenübergabe am 17. Juni 1992
Bildhauer: Walter Hutz
Stifter: Firma Heinrich Schmitz KG, Köln

Kunibert (um 590 – nach 648/663?)

Nr. 112 / 4. OG

Abb. 538: Kunibert, Ausschnitt aus dem Tryptichon des Christian Meinershagen, 1556, Köln, St. Kunibert

Die Erzählung der Vita des heiligen Mannes, verfaßt Anfang des 9. Jahrhunderts, läßt ihn (chronologisch unmöglich) am Hofe des Frankenkönigs Dagobert I. aufwachsen, wo er harte und niedere Arbeiten leisten mußte, bis der König durch eine Lichterscheinung auf den Knaben Kunibert aufmerksam gemacht wurde. Die Legende orientiert sich an der Erzählung des Alten Testaments von der Berufung des Propheten Samuel. Wahrscheinlicher ist, daß Kunibert, aus grundbesitzendem Adel des Trier-Metzer Landes stammend, wohl in Remich (Luxemburg) an der Mosel geboren, am Metzer Hof König Theudeberts II. (596–612) erzogen und im Umkreis der Trierer Kirche ausgebildet wurde. Dort war er vor seiner Berufung nach Köln Archidiakon, d. h. Stellvertreter des Bischofs.

Nach der Überlieferung, aufbewahrt in St. Clemens Kunibert, wurde Kunibert im Jahre 623 »durch den Heiligen Geist, die Synode und den Befehl des Königs« gegen seinen eigenen Willen zum Bischof von Köln gemacht. In den mittelalterlichen Bischofslisten erscheint er als siebter in der Reihe der Kölner Bischöfe. In der Teilnehmerliste des Konzils von Clichy (626 oder 627) wird er erstmals genannt; auch auf der Synode von Reims (627–630) war er anwesend. Die Chronik des sogenannten Fredegar weiß von seinem großen politischen Einfluß und seinen engen persönlichen, ja freundschaftlichen Beziehungen zu den Mächtigen der Zeit zu berichten. König Dagobert I. machte Kunibert zu seinem Ratgeber, unter dessen Anleitung – so schreibt die Chronik – er alle seine Völ-

Der Heilige erscheint im Bischofsornat mit Krummstab und Mitra, in der Rechten bietet er dem Betrachter einen aufgeschlagenen Codex dar. Zwei Attribute erinnern an die Heiligenlegenden, die sich um Kuniberts Wirken in Köln entwickelten: Besonders die volkstümliche Überlieferung vom Kunibertspütz als Quelle Kölner Kindersegens kommt in der kleinen Gestalt zum Ausdruck, welche aus einem nach vorn geneigten Becken mit dem Wasser hervorzukommen scheint. Der kleine Vogel auf dem Rande der Mitra verweist dagegen auf die Taube, welche Kunibert der Legende nach den Hinweis auf die Reliquien der Hl. Ursula gab. (BE)

ker so glücklich und gerecht regierte, wie keiner seiner Vorgänger es vermocht hatte. Und er machte den Bischof schließlich auch zum Erzieher und Ratgeber seines unmündigen Sohnes Sigibert (III.), als er diesem im Jahre 633/34 Pfalz und Reich der östlichen Franken (Austrasien) übertrug. Die Koelhoffsche Chronik (1499) schreibt dazu: »He was so grois van namen in eirbairkeit ind hillicheit, dat ym Dagobertus der konynck van vranckrijch synen son Sigibertus gen Coellen sante, dat he den by ym halden soulde, doegende tzo leren ind kunst.« Kuniberts bedeutendste Leistung in dieser Funktion war die Redaktion der Lex Ribuaria (633/34), eines merowingisch-fränkischen Gesetzbuches. Mit dem mächtigen Hausmeier Pippin schloß Kunibert einen »ewigen Freundschaftsbund«, in den schließlich auch Sigibert und Pippins Sohn und Nachfolger Grimoald eintraten.

In seinem Bistum, das er wie die Stadt Köln in das »regnum francorum« einband, machte sich Kunibert verdient als Reorganisator der Kölner Kirche, in der nach den Wirren der Völkerwanderungszeit manches darnieder lag. Unter ihm kam das Stift Soest an die Kölner Kirche. Er wirkte karitativ mit der Schaffung der Armenpfründen der Lupusbrüder am Dom und eines Hospizes, gründete viele Kirchen oder stattete sie aus, in Köln z. B. St. Jakob und vielleicht auch St. Clemens in der nördlichen Vorstadt, später in St. Kunibert umbenannt, wo er, der nach der Legende vierzig Jahre als Kölner Bischof amtierte, auch bestattet wurde. Sein genaues Todesjahr bleibt jedoch unbekannt: bereits 648 enden die datierten Nachrichten über ihn. Das nach ihm benannte Stift hat er jedoch nicht gegründet. Das »monasterium s. Cuniberti« wird erstmals in einer Urkunde König Lothars II. von 866 genannt, ist aber wohl um einiges früher ins Leben gerufen worden.

Seit der Mitte des neunten Jahrhunderts wurde er in Köln als Heiliger verehrt, und im Volksglauben spielte über Jahrhunderte ein in seiner Kirche befindlicher Brunnen, der sog. Kunibertspütz, eine bedeutende Rolle, weil angeblich die kleinen Kinder aus ihm stammten (»Us däm ahle Kunebäätzpötzje/ kumme mer all ohn Himp un Bötzje./ Jo dä Storch, dä

Kunibert, Ostseite, 4. OG, Nr. 112
Ratsbeschluß am 15. Juni 1989
Modellvorstellung am 8. August 1989
Figurenübergabe am 3. Mai 1990
Bildhauerin: Majka Wichner
Stifter: Bauunternehmung Schorn GmbH & Co KG, Köln

hät uns heimjebraat / un bei der Mamm en et Bett jelaat.«) Außerdem ist der Hl. Kunibert mit der Kölner Sage vom »Saufang«, einer alten Eisenblech-Glocke (im Kölnischen Stadtmuseum), verbunden. Wie Aegidius Gelenius berichtet, wühlte eine Wildsau die Glocke – daher ihr Name – aus einem Sumpfloch. Sie kam in die Kirche St. Cäcilien und wurde vom Bischof Kunibert geweiht. Geläutet wurde sie am Festtag des Heiligen, bei Gewittern und beim Tod eines Klosterinsassen.

Eine Miniatur einer Urkunde der Kölner Leprosenbruderschaft von 1246 zeigt den heiligen Kunibert, der als Patron der Armen, der Mütter und um eine gute Niederkunft angerufen wird, auf seinem Thron mit Stab und bischöflichem Ornat, über ihm schwebt eine Taube. Der Vogel war sein eigentliches Attribut geworden; auch zwei bemalte Steinaltäre von 1350 in St. Kunibert weisen diese Darstellung des Bischofs auf. Der Legende nach soll Kunibert die Reliquien der Hl. Ursula aufgefunden haben, deren bis dahin unbekannter Ort ihm während einer Messe in der Kirche der heiligen Jungfrauen durch eine schneeweiße Taube angezeigt worden sei, die sich erst auf seinem Haupt, dann auf dem Grab der Hl. Ursula niedergesetzt habe.

Der Schrein im Chor der Kirche St. Kunibert (als letzte der kriegszerstörten romanischen Kirchen Kölns im Jahre 1993 wiederhergestellt), der die wunderwirkenden Reliquien des Heiligen heute birgt – ihre Heranschaffung soll im Jahre 1080 einen Brand in St Mariengraden zum Erlöschen gebracht haben –, wurde in den sechziger Jahren des 19. Jahrhunderts geschaffen. Er ersetzt den während der französischen Herrschaft verlorengegangenen prächtigen Vorgänger, in den die Gebeine Kuniberts im Auftrag des Erzbischofs Philipp von Heinsberg im Jahre 1168 gebettet worden waren. (BD)

Literatur

Jörg-Holger Baumgarten/Helmut Buchen, Kölner Reliquienschreine; Köln [2]1986 (Köln entdecken Bd. 3).
Maurice Coens (Hg.), Les vies de S. Cunibert de Cologne et la tradition manuscrite; in: Analecta Bollandina t. 47, 1929, S. 338–367; 56, 1938, S. 370–382.
Ulrich Krings, St. Kunibert – Kriegsschäden und Wiederaufbau, in: Colonia romanica VII, 1992, S. 50–67.
Peter Kürten, Das Stift St. Kunibert in Köln von der Gründung bis zum Jahre 1453; Köln 1985 (Kölner Schriften zur Geschichte und Kultur 10).
Wilhelm Levison, Aus rheinischer und fränkischer Frühzeit. Ausgewählte Aufsätze; Düsseldorf 1948.
Cornelia Müller, Der Kunibertspütz und die Kinderbornlegende, in: Colonia Romanica VII, 1992, S. 175–1978.
Heribert Müller, Kunibert von Köln (um 590–663?); in: Rheinische Lebensbilder 12, Köln 1991, S. 7–23.
Heribert Müller, Bischof Kunibert von Köln. Staatsmann im Übergang von der Merowinger- zur Karolingerzeit; in: ZKG 98, 1987, S. 167–205.

Ewaldus-Brüder (gest. 695?)

Nr. 113/114 / 4. OG

Abb. 539: Ewaldus-Brüder, Türflügel des Reliquienschreines, Köln, um 1400

Die beiden als Brüder bezeichneten Hl. Ewalde, wegen ihrer Haarfarben der »weiße« und der »schwarze« genannt, gehören mit ihren seit fränkischer Zeit in Köln verehrten Reliquien in die Reihe der städtischen Schutzpatrone.

Der karolingische Hausmeier Pippin (gest. 714) betrieb Ende des 7. Jahrhunderts den Ausbau des fränkischen Reiches. Territoriale Expansion und Christianisierung durch angelsächsische Missionare gingen Hand in Hand. Der Northumbrier Willibrord (gest. 739) nahm um 690 seine Tätigkeit im noch heidnischen Friesland auf, wurde 695 in Rom zum Bischof geweiht und gründete als rückwärtigen Stützpunkt seiner Mission 698 das Kloster Echternach. Einer seiner Gefährten war der 692 in England zum Missionsbischof geweihte Suitbert (gest. 713), der seine Missionstätigkeit zu den Brukterern, d. h. ins ungeschützte, nicht zum Frankenreich gehörige rechtsrheinische Gebiet an Ruhr und Lippe verlegte. In seinem Gefolge waren, wie der Geschichtsschreiber Beda Venerabilis

Weißer Ewald, Südseite, 4. OG, Nr. 113
Ratsbeschluß am 29. Mai 1990
Modellvorstellung am 31. Oktober 1990
Figurenübergabe am 30. Oktober 1991
Bildhauer: Hans-Otto Lohrengel
Stifter: Agrippina Versicherung AG, Köln gemeinsam mit Firma Gebr. von der Wettern GmbH, Köln

Schwarzer Ewald, Südseite, 4. OG, Nr. 114
Ratsbeschluß am 1. Februar 1990
Modellvorstellung am 1. März 1991
Figurenübergabe am 22. Juni 1992
Bildhauer: Klaus Balke
Stifter: REWE-Zentral-Aktiengesellschaft, Köln

Die spärlichen Überlieferungen zu biographischen Einzelheiten aus dem Leben der Missionare legte es nahe, daß ihre Figuren die Unterschiede vor allem in den Attributen ihres jeweiligen Martyriums verdeutlichen. So trägt der Weiße Ewald (Nr. 113) neben Meßgewand und Kelch als Hinweis auf seine missionarische Tätigkeit das Schwert, dessen Streich er zum Opfer fiel, während der Schwarze Ewald (Nr. 114) jene Keule emporhält, die ihm den Tod brachte. (BE)

(gest. 735) berichtet, auch die beiden Ewalde als angelsächsische Priestermissionare von Irland aus ins Frankenreich gekommen. Während Suitbert, von den Sachsen vertrieben, sich auf eine ihm von Pippin geschenkte Rheininsel zurückzog und dort das Kloster Kaiserswerth gründete, bezahlten die beiden Ewalde ihren Missionsversuch mit dem Leben. Vermutlich im Jahre 695 wurden sie beim heutigen Dortmund-Aplerbeck erschlagen. Der Legende nach warf man ihre Körper in die Emscher, die sie flußabwärts trug. Beda weiß von einem Mönch Tilmon, der sie fand und zu Suitbert nach Kaiserswerth brachte, wo sie zunächst bestattet wurden.

Bei der Erschließung der niederheinischen Gebiete sollte Köln nach Pippins Plänen eine zentrale Rolle spielen. So stiftete seine Gemahlin Plektrud hier eine Kirche, aus der im 10. Jahrhundert St. Maria im Kapitol hervorging, und Pippin ließ zur geistlichen Hervorhebung des Ortes die Gebeine der beiden Ewalde, die nach damaliger Vorstellung durch ihr Martyrium geheiligt waren, aus Kaiserswerth nach Köln überführen. Nach Bedas Bericht wurden sie »in der Kirche am Fluß« beigesetzt, d. h. in der dem Flußpatron Clemens geweihten Vorgängerkirche von St. Kunibert. Eine spätere Variante der Legende kann dann davon berichten, daß die Leichname der beiden Ewalde flußaufwärts bis nach Köln getrieben seien. So dienten die Reliquien der getöteten Missionare der »inneren« Mission in einem Randgebiet des noch keineswegs konsolidierten christlichen Frankenreiches. Schon 721 erwähnt als früheste Quelle ein Heiligenkalender aus dem Kloster Echternach ihre Verehrung. 1074 ließ Erzbischof Anno II. infolge eines Gelübdes die beiden Heiligen aus ihren Gräbern erheben, ihre Gebeine in kostbare Tücher hüllen und in einem Schrein bestatten. 1380 wurden sie in den noch heute im Chorraum von St. Kunibert stehenden Schrein gebettet, der während der französischen Revolutionszeit seines Schmuckes beraubt und 1879 erneuert wurde. Als man den Ewaldischrein 1942 öffnete, fand man bei den Skeletten ein gesticktes Leichentuch aus dem 9. Jahrhundert, das heute in der Schatzkammer der Kirche aufbewahrt wird. (CVK)

Literatur

Acta SS Oct. II (1768), 180–207.

LThK III 1262.

Jörg Baumgarten/Helmut Buchen, Kölner Reliquienschreine; Köln [2]1986 (Köln entdecken Bd. 3), S. 102–105.

Helmut Flaskamp in Westfäl. Lebensbilder I, Münster 1930, S. 325ff.

Peter Mertens, Die heiligen Ewalde-Märtyrer, Köln 1879.

Wilhelm Neuß (Hg.), Geschichte des Erzbistums Köln. Erster Band ..., Köln 1964.

Franz Schneider, Die heiligen Ewalde im Schatten von St. Kunibert, in: Colonia Romanica VII, 1992, S. 15–20.

Georg Schreiber, Westfalia Sacra II, Münster 1950, S. 51.

Agilolf
(um 745–752; nach Reginfrid, vor 739 bis vor 745 Okt. 31, und vor Hildeger, gest. 753; belegt nur 748)

Nr. 115 / 4. OG

Abb. 540: Agilolf, Foto: Archiv Konservator

Die spärlichen Überlieferungen zur Biographie Agilolfs ließen die Bildhauerin bei der Gestaltung dieser Figur auf eine Sage reflektieren. Ihr zufolge soll ein Ritter nach dem Tode des Bischofs geäußert haben, dieser sei so wenig als Heiliger anzusehen wie sein Jagdfalke singen könne. Als der Vogel daraufhin zu singen anhub, galt die Heiligkeit des Verstorbenen, der nunmehr entsprechend den Falken auf seiner Rechten trägt und wie zum weiteren Ausdruck des Beweises den Zeigefinger der linken Hand erhoben hat, als künftig unzweifelhaft. (BE)

Der große Bonner Mediävist Wilhelm Levison hat den Bischof zu den Heiligen gezählt, deren Legende mit der historischen Wirklichkeit kaum mehr etwas gemein hat. Die in Reimprosa geschriebene Vita und Passio Agilolfs, entstanden in den Jahren nach 972 und vor 1062 und als Auszug erstmals 1483 in Köln gedruckt als Anhang zur Legenda Aurea, vermischt zwei Personen gleichen Namens: den Kölner Bischof und einen Märtyrer, um das Jahr 716 von Räubern erschlagen, dessen Reliquien nach Malmedy kamen. Der Bischof, aus fränkischem Adel stammend und Benediktiner aus Malmedy, war nach dem Tode seines Vorgängers Reginfrid im Jahre 745 erhoben worden; der eigentlich vom Papst ernannte Reformer Bonifatius hatte sich gegen den Widerstand des fränkischen Adels, der um seinen Einfluß auf die Kölner Kirche fürchtete, nicht durchsetzen können.

Wenig nur ist von ihm überliefert. Keine alte Quelle weiß etwas von Agilolf zu berichten, auch die älteren Bischofskataloge nennen nur seinen Namen und geben an, daß er unter dem letzten Merowingerkönig Childerich IV. (743–751) Bischof gewesen sei: als solcher nahm er 747 an der fränkischen Reichssynode teil. Schon im Jahre 753 fiel sein Nachfolger Childegar auf einem Feldzug König Pippins gegen die Franken.

Kein Kalender der Kölner Kirche gedachte Agilolfs vor dem 12. Jahrhundert. Erst mehr als dreihundert Jahre nach seinem Tod begann seine »Karriere«. Auf dem Hoftag zu Stablo/Stavelot am 1.8.1061 hörte Erzbischof Anno II. von einem im Kloster Malmedy begrabenen Märtyrer Ailulf (oder Agilolf), der nach den Annalen erst Abt von Stavelot, dann Bischof in Köln gewesen sei. Anno ließ die Überreste vermutlich am 9.7.1062, denn seit dem letzten Drittel des 12. Jahrhunderts verzeichnen die Kölner Kalender diesen Tag als Festtag des heiligen Agilolf, in das von ihm gegründete Kanonikerstift St. Mariengraden östlich des Domes übertragen. Dietrich von Deutz schließlich fügte um 1160 zwischen die Worte »Agilolfus episcopus« der älteren Kölner Bischofslisten den Zusatz ein: »martir et«, und fortan wurde auch in den ausführlichen Bischofskatalogen dem Namen Agilolf der in einem Satz zusammengefaßte Inhalt der Passio hinzugefügt. Die Kölner Tradition vom Märtyrerbischof Agilolf war damit begründet worden. Nach dem Abriß St. Mariengradens im 19. Jahrhundert gelangten seine Reliquien in die Domkirche, die neben dem Agilolf-Schrein, den der Kölner Goldschmied Ferdinand Dorn im Auftrag des Kapitels 1736/37 für bald 900 Reichstaler neugestaltet hatte, in ihrer Schatzkammer auch in ihrem Südquerhaus den um 1520 entstandenen Agilolf-Flügelaltar beherbergt, dessen Tafelbilder Szenen aus dem Leben Agilolfs und Annos zeigen.

(BD)

Literatur

LThK I, 194.

Wilhelm Levison, Bischof Agilolf von Köln und seine Passio, in: AHVN 115, 1929, S. 76–97.

Wilhelm Neuß (Hg.), Geschichte des Erzbistums Köln. Erster Band …, Köln 1964.

Arnold Steffens. Der heilige Agilolfus, Köln 1893.

Agilolf, Südseite, 4. OG, Nr. 115
Ratsbeschluß am 2. März 1989
Modellvorstellung am 22. Juni 1989
Figurenübergabe am 30. April 1990
Bildhauerin: Elisabeth Baumeister-Bühler
Stifter: Gothaer Versicherungsbank VVaG, Köln, Gothaer Rückversicherung AG, Köln, Gothaer Krankenversicherung AG, Köln

Bruno I. (925–965)

Nr. 116 / 4. OG

Abb. 541: Erzbischof Bruno, Miniatur aus einer HS des St. Pantaleonsklosters, Köln, um 1230

Am 7. August 936 hatte sich in der Pfalz Karls des Großen in Aachen das »Volk« des Reiches, d. h. der Adel versammelt, um Otto, den ältesten Sohn des verstorbenen Königs Heinrich I. aus dem sächsischen Geschlecht der Liudolfinger, als neuen König auf den Schild zu heben. König Heinrich hatte diese Erhebung weitvorausschauend vorbereitet. Es war ein großartiges, sorgfältig geplantes, immer noch magisches Zeremoniell, das dabei ablief. Widukind von Corvey, der große sächsische Chronist, überliefert es in seiner Sachsengeschichte.

Bruno, der jüngste Sohn König Heinrichs und seiner Gattin Mathilde, wird daran teilgenommen haben, und man kann sicher sein, daß es ihn von der Besonderheit seines Standes überzeugt haben muß. Er selbst war von klein auf nicht zum weltlichen Herrscher bestimmt: aus ihm sollte ein Kleriker werden. Von Bischof Balderich wurde der Knabe in Utrecht erzogen, und rasch erscholl die Kunde von seiner wunderbaren Gelehrsamkeit im Reich. Im Jahre 939 holte Otto seinen Lieblingsbruder an seinen königlichen Hof, wo er bald wichtige Aufgaben in der Hofkapelle übernahm, die zum bedeutendsten personellen und politischen Instrument werden sollte. Nach der Übernahme der Herrschaft durch Otto I. hatte sich bald gezeigt, daß die Herrschaft der Liudolfinger keineswegs so gesichert war, wie Heinrich I. sie an seinen Sohn zu übergeben geglaubt hatte. Und es zeigt sich, daß die Besetzung der wichtigen Herzogtümer mit den nächsten Verwandten keine Garantie für eine Unterwerfung ihrer eigenen feudalen Machtbestrebungen unter die Interessen des Königtums bot. In ständiger Konkurrenz untereinander und auch gegen den König und auf seine Kosten war der Feudaladel bemüht, seinen Anteil am Feudaleigentum zu vergrößern. Mit dem Ausbau des Lehnswesens war es zu einer Konzentration mehrerer Grafschaften in den Händen großer Lehnsherren gekommen; das Königsgut, die territoriale Machtbasis des Herrschers, hatte sich in gleichem Maße verringert. Die Machtkonzentration bei Herzögen, Markgrafen und Grafen förderte deren Bestreben nach Unabhängigkeit und machte sie zu potentiellen Gegnern des Königtums. Otto I. mußte dies in der eigenen Familie von Sohn und Schwiegersohn erfahren; auch sie haben zu den Anstiftern der wiederholten Aufstände gegen seine Herrschaft gehört. Otto I. suchte deshalb nach anderen, neuen Wegen, die materielle Grundlage des Königtums gegen den Widerstand und die Begehrlichkeiten der großen Feudalen zu stärken. Er fand sie, anknüpfend an eine karolingische Tradition, in der Heranziehung der Kirche, vor allem der Bischöfe und der Äbte der großen Reichsklöster zur Erfüllung administrativer, militärischer, ökonomischer und kultureller Aufgaben. Voraussetzung dafür war die Interessenübereinstimmung von König und Kirche; letztere benötigte dringend den schützenden Arm des Herrschers gegen den Zugriff der Feudalherren auf das Kirchengut und um innerkirchliche Disziplin, ein einheitliches Dogma und eine einheitliche Liturgie durchsetzen zu können.

Aus dieser Konstellation entwickelte sich seit der Mitte des 10. Jahrhunderts das sog. Reichskirchenwesen. Die Hofkapelle Ottos wurde zur Schaltstelle zwischen Königtum und Kirche, und bald nannte man sie »Pflanzschule der Bischöfe«. Die Bischofssitze vergab der König an Männer, die ihm treu ergeben waren und seine Politik in allen Reichsteilen durchsetzen halfen. Prototyp dieses neuen Kirchenfürsten war Erzbischof Bruno (oder Brun) von Köln. Er spielte bei der Begründung des ottonischen Reichskirchensystems eine ganz entscheidende Rolle, und er konnte sie spielen, als ihm nach der Erzkanzlerschaft 951 im Jahre 953 in »gelenkter« Wahl (er gehörte nicht der Kölner Kirche

Deutsche Bank AG

Bruno I., Südseite, 4. OG, Nr. 116
Ratsbeschluß am 2. März 1989
Modellvorstellung am 8. August 1989
Figurenübergabe am 10. September 1990
Bildhauer: John-Michael Bachem
Stifter: Deutsche Bank AG, Geschäftsleitung Köln

Gegenüber einer ersten Modellversion wurde auf die Darstellung eines Nimbus' verzichtet und ein ursprünglich vorgesehener Bischofsstab durch eine Lanze mit Wimpel ersetzt. Diese deuten, erinnernd an die Reichslanze, sowohl Brunos Herkunft aus königlichem Hause als auch seine weltliche Funktion im Dienste des Reiches an. Auf die Grablege des durch Mitra und Ornat ausgezeichneten Bischofs in der durch ihn gegründeten Kirche St. Pantaleon weist deren Modell zu Füßen des Heiligen hin. Im Vergleich zum Entwurfsmodell gewann die Figur während der Ausführung an Volumen, und der Friedensgestus der rechten Hand wurde ausdrucksvoll betont. (BE)

an) das Erzbistum Köln übertragen wurde und im gleichen Jahr, nach der Absetzung Konrads des Roten, auch die Herzogsgewalt über Lothringen, das damals das gesamte Gebiet zwischen Rhein, Maas und Schelde umfaßte. Brunos Biograph Ruotger hat ihn deshalb in seiner Doppelfunktion als »archidux«, als Erzherzog bezeichnet.

Als Erzbischof und Herzog beseitigte Bruno mit politisch-kirchlichen, diplomatischen und militärischen Mitteln in Lothringen alle Widerstände des Adels und setzte eine den königlichen Interessen dienende politisch-kirchliche Ordnung durch. Mit großer Energie widmete er sich der Klosterreform nach dem Vorbild der Benediktiner in Gorze. Sie sollte Klöster und Kirchen vom übermächtigen Einfluß des Adels befreien und die Klosterzucht wieder aufrichten durch strenge Beachtung der monastischen Regeln, sie zugleich aber auch an die Zentralgewalt des Reiches binden. Brunos Initiative war es auch zu verdanken, daß der Klerus zur Vorbereitung auf die von ihm zu übernehmenden Ämter an den neu erblühenden Domschulen eine gediegene Bildung erhielt. Auch der in dieser Zeit einsetzende kulturelle und künstlerische Aufschwung, die sogenannte »ottonische Renaissance«, dürfte durch das Wirken Brunos wesentliche Antriebe erhalten haben. Der gelehrte Erzbischof verabscheute den weltlichen Luxus und lebte unstandesgemäß bescheiden, war aber, wie Ruotger schreibt, umgeben von purpurgekleideten Dienern und goldstrahlenden Rittern: »Inter purpuratos ministros et milites suos auroque nitidosque vilem ipse tunicam ... induxit.« Ständig und überall führte er seine Bücher mit sich und las ohne Unterlaß in ihnen, ein großer Förderer der Studien und der Gelehrsamkeit.

In seiner weltlichen Funktion übte Bruno immer wieder Rechte aus, die sonst dem König vorbehalten waren. Zwischen 959 und 965 besetzte er als Vizekönig alle lothringer Bistümer mit Ausnahme Utrechts. Seine Bischöfe holte er aus dem Kölner Domkapitel. Von 961 bis zur Rückkehr Kaiser Ottos aus Italien war er mit dem Erzbischof von Mainz »provisor regni«, Verwalter des Reiches. Schon die Zeitgenossen erkannten das Ungewöhnliche an diesem Manne und an der Ausübung herzoglicher Gewalt durch einen Erzbischof. Bald dreihundert Jahre später finden wir diesen Zwiespalt bildlich dargestellt. Der Liber St. Pantaleonis, um 1230 entstanden, zeigt Bruno als Erzbischof in pontifikaler Meßkleidung, in der Rechten das Abzeichen seiner weltlichen Macht, die Lanze mit dem Wimpel, in der Linken das Modell der Klosterkirche von St. Pantaleon. Zu seinen Füßen hingestreckt »Kuno dux«, Herzog Konrad von Lothringen, der sich gegen Otto erhoben hatte und den Bruno als Herzog ablöste, die Lanze als Geste seiner Unterwerfung gesenkt. Groß auch waren die Verdienste des Erzbischofs um die Stadt Köln. Sein Biograph Ruotger weist auf die Förderung des stadtkölnischen Reliquienschatzes hin. Was Bruno durch Beziehungen und Feldzüge nach Köln zu bringen vermochte, das stiftete er sogleich: den Stab und die Kette des Hl. Petrus, den Leib des Hl. Eliphius, die Reliquien der Hl. Gregor von Spoleto, Pantaleon usw. Die Gebeine seines Vorgängers Ebergisil (oder Evergislus) ließ er nach St. Cäcilien bringen. Berühmt sind seine Kirchengründungen: St. Pantaleon, wo er am 19.10.965 begraben wurde und noch heute unter einer schlichten roten Sandsteinplatte ruht; St. Andreas und St. Martin. Den Dom ließ er um zwei Kapellen erweitern, die die Reliquien der Hl. Privatus und Gregor aufnehmen sollten. In St. Pantaleon, der Benediktinerabtei, wird Bruno, der »Erzbischof aus königlichem Blut, der seine Erdentage aber in der Gesinnung eines Mönches gelebt hatte« (H. Stehkämper) seit dem 13. Jahrhundert als Heiliger verehrt; er gilt als Patron gegen Unfrieden und Streitigkeit. Die Kölner aber, so berichtet Ruotger in seiner »Vita Brunonis«, hätten schon bald nach seinem Tode damit begonnen, zu ihm zu beten, sich von ihm Fürsprache, aber keine Wunder erhoffend: »signa non quaerunt.« Das Volk von Köln strömte zum Grabe seines Erzbischofs, um ihm seine Verehrung zu erweisen, indem es sich seine Taten, seine Lehren, seinen Lebenswandel und sein frommes Sterben ins Gedächtnis rief: die »vita activa« (alle äußeren, dem Nächsten zugewandten Tätigkeiten) machte Bruno zum Heiligen. Diese Haltung entsprach ganz der realistischen Einschätzung des Gorzer Reformmönchtums, dem Bruno so verpflichtet gewesen war, gegenüber den »miracula«, dem eigentlichen und traditionellen Beweis der Heiligkeit. (BD)

Literatur

Vita Brunonis archiepiscopi coloniensis auctore Ruotger, ed. G.H. Pertz, MGH SS 4, Hannover 1841, S. 252–279.

Hugo Borger, Der Kölner Erzbischof Bruno, der Gründer des mittelalterlichen Köln, in: Kölner Jb. f. Vor- u. Frühgeschichte 16, 1978/79 (1983), S. 125–128.

Odilo Engels, Ruotgers Vita Brunonis; in: Kaiserin Theophanu ..., Bd. 1, S. 33–46.

Albrecht Graf Finck von Finckenstein, Bischof und Reich. Untersuchungen zum Integrationsprozeß des ottonisch-frühsalischen Reiches (919–1056), Sigmaringen 1989.

Helmut Fußbroich, St. Pantaleon, in: Köln: Die Romanischen Kirchen. Von den Anfängen bis zum Zweiten Weltkrieg, hg. v. Hiltrud Kier u. Ulrich Krings, Köln 1984, S. 447–473 (Stadtspuren Bd. 1).
Hatto Kallfelz (Hg.), Lebensbeschreibungen einiger Bischöfe des 10.–12. Jahrhunderts; Darmstadt ²1986 (FSGA, A, Bd. 22). Darin: Leben des Hl. Bruno, Erzbischof von Köln, verfaßt von Ruotger.
Friedrich Lotter, Die Vita Brunonis des Ruotger. Ihre historiographische und ideengeschichtliche Stellung (Bonner Historische Forschungen 9), Bonn 1958.
Albrecht Mann, Kölns ottonische Kirchen, in JbKGV 29–30, 1954/55, S. 99–130.
Fried Mühlberg, Köln: St. Pantaleon und sein Ort in der karolingischen und ottonischen Baukunst, Köln 1989 (Stadtspuren Bd. 17).
Friedrich Wilhelm Oediger, Brun I., Erzbischof von Köln, in: NDB 2, 1955, S. 670–671.
Heinrich Schroers, Das Testament des Erzbischofs Bruno I. von Köln (953–965), in: AHVN 91, 1911, S. 109–128.
Leo Santifaller, Zur Geschichte des ottonisch-salischen Reichskirchensystems, SB Ak. Wien 229, 1, ²1964.
Hugo Stehkämper, Brun von Sachsen und das Mönchtum, in: JbKGV 40, 1966, S. 1–18.
Ludwig Vones, Erzbischof Brun von Köln und seine »Schule«. Einige kritische Betrachtungen, in Köln. Stadt und Bistum . . ., S. 124–137.
Gunther Wolf, Erzbischof Brun I. von Köln und die Förderung gelehrter Studien in Köln, in: Die Kölner Universität im Mittelalter. Geistige Wurzeln und soziale Wirklichkeit, hg. v. Albert Zimmermann (Miscellanea Medievalia Bd. 20), Berlin, New York 1989, S. 299–311.
(Siehe auch Literaturangaben zu Nr. 9.)

Heribert (um 970–1021)

Nr. 117 / 4. OG

Abb. 542: Heribert, aus: Theoderich, Deutzer Codex, 12. Jh.

Der Sohn des Grafen Hugo von Worms und der Tietwidis aus dem Haus der Grafen von Alemannien wurde früh zum geistlichen Stand bestimmt. Ausgebildet an der Wormser Domschule, ging der junge Kleriker Mitte der achtziger Jahre des 10. Jahrhunderts in das lothringische Reformkloster Gorze, kehrte aber noch vor der Ablegung seiner Gelübde auf Wunsch seines Vaters nach Worms zurück. Hier weihte ihn der Bischof und Kanzler Hildibald zum Diakon. Kurze Zeit später ernannte der junge, erst 994 mit vierzehn Jahren mündig gewordene Kaiser Otto III. (983–1002) den Wormser Dompropst Heribert zum Kanzler für die italienischen, 998 auch für die deutschen Angelegenheiten.

Heribert befand sich mit dem Kaiser in Italien, als ihn das Kölner Domkapitel zum Erzbischof wählte, obwohl er keinerlei Beziehungen zur Kölner Kirche besaß. Bevor er im Herbst 999 von Rom nach Köln aufbrach, erhielt er, wenn auch noch nicht geweiht, vom Papst das Pallium überreicht.

Der Bischof wird durch Meßgewand, Mitra und Krummstab in seiner kirchlichen Würdenträgerschaft ausgezeichnet. Das in der Linken getragene Architekturmodell erinnert an die durch Heribert erfolgte Gründung jener Benediktinerabtei in Deutz, deren Kirche schließlich seinen Namen als Patrozinium annahm. Das Modell folgt jedoch nicht jener nur unvollständig als Oktogonalbau zu rekonstruierenden Kirche, die Heribert einst weihte, sondern ist als allgemeiner Topos einer Kirchenstiftung zu verstehen. Gegenüber der ersten Modellfassung wurden die Positionen von Krummstab und Architekturmodell unter Berücksichtigung der Situation am Turm, des Spieles von Licht und Schatten, untereinander vertauscht. (BE)

Kaiser Otto III. starb nach nur sieben Jahren selbständiger Herrschaft nach dem Scheitern seiner großangelegten imperialen Pläne (»renovatio imperii Romanorum«, d. h. Erneuerung des Reichs der Römer) 1002 auf der Flucht aus Italien in Paterno. Heribert, der sein persönlicher Freund und wichtigster Ratgeber gewesen war, brachte den Leichnam auf einem beschwerlichen Zug über die Alpen zur Beisetzung nach Aachen.

Das Verhältnis zu Ottos Nachfolger Heinrich, gegen den Willen des Kölner Erzbischofs gewählt, war von Beginn an gespannt. Der neue Herrscher enthob Heribert seiner Ämter, der sich fortan ganz den Aufgaben in seiner Diözese widmete. Im Jahre 1003 gründete er auf dem ihm von Kaiser Otto III. geschenkten Gelände des ehemaligen römischen Kastells Divitia (Deutz) eine reich ausgestattete Benediktinerabtei mit der Kirche St. Salvator und St. Maria (erster Bau von 1003 bald eingestürzt, Neubau ab 1019), deren Errichtung er, wie sein Biograph Lambert (oder Lantpert) von Lüttich, der auch Mönch in Deutz war, in der »Vita Heriberti« aus der Mitte des 11. Jahrhunderts berichtet, auf Befehl der Gottesmutter zusammen mit Kaiser Otto gelobt hatte. Anfang des 5. Jahrhunderts hatten die römischen Truppen das von Kaiser Constantin gegründete Kastell geräumt, die Franken waren nachgerückt und hatten innerhalb der Mauern einen Herren- oder Königshof errichtet. Gregor von Tours erwähnt für das Jahr 557 hier eine »Divitiae civitas«, also eine Ansiedlung um den Hof, zu der im Jahre 869 auch eine Pfarrkirche, die spätere Urbanskirche, gehörte.

Der Erzbischof, der Mönch hatte werden wollen und dem Mönchtum immer eng verbunden blieb, betrieb eine konsequente Kloster- und Stiftspolitik und förderte das ihm seit seiner Zeit in Gorze vertraute Reformmönchtum, z. B. in Groß St. Martin. Doch nicht nur als Klostergründer zeichnete Heribert sich aus. Er förderte Kunst und Wissenschaft, widmete sich intensiv karitativen und sozialen Aufgaben. Als fähiger Organisator und Verwalter schuf er mit großem Einsatz von Mitteln ein für seine Zeit hervorragendes System der Wohlfahrtspflege für die Armen und Bedürftigen seiner Kirche. Heribert kümmerte sich um die Bele-

Heribert, Südseite, 4. OG, Nr. 117
Ratsbeschluß am 15. Juni 1989
Modellvorstellung am 20. September 1989
Figurenübergabe am 28. November 1990
Bildhauer: Friedrich Lindenthal
Stifter: Landschaftsverband Rheinland, Köln

bung von Handel und Gewerbe und schuf die Voraussetzungen eines ersten spürbaren wirtschaftlichen Aufschwungs seiner Stadt Köln. Von großer Bedeutung war sein Schutz der handeltreibenden Juden, deren erste Synagoge in Köln wohl um das Jahr 1012 entstand.

Wenige Monate vor seinem Tode, am 3.5.1020, hatte Heribert die neuerrichtete Kirche des Deutzer Benediktinerklosters – die erste war schon kurz nach ihrer Fertigstellung im Jahre 1003 eingestürzt – selbst geweiht. Der monumentale achteckige, im 14. Jahrhundert untergegangene Zentralbau unter dem doppelten Patrozinium des Christus-Salvator und der Maria-Genetrix, dessen Innenraum achtzehn Meter im Durchmesser maß, entsprach der christlich-imperialen Idee des Kaisers Otto III., der auch Heribert anhing. Hier wurde Heribert nach seinem Hinscheiden im März 1021 bestattet. Bereits seine Nachfolger Pilgrim und Heriman bezeichneten ihn als Heiligen, dessen Verehrung Deutz zu einem der wichtigsten mittelalterlichen Wallfahrtsorte machte. Seine Kanonisation, angeblich 1046/48 erfolgt, ist jedoch umstritten. Erzbischof Anno II. ließ im Jahre 1075 einen Altar über dem Grab errichten. 1147 feierlich erhoben und in einen Eichenholzkasten gelegt, ruhen seine Gebeine seit um 1170 in einem kostbaren, noch heute ungewöhnlich vollständig erhaltenen Schrein. Sein figürlicher Schmuck zeigt Darstellungen aus dem Leben Heriberts, entnommen der von Rupert von Deutz überarbeiteten Vita, auf zwölf Emailplatten. Eine Schmalseite zeigt den Heiligen mit den Begleitfiguren Caritas und Humilitas, den Tugenden, denen Heribert sein Leben gewidmet hatte. Die Kirche und das Kloster trugen bald den Namen ihres Gründers.

(BD)

Literatur

Vita Heriberti archiepiscopi coloniensis auctore Lantberto, ed. G.H. Pertz, MGH SS IV, 739–753, Hannover 1841; XV, 1245–1260; überarb. d. Rupert von Deutz, Acta SS Mart. II (1865), S. 470–485.
Jörg-Holger Baumgarten/Helmut Buchen, Kölner Reliquienschreine, Köln 1985 (Köln entdecken Bd. 3).
Stephanie Coué, Acht Bischofsviten aus der Salierzeit – neu interpretiert, in: Die Salier und das Reich, Sigmaringen 1991, Bd. 3, S. 347–413, hier: S. 373–380.
Peter Dinter, Rupert von Deutz, Vita Heriberti. Kritische Edition mit Kommentar und Übersetzung, Bonn 1976 (Veröffentl. d. Historischen Vereins für den Niederrhein, 13).
Heribert Müller, Heribert von Köln (um 970–1021), in: Rheinische Lebensbilder 8, Köln 1980, S. 7–20.
Heribert Müller, Heribert, Kanzler Ottos III. und Erzbischof von Köln; Köln 1977 (Veröffentl. des KGV Bd. 33).
Wilhelm Neuß (Hg.), Geschichte des Erzbistums Köln. Erster Band . . ., Köln 1964, S. 174–180.
Gundolf Precht, St. Heribert in Deutz, in: Führer zu vor- und frühgeschichtlichen Denkmälern 39. Köln III. Südliche Innenstadt und Vororte, Mainz 1990, S. 190–195.
Erich Wisplinghoff, Beiträge zur älteren Geschichte der Benediktinerabtei Deutz, in: JbKGV 29/30, 1957, S. 139–160.

Anno II. (um 1010–1075)

Nr. 118 / 4. OG

Abb. 543: Anno II., Detail aus: Investitur durch Kaiser Heinrich III., Grubenschmelzplatte, um 1170

Die Sequenz auf die Kölner Stadtpatrone – »Wir flehen, daß wir mit Euch, den hilfreichen Schirmherren, als Selige auferstehen mögen am Tage des Gerichts« – nennt seinen Namen nicht: so groß ist die Anhänglichkeit der Kölner gegenüber ihrem Erzbischof und Stadtherrn Anno II. nicht gewesen, sie hatten auch wenig Anlaß, ihn zum Stadtpatron zu erheben. Und seine Heiligsprechung verdankte Anno ganz gewiß nicht den Kölnern. Es waren die ihm so eng verbundenen Siegburger Reformmönche, die seine Erhebung in Rom energisch betrieben und durchsetzten. Dennoch ist Anno eine für die stadtkölnische Geschichte bedeutende Persönlichkeit. Die große Karriere war ihm kei-

Einem Hinweis des seinerzeitigen Direktors des Historischen Archivs der Stadt Köln verdankt die Figur neben dem Schwert, welches Anno als Sproß eines Adelsgeschlechtes ausweist, den im ersten Modell noch fehlenden Krummstab. Dieser sowie priesterliches Ornat und Mitra zeichnen den Bischof in seiner kirchlichen Würde aus. Das Architekturmodell, wiewohl in der Westpartie nachannonisch, erinnert an den unter Anno begonnenen Neubau der Kölner Kirche St. Georg. Gegenüber dem Erstentwurf bewirkt eine in der Ausführung getroffene stärkere Differenzierung plastischer Eigenarten deren gesteigerte Lesbarkeit durch den Betrachter. (BE)

nesfalls vorherbestimmt, stammte er doch nicht aus hochadligem Geschlecht, und Erzbischof von Köln wurde wahrlich nicht jeder, der die geistliche Laufbahn auch zur Standeserhebung eingeschlagen hatte. Anno stammte aus dem Hause derer »von Steußlingen«, ansässig in Schwaben, »de castro, quod Stuzlinge nominatur«, wie die Gesta archiepiscoporum Magdeburgensium berichten; Annos Bruder Wezilo (oder Werner) war dort Erzbischof von 1063–1075. Die Vita Sancti Annonis ist bei der Angabe der Herkunft ihres Helden, den sie panegyrisch verehrt, sehr viel bescheidener: aus Schwaben sei er gekommen, heißt es dort nur. Lampert von Hersfeld war hingegen in seinen Annalen zum Jahre 1075, an die Nachricht vom Tode Annos anschließend, deutlicher: »... war er dem Kaiser Heinrich aufgefallen, nicht weil ihn seine Herkunft empfahl – er war nur von mittlerem Stand – sondern nur durch seine überragende Klugheit und Tugend«. Schließlich bezieht der Name »Stuzlinge« sich auf ein kleines Dorf am Südabhang der Schwäbischen Alb in der Nähe des oberen Donautals, das heutige Altsteußlingen, etwa 30 km westlich von Ulm. Von dort pflegten keine hohen Feudalherren herzustammen, und in der Tat war Anno der erste Steußlinger, der zu einem nennenswerten Rang aufstieg. Annos Familie war »kein weithin waltendes Geschlecht«, wie man stabreimend behauptete, sondern nur »liber« oder »ingenuus«, d.h. »frei«, und Anno war mithin nicht hochadlig. Diesen »Mangel« hielten ihm die Kölner vor, als sie ihren designierten Stadtherrn einen zurückhaltenden, von verächtlichen Reden und abwertenden Vergleichen begleiteten Empfang bereiteten, wie die Vita Annonis berichtet: »Wer ist er, und wer hat ihn über uns zum Ersten und Richter bestellt?« Und die Vita vergißt auch nicht, den Vergleich zu erwähnen, den die Kölner zwischen Anno und einem anderen Erzbischof zogen: »Zugleich brachten sie mit besudelten, ruchlosen Lippen den heiligen Namen des Erzbischofs Bruno seligen Gedenkens vor und prahlten arglistig mit dessen Taten ... um Anno herabzusetzen.«

Als die Kölner Abgesandten im Februar 1056 den Stab des verstorbenen Erzbischofs Hermann zum Kaiser nach Koblenz brachten, bewarben sich gleich mehrere Kandidaten um die Nachfolge. Seit Konrad I.

Anno II., Südseite, 4. OG, Nr. 118
Ratsbeschluß am 22. August 1989
Modellvorstellung am 26. September 1989
Figurenübergabe am 8. Oktober 1990
Bildhauer: Werner Franzen
Stifter: Nordstern Versicherungs-AG, Köln gemeinsam mit: Kölnische Rückversicherungs-Gesellschaft AG, Köln

wurde der Bischof am Hofe »gewählt«, und so übertrug Kaiser Heinrich III. das Amt kurzerhand seinem capellanus, dem Goslarer Propst Anno. Ein geistlicher Onkel hatte den jungen Anno mit nach Bamberg genommen und dort auf die damals berühmteste und beste Schule des Reiches geschickt. Hier erhielt Anno, wie Lampert von Hersfeld schreibt, seine Unterweisungen in den »göttlichen« und den »weltlichen« Wissenschaften. Kurz nach 1030 verließ er Bamberg und ging nach Paderborn. Mitte der dreißiger Jahre des 11. Jahrhunderts kehrte er nach Bamberg zurück und wurde Domscholaster, gleichzeitig trat er in das Domkapitel ein. Sein endgültiger Abschied von Bamberg erfolgte wahrscheinlich um 1049, das erste genaue Datum seines Lebens- und Werdeganges. In diesem Jahr machte ihn Kaiser Heinrich III. zum Propst des Stiftes St. Simon und Juda in Goslar, gleichzeitig wurde er in die Hofkapelle aufgenommen. Als Anno 1056 die Bischofsweihe erhielt, stand er wohl schon im fünften Lebensjahrzehnt. Sein Aufstieg zum mächtigen Metropoliten war keineswegs gradlinig und rasant verlaufen. Er war kein »unaufhaltsam vorwärts drängender Emporkömmling«, wie ihn die ältere Literatur gerne sah. Er verdankte seinen Aufstieg Kaiser Heinrich III., der ihn 1056 auch zum Erzkanzler für Italien gemacht hatte. Ihn verehrte er sein Leben lang. Jährlich feierte er sein Totenamt und die Siegburger Mönche hatten für das kaiserliche Seelenheil zu beten.

Wenn einige Chronisten berichten, daß der Kaiser den Erzbischof sogar zum Vormund seines noch unmündigen Sohnes Heinrich (IV.) eingesetzt habe, so ist das eine mehr oder weniger fromme Lüge, eine Bemäntelung späterer, von Anno selbst ziemlich rücksichtslos geschaffener Verhältnisse. Nach dem Tode des Kaisers am 5.10.1056 führte bis zum Januar 1062 die Kaiserin Agnes die Regentschaft für ihren unmündigen Sohn. Den auseinanderstrebenden Interessen der großen Dynasten hatte sie wenig entgegenzusetzen; die Zentralgewalt des Reiches verlor in diesen Jahren ganz wesentlich an Bedeutung. In dieses Machtvakuum stieß im Jahr 1062 Erzbischof Anno als Haupt einer Adelsfronde. Er war es, der den Plan, den jungen unmündigen König Heinrich IV. in die Gewalt zu bekommen, entwarf und auf dem Rhein vor Kaiserswerth auch ausführte. Heinrich und die Reichsinsignien (Kreuz, Heilige Lanze) wurden nach Köln gebracht; Lampert von Hersfeld berichtet, daß jeweils der Bischof, in dessen Sprengel der Hof des jungen Königs weilte, die Regierungsgewalt ausüben sollte. Mit der Volljährigkeit Heinrichs im Jahre 1065 endete die Regentschaft der miteinander heftig um die Macht rivalisierenden Adelsfrondeure. Binnen weniger Jahre gelang des Heinrich, ihren Kreis endgültig zu sprengen. Einige von ihnen wurden sogar angeklagt und ihrer Besitzungen und Titel entsetzt. Auch Anno konnte nur aufgrund der Fürbitten der Kaiserin Agnes dem Rachedurst des Königs, der ihn unversöhnlich haßte, entgehen. Bis 1072 hatte er alle Funktionen in der Reichspolitik verloren.

Während Anno seinem weltlichen Machtverlust in der von ihm angeblich gesuchten Weltabgeschiedenheit nachtrauerte, wurde er durch ein Ereignis in seiner Stadt Köln wieder in die Welt zurückgerufen. Die Kölner hatten ihren Bischof von Beginn seiner Herrschaft an nicht besonders geschätzt. Zwar war die Anno-Zeit eine Blütezeit für Handel und Handwerk in Köln, und die rege Bautätigkeit des Erzbischofs kam ohne Zweifel auch der Stadt zugute. Dennoch war das Verhältnis zwischen Anno und Köln nie gut und verschlechterte sich zunehmend. Hieran waren gewisse Maßnahmen des Erzbischofs nicht ohne Schuld: als argen Eingriff empfanden sicherlich viele Kölner die Vertreibung der Mönche von St. Pantaleon, die mit den Familien der Kölner Oberschicht auf vielerlei Weise verbunden waren. Die Abneigung gipfelte im Jahre 1074 in der Vertreibung Annos aus der Stadt in der Osterwoche nach dem Fest des Hl. Georg. Anlaß war ein Streit zwischen Dienstmannen des Erzbischofs, die ein Kaufmannsschiff beschlagnahmt und ausgeleert hatten, damit der Bischof von Münster bequemer würde heimreisen können. Vermittlungsversuche schlugen fehl, und der von solcher Widersetzlichkeit erregte Anno drohte den Kölnern, die Schuldigen zu bestrafen. Die Bevölkerung ihrerseits stürmte und plünderte den Bischofshof. Anno floh in den Dom, aus dem er im Schutz der Nacht durch das heute in der Domtiefgarage zu besichtigende, erst 1948 bei Bauarbeiten entdeckte geheime Pförtchen nach Neuss entwich. Den von dort heranrückenden erzbischöflichen Truppen hatte die Kölner Bürgerschaft wenig entgegenzusetzen. Sie ergab sich rasch auf Gedeih und Verderb. Auf den folgenden Tag zur Buße in den Dom vorgeladen, flohen 600 der reichsten Kölner Kaufleute zu König Heinrich IV. Nach drei Tagen des vergeblichen Wartens gab Anno die Stadt zur Plünderung durch seine »militia« frei. Einige der Gefangenen wurden geblendet, andere gestäupt, alle aber mit hohen Geldbußen belegt und zu einem Treueid gezwungen. Gegen die Geflüchteten wurde der Kirchenbann ausgesprochen. Alle Vermittlungsversuche des Königs lehnte Anno ab. Zur Versöhnung mit den Gebannten kam es erst 1075 kurz vor dem Tode Annos, der auf dem Sterbelager die Heiligen anrief, durch ihre Fürsprache die Hilfe Gottes für die Kölner zu erflehen, deren Erbitterung jedoch lange währte. Der gescheiterte Aufstand ist von großer historischer Bedeutung. Erstmals trat eine bürgerlich-kaufmännische Oberschicht in Erscheinung, die an der Stadtherrschaft des Erzbischof partizipieren wollte.

Schon zu Annos Lebzeiten schieden sich die Geister an ihm. Lampert von Hersfeld schreibt über ihn: »Bei allen seinen Vorzügen erschien es wie ein Flecken auf einem sehr schönen Körper, daß er im Zorn seine Zunge nicht genug mäßigen konnte, sondern gegen alle ohne Ansehen der Person Drohungen und die bittersten Vorwürfe herausschleuderte, was er selbst, wenn der Zorn sich gelegt hatte, heftig tadelte.« Und Adam von Bremen beschreibt ihn als »vir atrocis ingenii«, des Treuebruchs gegenüber dem König schuldig und an allen Verschwörungen gegen ihn heimlich oder offen beteiligt; ein Mann von Raffsucht und uneingeschränktem Nepotismus, den er »violenter« betrieb und der auch Geld nahm für die »Ehre des kirchlichen Standes«. Niemand aber hat ihm vorgeworfen, für sich und seinen privaten Reichtum »gerafft« zu haben. Alles, was er habe zusammentragen können, habe er zum Schmuck seiner Kirche eingesetzt; er habe sie, die vor ihm schon groß war, sehr groß gemacht, so daß keine andere Kirche des Reiches sich mit der Kölner Kirche habe messen können. Nach seinem Tode hinterließ er große Schulden bei »Juden und Christen«, die zusammen mit den Spenden an die Armen und an Kirchen sein ganzes persönliches Gut aufzehrten. Auf der einzigen Miniatur eines Codex' des ausgehenden 12. Jahrhunderts ist Anno dargestellt mit den fünf »monasteria«, die er gegründet hatte: die beiden Stifte Maria ad gradus und St. Georg in Köln, die Abteien Siegburg, Grafschaft und Saalfeld. Maria ad gradus war das unvollendete Erbe seines Vorgängers Hermann gewesen, seine eigentliche Gründung aber war Siegburg, das Kloster der Siegburger Reform. Annos Leben ist oft beschrieben worden; bald nach seinem Tode und kurz vor seiner Kanonisation entstanden Viten, die sehr viel später auch in die »Cronica van der hilliger Stat van Coellen« Eingang fanden, die Koelhoff 1499 herausgab. Nicht weniger berühmt ist das frühmittelhochdeutsche, in fränkischem Dialekt geschriebene Anno-Lied, von dem sich eine Abschrift in der Kölner Universitäts- und Stadtbibliothek befindet. Zwischen 1076 und 1126 entstanden, setzt es die Geschichte einer Stadt und ihres Heiligen mit den großen Ereignissen der Welt- und Heilsgeschichte in Beziehung, ist es Stadt- und Weltchronik und Biographie zugleich. So wie es Anno in den Himmel hebt (»als wenn er ein Engel vom Himmel wär«), hebt es Köln empor in den Kreis der (damals) bedeutenden Welt-Städte: Rom, Trier, Mainz, Worms, Speyer. Das Anno-Lied bringt so zusammen, was der reale historische Prozeß getrennt hatte: die Stadt und ihren Erzbischof. (BD)

Literatur

Adam von Bremen, Hamburgische Kirchengeschichte, hg. von B. Schmeidler; Hannover u. Leipzig ^{3}1917 [Die auf Anno bez. Stellen im 3. Buch, Kap. 34–35.]

Magister Adam Bremensis, Gesta Hammaburgensis Ecclesiae Pontificum, hg. v. W. Trillmich, Darmstadt ^{3}1973 (FSGA, A, Bd. 11).

Das Annolied. Hrsg., übersetzt und kommentiert von Eberhard Nellmann; Stuttgart 1975 (Reclam Universal-Bibliothek 1416).

Grete Bauernfeind, Anno II., Erzbischof von Köln, Diss. München 1929.

Albert Brackmann, Zur Kanonisation des Erzbischofs Anno von Köln; in: Neues Archiv 32,1907, S. 151–165.

Gabriel Busch (Hg.), Sankt Anno und seine viel liebe statt; Siegburg 1975. [Darin: Salome Solf, Das Annolied, Textübertragung, Interpretation und kritischer Bericht zum Forschungsstand, S. 230–330.]

Stephanie Coué, Acht Bischofsviten aus der Salierzeit – neu interpretiert, in: Die Salier und das Reich, Siegmaringen 1991, Bd. 3, S. 347–413, hier: S. 402–413.

Toni Diederich, Revolutionen in Köln 1074–1918. Ausstellung des HASt Köln, Köln 1973.

Hermann Jakobs, Verfassungstopographische Studien zur Kölner Stadtgeschichte des 10. bis 12. Jahrhunderts; in: Köln, das Reich und Europa. Abhandlungen über weiträumige Verflechtungen der Stadt Köln in Politik, Recht und Wirtschaft im Mittelalter; Köln 1971, S. 59ff (Mitt. a. d. StA v. Köln, 60. Heft).

Georg Jenal, Erzbischof Anno II. von Köln (1056–75) und sein politisches Wirken. Ein Beitrag zur Geschichte der Reichs- und Territorialpolitik im 11. Jahrhundert. Zwei Teile (Monographien zur Geschichte des Mittelalters 8, 1/2); Stuttgart 1974.

P. Knoch, Untersuchungen zum Ideengehalt und zur Datierung des Annolieds; in: ZfdPh 83, 1964, S. 275–301.

Theodor Lindner, Anno II., der Heilige, Erzbischof von Köln; Leipzig 1869.

Dieter Lück, Erzbischof Anno II. von Köln. Standesverhältnisse, verwandtschaftliche Beziehungen und Werdegang bis zur Bischofsweihe. Mit einem personengeschichtlichen und quellenkundlichen Anhang; Bonn 1970/71 (Veröffentl. des Geschichts- und Altertumsvereins für Siegburg und den Rhein-Sieg-Kreis, 8).

Dieter Lück, Die Vita Annonis und die Annalen des Lampert von Hersfeld; in: RhVjBll. 37, 1973, S. 117–140.

Mauritius Mittler (Hg.), Libellus de translatione sancti Annonis Archiepiscopi et miracula sancti Annonis. Liber primus et secundus [Siegburger Mirakelbuch, lat./deutsch] (Siegburger Studien 3, 1966).

Mauritius Mittler (Hg.), Miraculorum sancti Annonis. Liber tertius et quartus et Appendix [Siegburger Mirakelbuch u. Anhang] (Siegburger Studien 4, 1967).

Monumenta Annonis. Köln und Siegburg. Weltbild und Kunst im hohen Mittelalter. Katalog z. Ausstellung des Schnütgen-Museums der Stadt Köln, hg. v. Anton Legner; Köln 1975.

Friedrich Wilhelm Oediger, Das Bistum Köln von den Anfängen bis zum Ende des 12. Jahrhunderts; ^{2}1972.

Friedrich Wilhelm Oediger, Anno II., Erzbischof von Köln, in: NDB 1, 1953, S. 304–306.

[Martin Opitz] Incerti Poetae Teutonici Rhythmus de Sancto Annone Colon. Archiepiscopo. Martinus Opitius primus ex membrana veteri edidit et animadversionibus illustravit. Dantisci MDCXXXIX (=Danzig 1639).

Adolf Schmidt/ Wolfgang Dietrich Fritz (Hg.), Lampert von Hersfeld: Annalen; Darmstadt ^{3}1983 (FSGA, A, Bd. 13).

Josef Semmler, Die Klosterreform von Siegburg; Bonn 1959 (Rheinisches Archiv 53).

Bruno der Kartäuser (um 1027/30–1101)

Nr. 119 / 4. OG

Abb. 544: Bruno der Kartäuser, Kupferstich von Wenzel Hollar, 1649

Um die Nützlichkeit seiner familiengeschichtlichen Forschungen zu beweisen, schrieb Hermann von Weinsberg im Jahre 1579 »von ursprongen und herkomsten etwas« über die geistlichen Stifter der Kölner Klöster und erwähnte unter anderen auch die Kölner Kartause, die ihren Ursprung auf einen »Bruno Hardefuyst von Coln« zurückführte: der (angebliche) Sohn einer reichen und stolzen »Geschlechter«-Familie als Gründer eines weltabgewandten, in schweigender Einsamkeit lebenden Ordens, der das Erbe der Eremiten der Kirchenväterzeit, Antonius und Pachomius, antrat.

Im Jahre 1084 gegründet, verbreitete sich der kleinste, aber elitärste, weil strengste Orden mit eigentümlicher Dynamik. Gab es um 1100 zwei Kartausen mit vielleicht je dreißig Angehörigen, so entstanden im 12. Jahrhundert sechsunddreißig, im 13. Jahrhundert neunundsechzig neue Gemeinschaften. Ende des 14. Jahrhunderts existierten in Europa insgesamt 175 Kartausen, Ende des 15. Jahrhunderts schon 220, von denen 130 die Reformationszeit überstanden.

Vor der Reformation hatte es im Deutschen Reich dreiundfünfzig Kartausen gegeben. Unter ihnen die bedeutendste und berühmteste war die erst 1334 von Erzbischof Walram von Jülich gestiftete Kartause St. Barbara in Köln, eines der reichsten und am besten ausgestatteten Klöster der Stadt. Es erfreute sich eines bedeutenden Stifterkreises, dem nicht nur die städtische Elite – auch die Hardefust beschenkten St. Barbara immer wieder reichlich – sondern auch Kaiser und Fürsten angehörten, ein Kloster, wie die Koelhoffsche Chronik schrieb, »dat doch naemails von lantz heren Ritterschafften ind van den Burgeren van Coellen hoechlicher begifftiget ind getziert is.«

Des Ordensgründers Bruno aus vornehmer Familie aber erinnerte man sich in Köln offensichtlich erst in der 1499 erschienen Koelhoffschen Chronik, die ihn über alle Maßen lobt: »Also ouch hait Coellen vortbracht eynen erberen und hilligen jungelinck Bruno genoempt eyn Coelsch kynt geboren, der hait eyrst begonnen den aller vernoempsten strengsten und hillichsten orden ... der der hilliger kyrchen eyn groyss schatz ind rose is, der welche noch nie gefallen is van syne volkomenheit ind van synre Regulen, as andere orden gedain haven ...«

Bruno wurde zunächst Kanonikus an St. Kunibert, studierte dann in Reims und war dort von 1057 bis 1076 Domscholaster. Der Reimser Erzbischofs Manasse I. machte ihn zu seinem Kanzler, vertrieb ihn allerdings aus der Stadt, nachdem Bruno vor Papst Gregor VII. auf einer Synode die simonistischen Praktiken (Simonie: mißbräuchlicher Handel mit geistlichen Sachen) des Reimser Kirchenfürsten angeprangert hatte. Er kehrte nun für kurze Zeit nach Köln zurück, fand aber auch hier nur kirchliche Mißstände vor. Bruno legte sein Kanonikat nieder und ging als Mönch ins Reformkloster Mosleme. Von dort zog er sich im Jahre 1084 mit sechs Gefährten in die Cartusia (Chartreuse) genannte Einöde bei Grenoble in der Dauphiné zurück, wo ihm sein Schüler, Erzbischof Hugo von Grenoble, Land geschenkt hatte. Dort errichtete Bruno ein kleines Bethaus mit sechs Zellen für die Brüder der Gemeinschaft, um in der Weltflucht bei strengster Askese, Buße und absolutem Schweigegebot Gott zu suchen. Papst Urban II. (1088–1099), als Odo von Châtillon auch er ein Reimser Schüler Brunos, berief den heftig widerstrebenden, schließlich aber gehorchenden 1089 nach Rom in den Kreis seiner engsten Ratgeber. Als er ihn 1090 zum Bischof von Reggio machen wollte, lehnte Bruno ab und zog sich erneut aus der Welt zurück. Roger von Sizilien schenkte ihm Land in Kalabrien, wo Bruno im 1091 das erste große Kartäuserkloster »Santa Maria dell'Eremo« in der Wildnis

Gegenüber dem ersten Modellentwurf trat als formales Pendant zum Katzenkopf, einer humorvollen Anspielung auf die Kartäuserkatze, das Modell einer Kirche in der Ausführung hinzu. Der schlichte Bau mit der schmucklosen Fassade und dem einfachen Dachreiter anstelle eines Glockenturmes bezeichnet die Bauweise der Bettelordensarchitektur. Das Kreuz mit der Weltkugel symbolisiert das Credo des Ordens, fest steht das Kreuz, während der Erdkreis in Wandlung ist; die sieben Sterne erinnern an Bruno und seine sechs Gefährten, mit denen gemeinsam er nahe Grenoble die erste Kartause gründete. (BE)

von La Torre gründete. Hier auch starb er zweiundsiebzigjährig im Jahre 1101. Erst 1502 wurden seine Gebeine in La Torre gefunden und feierlich erhoben. Der Generalprior der Grande Chartreuse zu Grenoble, der ersten Kartause überhaupt, betrieb die Kanonisierung ihres Stifters, an dessen Ruhm nun auch Köln, seine »Mutterstadt«, teilhaben wollte, die es sich »vur eyn ere« anrechnete, »dat sy vortbracht hait den anherer des hoechsten ordens van geistlichen luden.« Bruno wurde 1514 selig, 1623 heilig gesprochen. (BD)

Literatur

LThK II, 730f.

Gérald Chaix, Réforme et Contre-réforme catholiques. Recherches sur la chartreuse de Cologne au XVIe siècle, Salzburg 1981 (Analecta cartusiana 80).

Gérald Chaix, La gloire de Dieu, l'honneur de Bruno et la sainteté de Cologne, in: W. Schäfke (Hg.), Die Kölner Kartause . . ., S. 271–274.

Hermann Löbbel, Der Stifter des Karthäuserordens. Der Hl. Bruno aus Köln, in: Kirchengeschichtliche Studien V,1, Münster 1899.

Ernst Nack (Hg.), Die Kartäuserkirche in Köln. Festschrift zu ihrer Weihe nach ihrer Wiederherstellung und Einrichtung zur Evangelischen Kirche am 16. September 1928, Köln 1928.

Gerardo Posada, Der Heilige Bruno, Vater der Kartäuser. Ein Sohn der Stadt Köln. Mit Beiträgen von Adam Wienand und Otto Beck, Köln 1987.

Werner Schäfke (Hg.), Die Kölner Kartause um 1500, eine Reise in unsere Vergangenheit, Aufsatzband und Katalog, Köln 1991.

Christel Schneider, Die Kölner Kartause von ihrer Gründung bis zum Ausgang des Mittelalters, Bonn 1932 (Veröff. d. histor. Museums d. Stadt Köln Heft II).

Rainer Sommer (Hg.), Die Kartause in Köln. Festschrift der evangelischen Gemeinde zum 50. Jahrestag der Kartäuserkirche in Köln . . . am 16. September 1978, Köln 1978.

Marijan Zadnikar (Hg.), Die Kartäuser. Der Orden der schweigenden Mönche, Köln 1983.

Bruno der Kartäuser, Westseite, 4. OG, Nr. 119
Ratsbeschluß am 29. Mai 1990
Modellvorstellung am 27. Oktober 1989
Figurenübergabe am 10. Mai 1990
Bildhauer: Andreas Rosenkranz
Stifter: Gesellschaft für schlüsselfertiges Bauen mbH (SF-Bau GmbH), Köln

Engelbert I. von Berg (1185/86–1225)

Nr. 120 / 4. OG

Abb. 545: Engelbert I., Holzskulptur aus dem ehemaligen Cistercienserinnen-Sühnekloster Gevelsberg

Die »Chronica regia Coloniensis« nennt den Erzbischof Engelbert, Sohn des Grafen Engelbert I. von Berg und der Margarethe von Geldern, fünfter Metropolit aus diesem gräflichen Hause, »pater nostre patrie et decus Theutonie«. Er war ein glanzvoller Vertreter der staufischen Zeit, ein treuer Diener seines kaiserlichen Herrn Friedrich II., der ihn 1220 zum gubernator, Reichsverweser, und zum tutor, Vormund, seines Sohnes Heinrich (VII.; von ihm 1222 in Aachen zum König gekrönt) ernannt hatte. Walther von der Vogelweide hat ihn in seinem »Engelbert-Preis« besungen:

»Von Kölne werder bischof, sint von schulden fro/ ir hant dem riche wol gedienet und also/ daz iuwer lop da enzwischen stiget unde sweibet ho./ Si iuwer werdekeit dekeinen boesen zagen sware,/ fürsten meister, daz si iu als ein unnütze dro./ Getriuwer küneges pflegaere, ir sit hoher maere,/ keisers eren trost baz danne ie kanzelaere,/ drier künege und einlif tusent megde kameraere«.

Dem Ideal des Kirchenfürsten aber entsprach Engelbert genausowenig wie zahlreiche andere seiner Vorgänger und Nachfolger auf dem Kölner Bischofsstuhl. Die Eltern hatten ihn schon früh für die geistliche Laufbahn bestimmt, während sein Bruder Adolf die Grafschaft Berg erhalten sollte. Schon 1198, mit dreizehn Jahren, wurde Engelbert Propst von St. Georg in Köln. Kurze Zeit später, mit nur 14 Jahren und eben erst aus der Schule entlassen (Caesarius) bestimmte man ihn in einer Doppelwahl bereits zum Dompropst und Archidiakon, die zweithöchste Würde des Erzbistums, obwohl er das vorgeschrieben Alter noch längst nicht erreicht hatte. 1203 setzte er sich endgültig gegen seinen Konkurrenten Dietrich von Heimbach, Propst von St. Aposteln, durch. Diese blieben nicht seine einzigen Pfründen; als Propst finden wir ihn auch an St. Marien in Deventer (spätestens ab 1200) und St. Walburgis in Zutphen (zwischen 1203 und 1216), an St. Severin in Köln (spätestens ab 1210) und am Aachener Marienstift. Eine (unbewiesene) Wahl sogar zum Bischof von Münster im Jahre 1203 soll er angeblich wegen seiner Jugend ausgeschlagen haben!

Engelberts Vetter Adolf I. von Altena, ab 1193 Erzbischof von Köln, wurde im Jahre 1205 exkommuniziert und abgesetzt, nachdem er die vom Papst gestützte welfische Partei König Ottos IV. verlassen und zu dem Staufer Phillip von Schwaben übergegangen war; die Stadt Köln aber war welfisch geblieben. An Adolfs statt wurde der welfisch gesinnte Bruno IV. von Sayn (gest. 1208) mit Zustimmung Roms zum Erzbischof gemacht. Dompropst Engelbert, selbst prostaufisch, ergriff umgehend Partei für seinen Verwandten und erhob beim Papst flammenden, aber erfolglosen Protest. Er verließ die welfisch gebliebene Stadt – das »Kölner Schisma« begann. Das Erzbistum selbst griff der junge Kleriker mit bewaffneter Hand an. Vom Papst als Räuber bezeichnet, wurde er wie sein erzbischöflicher Vetter in den Kirchenbann erklärt und seines Amtes als Dompropst enthoben. Auch Brunos Nachfolger auf dem Kölner Erzstuhl, der erbitterte Gegner des Hauses Berg und Anhänger König Ottos, Dietrich von Heimbach, hatte unter den bis 1209 andauernden gewalttätigen Raubzügen Engelberts zu leiden. In diesem Jahr endlich kam es zur Aussöhnung zwischen dem Papst und Engelbert, der als Sühne 1212 am Kreuzzug gegen die Albigenser teilnahm. Im Jahre 1215 kam das Ende des Kölner Schismas. Dietrich von Heimbach und Adolf von Altena wurden beide vom Papst ihrer Würden enthoben. Die Prioren

Der Bischof ist durch geistliches Ornat, Mitra und Krummstab, dessen oberes Ende ornamental aufgelöst wurde, in seiner kirchlichen Würdenträgerschaft ausgezeichnet. Das breite und einseitig gezackte Schwert erinnert an sein gewaltsames Ende. Die Komposition berücksichtigt die Jahre zuvor durch denselben Bildhauer geschaffene Nachbarfigur Albertus Magnus (Nr. 121). Eine gegenüber der Ausführung stärkere Neigung des Kopfes im ersten Modellentwurf wurde mit Rücksicht auf eine spätere Anbringung von Baldachinen oberhalb der Ratsturmfiguren entsprechend modifiziert. (BE)

der Kölner Kirche aber wählten in Rom mit päpstlicher und staufischer Unterstützung Engelbert von Berg am 29.2.1216 zum neuen Erzbischof von Köln.

Kaiser Friedrich II. erhielt mit ihm einen treuen Parteigänger, einen Kanzler ohne gleichen, des Kaisers Trost und Ehre, einen Fürstenmeister und getreuen Königspfleger, als den ihn Walter von der Vogelweide besang. Engelberts Weisheit, Macht und Ansehen waren groß; den mächtigsten im Reich nennt ihn Caesarius von Heisterbach. 1220 unterzeichnete er an erster Stelle unter des Reiches vornehmsten Wählern zu Frankfurt die Confoederatio cum princibus ecclesiasticis Friedrichs II., das Reichsgesetz, mit dem der Kaiser den geistlichen Fürsten noch vor den weltlichen eine beträchtliche Unabhängigkeit ihrer Territorien auf Kosten der königlichen Rechte und der königlichen Territorialpolitik einräumen mußte. So sehr Engelbert auch zuverlässiger Parteigänger des Staufers war, so sehr suchte er allerdings auch sich den Freiraum, den das Statut von 1220 bot, in einer eigenständigen, den Interessen seines Territoriums mehr als denen des Reiches dienenden Politik nutzbar zu machen. Seine energische und oft rücksichtslose Politik, sein bisweilen robustes politisches Vorgehen (Lothmann) zum Ausbau und zur Stärkung der Hausmacht des Hauses Berg brachte ihm rasch heftige Konflikte mit den anderen Feudalen seiner Region. Bereits 1218 hatte er nach dem Tode seines Bruders Adolf III. das Herzogtum Berg eingezogen. 1223 übernahm er die Vogtei über Siegburg. Sein Versuch, auch die Vogtei des Stiftes Essen an sich zu bringen, brachte ihm im Jahre 1225 den Tod. Sein Verwandter Friedrich von Altena und Isenberg, der seine Rechte an Essen in Gefahr sah und fürchtete, daß Engelbert ihn enterben wolle (Caesarius), erschlug den Erzbischof am 7. November des Jahres in einem Hinterhalt bei Gevels-

Engelbert I. von Berg, Westseite, 4. OG, Nr. 120
Ratsbeschluß am 1. Februar 1990
Modellvorstellung am 16. Januar 1990
Figurenübergabe am 28. Mai 1992
Bildhauer: Titus Reinarz
Stifter: Nordrhein-Westfalen-Stiftung Naturschutz, Heimat- und Kulturpflege, Düsseldorf

berg. Der Leichnam wurde nach Köln überführt und schließlich 1226 in der Stephanskapelle des alten Domes beigesetzt.

Unmittelbar darauf begann die Verklärung der Person und des Todes Engelberts. Kardinallegat Konrad von Porto erklärte ihn zum Märtyrer, der sein Leben für die Kirche und den Glauben gelassen hatte – von einem Martyrium Engelberts konnte indessen keine Rede sein. Es war ein Totschlag im Affekt gewesen. Ein zunächst ganz gewöhnlicher Streit zweier Feudaler um territoriale Rechte hatte sich, wohl nicht ohne Zutun des Erzbischofs, exzessiv ausgeweitet und ein von Friedrich von Isenberg nicht geplantes Ende genommen. Im Auftrag von Engelberts Nachfolger Heinrich von Molenark, erteilt vermutlich 1226 nach seiner Bischofsweihe, schrieb der Cisterciensermönch Caesarius von Heisterbach seine »Vita, passio et miracula Sancti Engelberti archiepiscopi Coloniensis«, mit der die Kanonisation des Getöteten eingeleitet werden sollte. Selig- oder gar heiliggesprochen wurde Engelbert I. trotz der frühen Bemühungen nie: Die Heiligkeit, die seinem Leben fehlte, brachte ein edler Tod nach; und wenn er im Lebenswandel nicht so vollkommen war, so wurde er durch sein Martyrium doch heilig (Caesarius). Erst 1515 erschien sein Name in den Kölner Martyrologien, und erst 1618 ließ Erzbischof Ferdinand von Bayern in das Kölner Brevier das von Johannes Gelenius verfaßte Officium zu seinen Ehren aufnehmen. Seine Gebeine, 1368 in die Engelbertkapelle des Domes übertragen, wurden 1622 erhoben und 1633 in den von Domkapitel und Erzbischof in Auftrag gegebenen prachtvollen Barockschrein gebettet. In diesen Jahren genoß er die höchste Verehrung. So erscheint Engelbert I. recht eigentlich als »Heiliger« des Dreißigjährigen Kriegs.

In Köln wurde er schon bald nach seinem Tode wegen der an seinem Grabe sich mehrenden Wunder verehrt und stieg bald zum Schutzheiligen auf, eine Verehrung, die ganz im Gegensatz zu der tiefen Abneigung stand, die die Kölner zu Lebzeiten ihres Stadtherrn für diesen empfunden hatten. Während der Herrschaft Engelberts waren die latenten Gegensätze zwischen dem Stadtherrn, der seine Herrschaftsansprüche energisch verfolgte, und der Stadt, die ihre bis dahin erworbenen Privilegien und Freiheiten zäh verteidigte, offen ausgebrochen. Einen 1216 erstmals urkundlich erwähnten städtischen Rat hatte der Erzbischof sofort unterdrückt. Auf die Nachricht von seinem gewaltsamen Tod verbrannten die Bürger alle Verordnungen Engelberts, mit denen er in das städtische Selbstbestimmungsrecht eingegriffen hatte. Dennoch hatte Engelbert auch Positives für »seine« Stadt geleistet. Besonders die von ihm fortgeführte oder selbst initiierte rege Bautätigkeit kam ihr zugute. 1216 weihte er die Ostpartie von St. Pantaleon, 1219 feierte man den Abschluß der Wölbung des Langhauses von St. Aposteln und die Arbeiten am Dekagon von St. Gereon (vollendet 1227) begannen, 1220 waren der Umbau von St. Andreas und 1222 der Neubau von St. Maria Lyskirchen und des Ostchores von St. Kunibert vollendet. Auch die städtische Wirtschaft förderte Engelbert. Auf seine Bitte bestätigte König Heinrich VII. am 20.1.1225 der Stadt ein unter Heinrich VI. 1193 verliehenes Zollprivileg in Boppard und Kaiserswerth. (BD)

Literatur

Julius Ficker, Engelbert der Heilige, Erzbischof von Köln und Reichsverweser, Köln 1853.

Bernd Fischer, Engelbert von Berg (1185–1225), Kirchenfürst und Staatsmann; in: ZBGV 94. Bd., 1991; S. 1–47.

Joseph Greven, Die Entstehung der Vita Engelberti des Cäsarius von Heisterbach; in: AHVN 102, 1918, S. 1–39.

Wilhelm Janssen, Geschichte des Erzbistums Köln im späten Mittelalter 1191–1515. Erster Teil, Köln 1995, S. 134–144 (Geschichte des Erzbistums Köln, hg. v. Eduard Hegel, Bd. 2.1).

Thomas R. Kraus, Die Entstehung der Landesherrschaft der Grafen von Berg bis zum Jahre 1215 (Bergische Forschungen 16), Neustadt a.d. Aisch 1981.

W. Kleist, Der Tod des Erzbischofs Engelbert von Köln. Eine kritische Studie, in: WestfZ 75/I, 1917, S. 182–249.

Karl Langosch (Übers.), Caesarius von Heisterbach, Leben, Leiden und Wunder des Heiligen Erzbischofs Engelbert von Köln (GdV 100), Münster-Köln 1955.

Josef Lothmann, Erzbischof Engelbert I. von Köln (1216–1225). Graf von Berg, Erzbischof und Herzog, Reichsverweser, Köln 1993 (Veröff. d. KGV 38).

Friedrich Maurer, Die politischen Lieder Walthers von der Vogelweide; 3., durchgesehene Auflage, Tübingen 1972.

(Albertus Poncelet), Vita, passio et miracula s. Engelberti auctore Caesario Heisterbacensi, ed. A(lbertus) P(oncelet); in: Acta Sanctorum novembris collecta digesta illustrata III, p. 644 ff, Brüssel 1910.

Walter Schulten, Die Ermordung des Kölner Erzbischofs Engelbert von Berg (1182–1225); in: Köln-Westfalen 1180–1980. Landesgeschichte zwischen Rhein und Weser, Bd. II, Münster 1980, S. 209–213.

Arnold Stelzmann, Erzbischof Engelbert I. von Köln; in: JbKGV 33, 1958, S. 179–199.

Ursula Weirauch, Der Engelbertschrein von 1633 im Kölner Domschatz und das Werk des Bildhauers Jeremias Geisselbrunn (Die Kunstdenkmäler des Rheinlandes, Beiheft 21), Düsseldorf 1973.

Adam Wienand, Erzbischof Engelbert I., der Heilige; in: Almanach für das Erzbistum Köln 1974/75, Köln 1976, S. 29–56.

Erich Wisplinghoff, Engelbert I. Erzbischof von Köln (etwa 1182–1225), in: Rheinische Lebensbilder 1, Düsseldorf 1961, S. 30–48.

Erich Wisplinghoff, Der Kampf um die Vogtei des Reichsstifts Essen im Rahmen der allgemeinen Vogteientwicklung des 10–12. Jahrhunderts, in: Aus Geschichte und Landeskunde. Festschrift F. Steinbach, Bonn 1960, S. 308–332.

Fritz Zschaek (Hg.), Caesarius von Heisterbach: Leben, Leiden und Wunder des heiligen Engelbert, Erzbischofs von Köln, in: Alfons Hilka, Die Wundergeschichten des Caesarius von Heisterbach, III, Bonn 1937, S. 225–328 (PubllGesRheinGKde 43).

Albertus Magnus (um 1193–1280)

Nr. 121 / 4. OG

Abb. 546: Albertus Magnus, Kupferstich von Tobias Stimmer, 1577

»Gaude, felix et sancta Colonia, quare iubar et glorium omnium Alemannorum prae aliis omnibus tu sola meruisti possidere« – Freue dich, glückliches und heiliges Köln, daß du vor allen anderen für wichtig befunden wurdest, den Glanz und den Ruhm aller Deutschen zu besitzen, schrieb Johannes Koelhoff am Ende der von ihm 1480 gedruckten »Legenda beati Alberti Magni« des Rudolph von Nymwegen. Und kein anderer Heiliger war und ist in Köln so oft durch Statuen im Stadtbild vertreten, kein anderer so hoch geschätzt und verehrt wie der in Theologie, Philosophie und den Naturwissenschaften hochgelehrte doctor universalis Albert (Graf von Bollstädt), genannt Magnus, der Große, geboren wahrscheinlich im Jahre 1193 in Lauingen an der Donau, einer schwäbischen Kleinstadt zwischen Ulm und Dillingen in der Diözese Augsburg. Sein Beiname »magnus« ist aber wohl nur eine Verballhornung seines von seiner naturwissenschaftlichen Forschung herrührenden Beinamens »magus«.

Erst spät kam Albert mit der mönchischen Lebensform in Berührung. 1220 bereiste er Oberitalien und hielt sich bei seinem Onkel in Padua auf, um an der dortigen Universität seinen Studien – welchen, wissen wir nicht – nachzugehen. Dort auch bewog ihn 1223 (oder 1229, das genaue Datum ist unbekannt) Jordan von Sachsen, Ordensgeneral der Dominikaner, zum Eintritt in seinen Orden. In die Stadt Köln kam Albert 1229, um in dem hier 1220/21 gegründeten Dominikanerkloster sein Noviziat abzuleisten und zum Priester geweiht zu werden. 1234 ging Albert als Lektor zunächst nach Hildesheim, dann nach Freiburg, Regensburg, Würzburg und Straßburg. Wohl ab 1243 besuchte er die Universität zu Paris, wo er zwei Jahre später zum Magister der Theologischen Fakultät promovierte und bis 1248 Theologie lehrte. In dieser Zeit schrieb er einige bedeutende Werke, eine »Summa de creaturis«, einen Sentenzenkommentar zu Petrus Lombardus, der die bis dahin durchgeführte philosophische Klärung des theologischen Gedankengutes aller Gebiete systematisierte, und eine »Summa theologica«, eine eigene systematische Darstellung der Theologie. In der ersten Hälfte des Jahres 1248 kehrte Albert nach Köln zurück, um die Leitung des eben hier gegründeten Generalstudiums seines Ordens zu übernehmen, an dem Thomas von Aquin zu seinem berühmtesten Schüler werden sollte. Doch schon nach sechs Jahren endete vorläufig das Kölner Gelehrtenleben Alberts. 1254 wurde er Provinzialprior der deutschen Dominikaner-Ordensprovinz. 1255 nahm er am Generalkapitel seines Ordens in Paris teil, und 1256 hielt er sich am Hofe Papst Alexanders IV. in Agnani und Viterbo auf, wo er Vorlesungen hielt und Disputationen führte. Wegen seiner Abwesenheit von der deutschen Ordensprovinz entband das Generalkapitel Albert von seiner Priorenaufgabe, so daß er 1257 nach Köln als Lesemeister ans Generalstudium zurückkehren konnte. Wieder jedoch war sein Kölner Aufenthalt nicht von Dauer. 1260 wurde er auf Befehl Papst Alexanders zum Bischof von Regensburg ernannt, das er Jahre zuvor als Lektor bereits kennengelernt hatte. 1261 ging Albert nach Rom, um den Papst um die Enthebung des zwar gehorsam übernommenen, aber ungeliebten Bischofsamtes zu bitten. Der neue Papst Urban IV. gestattete ihm die Rückkehr in den Orden, betraute ihn aber nur ein Jahr später mit der Leitung der Kreuzzugspredigt in Deutschland und in Böhmen, eine Aufgabe, die ihn vornehmlich sich in Süddeutschland aufhalten ließ und erst 1264 mit dem Tode Urbans IV. erlosch. Die folgenden Jahre verbrachte der nun schon siebzigjährige Albert in Würzburger und Straßburger Klöstern seines Ordens, in dem er längst das höchste Ansehen genoß, unterbrochen von zahlreichen ausgedehnten, stets zu Fuß unternommenen Reisen. 1271 kehrte er nach Köln zurück, ging 1274 noch einmal nach Lyon zum Konzil und 1277 nach Paris, wo er die Lehre des drei Jahre zuvor verstorbenen Thomas von Aquin verteidigte. Im September 1277 weihte er in der Sakristei des Kölner Domes den Altar, der 1868 im Zuge der Domvollendung abgerissen werden sollte. Weitere Reisen führten ihn noch nach Antwerpen und Löwen, nach Utrecht, Xanten und Soest, und immer auch wirkte der greise Gelehrte als Lesemeister am Kölner Generalstudium. In seinem Lehrstuhl im Dominikanerkloster, so berichten die vor 1308 geschriebenen Annalen des Tholomäus von Lucca, entschlief er am 15. November 1280. Im Beisein des Kölner Erzbischofs Siegfried von Westerburg wurde Albert feierlich im Chor der Dominikanerkirche beigesetzt, das Grab, das rasch zum Wallfahrtsort wurde, mit einer Steinplatte verschlossen und wenig später mit einem Gitter umgeben. Eine Schrifttafel erinnerte panegyrisch an den hier Ruhenden: »Der Phönix unter den Lehrern, der Unvergleichliche, der Fürst der Philosophen, das Gefäß heiliger Wissenschaft, Albert, liegt hier, ruhmreich in der Welt, beredter als alle, sicherer Führer in der Philosophie, größer als Plato, kaum geringer als Salomo, den Du, gütiger Christus, der Schar Deiner Heiligen beigesellen mögest.« Der fromme Wunsch erfüllte sich indessen nicht so rasch. Erst 1483, mehr als 200 Jahre nach seinem Tod, erfolgte die Erhebung der Gebeine Alberts zu den Reliquien, die in einem Glassarg untergebracht wurden. Ein Jahr später erlaubte Papst Innocenz VIII. den Dominikanern in Köln und Regensburg, Albert Altäre zu errichten und sein Fest zu begehen. 1670 wurden Alberts Gebeine in einen silbernen Schrein gelegt, der Ende des 18. Jahrhunderts den Wirren der Revolutionszeit zum Opfer fiel. Ein Holzschrein nahm sie, nach der Aufhebung des Dominikanerklosters in die Kirche St. Andreas überführt, fortan auf. Dort ruhen die sterblichen Überreste des 1931 heilig gesprochenen und zu den »Kirchenlehrern« erhobenen Albert heute in einem römischen Sarkophag in einer neu geschaffenen Krypta.

Die große Verehrung, die Albertus Magnus in Köln zuteil wurde und immer noch wird, resultiert jedoch nicht allein aus der überragenden wissenschaftlichen und kirchlichen Bedeutung des heiligen Mannes in seiner Zeit. Sein hohes Ansehen speist sich vor allem auch aus seiner politischen Tätigkeit als Schiedsrichter in den Streitigkeiten Kölns um sein Eigenrecht und seine Selbständigkeit mit dem erzbischöflichen Stadtherrn Konrad von Hochstaden, der energisch den Ausbau seiner Territorialherrschaft auch gegenüber »seiner« Stadt verfolgte. Die fünfziger Jahre des 13. Jahrhunderts standen ganz im Zeichen der heftigsten Konflikte. 1252 stritt man wegen der Einführung einer neuen, nach Auffassung der Stadt schlechten und ihrem Handel schädlichen Münze durch den Erzbischof. Die offene Fehde wurde durch einen Vergleich beigelegt, den sog. »Kleinen Schied«, der unter maßgeblicher Beteiligung Alberts zustande kam. Sein Schiedsspruch vom 17.4.1252, gefällt weitgehend im Interesse der Stadt auf der Grundlage ihrer althergebrachten Rechte, Freiheiten und Gewohnheiten, schrieb den Verzicht des Erzbischofs auf die Einführung der neuen Münze vor, anerkannte zwar sein grundsätzliches Recht dazu, knüpfte sie aber an bestimmte Bedingungen und gewährte der Stadt eine Aufsicht über die erzbischöfliche Münze, um einer Verschlechterung des umlaufenden Geldes vorbeugen zu können. Alle widerrechtlich vom Erzbischof zum Nachteile der Stadt errichteten Zollschranken mußten wieder entfernt werden; ihre Zollprivilegien wurden anerkannt.

Der Schiedsspruch konnte jedoch keinen dauerhaften Ausgleich der divergierenden Interessen und Ansprüche herbeiführen. Schon 1257 befehdeten sich Stadt und Erzbischof erneut. Konrad wollte auf die innerstädtischen politischen Verhältnisse einwirken, die Verfassung in seinem Sinn beeinflussen, um das städtische Autonomiestreben zu ersticken. Köln sollte die vollständig dem Landesherrn unterstehende stärkste Festung und wirtschaftlicher Mittelpunkt des Territoriums werden. Um die Auseinandersetzungen um den Status der Stadt beizulegen, verglichen sich die streitenden Parteien im »Großen Schied« vom 26.6.1258. Wiederum hatte Albert, Lesemeister der Kölner Dominikaner, wesentlichen Anteil am Zustandekommen des Schiedsspruchs über die erzbischöflichen und stadtkölnischen Verfassungs- und Verwaltungsrechte. Dem Anspruch des Erzbischofs Konrad als oberstem Gewalt- und Gerichtsherrn auf uneingeschränkte Stadtherrschaft und Gerichtshoheit in Köln, stand das Verlangen der Stadt nach rechtlicher Sicherung ihres Verhältnisses zum Erzbischof und ihrer inneren Eigenständigkeit gegenüber. 53 Artikel des Erzbischofs betreffend seine Stadtherrschaft, Mißstände im Schöffenkollegium, in der Jurisdiktion und in der städtischen Verwaltung und 21 Artikel der Stadt betreffend Verletzung ihrer Privilegien durch den Erzbischof wurden in einer umfangreichen Urkunde zusammengestellt. Der »Große Schied« wog diese Ansprüche gegeneinander ab und fand Regelungen, die den städtischen Institutionen den zur Erfüllung ihrer Aufgaben notwendigen Handlungsspielraum gewährte, ohne die Rechte des Erzbischofs und seine Stadtherrschaft zu kränken. Albert sah aber nicht in der unmittelbaren Regierung und der politischen Führung die Aufgaben des Erzbischofs, sondern er betrachtete ihn als den obersten Wächter und Wahrer der Ordnung, als Schutz- und Schirmherrn auch der Bürgerschaft, als höchsten Richter gegen den Mißbrauch der Amtsgewalt der Ratsherren, die ihre Legitimität aber aus ihrer Wahl und nicht aus dem Treueid auf den Erzbischof zogen. Der »Große Schied«, in dem die Stadt als gleichberechtigter Vertragspartner neben den Erzbischof trat, anerkannte zwar Stadtherrschaft und Gerichtshoheit des Erzbischofs, doch er bestätigte auch alle Institutionen der kommunalen Selbstverwaltung aufgrund der alten Gewohnheiten. Man hat Alberts Schiedsspruch daher auch treffend als eine Momentaufnahme aus einer im Flusse befindlichen Bewegung der Emanzipation der Stadt vom Stadtherrn beschrieben, deren gewachsenes Eigenrecht kaum betonter hätte herausgestellt werden können. (BD)

Diese Figur wurde gemeinsam mit Adolph Kolping (Nr. 123) als erste am Turm aufgerichtet. Die später vom selben Bildhauer geschaffene Nachbarfigur Engelbert I. von Berg (Nr. 120) berücksichtigt die Komposition unter dem Aspekt der Gesamterscheinung. Der bedeutende Theologe ist im Mönchshabit dargestellt, das aufgeschlagene Buch mit der Schreibfeder symbolisiert sowohl das Studium antiker und theologischer Literatur, wie es Albertus Magnus betrieb, als auch seine eigene Autorentätigkeit. Gegenüber dem ersten Modellentwurf gewannen in der Ausführung vor allem die Schulterpartie und das Haupt an plastischem Volumen. (BE)

Albertus Magnus, Westseite, 4. OG, Nr. 121
Ratsbeschluß am 6. November 1986
ohne Modellvorstellung
Figurenübergabe 12. Dezember 1986
Bildhauer: Titus Reinarz
Stifter: Elektro Innung, Köln

Literatur

Albertus Magnus. Ausgewählte Texte. Hg. von Albert Fries; Darmstadt [2]1987 (TzF, Bd. 35).

I. Craemer-Ruegenberg, Albertus Magnus, München 1980.

Martin Grabmann, Albertus Magnus, Theologe, Philosoph und Naturforscher, in: Philosophisches Jahrbuch 62, 1951, S. 473–480.

Martin Grabmann, Der Einfluß Alberts des Großen auf das mittelalterliche Geistesleben, in ZKTH 25, 1928, S. 153–182, 313–356.

Georg von Hertling,Albertus Magnus. Beiträge zu seiner Würdigung, Münster [2]1914.

Paul Hoßfeld, Albertus Magnus, Bonn 1983.

Herbert Klinkenberg, Zur Interpretation des Großen Schieds, in:JbKGV 25, 1950, S. 91–127.

P. Meinolf Lohrum o.p., Albertus Magnus – sein Leben und Werk, in: Colonia Romanica V, 1990, S. 47–54.

Rudolphus de Novimagio, Legenda beati Alberti Magni. Ed. 2 [Köln 1490 bei Koelhoff], hg. v. Heribert Christian Scheeben, Köln 1928.

Heinrich Ostlender, Albertus Magnus (ca. 1200–1280); in: Rheinische Lebensbilder 3, Düsseldorf 1968, S. 21–34.

Werner Schäfke, Albertus Magnus. Wissenschaftler – Politiker – Heiliger (Kölner Biographien 14), Köln 1980.

Herbert Christian Scheeben, Albert der Große. Zur Chronologie seines Lebens, Vechta 1931.

Hugo Stehkämper, pro bono pacis. Albertus Magnus als Friedensmittler und Schiedsrichter, in: Archiv für Diplomatik 23, 1977, S. 297–382.

Loris Sturlese, Die Philosophie im Deutschen Mittelalter. Von Bonifatius bis zu Albert dem Großen 784–1280, München 1993.

Angelus Maria Walz, Zur Heiligsprechung des seligen Albert des Großen, in: Der katholische Gedanke 2, 1929, S. 366–389.

Melchior Weiß, Reliquiengeschichte Alberts des Großen aus den Quellen zusammengestellt, München 1930.

Alfred Wendehorst, Albertus Magnus und Konrad von Hochstaden, in: RhVjbll. 18, 1954, S. 30–54.

Hieronymus Wilms, Albert der Große, München 1930.

Albert Zimmermann (Hg.), Die Kölner Universität im Mittelalter – Geistige Wurzeln und soziale Wirklichkeit. Für den Druck besorgt von Gudrun Vuillemin-Diem (Miscellanea Medievalia Bd. 20), Berlin/New York 1989.

Johannes Duns Scotus (um 1265–1308)

Nr. 122 / 4. OG

Abb. 547: Johannes Duns Scotus, Kupferstich von Jeremias Kilian

Er war die letzte große Gestalt der Hochscholastik (die auf die antike Philosophie gestützte, christliche Dogmen verarbeitende Philosophie und Theologie des Mittelalters) nach Albertus Magnus und Thomas von Aquin, schon zu Lebzeiten »doctor subtilis« genannt wegen seines denkerischen Scharfsinns und »doctor marianus« wegen seiner theologischen Bemühungen um die Lehre von der unbefleckten Empfängnis Mariens.

Geboren in Schottland, wahrscheinlich aus dem heutigen Städtchen Duns stammend, trat Johannes wohl im Jahre 1280 in England dem Orden der Franziskaner-Minoriten bei. 1291 wurde er zum Priester geweiht. Nach dem Studium in Paris lehrte er als Baccalaureus seit um 1300 in Cambridge, dann in Oxford und seit 1302 in Paris. Im Sommer 1303 weigerte er sich, auf einem vom französischen König Philipp d. Schönen initiierten Konzil gegen Papst Bonifatius VIII. zu erscheinen. Er mußte seinen Lehrstuhl an der Universität aufgeben und Paris zeitweilig verlassen. Zuflucht fand er – hier ist die Auffassung der Forscher uneinheitlich – in Bologna oder aber in Köln. Doch bereits im Herbst 1304 konnte Johannes nach Paris zurückkehren und Ostern 1305 den Doktorgrad der Theologie erwerben. Wenig später berief Gonsalvus von Valboa, der Generalobere seines Ordens, den schon berühmten Gelehrten an das seit 1260 bezeugte Generalstudium der Franziskaner in Köln, an dem zu dieser Zeit um dreihundert Studenten teilnahmen. Spätestens seit dem Frühjahr 1307 in Köln, wurde Johannes im Sommer des Jahres zum Leiter des Generalstudiums ernannt. Er starb jedoch schon am 8. November 1308 im Alter von nur 42 Jahren. Beigesetzt wurde er in der Grabkammer der Kölner Minoritenkirche, seit dem Ende des 14. Jahrhunderts ruht er vor dem Hochaltar. Dort ruhen seine Gebeine auch heute noch, in einem in den fünfziger Jahren des 20. Jahrhunderts neu geschaffenen Sarkophag mit dem Epitaph »Scotia me genuit, Anglia me suscepit, Gallia me docuit, Colonia me tenet« (Schottland hat mich geboren, England hat mich aufgenommen, Frankreich lehrte mich, Köln hat mich behalten). Mehrere Seligsprechungsprozesse wurden angestrengt, der erste 1706 in Köln, dann 1710 und noch einmal 1905/06 in der italienischen Stadt Nola (nahe beim Vesuv) und zuletzt auch in Rom. Endgültig selig gesprochen wurde Johannes am 20. März 1993.

Sein in zahlreichen Werken entwickeltes philosophisch-theologisches Lehrsystem, dessen zentrale Ideen die göttliche Liebe, die beherrschende Stellung Christi und marianische Spekulationen waren und mit dem er eine Harmonisierung der natürlichen und übernatürlichen Wahrheiten, einen Bund zwischen Glauben und Philosophie zu schaffen versuchte, wirkte lange von Köln aus fort. Viele Franziskaner nannten sich nach ihm »Scotistae«, um sich von anderen Lehren, etwa dem am nicht weniger berühmten Franziskaner-Generalstudium zu Erfurt gepflegten Ockhamismus, der Lehre des englischen Scholastikers Wilhelm von Ockham, abzusetzen. Der bekannteste Kölner Schüler des Johannes Duns, Johannes gen. Agrippinus, schrieb um 1339 ein praktisches Handbuch für den Unterricht am Generalstudium, das in 430 alphabetisch geordneten Fragen die Lehrmeinungen des großen Gelehrten und Lehrers (»nec pluribus impar«), als den ihn schon die frühesten Darstellungen zeigen, und »Verteidigers der Immaculata«. (BD)

Der Minorit wird durch das Mönchshabit mit dem Gürtelstrick als Mitglied dieser Ordensgemeinschaft ausgezeichnet. Unter dem Arm trägt er, Hinweis auf seine theologischen und philosophischen Studien, einen starken Folioband. Der wie zum Sprechen geöffnete Mund und die im alten Argumentationsgestus gehaltenen Hände sind beredter Hinweis auf die Lehrtätigkeit dieses Scholastikers. Gegenüber dem Modell gewann der Kopf in der Ausführung an plastischem Volumen. (BE)

Johann Duns Scotus, Westseite, 4. OG, Nr. 122
Ratsbeschluß am 1. Februar 1990
Modellvorstellung am 8. Dezember 1989
Figurenübergabe am 10. September 1991
Bildhauer: Andreas Dilthey
Stifter: Franz Sauer, Damen- und Herrenmoden, Köln

Literatur

Johannes Duns Scotus. Abhandlung über das erste Prinzip. Hg. von Wolfgang Kluxen; Darmstadt [2]1987 (TzF, Bd. 20).
Theodor Barth, Johannes Duns Scotus, gestern und heute, in: Wissenschaft und Weisheit 30, Düsseldorf 1967, S. 190ff.
Dietrich Esser, Der Kölner Seligsprechungsprozeß des Johannes Duns Scotus 1706/07; in: Franziskanische Studien 64, 1982, S. 446–456.
Der gottselige Johannes Duns Scotus ordinis minorum, sein Grab in der Minoritenkirche und die Minoriten in Köln, Köln 1956.
Konrad Josef Heilig, Zum Tode des Johannes Duns Scotus, in: HJb 49, 1929, S. 641–645.
Claus Richter, Studien zum literarischen Werk von Johannes Duns Scotus (Veröffentl. d. Komm. f. d. Herausgabe ungedruckter Texte a. d. mittelalterlichen Geisteswelt, Bd. 14), München 1988.

Adolph Kolping (1813–1865)
Nr. 123 / 4. OG

Abb. 548: Adolph Kolping, Foto: Archiv Konservator

Adolph Kolping wurde als jüngster Sohn, eines von fünf Kindern armer Eltern – der Vater war Schäfer und Kleinlandwirt – am 8. Dezember 1813 in Kerpen im Kreis Bergheim geboren. Mit dreizehn Jahren verließ er die einklassige Schule seines Geburtsortes und begann ein Lehre in der Werkstatt des Dorfschuhmachers. Auf seiner Gesellentour kam der Zwanzigjährige auch nach Köln. Über seine Gesellen- und Wanderjahre, besonders auch seine Kölner Zeit, berichtet Kolping in seiner autobiographischen Schrift »Curriculum vitae«, die der späte Abiturient im Jahre 1841 für seine Lehrer verfaßte, und in mehreren autobiographischen Erzählungen, die er unter Pseudonym im von ihm herausgegebenen »Katholischen Volkskalender« in den 50er Jahren des 19. Jahrhunderts veröffentlichte. Danach hatte das moralische, soziale und religiöse Elend der Handwerksgesellen (»eine bestimmte Stufe der Verkommenheit«), das »wüste Leben«, an dem auch er teilhatte und das ihn sogar kurzzeitig ins Gefängnis brachte, in ihm das Bedürfnis reifen lassen, Priester zu werden.

1837, mit 24 Jahren, trat Adolph Kolping in die Tertia des Marzellengymnasiums ein, wegen seiner glänzenden Leistungen vom Schulgeld befreit und durch ein Stipendium gefördert. Mit 27 bestand er die Abiturprüfung. In München und Bonn studierte er Theologie. 1845 wurde er in der Kölner Minoritenkirche zum Priester geweiht und ging als Kaplan und Religionslehrer nach Elberfeld, wo er das Elend der Fabrikarbeiter kennenlernte und in Kontakt mit dem Gesellenverein des Elberfelder Lehrers Georg Breuer kam.

1849 wurde Kolping Domvikar in Köln, und hier gründete er am 6. Mai des Jahres in der St. Kolumbaschule mit sieben Gesellen den Kölner Ortsverein des Elberfelder Vereins, der im Frühjahr 1850 bereits 300 Mitglieder hatte. Aus ihm ging noch im gleichen Jahr der »Rheinische Gesellenbund« hervor, der sich ab 1851 »Katholischer Gesellenverein« (ab 1853 im eigenen Haus an der Breite Straße) nannte. Kolping wurde sein Generalpräses. Bald folgten Gründungen auch in Münster, Hildesheim, Freiburg, München, ja sogar in Salzburg und Wien. 1855 gab es über einhundert Vereine mit rund 12000 Mitglieder; 1865 waren es bereits 418 Vereine mit über 24000 Angehörigen in Deutschland, Österreich-Ungarn und in den USA. Bereits das Gründungsstatut von 1850 hatte festgelegt, daß die Vereine nicht nur erzieherisch wirken, sondern auch konkrete Hilfen durch die Einrichtung von Kranken- und Sparkassen, Vorschußkassen und andere Einrichtungen für ihre Mitglieder, aber auch für Nichtmitglieder anbieten sollten. Adolph Kolping und sein Gesellenverein waren unpolitisch, er selbst im strengen Sinne kein Sozialreformer, sondern religiös-praktischer »Volkserzieher«. Kolping wollte die sozialen Probleme zu allererst durch Beeinflussung des Gewissens und der Gesinnung der einzelnen Menschen lösen: durch ihre Erziehung, die zum alleinigen Mittelpunkt einer Sozialpolitik wurde, die sich der sittlich-religiösen Erneuerung der Gesellschaft durch tätiges Christentum verschrieben hatte. Doch Kolping forderte auch die Hilfe und Unterstützung der staatlichen Gesetzgebung im sozialen Bereich: »Derartige Fragen werden nicht in Gnade und Barmherzigkeit gelöst, sondern in Gerechtigkeit. Das soziale Leben in allen seinen Verzweigungen ruht auf dem richtigen Recht und soll in den entsprechenden Gesetzen seinen wahren Schutz und seine Wehr finden.« Kolping wirkte nicht nur als Initiator und Leiter des weltumspannenden Gesellenvereins, der seinen Namen noch heute trägt. Er wurde einflußreich publizistisch tätig, gab katholische »Volkskalender« heraus, gründete 1854 die »Rheinischen Volksblätter« als dezidiert katholisches Presseorgan in der Auseinandersetzung mit der Kölnischen Zeitung. 1862 wurde Adolph Kolping, nach dem Kölner Domkapitel ihn abgelehnt hatte, Rektor der Minoritenkirche. Er starb am 4. Dezember 1865 in Köln. Zunächst auf dem Melatenfriedhof begraben, wurde er 1866 im Südschiff der Minoritenkirche vor dem St. Joseph-Altar bestattet. 1926 begannen die Vorarbeiten für den Seligsprechungsprozeß des Bahnbrechers des sozialen katholischen Vereinswesens. Am 27.10.1991 wurde der »Gesellenvater« Adolph Kolping seliggesprochen. (BD)

In das langgeknöpfte Priestergewand gekleidet, trug die Figur in einem ersten Entwurfsstadium alleine ein Buch in Händen, dessen Einband durch ein Kreuz bezeichnet wurde. Der schließlich beigegebene Schuhmacherleisten soll auf Kolpings Herkunft aus dem Handwerk, auf seine Schuhmacherlehre und die anschließende Tätigkeit als Geselle verweisen. Die Figur wurde über mehrere Modell- und Ausführungsphasen zur endgültigen Fassung entwikkelt. (BE)

Adolph Kolping, Nordseite, 4. OG, Nr. 123
Ratsbeschluß am 11. Juni 1987
Modellvorstellung am 14. Mai 1987
Figurenübergabe am 1. Oktober 1987
Bildhauer: Dieter Heuft
Stifter: Kölner Dreigestirn der Session 1987 gemeinsam mit Günter Eich, Köln

Literatur

Adolf-Kolping-Schriften. Kölner Ausgabe, 5 Bde., Köln 1981–1991.

Theodor Brauer, Adolf Kolping, Freiburg i. Br. 1923 (Klassiker katholischer Sozialphilosophie, Bd. 2).

Victor Conzemius, Adolph Kolping (1813–1865), in: Rheinische Lebensbilder 3, Düsseldorf 1968, S. 221–233.

Theodor von den Driesch, Adolf Kolping als Typus des Volksbildners, in: Vierteljahresschrift für wissenschaftliche Pädagogik 5, 1929, S. 177–221.

Heinrich Festing, Adolph Kolping und sein Werk, Freiburg Basel Wien [7]1977.

Albert Franz, Adolf Kolping, der Gesellenvater, Mönchen-Gladbach 1913.

Josef Klersch, Adolf Kolping, in: Rheinisch-Westfälische Wirtschaftsbiographien Bd. 1, 1931, S. 73–92.

Hans-Joachim Kracht, Adolph Kolping (Kölner Biographien 9), Köln 1977.

Hans-Joachim Kracht, Adolph Kolping. Priester, Pädagoge, Publizist im Dienst christlicher Sozialreform. Leben und Werk aus den Quellen dargestellt, Freiburg–Basel–Wien 1993.

Franz Lüttgen, Zwei Kolping-Legenden aus Köln, in: JbKGV 62(1991), S. 97–108.

Franz Lüttgen, Adolph Kolping als Schustergeselle in Köln. Autobiographische Elemente in seinen Volkskalendern, in: JbKGV 64, 1993, S. 149–161.

Johannes Nattermann, Adolf Kolping als Sozialpädagoge und seine Bedeutung für die Gegenwart, Leipzig 1925 (Forschungen zur Geschichte der Philosophie und Pädagogik, Bd. 1, H. 1).

Otto Pfülf, Adolph Kolping nach seiner Selbstzeichnung, in: Stimmen aus Maria Laach 85, 1913, S. 117–135; 242–262; 364–392.

Anna Richli, Adolf Kolping, der Gesellenvater. 8. Dez. 1813 bis 4. Dez. 1865 Freiburg 1930 (Kleine Lebensbilder Bd. 22–23).

Sebastian Georg Schäffer, Adolf Kolping, der Gesellenvater, Münster 1880 (Paderborn [3]1894. Neubearb.: Adolf Kolping, sein Leben und sein Werk, v. J. Dahl, ergänzt und hg. v. Bernhard Ridder, Köln 1961).

Michael Schmolke, Adolph Kolping als Publizist. Ein Beitrag zur Publizistik und zur Verbandsgeschichte des deutschen Katholizismus im 19. Jahrhundert, Münster 1966.

Franz Joseph Wothe, Adolf Kolping, Leben und Lehre eines großen Erziehers, Recklinghausen [3]1953.

Edith Stein (1891–1942)

Nr. 124 / 4. OG

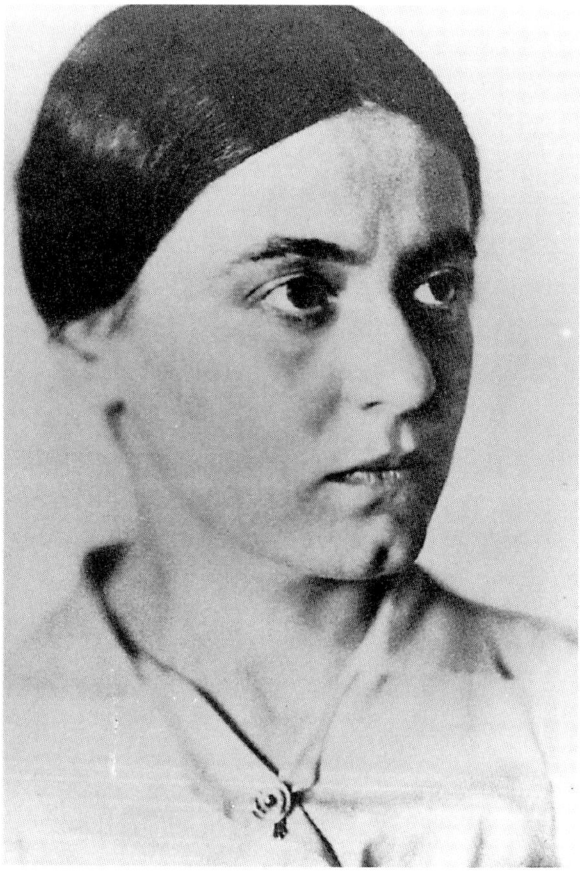

Abb. 549: Edith Stein, Foto: Archiv Konservator

Als gebürtige Jüdin und katholische Ordensfrau wurde die Philosophin und Pädagogin Edith Stein – Schwester Teresia Benedicta a Cruce – in Auschwitz ermordet. Wegen der ergebenen Bereitschaft, mit ihrem jüdischen Volk zu leiden und gleichzeitig ein Sühneopfer für die Mörder zu bringen, hat die katholische Kirche sie am 1. Mai 1987 als Märtyrerin seliggesprochen. Diese erste Seligsprechung auf deutschem Boden geschah in Köln, wo sich Edith Steins Lebenswunsch mit ihrem Eintritt in den Karmel erfüllt hatte. Im Karmelitinnenkloster, damals an der Dürener Straße in Lindenthal, verlebte sie von Oktober 1933 bis Ende 1938 wichtige Jahre der geistigen und geistlichen Vertiefung. Nachdem 1938 aufgefallen war, daß im Konvent eine getaufte Jüdin lebte und die Pogrome der sog. »Reichskristallnacht« Schlimmes für sie und ihre Mitschwestern befürchten ließen, wechselte Edith Stein in den Karmel von Echt bei Roermond. Verschiedene Bemühungen, sie nach dem Überfall der Hitler-Wehrmacht auf die Niederlande (1940) in Sicherheit zu bringen, blieben erfolglos. Im Zuge einer »Vergeltungsmaßnahme«, mit der die Nationalsozialisten ein Hirtenwort der niederländischen Bischöfe gegen die Judenverfolgung beantworteten, wurde Edith Stein zusammen mit Hunderten niederländischer Juden am 2. August 1942 verhaftet und »in den Osten abgeschoben«, d. h. nach Auschwitz-Birkenau deportiert und dort am 9. August 1942 ermordet.

Der Rückzug ins Kloster war für Edith Stein der Höhepunkt ihres Lebens, das zuvor schon reich an Bemerkenswertem gewesen war und sie auch im weltlichen Sinn als eine der herausragenden Frauengestalten des 20. Jahrhunderts erscheinen läßt. Schon als Kind fiel Edith Stein, jüngstes von sieben Kindern einer Breslauer Kaufmannsfamilie, durch ihre intellektuelle Begabung auf. Ihr Studium der Germanistik und Geschichte, Psychologie und Philosophie in Breslau, Göttingen und Freiburg schloß sie 1916 mit einer glänzenden Dissertation bei Edmund Husserl ab, dem damals berühmtesten Philosophen deutscher Sprache, Begründer der Phänomenologie und Wegbereiter der Existenzphilosophie. Sie wurde seine Assistentin, doch obwohl ihre wissenschaftliche Qualifikation bewiesen war, scheiterte ihr Versuch, mit einer Habilitation die wissenschaftliche Laufbahn einzuschlagen – weil sie eine Frau war. Bestimmend für ihre weitere Arbeit wurde ihre religiöse Entwicklung. Vom jüdischen Glauben ihrer Kindheit hatte Edith Stein sich früh entfernt. Lange war sie atheistisch eingestellt, fand aber durch das phänomenologische Denken einen Zugang zu religiösen Fragen. Tiefbewegende persönliche Erlebnisse führten sie an den christlichen Glauben heran. Die Lektüre der Autobiographie der heiligen Karmelitin Theresia von Avila gab ihr den letzten Anstoß; 1922 ließ sie sich katholisch taufen. Von 1923 bis 1931 lebte sie bei den Dominikanerinnen in Speyer und unterrichtete an deren Mädchenschulen. In diesen Jahren baute sie sich mit Publikationen und Vorträgen auch einen wissenschaftlichen Ruf im In- und Ausland auf. Besonderes Engagement widmete sie der christlichen Frauenbildung. Mit dem Vortrag »Das Ethos der Frauenberufe« wurde sie 1930 in ganz Deutschland bekannt. Durch diesen Erfolg ermutigt, gab sie den Schuldienst auf, um noch einmal eine wissenschaftliche Karriere anzustreben. Sie scheiterte aber erneut mit ihrem Habilitationsversuch – diesmal auch wegen ihrer jüdischen Herkunft. Das katholische »Deutsche Institut für wissenschaftliche Pädagogik« im westfälischen Münster berief sie als Dozentin, doch mußte Edith Stein diese Tätigkeit bereits 1933 aufgrund der »Nichtariergesetze« wieder aufgeben. Dem Eintritt in den Karmel, der ihr schon bei ihrer Taufe vorgeschwebt hatte, stand nun keine weltliche Aufgabe mehr entgegen. Im Kloster arbeitete sie an einer großen Studie, die unter dem Titel »Endliches und ewiges Sein« allerdings erst 1950 erscheinen konnte. In den Niederlanden entstand ihre

Die Gestalt der seliggesprochenen Edith Stein beschließt den Reigen der Heiligen und Seligen im vierten Obergeschoß des Ratsturmes, im Kölnischen Himmel. Die Karmelitin ist im Nonnenhabit ihrer Ordensgemeinschaft dargestellt. Mit dem Kreuz, welches gegenüber dem Erstmodell zugunsten einer stärkeren Prägnanz an plastischem Volumen gewann, gibt sie ein sichtbares Zeugnis ihres Glaubensbekenntnisses auch in der Zeit von Verfolgung und Bedrohung mit dem Tode. (BE)

unvollendet gebliebene Schrift über die Mystik des Ordensheiligen Johannes vom Kreuz. Während das philosophische Werk Edith Steins, ihre Leistungen auf phänomenologischem Gebiet wie auch ihre späteren Versuche, diese neuzeitliche Denkrichtung mit der Scholastik des Thomas von Aquin und der augustinischen Metaphysik zu verbinden, noch kaum umfassend gewürdigt worden ist, sind ihre Abhandlungen zu Frauenfragen seit langem anerkannt. Sie kämpfte für die Gleichberechtigung der Frauen in Politik und Gesellschaft, definierte aber auch die besondere Rolle der Frau im privaten und im öffentlichen Leben. Progressiv und liberal denkend, sprach sie sogar Tabuthemen wie die Sexualerziehung für Mädchen an, hinterfragte die Haltung der katholischen Kirche zu brennenden Frauenproblemen und bezog auch zur Rolle der Frau in der Kirche in einer noch heute als radikal angesehenen Weise Stellung. Weil sie selbst lange Jahre das Leben einer modernen berufstätigen Frau führte, erfolgreich, an entscheidenden Punkten aber auch mit den Grenzen der Emanzipation konfrontiert, tat sie dies glaubwürdig und bis heute wegweisend.

(CVK)

Literatur

Elisabeth Endres, Edith Stein; München 1987.
Hanna-Barbara Gerl, Unerbittliches Licht Edith Stein – Philosophie, Mystik, Leben, Mainz 1991.
Maria Amata Neyer OCD, Edith Stein (Schwester Teresia Benedicta a Cruce OCD), Köln 1987 (Kölner Biographien 19).
Renata Posselt OCD, Eine große Frau unseres Jahrhunderts. Lebensbild der Philosophin und Karmelitin Edith Stein, Nürnberg [7]1954.
Edith Stein, Keine Frau ist ja nur eine Frau: Texte zur Frauenfrage, hg. v. Hanna-Barbara Gerl, Freiburg 1989.

Edith Stein, Nordseite, 4. OG, Nr. 124
Ratsbeschluß am 5. November 1987
Modellvorstellung am 28. Januar 1991
Figurenübergabe am 12. Mai 1992
Bildhauer: Paul Nagel
Stifter: Erzbistum Köln

Verzeichnis der Bildhauerinnen und Bildhauer
Verzeichnis der Stifterinnen und Stifter

Künstlerbiographien

Vera Bachmann

Die Gliederung der Künstlerbiographien folgt in alphabetischer Reihenfolge der Bildhauernamen, einer kurzen Schilderung des beruflichen Werdeganges und einer als Auswahl zu betrachtenden Reihung von Werken im öffentlichen Raum und in Sammlungen. Die biographischen Angaben stammen weitestgehend von den Bildhauern selbst. Anschließend erfolgt die Nennung der durch den Künstler geschaffenen Ratsturmfigur(en), der Daten von Ratsbeschluß (Tag der Sitzung), Modellvorstellung, Figurenübergabe und des Stifters.

Ahrens, Georg Paul Maria

1947	am 29. Juni in Koblenz geboren
1964–1967	Steinmetz- und Bildhauerlehre bei Pater Theodor Bogler OSB in Maria Laach
1967	Gesellenprüfung als Steinmetz in Köln
1967–1973	Studium bei Kurt Schwippert und Hans Karl Burgeff an der Fachhochschule für Kunst und Design in Köln
1974–1977	Assistent von Jürgen Weber an der Technischen Universität in Braunschweig
1978	Lehrauftrag an der Rheinisch-Westfälischen Technischen Hochschule in Aachen
1979–1981	Assistent von Elmar Hillebrand an der Rheinisch-Westfälischen Technischen Hochschule in Aachen
1981	Lehrauftrag an der Fachhochschule in Mainz
1982	Lehrauftrag an der Fachhochschule für Kunst und Design in Köln
1982	Förderpreis des Landes Rheinland-Pfalz
	lebt und arbeitet in Köln und Weibern-Wabern

Werke im öffentlichen Raum / Sammlungen (Auswahl)

1978	Koblenz, Mittelrhein-Museum: »Pferdeschädel«, Basalt
1980	Bonn, Deutscher Bundestag: »Widderschädel«, Federzeichnung
1984	Mayen, Fachhochschule für Verwaltung: »Computerchip«, Basalt und Edelstahl
1986	Mainz, Kultusministerium des Landes Rheinland-Pfalz: »Weiblicher Torso«, Bronze
1990	Aso/Japan, Nijima Collection: »Schreitender«, Bronze
1991	Datteln, Kreuzstraße: »Kreuz im Hötting«, Bronze und Basalt

Ratsturmfigur

Franz Carl Guilleaume, Südseite, 2. OG, Nr. 80
Ratsbeschluß am 2. März 1989
Modellvorstellung am 10. Januar und 8. August 1990
Figurenübergabe am 4. Dezember 1991
Stifter: Felten & Guilleaume Energietechnik AG, Köln

Bachem, John-Michael

1953	am 1. April in Leverkusen geboren
1975–1985	Studium und Meisterschüler bei Hans Karl Burgeff und Daniel Spoerri an der Fachhochschule für Kunst und Design in Köln
1987	Studienaufenthalt in New York
seit 1987	Lehrauftrag an der Fachhochschule für Kunst und Design, Abteilung Architektur, in Köln
	lebt und arbeitet in Köln

Werke im öffentlichen Raum / Sammlungen (Auswahl)

1982	Swisttal/Heimerzheim: Bauplastik aus Basalt und Edelstahl
1986	Köln, Privathaus: Brunnen, Basalt
1987	Köln, Brauhaus Päffgen: »Drei lustige Biertische«, Bronze und Buchenholz
1989	Bonn, Privatsammlung: »Großer Wagen«, Bronze
1990	Köln, Privatsammlung: »Tempel«, Tonröhren und Bronze

Ratsturmfiguren

Bruno I., Südseite, 4. OG, Nr. 116
Ratsbeschluß am 2. März 1989
Modellvorstellung am 8. August 1989

Figurenübergabe am 10. September 1990
Stifter: Deutsche Bank AG, Geschäftsleitung Köln

Petrus, Nordseite, 4. OG, Nr. 103
Ratsbeschluß am 15. Juni 1989
Modellvorstellung am 27. Oktober 1989
Figurenübergabe am 4. Februar 1991
Stifter: Walter Spiess, Köln

Balke, Klaus

1929	am 1. Juni in Detmold geboren
1944–1947	Goldschmiedelehre bei Elisabeth Treskow an den Kölner Werkschulen
1947–1948	Studium der Bildhauerei bei Josef Jaekel an den Kölner Werkschulen
1948–1950	Privatschüler bei Karl Ehlers in Detmold
1951–1952	Studium der Glasmalerei bei Wilhelm Teuwen an den Kölner Werkschule
1953	Studienaufenthalt in Florenz
1956	Förderpreis des Landes Nordrhein-Westfalen
	lebt und arbeitet in Köln

Werke im öffentlichen Raum / Sammlungen (Auswahl)

	Düsseldorf, Sammlung Nordrhein-Westfalen: »Die Macht der Presse«
	Düsseldorf, Sammlung Nordrhein-Westfalen: »Herkulesstaude«, Zinn
	Privatsammlung Woronesh/Rußland: »Trauerndes Elternpaar«, Bronze
	Trier, Dom: Wandbild, Kreuz u.a.
	Hildesheim, Dom: Reliquiar und Schrein des Hl. Ansgar, Ausmalung der Ansgar-Kapelle
	Mettmann, Thomas Morus Kirche: Ausmalung
	Püttlingen, St. Marien: Retabel mit 70 Figuren

Ratsturmfiguren

Jacques Offenbach, Südseite, 2. OG, Nr. 77
Ratsbeschluß am 26. Mai 1988
Modellvorstellung am 2. März 1989
Figurenübergabe am 14. Mai 1991
Stifter: EMI ELECTROLA GmbH, Köln

Schwarzer Ewald, Südseite, 4. OG, Nr. 114
Ratsbeschluß am 1. Februar 1990
Modellvorstellung am 1. März 1991
Figurenübergabe am 22. Juni 1992
Stifter: REWE-Zentral-Aktiengesellschaft, Köln

Baumeister-Bühler, Elisabeth

1912	am 22. April in Thale (Harz) geboren
1931–1933	Studium bei Richard Engelmann an der Kunstakademie in Weimar
1933–1939	Studium bei Wilhelm Gerstel an der Kunstakademie in Berlin
1940–1941	Meisterschülerin bei Fritz von Graevenitz an der Kunstakademie in Stuttgart
1942	freischaffend in Berlin tätig
1958	in der Dombauhütte Köln tätig
	lebt und arbeitet in Köln

Werke im öffentlichen Raum / Sammlungen (Auswahl)

1936	Berlin, Wettbewerbspreis Olympiade
1958–1962	Köln, Dom: verschiedene Plastiken, Stein
1964	Köln, Porträtbüste Oberbürgermeister Theo Burauen
1970	Köln, Kaiser-Wilhelm-Ring, Gothaer Versicherungen: Brunnen
1979	Köln, Porträtbüste Kardinal Höffner
1980	Köln, Heimbau: »Nike«, Relief
1983	Remscheid, Bergischer Löwe: Relief
1984	Köln, Porträtbüste Oberbürgermeister Burger
1992	Hittorf, St. Stephanus: Bronzereliefs

Ratsturmfiguren

Theophanu, Westseite, EG, Nr. 10
Ratsbeschluß am 30. Juni 1988
Modellvorstellung am 24. Juni 1988
Figurenübergabe am 16. Januar 1990
Stifter: Greven Verlag Köln GmbH, Köln

Agilolf, Südseite, 4. OG, Nr. 115
Ratsbeschluß am 2. März 1989
Modellvorstellung am 22. Juni 1989
Figurenübergabe am 30. April 1990
Stifter: Gothaer Versicherungsbank VVaG, Köln, Gothaer Rückversicherung AG, Köln, Gothaer Krankenversicherung AG, Köln

Bergmann, Hans-Joachim

1957	am 21. November in Allenstein/Ostpreußen geboren
1977–1979	Lehre als Steinmetz und Bildhauer in Remscheid
1979–1980	Studium der Bildhauerei bei Max Kratz an der Folkwang-Schule in Essen
1980–1982	Studium der Bildhauerei bei Hans Karl Burgeff an der Fachhochschule für Kunst und Design in Köln
1980–1982	Ausbildung bei Reinhard Graner an der Meisterschule für Steinmetze und Bildhauerei in Düsseldorf
1982	Meisterprüfung im Steinmetz- und Bildhauerhandwerk an der Handwerkskammer in Düsseldorf
1984–1989	Dozent an der Meisterschule für Steinmetze und Bildhauer in Düsseldorf
	lebt und arbeitet in Wipperfürth

Werke im öffentlichen Raum / Sammlungen (Auswahl)

1987	Wipperfürth, Markt: »Frau am Brunnen«, Anröchter Dolomit

Ratsturmfigur

Jan von Werth, Südseite, 2. OG, Nr. 50
Ratsbeschluß am 29. Mai 1990

Modellvorstellung am 6. Dezember 1989
Figurenübergabe am 23. Februar 1990
Stifter: Verein der Freunde und Förderer des Jan-van-Werth-Hauses e.V., Köln

Binding, Wolfgang

1937	am 30. November in München geboren
1957–1959	Ausbildung bei Willy Weyres an der Dombauhütte in Köln
1959–1963	Studium bei Zoltán Székessy an der Kunstakademie in Düsseldorf
1963–1965	Studien an der Kunstakademie in Kairo
1964	Förderpreis für Bildhauerei der Stadt Köln
1975–1976	Gastprofessur an der Universität in Marquett (USA)
seit 1976	Professur für Bildhauerei an der Rheinisch-Westfälischen Technischen Hochschule, Fakultät für Bauwesen, in Aachen
	lebt und arbeitet in Eynatten (Belgien)

Werke im öffentlichen Raum / Sammlungen (Auswahl)

1986	Bergheim: Brunnen, Bronze und Stein
1987	Wesseling: Brunnen, Bronze und Stein
1989	Aachen: Schafherde, Bronze
1990	Geldern: Brunnen, Bronze und Stein
1991	Overath, Bahnhofsplatz: Brunnen, Bronze und Stein

Ratsturmfiguren

Gerhard Overstolz, Nordseite, 1. OG, Nr. 30
Ratsbeschluß am 2. März 1989
Modellvorstellung am 8. August 1990
Figurenübergabe am 4. Februar 1992
(die Ausführung der Figur erfolgte unter Mitarbeit von Norbert Meyer)
Stifter: Ing. VDI Heinz Schmalen, Köln

Matthias Overstolz, Nordseite, 1. OG, Nr. 29
Ratsbeschluß am 1. Februar 1990
Modellvorstellung am 8. August 1990
Figurenübergabe am 4. Februar 1992
(die Ausführung der Figur erfolgte unter Mitarbeit von Daniel Hein)
Stifter: moderne stadt GmbH, Köln

Burgeff, Hans Karl

1928	am 20. April in Würzburg geboren
1946–1949	Studium generale an den Universitäten in Würzburg, Stuttgart und Tübingen
1949–1950	Studium der Bildhauerei bei Rother und Dikreifer an der Handwerkerschule in Würzburg
1951–1957	Studium der Bildhauerei bei Ludwig Gies an den Kölner Werkschulen
1968	Förderpreis der Stadt Köln
	Berufung an die Kölner Werkschulen
1973	Ernennung zum Professor für Bildhauerei an der Fachhochschule für Kunst und Design in Köln
	lebt und arbeitet in Köln und Weibern (Eifel)

Werke im öffentlichen Raum / Sammlungen (Auswahl)

1973	Köln, Dom: »Dionysos-Brunnen«, Bronze und Granit
1974	Trier, Dom: Seitenportal, Eisen und Glasätzung
1976	Bad-Godesberg, Theater: Brunnen, Basalt und Bronze
1978	Köln, Schmittstraße: »Gedenksäule Schleyer«, Basalt
1985	Schmerlenbach: Vier Kreuzgangstore, Glasätzung und Schmiedeeisen
1987–1989	Nidderau/Hanau, St. Marien: gesamte plastische Einrichtung, Holz, Bronze, Tuff und Marmor
	in zahlreichen Museen und Privatsammlungen der Bundesrepublik sind seine Werke (Handzeichnungen, Plastiken, Medaillen und Plaketten) vertreten

Ratsturmfiguren

Heinrich von Beeck, Nordseite, 1. OG, Nr. 36
Ratsbeschluß am 17. November 1988
Modellvorstellung am 23. September 1988
Figurenübergabe am 23. Januar 1990
Stifter: Annemarie und Helmut Börner-Stiftung, Köln

Stefan Lochner, Nordseite, 1. OG, Nr. 35
Ratsbeschluß am 11. Juni 1987
Modellvorstellung am 4. Februar und 23. September 1988
Figurenübergabe am 23. Januar 1990
Stifter: Annemarie und Helmut Börner-Stiftung, Köln

Josef Haubrich, Ostseite, 3. OG, Nr. 98
Ratsbeschluß am 2. Juli 1987
Modellvorstellung am 23. August 1988; das Modell wurde von Jochem Pechau erarbeitet und nach dessen Tod von Hans Karl Burgeff ausgeführt
Figurenübergabe am 26. Juni 1991
Stifter: Prof. Dr. Irene Ludwig und
Prof. Dr. Dr. h. c. mult. Peter Ludwig, Aachen

Friedrich Wilhelm Sollmann, Ostseite, 3. OG, Nr. 97
Ratsbeschluß am 15. Juni 1989
Modellvorstellung am 8. August 1990
Figurenübergabe am 15. Juli 1991
Stifter: Kaufhof Holding AG, Köln

Ulrich Zell, Nordseite, 1. OG, Nr. 37
Ratsbeschluß am 1. Februar 1990
Modellvorstellung am 15. Mai 1991
Figurenübergabe am 12. Mai 1992
Stifter: Nachkommen des Druckers und Verlegers Joseph Bachem (1821–1893), Köln

Peter Paul Rubens, Südseite, 1. OG, Nr. 49
Ratsbeschluß am 30. August 1994
Modellvorstellung am 29. September 1994
Figurenübergabe am 23. November 1994
Stifter: Dr. Dietrich C. und Marie-Luise Zschocke

Calleen, Heribert

1924	am 6. März in Köln geboren
1946	Ausbildung als Steinmetz bei Toni Stockheim in Köln
1947	Ausbildung als Steinmetz in der Dombauhütte in Köln
1947–1954	Studium der Bildhauerei bei Wolfgang Wallner und Ludwig Gies an den Kölner Werkschulen
	lebt und arbeitet in Köln

Werke im öffentlichen Raum / Sammlungen (Auswahl)

1963	Köln, Klein St. Martin: Kirchenportal, Bronze
1965	Köln, Unter Sachsenhausen: Brunnen vor der Industrie- und Handelskammer, Bronze
1975	Köln, Westfriedhof: »Feld der Opfer der NS Gewaltherrschaft«, Bronze

Ratsturmfiguren

Agrippina die Jüngere, Nordseite, EG, Nr. 3
Ratsbeschluß am 11. Juni 1987
Modellvorstellung am 4. Februar 1988
Figurenübergabe am 11. September 1989
Stifter: Agrippina Versicherung AG, Köln

Gustav von Mevissen, Ostseite, 2. OG, Nr. 76
Ratsbeschluß am 2. März 1989
Modellvorstellung am 11. Januar 1991
Figurenübergabe am 23. Juni 1992
Stifter: Industrie- und Handelskammer zu Köln gemeinsam mit Otto Wolff AG, Köln

Moses Hess, Ostseite, 2. OG, Nr. 75
Ratsbeschluß am 1. Februar 1990
Modellvorstellung am 11. Januar 1991
Figurenübergabe am 23. Juni 1992
Stifter: Westdeutsche Rundfunkwerbung GmbH (WWF), Köln

Konsolen mit den Darstellungen der neun Musen

- Melpomene
- Polyhymnia
- Euterpe
- Kalliope
- Terpsichore
- Klio
- Thalia
- Erato
- Urania

Porträt-Konsolen mit den Darstellungen

- Hiltrud Kier
- Norbert Burger
- Bernd Ernsting
- Ulrich Krings

Dammin, Marlene

1941	am 28. September in Köln geboren
1979–1985	Studium der Bildhauerei bei Hans Karl Burgeff an der Fachhochschule für Kunst und Design in Köln
1980	Studienaufenthalt in Florenz
1988	Förderpreis des Evangelischen Stadtkirchenverbandes Köln
	lebt und arbeitet in Köln

Werke im öffentlichen Raum / Sammlungen (Auswahl)

	Bonn, Australische Botschaft: Rauminstallation, Stahl und Terallta
	Bonn, Kennedy-Allee: Standbild John F. Kennedy, Bronze

Ratsturmfigur

Melchior von Reidt, Westseite, 2. OG, Nr. 53
Ratsbeschluß am 29. Mai 1990
Modellvorstellung am 9. Mai 1990
Figurenübergabe am 5. Februar 1991
Stifter: Achim Beckmann, Köln

Dierkes, Karl-Josef

1968	am 10. April in Lohne geboren
1981–1984	Ausbildung zum Steinmetz in Paderborn
1986–1990	Studium der Bildhauerei bei Hans Karl Burgeff an der Fachhochschule für Kunst und Design in Köln
	lebt und arbeitet in Lohne und Vechta

Arbeiten im öffentlichen Raum / Sammlungen (Auswahl)

1984	Lohne, Franziskus-Schule: Wandrelief »Heiliger Franziskus«, Tuff
1988	Lohne, Jugendmusikschule: Relief »Jazz Combo«, Sandstein
1991	Lohne, Kindergarten St. Stephan: Grundstein »Bagger«, Sandstein

Ratsturmfiguren

Hermann Graf von Neuenahr, Ostseite, 1. OG, Nr. 40
Ratsbeschluß am 26. April 1990
Modellvorstellung am 31. Oktober 1990
Figurenübergabe am 26. Juni 1991
Stifter: Heinz G. Endres, Köln

Wilhelm Marx, Westseite, 3. OG, Nr. 87
Ratsbeschluß am 21. Januar 1991
Modellvorstellung am 23. April 1991
Figurenübergabe am 10. Januar 1992
Stifter: Strabag Bau-AG, Köln

Dilthey, Andreas

1957	am 8. Februar in Rheydt geboren
1976–1977	Studium der Agrarwissenschaften an der Rheinischen Friedrich-Wilhelms-Universität in Bonn
1977	Praktikum am Freilichtmuseum in Kommern
1977–1985	Studium der Bildhauerei u.a. bei Elmar Hillebrand an der Rheinisch-Westfälischen Technischen Hochschule in Aachen
	lebt und arbeitet in Aachen

Werke im öffentlichen Raum / Sammlungen (Auswahl)

1981–1984	Köln, St. Maria im Kapitol: Steinintarsien und Bronze-Grundrisse gemeinsam mit Elmar Hillebrand
1983–1984	Köln, St. Gereon: Fußboden, gemeinsam mit Elmar Hillebrand
1988–1991	Aachen, St. Philipp Neri: Altar, Tabernakel u.a., Steinintarsien und Bronze

Ratsturmfigur

Johann Duns Scotus, Westseite, 4. OG, Nr. 122
Ratsbeschluß am 1. Februar 1990
Modellvorstellung am 8. Dezember 1989
Figurenübergabe am 10. September 1991
Stifter: Franz Sauer, Damen- und Herrenmoden, Köln

Droll, Joachim

1970–1975	Bildhauerlehre mit anschließendem Praktikum bei Alfons Droll in Köln
1975–1976	Volontariat bei Gerhard Marcks in Köln
	lebt und arbeitet in Köln

Werke im öffentlichen Raum / Sammlungen (Auswahl)

1979	Köln, St. Maria Himmelfahrt: Schleierbretter-Orgel, Linde 1985
	Köln, Privathaus: »Rad der Fortuna«, Eiche
1990	Köln, Privatsammlung: Rekonstruktion fehlender Teile am »Lebensbaum« von Ludwig Gies, Eiche (z.Zt. im Maternushaus in Köln aufgestellt)
1991	Bergisch-Gladbach, Friedhofskapelle: Freihängendes Kreuz, Birne
1992	Zülpich-Oberelvenich, Kirche: Zelebrationsaltar, Sandstein

Ratsturmfigur

Georg Fritze, Nordseite, 3. OG, Nr. 90
Ratsbeschluß am 29. Mai 1990
Modellvorstellung am 11. Januar 1991
Figurenübergabe am 29. Januar 1992
Stifter: Evangelische Gemeinde Köln

Dunkel, Rolf

1953	am 30. März in Köln geboren
1969–1972	Ausbildung zum Steinmetz in der Dombauhütte in Köln
1972–1975	Ausbildung bei dem Bildhauer Völker in Opladen
1975–1985	Kurse bei den Bildhauern Reinhard Graner und Heribert Calleen in Düsseldorf und Köln
	lebt in Rommerskirchen, arbeitet in Köln

Werke im öffentlichen Raum / Sammlungen (Auswahl)

1987	Rommerskirchen, Marktplatz, Brunnen, Basalt
1977–1988	Raum Köln, personenbezogene Grabzeichen

Ratsturmfigur

Maternus, Ostseite, 4. OG, Nr. 109
Ratsbeschluß am 26. April 1990
Modellvorstellung am 10. Januar 1990
Figurenübergabe am 30. April 1990
(die Ausführung der Figur erfolgte unter Mitarbeit von Georg Krautkrämer)
Stifter: Kölner Bank von 1867 e.G., Volksbank Köln

Dywan, Hendryk

1933	am 1. Mai in Konitz geboren
1951–1954	Schüler in der Bildhauerwerkstatt von Nolde in Osnabrück
1954–1960	Studium der Bildhauerei bei Ludwig Gies an den Kölner Werkschulen
1993	Kulturpreis der Stadt Solingen
	lebt und arbeitet in Solingen

Werke im öffentlichen Raum / Sammlungen (Auswahl)

	Bochum, Land- und Amtsgericht: Reliefwand, Betonguß
	Bonn, Haus des Landes Nordrhein-Westfalen: Brunnen, Edelstahl
	Leichlingen, Evangelische Kirche: Kirchenportale, Bronze
	Solingen, Brunnen und Statue »Heiliger Clemens«, Edelstahl und Betonguß

Ratsturmfiguren

Constantin der Große, Nordseite, EG, Nr. 5
Ratsbeschluß am 15. Juni 1989
Modellvorstellung am 14. November 1989
Figurenübergabe am 10. Dezember 1991
Stifter: Messe- und Ausstellungsgesellschaft mbH, Köln

Postumus, Nordseite, EG, Nr. 4
Ratsbeschluß am 30. August 1990
Modellvorstellung am 14. November 1989
Figurenübergabe am 22. Oktober 1991
Stifter: Firma Madaus AG, Köln

Eichhorn, Michael

1953	am 19. Februar in Stukenbrock geboren
1968–1971	Bildhauerlehre bei Düchting in Soest
1971–1977	Studium der Bildhauerei bei Hans Karl Burgeff an der Fachhochschule für Kunst und Design in Köln
1981–1985	Meisterschüler bei Hans Karl Burgeff an der Fachhochschule für Kunst und Design in Köln lebt und arbeitet in Köln

Werke im öffentlichen Raum / Sammlungen (Auswahl)

1978	Lünen, Fußgängerzone: Platzgestaltung mit Brunnen aus Granit
1991	Hongkong und Mexiko: Ausstellungsarchitektur der Deutschen Design-Ausstellung
1992	Zoetermeer, Kopfskulptur »Il Colosso«, Kunststoff

Ratsturmfiguren

Ludolf Camphausen, Ostseite, 2. OG, Nr. 69
Ratsbeschluß am 2. März 1989
Modellvorstellung am 27. Oktober 1989
Figurenübergabe am 18. März 1991
Stifter: Arbeitgeberverband der Metall- und Elektroindustrie, Köln

Abraham Oppenheim, Ostseite, 2. OG, Nr. 70
Ratsbeschluß am 2. März 1989
Modellvorstellung am 27. Oktober 1989
Figurenübergabe am 11. September 1991
Stifter: Bankhaus Sal. Oppenheim jr. & Cie., Köln

Franzen, Werner

1928	am 19. Oktober in Cochem geboren
1951–1956	Studium der Bildhauerei bei Siegert und Trierweiler an der Werkschule in Trier Arbeitsaufenthalt in der Schweiz
1959	Meisterprüfung als Steinbildhauer lebt und arbeitet in Bergisch-Gladbach

Werke im öffentlichen Raum / Sammlungen (Auswahl)

1969	Düsseldorf-Urdenbach, Kirche Herz Jesu: Marienaltar, Sandstein
1974	Köln, St. Maternus: Antoniusrelief, Bronze
1982	Bergisch-Gladbach, Konrad-Adenauer-Platz: »Papierschöpfer«, Bronze
1986	Koblenz, Mittelrhein-Museum: Skulptur, Granit
1991	Kassel, Museum für Sepulkralkultur: Gedenkstein, Naturstein
1991	Altenberg, Dom: »Ökumene«, Bronze

Ratsturmfigur

Anno II., Südseite, 4. OG, Nr. 118
Ratsbeschluß am 22. August 1989
Modellvorstellung am 26. September 1989
Figurenübergabe am 8. Oktober 1990
Stifter: Nordstern Versicherungs-AG, Köln, gemeinsam mit Kölnische Rückversicherungs-Gesellschaft AG, Köln

Heiermann, Theo

1925	am 26. Oktober in Bottrop geboren
1946–1952	Studium der Bildhauerei bei Wolfgang Wallner, Josef Jaeckel, Wilhelm Teuwen an den Kölner Werkschulen lebt und arbeitet in Köln

Werke im öffentlichen Raum / Sammlungen (Auswahl)

1959	Köln, St. Ursula: Portal, Bronze
1968	Köln, St. Pantaleon: Portal, Holz
1968	Neuss, Museum Obertor: Figurengruppe, Zinnguß
1979–1980	Bottrop, Heilig Kreuz Kirche: Portale, Bronze
1980	Bad Münstereifel: Brunnen, Stein und Bronze
1986	Köln, Breite Straße: Brunnen, Stein und Bronze

Ratsturmfiguren

Karl Joseph Daniel DuMont, Ostseite, 2. OG, Nr. 72
Ratsbeschluß am 2. Juli 1987
Modellvorstellung am 17. Juli 1987
Figurenübergabe am 9. Dezember 1991
Stifter: Firma M. DuMont Schauberg, Köln

Ferdinand Hiller, Ostseite, 2. OG, Nr. 73
Ratsbeschluß am 25. September 1990
Modellvorstellung am 16. Mai und 8. Oktober 1990
Figurenübergabe am 14. Mai 1991
Stifter: Hannemarie Valder gemeinsam mit Dr. Claudia Valder-Knechtges, Franz Xaver Ohnesorg sowie zahlreiche Musikfreunde, Köln

Carl Eugen Langen, Südseite, 3. OG, Nr. 83
Ratsbeschluß am 15. Juni 1989
Modellvorstellung am 2. November 1989
Figurenübergabe am 5. November 1990
Stifter: Klöckner-Humboldt-Deutz AG, Köln

Nicolaus August Otto, Südseite, 3. OG, Nr. 82
Ratsbeschluß am 15. Juni 1989
Modellvorstellung am 2. November 1989
Figurenübergabe am 5. November 1990
Stifter: Klöckner-Humboldt-Deutz AG, Köln

Heuft, Dieter

1938	am 4. April in Obermendig geboren 1952-1955 Steinmetzlehre
1956–1957	Steinmetzfachschule und Studium bei Wogner in Mayen
1960–1963	Wanderjahre durch Deutschland, Italien, Belgien und Frankreich
1965–1971	Studium der Bildhauerei bei Kurt Schwippert und Hans Karl Burgeff an den Kölner Werkschulen lebt und arbeitet in Mendig

Werke im öffentlichen Raum / Sammlungen (Auswahl)

1970	Koblenz, Mittelrhein-Museum: »Große Stehende«, Basalt
1975–1980	Köln, St. Severin: Skulpturen am Hauptturm, Basalt
1985	Neuwied: »Geschichte der Arbeit«, Basalt
1986	Sinzig: Brunnen, Basalt und Bronze

Ratsturmfigur

Adolph Kolping, Nordseite, 4. OG, Nr. 123
Ratsbeschluß am 11. Juni 1987
Modellvorstellung am 14. Mai 1987
Figurenübergabe am 1. Oktober 1987
Stifter: Kölner Dreigestirn der Session 1987 gemeinsam mit Günter Eich, Köln

Hillebrand, Elmar

1925	am 11. Oktober in Köln geboren
1946–1948	Studium bei Josef Enseling und Ewald Mataré an der Kunstakademie in Düsseldorf
1948–1950	Studium bei Ossip Zadkine an der Académie de la Grand Chaumière in Paris
1961	Großer Kunstpreis der Stadt Köln
1964–1989	Professur für Bildhauerei an der Rheinisch-Westfälischen Technischen Hochschule in Aachen
	lebt und arbeitet in Köln

Werke im öffentlichen Raum / Sammlungen (Auswahl)

1956–1990	Köln, Dom: Altar, Sakramentshaus, Osterleuchter, Stein und Bronze
1958	Rom, Campo Santo Teutonico: Portal, Bronze
1966	Köln, Severinsbrücke: Hl. Severinus, Stein
1984	Neuss, Rathausplatz: Marktbrunnen, Stein und Bronze
1992	Düsseldorf, Statistisches Landesamt: Brunnen, Stein und Bronze

Ratsturmfigur

Joseph Kardinal Frings, Nordseite, 3. OG, Nr. 95
Ratsbeschluß am 16. Juni 1987
Modellvorstellung am 4. Februar 1988
Figurenübergabe am 1. Oktober 1990
Stifter: Stadt Köln

Hochhaus, Katharina

1960	am 8. Oktober in Leverkusen geboren
1981–1989	Studium der Bildhauerei bei Hans Karl Burgeff an der Fachhochschule für Kunst und Design in Köln
	lebt und arbeitet in Köln

Ratsturmfiguren

Mathilde Franziska Anneke, Ostseite, 2. OG, Nr. 74
Ratsbeschluß am 30. Januar 1992
Modellvorstellung am 13. Dezember 1989
Figurenübergabe am 2. Juni 1992
Stifter: Arbeitsgemeinschaft Sozialdemokratischer Frauen – SPD Unterbezirk –, Köln, gemeinsam mit Sparkassen-Stiftung zur Förderung rheinischen Kulturguts, Köln

Amalie Lauer, Nordseite, 3. OG, Nr. 94
Ratsbeschluß am 21. Januar 1991
Modellvorstellung am 21. September 1992
Figurenübergabe am 26. Februar 1993
Stifter: Katholischer Deutscher Frauenbund, Zweigverein Köln, gemeinsam mit Arbeitskreis der Katholischen Frauenverbände in der Stadt Köln

Höhnen, Olaf

1933	am 5. April in Mendig geboren
1948–1951	Steinbildhauerlehre bei Erich Moog in Kottenheim
1952–1958	Studium der Bildhauerei und Meisterschüler bei Josef Jaekel an den Kölner Werkschulen
1985	Kulturpreis des Erftkreises
	lebt und arbeitet in Frechen

Werke im öffentlichen Raum / Sammlungen (Auswahl)

1982	Frechen, Fußgängerzone: »Bartmannskrugbrunnen«, Bronze
1986	Frechen, Fußgängerzone: »Klüttenbrunnen«, Bronze, Trachyt, Ziegelstein
1986	Hilden, Fußgängerzone: »Gerber bei der Arbeit«, Bronze
1989	Dormagen: Schützenbrunnen, Basaltlava und Bronze
1990	Frechen, Hotel Bartmannskrug: »Steinzeugrohrbrunnen«, Bronze
1991	Kerpen-Horrem, Soziokulturelles Zentrum: »Klüttenjunge«, Bronze
1992	Frechen, Kolpingplatz: »Jeck em Rähn«, Bronze

Ratsturmfiguren

Max Bruch, Südseite, 3. OG, Nr. 81
Ratsbeschluß am 19. Dezember 1989
Modellvorstellung am 22. Juni 1989
Figurenübergabe am 6. Januar 1990
Stifter: Köln Musik GmbH gemeinsam mit Hannemarie Valder und Dr. Claudia Valder-Knechtges, Köln

Johann Maria Farina, Nordseite, 2. OG, Nr. 59
Ratsbeschluß am 29. Mai 1990
Modellvorstellung am 31. August 1990
Figurenübergabe am 18. März 1991
Stifter: Annemarie und Helmut Börner-Stiftung, Köln

Heinrich Böll, Südseite, 3. OG, Nr. 102
Ratsbeschluß am 21. Januar 1991
Modellvorstellung am 15. Mai 1991
Figurenübergabe am 10. März 1992
Stifter: gestiftet durch Vermittlung von Bundespräsident Richard Freiherr von Weizsäcker

Otto IV., Westseite, EG, Nr. 13
Ratsbeschluß am 30. August 1994
Modellvorstellung am 17. Mai 1994 und 25.5.1994
Figurenübergabe am 24. Oktober 1994
Stifter: Jörg P. Schäfer, Köln

Hürten, Sepp

1928	am 1. Mai in Köln geboren
1946–1951	Studium der Bildhauerei bei Wolfgang Wallner und Ludwig Gies an den Kölner Werkschulen
	lebt und arbeitet in Köln

Werke im öffentlichen Raum / Sammlungen (Auswahl)

1968	Köln, St. Georg: Chorgestaltung, Bronze und Stein
1973	Köln, St. Pantaleon: Sarkophag der Theophanu, Marmor
1975	Köln, St. Aposteln: Chorgestaltung, Bronze und Stein
1989	Bonn, St. Aegidius: Portal, Bronze
1989	Köln, Maternushaus: »Ursula-Brunnen«, Bronze und Stein
1990	Köln, Severinskirchplatz: »Stollwerkmädchen«, Bronze und Stein

Ratsturmfiguren

Karl Trimborn, Westseite, 3. OG, Nr. 86
Ratsbeschluß am 29. Mai 1990
Modellvorstellung am 1. März 1991
Figurenübergabe am 25. Februar 1992
Stifter: Westdeutsche Lotterie GmbH & Co, Köln

Mathilde von Mevissen, Westseite, 3. OG, Nr. 85
Ratsbeschluß am 30. Oktober 1990
Modellvorstellung am 1. März 1991
Figurenübergabe am 25. Februar 1992
Stifter: BAB-Immobiliengruppe Köln/Berlin, Köln

Hutz, Walter

1952	am 2. Januar in Köln geboren
1971–1979	Architekturstudium an der Rheinisch-Westfälischen Technischen Hochschule in Aachen
1981–1986	Wissenschaftlicher Mitarbeiter von Elmar Hillebrand an der Rheinisch -Westfälischen Technischen Hochschule in Aachen
seit 1987	Lehrbeauftragter am Lehrstuhl für Plastik bei Wolfgang Binding an der Rheinisch-Westfälischen Technischen Hochschule in Aachen
	lebt und arbeitet in Roetgen-Rott

Werke im öffentlichen Raum / Sammlungen (Auswahl)

Freren, Evangelische Kirche: Standleuchter
Bonn, Bundesgartenschau: Porträtköpfe von Politikern
Wiesbaden, Stadtkirche St. Bonifatius: Umbau und Ausschmückung der Taufkapelle
Alsdorf, Katholische Kirche: Taufstein
Köln-Lindenthal, Katholische Kirche: Sakristeibecken, Stein
Köln-Zentrum, Mode-Union: »Ein Märchen in Stein«

Ratsturmfiguren

Severin, Ostseite, 4. OG, Nr. 110
Ratsbeschluß am 30. August 1990
Modellvorstellung am 8. Oktober 1990
Figurenübergabe am 16. Juni 1992
Stifter: Konsul Dr.h.c. Hans Imhoff, Köln

Evergislus, Ostseite, 4. OG, Nr. 111
Ratsbeschluß am 26. April 1990
Modellvorstellung am 8. Oktober 1990
Figurenübergabe am 17. Juni 1992
Stifter: Firma Heinrich Schmitz KG, Köln

Kaiser, Stefan

1956	am 3. März in Köln geboren
1974–1977	Ausbildung als Steinmetz an der Dombauhütte in Köln
1977–1978	Schüler und Mitarbeiter von Elmar Hillebrand in Köln
1980–1985	Studium der Bildhauerei bei Hans Karl Burgeff an der Fachhochschule für Kunst und Design in Köln
1984	Zweiter Preis für ein »Mahnmal für die hingerichteten Edelweißpiraten« in Köln-Ehrenfeld
1990	Stipendium der Jakob Eschweiler Stiftung
	lebt und arbeitet in Köln

Werke im öffentlichen Raum / Sammlungen (Auswahl)

1981	Köln-Bickendorf, Rochuskirche: »Heiliger Rochus«, Sandstein
1981	Köln-Rodenkirchen, St. Joseph: »Heiliger Joseph«, Sandstein
1984	Köln-Frankenforst, St. Maria Königin: Christusambo, Blaustein
1986	Köln-Rodenkirchen, St. Maternus: Taufstein, Stein und Bronze
1987	Köln-Rodenkirchen, St. Maternus: »Heiliger Maternus«, Savonier
1989	Privatsammlung: Wandbrunnen »Pan«, Sandstein
1991	Pulheim-Brauweiler, Abtei Brauweiler: Nicolausstatue, Sandstein

Ratsturmfiguren

Georg Simon Ohm, Nordseite, 2. OG, Nr. 65
Ratsbeschluß am 2. Juli 1987
Modellvorstellung am 24. Mai 1988

Figurenübergabe am 17. März 1989
Stifter: GEW Köln AG, Köln

Sulpiz Boisserée, Nordseite, 2. OG, Nr. 64
Ratsbeschluß am 15. Juni 1989
Modellvorstellung am 8. August 1989
Figurenübergabe am 14. Januar 1991
Stifter: Stiftergemeinschaft Boisserée, Köln

Peter Heinrich Merkens, Nordseite, 2. OG, Nr. 63
Ratsbeschluß am 2. März 1989
Modellvorstellung am 8. August 1989
Figurenübergabe am 14. Januar 1991
Stifter: Colonia-Versicherungen, Köln

Rupert von Deutz, Westseite, 1. OG, Nr. 22
Ratsbeschluß am 30. August 1994
Modellvorstellung am 25. Oktober 1994
Figurenübergabe am 22. Dezember 1994
Stifter: Philipp M. Laufenberg und Familie

Kampert, Klaus

1956	am 25. April in Alpen/Ndrh. geboren
1978–1986	Studium der Bildhauerei bei Hans Karl Burgeff und Daniel Spoerri an der Fachhochschule für Kunst und Design in Köln lebt und arbeitet in Köln

Werke im öffentlichen Raum / Sammlungen

Köln-Porz, Fußgängerzone: »Tanz um das goldene Kalb«, Stein
Xanten: »Kopfweiden«, Stein
vertreten in zahlreichen Privatsammlungen

Ratsturmfigur

Maria Christine Teusch, Ostseite, 3. OG, Nr. 96
Ratsbeschluß am 2. März 1989
Modellvorstellung am 22. Juni 1989
Figurenübergabe am 1. Oktober 1991
Stifter: Firma Muelhens KG, Köln

Krämer, Martin

1959	am 16. März in Bonn geboren
1977–1979	Steinmetzlehre in Mayen
1982–1991	Studium und Abschlußprüfung der Bildhauerei bei Hans Karl Burgeff an der Fachhochschule für Kunst und Design in Köln lebt und arbeitet in Köln

Werke im öffentlichen Raum / Sammlungen (Auswahl)

1986	Bonn, Adenauerallee: Porträts von verschiedenen Politikern, Gips

Ratsturmfigur

Bernhard Letterhaus, Südseite, 3. OG, Nr. 100
Ratsbeschluß am 29. Mai 1990
Modellvorstellung am 21. August 1990
Figurenübergabe am 28. Januar 1992
Stifter: 1. Fußball-Club Köln 01/07 e.V., Köln

Krautkrämer, Georg

1960	am 7. Februar in Köln geboren
1980–1982	Steinmetzlehre bei der Firma E. Dunkel & Söhne in Köln
1981–1983	Kurse im Zeichnen und Modellieren bei Reinhard Graner in Düsseldorf
1986–1987	Meisterschule für Steinmetze und gleichzeitiges Studium bei Norbert Eggemann in Freiburg/Br.
1988	1. Preis beim Wettbewerb »Junges Handwerk« in Nordrhein-Westfalen
1989	Bronzemedaille auf der Bundesgartenschau in Frankfurt/M.
1990–1991	Privatunterricht bei Heribert Calleen in Köln lebt und arbeitet in Köln

Werke im öffentlichen Raum / Sammlungen (Auswahl)

1989	Köln-Bocklemünd, Fettenhof: »Raumschleife«, Diabas-Gestein
1991	Köln, Haus Pilartz: Fassadengestaltung, Impala-Granit

Ratsturmfigur

Otto I., Ostseite, EG, Nr. 9
Ratsbeschluß am 6. Dezember 1990
Modellvorstellung am 15. Mai 1991
Figurenübergabe am 11. Juni 1992
Stifter: Juwelier-, Gold- und Silberschmiedeinnung Köln

Kroll, Petra Astrid

1959	am 25. September in Fallingbostel geboren
1979–1985	Studium bei Helmut Rogge und Dietrich Klakow, Abschluß mit Diplom an der Fachhochschule für Kunst und Design in Hannover
1985	einjähriges Arbeitsstipendium des Landes Niedersachsen in Hannover
1986	zweimonatiger Studienaufenthalt in St. Paul de Vence, Fondation Karolyi
1986	Preisträgerin des »Elisabeth-Schneider-Preises für zeitgenössische Keramik« in Freiburg/Br. lebt und arbeitet in Köln

Werke im öffentlichen Raum / Sammlungen (Auswahl)

1986	Stuttgart, Württembergisches Landesmuseum

Ratsturmfigur

Sela Jude, Westseite, 1. OG, Nr. 25
Ratsbeschluß am 15. Juni 1989
Modellvorstellung am 16. Januar 1990
Figurenübergabe am 10. Dezember 1991
Stifter: Karstadt AG, Köln

Labusga, Herbert-Paul

1939	am 20. Januar in Oppeln geboren
1952–1958	Gymnasium für plastische Kunst und Studium der Bildhauerei und Malerei bei Kenar und Brzozowski in Zakopane (Polen)
1959–1964	Studium der Malerei bei Otto H. Gerster an den Kölner Werkschulen auf seinen Arbeitsgebieten Malerei, Bildhauerei, Bühnenbild, Graphik und Film erhielt der Künstler vielfache Auszeichnungen und Preise lebt und arbeitet in Köln und Bensberg

Ratsturmfigur

Willi Ostermann, Nordseite, 3. OG, Nr. 93
Ratsbeschluß am 17. November 1988
Modellvorstellung am 8. August 1989
Figurenübergabe am 11. November 1991
Stifter: Willi-Ostermann-Gesellschaft Köln e.V., Köln

Lindenthal, Friedrich

1941	am 19. August in Niederlangenau/Schlesien geboren Studium der Bildhauerei bei Josef Jaekel an den Kölner Werkschulen
1960	Studienreisen nach Norwegen und Schweden
1964–1965	Studienreise nach Indien und Nepal lebt und arbeitet in Merzbach

Werke im öffentlichen Raum / Sammlungen (Auswahl)

1983	Burg Saar: »Steinbaum«, Lavatuff
1986	Daun-Weiersbach, Sammlung Kimmeskamp: »Durchbrochene Scheibe«, Marmor
1992	Oberhausen, Artothek: »Stehende« und »Vogelschädel«, Bronze

Ratsturmfigur

Heribert, Südseite, 4. OG, Nr. 117
Ratsbeschluß am 15. Juni 1989
Modellvorstellung am 20. September 1989
Figurenübergabe am 28. November 1990
Stifter: Landschaftsverband Rheinland, Köln

Lohrengel, Hans-Otto

1953	am 23. März in Köln geboren
1972–1976	Pädagogische Ausbildung zum staatlich anerkannten Pädagogen in Köln
1976–1983	Studium der Bildhauerei bei Hans Karl Burgeff an der Fachhochschule für Kunst und Design in Köln
1986	Preis für Brunnenentwürfe in Dillenburg, lebt in Siebenmorgen, arbeitet dort und in Köln

Werke im öffentlichen Raum / Sammlungen (Auswahl)

1979	Bensberg: Trinkwasserbrunnen, Granit und Bronze
1988	Mainz, Rheinufer: Wasserprojekt »Trauerwelle«, Holzrastertechnik
1990	Mainz, Kultusministerium Rheinland-Pfalz: »Sitzende«, Bronze
1991	Waldbreitbach, Schule: Spielobjekt, Basaltlava und Bronze
1990–1992	Köln, Brauhaus Päffgen: »Thekenhäuschen«, Eiche und Linde

Ratsturmfiguren

August Reichensperger, Ostseite, 2. OG, Nr. 71
Ratsbeschluß am 8. September 1988
Modellvorstellung am 2. Dezember 1988
Figurenübergabe am 20. November 1989
Stifter: Dr. Heinrich Heinen, Herausgeber Kölnische Rundschau und Bonner Rundschau, Köln

Weißer Ewald, Südseite, 4. OG, Nr. 113
Ratsbeschluß am 29. Mai 1990
Modellvorstellung am 31. Oktober 1990
Figurenübergabe am 30. Oktober 1991
Stifter: Agrippina Versicherung AG, Köln gemeinsam mit Firma Gebr. von der Wettern GmbH, Köln

Lüdicke, Marianne

1919	am 18. Oktober in Frankfurt/M. geboren
1938–1939	Studium an der Kunstschule Maxon in München
1939–1944	Studium bei R. Knecht an der Akademie der Bildenden Künste in München
1980	Seerosenpreis der Stadt München lebt und arbeitet in Weisham-Bernau-Chiemsee

Werke im öffentlichen Raum / Sammlungen (Auswahl)

1963	Darmstadt-Eberstadt, Altenheim: Portalumrahmung »Das Leben«, Mineros
1974	Kronberg/Taunus, Friedhof: Gedenkstein auf dem anonymen Gräberfeld, Muschelkalk
1983	Prien/Chiemsee, Brunnen: »Begegnung«, Bronze und Muschelkalk
1985	Rosenheim, Skulpturenpark: Figurengruppe »Ruhe«, Bronze

Ratsturmfiguren

Katharina Henot, Westseite, 2. OG, Nr. 54
Ratsbeschluß am 17. November 1988
Modellvorstellung am 8. November 1988
Figurenübergabe am 12. Mai 1989
Stifter: Prof. Dr. Hiltrud Kier

Friedrich Spee von Langenfeld, Westseite, 2. OG, Nr. 55
Ratsbeschluß am 22. August 1989
Modellvorstellung am 15. Dezember 1989
Figurenübergabe am 28. November 1990
Stifter: Provinzial (öffentliche Versicherung), Provinzial Feuerversicherungsanstalt der Rheinprovinz, Provinzial Lebensversicherungsanstalt der Rheinprovinz, Düsseldorf

Moos, Helmut

1931	am 20. Februar in Bonn-Beuel geboren
1949–1958	Studium der Bildhauerei bei Josef Jaekel und Gerhard Marcks an den Kölner Werkschulen
	Studium der Bildhauerei bei Hans Wimmer an der Kunstakademie in Nürnberg
	lebt und arbeitet in Bonn und Obermühle-Urmersbach

Werke im öffentlichen Raum / Sammlungen (Auswahl)

1964	Euskirchen, Katholische Kirche: Tympanongestaltung, Stein
1968	Köln, Wallraf-Richartz-Museum: Porträt Kardinal Frings, Bronze
1970	Recklinghausen, Kunsthalle: Porträt des Bundesministers Georg Leber, Bronze
1982	Braunschweig, Domgemeinde: »Kreuzabnahme«, Bronze
1990	Osterrode/Harz: Brunnen »Selbstporträt«, Stein und Bronze
1991	Trier, Diözesanmuseum: »Kreuzabnahme«, Bronze
1992	Steinfeld/Eifel, Basilika: Türgestaltung »Verborgener Gott«, Bronze

Ratsturmfiguren

Karl Marx, Südseite, 2. OG, Nr. 78
Ratsbeschluß am 28. April 1988
Modellvorstellung am 6. Juni 1988
Figurenübergabe am 6. September 1988
Stifter: Sozialdemokratische Partei Deutschlands, Unterbezirk Köln

Hermann Heinrich Becker, Südseite, 2. OG, Nr. 79
Ratsbeschluß am 29. Mai 1990
Modellvorstellung am 29. November 1991
Figurenübergabe am 21. Oktober 1992
Stifter: gestiftet durch Vermittlung der Stadtsparkasse Köln

Urban VI., Nordseite, EG, Nr. 17
Ratsbeschluß am 8. März 1990
Modellvorstellung am 31. August 1990
Figurenübergabe am 21. Mai 1991
Stifter: Mitglieder der Universität Köln

Friedrich III., Nordseite, EG, Nr. 18
Ratsbeschluß am 30. Oktober 1990
Modellvorstellung am 6. Mai 1991
Figurenübergabe am 7. November 1991
Stifter: Deutsche Exxon Chemical GmbH, Köln

Rudolf I., Nordwest-Seite, EG, Nr. 16
Ratsbeschluß am 30. August 1994
Modellvorstellung am 16. September 1994
Figurenübergabe am 22. Dezember 1994
Stifter: Dieter und Marlies Blum gemeinsam mit Wolfgang und Hilke Blum, Helmut und Gisela Kauß, Herbert und Renata Päffgen, Köln

Moritz, Matthias

1957	am 1. September in Leipzig geboren
1977	Studium der Bildhauerei bei Hans Karl Burgeff an der Fachhochschule für Kunst und Design in Köln
1984	Abschlußprüfung
seit 1986	Auftragsarbeiten im Bereich Kunst am Bau
	lebt und arbeitet in Köln

Ratsturmfiguren

Agrippa, Nordseite, EG, Nr.2
Ratsbeschluß am 17. November 1988
Modellvorstellung am 28. Oktober 1988
Figurenübergabe am 21. August 1989
Stifter: Kölner Brauerei-Verband e.V., Köln

Augustus, Nordseite, EG, Nr. 1
Ratsbeschluß am 2. März 1989
Modellvorstellung am 28. Oktober 1988
Figurenübergabe am 21. August 1989
Stifter: Kölner Brauerei-Verband e.V., Köln

Gereon, Nordseite, 4. OG, Nr. 107
Ratsbeschluß am 1. Februar 1990
Modellvorstellung am 6. Dezember 1989
Figurenübergabe am 18. September 1990
Stifter: Gerling Konzern, Zentrale Verwaltungs-AG, Köln

9 Portalskulpturen
5 neue Konsolen

Nagel, Paul

1925	am 28. März in Köln geboren
	Studium bei Josef Jaeckel, Wilhelm Teuwen und Georg Maria Lünenborg an den Kölner Werkschulen
1961	Förderpreis des Landes Nordrhein-Westfalen
	lebt und arbeitet in Köln-Wesseling

Arbeiten im öffentlichen Raum / Sammlungen (Auswahl)

1955	Köln, Gürzenich: Brunnen, Bronze
	Köln, Dom: Gitterwerk
seit 1978	Würzburg, Karmeliterkirche: Gesamtgestaltung
seit 1988	Bensberg, Edith Stein-Kapelle
1989	Xanten, Dom: Silberaltar des Hochchores
1992	Köln-Wesseling: Pferdegruppe, Bronze

Ratsturmfiguren

Anna Maria Augustina de Heers, Westseite, 2. OG, Nr. 56
Ratsbeschluß am 8. März 1990
Modellvorstellung am 15. Mai 1990
Figurenübergabe am 22. Oktober 1990
Stifter: Schulpflegschaften des Gymnasiums und der Realschule der Ursulinenschule, Köln

Edith Stein, Nordseite, 4. OG, Nr. 124
Ratsbeschluß am 5. November 1987
Modellvorstellung am 28. Januar 1991
Figurenübergabe am 12. Mai 1992
Stifter: Erzbistum Köln

Nöthen, Erwin

1935 am 5. August in Bell/Eifel geboren
1956–196 Studium der Bildhauerei bei Josef Jaekel an den Kölner Werkschulen
1960–1966 Studium und Meisterschüler bei Manfred Sieler an der Kunstakademie in Düsseldorf lebt und arbeitet in Düsseldorf

Werke im öffentlichen Raum / Sammlungen (Auswahl)

1975 Düsseldorf, Kultusministerium: »Großer Holzapfel«, Eiche
1980 Aggertal, Raststätte: »Apfelecke«, Bronze und Basalt
1982 Bell: Kriegsgräberstätte, Bronze und Basalt
1986 Düsseldorf, Kultusministerium des Landes Nordrhein-Westfalen: »Kniemal«, Eiche
1989 Düsseldorf, Stadtmuseum: Ankauf von Porträtplaketten, Bronze
1991 Eschweiler-Hastenrath: Wendelinus-Säule, Bronze und Basalt

Ratsturmfigur

Max Isidor Bodenheimer, Nordseite, 3. OG, Nr. 88
Ratsbeschluß am 25. September 1990
Modellvorstellung am 16. Januar 1991
Figurenübergabe am 17. Januar 1992
Stifter: Klaus Kunkel und Stiftergemeinschaft, Köln

Johannes Gropper, Ostseite, 1. OG, Nr. 44
Ratsbeschluß am 30. August 1994
Modellvorstellung am 7. Juni 1994
Figurenübergabe am 20. Dezember 1994
Stifter: Alfred Freiherr von Oppenheim, Köln

Hermann von Weinsberg, Ostseite, 1. OG, Nr. 45
Ratsbeschluß am 30. August 1994
Modellvorstellung am 7. Juni 1994
Figurenübergabe am 20. Dezember 1994
Stifter: Annemarie und Helmut Börner-Stiftung, Köln

Heinrich Suderman, Südseite, 1. OG, Nr. 46
Ratsbeschluß am 30. August 1994
Modellvorstellung am 7. Juni 1994
Figurenübergabe am 23. September 1994
Stifter: Firma Oertel & Prümm GmbH & CO., Dr. Heinz Kleinen, Köln

Pechau, Jochem

1929 am 5. August in Marburg/Lahn geboren
1947–1949 Werkstattausbildung für Bildhauerei bei Walter Auch an der Kreisberufsschule in Biedenkopf/Lahn
1950–1957 Studium der Bildhauerei und Meisterschüler bei Ludwig Gies an den Kölner Werkschulen
1959 Förderpreis des Landes Nordrhein-Westfalen
1989 am 28. März in Weibern (Eifel) gestorben

Werke im öffentlichen Raum / Sammlungen

Jochem Pechaus Arbeiten sind in zahlreichen Kirchen des Rheinlandes zu sehen, ebenso gestaltete er Plätze im öffentlichen Raum

Ratsturmfigur

Josef Haubrich, Ostseite, 3. OG, Nr. 98
Ratsbeschluß am 2. Juli 1987
Modellvorstellung am 23. August 1988
(die Figur wurde von Hans Karl Burgeff nach dem Modell von Jochem Pechau und nach dessen Tode ausgeführt)
Figurenübergabe am 26. Juni 1991
Stifter: Prof. Dr. Irene Ludwig und
Prof. Dr. Dr. h. c. mult. Peter Ludwig, Aachen

Perger, Elisabeth

1960 am 27. Mai in Krefeld-Hüls geboren
1980–1990 Studium der Bildhauerei bei Hans Karl Burgeff an der Fachhochschule für Kunst und Design in Köln lebt und arbeitet in Sindorf

Werke im öffentlichen Raum / Sammlungen (Auswahl)

1981 Altenberg, Hauskapelle Haus Altenberg: Pietà, Buntsandstein 1984 Soest, Hauskapelle des Caritas-Altenheimes: Altar, Tabernakel und Kreuz, Anröchter Dolomit, Eisen, Kupfer vergoldet, Holz 1985 Sennestadt, Pfarrkirche: Kruzifix, farbig gefaßtes Lindenholz
1988 Neuss, Hauskapelle des Altenheimes: Kreuzigungsgruppe, Linde

Ratsturmfiguren

Maria Clementine Martin, Nordseite, 2. OG, Nr. 62
Ratsbeschluß am 28. April 1988
Modellvorstellung am 23. September 1988
Figurenübergabe am 24. Oktober 1989
Stifter: Vertriebsgesellschaft mbH »Maria Clementine Martin Klosterfrau«, Köln

Anna Maria van Schurman, Westseite, 2. OG, Nr. 57
Ratsbeschluß am 6. Dezember 1990
Modellvorstellung am 15. Mai 1990
Figurenübergabe am 4. März 1991
Stifter: Kölner Frauengeschichtsverein gemeinsam mit Agrippina Versicherung AG, Köln, und Dipl.-Ing. Otmar Schwab, Köln

Meister Eckhart, Nordseite, 1. OG, Nr. 33
Ratsbeschluß am 2. März 1989
Modellvorstellung am 13. Dezember 1989
Figurenübergabe am 31. Oktober 1990
Stifter: Firma Alfred H. Schütte, Köln

Johann I. von Brabant, Nordseite, 1. OG, Nr. 32
Ratsbeschluß am 30. August 1990
Modellvorstellung am 16. Januar 1991
Figurenübergabe am 17. Januar 1992
Stifter: Hotel- und Gaststättenverband Nordrhein e.V., Kreisgruppe Köln, Erftkreis, Rheinisch-Bergischer Kreis und Leverkusen

Kaspar, Nordseite, 4. OG, Nr. 104
Ratsbeschluß am 29. September 1992
Modellvorstellung am 5. Februar 1992
Figurenübergabe am 3. Dezember 1992
Stifter: Berlin-Kölnische Versicherungen, Köln

Melchior, Nordseite, 4. OG, Nr. 105
Ratsbeschluß am 29. September 1992
Modellvorstellung am 5. Februar 1992
Figurenübergabe am 3. Dezember 1992
Stifter: vermittelt durch die Dombauhütte Köln – Dombaumeister Prof. Dr.-Ing. Arnold Wolff

Balthasar, Nordseite, 4. OG, Nr. 106
Ratsbeschluß am 29. September 1992
Modellvorstellung am 6. März 1992
Figurenübergabe am 3. Dezember 1992
Stifter: Peter, Renate, Philip und Katharina Jungen, Köln

Reinarz, Titus

1948	am 16. April in Bad Honnef geboren
1964–1967	Steinmetz- und Bildhauerlehre bei OSB Theodor Bogler in Maria Laach
1968–1976	Studium der Bildhauerei bei Kurt Schwippert und Hans Karl Burgeff an der Fachhochschule für Kunst und Design in Köln
1975–1981	regelmäßige Studien- und Arbeitsaufenthalte in Italien
1986	Stipendiat der Casa Baldi in Olevano Romano
	lebt und arbeitet in Sinzig-Löhndorf

Werke im öffentlichen Raum / Sammlungen (Auswahl)

1970	Köln, Löwenhof des Rathauses: Wasserspeier, Basalt
1978	St. Augustin, Bundesgrenzschutz: Wandgestaltung, Alabastergips
1986–1988	Kempen, Propsteikirche: 12 Wasserspeier, Basalt
1989	Heinsberg, Propsteikirche: 2 Evangelistensymbole, Basalt
1990	Nörvenich-Frauwüllesheim, St. Mariä Heimsuchung: Chorraumgestaltung, Sandstein
1990	Köln, St. Kunibert: 4 Wasserspeier, Basalt
1991–1992	Kempen, Christ König: Altar, Ambo, Priestersitz, Osterleuchter, Tabernakel; Sandstein, Marmor und Bronze
1992	Sinzig, Marktplatz: Brunnen, Basalt, Trachyt und Bronze

Ratsturmfiguren

Konrad Adenauer, Nordseite, 3. OG, Nr. 92
Ratsbeschluß am 15. Juni 1989
Modellvorstellung am 2. März 1989
Figurenübergabe am 7. November 1991
Stifter: Rheinbraun AG, Köln

Hans Böckler, Nordseite, 3. OG, Nr. 91
Ratsbeschluß am 15. Juni 1989
Modellvorstellung am 2. März 1989
Figurenübergabe am 16. Februar 1990
Stifter: Deutscher Gewerkschaftsbund – Kreis Köln –

Albertus Magnus, Westseite, 4. OG, Nr. 121
Ratsbeschluß am 6. November 1986
ohne Modellvorstellung
Figurenübergabe 12. Dezember 1986
Stifter: Elektro Innung, Köln

Engelbert I. von Berg, Westseite, 4. OG, Nr. 120
Ratsbeschluß am 1. Februar 1990
Modellvorstellung am 16. Januar 1990
Figurenübergabe am 28. Mai 1992
Stifter: Nordrhein-Westfalen-Stiftung Naturschutz, Heimat- und Kulturpflege, Düsseldorf

Kaspar Ulenberg, Südseite, 1. OG, Nr. 48
Ratsbeschluß am 30. August 1994
Modellvorstellung am 16. September 1994
Figurenübergabe am 29. November 1994
Stifter: aus der Pfarre St. Kunibert: Maria Freericks gemeinsam mit Gisela Mirgel-Kunze, Hajo Fischer, Hans-Wilhelm Möller, Pastor Franz Schneider, Josef Schramml

Reuter, Wolfgang

1934	in Köln geboren
1956–1963	Studium der Bildhauerei und Zeichnung bei Ludwig Gies, seit 1961 sein Meisterschüler, an den Kölner Werkschulen
1972–1973	Studium der Bildhauerei und Staatsexamen bei Hans Karl Burgeff an der Fachhochschule für Kunst und Design in Köln
1980–1983	Kunstgeschichtsstudium u.a. bei Dr. Ludwig Frommel und Dr. Eduard Trier an der Rheinische Friedrich-Wilhelms-Universität in Bonn
	lebt und arbeitet in Köln und Boos (Eifel)

Werke im öffentlichen Raum

seit 1963	freischaffender Bildhauer mit zahlreichen kirchlichen, öffentlichen und privaten Auftraggebern

Ratsturmfiguren

Heinrich Agrippa von Nettesheim, Ostseite, 1. OG, Nr. 39
Ratsbeschluß am 28. April 1988
Modellvorstellung am 23. September 1988
Figurenübergabe am 11. Februar 1992
Stifter: Westdeutsche Lotterie GmbH & Co, Köln

Fygen Lutzenkirchen, Ostseite, 1. OG, Nr. 39
Ratsbeschluß am 22. August 1989
Modellvorstellung am 14. November 1989
Figurenübergabe am 11. Februar 1992
Stifter: Modehaus Jacobi, Köln

Rosenkranz, Andreas

1963	am 14. August in Köln geboren
1982–1984	Ausbildung zum Steinmetz und Bildhauer
1984	Studienreisen nach Portugal und Spanien
1989	Stipendium der Europäischen Gemeinschaft in Cambridge und London; Restaurierungsarbeiten an der Kathedrale von Ely und London
1990	Meisterprüfung als Steinmetz lebt und arbeitet in Köln

Ratsturmfiguren

Bruno der Kartäuser, Westseite, 4. OG, Nr. 119
Ratsbeschluß am 29. Mai 1990
Modellvorstellung am 27. Oktober 1989
Figurenübergabe am 10. Mai 1990
Stifter: Gesellschaft für schlüsselfertiges Bauen mbH (SF-Bau GmbH), Köln

Hilger Quattermart von der Stesse, Nordseite, 1. OG, Nr. 34
Ratsbeschluß am 29. Mai 1990
Modellvorstellung am 9. Juli 1991
Figurenübergabe am 4. Dezember 1991
Stifter: Vorstand und Beirat des Einzelhandelsverbandes Bezirk Köln e.V., Köln

Schmitz-Helbig, Marieluise

1925	am 4. Juni in Siegburg geboren
1945–1950	Studium der Bildhauerei bei Hans Breker, Otto Herbig, Hermann Kirchberger, Albert und Schaefer-Ast an der Hochschule für Baukunst und Bildende Künste in Weimar lebt und arbeitet in Köln

Werke im öffentlichen Raum / Sammlungen (Auswahl)

1968	Frechen, Edith-Stein-Schule: »Reifen-Pyramide«, V2A Stahl
1969	Sammlung Erftkreis: »Frauen am Brunnen«, Bronze
1975	Stadt Frechen: »Noah«, Bronze
1991	Köln-Wesseling, Rheinpark: »Penelope«, Bronze

Ratsturmfigur

Irmgard Keun, Südseite, 3. OG, Nr. 101
Ratsbeschluß am 8. März 1990
Modellvorstellung am 11. März 1991
Figurenübergabe am 1. Oktober 1991
Stifter: Gemeinschaft Kölner Buchhändler, Initiator Fridolin Hemmes, Köln

Schilling, Johann Peter

1952	am 20. April in Schwandorf (Bayern) geboren
1970–1973	Steinmetz- und Bildhauerausbildung in Regensburg
1974–1980	Studium der Bildhauerei bei Hans Karl Burgeff mit Abschlußexamen an der Fachhochschule für Kunst und Design in Köln lebt und arbeitet in Köln

Werke im öffentlichen Raum / Sammlungen (Auswahl)

1976	Geißmühle, BAB-Raststätte: »Krefelder Stadtwappen«, Tuffstein
1989	Köln, Wilhelm-Hübsch-Haus: Gedenkplakette an Wilhelm Hübsch, Bronze

Ratsturmfiguren

Ferdinand Franz Wallraf, Nordseite, 2. OG. Nr. 60
Ratsbeschluß am 8. September 1988
Modellvorstellung am 7. Oktober 1988
Figurenübergabe am 12. September 1989
Stifter: informedia verlags-gmbh, Köln

Heinrich Gottfried Wilhelm Daniels, Nordseite, 2. OG, Nr. 61
Ratsbeschluß am 26. April 1990
Modellvorstellung am 9. Juli 1991
Figurenübergabe am 11. Juni 1992
Stifter: Kölner Richter, Staatsanwälte, Rechtsanwälte und Notare

Schreiber, Jürgen

1937	am 11. August in Berlin geboren
1955–1974	Studium der Bildhauerei und Malerei bei Friedrich Vordemberge, Otto H. Gerster und Josef Jaekel an den Kölner Werkschulen
1959–1960	Studium der Bildhauerei an der Akademie in Florenz lebt und arbeitet in Köln

Werke im öffentlichen Raum / Sammlungen (Auswahl)

Köln, Platz An der Eiche: Brunnen, Bronze
Dormagen: Brunnen, Basaltlava
Olpe: Brunnenfigur, Bronze
Grabsteine auf diversen Friedhöfen in Nordrhein-Westfalen

Ratsturmfigur

Nikolaus Gülich, Westseite, 2. OG, Nr. 58
Ratsbeschluß am 22. August 1989
Modellvorstellung am 14. September 1989
Figurenübergabe am 23. Februar 1990
Stifter: Mitarbeiterinnen und Mitarbeiter der Stadtverwaltung Köln

Schwarz, Hilarius

1967–1969	Ausbildung zum Steinmetz an der Dombauhütte in Köln
1971	Teilnahme an der Bundesgartenschau in Köln
1973	Meisterprüfung als Steinmetz bei Reinhard Graner in Düsseldorf
1974–1977	Gasthörerschaft bei Hans Karl Burgeff an der Fachhochschule für Kunst und Design in Köln
1989	Bundesgestaltungspreis des Steinmetz- und Bildhauerhandwerks
1991	zwei Goldmedaillen für Grabmale in Dortmund lebt und arbeitet in Köln

Werke im öffentlichen Raum / Sammlungen (Auswahl)

1987	Dormagen: »Gefangenschaft«, Dolomit
1988	Köln: »Schlacht bei Worringen«, Sandstein
1991	Neuss: »Pascal-Denkmal«, Granit

Ratsturmfigur

Gerhard von Riele, Nordseite, 1. OG, Nr. 28
Ratsbeschluß am 8. September 1988
Modellvorstellung am 2. Dezember 1988
Figurenübergabe am 4. Oktober 1989
Stifter: Hans Langemann, Präsident der Handwerkskammer zu Köln

Swaaf, Paul de

1934	am 6. März in Breda (Niederlande) geboren
1951–1956	Studium der Bildhauerei bei Drayer an der Koninklijke Akademie Beeldende Kunsten in Den Haag
1956–1959	Studium der Bildhauerei bei Carasso an der Jan van Eyck Akademie in Maastricht lebt und arbeitet in Nijmegen

Werke im öffentlichen Raum / Sammlungen (Auswahl)

1986	Nijmegen, Max Planck Instituut: Figur, Bronze
1982	Nijmegen, Waalkade: Figur, Bronze

Ratsturmfiguren

Joost van den Vondel, Westseite, 2. OG, Nr. 51
Ratsbeschluß am 8. September 1988
Modellvorstellung am 8. Dezember 1989
Figurenübergabe am 24. September 1991
Stifter: Niederländische Regierung, vertreten durch die Königlich Niederländische Botschaft, Köln

Aegidius Gelenius, Westseite, 2. OG, Nr. 52
Ratsbeschluß am 2. März 1989
Modellvorstellung am 8. Dezember 1989
Figurenübergabe am 3. September 1991
Stifter: Kreissparkasse Köln

Thevis, Ernst

1961	in Oberndorf am Neckar geboren 1981-1984 Holzbildhauerlehre an der Berufsfachschule für Holzbildhauerei und Schreinerei des Landkreises Berchtesgadener Land
1984	Förderpreis des Landkreises Berchtesgadener Land
1984–1992	Architekturstudium an der Rheinisch-Westfälischen Technischen Hochschule in Aachen
seit 1992	Wissenschaftlicher Angestellter am Lehrstuhl für Plastik an der Rheinisch-Westfälischen Technischen Hochschule in Aachen lebt und arbeitet in Aachen

Ratsturmfigur

Reinald von Dassel, Westseite, 1. OG, Nr. 23
Ratsbeschluß am 30. August 1994
Modellvorstellung am 29. September 1994
Figurenübergabe am 29. November 1994
Stifter: Dr. Christian Zschocke, Köln, anläßlich seiner Hochzeit mit Frau Bettina

Thies, Dennis

1947	am 29. Januar in Köln geboren
1970–1975	Studium der Bildhauerei bei Hans Karl Burgeff an der Fachhochschule für Kunst und Design in Köln
1970–1972	Studium bei Joseph Beuys an der Kunstakademie in Düsseldorf lebt und arbeitet in Köln

Ratsturmfigur

Heinrich II. von England, Westseite, EG, Nr. 12
Ratsbeschluß am 30. August 1994
Modellvorstellung am 7. Juni und 5. August 1994
Figurenübergabe am 15. November 1994
Stifter: Wolfgang Trilsbach, Kaufmann, Köln

Tong, Hon Sang

1939	am 7. Februar in China geboren
1959–1962	Studium der Bildhauerei an der Kunstakademie Peking
1962–1964	Studium der Bildhauerei an der Kunstakademie Düsseldorf
1971	Wissenschaftlicher Angestellter an der Rheinisch-Westfälischen Technischen Hochschule in Aachen
1980	Festanstellung an der Rheinisch-Westfälischen Technischen Hochschule in Aachen
1986	Gastprofessur an der Kunstakademie in Shanghai

Werke im öffentlichen Raum / Sammlungen

	Köln-Rodenkirchen: »Der Schüler«, Bronze
	Godesberg: Brunnengestaltung, Stein, Bronze
	Neuss-Büttgen: Brunnen, Stein, Bronze

Ratsturmfiguren

Friedrich Wilhelm IV. von Preußen, Nordseite, 2. OG, Nr. 66
Ratsbeschluß am 26. Mai 1988
Modellvorstellung am 14. April 1989
Figurenübergabe am 1. Oktober 1990
Stifter: Wilhelm Bausinger gemeinsam mit Horst Loosen, Köln

Ernst Friedrich Zwirner, Nordseite, 2. OG, Nr. 67
Ratsbeschluß am 1. Februar 1990
Modellvorstellung am 30. Januar 1990
Figurenübergabe am 24. Oktober 1990
Stifter: gestiftet durch Vermittlung des Zentral-Dombauvereines, Köln

Robert Blum, Nordseite, 2. OG, Nr. 68
Ratsbeschluß am 24. März 1992
Modellvorstellung am 17. Februar 1992
Figurenübergabe am 21. Oktober 1992
Stifter: Sozialistische Jugend Deutschlands (SJD) – Die Falken – Gruppe Robert Blum gemeinsam mit Stadtsparkasse Köln

Torkler, Thomas

1956	am 8. April in Iserlohn geboren
1977–1986	Studium der Architektur und Bildhauerei, u.a. bei Elmar Hillebrand an der Rheinisch-Westfälischen Technischen Hochschule in Aachen
1986–1991	Assistent am Lehrstuhl für Plastik an der Rheinisch-Westfälischen Technischen Hochschule in Aachen
	lebt und arbeitet in Raeren (Belgien)

Werke im öffentlichen Raum / Sammlungen (Auswahl)

1989–1992	Meppen, St. Maria zum Frieden: Gesamtkonzept für den Umbau und die Renovierung der Kirche; »Kreuz«, Stahl und Holz
1990	Bielefeld, Heilig Geist: Gesamtkonzept für den Neubau und die Ausgestaltung der Kirche

Ratsturmfiguren

Karl der Große, Ostseite, EG, Nr. 8
Ratsbeschluß am 15. Juni 1989
Modellvorstellung am 16. Mai 1990
Figurenübergabe am 7. Juli 1992
Stifter: Siemens AG, Zweigniederlassung Köln

Plektrudis, Ostseite, EG, Nr. 7
Ratsbeschluß am 1. Februar 1990
Modellvorstellung am 16. Mai 1990
Figurenübergabe am 13. Mai 1992
Stifter: Kölner Brauerei-Verband e.V., Köln

Walk, Rainer

1947	am 5. April in Köln geboren
1965–1967	Steinmetzlehre in Köln
1969–1971	Meisterschule für das Steinmetzhandwerk in Freiburg/Br.
	lebt und arbeitet in Köln

Werke im öffentlichen Raum / Sammlungen (Auswahl)

1972	Köln-Rodenkirchen, Bezirksrathaus: »Denker«, Bronze
1987	Köln, Fischmarkt: Brunnen, Basalt und Granit

Ratsturmfiguren

Ursula, Nordseite, 4. OG, Nr. 108
Ratsbeschluß am 3. März 1988
Modellvorstellung am 28. Oktober 1988
Figurenübergabe am 20. Juni 1989
Stifter: Kreishandwerkerschaft Köln

Gerhard Unmaze, Westseite, 1. OG, Nr. 26
Ratsbeschluß am 29. Mai 1990
Modellvorstellung am 1. März 1991
Figurenübergabe am 29. November 1991
Stifter: Wilhelm Oberwalleney, Kreishandwerksmeister, Köln

Konrad von Hochstaden, Westseite, 1. OG, Nr. 27
Ratsbeschluß am 25. September 1990
Modellvorstellung am 1. März 1991
Figurenübergabe am 30. Oktober 1991
Stifter: gestiftet durch Vermittlung von Direktor Karl-Heinz Lang, Commerzbank Köln

Wichner, Majka

1946	am 22. August in Prag geboren
1961–1965	Studium an der Höheren Fachschule für angewandte Kunst in Prag
1975–1980	Studium der Bildhauerei bei Hans Karl Burgeff an der Fachhochschule für Kunst und Design in Köln
1987	Meisterschülerin bei Hans Karl Burgeff an der Fachhochschule für Kunst und Design in Köln
	lebt und arbeitet in Jülich

Ratsturmfiguren

Kunibert, Ostseite, 4. OG, Nr. 112
Ratsbeschluß am 15. Juni 1989
Modellvorstellung am 8. August 1989
Figurenübergabe am 3. Mai 1990
Stifter: Bauunternehmung Schorn GmbH & Co KG, Köln

Hertha Kraus, Ostseite, 3. OG, Nr. 99
Ratsbeschluß am 22. August 1989
Modellvorstellung am 16. Mai 1990
Figurenübergabe am 29. Januar 1992
Stifter: Koerfer'sche Verwaltungsgesellschaft mbH, Köln

Winter, Karl Matthäus

1932	am 24. Dezember in Worms geboren
1947–1950	Lehre bei seinem Vater Adam Winter in Mainz-Kastel
1951–1954	Studium der Bildhauerei bei Emy Roeder an der Landeskunstschule in Mainz
1954–1957	Studium der Bildhauerei bei Ewald Mataré an der Kunstakademie in Düsseldorf lebt und arbeitet in Limburg/Lahn

Werke im öffentlichen Raum / Sammlungen (Auswahl)

1962	Köln, St. Andreas: Portal, Bronze
1965–1978	Düsseldorf, St. Lambertus: Kreuzweg u.a., Alabaster
1967	Limburg/Lahn, Dom: Taufbrunnen-Dekkel, Bronze
1976	Wiesbaden, Adolfsallee: Brunnen, Granit und Bronze
1983	Bonn-Röttgen, Katholische Kirche: Kreuzweg, Bronze
1984–1989	Köln, Groß St. Martin: Taufbrunnen-Dekkel und Tabernakel, Bronze, Zinn und Elfenbein
1988	Hildesheim: Beteiligung am »Synagogendenkmal«, Bronze und Marmor

Ratsturmfiguren

Hermann Josef Stübben, Westseite, 3. OG, Nr. 84
Ratsbeschluß am 1. Oktober 1987
Modellvorstellung am 2. März 1989
Figurenübergabe am 1. August 1990
Stifter: Robert Perthel GmbH & Co, Bauunternehmung, Köln

Gottfried Hagen, Nordseite, 1. OG, Nr. 31
Ratsbeschluß am 29. Mai 1990
Modellvorstellung am 1. März 1991
Figurenübergabe am 10. März 1992
Stifter: Helmut und Ruth Lingen, Köln

Innocenz III., Westseite, EG, Nr. 14
Ratsbeschluß am 30. August 1994
Modellvorstellung am 17. Mai 1994
Figurenübergabe am 21. Oktober 1994
Stifter: Dipl. Kaufmann Bernhard Werners, Köln

Friedrich II., Westseite, EG, Nr. 15
Ratsbeschluß am 30. August 1994
Modellvorstellung am 17. Mai 1994
Figurenübergabe am 19. Oktober 1994
Stifter: Horst Eulenstein, Präsident des Cölner Club e.V., Bonn

Wulfert, Christine Karola

1963	am 5. November in Warburg geboren
1982–1983	Studium der Philosopie an der Rheinisch-Westfälischen Technischen Hochschule in Aachen
1983–1992	Studium der Architektur und Bildhauerei, u.a. bei Elmar Hillebrand und Wolfgang Binding an der Rheinisch-Westfälischen Technischen Hochschule in Aachen
1990	Teilnahme und Ankauf der eingereichten Arbeit am Wettbewerb »Spielobjekt Aachen« in Aachen
1992	Abschluß des Studiums lebt und arbeitet in Aachen

Werke im öffentlichen Raum / Sammlungen (Auswahl)

1988	Köln, Haus der Modeunion: Gruppenarbeit »Des Kaisers neue Kleider«, Sandstein
1989	Florenz, Privatsammlung: »Der Rattenfänger«, Bronze
1991	Privatbesitz: Die Birke Hugo», Birkenholz

Ratsturmfigur

Maximilian I., Nordseite, EG, Nr. 19
Ratsbeschluß am 23. Mai 1991
Modellvorstellung am 31. Oktober 1990
Figurenübergabe am 10. Januar 1992
Stifter: Kölner Brauerei-Verband e.V., Köln

Wuttke, Rudolf

1935	am 5. März in Breslau geboren
1956–1962	Studium der Bildhauerei bei Wilhelm Teuwen an den Kölner Werkschulen lebt und arbeitet in Weibern

Werke im öffentlichen Raum / Sammlungen (Auswahl)

1975	Düsseldorf, Sammlung NRW: Tafelbilder
1984	Köln, Maternushaus: Brunnenlaube, Lava und Eisen
1989	Klingenberg/Main: Trinitatis-Brunnen, Sandstein und Bronze

Ratsturmfiguren

Adolf Clarenbach, Ostseite, 1. OG, Nr. 41
Ratsbeschluß am 30. Juni 1988
Modellvorstellung am 28. Januar 1991
Figurenübergabe am 31. März 1992
Stifter: Evangelischer Stadtkirchenverband, Köln

Anton Woensam, Ostseite, 1. OG, Nr. 42
Ratsbeschluß am 30. Oktober 1990
Modellvorstellung am 6. Mai 1991
Figurenübergabe am 31. März 1992
Stifter: Allianz Versicherungs AG, Zweigniederlassung für Nordrhein-Westfalen, Köln

Wyrobeck, Ernst Robert

1952	am 12. Oktober in Köln geboren
1970–1973	Ausbildung zum Bildhauer durch Werner Franzen
1973–1974	Meisterschule für Steinmetze in Freiburg-Br.
1975–1976	Meisterprüfung
1976–1978	Studium der Bildhauerei bei unterschiedlichen Professoren an der Kunstakademie in Düsseldorf
	lebt und arbeitet in Köln

Ratsturmfigur

Sigibert von Ripuarien, Nordseite, EG, Nr. 6
Ratsbeschluß am 2. März 1989
Modellvorstellung am 16. Januar 1991
Figurenübergabe am 24. Oktober 1991
Stifter: Steinmetz- und Bildhauer-Innung Köln

Yilmaz, Adem

1955	in Yerköy (Türkei) geboren
1977–1983	Studium der Freien Malerei und Meisterschüler an der Fachhochschule für Kunst und Design in Köln
	lebt und arbeitet in Köln

Ratsturmfigur

Hildebold, Westseite, 1. OG, Nr. 20
Ratsbeschluß am 30. August 1994
Modellvorstellung am 17. August 1994
Figurenübergabe am 1. Dezember 1994
(die Ausführung der Figur erfolgte unter Mitarbeit von Titus Reinarz)
Stifter: Dr. Wilfried Recker, Notar in Köln

Zenz, Toni

1915	am 7. Juni in Köln geboren
1934–1936	Studium der Bildhauerei bei Wolfgang Wallner an den Kölner Werkschulen
	lebt und arbeitet in Köln

Werke im öffentlichen Raum / Sammlungen (Auswahl)

1937–1946	Köln, Bruder-Konrad-Kirche: Kruzifix und Pietà
1948–1959	Wesel, Kirche zu den Heiligen Engeln: Kruzifix und Madonna
1951–1970	Köln-Poll, Dreifaltigkeitskirche: Kruzifix, Tabernakel, Taufbeken, Altar
1958	Köln, St. Alban: Portal
1968	Manderscheid (Eifel), Lebensbaumkirche: Taufanlage und Altar
1980	Neviges, Wallfahrtskirche: Duns-Scotus-Reliquiar
1981–1982	Dortmund-Aplerbeck, Ewaldi-Kirche: Taufbecken
	Westportal St. Kunibert, Köln

Ratsturmfigur

Benedikt Schmittmann, Nordseite, 3. OG, Nr. 89
Ratsbeschluß am 17. November 1988
Modellvorstellung am 28. Oktober 1988
Figurenübergabe am 6. März 1990
Stifter: Benedikt Schmittmann und Helene Wahlen-Stiftung, Köln

Verzeichnis der Stifterinnen und Stifter

Vera Bachmann

Die nachfolgende Aufstellung stellt die Stifter in alphabetischer Reihenfolge vor. Dabei sind diejenigen Figuren, welche durch Vermittlung von Institutionen oder Personen gestiftet wurden, entweder unter gestiftet oder unter vermittelt zu finden. »Gemeinsam mit« bedeutet, daß es sich um mehrere Personen handelt, die eine Ratsturmfigur als Stiftergemeinschaft der Stadt Köln schenkten; bei einer solchen Stiftergemeinschaft sind die einzelnen Personen und Institutionen nochmals separat unter dem jeweiligen Buchstaben erfaßt. Die in ( ) gesetzten Zahlen beziehen sich auf den Figurenstandort am Ratsturm.

A

Agrippina Versicherung AG, Köln
AGRIPPINA DIE JÜNGERE (Nr. 3)

Agrippina Versicherung AG, Köln, gemeinsam mit Kölner Frauengeschichtsverein und Dipl.-Ing. Otmar Schwab, Köln
ANNA MARIA VAN SCHURMAN (Nr. 57)

Agrippina Versicherung AG, Köln, gemeinsam mit Firma Gebr. von der Wettern GmbH, Köln
WEISSER EWALD (Nr. 113)

Allianz Versicherungs AG, Zweigniederlassung für Nordrhein-Westfalen, Köln
ANTON WOENSAM (Nr. 42)

Arbeitgeberverband der Metall- und Elektroindustrie, Köln
LUDOLF CAMPHAUSEN (Nr. 69)

Arbeitsgemeinschaft Sozialdemokratischer Frauen – SPD Unterbezirk –, Köln, gemeinsam mit Sparkassen-Stiftung zur Förderung rheinischen Kulturguts, Köln
MATHILDE FRANZISKA ANNEKE (Nr. 74)

Arbeitskreis der Katholischen Frauenverbände in der Stadt Köln, gemeinsam mit Katholischer Deutscher Frauenbund, Zweigverein Köln
AMALIE LAUER (Nr. 94)

B

BAB-Immobiliengruppe Köln/Berlin, Köln
MATHILDE VON MEVISSEN (Nr. 85)

Nachkommen des Druckers und Verlegers Joseph Bachem (1821–1893), Köln
ULRICH ZELL (Nr. 37)

Wilhelm Bausinger, Köln, gemeinsam mit Horst Loosen, Köln
FRIEDRICH WILHELM IV. VON PREUSSEN (Nr. 66)

Achim Beckmann, Köln
MELCHIOR VON REIDT (Nr. 53)

Berlin-Kölnische Versicherungen, Köln
KASPAR (Nr. 104)

Dieter und Marlies Blum, Köln, gemeinsam mit Wolfgang und Hilke Blum, Helmut und Gisela Kauß, Herbert und Renata Päffgen
RUDOLF I. (Nr. 16)

Wolfgang und Hilke Blum, Köln, gemeinsam mit Dieter und Marlies Blum, Helmut und Gisela Kauß, Herbert und Renata Päffgen
RUDOLF I. (Nr. 16)

Annemarie und Helmut Börner-Stiftung, Köln
HEINRICH VON BEECK (Nr. 36)
JOHANN MARIA FARINA (Nr. 59)
STEFAN LOCHNER (Nr. 35)
HERMANN VON WEINSBERG (Nr. 45)
MICHAEL VON AITZING, Restaurierung *(Nr. 47)*

Stiftergemeinschaft Boisserée, Köln
SULPIZ BOISSERÉE (Nr. 64)

C

Colonia-Versicherungen, Köln
PETER HEINRICH MERKENS (Nr. 63)

D

Deutsche Bank AG, Geschäftsleitung Köln
BRUNO I. (Nr. 116)

Deutsche Exxon Chemical GmbH, Köln
FRIEDRICH III. (Nr. 18)

Deutscher Gewerkschaftsbund – Kreis Köln –
HANS BÖCKLER (Nr. 91)

vermittelt durch die Dombauhütte Köln – Dombaumeister Prof .Dr.-Ing. Arnold Wolff –
MELCHIOR (Nr. 105)

Firma M. DuMont Schauberg, Köln
KARL JOSEPH DANIEL DUMONT (Nr. 72)

E

Günter Eich, Köln, gemeinsam mit Kölner Dreigestirn der Session 1987
ADOLPH KOLPING (Nr. 123)

Vorstand und Beirat des Einzelhandelsverbandes Bezirk Köln e.V., Köln
HILGER QUATTERMART VON DER STESSE (Nr. 34)

Elektro Innung, Köln
ALBERTUS MAGNUS (Nr. 121)

EMI Electrola GmbH, Köln
JACQUES OFFENBACH (Nr. 77)

Heinz G. Endres, Köln
HERMANN GRAF VON NEUENAHR (Nr. 40)

Erzbistum Köln
EDITH STEIN (Nr. 124)

Horst Eulenstein, Präsident des Cölner Club e.V., Bonn
FRIEDRICH II. (Nr. 15)

Evangelische Gemeinde Köln
GEORG FRITZE (Nr. 90)

Evangelischer Stadtkirchenverband, Köln
ADOLF CLARENBACH (Nr. 41)

F

Felten & Guilleaume Energietechnik AG, Köln
FRANZ CARL GUILLEAUME (Nr. 80)

Dagmar Figge gemeinsam mit Christine Heimann, Christine Jankolow, Sigrid Schmalen, Köln
IDA (Nr. 21)

aus der Gemeinde St. Kunibert: Hajo Fischer gemeinsam mit Maria Freericks, Gisela Mirgel-Kunze, Hans-Wilhelm Möller, Pastor Franz Schneider, Josef Schramml, Köln
KASPAR ULENBERG (Nr. 48)

aus der Gemeinde St. Kunibert: Maria Freericks gemeinsam mit Gisela Mirgel-Kunze, Hajo Fischer, Hans-Wilhelm Möller, Pastor Franz Schneider, Josef Schramml, Köln
KASPAR ULENBERG (Nr. 48)

1. Fußball-Club Köln 01/07 e.V., Köln
BERNHARD LETTERHAUS (Nr. 100)

G

Gemeinschaft Kölner Buchhändler, Initiator Fridolin Hemmes, Köln
IRMGARD KEUN (Nr. 101)

Gerling Konzern, Zentrale Verwaltungs-AG, Köln
GEREON (Nr. 107)

Gesellschaft für schlüsselfertiges Bauen mbH (SF-Bau GmbH), Köln
BRUNO DER KARTÄUSER (Nr. 119)

gestiftet durch Vermittlung von Direktor Karl-Heinz Lang, Commerzbank Köln
KONRAD VON HOCHSTADEN (Nr. 27)

gestiftet durch Vermittlung von Bundespräsident Richard Freiherr von Weizsäcker
HEINRICH BÖLL (Nr. 102)

gestiftet durch Vermittlung der Stadtsparkasse Köln
HERMANN HEINRICH BECKER (Nr. 79)

gestiftet durch Vermittlung des Zentral-Dombauvereines, Köln
ERNST FRIEDRICH ZWIRNER (Nr. 67)

GEW Köln AG, Köln
GEORG SIMON OHM (Nr. 65)

Gothaer Versicherungsbank VVaG, Köln, Gothaer Rückversicherung AG, Köln, Gothaer Krankenversicherung AG, Köln
AGILOLF (Nr. 115)

Greven Verlag Köln GmbH, Köln
THEOPHANU (Nr. 10)

H

Christine Heimann gemeinsam mit Dagmar Figge, Christine Jankolow, Sigrid Schmalen, Köln
IDA (Nr. 21)

Dr. Heinrich Heinen, Herausgeber Kölnische Rundschau und Bonner Rundschau, Köln
AUGUST REICHENSPERGER (Nr. 71)

Fridolin Hemmes, Initiator der: Gemeinschaft Kölner Buchhändler, Köln
IRMGARD KEUN (Nr. 101)

Hotel- und Gaststättenverband Nordrhein e.V., Kreisgruppen Köln, Erftkreis, Rheinisch-Bergischer Kreis und Leverkusen
JOHANN I. VON BRABANT (Nr. 32)

I

Konsul Dr.h.c. Hans Imhoff, Köln
SEVERIN (Nr. 110)

Industrie- und Handelskammer zu Köln gemeinsam mit Otto Wolff AG, Köln
GUSTAV VON MEVISSEN (Nr. 76)

informedia verlags-gmbh, Köln
FERDINAND FRANZ WALLRAF (Nr. 60)

J

Modehaus Jacobi, Köln
FYGEN LÜTZENKIRCHEN (Nr. 38)

Christine Jankolow gemeinsam mit Dagmar Figge, Christine Heimann, Sigrid Schmalen
IDA (Nr. 21)

Peter, Renate, Philip und Katharina Jungen, Köln
BALTHASAR (Nr. 106)

Juwelier-, Gold- und Silberschmiede-Innung, Köln
OTTO I. (Nr. 9)

K

Karstadt AG, Köln
SELA JUDE (Nr. 25)

Katholischer Deutscher Frauenbund, Zweigverein Köln, gemeinsam mit Arbeitskreis der Katholischen Frauenverbände in der Stadt Köln
AMALIE LAUER (Nr. 94)

Kaufhof Holding AG, Köln
FRIEDRICH WILHELM SOLLMANN (Nr. 97)

Helmut und Gisela Kauß, Köln, gemeinsam mit Dieter und Marlies Blum, Wolfgang und Hilke Blum, Herbert und Renata Päffgen
RUDOLF I. (Nr. 16)

Prof. Dr. Hiltrud Kier, Köln
KATHARINA HENOT (Nr. 54)

Klöckner-Humboldt-Deutz AG, Köln
CARL EUGEN LANGEN (Nr. 83)
NICOLAUS AUGUST OTTO (Nr. 82)

Vertriebsgesellschaft mbH »Maria Clementine Martin Klosterfrau«, Köln
MARIA CLEMENTINE MARTIN (Nr. 62)

Kölner Bank von 1867 e.G., Volksbank Köln
MATERNUS (Nr. 109)

Kölner Brauerei-Verband e.V., Köln
AGRIPPA (Nr. 2)
AUGUSTUS (Nr. 1)
MAXIMILIAN I. (Nr. 19)
PLEKTRUDIS (Nr. 7)

Kölner Dreigestirn der Session 1987 gemeinsam mit Günter Eich, Köln
ADOLPH KOLPING (Nr. 123)

Kölner Frauengeschichtsverein gemeinsam mit Agrippina Versicherung AG, Köln, und Dipl.-Ing. Otmar Schwab, Köln
ANNA MARIA VAN SCHURMAN (Nr. 57)

Kölner Richter, Staatsanwälte, Rechtsanwälte und Notare
HEINRICH GOTTFRIED WILHELM DANIELS (Nr. 61)

Köln Musik GmbH gemeinsam mit Hannemarie Valder und Dr. Claudia Valder-Knechtges, Köln
MAX BRUCH (Nr. 81)

zahlreiche Kölner Musikfreunde gemeinsam mit Hannemarie Valder, Dr. Claudia Valder-Knechtges, Franz Xaver Ohnesorg, Köln
FERDINAND HILLER (Nr. 73)

Kölnische Rückversicherungs-Gesellschaft AG, Köln, gemeinsam mit Nordstern Versicherungs-AG, Köln
ANNO II. (Nr. 118)

Koerfer'sche Verwaltungsgesellschaft mbH, Köln
HERTHA KRAUS (Nr. 99)

Kreishandwerkerschaft Köln
URSULA (Nr. 108)

Kreissparkasse Köln
ÄGIDIUS GELENIUS (Nr. 52)

aus der Gemeinde St. Kunibert: Maria Freericks, Gisela Mirgel-Kunze, Hajo Fischer, Hans-Wilhelm Möller, Pastor Franz Schneider, Josef Schramml, Köln
KASPAR ULENBERG (Nr. 48)

Klaus Kunkel und Stiftergemeinschaft, Köln
MAX ISIDOR BODENHEIMER (Nr. 88)

L

Landschaftsverband Rheinland, Köln
HERIBERT (Nr. 117)

Hans Langemann, Präsident der Handwerkskammer zu Köln
GERHARD VON RIELE (Nr. 28)

Philipp M. Laufenberg und Familie, Köln
RUPERT VON DEUTZ (Nr. 22)

Helmut und Ruth Lingen, Köln
GOTTFRIED HAGEN (Nr. 31)

Horst Loosen gemeinsam mit Wilhelm Bausinger, Köln
FRIEDRICH WILHELM IV. VON PREUSSEN (Nr. 66)

Prof. Dr. Irene Ludwig und Prof. Dr.Dr.h.c.mult. Peter Ludwig, Aachen
JOSEF HAUBRICH (Nr. 98)

M

Firma Madaus AG, Köln
POSTUMUS (Nr. 4)

Messe- und Ausstellungsgesellschaft mbH, Köln
CONSTANTIN DER GROSSE (Nr. 5)

aus der Gemeinde St. Kunibert: Gisela Mirgel-Kunze gemeinsam mit Maria Freericks, Hajo Fischer, Hans-Wilhelm Möller, Pastor Franz Schneider, Josef Schramml, Köln
KASPAR ULENBERG (Nr. 48)

moderne stadt GmbH, Köln
MATTHIAS OVERSTOLZ (Nr. 29)

aus der Gemeinde St. Kunibert: Hans-Wilhelm Möller gemeinsam mit Maria Freericks, Gisela Mirgel-Kunze, Hajo Fischer, Pastor Franz Schneider, Josef Schramml, Köln
KASPAR ULENBERG (Nr. 48)

Firma Muelhens KG, Köln
MARIA CHRISTINE TEUSCH (Nr. 96)

N

Niederländische Regierung, vertreten durch die Königlich Niederländische Botschaft, Bonn
JOOST VAN DEN VONDEL (Nr. 51)

Nordrhein-Westfalen-Stiftung Naturschutz, Heimat- und Kulturpflege, Düsseldorf
ENGELBERT I. VON BERG (Nr. 120)

Nordstern Versicherungs-AG, Köln, gemeinsam mit Kölnische Rückversicherungs-Gesellschaft AG, Köln
ANNO II. (Nr. 118)

O

Firma Oertel & Prümm GmbH & Co., Dr. Heinz Kleinen, Köln
HEINRICH SUDERMAN (Nr. 46)

Wilhelm Oberwalleney, Kreishandwerksmeister, Köln
GERHARD UNMAZE (Nr. 26)

Franz Xaver Ohnesorg gemeinsam mit Hannemarie Valder, Dr. Claudia Valder-Knechtges sowie zahlreiche Kölner Musikfreunde
FERDINAND HILLER (Nr. 73)

Alfred Freiherr von Oppenheim, Köln
JOHANNES GROPPER (Nr. 44)

Bankhaus Sal. Oppenheim jr. & Cie., Köln
ABRAHAM OPPENHEIM (Nr.70)

Willi-Ostermann-Gesellschaft Köln e.V.
WILLI OSTERMANN (Nr. 93)

P

Herbert und Renata Päffgen, Köln, gemeinsam mit Dieter u. Marlies Blum, Wolfgang u. Hilke Blum, Helmut u. Gisela Kauß
RUDOLF I. (Nr. 16)

Robert Perthel GmbH & Co, Bauunternehmung, Köln
HERMANN JOSEF STÜBBEN (Nr. 84)

Provinzial (öffentliche Versicherung), Provinzial Feuerversicherungsanstalt der Rheinprovinz, Provinzial Lebensversicherungsanstalt der Rheinprovinz, Düsseldorf
FRIEDRICH SPEE VON LANGENFELD (Nr. 55)

R

Dr. Wilfried Recker, Notar in Köln
HILDEBOLD (Nr. 20)

REWE-Zentral-Aktiengesellschaft, Köln
SCHWARZER EWALD (Nr. 114)

Rheinbraun AG, Köln
KONRAD ADENAUER (Nr. 92)

S

Firma Franz Sauer, Damen- und Herrenmoden, Köln
JOHANNES DUNS SCOTUS (Nr. 122)

Jörg P. Schäfer, Köln
OTTO IV. (Nr. 13)

Ing. VDI Heinz Schmalen, Köln
GERHARD OVERSTOLZ (Nr. 30)

Sigrid Schmalen gemeinsam mit Dagmar Figge, Christine Heimann, Christine Jankolow, Köln
IDA (Nr. 21)

Benedikt Schmittmann und Helene Wahlen-Stiftung, Köln
BENEDIKT SCHMITTMANN (Nr. 89)

Firma Heinrich Schmitz KG, Köln
EVERGISLUS (Nr. 111)

aus der Gemeinde St. Kunibert: Pastor Franz Schneider gemeinsam mit Maria Freericks, Gisela Mirgel-Kunze, Hajo Fischer, Hans-Wilhelm Möller, Josef Schramml, Köln
KASPAR ULENBERG (Nr. 48)

Bauunternehmung Schorn GmbH & Co KG, Köln
KUNIBERT (Nr. 112)

aus der Gemeinde St. Kunibert: Josef Schramml gemeinsam mit Maria Freericks, Gisela Mirgel-Kunze, Hajo Fischer, Hans-Wilhelm Möller, Pastor Franz Schneider, Köln
KASPAR ULENBERG (Nr. 48)

Firma Alfred H. Schütte, Köln
MEISTER ECKHART (Nr. 33)

Schulpflegschaften des Gymnasiums und der Realschule der Ursulinenschule, Köln
ANNA MARIA AUGUSTINA DE HEERS (Nr. 56)

Dipl.-Ing. Otmar Schwab gemeinsam mit Kölner Frauengeschichtsverein und Agrippina Versicherung AG, Köln
ANNA MARIA VAN SCHURMAN (Nr. 57)

Lore Siegen, Köln
ARNOLD VON SIEGEN, Restaurierung (Nr. 43)

Siemens AG, Zweigniederlassung Köln
KARL DER GROSSE (Nr. 8)

Sozialdemokratische Partei Deutschlands, Unterbezirk Köln
KARL MARX (Nr. 78)

Sozialistische Jugend Deutschlands (SJD) – Die Falken – Gruppe Robert Blum, Köln, gemeinsam mit Stadtsparkasse Köln
ROBERT BLUM (Nr. 68)

Sparkassen-Stiftung zur Förderung rheinischen Kulturguts gemeinsam mit Arbeitsgemeinschaft Sozialdemokratischer Frauen – SPD Unterbezirk -, Köln
MATHILDE FRANZISKA ANNEKE (Nr. 74)

Walter Spiess, Köln
PETRUS (Nr. 103)

Stadt Köln
JOSEPH KARDINAL FRINGS (Nr. 95)

Stadtsparkasse Köln gemeinsam mit Sozialistische Jugend Deutschlands (SDJ) – Die Falken – Gruppe Robert Blum, Köln
ROBERT BLUM (Nr. 68)

Mitarbeiterinnen und Mitarbeiter der Stadtverwaltung Köln
NIKOLAUS GÜLICH (Nr. 58)

Steinmetz- und Bildhauer-Innung Köln
SIGIBERT VON RIPUARIEN (Nr. 6)

Strabag Bau-AG, Köln
WILHELM MARX (Nr. 87)

T

Wolfgang Trilsbach, Kaufmann, Köln
HEINRICH II. VON ENGLAND (Nr. 12)

U

Mitglieder der Universität Köln
URBAN VI. (Nr. 17)

V

Dr. Claudia Valder-Knechtges gemeinsam mit Hannemarie Valder und Köln Musik GmbH, Köln
MAX BRUCH (Nr. 81)

Dr. Claudia Valder-Knechtges gemeinsam mit Hannemarie Valder, Franz Xaver Ohnesorg sowie zahlreiche Kölner Musikfreunde, Köln
FERDINAND HILLER (Nr. 73)

Hannemarie Valder gemeinsam mit Dr. Claudia Valder-Knechtges und Köln Musik GmbH, Köln
MAX BRUCH (Nr. 81)

Hannemarie Valder gemeinsam mit Dr. Claudia Valder-Knechtges, Franz Xaver Ohnesorg sowie zahlreiche Kölner Musikfreunde, Köln
FERDINAND HILLER (Nr. 73)

Verein der Freunde und Förderer des Jan-van-Werth-Hauses e.V., Köln
JAN VON WERTH (Nr. 50)

W

Dipl. Kaufmann Bernhard Werners, Köln
INNOCENZ III. (Nr. 14)

Westdeutsche Lotterie GmbH & Co., Köln
HEINRICH AGRIPPA VON NETTESHEIM (Nr. 39)
KARL TRIMBORN (Nr. 86)

Westdeutsche Rundfunkwerbung GmbH (WWF), Köln
MOSES HESS (Nr. 75)

Firma Gebr. von der Wettern GmbH, Köln, gemeinsam mit Agrippina Versicherung AG, Köln
WEISSER EWALD (Nr. 113)

gestiftet durch Vermittlung von Bundespräsident Richard Freiherr von Weizsäcker
HEINRICH BÖLL (Nr. 102)

vermittelt durch die Dombauhütte Köln – Dombaumeister Prof. Dr.-Ing. Arnold Wolff –
MELCHIOR (Nr. 105)

Otto Wolff AG, Köln, gemeinsam mit Industrie- und Handelskammer zu Köln
GUSTAV VON MEVISSEN (Nr. 76)

Z

gestiftet durch Vermittlung des Zentral-Dombauvereines, Köln
ERNST FRIEDRICH ZWIRNER (Nr. 67)

Dr. Christian Zschocke, Köln, anläßlich seiner Hochzeit mit Frau Bettina
REINALD VON DASSEL (Nr. 23)

Eheleute Dr. Dietrich C. und Marie-Luise Zschocke, Köln
PETER PAUL RUBENS (Nr. 49)

Stiftungen für die Einrichtung eines Ratsturm-Skulpturenmuseums (»Lapidarium«) im 4. Obergeschoß des Ratsturmes

Folgende Stifter haben sich durch namhafte Beiträge (5.000,– bzw. 10.000,– DM) in einer Gesamthöhe von 70.000,– DM an den Kosten beteiligt:

1.	Dipl.Ing. Wolfgang Bamberger Theodor-Heuss-Ring 9 50668 Köln	10.000,– DM
2.	Fa. Braks Herr Anders Braks Theodor-Heuss-Ring 9 50668 Köln	10.000,– DM
3.	Fa. Dachbau Schüller Herr Dieter Schüller Gottlieb-Daimler-Str. 17 50226 Frechen	10.000,– DM
4.	Fa. Glück, Hamacher, Herms Herr Bönninghausen Auf der Grevenfurth 1–3 51503 Rösrath	10.000,– DM
5.	Fa. Jonny Sturm Herr Sturm/Herr Güsgen Paulshofstr. 11 50767 Köln	10.000,– DM
6.	Fa. Vierkötter GmbH Herr Vierkötter Roncallistr. 4 53840 Troisdorf	5.000,– DM
7.	Fa. Meindorf-Unirenova Herrn Meindorf Höhenhauser Ring 100 51063 Köln	5.000,– DM
8.	Herr Roland Agne Klingerstr. 8 51143 Köln	10.000,– DM

Abb. 550: Der Ratsturm und die Domtürme, Blick vom Hotel Maritim, Foto: C. Körber-Leupold 1995

Das Ratsturmfest am 6. Mai 1995

Piazzetta

12.02–12.07	Glockenspiel vom Ratsturm – Boudewijn Zwart Festakt zur Eröffnung der Gesamtpräsentation der Ratsturmfiguren mit den geladenen Gästen des Rathauses (Farbtafel 24a–b; Abb. 551)
12.07–12.10	Blechbläser-Ensemble der Universität zu Köln mit traditioneller Turmblasmusik Leitung: Universitätsmusikdirektor Dr. Dieter Gutknecht
12.13–12.23	Festrede: Oberbürgermeister Norbert Burger
12.23–12.26	Blechbläser-Ensemble
12.26–12.34	Festrede: Stadtkonservator Dr. Ulrich Krings
12.34–12.36	Übergabe der Tafel der Handwerkerinnung durch Kreishandwerksmeister Heinz Werner Bonjean
12.36–12.55	KMGV – Kölner Männer Gesang-Verein Dirigent: Hans-Josef Roth, Domkapellmeister in Aachen – begleiten wird René Rolle, Klavier. »In Taberna« aus Carmina burana von Carl Orff und »Studentenchor« aus der Oper »Hoffmanns Erzählungen« von Jacques Offenbach. (Vier der Herren werden als Agrippina d. J., Postumus, Jan von Werth und Jacques Offenbach verkleidet, sich auf der Bühne vorstellen und die Chorwerke ansagen.)

Die geladenen Gäste verlassen auf Aufforderung und mit Hinweis auf das anschließende Programm das Rathaus und versammeln sich auf dem Rathausvorplatz in einem vorher abgesperrten Bereich am Spanischen Bau.
Für die geladenen Gäste stehen Frei-Getränke und ein Imbiß (Eintrittskarte für den VIP-Bereich ist das verpackte Kölsch-Glas und die Ratsturmkarte) ca. ab 13.25 Uhr nach der Enthüllung im Spanischen Bau bereit.

Rathausvorplatz/ Alter Markt
Das Kölner Ratsturm-Bürgerfest 1995 beginnt

13.00–13.10	Musik-Korps der Kölner Schutzpolizei Leitung Gisbert Reich
13.10–13.20	Rede des Herrn Oberbürgermeisters
13.20–13.25	Symbolische Enthüllung des Ratsturmes Blechbläser-Ensemble der Universität zu Köln
13.25-13.35	Konrad Beikircher – Kabarettist
13.35-14.00	Glockenspiel Boudewijn Zwart
14.00-14.15	Kölner Kinderchor Chordirektor: Hans-Günter Lenders begleitet vom Musik-Korps der Kölner Schutzpolizei »So ist Köln« – Melodienfolge mit bekannten Liedern des Kölner Komponisten Gerhard Jussenhoven
14.15–14.25	Hänneschen & Bärbelchen 2 Puppenspieler des Hänneschen-Theaters
14.25–15.00	»Schäl Sick Brass Band« 10 Trommler und Blechbläser auf dem Rathausvorplatz Leader + Arrangeur: Raimund Kroboth
15.00–15.30	Chor der Offenen Jazz Haus Schule Köln »Eigelstein Survivors« Leitung: Alexandra Naumann
15.30–16.00	Glockenspiel Boudewijn Zwart
16.00–17.00	De Botze Knöpp – Kölsche Mundart-Gruppe

Alter Markt

19.00–21.30	Bläck Fööss
21.30–22.30	Ratsturmspektakel Adam Noidlt Intermission Musikalische Leitung: Frank Köllges Feuerwerk (Farbtafel 25a–b)

Regie: MANIAC MEDIA SERVICE GmbH, Köln
Sponsoren: FORD Köln
POHL DESIGN, Wiehl
KÖLNISCHE RUNDSCHAU
KREISSPARKASSE KÖLN
KÜPPERS BRAUEREI, Köln

Rede des Oberbürgermeisters Norbert Burger anläßlich des Empfangs für die Stifterinnen und Stifter der Ratsturmfiguren am 6. Mai 1995, 12 Uhr, in der Halle des Historischen Rathauses

Verehrte Damen, meine Herren!

Ein Fest können wir heute feiern, ein im besten Sinne vaterstädtisches, kölnisches Fest: Der Ratsturm, das Symbol für Selbstbewußtsein, Selbstbehauptungswillen und Bürgersinn, ist nach fünfzehnmonatigen Restaurierungsarbeiten ohne Einrüstung wieder im Stadtbild sichtbar.

Mehr noch: Zum ersten Mal seit über 50 Jahren – nach den furchtbaren Zerstörungen am Turm selbst, am Rathaus und in der gesamten Stadt Köln – prangt er wieder in seinem angestammten Figurenschmuck. Bürgersinn und Bürgerfleiß, vaterstädtisches Engagement sind hier zusammengekommen, um diesem Turm, diesem Sinnbild echt Kölnischen Wesens, wieder zu seiner vollen Schönheit zu verhelfen, zu seiner ausstrahlenden Wirkung in das ganze städtische Gemeinwesen hinein.

In den Jahren 1407 bis 1414 ließ der damalige Rat der Stadt Köln das Bauwerk errichten. Wenige Jahre vorher, 1396, war durch einen revolutionären Umsturz die langjährige Herrschaft der Patrizier, der Kölnischen Geschlechter, abgelöst worden durch eine Herrschaft der Zünfte und Gaffeln.

Diese neuen Machtstrukturen, das neue Selbstbewußtsein der Handwerker, fand seinen sichtbaren Ausdruck im Bau des mehrgeschossigen Turms: einschließlich seines großen Gewölbekellers sechs Stockwerke hoch mit einer steilen Helmpyramide auf der Spitze, jedes Stockwerk mit einem Umfang von rund 100 Quadratmeter Bodenfläche.

So etwas hatte es bis dahin eigentlich nur bei den großen Wohntürmen der mittelalterlichen Burganlagen gegeben – allerdings sehr viel weniger komfortabel. Mit seinen 61 Metern Höhe war der Ratsturm gewissermaßen das erste Kölnische Hochhaus: höher als der damals schon ins Stocken geratene südliche Domturm mit seinem Baukran; höher als der mächtige Vierungsturm von Groß St. Martin, der im Jahre 1414 noch nicht über seine uns heute so vertraute gotische Helmpyramide verfügte.

Der Kölner Ratsturm war also zum Zeitpunkt seiner Fertigstellung der höchste Turm der Stadt, über die Jahrhunderte, bis zur Fertigstellung der mächtigen Domtürme im Jahre 1880, auch der schönste.

Leider wissen wir heute nur wenig über das damalige Figurenprogramm. 80 Figuren müssen es wohl gewesen sein, die jedoch spätestens bis zur französischen Besetzung Kölns um 1800 zerstört oder herabgefallen waren.

Ab 1862 wurde der Turm im Sinne der Neugotik restauriert, ab 1891 konnte ein neues, nunmehr einundachtzigteiliges Figurenprogramm beschlossen und bis 1902 ausgeführt werden.

Wenig hat der Zweite Weltkrieg von diesem Figurenprogramm übrig gelassen: Nur rund 22 mehr oder weniger komplette Figuren, dazu eine Reihe von Torsi. Mit Ausnahme von fünf Figuren, die auch jetzt wieder am Turm stehen, werden alle diese historisch und kunsthistorisch bedeutenden Fragmente Mitte des Jahres in einer Ausstellung zu sehen sein: Im vierten Obergeschoß des Ratsturms, im neugeschaffenen Lapidarium.

Doch zurück zum Wiederaufbau: Im Jahre 1950 ergriff das Kölner Handwerk die Initiative für den Wiederaufbau des stark zerstörten Turmes.

Ihnen, meine sehr verehrten Damen und Herren aus der Kölner Handwerkerschaft, Ihnen und Ihren Familien gilt heute an allererster Stelle mein Dank: Sie haben entscheidend mit dazu beigetragen, daß die beklagenswerten Ruinen des Ratsturmes nicht abgetragen, sondern gesichert wurden und in den Wiederaufbau dieses wichtigen Kölnischen Monuments miteinbezogen werden konnten.

1957/58 haben Sie sich noch einmal engagiert, um das großartige Glockenspiel mit seinen 48 Glocken zu stiften und in den Turm zu bringen. Bewegt durch den niederländischen Glockenspieler Boudewijn Zwart erfreut es uns heute in ganz besonderem Maße.

Die Wiederaufbauarbeiten des Turms konnten 1957 beendet werden. Architekt des Wiederaufbaus war Wilhelm Hartmann; sein damaliger Mitarbeiter, Herr Diplom-Ingenieur Heinz Becker, gehört heute zu den geladenen Gästen. Für die Denkmalpflege war damals die hochverdiente Stadtkonservatorin Hanna Adenauer verantwortlich.

Ihnen allen ist zu danken, daß der Kölner Ratsturm nicht aus dem Stadtbild und aus dem Gedächtnis der Kölner verschwand. In teilweise neu gefaßter Form, aber in all' seinen wesentlichen Merkmalen war und ist er seit 1975 wieder im Kölner Stadtbild präsent. Etwas Entscheidendes jedoch fehlte: Die über 100 Konsolen an den Fassaden des Turmes waren leer. Für eine Erneuerung des Figurenprogramms fehlte das Geld.

Es ist das große Verdienst der damaligen Stadtkonservatorin Hiltrud Kier, seit Beginn der achtziger Jahre die Diskussion neu entfacht zu haben. Sie setzte durch, daß ein neues Figurenprogramm gemäß den historisch-politischen Vorstellungen der achtziger Jahre entwickelt wurde.

Um dieses Programm hat es intensive Diskussionen gegeben, insbesondere darum, daß im ersten Vorschlag einer Historikerkommission nur fünf Frauen vertreten waren. Im gesamten Mittelalter, bei den »um die Stadt verdienten Persönlichkeiten«, war keine einzige Frau berücksichtigt!

Dies provozierte den geharnischten Protest aller im Rat vertretenen Frauen. In einer gemeinsamen Aktion erreichten sie, daß in dem Figurenprogramm, das der Rat am 28. Januar 1988 verabschiedete, insgesamt 18 Frauen vertreten sind:

Bei den Herrschern und herrschergleichen Persönlichkeiten im Erdgeschoß: Agrippina, Plektrudis und Kaiserin Theophanu;

bei den »um die Stadt verdienten Persönlichkeiten«: Äbtissin Ida, Sela Jude, Fygen Lutzenkirchen, Katharina Henot, Mater Anna Maria Augustina de Heers, Anna Maria van Schurman, Maria Clementine Martin, Mathilde Franziska Anneke, Mathilde von Mevissen, Amalie Lauer, Christine Teusch, Hertha Kraus und Irmgard Keun;

im vierten Obergeschoß schließlich, im »Kölner Himmel«: Edith Stein und die Heilige Ursula, die Schutzpatronin unserer Stadt.

Es war auch Hiltrud Kier, der es gelang, in der gesamten Kölner Bürgerschaft – in allen ihren Teilen – das Engagement zu entfachen, die nunmehr 124 Figuren des neuen Programms zu finanzieren. Für diese großartige Leistung möchte ich ihr sehr herzlich danken.

Vor allem aber Ihnen, meinen Damen und Herren, den Stifterinnen und Stiftern, die mit so viel Begeisterung und großem finanziellen Engagement diese Initiative der Kölner Denkmalpflege aufgegriffen haben, sage ich meinen aufrichtigen Dank: Im Namen von Rat und Verwaltung der Stadt Köln, im Namen aller Kölner Bürgerinnen und Bürger. Es ist heute vornehmlich Ihr Tag, an dem Sie nun endlich Ihr jeweiliges »Patenkind« an Ort und Stelle, das heißt an einer der Turmfassaden, wiederentdecken und sich daran freuen können.

Als das neue Figurenprogramm beschlossen war, stellte sich die Frage, in welcher Form es denn zu realisieren sei. Es fehlte damals nicht an skeptischen Stimmen, die zu bedenken gaben, daß die Gegenwart nicht der geeignete Zeitpunkt sei, ein bildhauerisches Programm umzusetzen, welches figurativ, gegenständlich und eingeordnet sein sollte in einen größeren architektonischen, zudem auch noch historischen Zusammenhang.

Ich meine, das Ergebnis, das wir heute begutachten können, hat diese skeptischen Stimmen nicht bestätigt. Im Gegenteil: Das künstlerische Konzept, das der Kölner Kunsthistoriker Bernd Ernsting in enger Zusammenarbeit mit der Denkmalpflege der Stadt Köln vor nahezu zehn Jahren initiierte und bis zum heutigen Tag in intensiver Zusammenarbeit mit den Künstlern, aber auch mit den oft so erfreulich persönlich engagierten Stifterinnen und Stiftern begleitete, ist ein großer Erfolg geworden. Ich danke Herrn Ernsting für seinen unermüdlichen Einsatz, ebenso seiner Frau, Frau Vera Bachmann-Ernsting, welche gleichfalls den Kontakt zu den Künstlerinnen und Künstlern sowie zu den Stifterinnen und Stiftern intensiv gepflegt hat.

Neun Bildhauerinnen und 48 Bildhauer haben innerhalb von nur einer Dekade 119 neue Figuren für den Turm geschaffen: Eine großartige Leistung! Alle diese Künstlerinnen und Künstler – die meisten in der Tradition der Kölner Werkkunstschulen – haben etwas Einmaliges geschaffen: Ein lebendiges Zeugnis für die figurative Bildhauerei im Rheinland der zweiten Hälfte des 20. Jahrhunderts.

Ihnen, meine Damen und Herren Bildhauerinnen und Bildhauer, danke ich herzlich für Ihr Schaffen. Sie haben diese große, ungewöhnliche Aufgabe unter Einsatz all' Ihrer Kräfte erfüllt. Die Stifterinnen und Stifter, wir alle stehen mit Bewunderung vor Ihrem Werk. Sie haben unsere Stadt künstlerisch bereichert. Herzlichen Dank dafür!

Ein besonderer Dank aber auch den Steinmetzen und Werkleuten, allen Firmen und Handwerkern, die an der Restaurierung des Turms und an der technischen Realisation des Figurenprogramms beteiligt waren. Besonders erwähnen möchte ich hier die Mitarbeiter der Firmen Karl Günther Eich und Rolf Dunkel, beide aus Köln, sowie die Restauratoren der Firma Thomas Lehmkuhl aus Münster. Ebenso danken möchte ich den Mitarbeiterinnen und Mitarbeitern der städtischen Dienststelle Hochbauamt, Abteilung Bauunterhaltung, sowie des Konservators.

Last not least gilt mein Dank den Stifterinnen und Stiftern, die zu Anfang dieses Jahres dem Konservator geholfen haben, die Idee des Skulpturenmuseums, des Lapidariums, im obersten Geschoß des Turmes zu verwirklichen. Sie haben in kürzester Zeit eine Summe von 70 000 DM zusammengetragen, mit deren Hilfe es uns gelingen wird, die kostbaren Reste der älteren Figurenprogramme unseres Turmes für die Nachwelt in angemessener Form zu bewahren. Bei der Einweihung dieses Skulpturenmuseums werden wir uns – so hoffe ich – wiedertreffen (Farbtafel 10).

Meine Damen und Herren, gestatten Sie mir zum Abschluß noch ein Wort zur Terminwahl des heutigen Festes. Ich habe sehr gerne die Anregung des Stadtkonservators Ulrich Krings aufgegriffen, den Tag der feierlichen Übergabe des restaurierten Ratsturmes und seines einhundertvierundzwanzigteiligen Figurenprogrammes an die Kölnerinnen und Kölner einzubetten in die Tage des Gedenkens an das Ende des Zweiten Weltkrieges.

Es ist eine gute Kölnische Tradition, das Gedenken an Schuld, Leid und Tod zu verbinden mit einer Bekräftigung des Willens zum Leben, zu einer verantwortlichen Gestaltung der Gegenwart und der Zukunft.

Auch heute können wir den Gedanken an die deutsche Verantwortung für den Zweiten Weltkrieg, für den Tod von Millionen von Menschen sowie das Gedenken an die furchtbaren Zerstörungen unserer Stadt verbinden mit dem Dank an die nach 1945 Handelnden, die aus diesen Ruinen Köln neu geschaffen haben, die in unserem besonderen Falle Ratsturm und Rathaus gerettet und mit neuem Geist erfüllt haben; verbinden auch mit dem Dank an Sie alle, die Sie mit dazu beigetragen haben, das Aufbauwerk der Nachkriegsjahre an diesem Ratsturm und an diesem Rathaus fortzuführen und zu einem symbolischen Abschluß zu bringen.

Das Figurenprogramm ist ein historisches und ein aktuelles Programm: es weist hin auf die Höhen und Tiefen der Kölner Geschichte; es weist hin auf das Machtstreben, auf den Gestaltungswillen, auf die Botschaften engagierter Menschen, die ihrer jeweiligen Zeit Sinn und Orientierung zu geben versuchten.

Heute, fünfzig Jahre nach dem Ende des Zweiten Weltkrieges, können die Botschaften dieser steinernen Zeugen stadtkölnischer Vergangenheit durchaus aktuell sein. Es liegt bei uns, sie zu hören!

Abb. 551: Festakt im Rathaus, 6. 5. 1995, Foto: C. Körber-Leupold

Ansprache von Stadtkonservator Dr. Ulrich Krings

Herr Oberbürgermeister, Herr Oberstadtdirektor, Frau Ehrenbürgerin, Herr Ehrenbürger, meine sehr verehrten Damen und Herren!

Das Kölner Ratsturm-Bürgerfest, ein Tag der Denkmalpflege in Köln, ein Tag Dank zu sagen, Bilanz zu ziehen, Blicke nach vorwärts, in die Zukunft hinein, zu wagen.

Mein Dank als Konservator der Stadt Köln gilt zunächst Ihnen, meine sehr verehrten Damen und Herren Stifterinnen und Stifter der Neufiguren, der Restaurierung der fünf Altfiguren sowie des noch einzurichtenden Skulpturen-Museums im 4. Obergeschoß des Turmes. Mit einem Spendenaufkommen von über 2,5 Millionen DM haben Sie der Kölner Denkmalpflege, aber natürlich letztendlich unserer Vaterstadt Köln, großzügig und großmütig geholfen!

In meinem Dank an die Bildhauerinnen und Bildhauer, an die Mitarbeiterinnen und Mitarbeiter der an der Restaurierung beteiligten Firmen, an die Kollegen des städtischen Hochbauamtes, Abteilung Bauunterhaltung, an die Mitarbeiterinnen und Mitarbeiter des Konservators, in diesem Dank schließe ich mich den Worten des Herrn Oberbürgermeisters an.

Ein besonderer Dank gilt Frau Vera Bachmann-Ernsting und Herrn Dr. Bernd Ernsting: Liebe Vera, lieber Bernd, Ihr habt durch unermüdlichen Einsatz die künstlerische, bildhauerische Realisierung dieses großartigen Figurenzyklus erst ermöglicht. Dank für Kreativität, Engagement und Solidarität!

Sodann bedanke ich mich beim Team des Presse- und Informationsamtes der Stadt Köln unter Henning von Borstell für Zusammenwirken und Bündelung aller Kräfte für den heutigen Tag: Meine Damen und Herren, das Faltobjekt des Turmes, das Sie heute in Ihren Händen halten, ist eines der Ergebnisse der seit Jahren bewährten Zusammenarbeit.

Last but not least gilt ein herzliches »Dankeschön!« von dieser Stelle aus den Damen und Herren aus dem Büro des Herrn Oberbürgermeisters, dem Vorzimmer, der Abteilung Protokoll, besonders Herrn Amtsleiter Heinz Erhard Cremer. Sie alle haben über Jahre hinweg mit tatkräftiger Anteilnahme und Charme das gemeinsame Werk gefördert.

Ein ganz besonderer Dank gilt aber Frau Elisabeth Lorenz vom Hauptamt, sowie ihrer Crew: Sie sind im Wortsinne der gute Geist dieses Hauses. Es war stets für uns alle und besonders in diesen Tagen beruhigend zu wissen: Was Frau Lorenz zugesagt hat, das geht in Ordnung!

Ich glaube, es ist nicht übertrieben, wenn ich heute feststelle: Uns alle hat in den letzten Monaten und Wochen eine ausgesprochene »Lust am Turm« gepackt!

Lassen Sie mich ein besonderes „Dankeschön" sagen allen, die den heutigen Tag vorbereitet haben, ihn gestalten und ihn durch Sponsoring erst möglich gemacht haben. Unser Wunsch war und ist: Der 6. Mai 1995 soll ein frohes, echt kölnisches Bürgerfest werden!

Meine sehr verehrten Damen und Herren, gestatten Sie mir, an diesem Tage etwas zum Selbstverständnis der Denkmalpflege in Köln zu sagen.

Köln gilt gemeinhin als eine außerordentlich historisch bewußte, stadtgeschichtlich denkende und empfindende Stadt, als ein Gemeinwesen, in dem Fragen von Denkmalschutz und Denkmalpflege stets auf offene Ohren und auf Interesse und Engagement stoßen. Was heißt das? Schon die Gründung der Dienststelle »Konservator« vor über 80 Jahren, im Jahre 1913, die Bestallung von Carl Friedrich Heimann als 1. Konservator, hatte deutlich gemacht: Köln weiß um sein architektonisches Erbe, Köln ist bereit, sich hier einzubringen, sich um Schutz und Pflege zu bemühen, sich im Sinne des heutigen Denkmalschutzgesetzes des Landes Nordrhein-Westfalen für den Erhalt und für die sinnvolle Nutzung der Baudenkmäler einzusetzen.

Sieht man jedoch näher hin, so wird deutlich, daß dieses stets gerühmte Bewußtsein in dieser Stadt möglicherweise erst geschärft worden ist durch die Erfahrung der steten Bedrohung, ja Gefährdung des kostbaren Erbes: Gerade 1912/13 erlebte Köln, man muß sagen – wieder einmal – eine Abbruchwelle innerhalb seines historischen Kernes. In den 30er Jahren stand der Gewinn der Sanierung des Martinsviertels dem Verlust der zahlreichen Abbrüche im Gefolge der brutalen Stadtplanung jenes Jahrzehnts gegenüber.

1945 stand die Denkmalpflege vor einem unübersehbaren Trümmerfeld. In den 70er Jahren gab es harte Auseinandersetzungen um den Erhalt der Bausubstanz des 19. und des frühen 20. Jahrhunderts, welche bis dahin die Zerstörungen des Zweiten Weltkriegs überstanden hatte und deren Denkmalwert nun erkannt wurde.

Alle diese Abbruch- und Zerstörungswellen waren es letztendlich, die das Bewußtsein der Verantwortlichen und Interessierten für die Kostbarkeit dieses architektonischen Besitzes schärften, welche Trauer und zugleich Wut weckten gegenüber den Kräften der Zerstörung und der Ignoranz. Es wuchsen zugleich aber auch Widerstandsgeist und Erfindungsreichtum, um wenigstens den Teil des Erbes zu retten, der zum Zeitpunkt der Bewußtwerdung des Verlustes noch vorhanden war.

Ist Köln also etwa doch nicht eine so denkmalfreudige Stadt??

Meine sehr verehrten Damen und Herren,
nach nahezu fünf Jahren in der verantwortlichen Position des städtischen Denkmalpflegers ist für mich deutlich, daß das bauliche Erbe in unseren Städten stets gefährdet ist, daß wir Denkmalpfleger immer wieder neu in die Bresche springen müssen, daß es dann aber auch immer wieder Chancen der Rettung gibt, daß Hilfskräfte zu mobilisieren sind.

Der Ratsturm, dessen Vollendung wir heute feiern, ist hierfür ein anschauliches Beispiel.

Der Herr Oberbürgermeister hat seine wechselvolle Geschichte kurz dargestellt und auch die Entstehungsgeschichte des neuen Figurenprogramms. Die Sympathisanten und Helfer der Denkmalpflege an diesem und für dieses stadtkölnische Prunkstück sind Sie, meine sehr verehrten Damen und Herren Stifterinnen und Stifter!

Wie steht es aber um den Einsatz für die Vielzahl der »normalen«, im Vergleich zu Rathaus, Gürzenich, dem Dom oder den romanischen Kirchen weniger spektakulären Denkmäler, von denen es in Köln zur Zeit ca 9500 gibt?

Lassen Sie mich hier diejenigen aus Ihrem Kreise ansprechen, die ein denkmalwertes oder denkmalgeschütztes Objekt Ihr Eigen nennen oder sich beruflich mit Objekten dieser Art, die ja zunächst auch »Immobilien« im Sinne des Wirtschaftslebens sind, befassen.

Ich bitte sie alle, meine sehr verehrten Damen und Herren, um Verständnis für die Aspekte von Denkmalschutz und Denkmalpflege auch für diesen Teil des baulichen Erbes unserer Stadt.

Ich lade sie ein, Ihre Überlegungen und Pläne stets rechtzeitig mit dem Team des Konservators zu besprechen, das Ihnen zur Verfügung steht. Ich glaube, es gibt mittlerweile genügend Beispiele dafür, daß es gelingen kann, Erhalt und sinnvolle Nutzung in Übereinstimmung zu bringen.

Ich habe folgende Vision: Baudenkmäler, aber auch Bodendenkmäler, angefangen beim Dom oder beim Rathaus und endend beim Einfamilien-Fachwerkhaus, einschließend einen beliebigen Verwaltungsbau oder etwa das Opernhaus, den Gürzenich oder das schlichte Grabdenkmal, eine kunstvoll gestaltete Grünanlage oder eine Allee – alle diese Objekte werden ganz selbstverständlich als Teil unseres gemeinsamen kulturellen Erbes gesehen, gewertet und somit auch geschützt. Alle wissen: Bei Verlust oder Entstellung sind sie nicht reproduzierbar, sind sie für immer verloren. Man kann sie nicht beliebig wiederholen!

Es sind Kulturgüter, häufig architektonische Kunstwerke, die m. E. den gleichen Rang besitzen wie Werke der übrigen bildenden Künste, die in unseren Museen oder Kirchen aufbewahrt werden. Sie dürfen den gleichen Schutz und gleichwertige Aufwendungen für ihren Erhalt beanspruchen wie die genannten Sammlungen in diesen Schatzhäusern!

Gehen wir also sorgfältig und pfleglich mit ihnen um, bewahren wir sie vor Zerstörung, Entstellung oder rücksichtsloser Ausbeutung!

Meine sehr verehrten Damen und Herren, mit diesem Festtag ist eine Etappe des Wiederaufbaus des historischen Rathauses zu Köln zu Ende gegangen. Die Wunschliste des Konservators bezüglich des Rathauses ist aber damit noch nicht abgeschlossen: dringend notwendig ist die fachlich fundierte Restaurierung der acht kostbaren Prophetenfiguren im Hansasaal. Hier wird eine Summe von rund 200 000 DM nötig sein, sie vor dem Verfall zu retten und sie bis zum Jahre 1998, dem projektierten »Jahr der Gotik in Köln«, in ihrem Bestand zu sichern. Der einzigartigen, köstlichen Renaissance-Vorhalle unseres Rathauses fehlt seit 1945 die bekrönende Figur des »Kölschen Boors«, der sich früher auf der Spitze des Giebels über der Justitia-Nische befand. Hier wäre eine Spende von etwa 40 000 DM wünschenswert. Auf den seitlichen Achsen dieser Renaissance-Loggia gab es früher jeweils ein großes kölnisches Stadtwappen, gehalten von Fabeltieren. Ihre Neugestaltung würde insgesamt rund 100 000 DM erfordern. Auf meiner Wunschliste stand bis Donnerstag, den 4. Mai, ein »Pate«, der die Kosten für die Beleuchtung, die abendliche Illumination des Historischen Rathauses, übernehmen würde. Er hat sich gefunden!

Meine sehr verehrten Damen und Herren, durch Ihr Engagement für das Figurenprogramm des Ratsturmes haben Sie sich als Freundeskreis der Kölner Denkmalpflege zu erkennen gegeben.

Ich darf sie herzlich einladen, dem »Verein der Förderer historischer Denkmäler in der Stadt Köln« beizutreten, der sich ab heute »Friedrich Carl Heimann Gesellschaft« nennt. Der Verein besteht seit über 10 Jahren, er hat im Stillen viel Gutes getan für die große Zahl von sogenannten Kleindenkmälern in Köln, er hat im Vorfeld der Realisierung des Figurenprogramms für den Ratsturm unschätzbare Dienste geleistet. Er tritt heute in das Licht der Öffentlichkeit und wirbt um Ihrer aller Mitgliedschaft. Die »Friedrich Carl Heimann Gesellschaft« soll ein Forum werden, in dem und auf dem sich Freunde der Kölner Baudenkmäler treffen, ihr Engagement zum Erhalt der Kölner Denkmälerlandschaft einbringen und wo auch in Konfliktfällen die Interessen letztlich dieser Denkmäler machtvoll und effektiv vertreten werden können.

Mögen die Denkmäler Kölns, mögen die »monumenta coloniae« – so wird vielleicht die Schriftenreihe der Gesellschaft einmal heißen – mögen sie also erhalten bleiben, gepflegt werden, erstrahlen, ähnlich wie dieses Monument, dessen gelungene Restaurierung und Komplettierung wir heute besonders feiern, unseren Ratsturm!

Rede des Oberbürgermeisters Norbert Burger anläßlich der Eröffnung des Ratsturm-Bürgerfestes und der symbolischen Enthüllung des Ratsturmes am 6. Mai 1995, 13.10 Uhr, Rathausvorplatz

Liebe Kölnerinnen und Kölner, herzlich willkommen zum Ratsturm-Bürgerfest!

Fünfzehn Monate lang haben fleißige Hände renoviert und restauriert. Nun ist es soweit: Ich kann der Öffentlichkeit den neugestalteten Ratsturm übergeben – dieses Symbol des Selbstbewußtseins und des Selbstbehauptungswillen der Kölner Bürgerinnen und Bürger, Zeichen unserer städtischen Freiheit.

Vom Rat in den Jahren 1407 bis 1444 erbaut, war dieser Turm bei seiner Fertigstellung der höchste der Stadt und über die Jahrhunderte hinweg – bis zur Fertigstellung der mächtigen Domtürme – auch der schönste.

Geschmückt war er mit 80 Figuren. Reisende und Schriftsteller haben immer wieder ihre Schönheit gerühmt.

Doch Schönheit ist vergänglich, der Zahn der Zeit nagte an Figuren, Konsolen und Wasserspeiern, und so wurde Ende des 19. Jahrhunderts ein neues Figurenprogramm vom Rat beschlossen und bis 1902 ausgeführt.

Wenig hat der Zweite Weltkrieg von diesen Figuren übriggelassen.

1950 ergriff das Kölner Handwerk die großartige Initiative für den Wiederaufbau des stark zerstörten Ratsturmes. Sieben Jahre später hat die Handwerkerschaft sich noch einmal engagiert, um das Glockenspiel mit seinen 48 Glocken zu stiften und in den Turm zu bringen.

Als die Bauarbeiten am neuen Ratsturm 1975 abgeschlossen waren, fehlte etwas Entscheidendes: Die über einhundert Konsolen an den Fassaden waren leer. Für eine Erneuerung des Figurenprogramms war kein Geld da.

Es ist das große Verdienst der damaligen Stadtkonservatorin Hiltrud Kier, seit Beginn der achtziger Jahre die Diskussion neu entfacht zu haben. Sie setzte durch, daß ein neues Figurenprogramm entwickelt wurde.

Nach langen und intensiven Diskussionen wurde dieses Programm vom Rat der Stadt Köln verabschiedet. Das war am 28. Januar 1988.

Dank des Engagements und der Großzügigkeit zahlreicher Stifterinnen und Stifter sind 124 Figuren auf den Ratsturm heimgekehrt: Kaiser und Könige, Revolutionäre und Päpste, Künstler und Kaufleute, Wissenschaftler und Politiker, Männer und Frauen, die sich um unsere Vaterstadt verdient gemacht haben, und natürlich – nicht zu vergessen – ganz oben am Turm, im »Kölner Himmel«: Die Schutzheiligen des »Hilligen Köln«.

Meine Damen und Herren, wir wollen heute dieses für Köln so erfreuliche Ereignis gemeinsam feiern. Ein großes Fest ist vorbereitet, ein buntes Programm, für jeden Geschmack etwas. Der Höhepunkt am Abend: Das Konzert der Bläck Fööß auf dem Altermarkt und ein buntes Feuerwerk zum Abschluß des Ratsturm-Bürgerfestes.

Ich freue mich darauf und wünsche allen vill Spaß an d'r Freud!

Doch nun will ich Sie nicht länger auf die Folter spannen. Schauen wir uns den Turm an in seiner neuen Pracht.

Lassen wir die Hüllen fallen!

Literaturverzeichnis zu den Beiträgen S. 40–356

Abshoff, Fritz
Deutschlands Ruhm und Stolz. Unsere hervorragendsten vaterländischen Denkmäler in Wort und Bild. Berlin o.J. (1904).

Adenauer, Hanna
Das Schicksal des Kölner Rathauses vor, während und nach dem Zweiten Weltkrieg. In: Das Rathaus zu Köln. Geschichte, Gebäude, Gestalten, hg. von Peter Fuchs. Köln 1994 (2. erw. Aufl.).

Adenauer, Hanna
Das Schicksal des Kölner Rathauses vor, während und nach dem 2. Weltkrieg. In: Das Rathaus zu Köln, hg. v. P. Fuchs, Köln 1973.

Alexander, Beatrix
Der Kölner Bauer, Katalog: Kölnisches Stadtmuseum, Köln 1987.

Algermissen, Johann Ludwig
Neuester Kölner Führer, Köln 1896

Anzelewsky, Fedja
Dürer. Werk und Wirkung. Erlangen 1988.

Barbknecht, Monika
»MS Stadt Köln«, in: Denkmalpflege im Rheinland, Jg. 4, 1987, Heft 4, S.1–6.

Baron, Françoise
Sculptures. In: Les fastes du Gothique. Le siècle de Charles V. Katalog. Paris 1981.

[Basel]
Historisches Museum Basel. Führer durch die Sammlungen, Basel, 1994.

Becker, Hans-Jürgen
Stadtpatrone und städtische Freiheit. Eine rechtsgeschichtliche Betrachtung des Kölner Dombildes, in: Beiträge zur Rechtsgeschichte. Gedächtnisschrift für Hermann Conrad, hg. v. Gerd Kleinheyer und Paul Mikat, Paderborn u. a. 1979, S. 23–45.

Becker, Jochen
Zu Peter Fuchs (1829–1898). In: Kunstgeschichtliche Aufsätze von seinen Schülern und Freunden des Kunsthistorischen Instituts Köln Heinz Ladendorf zum 29. Juni 1969. Köln 1969, S.41–61.

Beeh, Wolfgang
Die Ikonographie des Hochaltares im Kölner Dom. In: Kölner Domblatt 18/19, 1960.

Beenken, H.
Bildhauer des 14. Jahrhunderts am Rhein und in Schwaben, Leipzig 1927.

Beheim, Michael
Buch von den Wienern, hg. von Th. G. v. Karajan. Wien 1867.

Benkard, Johann Philipp
Übersicht der Geschichte der Deutschen Kaiser und Könige. Zu den Bildern des Kaisersaals. Frankfurt a. M. 1854.

Bergenthal, Marie-Theres
Elemente der Drolerie und ihre Beziehungen zur Literatur, Phil. Diss. Bonn, 1934.

Bergmann, Ulrike
Das Chorgestühl des Kölner Domes (= Rheinischer Verein für Denkmalpflege und Landschaftsschutz Jahrbuch 1986-1987). Bd. 1, Neuss, 1987, S. 88–110.

Bergmann, Ulrike/Lauer, Rolf
Die Domplastik und die Kölner Skulptur, in: Verschwundenes Inventarium. Der Skulpturenfund im Kölner Domchor. Austellungskatalog Köln 1984, S.40–41.

Bieler
Spiegel. In: Handwörterbuch des deutschen Aberglaubens. Bd. 9, (Nachträge), Berlin 1938/41, Sp. 549–550.

Binding, Günther
Baubetrieb im Mittelalter. Darmstadt 1993.

Binding, Günther
Maßwerk. Darmstadt 1989.

Binding, Günther/Kahle, Barbara
2000 Jahre Baukunst in Köln. Köln 1983.

Bloch, Peter
Der Bildhauer Edmund Renard (1830–1905). In: Miscellanea pro arte. Festschrift Hermann Schnitzler. Düsseldorf 1965, S.335–340.

Bloch, Peter
Nachwirkungen des Alten Bundes in der christlichen Kunst. In: Monumenta Judaica. 2000 Jahre Geschichte und Kultur der Juden am Rhein. Handbuch Köln 1963, S. 735–781.

Bloch, Peter
Skulpturen des 19. Jahrhunderts im Rheinland. Düsseldorf 1975.

Bloch, Peter/ Grzimek, Waldemar
Das klassische Berlin. Die Berliner Bildhauerschule im neunzehnten Jahrhundert. Berlin 1978.

Blume, Dieter/ Bredekamp, Horst
Mythos und Widerspruch. In: Natur und Antike in der Renaissance, Ausst. Frankfurt 1985–1986, S. 130–172.

Bode, Wilhelm
Geschichte der Deutschen Plastik. Berlin 1886.

Boisserée, Sulpiz
Tagebücher. Im Auftrag der Stadt Köln hg. v. Hans J. Weitz. Bd. 4, 1844–1854. Darmstadt 1985.

Böker, Hans Josef
Die Marktpfarrkirche St.Lamberti zu Münster. Eine Bau- und Restaurierungsgeschichte einer spätgotischen Stadtkirche. Bonn 1989.

Böker, Hans Josef
Die Portalskulpturen der Christuskirche in Hannover. In: Niederdeutsche Beiträge zur Kunstgeschichte 24, 1985, S. 185–200.

Braunfels, Sigrid
Schwein. In: Lexikon der christlichen Ikonographie, Bd. 4, Sp. 135.

Brincken, Anna-Dorothee von den (Bearb.)
Köln 1475 des Heiligen Reiches Freie Stadt. Ausstellung Köln 1975.

Brincken, Anna-Dorothee von den
Die Stadt Köln zwischen Reich und Kurköln. In: Die Parler und der Schöne Stil 1350–1400. Europäische Kunst unter den Luxemburgern. Ausst. Köln 1978, Bd. 1, S. 141–145.

Broscheit, Felicia
Figürliche Darstellungen in der romanischen Bauornamentik des Rhein-Maas-Gebietes (37. Veröffentlichung der Abteilung Architektur des Kunsthistorischen Instituts der Universität zu Köln, hg. von Günther Binding), Köln, 1990.

Broscheit, Felicia
Romanische Figurenkapitelle in Köln. In: Colonia Romanica. Jahrbuch des Fördervereins Romanische Kirchen Köln e. V. III, Köln 1988.

Brües, Eva
Die Rheinlande. In: K. F. Schinkel. Lebenswerk. Berlin 1968, S.304–369.

Buchenrieder, Fritz
Fassungsbefunde am Südportal, in: Das Südportal des Augsburger Domes. Geschichte und Konservierung. Arbeitsheft Nr. 23 des Bayerischen Landesamtes für Denkmalpflege.

[Buchmalerei]
Karolingische Buchmalerei, Einführung von Florentine Mütherich, Abbildungen und Tafeln erläutert von Joachim E. Gaehde. München, 1976.

Budde, Rainer
Nebensächliches? – Zur Darstellung der Musik auf Stefan Lochners Weltgericht. In: Stefan Lochner. Meister zu Köln, hg. von Frank Günter Zehnder. Ausst. Köln 1993.

Büttner, Frank
Geschichte für die Gegenwart? – Der Streit um die Karlsfresken Alfred Rethels. In: Die Deutschen und ihr Mittelalter: Themen und Funktionen moderner Geschichtsbilder vom Mittelalter, hg. v. Gerd Althoff, Darmstadt 1992, S.101–126.

Bumke, Joachim
Höfische Kultur. Literatur und Gesellschaft im hohen Mittelalter, München 1986.

Calonne-Beginne, Martine
Illustrated Catalogue of the Town-Hall, o. O. u. J. (Brüssel, um 1990).

Cetto, Anna Maria
Der Berner Traian- und Herkinbald-Teppich, Bern 1966.

Cevc, Emilijan
Maskenkonsole, Hajdina, Pfarrkirche. In: Die Parler und der Schöne Stil 1350–1400. Europäische Kunst unter den Luxemburgern. Ausst. Köln 1978, Bd. 2, S. 441–442.

Chapeaurouge, Donat de
Einführung in die Geschichte der christlichen Symbole. Darmstadt, 1984.

Clausberg, Karl
Spruchbandaussagen zum Stilcharakter. Malende und gemalte Gebärden, direkte und indirekte Rede in den Bildern der Veldeke-Äneide sowie Wernhers Marienliedern, in: Städel-Jahrbuch N. F. 13 (1991), S.81–100.

Clemen, Paul
Die gotischen Monumentalmalerien der Rheinlande, Textband, Düsseldorf 1930.

Clemen, Paul
Die Kunstdenkmäler des Kreises Kleve (Die Kunstdenkmäler der Rheinprovinz im Auftrage des Provinzialverbandes hg. v. Paul Clemen. I, 4). Düsseldorf 1892.

Clemen, Paul
Die Kunstdenkmäler der Stadt Köln. Bd. 7, IV. Abtg, bearb. von Hans Vogts und Fritz Witte. Düsseldorf 1930.

Clemen, Paul in Verbindung mit Heinrich Neu und Fritz Witte
Der Dom zu Köln (Die Kunstdenkmäler der Rheinprovinz, hg. von Paul Clemen VI, 3). Düsseldorf 2. vermehrte Auflage 1938.

Cramer, Valmar
Die Sinndeutung des Platzgabbeck. In: Alt Köln. Heimatblätter für die Stadt Köln. Beilage der Kölnischen Rundschau, 8. Jg., 1954.

Dantan jeune
Caricatures et portraits de la société romantique. Collections du musée Carnavalet. Paris 1989.

Dehio, Georg
Handbuch der Deutschen Kunstdenkmäler. NRW, 1. Rheinland, neu bearbeitet von Ruth Schmitz-Ehmke. Meisenheim 1966.

Didier, Robert u. Steyaert, John
Konsole mit Zacharias und Erzengel Gabriel (?). In: Die Parler und der Schöne Stil 1350–1400. Europäische Kunst unter den Luxemburgern, hg. v. Anton Legner, Bd. 1, Katalog Köln 1978, S.81–82.

Didier, Robert u. Steyaert, John
Propheten vom Brüsseler Rathaus. In: Die Parler und der Schöne Stil 1350–1400, Europäische Kunst unter den Luxemburgern, Bd. 1, hg. v. Anton Legner, Bd. 1., Köln 1978.

Die Dioskuren. Deutsche Kunst-Zeitung.
Hauptorgan der Deutschen Kunstvereine, hg. v. Max Schasler. Berlin Jg. 8, 1863.

Dieckhoff, Reiner
Acht Prophetenfiguren aus der ehemaligen Prophetenkammer des Rathauses. In: Der Name der Freiheit 1288–1988. Aspekte Kölner Geschichte von Worringen bis heute, hg. v. Werner Schäfke. Köln 1988, S. 411–414.

Dieckhoff, Reiner
antiqui – moderni. Zeitbewußtsein und Naturerfahrung im 14. Jahrhundert. In: Die Parler und der Schöne Stil, 1350 – 1400. Europäische Kunst unter den Luxemburgern. Ausst. Köln, Bd. 3, 1978, S. 67–93.

Dieckhoff, Reiner
Die Engelkapelle und die Marienkapelle der Kölner Kartause. In: Die Kölner Kartause um 1500. Aufsatzband. Hg. v. Werner Schäfke. Köln 1991.

Dieckhoff, Reiner
Die mittelalterliche Ausstattung des Kölner Domes. In: Arnold Wolff (Hg.), Der gotische Dom in Köln, Köln 1986.

Dieckhoff, Reiner
Grins Kampf mit dem Löwen und seine Bedeutung in der profanen Ikonographie der Stadt Köln. In: Der Name der Freiheit 1288–1988. Aspekte Kölner Geschichte von Worringen bis heute. Kat. Köln 1988.

Dieckhoff, Reiner
Original Stempel der Gaffelsiegel vom Verbundbrief aus dem Jahre 1396. In: Der Name der Freiheit 1288–1988. Aspekte Kölner Geschichte von Worringen bis heute. Kataloghandbuch Köln, 1988, S. 334–335.

Dieckhoff, Reiner
Wilder Mann, Köln, spätes 14. Jahrhundert. In: Die Parler und der Schöne Stil, 1350–1400. Europäische Kunst unter den Luxemburgern. Katalog Köln, Band 3, 1978, S. 110-111.

Diederich, Toni
Siegel der Gaffel Eisenmarkt in Köln. In: Die Parler und der Schöne Stil, 1350–1400. Europäische Kunst unter den Luxemburgern. Katalog Köln, Bd. 3, 1978, S. 163.

Diederich, Toni
Bürgermeister und Rat der Stadt Köln vom 12. bis zum 20. - Jahrhundert, in: Peter Fuchs (Hg.), Das Rathaus zu Köln, Köln 1973, S. 41–62.

Dohrn – van Rossum, Gerhard und Westerheide, Rolf
Die Einführung der öffentlichen Uhren und der Übergang zur modernen Stundenrechnung in den spätmittelalterlichen Städten Niedersachsens. In: Stadt im Wandel, Bd. 4, Stuttgart, 1985.

Dreher, Bernd
»Großer Schied« (28. 6. 1258). In: Der Name der Freiheit 1288–1988. Aspekte Kölner Geschichte von Worringen bis heute. Handbuch zur Ausstellung des Kölnischen Stadtmuseums, hg. v. Werner Schäfke. Köln 1988, S.28–29.

Dresch, Jutta
Karl Janssen und die Düsseldorfer Bildhauerschule. Düsseldorf 1989.

[Dürer]
Albrecht Dürer 1471 bis 1528. Das gesamte graphische Werk, Bd. 2, Druckgraphik. Herrsching, o. J.

Ebeling, Hans-Heinrich
Der Duderstädter Anreischke. In: Die Goldene Mark, 1989, Heft 1/2, 3/4, S. 17–42.

Eco, Umberto
Kunst und Schönheit im Mittelalter. München ^{2}1993.

Eickermann, Norbert
Philologische Bemerkungen zu den Tituli der Fresken des Hansasaals im alten Kölner Rathaus. In: AHVN168/169 (1967), S.48–59.

Elbern, Viktor H.
Die Rubensteppiche des Kölner Domes. In: Kölner Domblatt 10 (1955), S. 43–88.

Ennen, Leonhard
Geschichte der Stadt Köln. Bd. 3 Köln, Neuß, Düsseldorf 1867.

Ennen, Leonhard
Die Restauration des Kölner Rathauses. In: Zeitschrift für bildende Kunst 7, Leipzig 1872, S. 239ff.

Erffa, Hans Martin von
Eiche und Eichenlaub als Symbole. In: Reallexikon zur deutschen Kunstgeschichte, Bd. 4, Stuttgart 1958, Sp. 916.

Erffa, Hans Martin von
»Ehrenpforte« In: Reallexikon zur deutschen Kunstgeschichte, Bd. 4, Stuttgart 1958, Sp. 1443–1504.

Essenwein, August von
Der Wohnbau (Handbuch der Architektur II, Die romanische und die gothische Baukunst, 4, II). Darmstadt 1892.

Even, Edward von
Louvain Monumental ou Description Historique et Artistique de tous les Edifices civiles et religieux de la dite ville. Louvain 1860.

Felten
Dat Kallemännche am Aldemaat. In: Alt Köln. Heimatblätter für die Stadt Köln. Beilage der Kölnischen Rundschau 7. Jg. 1953 S. 16.

Fischer Gernot
Figurenportale in Deutschland 1350–1530, Frankfurt a. M. u. a. 1989.

Folie, Jacqueline
Les proverbes flamands. In: Bruegel. Une dynastie de peintres. Ausst. Brüssel 1980.

Folie, Jacqueline
Pierre Brueghel le Jeune. In: Bruegel . . ., S. 148–149.

Fuchs, Peter
Das Rathaus zu Köln (13. Aufl.), 1990.

Fuchs, Peter
Daten der Kölner Stadtgeschichte von den Römern bis 1400. In: Chronik zur Geschichte der Stadt Köln, Bd 1: Von den Anfängen bis 1400. Hg. v. Peter Fuchs. Köln 1990.

Fuchs, Peter
Zeittafel zum Kölner Rathaus. In: Das Rathaus zu Köln. Geschichte, Gebäude, Gestalten. Herausgegeben von Peter Fuchs, Köln, 1994.

Geis, Walter
Der Dombildhauer Christian Mohr 1823–1888. Dissertation Bonn 1988.

Geis, Walter
Kapelle im St.-Johannes-Hospital. In: Bonner Kirchen und Kapellen. Geschichte und Kunst der katholischen Gotthäuser und Pfarreien. Hg. v. Wilhelm Passavanti. Bonn 1989.

Geis, Walter
Köln: Konsolen der Prophetenfiguren des Rathauses wiederentdeckt. In: Denkmalpflege im Rheinland 9.Jg. Nr. 1, 1. Viertelj. 1992, S.29–34.

Gensel, Walther
Constantin Meunier. Bielefeld Leipzig [2]1907.

Gerlach, Peter
Kentaur. In: Lexikon der christlichen Ikonographie, 2. Bd. Sp. 504–508.

Gidal, Nachum T.
Die Juden in Deutschland von der Römerzeit bis zur Weimarer Republik. Gütersloh 1988.

Goethe, Wolfgang von
Reineke Fuchs. Zeichnungen von Wilhelm von Kaulbach. Stuttgart 1867

Goettert, Klaus
Das Kölnische Rathaus. Mönchen-Gladbach, 1959.

Goldberg, Gisela u. Scheffler, Gisela
Altdeutsche Gemälde. Köln und Nordwestdeutschland (Bayerische Staatsgemäldesammlungen. Alte Pinakothek-München. Gemäldekataloge, Bd. XIV). München, 1972.

Goldschmidt, Adolph
Die Elfenbeinskulpturen aus der Zeit der karolingischen und sächsischen Kaiser. 8–11. Jahrhundert, Berlin 1914, Bd. 1.

[Grimm]
Deutsche Sagen, hg. von den Brüdern Grimm. Berlin 1816-1818.

Gruber, Karl
Das Deutsche Rathaus. München 1943.

Grumbt, Dorette
Das Jenaer Rathaus. Gestalt und Geschichte. Jena,1971.

[Grünenberg]
Des Conrad Grünenberg, Ritters und Burgers zu Costenz, Wappenbuch, ... 1483, ... neu hg. von Stillfried – Alcantara und Hildebrandt.

Gurjewitsch, Aaron J.
Das Weltbild des mittelalterlichen Menschen. München [4]1989.

Haberlandt, Artur
Keule. In: Handwörterbuch des deutschen Aberglaubens Bd. 4, 1932, Sp. 1289–1291.

Hamann, R./Kästner-Wilhelm, K.
Die Elisabethkirche zu Marburg und ihre künstlerische Nachfolge II: R. Hamann, Die Plastik, Marburg 1929.

Hansmann, Martina
Andrea del Castagnos Zyklus der »uomini famosi« und »donne famose«. Geschichtsverständnis und Tugendideal im florentinischen Frühhumanismus, Münster 1993.

Hardering, Klaus
Das Chorgestühl von St. Andreas. In: Colonia Romanica V, 1990.

Hasse, Max
Der Kaiser und die sieben Kurfürsten vom Rathaus in Bremen. In: Die Parler und der Schöne Stil 1350–1400. Europäische Kunst unter den Luxemburgern, Ausst. Köln 1978, Bd. 2, S.530–532.

Heeg, Egon
Die Köln–Frechener Keramik des Toni Ooms 1919–1934. Köln 1992.

Heimann, Friedrich Carl
Die Eingangspforte des Kölner Rathauses. In: JbKGV. Köln 1912, 106.

Heimann, Friedrich Carl
Rathäuser und Hallen in Belgien, in: Mitteilungen des Rheinischen Vereins für Denkmalpflege und Heimatschutz, 1914 (3), S. 210–222.

Heimann, Friedrich Carl
Kölnische Geschichte im Schmuck öffentlicher Gebäude. In: Kölnische Volkszeitung 122 vom 8. 2. 1903.

Heine, Heinrich
Der Rabbi von Bacharach. In: Heines Werke Bd. 2 (Bibliothek Deutscher Klassiker). Berlin, Weimar [18]1991, S. 163–207.

Heizmann, W.
Eiche, Mythologisches. In: Reallexikon der Germanischen Altertumskunde. Bd. 6. Berlin, New York 1985, S. 533–534.

Hengevoss–Dürkop, Kerstin
Skulptur und Frauenkloster. Studien zu Bildwerken der Zeit um 1300 aus Frauenklöstern des ehemaligen Fürstentums Lüneburg (Artefact Bd. 7, hg. von Tilmann Buddensieg, Fritz Neumeyer, Martin Warnke). Berlin 1994.

Herborn, Wolfgang
Der Ratsturm wurde nicht aus eingezogenem Vermögen der vertriebenen Patrizier finanziert. In: Fuchs, Peter (Hg.), Das Rathaus zu Köln. Köln 1973, S.63–66.

Herbst des Mittelalters.
Spätgotik in Köln und am Niederrhein, Katalog Ausstell. Köln 1970.

Herkomer, Hubert
Heilsgeschichtliches Programm und Tugendlehre. Ein Beitrag zur Kultur-und Geistesgeschichte der Stadt Nürnberg am Beispiel des Schönen Brunnens und des Tugendbrunnens. In: Mitteilungen des Vereins für die Geschichte der Stadt Nürnberg 63 (1976).

Hermann OSB, P. Friedrich
Erzabtei St. Peter. Salzburg (Christliche Kunststätten Österreichs Nr.1), Salzburg [15]1982.

Herrmann, Cornelia
Der 'Gerittene Aristoteles'. Das Bildmotiv des 'Gerittenen Aristoteles' und seine Bedeutung für die Aufrechterhaltung der gesellschaftlichen Ordnung vom Beginn des 13. Jahrhunderts bis um 1500, Pfaffenweiler 1991.

Hesse, Jochen
Der Tod macht alle gleich. In: Himmel Hölle Fegefeuer. Das Jenseits im Mittelalter. Katalog Zürich, 1994 (2. durchgesehene Auflage).

Hilger, Hans Peter
Der Dom zu Xanten, Königstein im Taunus, 1984.

Hilger, Hans Peter
Der Skulpturenzyklus im Chor des Aachener Domes. Ein Beitrag zur Kunstgeschichte des Rhein-Maas-Gebietes (Die Kunstdenkmäler des Rheinlandes, hg. v. Rudolf Wesenberg, Beiheft 8). Essen 1961.

Hilger, Hans Peter
Kleve (Die Denkmäler des Rheinlandes. Im Auftrage des Landschaftsverbandes Rheinland hg. v. Rudolf Wesenberg und Albert Verbeek. Kreis Kleve 4), Düsseldorf 1967.

Hiller, Irmgard/Vey, Horst
Katalog der deutschen und niederländischen Gemälde bis 1550 (mit Ausnahme der Kölner Malerei) im Wallraf-Richartz-Museum und im Kunstgewerbemuseum der Stadt Köln (Kataloge des Wallraf-Richartz-Museums V) Köln 1969.

Himmel Hölle Fegefeuer.
Das Jenseits im Mittelalter. Ausst. Zürich und Köln 1994 (2. durchgesehene Auflage).

Hilsch, Peter
Die Krönungen Karls IV. In: Kaiser Karl IV. Staatsmann und Mäzen, hg. v. Ferdinand Seibt, München 1978.

Höltgen, Karl Josef
The 'Nine Worthies', in: Anglia 77 (1959).

Hofer, Paul
Bern, Rathaus, Skulpturenschmuck. Diaspora der letzten Prager Parlerwerkstatt 1410–1414. In: Die Parler und der Schöne Stil, 1350–1400. Europäische Kunst unter den Luxemburgern. Ausst. Köln 1978, Bd. 1, S. 308–309.

Hoffmann, Paul
Die bildlichen Darstellungen des Kurfürstenkollegiums von den Anfängen bis zum Ende des Hl. Römischen Reiches (13.–18. Jahrhundert). Bonn 1982.

Hüfler, Brigitte
Schmied. In: Rheinland, Westfalen und die Berliner Bildhauerschule des 19. Jahrhunderts. Katalog Berlin 1984, S.47.

Huizinga, Johan
Herbst des Mittelalters. Studien über Lebens- und Geistesformen des 14. und 15. Jahrhunderts in Frankreich und in den Niederlanden, hg. von Kurt Köster. Stuttgart [11]1975.

Hülsen-Esch, Andrea von
Romanische Skulptur in Oberitalien als Reflex der kommunalen Entwicklung im 12. Jahrhundert. Untersuchungen zu Mailand und Verona (Artefact Bd. 8, hg. von Tilmann Buddensieg, Fritz Neumeyer, Martin Warnke). Berlin 1994.

Hünemörder, Christian
Greifvögel. In: Lexikon des Mittelalters, Bd. 4, München, Zürich, 1989, Sp. 1698.

Hutchison, Jane C.
Early German Artists (The illustrated Bartsch 9, Commentary Part 2). New York 1991.

Hütter, Elisabeth/Magirius, Heinrich
Der Wechselburger Lettner. Weimar 1983.

Jaeger, J.
Wie sind die Duderstädter zu dem Spitznamen Anreischken gekommen? In: Heimatland, 1910, S. 60–61.

Janssens de Bistoven, Alin
Het Beeldhouwwerk van het Brugsche Stadhuis. In: Gentsche Bijdragen tot de Kunstgeschiedenis X, 1944 (Gent 1945), S.81.

Janssens de Bistoven, Alin
Het Beeldhouwwerk van het Brugsche Stadhuis. In: Gentsche Bijdragen tot de Kunstgeschiedenis. Deel X 1944, Gent 1945.

Jenderko-Sichelschmidt, Ingrid
Profane Historienmalerei. In: Kunst des 19. Jahrhunderts im Rheinland, hg. v. Eduard Trier und Willy Weyres, Bd. 3: Malerei, Düsseldorf 1979, S.170–172.

Jessewitsch, Rolf D.
Das Ständebuch des Jost Amman. Zur ständepolitischen Ikonographie der Reichsstadt Nürnberg in der deutschen Druckgraphik des 16. Jahrhunderts, Münster 1987.

Johanek, Peter
Mittelalterliche Stadt und bürgerliches Geschichtsbild im 19. Jahrhundert. In: Die Deutschen und ihr Mittelalter: Themen und Funktionen moderner Geschichtsbilder vom Mittelalter, hg. v. Gerd Althoff. Darmstadt 1992.

Kaelble, Brigitte
Spätromanische Bauornamentik vom ehemaligen Kreuzgang der Prämonstratenser-Abtei Knechtsteden. Katalog, Zons, 1988.

Kaelble, Brigitte
Untersuchungen zur großfigurigen Plastik des Samsonmeisters (Beiträge zu den Bau- und Kunstdenkmälern im Rheinland Bd. 27). Düsseldorf 1981.

Kahsnitz, Rainer
Die Gründer von Laach und Sayn. Fürstenbildnisse des 13. Jahrhunderts. Ausst. Nürnberg, 1992.

Kaltwasser, Ute
Köln schlägt die Stunde, Zeitungsartikel abgedruckt in: 25 Jahre Glockenspiel im Rathausturm zu Köln. Herausgeber: Kreishandwerkerschaft Köln, 1983.

Kemp, Wolfgang
Du aber arbeite – die Darstellung der drei Stände im 15. und 16. Jahrhundert. In: Tendenzen Nr. 98, 15. Jg. Nov./Dez. 1974, S.49–56.

Keussen, Hermann
Topographie der Stadt Köln im Mittelalter. 1. Bd. Bonn 1910.

Keussen, Hermann
Die drei Reisen des Utrechter Arnold Buchelius. In: AHVN 84 (1907).

Kiene, Michael
Zur Planungsgeschichte der Kölner Rathausvorhalle. In: WRJb 52 (1991), S.121–150.

Kier, Hiltrud
Das Kölner Rathaus im 19. Jahrhundert. In: Kunst, Kultur und Politik im Deutschen Kaiserreich Bd. 4. Das Rathaus im Kaiserreich. Kunstpolitische Aspekte einer Bauaufgabe des 19. Jahrhunderts, hg. v. Ekkehard Mai, Jürgen Paul und Stephan Waetzoldt. Berlin 1982, S.359–371.

Kier, Hiltrud
Das Kölner Rathaus im 19. Jahrhundert. In: Mai/Paul-Waetzold, Das Rathaus im Kaiserreich, Berlin 1982.

Kier, Hiltrud
Die Kölner Neustadt, 2 Bände, Düsseldorf 1978 (Beiträge zu den Bau- und Kunstdenkmälern im Rheinland 23).

Kier, Hiltrud
Die Kölner Ratskapelle und Stefan Lochners Altar der Stadtpatrone. In: Baukunst des Mittelalters in Europa. Hans Erich Kubach zum 75. Geburtstag, hg. Franz J. Much, Stuttgart 1988, S. 757–778.

Kier, Hiltrud
Wohnhäuser in Köln in der zweiten Hälfte des 19.Jahrhunderts. In: Kunst des 19. Jahrhunderts im Rheinland, hg. v. Ed. Trier und W. Weyres, Band 2, Düsseldorf 1980, S.444 f.

Klein, Ph. M.
Der Wanderer durch Cöln, Cöln (1863).

Klinge, Margret
Tentation de saint Antoine. In: Bruegel. Une dynastie de peintres. Ausst. Brüssel 1980.

Koch, Ursula E.
Der Teufel in Berlin. Von der Märzrevolution bis zu Bismarcks Entlassung. Illustrierte politische Witzblätter einer Metropole 1848–1890. Köln 1991.

[Köln]
Der Neubau der Stadtbibliothek zu Köln. In: Wochenblatt für Architekten und Ingenieure 16.Dezember 1881; Köln und seine Bauten 1888, S. 464 ff.

[Köln]
Der Thurm des Rathauses zu Köln. In: Organ für christliche Kunst 14, 1864, S. 224–225.

[Köln]
Köln und seine Bauten, hg. v. Arch. und Ing. Verein Köln 1888.

[Köln]
Aus Cöln's Bauthätigkeit. In: Deutsche Bauzeitung 1869, S. 630.

[Köln]
Kölns Legenden, Sagen, Geschichten nebst Volksliedern, Schwänken, Anekdoten, Sprichwörtern etc. Unter Mitwirkung mehrerer hg. von Ernst Weyden. Köln 1840.

Koreny, Fritz/ Hutchison, Jane C.
Israhel von Meckenem, Wenzel von Olmütz and Monogrammists (The illustrated Bartsch 9, formerly Volume 6, Part 2, Early German Artists). New York, 1981.

Korn, Anton
»Gringköpp«. In: Alt-Köln. Zeitschrift zur Erhaltung Kölnischer Eigenart und Pflege Kölnischer Geschichte 2. Jg. Nr. 5, 1909/10, S. 3–4.

Kranz-Michaelis, Charlotte
Rathäuser im deutschen Kaiserreich 1871–1918 (Materialien zur Kunst des neunzehnten Jahrhunderts Bd. 23). München 1976.

Krause, Walter
Die Plastik der Wiener Ringstraße von der Spätromantik bis zur Wende um 1900 (Die Wiener Ringstraße. Bild einer Epoche. Die Erweiterung der inneren Stadt Wien unter Kaiser Franz Joseph, hg. v. Renate Wagner-Rieger. Bd. 9: Plastik 3). Wiesbaden 1980.

Kreisel, Heinrich
Die Kunst des deutschen Möbels, Bd. II, München 1970.

Kröll, Katrin
Der schalkhaft beredsame Leib als Medium verborgener Wahrheit. In: Mein ganzer Körper ist Gesicht. Groteske Darstellungen in der europäischen Kunst und Literatur des Mittelalters (Rombach Wissenschaft – Reihe Litterae Bd. 26). Freiburg/Br. 1994, S. 239–294.

Lange, Claudio
Plastischer Kirchenschmuck und Islam. Zur Deutung des Obszönen, in: Gabriele Bartz, Alfred Karnein, Claudio Lange, Liebesfreuden im Mittelalter. Kulturgeschichte der Erotik und Sexualität in Bildern und Dokumenten, Stuttgart, Zürich 1994.

Lauchert, Friedrich
Geschichte des Physiologus. Straßburg, 1889, Reprint Genf, 1974.

Lauer, Rolf
Skulptur am Dom. In: Der Kölner Dom im Jahrhundert seiner Vollendung 1. Katalog zur Ausstellung, hg. v. Hugo Borger. Köln 1980, S. 302–319.

Lauer, Rolf/Schulze-Senger, Christa/ Hansmann, Wilfried
Der Altar der Stadtpatrone im Kölner Dom. In: Kölner Domblatt 52 (1987), S. 9–80.

Lauer, Rolf u. Puls, Michael
Die Skulpturen des 19. Jahrhunderts am Kölner Dom. In: Der Kölner Dom im Jahrhundert seiner Vollendung 2. Essays zur Ausstellung, hg. v. Hugo Borger. Köln 1980, S. 304–317.

Lebe, Reinhard
War Karl der Kahle wirklich kahl? Historische Beinamen und was dahintersteckt, München 1990.

Lederle, Ursula
Gerechtigkeitsdarstellungen in deutschen und niederländischen Rathäusern (Diss. Heidelberg), Philippsburg 1937.

Legner, Anton
Die Hochaltarmensa des Kölner Domes und ihr Skulpturenschmuck. In: Rhein und Maas. Kunst und Kultur 800–1400. Katalog Köln 1972.

Legner, Anton (Hg.)
Die Parler und der Schöne Stil 1350–1400. Europäische Kunst unter den Luxemburgern. Ausst. Kat. Kunsthalle Köln 1978. 6 Bd. Köln 1978, 1980.

Lehmkuhl, Thomas
Injektionsfähige Hinterfüllmassen auf der Basis kolloidaler Kieselsäuredispersion zur Fixierung dünner Schuppen und Schalen an Objekten aus Baumberger Kalksandstein. Diplom-Arbeit FH Köln 1990.

Leisner, Barbara
Der Bildteppich mit den zwölf weisen Männern in Nürnberg, Diss. München 1975.

Lempertz, Hans Georg
Das Kölner Rathaus, Wiesbaden 1925 (Rheinische Kunstbücher 3).

Lennep, Jacques van
Paul de Vigne. In: La Sculpture Belge au 19ème siècle. Catalogue, Bruxelles 1990.

Löhr, Hilde
Fotografin am Niederrhein. Weseler Museumsschriften Bd. 2, hg. v. Werner Arand. Bonn 1980, S. 32–33.

Lübke, Anton
Das große Uhrenbuch. Tübingen, 1977.

Lutz, Robert Hermann
Wer war der gemeine Mann? Der dritte Stand in der Krise des Spätmittelalters, München 1979.

Lymant, Brigitte
Die Glasmalereien des Schnütgenmuseums, Köln 1982.

Maertens, Hermann
Die deutschen Bildsäulen-Denkmale des XIX. Jahrhunderts, o. O. 1892.

Maeterlinck, L.
Le genre satirique, fantastique et licencieux dans la sculpture flammande et walonne. Les miséricordes de stalles (Art et Folklore). Paris 1910.

Marez, G. des
Guide illustré de Bruxelles. Tome I: Les Monumente civils et religieux (Touring Club de Belgique). Brüssel 1918, S.14, 23–25.

Martiny, Victor Gaston
Le Decor architectural de la Grand-Place. In: Marc Vokaer, La Grand-Place de Bruxelles, Brüssel 1966.

Maurice, K.
Die deutsche Räderuhr. München, 1976.

Meckseper, Cord (Hg.)
Stadt im Wandel.Kunst und Kultur des Bürgertums in Norddeutschland 1150–1650, Ausstellungskatalog Stuttgart.

Meij, A. W. F. M.
Gula – La gourmandise. In: Bruegel. Une dynastie de peintres. Ausst. Brüssel 1980.

Meij, A. W. F. M.
Ira – La colère, In: Bruegel ...

Meij, A. W. F. M.
Superbia-L'orgueil. In: Bruegel ..., S. 84–90.

Meisen, Karl (Hg.)
Rheinisches Wörterbuch auf Grund der von J. Franck begonnenen, von allen Kreisen des rheinischen Volkes unterstützten Sammlung bearb. von Josef Müller unter Mitarbeit von Matthias Zender und Heinrich Dittmaier, 8. Bd. 1958-1964.

Merlo, Johann Jacob
Kölnische Künstler in alter und neuer Zeit, hg. v. Eduard Firmenich-Richartz. Düsseldorf 1895.

Meyer, Elard Hugo
Über die Sprüche der Rathaushalle in Bremen. In: Bremisches Jahrhbuch 1 (1863), S.68–93.

Mezger, Werner
Narrenidee und Fastnachtsbrauch. Studien zum Fortleben des Mittelalters in der europäischen Festkultur (Konstanzer Bibliothek Bd. 15). Konstanz 1991.

Michel, Fritz
Die Kunstdenkmäler der Stadt Koblenz. Die profanen Denkmäler und die Vororte (Die Kunstdenkmäler von Rheinland-Pfalz, Bd. hg. von Werner Bornheim gen. Schilling, München, Berlin, 1954.

Michel, Paul
Tiere als Symbol und Ornament. Möglichkeiten und Grenzen der ikonographischen Deutung gezeigt am Beispiel des Zürcher Grossmünster Kreuzgangs. Wiesbaden, 1979.

Militzer, Klaus
Ursachen und Folgen der innerstädtischen Auseinandersetzungen in Köln in der 2. Hälfte des 14. Jahrhunderts, Köln 1980.

Möller, Lieselotte
Der Wrangelschrank und die verwandten süddeutschen Intarsienmöbel des 16. Jahrhunderts, Berlin 1956.

Mohr, Christian
Die Kirchen von Köln, ihre Geschichte und Kunstdenkmäler, Berlin 1889.

Mohr, Christian
Köln in seiner Glanzzeit. Neue Forschungen. Köln 1885.

Mohr, Gerd Heinz
Lexikon der Symbole. Bilder und Zeichen der christlichen Kunst. Köln, 1971.

Molsdorf, Wilhelm
Christliche Symbolik der mittelalterlichen Kunst, Graz 1968.

Mühlberg, Fried
Bau- und Kunstgeschichte des alten Rathauses zu Köln. In: Das Rathaus zu Köln, hg. v. P. Fuchs, Köln 1973.

Mühlberg, Fried
Der Hansasaal des Kölner Rathauses. In: Wallraf-Richartz-Jahrbuch 36, 1974.

Mühleisen, Hans O. (Hg.)
Politische Tugendlehre und Regierungskunst. Studien zu Fürstenspiegeln der frühen Neuzeit, Tübingen 1990.

Mühlpfordt, Herbert Meinhard
Königsberger Skulpturen und ihre Meister 1255–1945 (= Ostdeutsche Beiträge aus dem Göttinger Arbeitskreis, Band XLVI). Würzburg, 1970.

Müller, Theodor
Sculpture in the Netherlands, Germany, France, and Spain. 1400–1500, Harmondsworth 1966.

Müller-Bochat, Eberhard
Der allegorische Truimphzug. Ein Motiv Petrarcas bei Lope de Vega und Rubens (Schriften des Petrarca-Instituts Köln Nr. 11), Krefeld 1957.

Nagel, Gerhard
Das Mittelalterliche Kaufhaus und seine Stellung in der Stadt, Berlin 1971.

Nerdinger, Winfried u. Stenger, Birgit
Das Münchner Rathaus – Architektur zwischen Politik, Ehrgeiz und Intrige. In: Das Rathaus im Kaiserreich, hg. v. Ekkehard Mai, Jürgen Paul, Stephan Waetzoldt. Berlin 1982, S. 151–177.

Neuhausen, Christiane
Daten Ende 14. Jahrhundert – 1513. In: Chronik zur Geschichte der Stadt Köln. Bd. 2: Von 1400 bis zur Gegenwart. Hg. Peter Fuchs. Köln 1991.

Niehr, Klaus
Die mitteldeutsche Skulptur der ersten Hälfte des 13. Jahrhunderts. Weinheim 1992.

Nußbaum, Norbert
Deutsche Kirchenbaukunst der Gotik. Entwicklung und Bauform. Köln 1985.

Oexle, Gerhard
Die mittelalterlichen Gilden: Ihre Selbstdeutung und ihr Beitrag zur Formung sozialer Strukturen. In: Albert Zimmermann (Hg.), Soziale Ordnungen im Selbstverständnis des Mittelalters (Miscellanea Mediaevalia 12, 1), Bd.1, 1, Berlin-New York 1979, S. 203–226.

Osten, Gert von der
Plastik des 19. Jahrhunderts in Deutschland, Österreich und der Schweiz. Königstein im Taunus 1961.

Oudhensden, Jan van/Mackelenbergh, Ernst von
De Sint Jan van s'Hertogenbosch, s'Hertogenbosch/Zwolle 1988 (3.Auflage).

Overmann, Alfred
Die älteren Kunstdenkmäler der Plastik, der Malerei und des Kunstgewerbes der Stadt Erfurt, Erfurt o. J. (1911).

Paatz, Walter
Verflechtungen in der Kunst der Spätgotik zwischen 1360 und 1530. Heidelberg 1967 (Abhandlungen der Heidelberger Akademie der Wissenschaften, phil.-hist. Kl. 1967, 1. Abh.).

Pächt, Otto
Van Eyck. Die Begründer der altniederländischen Malerei, hg. von Maria Schmidt–Dengler. München, 1993 (2. verb. Aufl.).

Parent, Thomas
Passiver Widerstand im preußischen Verfassungskonflikt, Köln 1982.

Peeters, Kees
Die Kathedrale von Herzogenbusch. Wiederherstellung einer neugotischen Restaurierung. In: Michael Brix und Monika Steinhauser (Hg.), Geschichte allein ist zeitgemäß. Historismus in Deutschland. Gießen 1978, S.179–195.

Périer-d'Ieteren, C.
Colyn de Coter et la technique picturale des peintres flamandes du Xve siècle, Brüssel 1985.

Peukert, Will-Erich
Bär. In: Handwörterbuch des deutschen Aberglaubens (siehe Anm. 77) Bd. 1, 1927, Sp. 884.

Plagemann, Volker
»Vaterstadt, Vaterland ...« Denkmäler in Hamburg (Arbeitshefte zur Denkmalpflege Nr. 9), Hamburg 1986.

Puls, Michael
Skulptur am Dom, Biographie Christian Mohrs. In: Der Kölner Dom im Jahrhundert seiner Vollendung 1. Katalog zur Ausstellung, hg. v. Hugo Borger. Köln 1980, S. 286–301.

Putzer, Peter
Kaiser und Reich. Der Kurfürstenfries des Jakob Russ als Dokument der Verfassungsgeschichte. In: Der Überlinger Rathaussaal. Ein Kunstwerk aus dem Herbst des Mittelalters. Friedrichshafen, 1993, S. 20–35.

R (August Reichensperger?)
Der Thurm des Rathhauses zu Köln. In: Organ für christliche Kunst 14. Jg. 1864, S. 225.

Rahtgens, Hugo
Die Kirchlichen Denkmäler der Stadt Köln. St. Gereon – St. Johann Baptist – Die Marienkirchen – Groß St. Martin (Die Kunstdenkmäler der Rheinprovinz, hg. von Paul Clemen Bd. VII, 1). Düsseldorf 1911.

Ramseger, Ingeborg
Kolumba von Sens. In: Lexikon der christlichen Ikonographie Bd. 7, 1974 Sp. 331.

Rapp Buri, Anna/Stucky-Schürer, Monica
Zahm und wild: Basler und Straßburger Bildteppiche des 15. Jahrhunderts, Mainz 1990.

Rempel, Hans
Die Rolandstatuen. Herkunft und geschichtliche Wandlung. Darmstadt 1989.

Restle, Konstantin
Musikinstrumente. In: Lexikon des Mittelalters, Bd. 6 München, Zürich, 1993, Sp. 965.

Ridder, Juliaan H. A. de
Gerechtigheidstaferelen voor Schepenhuizen in de zuidelijke Nederlanden in de 14de, 15de en 16de eeuw (AWLSK, Klasse der Schone Kunsten 51, 1989, Nr.45. Brüssel 1989.

Rode, Herbert
Der Hl. Michael von Franz Meynen an der Nordquerhausfassade des Kölner Domes. In: Kölner Domblatt 35, 1972, S. 99–112.

Rode, Herbert
Ernst Friedrich Zwirners Planentwicklung für den Ausbau des Kölner Domes 1833 bis 1844. In: Kölner Domblatt 20, 1961, S.45–98.

Roggen, Domien
Johannes de Osy es Johannes de Aquis. In: Gentsche Bijdragen tot de Kunstgeschiedenis XII, 1949/50, S.105–106.

Roth, Hermann Josef
Die bauplastischen Pflanzendarstellungen des Mittelalters im Kölner Dom. Frankfurt, M., Bern, New York 1990.

Roth, Hermann Josef
Die Pflanzen in der Bauplastik des Altenberger Domes. Ein Beitrag zur Kunstgeschichte und zur mittelalterlichen Botanik. Bergisch Gladbach 1976.

Rotthauwe gen. Löns, Helmut
Rathäuser in Wesel, hg. v. der Stadt Wesel. Wesel o.J. (1974).

Rüdisühli, Jeannette u. Suter, Ueli
Handschriften und Inkunabeln erzählen die Geschichte von Belial in vielen Bildern. In: Himmel. Hölle, Fegefeuer ... S. 365–367.

Rudolph, Gerhard
Die illustrative Graphik. In: Kunst des 19. Jahrhunderts im Rheinland in fünf Bänden. Hg. v. Eduard Trier und Willy Weyres, Band 3: Malerei. Düsseldorf 1979.

Sauser, Ekkart
Tier IV. In der christl. Kunst. In: Lexikon für Theologie und Kirche. (2. völlig neu bearbeitete Auflage), hg. von Josef Höfer und Karl Rahner. Bd. 10, Freiburg, 1965, Sp. 190–191.

Schaefer, Karl
Der Meister des Saarwerdengrabmals und sein Werk, in: WRJb 5 (1928), S. 1–12.

Schäfke, Werner
Dä Kallendresser vum Aldermaat. In: Le Musée sentimental de Cologne. Katalog, Köln, 1979, S. 100.

Scheeben, Heribert Christian
Albertus Magnus. Köln 1954 Abb.4. – Erhard Schlieter, Albertus – »en secret«. Auf den Kölner Seitenpfaden des »doctor universalis«. In: Köln 1979, Heft 4.

Schilling, Sabine Maja
Biographische Dokumentation. In: Ewald Mataré. Retrospektive. Das plastische Werk. Kat. Köln 1987.

Schilling, Sabine Maja
Ewald Mataré. Das plastische Werk. Köln 1987.

Schlink, Wilhelm
Der Beau-Dieu von Amiens, Frankfurt 1991.

Schmitt, Annegrit
Herkules in einer unbekannten Zeichnung Pisanellos. Ein Beitrag zur Ikonographie der Frührenaissance. In: Jahrbuch der Berliner Museen 17 (1975).

Schnütgen, Alexander
Anmerkung. In: Zeitschrift für christliche Kunst Nr. 7, 1899, Sp. 222.

Schnur, Harry G. (Hg.)
Fabeln der Antike, München 1978.

Schouwink, Wilfried
Der wilde Eber in Gottes Weinberg. Zur Darstellung des Schweins in Literatur und Kunst des Mittelalters. Sigmaringen 1985.

Schröder, Albert
Deutsche Ofenplatten, Leipzig 1938.

Schröder, Fritz
Die gotischen Handelshallen in Belgien und Holland. Leipzig 1914.

Schroeder, Horst
Der Topos der Nine Worthies in Literatur und bildender Kunst, Göttingen 1971.

Schudt, Johann Jacob
Jüdische Merckwürdigkeiten ..., 2. Teil. So vor Augen leget eine vollständige Franckfurter Juden-Chronick ..., Frankfurt, Leipzig 1714.

Schuller-Procopovici, Karin
Künstlerische Ausstattung des Hauses Em Hanen. In: Skulptur in Köln. Köln, 1988, S. 143.

Schulten, Walter
Kostbarkeiten in Köln. Erzbischöfliches Diözesan-Museum. Katalog. Köln 1978.

Schulten, Walter
Triumph der Eucharistie, Köln 1986.

Schumacher, Walter N.
Traditio Legis. In: Lexikon der christlichen Ikonographie, hg. v. Engelbert Kirschbaum, 4. Bd. Rom, Freiburg, Basel, Wien 1972, Sp. 347–351.

Schweikhart, Gunter
Sgraffito – Graffiti: Über Putz und Schmutz auf den Wänden. In: Johannes Stahl (Hg.), An der Wand. Graffiti zwischen Anarchie und Galerie. Köln 1989.

Schwering, Max Leo
Das Kölner Ratsgestühl im Kölnischen Stadtmuseum. In: Bulletin der Kölner Museen, Jg. 4 (1965), Heft 2, S. 347–350.

Schwering, Max Leo
Intarsiertes Mobiliar um 1600. Über das Wirken des Melchior von Rheydt in Köln. In: Kunst und Antiquitäten I/1979, S. 29–38.

Schwering, Max Leo
Handwerk in Köln, Köln 1984.

Seemann, Erich
Pauke. In: Handwörterbuch des deutschen Aberglaubens. Bd. 6 1935 Sp. 1462.

Seemann, Erich
Sackpfeife. In: Handwörterbuch des deutschen Aberglaubens, Bd. 7, 1935/36, Sp. 865.

Seligman, Janet
Figures of Fun. The Caricature-Statuettes of Jean-Pierre Dantan. London 1957.

Shearman, John
Mannerism. Harmondsworth 1967–Bad Cannstadt 1985.

Stankowski, Martin
Köln. Der andere Stadtführer. Bd. 1. Köln 1988.

Starn, Randolph/Partridge, Loren
Arts of Power. Three Halls of State in Italy, 1300–1600, Berkeley-Oxford 1992.

Stechow, W.
Shooting at Father's Corpse. In: Art Bulletin 24 (1942), S. 213–225.

Stein, Walther
Akten zur Geschichte der Verfassung und Verwaltung der Stadt Köln im 14. und 15. Jahrhundert (Publikationen der Gesellschaft für Rheinische Geschichtskunde X, 1). Bonn 1893.

[Steinle, Edward von]
Des Meisters Gesamtwerk in Abbildungen herausgegeben durch Alphons M. von Steinle. Kempten, München 1910.

Steinmann, Marc
Das Grabmal des Erzbischofs Friedrich von Saarwerden im Kölner Dom, in: Kölner Domblatt 58 (1993), S. 63–144.

Stelzmann, Arnold/Frohn, Robert
Illustrierte Geschichte der Stadt Köln. Köln 1976.

Stemplinger, E.
Affe. In: Handwörterbuch des deutschen Aberglaubens, Bd. 1, 1927, Sp. 206.

Stiehl, Otto
Das Deutsche Rathaus im Mittelalter. Leipzig 1905.

Strauss, Walter L./ Schuler, Carol
German Book Illustrations Before 1500 (The Illustrated Bartsch 85 Part VI: Anonymus Artists 1484–1486). New York 1983.

Suckale, Robert
Die Hofkunst Kaiser Ludwigs des Bayern. München 1993.

Surmann, Ulrike
Studien zur ottonischen Elfenbeinplastik in Metz und Trier. Nordenfalks Sakramentar- und Evangeliargruppe. Witterschlick/Bonn 1990.

Tancock, John L.
The Sculpture of Auguste Rodin. Philadelphia 1976.

Täube, Dagmar R.
Meister der Verherrlichung Mariae. Zwei Altarflügel. In: Stefan Lochner. Meister zu Köln, hg. von Frank Günter Zehnder. Ausst. Köln 1993.

Täube, Dagmar R.
Meister der Verherrlichung Mariae. Zwei Seiten einer Altartafel. In: Stefan Lochner. Meister zu Köln, hg. von Frank Günter Zehnder. Ausst. Köln 1993.

Taylor, Archer
Eule. In: Handwörterbuch des deutschen Aberglaubens, hg. unter besonderer Mitwirkung von Eduard Hoffmann-Krayer und Mitarbeit zahlreicher Fachgenossen von Hanns Bächtold-Stäubli. Berlin, Leipzig. Bd. 2, 1930, Sp. 1073–1074.

[Thieme/Becker]
Allgemeines Lexikon der bildenden Künstler von der Antike bis zur Gegenwart. Begründet von Ulrich Thieme und Felix Becker, hg. v. Ulrich Thieme, 12. Bd., Leipzig 1916, S. 278–279.

Trier, Eduard
Die Propheten des Kölner Rathauses, Diss. (MS) Bonn 1952.

Trier, Eduard
Die Prophetenfiguren des Kölner Rathauses II, in: Wallraf-Richartz-Jahrbuch XIX, 1957, S.193–224.

Trier, Eduard
Die Prophetenfiguren des Kölner Rathauses. In: Wallraf-Richartz-Jahrbuch Bd. XV 1953, S. 79–102.

Trier, Eduard
Zum Werk des Kölner Dombildhauers Peter Fuchs. In: Kölner Domblatt 43, 1978, S.189–200.

Tripps, Manfred
Hans Multscher. Meister der Spätgotik. Sein Werk, seine Schule, seine Zeit. Ausst. Leutkirch im Allgäu 1993.

Troescher, Georg
Weltgerichtsbilder in Rathäusern und Gerichtsstätten. In: WRJb 11, 1933, S.139–214.

»Unsere tapferen Helden ...«.
Kriegs- und Kriegerdenkmäler und politische Ehrenmale. Dortmunder Beispiele, hg. vom Fachbereich Design der Fachhochschule Dortmund. Essen 1987.

Valcke, Sybille
Fraikin, Charles-Auguste. In: La Sculpture Belge au 19ème siècle. Catalogue. Brüssel 1990.

Van Tygem, Frieda
De geschiedenis van de beelden in de nissen van de gevel, in: Dies., Het Stadhuis van gent. Voorgeschiedenis, bouwgeschiedenis, veranderingswerken, restauraties, beschrijving, stijlanalyse. Deel 1, Brüssel 1978.

Verbeek, Albert
Kölner Kirchen. Die kirchliche Baukunst in Köln von den Anfängen bis zur Gegenwart. Neu herausgegeben von Günther Binding u. Susanne Stolz, 3., überarbeitete Aufl., Köln 1987.

Verbraeken, Paul
Les monuments publics en Flandre. In: La Sculpture Belge au 19ème siècle. Bruxelles 1990.

Vetter, Ewald M.
Defensorium. In: Lexikon der christlichen Ikonographie, Bd. 1, Sp. 501, 502.

Vetter, Ewald M.
Fabelwesen. In: Lexikon der christlichen Ikonographie, Bd. 2, Sp. 1.

Vogts, Hans
Bauliche Neuordnungen und Wiederherstellungen im Kölner Rathaus. In: Deutsche Kunst und Denkmalpflege 1940/41, Heft 5/6, S.135–136.

Vogts, Hans
Das Kölner Rathaus, in: Jahrbuch des kölnischen Geschichts-Vereins 2, 1913, I ff.

Vogts, Hans
Das Kölner Wohnhaus bis zur Mitte des 19. Jahrhunderts (Rheinischer Verein für Denkmalpflege und Heimatschutz, Jb. 1964–65), Bd.1, Neuss 1966.

Vogts, Hans
Das Rathaus zu Köln. Augsburg, Köln 1928.

Vogts, Hans
Die profanen Denkmäler der Stadt Köln (Die Kunstdenkmäler der Rheinprovinz, hg. v. Paul Clemen VII, 4). Düsseldorf 1930.

Vogts, Hans
Rathaus zu Köln, Augsburg/Köln 1928.

Volkmann, Ludwig
Der Überlinger Rathaussaal des Jacob Ruß und die Darstellung der Deutschen Reichsstände. Berlin 1934.

Walle, A. L. J. van de
Gotische Kunst in Belgien. München 1972, S. 35.

Wallrath, Rolf
Reliquienaltar. In: Vor Stefan Lochner. Die Kölner Maler von 1300 bis 1430. Ausst. Köln 1974.

Wehrhahn-Stauch, Lieselotte
Affe. In: Lexikon der christl. Ikonographie, Bd. 1, Spalte 76-79.

Wehrhahn-Stauch, Lieselotte
Bär. In: Lexikon der christlichen Ikonographie, Bd. 1, Sp. 243.

Weinstock, Carola
Der plastische Bildschmuck an der Fassade des Aachener Rathauses 1864–1901. In: Aachener Kunstblätter 49, 1980-81. Köln 1981, S. 51–230.

Weinstock, Carola
Die Restaurierung des Aachener Rathauses und seines plastischen Bildschmucks im 19. Jahrhundert. In: Das Rathaus im Kaiserreich, hg. v. Ekkehard Mai, Jürgen Paul und Stephan Waetzoldt. Berlin 1982, S. 483–515.

Werd, Guido de
De Kalkarse beeldhouwer Arnt van Tricht. In: Bulletin van het Rijksmuseum 21/2, 1973.

Wieger, Hermann
»Handbuch von Köln«,Frankfurt/Main, 1925.

Wiethase, Heinrich
Baugeschichtliche Entwicklung. In: Köln und seine Bauten. Festschrift zur VIII. Wanderversammlung des Verbandes deutscher Architekten- und Ingenieur-Vereine in Köln. Köln 1888.

Wiethase, Heinrich
Gebäude für öffentliche Verwaltung. In: Köln und seine Bauten. Festschrift zur VIII. Wanderversammlung des Verbandes deutscher Architekten und Ingenieur-Vereine in Köln. Köln 1888, S. 500.

Windisch-Graetz, Franz
Möbel Europas, München 1982.

Witsen Elias, J. S.
Koorbanken, Koorhekken en Kansels (De Schoonheid van ons Land). Amsterdam 1946.

Wolff, Gerta
St. Severin. In: Stadtspuren Bd.1, S. 474–517.

Wrede, Adam
Köln und Flandern-Brabant. Kulturhistorische Wechselbeziehungen vom 12.–17.Jahrhundert, Köln 1920.

Wrede, Adam
Neuer Kölnischer Sprachschatz, 1. Bd. Köln, 1958 (^{10}1988).

Wyss, Robert L.
Die neun Helden. Eine ikonographische Studie, in: Zeitschrift für schweizerische Archäologie und Kunstgeschichte 17 (1957), S. 73–106.

Zacher, Inge
Skulpturen an öffentlichen Gebäuden. In: Kunst des 19. Jahrhunderts im Rheinland in fünf Bänden, hg. v. Eduard Trier und Willy Weyres, Band 4: Plastik. Düsseldorf 1980.

Zehnder, Frank Günter (Hg.)
Stefan Lochner, Meister zu Köln, Katalog der Ausstellung Köln 1993; ders. Katalog der Altkölner Malerei (Kataloge des Wallraf-Richartz-Museums XI), Köln 1990.

Zehnder, Frank Günter
Gotische Malerei in Köln. Altkölner Bilder von 1300 bis 1550, Köln 1993 (Wallraf-Richartz-Museum Köln, Bildhefte zur Sammlung 3).

Zehnder, Frank Günter
Katalog der Altkölner Malerei (Kataloge des Wallraf-Richartz-Museum XI). Köln 1990.

Zehnder, Frank Günter
Katalog der altkölner Malerei (Kataloge des Wallraf-Richartz-Museums XI). Köln 1990.

Zehnder, Frank Günter
Klarenaltar. Köln, um 1360–1370 und um 1400. In: Die Parler und der Schöne Stil 1350–1400. Europäische Kunst unter den Luxemburgern. Ausst. Köln 1978, Bd. 1, S. 206–207.

Zehnder, Frank Günter
Klarenaltar. In: Vor Stefan Lochner. Die Kölner Maler von 1300 bis 1430. Ausst. Köln 1974, S. 77–80.

Ziehen, Eduard u. Hertha
Das Heilige Römische Reich in seinen Gliedern. Sinnbilder des körperschaftlichen Reichsgedankens 1400–1800. In: Archiv für Frankfurts Geschichte und Kunst 5. F., 48. 1962.

Abkürzungen

Acta SS	Acta Sanctorum
ADB	Allgemeine Deutsche Biographie
AHVN	Annalen des historischen Vereins für den Niederhein
Bd.	Band
Bearb.	Bearbeiter
FSGA	Freiherr-vom-Stein-Gedächtnisausgabe
GiK	Geschichte in Köln
H.	Heft
Hg.	Herausgeber
HAStKöln	Historisches Archiv der Stadt Köln
HS	Handschrift
HStA	Hauptstaatsarchiv
HZ	Historische Zeitschrift
Jbb	Jahrbücher
JbKGV	Jahrbuch des Kölnischen Geschichtsvereins
Jg.	Jahrgang
KDbl	Kölner Domblatt
LThK	Lexikon für Theologie und Kirche
MGH	Monumenta Germaniae Historica
MIÖG	Mitteilungen des Instituts für Österreichische Geschichtsforschung
ND	Nachdruck
NDB	Neue Deutsche Biographie
PLRE	The Prosopography of the Later Roman Empire
rer. germ.	rerum germanicarum
rer. merov.	rerum merovingicarum
RhVjbll	Rheinische Vierteljahresblätter
SB	Sitzungsberichte
SS	Scriptores
TzF	Texte zur Forschung
WdF	Wege der Forschung
WRJb	Jahrbuch des Wallraf-Richartz-Museums
ZBGV	Zeitschrift des Bergischen Geschichtsvereins
ZfdPh	Zeitschrift für deutsche Philologie
ZKG	Zeitschrift für Kirchengeschichte

Mitarbeiter dieses Bandes

Vera Bachmann, geboren 1954. Studium der Kunstgeschichte, Archäologie und Theater- und Fernsehwissenschaft in Köln. Freiberufliche Tätigkeit für den Stadtkonservator Köln sowie im Ausstellungs- und Verlagswesen.

Bernd Dreher, geboren 1949 in Gelsenkirchen. Studium der Geschichte, Anglistik und Erziehungswissenschaft; nach Tätigkeit an der Universität Düsseldorf Mitarbeiter des Stadtkonservators Köln; Publikationen zur rheinischen Stadt- und Landesgeschichte, zur französischen Geschichte; Tätigkeit im Ausstellungswesen. Lehrbeauftragter am Historischen Seminar der Universität Düsseldorf.

Bernd Ernsting, Dr. phil., geboren 1956. Studium der Kunstgeschichte, Christlichen Archäologie und Geschichte in Münster, München und Bonn. Tätigkeit für den Stadtkonservator Köln; seit 1984 freiberuflich in Ausstellungswesen, Denkmalpflege und Architektur. Veröffentlichungen zur Kunst des 16. Jhs., des frühen 20. Jhs. und der Gegenwart.

Walter Geis, Dr. phil., geboren 1955. Studium der Kunstgeschichte, Klassischen Archäologie, Vor- und Frühgeschichte in Köln und Bonn. Seit 1988 wissenschaftlicher Referent beim Stadtkonservator Köln. Publikationen vornehmlich über Skulptur und Architektur des 19. Jahrhunderts.

Hiltrud Kier, Prof. Dr. phil., geboren 1937 in Graz. Studium der Kunstgeschichte, Archäologie und Musikwissenschaft in Wien; 1976 bis 1978 Mitarbeiterin im Amt des Kölner Stadtkonservators (Erstellung der Kölner Denkmälerliste); 1978 bis 1990 Stadtkonservatorin von Köln. 1990 bis 1993 Generaldirektorin der Museen der Stadt Köln und Leiterin des Amtes für Bodendenkmalpflege, ab 1994 Leiterin des Wissenschaftlichen Forschungsreferates beim Kulturdezernat der Stadt Köln. Seit 1988 Honorarprofessur für Kunstgeschichte an der Universität Bonn.

Alexander Kierdorf, Dr. phil., geboren 1965 in Bensberg. Studium der Kunstgeschichte, Anglistik und Archäologie an der Universität Köln; 1993 Clemen-Stipendium-Preisträger des Landschaftsverbands Rheinland; seit 1993 wissenschaftlicher Angestellter an der Universität Dortmund, Fakultät Bauwesen, Lehrstuhl für Denkmalpflege und Bauforschung.

Ulrich Krings, Dr. phil., geboren 1942 in Oberhausen. Studium der Kunstgeschichte, Architektur, klassischen Archäologie und Soziologie. Er arbeitet seit 1979 im Amt des Kölner Stadtkonservators und ist seit dem Dezember 1990 Stadtkonservator von Köln.

Thomas Lehmkuhl, Diplom-Restaurator (FH), geboren 1959. 1980–1983 Ausbildung zum Steinmetz und Steinbildhauer; 1984–1987 Mitarbeiter des Bayerischen Landesamtes für Denkmalpflege für das Restaurierungsprojekt der »Barocken Kaskade« im Garten von Schloß Seehof bei Bamberg; 1987–1991 Studiengang Restaurierung und Konservierung von Kunst- und Kulturgut an der FH Köln, Fachbereich Stein-Wandmalerei; seit 1991 selbständiger Diplom-Restaurator (Schwerpunkt: Stein, Wandmalerei, Stuck).

Petra Leser, Dr. phil., geboren 1957. Studium der Kunstgeschichte, Theater-, Film- und Fernsehwissenschaft und Germanistik in Köln. Promotion über den Architekten Clemens Klotz. 1990–1991 Werkvertrag beim Bauamt des Erzbistums Köln. Seit 1991 wiss. Mitarbeiterin am Kunsthistorischen Institut, Abt. Architekturgeschichte, der Universität Köln. Arbeiten zur Architekturgeschichte des 19. und 20. Jahrhunderts.

Ulrike Surmann, Dr. phil., geboren 1958 in Essen. Studium der Kunstgeschichte, Geschichte, Philosophie, Klassischen und Christlichen Archäologie in Münster und Bonn. Liebighaus Museum alter Plastik in Frankfurt a. M.. Diözesanmuseum Köln. Publikationen: Studien zur ottonischen Elfenbeinplastik in Metz und Trier, 1990; Christus in der Rast, 1991; Beiträge in: Bibliotheca Apostolica Vaticana. Liturgie und Andacht im Mittelalter, Ausstellungskatalog Köln 1992-93; Der Meister der Wiener Gregortafel, in: Egbert. Erzbischof von Trier, Festschrift 1993.

Claudia Valder-Knechtges, Dr. phil., geboren 1955. Studium der Musikwissenschaft, Geschichte und Skandinavistik in Köln; journalistische Tätigkeit, musikwissenschaftliche Publikationen und Ausstellungen; seit 1993 am Käthe-Kollwitz-Museum der Kreissparkasse Köln.

Thomas Wüstefeld, geboren 1960 in Göttingen. Studium: Kunstpädagogik/Germanistik, Aufbaustudium: Denkmalpflege beschäftigt seit 1992 am Römisch-Germanischen Museum/Abt. Bodendenkmalpflege im Bereich Kellerkataster u. Bauforschung.

Grundrisse des modernen Rathauskomplexes

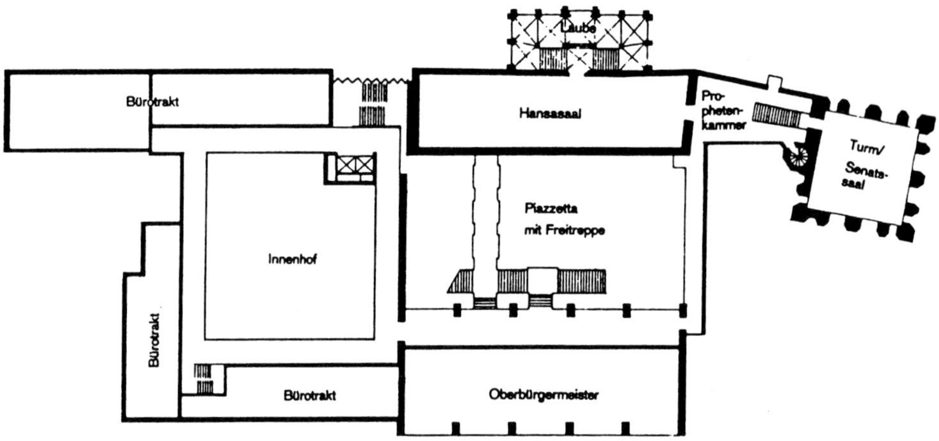

1. Obergeschoß

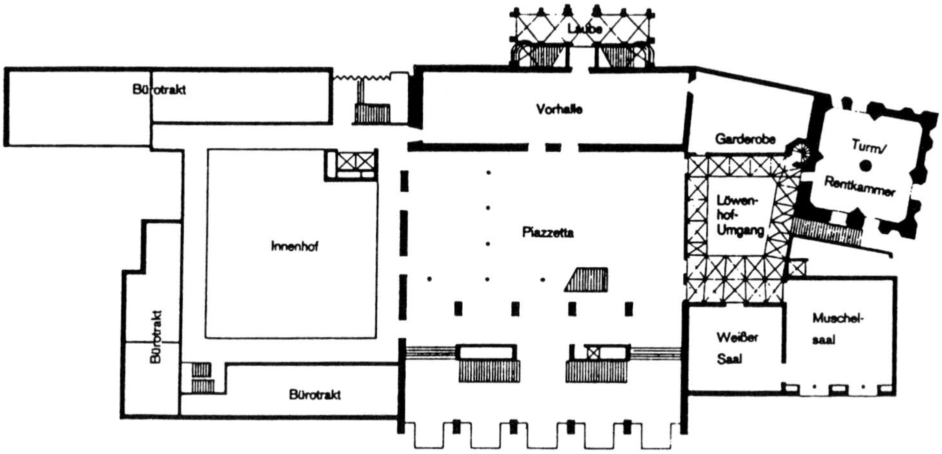

Erdgeschoß

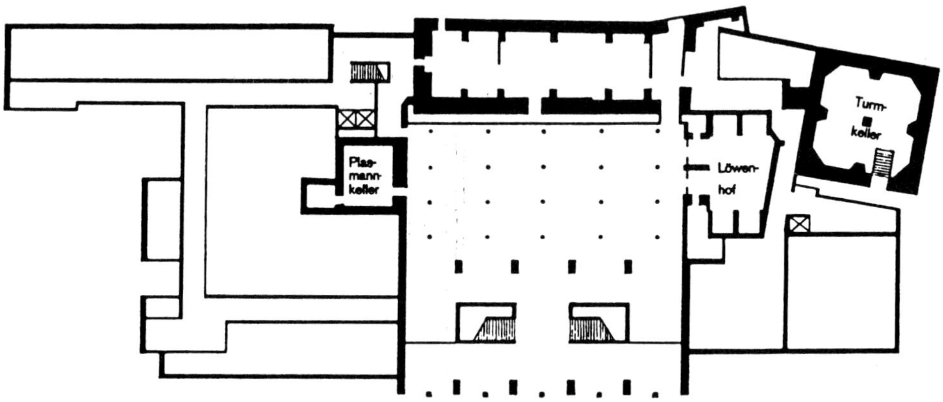

Erdgeschoß Alter-Markt-Niveau bzw. Kellergeschoß, Niveau Rathausplatz

Kölner Ratsturm – Chronologie

1135//52	Ein „Haus, in dem die Bürger zusammenkommen“ wird erstmals erwähnt.
1149	Die Lage dieses Hauses kann bestimmt werden: „im Judenviertel“.
1179/82	Die „Richerzeche“, die Gemeinschaft der Reichen, Vornehmen, ist erstmals bezeugt. Heinrich Flacho und Dietrich von der Mühlengasse sind die ersten bekannten Bürgermeister.
1216	Erzbischof Engelbert I. unterdrückt einen ersten Kölner Rat.
1242	Der Rat existiert als Verfassungsorgan der Stadt.
1329	Ratskapelle St. Michael
1328/30	Baubeginn des neuen, gotischen „Bürgerhauses“ mit dem „langen Saal“, später „Hansasaal“ genannt.
1349	Erste Vertreibung der Juden aus Köln; das Judenviertel wird niedergebrannt.
1393/1412	Südlich vom Rathaus gelegene Häuser werden vom Stadtregiment gekauft.
1396	Die Revolution beseitigt die Herrschaft der „Gechlechter“. Die siegreichen Gaffeln geben der Stadt eine neue Verfassung, den Verbundbrief.
1404	Erwähnung einer Laube vor dem Rathaus.
1406	Als Zeichen der Herrschaft des neuen Regimentes beschließt der Rat am 19. August den Bau eines Turmes neben dem bereits vorhandenen Rathaus der Geschlechter-Zeit. Dazu werden nördlich davon gelegene Grundstücke an der Bürgerstraße und am Alter Markt gekauft.
1407	Baubeginn des Ratsturmes.
1414	Der Ratsturm ist fertiggestellt, seine Errichtung hat 50.000 Gulden gekostet. Mit seiner Höhe von 61 m überragt er zu dieser Zeit alle anderen Bauwerke in der Stadt. Im November dieses Jahres besteigt Kaiser Sigismund mit seinem Gefolge den Turm und blickt von der Kure (Zimmer des Brandwächters) im Turmhelm über die Stadt. In den folgenden Jahrzehnten werden die Fassaden des Ratsturm mit steinernen Skulpturen geschmückt. Wen sie darstellen, ist nicht überliefert. Im Laufe des 15. Jahrhunderts wird zum Alter Markt hin auch der Platzjabbeck aus Eichenholz am Turm angebracht (erste bildliche Darstellung aus dem Jahr 1655; erneuert 1699; Wiederherstellung 1913 mit beweglichem Zungen-Stundenschlag).
1424	Die Kölner Juden werden „für ewige Zeiten“ vertrieben.
1426	Weihe der neuen Ratskapelle St. Maria in Jerusalem, errichtet an der Stelle der Synagoge.
Um 1430	Christian Duisterwaldt gießt die Ratsglocke.
1441/47	Bau des Gürzenichs.
1448	Die „Prophetenkammer“ im Verbindungstrakt zwischen Ratsturm und Rathaus wird erstmals erwähnt.
1475	Kaiser Friedrich III. (heute Skulptur Nr. 18 an der Erdgeschoß-Nordseite des Ratsturmes) gewährt Köln das Reichsstadtprivileg.
1540/41	Östlich an Ratsturm und Rathaus anschließend, entsteht im Stil der frühen Renaissance der „Löwenhof“.
1548/54/70	Zum Alter Markt hin Erweiterung des Rathauskomplexes, der eine neue Fassade im Stil der Renaissance erhält.
1569/73	Wilhelm Vernukken baut am Rathausplatz die neue Renaissancelaube.
1597/1602	Die „Ratskammer“ im Ratsturm, der Tagungsort des Rates, wird neu ausgestattet. Sie erhält eine Renaissance-Stuckdecke und das berühmte Prunkportal und Gestühl des Melchior von Reidt (heute Skulptur Nr. 53 im 2. OG/Westseite).
1608/15	An der Nordwestseite des Rathausplatzes wird der „Neue Bau“, später „Spanischer Bau“ genannt, errichtet.
1644	Peter Kaufmann gießt die neue, größere Ratsglocke.
1694	Immer wieder stürzen Skulpturen vom Ratsturm herab; der Rat befiehlt Sanierungsmaßnahmen.
1790/1800	Die schadhafte Galerie am Ratsturm wird entfernt, der mittelalterliche, fast völlig verwitterte Figurenschmuck wird herabgestoßen.
1838	Restaurierung der Rathauslaube durch Johann Peter Weyer.
1858	Planungsauftrag an Stadtbaumeister Raschdorff zur Restaurierung des Rathauskomplexes.
1860/66	Der Rat genehmigt Raschdorffs Pläne. Beginn der umfangreichen inneren und äußerem Restaurierungsmaßnahmen und Umbauarbeiten.
1861	Niederlegung des Tores zwischen Rathausplatz und Judengasse.
1862	Beginn der Wiederherstellungsarbeiten am Ratsturm.
1865	Die am Turm noch vorhandenen Konsolen werden teilweise überarbeitet; 39 neue Konsolen, 2 Doppelkonsolen und 5 Wasserspeier werden in Auftrag gegeben.
1867	60 neue Konsolen und 6 neue Wasserspeier sollen geschaffen werden. Alle neuen Konsolen werden nach alten Vorlagen mit Tierfiguren, Masken und Figurengruppen geschmückt.
1867/68	Das Turmportal erhält neun neue Figuren.
1869/72	Die Turmgalerie erhält 17 neue Fialen. Die Fassade des Rathauses zum Alter Markt wird im Stil der französischen Neorenaissance neugestaltet und mit einem national-dynastischen Skulpturenprogramm mit Kaiserbildnissen geschmückt.
1873	Bau des Bibliotheksgebäudes neben dem Spanischen Bau an der Portalsgasse. Beseitigung des Tores zwischen Rathausplatz und Portalsgasse.
1875	Niederlegung des Tores zwischen Rathausplatz und Bürgerstraße.

1878	Eine Wange des Ratsgestühls im Senatssaal des Ratsturmes erhält den Kölner Bauer und das Reichswappen.
1881	Wilhelm Albermann erneuert die gesamte Bauplastik der Rathauslaube.
1891	Stadtarchivar J. Hansen, A. Reichensperger (heute Ratsturmfigur Nr. 71) und Hein. Joh. Wiehase entwerfen eines neues Figurenprogramm (81 Statuen) für den Ratsturm: EG Fürsten, Päpste, Bischöfe; 1. OG Vertreter der Geschlechter; 2. OG Vertreter der Zünfte; 3. OG Vertreter der Künste und der Wissenschaften; 4. OG Kölner Schutzheilige.
1893	Bildhauerwettbewerb zur Schaffung der 10 ersten neuen Ratsturmfiguren für das Erdgeschoß, West- und Nordseite.
bis 1902	Schaffung und Anbringung der restlichen 71 Ratsturmfiguren, der Baldachine und der Konsolen (24 davon ohne figürlichen Schmuck).
1913	Der Ratsturm erhält sein Glockenspiel (27 Glocken).
1920/25	Die 1893 am Ratsturm angebrachten Figuren aus Baumberger Sandstein sind bereits stark verwittert und werden durch neue aus widerstandsfähigeren Muschelkalk ersetzt.
1939, 1. 9.	Das „Dritte Reich“ entfesselt den zweiten Weltkrieg.
1941/42/44	Sicherung der Kunstwerke des Rathauses durch Auslagerung.
1943, 29. 6.	Fliegerbomben setzen das Rathaus in Brand.
1944, 14./15. 10.	Nordwestecke des Ratsturmes durch Fliegerbomben zerstört.
1945, 2. 3.	Endgültige Zerstörung des Ratsturmes und seines Figurenschmucks und des Rathauses; nur die Laube übersteht das schwere Bombardement.
1945, 21. 7.	Stadtkonservator Vogts legt sein Konzept zur Wiedererrichtung des Rathauses vor.
1945, Sept.	Beginn der Trümmerräumung; in den folgenden Jahren bis 1950 Sicherung der einsturzgefärdeten Ruinen des Rathauskomplexes.
1950, 24. 4.	Die Kölner Handwerkerschaft gründet die „Bauhütte Rathausturm e.V.“.
1950, 26. 5.	Grundsteinlegung für den Wiederaufbau des Ratsturmes. Danach Errichtung eines Stahlskelettes mit Ziegelausfachung. Rückkehr der Prunkportale des Melchior von Reidt.
1954, 1. 8.	Der Helm des Ratsturmes erhält die Wetterfahne von Elmar Hillebrand.
1954, 30. 9.	Richtfest des Ratsturmes.
1955, 20. 1.	Der Rat beschließt, den Ratsturm „in alter Form“ wiederherzustellen. Er soll auch wieder einen Figurenschmuck erhalten.
1956–1975	Verkleidung des Turmes mit Werksteinfassaden aus Trachyt; Anbringung von 103 Figurenkonsolen.
1958	Der Ratsturm erhält ein neues Glockenspiel (48 Glocken).
1960/61	Der Rat schreibt einen Wettbewerb zur Wiedererrichtung des Rathauses aus. Dem Kölner Architekten Band wird der 1. Preis zugesprochen.
1966	Der Rat beschließ den Wiederaufbau nach den Plänen Bands; Beginn der Arbeiten.
1972, 24. 8.	Einweihung des neuen Rathauses; die Fertigstellung des Ratsturmes allerdings dauert noch bis zum
1975, 14. 2.	Nach 20 Jahren ist er „in alter Form“ wiedererstanden, allerdings noch ohne seinen Figurenschmuck.
Ende der 70er Jahre	Der Reimerather Trachyt der Ratsturmfassade ist bereits wieder verwittert.
1981	Die Stadtkonservatorin Hiltrud Kier initiiert eine Diskussion um den zwar beschlossenen, aber immer noch fehlenden Figurenschmuck des Ratsturmes. Eine Historikerkommission beginnt mit der Erarbeitung eines neuen Figurenprogrammes.
1985	Der Rat beschließt die Außengestaltung des Turmes und seines Figurenschmucks nach dem historischen Vorbild.
1986	Erste Schenkung einer neuen Ratsturmfigur.
1987	Probeweise Aufstellung der beiden ersten geschenkten Figuren am Turm. Diskussion im Rat und in der Öffentlichkeit über das Figurenprogramm im allgemeinen und über den Anteil der Frauen unter den Ratsturmfiguren im besonderen.
1988, 28. 1.	Der Rat verabschiedet das überarbeitete, um weitere Frauen ergänzte endgültige, 124 historische Persönlichkeiten umfassende Figurenprogramm: EG: Herrscher und herrschergleiche Persönlichkeiten; 1. OG–3. OG: Um die Stadt verdiente Persönlichkeiten; 4. OG: Schutzheilige („Kölner Himmel“).
1988/94	Schenkung der neuen Ratsturmfiguren durch Kölner Bürger, Vereinigungen, Stiftungen, Unternehmen sowie die niederländischen Regierung; Entwurf und Ausführung der gegenständlich-figurativen Statuen vorwiegend durch Bildhauer der sog. „Kölner Schule“ in der künstlerischen Tradition der „Kölner Werkschulen“.
1994/95	Restaurierung des Ratsturmes und Aufstellung der Figuren.
1995, 6. 5.	Feierliche Übergabe des Ratsturmes mit seinen 119 neuen Statuen und den 5 restaurierten Altfiguren an die Bürger Kölns.

Ansicht vom Gürzenich (Süden)

Figuren von unten nach oben

46 Heinrich Suderman (um 1520–1591);
B: Erwin Nöthen
47 Michael von Aitzing (um 1530–1598); Altfigur,
Rest.: Serban Rusu
48 Kaspar Ulenberg (1548–1617); B: Titus Reinarz
49 Peter Paul Rubens (1577–1640);
B: Hans Karl Burgeff
77 Jacques Offenbach (1819–1880); B: Klaus Balke
78 Karl Marx (1818–1883); B: Helmut Moos
79 Hermann Heinrich Becker (1820–1885);
B: Helmut Moos
80 Franz Carl Guilleaume (1834–1887);
B: Georg P. M. Ahrens
50 Jan von Werth (1591–1652);
B: Hans-Joachim Bergmann
100 Bernhard Letterhaus (1894–1944); B: Martin Krämer
101 Irmgard Keun (1905–1982);
B: Marieluise Schmitz-Helbig
102 Heinrich Böll (1917–1985); B: Olaf Höhnen
81 Max Bruch (1838–1920); B: Olaf Höhnen
82 Nicolaus August Otto (1832–1891);
B: Theo Heiermann
83 Carl Eugen Langen (1833–1895);
B: Theo Heiermann
113 Weißer Ewald (gest. 695?); B: Otto Lohrengel
114 Schwarzer Ewald (gest. 695?); B: Klaus Balke
115 Agilolf (um 745–752);
B: Elisabeth Baumeister-Bühler
116 Bruno I. (925–965); B: John-Michael Bachem
117 Heribert (um 970–1021); B: Friedrich Lindenthal
118 Anno II. (um 1010–1075); B: Werner Franzen